भारतीय दर्शन

(तत्त्व और ज्ञानमीमांसा के मौलिक सम्प्रत्यय)

INDIAN PHILOSOPHY

(Basic concept of Metaphysics and Epistemology)

लेखक

आचार्य डॉ० जयदेव वेदालंकार

आचार्य-प्राचीन न्याय, एम.ए. (दर्शन और मनोविज्ञान)
विद्यावाचस्पति, पी-एच.डी., डी.लिट्.
प्रोफेसर एवं अध्यक्ष दर्शन विभाग एवं
प्राच्य विद्या संकायाध्यक्ष (डीन)
गुरुकुल कांगड़ी विश्वविद्यालय, हरिद्वार

न्यू भारतीय बुक कॉर्पोरेशन

दिल्ली (भारत)

प्रकाशकः

न्यू भारतीय बुक कार्पोरेशन

208, द्वितीय तल, प्रकाशदीप बिल्डिंग,

4735/22, अंसारी रोड, दरिया गंज,

नई दिल्ली–110002

Phone : 011-49841634

E-mail : deepak.nbbc@yahoo.in

तृतीय संस्करण : 2026

मूल्य : 1200/-

ISBN: 978-81-87418-32-0

Printed by :

APAC Business Solutions Pvt. LTD.

समर्पण

'त्वदीयं वस्तु गोविन्द तुम्यमेव समर्पये'

जिनके चरण कमलों में बैठकर कुछ सीख पाया एवं जिनकी अपार कृपा और पुण्य
प्रेरणा से दर्शन शास्त्र में चञ्चु प्रवेश कर सका तथा जिनकी अध्यापन-
शैली अन्यतम थी, जिनके जीवन में ''समत्वं योग उच्चते'' का पूर्ण-
रूपेण दिग्दर्शन होता है, जिनकी अप्रतिम अद्‌भुत दार्शनिक
प्रतिभा के कुछ दार्शनिक ज्ञान-कण का संकलन इस ग्रन्थ
मे कर सका, उन्हीं पूज्य गुरुदेव, भारतीय-
संस्कृति के प्रतीक, तपस्विप्रवर, बहुविद्य प्रतिभा के
धनी, वैदिक सिद्धान्तों के मर्मज्ञ, दर्शनों के
उद्‌भट्ट विद्वान्, तार्किक-शिरोमणि, आचार्य-
प्रवर, जिनके सैकड़ो दार्शनिक, एवं
अध्यात्मिक प्रवचनों से सहस्त्रों
मानव आप्लावित हुए हैं

उन पूज्यपाद गुरुवर आचार्य सुखदेव विद्यावाचस्पति
के
पवित्र चरणों में सादर साभार
समर्पित है यह—
तुच्छ उपायन!

—जयदेव वेदालंकार

भूमिका

भारतीय दार्शनिक चिन्तन धारा अक्षुण्ण रूप में सतत प्रवाहित है। वैदिक ऋषियों से लेकर वेद, वेदाङ्ग, ब्राह्मण ग्रन्थ, उपनिषदें, षड्दर्शन जैन और बौद्ध आदि लम्बी दार्शनिक परम्परा है। भारत और पाश्चात्य देशों के अनेक उद्भट्ट विद्वानों ने भारतीय दर्शन के समस्त भागों का सूक्ष्मता से अध्ययन किया है।

वास्तव में दर्शन शास्त्र विश्व की सांस्कृतिक, तत्व मीमांसीय सामाजिक और विश्व मे पूर्ण शान्ति कैसे स्थापित हो, इत्यादि समस्याओं का समाधान समझने की मानवीय प्रयास कहा जा सकता है। इसलिए इस पर भौगोलिक, जाति और सांस्कृतिक प्रभावों का पड़ना निश्चित है।

भारतीय दर्शन शास्त्र वस्तुतः मूलरूप में अध्यात्मिक है। प्रत्येक दर्शन में दुःखों से छुटकर आनन्द एवं मोक्ष प्राप्ति के उपायों को दर्शाया गया है। इस का मतलब यह नहीं कि यहाँ पर प्रमाण-मीमांसा और तत्व मीमांसा का सूक्ष्म और दार्शनिक चिन्तन प्रस्तुत नहीं हुआ है, अपितु यह चिन्तन जितनी तार्किक दृष्टि से भारतीय दर्शन में प्रस्तुत किया गया है, उतना पश्चिमी दर्शनों में प्राप्त नहीं होता है। परन्तु यह अवश्य कहा जा सकता है कि भारतीय दार्शनिक प्रचेता अध्यात्मिकता से विचलित नहीं होते हैं। यह सब होते हुए भी यहां चिन्तनधारा की स्वतन्त्र प्रवृत्तियां भी पर्याप्त रुप में प्राप्त होती है। यही कारण यह कि यहां भारत भूमि पर संशयवादी, नास्तिक हेतुवादी स्वतन्त्र विचारक अपने विचारों को प्रस्तुत करते रहे हैं। यह स्वतन्त्र मान्यता है कि समस्त भारतीय चिन्तन धारा का आदि मूल वैदिक संहिताएं हैं। ऋषियों ने, चिन्तकों ने और प्रचेताओं ने उन वैदिक संहिताएं की व्याख्याएं प्रस्तुत की हैं। उन व्याख्याओं के व्याख्याकारो ने समय तथा कालान्तर में मतभेद होते चले गये हैं।

भारतीय दर्शन पर हिन्दी में इधर प्रतिवर्ष कोई न कोई नया प्रकाशन देखने को मिलता है। इनमें से अधिकांश का विषय दर्शनेतिहास होता है। इन इतिहासों में अधिकतर तो भारतीय दर्शन के छात्रोपयोगी इतिहास होते हैं। जो प्रायः हिन्दी अथवा अंग्रेजी में पूर्व लिखित इतिहासों का चर्वित चर्वण प्रतीत होते हैं। हिन्दी का अन्य नवीन दार्शनिक साहित्य किसी विशेष दर्शन परम्परा अथवा सम्प्रदाय का निरुपण

करता है। कभी-कभी किसी एक दार्शनिक विषय को लेकर प्रायः उसी एक दर्शन परम्परा का आश्रय करके लिखी गयी पुस्तक प्रकाश में आती है। किन्तु ऐसी पुस्तक की कमी सदा खलती रही है जिसमें प्रमुख दार्शनिक विषयों का व्यवस्थित विवेचन किया गया हो। अंग्रेजी में इस प्रकार की पुस्तकें प्रचुर मात्रा में हैं किन्तु हिन्दी साहित्य, मोटे तौर पर अभी दर्शनेतिहास-युग से आगे न बढ़ सका है। भारत में अनेक दार्शनिक मतवाद बड़े और बूढ़े हुए। आधुनिक युग में उन सब पर कार्य किया गया। सब पर साहित्य तैयार किया गया, किन्तु भारतीय दार्शनिकों को गृहीत प्रायः एक ही दर्शन हुआ जिसे वेदान्त कहते हैं। और वेदान्त की भी केवल एक शाखा का सर्वाधिक प्रचार हुआ, जिसे अद्वैतवाद कहते हैं, जिसके सबसे बड़े आचार्य शंकर हुए है। विवेकानन्द, रामतीर्थ, तिलक, राधाकृष्णन, कृष्णचन्द्र भट्टाचार्य ने, कुल मिलाकर शंकर का मार्ग ग्रहण किया है। अन्य दार्शनिकों ने शंकर मायावाद की पुनर्व्याख्या अवश्य की, किन्तु प्रत्याख्यान नहीं किया। श्री अरविन्द ने शांकर मायावाद के प्रबल प्रव्याख्यान का उपक्रम किया, तथापि अद्वैतवाद का दामन नहीं छोड़ा, यद्यपि वे वल्लभ आदि अन्य प्रकार के वेदान्तियों से भी हाथ मिलाते प्रतीत होते हैं। इस सम्पूर्ण आधुनिक युग में केवल एक दार्शनिक दिखाई पड़ता है। स्पष्ट शब्दों में शंकर का ही नहीं अपितु प्रत्येक प्रकार के अद्वैतवाद का खण्डन करते हुए एक विशिष्ट दार्शनिक वाद की प्रतिष्ठापना की है। जिसे आगे चलकर त्रैतवाद की संज्ञा प्राप्त हुई। इस दार्शनिक का नाम सर्वविदित है—स्वामी दयानन्द सरस्वती। इसलिए इस ग्रन्थ में वैदिक दर्शन से लेकर षड्दर्शन, मध्यकालीन आचार्य और आधुनिक वेदों की नवीन शैली के प्रणेता स्वामी दयानन्द सरस्वती तक के दार्शनिक विचार मन्थन का आलोडन-विलोडन करते हुए इस ग्रन्थ का प्रणयन किया है।

इस ग्रन्थ "भारतीय दर्शन" नामक ग्रन्थ में अनेक ग्रन्थों, आचार्यों और प्रचेताओं की प्रेरणा प्रत्यक्ष एवं परोक्ष रूप में प्राप्त की है। उन सबका हृदय से मैं अभारी हूँ।

इस ग्रन्थ की पाण्डुलिपि तैयार करने में श्री मृडीक व्रतेश वेदालंकार और श्री नरेशप्रसाद वेदालंकार ने बहुत अधिक सहायता प्रदान की है, उनका मैं धन्यवाद करता हूँ और आशीर्वाद देता हूँ कि वे जीवन में पूर्ण रूपेण सफल हों।

मेरी जीवन सङ्गिनी श्रीमती आचार्या डा० सुषमा स्नातिका जो मेरी अन्तःप्रेरणादायिनी बनकर शोधकार्यों में मेरा साथ देती हैं उनको धन्यवाद देने के लिए मेरे पास शब्द नहीं है, जिनको मैं लिपिबद्ध कर सकूँ।

अन्त में मैं परम पिता का धन्यवाद करता हूँ जिनकी महती कृपा से यह ग्रन्थ पूर्ण हो सका है। इस ग्रन्थ में जो भी उत्तम दार्शनिक विचार है वे सब ऋषि और

आचार्यों के हैं, जो इस ग्रन्थ स्खलन एवं दोष है वह सब मेरा है। अन्त में मैं समस्त विद्वानों से समुचित सुझाव की आशा रखते हुए इतना ही निवेदन करता हूँ कि—

गच्छतः स्खलनं क्वापि भवत्येव प्रमादतः।
हसन्ति दुर्जनास्तत्र समाददति सज्जनाः ।।

विदुषां वंशवदः
—जयदेव वेदालंकार

दिनांक 4-6-2000
गुरुकुल कांगड़ी विश्वविद्यालय
(हरिद्वार)।

विषयानुक्रमणिका

प्रथम अध्याय

विषय प्रवेश

भारतीय दर्शन परम्परा में यह आदि से अन्वेषण करने की प्रवृत्ति रही है कि इस सृष्टि रचना में कौन-कौन से मूल तत्त्व हैं ? दर्शन की मूल समस्याएँ क्या-क्या हैं? वास्तव में दर्शन एक ऐसा शब्द है जिसे हम स्वयं संदिग्ध कह सकते है। परन्तु अद्वैत तार्किक परीक्षा की पद्धति से रक्षा करने के लिए तथा अर्न्तदृष्टि सम्बन्धी सत्य के बचाव के लिए भी, जिसके ऊपर यह आश्रित है। दार्शनिक विधि में दर्शन का अभिप्राय अन्तः अनुभूति को प्रमाणित करना है। दूसरे रूप में हम यह कह सकते हैं कि उसका तार्किक विवेचन एवं प्रचार कैसे किया जाय। दर्शन का प्रयोग मानव मन द्वारा ग्रहण की हुई यथार्थ सत्ता के विविध पहलुओं का तार्किक रूप में होता है, यदि यह माना जाय कि वह यथार्थ सत्ता एक है उसे विवेचित करनेवाले सब तर्कों का परस्पर एक दूसरे के साथ एकीकृत होना आवश्यक है। इन दार्शनिक सिद्धान्तों में अथवा तर्कों में आकस्मिक अथवा नैमित्तिक घटनाओं का कोई स्थान नहीं है। अपितु पुनः यथार्थ अस्तित्व के विषय में प्राप्त विभिन्न विचारों को स्पष्ट करना है। उन अनेक मतों पर अतिनिकट से विचार करने पर जो हमें विभिन्न विवेचनाओं से यथार्थ सत्ता का स्वरूप निश्चय करने के लिए यथार्थ सत्ता के पूर्ण रूप को तार्किक लक्षणों से परिभाषित कर सकते हैं। जब हमें अनुभव होता है कि यथार्थ अस्तित्व की धारणात्मक व्याख्या पर्याप्त नहीं है तभी हम अन्तः अनुभूति द्वारा तात्त्विक रूप में जानने का प्रयत्न करते हैं वास्तव में उस स्थिति में बौद्धिक विचार समाप्त हो जाते हैं।

समस्त दर्शन शास्त्र की विशुद्ध धारणा है कि कोई भी पदार्थ जो वास्तविक रूप में सत् है वह स्वतः विरोधी नही हो सकता। हाँ यह अवश्य है कि इस धारणा के महत्व को समझने और ज्ञानपूर्वक उसका प्रयोग करने के लिए कुछ समय की आवश्यकता होगी। ऋग्वेद में साधारण ज्ञान की प्रामाणिकता की सहसा स्वीकृति पाई जाती है। उपनिषदों की ज्ञान विधि पर पहुँचते-पहुँचते तर्क मूलक अनुभूतियों को जन्म देती हैं, जिसमें अर्न्तदृष्टि का समुचित स्थान निहित है दर्शन की धारा का विकास आगे चलकर विकसित होने लगा।

दर्शन शब्द की उत्पत्ति दृश् धातु से हुई है। 'दृश्यते अनेन इति दर्शनम्'।

जिसका अर्थ है जिसके द्वारा सूक्ष्म रूप देखा जाय एवं अवलोकित किया जाय, इसका अभिप्राय यह है कि दर्शन या तो इन्द्रिय जन्य निरीक्षण हो सकता है, अथवा विचार तथा अन्तर्दृष्टि द्वारा अनुभूत हो सकता है।

दर्शन घटनाओं के सूक्ष्म निरीक्षण तार्किक परीक्षण अथवा आत्मा के अन्तर्निरीक्षण द्वारा भी विवेचित किया जा सकता है। साधारणतः दर्शनों का तात्पर्य आलोचनात्मक विवेचना तार्किक सर्वेक्षण अथवा दार्शनिक विधियो से होता है दार्शनिक विचार की आरम्भिक स्थितियों में दर्शन शब्द का प्रयोग संभवतः इन अर्थो में न मिलता हो, क्योंकि उस समय का दार्शनिक ज्ञान अन्तर्दष्टि परक था। उसके बाद संभवतः इसका विकास इस रूप में मिलता है कि अन्तर्दृष्टि जन्य अनुभव की पुष्टि तार्किक प्रमाणों द्वारा की जाय। इसका उदाहरण हम इस रूप में दे सकते है कि जैसे मूल उपनिषदों पर मध्यकालीन आचार्यों के भाष्यों में उपनिषदों का अनुभूति मूलक दर्शन का भाष्यकारों ने अनेक तार्किक प्रमाणों से समन्वित किया है।

भारतीय विचारधारा में जहाँ मनुष्य और ईश्वर के बीच निष्कपट सम्बन्ध सा मिलता है, वहीं पश्चिमी दर्शनों में परस्पर विरोध प्रदर्शित होता है पश्चिमी देशों में पौराणिक कथाएँ भी इस प्रकार का आख्यान करती है कि आदर्शभूत पुरुष प्रोमिथियस का पौराणिक आख्यान, जो मनुष्य जाति की सहायता करने का प्रयत्न करता है और मनुष्य जाति मात्र को नष्ट करने वाले जीन्स से रक्षा करता है तथा नए प्रकार की उत्तम जातियाँ प्रदान करता है। हरकुलीज के घोर परिश्रम की कहानी जो संसार को दुःख से मुक्त कराने का प्रयास करता है, ईसा को खुदा का बेटा मानने का विचार आदि सभी पौराणिक आख्यान, यह प्रदर्शित करते हैं कि यूरोपीय देशों में मनुष्य पर अधिक विचार किया गया है। हमारा यह कहने का अभिप्राय है कि पश्चिमी संस्कृति की मुख्य प्रवृत्ति मनुष्य और ईश्वर के मध्य विरोध की ओर अधिक है। उस संस्कृति में मनुष्य ईश्वर की शक्ति का मुकाबला करता है मनुष्य जाति हितों के लिए उससे आखें चुराता है। भारत में विश्व ईश्वर द्वारा निर्मित वस्तु है। समस्त विश्व ईश्वर के तप के कारण है। पुरुष सूक्त में ऐसे निरन्तर क्रियामाण यज्ञ का वर्णन है जो मनुष्य एवं विश्व को धारण करता है। उसी ब्रह्म के अंदर समस्त विश्व समाहित है वह एक मात्र अतुलनीय विस्तार और अपनी महत्ता से युक्त है।

भारतीय विचारधारा का स्वरूप-परिस्वरूप जिसने उसकी समग्र संस्कृति को ओत-प्रोत कर रखा है और जिसने इसके समस्त चिन्तकों को एक विशेष प्रकार का ढाँचा प्रदान किया है, इस दर्शन की आध्यात्मिक प्रवृत्ति है। आध्यात्मिक अनुभव भारत के सम्पन्न सांस्कृतिक धरोहर का आधार स्तम्भ है। यह सत्य है कि भारतीय जीवन में आध्यात्मिक प्रयोजन का स्थान सदा ही सर्वोपरि रहता है। भारतीय दर्शन की अभिरुचि मानव समाज में है किसी काल्पनिक एकान्त में नहीं। इसका प्रादुर्भाव

जीवन से होता है। विभिन्न शाखाओं, सम्प्रदायों से होकर पुनः जीवन में ही प्रवेश करता है। भारतीय दर्शन की महान रचनाओं का यह अधिकारिक अथवा प्रामाणिक स्वरूप नहीं है जो परवर्ती समीक्षाओं तथा भाष्यों की एक प्रमुख विशेषता है। उपनिषदें, षड्दर्शन और गीता आदि सामान्य व्यक्ति के पहुँच से बाहर नहीं हैं यह ग्रन्थ इस देश के महान साहित्य के अंग है साथ ही बडी-बडी दार्शनिक विचार धाराओं के आधार स्तंभ भी है। तत्त्व मीमांसा का दुरूह अन्वेषण मूलक विचार जो एक दुष्कर कार्य है, भारत में वह सफलता से विकसित हुआ है।

दर्शन शास्त्र के प्रणेताओं ने देश के सामाजिक, आध्यत्मिक सुधार का प्रयत्न किया है। अति प्राचीन काल में भारतीय सभ्यता को ब्राह्मण संस्कृति कहा जाता था उसका अभिप्राय यही था कि इसका मुख्य स्वरूप एवं उसके प्रधान लक्ष्यों का विवेचन दार्शनिक विचारकों एवं धार्मिक आचार्यों के द्वारा हुआ है। ये सभी प्रचेता ब्राह्मण कुल में उत्पन्न नहीं हुए थे। प्लेटो का यह प्रसिद्ध विचार माना जाता है कि दार्शनिकों को प्रशासक एवं निदेशक होना चाहिए। भारत में इसको क्रियात्मक रूप दिया गया है। यहाँ यह माना जाता है कि परम सत्य आध्यत्मिक सत्य ही है और उसी के प्रकाश में जीवन का संस्कार करना चाहिए। भारत में धर्म सम्बन्धी हठ धर्मिता नहीं है यहाँ धर्म एक युक्ति युक्त संश्लेषण है। जो दर्शन के विकास के साथ-साथ अपने अन्दर नये-नये विचारों का संग्रह करता रहता है। अपने आप में इसकी प्रकृति पररक्षणात्मक और अन्यतम है यह वैचारिक विकास के साथ कदम मिलाकर चलने की प्रेरणा देता है। यह सामान्य आलोचना जो कि भारतीय विचार प्रतिभा पर बल देने के कारण दर्शनशास्त्र को धर्म का स्थान देता है। भारतीय परम्परा में धर्म के युक्तिमूलक स्वरूप का समर्थन मिलता है यहाँ ऐसा कोई धार्मिक आन्दोलन नहीं हुआ जिसने अपने समर्थन में दार्शनिक विचारों के मन्थन का विकास भी साथ-साथ न किया हो 'फैवल का कहना है कि भारत में धर्म रूढ़ि या हठ धर्मिता का स्वरूप प्राप्त नहीं है। यह मानव व्यवहार की एक ऐसी क्रियात्मक परिकल्पना है जो आध्यात्मिक विकास की विभिन्न स्थितियों में और जीवन की विभिन्न अवस्थाओं में अपने आप में अनुकूल बना लेती है। यहाँ जब भी धर्म ने एक जड़ मतवाद का रूप धारण करने की प्रवृत्ति दिखलाई तो अनेक धार्मिक पुनरुत्थान और दार्शनिक प्रतिक्रियाएँ उत्पन्न हुई। जिससे अनेक समाज सुधारक तथा अवतारवाद की कल्पना के साथ अवतारों का प्रादुर्भाव हुआ जिन्होंने पाप का नाश किया, असत्य का खण्डन किया और सत्य की स्थापना की इसमें हम उदाहरण के रूप में श्रीकृष्ण, बुद्ध, महावीर, व्यास, शंकर और दयानन्द आदि जो युग पुरुष के रूप में उत्पन्न हुए और उन्होंने आध्यात्मिक जीवन की गहराइयों में क्रान्ति उत्पन्न की थी। यह सत्य है कि किसी भी प्राचीन सांस्कृतिक विचार धारा के इतिहास में बड़े महत्वपूर्ण क्षण एवं घटनाएँ आती हैं जो समस्त समाज

को परिवर्तित कर डालते है इसलिए ऐसे साहसिक युग का आरम्भ हो जाता है कि सब कुछ परिवर्तित सा लगता है। वास्तव में दर्शन के सत्य और जनसाधारण के दैनिक जीवन को सजीव और घनिष्ठ बनाता है। धर्मविषयक समस्याओं से दार्शनिक भावनाओं को उत्तेजना मिलती है। भारतीय प्रचेताओं के मस्तिष्क में परम्परा से ही सर्वोपरि ब्रह्म है। जीवन के उद्देश्य और मनुष्य के विश्वात्मा का सम्बन्ध आदि प्रश्नों का समाधान दर्शन शास्त्र में खोजने का प्रयास किया है यह कहना अनुचित प्रतीत होता है कि भारत में दर्शन ज्ञान कभी भी प्रबुद्ध तथा आत्म चेतन अथवा विवेचनात्मक नहीं रहा। यहाँ तक की आरम्भिक अवस्थाओं में भी तार्किक चिन्तन की प्रवृत्ति धार्मिक विश्वासों में सुधार करने की ओर रही है। यदि हम धर्म के उस विकास को अवलोकित करें तो जिसका संकेत वेद मन्त्रों से लेकर उपनिषदों तक मिलता है और यह आगे चलकर नास्तिक दर्शन बौद्ध तक प्राप्त होता है।

भारत भूमि तथा यहाँ के परिवेश सम्बन्धी स्थिति को अवलोकित करते हैं तो प्रकृति ने मानो मुक्त हस्त से मनोरम तथा रमणीय दृश्य उपस्थित किए हों। एक ओर हिमालय अपनी पर्वतमालाओं तथा उत्तुंगता के कारण तथा दूसरी ओर लहराता हुआ सागर भारत को बाहरी आक्रमणों से सुरक्षित रखने में समर्थ रहा है। यहाँ प्रकृति ने अत्यधिक मात्रा में समस्त प्रकार की भोग सामग्री प्रदान की है जिससे की यहाँ के निवासी कठोर परिश्रम और जीवित रहने के संघर्ष से मुक्त रहे। भारतीयों ने कभी अनुभव नहीं किया कि संसार एक युद्ध क्षेत्र है जहाँ लोक शक्ति संपत्ति और प्रभुत्व की प्राप्ति के लिए संघर्ष करते है। यहाँ आरम्भ से ही जीवन में आत्मशक्ति से सोचना विचारना आदि चिन्तन करने का खुला वातावरण रहा है। विस्तृत वन संपदा में तथा विशाल वनों के पर्यावरण ने धर्मनिष्ठ व्यक्तियों को शान्तिपूर्वक विचारने की तथा अद्‌भूत कल्पनाओं और दिव्य आनन्द के संगीत में लगे रहने की स्वाभाविक सुविधा प्रदान की है। विश्व से क्लान्त व्यक्ति इन प्राकृतिक दृश्यों को देखने के लिए तीर्थ यात्रा पर निकलते है। आन्तरिक शान्ति प्राप्त करते है। मन्द-मन्द पवन तथा निर्झरों का संगीत सुनते हैं। आश्रमों, तपोवनों और वानप्रस्थ की अरण्य कुटियों में ही भारत के तत्व चिन्तकों में समाधिस्थ होकर जीवन सत्ता की गंभीर समस्याओं पर विचार किया। जहाँ जीवन में प्राकृतिक साधनों की संपन्नता, चिन्ता से मुक्ति, जीवन के उत्तरदायित्वों से विरक्ति और क्रूर व्यावहारिक स्वार्थ के आभाव ने ही उच्चतम जीवन जीने की कला प्रदान की थी इसलिए सृष्टि के आरम्भ काल से ही भारतीय मन में आत्म ज्ञान के लिए एक जिज्ञासा, विद्या के प्रति प्रेम, मस्तिष्क की अधिक चिन्तन तथा युक्तियुक्त प्रवृत्तियों के प्रति जिज्ञासा उत्पन्न की। प्राकृतिक स्थितियों के अनुकूल होने तथा पदार्थों के गूढार्थ पर विचार करने योग्य बौद्धिक क्षेत्र उपलब्ध होने के कारण भारत उस सर्वनाश से बचा रहा जिसे प्लेटो ने सबसे बड़ा पाप बताया है। उसने अपने

फीडो नामक ग्रंथ में लिखा है कि "आओ हम सबसे अधिक इस बात का ध्यान रखें कि इस विपत्ति से हम ग्रस्त न हो, हम विवेक द्वेषी न बनें जैसे कुछ लोग मानव द्वेषी हो जाते हैं। क्योंकि मनुष्यों के लिए इससे बड़ा दुर्भाग्य नहीं हो सकता कि वे विवेक के विरोधी बन जाए।" ज्ञान का आनन्द मनुष्य को उपलब्ध एक पवित्रतम आनन्द है। यह ज्ञान की जिज्ञासा भारतीय मानस में सृष्टि के आदि से ही ओत-प्रोत है संसार के अन्य कितने ही देशों में जीवन सत्ता सम्बन्धी विचार को एक प्रकार से विलास के समान माना जाता है जीवन काल के गंभीर क्षणों का उपयोग कर्म करने के लिए किया जाता है और दार्शनिक चिन्तना को अवान्तर विषय माना जाता है प्राचीन भारत में दर्शन का विषय किसी अन्य विज्ञान अथवा कला के साथ जुड़ा हुआ न होकर सदा ही अपने आप में एक स्वतन्त्र स्थान रखता था, परन्तु पश्चिमी देशों में अपने विकास के पूर्ण जीवन काल में भी जिसे प्लेटो और अरस्तू के समय में इसे राजनीति शास्त्र जैसे किसी अन्य विषय का सहारा लेना पड़ा है। मध्यकाल में इसे परमार्थ विद्या के नाम से जाना जाता था। बेकन और न्यूटन के लिए यह एक प्राकृतिक विज्ञान था और उन्नीसवीं शताब्दी के विचारकों के लिए इसका गठबन्धन इतिहास, राजनीति और समाजशास्त्र के साथ रहा।

भारत में दर्शन शास्त्र विश्व के पुस्तकालय के प्रथम ग्रन्थ ऋग्वेद में **'को अद्धा वेद तइहप्रवोचत् कुतः आजाता इयम् सृष्टि'** आदि प्राप्त होता है अर्थात् यह विचित्र संसार कहाँ से और किससे उत्पन्न हुआ है, किसने उत्पन्न किया है इत्यादिक दार्शनिक गंभीर समस्याओं का चिन्तन ऋग्वेद के नासदीय सूक्त में विशद् वर्णन के रूप में प्राप्त है। अन्य सभी विषय प्रेरणा और समर्थन के लिए दर्शन का आश्रय ही ढूँढते थे। भारत में यह प्रमुख विज्ञान है जो अन्य विज्ञानों के लिए मार्गदर्शक है प्लेटो का यह कथन कि दर्शन, विज्ञान का विज्ञान है। यह प्लेटो की उक्ति भारतीय दर्शन के संदर्भ में ही खरी उतरती है। भारतीय दर्शन में बिना तर्क ज्ञान के सभी दर्शनिक मान्यताएँ खोखली मानी जाती हैं। मुण्डकोपनिषद में ब्रह्म विद्या को अन्य सब विज्ञानों का आधार तथा सद् विज्ञान की प्रतिष्ठा के रूप में कहा है, कौटिल्य की मान्यता है कि आन्वीक्षिकी विद्या अर्थात् न्याय विद्या अन्य सभी विषयों के लिए प्रदीप का कार्य करती है, यह समस्त कार्यो का साधन और समस्त कर्त्तव्य कार्यो का मार्गदर्शक है।

वस्तुतः दर्शन शास्त्र विश्व की समस्याओं को समझने का एक प्रयास है इसलिए इस पर जाति और सम्प्रदायों का प्रभाव पड़ना निश्चित है। प्रत्येक राष्ट्र की अपनी विशिष्ट मनोवृत्ति होती है। उसका बौद्धिक चिन्तन भी अपना ही विशिष्ट मत लिए हुए होता है। इतिहास के सहस्त्रों वर्षों के प्रभाव तथा उन समस्त परिवर्तनों के बीच जिनसे भारत होकर गुजरा है। इसमें एकरूपता ही परिलक्षित होती है। भारतीय परम्परा ने कुछ मानसिक विशेषताओं को दृढ़ता से पकड़ा हुआ है, जो इसकी विशिष्ट

परम्परा के अभिन्न अंग है। ये विशेषताएँ भारतीय जनों के विशिष्ट रूप में तब तक विद्यमान रहेंगी जब तक भारतीयों को अपने स्वतन्त्र अस्तित्व को अक्षुण्ण बनाये रखने का सौभाग्य प्राप्त होगा। व्यक्तित्व का अर्थ है विकास की स्वाधीनता। यह आवश्यक नहीं की इसका अर्थ असमानता है। नितान्त असमानता संभव नहीं क्योंकि समस्त भारत में मनुष्य समान है। काल, इतिहास के भेद से अवश्य भिन्नता प्रकट होती है। यह भेद विश्व संस्कृति की सम्पन्नता को बढ़ाते है, क्योंकि दार्शनिक विकास का इससे अधिक सुगम मार्ग और कोई नहीं इससे पूर्व की हम भारतीय विचार धारा के विशिष्ट स्वरूपों पर हम दृष्टिपात करें उससे पूर्व भारतीय दर्शन पर पश्चिमी दर्शन का प्रभाव, इस पर दृष्टिपात करना अपेक्षित है।

प्राय: यह प्रश्न उठाया जाता है कि भारतीय विचारधारा ने विदेशी सूत्रों से यथा यूनान से विचारधारा उधार ली है, यदि हम इस पक्ष पर गंभीरता से विचार करें तो यूनान में दार्शनिक विचारधारा लगभग ढाई हजार वर्ष से आरम्भ मानी जाती है। ढाई हजार वर्ष पूर्व तो भारत में बौद्ध दर्शन तथा जैन दर्शन का काल स्वीकार किया जाता है।

भारत में जबकि इससे पूर्व वैदिक काल, औपनिषदिककाल, षड्दर्शन काल आदि दार्शनिक गवेषणा के काल माने जाते रहे हैं। महाभारत काल में षड्दर्शनों के अन्तिम दो दर्शन, ब्रह्मसूत्र और मीमांसा दर्शन का परिणयन हुआ था इसके पश्चात् एक नास्तिक परम्परा जो कि चार्वाक आदि के नाम से प्रसिद्ध है, भारत में पनपी थी। उसके पर्याप्त अन्तराल के पश्चात् मध्यम नास्तिक धारा के दर्शन बौद्ध तथा जैन का प्रादुर्भाव हुआ था। इसलिए यूनानी दर्शन का भारत पर प्रभाव मानना नितान्त असंगत प्रतीत होता है। इस सम्बन्ध में यह अवश्य कहा जा सकता है कि जब पृथक्-पृथक् भूगोल में बैठे हुए सत्य के गवेषक मनीषि चिन्तना करते हैं। तो कभी-कभी उनके सिद्धान्त इतने मिलते जुलते है कि जैसे एक दूसरे पर प्रभाव हो, भारतीय सूत्र शैली तो इतनी प्रसिद्ध है कि यूनान की दर्शन शैली उसके सामने कुछ भी नहीं है के तुल्य है। भारतीय साहित्य का यह इतिहास है कि वह सर्वप्रथम काल में मन्त्रों के रूप में प्राप्त हुई जिसमें वेद और उपनिषदों को सम्मिलित किया जा सकता है। उसके पश्चात् षड् दर्शनों के रूप में सूत्र शैली का विकास क्रम माना जाता है। उसके पश्चात् महाकाव्य तथा उसके अनन्तर गद्य शैली का विकास हुआ है। इसलिए भारतीय दर्शन पर यूनान का कोई प्रभाव नहीं माना जा सकता है।

भारतीय दर्शन का काल एक बहुत लम्बा काल माना जा सकता है, भारतीय दर्शन की धारा को द्वैतवादी (यथार्थवादी) और अद्वैतवादी (प्रत्ययवादी) धाराओं में विभक्त किया जा सकता है। सृष्टि के आदि में मानव मन के अन्दर इस बाह्य दृश्य मान जगत को देखकर कौतुहल हुआ होगा और संभवत: इस कौतुहल को कि प्रथम

तरंग में ही उसे किसी अव्यक्त विराट् सत्ता का आभास भी दिया होगा, जिसके अनुसंधान हेतु मानव मन आज भी विचलित देखा जाता है। किसी भी अव्यक्त परम सत्ता की खोज से पूर्व चित्त को इस जगत का वैविध्य पूरित स्वरूप अपने ओर आकर्षित करता है। अपने विभिन्न उपादानों से उसके मानस का अपमान करता है परन्तु बुद्धि के विस्तार के साथ-साथ एवं अनुभूत बहुविध आधि व्याधियों के पश्चात् इस जगत के प्रति यह आकर्षण की धारणा अवशिष्ट नहीं रह जाती जो पूर्ण रूप से यहीं विश्राम कर एवं संतुष्ट होकर निवृत्त हो जाय, क्योंकि मानव मन अनुभव के आधार पर बहुत शीघ्र जान लेता है कि यह भोगा जाता हुआ जगत स्वयं में परमार्थ नहीं है। सुखों की स्थिति के साथ वेदनाओं का कोलाहल मानव के मन से इसकी समस्त आकृष्टता को प्रक्षालित कर देता है और मानव मन फिर इस जगत के पार किसी अक्षुण्ण आनन्दमयी सत्ता की कल्पना कर उसके अनुसन्धान एवं प्राप्ति हेतु व्यग्र हो उठता है। भारतीय मानव का दृष्टिकोण अपने आदिम काल से ही संभवतः इस व्यग्रता से उत्पीड़ित रहा है, यही कारण प्रतीत होता है कि हम अपने अतीतमय अतीत के क्षितिज पर भी आध्यात्मिक विचारों का रंग बिखरा हुआ अवलोकित करते हैं।

मनुष्य केवल उस अव्यक्त विराट् सत्ता के विषय में ही चिन्तन नहीं करता प्रत्युत अपने मूल प्रकृति और स्वरूप के विषय में भी शोध करता है और उस चिन्तनान्तर उपलब्ध आत्म स्वरूप का इस बाह्य जगत और उस अव्यक्त विराट् सत्ता के साथ तारतम्य का भी अनुसंधान करने का प्रयास करता है, इन तीनों का आपूर्ण और सान्त विवेचन ही विभिन्न दर्शनों की पृष्ठ भूमि में प्रतीत होता है।

जिस जगत में रहकर उसके उपादानों से जीवन निर्वाह होता है। उसका स्वरूप क्या है? क्या यह जगत व्यावहारिक कल्पना मात्र है या एक ध्रुव सत्य है? इसकी प्रतीति हमारे मानस या चित्त का विकार है या एक ठोस यथार्थ है? आदि प्रश्न चिन्तक या दार्शनिक के सामने प्रथमतः उपस्थित होते है। वह इस जगत की उपेक्षा करने में समर्थ नहीं है, क्योंकि यह जगत आँसुओं की विमोचन स्थल मात्र ही नहीं है। जीव यहाँ रहकर विविध उपादानों से उस अव्यक्त परम सत्ता के अनुसन्धान और प्राप्ति के अनुष्ठान को सम्पन्न करता है। तब फिर किस प्रकार जगत की उपेक्षा की जा सकती है।

न्याय, वैशेषिक, सांख्य और योग, मीमांसा आदि दर्शनों में अनेक तत्व की मान्यता दी गई है। तथापि वे तत्त्व जड़ और चेतन की दृष्टि से दो ही कोटियों में रखे जा सकते है, इसलिए उन्हें द्वैतवादी (यथार्थवादी) दर्शन माना जाता है। सांख्य दर्शन एक द्वैतवादी दर्शन है उसका दृष्टिकोण यथार्थवादी है। सांख्य दर्शन है उसका दृष्टिकोण यथार्थवादी है। सांख्य दर्शन की दृष्टि प्रकृति और पुरुष के विविध रूपों को

यथार्थवादी धारा के अनुसार अभिव्यक्त करना है। इन दोनों के पारस्परिक सम्बन्ध से इस जगत की अभिव्यक्ति होती है त्रिगुणात्मिका प्रकृति जड़ है पुरुष चेतन है दोनों स्वतन्त्र सत्ता वाले है। परन्तु सृष्टि के आदि में पुरुष की सन्निधि से प्रकृति के त्रिगुणों की साम्यावस्था में क्षोभ उत्पन्न होता है और सृष्टि प्रक्रिया आरम्भ हो जाती है। कार्य कारण के घटना क्रम में ये सत्कार्यवादी हैं। कार्य और कारण की अनन्यता को स्वीकार करते हैं। प्रत्येक कार्य अपने अभिव्यक्ति से पूर्व अपने उपादान कारण में अन्तर्निहित रहता है। ज्ञान मीमांसीय दृष्टि से इन्द्रियों द्वारा बाह्य विषय बुद्धि में पुरुष की छाया आपत्ति से अवलोकित होते है। बाह्य विषय अपनी स्वतन्त्र सत्ता रखते हैं। इसी प्रकार योग दर्शन भी बाह्य जगत् के विषय में सांख्य दर्शन के दार्शनिक सिद्धान्तों का अनुसरण सा करता हुआ प्रतीत होता है।

आस्तिक दर्शनों में न्याय, वैशेषिक दर्शन को पूर्णतः द्वैतवादी(यथार्थवादी) मान्यता दी जाती है। इन्होंने एकाधिक सत्ता को स्वीकार किया है। सृष्टि की संरचना जड़ परमाणुओं से उपभोक्ता के रूप में जीवात्मा को और सृष्टि रचयिता के रूप में ईश्वर कें प्रत्ययों को अनादि और नित्य स्वीकार किया है। घट पटादि का अपना स्वतन्त्र अस्तित्व है हमें उन वस्तुओं का ज्ञान हो या न हो तथापि उनका अपना अस्तित्व है। उनके मतानुसार प्रत्येक प्रतीति या ज्ञान का एक विषय है। विषयी ज्ञान से पृथक् है। न्याय का यथार्थवाद एवं द्वैतवाद अनुभव एवं तर्क पर अवलम्बित है। इसी प्रकार यथार्थवादी वैचारिकों में मीमांसा का स्थान महत्वपूर्ण है, यद्यपि जैमिनी के मीमांसा सूत्र में कर्मकाण्ड सम्बन्धी विशेष दार्शनिक विवेचना है। मुख्यतः उनमें यज्ञों और कर्मकाण्डों की ही व्याख्या की गई है तथापि मीमांसा दर्शन के दो मेरुस्तम्भ प्रभाकर कुमारिल भट्ट द्वैतवादी तथा यथार्थवाद के प्रबल समर्थक थे। मीमांसा दर्शन में विशेषतः वैदिक परम्परा का निरूपण करते हुए वैदिक दर्शन का निबन्धन किया है। उत्तरवर्ती बौद्ध आचार्य और उत्तरवर्ती मीमांसक आचार्यों ने अपने-अपने दर्शन की महत्ता को भाष्यों एवं टीकाओं के माध्यम से शास्त्रार्थ शैली में निरूपित किया है। इन भाष्यकारों के दार्शनिक साहित्य की संरचना हुई। बौद्ध आचार्य दिंनाग और धर्मकीर्ति आदि बौद्ध दार्शनिकों ने द्वैतवाद एवं यथार्थवाद के विरुद्ध आक्रमण करके सब कुछ क्षणिक एवं जगत की यथार्थ सत्ता को अस्वीकार कर दिया इनका मत था कि जगत की बाह्य वस्तुएँ यथार्थ में नहीं है। इनके विरुद्ध मीमांसकों ने यह सिद्ध किया कि जिन वस्तुओं का ज्ञान हमें इन्द्रियों के द्वारा होता है। वे वस्तुएँ यथार्थ रूप में है, वे केवल प्रतिबिम्ब मात्र नहीं है। मीमांसकों के अनुसार हमें तीन प्रकार के पदार्थों का ज्ञान होता है। प्रथम भोगायतन शरीर अर्थात् जिसमें रहकर आत्मा सुख-दुःख का अनुभव करता है। द्वितीय भोग साधन अर्थात् इन्द्रियाँ जिनके द्वारा आत्मा भोग किया करता है और तृतीय भोग विषय अर्थात् पदार्थ जिनका भोग आत्मा करता है इन तीनों

प्रकार के पदार्थों से युक्त ही संसार है। जो नाना रूप है और अनादि है इसलिए मीमांसा भी न्याय, वैशेषिक की तरह अनेक तत्ववादी है। ये दर्शन वेद को प्रामाणिक मानते हैं। मनुष्य का चरमोत्कर्ष ही अपवर्ग की प्राप्ति है।

मीमांसा दर्शन का कार्यकारण में एक नवीन दृष्टि प्रदान करता है इसके अनुसार कार्य की उत्पत्ति के लिए कारण के अतिरिक्त शक्ति भी स्वीकार करनी चाहिए। एक बीज में स्वयं के अतिरिक्त अंकुरण शक्ति है क्योंकि देखा जाता है कि यदिँ बीज को आग में भून दिया जाय तो उसकी अंकुरण शक्ति समाप्त हो जाती है। उस स्थिति में बीज से अंकुर प्रस्फुटित नहीं होता।

वेदान्त दर्शन (ब्रह्म सूत्र) एक ऐसा दर्शन है जिसके भाष्यकारों ने कई दार्शनिक सिद्धान्तों की सृष्टि की है। वास्तव में वेदान्त दर्शन का अपना स्वरूप भाष्यकारों के दार्शनिक मतों के कारण धूमिल सा हो गया है। इसलिए जो मूल दर्शनों के अध्येता नहीं है। वे वेदान्त दर्शन से अद्वैत वेदान्त के रूप में ही स्वीकार करते हैं। वेदान्त दर्शन से ही आचार्य शंकर ने अद्वैत वेदान्त दार्शनिक मत की स्थापना की है, इसी वेदान्त के भाष्य से आचार्य रामानुज ने विशिष्टाद्वैतवाद की मान्यता प्रदान की है और आचार्य माध्व ने द्वैतवाद मत की स्थापना की है। यद्यपि ब्रह्म-सूत्र एवं वेदान्त दर्शन में सृष्टि के रचयिता ब्रह्म के स्वरूप की सिद्धि व्यावहारिक तर्कों के अनुसार की है।

भारतीय दर्शन का द्वितीय प्रत्ययवादी दृष्टिकोण के अनुसार बाह्य जगत किसी अन्य पारमार्थिक तत्त्व का विवर्त या प्रपंच है। अत: वह वास्तविक नहीं है। जो हमारे ज्ञान या मन का ही अवभास मात्र है, उसकी अपनी सत्ता या अस्तित्व नहीं है। प्रत्ययवादी दृष्टिकोण दो प्रकार का है। प्रथम आत्मनिष्ठ प्रत्ययवाद द्वितीय अद्वैतवादी प्रत्ययवाद। आत्मनिष्ठ प्रत्ययवादी दृष्टिकोण के अनुसार मन से व्यतिरिक्त अथवा स्वतन्त्र कोई वस्तुनिष्ठ यथार्थ नहीं है। इनके अनुसार मन के अतिरिक्त कोई ज्ञान या चेतना भी नहीं है। पदार्थों की प्रतीति मन के तदाकार हो जाने पर होती है। मन ही तत्-तत् पदार्थों का उत्सर्जक है। जगत का अपना कोई अस्तित्व नहीं है।

अद्वैतवादीय प्रत्ययवादी दृष्टिकोण के अनुसार जगत का व्यावहारिक अस्तित्व भी है परन्तु यह जगत ब्रह्म का विवर्त है। जगत की अपनी स्वतन्त्र सत्ता नहीं है वह केवल विवर्त मात्र है। बौद्ध के योगाचार्य या विज्ञानवादी तथा माध्यमिक या शून्यवादी सम्प्रदाय आत्मनिष्ठ प्रत्ययवादी विचारधाराके प्रतिनिधि है।

प्रत्ययवादी विचारक घटनाक्रम के अनुक्रम में वस्तुगत कार्यकारण को नहीं मानते इनके अनुसार कार्य कारणवाद एक मनोनिष्ठ धारणा है। माध्यमिकों के अनुसार सभी कुछ शून्य है। शून्य से उत्पन्न कार्य भी शून्य ही है। योगाचार्य तथा अद्वैतवादी वेदान्तियों के अनुसार कारण तो है परन्तु कार्य नहीं है। कारण ही एक मात्र यथार्थ है, तथा कार्य भ्रम मात्र है।

यथार्थवादी दृष्टिकोण वाले दार्शनिक कार्यकारण का अपरिहार्य सम्बन्ध मानते है, उनके अनुसार कारण और कार्य दोनों ही वास्तविक है। क्योंकि किसी भी भावात्मक वस्तु का उसके कारण से यथार्थ सम्बन्ध होता है। विवर्त से उत्पत्ति तो केवल भ्रम स्थल पर ही संभव है, यह समझ से परे प्रतीत होता है, कि सृष्टि का परम कारण ब्रह्म तो भावात्मक है। परन्तु उससे उत्पन्न जगत रूपी कार्य उसका विवर्त है। यद्यपि कार्य कारण के सम्बन्ध को लेकर द्वैतवादी दार्शनिकों में भी मतभेद है। जैसे कि सांख्यवादी सत्कार्य वाद को स्वीकार करते है और नैयायिक असत्कार्यवाद को मानते है। परन्तु ये दोनों ही कार्य कारण का सम्बन्ध तथा इनसे उत्पन्न वस्तुए वास्तविक रूप में स्वीकार करते हैं अर्थात् कारणानुरूप ही कार्य उत्पन्न होते हैं।

बौद्ध दर्शन के महायान सम्प्रदाय के योगाचार्य और माध्यमिक दोनों ही प्रत्ययवाद का उच्चतम रूप में वर्णन करते हैं। योगाचार्य बाह्य सत्ता का सर्वथा निराकरण करता है। इनके मतानुसार केवल चित्त ही परमार्थ तत्व है। चित्त से तात्पर्य इनके अनुसार विज्ञानप्रभा या विभिन्न मानसिक अवस्थाओं के संघात मात्र से है विज्ञान के अतिरिक्त ये किसी भी भौतिक जगत परमात्मा या आत्मा को स्वीकार नहीं करते हैं, इनके अनुसार समस्त व्यक्तियों का विज्ञान ही परम तत्व है। इसके अतिरिक्त किसी भी सार्वभौमिक आत्मा की सत्ता नहीं है। कहने का अभिप्राय है कि विज्ञान के अतिरिक्त सार्वभौमिक विचार चेतन आत्मा की सत्ता नहीं है। नहीं बाह्य जगत का उपादान कारण है, यदि कोई कारण है तो विज्ञान है, जो चित्त के अंदर है। जो मन या चित्त के अतिरिक्त भाषित होता है। वह मन के भीतर है अर्थात् मनोमय ही है। मन का प्रत्यय ही भ्रमवशात् स्वप्न की भांति मन से भिन्न सा प्रतिभाषित होता है। जैसे स्वप्नकालिक पदार्थ मन से अतिरिक्त प्रतीत होते हुए भी मन से पृथक् नहीं है। उसी प्रकार बाह्य जगत भी मन या चित्त से भिन्न नहीं है। क्योंकि किसी भी प्रकार के पदार्थ का अवबोध हम मन के बिना नहीं कर पाते है। इसलिए सब कुछ मन पर निर्भर करता है। वास्तव में ये वस्तुएं मन के प्रत्ययों का संघात मात्र है। इसलिए आत्म अर्थात् मन या चित्त या ज्ञाननिष्ठ अर्थात् आत्मनिष्ठ प्रत्ययवाद की संज्ञा दी जाती है। इस मत का यह स्पष्ट मानना है कि बाह्य वस्तुएँ है ही नहीं। योगाचार्य क्रमिक विज्ञानों की एक पूरी परम्परा स्वीकार करते हैं। उनके अनुसार चित्त में अनन्त विज्ञानों का उदय होता रहा है। ये विज्ञान परस्पर भिन्न होकर भी वासना संक्रम वशात् एक दूसरे से संबद्ध होते रहते हैं। इनका सतत् तारतम्य बना रहता है। ये एकाकार होकर एक वस्तु के रूप में होकर प्रतिभाषित होते है। तथापि ये सभी स्वतन्त्र रहते हैं। ये विज्ञान स्वयंप्रकाश हैं। इनमें अविद्या के कारण ज्ञाता, ज्ञान और ज्ञेय से भिन्नत्व की कल्पना कर ली जाती है। इन विज्ञानों में इतनी क्षमता होती है कि ये स्वयं पहचान और समझ सकें। ये स्वयं वेदन हैं, प्रत्येक वस्तु चेतना की उपज है, अर्थात् समस्त पदार्थों को विचार संबन्धों में सीमित किया जा सकता है।

उन्होंने यथार्थवादी स्वतान्त्रिक का खण्डन करते हुए कहा कि पदार्थ तो द्रष्टा के मस्तिष्क के विचार मात्र है। जो संवेदनाओं के संघातों के अवभाषित होते हैं। इससे अधिक और कुछ नहीं है। ये संवेदनाएँ या विज्ञान आत्मनिर्भर हैं। अपने अस्तित्व के लिए वे बाह्य वस्तुओं तक सीमित नहीं है। इसलिए किसी भी वस्तु का अस्तित्व या भौतिक या बाह्य जगत न होकर मात्र मानसिक होता है। इस प्रकार योगाचार्य विचारकों ने ज्ञाता, ज्ञान ज्ञेय का एकीकरण करके यथार्थ को मानव चेतना की अवधारणाओं में अन्तर्सात कर दिया है। बौद्ध दर्शन के माध्यमिक विचारक योगाचार्य विचारकों से और एकदम आगे बढ़कर प्रत्ययवाद (अद्वैतवाद) की पुष्टि करते है। योगाचार्य चित्त की सत्ता को यथार्थ रूप से स्वीकार करता हे। परन्तु इन्होंने चेतना सहित समस्त अस्तित्व को शून्य मात्र प्रतिपादित किया है। इसलिए इन्हें शून्यवादी भी कहा जाता है। इन्होंने आत्मा और परमात्मा की अवधारणा को तार्किक दृष्टि से अनुपयुक्त तथा अस्वीकार कर दिया है। उन्होंने ईश्वर, आत्मा और जगत सभी को शून्य के लिए समर्पित कर दिया अर्थात् बाह्य और अन्तः सत्ता दोनों का शून्य में विलयन कर दिया है। इनके मतानुसार वस्तुगत यथार्थ केवल शून्य है, अतः अपरिभाष्य एवं अविश्लेषणीय है इनका मत है कि सार तत्व को खोजने का कोई साधन नहीं है इसलिए उसे समझा ही नहीं जा सकता और न ही उसका वर्णन किया जा सकता है। कारण और कार्य का सिद्धान्त ज्ञान जनित है। यह समस्त ब्रह्माण्ड एक भ्रम मात्र है।

इनका परम तत्व अलक्षणीय शून्य है, वह न सत् है, न असत् है न सदसद् दोनों है, न दोनों से भिन्न है। इस प्रकार यह तत्व उन चारों कोटियों से विलक्षण है[1]। जिसका लक्षण नहीं किया जा सकता। अलक्षण होकर भी वह आभावात्मक नहीं है। माध्यमिकों का मत है कि अविद्या के कारण शून्य से समस्त जगत की अभिव्यक्ति होती है। माध्यमिक या शून्यवादियों का ऐसा विचार कदाचित प्रत्ययवाद के चर्मवाद को प्रस्तुत करता है।

बौद्ध दर्शन उक्त दोनों प्रत्ययवादी मतों के बाद वस्तुनिष्ठ प्रत्ययवादी के रूप में अद्वैतवादी वेदान्त आता है। प्रत्ययवादियों में अद्वैत वेदान्त अग्रगण्य है इनके अनुसार सचिदानन्दमय परम तत्व एक मात्र सत्य, चेतन, शुद्ध, अखण्ड, नि र्विशेष अनन्त और निरेपक्ष है, क्योंकि निर्विलोप है अतः उसमे किसी भी प्रकार के गुणों का सन्निधान नहीं किया जा सकता।

इन वेदान्तियों का मत है। कि जगत वस्तुतः सर्वथा भ्रान्त है। इसलिए जगत् को आभाषमात्र की संज्ञा दी जाती है जो पारमार्थिक रूप में मिथ्या है। उसकी सत्ता मात्र

---

1. न सन्न सन्न सदसन्न चाप्युभयात्मकम्।
   चतुष्कोटिर्विनिर्मुक्तं तत्वं माध्यमिका विदुः।। माध्यमिका कारिका-1-7.

व्यावहारिक जीवन के लिए हैं। वह सत्य न होकर भी सत्य की तरह प्रतीत होता है। वस्तुतः वह सत्य नहीं है क्योंकि वह विवर्त है इसके अनुसार इस विवर्त का कारण अविद्या या माया है। जिसको दूर अन्धेरे में पड़ी रस्सी को सर्प समझ लिया जाता है। उसी प्रकार ब्रह्म की जगत के रूप में प्रतीति होती है। जिस प्रकार उस रस्सी पर हुए सर्पज्ञान के अध्यास के निरस्त हो जाने पर हमें रस्सी का शुद्ध ज्ञान होता है। उसी प्रकार अविद्या के क्षीण हो जाने पर अर्थात् ब्रह्म ज्ञान हो जाने पर जगत् का भ्रम समाप्त हो जाता है। अतः यह इनकी व्यावहारिक सत्ता ही है। जीव को अपने ब्रह्मत्व का ज्ञान अपरोक्षानुभूति के द्वारा होता है। जैसा कि अभी कहा है कि जीवन रूप ब्रह्म अपने शुद्ध रूप में ब्रह्म से तत्वतः अभिन्न है, इसलिए ब्रह्म ज्ञान और आत्म ज्ञान एक ही है।

नानात्व से भरा यह जगत मिथ्या है। इस नानात्व का आश्रय स्वयं ब्रह्म है, जो स्वयं में नानात्व या वैभिन्न से रहित है। आचार्य शंकरका कथन है। कि जिस प्रकार हम अपने दैनिक जीवन में रस्सी को सर्प रूप में देखने को भूल प्रायः करते हैं। इस भ्रम में रज्जु में सर्प परिलक्षित है, दूसरे अनन्तर भ्रम के दूर होने पर हमें ज्ञात होता है कि रज्जु सर्प में सर्प का अत्यन्ताभाव था जिस प्रकार रज्जु में सर्प प्रतीत होता है। उसी प्रकार ब्रह्म में जगत प्रतीत होता है। ब्रह्म मे जगत का यह आरोपण शंकर के मतानुसार अविद्या या माया के कारण होता है। वस्तु में अवस्तु का जो आरोप है, अद्वैत वेदान्त में उसे अध्यास की संज्ञा दी गई है। इस अध्यास का मूल अविद्या अथवा माया है। माया परमेश्वर की बीज शक्ति है। यह त्रिगुणात्मिका ज्ञान विरोधी और भावरूप है। भावरूप का अभिप्राय सत्ता रूप है। माया न तो सत् है और न असत् इन दोनों से विलक्षण होने से उसे अनिर्वचनीय की संज्ञा दी गई है। ऐसी अविद्या की दो शक्तियां हैं। आवरण और विक्षेप इन्हीं की सहायता से वस्तुभूत ब्रह्म के वास्तविक स्वरूप को आच्छादित कर उसमें अवस्तु रूप जगत की प्रतीति कराती है। लौकिक भ्रांतियों में भी व्यक्ति इन दो शक्तियों का अनुभव करता है। अधिष्ठान के सत्य स्वरूप के आच्छादित होने के अनन्तर ही किसी अन्य पदार्थ की उस मूल पदार्थ पर स्थापना होती है। आवरण के द्वारा उस मूलभूत को छिपाती है। विक्षेप शक्ति द्वारा अन्य वस्तु की प्रतीति कराती है, जैसे रज्जु में सर्प की प्रतीति। इस प्रकार अविद्या ब्रह्म के वास्तविक स्वरूप को आच्छादित कर उससे आकाश, पृथ्वी, प्रभृति पदार्थों की प्रतीति की धारणा का जीवात्मा में आरोपण करती है। जिस प्रकार एक छोटा सा मेघ खण्ड द्रष्टा के नेत्र को ढ़ककर अनेक योजना वाले सूर्य मण्डल को आच्छादित कर देता है। उसी प्रकार परिछिन्न अज्ञान अनुभव कर्त्ता की बुद्धि को ढ़ककर अपरिछिन्न असंसारी आत्मा को आच्छादित कर देता है। यही आवरण शक्ति है, जो शरीर के अन्दर द्रष्टा और दृश्य के तथा शरीर के बाहर ब्रह्म और सृष्टि के भेद को ढक देती

है। जिस प्रकार रज्जु का ज्ञान रज्जु में अपनी शक्ति से सर्प पैदा कर देता है। ठीक उसी प्रकार अविद्या भी अज्ञान से आत्मा में इस शक्ति के बल से आकाशादि जगत के प्रपञ्च को उद्भाषित कर देती है।

शंकर के अनुसार सत् वही है जो उत्तर कालिक किसी ज्ञान के द्वारा बाधित न हो। दूर पड़ी हुई रस्सी का सर्प ज्ञान प्राप्त व्यक्ति के द्वारा बतला दिए जाने या स्वयं दीपकादि के प्रकाश में अवलोकान्तर बाधित हो जाता है। अतः उसे सत् नहीं कहा जा सकता है। सत् तो त्रिकालाबाधित होता है। ब्रह्म ही एकमात्र तत्त्व है जो त्रिकाल समभाव से उपस्थित रहता है। वह सदा और सर्वत्र निर्बाध है। ब्रह्म से पृथक् नानात्मक जगत् मिथ्या हैं। इसलिए अद्वैतवादी तीन प्रकार की सत्ता मानते हैं। (1) प्रातिभाषित (2) व्यावहारिक (3) पारमार्थिक। प्रातिभाषिक सत्ता से अभिप्राय है जिसकी प्रतीति तो सत्यवत् हो परन्तु उसके पश्चात् वह बाधित हो जाय। जैसे रज्जु में सर्प की प्रतीति। जगत् अपने परमार्थ रूप में इसी प्रकार है जो तत्व ज्ञानान्तर बाधित हो जाता है।

व्यावहारिक सत्ता इस जगत के समस्त व्यवहार गोचर पदार्थों में रहती है। इसमें रूप और नाम जगत् के धर्म हैं। इस सत्ता के अनुसार नानात्व से भरा हुआ जगत् समस्त जड़ पदार्थ सत् रूप में दृष्टिगोचर होते हैं, परन्तु उन सबकी सत्ता व्यवहार के लिए ही है। ब्रह्म के ज्ञान के पश्चात् वह समस्त जड़ जगत् का ज्ञान बाधित हो जाता है। अतः वह एकान्तिक सत्य था। व्यवहार काल में ही सत्य होने के कारण जगत् के विकारात्मक पदार्थों की सत्ता व्यावहारिक ही है। इन सबसे विलक्षण त्रिकालाबाध्य है। अतः वही पारमार्थिक सत्ता है। शास्त्रीय दृष्टिकोण से अद्वैतवादी विवर्तवाद को मानते हैं। जिसके अर्न्तगत जगत् सद् असद् विलक्षण माया का तो परिणाम है परन्तु ब्रह्म का विवर्त है, अतात्विक परिवर्तन को विवर्त कहा जाता है। कारणभूत ब्रह्म मात्र सत्य है। कार्य भूत जगत् अतात्विक है। अतः मिथ्या है। बाह्य जगत् की जो हमें प्रतीति होती है, वह मिथ्या है।

ज्ञान शास्त्रीय दृष्टि से अद्वैतवादी वेदान्ती अनिर्वचनीय ख्याति को स्वीकार करते है। जिसमें सांसारिक पदार्थों की सत्ता को न तो सत् कहा जा सकता है क्योंकि तत्त्व ज्ञानान्तर उसकी सत्ता का बाध होता है। न उसे असत् कहा जाता है क्योकि जागतिक पदार्थ असत् होते तो उनकी प्रतीति कदापि संभव न होती। उनकी व्यवहार काल में प्रतीति होती है। न वे पदार्थ सदासत् अभावग्रस्त है। अतः हमें अनिर्वचनीय का ज्ञान होता है। इस प्रकार अद्वैत वेदान्त के अनुसार जगत् सर्वथा मिथ्या है। वस्तुतः ब्रह्म ही एक मात्र सत्य है।

यथार्थवादी अवधारणा के अनुसार बाह्य जगत् की सत्ता वास्तविक है। वह अपनी सत्ता के लिए किसी अन्यत्र पदार्थ पर पूर्णरूपेण अवलम्बित नहीं है। प्रायः ऐसे

यथार्थवादी दृष्टिकोण मानने वाले दर्शन किसी न किसी रूप में द्वैतवादी है। वे जहाँ चेतन की सत्ता को वास्तविक मानते हैं, वहां जड़ की सत्ता को भी स्वीकार करते हैं इसमें भौतिकवादी चार्वाक् का मत यह है कि केवल भौतिक जगत् ही है। जो चार महाभूतों के संयोग से निर्मित हुआ है। चार्वाक् का यह भौतिकवादी मत होते हुए भी किसी न किसी रूप में चार्वाक् को अद्वैतवादी मानना ही अपेक्षित है क्योंकि जहां अद्वैतवादी केवल ब्रह्म को ही एक मात्र सत् मानते है। उसी प्रकार जड़वादी चार्वाक् केवल जड़ तत्त्व को स्वीकार करता है। जीवात्मा और ईश्वर की सत्ता को नहीं मानता है। इसलिए चार्वाक् और अद्वैतवादी मत एक ही जगह आकर एकीकृत होकर उपस्थित हो जाते हैं कि विश्व की पहेली का समाधान एक ही कारण मानकर किया जा सकता है। अन्तर केवल इतना है, एक जड़ को कारण मानता है दूसरा चेतन को मानता है। दोनों कारण एक ही मानते हैं। एक चेतन को एक जड़ को।

वैभाषिक मत को उसकी ज्ञान शास्त्रीय दृष्टि के कारण बाह्यार्थ प्रत्ययवादी भी कहा गया है। इनके मतानुसार बाह्यार्थ मन के बाहरी पदार्थों का ज्ञान प्रत्यक्ष रूपेण बिना किसी बाधा के और माध्यम के होता है। इन्होंने प्रत्यक्ष प्रमाण पर जोर देते हुए कहा है कि यदि प्रत्यक्ष प्रमाण को न माना जाय तो बाह्य पदार्थों का बोध होना असम्भव हो जाएगा, क्योंकि अन्य प्रमाणों से किसी पूर्व प्रत्ययीकृत पदार्थ का ही ज्ञान किया जा सकता है। वैभाषिक के मतानुसार मन और बाह्य जगत् दोनों ही अस्तित्व के लिए यथार्थ है। और परस्परापेक्षी न होकर दोनों ही स्वतन्त्र हैं।

अद्वैतवादी वेदान्त के एकात्म प्रत्ययवाद के विरोध में वैभाषिकों का कहना है कि आत्मा नामक कोई स्वतन्त्र तत्व मनुष्यों मे नहीं है। मनुष्य भौतिक एवं मानसिक धर्मों का योग मात्र है। प्रत्येक धर्म की अपनी-अपनी पृथक् सत्ता है। वे धर्म शाश्वत और अपरिवर्तनीय है। उनसे निवृत्त पदार्थ परिवर्तन के अधीन है। पदार्थ और वस्तुएँ अविरल परिवर्तनशील धर्मों की अनवरत धारा है। वैभाषिकों के अनुसार धर्म की यह चिरन्तन धारा केवल निर्माण अवस्था में ही शान्त और आनन्द प्राप्त करती है। धर्मों की इस गतिशीलता और इच्छा के अवरोधानान्तर ही निर्माण प्राप्तव्य है। तथापि यह दृष्टिकोण यथार्थ की उपेक्षा नहीं करता। वैभाषिक सम्प्रदाय परमाणुवाद को स्वीकार करके भी पदार्थों की क्षणभंगुरता पर बल देते हैं। इनके मतानुसार क्षणभंगुर होकर भी पदार्थ दीर्घ कालीन अस्तित्व वाले हैं क्योंकि वस्तुओं के स्वरूप एक के बाद एक हमारी समझदारी में स्थान बना लेते हैं। एक कालिकता का भ्रम उनकी गति की लाघवता के कारण होता है। यह वैसे ही होता है। जैसे बाणानुविद्ध पुरुष के बारे में हम यह समझते हैं कि उसकी आठों पंखुड़ियों को बाद में एक साथ ही बाँध दिया है। अथवा अग्नि का एक स्फुलिंग एक चक्र के समान दिखाई देता है। जगत् के यथार्थ के विषय में उनका यह तर्क है कि जो वस्तुएँ प्रत्यक्ष में दिखाई देती हैं उनका

मन, आत्मा या चेतन से सर्वथा स्वतन्त्र अस्तित्व है। यह ब्रह्माण्ड के स्रष्टा के रूप में किसी ब्रह्म या परमात्मा की आवश्यकता को स्वीकार नहीं करते। ये लोग ज्ञान प्रक्रिया में वैभाषिक इन्द्रियों को महत्वपूर्ण मानते है। इनके मत में दृश्य वस्तुओं से स्वतन्त्र चेतना का अस्तित्व नहीं है। अपितु यह विषय और इन्द्रियों द्वारा समर्पित होता है। इनकी ज्ञान प्रक्रिया इस प्रकार है—रूप का एक क्षण, चक्षु का एक क्षण तथा चित्त का एक क्षण। जब एक निकट संपर्क में आते हैं तो इसको एक ही रूप का दर्शन कहते हैं। इनके मतानुसार पदार्थ इन्द्रियों के माध्यम से चेतना पर अपना स्वरूप अर्पित करता है।

हीनयान के ही दूसरे स्वतान्त्रिक सम्प्रदाय के अनुसार बाह्य सत्ता सत्य है। परन्तु इनका ज्ञान मीमांसीय दृष्टि से वैभाषिकों से मतभेद है। इनके मतानुसार बाह्य सत्ता का ज्ञान हमें अपनी इन्द्रियों के द्वारा प्रत्यक्ष रूप में ही नहीं होता प्रत्युत् अनुमान के द्वारा होता है। इसलिए इन्हें बाह्यार्थ अनुमेय-वादी कहते हैं क्योंकि बाह्य पदार्थों के अस्तित्व को अनुमान सिद्ध मानता है इनके मतानुसार बाह्य पदार्थ मन पर अपना चित्र अंकित करते हैं। उसी के मतानुसार उनके अस्तित्व का अनुमान होता है। ये चित्र मन के द्वारा नहीं बनाये जाते। इसलिए यह अनुमाप्य होता है कि कारणभूत पदार्थ मन से बाहर और यथार्थ है। तथापि स्वतांत्रिक की बाह्य सत्ता चित्त सापेक्ष है।

वेदों के एक 'एकंसद्विप्राबहुधा वदन्ति'' अर्थात् सत् एक है। ज्ञानी व्यक्ति उस सत् को बहुत प्रकार से कहते हैं। वैदिक युग के ऋषियों ने वेद की ऋचाओं का समाधिनिष्ठ होकर, उसका साक्षात् करते हुए अनुभूतिमूलक सत्य के उद्घाटन का प्रयास किया जैसे कहा है कि—''हिरण्यमयेन पात्रेण सत्यस्यापिहितं मुखं'' अर्थात् भौतिक चमक-दमक से सत्य का मुख उद्घाटित नहीं है। इसी वेद ऋचा से अन्वेषण में उपनिषद् के ऋषि ने कहा कि ''तत्वपूषन्नपावृणु सत्य धमार्थ दृष्टये'' अर्थात् हे ज्ञान के प्रचेता सत्य के धर्म को उद्घाटित करते हुए सत्य को जिस ढक्कन ने आच्छादित कर रखा है। उसको ज्ञान के प्रकाश से उद्घाटित कर दो। इस प्रकार उस समय के ऋषियों ने वेदों के दो रूप में व्याख्या प्रस्तुत की है। ज्ञानकाण्डीय व्याख्या उपनिषदों के रूप में कर्मकाण्डीय व्यख्या ब्राह्मण ग्रन्थों के रूप में।

उपनिषद् साहित्य अनेक ऋषियों, प्रचेताओं के चिन्तन का नवनीत है। जो उद्भाव के मानस को तो प्रमुदित कर ही देता है, प्रत्युत जिसने भाषा चिन्तकों के पथ का भी निदर्शन किया है। यही कारण प्रतीत होता है कि चाहे दर्शन द्वैतवादी हो या अद्वैतवादी अपने विचारों की उद्भूतता एवं संपुष्टता के लिए उपनिषदों के आभारी हैं। सभी दर्शनों का स्रोत इन उपनिषदों के दार्शनिक विचारों में प्रचेताओं ने अन्वेषण रूप में प्रस्तुत किया है। सभी दार्शनिकों ने उपनिषदों के विचारों को अपने मतानुसार साँचे में ढाला है। इन उत्तरवर्ती दार्शनिकों में वेदान्ती, वादरायण, अद्वैतवादी शंकर, विशिष्टा-

द्वैतवादी रामानुज तथा द्वैतवादी माधवाचार्य के नाम प्रमुख हैं। इन सभी ने उपनिषदों के अतिगहन दार्शनिक विचारों की भिन्न-भिन्न गहन व्याख्या प्रस्तुत की है।

शंकर और रामानुज यद्यपि दोनों ही वेदों को अपौरुषेय स्वीकार करते हैं। परन्तु उनकी जो वेदान्ती संज्ञा दी गई है। वह कदाचित् उनके द्वारा स्वीकृत औपनिषदिक दर्शन की आधारात्मक व्याख्या से सम्बन्ध रखती है। प्रायः सभी विद्वानों का मत है कि वादरायण के ब्रह्म सूत्रों के रचना की पृष्ठभूमि में औपनिषदिक दर्शन धारा ही प्रवाहित है।

यह एक अन्य विषय है कि उपनिबन्ध मूलक वादरायण सूत्रों की शंकराचार्य अद्वैतात्मक व्याख्या प्रस्तुत करते हैं। रामानुजाचार्य विशिष्टाद्वैतात्मक और माधवाचार्य द्वैतात्मक दर्शन रूपी नवनीत को उपनिषदों से निकालते हैं। यहाँ यह बता देना भी उपयुक्त होगा कि इन सभी व्याख्याकारों अथवा भाष्यकारों ने यद्यपि वेदों की ऋचाओं को भी प्रमाण रूप में उद्धृत किया है। परन्तु वे बाहुल्य रूपेण उपनिषदों के प्रमाणों को ही अपनी मान्यता अवधारणाओं की संपुष्टि में प्रस्तुत करते हैं।

मध्यकालीन इन अद्वैतवादी आचार्यों के अद्वैतवादी दर्शन का जब हम गहन रूप में आलोडन-विलोडन करते हैं। तो अंततः इस निष्कर्ष पर पहुँचते हैं कि जब बौद्ध दार्शनिकों द्वारा वैदिक धर्म के समूलोच्छेदन का प्रयास किया जा रहा था। जैन धर्म ने अपना पर्याप्त प्रभाव विस्तृत कर लिया था। महाभारत युद्ध के पश्चात् वैदिक मान्यताओं का स्थान तान्त्रिक कर्मकाण्डियों ने ग्रहण कर लिया था। उसके कारण सामान्य समाज के व्यक्ति उस तान्त्रिक कर्मकाण्ड से विचलित सा हो गया था उसी समय महात्मा बुद्ध के प्रभाव से अमर्यादित कर्म काण्ड की अप्रतिष्ठा होने लगी। बौद्ध अनुयायियों ने अपनी सामान्य भाषा में सामान्य समाज में वैदिक क्रिया कलापों का जोरदार खण्डन किया कितने ही राजा बौद्ध धर्म में दीक्षित हो गए ऐसे विकराल समय में आयार्य शंकर के रूप में एक नयी आशा की किरण दक्षिण भारत में उदित हुई। उन्होंने अपने अद्वैतवादी दर्शन को अपने प्रबल तर्कों के द्वारा स्थापित किया। वैदिक दीपक के ज्ञान से बौद्ध धर्म की मान्यताओं को समुद्र पार धकेल दिया। आचार्य शंकर के दर्शन की पृष्ठभूमि का अवलोकन करने से यह रहस्य सा उद्घाटित होता है। कि द्वैतवादी दर्शन की अविरल धारा जो सभी दर्शनों में सतत् प्रवाहित हो रही थी। उन्होंने केवल एक भाष्यकार के रूप में उस धारा को मोड़ने को जो प्रयास किया उसके पीछे कहीं यह प्रतिक्रिया तो नहीं थी कि बौद्धों ने जो परम चेतन तत्त्व को भी अस्थिर सिद्ध करने का जो बौद्धों का प्रयास था उनकी इस प्रतिक्रिया में प्रबल तर्क के धनी आचार्य शंकर ने यह सिद्ध करने का प्रयास किया कि चेतन ही सब कुछ है, केवल चेतन का ही अस्तित्व है, जड़ का तो अस्तित्व है ही नहीं।

यह अवश्य मानना समीचीन प्रतीत होता है कि शंकर के पश्चात् दर्शन में

शास्त्रार्थ युग का आरम्भ हुआ है। इसमें अद्वैत वेदान्त के उत्तरवर्ती अनेक आचार्य जिन्होंने अद्वैत वेदान्त को ही अनेक रूपों में प्रस्तुत किया है। जिसमें द्वैताद्वैत, शुद्धाद्वैत, विशिष्टाद्वैत आदि के द्वारा अद्वैतवाद के विकास के लिए एक विपुल साहित्य की रचना की है। इसी अद्वैतवाद के साथ-साथ ही अनेक द्वैतवादी आचार्य भी उत्पन्न हुए उन्होंने उतने ही जोर से अद्वैतवादी दार्शनिक मान्यताओं का सबल तर्कों के द्वारा विस्तारपूर्वक खण्डन किया जिसमें भेदरत्न में भेद सिद्धि, न्याय पंचानन ने भेद की सिद्धि, रामानुज द्वारा मायावाद का प्रबल खण्डन, वेदान्त देशीक ने न्याय परिशुद्धि, शतदूषण के द्वारा मायावाद का सप्रमाण खण्डन प्रस्तुत किया। इसी के साथ मध्वाचार्य के सम्प्रदाय ने भी न्यायामृत आदि ग्रन्थों में अद्वैतवादी सिद्धान्तों का युक्तियुक्त खण्डन किया है। इसी प्रकार निम्बार्क सम्प्रदाय के कश्मीरी पण्डित माधव मुकुन्द ने अपने ग्रन्थों में शंकर के सिद्धान्तों का समूलोच्छेदन करने का प्रयास किया है।

इस अतिप्राचीन भारतीय परम्परा का चिरकाल से प्रवाह सतत् रूप में बहता हुआ आधुनिक युग में महर्षि दयानन्द तक आ पहुँचा। महर्षि दयानन्द ने पुनः आकर उद्घोषणा की कि हमें पुनः वेदों की ओर चलना है। उन्होंनें वेदों की चमत्कृत और वैज्ञानिक व्याख्या प्रस्तुत की। उन्होंने वेदों को केवल कर्मकाण्डीय ग्रन्थ न मानकर, वेदों के अन्दर मनुष्य के जन्म से लेकर मृत्यु पर्यन्त जितनी भी समस्याएँ है, उनका समाधान वेदों के अन्दर खोजने को कहा, इसके साथ ही उन्होंने पुनः द्वैतवादी दर्शन की स्थापना की। इस प्रसंग में उनकी मान्यता है कि स्वतः प्रामाण्य के रूप में वेद को ही प्रमाण रूप में स्वीकार करना आवश्यक है।

भारतीय दर्शनों का दो प्रकार के विभागों में विभाजन किया जा सकता है। प्रथम प्रमेय प्रधान, जिसमें वेदान्त, मीमांसा, योग और वैशेषिक आदि दर्शन माने जा सकते है। द्वितीय प्रकार के दर्शन प्रमाण प्रधान माने जाते है। जिसमें न्याय, सांख्य, जैन एवं बौद्ध आदि दर्शनों की सम्मलित किया जाता है। जैसा कि सांख्य दर्शन में कहा है कि-प्रमेयसिद्धि प्रमाणाद्धि। प्रमेय एवं पदार्थों का निश्चय प्रमाणों से होता है।

प्रमाण विद्या का प्रादुर्भाव कब से स्वीकार किया जाय? इस सम्बन्ध में विद्वानों में मतभेद रहा है। मेरी दृष्टि में प्रमाणों का आदि स्रोत वेद को ही स्वीकार करना अपेक्षित है। वेद में वर्णन है कि ज्ञान को किस प्रकार प्राप्त किया जाय, इस सम्बन्ध में अनेक सूक्त एवं मन्त्रों में प्रतिपादन प्राप्त होता है। वेद में कई स्थानों पर प्रत्यक्ष शब्द का प्रयोग हुआ है। इसी प्रकार प्रमा शब्द का प्रयोग भी मिलता है। अथर्ववेद और यजुर्वेद में प्रमा शब्द का प्रयोग, दर्शन में समझे जाने वाले अर्थ में प्रयुक्त हुआ। जैसा कि यजुर्वेद में कहा है कि "सहस्तोमाः सहच्छन्दस आवृतः सहप्रमात्रऋषयः सप्तदैव्याः।[1] जो अज्ञान से आवृत है, उसे प्रमाणादि के ज्ञान मे यथार्थ ज्ञान प्राप्त

1. सहस्तोमाः सहच्छन्दस आवृतः सहप्रमा ऋषयः सप्तदैव्यः।
(यजु० अ० 34/मं० 49)

करायें। जब वेद एवं वैदिक साहित्य ब्राह्मणग्रन्थ उपनिषद् आदि साहित्य में प्रत्यक्ष शब्द उपलब्ध है तो ऋषियों ने इन्हीं प्रत्यक्षादि शब्दों की परिभाषायें तर्क और युक्तियों से दर्शनों का विकास किया है। इन षड् दर्शनों से पूर्व भी इन ज्ञान मीमांसा आदि विद्याओं के व्याख्याता रहे होंगे। भारतीय दर्शन से सम्बन्धित किसी भी समस्या के आदि स्रोत एवं सूत्र की मीमांसा हेतु वेदों की ओर जा कर मूल वेदों में उस मूल ज्ञान की मीमांसा हेतु वेदों की ओर जाकर मूल वेदों में उस मूल ज्ञान के स्रोत का अन्वेषण करना है। भारतीय शास्त्र की समस्त समस्याओं का मूल उद्गम एवं स्वरूप वेदों में ही उपलब्ध है। यह इस ग्रन्थ के प्रथम अध्याय-वैदिक ज्ञान मीमांसा से स्वतः सिद्ध है।

ऋग्वेद में ज्ञान, यजुर्वेद में कर्म विधान, सामवेद में उपासना अर्थात् अध्यात्म विद्या और अथर्ववेद में विज्ञान सम्बन्धी सामग्री का वर्णन मिलता है। तत्त्व का ज्ञान प्राप्त करने हेतु भारतीय साहित्य में दो प्रकार की विधायें मिलती है। प्रज्ञामूलक और तर्कमूलक। प्रथम विधा द्वारा प्रतिभा चक्षुओं द्वारा तत्व विवेचन होता है। द्वितीय विधा द्वारा तत्त्वों की समीक्षा के लिये तर्क मूलक विधा का अनुसरण किया जाता रहा होगा। ऋषियों ने प्रकृति मौलिक पदार्थों को देखकर उन ऋषियों के मन में, उनके सूक्ष्म कारण को अवलोकित करने के लिए जिज्ञासा उत्पन्न होनी स्वभाविक थी। जो वेदों में उनके मूल सूत्र बिखरे पड़े थे, उनको समाधि और विश्व में फैली वस्तुओं को देखकर ज्ञान के अनेक विधाओं को पल्लवित एवं संबर्धित किया। इन्हीं अन्वेषण की सीढ़ियों में कार्यकारण-वाद का जन्म हुआ। इसी शृंखला में अनुमान आदि अन्य प्रमाणों का अविर्भाव विकसित रूप में उपलब्ध हुआ होगा। जैसा कि ऋग्वेद के नासदीय सूक्त में सृष्टि रचना से पूर्व की अवस्था अनुमानित की गई है कि उस प्रलय काल में न असत् था और न सत् था। न ही अणुओं से भरा आकाश था। उस समय कहां क्या आच्छादित था? किसके आश्रय से था। क्या बहुत अधिक गम्भीर जल था। आगे कहा है, उस समय न मृत्यु थी। वह एक अपनी स्वधा (स्वधा प्रकृति) के साथ बिना प्राण वायु प्राणन कर रहा था। इससे परे कुछ भी नहीं था। इस प्रकार प्रलयावस्था तथा सृष्टि रचना के पूर्व गम्भीर एवं अतिसूक्ष्म दार्शनिक वर्णन ऋग्वेद में प्राप्त होता है। न असत् तथा न सत् की विद्वान् अनेक व्याख्यायें प्रस्तुत करते हैं। उनका विस्तृत वर्णन करना यहां पर उपयुक्त होगा। सृष्टि रचना से पूर्व अर्थात् प्रलय काल में यह विश्व इस रूप में कार्यरूप सत् नहीं था परन्तु इस प्रकार अभिप्राय यह नहीं है कि वह कारण में भी नहीं था। अर्थात् उसका नितान्त अभाव नहीं था। जैसे कि न्याय दर्शन के अनुसार कार्य उत्पन्न होने से पूर्व सत् नहीं होता परन्तु कारण रूप में वह असत् भी नहीं होता है। इसी प्रकार पुरुष सूक्त में भी विश्व संरचना के सम्बन्ध में विविध प्रकार अनुमान वाक्यों का प्रयोग हुआ। इतना ही नहीं यथार्थ ज्ञान के लिये प्रमा-शब्द का प्रयोग अनेक बार वेदों में प्रयुक्त हुआ है। प्रमा पद में प्रयुक्त

"मा' धातु का वास्तविक तात्पर्य अर्थपरिच्छेद एवं प्रकृष्ट अर्थ का परिचायक होने से यथार्थता के ज्ञान का बोध कराता है। सायणाचार्य ने भी ऋग्वेद के प्रमा और प्रमिति पदों की व्याख्या करते हुए यज्ञवेदी के इत्यत्ता परिणाम के लिये प्रथम का अर्थ प्रमाण एवं इयत्ता परिज्ञान के लिये और द्वितीय का अर्थ प्रमिति किया है (प्रमा प्रमाणं इयत्ता वा कथंभूता आसीत् प्रमितिः यज्ञस्येयत्ता परिज्ञानम्) (ऋग्वेद 1।64।43) कुमारिल भट्ट ने विशेषतो दृष्ट अनुमान के गोमेय ईधन से उत्पन्न होने वाले विशेष धूम से विशेष अग्नि का दृष्टान्त दिया है, उसका मूल ऋग्वेद की "शकमयं धूमम्" इत्यादि मन्त्र से उपलब्ध होता है। मैंने समीप ही गाय के गोबर से उत्पन्न होने वाले धूम को देखा। तत्पश्चात् चारों दिशाओं में व्याप्त इस निकृष्ट धूम के द्वारा मुझे अदृष्ट नीचे दबी हुई अग्नि का ज्ञान हुआ। जिसके द्वारा वीर या ऋत्विक् शुक्ल वर्ण वृष या फलदाता सोम का पान करते हैं। इसी प्रकार यजुर्वेद में सूर्य और नक्षत्रों की गति का वर्णन कई स्थलों पर मिलता है, जो आगे चलकर योगभाष्य शाबरभाष्य और न्याय भाष्य आदि में देवदत्त के स्थानान्तर प्राप्ति से चन्द्र तारागण आदित्य के गतिशील होने के सामान्यतो दृष्ट अनुमान में जो उदाहरण प्रस्तुत किये जाते हैं। इसी प्रकार अथर्ववेद में "अनुमृश्य" तथा अनुमेय पदों का प्रयोग मिलता है। इस प्रकार ब्राह्मण ग्रन्थों की वाकोवाक्य का संकेत छान्दोग्य उपनिषद् में भी पाया जाता है। ऐतरेय ब्राह्मण में युक्ति पद भी उपलब्ध होता है। चरक संहिता में युक्ति को स्वतंत्र प्रमाण माना गया है। तत्त्वसंग्रह में उस के पृथक् प्रामाण्य का प्रत्याख्यान किया है।

उपनिषदों और ब्राह्मण ग्रन्थों में अध्यात्मविद्या का व्याख्यान अनुभूति मूलक है। जैसे कि आत्मतत्त्व को साक्षात्कार करने के लिए याज्ञवल्क्य अपनी पत्नी मैत्रेयी से कहते हैं पति, पुत्र, धन आदि समस्त वस्तु अपने लिये प्रिय नहीं होते, अपितु आत्मा के लिये ही प्रिय होते हैं। अतः दर्शन श्रवण और मनन द्वारा आत्म साक्षात्कार करो। तथा सावधानीपूर्वक निदिध्यासन करो। इस प्रकार वैदिक साहित्य में प्रयुक्त होने वाले पदों-दर्शन श्रवण मनन आदि में प्रत्यक्ष एवं अनुमान आदि के मूलस्रोत जान पड़ते हैं।

वैशेषिक सूत्र और प्रशस्तपाद भाष्य में यथार्थ ज्ञान एवम् अयथार्थ ज्ञान के लिये विद्या और अविद्या शब्दों का प्रयोग मिलता है। उपनिषदों में विद्या और अविद्या शब्दों का प्रयोग प्रचुर मात्रा (यजु० 40वां अध्याय) में मिलता है। इतना ही नहीं अपितु प्रशस्तपाद भाष्य में अर्थापत्ति प्रमाण को जिस प्रक्रिया द्वारा अनुमान प्रमाण में अन्तर्भावित किया गया है, उसका स्रोत भी उपनिषद् साहित्य में उपलब्ध है। उत्तरवर्ती न्याय आदि में पाये जाने वाले अनेक शब्द अनुमीयते-अनुमीयन्ते, अनुविनाभाविनी इत्यादि शब्द उपनिषदों में व्याख्यासहित उपलब्ध हैं। इतना ही नहीं यजुर्वेद और ब्राह्मण के सदृश बृहदारण्यक एवं छान्दोग्य उपनिषदों में अनुवीक्षण शब्द भी प्राप्त होता हैं। जिसके आधार पर उपनिषदों की आत्म विद्या को कालान्तर में आन्वीक्षिकी विद्या

कहा गया प्रतीत है। वेद एवं उपनिषद् साहित्य में इस आन्वीक्षिकी विद्या के अन्तर्गत आत्म तत्त्व का परिशीलन करने मुख्यतः ध्यान केन्द्रित किया जाता था। इस आत्मतत्त्व को ज्ञात करने हेतु यत्र तत्र युक्तियां भी प्रदान की जाती थी। आगे चलकर इस आन्वीक्षिकी विद्या का विकास अनेक दर्शनों में समाहित हो गया। न्याय, सांख्य, लोकायत आदि में इसका विकास प्राप्त होता है। यह संशयवादी एवं तर्कमूल अवधारणा प्रश्न और उत्तर आदि के माध्यम से वेदों में भी मिलती है। जिसका संकेत ऋग्वेद तथा बृहदारण्यक उपनिषद् का अनुकरण करते हुए कठ और छान्दोग्य उपनिषदों यम-नचिकेता और प्रजापति, इन्द्र, विरोचन के परिसंवादों में मिलता है। यद्यपि बाल्मीकि रामायण, महाभारत, मनुस्मृति और याज्ञवल्क्य आदि स्मृति ग्रन्थों में आन्वीक्षिकी विद्या को सीमित रूप में ग्रहण किया है; तो भी उसमें तर्कमूलक प्रवृत्ति पर विशेष बल दिया गया है।

इसीलिये उक्त ग्रन्थों में आन्वीक्षिकी विद्या के हेतु शास्त्र, हेतु विद्या, तर्क विद्या तथा वाद विद्या आदि अनेक नामों से प्रतिष्ठित किया है। आन्वीक्षिकी त्रयीवार्ता एवं दण्डनीति इन चार विद्याओं को अध्ययन करने के लिये विधान किया है। यह आन्वीक्षिकी विद्या के अन्तर्गत मनुष्य को सोचने, विचारने, बोलने तथा क्रिया करने में निष्णात करती है।

अतः इस आन्वीक्षिकी विद्या को सदा से ही समस्त विद्याओं का प्रकाशक, समस्त कार्यों का साधन और सभी धर्मों का आश्रय माना गया है। आन्वीक्षिकी विद्या को परिभाषित करते हुए वात्स्यायन ने कहा है कि—प्रत्यक्ष तथा आगम प्रमाणों पर आश्रित रहने वाले अनुमान तथा प्रत्यक्ष और शब्द-प्रमाण की सहायता से ज्ञात विषय की अनु अर्थात् पश्चात् ईक्षा अर्थात् ईक्षण जानना या ज्ञात करना हो अन्वीक्षा है उस अन्वीक्षा में प्रवृत्त होने के कारण इस विद्या को आन्वीक्षिकी, न्याय विद्या या न्याय पद का विशिष्ट अर्थ करते हुए कहा है कि साध्य विषय के अवधारण के लिये आवश्यक प्रतिज्ञा हेतु, उदाहरण, उपनय, निगमन आदि अवयव स्वरूप पांचवाक्यो के समूह का नाम न्याय है। इन्हीं अवयव वाक्यों में प्रत्यक्ष, अनुमान, उपमान, शब्द आदि चार प्रमाणो का समावेश होने से इनको परम न्याय कहा जाता है। उत्तरवर्ती न्याय-ग्रन्थों में भी इस विद्या की इस प्रकार की व्याख्या की गई है। औपनिषदिक आत्मविद्या से आन्वीक्षिकी विद्या का विधान करते हुए वात्स्यायन ने स्वीकार किया है कि अपनी-अपनी विशिष्ट विवेचना (1. म.भा. पर्व 1।67।, शान्तिपर्व 180।46, 210. 12) सामग्री का विवरण प्रस्तुत करने के लिये त्रयी वार्ता आदि चार पृथक् विद्याओं को व्यवस्थापन किया है। उसी प्रकार प्रमाण, प्रमेय इन दो प्रकार के पदार्थों के द्वारा व्यवहारगत समस्त विद्याओं का परिज्ञान हो जाने पर समस्त वस्तुओं को विशिष्ट

---

1. यजुर्वेद 13.30, शतब्राह्मण 6/2/2/2/16, बृ०उ० 1/4/1

विषय विवेचना हेतु संशय, प्रयोजन निर्णय आदि अन्य पदार्थों का भी न्याय विद्या में अध्ययन किया जाता है। यदि इनके पृथक् से वर्णन न किया जाता तो यह अध्यात्म-विद्या मात्र उपनिषदीय आत्म-विद्या से इसकी पृथकता ज्ञापित नहीं हो सकती थी। क्योंकि न्याय, निर्णीत अथवा अनुपलब्ध विषय में उपपन्न नहीं होता वह सन्दिग्ध अर्थ में ही प्रयुक्त होता है। इस तथ्य का समर्थन उद्योतकर वाचस्पति मिश्र तथा जयन्त भट्ट ने भी किया है।

दर्शनों का काल

दर्शनों के काल के विषय में अनेक मत एवं भ्रान्तियाँ हैं। इसका विस्तृत विवेचन तो मेरे ग्रन्थ "भारतीय दर्शन के इतिहास" में किया जायेगा। यहाँ पर संक्षिप्त रूप में विवेचन करना आवश्यक है। यह युग विज्ञान का युग है। इस विज्ञान के युग ने यह सिद्ध कर दिया है कि सृष्टि की संरचना अरबों वर्ष पूर्व हुई है। जिस समय दर्शनों के काल में विषय में आधुनिक मान्यता जिसको कि योरोपीय मान्यता भी कहा जा सकता है, यह थी कि बुद्ध का समय लगभग ढाई हजार वर्ष पूर्व माना जाता है। बौद्ध-दर्शन और जैन-दर्शन अवैदिक-दर्शन माने जाते हैं इसलिये इन अवैदिक-दर्शनों के खण्डन हेतु वैदिक अर्थात् षड्दर्शनों का सृजन हुआ है। यह उक्त मान्यता समस्त भारतीय परम्परा उपलब्ध साहित्य तथा प्रमाणों से रहित है। वस्तु स्थिति यह है कि षड्दर्शनों में अन्तिम दो दर्शन वेदान्त (ब्रह्मसूत्र) मीमांसा दर्शन महाभारत काल में लिखे गये हैं। अन्य चारों दर्शन महाभारत काल के पूर्व के दर्शन हैं। जिनका महाभारत काल से हजारों वर्ष पूर्व निर्माण-काल मानना अपेक्षित है।

योरोपीय उपर्युक्त मान्यता का आधार उस समय के विज्ञान की अविकसित-स्थिति एवं रूप होना ही था। उस समय मानव सृष्टि का आरम्भ कुछ हजारों वर्ष पूर्व माना जाता था। यहाँ तक की महात्मा बुद्ध के काल को भी प्रागैतिहासिक काल में गिना जाता है। आज से लगभग दस हजार से पाँच हजार वर्ष के काल को पत्थर युग और लौह-युग के नामों से अभिलक्षित किया गया था। आज विज्ञान की नवीन मान्यताओं ने सृष्टि का आदि एवं सरंचना काल अरबों वर्ष पूर्व माना है। किसी भी अनुमान एवं तर्क वाक्यों के द्वारा सिद्ध नहीं किया जा सकता कि अरबों वर्षों से मनुष्य जाति मूर्ख और जाहिल रही हो। केवल कुछ हजार वर्ष पूर्व ही सुसंकृत एवं बुद्धिमान् हुई हो। भारतीय ज्योतिष एवं गणित शास्त्र के अनुसार जो युगों और काल को निर्धारण किया गया है वह आधुनिक विज्ञान ने प्रायश: उचित सिद्ध कर दिया है। अत: भारतीय परम्परा के अनुसार साहित्यिक दृष्टि से निम्न प्रकार काल विभाजन किया जा सकता है—

1. वैदिक युग
2. ब्राह्मण एवं औपनिषदिक युग

3. सूत्र युग

4. काव्य युग

5. मध्यकालीन आचार्य युग एवं गद्य युग

सामान्य ज्ञान विकास की प्रक्रिया का जब हम अवलोकन करते हैं तो ऐसा प्रतीत होता है कि जो विकसित दर्शन हमें प्राप्त होता हैं उनका बीज रूप बहुत समय पूर्व से विद्यमान रहा होगा और धीरे-धीरे कालान्तर में उसने व्यवस्थित दर्शन एवं दार्शनिक सम्प्रदाय का रूप धारण कर लिया होगा। अतः इस प्रकार क्रिया और प्रतिक्रिया के सिद्धान्त के अनुसार आस्तिक और नास्तिक दार्शनिक अवधारणाओं का रूप किसी न किसी रूप में आदिकाल से ही मानना तार्किक प्रतीत होता है। धीरे-धीरे उन मान्यताओं के विपुल साहित्य की सृजना हुई होगी। यह हम वैदिक युग का आरम्भ आदि युग में मानते हैं तो उसकी प्रतिक्रिया के नास्तिक बीज भी उस युग में आरम्भ हुए होंगे। उनके प्रतीक के रूप में आचार्य बृहस्पति, शुक्राचार्य आदि के नास्तिक मान्यता के सूत्र भी यत्र-तत्र साहित्य में उपलब्ध होते हैं। वस्तुतः ऐतिहासिक स्थिति को देखते हुए ऐसा प्रतीत होता है कि महाभारत युद्ध के पश्चात् मीमांसा का युग प्रबल रूप में रहा है। उसमें धीरे-धीरे तन्त्र ने प्रवेश किया। कर्मकाण्ड के सिद्धान्तों एवं मान्यताओं के अनुसार सामाजिक ढाँचा प्रभावित होने लगा। और धीरे-धीरे समाज में उसकी प्रतिक्रिया आरम्भ होने लगी। यह संक्रमण काल लगभग डेढ़ हजार वर्ष तक रहा होगा। इसकी प्रतिक्रिया में चार्वाक् विचारधारा का आरम्भ हुआ। चार्वाक विचारधारा कर्मकाण्ड की विचारधारा का दूसरा छोर एवं नदी के दूसरे किनारे के रूप में था। जहाँ समाज ने अधिक कठोर कर्मकाण्ड को नहीं माना वहीं पर चार्वाक् ने अति नास्तिक तथा उसके अनुसार नैतिक मूल्यों का खुला उपहास भी समाज ने स्वीकार नहीं किया। इन दोनों की प्रतिक्रिया में महात्मा बुद्ध और महावीर स्वामी मध्यमार्गी समाज व्यवस्था के प्रतीक रूप में प्रस्तुत हुए, जिनकी अपनी दार्शनिक मान्यताओं के साथ-साथ उन्हें समाज के एक बहुत बड़े समूह ने स्वीकार कर लिया। इसके पश्चात् लगभग महात्मा बुद्ध के दो सौ वर्ष पश्चात् आचार्य शंकर आदि ओजस्वी आचार्य उत्पन्न हुए। उन्होंने बौद्ध और जैन की मान्यताओं का घोर विरोध किया। इसके साथ ही वैदिक परम्पराओं के पुनर्जीवित करने का सबल प्रयास किया। यहाँ यह ज्ञातव्य है कि आचार्य शंकर का काल केवल बारह सौ वर्ष मानना युक्ति-युक्त एवं तर्क संगत नहीं है; क्योंकि यह सर्वमान्य मत है कि आचार्य शंकर का प्रादुर्भाव बौद्ध धर्म की मान्यताओं का प्रवाह जब यौवन रूप में था तभी हुआ है। बौद्ध इतिहासकार इस बात को स्वीकार करते हैं कि बौद्ध-धर्म का ह्रास महात्मा बुद्ध के लगभग पाँच सौ वर्ष पश्चात् आरम्भ हो गया था। अतः महर्षि दयानन्द की मान्यता के अनुसार आचार्य शंकर का काल लगभग तेईस सौ वर्ष पूर्व ही मानना तर्क संगत प्रतीत होता है। वास्तव में बारह सौ वर्ष पूर्व या बौद्ध धर्म का वर्चस्व एवं प्रचार था।

इस विषय में विस्तार पूर्वक विचार करने की आवश्यकता है, जिसका विस्तारपूर्वक उल्लेख भारतीय दर्शन के इतिहास में किया जा रहा है।

प्रमा शब्द का अर्थ है यथार्थ ज्ञान। सामान्यत: प्रमा का अर्थ जो विश्वसनीय ज्ञान है वही प्रमा का अर्थ समझा जाता रहा है। यहाँ यह समस्या उत्पन्न होती है कि अनेक प्रकार के ज्ञानों में वह कौन सा ज्ञान है जिसको प्रमा कह सकते हैं। प्रमा शब्द के इतिहास क्रम को देखा जाये तो आरम्भ में केवल ज्ञान के पर्यायवाची रूप में ही होता था। वात्स्यायन ने प्रमाता, प्रमेय, प्रमाण और प्रमिति शब्दों का अर्थ करते हुए प्रमिति को अर्थ का विज्ञान कहा है। कुमारिल ने स्वत: प्रामाण्य को प्रतिपादित करते हुए प्रामाण्य को बोधात्मकत्व रूप परिलक्षित किया है। प्रभाकर के शिष्य रामानुजाचार्य ने तीन प्रकार के प्रामाण्य अथवा प्रमात्व को बतलाया है। जिसमें प्रथम अर्थ में प्रत्येक प्रकार को ज्ञान, जिसमें स्मृति भी सम्मिलित है प्रमा है। परन्तु कालान्तर में प्रमा शब्द का प्रयोग यथार्थ ज्ञान के लिये हुआ है। प्रत्येक दार्शनिक साहित्य में प्रमा विषयक जो उल्लेख हुआ है उसमें प्रमा की विशेषताओं के सम्बन्ध में दार्शनिकों में मतभेद है। सामान्यत: एक विश्वसनीय ज्ञान अथवा प्रमा में जो विशेषताएं अपेक्षित हैं वे निम्न लिखित रूप में है—

1. वह ज्ञान निश्चयात्मक होना चाहिए।
2. वह ज्ञान अर्थ, विषय के अनुरूप होना चाहिए।
3. ज्ञान स्मृति रूप में पहले से प्राप्त नहीं होना चाहिए।
4. हमें यह ज्ञात होना चाहिए कि ज्ञान के करण इन्द्रियादि दोष रहित हैं।
5. वह ज्ञान अर्थ क्रियाकारी होना चाहिए।
6. उस ज्ञान का किसी अन्य ज्ञान द्वारा बाध नहीं होना चाहिए।
7. वह ज्ञान पूर्ण रूपेण सन्देह रहित होना चाहिए।

भारतीय दर्शन में इस बात को स्वीकार किया जाता है कि प्रमा के स्वरूप निश्चयात्मक होता है। जयन्त असन्दिग्ध और अव्यभिचारी अर्थोपलब्धि के रूप में प्रमा को स्वीकार करते हैं। असन्दिग्ध का स्पष्ट अर्थ है सन्देह रहित। सन्देह निश्चयात्मकता का विरोधी है। इसलिये कहा है कि-"यथार्थानुभव: प्रमा"[1] इस परिभाषा में भी यथार्थ शब्द के द्वारा अयथार्थ और संशय, विपर्यय और तर्क ज्ञानों को न होना माना गया है। कुमारिल ने उस ज्ञान को प्रामाणिक माना है जो दृढ़ हो तथा दूसरे ज्ञान से बाधित न होता हो।[2] इन के व्याख्याकार उम्बेक के अनुसार यहाँ दृढ़ पद संशय को प्रमा से अलग करता है।

1. तर्कभाषा पृष्ठ-14
2. तस्माद्दृढं यदुत्पन्नं नाविसंवादमृच्छते।
ज्ञानान्तेरण विज्ञानं तत्प्रमाणं प्रतीयताम्।। श्लोक वार्तिक शून्यवाद 2।20।।

यहाँ यह अवलोकनीय है कि निश्चयात्मकता दो प्रकार की हो सकती है। प्रथम यह है कि विश्वास के रूप में जो कुछ हम अनुभव कर रहे हैं, वैसा ही है। इस प्रकार की निश्चयात्मकता न केवल प्रमा में अपितु विपर्यय अर्थात् भ्रम में भी होती है। दूसरे प्रकार की निश्चयात्मकता तर्क के आधार पर हो सकती है। तार्किक दृष्टि से हम यह कह सके कि हमारा ज्ञान यथार्थ ही है। इस प्रकार की निश्चयात्मकता प्रामाण्यवाद का विषय है। प्रमाण्यवाद का उल्लेख इस ग्रन्थ में विस्तार पूर्वक किया जा रहा है। निष्कर्ष रूप में यह कहा जा सकता है कि कारणों की दोष रहितता, अबाधित आदि भी तार्किक निश्चयात्मक ज्ञान तक पहुँचने में सहायक होते हैं।

प्रमा की प्रथम विशेषता यह अपेक्षित है कि वह यथार्थ ज्ञान अर्थात् जैसा अर्थ (विषय) वैसा ही हो अर्थात् अर्थ के अनुरूप होना प्रमा का आवश्यक लक्षण है। जैसा कि कहा गया है कि यथार्थनुभवःप्रमा यथार्थ अनुभव प्रमा है या तद्वति तत्प्रकारकोऽनुभव[1]। प्रायः इस बात से सभी दार्शनिक सहमत है कि यदि हमें विषय का वैसा ही ज्ञान हो जाये जैसा वह है तो हमारी समस्या का पूर्णतः नहीं तो अधिकांशतः समाधान अवश्य हो जायेगा। परन्तु सबसे बड़ी समस्या हमारे समाने तब आती है जब हमें किसी विषय का ज्ञान होता है। तो हम यह कैसे निश्चय करेगें कि यह ज्ञान विषय का यथार्थ ज्ञान है कि नहीं। हम जानते हैं कि व्यवहार में अनेक बार हमें ऐसे ज्ञान होते हैं जिन्हें हम मिथ्या कहते हैं। जो विषय को यथार्थ रूप में नहीं बतलाते हैं। उन ज्ञानों से यथार्थ ज्ञान कैसे पृथक् किया जाये। किसी भी वस्तु का सही लक्षण वही है जिसके अनुसार हम उसे जान सकें पहचान सकें अर्थात् जिसे अन्य से पृथक् कर सकें। न्याय के इस लक्षण के अनुसार क्या हम विविध ज्ञानों में प्रमा, रूप ज्ञान को पहचान सकते हैं।

यथार्थ ज्ञान होने का अर्थ है जैसा विषय है वैसा होना। हम यहाँ पर यह मानकर चल रहे हैं कि विषय और ज्ञान दो अलग-अलग वस्तु हैं। वास्तविक रूप में जो स्वरूप विषय का है वही ज्ञान का है। किन्तु हमारी कठिनाई यह है कि हम कभी भी विषय और ज्ञान की तुलना नहीं कर सकते हैं। क्योंकि हम कभी भी विषय और ज्ञान को पृथक्-पृथक् अवलोकन कर सके, ज्ञान और विषय में यह सम्भव नहीं है। हम सदा ही ज्ञान का ही अपरोक्ष अनुभव करते हैं विषय का नहीं। फिर यह कैसे निर्णय लिया जा सकता है। कि हमारा ज्ञान विषय का संवादी (अनुरूप) है या अविसंवादी (अनन्यरूप) है। जब हम ज्ञान को विषय का संवादी अनुभव नहीं कर सकते तब उसे हम यथार्थ भी नहीं कह सकते हैं। इसलिये न्याय का लक्षण सैद्धान्तिक दृष्टि से ठीक होते हुए भी व्यवहार में अनेक प्रश्न भी उत्पन्न करता है। इससे यह निष्कर्ष निकलता है कि ज्ञान की यथार्थता के निर्णय के लिये हमें ज्ञान की

---

1. तर्क संग्रह पृ० 23।।

कुछ अन्य विशेषताओं पर भी निर्भर करना होगा। जिनके आधार पर यह निर्णय ले सकें कि हमारा ज्ञान विषय को ठीक रूप में प्रस्तुत करता है यदि हमें यथार्थता के निर्णय के लिये ज्ञान की कुछ विशेषताओं पर निर्भर रहना पड़ता है तो हम उन विशेषताओं को प्रमा के लक्षण के रूप में स्वीकार करें।

यहाँ न्याय लक्षण के पक्ष में हम यह कह सकते हैं कि विषयों का अनुभव हमें साक्षात् होता है परोक्ष नहीं। हमारा अनुभव यही है कि हम सीधे विषयों को ग्रहण करते हैं—ऐसा नहीं कि पहले ज्ञान को ग्रहण करे और उसके माध्यम से विषय का। प्रथम तो कोई भी दर्शन विषय का अपरोक्ष ग्रहण नहीं मानता और दूसरे यदि हम यह माने कि हम सीधे विषय का ग्रहण करते है। तब हमें यह मानना पड़ेगा कि हमारा प्रत्येक ज्ञान प्रमा है, अप्रमा को मानने का औचित्य नहीं होगा। किन्तु हम अप्रमा को भी मानते हैं और उसका अनुभव भी करते हैं।

न्याय ने अनुभव को प्रमा माना है किन्तु ज्ञान को नहीं। ज्ञान में स्मृति भी आ जाती है। अनुभव को स्मृति से भिन्न माना गया है। न्याय को यह उचित प्रतीत नहीं होता है कि वह स्मृति चाहे यथार्थ ही हो उसको वह प्रमा माने। यहाँ यह ही प्रश्न होता है कि ऐसा क्यों? इसका उत्तर पाने के लिए हमें स्मृति के स्वरूप पर विचार करना अपेक्षित है। स्मृति का लक्षण है कि "ज्ञातविषयं ज्ञानं स्मृतिः" ज्ञात विषय को अपना विषय बनाने वाला ज्ञान स्मृति है। अथवा "संस्कारमात्रजन्यं ज्ञानं स्मृतिः" केवल संस्कार से उत्पन्न हुआ ज्ञान स्मृति है। इसका तात्पर्य यह है कि किसी विषय का अनुभव पहले किया उसका संस्कार हमारी आत्मा पर अंकित हो गया। यदि हमें पुनः ऐसे विषय का ज्ञान होता है तो जिसका सम्पर्क हमारी इन्द्रियों से नहीं है। जिसका ज्ञान केवल हमारे पूर्व संस्कार से उत्पन्न हुआ है। उस ज्ञान को स्मृति कहेंगे। स्मृति दो प्रकार की है—यथार्थ और अयथार्थ। जो स्मृति प्रमा से उत्पन्न होती है। वह यथार्थ और जो अप्रमा से उत्पन्न होती है अयथार्थ है। यहाँ यह ज्ञातव्य है कि स्मृति के यथार्थ होने का मानदण्ड जो कुछ हमने अनुभव किया था उसका यथातथ्य स्मरण नहीं है। अपितु हमारे पूर्व अनुभव का यथार्थ या अयथार्थ होना है। यह सम्भव हो सकता है कि हम अपने पूर्व अनुभव को ठीक तरह से यथार्थ रूप में स्मरण कर रहे हों फिर भी हमारी स्मृति अयथार्थ हो। कल्पना कीजिए कि हमने देवदत्त को गुरुकुल काँगड़ी में देखा, फिर दूसरे हम देवदत्त न समझकर यज्ञदत्त समझ बैठे हों तो भी हमारी स्मृति अयथार्थ ही कही जायेगी क्योंकि हम यहाँ पर अपनी स्मृति द्वारा जिस विषय को ग्रहण करके जिस विषय को ग्रहण कर रहे हैं वह विषय नहीं है। जो वास्तव में वहाँ था। अतः हमारी स्मृति विषय के अयथार्थ अर्थात् विषय के अननुरूप है। यहाँ यह प्रश्न प्रष्टव्य है कि यदि हमारी स्मृति यथार्थ अनुभव पर आश्रित है, और इसलिये अयथार्थ है। तो उसे प्रमा मानने में क्या हानि है? इसका कारण यह हो सकता

है कि विषय का प्रमाणीकरण सम्भव है स्मृति का नहीं। अनुभव की अबाधित प्रवृत्ति साफल्य रूप मानदण्डों में हम यह निर्णय ले सकते हैं कि हमारा अनुभव प्रामाणिक है अथवा नहीं। किन्तु स्मृति की प्रामाणिकता सिद्ध करने के लिये हमारे पास ऐसा कोई मानदण्ड नहीं। फलतः स्मृति ज्ञान पर हम कभी पूर्णतः विश्वास नहीं कर सकते हैं। अतः उसे प्रमा से पृथक् रखना ही समीचीन है। स्मृति को प्रमा न मानने का दूसरा हेतु यह भी हो सकता है। कि प्रमा में यह भावना निहित है कि किसी नई बात का ज्ञान हो। जिस विषय को हम पहले ही जान चुके हैं, उसी को हम पुनः जानते है तो और वह भी स्मृति के द्वारा तो उसके लिये उसकी कोई उपयोगिता नहीं है। स्मृति ज्ञात विषय का ज्ञान है उसमें कोई नवीनता नहीं होती। इसलिये दार्शनिकों ने से उसे प्रमा से पृथक् रखा है। भाट्ट मीमांसकों तथा बौद्ध नैयायिकों ने स्मृति रहितता तथा नवीनता पर इतना बल दिया है कि प्रमाण का लक्षण भी उसी रूप में निश्चित किया है। उनके अनुसार प्रमाण का लक्षण है—"अनधिगतार्थ गन्तृ प्रमाणम्" अप्राप्त अर्थ को प्राप्त करने वाला प्रमाण है अथवा प्रमा चाज्ञाततत्त्वार्थज्ञानम्" ऐसे विषय का ज्ञान, यह है कि उस ज्ञान को हम प्रमाण कहेंगे जो हमें ऐसे विषय का ज्ञान कराये जिसका ज्ञान हमें पहले नहीं हुआ है। प्रभाकर के भाष्यकार शालिनाथ ने स्मृति से भिन्न अनुभूति को प्रमाण कहा है और अनुभूति को प्रमा से भिन्न माना है। नैयायिकों ने इस बात से सहमत होते हुए भी प्रमाण में स्मृति को ग्रहण नहीं किया जाना चाहिए। बौद्ध तथा भाट्ट मीमांसकों के अनधिगतार्थगन्तृ रूप प्रमाण के लक्षण का खण्डन किया है। उनका कहना है कि यह स्वीकार करने पर हमें धारावाहिक ज्ञान को भी अप्रमाणिक मानना पड़ेगा। जब हम पहले बार घर को देखते हैं। तो उसका ज्ञान अप्राप्त विषय को प्राप्त कराता है। और यह ज्ञान प्रतिक्षण यह घट है यह घर है इस प्रकार की प्रतीति भी कराता है। इस प्रस्तुत प्रसंग में दूसरे और तीसरे ज्ञान को अप्रमाणिक स्वीकार करना होगा। भाट्ट मीमांसक यद्यपि इसका समाधान प्रस्तुत करते है। उनका मानना है कि प्रत्येक क्षण का ज्ञान हमें नवीनता प्रदान करता है। बौद्ध दार्शनिक तो क्योंकि क्षणिकवाद को मानते हैं। वहाँ तो प्रत्येक क्षण में ज्ञान नवीन ही होता है। इससे यह निष्कर्ष तो निकलता है कि स्मृति मूलक ज्ञान को कोई भी दार्शनिक प्रमा स्वीकार नहीं करता है।

हमें जो भी ज्ञान प्राप्त होता है। वह इन्द्रियों और मन के माध्यम से होता है। इसके अतिरिक्त उस ज्ञान की उत्पत्ति में प्रकाश दूरी आदि अन्य कारण भी होते हैं। इन उपकरणों में जो भी कहीं दोष है तो उसका प्रभाव हमारे ज्ञान की यथार्थता पर पड़ेगा। यदि हम किसी विशेष प्रकोष्ठ से किसी लाल प्रकाश को देखते हैं तो यहाँ स्थित वस्तु भी रक्त दिखलाई पड़ेगी। यदि हमारे चक्षुओं में कोई दोष हो या मन में चंचलता हो तो उस विषय का ज्ञान भी अन्यथा हो सकता है। अतः इससे सिद्ध होता

है कि ज्ञानोत्पत्ति के साधनों में कोई दोष नहीं होना चाहिए। इसलिये भट्ट मीमांसक ने प्रमा के स्वरूप में कारण को दोष रहितता पर बल दिया है। उनकी दृष्टि से यदि कारण दोष रहित है तो ज्ञान भी यथार्थ होगा। कारण के दोषों के कारण ही संदेह और भ्रम की उत्पत्ति होती है। यदि हम स्वरूप में कारणों की दोष रहितता स्वीकार कर लें तो निश्चितता और अबाधिता की आवश्यकता न होगी।

न्याय तथा बौद्ध दार्शनिक यथार्थ ज्ञान के मापदण्ड में अर्थ क्रियाकारित्व या प्रयोजन पूर्ति पर बहुत बल देते है। न्यायदर्शन मुख्य रूप में प्रयोजन पूर्ति के द्वारा ही ज्ञान के प्रामाण्य का निश्चय करता है। प्रत्येक वस्तु के अपने कुछ गुण होते हैं। उदाहरणार्थ— अग्नि के द्वारा प्रकाश किया जा सकता है, भोजन पकाया जा सकता है, अन्धकार को मिटाया जा सकता है। हम अपने ज्ञान की प्रामाणिकता को निश्चय यह अवलोकित करके करते हैं। हमारे ज्ञान का विषय हमारे प्रयोजन को पूर्ण करता है या नहीं। कल्पना कीजिए कि हमें जल का ज्ञान होता है। उस जलज्ञान के पश्चात् जल को ग्रहण करने की हमारी प्रवृत्ति होती है। वह जल हमारी प्यास को शान्त करता है या नहीं-करता है, उसका कुछ विशेष प्रकार का स्वाद भी होता है। यदि जल-पान से हमारा प्रयोजन सिद्ध होता है। तो वह जलज्ञान यथार्थ है। यदि जलज्ञान तो हुआ परन्तु उससे हमारा कोई प्रयोजन सिद्ध नहीं होता तो वह जल-ज्ञान मिथ्या ही होगा। बौद्ध नैयायिकों ने अभिसंबधित्व को प्रमाण का लक्षण माना है। जिसका अर्थ है— अर्थ क्रियाकारित्व। अपने कार्य की उत्पत्ति क्रिया है (प्रमाणमविसंवादि ज्ञानं अर्थक्रियास्थितिः अविसंवादनम्-प्रमाणवार्तिक) इन दार्शनिकों के अनुसार सद्वस्तु का लक्षण ही अर्थक्रियाकारित्व है। कोई भी सत् वस्तु किसी कार्य को अवश्य जन्म देती है। इसके विपरीत असत्-वस्तु किसी कार्य को जन्म नहीं दे सकती। यदि हम यह अवलोकित करें कि वस्तु का ज्ञान हमें हुआ है। वह अपने कार्य को जन्म दे रही है तो हम यह मानेंगे कि हमारा ज्ञान प्रमाणिक है। यदि हम यह देखें कि वह वस्तु अपने कार्य को जन्म नहीं दे रही है, तो हमारा ज्ञान मिथ्या है।

भाट्ट मीमांसक ने इस क्रियाकारित्व रूप क्रिया के मानदण्ड को उचित नहीं माना है। नारायण के अनुसार यदि अर्थक्रियाकारित्व के प्रमाण का लक्षण माना जाये तो भूत भविष्य तथा अनुमान के विषयों के अर्थक्रियाकारी न होने के कारण उनकी यह प्रामाणिकता स्वीकार करनी पड़ेगी। साथ ही स्मृति के अर्थ क्रियाकारित्व के प्रमाण होने के कारण उसको प्रमा मानना होगा। वस्तुतः बौद्ध दार्शनिकों के अनुसार भी देखना उचित होगा कि बौद्ध केवल दो प्रमाण मानते हैं— प्रत्यक्ष और अनुमान। इन दोनों प्रमाणों के विषय उनकी दृष्टि में पूर्णतः भिन्न है। प्रत्यक्ष का विषय स्वलक्षण हैं जो वस्तुतः अनुमान का विषय सामान्य है। जो वस्तु सत् न होकर काल्पनिक है। प्रत्यक्ष वर्तमान विषयों को हो सकता है। अतः भूत ओर भविष्यत् वर्तमान के ही विषय

होंगे। ये विषय कभी भी स्वलक्षण विषय रूप नहीं हो सकते। इसलिये न अर्थक्रियाकारी हो सकते हैं और न वस्तु सत् हो सकती है। यहाँ यह भी ज्ञातव्य है कि प्रत्यक्ष में भी केवल निर्विकल्पक ज्ञान का विषय स्वलक्षण होता है। सविकल्पक ज्ञान का विषय सामान्य ही हो सकता है। बौद्धों की दृष्टि से वास्तव में तो केवल निर्विकल्पक ज्ञान की प्रमाण हो सकता है। क्योंकि वह वस्तुगत् वस्तु का बोध कराता है।

यदि हम भाट्ट आलोचना मत पर न्याय करें तो उसे अनुचित ही कहेंगे। न्यायमत सार भी यही है कि— वस्तु की वास्तविकता ज्ञान हमें उससे होने वाले विभिन्न प्रभावों द्वारा हो सकता है। यहाँ अर्थक्रिया या प्रयोजन पूर्ति का तात्पर्य केवल मनुष्य के हित में होने वाले प्रभावों से ही नहीं लेना चाहिए। जैसे कांटे का गुण चुभना है उसकी चुभन से भले ही हमारा कोई प्रयोजन सिद्ध न हो। चुभन के ज्ञान से कांटे का ज्ञान प्रमाणिक होता है। अत: अर्थ क्रिया से प्रमाण ग्रहण का तात्पर्य कार्य से कारण के अनुमान द्वारा कारण की प्रमाणिकता का पुन: कारण के ज्ञान की प्रमाणिकता का ज्ञान करना है।

ज्ञान :— विश्व में जो भी बोध होता है। वह ज्ञान के माध्यम से ही होता है। इसलिए ज्ञान मीमांसा की अनेक दार्शनिक गम्भीर समस्यायें दार्शनिकों द्वारा परिलक्षित की गयी हैं। यह ज्ञान हमें कैसे प्राप्त होता है, इसके क्या स्रोत है? ज्ञान स्वयं एक स्वतंत्र है या गौण है, या क्रियारूप है, यह स्वयं प्रकाश है या परत: प्रकाश्य है, ज्ञान का विषयों से क्या सम्बन्ध है, यह विषयों से भिन्न है या अभिन्न है, यदि यह भिन्न है तो विषयों को कैसे प्रकाशित करता है, ज्ञान के कितने भेद है- इत्यादि समस्यायें ज्ञान विवेचना के सम्बन्ध में सम्मुख आ खड़ी होती है।

ज्ञान का स्वरूप :— भारतीय दर्शन में ज्ञान के लिये ज्ञान के अतिरिक्त बुद्धि, चेतना, विज्ञान, बोध, प्रतीति, उपलब्धि आदि शब्द प्राप्त होते हैं। ये शब्द भिन्न-भिन्न अर्थों में अर्थों की भिन्न-भिन्न छाया के स्वरूप के विषय में जब हम विचार करते हैं तो हमारे सम्मुख यह प्रश्न उठता है कि यह ज्ञान यथार्थ है अथवा केवल भ्रम है? यह तो स्वत: सिद्ध है कि ज्ञान का पूर्ण निषेध करना तो सम्भव ही नहीं है। क्योंकि निषेध में भी ज्ञान निहित है। हाँ, यह सम्भव हो सकता है कि हम अपने पूर्ण लौकिक ज्ञान को एक मिथ्या प्रतीति बता दें। अत: हम भारतीय दर्शनों को दो श्रेणियों में विभाजित कर सकते हैं। प्रथम जो लौकिक ज्ञान को मिथ्या प्रतीति मानते हैं और उसकी पृष्ठभूमि में अनन्त अज्ञेय सत्ता की कल्पना करते हैं उनमें अद्वैत वेदान्त और शून्यवादी बौद्ध आते हैं। द्वितीय प्रकार के वे दार्शनिक हैं जो लौकिक ज्ञान को सत्य मानते हैं।

जो दार्शनिक ज्ञान को भूतों का धर्म नहीं मानते है। अपितु वे भूतों से भिन्न किसी सत्ता को मानते है और उस ज्ञान को सत्ता का धर्म मानें उनमें न्याय, वैशेषिक,

मीमांसा, विशिष्ट अद्वैत तथा जैन दर्शनों की गणना की जा सकती है। इन दर्शनों में भूतों से भिन्न नित्य तत्त्व आत्मा को माना है और ज्ञान को आत्मा का धर्म स्वीकार किया है। परन्तु इन मतों में भी परस्पर पर्याप्त भेद है। न्याय, वेशैषिक तथा प्रभाकर मीमांसक के अनुसार आत्मा एक नित्य तथा विभु द्रव्य है ओर यह चेतन्य है। जब आत्मा मन से और मन का इन्द्रियों से सम्पर्क होता है तो आत्मा के सम्पूर्ण गुणों का प्रादुर्भाव रूप प्रकट होता है। न्याय, वैशेषिक गुण और गुणी का सम्बन्ध समवाय सम्बन्ध मानते हैं। और समवाय सम्बन्ध नित्य सम्बन्ध होता है। यह निर्विवाद माना जाता है। जैन दार्शनिक गुण और गुणी में पूर्ण भेद नहीं मानते हैं। ये द्रव्य के दो प्रकार के विशेषण मानते है। जिन्हें वे गुण और पर्याय के अन्तर के सम्बन्ध में जैन दार्शनिकों में परस्पर मतभेद है। सिद्धसेन, दिवाकर, हरिभद्र हेमचन्द्र आदि इनको वास्तव में एक मानते हैं। इनमें केवल नाम का भेद है। वस्तुतः जैन दार्शनिक गुण का गुणी से न पूर्ण भेद मानते हैं न पूर्ण अभेद। अतः ज्ञान को जब वे जीवात्मा का गुण मानते हैं तो उनका यह ज्ञान न तो जीव से पूर्णतः भिन्न है और न पूर्णत अभिन्न है। जो दार्शनिक गुण और पर्याय में अन्तर करते हैं। ज्ञान गुण है पयार्य नहीं। वे ज्ञान को गुण के साथ नित्य सम्बन्ध वाला मानते है, आकस्मिक वाला नहीं। उनके अनुसार जीव में कभी ज्ञान का अभाव नहीं होता। हाँ, कर्म का आवरण के अनुसार न्यूनाधिक होता रहता है।

विशिष्ट–अद्वैत मत बहुत कुछ जैन मत के समान है। केवल अन्तर यह है कि जैन दार्शनिक आत्मा का कोई निश्चित आकार नहीं मानते। अपने आश्रय के अनुसार आत्मा का आकार घटता बढ़ता रहता है। जबकि रामानुज के अनुसार आत्मा अणु रूप है। जहाँ तक ज्ञान का आत्मा के साथ सम्बन्ध है रामानुज ज्ञान को आत्मा का स्वरूप तथा विशेषण दोनों मानते हैं। इस सम्बन्ध को वे सूर्य की उपमा द्वारा समझाते हैं। सूर्य स्वयं प्रकाश है परन्तु प्रकाश गुण भी है। जिससे वह अन्य वस्तुओं को प्रकाशित करता है। सूर्य का प्रकाश स्वयं के सम्बन्ध के प्रत्येक (आन्तरिक) है और अन्य के सम्बन्ध में प्राक् (बाह्य)। इसी प्रकार आत्मा का ज्ञान स्वरूप भी है। और ज्ञान का बाह्य भी। कुछ विद्वानों का मत है कि ज्ञान को शरीर से भिन्न एक नित्य तत्व का गुण मानकर समस्त समस्याओं का समाधान करने में कठिनाई होती है। परन्तु यह सर्वविदित है कि ज्ञान किसी जड़ पदार्थ का गुण नहीं हो सकता। इसलिये भारतीय दर्शन परम्परा में आत्मा चेतनतत्व है। वह जड़ से सर्वथा भिन्न है। जड़ के तत्वों के सूक्ष्म तत्वों का नाम आत्मा नहीं है। हाँ दार्शनिक परम्परा में ज्ञान को आत्मा का गुण माना जाये अथवा इसका स्वरूप है इस विषय में मतभेद है।

कुमारिल भट्ट के अनुयायी मीमांसक ज्ञान को आत्मा का गुण न मानकर आत्मा की क्रिया मानते हैं। उनके अनुसार ज्ञान किसी विषय का होता है, कभी निर्विषयक

नहीं होता। ज्ञान आत्मा की सकर्मक क्रिया है। जिसका कर्म है विषयज्ञान। भाट्ट मीमांसकों के अनुसार ज्ञान को आत्मा को गुण मानना उचित नहीं। क्योंकि गुण एक अकर्मक विशेषण होता है। जबकि ज्ञान सदैव सकर्मक होता है। पार्थ सारथि के अनुसार ज्ञान आत्मा की सकर्मक क्रिया है। जो विषय में उसी प्रकार फल उत्पन्न करती है। जिस प्रकार पाकक्रिया चावलों में पाकत्व फल उत्पन्न करती है। यह फल उसके अनुसार ज्ञातत्व के रूप में होता है। ज्ञान के पूर्व विषय अज्ञात होता है। ज्ञान के पश्चात् ज्ञात हो जाता है ऐसा इसलिये होता है कि विषय में ज्ञातता नामक फल उत्पन्न हो जाता है। अतः ज्ञातता नामक फल को उत्पन्न करने के लिए ज्ञान को क्रिया मानना आवश्यक है। यहाँ यह शंका हो सकती है कि क्रिया तो सदा स्पन्दनात्मक होती है। आत्मा क्योंकि एक सर्वव्यापक अभौतिक तत्व है। उसमें क्रिया कैसे सम्भव होगी। कुमारिल इसका उत्तर देते हुए कहते हैं कि क्रिया में गति होना आवश्यक नहीं। जो कुछ भी धातु के अर्थ के रूप में प्रयुक्त किया जाता है वह क्रिया होती है। ज्ञान शब्द ज्ञा धातु से निष्पन्न हुआ है और धातु के अर्थ में प्रयुक्त होता है अतः यह क्रिया है क्योंकि आत्मा में संकल्प शक्ति होती है अतः वह क्रियावान् है।

हमने यहाँ तक अवलोकित किया है कि न्याय, वेशैषिक एवं प्रभाकर ज्ञान को आत्मा को गुण मानते है। जबकि भाट्ट मीमांसक आत्म की क्रिया। वहाँ हम सूक्ष्मता से विचार करें तो पाते हैं कि उनका मतभेद शाब्दिक अधिक है तात्विक कम है। गुण और क्रिया में वास्तव में अन्तर क्या है? दो ही अन्तर माने जा सकते हैं। क्रिया में स्पन्दन होता है गुण में नहीं। क्रिया अनित्य होती है। गुण द्रव्य का स्वभाव होने के कारण यावद्द्रव्य होता है। भाट्ट दार्शनिक ज्ञानरूपी क्रिया में स्पन्दन नहीं मानते। अतः प्रथम भेद समाप्त हो जाता है। द्वितीय भेद-यह ठीक है कि क्रिया अनित्य होती है। परन्तु क्रियावान् में तो क्रिया सदैव रहती है। क्योंकि नैयायिक योगज प्रत्यक्ष को स्वीकार करते हैं, जिस समय ज्ञान इन्द्रियों के माध्यम से प्राप्त नहीं हो रहा होता। कुछ एक विद्वान् यह शंका करते हैं कि कूटस्थ नित्यता खण्डित हो जाती है। परन्तु यह शंका करना व्यर्थ है क्योंकि गुण गुणी का सम्बन्ध न तो आत्मा को परिणामी बनाता है और न ही विकारी।

सांख्य के अनुसार विषय का सन्निकर्ष ज्ञान, इन्द्रिय तथा मन के माध्यम से बुद्धि के साथ होता है। वस्तुतः सांख्य की अवधारणा सामान्य लौकिक ज्ञान से है। परन्तु जब पौरुषेय बोध होता है, पुरुष जब अपना साक्षात्कार करता है। तो सांख्य के पुरुष में ज्ञान है—यह स्वतः सिद्ध हो जाता है। विज्ञान भिक्षु की मान्यता है कि पुरुष का प्रतिबिम्ब बुद्धि में पड़ता है। और बुद्धि का प्रतिबिम्ब पुरुष में। पुरुष के प्रतिबिम्ब से पुरुष को विषय का बोध हो जाता है। सांख्य यहाँ रूप में मानता है कि पुरुष जिस लौकिक ज्ञान को यह मान लेता है कि यह तत्व ज्ञान है उस ज्ञान को तत्व ज्ञान के

रूप में सांख्य स्वीकार नहीं करता है, तत्व ज्ञान तो केवल प्रकृति के विकार से परे पुरुष का अपना साक्षात्कार करना ही है।

विज्ञानवादी बौद्ध दार्शनिक ज्ञान की स्वतन्त्र सत्ता मानते है। इनका मानना है कि ज्ञान न तो भूतात्मक शरीर में अश्रित है न अभौतिक आत्मा में। इनकी मान्यता है कि विज्ञान अर्थात् ज्ञान के अतिरिक्त किसी वस्तु की सत्ता ही नहीं है। ज्ञान के स्वरूप के सूक्ष्म विश्लेषण द्वारा वे इस निष्कर्ष पर पहुँचते है कि उनके अनुसार विषय के ज्ञान का अर्थ है ज्ञान का विषयाकार होना। विषयाकार होने का अर्थ क्या है? ज्ञान के आकार तथा विषय में एकरूपता हो सकती है या भिन्नता या समानता। यदि ज्ञान और विषय में भिन्नता मानते हैं तो विषय का ज्ञान सम्भव ही नहीं है। तब तो यह कहना भी सम्भव नहीं है कि यह ज्ञान इस विषय का है। फिर यदि भिन्न प्रकार ज्ञान से किसी एक विषय का ज्ञान हो सकता है तो सभी विषयों का ज्ञान क्यों नहीं हो सकता? यदि ज्ञान को विषय के समान माना जा सकता है तो प्रश्न उठता है कि यह समानता पूर्ण है या आंशिक। यदि समानता पूर्ण मानी जाती है तो ज्ञान को भी विषय की भाँति अचेतन मानना पड़ेगा। यदि समानता आंशिक माने तो यह निश्चित करना होगा कि किस अंश में समान है और किस अंश में असमान हैं, यह निश्चित करना सम्भव नहीं है। इसका निर्णय तभी होना सम्भव है जब ज्ञान तथा विषय का हमें पृथक्-पृथक् स्वतंत्र अनुभव हो। हम दोनों की तुलना कर सके। ऐसा होना असम्भव है। यदि हम तीसरे विकल्प को स्वीकार करे तो यह मानें कि ज्ञान तथा विषय का आकार पूर्ण एकरूपता है। विषय अपने वास्तविक रूप में ज्ञान में अभिव्यक्त करता है और ज्ञान तथा विषय का आकार पूर्णतः एक है। तो हमें यह मानना होगा कि ज्ञान का अपना स्वरूप निराकार है और विषय उस पर अपना रूप आरोपित करता है। विज्ञानवाद की इस मान्यता पर प्रश्न उठता है कि यदि बिना विषय का ज्ञान उत्पन्न हो जाता है। तो देश काल का नियम, सन्तान का अनियम तथा क्रिया का होना कैसे बन सकते हैं? तात्पर्य यह है कि विषयों का अनुभव हमें सदैव देश काल से नियमित होकर होता है। अपने पुत्र, बहिन, भाई आदि सदैव विशेष देश, विशेष काल में दिखाई देते हैं। यदि विषय के बिना भी ज्ञान की उत्पत्ति होती है। तो इसका ज्ञान सर्वत्र और सदैव होना चाहिए था। इस शंका का उत्तर देते हुए विज्ञानवादी कहते हैं कि बिना बाह्य अर्थ को माने भी देश, काल का नियम स्वप्नवत् बन जायेगा। स्वप्न में बाह्य विषयों के न होने पर भी देशकाल के नियम जागृत अवस्था के समान ही होते हैं। विज्ञानवादियों के अनुसार एक वस्तु का एक साथ अनेकों द्वारा अनुभव किया जाना समान कार्य व्यापकता के कारण होता है। अतः कार्य के सदृश विपाक अवस्था होने पर बाह्यार्थ के अभाव में भी बाह्यार्थों की समान प्रतीति अनेक होती हैं। बिना विषय के ज्ञान में क्रिया भी स्वप्नोघात के समान सम्भव है। इस प्रकार बाह्य विषयों के असत् होने पर भी उनसे क्रिया सम्भव है।

भारतीय दर्शन में प्राय: यह वाद-विवाद और मतभेद का विषय रहा है कि ज्ञान का ज्ञान हमें कैसे होता है? जब हम किसी पदार्थ का ज्ञान प्राप्त करते हैं तो उसमें उस पदार्थ के ज्ञान के साथ-साथ हमें अपने ज्ञान का भी ज्ञान होता है या नहीं। यदि होता है तो स्वत: उसी ज्ञान द्वारा हो जाता है या उसके लिये अन्य ज्ञान की आवश्यकता पड़ती है? इस विषय को लेकर भारतीय दार्शनिक मुख्यत: दो विचार धाराओं में विभाजित हैं। एक वे जो ज्ञान को स्वप्रकाश मानते हैं। अर्थात् ज्ञान स्वयं अपने आप को प्रकाशित करता है। इसके ज्ञान के लिये किसी और ज्ञान की आवश्यकता नहीं पड़ती। दूसरे वे हैं जो ज्ञान को स्वप्रकाश नहीं मानते। किसी और ज्ञान द्वारा प्रकाश्य मानते हैं। ज्ञान के स्वप्रकाशत्व के प्रबल समर्थकों में शांकर वेदान्तवादी, योगाचार विज्ञानवादी, पूर्वमीमासंक के प्रभाकरमतीय तथा सांख्ययोगवादी है। दूसरी ओर चेतना को परत: प्रकाश्य मानने वालों में मुख्यत: दो मत हैं। एक न्यायवैशेषिक का जो ज्ञान का एक अन्य ज्ञान द्वारा प्राप्त होना मानते हैं। दूसरे जो कुमारिल भट्ट का जो बोध अनुमान द्वारा मानते हैं।

अद्वैत वेदान्त में तीन प्रकार की सत्ता स्वीकार की गयी है। 1. पारमार्थिक सत्ता जो शुद्ध ब्रह्म है। 2. व्यावहारिक सत्ता जिसमें यह विविधता की प्रतीति से युक्त सम्पूर्ण विश्व है। 3. प्रातीतिकालिक सत्ता, जिसमें मिथ्या प्रतीति या स्वप्न की वस्तुएँ आती हैं। उपर्युक्त तीन प्रकार की सत्ताओं में अन्तिम अर्थात् प्रातीतिकालिक सत्ता का ज्ञान हमें कुछ काल के बाद ही हो जाता है। जैसे कि रज्जु में सर्प ज्ञान का मिथ्यात्व का ज्ञान कुछ काल के बाद ही हो जाता है। इसी प्रकार स्वप्नकालिक वस्तुओं के ज्ञान के मिथ्यात्व का बोध भी कुछ काल के बाद ही हो जाता है। जो दूसरे प्रकार की व्यवहारिक सत्ता है उसके मिथ्यात्व का ज्ञान पारमार्थिक सत्ता का अर्थात् शुद्ध ब्रह्म के ज्ञान के पश्चात् होता है। ब्रह्म ज्ञान एक ऐसा ज्ञान है। जिसमें ब्रह्म स्वयं ज्ञाता, ज्ञान एवं ज्ञेय है। अद्वैत वेदान्त में ब्रह्म ज्ञाता एवं ज्ञेय से भिन्न नहीं होता है। वह शुद्ध चित्त और आनन्द की भी अनुभूति रहती है। इसलिये आचार्य शंकर के उत्तरवर्ती आचार्य लौकिक ज्ञान की सत्यता का खण्डन करते हैं। इसमें उनका तर्क है कि यह ज्ञान त्रिपुटीयुक्त होता है। जिसमें ज्ञाता, ज्ञेय एवं ज्ञान का भेद बना रहता है। जहाँ द्वैत होता है वहाँ दो के बीच सम्बन्ध स्थापित करने के लिये हमें सम्बन्ध नामक एक तीसरी सत्ता की आवश्यकता होती है। फिर उस सम्बन्ध के साथ ज्ञाता को सम्बद्ध करने के लिये किसी और सम्बन्ध की आवश्यकता होती है और यह क्रम आगे बढ़ता चला जाता है। इस क्रम के मानने पर अनवस्था दोष आ जाता है।

माध्यमिक बौद्धों ने भी ज्ञान में निहित तार्किक कठिनाईयों को प्रदर्शित किया है। नागार्जुन पूछते हैं कि प्रमाणों की सिद्धि किस प्रकार होती है। यदि यह कहा जाये कि प्रमाण की सिद्धि दूसरे से होती है तो दूसरे को तीसरे से होगी और इस प्रकार

अनवस्था दोष की उत्पत्ति माननी होगी। इस कारण आदि मध्य और अन्त कुछ भी सिद्ध नहीं हो सकता। यदि यथार्थवादी कहें कि प्रमाण बिना दूसरे प्रमाणों की सिद्धि हो जाती है तब तो उनके मत का स्वत: खण्डन हो जाता है क्योंकि उनके मतानुसार कोई भी विषय बिना प्रमाण के नहीं जाना जा सकता। फिर प्रमाण ही प्रमाण के बिना कैसे जाना जा सकता है? यदि यह कहा जाये कि कुछ वस्तु प्रमाण के सिद्ध होती है और कुछ बिना प्रमाण के सिद्ध हो जाती है तो इसका विशेष कारण बताना पड़ेगा। यदि वस्तुवादी कहें कि प्रमाण अपने को इसी प्रकार सिद्ध कर सकता है जैसे अग्नि अन्य वस्तुओं के साथ अपने को भी प्रदर्शित कर देती है तो उनका यह मानना भी अनुचित होगा क्योंकि यह नहीं कहा जा सकता है कि अग्नि अपने आपको प्रदर्शित करती है। एक घट जो अपने को प्रकाशित नहीं करता, प्रथमत: अन्धकारावृत होकर अदृश्य रहता है फिर वह अग्नि से प्रकाशित होकर दिखलाई पड़ता है। इस प्रकार अग्नि भी यदि पहले अप्रकाशित होकर अन्धकार में स्थित होकर अदृश्य रहती है और फिर प्रकाश में होकर दृश्य होती है तो यह मानना उचित हो सकता था परन्तु अग्नि तो कभी भी अन्धकार से ढकी नहीं होती है। अत: निष्कर्ष रूप में यह कहा जा सकता है कि यदि प्रमाण स्वत: सिद्ध है तो बिना प्रमेयों के ही वे सिद्ध है तो वे प्रमाण किसके होंगे? अत: इस प्रकार प्रमेयों के सिद्ध होने के पश्चात् ही प्रमाणों को सिद्ध मानना होगा। यदि प्रमाणों की सिद्धि प्रमेयों द्वारा होती है तो प्रमेय प्रमाणों को कैसे सिद्ध कर सकते है। जैसे यदि पुत्र की उत्पत्ति पिता द्वारा हो और उसी पिता की उत्पत्ति उसी पुत्र द्वारा हो तो कौन किसको सिद्ध करेगा? और कौन पुत्र होगा और कौन पिता? अत: माध्यमिक बौद्धों के अनुसार ज्ञान एक मिथ्या प्रतीति है।

चार्वाक के अनुसार ज्ञान एक भौतिक गुण है। उसके अनुसार ज्ञान भूतों से उत्पन्न एक आकस्मिक गुण है। इसका आधार शरीर है। क्योंकि चार्वाक केवल चार भूतों के अतिरिक्त किसी पदार्थ की सत्ता को स्वीकार नहीं करता है। वह चेतना या आत्मा को इन चार भूतों को ही सूक्ष्म रूप मानता है। चार्वाक की इस मान्यता का खण्डन न्याय, वेशैषिक और अद्वैत वेदान्ती आदि सभी दार्शनिकों ने किया है।

प्रमाण का स्वरूप :— प्रमाण शब्द की उत्पत्ति न्याय और वैशेषक के अनुसार ''प्रमीयते अनेन इति प्रमाणम्'' (प्रमा+ल्युट् =अन प्रमाण) जिसमें प्रमा की उपलब्धि हो। वात्स्यायन के अनुसार प्रमाण का लक्षण है कि ''उपलब्धिसाधनानि प्रमाणानि'' उपलब्धि ज्ञान के साधन प्रमाण है। यहाँ ध्यान देने की बात यह है कि वात्स्यायन ने उपलब्धि शब्द का प्रयोग किया है जो ज्ञान का वाचक है। साथ ही उन्होंने साधन शब्द का प्रयोग किया है। इस लक्षण से ऐसा प्रतीत होता है कि किसी भी ज्ञान के सभी प्रकार के साधन प्रमाण कहे जा सकते हैं, परन्तु यह कहना अनुचित है क्योंकि न्याय दर्शन में अव्यभिचारी असन्दिग्ध आदि विशेषणों से प्रमाण की

विस्तारपूर्वक व्याख्या की है। जयन्त ने भी स्पष्ट किया है कि प्रमाण के साधनत्व सामान्य नहीं अपितु करणसूचक है और करण का लक्षण होता है-"साधकतमं करणम्" प्रकृष्ट साधक करण होता है इससे फलितार्थ के रूप में प्रमाण का वह प्रसिद्ध लक्षण प्राप्त हो जाता है। जो तर्क भाषा आदि ग्रन्थों में प्राप्त होता है। तर्क भाषा के अनुसार "प्रमा करणं प्रमाणम्"। तर्क भाषाकार ने "साधकतमं करणम्" तर्क संग्रह में "असाधारणं कारणं करणम्" कहकर परिभाषित किया है। इनसे स्पष्ट है कि प्रमा के प्रत्येक साधन या कारण को करण नहीं कहा जा सकता। उसमें वैशिष्ट्य अपेक्षित है।

जयन्त का मत है कि करण की अतिशयिता इस बात में होती है कि उसके होने पर तुरन्त उत्पत्ति हो जाये। यह बात हमें कारकों की सामग्री में प्राप्त होती है। एक-एक करके कोई भी कारक या कारण कार्य का उत्पन्न नहीं कर सकता। परन्तु जब सभी कारण एकत्रित हो जाते हैं तो कार्य की उत्पत्ति हो जाती है। इसलिये ही "साधकतम्" में तमप् प्रत्यय तुलना को प्रदर्शित करता है। तुलना तभी सम्भव है जब कोई दूसरा भी हो। सामग्री को करण मानने में कोई दूसरा ऐसा नहीं रहता जिससे तुलना की जा सके। सामग्री को करण मानने में कठिनाई यह है कि विषय को भी सामग्री के अन्तर्गत ले लिया जाये तो ज्ञान निर्विषयक हो जायेगा। लोक में सामग्री को कारण माना ही नहीं जाता। कोई भी यह नहीं कहता कि सामग्री को देखते हैं, अपितु यही कहते है कि दीपक से देखते हैं या चक्षु से देखते है। अत: सामग्री को करण न मानकर किसी ऐसी वस्तु को करण मानना चाहिए जिसका कार्य की उत्पत्ति से सीधा सम्बन्ध हो। जयन्त का मानना है कि कार्य की उत्पत्ति में सभी करणों का समान महत्व होता है। क्योंकि किसी एक के भी न होने पर कार्य की उत्पत्ति नहीं हो सकती। कार्य की उत्पत्ति सभी के होने पर होती है। मान लीजिये कि अन्धकार युक्त रात्रि में वर्षा हो रही हो और सहसा विद्युत् चमकती है उसमें एक देवदत्त व्यक्ति विशेष का ज्ञान होता है। यहाँ देवदत्त ही सातिशय होकर व्यक्ति विशेष ज्ञान का कारक होता है। अत: किसी भी एक कारक को करण न मानकर समग्र को ही करण मानना उचित होगा।

नव्य नैयायिकों ने करण की परिभाषा को विस्तारपूर्वक करते हुए कहा है कि करण का लक्षण "फलायोगव्यवच्छिन्नं कारणम्" अर्थात् ऐसा कारण जिसके होने पर तुरन्त कार्य की उत्पत्ति हो जाये। इसलिये केशवमिश्र के अनुसार प्रमाता प्रमेय आदि कारण नहीं कहे जा सकते क्योंकि उनके होने पर भी, इन्द्रिय सन्निकर्ष न होने पर प्रमा की उत्पत्ति नहीं होती, इन्द्रिय-सन्निकर्ष आदि ही प्रमाण हैं।

बौद्धों और मीमांसकों ने प्रमाण को ज्ञान स्वरूप माना है। जब कि न्याय और वैशेषिक प्रमाण ज्ञान स्वरूप भी हो सकता है और ज्ञान रहित वस्तु भी। इसलिये जयन्त ने अपने लक्षण में सामग्री को बोध व अबोध स्वभाव कहा है।

मीमांसा दर्शन में प्रभाकर सम्प्रदाय में प्रमाण शब्द का प्रयोग प्रमा अर्थ में ही किया गया है। शालिकानाथ के अनुसार ''प्रमाणानुभूतिः सा स्मृतेरन्या'' अर्थात् अनुभव प्रमाण है और स्मृति में भिन्न है यह स्पष्टतः प्रमा का ही लक्षण है। भाट्ट मत में प्रमाण का लक्षण न्याय के समान ही ''प्रमा करणं प्रमाणम्'' है। प्रमा को यहाँ अज्ञात विषय का ग्रहण माना गया है। उसके करण के रूप में इन्द्रिय और इन्द्रियसन्निकर्ष आदि प्रमाण माने गये हैं। कुमारिल के अनुसार ''यद्वेन्द्रियं प्रमाणं तस्य वार्थेन संगतिः। मनसो वेन्द्रियैर्योगः आत्मनः सर्व एवं वा।। अर्थात् इन्द्रिय प्रमाण हैं अथवा उसका विषय के साथ सन्निकर्ष तथा मन का इन्द्रिय के साथ या आत्मा के साथ संयोग अथवा ये सभी प्रमाण है। इससे यह स्पष्ट होता है। कि प्रमाण के स्वरूप के विषय में भाट्ट मत तथा न्याय मत में कोई अन्तर नहीं है। हाँ केवल अन्तर इतना अवश्य है कि भाट्ट मत के अनुसार ज्ञान द्वारा विषय में ज्ञातता या प्रकट रूप एक धर्म उत्पन्न कर दिया जाता है जब कि न्याय उस ज्ञान को ज्ञातता के द्वारा न मानकर स्वभाव से ही मानते हैं।

बौद्ध मत अपने तत्त्व दर्शन पर आधारित प्रमाण और प्रमाण फल एक ही तत्त्व मानता है। बौद्धों के अनुसार ज्ञान प्रक्रिया सामान्य क्रिया से नितान्त भिन्न है यहाँ इन्द्रियाँ हैं, विषय हैं और विज्ञान है। तीनों में समन्वय अवश्य है, किन्तु कोई किसी पर निर्भर नहीं है। न कोई किसी को उत्पन्न करता है। बौद्ध मत में ऐसा कुछ नहीं होता है। यहाँ एक का और विषय संवेदन है ओर दूसरी ओर विषय का ज्ञान है। दोनों में सारुप्य है। हम इस ज्ञान को विशिष्ट विषय स्वलक्षण का प्रमाण मान सकते हैं। जैसा कि कहा है कि—''अर्थसारुप्यमस्य प्रमाणम्'' (न्याय बिन्दु)। एक ही तत्व प्रमाण और फल दोनों हैं। विषय के साथ ज्ञान का सारुप्य विषय के ग्रहण में प्रकृष्ट उपकारक माना जाने के कारण प्रमाण माना जा सकता है। किन्तु सारुप्य और ज्ञानतत्व से भिन्न नहीं है।

सांख्य, योग दर्शन में वाचस्पति मिश्र ने इस प्रकार प्रमाण का स्वरूप प्रतिपादित किया है- ''प्रमीयते अनेन इति निर्वचनात् वृत्तिः। बोधश्च पौरुषेय फलं प्रमा तत्साधनम् प्रमाणम्'' अर्थात् जिसके द्वारा प्रमा का ग्रहण हो। इसके अनुसार प्रमाण को प्रमा के प्रति करण होने का बोध होता है। यह प्रमाण सन्देह रहित भ्रमरहित अज्ञात अर्थ को विषय बनाने वाली चित्तवृत्ति है। पुरुष को होने वाला बोध फल अर्थात् प्रमा है। इस प्रमा का साधन प्रमाण है।

जब हम किसी बाह्य वस्तु इन्द्रियों द्वारा ग्रहण करते हैं तो हमारी बुद्धि उस वस्तु के आकार को धारण कर लेती है, बुद्धि यद्यपि जड़ है। किन्तु आत्मा के प्रकाश अथवा चेतना से चेतनवत् हो जाती है। उसका विषय के आकार को धारण करना ही ज्ञान माना जाता है। बुद्धि का विषयाकार होना ही बुद्धिवृत्ति या चितवृत्ति कही जाती

है। विषयाकारित बुद्धि में पड़े पुरुष के प्रतिबिम्ब को जो विषय को बोध होता है वही पौरुषेय बोध या प्रमा है। योगदर्शन में भी भाष्यकार ने इसी तरह का विवेचन किया है। इस प्रमा का जो करण बनता है वही प्रमाण कहलाता है। जैन दर्शन में प्रमाण के विविध लक्षण प्राप्त होते हैं। इस दर्शन में भी प्रमाण प्रमा रूप ही सिद्ध होता है। आप्तमीमांसा के अनुसार "तत्व ज्ञानं प्रमाणम्" अर्थात् तत्वज्ञान ही प्रमाण है। परीक्षामुख के अनुसार अपना अपूर्व अर्थात् अज्ञात अर्थ का सम्यक् निश्चय करने वाला ज्ञान ही प्रमाण है। बृहत् स्वयम्भू-स्तोत्र के अनुसार "स्वपरावभासकं यथार्थ प्रमाणम्" अपने और दूसरे विषय को और दूसरे विषय को प्रकाशित करने वाला प्रमाण है।

अद्वैतवेदान्त में "प्रमाकरणं प्रमाणम्" ही प्रमाण का लक्षण ग्रहण किया गया है। प्रमा के लक्षण में उन्होंने अनधिगत और अबाधित विषय के ज्ञान को ग्रहण किया है। यद्यपि इस सम्बन्ध में विद्वानों में मतभेद है। वेदान्त के अनुसार चेतन्य ही ज्ञान है और वह अनादि है फिर नेत्रादि उसके कारण कैसे हो सकते हैं। इसके विषय में इनकी मान्यता है कि इसका साधन होने से चक्षु आदि को भी प्रमाण कहा जा सकता है।

प्रमाणों के भेद:- विभिन्न दर्शनों में प्रमाणों की संख्या और उसके स्वरूप आदि के विषय में आरम्भ में भेद माना जाता रहा है। मैं इसका अभिप्राय यह समझता हूँ कि प्रमाणों के द्वारा तत्व मीमांसा को सिद्ध किया जा सकता है। जिस दार्शनिक ने अपनी तत्व मीमांसा को सिद्ध करने के लिए प्रमाणों की संख्या की अपेक्षा हुई उतने ही प्रमाणों की संख्या को स्वीकार किया होगा। प्रत्यक्ष, अनुमान, शब्द या आगम, उपमान, अर्थापत्ति और अभाव। इनके अतिरिक्त पौराणिकों द्वारा दो अन्य प्रमाण है- एतिह्य और सम्भव। इस क्रम में चार्वाक केवल प्रत्यक्ष प्रमाण को स्वीकार करता है। वैशेषिक तथा बौद्ध दर्शन प्रत्यक्ष और अनुमान प्रमाण को स्वीकार करते हैं। जैन, सांख्य तथा योग तीन प्रमाणों को स्वीकार करते है- प्रत्यक्ष, अनुमान तथा शब्द। न्याय दर्शन इन तीनों के अतिरिक्त उपमान को भी स्वीकार करता है। मीमांसा दर्शन में प्रभाकर सम्प्रदाय न्याय के इन चार प्रमाणों के अतिरिक्त अर्थापत्ति को भी स्वीकार करता है अर्थात् वह पांच प्रमाणों को स्वीकार करता है। मीमांसा में भाट्ट सम्प्रदाय तथा वेदान्त उपयुक्त पांचों के अतिरिक्त अभाव अथवा अनुपलब्धि छठा प्रमाण भी स्वीकार करते है। पौराणिक विद्वान् इन सभी छः प्रमाणों के अतिरिक्त एतिह्य और सम्भव इन दो अन्य प्रमाणों को भी स्वीकार करते हैं। इन प्रमाणों का क्रमशः संक्षिप्त स्वरूप एवं परिचय प्रस्तुत किया जाता है।

प्रत्यक्ष प्रमाण :— न्यायदर्शन के अनुसार प्रत्यक्ष प्रमाण का लक्षण प्राप्त होता है। "इन्द्रिय का अर्थ के सन्निकर्ष से उत्पन्न ज्ञान प्रत्यक्ष प्रमाण कहलाताा है।" परन्तु

इसमें तीन शर्तें बतलायी गयी है। प्रथम-वह ज्ञान ''अव्यपदेश्यम्'' अर्थात् इन्द्रिय और अर्थ के सन्निकर्ष से उत्पन्न ज्ञान रूप रस आदि के केवल शब्दजन्य न होकर वस्तुपरक ज्ञान होना अपेक्षित है। जैसे कि यह रस तिक्त है तो केवल तिक्तता यह शब्द मात्र न होकर तिक्त रस की साक्षात् अनुभूति होना आवश्यक है। इसी प्रकार दूसरा विशेषण ''अव्यभिचारी'' है अर्थात् वह ज्ञान व्यभिचरित नहीं होना चाहिए। जैसे कि मृगमरीचिका आदि के भ्रमात्मक ज्ञान से भिन्न ज्ञान होना अपेक्षित है। जैसे कि हमें दूर से जल प्रतीत होता हुआ, उसके समीप जाने पर भी जल ही का ग्रहण हो। तब यह ज्ञान अव्यभिचारी कहलायेगा। हमारी बौद्धिक-स्थिति प्रत्यक्ष ज्ञान में सन्देह रहित होनी चाहिए इसके लिये सूत्रकार ने ''व्यवसायात्मकम्'' अर्थात् निश्चयात्मक होना चाहिए। ''स्थाणुरेव पुरुष एव'' का निश्चयात्मक ज्ञान व्यवसायात्मक कहलाता है।

यह प्रत्यक्ष ज्ञान निर्विकल्प और सविकल्प होता है। प्रशस्तपाद भाष्य में निर्विकल्पक और सविकल्पक का वर्णन किया गया है। न्यायदर्शन के अन्य उत्तरवर्ती विद्वानों ने निर्विकल्पक और सविकल्पक की विस्तार पूर्वक व्याख्या की है। प्रत्यक्ष ज्ञान के लिये किसी न किसी प्रकार से विषय का सन्निकर्ष प्राप्त करना आवश्यक है। ये सन्निकर्ष हैं—''लौकिक सन्निकर्ष और अलौकिक सन्निकर्ष'' लौकिक सन्निकर्ष में संयोग, संयुक्त समवाय, संयुक्त समवेत समवाय, समवाय, समवेत समवाय और विशेषण विशेष्य भाव। अलौकिक, सन्निकर्ष में सामान्यलक्षण सन्निकर्ष, ज्ञानलक्षण और योगज माने जाते हैं।

मीमांसा दर्शन में प्रत्यक्ष का स्वरूप न्याय वैशेषिक से बहुत कुछ भिन्न नहीं है। केवल अन्तर इतना है कि मीमांसा दर्शन योगज प्रत्यक्ष को नहीं स्वीकार करता है। ऐसा भाष्यकार और टीकाकारों का मानना है। कुमारिल भट्ट ने योगज प्रत्यक्ष को असम्भव माना है। भाट्ट मीमांसकों के प्रत्यक्ष सिद्धान्त में एक महत्वपूर्ण बात यह है कि ये इन्द्रियार्थ सन्निकर्ष को तो मानते हैं किन्तु श्रोत इन्द्रिय और चक्षु इन्द्रिय के विषय में यह नहीं मानते कि इन्द्रियाँ स्वयं विषय तक जाती हैं या इन्द्रियों के माध्यम से चित्तवृत्ति विषय तक जाती है। इनका मानना है कि चक्षु इन्द्रिय तेजस् से निर्मित है। अत: इन्द्रिय से बाहर प्रकाश जाता है। इसी प्रकार श्रोत्रिय इन्द्रिय एक शब्द दूसरे शब्द को उत्पन्न करता हुआ स्वयं श्रोत्रिय इन्द्रिय तक आता है।

सांख्य और योग दर्शन में प्रत्यक्ष ऐसा ज्ञान है जो विषय से सम्बद्ध होकर उसके आकार को धारण कर लेता है। विज्ञानभिक्षु की मान्यता है कि प्रत्यक्ष प्रमाण एक ऐसा ज्ञान अर्थात्— बुद्धिवृत्ति है जो विषय से सम्बद्ध होती हुई सम्बद्ध वस्तु के विषय को धारण कर लेती है। सांख्य कारिका में ''प्रतिविषयाध्यवसायो दृष्टम्'' अर्थात् प्रत्येक ज्ञानेन्द्रिय से उसके विषय का निश्चय पूर्वक ज्ञान ही प्रत्यक्ष प्रमाण है। अध्यवसाय विशेषण में ही अव्यभिचारी आदि का अन्तर्भाव हो जाता है। सांख्य में इन्द्रियार्थ

सन्निकर्ष को प्रत्यक्ष के लिये आवश्यक माना है किन्तु इन्द्रियाँ विषय के पास नहीं जातीं। इन्द्रियाँ तो केवल द्वार हैं जिनके माध्यम से केवल बुद्धिवृत्ति बाहर जाकर विषय के सम्पर्क में आकर तदाकार हो जाती हैं।

अद्वैत वेदान्त के अनुसार वेदान्त परिभाषा में प्रत्यक्ष प्रक्रिया का वर्णन दिया गया है। अद्वैत वेदान्त के अनुसार परम तत्व केवल एक ब्रह्म है। यह शुद्ध चैतन्य है और कूटस्थ नित्य है अतः पारमार्थिक दृष्टि से इसमें किसी प्रकार के ज्ञान के उत्पन्न होने का प्रश्न ही नहीं उठता। जो भी ज्ञान होता है वह व्यवहारिक सत्ता का है। अतः इनके अनुसार अन्तःकरण में अवछिन्न चैतन्य प्रमातृ चैतन्य है और अन्तःकरण की वृत्ति से अवछिन्न चैतन्य प्रमाण चैतन्य है। प्रत्यक्ष प्रमाण के लक्षण में धर्मराजाध्वरीन्द्र ने प्रत्यक्ष प्रमा का करण दिया है। चैतन्य यद्यपि अनादि है फिर भी इन्द्रिय सन्निकर्ष आदि द्वारा उसको प्रकट करने वाली अन्तःवृत्ति उत्पन्न होती है। अद्वैत-वेदान्त में प्रत्यक्ष के भेद करते हुए कहा है कि यह इन्द्रियजन्य और इन्द्रिय जन्य दूसरा ज्ञेय प्रत्यक्ष और ज्ञान प्रत्यक्ष तीसरा निर्विकल्पक प्रत्यक्ष तथा सविकल्पक प्रत्यक्ष चौथा जीवसाक्षी प्रत्यक्ष और ईश्वर साक्षी प्रत्यक्ष आदि भेद किये गये हैं।

बौद्ध दर्शन में प्रत्यक्ष का लक्षण करते हुए दिङ्नाग ने कहा है कि कल्पना से रहित नाम जाति आदि से रहित ज्ञान प्रत्यक्ष है। धर्मकीर्ति ने इसका परिस्कार करते हुए कहा— कल्पना से रहित अर्थात्— अभ्रान्त ज्ञान प्रत्यक्ष है। इन्होंने इसका लक्षण इन्द्रियार्थजन्य नहीं किया है। धर्मोत्तर ने साक्षात्कारि ज्ञान को प्रत्यक्ष कहा है। जिसका अर्थ है इन्द्रियाश्रित ज्ञान नहीं होना चाहिए।

जैन दर्शन में दो प्रकार के प्रमा को स्वीकार किया गया है— अपरोक्ष और परोक्ष। जो ज्ञान माध्यम रहित और स्पष्ट होता है वह अपरोक्ष है। जब वह माध्यम सहित होता है तब परोक्ष होता है। इसलिये जैन दर्शन में ''विशदं प्रत्यक्षम्'' अर्थात् स्पष्ट ज्ञान ही प्रत्यक्ष है। मुख्य प्रत्यक्ष तीन प्रकार का है— अवधि, मनःपर्याय और केवल। अवधिज्ञान काल तथा देश की दृष्टि से दूरस्थित विषयाकार ज्ञान है, पर्याय दूसरे के मनों में स्थित विषय का ज्ञान है, केवल ज्ञान देशकाल से रहित सीमा का ज्ञान है।

अनुमान प्रमाण :— अनुमान भारतीय दर्शन में चार्वाक को छोड़कर सभी ने स्वीकार किया है। अनुमान प्रमाण के विषय में तथा उसके अवयव, लिङ्ग परामर्श, व्याप्ति आदि पर भारतीय दार्शनिकों ने विशद् विवेचना प्रस्तुत की है। अनुमान की जिन समस्याओं पर विवाद है उनमें प्रथम पक्षता अर्थात् अनुमान ज्ञान के प्रमुख साधन, तृतीय— हेतुरूप, चतुर्थ— व्याप्ति और पाँचवीं समस्या हेत्वाभास अर्थात् असत् हेतु है।

अनुमान की सामान्य व्याख्या इस प्रकार की जाती है कि यह ज्ञान प्रत्यक्ष पूर्वक

होता है। जैसे कि पर्वत में अग्नि को देखकर धूम का अनुमान। धूम और अग्नि की व्याप्ति को ग्रहण करते हैं। हम जानते हैं कि जहां-जहां धूम होता है वहाँ-वहाँ अग्नि होती है। इसलिये जब पर्वत पर धूम दिखाई देता है तो अनुमान करते हैं कि वहां अग्नि अवश्य है। यहाँ पर्वत पक्ष है, धूम हेतु या लिङ्ग है और अग्नि साध्य है। पर्वत में धूम का होना पक्ष धर्मता कहा जाता है। पर्वत में अग्नि होने के ज्ञान को अर्थात् अनुमान के तीन पक्ष न्याय दर्शन मानता है पूर्ववत्, शेषवत्, सामान्यतोदृष्ट। अनुमान के समस्त अङ्गों को लेकर इस ग्रन्थ में विस्तृत व्याख्या की गयी है।

शब्द प्रमाण :— भारतीय दर्शनों में चार्वाक, बौद्ध और वैशेषिक को छोड़कर सभी शब्द प्रमाण को स्वीकार करते हैं। मीमांसकों में प्रभाकर केवल श्रुति को ही स्वतन्त्र शब्द प्रमाण मानते हैं। बौद्ध और वैशेषिक दर्शन शब्द को प्रमाण नहीं मानते। इसे अनुमान के अन्तर्भूत कर लेते हैं। चार्वाक शब्द को प्रमाण नहीं मानता। न्याय दर्शन में शब्द प्रमाण की परिभाषा करते हुए कहा है कि "आप्तोपदेश: शब्द:"—जिस विद्वान् ने जिस विद्या को या ज्ञान को प्राप्त कर लिया है उस ज्ञान के विषय में उसके कथन को शब्द प्रमाण के रूप में स्वीकार किया गया है। वात्स्यायन ने ऋषि, आर्य और म्लेच्छों में इसे समान रूप में स्वीकार किया है। सांख्य दर्शन में शब्द प्रमाण की दो रूपों में व्याख्या प्राप्त होती है। श्रुति वचन को शब्द प्रमाण कहा है और एक बालक अध्यापक और पिता आदि से शब्दार्थ सम्बन्ध का ज्ञान प्राप्त करता है वह भी शब्दप्रमाण के अन्तर्गत माना गया है। भारतीय षड्दर्शनकार किसी न किसी रूप में वेद को स्वत: शब्दप्रमाण के रूप में स्वीकार करते हैं।

उपमान प्रमाण :— भारतीय दर्शन में उपमान प्रमाण को मीमांसा, न्याय तथा अद्वैत वेदान्त द्वारा प्रमाण माना गया है। न्याय दर्शन में प्रसिद्ध साधर्म्य से साध्य सिद्ध किया जाना उपमान प्रमाण है। जैसे कि किसी ने कहा कि जैसी गौ होती है वैसी गवय होती है। वन में जाने पर गौ-सादृश्य पशु को देखकर यह जाना कि यह गवय है। मीमांसक दार्शनिक न्याय के उपमान की परिभाषा का खण्डन करते हैं। सांख्य आदि अन्य दार्शनिक उपमान का अन्य प्रमाणों में अन्तर्भाव करते हैं।

अर्थापत्ति :— मीमांसा दर्शन के दोनों सम्प्रदाय भाट्ट और प्रभाकर तथा अद्वैतवेदान्त—अर्थापत्ति को स्वतंत्र प्रमाण रूप में स्वीकारते हैं। "अर्थादापद्यते इति अर्थापत्ति" जो ज्ञान अर्थ से प्राप्त होता है वह अर्थापत्ति प्रमाण कहलाता है। जैसे कि देवदत्त मोटा हो रहा है, वह दिन में भोजन नहीं करता है और मोटा भी हो रहा है। इसका अभिप्राय यह हुआ कि वह रात्रि को खाता है। दूसरे हम इस प्रकार समझ सकते हैं कि देव जीवित है, परन्तु वह घर में नहीं है अर्थात् देव का घर में अभाव है। इसका अभिप्राय यह हुआ कि अर्थात् घर से बाहर है। मीमांसा में छ: प्रमाणों वाली छ: प्रकार की अर्थापत्ति को माना गया है। इसी प्रकार वेदान्त परिभाषा में भी अर्थापत्ति

को दृष्टार्थापत्ति और श्रुतार्थापत्ति—ये दो रूपों में स्वीकार किया है। अन्य दार्शनिक अर्थापत्ति को पृथक् प्रमाण स्वीकार न करके अन्य प्रमाणों में उसका अन्तर्भाव स्वीकार करते हैं।

अभाव अथवा अनुपलब्धि प्रमाण :— अद्वैत वेदान्त में अनुपलब्धि को अलग से प्रमाण रूप में प्रतिष्ठापित किया है। जैसे कि यहाँ घटाभाव है। घट के अभाव का ज्ञान अनुपब्धि प्रमाण से होता है। इस विषय में दार्शनिक आचार्यों में पर्याप्त मतभेद रहा है। मीमांसा, सांख्य, न्याय, वैशेषिक आदि दर्शनों में अनुपलब्धि को स्वतन्त्र प्रमाण, नहीं स्वीकार किया जाता है। किसी अन्य प्रमाण में ही उसका अन्तर्भाव स्वीकार किया जाता है।

एतिह्य प्रमाण :— जिस प्रमाण के अन्तर्गत यह जाना जाता है कि इति अर्थात् ऐसा निश्चय पूर्वक हुआ है। जिस प्रमाण में समस्त इतिहास आता है। क्योंकि उपन्यास और इतिहास में स्पष्ट अन्तर होता है। जैसे कि दशरथ, राम आदि अनेक राजाओं का इतिहास, रामायण और महाभारत के युद्धों को हम प्रमाणिक रूप में स्वीकार करते हैं। परन्तु भारतीय दार्शनिक इसे अन्य प्रमाण रूप में स्वीकार नहीं करते हैं। क्योंकि यह शब्द प्रमाण के अन्तर्गत ही माना जा सकता है।

सम्भव प्रमाण :— जो जिसमें सम्भव हो वह सम्भव प्रमाण माना जाता है। जैसे कि एक किलो में दो सौ, ढ़ाई सौ और पाँच सौ ग्राम सम्भव हैं। इसे भी अन्य दार्शनिक प्रमाण रूप में स्वीकार नहीं करते हैं। क्योंकि इसका अनुमान प्रमाण के अन्तर्भाव हो जाता है।

द्वितीय-अध्याय

प्रत्यक्ष प्रमाण

वेद भारतीय वाङ्मय के आदि ग्रन्थ माने जाते हैं। उनमें ज्ञान प्राप्ति अथवा ज्ञान मीमांसा का दृष्टिकोण क्या माना जाता है? इसका विवेचन करने से पूर्व आधुनिक ज्ञान मीमांसा करना अधिक उचित होगा। आधुनिक ज्ञान मीमांसा शब्द का ग्रहण पाश्चात्य इपिस्टीमोलोजी (Epistemology) शब्द का हिन्दी में पर्याय बनाकर माना गया है। भारतीय परम्परा में प्रमाण मीमांसा अथवा प्रमाण शब्द का ग्रहण किया जाता था। जो भी हमें प्रत्यक्षादि प्रमाणों से ज्ञान प्राप्त होता है, उसके स्रोत एवं साधन और उसके प्रामाण्य अथवा अप्रमाण्य आदि विषयों का गहन अध्ययन भारतीय दर्शन परम्परा में प्राप्त होता है। वेद मानव जाति के इतिहास का प्रथम ग्रन्थ है और मानव के ज्ञान का आदि स्रोत है। वेदों में मनुष्य की जन्म से लेकर मृत्यु पर्यन्त समस्याओं का समाधान मिलता है। उसके पश्चात् ऋषियों ने अपने-अपने विषयों का प्रतिपादन किया, उसे एक विषय पर ऋषियों ने ऋषि+अर्चन अर्थात् रिसर्च किया। जैसे वेद के ज्ञान सम्बन्धी मन्त्रों पर शोध करके वेद के ज्ञान काण्ड की उपनिषदों के रूप में विस्तृत व्याख्या की थी। इसी प्रकार वेद के कर्मकाण्ड का विस्तार ब्राह्मण ग्रन्थों में उपलब्ध होता है।

भारतीय दर्शन परम्परा में ज्ञान मीमांसा का प्रारम्भ भी हमें वेद से स्वीकार करना होगा। उसके बाद ऋषियों ने शोध द्वारा प्रमाणों का विशद वर्णन किया है, यह मानना चाहिये। इसमें सबसे पूर्व यह देखना होगा कि ज्ञान मीमांसा का क्या आधार है? इस पर जब हम विचार करते हैं तो प्रमाण मीमांसा में सबसे प्रमुख दो शब्द मिलते हैं, प्रथम ''प्रमा'' द्वितीय शब्द है ''प्रत्यक्ष''। न्याय दर्शन में भी प्रमा, प्रमाण, प्रमिति और प्रमाता शब्दों को ज्ञान मीमांसा का आधार माना जाता है। ''प्रमा'' का जो अर्थ दर्शनों में स्वीकार किया जाता है, उसी अर्थ में वेदों में इस शब्द का प्रयोग होता है। प्रत्यक्ष शब्द का प्रयोग भी वेद में मिलता है। इस का अभिप्राय यह हुआ कि वेद में ज्ञान मीमांसा का संक्षिप्त वर्णन है।

वेद में प्रमा शब्द—

(1) कासीत् प्रमा (ऋ० 10.130.1)

(2) यस्य भूमि प्रमाऽन्तरिक्षमुतोदरम्। (अथर्व० 10.7.32)

वेद में प्रत्यक्ष प्रमाण—

(1) यो वैतान्विद्यात् प्रत्यक्षं स ब्रह्मोवेदिता स्यात्। (अथर्व० 10.7.24)

(2) स्कम्भत्वा वेद प्रत्यक्षमिन्द्रे सर्वं समाहितम्। (अथर्व० 10.7.29)

(3) इन्द्र त्वा वेद प्रत्यक्षं स्कम्भे सर्वं प्रतिष्ठितम्। (अथर्व० 10.7.30)

मूल वेदों में प्रमा और प्रत्यक्ष शब्द का मिल जाना, इससे यह सिद्ध होता है कि वेद में प्रमाण मीमांसा का भी संक्षिप्त वर्णन है।

प्रमा, प्रमाण, प्रमाता और प्रमिति आदि सभी शब्द प्र उपसर्ग हैं और माङ् धातु से प्रत्यय पृथक्-पृथक् है। मा धातु का अर्थ नापना अथवा मापना है। इन की विस्तृत विवेचन इस प्रकार से की जा सकती है। जो नापे अथवा मापे जायें वे प्रमा, जिस से मापा जाये वे प्रमाण तथा जो मापता है, वह प्रमाता कहलाता है। जो मापने का ज्ञान है, वह प्रमिति शब्द से कहा जाता है। सभी शब्दों के मूल में धातु (रूट) एक ही है।

यहाँ प्रस्तुत प्रसंग में ज्ञान सूक्त की व्याख्या करना अधिक समीचीन प्रतीत होता है। इस सूक्त में प्रत्यक्ष प्रमाण की वैदिक परिभाषा की गई है।

ऋग्वेद के दसवें मण्डल के इकहतरवें सूक्त में ग्यारह मन्त्र हैं। इन मन्त्रों का ऋषि बृहस्पति है। इस सूक्त का देवता अथवा विषय ज्ञान है। किसी मन्त्र का देवता, उस मन्त्र में प्रतिपादित ज्ञान अथवा विषय होता है। इस सूक्त में ज्ञान प्राप्त करते समय किन-किन सावधानियों की आवश्यकता है, आदि का वर्णन किया गया है। ऋग्वेद में ही ज्ञान प्राप्ति तक मार्ग प्रशस्त करते हुये कहा है कि यह बृहस्पति अर्थात् यह जीवात्मा जब बृहद् अनुभूति रूपी अर्थ अर्थात् विषय का तद्वाहक सामग्री द्वारा ज्ञान प्राप्त कर लेता है तो वह उसका ज्ञान अथवा बृहस्पति कहलाता है। यहाँ मन्त्र में अभिव्यञ्जना करते हुए कहा है कि दिव्य अङ्गिरस बृहस्पति अज्ञान अर्थात् ज्ञान के व्यवधान कारकों की पहाड़ी को तोड़ डालते हैं। अर्थ सम्पदा अर्थात् उसके पीछे छिपे अर्थ अथवा विषय के ज्ञान प्राप्त करके वाणी की अवस्था को प्राप्त कर लेते हैं अथवा जब ज्ञान के व्यवधान कारक नष्ट हो जाते हैं तो सत् ज्ञान का उदय होता है तभी उसी ज्ञान को वाणी के द्वारा कहने की योग्य होता है। उसी ज्ञान को सप्त स्वर अर्थात् छन्दों के द्वारा कहने के योग्य अपने आप को बनाकर उस ज्ञान अथवा विषय को प्राप्त कर लेता है।[1]

यद्यपि प्रस्तुत प्रसंग में अज्ञान के वज्र को तोड़कर जीवात्मा उस ब्रह्म के ज्ञान

---

1. यो अद्रिभित् प्रथमजा ऋतावा बृहस्पतिरांगिरसो हविस्मान्।
बृहस्पतिः समजयद् बसूनि महो व्रजान् गोमतो देव एषः॥ —ऋ० 6.73.1.3.

को प्राप्त कर लेता है। परन्तु वस्तुओं का ज्ञान तभी प्राप्त हो सकता है जब मनुष्य उसके व्यावर्त्तक कारकों को जान कर उसके पृथक् सत् का ज्ञान प्राप्त कर लेता है। जब घट पटादि का ज्ञान प्राप्त करते हैं तो उसमें घट या पट का निश्चयात्मक ज्ञान होता है। घट के प्रत्यक्ष का अभिप्राय है कि वह अव्यपदेश्यम् अव्यभिचारी और व्यवसायात्मक घट ज्ञान। तभी वह ज्ञान वाणी का विषय बनता है। इसी को वेद इस प्रकार कहता है कि तत्त्व का अर्थात् यथार्थ विषय का ज्ञान जिसमें सत्य दृष्टि एवं उस वस्तु के धर्म के यथार्थ दर्शन हों, वह तभी सम्भव है जबकि उस वस्तु के ज्ञान के बाधक अज्ञान रूपी वज्र तो तोड़ दिया जाय अथवा वस्तुगत ज्ञान केवल उस विषय का शब्दगत ज्ञान न हो अपितु वस्तु का ज्ञान हो। इसी प्रकार वह ज्ञान, जो हमें उपलब्ध हो रहा है वह व्यभिचरित न हो जाय अर्थात् बाद में ज्ञात हो कि वहां जल नहीं था अपितु रेगिस्तान की मृग मरीचिका का ज्ञान है। यह रजत नहीं है अपितु शुक्ति का भ्रमगत ज्ञान है। इससे अगला क्रम है, वह ज्ञान निश्चयात्मक हो।

इस ज्ञान सूक्त की प्रथम ऋचा में कहा गया है कि ये जो ब्रह्माण्ड के पदार्थ विद्यमान हैं, इनके आदि में नाम कौन देता है? उसके पश्चात् इनका ज्ञान कैसे प्राप्त होता है। यहां इस मन्त्र में कहा है कि वह ज्ञान का स्वामी सर्वप्रथम वाणी अर्थात् वेद की ऋचाओं में इन प्रमा वाली नाना वस्तुओं के नाम देता है। उसके बाद के प्रचेता हृदयरूपी गुहा में उन वस्तुओं के गुण आदि का उस ब्रह्म की जो प्रेरणा समाधि में प्राप्त होती है उससे नाना पदार्थों के ज्ञान प्राप्त करता है। यह ज्ञान का प्रारम्भिक रूप बतलाया है, जब सृष्टि उत्पन्न हुई तो आदि ऋषियों ने पदार्थों के नाम के ज्ञान को कैसे प्राप्त किया होगा?[1]

ज्ञान प्राप्ति में किन-किन कारकों को धारण करने की आवश्यकता है तथा सावधानीपूर्वक चक्षु आदि इन्द्रियों द्वारा प्राप्त संवेदनाओं को मन में प्राप्त करके उनके द्वारा समुचित ज्ञान हो, इस उद्देश्य से यजुर्वेद में कहा है कि एक अबाध दृष्टि व्यक्ति के मन को प्राप्त कराती है, इन्द्रियों से प्राप्त होने वाली संवेदनाओं को प्राप्त करके मनुष्य हृदय और मन को एकीभूत अर्थात् मन और हृदय का सन्तुलन हो, यह किसी विषयगत ज्ञान के लिए आवश्यक है। इस में यह आवश्यक होगा कि— हमारी चेतना, अवचेतना एवं तर्क का समञ्जन होना आवश्यक है तभी किसी अर्थ अथवा विषय के विविध अर्थों को खोलती हुई, उसके ज्ञान को संतुष्ट कर सकती है जब वह अर्थ की परतों से पार होकर यथार्थ ज्ञान को प्राप्त कर सके।[2] वही आगे चलकर वेदों के

---

1. बृहस्पते प्रथमं वाचो अग्रं यत्प्रैरत नामधेयं दधानाः।
यदेषां श्रेष्ठं यदरिप्रमासीत् प्रेणा तदेषां निहितं गुहाविः।। —वही, 10.72.1
2. यन्मेछिद्रं चक्षुषो हृदयस्थ मनसो वातितृण्णं बृहस्पतिर्मे तद्दधतु। शन्नो भवतु भुवनस्य यस्पतिः।। —यजु० 36.2

सूक्ष्मतम ज्ञान को प्राप्त कर लेता है। जब मन और इन्द्रियों के बीच में से अज्ञान दूर होकर यथार्थ ज्ञान को प्राप्त करने की शक्ति आ जाती है तब वह प्रज्ञान संज्ञक मन कहलाता है। तभी वह विषयों के यथार्थ ज्ञान को प्राप्त करने में समर्थ हो जाता है। ऐतरेयोपनिषद् के अनुसार ज्ञान का विविध रूपों की यथार्थता का रूप प्रदान करने वाले प्रज्ञान संज्ञक मन से संज्ञान, अज्ञान, विज्ञान, प्रज्ञान, मेधा, दृष्टि, धृति, मति मनीषा, स्मृति, संकल्प, ऋतु, असु, आदि रूपों को धारण करने वाली मन की शक्तियां मानी जाती हैं। जब हमारी इन्द्रियां मन की सहायता से यथार्थ ज्ञान प्राप्त करती हैं तब मन की सचेतन अवस्था कही गई है।[1] यदि मन सावधानी पूर्वक इन्द्रियों के संवेदनों को ग्रहण नहीं कर पाता वह मन की अचेतन अवस्था मानी गई है।

यथार्थ ज्ञान की प्रक्रिया में अन्तर्मन में अनेक प्रकार के अन्तर्व्यापार होते हैं, उन सन्तुलित व्यापारों के पश्चात् ही ज्ञात अर्थात् प्रमाता सत्तू की भांति छान कर अन्तर्मन से परीक्षित करता हुआ वीरता की अवस्था को प्राप्त करके, उस मन के द्वारा उसे वाणी का रूप देता है[2] अर्थात् विषय के ज्ञान को वाणी द्वारा कहने में समर्थ होता है। इस प्रकार का शुद्ध किया हुआ वाणी का ज्ञान ही मित्रों के लिये लक्ष्मी देने वाला और कल्याणकारी होता है। यथार्थ ज्ञान युक्त वाणी सब का कल्याण करने वाली हो सकती है।

यह अन्तर्मन द्वारा ज्ञान प्राप्त करने के प्रयत्न को 'यज्ञ' कहा गया है। वास्तव में वैदिक साहित्य में यज्ञ एक तकनीकी शब्द है, जो आगे चलकर सीमित अर्थ में रूढ़ हो गया। यथार्थ ज्ञान को प्राप्त करने का इन्द्रिय, मन, बुद्धि और आत्मा का सन्तुलित व्यापार या प्रयास सब से उत्तम यज्ञ मानना चाहिये। इसलिये कहा गया है कि यह यथार्थ ज्ञान का यज्ञ आगे के क्रम में विविधि रूपों को धारण करता हुआ प्रचेताओं के हृदय में पद्यों का रूप धारण करके, उन्हें सजाया तथा बहुत रूपों वाले सात स्वर छन्दों द्वारा निर्मित किया है। यह पदार्थों का अथवा सामान्य ज्ञान ही परम सत्य तक के ज्ञान को भी प्राप्त करने में समर्थ हो जाता है।[3]

फ्रांसीसी सिम्बालिस्टि कवि आर्थ रिम्बाऊ के अनुसार समस्त इन्द्रियों की लम्बी क्रमिक प्रक्रिया एवं अन्तर्मन द्वारा तर्कपूर्ण नियन्त्रण से कवि अपने को ऋषि

---

1. प्रज्ञया वाचि समारुह्य वाचा सर्वाणि नामान्याप्नोति।
—कोषीतकी उपनिषद् 3.6

2. सक्तुमिव तितउना पुनन्तो यत्र धीरा मनसा वाचमक्रत।
अत्रा सखायः सख्यानि जानते भद्रैषां लक्ष्मीर्निहिताधि वाचि।।—ऋ० 10.71.2

3. यज्ञेन वाचः पदवीयमायन् तामन्वविन्दन्नृषिषु प्रविष्टाम्।
तामाभृत्या व्यदधुः पुरुत्रा तां सप्तरेभा अभिसंनवन्ते।।—ऋ० 10.71.3

बनाता है।[1] वास्तव में यह अन्तर्मन की साहित्यिक एवं काव्यमयी ज्ञान के उच्चतम स्थिति की अवधारणा का वर्णन हैं यथार्थ ज्ञान प्राप्ति के दो रूप वेद में कहे गये हैं। प्रथम सामान्य ज्ञान द्वितीय ऋषि अथवा कवि ज्ञान और जिसके अनेक पर्याय हैं जैसे ब्रह्मज्ञान, तत्त्वज्ञान ऋषि दृष्टि आदि नामों से क्रमिक विकास हुआ। जो प्रमाता इन्द्रियों से प्राप्त होने वाली संवेदनाओं और अन्तर्मन का सन्तुलन नहीं कर पाते हैं उनके विषय में वेद के इसी सूक्त के चौथे मन्त्र में कहा है कि जो उससे प्राप्त होने वाली संवेदनाओं का समीचीन रूप में देख कर के नहीं देख पाता, सुनकर के नहीं सुन पाता, वह उस ज्ञानरूपी अमृत को प्राप्त नहीं कर पाता है। वास्तव में यहां वाणी का अभिप्राय: शब्द की संवेदना और देखने का अभिप्राय: चक्षु संवेदना से है। वेद ने इन दो संवेदनाओं को उपलक्षण रूप प्रदान होता है। जो जो उस ज्ञान को यथार्थ रूप में अन्तर्मन के संयोग से ज्ञान लेता है, वह मानों उस पति की भांति है, जिसकी पत्नी अपने सुन्दर रूप एवं शरीर को पति के लिये निःसंकोच दिखला देती है, उसी प्रकार यह विद्या अर्थात् यथार्थ ज्ञान भी अपने सही रूप को प्रकट कर देता है।[2] सायणाचार्य ने इसका भाष्य करते हुए भी वाणी के साथ वाजि शब्द प्रयोग किया है। वाजि का अर्थ ज्ञान भी होता है अतः ज्ञान को प्राप्त करने को वेद ने "स्थिरपीतमाहु" शब्द का प्रयोग किया है।[3] यहाँ चाहे गुरु का शिष्य के प्रति ज्ञान का आदान करना हो। इन समस्त स्थितियों में ज्ञान तभी संभव है जब प्रमाता, विद्यार्थी एवं शिष्य उसे एकाग्र मन से ग्रहण करें बिना एकाग्र मन के ज्ञान प्राप्त नहीं हो सकता है।

यहां यह स्पष्ट करना अपेक्षित है कि 'स्थिरपीतमाहु' कहकर वेद ने पांचों प्रकार की इन्द्रियों से प्राप्त होने वाले ज्ञान की ओर संकेत किया है। जैसे वेद के ज्ञान को बिना आचरण में लाये वेद ज्ञान बिना फल और बिना पुष्प के होता है।[4] उसी प्रकार चक्षु, श्रवण, त्वक् और रसन इन्द्रियों से प्राप्त नहीं कर पायेगा क्योंकि वेद ने 'स्थिरपीतमाहु' कहकर मन की एकाग्रता, ज्ञान के व्यावर्तक धर्म एवं सन्देह और ज्ञान

---

1. I.e poets sefaityoyant par? Unlong immensect raisonne dereglement de tous lessens.
2. उतत्वः पश्यन् न ददर्श वाचमुत त्वः शृण्वन्न शृणोत्येनाम्।
   उतोत्वस्मै तन्वं विसस्रे जायेव पत्य उशती सुवासाः।। —ऋ० 10.71.4
3. अतोवाक् समबन्धात् वाक्य सख्ये स्थिर पीतमाहु-हृदये स्थितं भवति....यद्वा तस्मिञ्ज्ञातार्थमाहुः। लोके यथा ज्ञातार्थपुरुषं वाजिनेषु। यद्वा वाजिनेषु सारभूतेषु। निरूपणीयेष्वर्थेष्वथैनं न हिन्वन्ति। न हि कुर्वान्ति। इत्यर्थज्ञः प्रशस्तः।— सायण भाष्यम्
4. उतत्वं सख्ये स्थिरपीतमाहुर्नैनं हिन्वन्त्यपि वाजिनेषु।
   अधेन्वा चरतिमाययैषा वाचं शुश्रुवां अफलामपुष्पाम्।। —वही, 10.71.5

को व्यभिचरित आदि जो भी दोष आगे चलकर दर्शन के आचार्यों ने माने हैं, उन सबकी ओर वेद ने उक्त शब्द कहकर संकेत दिया है। यहां श्रवण संवेदना के विषय में कहा है।[1] यदि कोई किसी शब्द को ध्यान से नहीं सुनता है तो वह शब्द के सही ज्ञान को मित्रों के लिये प्रदान नहीं कर सकता है। यदि हम यहां पर साहित्य के रूप में कवि ज्ञान का अर्थ ग्रहण करें तो इस का अभिप्राय यह हो सकता है जो यह कवि वाणी के विषय में नितान्त मूढ़ है, वह कवित्व के प्रति उठने वाले भाव एवं संवेग हैं, उनको प्राप्त नहीं कर सकता। कवि को संवेगात्मक आवेश को समझना और उसमें भाग लेना ही वाणी में भाग लेना है। सहृदय की प्रशंसा का अर्थ है कि वह कवि की वाणी में अन्तर्निहित (गुहाविः) की भागीदार बन सके। कवि तथा सहृदय के बीच विश्वास की दृढ़ कड़ी रहती है। यह वाणी से भाग है। इसी भाव को ऋग्वेद के 1.164.36 में इस प्रकार समझाया है कि यदि जानने योग्य वस्तु और ज्ञाता के मध्य अन्य अनेक व्यवधान हों तो प्रमाता का ज्ञान दोषपूर्ण होगा।[2] प्रमा तो यथार्थ अनुभव को कहा जाता है परन्तु यदि मन और इन्द्रियाँ सन्नद्ध नहीं हैं अर्थात् व्यवधान वाले कारक, ज्ञान को आवृत्त किये हुये हैं तो वाणी के द्वारा यथार्थ ज्ञान को तत्त्वरूप में अभिव्यक्त नहीं किया जा सकता है। जो भी प्रमाता या जिज्ञासु ज्ञान को प्राप्त करना चाहता है, वह केवल शब्द से ज्ञान को प्राप्त नहीं कर सकता है। वस्तुगत ज्ञान शब्दगत ज्ञान से भिन्न है। न्यायदर्शन में इसी बात को समझाने के लिये प्रत्यक्ष का लक्षण करते हुए कहा है कि प्रत्यक्ष ज्ञान में तीन प्रकार की शर्तें आवश्यक हैं। वह ज्ञान अव्यपदेश्यम् होना चाहिये। दूसरी शर्त है कि अव्यभिचारी होना चाहिये और तीसरी शर्त है कि वह ज्ञान व्यसायात्मक होना चाहिये।[3] वास्तव में ज्ञान प्राप्त हो के वाणी अर्थात् कथन में आता है, वेद उसके क्रमिक विकास अथवा ज्ञान प्राप्त करने के क्रम की ओर इंगित कर रहा है। आगे चलकर ऋषियों ने ज्ञान मीमांसा के विषय में शोध करके उस पर विस्तृत दर्शन साहित्य लिखा है। यहाँ वेद भी इसी विषय को समझना चाहता है कि ज्ञान केवल शब्दजन्य नहीं है। घट शब्द से घट वस्तुगत ज्ञान नहीं होता है। वह घट द्रव्य और चक्षु इन्द्रिय का सन्निकर्ष होना आवश्यक है। इसी

1. यस्तित्याज सचिविदं सखायं न तस्य वाच्यपि भागो अस्ति।
यदीं शृणोत्यलकं शृणोति न हि प्रवेद सुकृतस्य पन्थाम्।। —वही, 10.71.6
2. न वि जानामि यदि वेदमस्मि निण्यः सन्नद्धोमनसा चरामि यथा मागन्
प्रथमजाऋतस्यादिद् वाचो अश्नुवे भागमस्याः।। —ऋ० 1.164.37
शब्दस्य हि ब्रह्मण एषपन्था यन्नामभिर्व्यायति धीरपार्यैं।
परिभ्रमस्तत्र न विन्दतेऽयनि् मायामये वासनयाशयानः।। —भागवतपुराण, 2.2.2
3. इन्द्रियार्थ सन्निकर्षोत्पन्नमव्यपदेश्यमव्यभिचारिव्यवसायात्मकं प्रत्यक्षम्।।
—न्यायद० 1.1.5

प्रकार वस्तुओं के प्रत्यक्षीकरण में प्राप्त प्रत्यक्ष ज्ञान व्यभिचरित नहीं होना चाहिए। जैसे हम ग्रीष्म ऋतु में दूरस्थ जल का प्रत्यक्ष ज्ञान प्राप्त करते हैं परन्तु वहां जहां प्रत्यक्ष जल प्राप्त हो रहा था, वह व्यभिचरित हो गया अर्थात् परिवर्तित हो गया। वहां तो केवल बालू रेत है। दूर से गर्म वायु भूमि से सम्पृक्त हो जल ज्ञान का भ्रम उत्पन्न कर रही थी। वहां जाने पर यथार्थ ज्ञान हुआ कि वहां पर जल नहीं है। वह केवल भ्रम मात्र था। तीसरी शर्त के अन्तर्गत कहा कि वह हमारी ज्ञान प्राप्त करने वाली स्थिति बुद्धि में निश्चयरूप में होनी आवश्यक है। संशयात्मक मनस्थिति नहीं होनी चाहिये। जैसे कि स्थाणुरयंपुरुषो वा। दूरस्थ किसी पदार्थ को देखने पर मन की स्थिति रहती है कि वह मनुष्य है या स्थाणु है जब तक यह स्थिति रहेगी तब तक का ज्ञान प्रत्यक्ष की कोटि में नहीं आ सकता है। बुद्धि में जब निश्चय हो जाय कि यह स्थाणु ही है या पुरुष ही है"। तभी वह ज्ञान प्रत्यक्ष ज्ञान की कोटि या श्रेणी में आ सकता है। इन तीन शर्तों को पार करके ज्ञान, चक्षु, इन्द्रिय, अथवा अन्य ज्ञानेन्द्रियों के द्वारा प्राप्त होगा है प्रत्यक्ष ज्ञान की कोटि में या श्रेणी में आ सकता है। इस प्रसंग में यह बतलाना आवश्यक है कि ज्ञान प्राप्ति की प्रक्रिया में ज्ञान के स्रोतों में ज्ञानमीमांसा के अन्य प्रसंगों में न्याय, सांख्य, बौद्ध और अद्वैतवेदान्त आदि सम्प्रदायों में मतभेद है। यहाँ पर उन मतभेदों की विवेचना करना अप्रासंगिक है। केवल यहाँ ज्ञानप्राप्ति सम्बन्धी दार्शनिक सम्प्रदायों की चर्चा इसलिये की है कि वेद में जो ज्ञान सम्बन्धी विवेचना मूलरूप या सूत्ररूप में प्राप्त होती है, आगे चलकर उस पर हमें विपुल साहित्य प्राप्त होता है।

वेद में जो ज्ञान प्राप्ति के स्रोत हैं, उन में मुख्य रूप में मन की स्थिरता या एकाग्रता और इन्द्रियों का स्वस्थ एवं उनके द्वारा प्राप्त संवेदनायें यथार्थरूप को लिये हुये हों और मन द्वारा उनका ग्रहण सावधानी पूर्वक किया गया हो तभी वह प्राप्त संवेदनायें यथार्थ ज्ञान में परिवर्तित हो सकती हैं। जैसे कि अगले मन्त्र में एक रूपक के द्वारा समझाया गया है कि अध्यापक की कक्षा में सभी छात्र समान चक्षु और समान कान रखते हुये भी, उनसे प्राप्त होने वाली ज्ञान की किरणें, उनको समान ज्ञान प्राप्त नहीं करवा पातीं। क्योंकि "मनोजवेष्वसमा बभूवः" अर्थात् मन की शक्ति की गति सब छात्रों की पृथक् है। जो व्यक्ति मन को जितना साकार करके ज्ञान प्राप्त करता है, उसे मापते हुये या जल के तालाब में स्नान करने की उपमा देते हुए समझाया है कि कुछ उस ज्ञान या तालाब के घुटनों तक के जल में ज्ञान का प्रवेश कर पाते हैं। अन्य कुछेक कोख अर्थात् कन्धों तक ज्ञान या जल में प्रवेश करते हैं उनमें जो मन को पूर्णरूपेण संयमित कर लेते हैं, वे जल में पूर्णरूपेण स्नान करके सन्तोष को प्राप्त करते हैं। अथवा इन्द्रियों से प्राप्त होने वाली संवेदनाओं को सावधानी पूर्वक मन में एकाग्रता धारण करके अन्तः व्यापारों के सन्तुलनों के द्वारा यथार्थ ज्ञान के तत्त्व रूप

को प्राप्त करने में समर्थ होते हैं, इसी भाव को वेद ने तालाब के जल में स्नान करने की उपमा द्वारा समझाया है।[1] यहां पर वेद ने प्राप्त होने वाली ज्ञान के क्रम को तथा जो ज्ञान हमें प्राप्त होता है, उसकी गहराई की परतों की ओर संकेत किया है। यहां यह भी समझना चाहिये कि चक्षु इन्द्रिय के द्वारा प्राप्त प्रत्यक्ष ज्ञान और श्रोत्र इन्द्रिय के द्वारा प्राप्त होने वाला शब्द ज्ञान, अर्थात् यहां इन उपरोक्त इन्द्रियों से प्राप्त होने वाला शब्द ज्ञान। यहां इन उपरोक्त इन्द्रियों का वर्णन या इनसे प्राप्त होने वाले ज्ञान का केवल उपलक्षण मात्र वर्णन किया है इसका अर्थ या अभिप्राय स्पष्ट है कि समस्त इन्द्रियों से प्राप्त होने वाले ज्ञान के विषय से यही सिद्धान्त निश्चित किया जायेगा कि किसी भी इन्द्रिय से प्राप्त होने वाली संवेदनायें तभी ज्ञान के रूप में परिवर्तित होंगी जब मन की एकाग्र अवस्था या मन पूर्ण रूपेण इन्द्रियों से प्राप्त संवेदनाओं को सन्तुलित क्रम में सावधानीपूर्वक ग्रहण करेगा।

इससे अगली ऋचा में यथा ज्ञान को प्राप्त करके मनीषी विद्वान् तत्त्व-बोध प्राप्त करके उसके व्याख्यान अथवा उस प्राप्त ज्ञान को दूसरों को समझाने कर सामर्थ्य प्राप्त कर लेते हैं। मूल ऋचा में वर्णन किया है कि हृदय से तराशे हुये मन की शक्ति अथवा वेगों में सन्तुलन करके उस ज्ञान की संगति लगाते हैं। यहाँ वेद ने ''संयजन्ते'' क्रियापद का प्रयोग किया है, जिसका अभिप्रायः यह है कि वे ज्ञानशील व्यक्ति उन प्राप्त होने वाले ज्ञान के आवेगों का परस्पर संगति अर्थात् समस्त संवेदनाओं से प्राप्त होने वाले ज्ञान के प्रति निश्चयात्मक बुद्धि की स्थिति उत्पन्न करके उस प्राप्त ज्ञान के तत्त्व रूप को समीचीन रूप में प्राप्त कर लेते हैं। ऐसे ज्ञानशील व्यक्ति के लिये वेद में ब्राह्मण शब्द का प्रयोग है। इतना ही वेद वर्णन नहीं करता है, अपितु आगे वेद ने व्यवधानों की ओर संकेत करते हुये कहा है कि जो प्राप्त संवेदनायें हैं, उनमें जो संवेदना उस ज्ञान की प्राप्ति में भ्रम पैदा करने वाली होती है, उसे वह ''जहु'' अर्थात् जान करके छोड़ देता है। जैसे कि प्रमाण मीमांसा के प्रकरण में यह माना जाता है कि दो वस्तु अर्थात् घट और पट में 'घट का ही ज्ञान' अथवा 'पट का ज्ञान' यह तभी होता है, जब उनमें व्यावर्तक धर्मों का निश्चयात्मक पृथक्करण कर लेते हैं। तभी यह ''घट है'' या ''पट है'' को हम निश्चयात्मक वाणी द्वारा कहते हैं।[2]

इससे आगे वेद ने व्यक्तियों की ओर संकेत किया है कि जो ''न अर्वाङ् न परः'' अर्थात् किसी ज्ञान पूर्व रूप या उस ज्ञान के उत्तरवर्ती स्वरूप को प्राप्त करने या जानने में गति अर्थात् किसी प्रकार का उद्यम ही नहीं करते हैं अर्थात् वे व्यक्ति

1. अक्षण्वन्तः कर्णवन्तः सखायो मनोजवेष्वसमा बभूवुः।
आदध्नास उपकक्षास उत्वेहृदाइव स्नात्वा उत्वेददृश्रे ॥ —ऋ० 10.71.7
2. हृदातष्टेषु मनसो जवेषु यद् ब्राह्मणाः संयजन्ते सखायः।
अत्राहत्वं विजहुर्वेद्याभिरोह ब्रह्माणो विचरन्त्युत्वे॥ —वही, 10.71.8

चिन्तनशील न होकर उस ज्ञान के यथार्थ रूप का न जानकर अधकचरे ज्ञान को बोलते हैं और अपने आप को ज्ञानी मानने लग जाते हैं ऐसे अहंवादी को अवज्ञ अर्थात् ज्ञानहीन या बुद्धिहीन नाम से वेद ने कहा है। इसी को वेद ने कहा कि वे व्यक्ति अपने को ज्ञानी सिद्ध करने के लिये अनेक प्रकार के षड्यन्त्र करते हैं और औरों को अपने तन्त्र के अज्ञान में फंसाने की कुचेष्टा करते हैं।[1]

जो शिक्षक के पास बैठ कर यथार्थ ज्ञान को प्राप्त करके अथवा जो व्यक्ति अपने ज्ञान के स्रोत को सही रूप में प्रयोग करता है, तथा मन के आवेगों पर अधिकार प्राप्त करके यथार्थतत्त्वबोध के ज्ञाता हो जाते हैं वे मित्रों में तथा सभाओं में यश एवं आनन्द को प्राप्त करते हैं। वे वास्तव में तत्त्ववेत्ता अथवा प्रचेता कहलाते हैं। वे अज्ञान के पापरूपी समय को नष्ट करके दूसरों के अज्ञान को भी दूर करने में समर्थ होते हैं और अपने आप को बहुत ही उपयोगी एवं हितकारी सिद्ध करने में सफल हो जाते हैं।[2]

सामान्य ज्ञान प्राप्ति के पश्चात् जो प्रचेता बने और कुछ मूर्ख भी रह गये या रह जाते हैं उन में वेद विभाजन करता हुआ कहता है कि उनमें से कुछ विद्वान् ऋचाओं के ज्ञाता बन जाते हैं उनको पुष्ट अर्थात् अपने उद्यम से प्रसार करते हैं। दूसरे ज्ञानशील पुरुष सामवेद की ऋचाओं के संगीत को हृदयंगम करके उनका गायन करते हैं, अन्य कुछ विद्वान् ब्रह्मा के उच्च पद को प्राप्त कर लेते हैं, कुछ और विद्वान् शिल्पकला के मर्मज्ञ अर्थात् अथर्ववेद के ज्ञाता हो जाते हैं। उनमें से कुछ यज्ञ के व्याख्याता बनकर कर्मकाण्ड अथवा यजुर्वेद के पण्डित बन जाते हैं।[3]

भारतीय दर्शन की सामान्य ज्ञान मीमांसा में केवल सामान्य ज्ञान-प्राप्ति-स्रोतों पर विचार करने के बाद प्रमाणों को वर्गीकरण पर विवेचन प्रारम्भ हो जाता है। वैदिक ज्ञान मीमांसा में सामान्य ज्ञान मीमांसा के साथ-साथ ज्ञान की पराकाष्ठा अथवा ज्ञान प्राप्त करके व्यक्ति किस अवस्था को प्राप्त कर लेता है उसका भी विवेचन मिलता है।

सामान्य रूप में ऋषि को द्रष्टा के रूप में माना गया है। वेद में सात इन्द्रियों को, जो ज्ञान का स्रोत बनती हैं, उन्हें ऋषि नाम दिया गया है।[4] वसिष्ठ ही प्राण,

---

1. इमे ये नार्वाङ् न परश्चरन्ति न ब्राह्मणासो न सुतेकरासः।
त एते वाचमभिपद्यपापया सिरीस्तन्त्रं तन्वते अप्रजज्ञयः।। —ऋ० 10.71.9
2. सर्वे नन्दन्ति यशसागतेनसभासाहेनसख्या सखायः।
किल्विषस्पृत्पितुषणिर्ह्येषामरं हितो भवति वाजिनाय। —वही, 10.71.10
3. ऋचां त्वः पोषमास्ते पुपुष्वान्गायत्रं त्वां गायति शक्वरीषु।
ब्रह्मात्वो वदति जातविद्यां यज्ञस्य मात्रां विमिमीत उत्वः।। —वही, 10.71.10
4. 'सप्त ऋषयः प्रतिहिताः शरीरे। —यजु० 3455

भारद्वाज ही मन, चक्षु ही जमदग्नि, श्रोत्र ही विश्वामित्र, और वाक् ही विश्वकर्मा है। सभी इन्द्रियों द्वारा उनमें स्थित हैं। उन्हीं के द्वारा वह ब्रह्म मानव ऋषियों में संक्रमित करता है।

हमारी इन्द्रियां प्रत्यक्ष नहीं हैं अपितु उनके गोलक प्रत्यक्ष हैं। इन्द्रियां सूक्ष्म शरीर का अंश हैं, उनके गोलक स्थूल शरीर का अंश हैं। इसी तरह वसिष्ठ, भारद्वाज, जमदग्नि आदि इन्द्रियाँ परमात्मा के सूक्ष्म शरीर के भाग होने की कल्पना की जा सकती है और अग्नि वायु आदि देवता ईश्वर के ब्रह्माण्ड रूपी स्थूल शरीर के गोलक कहे जा सकते हैं। इसके अनुसार आदि वस्तुओं के नाम और रूप का ज्ञान वेद द्वारा ईश्वर स्वयं देता है।

न्याय दर्शन में प्रतिपादित ज्ञान स्रोत :

न्याय दर्शन के पहले सूत्र के 16 पदार्थों में पहला पदार्थ है—प्रमाण। न्यायसूत्र कार ने प्रमाण-सामान्य की उपयुक्त व्याख्या नहीं की, उन्होंने कहा कि चार प्रमाणों के द्वारा हमें ज्ञान प्राप्त होता है अतः उन्होंने प्रमाण के चार भेद करके उनकी पृथक्-पृथक् व्याख्या की है। लेकिन इन भाष्यकारों का प्रमाण-सामान्य लक्षण प्रस्तुत न करने का क्या कारण है? इसके उत्तर में 'वात्स्यायन' का कहना है कि प्रमा के साधन को ही प्रमाण कहते हैं।[1] लेकिन न्याय सूत्र में प्रमा को ज्ञान का समानार्थक बतलाया गया है।[2] इस प्रकार न्याय सूत्र में प्रमाण को संज्ञा मान कर प्रमा का अध्ययन समझ लिया जाता है क्योंकि प्रमा को, प्र (यथार्थ) मा (ज्ञान) कहते हैं।[3] किन्तु केशवमिश्र ने अपनी पुस्तक में प्रमाण-सामान्य की व्याख्या प्रस्तुत की है।[4] उनके अनुसार ''प्रमा का करण प्रमाण है'', इसमें प्रमाण (पद) लक्ष्य है, ''प्रमा का करण'' यह लक्षण है— शंका-यदि प्रमा का करण प्रमाण कहलाता है तो उसका फल बतलाना होगा, क्योंकि करण फलवान् है यह निश्चय है।

समाधान ठीक है कि साधन या कारण कोई फल अवश्य होता है यहाँ प्रमा ही फल है। अभिप्राय यह है कि प्रमाण रूप साधन के द्वारा प्रमा ही साध्य है। जिस प्रकार छेदन काटने के साधनभूत परशु का फल छेदन होता है। उसी प्रकार यहाँ प्रमा के करण प्रमाण का फल प्रमा ही है।

न्याय सूत्र में प्रमाण का प्रथम पदार्थ होना यह दर्शाता है कि उसका अर्थ तत्त्वज्ञान के लिए पदार्थों का प्रतिपादन करना है। किसी भी पदार्थ की सत्ता 'प्रमाणों

1. देखिये वात्स्यायन कृत न्याय भाष्य 1.1.3
2. देखिये न्याय सूत्र 1.1.15
3. न्याय भाष्य विश्वनाथ न्यायसूत्र वृत्ति, 4.2.29
4. देखिये केशव मिश्र द्वारा कृत तर्क भाषा 4, पृष्ठ 11.12

की क्रिया' पर निर्भर करती है, प्रमाणों पर नहीं। उदयन ने अपने 'तात्पर्य परिशुद्धि' नामक ग्रन्थ में लिखा है "पदार्थों के वास्तविक स्वरूप का ज्ञान प्रमा है इस प्रकार के ज्ञान के साधन को प्रमाण कहते हैं"।[1] पदार्थों का अस्तित्व उसकी विद्यमानता और उसके अभाव पर निर्भर करता है।[2] विद्यमानता पदार्थ का ज्ञान यथार्थता[3] तथा अभाव पदार्थ का ज्ञान अयथार्थता का बोध कराता है।[4] अयथार्थ अनुभव की प्राप्ति तीन प्रकार से हो सकती है—संशय, तर्क तथा विपर्यय। किसी एक पदार्थ के विरुद्ध अनेक धर्मों के ज्ञान को 'संशय' कहते हैं।[5] किसी दो पदार्थों के एक दूसरे पर आश्रित ज्ञान को तर्क कहते हैं जैसे धुआँ उठ रहा है तो आग भी जरूर होगी अगर आग नहीं है तो धुआँ हो ही नहीं सकता। इस प्रकार के तर्क को प्रमाण नहीं माना जा सकता यद्यपि ये प्रमाण प्राप्ति के सहायक अनुभव है। इस प्रकार का ज्ञान निश्चयात्मक नहीं होता है।[6] तीसरा अयथार्थ अनुभव विपर्यय है, जो वस्तु जैसी न हो उसे उस रूप में जाना 'विपर्यय' कहलाता है।[7] इसे भ्रान्ति ज्ञान भी कहा जाता है। हमें भ्रान्ति का ज्ञान तब होता है जब कि हमारे उद्दिष्टि भूतकाल की आशायें वर्तमान काल से पूर्ण नहीं होती। न्यायशास्त्र के अनुसार सब प्रकार की भ्रान्ति व्यक्तिपरक है। हम अंधेरे में रस्सी के टुकड़े को सांप समझ लेते हैं लेकिन उजाला होने पर सांप का भ्रम दूर हो जाता है। वात्स्यायन के अनुसार "यथार्थ ज्ञान के द्वारा जिसका निराकरण किया जाता है, वह भ्रान्त ज्ञान है, पदार्थ नहीं है"।[8] भ्रान्तिविषयक अन्य मतों को नैयायिक स्वीकार नहीं करते, जो उनके अनुसार तार्किक न होकर अधिकतर आत्मविद्या सम्बन्धी हैं।

इसके अतिरिक्त स्मृति भी ज्ञान का स्रोत है। ज्ञान दो प्रकार का होता है अनुभवात्मक और स्मृति। अनुभवात्मक ज्ञान की व्याख्या हम ऊपर कर चुके हैं। जिस ज्ञान का विषय पहले से ही ज्ञात होता है उसे स्मृति कहते हैं।[9] स्मृति, जो कि पूर्ण अनुभव के आधार पर उत्पन्न चेतना के रूप में प्रकट होती है।[10] जब हम किसी दृश्य

---

1. "यथार्थानुभवः प्रमा तत्साधनं च प्रमाणम्"।
2. देखिये न्याय भाष्य 1/1.1
3. "यथार्थोऽर्थाविसंवादी"।
4. "अयथार्थः तु अर्थव्यभिचारी"। न्याय भाष्य 1.1.4
5. न्याय भाष्य 4/2.35
6. न निश्चनोति एवमेवेदमिति, न्याय भाष्य 1.1.30
7. विपर्ययस्तु अतस्मिन् तद्ग्रहः तर्कभाषा।
8. देखिए न्याय भाष्य 4/2. 35.
9. देखिए न्यायवर्तिकातात्पर्यटीका 1/1.2
10. ज्ञातविषयं ज्ञानं स्मृतिः। अनुभवो नाम स्मृति व्यक्तिरिक्तज्ञानम्।

अथवा वस्तु को देखते हैं तो उसका पूर्ण अनुभव प्राप्त होता है। तथा इसका संस्कार हमारी आत्मा में विद्यमान रहता है। फिर संस्कार के उद्‌बुद्ध हो जाने से उस वस्तु की स्मृति हो जाया करती है। पहिले जाना गया पदार्थ ही जिस ज्ञान का विषय होता है, वह स्मृति नामक ज्ञान है।[1] स्मृतिजन्य ज्ञान के अभावग्रस्त होने पर समस्त भूतकाल समाप्त हो जायेगा। किसी भी सिद्धान्त के प्रतिपादन हेतु स्मृति जन्य ज्ञान का होना अत्यन्त आवश्यक है। वैशेषिक सूत्र में स्मृति को इस प्रकार परिभाषित किया गया है कि आत्मा का मन के साथ एक विशेष प्रकार का सम्बन्ध होने से तथा पूर्ण अनुभव के जो संस्कार शेष रहते हैं उनके कारण स्मृति होती है।[2] कभी-कभी तो इसे संस्कार मात्र से उत्पन्न बताया जाता है। इस प्रकार से यह प्रत्यभिज्ञ से भिन्न है। चिन्तन के द्वारा हमें पूर्ण ज्ञात वस्तु की स्मृति हो जाया करती है। इस प्रकार अदृष्ट वशात् भी किसी पूर्वदृष्ट वस्तु की स्मृति हो जाया करती है। ऊपर कहा गया है कि ज्ञातविषयं ज्ञानं स्मृतिः, अतः ज्ञात विषयक दो प्रकार का होता है—

1. हमने भूत काल में कोई वस्तु देखी लेकिन अब वह सामने नहीं है तो उसकी छवि (स्मृति) हमारे दिमाग में आ जाती है।

अर्थापत्ति :—

कोई वस्तु किसी स्थान पर नहीं है इसकी कल्पना करना अर्थापत्ति है। क्योंकि जब कोई वस्तु एक स्थान पर नहीं है तो स्वभावतः वह दूसरे स्थान पर ही होगी इस प्रकार निरूपण अनुमान में ही हो जाता है।

'यदा देवदत्तोऽव्यापकः सन्नेकत्र नास्ति अदाऽन्यत्र अस्ति यदाऽव्यापक एकत्रास्ति तदाऽन्यत्र नास्ति' इस प्रकार जीवित व्यक्ति घर में नहीं है। इसकी कल्पना करना ही अर्थापत्ति करना है। जब व्यक्ति घर में नहीं है तो जरूर बाहर ही अवश्य होगा। इस प्रकार अर्थापत्ति प्रमाण के प्रमेय की सिद्धि अनुमान से हो जाने के कारण अर्थापत्ति नामक स्वतन्त्र प्रमाण स्वीकार करना उपयुक्त नहीं है।

अभाव :—

अभाव प्रमाण के प्रमेय की सिद्धि प्रत्यक्ष प्रमाण से ही हो जाने के कारण

---

1. देखिए तर्क संग्रह, 34 कुछ मीमांसक स्मृति को प्रमा इसलिए नहीं मानते कि इसके द्वारा कोई नया ज्ञान नहीं प्राप्त होगा। इसके द्वारा पूर्व अनुभव प्राप्त होता है।
2. "ज्ञातो विषयोः यस्य"।
3. देखिए वैशेषिक सूत्र 9/2.6.

इसको एक भिन्न प्रमाण नहीं माना जा सकता क्योंकि घटाभाव का प्रत्यक्ष चक्षु इन्द्रिय से हो जाता है।

संभव :—

खारी, एक माप विशेष में स्थित द्रोण-आढक-प्रस्थ इत्यादि अल्प परिमाणों का ज्ञान कराने वाले 'संभव प्रमाण' का अन्तर्भाव अनुमान प्रमाण में ही है।

ऐतिह्य :—

'इतिहोचुर्बृद्धाः' 'अस्मिन् वृक्षे यक्षः प्रतिवसति' इत्यादि वाक्यों को ऐतिह्य प्रमाण स्वीकार करना सर्वथा अनुचित है।

न्याय दर्शन में प्रमाणों की संख्या :—

जैसा कि हम जान चुके हैं कि 'प्रमाकरणं प्रमाणम्' भाट्ट मीमांसक के अनुसार प्रमाण का लक्षण है "अज्ञात अर्थ का ग्राहक ज्ञान प्रमाण है।"[1] ज्ञान दो प्रकार का होता है अनुभव तथा स्मृति। ज्ञान के इस (अनुभव) प्रकार को प्रमाण कहते हैं।[2] तथा अनुभव (अनुभूति) चार प्रकार है—प्रत्यक्ष, अनुमति, उपमिति और शाब्दी।[3] ये चारों प्रमा रूप हैं जिनके करण से प्रमाण भी चार ही प्रकार के हैं।[4] उद्योतकार ने न्यायवार्तिक में कहा है कि इस प्रकार जब ज्ञान के दो विभाग हैं और उनका विभाग करने वाला सूत्र है "प्रत्यक्षानुमानोपमानशब्दाः प्रमाणानि" फिर इसके विभाग करने का क्या प्रयोजन है।[5]

---

1. अनधिगतार्थगन्तृ प्रमाणमिति लक्षणं तन्न एकस्मिन्नेव घटे घटोऽयं घटोऽयमितिरा-वाहिकज्ञानानां क्रमिकाणामप्रामाण्य प्रसङ्गात्।
   माचान्यान्यक्षण विशिष्ट विषयी करणदनधिगतार्थ गन्तता प्रत्यक्षेण सूक्ष्मकाल भेदानाकलनात्। काल भेदग्रह हि क्रियादिसंयोगान्तानां चतुर्णां योगपद्याभिमानो न स्यात्। क्रिया, क्रियातो विभागः विभागत् पूर्वसंयोग नाशः ततश्चोत्तरदेश संयोगत्पत्तिरिति (देखिए तर्कभाषा- पृ०45)
2. 'प्रमाणम् अनुभूतिः' (प्रकरणपञ्चिका पृ०-42)
3. बुद्धिस्तु द्विविधा मता। "अनुभूतिः स्मृश्चितस्मादनुभूतिश्चतुर्विधा प्रत्यक्षानुमिति-स्तथोपमिति शब्दश्च।" (देखिए न्याय कारिकावली-51)
4. प्रत्यक्षानमानोपमान शब्दाः प्रमाणानीति (न्यायसूत्र 1-1/3 न्यायमंजरी 1-20)
5. (किं पुनर्विभागेन प्रयोजनम्? नियमः यदि प्रत्यक्षानुमानोपमानशब्दः प्रमाणनि (1.1.3) इति विभागो न क्रियते नियमो न गम्यते, चत्वार्येव प्रमाणानीति लक्षण-तश्चतुष्ट्वाधिगतिरिति चेतः न, लक्षणस्य इतरेतरव्यवच्छेद हेतुत्त्वात्-स्यादेषा बुद्धि-र्लक्षणतः प्रमाण चतुष्ट्वं गम्यत् इति, यस्मात् चतुर्णा लक्षणमुक्तमिति। न लक्षण-

आचार्य धर्मोतर ने 'न्यायबिन्दु टीका' में कहा है कि यदि ज्ञान ही प्रमा रूप होने के कारण प्रमाण का फल है तो प्रमाण क्या है? इसके उत्तर में उन्होंने कहा है, ''ज्ञान का जो अर्थ के साथ सारूप्य है वही प्रमाण है।''[1] न्याय-दर्शन, न्याय भाष्य आदि

स्येतरख्यवच्छेदहेतुत्वात्-लक्षणं खलु लक्ष्यं पदार्थ समानासमानजातीयेभ्यो व्यवच्छिनति, नियमं तु न शक्नोति कर्तुमन्यार्थत्वात्। अन्यस्य सम्बन्धस्य ततोऽनधिगतेः-न हि लक्षणातोऽन्यासंभवोऽधि गम्यते ततश्चतुर्णामनाभिधाने चतुर्णां लक्षणोपदेशात् रूपात् संशयः-किं विद्यामानानिन लक्षितानि, आहोस्विद् अविद्यमानानीति। तस्मात् संशय-निवृत्तयर्थ युक्तो विभागोद्देश इति (न्याय वार्त्तिकम्) विभिन्न दार्शनिकों द्वारा प्रमाण का लक्षण 'प्रमाणम् अविसंवादि ज्ञानम्। धर्म कीर्ति
'अतएवानधिगतविषयं प्रमाणम्' (धर्मोत्तर)
'प्रमाणमनुमितिः सा स्मृतिः स्यात् (शालिक नाथ)
'अनधिगतार्थगन्तृ प्रमाणम्' (भाट्टमीमांसक)
'तच्च विशेषणत्रयमुपादानेन सूत्र कारेण कारण दोष बाधकज्ञानरहितम् अगृह्यग्राहि ज्ञानं प्रमाणम् इति प्रमाणलक्षणं सूचितम् पार्थ सारथि मिश्र शास्त्र पृ० 152
''तत्रापूर्वार्थं विज्ञानं निश्चित बाध वर्जितम्।
अदुष्टकारणारब्धं प्रमाणं लोक सम्मतम्।। (कुमारिल भट्ट)
''ज्ञात विषयं ज्ञानं स्मृतिः अनुभवो नाम स्मृतिः
व्यतिरिक्तं ज्ञानम् यथार्थानुभवः प्रमा प्रमाकरणं प्रमाणम्'' (तर्कभाषा 'केशवमिश्र)
'तद्वति तत्प्रकारकः, अनुभवो यथार्थ यथा ''अयं घटः''
इति ज्ञानम् सैव प्रमेत्युच्यते तदभाववति तत्प्रकारकश्च अयथार्थः(अन्नं भट्ट-तर्कसंग्रह)
''तत्र प्रमाकरणं प्रमाणम्। तत्र स्मृतिव्यावृतं प्रमात्वम्
अनधिगता बाधितविषय ज्ञानत्वम् स्मृति साधारणं त्वधिगतविषय ज्ञानत्वम्। (धर्माराजाधवरिन्द्र)
''साधनाश्रयाव्यतिरिक्तत्वे सति प्रमा व्याप्तं प्रमाणम्'' (माधवाचार्य)
''उपलब्धि साधनानि प्रमाणानीति समाख्यार्निवचन सामर्थ्याद बोद्धव्यम्।
प्रमीयतेऽनेनेति कारणार्थाभिधानो हि प्रमाण शब्दः।'' (वात्स्यायन न्याय भाष्य)
इद्रिय खलु अर्थ प्रकाशत्वा प्रमाणं------उपलब्धि हेतु प्रमाणम्।
---प्रमाणोत्पत्ताविन्द्रयार्थ सन्निकर्षमोक्षमाणाभ्यां प्रमातृप्रमेयाभ्यां प्रमाणं जन्यते उद्योत० न्याय वा०

1. ''अर्थसारूप्य प्रमाणाम्''-20
अर्थेन सह यत् सारूप्यं सादृश्यम् अस्य ज्ञानस्य तत् प्रामणम्। इह यस्माद् विषयाद् विज्ञानम् उदेति तद्विषयसदृशं तद् भवति। यथा नीलाद् नीलसदृशम्। तच्च सारूप्यं सादृश्यम् आकार हत्या भास इत्यादि व्यपदिश्यते। (आचार्ये धर्मोत्तर कृत न्याय बिन्दु टीका 20)

सभी न्याय शास्त्र में चार ही प्रकार के प्रमाण माने हैं, जयन्त भट्ट ने न्याय मञ्जरी में इसका स्पष्ट उल्लेख करते हुए कहा है[1] कि प्रमाणों के स्वरूप को देखते हुए उनकी संख्या चार ही हो सकती है। जिसका पुनः विभाजन निरर्थक है।[2] महर्षि गौतम ने भी एक सूत्र से ही प्रमाणों की संख्या चार का नियम मानकर उसका सामान्य लक्षण किया है। प्रमा के साधन को प्रमाण कहते हैं जिसके द्वारा प्रमा की जाती है, इस व्युत्पत्ति से प्रमाण-शब्द करण अर्थ को कहता है 'प्र' उपसर्गपूर्वक मा धातु के करण अर्थ में ल्युट् प्रत्यय होकर प्रमाण शब्द की उत्पत्ति होती है। जिससे सिद्ध होता है कि प्रमा का करण प्रमाण है।[3] शास्त्र की त्रिविध प्रवृत्ति के अनुसार उद्देश्य के बाद उसका सामान्य लक्षण अवश्य होना चाहिए, किन्तु न्याय सूत्र में 'प्रमाण' को अन्वर्थ संज्ञा मानकर उसके आधार पर ही प्रमाण सामान्य लक्षण समझ लिया जाता है।

प्रमाण के लक्षण को भली भांति समझने के लिए उसके दोनों पदों का ज्ञान आवश्यक है। ये पद हैं—प्रमा और करण।

यथार्थनुभव प्रमा है।[4] इस पद में दो शब्द हैं यथार्थ तथा अनुभव। जब घट में 'यह घट है' इस प्रकार का ज्ञान होता है तो इस ज्ञान में 'घटत्व' प्रकार है अतः यह ज्ञान 'घटत्व-प्रकारक' कहलाता है।[5] इस ज्ञान का विषय घट है अर्थात् यह ज्ञान घट में हो रहा है। उस घट में भी घटत्व विद्यमान है। इस प्रकार यहां यथार्थ अनुभव प्रमा है। गौतम ने न्यायसूत्र में बतलाया है कि 'जो इन्द्रिय और वस्तु के सन्निकर्ष से उत्पन्न

---

1. 'एकेनानेन सूत्रेण दृश्यं चाह महामुनिः।
   प्रमाणेषु चतुः संख्यं तथा सामान्य लक्षणम्'' (देखिए जयन्त भट्ट कृत न्यायमंजरी)
2. प्रमाकरणं प्रमाणम् तच्च प्रत्यक्षानुमानं चोपमानं शब्दश्चेति भेदाश्चतुर्विधाइत्यर्थः। सर्वप्रमाण-ज्येष्ठत्वात् प्रत्यक्षस्य प्रथम तत्पूर्वकत्वात् चानुमानस्य तदनन्तर तस्यसमान त्वाच्चोपमानतस्य ततःपरीक्षाश्च तत्र-तत्र नामधेयेन पदार्थमात्रस्य कथनमुद्देशः। समानासमान जातीयव्यपदेशो धर्मोलक्षणम् लक्षितस्य लक्षणं संभवति नवेतिविचारः। परीक्षा कस्मात्? एतादृशां शास्त्रीप्रवृत्तिः सुखेन पदार्थज्ञानाय। (न्यायदर्शनम् सू० 3, पृ० 3-4)
   लक्षणस्यैतद्व्यवच्छेदकहेतुत्वात् लक्षणं समानासमानजातीये योऽव्यवछिनत्ति नियम स्तु न गवयइति कर्त्तुमन्यार्थ वादिति(न्याय भाष्य)
3. देखिए न्याय शास्त्र 1.1.15
4. यथार्थनुभवः प्रमा। यथार्थ इत्ययथार्थानां संशयविपर्यतर्कज्ञानानां निरासः(तर्कभाषा पृ० 13)
5. तद्वति तत्प्रकारकः अनुभव यथार्थः (तर्क संग्रह)

हो' यह लक्षण भी जीवात्मा को होने वाले प्रत्यक्ष का ही लक्षंण हो सकता है।[1] अनुमिति में व्याप्तिज्ञान, उपमिति में सादृश्य ज्ञान, शाब्दी प्रमा में पदज्ञान और स्मृति में अनुभव कारण होता है, इसलिए उनमें प्रत्यक्ष के लक्षण की अति व्याप्ति नहीं होती। परामर्श जन्य ज्ञान अनुमिति है।[2] उदाहरणार्थ पर्वत में धूम को देखकर धूम का अग्नि के साथ व्याप्ति का स्मरण होता है फिर उसकी विशिष्ट स्मृति से हमें ज्ञान होता है कि अग्नि से व्याप्य धूम वाला यह पर्वत है। इसी ज्ञान का नाम परामर्श है। इस ज्ञान के होते ही 'पर्वत अग्नि वाला है।' यह अनुमिति तत्काल हो जाती है। व्याप्ति ज्ञान है कारण जिसका ऐसा ज्ञान 'अनुमिति' है, इसी प्रकार सादृश्य ज्ञान है, कारण जिसका उपमिति है और इस प्रकार पदज्ञान है कारण जिसका वह शब्दबोध होता है।[3]

इन्द्रियों का वर्णन

इन्द्रियों के लक्षण में मुख्य पद हैं 'ज्ञानकरणम्'। तथा 'ज्ञानकरणम्' पद के दो विश्लेषण हैं। शरीरसंयुक्तम् तथा अतीन्द्रियम्। तर्क भाषा लक्षण का प्रयोजन ग्रन्थकार ने इस प्रकार से किया है-"शरीर से संयुक्त अतीन्द्रिय ज्ञान का करण इन्द्रिय है।"[1] करण साधन को कहते हैं क्योंकि साधन के बिना कर्त्ता क्रिया को सिद्ध नहीं कर सकता। "करण होने से अपने विषय का ग्रहण करना ही इन्द्रियों का लक्षण है-इन्द्रियां करण स्वभाव वाली हैं, इन अतीन्द्रिय इन्द्रियों का जो अपने अपने विषयों का ग्रहण करना है, उसी से लक्षित हो जाती हैं, इस प्रकार अपने अपने विषय का ग्रहण करना ही इनका लक्षण जानना चाहिए क्योंकि यह असाधारण धर्म है।[5] "इन्द्रियमिन्द्रलिङ्गम्"

---

1. "इन्द्रियार्थसन्निकर्षोत्पन्नं ज्ञानमव्यपदेश्यमव्यभिचारि व्यवसायत्मकं प्रत्यक्षमिति।" गौतममुनि कृत 1.1.4
2. परामर्शजन्य ज्ञानमनुमितिः। यद्यपि परामर्श प्रत्यक्षादिकं परामर्शजन्यं तथापि परामर्शजन्य हेतुविषयकं यज्ज्ञानं तदेवानुमितिः। (न्यायसिद्ध मु० पृ० 202)
3. व्याप्तिज्ञान करणं ज्ञानमुपमितिः। एवं सादृश्यज्ञानकरणकं ज्ञानमुपमितिः। पदज्ञानकरणकं ज्ञानं शब्द-बोध। (न्याय सि० मु०)
4. शरीर संयुक्त ज्ञानकरणमतीन्द्रियम् 'इन्द्रियम्। अतीन्द्रियमिन्द्रियमित्युच्यमाने कालादेरपीन्द्रियत्व प्रसङ्गोऽत उक्त ज्ञानकरणमिति। तथापीन्द्रिय सन्निकर्षोतिप्रङ्गोऽत उक्त शरीर संयुक्तमिति। शरीर संयुक्त ज्ञानकरणमिन्द्रियमित्युच्यमाने आलोकादि-न्द्रित्वप्रसङ्गोऽत उक्तमतीन्द्रियमिति। तर्कभाषा केशव।
5. करणभावात् स्वविषय ग्रहणलक्षणत्वमिन्द्रियाणम्-करण-स्वभावकानीन्द्रियाणीति, तेषामतीन्द्रियाणां इन्द्रियाणां यत् स्वविषय ग्रहणं तेन लक्ष्यन्त इति स्वविषय ग्रहण-लक्षणत्वं वेदितव्यम् असाधारणत्वादिति। न्याय वार्तिक (उद्योतकर कृत)

इस सूत्र से इन्द्रिय शब्द का अर्थ है— इन्द्रिय आत्मा यस्य लिङ्गमिन्द्रियम् जो आत्मा सिद्धि में लिङ्ग है इसको इन्द्रिय कहते है। आत्मसिद्धि में करणरूप लिंग होने से चक्षु आदि[1] का नाम इन्द्रिय है। न्याय भाष्य में इन्द्रियों का सामान्य लक्षण करते हुए कहा है कि घ्राण, रसना, चक्षु, त्वचा, तथा श्रोत्र नामक इन्द्रियां[2] भूतों से उत्पन्न होती है। 'भूतेभ्यः' का अभिप्राय है भिन्न-भिन्न उपादान कारणों से होने वाली इनका विषय का नियम है, एक उपादान कारण वाली होने पर नहीं और विषय का नियम होने पर अपने अपने विषय का ग्रहण करना इनका लक्षण होता है।[3]

इन्द्रियों के भेद, स्वरूप तथा लक्षण

इन्द्रिय पाणिनि व्याकरण[4] में इन्द्र शब्द से घ (इ्य) प्रत्यय करके इन्द्रिय शब्द की व्युत्पत्ति दिखलाई गई है।

इन्द्रियों के भेद के विषय में अन्य मतों का निराकरण करके अपने मन्तव्य का निरूपण करने के लिए यह कहा गया है कि इन्द्रिय छः हैं-घ्राण, रसना, चक्षु, त्वक्, श्रोत्र और मन[5] लेकिन न्यायसूत्र में केवल पांच ही इन्द्रियां बताई गई हैं[6] दूसरी ओर सांख्य दर्शन में ग्यारह इन्द्रियां मानी गई हैं वहां पांच ज्ञानेन्द्रियां और मन के अतिरिक्त पांच कर्मेन्द्रियां बताई गई हैं।[7] यद्यपि न्याय सूत्र में पांच इन्द्रियों का ही उल्लेख मिलता

---

1. घ्राण च रसना च चक्षुश्चत्वक श्रोत्रे च तानीमानि पञ्च इन्द्रियमिति। घ्राणेन्द्रियं पार्थिव रूपादिषु मध्ये गन्धस्यैव व्यञ्जकत्वात् कुङ्कमुगन्धाभिव्यञ्जकगोघृतवत्। न च दृष्टान्ते स्वकीय रूपादि व्यञ्जकत्वादिसिद्धिरिति वाच्यमपरकीयरूपादि-व्यञ्जकत्वस्य तदर्थत्वात्। न चैवं नवशरावगधव्यञ्जकलेऽनैकान्तिकत्वमिति वाच्यम् तस्य सवतुरसाभिव्यञ्तेम्वात्। यद्धा परकीयेति न देयम्, वायु पनीत सुरभि भागस्य दृष्टान्तत्वसम्भवात्। न च घ्राणेन्द्रिय सन्निकर्षस्य गन्धमात्र व्यञ्जकत्वात् तत्र व्यभिचार इति वाच्यम द्रव्यत्वे सतीति। विश्लेषणात्-न्यायसिद्धान्त मुक्तावली (धर्मेन्द्रशास्त्री) पृ० 38 इन्द्रियाणिविभज्य आत्माशरीरेन्द्रियार्थ बुद्धिः मनः। प्रवृत्तिदोषप्रत्यवायफलदुःखापवर्गास्तु प्रमेयम्।।
2. घ्राणरसनचक्षुस्त्वक् श्रोत्राणीन्द्रियाणि भूतेभ्यः— न्याय सूत्र 1/1/12
   घ्राणरसनाचक्षुः त्वक् श्रोत्राणीन्द्रियाणि भूतेभ्यः (न्याय भाष्य 12)
3. भूतेभ्य इति, नानाप्रकृतिनामेषां सतां विषयो नियमः नैकप्रकृतानाम्।
   सति च विषय नियमे स्वविषय ग्रहणलक्षणत्वं भवतीति।।- न्याय भाष्यम् 1.1.12
4. पाणिनीय अष्टाध्यायी-5.2.93
5. चेन्द्रियाणि षट्-ध्राणरसनचक्षुस्त्वक् श्रोत्रमनांसि। तर्कभाषा पृ० 185
6. घ्राणरसनचक्षुस्त्वक् श्रोत्रेन्द्रियाणि भूतेभ्यः-न्याय सूत्र 1.1.12
7. वाक् पाणिपाद्पायूपस्थानि कर्मेन्द्रियाण्याहुः- सांख्य दर्शन।

है फिर भी न्याय भाष्य[1] में यह दिखलाया गया है कि न्याय के अनुसार मन भी इन्द्रिय है अतः न्याय में छः इन्द्रियां ही बताई गई हैं, वे हैं-घ्राण, रसना, चक्षु, त्वचा, श्रोत्र और मन नामक छठी इन्द्रिय। लेकिन न्याय सूत्र में पांच ही इन्द्रियों का उल्लेख मिलता है-जिस इन्द्रिय से गन्ध का ग्रहण होता है। जिससे रूपों की जानकारी प्राप्त होती है। वह चक्षु इन्द्रिय होती है जो शीतोष्णादि का अनुभव स्पर्श करती है वह त्वक् होती है तथा जिससे शब्द का ग्रहण होता है उसे श्रोत्रेन्द्रिय कहते हैं।[2] ये पांचों प्रकार की इन्द्रियां पृथ्वी आदि पांच भूतों से उत्पन्न होती है। जिसके कारण ये इन्द्रियां अपने विषय को ग्रहण करती हैं। जिस इन्द्रिय से आत्मा में स्थित सुख आदि ग्रहण होता है वह मन है। न्याय दर्शन में उपरोक्त मत को इस प्रकार प्रस्तुत किया गया है।[3]

प्रत्यक्ष में मन का उपयोगः

प्रत्यक्ष के विषय में मन को नवम द्रव्य के रूप में स्वीकार किया है। मन का लक्षण है जिसमें मनस्त्व जाति रहती है वह मन है। मन अणु परिमाण वाला तथा संयोग युक्त अन्तः इन्द्रिय है। मन नित्य है आठ गुणों वाला है। मन के संयोग से बाह्यइन्द्रिय विषयों का ग्रहण करती है। इसलिये मन सुख आदि की उपलब्धि का

---

1. दृष्टव्य 5 न्याय भाष्य 1.1.4
2. घ्राण रसन चक्षुस्त्वक्श्रोत्राणीन्द्रियाणिभूतेभ्यः– न्यायसूत्र 1.1.12
जिघ्रत्यनेनेति घ्राणं गन्धं गृह्णातीति। रसयत्यनेनेति रसनं रसं गृह्णातीति। चष्टेऽनेनेति चक्षु रूपं पश्यतीति। त्वक्स्थानमिन्द्रि त्वक्। तदुपचारः स्थानादिति। शृणोत्यनेनेति श्रोत्रं शब्दं गृह्णातीति। एवं निर्वचन सामर्थ्याद् बोधं ग्रहणं लक्षणानीन्द्रियणीति। न्याय भाष्य।
3. पंचेन्द्रियाणि पृथिव्यादिपंच भूतेभ्यः प्रादुर्भवन्तीत्यर्थः। तत्र पृथिवी प्रकृतिकं घ्राणं जल प्रकृतिक रसनं तेजः प्रकृतिकं चक्षुः वायु प्रकृतिकं स्पर्शम्, आकाशं प्रकृतिञ्च श्रोत्रमिति–सूत्र 12 न्याय दर्शन। पृथिव्यापस्तेजो वायुराकाशमिति भूतानि- 1.1.13 न्यायसूत्र गन्धरसरूपस्पर्शशब्दाः पृथिव्यादिगणास्तदर्थाः 1.1.14 न्याय सूत्र। युगपज्ज्ञा-नानु-पत्तिर्मनसो लिङ्गम 1.1.16 न्याय सूत्र। सुखाद्युपलब्धि साधनमिन्द्रियं मनः। तर्क भाषा पृ० 191
पृथिव्यादीनिपंच भूतानिघ्राणादीनां क्रमेणकारणनिस्त्र–पृथिव्याः कार्य घ्राणं अपांकार्यं रसनं तेजसः कार्य चक्षुः वायोः कार्य त्वक् आकाशस्य कार्यं श्रोत्रमिति। न्यायसूत्र-1.1.13 व्याख्या न्याय दर्शन। पृथिव्यादिगुणः पृथिव्यादिपंच भूतानांविशेषगुणः गन्धादयस्तदर्थास्तेषाः घ्राणादिनामिन्द्रियाणामर्थाः विषया इत्यर्थः यथा घ्राणस्य गन्ध ाो रसनाया इति रसः। न्याय सूत्र 1.114 न्याय दर्शन।

कारण होता है। उसका प्रत्यक्ष नहीं होता, वह अनुमान से जाना जाता है।[1] ज्ञानेन्द्रिय दो प्रकार की होती है— ज्ञाता की अन्तः प्रज्ञात्मक शक्ति जो उसी के स्वरूप वाली होती है तथा गन्ध, रूप स्पर्श, श्रवण मनस, नामक साधारण ज्ञानेन्द्रियां। अतः प्रज्ञात्मक शक्ति के विषय में आत्म स्वरूप एवं उसके धर्म, अविद्या मानस एवं उसकी वृत्तियों से सर्व बाह्येन्द्रियों का ज्ञान होता है।[2] मनस् इन्द्रिय द्वारा सुख दुःख, इच्छा, द्वेष, ज्ञान, प्रयत्न ग्रहण किये जाते हैं।[3] मनस् अणुपरिणाम वाला है और प्रत्यक्ष ज्ञान के लिए स्मृति का आधार स्तम्भ है। ज्ञान अनुभूति और संकल्प आत्मा मन के संयोग से उत्पन्न होती हैं। जब आत्मा मन के सम्पर्क में आता है तब आत्मा ने नवीन भावना प्रत्यक्ष में एक काल में होने वाले सम्बन्ध का नाम युगपत्सम्बन्ध है।[4] प्रत्यक्ष प्रमाण

---

1. मनस्वभिसम्बन्धवन्मनः। अणु संयोग, अन्तरिन्द्रियम् सुखाद्युपलब्धिकरणं नित्यञ्च। संख्याद्यष्टागुणवत्। तत्संयोगेन बाह्येन्द्रियम् अर्थ ग्राहकम्। अतएव सर्वोपलब्धिसाधनम्। तच्च न प्रत्यक्षम् अपित्वनुमान गम्यम्। तथाहि सुखाद्युपलब्धयश्चक्षुराद्यतिरिक्तकरण-साध्यं यथा कुठारं विनोत्पद्यमाना वचन क्रिया तदतिरिक्तवह्न्यादिकरण साध्या। यच्च करणं त्रिविधम्। तच्च चक्षुराद्यतिरिक्तम्। तच्चाणुपरिमाणम्। केशव मिश्र कृत तर्क भाषा पृ० 217–18 मनोऽपि न तथा ज्ञानाद्यनध्यक्षं तदा भेवत्— कारिका 491 मनोऽपि। तथा न चेतनम्। ज्ञानादीति। मनसोऽणुत्वाप्रत्यक्षे च महत्वस्य हेतुत्वान्मनसि ज्ञानसुखादि सत्त्वे तत्प्रत्यक्षानुपपतिरिप्र्थः। यथा मनसोऽणुत्वं तथावक्ष्यते। न्याय सिद्धान्त मुक्तावली।
2. इन्द्रिय शब्देन ज्ञानेन्द्रियम् गृह्यते तद्द्विविधं प्रमाणं तत्स्वरूपम् प्राकृतं च तत्र स्वरूपेन्द्रिय साक्षीव्युत्पत्ते तस्य विषय आलोकस्वरूपकं धर्मः। अविद्यामन तद्वृत्तयः बाह्येन्द्रिय ज्ञानसुखायः कालव्याकृताकाशश्च। प्रमाणपद्धति पृ० 22
3. मनोग्राह्यं सुखं दुःखामिच्छा द्वेषो मतिः कृतिः- न्यायकारिकावली-57 मनोग्राह्यमिति। मनोजन्यप्रत्यक्षविषयमित्यर्थः। मति ज्ञानम्। कृतिः प्रयत्नः। एवं सुखत्वादिकमपि मनोग्राह्यम्। एवमात्मापि मनोग्राह्यः किन्तु मनोमात्रस्य गोचर इत्यनेन पूर्वमुक्तत्वादत्र नोद्गतः। सिद्धान्त मुक्तावली पृ० 216
4. युगपज्ज्ञानानुत्पत्तिर्मनसो लिङ्गम् न्याय सूत्र 1.1.16 अनिन्द्रियनिमिताः स्मृत्यादयः करणान्तरनिमित्तः भवितुर्मन्तीति। युगपच्च खुल घ्राणादीनां गन्धादीनां च सन्निकर्षेण सत्सु ज्ञानानि नोत्पद्यन्ते। तेनानुमीयते, अस्ति तन्द्रियमसंयोग सहकारि निमित्तन्तरव्यापि यस्यासन्निधेर्नोत्पद्यते, ज्ञानम्, सन्निधेश्चोत्पत्द्यत इति। मनः संयोगनपक्षेस्य हीन्द्रियार्थ-सन्निकर्षस्य ज्ञानहेतुत्वं युगपदुत्पद्येरनाज्ञानानीति न्यायभाष्य-16 व्याख्या सुखाद्युपलब्धि साधनानीन्द्रियाणि-न्यायकन्दली आत्मेन्द्रियार्थ संयोगोत्परित रूपरसाद्यनेकविषकाणि-यन्नोत्पद्यन्ते युगपत् ज्ञानानि तन् मनसोऽपिगमनः सद्भावे प्रमाणमित्यर्थः। मनश्चाणु तस्य युगपद्दशेन्द्रियैः सह संयोगो न भवति ततेनानेक ज्ञानोत्पाद इति भावः न्याय दर्शन-16 नात्मप्रतिपदितहेतु मानमनसि सम्भवत् तथा ज्ञातुज्ञानं साधनोपपत्तेः

मन पर ही आधारित है। बिना मन के प्रत्यक्ष प्रमाण अपूर्ण है। इसलिए हमारे सारे मानसिक अनुभव व बौद्धिक चेतनता एक क्रम में प्रत्यक्ष होता है।

लौकिक तथा अलौकिक सन्निकर्ष :

सन्निकर्ष वस्तुतः दो प्रकार का होता है-लौकिक तथा अलौकिक सन्निकर्ष।[1] विषय और इन्द्रिय का सम्बन्ध सन्निकर्ष कहलाता है।

लौकिक सन्निकर्ष छः प्रकार का होता है (जो प्रत्यक्ष ज्ञान का निमित्त होता है) 1. संयोग 2. संयुक्त समवाय 3. संयुक्तसमवेत समवाय 4. समवाय 5. समवेत समवाय 6. विशेष्यविशेषण भाव।[2]

द्रव्य का ग्रहण संयोग सम्बन्ध से होता है तथा द्रव्यों में समवेत ग्रहण 'संयुक्त समवाय सम्बन्ध' से होता है और उन द्रव्यों में समवेत 'संयुक्त समवाय' सम्बन्ध होता है। शब्द का ग्रहण समवाय सम्बन्ध और उसमें रहने वाले का ग्रहण 'समवेत समवाय सम्बन्ध' से होता है। समवाय का प्रत्यक्ष 'विशेषणता सम्बन्ध' से होता है और उसी प्रकार अभावों का भी ग्रहण 'विशेषणता सम्बन्ध से होता है।[3]

संज्ञाभेदमात्रम् न्यायदर्शन 3.1.6.17 तत्त्वतो ज्ञातेषुवाल्पात्यिकेषुविषयेषुदोषदर्शनात्। विस्तर 'तस्यमोहानिवृत्तो आत्मज्ञानस्य तथाकर्माणि कुर्वतः तत्परित्यागसाधनानि श्रुति स्मृति आदि तानि ज्ञानस्यात्यन्तिक शरीर वियोगस्य भावत्। तर्कसंग्रह द्रव्यलक्षण प्रकरण से

1. प्रत्यक्ष लौकिकालौकिकभेदन द्विविधम्। न्याय सि० मु०।
2. इन्द्रियार्थयोस्तु यः सन्निकर्षः साक्षात्कारिप्रमाहेतुः स षड्विध एव। तद्यथा, संयोगः, संयुक्तसमवायः संयुक्तसमवेतसमवायः, समवायः, समवेत समवायः, विशेष्यविशेषण भावश्चेति। तर्कभाषा (केशव मिश्र) पृ० 61
3. व्यापारः सन्निकर्षः। षड्विधं सन्निकर्षमुदाहरणद्वारा दर्शयति। द्रव्यप्रत्यक्षमिन्द्रिय संयोग जन्यम्। द्रव्यसमवेत प्रत्यक्षमिन्द्रिय संयुक्त समवाय जन्यम्। एवमग्रेऽपि। वस्तुतस्तु द्रव्यचाक्षुषं प्रति चक्षुः संयुक्तसमवेत समवायः। एवमन्यत्रपि विशिष्यैव कार्यकारणभावः।
   न्याय सि० मु० (धर्मेन्द्र शास्त्री) पृ० 226
   विषयेन्द्रियसम्बन्धी व्यापारः सोऽपि षड्विधः।
   द्रव्यग्रहस्तु संयोगात्संयुक्त समवायः ।। 59
   द्रव्येषु समवेतनां, तथा तत्समवातः।
   तत्रापि समवेतानां, शब्दस्य समवायतः।। 60
   तद्वृत्तीनां समवेतसमवायेन तु ग्रहः।
   प्रत्यक्ष समवायस्य विशेषणतया भवेत्।।61
   विशेषणतया तद्वदभावानां ग्रहो भवेत्- न्यायकारिकावली।

अलौकिक सन्निकर्ष तीन प्रकार का माना गया है, सामान्यलक्षण, ज्ञानलक्षण और योगज।[1]

सामान्य लक्षणः

सामान्य लक्षण इसका अर्थ है 'सामान्य लक्षण' जिसका। तात्पर्य यही है कि जब किसी भी धूम का धूमत्व विश्लेषण के साथ होना है तो धूमत्व के सामान्य होने से 'धूमत्व' रूप के सारे धूमों की उपस्थिति हो जाती है। इस प्रकार सारे धूमों की उपस्थिति हो जाने से व्याप्ति ज्ञान सम्भव है। धूमत्व सामान्य से सारे धूमों की उपस्थिति हो जाने को ही 'अलौकिक प्रत्यक्ष' कहा गया है, जिसमें 'धूमत्व' सामान्य ही सन्निकर्ष बन जाता है।[2]

ज्ञान लक्षणः

जिसका ज्ञान होता है उसी का सन्निकर्ष ज्ञान लक्षण कहा जाता है।[3]

सामान्य लक्षण सन्निकर्ष सामान्य के अधिकरणों का ज्ञान कराना है, परन्तु ज्ञान लक्षण सन्निकर्ष तो जिसका अलौकिक ज्ञान हुआ है उसी की प्रत्यासन्ति का नाम है।

योगजः

योगाभ्यास के द्वारा उत्पन्न हुआ अलौकिक का भेद योगज कहलाता है। योगज सन्निकर्ष दो प्रकार का माना गया है-'युक्त' और 'युञ्जान' 'युक्त' योगी का सर्वदा ज्ञान तथा युञ्जान' को चिन्तन द्वारा ज्ञान उपलब्ध होता है।[4]

---

1. अलौकिकस्तु व्यापारस्त्रिविधः परिकीर्तितः।
सामान्यलक्षणो ज्ञान लक्षणो योगजस्तथा।। न्याय कारिकावली-63
2. सामान्यलक्षण इति सामान्य लक्षणं यस्येत्यर्थः। यत्रेन्द्रिय संयुक्तो धूमादिस्तद्विशेष्यकं धूम इति ज्ञानं यत्र जातं तत्र ज्ञाने धूमत्वं प्रकारः। तत्र धूमत्वेन सन्निकर्षेण धूम इत्येवंरूपं सकल धूम विषयकं ज्ञानं जायते।
मानस्थले तु ज्ञान प्रकारी भूतं सामान्यमात्रं प्रत्यासीत। अतः शब्दादिना यत्किञ्चित् पिशाचाद्युपस्थितितौ मानस सकल पिशाचादि बोध उपपद्यते। न्यायसि० मु०
3. विषयी यस्य तस्यैव व्यापारो ज्ञानलक्षणः।। न्याय कारिका।
सामान्यलक्षणप्रत्याससिद्धि स्तदाश्रयस्य ज्ञानं जनयति।
ज्ञानं लक्षणा प्रत्यासत्तिस्तु यद्विषयकं ज्ञानं तस्यै० प्रत्यासत्तिरिति। न्याय सिं० मु०
4. योगजो द्विविधः प्रोक्तो युक्तयुञ्जान भेदतः
युक्तस्य सर्वदा मानं चिन्ता सहकृतोऽपरः। न्याय कारिकावली
योगाभ्यासजनिता धर्मविशेषः श्रुतिपुराणादि प्रतिपाद्य इत्यर्थः युक्तयुञ्जान भेदत इति। युक्तयुञ्जान रूपयोगिद्ध 'विध्याद्धर्मस्यापि' 'विध्यमिति भवः। युक्तस्य तावद्योगज धर्मसहायेन मनसा आकाश परमाण्वादीनि अविरलपदार्थगोचरं ज्ञानं सर्वदैव भवितुमर्हति। द्वितीयस्य चिन्ताविशेषोऽपि यद् करोति। न्यायसिद्धान्त मुक्तावली-250

प्रमाणों का वर्गीकरण

न्याय दर्शन के अनुसार प्रमाण चार प्रकार के हैं— प्रत्यक्ष, अनुमान, उपमान और शब्द। यह प्रमाणों की संख्या न्याय दर्शन में हमें प्राप्त होती है।[1] प्राचीन न्याय के अनुसार इनका संक्षेपतः उल्लेख हो चुका है, किन्तु नव्य न्याय में इसकी विस्तृत व्याख्यायें मिलती हैं। परिभाषाओं में उथल-पुथल हुई परन्तु मूलाधार पर ही ये सब परिवर्तन एवं परिवर्धन हुए।

नव्य न्याय की एक विशेषता तो नवीन शैली को प्रकट करना था और दूसरी यह है कि न्यायशास्त्र मोक्ष प्राप्ति तथा प्रमाणादि को उद्धृत कर सके। विद्वानों ने प्रमाणों पर बहुत विचार-विमर्श किया तथा लक्षणों को तर्क की कसौटी पर कस कर उनमें परिवर्तन एवं परिवर्धन किए।

जयन्त भट्ट ने इस प्रकार स्पष्ट उल्लेख किया है[2] कि प्रमाणों के लक्षण से उनकी चार संख्या का नियम हो सकता है, पुनः विभाग वचन निरर्थक है।[3]

न्यायदर्शन का मुख्य विषय प्रमा और प्रमाण की व्याख्या से ही आरम्भ होता है। कहा गया है कि प्रमेयों की सिद्धि प्रमाणों के ही आधार पर हो सकती है।[4] इस व्याख्या में न्याय के प्रमुख आचार्यों के मत इस प्रकार है।[5]

---

1. प्रत्यक्षानुमानोपमानशब्दाः प्रमाणम्। न्यायदर्शन 1.1.3.
   प्रत्यक्षानुमानोपमानशब्दाः प्रमाणानि। न्यायभाष्य सृ० 3
   उपव्याप्तेरधिकव्याप्तेरक्षणमभूणदक्।
   यथार्थनुभवो ज्ञानमनपेक्षते योच्यते।। न्या० कु०
2. एकेनानेन सूत्रेणऽक्ष्यं चाहमहामुनिः।
   प्रमाणेषु चतुः संख्यं तथा सामान्यलक्षणम्।- न्यायमंजरी
3. लक्षणस्येतत्यवच्छेहेतुत्वाल्लक्षणं समानासमानजातीयेभ्योऽव्यावछिनत्ति नियमं तु न शक्नोति कर्त्तमन्यार्थत्वादिति। —न्या० भा०
   प्रमाकरणं प्रमाणम् तच्चक्ष प्रत्यक्षं चानुमानं शब्दश्चेति भेदाश्चतुर्विधमित्यर्थः। सर्वप्रमाणंज्येष्ठत्वात्प्रत्यक्षस्यप्रथमेतत्पूर्वकत्वात् चानुमानस्य तदनन्तरं तस्य समानत्वा-च्चोपमानस्य ततः पश्चात् प्रत्यक्षानुमानोभयपूर्वक प्रवृत्वात् शब्दास्यन्ते निर्देशः। त्रिविधा वा शास्त्रस्य प्रवृत्ति उद्देशोलक्षणं परीक्षाश्च तत्र तत्र नामधेयेन पदार्थ मात्रस्य कथनमुद्देशः। समानासमानजातीयव्यवच्छेदको धर्मोलक्षणम्। लक्षितस्य लक्षणं संभवति नवेतिविचारः। परीक्षाकस्मात्? एतादृशी शास्त्रीयप्रवृत्ति सुखेन पदार्थज्ञानाय।
   —न्यायदर्शनम् स० 3, पृ० 3-4
4. प्रमेयसिद्धिप्रमाणाद्धिः। सांख्यकारिका
5. उपलब्धिसाधनानिप्रमाणानीति सांख्यानिर्वचनसाधर्म्यादबोधव्यम् प्रमीयते अनेन इति करणार्थाभिधानो हि प्रमाण शब्दः। —वात्स्यायनभाष्य-1

न्यायदर्शन का मुख्य लक्ष्य वास्तव में न्याय का प्रतिपादन करना अथवा सत्य की कसौटी की खोज करना है जो कि "न्याय" नाम स्पष्ट है।[1]

न्याय, प्रतिज्ञा, हेतु, उदाहरण उपनयन तथा निगमन नामक परार्थानुमान के पंचावयव को वाक्य कहते हैं।[2] तत्त्वज्ञान प्रमाणों के आधार पर प्रमेय पदार्थों के विचार

---

1. अत्रेदं तावद्विचार्यते, किं प्रमाणं नाम, किमस्य स्वरूप किम् लक्षणमिति? ततः तत्र सूत्रं योजयिष्यते तदुच्यते अव्यभिचारिणीमसन्दिग्धामर्थोपलब्धिविदधतो बोधाबोधस्वभावा सामग्रीप्रमाणम् बोधा-बोधस्वभावं हि तस्य स्वरूपम् अव्यभिचारादि विशेषणार्थोपलब्धि ा साधनत्वं लक्षणम्।—जयन्तभट्ट, न्यायमंजरी।
तद्वति तत्प्रकारकः अनुभवो यथार्थः यथा "अयं घटः" इति ज्ञानम् सैव प्रमेत्युच्यते तदभाववति तत्प्रकारकश्च अयथार्थः। —अनन्तभट्ट, तर्कसंग्रहः।
प्रमाकरणं प्रमाणं अत्र च प्रमाणं लक्ष्यं, प्रमाणलक्षणम्। ननु प्रमायाः करणं चेत् प्रमाणं तर्हि तस्य फलं वक्तव्यम्। करणस्य फलत्वनियमात्। सत्यम्। प्रमैव फलं साध्यमित्यर्थः। यथाछिदाकरणस्य परशोशिछदेव फलम्। का पुनः प्रमा? यस्याः करणं प्रमाणमुच्यते सैव प्रमा कथ्यते। का पुनः प्रमा? यथार्थानुभवः प्रमा। यथार्थ इत्ययथार्थानाम् संशय विषययतर्कज्ञानानां निरासः। अनुभव इति स्मृतेः निराशः। ज्ञातविषयं ज्ञानं स्मृतिः, अनुभवो नाम स्मृति व्यतिरिक्ते ज्ञानम्। इन्द्रियसंयोगादिरेव प्रमाकरणत्वात् प्रमाणम्।
तानि च प्रमाणानि चत्वारि। यथा च न्याय सूत्रम्-
"प्रत्यक्षानुमानोपमानशब्दाः प्रमाणानि"— केशवमिश्र तर्कभाषा
इन्द्रियं खलु अर्थप्रकाशत्वात् प्रमाणं....उपलब्धि हेतु प्रमाणम्।.....प्रमाणोत्पत्तिविन्द्रयार्थ-सन्निकर्षमोक्षमाणाभ्यां प्रमातृप्रमेयाभ्यां प्रमाणं जायते। —उद्योतकर न्यायवार्तिक
अविसंवादकं ज्ञानं सम्यग्ज्ञानम्। "अनधिगतविषयप्रमाणम्"। धर्मकीर्ति न्यायबिन्दु
द्वयोरेकतरस्य वाप्यसन्निकृष्टार्थपरिछित्तिः प्रमातत्साधकतमे यत्यत त्रिविधं प्रमाणम्। 119/87
असन्निकृष्टः प्रमाता नाधिगत इति यावत् एवं भूतस्यार्थस्य वस्तुनः परिच्छित्तिरवधारणम् प्रमा सा च द्वयोबुद्धि- पुरुषोरुभयोरेव धर्मो भवतु। किं वैकतरमात्रस्योभयेव तस्याः प्रमाया यत् साधकतमं फलायोगव्यवछिन्नं कारणं तच्च त्रिविधं वक्ष्यमाणस्येत्यर्थः। स्मृतिव्यावर्तननायानगितेति-भ्रमव्यावर्तनायवहित्वति संशयव्यवर्तनापत्ववधारणमिति। —सांख्यसूत्र एवं सांख्यप्रवचनभाष्य।
तत्र प्रमाकरणं प्रमाकरणम्। तत्र स्मृतिव्यावृतं प्रमात्वम् अनधिगतावाधितविषयज्ञानत्वम् स्मृतिसाधरणं त्वधिगतविषयं ज्ञानत्वम्। —धर्मराजध्वरिन्द्र वेदान्तपरिभाषा
2. तर्कसंग्रहः, अनुमानप्रकरण।

पर निर्भर करता है। इसीलिए श्रुति भी कहती है कि आत्मदर्शन के लिए श्रवण, मनन और निदिध्यासन करना चाहिए।[1] प्रमाण के बिना अर्थ की जानकारी नहीं होती तथा अर्थ की प्रतीति के बिना प्रवृत्ति नहीं हो सकती है।[2] इस प्रकार प्रमाण के अर्थवान् होने पर प्रमाता प्रमेय और प्रमिति ये सब अर्थवान् हो जाते है।[3] इस प्रकार न्यायदर्शन का प्रयोजन सर्वप्रथम सत्य के मार्ग को प्रकट करना फिर कुतर्कों के विरुद्ध तर्कों की चार दीवारी के अन्दर सुरक्षित करना।[4]

न्यायदर्शन के अनुसार "प्र" पूर्वक "मा" धातु से ल्युट् प्रत्यय लगाने से प्रमाण शब्द सिद्ध होता है।[5] अर्थात् जिससे यथार्थ ज्ञान की प्राप्ति हो उसे प्रमाण कहते हैं। अर्थात् "प्र" उपसर्ग का उत्कृष्ट तथा "मा" धातु का अर्थ ज्ञान और ल्युट् प्रत्यय का करण अर्थ है। इस प्रकार सामान्य लक्षण यह हुआ "प्रमाकरणं प्रमाणम्"। जो प्रमा का असाधारण करण हो उसे प्रमाण कहते हैं। जो वस्तु जैसी हो उसको उसी रूप में अनुभव करना ज्ञान का उत्कर्ष कहलाता है जैसे कि "यथार्थानुभव प्रमा" यथार्थ ज्ञान का नाम ही प्रमा है। संशय विपर्यय तथा तर्क ज्ञान में अतिव्याप्ति की निवृत्ति के लिए "यथार्थ" तथा "स्मृति ज्ञान" में अतिव्याप्ति के निवारणार्थ अनुभव पद का प्रयोग किया है। अतः न्याय में " अज्ञातार्थ ज्ञप्तिः" प्रमा" अज्ञात अर्थ के ज्ञान का नाम प्रमा है।

धारावाहिक ज्ञान में अव्याप्ति तथा विपर्यय भ्रम ज्ञान में अतिव्याप्ति होना ठीक नहीं। जैसाकि "उदयनाचार्य" ने कहा है।[6]

"अयं घटः" "अयं घटः" यह घट है, यह घट है—इस प्रकार एक ही घटादि में उत्तरोत्तर होने वाले समानाकार घटादि विषयक ज्ञान को "धारावाहिक ज्ञान कहते हैं।" यदि अज्ञात अर्थ के ज्ञान को ही प्रमा माना जाये तो उपरोक्त धारावाहिक ज्ञान में अर्थात् द्वितीय तृतीयादि ज्ञान में लक्षण की अव्याप्ति होगी क्योंकि द्वितीयादि ज्ञान अज्ञात नहीं और जहां शुक्ति में "इदं रजतं" यह रजत है—इस

---

1. बृहदारण्यकोपनिषद्, चतुर्थ ब्राह्मण
2. न्यायदर्शन, अनुबन्धभाष्य
3. द्रष्टव्य, वही प्रकरण।
4. तत्वाध्यवसायसंरक्षणार्थम्, जल्पवितण्डा बीजपुरोह संरक्षणार्थ काष्ठवशाखावतरणवत्।
   —न्यायसूत्र 4.2.50
5. प्रमीयतेऽनेनेति प्रमाणम् —न्यायदर्शनः प्रमाकरणे प्रमाणम्—न्यायसूत्र
6. अव्याप्तेरधिकव्याप्तेरलक्षणपूर्वदृक्।
   यथार्थनुभवो ज्ञानमनपेक्षतयोच्यते।। भा० वृ०

प्रकार का विपर्यय ज्ञान होता है वहां उक्त लक्षण की अतिव्याप्ति स्पष्ट है, क्योंकि विपर्यय ज्ञान ही अज्ञात होता है। इसीलिए यथार्थानुभव का नाम प्रमा जानना चाहिए।

यदि यह कहा जाय कि प्रथम ज्ञान का प्रथम क्षण तथा द्वितीयादि ज्ञान का द्वितीय क्षण में पूर्व-पूर्व क्षण रूप विशेषण के न होने से उत्तरोत्तर काल में पूर्व-पूर्व क्षण रूप विशेषण अभाव द्वारा घट रूप विशेष का अभाव बना रहेगा इस प्रकार प्रत्येक क्षण रूप विशेषण नूतन वाले अज्ञात घट के धारावाहिक ज्ञान में अव्याप्ति दोष नहीं आ सकता? इसका उत्तर यह है[1] कि अत्यन्त सूक्ष्म काल का प्रत्यक्ष न होने के कारण धारावाहिक ज्ञान में विशेष भेद नहीं पाया जाता। इसीलिए द्वितीयादि क्षण में होने वाला घटादि ज्ञान अज्ञात विषयक नहीं हो सकता। इस प्रकार धारावाहिक बुद्धि में अव्याप्ति दोष बना रहता है। इससे सिद्ध होता है कि अज्ञात अर्थ में ज्ञान को प्रमा नहीं कह सकते। यथार्थ अनुभव का नाम प्रमा है और वह प्रत्यक्ष, अनुमिति, उपमिति तथा भेद से चार प्रकार का है। इस प्रकार चार भेद होने से प्रत्यक्ष अनुमान, उपमान और शब्द भेद से प्रमाण भी चार प्रकार का है। इसका विशेष लक्षण आगे वर्णित है।

प्रमाण के सामान्य लक्षण में ज्ञान=प्रमा पद से अनुभव ज्ञान ही विवक्षित है। स्मृति ज्ञान नहीं है। यदि स्मृति को ज्ञान मान लें तो हमें पांचवां प्रमाण मानना पड़ेगा। परन्तु महर्षि गौतम ने स्मृति को प्रमा नहीं माना क्योंकि यथार्थ अनुभव जन्य स्मृति भ्रम रूप अनुभव के संस्कार से उत्पन्न होने वाली अयथार्थ होती है। इससे सिद्ध होता है कि प्रमाणजन्य न होने के काण स्मृति ज्ञान प्रमा नहीं है। जो कार्य की उत्पत्ति में अव्यवहित पूर्वक्षण में नियम से विद्यमान होता है अर्थात् सहकारी कारणों के होने पर जिसके विद्यमान न होने से कार्य की उत्पत्ति नहीं होती उसी को "कारण" तथा व्यापार वाले आसाधारण कारण को "कारण" कहते हैं। जो कारण से जन्य होकर करणजन्य कार्य का जनक होता है। उसका नाम व्यापार है, जैसा कि घटोत्पत्ति रूप में कपाल रूप कारण से कार्य घट का जनक होता है।

यहां कई लोग यह शंका करते है कि उद्देश्य आदि भेद के द्वारा शास्त्र को तीन प्रकार की प्रवृत्ति होती है किन्तु चौथी प्रवृत्ति का कथन परस्पर विरुद्ध है किन्तु मेरे विचार से इसका समाधान यह है कि उद्देश्य तथा विभाग समानार्थक होने के कारण उक्त दोष नहीं आता क्योंकि विभाग भी उद्देश्य के अन्तर्गत है, यहां केवल न्यूनाधिक संख्या की व्यावृत्ति के लिए पुनः विभाग की प्रतिज्ञा की गई है। प्रमाणों का वर्गीकरण चार प्रमाणों में विभक्त करने को न्यायशास्त्र सम्मत है यदि यह मान लिया जाये कि

1. प्रत्येक्षेण सूक्ष्मकाल भेदानाकलनात् —न०भा०

प्रमाणों के लक्षण से उनकी चार संख्या का नियमन हो सकता है तो पुनः विभाग वचन निरर्थक है। इसका उत्तर यह है[1] कि समान तथा असमान जाति वाले पदार्थों को भिन्न करना ही लक्षण का प्रयोजन है। जैसा कि गन्धवती लक्षण पृथिवी के समान जाति वाले जलादिकों तथा असमान जाति वाले गुणादिकों को भिन्न करता है। इसीलिए लक्षणमात्र से संख्या का नियमन नहीं हो सकता, इसी कारण जयन्तभट्ट ने स्पष्ट किया है।[2] महर्षि गौतम ने भी इस एक सूत्र में ही प्रमाणों की चार संख्या का नियम तथा सामान्य लक्षण को कथन किया है।

न्यायभाष्य के ज्ञेयविषय में प्रमाणों का संकीर्य एकत्रित होने का नाम "संप्लव" और असंकीर्य का नाम "व्यवस्था" है।[3] अर्थात् जहां प्रमाता अनेक प्रमाणों से एक विषय को प्राप्त करता है वहां प्रमाणों को "संप्लव" और एक ही विषय को एक प्रमाण जानता है वहां व्यवस्था होती है। जैसाकि "पर्वत में अग्नि"[4] इस प्रकार आप्तोपदेश से पुरुष पर्वत के समीप जाकर धूम द्वारा अग्नि का अनुमान करता है। और पर्वत के अतिनिकट से प्रत्यक्ष द्वारा अग्नि को प्राप्त करता है। इसीलिए एक ही अग्नि रूप विषय में उपमान, शब्द अनुमान तथा प्रत्यक्ष प्रमाणों का सांकर्य पाया जाता है उसको प्रमाण संप्लव कहते है। स्वर्गकामना वाला पुरुष अग्निहोत्र करे, इस शब्द प्रमाण से सुखविरोध की प्राप्ति होती है।[5]

न्याय में प्रत्यक्ष प्रमाण

न्याय में प्रत्यक्ष इन्द्रिय और पदार्थ के सन्निकर्ष अर्थात् संयुक्त होने से उत्पन्न माना जाता है। अव्यपदेश, अशब्द अव्यभिचारि निर्दोष अर्थात् संशय विपर्यादि से रहित जो व्यवसायात्मक और निश्चयात्मक ज्ञान उत्पन्न होता है उसे प्रत्यक्ष कहते हैं।[6]

---

1. लक्षणस्येतस्यव्यवच्छेदहेतुत्वात्लक्षणं खलु लक्ष्यं समानजातीयोग्योव्यवछिनत्ति नियमं तु न शक्नोति कर्तुमन्यार्थत्वादिति। —न्या०भा०
2. एकेनानेन सूत्रेण द्वयं चाह महामुनिाः।
   प्रमाणेषु चतुः संख्या तथा सामान्यलक्षणम्।। न्यायमंजरी
3. प्रमातुः प्रमातव्ये प्रमाणानां संकरोऽभिसंप्लव, असंकरोव्यवस्था।
   —न्या०भा० वात्स्यायन
4. अग्निराप्तोपदेशात्प्रतीयते अग्निरिति,
   प्रत्यासीदताधूमदर्शनेनानुमीयते प्रत्यासन्नेन च प्रत्यक्षत उपलभ्यते। न्या०भा०
5. व्यवस्था पुरग्निहोत्रं जुहुयात्स्वर्गकामः। न्या०भा०
6. (प्रत्यक्ष) इन्द्रियार्थसन्निकर्षोत्पन्नं ज्ञानमव्यपदेश्यमव्यभिचारि व्यवसायात्मकं प्रत्यक्षम्।
   — न्यायदर्शन 1.1.4
   घ्राणादीनामिन्द्रयाणि, गन्धादिभि यः सन्निकर्षः संयुक्तसमवायादि लक्षणः संबन्धस्ते-

नव्यन्याय में प्रत्यक्ष दो प्रकार का होता है- 1. निर्विकल्पक 2. सविकल्पक।

प्राचीन न्याय एवं नव्य न्याय:

न्यायदर्शन के सभी प्रमाणों में प्रत्यक्ष प्रमाण प्रथम है। केवल न्याय दर्शन में ही नहीं अपितु सभी दर्शनों में असंदिग्ध रूप में प्रत्यक्ष प्रमाण को स्वीकार किया गया है। भारतीय दार्शनिक भी प्रत्यक्ष प्रमाण को स्वीकार करते हैं क्योंकि प्रत्यक्ष ज्ञान इन्द्रियों द्वारा किया जाता है। प्रत्यक्ष शब्द प्रति(उपसर्ग) अक्ष धातु से निष्पन्न होता है। प्रति शब्द का अर्थ पहले था पास में तथा अक्ष शब्द नेत्र और इन्द्रियों का वाचक है इसीलिए प्रत्यक्ष शब्द का प्रयोग साक्षात्कारिणी प्रमा तथा उसके करण दोनों के लिए होता है।

प्रत्यक्ष प्रमाण की व्याख्या अनेक मतों एवं नव्य प्राच्य आचार्यों के ग्रन्थों में मूल प्रमाणों सहित मिलती है।[1] इन्द्रियों का पदार्थों से, मन का इन्द्रियों से और आत्मा का मन से, अन्योन्य सम्बन्ध होने से आत्मा में प्रत्यक्ष का अनुभव होता है।[2] प्रत्यक्ष प्रमाण साधारण: दो प्रकार का है 1. सविकल्पक और 2. निर्विकल्पक।

नोत्पन्नं, अव्यपदेश्यं-शब्दबोधातिरिक्तं अव्यभिचारि-भ्रमातिरिक्तं, व्यवसायत्मकं-निश्चयात्मकं यत् ज्ञानं तत्प्रत्यक्षमितयर्थ:। सन्निकृष्टविषयकं ज्ञानं शब्देनापि संभवति तद्व्यवच्छेददाय, अव्यभिचारिति विशेषणम्। दूरात्पश्यतो धूमोवारेणुवा, स्थाणुवा, पुरुषो वा-इति संशयत्मकं ज्ञानं संभवति तद्व्यवच्छेदायव्यवसायत्मकमिति विशेषणम्। —न्यायदर्शन 1.1.4

1. इन्द्रियजन्यं ज्ञानं प्रत्यक्षम्।। यद्यपि मनोरूपेन्द्रियजन्यं सर्वमेवज्ञानं। तथापि-इन्द्रियत्वेन रूपेणेन्द्रियाणां यत्र ज्ञाने करणत्वं तत्प्रत्यक्षमिति विवक्षितम्। ईश्वर प्रत्यक्षं तु न लक्षणम्...घ्राणजादिप्रभेदेन प्रत्यक्षं षड् विधं मतम्। घ्राणजं रासनं चाक्षुषं स्पार्शनं श्रोत्रं मानसमिति षड्विधं प्रत्यक्षम्।
—विश्वनाथ न्यायमुक्तावली प्रत्यक्षप्रमाण करणं प्रत्यक्षप्रमाणम्। प्रत्यक्षप्रमाचात्र चैतन्यमेव "यत्साक्षादपरोक्षाद्ब्रह्म"। —बृ०उ० 3.4.1
इति श्रुते: (धर्मराजाध्वरिन्द्र वेदान्त परिभाषा) इन्द्रियार्थ सन्निकर्ष ज्ञानं प्रत्यक्षम् तद्विविधो सविकल्पकं निर्विकल्पकं चेति। —अनन्तभट्ट तर्कसंग्रह:।
2. साक्षात्कारिप्रमाकरणं प्रत्यक्षम्। साक्षात्कारिणी च प्रमा सैवोच्यते या इन्द्रियजा सा च द्विधा सविकल्पकनिर्विकल्पकभेदात्। तस्याकरणं त्रिविधं कदाचित् इन्द्रियं कदाचित् इन्द्रियार्थसन्निकर्ष: कदाचित् ज्ञानम्। कदाचित् पुनरिन्द्रियकरणम्? यदानिर्विकल्पकरूपा प्रमाफलम् तथा हि आत्मा मनसासंयुज्यते, मन इन्द्रियेण, इन्द्रियाणां वस्तु प्राप्यप्रकाशकारित्वनियमात् ततोऽर्थ सन्निकृष्टेनेन्द्रियेण निर्विकल्पकं नामजात्यादियोजनाहीनं वस्तु मात्रावगाहि किंचितदिदमिति ज्ञानं जन्यते। तस्य ज्ञानस्येन्द्रियं करणं, छिदाया इव परशु:। इन्द्रियार्थसन्निकर्षोऽवान्तरव्यापार: छिदाकरणस्य

व्यापारोत्तर क्षण में ही क्रिया की सिद्धि होती है उसको कर्त्ता कहा जाता है।

परशोरिवदारुसंयोगः। निर्विकल्पकं ज्ञानं फलं परशोरिवछिदा कदा पुनरिन्द्रियार्थ-सन्निकर्षः?

यदानिर्विकल्पकानन्तरं सविकल्पकं नामजात्यादियोजनात्मकं डित्थोऽयं ब्राह्मणोअयं श्यामोऽयमिति विशेषणविशेष्यावगाहिज्ञानमुत्पद्यते तदेन्द्रियार्थ सन्निकर्षः करणम्। निर्विकल्पकं ज्ञानमवान्तरव्यापारः, सविकल्पकं ज्ञान फलम्। कदापुनर्ज्ञानं करणम्? यदा उक्तं सविकल्पकानन्तरं हानोपानोपेक्षाबुद्धयो जायन्ते तदा निर्विकल्पकं ज्ञानं करणम्। सविकल्पकं ज्ञानमवान्तरव्यापारः हानादिबुद्धिफलम्।

तज्जन्यस्तज्जन्यजनकोऽवान्तरव्यापारः। यदकुठारदारुसंयोगः कुठारजन्य-श्छिदाजनकः। अत्र कश्चिदाह-सविकल्पकादीनामपीन्द्रियमेवकरणम्। यावन्तित्वान्तररालिका न सन्निकर्षोदीनि तानिसर्वाण्यवान्तरव्यापार इति।

इन्द्रियार्थयोस्तु यः सन्निकर्षः साक्षात्कारिप्रमाहेतुः स षड्विध एव। तद्यथा संयोगः, संयुक्तसमवाय, संयुक्तमवेतसमवायः समवेतसमवायः विशेष्यविशेषणभावश्चेति। तत्र यदाचक्षुषाघटविषयंज्ञानंजन्यते तदा चक्षुरिन्द्रियं घटोर्थः। अनयोः संनिकर्षसंयोग एव अयुतसिद्धभावात्। एवं मनसान्तरिन्द्रियेण यदात्मविषयकं ज्ञानं जन्यते इति, तदा मन इन्द्रियम् आत्मार्थः अनयोः सन्निकर्षः संयोग एव कदा पुनः संयुक्तसमवायः सन्निकर्षः? यदा चक्षुरादिना, घटगतरूपादिकं गृह्यते घटे श्यामं रूपमस्तीति, तदा चक्षुरिन्द्रयं, घटरूपमर्थः अनयोः एवं मनसात्मसमवेत सुखादौ गृह्यमाणे, अयमेव सन्निकर्षः। घटगत परिमाणादिग्रहे चतुष्ट्यसन्निकर्षो यथा 1. इन्द्रियावयवैरर्था-वयवयविनाम्? 2. इन्द्रियावयविनामर्थावयवानाम् 3. इन्द्रियावयवैरर्थावय-वानाम्। 4. अर्थोवियविनामिन्द्रियावयविनां सन्निकर्ष इति।।

यदापुनश्चक्षुषा घटरूपसमवेतं रूपत्वादिसामान्यंसंगृह्यते तदा चक्षुरिन्द्रियं रूपत्वादिसामान्यमर्थः, अनयोः सन्निकर्षः संयुक्तसमवेतसमवाय एव। चक्षुः संयुक्ते घटे रूपं समवेतं तत्र रूपत्वस्य समवायात्। कदा पुनः समवायः सन्निकर्षः? यदाश्रोत्रेन्द्रियेणशब्दोगृह्यते तदा श्रोत्रमिन्द्रियं, शब्दोर्थः अनयोः सन्निकर्षः समावाय एव। कर्णशष्कुल्यविच्छन्नं नभः श्रोतम्। श्रोत्रस्याकाशात्मकत्वाच्छब्दस्य चाकाश-गुणत्वाद् गुणगुणिनोश्च समवायात्।

कदा पुनः समवेतसमवायः सन्निकर्षः? यदा पुनः शब्दः समवेतं शब्दत्वादिकं सामान्य श्रोत्रेन्द्रियेण गृह्यते, तदाश्रोत्रमिन्द्रियं, शब्दत्वादिसामान्यमर्थः। अनयोः सन्निकर्षः कदापुनर्विशेष्यविशेषणभाव इन्द्रियार्थसन्निकर्षो भवति? यदा चक्षुषा संयुक्ते भूतले घटाभावोगृह्यते-चक्षुसंयुक्तस्यभूतलस्यघटोभावो विशेषणं भूतलं विशेष्यम्। यदा च मनसंयुक्त आत्मनि सुखाद्यभावो गृह्यते—"अहं सुखरहितम्" इति तदा मनः संयुक्तस्य आत्मनः सुखाद्यभावो विशेषणम्। यदा श्रोत्रासमवेतगकारे घत्वाभावो गृह्यते तदा श्रोत्रसमवेतस्य घत्वा गकारस्य घत्वा-भावो विशेषणम्।

—केशव मिश्र तर्कभाषा न्यायसिद्धान्तमुक्तावली, प्रत्यक्षकरणम्

अर्थात् व्यापार वाले असाधारण कारण को करण कहते हैं-''यस्मिन्सतिविलम्बे न कार्यमुत्पद्यते तत्करणम्''। उनके मत में इन्द्रिय करण नहीं किन्तु इन्द्रियार्थ सन्निकर्ष ही करण है, क्योंकि इन्द्रियार्थ सन्निकर्ष ही करण है, क्योंकि इन्द्रियार्थ सन्निकर्ष के होने पर ही अव्यहित उत्तर क्षण में प्रत्यक्ष प्रमा रूप कार्य की उत्पत्ति होती है न होने से नहीं। इस मत में घट का करण कपाल नहीं किन्तु कपालद्वय संयोग है। प्रथम पक्ष विश्वनाथ प्रभृति नवीन नैयायिकों का और द्वितीय मत गौरीकान्त सार्वभौमभट्टाचार्य आदि प्राचीन नैयायिकों का है। वैदिक सिद्धान्त में दोनों पक्ष माननीय हैं।

इन्द्रियार्थसन्निकर्षोत्पन्नम्-इन्द्रिय और अर्थ के सन्निकर्ष से उत्पन्न होने वाले (अव्यपदेश्यम्) अशब्द। अव्यभिचारि-भ्रममिव। व्यवसायात्मकम्। संशयरहितं। ज्ञानम्। ज्ञान का नाम प्रत्यक्ष है।[1]

प्रत्येक अर्थ के नामधेय=वाचक शब्द भिन्न-भिन्न होते है। उनसे अर्थ की उपलब्धि तथा अर्थोपलब्धि से व्यवहार की प्राप्ति होती है। उपरोक्त नियम के अनुसार जहां इन्द्रियज्ञान के अनन्तर ''यह रूप है'' ''यह रस है'' इस प्रकार रूपरसादि वाचक शब्दों से ज्ञान का उपदेश किया जाता है अर्थात् ''रूपम्जानीते'' ''रसं वा जानीते''। रूप रसादि को जानता हूं जहां यह व्यवहार मिलता है वहां वाचक शब्दों से व्यवहृत-व्यवहार में आने वाला रूपादि ज्ञान शब्द ज्ञान कहलाता है। उक्त ज्ञान में अति व्याप्ति निवृत्ति के लिए ''अव्यपदेश्य'' पद ज्ञान का विशेषण कथन किया है।

जयन्त भट्ट का तो कहना है[2] कि ऐसा कोई ज्ञान नहीं जिसका व्यवहार शब्द द्वारा न होता हो। जो ज्ञान नामधेय शब्द के द्वारा नहीं होता उसका व्यवहार किसी सामान्य शब्द से होता है, क्योंकि वाचक शब्द के उच्चारण बिना विषय की स्फुट प्रतीति नहीं होती। भर्तृहरि कारिका में भी जैसे उसका उल्लेख मिलता है।[3] सब ज्ञान

---

1. (पद) इन्द्रियार्थसन्निकर्षोत्पन्नं ज्ञानम्। अव्यपदेश्यम् अव्यभिचारि व्यवसायात्मकं प्रत्यक्षम्। न्यायभाष्य। यावदर्थ नामधेय शब्दस्तैरर्थसम्प्रत्ययः अर्थसम्प्रत्ययाश्च व्यवहारः। तत्रेदमिन्द्रियार्थ-सन्निकर्षादुत्पन्नमर्थज्ञानं रूपमिति वा, स इत्येवं वा भवति रूपरसशब्दाश्चविषयनामधेयं तेन व्यपदिश्यते ज्ञानं रूपमिति वा प्रसज्यते अतः आहारव्यवपदेश्यमिति साक्षात्करोमीत्यनुव्यवसायी सद्धसाक्षात्व जात्यविछन्नां ज्ञानमित्यन्तस्यात्स्यात्पर्यम्। —व्या०भा०व्या०वृ०पृ० 334 पर
2. न च शब्दानुसन्धान रहितः कश्चित्प्रत्ययो दृश्यते अनुलिखितशब्दकेष्वन्तिप्रत्ययेष्वन्ततः सामान्यशब्द समुन्मेष सम्भवात् तदुल्लेखव्यतिरेकेण प्रकाशात्मिकायाः प्रतीतेरसम्भवात्। —न्यायमंजरी प्रथम अ०
3. न चास्ति प्रत्ययलोके यः शब्दानुगमादृते।
अनुविद्धमिव ज्ञानं सर्वशब्देन जन्यते।। क०ह० का प्रथम अध्याय

वाचक से व्यवहृत होते हैं अर्थात् ज्ञानमात्र का व्यवहार वाचक शब्द से पाया जाता है। इसी कारण से प्रत्यक्ष लक्षण में दोष की निवृत्ति के अव्यपदेश्य "पद" का निवेश किया जाता है।

पद पदार्थ के सम्बन्ध में=वाच्यवाचक भाव ज्ञान के बिना होने पर जो प्रथम काल के विषय के साथ इन्द्रिय सम्बन्ध द्वारा शब्द उल्लेख के बिना ही जो ज्ञान उत्पन्न होता है वह अशाब्दज्ञान प्रत्यक्ष कहलाता है।[1] शब्दोच्चारण का नाम शब्दोल्लेख है। इसीलिए प्रत्यक्ष का लक्षण यह हुआ कि शाब्द ज्ञान से भिन्न जो ज्ञान इन्द्रियों द्वारा उत्पन्न होता है उसको प्रत्यक्ष कहते हैं। किन्तु ऐसा लक्षण मानने या मिथ्या ज्ञान में अतिव्याप्ति दोष बना रहता है। उपरोक्त ज्ञान में अतिव्याप्ति निवृत्ति के लिए सूत्र में भी मिलता है जब ग्रीष्मकाल में देदीप्यमान सूर्य की किरणें पृथ्वी की उष्मा भाप के साथ मिलकर दूरस्थ द्रष्टा पुरुष के नेत्र में संयुक्त होती है।[2] तब उसको "इदं जलम्" यह जल है इस प्रकार व्यभिचारी ज्ञान मिथ्याज्ञान उत्पन्न होता है। वह भी इन्द्रिय जन्य तथा अशाब्द होने से प्रत्यक्ष होना चाहिए। उक्त ज्ञान में अतिव्याप्ति की निवृत्ति के लिए अव्यभिचारी पद का प्रयोग किया है। स्थाणुर्वा पुरुषो वा यह स्थाणु है वा पुरुष है इस संशय में अतिव्याप्ति की निवृत्ति के लिए व्यवसायात्मक पद का निवेश किया है। यदि उक्त पद का निवेश न किया जाता तो इन्द्रियजन्य होने के कारण उक्त संशय में प्रत्यक्ष लक्षण की अतिव्याप्ति ज्यों की त्यों बनी रहती। इसीलिए प्रत्यक्ष का निष्कृष्ट लक्षण यह हुआ कि संशय भ्रम तथा शाब्द ज्ञान से भिन्न इन्द्रिय तथा विषय के सन्निकर्ष से जो ज्ञान उत्पन्न होता है उसे "प्रत्यक्ष प्रमा" कहते हैं।[3]

प्रत्यक्ष प्रमाण के लक्षण का कथन करके प्रत्यक्षप्रमा को कहना असंगत है।[4] उत्तर—"यत:" तथा शब्द का नित्य शब्द होता है। इस नियम के अनुसार सूत्र में "यत:" पद का अध्याहार करके प्रमाणवाची प्रत्यक्ष पद की योजना करने से कोई दोष नहीं है अत: यत: पद के अध्याहार से सूत्र का अर्थ यह होता है कि जिससे इन्द्रिय जन्य ज्ञान हो उसे प्रत्यक्ष प्रमाण कहते हैं और यही बात प्रत्यक्ष पद के समाख्या बल

---

1. अशाब्दवछिन्नविषायमिन्द्रयार्थसन्निकर्षजन्यं ज्ञानं प्रत्यक्षम्। न्यायमंजरी।
2. ग्रीष्मेमरिचयो भौमनोष्मणा-संसृष्टा: स्पन्दमानादूरस्थस्य चक्षुषा सन्निकृष्यन्ते तत्रेन्द्रियार्थ सन्निकर्षादुदकमिति ज्ञानमुत्पद्यते। तच्च प्रत्यक्षं प्रसज्यते। इत्याह अव्यभिचारीति। न्यायभाष्य।
3. संशयभ्रमभिन्नत्वेसति इन्द्रियार्थ सन्निकर्षकजन्यं शाब्दं ज्ञानं प्रत्यक्षम्।
—न्यायमंजरी
4. अत्र च यत् इत्याध्याहृत्य यत्रादिनित्यसम्बन्धात्।
तत्र प्रत्यक्षमिति प्रमाणवाची प्रत्यक्षपदं योजनीयम्।। न्या०वा०ता०

व्युत्पत्ति से पाई जाती है। जैसा कि "प्रतिगतमक्षं प्रत्यक्षम्" वात्स्यायनमुनि का कथन है कि प्रमाण का साधकतम करण प्रमाण है।[1] यह अर्थ व्युत्पत्ति बल से सिद्ध होता है। जैसा कि प्रमाण के सामान्य लक्षण का कथन हम कर आये हैं। और जिस प्रकार व्युत्पत्ति बल वाले सम्बन्ध का नाम युगपत्सम्बन्ध हैं।[2] जब आत्मा के प्रयत्न घ्राणादि इन्द्रियों का गन्धादि विषयों के साथ युगपत्सम्बंध होता है। इन्द्रियों का विषयों के साथ तथा विषयों का इन्द्रियों के साथ सम्बन्ध होने पर जिसका ज्ञान होता है वही द्रव्य ज्ञान के सम्बन्ध का प्रयोजक मन है। बिना मनके प्रत्यक्ष प्रमाण अपूर्ण-सा प्रतीत होता है। प्रत्यक्ष को मन ही मान्यता प्रदान करता है। इसीलिए हमारे सारे मानसिक अनुभव तथा बौद्धिक चेतनाएं एक क्रम में प्रत्यक्ष होती हैं। एक साथ अनेक अनुभूतियों का आविर्भाव नहीं हो सकता। इन सब तत्वों के ऊपर सर्वोपरि ईश्वर की स्थिति है।

लौकिक तथा अलौकिक सन्निकर्ष

लौकिक सन्निकर्ष विशेषण की दृष्टि से दो भेदों में विभक्त किया है। 1. बाह्य तथा 2. मानसिक। प्राचीन पद्धति से दोनों का समानरूपेण श्रेय प्रत्यक्ष को ही गया है। किन्तु विश्लेषण और विवेचन की वृत्तियों में अधिक जागरूकता आ जाने के कारण मूल आधार पर न्याय सिद्धान्तों का वर्गीकरण एवं परिवर्धन किया है।[3] यद्यपि साधारण

---

1. उपलब्धिसाधनानीतिप्रमाणानि समाख्या निर्वचनसामर्थ्याद्बोद्धव्यम् प्रमीयतेनेनेति करणार्था-भिधानोहि प्रमाणशब्दस्तद्विशेषसमाख्याया अपि तथैव व्याख्यानम्।
—न्या०भाष्य

2. युगपज्ज्ञानानुत्पत्तिर्मनसोलिङ्गम्। सूत्र 16 प्रथमाध्याय आह्निक। न्या० दर्शन। आत्मेन्द्रियार्थ संयोगत्पत्ति रूपसाद्यनेकविषयकाणियन्नोत्पद्यन्ते युगपत ज्ञानानि तन् मनसोभिगमनः सद्भावे प्रमाणमित्यर्थः। मनश्चाणुः तस्य युगपदनेकैरिन्द्रियैः सहसंयोगी न भवति ततो नानेक ज्ञानोत्पाद इति भावः। —न्या० दर्शन 16
सुखाद्युपलब्धि (प्रत्यक्षम्) साधनानीन्द्रियाणिमनः -न्यायकंदली लक्षणावली तत्त्वतो ज्ञातेषुवाल्पात्यिकेषुविषयेषु दोषदर्शनात् विस्तरत्तस्यमोहानिवृत्तो आत्मज्ञानस्य तथाकर्माणि कुर्वतः तत्परित्यागसाधनानि श्रुति स्मृति आदि तानि असंकल्पितानि उपादानस्य आत्म ज्ञानम् अभ्यास्तः प्रकृष्ट निवर्तक धर्मोपचेयसति। परिपक्वात्मकज्ञानस्यात्यन्तिक शरीर वियोगस्य भावात्। तर्कसंग्रहः द्रव्यलक्षण प्रकरण से। नात्मप्रतिपत्तिहेतुमानमनसि सम्भवात् तथा ज्ञातुर्ज्ञानसाधनोपपत्ते संज्ञाभेदमात्रम्।

3. लौकिकप्रत्यक्षविषयत्वे सति प्रवृत्तिजनकत्वं दोषत्वम् प्रवर्तनालक्षणादोषः-18 लौकिकपरीक्षकाणामस्मिन्नर्थेबुद्धिसाम्यं सदृष्टान्तः।। यस्मिन्पदार्थे लौकिकानां=शास्त्री यज्ञानवतांच बुद्धिसाम्यं वर्तते सार्थो दृष्टान्ते महानसे वह्निधूमयोज समानाधिकरण विषयाबुद्धिरूभयेषां लौकिकपरीक्षकाणां साम्येन वर्तते इति महानसोदृष्टान्तः।
—न्या० दर्शन 25
सामान्यलक्षणोज्ञानलक्षणो योगजसत्यं। न्यायसिद्धान्तमुक्तावली प्रत्यक्षखण्ड।

रूप से ईश्वरेच्छा, अदृष्ट आदि धर्म के कारण माने गये हैं। तथापि लौकिक प्रत्यक्ष के विषय नहीं इसीलिए अतिव्याप्तिदोष नहीं हो सकता। परन्तु उक्त लक्षण में ईश्वरेच्छा आदि में अतिव्याप्ति ज्यों की त्यों बनी रही। यज्ञादि विषयक यथार्थ ज्ञान का मानस लौकिक प्रत्यक्ष होता है। यह बाह्य तथा आन्तरिक प्रत्यक्ष सर्वसामान्य होने से लौकिक श्रेणी के अन्तर्गत रखा गया है।

लौकिक और अलौकिक सन्निकर्ष दो वर्गों में विभक्त है। उस प्रकार अलौकिक सन्निकर्ष भी तीन श्रेणियों में विभाजित किया गया है। सामान्य लक्षण, ज्ञान लक्षण, एवं योगज।

सामान्य लक्षण

हम अपने जीवन काल में अधिकतर लोगों को मरते देखते हैं उन्हें देखकर ही निश्चय कर पाते है कि "मरणधर्माः मानवाः" इसी को सामान्यलक्षण जानना चाहिए। यदि हम से कोई पूछे कि इस निश्चय का आधार क्या है तब हम अपने अनुभव को ही आधार बनायेंगे। प्रत्येक मनुष्य के मरण के साथ हमारी इन्द्रियों का सन्निकर्ष न होने के कारण इसे लौकिक प्रत्यक्ष के अन्तर्गत नहीं रख सकते। इसीलिए न्याय दर्शन उसे अलौकिक प्रत्यक्ष कहता है।

ज्ञानलक्षण :

बार-बार विविध अनुभवों के अभ्यास से हम अभ्यस्त हो जाते हैं कि हमारी इन्द्रियां भी पूर्वाभ्यास ज्ञान को प्रकट करने लग जाती हैं। यह ज्ञानपूर्वाभ्यास के कारण होता है इसी का नाम ज्ञानलक्षण प्रत्यक्ष है।

योगज :

अलौकिक का तीसरा भेद योगज है। जो योगाभ्यास के द्वारा प्राप्य है। योगीजन अपने अभ्यास के द्वारा इन्द्रिय अर्थ के सन्निकर्ष के बिना भी ज्ञान प्राप्त कर लेते हैं। योगी दो प्रकार के होते हैं-एक युक्तयोगी तथा युन्जन।[1] युक्त योगी को सर्वप्रकार का

---

1. योगजोद्विविधः प्रोक्तोयुक्तयुञ्जान भेदतः।
युक्तस्य सर्वदा भानं चिन्तासहकृता परः।। —न्या० सि० मुक्तावली
इदमपि योगी प्रत्यक्षे विषयस्य न कारणत्वम्। ज्ञायमानं सामान्यं न प्रत्त्यासत्तिः। ज्ञाप्यमानं लिङ्गं नानुमितिकरणमित्यप्रोक्तव्यम्। आत्ममानसप्रत्यक्षे आत्मपरममहत्त्वस्य कारणत्वात् परममहतपरिमाणं कालादिर्बोध्यम्। न्या० सिद्धान्तमुक्तावली प्रत्यक्ष खण्ड पृ०80 इत्यन्ये तन्न ज्ञानातिरिक्तं प्रत्येककारणताया आचार्येणोक्तत्त्वात्।
—वही पृ० 80

ज्ञान उपलब्ध रहता है परन्तु युन्जान को चिन्तन के द्वारा यह ज्ञान उपलब्ध होता है। इसीलिए न्यायसिद्धान्तमुक्तावली में विश्वनाथ ने कहा है।

प्रत्यक्ष में आधुनिक मनोवैज्ञानिक मत

जब ज्ञानेन्द्रियों द्वारा उत्तेजकता से संवेदना प्राप्त होती है तो यह विश्वास कर लिया जाता है कि उस वस्तु का स्वरूप वैसा ही है जैसा कि संग्राहकों ने प्राप्त किया है। परन्तु यह कथन सर्वदा उपयुक्त नहीं। ज्ञानेन्द्रियों से असत्य ज्ञान भी प्राप्त होता है। परन्तु विवेकशील पुरुष असत्य का आभास प्राप्त कर लेता है। व्यक्ति ने जो कुछ पूर्व अनुभवों के आधार पर सीखा है, उसके प्रत्यक्षीकरण पर उसका प्रभाव पड़ता है। प्रत्यक्षीकरण द्विक्रियात्मक कहा है।[1] (1) क्रियात्मक स्वरूप के अन्तर्गत उत्तेजकों की विशेषतायें आती हैं, (2) क्रियात्मक स्वरूप के अन्तर्गत निरीक्षण कर्त्ता के पूर्व अनुभव प्रेरक, अभिरूचियां तथा उसके व्यक्तित्व की विशेषतायें आदि भी आती हैं।

प्रत्यक्षीकरण का सही स्वरूप समझने के लिए यह आवश्यक है कि हम प्रत्यक्षीकरण की संवेदना में अन्तर स्पष्ट करते हैं। प्रत्यक्षीकरण संवेदना में निम्नलिखित नन्तर है।

(1) संवेदना किसी मानसिक क्रिया का प्रथम उत्तर है। जबकि प्रत्यक्षीकरण उस प्रक्रिया का द्वितीय उत्तर है।

(2) संवेदना प्रत्यक्षीकरण के लिए उसी प्रकार से है जैसे वस्तु के लिए उसका कच्चा माल हमारे ज्ञान का कच्चा माल संवेदना है। जिसके आधार पर बाह्य वस्तुओं का स्पष्ट ज्ञान है।

(3) संवेदना एक सरल मानसिक प्रक्रिया है जबकि प्रत्यक्षीकरण एक जटिल मानसिक प्रक्रिया है।

(4) संवेदना किसी उत्तेजक की अनुभूति मात्र है। जबकि प्रत्यक्षीकरण उस उत्तेजक का स्पष्ट ज्ञान है।

(5) संवेदनाएं प्रत्यक्षीकरण के भाग हैं और प्रत्यक्षीकरण संवेदनाओं का सम्पूर्ण रूप बाह्य वस्तुओं का प्रत्यक्षीकरण वस्तुओं के रूप, रंग, ध्वनि, स्वाद, गन्ध, ताप, शीत आदि विस्तार पर निर्भर करता है।[2]

चरक के अनुसार त्वचा ही सारे शरीर में फैली हुई और सभी प्रकार की

---

1. Whittakar. 1970
2. आधुनिक मनोविज्ञान के प्रत्यक्षीकरण से
   Greek Philosophy. Page 144 Stace, Ibid 2.71

संवेदनाएं कुछ भेद से स्पर्श ही है। क्योंकि जब इन्द्रियां स्पर्श करती हैं तो सन्निकर्ष कार्य आवश्यक होता है। यह सन्निकर्ष अन्य कुछ नहीं अपितु स्पर्श ही है। अतः यह त्वक् इन्द्रियों में समान है।[1]

आधुनिक मनोविज्ञान में प्रत्यक्षीकरण विषयक यह सिद्धान्त सब से पहले गैस्टाल्ट मनोवैज्ञानिकों ने उपस्थित किया। इसका प्रमाण हमको मनोविज्ञान के इतिहास नामक ग्रन्थ में भी देखने में आता है।[2] सन् 1912 में वर्दाइमर ने प्रयोगों के आधार पर यह बताया है कि उत्तेजना का प्रत्यक्षीकरण उसके पूर्ण रूप में होता है। इसी प्रकार आंख, कान, नाक, जिह्वा आदि विभिन्न इन्द्रियों में जो प्रत्यक्षीकरण होता है वह पूर्ण रूप से होता है। हारमोनियम से निकली लय कितनी मोहक होती है। इस लय में सा-रे-ग-म को यदि अलग कर दिया जाये तो यह लय गायब हो जाती है।

गैस्टाल्टवादियों के अनुसार प्रत्यक्षीकरण संवेदनाओं और गत अनुभवों या संवेदनाओं के अर्थ का योगमात्र नहीं है। ज्ञान के क्षेत्र में विशिष्ट संगठन को निर्धारित करने वाले ये आधार गैस्टाल्ट मनोवैज्ञानिक ने कुछ संगठन के नियम निकाले हैं।

सांख्य दर्शन में ज्ञान के स्रोत

प्रमेय के यथार्थ को प्रमाण कहते है।[3] इस सम्बन्ध में "ज्ञान प्राप्तकर्त्ता ज्ञातव्य विषय, ज्ञान के साधन और निष्कर्ष का ज्ञान प्राप्त करना अति आवश्यक है। जिन्हें क्रमशः प्रमाता, प्रमेय, प्रमाण और प्रमा कहते हैं।

सांख्य दर्शन में परोक्ष ज्ञान की प्रधानता होने के कारण चित्तवृत्ति ही प्रमाण है। सांख्य दर्शन में केवल तीन प्रकार के प्रमाणों को स्वीकार किया गया है।[4] प्रत्यक्ष, शब्द और अनुमान। इन्द्रियों द्वारा उत्पन्न ज्ञान को प्रत्यक्ष कहते हैं। प्रत्यक्ष दो प्रकार के होते हैं-निर्विकल्पक प्रत्यक्ष और सविकल्पक प्रत्यक्ष।[5] वाचस्पति के अनुसार बुद्धि के इन्द्रियों द्वारा बाह्य पदार्थों को स्पर्श ज्ञान निर्विकल्पक प्रत्यक्ष है। इसमें प्रमेय के विशेष

---

1. चरकसंहिता- सूत्रस्थान 11/32
2. मनोविज्ञान का इतिहास खण्ड तृतीय गैस्टाल्ट मनोविज्ञान प्रत्यक्षीकरण का गैस्टाल्ट सिद्धान्त पृ० 269 पर
3. 'प्रमाकरणं प्रमाणम् "प्रमायाः करणं प्रमाणम्'।
4. "प्रमाणं असंदिग्धाविपरीतानधिगतविषया चित्तवृत्तिः
बोधश्च पौरुषफलं प्रमा तत्साधनं प्रमाणम्"।।
देखिए सांख्य कारिका व कौमुदी-4
5. प्रत्यक्ष की व्याख्या हेतु देखिये सतीश चन्द्र चट्टोपध्याय द्वारा कृत पुस्तक "द न्याय थ्योरी आफ नॉलेज"—अध्याय 9

गुण विद्यमान नहीं होते हैं। इसमें केवल ज्ञान का आभास मात्र गुण होता है। लेकिन जब वह ज्ञान इन्द्रियों द्वारा मन तक पहुंच जाता है तो उसके विशेष गुण का ज्ञान हो जाता है। इस प्रकार के प्रत्यक्ष को सविकल्पक प्रत्यक्ष कहते हैं।[1] जैसे "यह पैन है" यह वाक्य निर्विकल्पक प्रत्यक्ष को दर्शाता है लेकिन "यह लाल पेन है" अर्थात् जब हमें पैन का पूर्णतः प्रत्यक्ष हो जाता है तो यह सविकल्पक प्रत्यक्ष बन जाता है। वाचस्पति के अनुसार क्रियाशील मन को होना प्रत्यक्ष ज्ञान की प्राप्ति के लिए अत्यन्त आवश्यक है लेकिन विज्ञानभिक्षु इसे स्वीकार नहीं करता, उसके अनुसार जब बुद्धि इन्द्रियों द्वारा ज्ञातव्य विषय के सम्पर्क में आती है तब ही हमें पूर्ण ज्ञान की प्राप्ति हो जाती है। उसके अनुसार मन तो केवल इच्छा, कल्पना आदि की वस्तु है। लेकिन वाचस्पति के अनुसार बुद्धि इन्द्रियों द्वारा ज्ञान प्राप्त कर अपने प्रतिबिम्बित पुरुष को समर्पित कर देती है तब ही यथार्थ ज्ञान की प्राप्ति होती है। प्रत्यक्ष ज्ञान हेतु बाह्य इन्द्रियां केवल उन्हीं पदार्थों का ज्ञान प्राप्त कर सकती हैं जो उनके समक्ष प्रस्तुत किये गये हैं। किन्तु मन के द्वारा अदृष्ट पदार्थों का ज्ञान भी प्राप्त किया जा सकता है।[2]

पुरुष का अस्तित्व भी बुद्धि के द्वारा जाना जाता है क्योंकि पुरुष भी प्रत्यक्ष ज्ञान में प्रतिबिम्बित होता है। 'अहं' की भावना ही पुरुष के अस्तित्व का बोध कराती है और यह बुद्धि में आत्मा के प्रतिबिम्ब के कारण होती है। जैसे "मैं फूल देखता हूं" इसमें "मैं" शब्द पुरुष के अस्तित्व को स्वीकारता है जो कि ज्ञान के द्वारा ही उत्पन्न हुआ है। बुद्धि सत्त्वरूप में आत्मज्ञान करने वाली विषयी है। आत्मा एक प्रमाता बुद्धि का निर्विकार प्रमेय है।[3] लेकिन विज्ञानभिक्षु के सन्दर्भ में आत्मा एक स्वतः प्रकाशवान् तत्त्व है जो कि अपने अन्दर पड़े मानसिक रूपान्तर के प्रतिबिम्ब द्वारा जाती है।[4] अन्तप्रज्ञा, अभाव, आत्म चैतन्य, बुद्धि आदि प्रकार के ज्ञान को प्रत्यक्ष ज्ञान के अन्तर्गत रखा गया है।

अनुमान, सांख्य दर्शन में अनुमान के दो प्रकार बताये गये हैं— विधेयात्मक और निषेधात्मक। इन्हें वीत और अवीत अनुमान भी कहते हैं। व्याप्य और व्यापक से उत्पन्न होने वाले ज्ञान को अनुमान कहते हैं। जिस वस्तु का स्वभावतः साहचर्य होता है उसे व्याप्य तथा जिस वस्तु से साहचर्य होता है उसे व्यापक कहते हैं। इस प्रकार दो वस्तुओं के साहचर्य सम्बन्ध को व्याप्ति कहते हैं।[5] व्याप्ति एक निरन्तर साहचर्य

1. देखिये योग भाष्य 3/44
2. विस्तृत व्याख्या हेतु देखिए, सांख्य प्रवचन भाष्य 1/65
3. देखिए तत्त्ववैशादरी, 3/35
4. देखिए योगवार्तिक, 3/35
5. देखिए तत्त्वान्तरम् 5/30

है, पृथक् तत्त्व नहीं।[1] इस प्रकार लिङ्ग और लिङ्गी के साहचर्य सम्बन्ध में ज्ञान के पुनः पक्ष में लिङ्ग का ज्ञान होना ही अनुमान प्रमाण है।

सांख्य दर्शन में प्रतिपादित प्रमाणों की संख्या :

मूल रूप से देखा जाये तो सांख्य दर्शन प्रमेय प्रधान दर्शन ही है, किन्तु प्रमेय के अस्तित्व को सिद्ध करने के लिए प्रमाण की ही आवश्यकता पड़ती है। अतएव प्रमाण मीमांसा पूर्व प्रमेयों का इसमें प्रतिपादन किया गया है। सांख्य दर्शन में तीन ही प्रमाणों को माना गया है-प्रत्यक्ष प्रमाण, अनुमान प्रमाण तथा शब्द प्रमाण।[2] अन्य सभी प्रमाण (उपमान, अर्थापत्ति, संभव और अनुपलब्धि) को इन्हीं तीनों के अन्तर्गत रखा गया है। ईश्वर कृष्ण ने इन तीनों प्रमाणों की व्याख्या सांख्य कारिका में की है।[3] प्रत्यक्ष प्रमाण में इन्द्रिय के माध्यम से, अनुमान प्रमाण में लिङ्ग ज्ञान के माध्यम से और शब्द प्रमाण में पद ज्ञान के माध्यम से, अनुमान प्रमाण में लिङ्ग ज्ञान के माध्यम से और शब्द प्रमाण में पद ज्ञान के माध्यम से 'बुद्धि' में 'बाह्य विषय' उपस्थित हो जाता है। इन्द्रियों की क्रिया शीलता से जो ज्ञान उत्पन्न होता है उसे प्रत्यक्ष कहते हैं जब कोई पदार्थ, जैसे कि एक घट दृष्टिपथ में आ जाता है तो बुद्धि में इस प्रकार एक परिवर्तन होता है कि वह घट का रूप धारण कर लेती है और आत्मा घट अस्तित्व से अभिन्न हो जाता है।[4]

प्रत्यक्ष प्रमाणः

प्रति विषयाध्यवसायो दृष्टम्[5] अर्थात् विषय से सम्बन्ध इन्द्रिय के द्वारा प्राप्त निश्चयात्मक ज्ञान (अध्वसाय) को प्रत्यक्ष प्रमाण कहा जाता है। 'बुद्धि' तत्त्व इतना निर्मल होता है कि इन्द्रिय के माध्यम से वह बाह्य विषय वस्तुओं के साथ सहज रूप से एकाकार हो जाता है। जब 'बुद्धि' विषयाकार हो जाती है तब उसे 'बुद्धि वृत्ति'

---

1. आप्तश्रुतिराप्तवचनम्।
2. दृष्टमनुमानमाप्तवचनं च सर्वप्रमाणसिद्धत्वात्। त्रिविधं प्रमाणमिष्टं प्रमेयसिद्धिः प्रमाणाद्धि (सा०का०-4)
3. प्रतिविषयाध्यवसायो दृष्टं त्रिविधमनुमानमाख्यातम् तल्लिङ्गलिङ्गि पूर्वकमाप्तश्रुतिराप्त वचनं तु।। देखिये सांख्य कारिका-5
4. देखिए सांख्य प्रवचन सूत्र 1/89
5. प्रतिविषय अध्यवसायी दृष्टम्।

अर्थात्

जो प्रत्येक विषय में बुद्धि द्वारा प्रत्यक्ष (चक्षु द्वारा) प्रवृत्त हो प्राप्त निश्चयात्मक ज्ञान।

कहा जाता है। जब बुद्धि गृहीत विषय का आत्मा के सामने समर्पण कर देती है तो इस प्रकार आत्मा को भी विषय की प्रतीति हो जाती है तो इसे बोध कहते हैं। जब बोध प्रमा होती है तो प्रमाण 'बुद्धि' कहलाती है लेकिन जब 'बुद्धि वृत्ति' को ही प्रमा मान लेते हैं तब इन्द्रिय आदि ग्राह्य साधनों को 'प्रमाण' कहते हैं। प्रत्यक्ष प्रमाण को दृष्ट प्रमाण भी कहा गया है जैसा कि ऊपर भी वर्णन हुआ है। दृष्ट का अर्थ है—चक्षु अर्थात् जिसका प्रत्यक्ष हमें चक्षु इन्द्रियों से होता है वही प्रत्यक्ष प्रमाण[1] है। दृष्ट पदार्थों के सम्बन्ध में अर्थ के साथ इन्द्रियों का सन्निष्कर्ष होने पर सर्वप्रथम इन्द्रियों की आलोचना वृत्ति संमुग्ध ज्ञान होता है। फिर मन की क्रिया शीलता उत्पन्न होती है लेकिन वहां पर विज्ञान भिक्षु इसे स्वीकार नहीं करता है उसके अनुसार बुद्धि इन्द्रियों द्वारा सीधे बाह्य वस्तुओं के सम्पर्क में आ जाता है। लेकिन वाचस्पति के अनुसार, मन का क्रियाशील होना यह दर्शाता है कि वह इन्द्रिय सामग्री को व्यवस्थित करके उन्हें सविकल्प प्रत्यक्ष का रूप देता है। जब इन्द्रियों का सम्बन्ध बाह्य विषय-वस्तु से होता है तो सर्व प्रथम संकल्प विकल्प के रूप में मन का व्यापार होता है, तब उसी विषय पर अभिमान वृत्ति होती है और अन्त में बुद्धि द्वारा निश्चयात्मक ज्ञान प्राप्त होता है।[2]

यह प्रमाण प्रत्यक्ष पर आश्रित होता है क्योंकि लिंग (व्याप्य) और लिङ्गी (व्यापक)[3] के ज्ञान से उत्पन्न होता है। इस प्रकार लिंग एवं लिङ्गी के साहचर्य सम्बन्ध अथवा व्याप्ति ज्ञान के अनन्तर पक्ष में व्याप्त लिंग या हेतु का ज्ञान ही अनुमान प्रमाण है। धूम व्याप्य है, अग्नि व्यापक जिस प्रकार धूम का बिना किसी शंका या जब बुद्धि को प्रमाण कहते है तब इन्द्रियादि बाह्य साधनो के सहयोग से उसके प्रत्यक्ष आदि भेद हुआ करते हैं।

प्रत्यक्ष प्रमाण में 'इन्द्रिय और अर्थ' दो वस्तुओं का अस्तित्व अपेक्षित रहता है। बुद्धि का अस्तित्व तो सभी प्रमाणों के लिए तुल्य है। 'इन्द्रिय और अर्थ के सन्निकर्ष से अनधिगत वस्तु के निश्चयात्मक ज्ञान को 'प्रत्यक्ष' प्रमाण कहा जाता है।

---

1. यदि प्रमाणरूपं फलं पुरुषनिष्ठमात्रमुच्यते, तदा बुद्धिवृत्तिरेव प्रमाणम्। यदि च बुद्धिनिष्ठमात्रमुच्यते,
   तदा तूक्तेन्द्रियसन्निकर्षादिरेव प्रमाणम्। पुरुषस्तु प्रमासाक्ष्येव न प्रमातेति। यदि च पौरुषेयन बोधो बुद्धि वृत्तिः प्रमोच्यते, तदातूक्तमुभयमेव प्रमाभेदेन प्रमाणं भासते। चक्षुरादिषु तु प्रमाण-व्यवहारपरम्परयैव सर्वथेति भावः।
2. युगपच्चतुष्टयस्य तु वृत्तिः क्रमशश्च तस्त निर्दिष्टा दृष्टे तथाप्यदृष्टे त्रयस्य तत्पूर्विका वृत्तिः।। देखिए सांख्य कारिका-30
3. शंकित और निश्चित दोनों प्रकार की उपाधियों का निराकरण हो जाने पर वस्तु के स्वभाव से जिसका साहचर्य सम्बन्ध हो वह व्यापक होता है। जिसके साथ वह सम्बन्ध हो उसे व्याप्य कहते हैं।

सांख्य दर्शनम् में प्रत्यक्ष का लक्षण करते हुए माना है जिसके साथ सम्बद्ध होता है उसी के आकार को ग्रहण या निर्देशन करने वाला जो विज्ञान है वह 'प्रत्यक्ष' प्रमाण है।[1]

सांख्य तत्त्व प्रदीप में प्रत्यक्ष प्रमाण लक्षण:

"विषय से सम्बद्ध इन्द्रिय पर आश्रित अध्यवसाय बुद्धि का व्यापार अथवा निश्चयात्मक ज्ञान को प्रत्यक्ष प्रमाण माना है।"[2] चारों प्रकार के तत्त्वों के असाधारण व्यापारों का क्रम तथा अक्रम असाधारण भेद के साथ कारिकाकार कहते हैं—'प्रत्यक्ष में चारों ही (एक बाह्य तथा तीन आन्तर) करणों का व्यापार कभी एक साथ और कभी क्रमशः लक्षित होता है। इसी प्रकार अप्रत्यक्ष विषय में तीनों अन्तः करणों की वृत्ति एक साथ और क्रमशः प्रत्त्यक्षपूर्वक होती है।"[3] भाष्यकारों के अनुसार 'जो सम्बद्ध होता हुआ सम्बद्ध वस्तु के आकार को ग्रहण करता है, ऐसे विज्ञान अर्थात् बुद्धि वृत्ति ही 'प्रत्यक्ष प्रमाण' कहलाती है।[4] सांख्य सूत्र में बताया गया है कि 'वृत्ति' इन्द्रियार्थ सन्निकर्ष जन्य नहीं है।[5] अतः भाष्यकार ने उसे आकाराश्रय माना है। वृत्तिकार के मत में 'इन्द्रियार्थ सन्निकर्षार्थ इन्द्रिय सम्बन्ध विषयाकरतापन्नवृत्तित्वं प्रत्यक्षत्वम्" यह 'प्रत्यक्ष प्रमाण' का लक्षण है। सांख्य वृत्तिकार के अनुसार 'स्वार्थ सन्निकर्ष जन्याकारस्याश्रयो वृत्तिः प्रत्यक्षम्" प्रत्यक्ष प्रमाण है।

प्रत्यक्ष दो प्रकार का होता है बाह्य और अबाह्य। बाह्य प्रत्यक्ष में इन्द्रियों के साथ उपाधि के अग्नि के साथ साहचर्य सम्बन्ध[6] होता है इसी को अनुमान कहते हैं।

---

1. यत् सम्बद्धं सत् तदाकारोल्लेखि विज्ञानं तत् प्रत्यक्षं-98 सांख्य दर्शनम्
2. प्रतिविषयाध्यवसायो दृष्टम्।
   सांख्यत्व प्रदीप, पृ० 118
3. युगपच्चतुष्टयस्य तु वृतिः क्रमशश्च तस्य निर्दिष्टा।
   दृष्टे तथाप्यदृष्टे त्रयस्य तत्पूर्विका वृतिः।।
   सांख्य कारिका 30
4. सम्बद्धं भवत् सम्बद्धसत्त्वकारधरि भवति यद्विज्ञानं बुद्धि वृत्तिस्तत् प्रत्यक्षं प्रमाण-मित्यर्थः। अत्र सदित्यन्ते हेतु गर्भ विशेषणम्। तथा च स्वार्थ सन्निकर्ष जन्याकारस्योश्रयो वृत्तिः प्रत्यक्षं प्रमाणमिति निष्कर्षः।

   —सांख्य प्रवचन भाष्य, पृ० 197
5. भागगुणाभ्यां तत्त्वानन्तरं वृत्तिः सम्बन्धार्थ सर्पतीति।— सांख्य सूत्र 5/107
6. सांख्य प्रवचन सूत्र, वृत्ति 5/28 साध्य और साधन दोनों का अथवा किसी एक का निरन्तर साहचर्य व्याप्ति है। —(देखिए सांख्य प्रवचन सूत्र 5/29)

यत्र यत्र धूमः तत्र तत्र वह्निः।
यत्र वह्निर्नास्ति तत्र धूमोऽपि नास्ति।।

अर्थात् जहां-जहां धूम होता है वहां-वहां अग्नि है जहां अग्नि नहीं है वहां धूम भी नहीं होगा। जो कि अनुमान है। तो व्याप्य और व्यापक का व्याप्ति ज्ञान तथा लिंग (व्याप्य) के पक्ष धर्मता ज्ञान से उत्पन्न ज्ञान अनुमान प्रमाण है। व्याप्य और व्यापक के इस व्याप्ति ज्ञान के बाद पक्ष इत्यादि में लिङ्ग हेतु, व्याप्य का ज्ञान होने से वहां पर भी अग्नि की अनुमिति हो जाती है। वाचस्पति के अनुसार अनुमान दो प्रकार का होता है-विध्यात्मक (वीत) और निषेधात्मक (अवीत)। निषेधात्मक अनुमान को शेषवत् अनुमान भी कहते हैं।

अन्वय व्याप्ति के द्वारा प्रवृत्त होकर व्यापक के पक्ष में सिद्धि करने वाले अनुमान वीत अनुमान है, तथा व्यतिरेक व्याप्ति द्वारा प्रवृत होकर पक्ष में व्यापक की सत्ता का निषेध करके पक्ष में ही व्याप्य को भी असद्धि करने वाला अनुमान अवीत अनुमान है।

कालान्तर में वीत अनुमान के दो भेद किये गये—पूर्ववत् और सामान्यतोदृष्ट।

'आप्तश्रुतिराप्तवचनम्' अर्थात् आप्त-वाक्य जन्य ज्ञान ही आगम प्रमाण है। आप्त वचन का अर्थ है आप्त श्रुति अर्थात् वाक्य से उत्पन्न वाक्यार्थ ज्ञान। शब्द का अपने पदार्थों के साथ वैसा ही सम्बन्ध है, जैसा कि चिह्नित वस्तु के साथ चिन्ह का सम्बन्ध है। यह आप्त पुरुषों की शिक्षा से प्रकट है, प्रयोग तथा प्रमाण के विधान परम्पराओं और इस सत्य से भी प्रकट किम् शब्द एक ही अर्थ को प्रकट करते हैं।[1] वेद अपौरुषय है। श्रुति मूलक स्मृति, इतिहास, आदि सभी के वाक्य आप्त वाक्य हैं। इन्हीं वाक्यों से उत्पन्न वाक्यार्थ ज्ञान, विषयाकार, अध्यवसायत्मिक, बुद्धि का परिणाम शब्द प्रमाण है। वाचस्पति ने अर्थापत्ति, अभाव, सम्भव तथा ऐतिह्य प्रमाणों को इन्हीं तीन प्रमाणों के अन्दर सिद्ध किया है।

सांख्य दर्शन के अनुसार प्रत्यक्ष का स्वरूप

'सांख्य दर्शनम्' में प्रमाण की परिभाषा करते हुए कहा है कि "बुद्धि और आत्मा दोनों में से एक का पूर्व से अनधिगत अर्थ की अवधारणा तो ज्ञान है, उस ज्ञान

1. देखिए सांख्य प्रवचन सूत्र वृत्ति 5/38
2. द्वयोरेकतरस्य वाप्यसन्निकृष्टार्थ परिच्छितिः प्रमा तत्साधकतममन्ततः त्रिविधं प्रमाणम् 87 सांख्य दर्शनम्

का जो अतिशय साधक है, उसे 'प्रमाण' कहते हैं। यह प्रमाण तीन प्रकार का होता है।''[2]

1. प्रत्यक्ष 2. अनुमान 3. शब्द।

साक्षात् सम्बन्ध उपस्थित होता है। योगी प्रत्यक्ष में इन्द्रिय विषय सन्निकर्ष होने की आवश्यकता नहीं रहती। अत: उनके प्रत्यक्ष में लक्षण में समन्वित न होने पर भी अव्यापित नहीं होगी। क्योंकि उक्त लक्षण का वह लक्ष्य ही नहीं है। तात्पर्य यह है कि योगी प्रत्यक्ष लक्षण का अलक्ष्य बताकर भाष्यकार ने समाधान किया है। सांख्या के सत्कार्यवाद के अनुसार कोई भी कार्य अपने कारण में सर्वदा विद्यमान रहता है। अत: कोई भी वस्तु पूर्णत: नष्ट नहीं होती। योगी का चित्त अपनी यौगिक शक्ति के सामर्थ्य से कार्य मात्र के मूल कारण के साथ सन्निकर्ष स्थापित करता है। तो उसे प्रत्येक वस्तु का प्रत्यक्ष हो जाता है। अत: लक्षण के घटित हो जाने से 'योगी प्रत्यक्ष में' अव्याप्ति नहीं है।

मीमासा दर्शन में ज्ञान के स्रोत:

कुमारिल भट्ट और प्रभाकर ने ज्ञान सम्बन्धी कतिपय मौलिक तथ्यों को प्रस्तुत किया है। नैयायिकों की दृष्टि में दो प्रकार का प्रत्यक्ष होता है। किन्तु कुमारिलादि इसे स्वीकार नहीं करते। उनके अनुसार घट को देखने से घट ही प्रत्यक्ष होता है। घट ज्ञान प्रत्यक्ष नहीं होता। उसका केवल अनुमान किया जाता है। प्रस्तुत प्रक्रिया के अनुसार कुमारिल की दृष्टि में घट-ज्ञान घट का विशेषण होकर प्रकट होता है। घट के भीतर उत्पन्न इस ज्ञातता नामक धर्म ''हमारे अन्दर यह घट ज्ञान हुआ है'' यह अनुमान किया जाता है।

प्रभाकर, कुमारिल भट्ट के उपरोक्त सिद्धान्त को स्वीकार नहीं करते। उन्होंने ज्ञान को स्वयं प्रकाश मानते हुए कहा है कि ज्ञान को यथार्थ ज्ञान तभी कहा जा सकता है जब घट में घट और पट में पट की प्रतीति होती है। इस प्रकार प्रभाकर ने यह सिद्ध किया है कि ज्ञान से होने वाली प्रतीति सर्वदा यथार्थ होती है। प्रमातृसत्ता ही घटादिसत्ता है। उससे भिन्न नहीं अर्थात् प्रमाता की जो सत्ता है वही प्रमेय सत्ता है। यह तात्पर्य जानना चाहिये।[1]

1. प्रमातृभेदो नाम न तदैक्यम् किन्तु प्रमातृसत्ताऽतिरिक्तसत्ताकत्वाभाव:। तथा च घटादे: स्वावच्छिन्नचैतन्येऽध्यस्ततया विषयचैतन्यसत्तैव घटादिसत्ता, अधिष्ठान-सत्ताऽतिरिक्ताया आरोपितसत्ताया अनङ्गीकारात्। विषयचैतन्यञ्च पूर्वोक्तप्रकारेण प्रमातृचैतन्यमेवेति प्रमातृचैतन्यस्यैव घटाद्यधिष्ठानतया प्रमातृसत्तैव घटादिसत्ता नान्येति सिद्धं घटोदेरपरोक्षत्वम् इति।

—अद्वैतवेदान्तपरिभाषा प्रत्यक्षपरिच्छेद, पृ० 64

पूर्वमीमांसा में प्रतिपादित प्रमेय— प्रमाण की व्याख्या

भारतीय दर्शनों का मूल प्रतिपाद्य विषय है तात्त्विक विवेचन के सन्दर्भ में त्रिविध दुःखों की अत्यन्त निवृत्ति। ''दर्शन'' शब्द दृश (देखना) धातु से करण अर्थ में ''ल्युट्'' प्रत्यय लगकर निष्पन्न होता है। यहां देखने का अभिप्राय जानना-अर्थात् ज्ञान प्राप्त करना है।

प्रमा (ज्ञान) के साधन को प्रमाण कहा जाता है। मीमांसक के अनुसार अनधिगत अर्थ के ज्ञान को उत्पन्न करने वाला करण प्रमाण माना जाता है।[1] इसका अभिप्राय यह है कि जिस ज्ञान से अज्ञात वस्तु का अनुभव हो अन्य ज्ञान से बाधित न हो एवं दोष रहित हो वही प्रमाण है। प्रभाकर स्मरणात्मक बोध से भिन्न संवित् को ही अनुभूति मानते है और उसे ही प्रमाण के रूप में स्वीकार करते है। उनके अनुसार सभी ज्ञान यथार्थ हैं। अनुभूति ही प्रमाण है। प्रत्यक्ष बोध में प्रमेय, प्रमाता और प्रमा तीनों विद्यमान रहते हैं। यथा— मैं घट को जानता हूं। इसमें घट मैं और ज्ञान तीनों का एकसाथ बोध होता है। प्रमाणों द्वारा प्रमातव्य पदार्थों का नाम प्रमेय है। प्रमा अर्थात् यथार्थ ज्ञान के विषयों का नाम प्रमेय है।[2] यह प्रमेय शब्द ''प्र'' पूर्वक ''माङ् '' धातु से यत् प्रत्यय करने पर सिद्ध होता है। इसका विग्रह इस प्रकार किया जाता है। ''प्रमातुं योग्यं प्रमेयम् अथवा ''प्रमातुं योग्यानि प्रमेयानि'' अतः व्युत्पत्ति से स्पष्ट हो रहा है कि संसार के सभी विषय के प्रमा के योग्य हो सकते हैं किन्तु इस प्रकार गिनती करना शक्ति से बाहर की बात हो जाती है। इसलिए वात्स्यायन ने ''तद्भेदेन चापरिसंज्ञेयम्'' कहा है। न्याय में भी बारह प्रमेयों को स्वीकार किया है।[3]

कुमारिल भट्ट के अनुसार प्रमाण वह है जिस के द्वारा किसी विषय का यथार्थ ज्ञान होता हो। यथार्थ ज्ञान वह है जो अज्ञात तत्त्व का अर्थ ज्ञान हो अर्थात् अनधिगत (अज्ञातवस्तु) के ज्ञान में प्रकृष्टतया साधन हो।[4]

प्रमाण के उपरोक्त लक्षण का नैयायिकों ने खण्डन किया है।[5] उनके कथनानुसार

---

1. प्रमाकरणं प्रमाणम्। प्रमात्वं च यथार्थानुभत्वम् यथार्थच तत्तद्विशेप्यकत्वावच्छिन्न-तत्प्रकारकत्वम् —मीमांसाकोषप्रमाणम्।
2. प्रमाणप्रमेयसंशयप्रयोजनदृष्टान्तसिद्धान्तावयववतर्कनिर्णयवादजल्पवितप्रद्दाहेत्वा-भासछलजातिनिग्रहस्थानानां तत्त्वज्ञानान्निःश्रेयसाधिगमः— न्याय सू० 3
   प्रमीयतेऽनेनेति करणार्थाभिधानो हि प्रमाणशब्दस्तद्विशेषसमाख्यायापि तथैव व्याख्यानम्। — न्यायसूत्र 1
3. आत्माशरीरेन्द्रियार्थबुद्धिमनः प्रवृतिदोषप्रेत्याभावफलदुःखापवर्गास्तु प्रमेयम्।
   — न्यायदर्शन, प्रथमोऽध्यायः।
4. कारणदोषबाधकज्ञान रहितम् अगृहीतग्राहिज्ञानं प्रत्यक्षम्। — शास्त्रदीपिका
5. अनधिगतार्थगन्तुं प्रमाणमिति। — तर्कभाषा।

यह लक्षण अव्याप्ति दोष से युक्त है। एक घट में ही जब धारावाहिक ज्ञान "घटोऽयं "घटोऽयं" यह बराबर ज्ञान होता है उसमें प्रथम ज्ञान के पश्चात् जो ज्ञान नहीं रहता है। इसीलिए उसे अप्रमाण कहना पड़ेगा। क्योंकि उसे परोक्ष कहें तो वह दसवां है। यह परोक्ष ज्ञान "दसवां नहीं" इस अपरोक्ष अध्यास की निवृत्ति नहीं कर पाता। इसलिए तू दसवां है अथवा तू वह ब्रह्म इत्यादि अपरोक्ष विषयक वाक्य से हुआ ज्ञान अपरोक्ष ही है। यह मानना पड़ता है। अपरोक्ष विषयक वाक्य से हुआ ज्ञान अपरोक्ष ही होता है। यह मानने पर "पर्वत वह्निमान् है" इत्यादि अनुमिति ज्ञान को भी प्रत्यक्ष कहना पड़ेगा।[1]

प्रत्यक्ष प्रमाण :

जैमिनी के अनुसार प्रमाण के तीन भेद हैं—1. प्रत्यक्ष 2. अनुमान और 3. शब्द। प्रभाकर उपमान, अर्थापत्ति एवं कुमारिल अनुपब्धि को भी स्वीकार करते हैं। अतः मीमांसक छः प्रमाण स्वीकार करते है।[2] साक्षात् बोध को प्रत्यक्ष कहा जाता है। पदार्थ और इन्द्रिय के सन्निकर्ष के साथ इसमें पदार्थ के विशेष गुणों का इन्द्रिय के साथ सम्पर्क होता है। पुनः मन इन्द्रिय का और अन्ततः मन और आत्मा का सम्बन्ध होता है। इन्द्रियों के सम्बन्ध में न्याय और मीमांसा का समान विचार है। केवल श्रोत्रेन्द्रिय के विवेचन में सामान्य भेद है।

निर्विकल्पक तथा सविकल्पक प्रत्यक्ष के भेद को प्रभाकर और कुमारिल दोनों प्रमाणिक रूप से स्वीकार करते हैं।[3] निर्विकल्पक प्रत्यक्ष में वस्तु के सामान्य एवं विशिष्ट लक्षणों से युक्त रूप का प्रत्यक्ष बोध नहीं होने पर भी कुमारिल की दृष्टि में निर्विकल्पक प्रत्यक्ष व्यक्ति का बोध कराता है। व्यक्ति सामान्य और विशिष्ट लक्षणों का अधिष्ठान माना जाता है।[4]

पार्थसारथि की युक्ति इस प्रसंग में यह है कि पदार्थ इन्द्रिय सन्निकर्ष होने के साथ सभी प्रकार के सम्बन्धों से रहित अपना बोध करता है। ऐसी स्थिति में गुण और

---

1. अतएव पर्वतो वह्निमानित्यादिज्ञानमपि वह्न्यंशे परोक्षम्।

—वेदान्तपरिभाषा प्रत्यक्षपरिच्छेद, पृ० 50

2. प्रमाणं तावत् मीमांसकानां–प्रत्यक्षं, अनुमानं शब्दः। उपमानं, अर्थापत्तिः अनुपलब्धि इति षट् अतः प्रत्यक्षं षड्विधं चाक्षुषादिभेदात्। सामान्यतो दृष्टं विशेषता दृष्टं च द्विविधमपि पुनर्द्विविधं स्वार्थ परार्थ च।

—श्लोकवार्तिक अनु० 167

3. सविकल्पनिर्विकल्पकभेदात् द्विविधः। वही
4. श्लोक वा० प्रत्यक्ष सू० 5:113

गुणी एवं सामान्य विशिष्ट में कोई भेद स्पष्ट नहीं होता है। इनके अनुसार सविकल्प प्रत्यक्ष की स्थिति निर्विकल्प प्रत्यक्ष पर आधारित है।[1]

प्रत्यभिज्ञा के सम्बन्ध में मीमांसक और नैयायिकों की धारणा समान है ऐन्द्रियसक्रियता की स्थिति में प्रत्यभिज्ञा विद्यमान रहती है। इन्द्रियों की सक्रियता के अभाव में प्रत्यभिज्ञा का भी अभाव माना जाता है। मीमांसकों की धारणा है कि स्मरणमूलक क्रिया की उपस्थिति के कारण प्रत्यभिज्ञा प्रत्यक्ष मूलक नहीं हो सकती।[2]

मीमांसक योगज अन्तर्दृष्टि को स्वीकार नहीं करते। इनकी धारणा के अनुसार अन्तदृष्टि दो प्रकार की होती है।

प्रत्यक्ष प्रमाण सदैव अनुमान से बलवान् होता है।[3] प्रत्यक्ष की ही प्रत्यभिज्ञा होती है अन्य किसी की नहीं।[4] प्रत्यक्ष का अव्यपदेश नहीं होता।[5] प्रत्यक्ष परोक्ष से भी बलिष्ठ होता है।[6] प्रत्यक्ष प्रमाण लौकिक है।[6] प्रत्यक्ष प्रमाण प्रत्यक्ष भेद से छः प्रकार है-चक्षु, श्रोत्र, त्वचा, घ्राण, रसना, मन आदि।[8] अपने विषय का ज्ञान इस प्रयोग के द्वारा ही होता है[9] और इस प्रत्यक्ष से बुद्धि का भी प्रादुर्भाव होता है।[10]

---

1. शास्त्रदीपिका पृ० 109-110
2. श्लोकवार्तिक प्रत्यक्षसूत्र 234-38
3. प्रत्यक्षं अनुमानात् बलवद् भवेद्। — भा० 3/5/8/23
   अनुमानात् च बलीयः प्रत्यक्षम् — भा० 3/8/10/22
4. प्रत्यक्षमेव हि प्रत्यभिज्ञायते नान्यत्। ऋज० पृ०.247
5. प्रत्यक्षं न अव्यपदेश्यम् 11/1/5/5 पृ० 34
6. प्रत्यक्षं परोक्षाद् बलीयः। 3-6-3-10
7. प्रत्यक्षं प्रमाणं लौकिकमेव। बाल० पृ०8
8. प्रत्यक्षं षड्विधं चाक्षुष-श्रोत्र-त्वक्-घ्राण-रसना-मानस भेदात्।
   प्रत्यक्षं व्यभिचरति, शुक्तिका हि रजत वत् प्रकाशते यतः। बृह. पृ० 204
9. तत्संयोगे पुरुषस्येन्द्रियाणां बुद्धिजन्यतत्प्रत्यक्षम् सूत्रांश। 1-1-4-4 यद्विषयं ज्ञानम् तेनैव संप्रयोगे इन्द्रियाणां पुरुषस्य बुद्धिजन्य सत् प्रत्यक्षम्। इन्द्रिय मनोऽर्थसंनिकर्षो हि सम्यग्ज्ञानस्य हेतुः। प्रयत्नेनान्विच्छान्नो न वेददोषमवगच्छेमहि प्रमाणाभावात् अदुष्टमिति मन्येमहि इति वृत्तिकारमतम्। मीमांसाकोषः प्रत्यक्षप्रमाण
10. किमनिष्टमापद्यते स्वलक्षणमेव तु पररुपेण गते सामान्यलक्षणमिष्टम्। तच्च संदेवेति कथम् प्रमेयम् ततस्तत्साधनमपि प्रमाणमेव। तथा सतो प्रमेयत्वे साध्ये असत्वादिति हेतुरनेकान्तोऽपि तथा हि परलोकादेरसत्तया चार्वाकेणापीष्यत एव केनापिप्रमाणेननिश्चयः अथवा प्रमेयत्वाभावस्याप्यसत्वहेतुः नैवनिश्चय इति व्यक्तमनैकान्तिकत्म्। अतश्च यत एव प्रमाणात्तस्याभावस्य निश्चयः तदेव द्वितीयंप्रमाणमनमानम् नाध्यक्षम् 65: प्रमाणवार्तिक प्रत्यक्षपरिच्छेदः आचार्य धर्मकीर्तिविरचित श्लोकव्याख्या 62 से 65 तक पृ० 120 से 126 तक

बौद्ध दर्शन में ज्ञान के स्रोत

बौद्ध दार्शनिकों का मत है कि बिना ज्ञान की प्राप्ति के निर्वाण सम्भव नहीं।[1] अब प्रश्न यह उठता है कि ज्ञान की प्राप्ति कैसे होती है? इन सभी प्रश्नों को ध्यान में रखकर बौद्ध ने जो ज्ञान की प्राप्ति के उपाय बताये हैं उनकी संक्षिप्त रूप रेखा प्रस्तुत की जाती है।

ज्ञान की उत्पत्ति के साधन है प्रमाण। प्रमाण वह ज्ञान है[2] जो अज्ञान अर्थ को प्रकाशित करता है। और वस्तुस्थिति के अनुकूल ही चलता है। उसमें और वस्तु की स्थिति में हमेशा, सामंजस्य रहता है। जो ज्ञान अर्थ क्रिया के ऊपर आश्रित रहता है। वह असंवादी होता है।[3] अर्थ दो प्रकार के होते हैं ग्राह्य व अध्यवसाय[4]। इन्द्रियों के साथ जब वस्तुओं का सम्बन्ध स्थापित होता है उसे निर्विकल्प ज्ञान या ग्राह्य कहते हैं। लेकिन बाद में जब उस वस्तु की जाति गुण रूप आदि का जो ज्ञान प्राप्त होता है। उसे सविकल्पक ज्ञान अर्थात् अध्यवसाय कहते हैं।

निर्विकल्पक ज्ञान में अनुमान नहीं होता है यह प्रत्यक्ष ज्ञान होता है अर्थात् जो प्रत्यक्ष होता है उसे ही प्रमाण मान लिया जाता है। लेकिन सविकल्पक ज्ञान अनुमान प्रमाणों पर आधारित होता है। बौद्ध ने निर्विकल्पक को ज्ञान प्रत्यक्ष होने से ही प्रमाण माना है और सविकल्पक को अप्रमाण माना है क्योंकि यह संदेह वह पूर्व कल्पनाओं पर आधारित होता है।[5] प्रमाण वही है जो एकात्मक ज्ञान पर आधारित होता है। ग्राह्य ज्ञान का विषय सत्य पर आधारित है क्योंकि प्रमाण केवल ग्रहण ही है। इसके अलावा जो कुछ है वह वस्तु नहीं है।

यथार्थता के क्षेत्र में प्रत्यक्ष व परोक्ष न्यूनाधिक न होकर समान ही है। दोनों अपने-अपने विषय में पूर्णत: बल रखते हैं फिर भी दोनों में सामर्थ्य की दृष्टि से अन्तर होता है। प्रत्यक्ष ज्ञप्ति काल में स्वतन्त्र होता है और परोक्ष प्रत्यक्ष साधन परतन्त्र। अत: प्रत्यक्ष प्रमाण का व्यवहित अर्थात् वह अन्य प्रमाणों के अधीन होता है।

---

1. 'ऋते ज्ञानान्न मुक्ति:'
2. प्रमाणमविसंवादी ज्ञानमर्थक्रियास्थिति:।
   अविसंवादनं शाब्देप्याभिप्रायनिवेदनात्।। (देखिए प्रमाणवार्तिक 2/1)
3. प्रामाण्यं व्यवहारेण शास्त्र मोहनिवर्तनम् (देखिए प्रमाणवार्तिक 2/4)
4. ग्राह्यं अर्थात् निर्विकल्पक ज्ञान जैसे की वस्तु है। अध्यवसाय अर्थात् सविकल्पक ज्ञान का विषय।
5. कल्पनारहितं भ्रान्तं प्रत्यक्षं निर्विकल्पकम्।
   विकल्पो वस्तुनिर्भासादसंवादादुपपल्लव:।। देखिए सर्वदर्शन संग्रह 2/24

अतः बौद्ध-साहित्य में सभी दार्शनिकों ने परोक्ष व अप्रत्यक्ष के रूप में दो ही प्रमाणों को स्वीकारा है। अन्य सभी प्रमाणों का समावेश भी परोक्ष प्रमाण में कर दिया गया है।

बौद्ध-दर्शन में प्रतिपादित प्रमाणों की संख्या :

बौद्ध-दार्शनिक बुद्ध का यह प्रधान मत था कि बिना ज्ञान प्राप्ति के निर्वाण नहीं मिल सकता।[1] प्रमाण वह ज्ञान है[2] जो अज्ञात अर्थ को प्रकाशित करता है और वस्तु स्थिति का विरोधी नहीं होता है। इस ज्ञान को अविसंवादी अर्थात् निर्विकल्पक ज्ञान कहते हैं। यह ज्ञान कल्पना रहित है। इसलिए निर्विकल्पक ज्ञान प्रमाण है और सविकल्पक (विसंवादी)[3] ज्ञान अप्रमाण है क्योंकि यह कल्पना के ऊपर अवलम्बित रहता है। यह दोनों ज्ञान इन्द्रियों के प्रत्यक्ष से उत्पन्न होता है सविकल्पक जो अप्रमाण है निर्विकल्पक जो प्रमाण है।[4] सभी बौद्ध दार्शनिकों ने प्रमाण के दो रूपों को स्वीकारा है-प्रत्यक्ष और अनुमान। किन्तु प्रत्यक्ष प्रमाण में सिर्फ निर्विकल्पक प्रत्यक्ष ही एक मात्र प्रमाण है क्योंकि यह कल्पना रहित है। सविकल्पक प्रत्यक्ष प्रमाण नहीं है क्योंकि यह कल्पना युक्त होता है।[5]

अनुमान ज्ञान भी प्रमाण नहीं है क्योंकि अनुमान ज्ञान भी कल्पना पर आधारित होता है। इस प्रकार बौद्ध-दर्शन में निर्विकल्पक प्रत्यक्ष को ही प्रमाण माना है। इस प्रकार ज्ञान की प्रक्रिया अर्थ की प्रतीति से आरम्भ होकर अर्थाधिगम पर समाप्त हो

---

1. ऋते ज्ञानान्न मुक्तिः।
2. प्रमाणमविसंवादी ज्ञानमर्थक्रियास्थितिः।
   अविसंवादनं शब्देप्यभिप्रायनिवेदनात्।।
   देखिए, प्रमावार्तिक 2/1
3. प्रामाण्यं व्यवहारेण शास्त्रं मोहनिर्वतनम्
   देखिए, प्रमाण-वार्तिक 2/4
4. निर्विकल्पक तथा सविकल्पक ज्ञान का निदर्शन शिशुपालवध में अपनी पंक्तियों 1/2.3 में किया है जहां नारद को उतरते देख जनता में प्रतिक्रिया होतीं है— निर्विकल्पकगतं तिरश्चीनमनुरूसारर्थः प्रसिद्धमहूर्तज्वलनं हविर्भुजः। पतत्यधो धाम विसारि सर्वतः किमेतदित्याकुलमीक्षितं जनैः।
   सविकल्पकचय-स्त्वियषमित्यवधारितं पुरा ततः शरीरीति विभाविता कृतिम्।
   विभुर्विभवतायवं प्रमानीति क्रमादसुं नारद इत्यबोधि सः।।
5. कल्पनापोढमभ्रान्तं प्रत्यक्षं निर्विकल्पकम्।
   विकल्पो वस्तुनिभा सादृसंवदादुपल्लवः।। (सर्वदर्शन संग्रह 2/24)

जाती है।[1] कि यह पूर्व की ही है 'अवाय' है उसी विषय का संस्कार से उत्पन्न फिर से ज्ञान होना 'धारणा है।[2] प्रत्यक्ष का प्रतिभास होने में प्रमाणान्तर की आवश्यकता नहीं रहती अर्थात् विशद: प्रत्यक्षम्' (प्रमाण मीमांसा 1.1.33)

बौद्ध दर्शन में प्रत्यक्ष प्रमाण के लक्षण :

प्रत्यक्ष ज्ञान को प्राप्त करने के लिए उसे तीन क्षणों को प्राप्त करना होता है: प्रथम इन्द्रिय सन्निकर्ष से अभीष्ट विषय की प्रतीति, द्वितीय में उसके लिए द्रष्टा उसे देखता और तृतीय में उसका साक्षात् ज्ञान।

कल्पना से रहित निर्भ्रान्त ज्ञान ही प्रत्यक्ष है। दिङ्नाग[3] ने प्रत्यक्ष का लक्षण किया है—नाम, जाति, आदि से असंयुक्त कल्पनाविरहित ज्ञान प्रत्यक्ष कहलाता है। बौद्धों को यह प्रत्यक्ष विवेचना नैयायिकों के निर्विकल्पक ज्ञान के समान होती है। धर्मकीर्ति ने न्यायबिन्दु में प्रत्यक्ष का लक्षण किया है "तत्र कल्पनापोढमभ्रान्तं प्रत्यक्षम्" धर्मकीर्ति ने प्रामाणवार्तिक[4] के प्रत्यक्ष खण्ड में प्रत्यक्ष का लक्षण किया है।

बौद्ध दर्शन में प्रत्यक्ष की यह तटस्थ परिभाषा अत्यन्त विलक्षण और दुर्बोधपूर्ण है जबकि अन्य दर्शनों में प्रत्यक्ष लक्षण केवल इन्द्रिय व अर्थ के सन्निकर्ष में ही किया जाता है। कल्पनापौढ़ ज्ञान वही है जो सभी कल्पनाओं से रहित हो। कल्पनाएं

---

1. अर्थाधिगमात् समाप्त: प्रमाण व्यापार:।
2. Epistemology of the Agamas. P. 27-80
   —Dr. Nathmal Jayntiya (Thesis) Studies in Jaina Philosphy
3. "प्रत्यक्षं कल्पनापोढं नामजात्याद्यसंयुतम्'— प्रमाणसमुच्चय (दिङ्नाग)
4. या च सम्बन्धिनोधर्माद् भूतधर्माणि जायते। सानमानं परोक्षाणामेकान्तेनैव साधनम्। न प्रत्यक्ष परोक्षभ्यां मे यस्यास्य सम्भव:। तस्मात् प्रमेयद्वित्वेन प्रमाणद्वित्वमिष्यते। प्रमाणवार्तिक (3/62.63)
   प्रत्यक्षं कल्पनापोढं प्रत्यक्षेणैव सिध्यति। प्रत्यात्मबोध: सर्वेषां विकल्पो नाम संशय:। संहत्यसर्वतश्चिन्तांऽस्तिमितेनान्तारात्मना। स्थितो चक्षुषारूपमीक्षते साक्षजा मति:। पुनर्विकल्पयन् किञ्चिदासीन्मे कल्पेनेदृशी। वेत्तिचेति न पूर्वोकावस्थायामिन्द्रियाद् गतौ। — प्रमाणवार्तिक (3/123-125)
   यत्तत्प्रत्यक्षमिति प्रसिद्धं तत् कल्पना अपो: द्रष्टव्यं कल्पनार्थ रहितामित्यर्थ:। तच्चैतदीदृशं प्रत्यक्षेणैव स्वसंवेदननैवसिध्यति, कल्पनारहितस्यार्थस्य रूपस्य संवेदनस्यापरोत्वात्। यदि तु कल्पना स्वभावामस्य यत् तथैव प्रकाशित् विकल्पस्या-परोत्वात् तथा हि प्रत्यात्मवेद्य: सर्वेषां प्राणिनां विकल्पो नाम संश्रय: शब्दसंसर्गवान् स यदि स्याद् उपलभ्यं भवेत्। — प्रमाणवार्तिक 124 पृ० 1382

अनुमान का विषय है। अतः बौद्धों ने प्रत्यक्ष को कल्पना रहित कहकर प्रत्यक्ष अनुमान को पृथक्ता प्रदान की है।

व्यक्ति घट को जानता है उसको घट कहने पर घटार्थ की प्रतीति होती है। इसी को धर्मकीर्ति अभिलाषा संसर्ग-योग प्रतिभास प्रतीति कहते हैं। अतः योग प्रतिभास प्रतीति ही कल्पना है। किन्तु प्रत्यक्ष इससे भिन्नार्थ रखता है, उसके अनुसार घट शब्द कहने से घट की व्याख्या नहीं हो सकती। बल्कि घट के प्रत्यक्ष द्वारा ही घट की अनुभूति होती है।

अभ्रान्त ज्ञान:

सभी प्रकार की भ्रान्तियों से विरहित ज्ञान अभ्रान्त ज्ञान होता है। भ्रान्ति ज्ञान प्रत्यक्ष के अन्तर्गत नहीं आता है। इन्द्रिय दोष, नौयान, संक्षोभादि ज्ञान से भ्रान्ति उत्पन्न होती है।

आचार्य असंगदेव के अनुसार पांच प्रकार की भ्रान्ति मानी गई है:

1. **संज्ञा भ्रान्ति :** मृगतृष्णा करने वाली मरीचिका में जल का ज्ञान संज्ञा भ्रान्ति है।

2. **संख्या-भ्रान्ति :** धुन्ध रोग वाले आदमी को एक लौ में दो लौ दिखाई पड़ना संख्या-भ्रान्ति कहलाता है।

3. **संस्थान-भ्रान्ति :** आकृति की भ्रान्ति जैसे बनेठी में चक्र की भ्रान्ति होना, संस्थान-भ्रान्ति का ज्ञान होता है।

4. **वर्ण-भ्रान्ति :** पीलिया ग्रस्त रोगी को सभी श्वेतवर्ण वस्तुओं का पीत वर्णवस्तु में देखना।

5. **कर्म-भ्रान्ति :** रेल या बस में बैठे आदमी का सभी वृक्षों को पीछे चलते देखना कर्म भ्रान्ति है।

इन भ्रान्ति में चित्त का जो आग्रह है वह चित्त-भ्रान्ति कहलाता है। किन्तु कुछ अन्य बौद्धाचार्यो के अनुसार भ्रान्तियां है:

आशु भ्रमण :

चलते पंखे की पखड़ियों का अदृश्य हो जाना, जलती वस्तु का मण्डलाकार में घुमाने से अग्नि चक्र का बन जाना ही आशुभ्रमण है।

नौयान : नौयान कर्मभ्रान्ति का ही पर्याय है।

संक्षोभ : पित्त, वात, कफ आदि दोषों का संक्षोभ भ्रान्ति का कारण है।

सादृश्य : अवास्तविक वस्तुओं को वास्तविक वस्तु समझना सादृश्य भ्रम है।

इन्द्रिय : समस्त भ्रान्ति के दो भेद हैं-इन्द्रियस्थ अर्थात् तिमिर और संक्षोभ आदि से उत्पन्न भ्रम। विषस्थ अर्थात् भ्रमण नौयान आदि से उत्पन्न भ्रम।

इन सभी भ्रान्तियों से विरहित तथा नाम, जाति आदि की योजना से नितान्त अस्पष्ट ज्ञान ही 'प्रत्यक्ष' होता है। बौद्धों के अनुसार ज्ञान के चार भेद है-इन्द्रियज्ञान, मनोविज्ञान, स्वसंवेदन और योगिज्ञान। इस प्रकार चार के प्रत्यक्ष होते हैं।

1. इन्द्रिय प्रत्यक्ष[1] :

इन्द्रिय के द्वारा जो कल्पानाविरहित और अभ्रान्त ज्ञान प्राप्त होता है वही 'इद्रिय प्रत्यक्ष' है। इन्द्रिय ज्ञान होते समय उस वस्तु के आकार प्रकार वर्ण रंग आदि किसी वस्तु का ज्ञान हमें प्राप्त नहीं होता। कल्पना का आरम्भ जब होता है जब इन्द्रिय-प्रत्यक्ष होने के अनन्तर द्रष्टा का चित्त जाति, गुण आदि की ओर अग्रसर होता है। इन्द्रिय से हम केवल वस्तु के स्वलक्षण का ही ज्ञान प्राप्त कर सकते हैं। चक्षुरिन्द्रिय में घट, नील-पाल आदि पदार्थों का ज्ञान प्राप्त होता है। श्रोत्रेन्द्रिय से शब्द का प्रत्यक्ष होता है। घ्राणेन्द्रिय से गन्ध का, रसेन्द्रिय से रस लवण का तथा त्वगिन्द्रिय से ग्रीष्म शीतादि का प्रत्यक्ष होता है।

2. मानस प्रत्यक्ष:

चक्षुादि इन्द्रियों से प्राप्त ज्ञान को समनन्तर प्रत्यय बनाकर जो मन में उत्पन्न होता है वही मानस प्रत्यक्ष है।[2] दिङ्नाग[3] ने पदार्थ के प्रति राग आदि का जो प्रत्यक्ष होता है उसी को मानस प्रत्यक्ष कहा है। इन्द्रिय प्रत्यक्ष मानस प्रत्यक्ष का जनक है चक्षुरिन्द्रिय आदि द्वारा प्राप्त ज्ञान मन को दिया जाताा है। फिर मन इन्द्रिय ज्ञान का विशेषण कर प्रत्यक्ष का ग्रहण करता है।

बौद्ध के अनुसार ज्ञान के चार प्रत्यक्ष कारण है[4] : 1. आलम्बन प्रत्यक्ष 2. समनन्तर प्रत्यय 3. सहकारी प्रत्यय 4. अधिपति प्रत्यय।

---

1. संदृश्यं सर्वत: चिन्ता स्तिमितेनात्मना। स्थितोऽपि चक्षुषा रूपमीक्षते साऽसजा मति:।।
2. स्वविषयान्तरे विषयसहकारिणीन्द्रियज्ञानेन समनन्तरप्रत्ययेन जनितं तत् मनोविज्ञानम्। —न्याय बिन्दु (1/9)
   तस्मादिन्द्रियविज्ञानान्त प्रत्ययोद्‌मव:।
   मनोऽन्यमेव गुह्यकमविषयं नान्योहम् तत:।। —प्रमाणवार्तिक (3/243)
3. चित्तमप्यर्थरागादि। —प्रमाण समुच्चय (1/6)
4. ते चत्वार: प्रत्यया: प्रसिद्ध: आलम्बन समनन्तर सहाकार्यधिपतिरूप:। तत्र ज्ञानपद-वेदनीयस्य नीलद्यवभासस्य चित्तस्य नीलादालम्बनप्रत्ययान्नीलाकारता भवति। समनन्तर प्रत्ययात् सहकारि प्रत्ययात् आलोकात् स्पष्टता। चक्षुषोऽधिपतिप्रत्ययाद्विषयग्रहण-प्रतिनियम:। —सर्वदर्शन सं०प० 73

विषय के आधार को आलम्बन कहते हैं जिस पर आश्रित होकर प्रवृत्ति विज्ञान उत्पन्न होता है। नेत्र से घर का ज्ञान होने में पहला कारण घर ही है, विषय होने से यह आलम्बन होता है। ज्ञान शब्द से समझे जाने वाले नीलादि की प्रतीति का जिसे चित्त भी कहते हैं, नील से, आलम्बन के कारण ही नीलरूप बनता है। बाध्यार्थरिक्त्वादि बौद्ध बाह्य वस्तुओं की सत्ता स्वीकार करते हैं किन्तु विज्ञानवादियों के मत में बाह्य पदार्थ शून्य है, आन्तर सत्य। अद्वैत वेदान्तियों का अनुसरण करके यह दृष्टान्त माना है कि ज्ञानों से ही नीलादि पदार्थों को जाना जाता है। ज्ञान और विषय साथ प्राप्त होने का नियम है, इसलिए नील और उसके ज्ञान में कोई भेद नहीं, भेद तो एक चन्द्र में द्विचन्द्र दर्शन की तरह भ्रान्त ज्ञान के कारण होता है।[1] नीलादि आकार, ज्ञान के अपने रूप में होने पर भी भ्रान्ति के कारण, भेद से बाह्यपदार्थ जैसा प्रतीत होता है यही कारण है कि उसमें 'अहम्'[2] द्वारा अभिव्यक्ति नहीं होती। वैशेषिकों का प्रश्न है यदि बाह्य पदार्थ शून्य है तो नीलाकार आया कहां से? अतः कोई न कोई आलम्बन को स्वीकार करना पड़ेगा। बाह्यपदार्थ (विषय) ही आलम्बन प्रत्यय है।

जिस कारण से पूर्व ज्ञान का उद्बोध होता है। इस कारण को 'समनन्तर प्रत्यय' कहते है।[3] साकार चित्त को ही ज्ञान माना है और बोधव्यता का अर्थ है आकार को ग्रहण करने की शक्ति। जिस प्रकार पूर्वक्षण के 'घट' से उसी के आकार में उत्तर क्षण में 'घट' उत्पन्न होता, उसी तरह पूर्वक्षण में वर्तमान आकार को ग्रहण करने में समर्थ ज्ञान से उत्तर-क्षण में तदाकार ज्ञान प्राप्त होता है। अतः यह ज्ञान-परम्परा 'समनन्तर' रूप से चलती रहती है यही समनन्तर प्रत्यय है। अतः 'उत्तर-क्षण के ज्ञान को आकार-ग्रहण शक्ति देते हुए पूर्वक्षण का ज्ञान 'समनन्तर कहलाता है। बौद्ध दर्शनों के अनुसार, नेत्रादि इन्द्रियों से जो विषय का विज्ञान हुआ है, उसी का समनन्तर प्रत्यय बनाकर जो मन उत्पन्न हुआ है उसे ही मानस प्रत्यक्ष कहते हैं।

बिना किसी प्रकाश की सहायता से चक्षु किसी 'घर' का पूर्ण ज्ञान प्राप्त नही कर सकते। अतः सहकारी के द्वारा ही प्रकाश से स्पष्टता होती है। जो ज्ञान में सहायता

---

1. सहोपलम्भनियमादभेदो नीलतद्धियोः। अन्यच्चेत्संविदो नीलं न तदागच्छेत् संविदि।। भासते चेत्कुतः सर्व न भासतैकसंविदि। नियामकं न सम्बन्धं पश्यामो नीलतद्धियोः।।
—वि० प्रमेय सं० 75
2. आकार दो तरह का होता है अहम् का आकार और इदम् का आकार। अधमाकार पूर्वक्षण के ज्ञान से उत्पन्न होता है दूसरे कारण की इसमें अपेक्षा नहीं रहती है। जबकि इदमाकार कभी-कभी होता है, इसलिए दूसरे कारणों (आलम्बनादि) की इसमें अपेक्षा रहती है।
3. समनन्तर प्रत्ययात् प्राचीनज्ञानात् बौद्धरूपता।

करता है वह सहकारी है।[1] ज्ञान को स्पष्ट करने वाला प्रकाश को ही सहकारी माना जा सकता है। मन से वस्तु का संयोग होना भी सहकारी होता है। चक्षुरादि इन्द्रियों द्वारा विषय के ग्रहण पर नियन्त्रण को अधिपति प्रत्यय कहते हैं।[2] ज्ञान में यह अपने अधिकार क्षेत्र के अन्तर्गत ही आकर प्रदान करता है। चक्षु इन्द्रिय ज्ञान के उत्पादन में रूप का ही आकार देती है, रसना रस के आकार को तथा अन्तः इन्द्रिय मन, सुखादि आन्तरिक विषयों को ही आकार देता है। अतः इन्द्रिय का ही दूसरा नाम अधिपति है।

अतः इन ज्ञान के चार कारणों में से समनन्तर प्रत्यय द्वारा ही जनित ज्ञान को मानस प्रत्यक्ष कहते है।

स्वसंवेदन प्रत्यक्षः

दिङ्नाग के अनुसार, निर्विकल्पक ज्ञान ही स्वसंवेदन रूप है।[3] धर्मकीर्ति के मत में, चित्त और चैत्त का आत्मसंवेदन आत्म प्रत्यक्ष कहलाता है।[4] अर्थ मात्र को ग्रहण करने वाला चित्त कहलाता है। जबकि विशेष अवस्था को ग्रहण करने वाले सुखादि चैत कहलाते हैं। इन्द्रियों द्वारा गृहीत रूप का ज्ञान मानस् प्रत्यक्ष हो जाता है तब उस विषय के प्रति राग-द्वेष, सुख-दुःख का जो अनुभव है वही आत्मसंवेदन प्रत्यक्ष है। परन्तु धर्मकीर्ति[5] के अनुसार, मानस् प्रत्यक्ष इन्द्रिय जनित ज्ञान का अनुभव कराता है। परन्तु इन दोनों भिन्न राग-द्वैष, सुख-दुख आदि का ज्ञान बिल्कुल नई वस्तु है। अतः आत्म प्रत्यक्ष को पूर्ण दोनों प्रत्यक्षों से भिन्न मानना नितान्त आवश्यक है। बौद्ध के अनुसार, प्रत्येक पदार्थ के दो रूप हैं, बाह्य और आन्तर। बाह्य पदार्थ में पंचभूत और रूप आदि भौतिक पदार्थ शामिल हैं। आन्तर पदार्थ के भी दो भेद हैं। चित्त और चैत्त। चित और चैत्त (चित्त के विकार) के रूप में स्कन्ध पांच प्रकार का है[6]—1. रूप स्कन्ध 2. विज्ञान स्कन्ध 3. वेदना स्कन्ध 4. संज्ञा स्कन्ध 5. संस्कार स्कन्ध। इनमें विज्ञान स्कन्ध चित्त है और अन्य स्कन्ध चैत्त।

---

1. सहकारी प्रत्ययादौ कौतुकस्पष्टता।
2. चक्षुषो अधिपति प्रत्यवात् विषयग्रहणप्रतिनियमः। —सर्वदर्शन संग्रह।
3. स्वसंवित् निर्विकल्पकम्।
   प्रमाण समुच्चय (दिङ्नाग)
4. सर्वचित्तचैत्तात्मात्मसंवेदनम्। —न्याय बिन्दु (धर्मकीर्ति)
5. अशक्यसमयोह्यमारागादीनामनन्यभाक्।
   तेषां मतः सुसंविदभिजल्पानुमर्षिणः।। —प्रमाणवार्तिक 3/181
6. सोऽयं चित्ताचैत्तात्मकः स्कन्धः पंचविधाः।
   रूप-विज्ञान वेदना संज्ञा-संस्कारसंज्ञकः।। —सर्वदर्शन संग्रह।

रूप स्कन्धः

विषय और इन्द्रियां रूप स्कन्ध ही हैं[1] विषयों के आकार में आने पर यह (प्रवृत्ति विज्ञान) रूप स्कन्ध कहलाता है। जिन इन्द्रियों द्वारा विषय का निरूपण होता है वहीं रूप स्कन्ध है। इस प्रकार जो निरूपित होते हैं उन्हें भी रूप स्कन्ध हैं। अतः इन्द्रियां और विषय रूप स्कन्ध की व्युत्पत्तियां है। ये इन्द्रियां भौतिक नहीं, चैत्त ही है। चित्त का अनुभव केवल आत्मा द्वारा ही हो सकता है। रूप स्कन्धचित्त का विकार(चैत्त) है चित्त नहीं।

विज्ञान स्कन्धः

आलय विज्ञान और प्रवृत्ति विज्ञान का प्रवाह विज्ञान स्कन्ध कहलाता है।[2] विज्ञान दो प्रकार के हैं- आलय विज्ञान और प्रवृत्ति विज्ञान। 'अहम्' आकार वाले विज्ञान को आलय विज्ञान कहते हैं।[3] मैं देखता हूं, मैं जानता हूं आदि ''मैं'' का आधार आलय विज्ञान ही है। 'अहं' आकार वाले आलय विज्ञान का प्रवाह ही आत्मा है। 'इदम्' आकार वाले विज्ञान को प्रवृत्ति विज्ञान कहते हैं। 'यह घट है' यह ज्ञान जिसके द्वारा होता है वह प्रवृत्ति विज्ञान है। 'मैं घट को जानता हूं' इस ज्ञान में आलय विज्ञान तथा प्रवृत्ति विज्ञान दोनों का समावेश है। इन दोनों विज्ञान के प्रवाह को ही 'विज्ञान स्कन्ध' कहा जाता है।

वेदना स्कन्धः

रूप स्कन्ध तथा विज्ञान स्कन्ध से उत्पन्न सुख आदि प्रतीतियों के प्रवाह को वेदना स्कन्ध कहते हैं।[4] जब चित्त इन्द्रिय विषय आदि के साथ मिलता है तो सुख दुख आदि की अनुभूति होती है यह वेदना स्कन्ध है। किसी भी वस्तु के भोग से सुख दुख अथवा मोह की प्राप्ति होती है। इस सुख-दुख अथवा मोह के अनुभव को वेदना स्कन्ध कहते है।

संज्ञा स्कन्धः

घर पर आदि नाम संज्ञास्कन्ध है। किसी संकेत को अवयवों के आधार पर दिया जाना ही संज्ञा स्कन्ध है। किसी पिण्ड विशेष का कोई विशेष नाम की संज्ञा

1. रूप्यन्त एभिर्विषया रूपन्ते च इति व्युत्पत्या सविषयाणीन्द्रियाणि च रूपस्कन्धः।
2. आलयविज्ञानप्रवृत्तिविज्ञानप्रवाहो विज्ञानस्कन्धः। —सर्वदर्शन संग्रह (2/75)
3. तस्यालयविज्ञानं यद् भवेदिदृशमास्यपदम्।
   तत्स्यात्प्रवृत्ति विज्ञानयन्नीलादिकमुल्लिखेत्।।
4. रूपस्कन्ध विज्ञान स्कन्ध जन्य, सुखदुखादि प्रत्यय प्रवाहो वेदनास्कन्धः।

स्कन्ध कहलाता है किसी पिण्ड का नाम अश्व और किसी का 'गौ' है। अतः गौ इत्यादि शब्दों को व्यक्त करने वाले प्रत्यय का प्रवाह संज्ञान स्कन्ध कहलाता है।

संस्कार स्कन्धः

जब हम किसी वस्तु के भोग द्वारा सुख दुखादि की प्रतीति करते हैं तो उससे एक सूक्ष्म संस्कार जनित होता है जो कि वेदना के आधार पर शुभ, अशुभ जन्य का कारण होता है। अतः वेदना स्कन्ध पर आधारित रागद्वेषादि क्लेश, मद-मनआदि उपक्लेश तथा धर्म अधर्म को संस्कार कहते हैं।[1]

इन पंचविध चित और चैत्त में विज्ञान स्कन्ध ही चित्त है जबकि अन्य स्कन्ध चैत्त हैं। विज्ञान स्कन्ध में आलय विज्ञान का प्रवाह ही आत्मा को होता है जो आत्मप्रत्यक्ष कहलाता है।

5. योगी प्रत्यक्षः

एकाग्रचित्त से उत्पन्न होने वाले ज्ञान को योगी प्रत्यक्ष कहा जाता है। एकाग्रचित्त अर्थात् जब चित्त समाधि की अवस्था में पहुंच कर समस्त कल्पनाविरहित होकर पूर्णतः एकाग्रता को प्राप्त करता है तब उसे प्राप्त ज्ञान योगी प्रत्यक्ष हो सकता है। इसमें योगी अर्थ क्रिया का अनुसरण करता है।[1] धर्मकीर्ति के अनुसार सद्भूत की भावना से ग्रस्त ज्ञान योगी प्रत्यक्ष है। इस भावना के द्वारा ज्ञान की स्फुटता चरमोत्कर्ष तक पहुंच जाती है जहां ग्राह्य तथा ग्राही में कोई भेद नहीं रहता है। उस अवस्था में प्राप्त ज्ञान ही योगी ज्ञान है। यह निर्विकल्पक प्रत्यक्ष है।

बौद्धों का निर्विकल्पक प्रत्यक्षः

न्याय के अनुसार प्रत्यक्ष के दो भेद हैं सविकल्पक प्रत्यक्ष और निर्विकल्पक प्रत्यक्ष। इन्द्रियों के साथ विषयों का संयोग ही निर्विकल्पक है यह प्रत्यक्ष कल्पना रहित होता है। बाद में जब विषयों के जाति गुण आदि का प्रत्यक्षीकरण होता है तब उसे सविकल्पक प्रत्यक्ष कहते हैं। अतः कल्पनाविरहित अभ्रान्त ज्ञान को निर्विकल्पक प्रत्यक्ष कहते हैं तथा सविकल्पक प्रत्यक्ष में विषयों की प्रतीति होती है जब दूर विद्यमान वस्तु का हमें ज्ञान होता है तब हम यही निष्कर्ष निकालते हैं कि वह वस्तु है। किन्तु उसका रूप क्या है? जाति क्या है? तथा गुण क्या है? आदि का प्रत्यक्ष हमें प्राप्त नहीं होता अतः रूप जाति, गुण आदि कल्पना के विषय हैं और कल्पना रहित

---

1. वेदना स्कन्ध निण-धूना रागद्वेषादयः क्लेशाः।
उपक्लेशाश्च मदमानादयो धर्माधर्मौ च संस्कार स्कन्धः।।
—सर्वदर्शन संग्रह (2/75)

यह प्रत्यक्ष निर्विकल्पक प्रत्यक्ष होता है। बौद्ध दार्शनिक केवल निर्विकल्पक प्रत्यक्ष को ही एक मात्र प्रत्यक्ष मानते हैं। उनके अनुसार सविकल्पक प्रत्यक्ष अप्रमाण है। क्योंकि उसमें कल्पना की प्रतीति होती है। आचार्य दिङ्नाग के मत में कल्पना प्रौढ़ ज्ञान ही प्रत्यक्ष है। बौद्धों में निर्विकल्पक प्रत्यक्ष के अनुसार ज्ञान स्वलक्षण विषयक होता है। स्वलक्षण का अर्थ है वस्तु का अपना रूप जो शब्द आदि के बिना ग्रहण किया जाये। बौद्ध के अनुसार क्योंकि कल्पना प्रसूत है अतः वह प्रमाण ही नहीं है।

जैन दर्शन में प्रतिपादित ज्ञान स्रोतः

जीवन अनंत ज्ञान की शक्ति अपने अन्दर ही रखता है। किन्तु बाधाओं के रहते हुए सभी जीवों का ज्ञान न्यून तथा सीमित हो जाता है। जैनों के अनुसार ज्ञान की परिमितता कर्म जनित बाधाओं के कारण होती है। जिसके जीवन के ज्ञान में न्यूनता आ जाती है। इस तरह जीव की सर्वज्ञता समाप्त हो जाती है।

अन्य दर्शनों की भांति जैन दर्शन में भी ज्ञान के दो रूप बताये गये हैं—अपरोक्ष ज्ञान तथा परोक्ष ज्ञान। इन्हें क्रमशः ज्ञान और अप्रत्यक्ष ज्ञान भी कहते हैं। साधारणतया ज्ञान अपरोक्ष होता है किन्तु यह केवल अपेक्षाकृत अपरोक्ष है। अपरोक्ष ज्ञान के दो भेद बताय गये हैं—व्यावहारिक अपरोक्ष तथा पारमार्थिक अपरोक्ष। इन्द्रियों या मन के द्वारा जो बाह्य तथा आभ्यांतर विषयों का ज्ञान होता है इस व्यावहारिक अपरोक्ष ज्ञान[1] कहते हैं। पारमार्थिक अपरोक्ष ज्ञान में आत्मा और ज्ञेय वस्तुओं का साक्षात् सम्बन्ध हो जाता है। कर्म जनित बाधाओं के रहते हुए पारमार्थिक अपरोक्ष ज्ञान की प्राप्ति असम्भव है। सब कर्मों का नाश होने पर ही ये सब बाधाओं का नाश हो जाता है तब हमें पारमार्थिक ज्ञान प्राप्त हो जाता है। उमा स्वामी प्रभृति प्राचीन जैन दार्शनिकों के अनुसार अपरोक्ष ज्ञान उसी को कहते हैं जो बिना किसी सहायता के हो।[5] हेमचन्द्र जैसे कहते हैं जो बिना किसी सहायता के हो।[2] हेमचन्द्र जैसे अन्य जैन दार्शनिकों ने साधारण इन्द्रिय ज्ञान को भी अपरोक्ष माना है। यही मत अन्यान्य पंडितों का भी है। पारमार्थिक अपरोक्ष ज्ञान के तीन भेद बताये हैं—अवधिः, मनः पर्याय तथा केवल।

1. अवधि ज्ञान :

जब मनुष्य अपने कर्मों का पूर्णतः क्षय कर देता है तो वह पूर्ण ज्ञान शक्ति

---

1. (1) 'समीचीनः प्रवृत्ति-निवृत्ति रूपो व्यवहारः संव्यवहारः'।
   (2) 'प्रमाण मीमांसा वृत्ति' में व्यावहारिक अपरोक्ष ज्ञान की परिभाषा करते हुए इसे बोध इच्छा की पूर्ति करने वाला कर्म बताया है।
2. इसके समर्थन में कहा जाता है कि 'अक्ष का अर्थ जीव है, इसका अर्थ इन्द्रिय नहीं जैसा कि साधारणतः समझा जाता है।
   (षड्दर्शन समुच्चय पर गुणरत्न की टीका देखिए श्लोक 55, चौखंबा संस्करण)

प्राप्त कर लेता है जिसमें वह दूरस्थ सूक्ष्म तथा अस्पष्ट द्रव्यों को भी जान लेता है। अर्थात् देश-काल की दूरी रहते हुए भी वस्तुओं का जो प्रत्यक्ष ज्ञान प्राप्त होता है उसे अवधि कहते हैं।[1]

2. मनःपर्याय :

जब मनुष्य राग-द्वेष आदि समस्त मानसिक बाधाओं को दूर कर देता है तो उससे वह अन्य व्यक्तियों के वर्तमान तथा भूतकाल को जान पड़ता है। जैसे, टैली-पैथी में दूसरों के मन में प्रवेश कर लिया जाता है। इस प्रकार के ज्ञान को मनः पर्याय कहते हैं।

3. केवल ज्ञान :

जब ज्ञान के बाधक तत्त्व आत्मा से पूर्णतया दूर हो जाते हैं तब अन्ततः ज्ञान प्राप्त होता है। यह देश, काल एवं विषय के सीमा से रहित सर्वज्ञता है। ये ज्ञान जो इन्द्रियों पर निर्भर नहीं है और जो केवल अनुभवगम्य ही है।

इसके अतिरिक्त दो प्रकार के परोक्ष ज्ञान हैं—मति एवं श्रुति।[1] मति ज्ञान साधारण ज्ञान है जो इन्द्रिय के प्रत्यक्ष सम्बन्ध द्वारा प्राप्त होता है। इसके अन्तर्गत स्मृति संज्ञा अथवा पहचान अथवा प्रत्यभिज्ञा, और तर्क अथवा निगमन विधि का अनुमान आदि ज्ञान आते है।[2] मति ज्ञान के तीन भेद किए जाते हैं-उपलब्धि अथवा प्रत्यक्ष ज्ञान, भावना अथवा स्मृति और उपयोग अथवा अर्थग्रहण। इन्द्रियों और मन के संयोग से जो ज्ञान प्राप्त होता है उसे मति ज्ञान कहते हैं।

2. श्रुति ज्ञान का अर्थ शब्द या आप्त प्रमाण से है। वह ज्ञान जो लक्षणों, प्रतीकों अथवा शब्दों द्वारा हमें प्राप्त होता है, उसे श्रुति ज्ञान कहते हैं। श्रुति ज्ञान भी चार प्रकार का होता है— लब्धि अथवा संसर्ग या साहचर्य, भावना अथवा ध्यान देना, उपयोग अथवा अर्थग्रहण और नय अथवा वस्तुओं के तात्पर्य के नाना पक्ष है।[3]

---

1. उमास्वाति के तत्त्वार्थ सूत्र, 1/29
2. 'पंचास्तिकायासमयसारः, 41
3. देखिए पंचास्तिकायासमयसार, 42.

ज्ञान के भेद

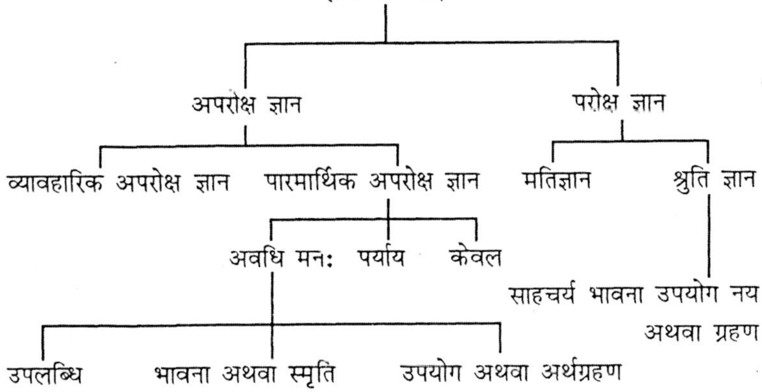

जैन दार्शनिकों के अनुसार मतिज्ञान, श्रुतिज्ञान और अवधि ज्ञान में भ्रम रहता है। किन्तु मनः पर्याय और केवल ज्ञान में कोई दोष नहीं रहता।[1] यथार्थ ज्ञान हमें प्रमेय पदार्थों का तदनुरूप साक्षात् कराता है और इसलिए वह क्रियात्मक रूप से उपयोगी है। लेकिन इसके विपरीत ज्ञान सदा विरोध के अधीन होता है जबकि यथार्थ ज्ञान को विरोध का भय नहीं रहता है। भ्रम ज्ञान की विशेषता इसमें है कि उसमें संशय रहता है, मति एवं श्रुति दोनों पर प्रभाव रखता है, विपर्यय रहती है, अथवा सत्य का विरोधी जो अवधि में पाया जा सकता है। आठ प्रकार के ज्ञान है जिनमें तीन गलत है और पांच सही। एक समय में केवल एक ही ज्ञान सक्रिय रहता है।[2] दर्शन चार प्रकार का है–1. दृष्टिगत संवेदनाओं द्वारा होने वाला 2. दृष्टि भिन्न संवेदनाओं द्वारा होने वाला 3. असामान्य दृष्टि या अतीन्द्रिय पदार्थ के दर्शन शक्ति द्वारा होता है। 4. या केवल अथवा अनन्त बोध है जो सीमाओं से रहित है और जो सम्पूर्ण यथार्थ सत्ता को ग्रहण करता है।

चैतन्य जीवन का सारतत्व है, इसकी अभिव्यक्ति दो प्रकार से होती है-दर्शन और ज्ञान।[3] दर्शन एक साधारण बोध है, इसमें सूक्ष्म विवरण नहीं पाया जाता लेकिन ज्ञान धारणात्मक बोध है इसमें सूक्ष्म विवरण उपस्थित रहता है। ''वस्तुओं के सामान्य गुणों का वह बोध जिसमें विशेष गुणों का अभाव रहता है और सूक्ष्म विवरण का ग्रहण नहीं होता दर्शन कहलाता है।[4] इसकी कई अवस्थाएं हैं—

---

1. उमास्वाति के तत्त्वार्थ सूत्र 1/31. पृष्ठ पर देखिए
2. देखिए उमास्वति के तत्वार्थ सूत्र 1/30
3. देखिए माधवाचार्य कृत सर्व-दर्शन संग्रह. 41
4. देखिए माधवाचार्य कृत सर्व-दर्शन संग्रह. 43

1. **व्यज्जनावग्रह**— जिसमें चेतनावर्धन पदार्थ का प्रभाव इन्द्रियों के परिधिस्थ उपान्तों के ऊपर होता है और उसके द्वारा विषयी विषय के साथ विशेष सम्पर्क में आता है।

2. **अथावग्रह**— इसमें चेतना को उत्तेजना मिलती है और एक संवेदना का अनुभव होता है। इसमें व्यक्ति को विषय अर्थात् प्रमेय पदार्थों का ज्ञान मात्र होता है।

3. **ईहा**— इसमें मन प्रमेय विषय का विवरण जानने की इच्छा रखता है एवं इसके अन्य वस्तुओं के साथ सादृश्य और विभेद को जानने की इच्छा करता है।

4. **अवाय**— इसमें वर्तमान और भूतकाल की पुनः पुष्टि होती है और प्रमेय विषय की पहचान हो जाती है।

5. **धारणा**— इसमें हमें यह प्रतीत होती है कि संवेदनाएं पदार्थों के गुणों पर प्रकाश डालती है। इसका परिणाम[1] एक प्रकार अनुभव होता है जिसके कारण ही हम आगे चलकर पदार्थ को स्मरण करने में समर्थ होते हैं। इसके विश्लेषण से पता चलता है कि पदार्थ मनोतीत यथार्थता रखता है।

जैन दार्शनिक बल पूर्वक कहते है कि चैतन्य से परे भी उसकी सत्ता है जिसका हमें इन्द्रियों द्वारा पता चलता है एवं बुद्धि उसे ग्रहण करती है।

जैन दर्शन में प्रमाण की व्याख्या :

जैन दार्शनिकों ने ज्ञान के पांच प्रकारों को स्वीकार किया है—मति, श्रुति, अवधि, मनः पर्याय और केवल।[2] इनमें से केवल पूर्ण व सर्वोत्कृष्ट ज्ञान है। शेष ज्ञान दोषयुक्त अर्थात् आवरणात्मक ज्ञान है। किन्तु श्रुति ज्ञान ऐसा ज्ञान है जो केवल ज्ञान तक पहुंच सकता है। आगम से तो केवल सर्वश्रेष्ठ पुरुष ही ज्ञान प्राप्त कर सकते हैं। किन्तु आवरण युक्त पुरुष को आगम तक पहुंचने के लिए जिस ज्ञान की आवश्यकता होती है—प्रमाण व नय।

यहां पर हम प्रमाण के स्वरूप, परिभाषा आदि के विषय में ही विचार करेंगे।

प्रमाण शब्द की व्याख्या :

1. जो प्रमा का कारण है उसे प्रमाण कहते हैं।[3]

---

1. संस्कार।
2. उमास्वाति के तत्त्वार्थ सूत्र 1/9, सर्वदर्शन संग्रह–5
3. 'प्रमायाः करणं प्रमाणम्'।

2. प्रकर्ष रूप से संशय विपर्यय अनध्यवसायदोष रहित होकर वस्तु तत्व का यथार्थ ज्ञान प्रमाण है।[1]

3. देवसूरि के अनुसार स्वर, पर व्यवसायी ज्ञान प्रमाण है।[2]

4. माणिक्य के अनुसार—

"स्वापूर्वार्थ व्यवसायात्मकं ज्ञानं प्रमाणम्"[3] किन्तु विद्यानन्द ने माणिक्य से अलग रहकर प्रमाण का लक्षण किया है। उनके अनुसार

"तपस्वार्थ व्यवसायात्मज्ञानं मानमितीयता।
लक्षणेन गतार्थत्वाद् व्यर्थमन्यद्विशेषणम्।।"[4]

किन्तु आचार्य उभयदेव ने विद्यानन्द के 'व्यवसाय' शब्द के स्थान पर 'निर्णीत' शब्द का प्रयोग किया है।

प्रमाणों की संख्या

प्रमाणों की संख्या के विषय में दार्शनिकों का मत भिन्न-भिन्न है। जैन परम्परा में ज्ञान प्राप्ति के लिए दो प्रकार का विभाग किया है—आगामिक विभागाश्रित और दूसरी तार्किक विभागाश्रित। जिसमें मति व श्रुति आदि के रूप में जिस प्रमाण की चर्चा है वह है परोक्ष प्रमाण जिसे ही आगामिकविभागाश्रित कहते हैं तथा जिसमें अवधि मनः पर्याय और केवल आदि ज्ञान की चर्चा है वह तार्किकविभागाश्रित जिसे प्रत्यक्ष प्रमाण भी कहा जाता है।[5]

ऐसा भी कहा जाता है— कि विज्ञान अपना तथा दूसरों का प्रकाशक है, किसी भी बाधा से मुक्त होने पर यह प्रमाण माना जाता है। ज्ञेय वस्तुओं का विनिश्चय(चूंकि दो प्रकार से होता है, इसलिए विज्ञान भी) दो तरह का है-प्रत्यक्ष और परोक्ष किन्तु इन सब का विस्तार पूर्वक भेद उन्हीं आगमों से ही समझना चाहिए।[6]

---

1. 'प्रकर्षण- संशयादित्यवच्छेदेन मीयते परिच्छद्यते शयते वस्तुतत्त्वं येन तत्प्रमाणम्। देखिए (प्रमाणतत्त्वालोक)।
2. देखिए प्रमाषन 1/2
3. देखिए परी 1/1
4. तत्त्वार्थ श्लोक 1.10.77, प्रमाण पत्र पृ० 53
5. उमास्वति के तत्त्वार्थ सूत्र 1.11-12
6. विज्ञानं त्वपराभासि प्रमाणं वाधवर्जितम्।
प्रत्यक्षं च परोक्षं च द्विधा ज्ञेयं विनिश्चयात्।। इति।।
अन्तर्गणिकभेदस्तु सविस्तरः तत्रैवागमेऽवगन्तव्यः।
देखिए माधावाचार्य कृत सर्वदर्शन संग्रह 3/20

जैन परम्परा में प्राचीनतम तो केवल परोक्ष प्रमाण ही है।[1] सबसे पहले आर्यरक्षित ने जो जन्म से ब्राह्मण थे और वैदिक शास्त्रों के पूर्ण ज्ञान के उपरान्त अपने ग्रन्थ अनुयोगद्वार[2] में प्रत्यक्ष, उमास्वाति ने अपने तत्त्वार्थ सूत्र में प्रत्यक्ष-परोक्ष रूप से प्रमाणद्वयविभाग का निर्देश दिया है। आर्य रक्षित ने प्रत्यक्ष अनुमान आदि रूप से चतुर्विध प्रमाणविभाग दर्शाते हुए प्रत्यक्ष के परिप्रेक्ष्य में इन्द्रिय प्रत्यक्ष रूप मतिज्ञान का और आगम प्रमाण के वर्णन में श्रुतज्ञान'का स्पष्ट समावेश है फिर भी जैन आचार्यों के समक्ष यह प्रश्न उपस्थित हुआ कि अनुमान, उपमान, अर्थापत्ति आदि प्रमाणों को भी जैन परम्परा मानती है या नहीं? यदि मानती है तो उनकी स्वतन्त्र रूप से व्याख्या क्यों नहीं की जाती? जिसका उत्तर सर्वप्रथम उमास्वाति ने अपने ग्रन्थ 'तत्त्वार्थ सूत्र' में प्रकट किया, कि वे अंनुमानादि दर्शनान्तरीय सभी प्रमाण परोक्ष प्रमाण में ही अन्तर्भूत हैं। जिसका पूज्यपाद[3] ने भी अनुसरण किया।[4] जैन विचार धारा के अनुसार प्रमाण के इन दो (प्रत्यक्ष व परोक्ष) में प्रमाण के सभी भेदों का समावेश होता है।

---

1. प्रमाणं द्विधा सामान्यं लक्षणसत्रे प्रमाणग्रहणं परीक्षयान्तरितमिति न तदा परामृष्टं किन्तु साक्षादपेतं प्रमाणम् इति द्विधा द्विप्रकारमेव, विभागास्यावधारणफलत्वात्। तेन प्रत्येक्षमेवैकं प्रमाणमिति चार्वाकाः प्रत्यक्षानुमानागमः प्रमाणमिति वैशेषिकः तान्येवेति साङ्ख्याः चत्वारीति नैयायिकाः सहार्थापत्या कुर्वन्ति प्रभाकराः सहाऽभावेन पठन्ति भाट्टाः इति न्यूनाधिक प्रमाणावादिनः प्रतिक्षिप्ताः। तत्प्रतिक्षपचं वक्ष्यते (प्रेमचन्द्र कृत प्रमाण मीमांसा-9')
2. तथाहि प्रमाणं द्वैविध्यं किं तथा यथाहुः सौगताः "प्रत्यक्षमनुमानं च" इति।
—(प्रमाण सं० 1.2 न्यायवि० 1.3)
3. सर्वार्थ सि० 1.12.
4. प्रत्यक्षं परोक्षं च अश्नुते अक्ष्णेति वा व्याप्नोति सकलद्रव्यक्षेत्रकालभावानिति अक्षो जीवः अश्नुते विषयम् इति अक्षम् इन्द्रियं च। प्रतिः प्रतिगतार्थः। अक्षं प्रतिगतं तदाश्रितम्. अक्षीणि चेन्द्रियाणि तानि प्रतिगतमिन्द्रयाण्याश्रित्योज्जिहीते यत् ज्ञानं तत् प्रत्यक्षं बक्ष्यमाणलक्षणम् अक्षेभ्यः परितो वर्तत इति पूरेणेन्द्रियादिना चोक्ष्यत् इति परोक्ष वक्ष्यमाणलक्षणमेव। चकारः स्वविषये दूयोस्तुल्यवलत्वख्यापनार्थः। तेन यदाहुः"सकलप्रमाणमिष्ठं प्रत्यक्षम्" इति तदपारन्तम्। प्रत्यक्ष पूर्वकत्वादितरप्रमाणानां तस्य जयेष्ठतेति चेतः नः, प्रत्यक्षस्यापि प्रमाणान्तरपूर्वकत्वोपलब्धेः, लिङ्गात् आप्तोपदेशाद्वा वह्निमादिकमवगम्य प्रवृत्रस्य तद्विपर्ययप्रत्यक्षोत्पत्तेः।
—(हेमचन्द्र कृत प्रमाण मीमांसा-10)

ज्ञान के विभाग (प्रमाण)

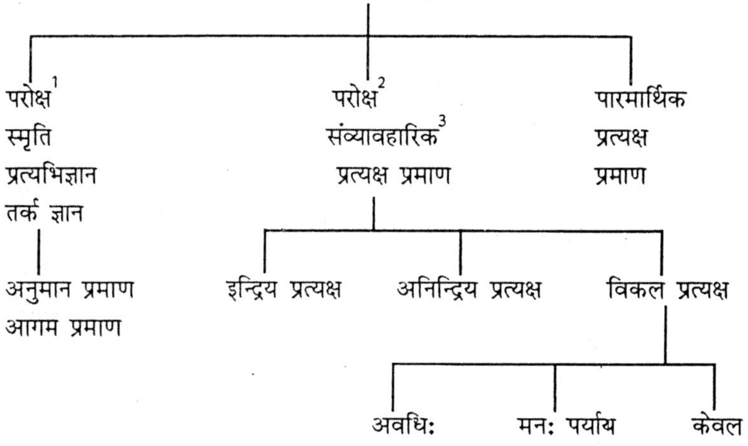

जैन दर्शन के अनुसार प्रत्यक्ष और परोक्ष इन दोनों में ही प्रमाण के सभी भेदों का समावेश हो जाता है। प्रत्यक्ष का अपने पदार्थों के साथ अव्यवहित साक्षात् सम्बन्ध होता है। जैन आचार्यों ने प्रत्यक्ष के भेद माने हैं— इन्द्रिय प्रत्यक्ष और आत्म प्रत्यक्ष।

आत्म प्रत्यक्ष के पुनः दो भेद बताये गये हैं सकल प्रत्यक्ष और विकल प्रत्यक्ष। विकल प्रत्यक्ष को पुनः अवधि और मनः पर्याय दो रूपों में माना है।

इन्द्रिय प्रत्यक्ष (मतिज्ञान) के चार भेद हैं—अवग्रह, ईहा, अवाय और धारणा। जैसा कि इस सारणी से भी पूर्णतः स्पष्ट है।

---

1. अस्पष्टं परोक्षम् (प्रमाणनयतत्त्वालोक 3/1)
2. विशदः प्रत्यक्षम् (प्रमाण मीमांसा 1/1/33)
3. समीचीना प्रवृत्तिः निवृतिरूपो व्यवहारः(प्रमाण मीमांसा वृत्ति)
4. 'प्रत्यक्षं परोक्ष च'।। अश्नुते अक्ष्णेति वा व्यामेति सकल द्रव्यदेशकालभावानीति अक्षो जीवः अश्नुते विपर्यय इति अक्षम् इन्द्रियं च। प्रतिः प्रतिगतार्थः । अक्षं प्रतिगतं तदाश्रितम् अक्षाणि चेन्द्रियाणि तानि प्रतिगतमिन्द्रियाव्याश्रित्यो जिहीते यत् ज्ञानं तत् प्रत्यक्षं वक्ष्यमाणलक्षणम्। अक्षेभ्यः परतो वर्तते इति परेणोन्द्रयादिना चोच्यत इति परोक्षं वक्ष्यमाणलक्षणमेव। चकारः स्वविषय द्वयोस्तुल्यबलत्वख्यापनर्थः। तेन यदाहुः "सकल प्रमाणज्येष्टं प्रत्यक्षम्" इति तदपास्तम्। प्रत्यक्ष पूर्वकत्वादित प्रमाणानां तस्य ज्येष्ठतेति चेत् न प्रत्यक्षस्यापि प्रमाणान्तरपूर्वपलब्धे, लिङ्गात् आप्तोपदेशाद्वा बहन्यादिकमवगम्य प्रवृत्तस्य तद्विपर्यय प्रत्यक्षोत्पतेः।।

—प्रमाणमीमांसा (हेमचन्द्राचार्य) 10

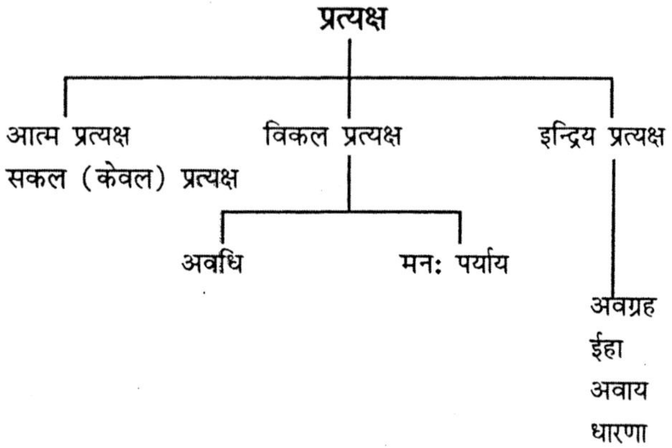

आत्म प्रत्यक्षः

बिना किसी प्रमाण की सहायता के जब आत्मा को पदार्थ का जो साक्षात् ज्ञान प्राप्त होता है तब वह आत्म प्रत्यक्ष होता है।

1. सकल प्रत्यक्षः

सम्यक् चरित्र के द्वारा ज्ञान के सभी आवरणों के विनाश के बाद जिस शुद्ध ज्ञान की प्राप्ति होती है वही ज्ञान सकल या केवल प्रत्यक्ष है।

2. विकल प्रत्यक्षः

(1) **अवधि :** जो ज्ञान सम्यक् दर्शन आदि गुणों से उत्पन्न क्षय का कारण हो और साथ ही विषयों में व्याप्त है वह ही 'अवधि' है,

(2) **मन :** पर्यायः ज्ञान के आवरण के रूप में जो इत्यादि अन्तराय हैं, उनके क्षय हो जाने पर दूसरों के मन की बात को स्पष्ट करने वाला प्रत्यक्ष मनः पर्याय होता है।

इन्द्रिय प्रत्यक्षः

इन्द्रिय और मन की सहायता उत्पन्न ज्ञान इन्द्रिय प्रत्यक्ष होता है। इससे चार भेदों (अवग्रह, ईहा, अवाय, तथा धारणा) के अतिरिक्त श्रुत ज्ञान भी उत्पन्न होता है। इसे ही न्याय दर्शन में 'निर्विकल्पक' माना गया है। इन्द्रिय प्रत्यक्ष से उत्पन्न होने पर भी यह इन्द्रिय जन्य ज्ञान का विषय नहीं है।

'यह स्त्री है' यह प्रत्यक्ष 'अवग्रह' है, 'यह पूर्व की है या पश्चिम की' इसके संशय के बाद 'वह पूर्व की है' यह ईहा है, किन्तु यह केवल संशय है पूर्ण निश्चित

नहीं। फिर भाषा आदि के आधार पर है-किन्तु टीकाकारों ने इसे अधिक महत्त्व नहीं दिया वे सिद्धान्त इन्हें हेतु दोषों में नहीं सम्मिलित मानते हैं। महर्षि गौतम ने भी उसका पृथक् उल्लेख नहीं किया है। इसलिए गणेश ने पक्षाभास का स्वतन्त्र विवेचन नहीं किया है।

अद्वैत वेदान्त में ज्ञान प्राप्ति के स्रोत

आचार्य आत्मा की अद्वैत रूप में याथार्थ सत्ता मानते हैं। इनके अनुसार सभी निश्चयात्मक बोध चैतन्य रूप में परिवर्तित है। अन्तःकरण आत्मा के द्वारा प्रत्यक्षबोध प्राप्त करता है। और अन्तःकरण के आकार में परिवर्तन होता रहता है। यह परिवर्तन ही प्रमेय पदार्थ को प्रकाशित करता है। इस परिवर्तन को वेदान्त में वृत्ति कहा जाता है। प्रवृत्तियों या आकृतियों के आधार पर अन्तःकरण चार भागों में विभाजित है— 1. अनिश्चय, 2. निश्चय, 3. गर्व, 4. स्मरण। अन्तःकरण की उपाधि से युक्त चैतन्य ही ज्ञान का कारण है। शंकराचार्य के अनुसार ज्ञान के तीन स्रोत हैं- 1. प्रत्यक्ष 2. अनुमान और 3. आप्तोपदेश शब्दप्रमाण। उक्त तीनों भेदों के अतिरिक्त उपमान, अर्थापत्ति, और अभाव को भी परवर्ती आचार्यों ने स्वीकार किया है।[1] इन प्रमाणों का मूल स्रोत वेदान्त परिभाषा ही है।[2]

प्रत्यक्ष के सविकल्पक और निर्विकल्पक भेदों में अन्तर पाया जाता है। सविकल्पक प्रत्यक्ष में निर्णीत वस्तु घट और निर्णय करने वाली प्रकृति घटत्व में भेद स्पष्टतः मालूम होता है। किन्तु निर्विकल्पक प्रत्यक्ष में यह बात नहीं है। यहां निर्णयकर्त्ता सभी गुण दृष्टि से अदृश्य रहते हैं। इसमें सभी प्रकार के विधेयों से रहित होने का ज्ञान होता है।[3]

भ्रमात्मक प्रत्यक्ष ज्ञान का अद्वैतवाद में मनोवैज्ञानिक विश्लेषण प्रस्तुत किया गया है। सीप को चाँदी समझना भ्रममूलक ज्ञान है। अद्वैतवेदान्त प्रत्यभिज्ञा को भी प्रत्यक्षात्मक क्रिया मानता है। प्रत्यभिज्ञा पदार्थ-तादत्म्य के साथ बोध ग्रहण करने वाली आत्मा को तदात्मा की अपेक्षा रखती है। आचार्य शंकर मानते हैं कि आनुभविक संसार स्वप्न और भ्रान्ति जगत् से भिन्न है।[4]

प्रमाणों का वर्गीकरण

तार्किक रक्षा ने अपने ग्रन्थ में प्रमाणों के भेद को इस प्रकार से निरूपित किया

---

1. वेदान्त परिभाषा।
2. अनधिगता (बाधितार्थ) विषयज्ञानत्वं प्रमात्वम्। —उपदेशसाहस्रो, 18/33/54.
3. महासामान्यमन्ये तु सत्ताम्। —न्यायमंजरी, पृ. 68
4. शांकरभाष्य 3.2.1-3

है कि चार्वाक के मत में केवल प्रत्यक्ष ही एक प्रमाण है। कणाद-वैशेषिक और बौद्ध के मत में प्रत्यक्ष और अनुमान दो प्रमाण हैं। सांख्य के मत में प्रत्यक्ष अनुमान और शब्द तीन प्रमाण हैं। नैयायिक के मत में तीन और उपमान चार प्रमाण हैं। प्रभाकर मीमांसक के मत में पूर्वोक्त चार और अर्थापत्ति ये पांच प्रमाण है। वेदान्त के मत में पूर्वोक्त पांच और अनुपलब्धि ये छः प्रमाण हैं। पौराणिक के मत में "सम्भव और ऐतिह्य" तथा पूर्वोक्त छः प्रमाण मिलाकर आठ प्रमाण होते हैं।[1] वेदान्त-परिभाषा में भी क्रमशः छः ही प्रमाणों का वर्णन आता है। जो क्रमशः प्रत्यक्ष, अनुमान उपमान, आगम, अर्थापत्ति और अनुपलब्धि के नाम से जाने जाते हैं।[2]

आचार्य शंकर मुण्डक उपनिषद् में प्रथम मुण्डक के द्वितीय खण्ड के बारहवें मन्त्र की व्याख्या करते हुए चार प्रमाणों का वर्णन करते हैं कि ब्राह्मण इन कर्मचित् लोकों को प्रत्यक्ष, अनुमान, उपमान और आगम[3] आदि प्रमाणों से परीक्षा कर सर्वत्र यथार्थता का अवधारण कर इन से विरक्त हो जाये।

बृहदारण्यक उपनिषद् का भाष्य करते हुए इस उपनिषद् के तृतीय अध्याय के तृतीय ब्राह्मण के प्रथम मन्त्र की भूमिका में आचार्य शंकर ने "अर्थापत्ति नामक प्रमाण का भी उल्लेख किया है। यहां पर कर्म द्वारा मोक्ष के विषय में विचारणीय है कि विद्या सहित कर्मों से मोक्ष का आरम्भ होता है। आचार्य शंकर का उत्तर है कि यह उचित नहीं है क्योंकि बन्धन का नाश ही मोक्ष है, मोक्ष कार्यभूत नहीं है और बन्धन अविद्या का कर्म से नाश नहीं होता है। क्योंकि कर्मों की सामर्थ्य दृष्टि विषय तक ही सीमित है। उत्पत्ति प्राप्ति, विवाह और संस्कार ही कर्म की सामर्थ्य के विषय हैं, इसके अतिरिक्त विषय कर्म की सामर्थ्य से भिन्न है। अब तो पूर्व पक्षी शंका करते हैं कि हमने माना कि केवल कर्मों का ही यह सम्भव है। परन्तु विद्यायुक्त सन्धि का तो अन्य स्वभाव होता ही है। देखा भी जाता है कि अन्य शक्तित्व से औषधि आदि निर्ज्ञात पदार्थों का भी विषमन्त्रशर्करादिसं (युक्त) अन्य पदार्थों में सामर्थ्यता होती है और यदि ऐसे ही कर्मों को भी सामर्थ्यता हो तो? इसका उत्तर आचार्य शंकर इस

---

1. "प्रत्यक्षमेकं चार्वाकाः कणादः स्तुतौ पुनः।
अनुमानंच तच्चाथ सांख्याः शब्दंचतेऽपि।।
न्यायाधिकदेशिनोऽध्येकमनुमानंच केचन।
अर्थापत्या (सहैता) नि चत्वारिहि प्रमाकरः।।
(उमावधष्ठान्येता) नि षड्वेदान्तिनस्तथा।
सम्भवेतिह्य-युक्तानि तानि पौराणिकाः जगुः।।
2. तानि य प्रमाणानि षट् प्रत्यक्षानुमानोपमानामार्थापत्त्यपलब्धि (भेदात्)।
—वे०प०प० 2
3. तानेतान्परीक्ष्य प्रत्यक्षानुमानोपमानागमैः। इत्येव मुण्ड०उ०शा०भा० 1.2.12

प्रकार देते हैं कि यह युक्त नहीं है। क्योंकि इसमें कोई प्रमाण नहीं मिलता। न प्रत्यक्ष है, न अनुमान है, न उपमान, न अर्थापत्ति और नहीं शब्द प्रमाण।[1] यदि अर्थापत्ति को अनुलब्धि का ही अन्य रूप माना जाये तो एक और प्रमाण का आचार्य द्वारा वर्णन प्रस्तुत हो जाता है। क्योंकि ये अन्याथानुपत्ति को भी कर्म की इस सामर्थ्यता में प्रमाण नहीं मानते।[2] इस प्रकार आचार्य शंकर द्वारा छहों प्रमाणों की सिद्धि हो जाती है। अर्थात् आचार्य शंकर को ये छहों प्रमाण अभीष्ट है। उनका संक्षिप्त वर्णन इस प्रकार है-

प्रत्यक्ष-

प्रत्यक्ष प्रमा के कारण को ही प्रत्यक्ष प्रमाण कहते हैं।[3] वेदान्त सिद्धान्त में प्रत्यक्ष प्रमा चैतन्य ही है। जो साक्षात् अपरोक्ष ब्रह्म है।[4] प्रत्यक्ष का तात्पर्य इन्द्रियों के साथ विषयों का सम्पर्क होने से तत्काल और साक्षात् ज्ञान से है। प्रमा का तात्पर्य यथार्थ अनुभव से है। जब हम चक्षु इन्द्रिय से घट को देखते है। उसकी आकृति धारण करता है और उसका बोध कराता है। इस आन्तरिक व्यापार के कारण ही हमें अपनी प्रत्येक इन्द्रियों द्वारा गृहीत विषयों का साक्षात् और अपरोक्ष ज्ञान होता है।

अनुमान-

अनुमिति प्रमा के कारण को अनुमान प्रमाण कहते हैं।[5] जो व्याप्तिज्ञान जन्य है। अनुमीयते अनेन इति अनुमानम्। जिस ज्ञान के कारण अग्न्यादिकों का अनुमान किया जाता है, जिस व्याप्ति ज्ञान से अनुमिति प्रमा पैदा की जाती है वह व्याप्तिज्ञान अनुमान है। व्याप्ति की परिभाषा यह है कि यह हेतु तथा साध्य मध्य निरन्तर साहचर्य रूप से रहने वाला सम्पर्क है जो हेतु को समस्त आधारों अर्थात् पक्षपद में विद्यमान रहता है। प्रथम हम अग्नि और धुऐं का संबंध महानस में प्रत्यक्ष देखते हैं और इस आधार पर हम यह जान जाते हैं कि जहाँ-जहाँ धुआँ होगा वहाँ अग्नि अवश्य ही होगी। यह साधारण नियम बना लेते हैं। अब फिर जब हम दूर से किसी पर्वत पर धुऐं को देखते

---

1. तथा कर्मणोऽप्यस्त्विति चेत्। न (प्रमाण) भावत्। तत्र हि कर्मण: उक्तविषयव्यतिरेकेण विषयान्तरे सामर्थ्यास्तिये प्रमाणं न प्रत्यक्षं नानुमानं नोपमानं नार्थापत्तिर्न शब्दोऽस्ति।
—वृ० 3 शा०भा० 3.3.1.
2. ननु पालान्तराश्रावे (चो) दनान्मथानुपपत्ति: प्रमाणमिति। न हि नित्यानां कर्मणां न्याययेन फलं कल्प्यते।
3. तत्र प्रत्यक्षं प्रमाया: करणं प्रत्यक्षप्रमाणम्। —वे०परि०।
4. यत्साक्षादपरोक्षाद्ब्रह्म। —वृ०उ० 3.4.1.
5. अनुमिति (करणमनुमानम्)।
—वे० परि० द्वितीय परिच्छेद।

हैं तो जो हमने महानस में दृष्ट अग्नि और धुऐं के संबंध के आधार पर वहाँ अग्नि होने का अनुमान लगाते हैं।

उपमान-

सादृश्य प्रमा के कारण को उपमान कहते हैं।[1] जब हम किसी पदार्थ को देखते है और उसे देखकर अन्य पदार्थ का स्मरण करते हैं तो इस देखे गए पदार्थ के साथ स्मृत पदार्थ के सादृश्य का जो ज्ञान हमें होता है वह उपमान प्रमाण के साधन से हुआ कहलाता है। वह गाय जिसे मैंने नगर में देखा था उस गाय के समान है जिसे मैं अब देखता हूं। उपमान द्वारा प्राप्त ज्ञान उस ज्ञान से भिन्न है जो प्रत्यक्ष द्वारा प्राप्त होता है, क्योंकि हम स्मृति द्वारा किसी ऐसे वस्तु का बोध ग्रहण करते हैं जो इन्द्रियों के सम्पर्क में नहीं है। क्योंकि जिस समय अलग दिखाई दिया उस समय गाय नहीं देखी गई। यह अनुमान से भिन्न है क्योंकि अनुमान के लिए आवश्यक अवयवों में से एक अवयव भी यहाँ उपस्थित नहीं है।

आगम-

जिस वाक्य के तात्पर्य का विषय होने वाला संसर्ग अन्य प्रमाणों से बाधित नहीं होता वह वाक्य प्रमाण होता है।[2] वाक्य जन्य ज्ञान में, आकांक्षा, योग्यता, आसत्ति और तात्पर्य ये चार कारण होते हैं। यहाँ पर वाक्य के संसर्ग में ''मानान्ताराबाधित्व'' और तात्पर्य विषयी भूतत्व'' ये दो विशेषण दिये गए हैं। मानान्तराबाधित्व विशेषण के न देने पर वह्निना सिंचेत्-अग्नि से सेचन करें। इस वाक्य में अति-व्याप्ति होगी। क्योंकि इस वाक्य का अग्नि सेचन रूप अर्थ, वक्ता के तात्पर्य का विषय है। उपर्युक्त विशेषण के देने पर उसका निवारण हो जाता है। क्योंकि अग्नि साध्य सेचन, यद्यपि तात्पर्य का विषय है तथापि प्रत्यक्ष प्रमाण से बाधित हो रहा है। इसी प्रकार तात्पर्यविषयभूत विशेषण के देने पर ''स प्रजापतिरात्मनोऽखिदत्'' उस प्रजापति ने अपनी वपाको उखाड़ कर निकाला, इत्यादि श्रुति वाक्य पर अव्याप्ति दोष होता है। क्योंकि अपनी वपा का स्वयं उच्छेद करना रूप अर्थ, प्रमाणान्तर से बाधित है क्योंकि वपाछेद होने पर जीवित रहना ही असंभव है।

अर्थापत्ति-

इस प्रमाण रूप अर्थापत्ति में उपाय के ज्ञान से उपपादक की कल्पना ही अर्थापत्ति प्रमा है। इन दोनों में से उपपाद्य ज्ञान प्रमाण है और उपपादक ज्ञान प्रमा

---

1. तत्र सादृश्यप्रमाकरणमुपमानम्। —वे० परि० पृ० 179
2. यस्य वाक्यस्य तात्पर्य (विषयी) भूतसंसर्गो मानान्तरेण न बाध्यते तद्वाक्यं प्रमाणम्। —वे० परि० पृ० 189

(फल) है जिसके बिना जो अनुपपन्न होता है वह उपपाद्य और जिसके अभाव में जिसकी अनुपपत्ति होती है वह वहाँ उपपादक होता है। जैसे रात्रि भोजन के बिना दिन में भोजन न करने वाले पुरुष का पीनत्व अनुपपन्न है, इस कारण वैसा पीनत्व उपपाद्य है और रात्रि भोजन के अभाव में वैसे पीनत्व की अनुपपत्ति है, इस कारण रात्रि भोजन उस पीनत्व का उपपादक है।[1]

अनुपलब्धि-

ज्ञानरूपकरण से उत्पन्न न होने वाला जो अभावानुभव का असाधारण कारण हो वही अनुपलब्धि है।[2] जब हम कहते हैं "इस स्थान पर घड़ा नहीं है तो हम घड़े के अभाव को बोध ग्रहण करते हैं। अभाव का ज्ञान प्रत्यक्ष द्वारा नहीं हो सकता क्योंकि उसमें एक उपस्थित पदार्थ के साथ इन्द्रिय सम्पर्क होना आवश्यक है जो उस विषय में संभव नहीं है। अन्य प्रमाणों द्वारा भी अभाव का ज्ञान नहीं हो सकता। अनुपलब्धि ऐसे पदार्थ के सम्बन्ध में जिसका निषेध बताया गया है, ज्ञान का एक साधन है।

आचार्य रामानुज के अनुसार प्रमाणों का वर्गीकरण-

रामानुजाचार्य ज्ञान प्राप्ति के साधनों में तीन प्रकार के साधन अथवा प्रमाण स्वीकार करते हैं जो प्रत्यक्ष, अनुमान और शब्द नाम से जाने जाते हैं।[3] वेदान्तकारिकावली में भी इन्हीं तीनों प्रमाणों को ग्रहण किया गया है।[4] श्रीमद्वेंकटनाथ ने न्याय परिशुद्धि में भी तीन ही प्रमाणों को गिनाया है।[5] मनुमहाराज ने भी इन्हीं तीन प्रमाणों का वर्गीकरण किया है।[6] आचार्य रामानुज ज्ञान की प्राप्ति के स्त्रोतों में से इन्हीं स्त्रोतों को स्वीकार करते हैं। यतीन्द्र मतदीपिका में श्री निवासाचार्य ने भी तीन ही प्रमाण स्वीकार किये हैं। वे प्रमाण प्रत्यक्ष, अनुमान और शब्द तीन ही हैं।[7]

---

1. तत्रोपपाद्यज्ञानेनोपपादक-कल्पनमर्थापत्तिः। तत्रोपमानज्ञानं करणम्। उपपादकं ज्ञानं फलम्। येन बिना यदनुपपन्नं तत्तत्रोपायं भवत्याभावे यस्यानुपपत्तितत्त्रोपपादकम्। यथा (रात्रि) भोजनेन बिना दिवा भुंजानस्य पीनत्वमनुपपन्नमिति तादृशमपीदमस्यार्था-पत्तिरिति रात्रिभोजनमुपपादकम्।। —वे० परि० 267.
2. ज्ञानकरणजन्या भावानुभवसाधारणमनुपलब्धिरूपं प्रमाणम्।
   —वे० परि०-279
3. प्रत्यक्षानुमानागमाख्यं प्रमाणजातम्। —श्रीभाष्य।
4. उपमानं प्रत्यक्षानुमानशब्दभेदात्। —वेदान्तकारिकावली 1.2
5. त्रिविधं प्रमाणं प्रत्यक्षानुमान (शब्दभेदात्)। —न्याा० पृ० 68.
6. प्रत्यक्षमनुमानं च शास्त्रं च विविधाश्रितम्। त्रयं सुविदितं कार्य धर्म० मनु० स्मृति।
7. तानि प्रमाणनि प्रत्यक्षानुमानशब्दा।—यतीन्द्र० पृ० 14

अद्वैत वेदान्त में प्रमेय प्रमाण

प्रमा का जो करण है वह प्रमाण कहलाता है प्रमा का अर्थ है—"यथार्थ ज्ञान"—"न हि (लक्षण) प्रमाणाभ्यां बिना वस्तुसिद्धिः" लक्षण और प्रमाण के बिना किसी वस्तु की सिद्धि नहीं हुआ करती ऐसा न्याय है। यहाँ प्रमाण के निरूपण के लिए "प्रमा करण प्रमाण" कहा है। अब शंका होती है कि "प्रमा करण" क्यों कहा गया है? केवलमात्र "करण" ही कथन कर देते।

समाधानमिदम्—यदि हम "प्रमाकरणं प्रमाणम्" न कह कर केवल करण प्रमाण का उल्लेख कर देते तो दण्ड भी घट का करण होना चाहिए। अतः दण्ड को प्रमाण कहना पड़ेगा। अर्थात् प्रमाण का लक्षण दण्डादि में अतिप्रसक्त(अतिव्याप्त) होगा। यह अतिव्याप्ति दोष न आने पाये इसलिए प्रमाण का जो करण है वह प्रमाण है ऐसा कहना आवश्यक हो जाता है। अनधिगत अबधित विषय का ज्ञान ही प्रमा है। यही स्मृति साधारण प्रमा है।[1]

ये प्रमाण यथार्थज्ञान(प्रमा) के साधन अर्थात् करण छह है—1. प्रत्यक्ष 2. अनुमान 3. उपमान 4. शब्द 5. अर्थापत्ति 6. अनुपलब्धि।[2]

प्रमा और प्रमाण इन दोनों अर्थों में "प्रत्यक्ष" शब्द का एक सा ही उपयोग किया जाता है। "घट" से चक्षुरिन्द्रिय का सन्निकर्ष होने पर "यह घट है" इस प्रकार के आकार का प्रमात्मक ज्ञान होता है। इस ज्ञान (प्रमा) को प्रत्यक्ष कहते हैं और इस ज्ञान (प्रमा) का करण चक्षुरिन्द्रिय है उसे भी प्रत्यक्ष कहते हैं। इसलिये प्रत्यक्ष शब्द का उपयोग प्रत्यक्ष प्रमा और करण इन दोनों अर्थों में किया जाता है। वेदान्त-सिद्धान्त में प्रत्यक्ष-प्रमा चैतन्य ही है।[3] नैयायिक "इन्द्रियजन्यज्ञानविषयत्व विषयप्रत्यक्षत्वम्" इन्द्रियों के उत्पन्न हुए ज्ञान का विषय होना ही विषय का प्रत्यक्षत्व है अतः यहां शंका की जाती है कि घटादि-विषयों का अन्तःकरणावच्छिन्न-चैतन्य से अभेद कैसे सम्भव

---

1. प्रमाकरणं प्रमाणम्। तत्र स्मृतिव्यावृत्त प्रमात्व "अनधिगतावाधित-विषयज्ञानत्वम्"। स्मृतिसाधारणं तु "अबाधिविषयज्ञानत्वम्"।

—वेदान्त परिभाषा, प्रत्यक्ष परिच्छेद, पृ० 9

2. तानि च प्रमाणनि षट्. प्रत्यक्षानुमानोपमानागमार्थापत्त्यनुपलब्धि (भेदात्) (!)
3. "प्रत्यक्षप्रमायाः करणं प्रत्यक्षप्रमाणम्—प्रत्यक्षप्रमात्र चैतन्यमेव"—यत्साक्षाद-परोक्षाद्ब्रह्म (बृ० उ० 3/4/1) इति श्रुतेः। ननु चैतन्यमनादि तत्कथं चक्षुरादेस्त-त्करणत्वेन प्रमाणत्वमिति? उच्यते चैतन्यस्यानादित्वेऽपि तदभिव्यञ्जकान्तः करण-वृत्तिरिन्द्रिय सन्निकर्षादिना जायते इति वृत्तिविशिष्टचैतन्यमादि मदित्युच्यते। ज्ञानावच्छेदकत्वाच्च वृत्तौ ज्ञानत्वोपचारः। तदुक्त (विवरणे)—अन्तःकरणवृत्तौ ज्ञानत्वोपचारात्।" —वही

है? क्योंकि विषय का प्रमाता से अभेद मान लिया जाय तो मैं इस घट को देखता हूँ इस भेदानुभव से विरोध होगा।[1]

विवरण

प्रमेय का प्रमाता से अभिन्नत्व (ऐक्य) होना ही घटादि प्रमेय का प्रत्यक्षत्व है। परन्तु प्रमाभिन्नत्व से क्या तात्पर्य है। घटादि विषयों का "अभेद" या घटादिविषयावच्छिन्न चैतन्य का प्रमाता से अभेद प्रमात्र (भेद)" (प्रमातृ+अभेद) का अर्थ है प्रमात्रैक्य। किन्तु अन्तःकरणवछिन्न चैतन्यरूप प्रमाता की सत्ता से भिन्न, घटादिविषयों से अवच्छिन्न रूप चैतन्य में घटादिविषयों का अध्यारोपण (अध्यास) होने से विषय चैतन्य-सत्ता ही घटादिविषयों की सत्ता है। क्योंकि वेदान्ती अधिष्ठान की सत्ता से आरोपित की सत्ता भिन्न नहीं मानते। पूर्वोक्त प्रकार से प्रमाताचैतन्य ही विषयचैतन्य है। प्रमाताचैतन्य में घटादिविषयों की अधिष्ठान होने से है।

प्रत्यक्ष-

अद्वैत वेदान्त के प्रसिद्ध ग्रन्थ वेदान्त परिभाषा में प्रमाण का लक्षण किया है कि प्रमा का जो करण (साधन) बनता है। प्रमा का अर्थ यथार्थ ज्ञान है।[2] कुछ अन्य दार्शनिक स्मृति ज्ञान को प्रमा नहीं मानते। इसीलिए सर्वप्रथम स्मृति में न जाने वाली प्रमा का लक्षण किया गया है। अनधिगत और अबाधित विषय का ज्ञान ही प्रमा है।[3] अन्य कुछ विद्वान् स्मृति ज्ञान को भी प्रमा मानते हैं। इसलिए स्मृति तथा अनुभव इन दोनों ज्ञानों के लिए जो साधारण हो ऐसा प्रमा का दूसरा लक्षण किया है। अबाधित विषय का ज्ञान ही प्रमा है यही स्मृति साधारण प्रमा है।[4]

अद्वैत वेदान्त छह प्रमाणों को स्वीकार करता है। यह प्रमाण अर्थात् यथार्थ ज्ञान जो प्रमा का साधन बनता है अर्थात् जो करण है वह षष्ठ है—प्रत्यक्ष, अनुमान, उपमान, शब्द, अर्थापत्ति और अनुलब्धि[5] अद्वैत वेदान्त में इन छह प्रमाणों में से प्रत्यक्ष

---

1. "ननु कथं घटादेरन्तःकरणावच्छिन्न चैतन्याभेदः? अहमिमं पश्यामि इति भेदानुभव-विरोधात्"। इति चेत्। —वेदान्त परिभाषा प्रत्यक्षपरिच्छेद, पृ० 63
2. तत्र प्रमाकरणं प्रमाणम्। वेदान्त परिभाषा प्रथम परिच्छेद प्रत्यक्ष प्रमा लक्षण।
3. तत्र स्मृति व्यावत्तं प्रमात्वम् "अनधिगतावाधितविषय (ज्ञानत्वं)" स्मृति साधारणं तु "अबाधितविषय-ज्ञानत्वम्"। —वेदान्त परि०, वही
4. माध्व-वैशेषिकादयः स्मृतेः प्रमात्वं स्वीकुर्वन्ति किन्तु नैयायिकादयः स्मृतेः प्रमात्वं न स्वीकुर्वन्तीतिमतद्वयम्। तत्र व्यवहारे भाट्टनय इति चित्सुखाचार्योक्तमनुस्मरन् भाटाभिमतं स्मृत्यवृत्तिप्रमात्वस्य स्वरूपं स्मृतिव्यावृत्तमिति ग्रन्थकारः। —वही
5. तानि च प्रमाणानि षट्. प्रत्यक्षानुमानोपमानागमार्थापत्यनुपलब्धि (भेदात्)।
—वेदान्त परि०प्र०प०पृ० 20

प्रमाण अन्य सब प्रमाणों का उपजीव्य अर्थात् कारण माना गया है। और वह अन्य किसी भी प्रमाण से पूर्व प्रवृत्त होने के कारण ज्येष्ठ है। प्रत्यक्ष प्रमा के करण को प्रत्यक्ष प्रमाण कहते हैं।

अद्वैत वेदान्त के सिद्धान्त में प्रत्यक्ष प्रमा चैतन्य ही है क्योंकि—''यत्साक्षादपरोक्षाद् ब्रह्म'' साक्षात् अपरोक्ष ब्रह्म ही है यह श्रुति है। श्रुति वाक्य में ''अपरोक्षात्'' ऐसा पंचम्यन्त पाठ होने पर ही उसे ''अपरोक्षम्'' ऐसा नपुंसकलिंग प्रथमान्त समझना चाहिए कारण यह है कि ''साक्षात्'' यह शब्द अव्यय होने से सदैव एक सदृश ही रहेगा। परन्तु अपरोक्ष शब्द ब्रह्म का विशेषण है।[1]

''प्रमा करणम् प्रमाणम्''—यह प्रमाण का सामान्य लक्षण बतलाया जा चुका है। प्रमा, प्रमाण इत्यादि शब्द और उनके अर्थ के विषय में यह ध्यान रखना आवश्यक है कि प्रमा और प्रमाण इन दोनों अर्थों में ''प्रत्यक्ष'' शब्द का एक सा ही उपयोग किया जाता है—''घट'' से चक्षुरिन्द्रिय का सन्निकर्ष होने पर ''यह घट है'' इस आकार का ज्ञान होता है। इस ज्ञान (प्रमा) को प्रत्यक्ष कहते है और इस ज्ञान(प्रमा) का करण चक्षुरिन्द्रिय है अतः उसे भी प्रत्यक्ष कहते हैं। इसलिए प्रत्यक्ष शब्द का उपयोग प्रत्यक्षप्रमा और उसका करण इन दोनों अर्थों में एक सा किया जाता है।

न्यायशास्त्र ने प्रत्यक्ष ज्ञान छह प्रकार का बतलाया है। चक्षु श्रोत्र आदि पांच ज्ञानेन्द्रियों से होने वाला चाक्षुष, श्रोत्रादि पांच प्रकार का तथा मन रूप इन्द्रिय से होने वाला मानस प्रत्यक्ष यह छठा है। परन्तु वेदान्त मत में ग्रन्थकार ने ''मन इन्द्रियत्व नहीं हैं'' ऐसा कहा है। इसीलिए श्रोत्रादि ज्ञानेन्द्रियां पांच ही हैं और उनसे होने वाला प्रत्यक्ष ज्ञान भी पांच ही प्रकार का है।

वेदान्त सिद्धान्त में चैतन्य ही प्रत्यक्ष प्रमा है। इसके लिए शंका की गई है कि—

अनादि का अर्थ है कारण रहित, अतएव उत्पन्न न होने वाला अकार्य है। जो नित्य वस्तु है उसके कारण की तो संभावना ही नहीं की जा सकती क्योंकि ''कारण'' का अर्थ है विशिष्ट कारण। कार्य को उसकी अपेक्षा रहती है। अकार्य (नित्य पदार्थ) को उसकी उपेक्षा नहीं होती। ऐसी स्थिति में प्रत्यक्ष प्रमा रूप चैतन्य में चक्षुः श्रोत्रादि रूप इन्द्रियां प्रमाण (करण) कैसे हो सकती है?[2]

---

1. तत्र प्रत्यक्षप्रमायाः करणं प्रत्यक्षप्रमाणम्। प्रत्यक्षप्रमा चात्र चैतन्यमेव। यत्साक्षादपरोक्षाद् ब्रह्म—(बृ० 3-4-1)- इति श्रुतेः।
अपरोक्षादित्यस्यापरोक्षमित्यर्थः। —वही
2. मनु चैतन्यमनादि तत्कथं चक्षुरादेस्तत्करणत्वेन प्रमाणत्वमिति।
—वेदान्त परिभाषा प्रत्यक्षपरिच्छेद, पृ० 24

शंका का निवारण करते हुए कहा गया है कि साक्षात् ब्रह्मभूत चैतन्य अनादि ''नित्य'' है। इसमें किंचित्मात्र भी संदेह नहीं है क्योंकि अन्तः करण वृत्ति उस नित्य चैतन्य को प्रकट करती है। अन्तःकरणवृत्ति में नित्य चैतन्य का प्रतिबिम्ब पड़ता है।उसी को चिदाभास कहते हैं। अन्तःकरण की वृत्ति, इन्द्रियसन्निकर्षादि के कारण प्रतिक्षण उत्पन्न होती रहती है अर्थात् वह स्वाभाविक ही जन्य है। चक्षुरादि इन्द्रियों में उस चैतन्य के प्रति करणत्व प्रतीत होता है जिससे उसे प्रमाण कहा जा सकता है।[1]

पुनः शंका की जाती है कि वृत्ति को प्रत्यक्ष प्रमा क्यों न कहा जाये? क्योंकि व्यवहार में वृत्ति को ही ज्ञान शब्द से कहा जाता है और वृत्ति, स्वरूपतः इन्द्रियों से उत्पन्न होती है तब वृत्ति को प्रत्यक्ष प्रमा न कहकर चैतन्य प्रत्यक्ष प्रमा क्यों कहा जाता है?

समाधान—''सत्यं ज्ञानम्'' इत्यादि श्रुति से चैतन्य में ही मुख्य ज्ञानत्व सिद्ध होता है। वृत्ति जड़ अन्तःकरण का धर्म होने से जड़ है। इसीलिए उसे प्रत्यक्ष प्रमा नहीं कहा जाता। परन्तु उसमें चैतन्य रूप ज्ञान का अवच्छेकत्व होने से ज्ञानत्व का उपचार किया जाता है अतः ''ज्ञानावच्छेदक त्वाच्च'' कहा गया है। अतः चैतन्य को ही प्रत्यक्ष प्रमा कहा गया है तो आप विचार कीजिये कि चैतन्य तो नित्य है और जो नित्य होता है वह अजन्य होता है। अजन्य (न पैदा होने वाली) वस्तु को करण की अपेक्षा करण का अर्थ है ''कारणविशेष'' अर्थात् एक प्रकार का विशेष कारण भी कारक ही है। क्रिया के जनक (उत्पन्न करने वाले) को कारक कहते हैं ''क्रियां करोतीति कारकः'' इसलिये कारक कहलाने वाले प्रत्यक्ष प्रमाण के द्वारा चैतन्य में यदि कोई विशेषता उत्पन्न न की गई तो कारण कहना ही व्यर्थ है।

प्रत्यक्ष प्रमाण के द्वारा अतिविशिष्ट चैतन्य में कोई विशेष (अतिशय) उत्पन्न न किए जाने पर भी (अतिशय का आधान न करने पर भी) अन्तःकरण वृत्तिः विशिष्ट चैतन्य में उसके द्वारा अतिशयाधान किया जा सकता है। आचार्य ने अपने विवरण ग्रन्थ में ''अन्तःकरणवृत्ति'' में ज्ञानत्व का उपचार (प्रमात्व का अध्यास) किया जाता है—ऐसा कहा है।

निरवयव (अवयव शून्य) अन्तःकरण की परिणात्मक वृत्ति की संभावना कैसे हो सकती है[2]? (हेतु) क्योंकि वह निरवयव है (दृष्टान्त आकाश के समान है। ऐसा अनुमान करने से अन्तःकरण की परिणामस्वरूप वृत्ति नहीं हो सकती। दूध से दही के

1. चैतन्यानादित्वेऽपि तदभिव्यञ्जकान्तः (करणवृत्तिरिन्द्रियसन्निकर्षा) दिना जायते इति वृत्तिविशिष्टं चैतन्यमादिमदिच्यते। ज्ञानावच्छेदकत्वाच्च वृत्तौ ज्ञानत्वोपचारः। तदुक्तं विवरणे ''अन्तःकरणवृत्तौ ज्ञानत्वोपचारात्'' इति। —वही
2. ननु निरवयवस्यान्तःकरणस्य परिणामत्मिका वृत्तिः कथम्? —वही

समान तथा मिट्टी में घट के समान यह वृत्ति परिणाम न होकर सूर्य के प्रकाश के समान विकास रूप है। यह कहने पर कि निरवयव वस्तु का आकाश के समान ही विकास रूप परिणाम नहीं हो सकता। इसलिए अन्तःकरण वृत्ति विशिष्ट चैतन्य को ज्ञान रूप नहीं माना जा सकता। इस कारण ज्ञान आत्मा से भिन्न ही है और इन्द्रिय जन्य होने से वह प्रत्यक्ष भी है। अतः नैयायिकों ने यह शंका की है। नैयायिक ज्ञान की आत्मा का गुण मानते हैं। किन्तु अद्वैत वेदान्ती वृत्तिविशिष्ट चैतन्य को जन्य ज्ञान कहते हैं। यह जन्य ज्ञान आत्मा का गुण नहीं है। नैयायिकों के मत में अन्तःकरण (मन) निरवयव अणुपरिणाम एक और नित्य है। अद्वैत सिद्धान्त में वह सावयव विरल, सादि द्रव्य है। अतःकरण निरवयव नहीं हैं। (हेतु) क्योंकि वह सादिद्रव्य है। (दृष्टान्त) घट के समान है। "निरवयवत्वात्" इस वाक्य से वह निरवयव है, हेतु असिद्ध ठहरता है। इस विषय में (प्रतिज्ञा) अन्तःकरण परिणामी है। (हेतु) कारण वह अन्त्यावयवी (अन्तिम कार्य) न होकर सावयव है। (दृष्टान्त) मृत्तिका के समान है—ऐसा अनुमान करना चाहिए।

(इन्द्रियजन्यत्व यदि प्रत्यक्षता में प्रयोजक नहीं है तो) अद्वैत वेदान्त में प्रत्यक्षत्व का क्या प्रयोजक है इस प्रकार तार्किक के द्वारा पूछे जाने पर सिद्धान्ती प्रश्न को स्पष्ट करने के लिए तार्किकों से ही प्रश्न करता है—हम (सिद्धान्ती) तुम से पूछते है कि तुम ज्ञानगत—प्रत्यक्षत्व का प्रयोजक पूछ रहे हो या विषयगत प्रत्यक्षत्वका प्रयोजक पूछ रहे हो? ज्ञानगत प्रत्यक्षत्व का प्रयोजक यदि पूछो तो—(प्रमाणचैतन्य का विषयावच्छिन्न चैतन्य से अभेद) तादात्म्य ऐक्य होना ज्ञानगत प्रत्यक्षत्व का प्रयोजक है। परन्तु एक ही अद्वितीय अचैतन्य का भेद कैसे संभव हो सकता है?

वास्तव में चैतन्य के एक होने पर भी उसका उपाधि के कारण इस प्रकार भेद होता है। तथाहि चैतन्य त्रिविध है- 1. विषय चैतन्य 2. प्रमाण चैतन्य 3. प्रमातृचैतन्य इन तीन प्रकार के चैतन्यों में से घटादि विषयों से अवच्छिन्न (मर्यादित) हुआ चैतन्य विषय चैतन्य अन्तःकरण की वृत्ति से अवच्छिन्न हुआ चैतन्य-प्रमाणचैतन्य और अन्तःकरण अवच्छिन्न हुआ चैतन्य-प्रमाणचैतन्य और अन्तःकरण अवच्छिन्न हुआ चैतन्य-प्रमाताचैतन्य है[1]।

विवरण-प्रत्यक्ष प्रमा का प्रयोजक (कारण) कोई अवश्यमेव होगा। इंद्रिय

1. सिद्धान्ते प्रत्यक्षत्वप्रयोजकं किमिति चैत् किं ज्ञानगतस्य प्रत्यक्षत्वस्य प्रयोजकं पृच्छामि किं वा विषयगतस्य? आद्ये प्रमाणचैतन्यस्य विषयावच्छिन्न (चैतन्याभेद) इति ब्रह्म। तथा हि त्रिविधं चैतन्य विषयचैतन्य, अन्तःकरणवृत्यवच्छिन्नं चैतन्य प्रमाणचैतन्य अन्तः करणावच्छिन्नं चैतन्य प्रमातृचैतन्यम्।
—वेदान्त परि० प्रत्यक्ष परिच्छेद, पृ० 37

जन्यत्व ही उसका प्रयोजक है, ऐसा तार्किक लोग मानते हैं। परन्तु वेदान्ती मन को इन्द्रिय नहीं कहते? प्रत्युत मन के इन्द्रियत्व का निराकरण करते हैं। जैसे मैं सुखी हूँ इत्यादि प्रत्यक्ष अनुभव में आने वाले साधारण ज्ञानों में अनुवृत्त (व्यापक) होने वाला दूसरा प्रयोजक उपलब्ध न होने से सुखादिकों में प्रत्यक्षत्व नहीं है ऐसा अनुभव विरुद्ध स्वीकार करना होगा। इस आशय से अद्वैत सिद्धान्त में प्रत्यक्षता का प्रयोजक क्या है? कुछ भी नहीं है। इस प्रकार तार्किक के कहने पर सिद्धान्ती "हमारे सिद्धान्त में प्रत्यक्षता का प्रयोजक है" कहने से उद्‌देश्य से तार्किकों के उपयुक्त आक्षेप का निराकरण के लिए मैं पूछता हूँ कि तुम ज्ञान (वृत्यवच्छिन्नचैतन्य) को प्रत्यक्षता का कारण पूछ रहे हो या ज्ञेय (विषय) की प्रत्यक्षता का प्रयोजक पूछ रहे हो? इसके उत्तर में कहा गया कि मैं (ज्ञान की) प्रत्यक्षत्व (प्रत्यक्षता) का प्रयोजक (कारण) पूछ रहा हूँ। यह सुनकर सिद्धान्तों ने उत्तर दिया—"प्रमाण चैतन्य (वृत्यवच्छिन्न. 5 चैतन्य) और प्रमेय चैतन्य (विषयावच्छिन्न चैतन्य) इन दोनों का ऐक्य ही ज्ञानगत प्रत्यक्षत्व का प्रयोजक है[1]। जैसे तालाब का जल छेद से निकल कर नाली के रास्ते से होता हुआ खेतों में प्रविष्ट होता है और उसी आकार का तिकोना, चौकाना या वर्तुलाकार बन जाताा है। वैसे ही पूर्वोक्त तीन उपाधियों में से "तेजसः अन्तःकरण" भी चक्षुः श्रोत्रादि इन्द्रियों के द्वारा शरीर से बाहर निकलकर घटादि विषय तक जाता है और घटादि विषयों के द्वारा आकार में परिणत होता है।

---

1. प्रत्यक्ष शब्दस्य व्यवहारो प्रत्यक्षात्मके ज्ञाने तद्विषये तत्प्रमाणे चोपलभ्यते, प्रत्यक्षं ज्ञानम्, प्रत्यक्षविषयः। प्रत्यक्षम्प्रमाणमिति। तेषु प्रमाणगतस्य प्रत्यक्षत्वस्य प्रयोजकं विषयगतस्य च प्रत्यक्षत्वस्य प्रयोजकं नैकं किन्तु भिन्नम्। अतः तयोः कतरत् तव जिज्ञास्यमिति विभज्य पृच्छति? इति सिद्धान्ताशयः।
विषयगतप्रत्यक्षत्वे प्रत्येकं इत्याहुः वेदान्तिनस्तु प्रत्यक्ष (ज्ञानविषयत्वरहितम्).... समुदेति भावः। —वही पृ० 37

तृतीय अध्याय

अनुमान प्रमाण

अनुमाण प्रमाण—दर्शनों में अनुमान का लक्षण किया कि अनुमिति करणं में ''अनुमानम्'' अर्थात् जो अनुमिति का करण अथवा साधन हो वह अनुमान कहलाता है। न्याय दर्शन में अनुमान के विषय में कहा है कि ''तत् पूर्वकं त्रिविधमनुमानं पूर्ववत् शेषवत् सामान्यतोदृष्टञ्च''। अर्थात् तत् पूर्वक का अभिप्राय सभी विद्वान् प्रत्यक्ष पूर्वक ज्ञान को अनुमान के द्वारा जाना जा सकता है, यह स्वीकार करते हैं। जैसे कि धूम और अग्नि के साथ-साथ रसोई घर (महानस) में प्रतिदिन देखते हैं। पर्वत पर या अन्यत्र कहीं भी जब हम केवल धूम का प्रत्यक्ष ज्ञान प्राप्त करते हैं तो वहां अग्नि का ज्ञान अनुमान के द्वारा ही हम प्राप्त करते हैं अर्थात् व्याप्ति के द्वारा कि जहां-जहां धूम होता है, वहां-वहां अग्नि भी होती है। वह अनुमान पूर्ववत् शेषवत् और सामान्यतो दृष्ट नाम से तीन नामों वाला होता है। पूर्ववत् का सम्बन्ध भविष्य के ज्ञान से है, शेषवत् का सम्बन्ध भूतकालिक ज्ञान से है और सामान्यतो दृष्ट का सम्बन्ध वर्तमान से है।

वेद में अनुमान के लिये ''अनुमति'' शब्द का प्रयोग आता है। वैदिक शब्दों में अनुमति का अर्थ निरुक्त में इस प्रकार किया है कि 'अनुमतिरनुमननात्'। तस्या एषा भवति। अनुमान प्रमाण में 'अनु' उसके पश्चात् मीयते, ज्ञायते इति अर्थात् प्रत्यक्ष प्रमाण के पश्चात् जो ज्ञान का साधन बनता है अर्थात् जो ज्ञान प्रत्यक्ष संवेदना के द्वारा न जाना गया हो तब भी ज्ञान प्राप्ति का साधन हो, अनुमति अर्थात् अनुमान प्रमाण कहलायेगा। वास्तव में अनुमान द्वारा प्राप्त ज्ञान लिंग-लिङ्गी पूर्वक होता है। वहां पर्वतादि स्थलों में केवल धूम का प्रत्यक्ष होता है, जो अग्नि का लिङ्ग है, उस धूम लिङ्ग के द्वारा उसके लिङ्गी अग्नि का ज्ञान भी बिना प्रत्यक्ष के होता है वही ज्ञान अनुमान कहलाता है। यहां निरुक्तकार भी अनुमति का अर्थ ''अनुमननात्'' अर्थात् अनुपश्चात् मननात् अर्थात् विचार करके या मान करके अथवा माप करके जो ज्ञान उत्पन्न होता है वह वेद की परिभाषा से अनुमति का सामान्य अर्थ आदेश समझा जाता है, परन्तु वैदिक साहित्य और संस्कृत साहित्य में मति का अर्थ 'ज्ञान' होता है अर्थात् प्रत्यक्षपूर्वक ज्ञान-अनुमति अर्थात् अनुमान कहलायेगा।[1]

---

1. यहां निरुक्त ने अनुमति के अनेक अर्थ किये हैं, हमने केवल एक अर्थ ग्रहण किया है। अनुमतिरनुमननात्। तस्या एषा भवति। —निरुक्त-अ० 11. पा० 3. खण्ड 27

अथर्ववेद के सप्तम काण्ड सूक्त 20 का नाम ही अनुमति सूक्त है। इस सूक्त का देवता भी अनुमति ही है। यद्यपि अनुमति शब्द के अनेक अर्थ निरुक्तकार ने भी किये हैं, और अन्य भाष्यकार भी करते हैं। यहां अनुमति शब्द का अर्थ अनुमान कर, उसे समझाने अथवा संगति लगाने के अभिप्रायः से मन्त्र की व्याख्या प्रस्तुत की जा रही है।

प्रत्यक्ष से प्राप्त ज्ञान केवल वर्तमान कालिक माना जाता है। अनुमान द्वारा प्राप्त ज्ञान सर्व कालिक होता है। अर्थात् भूतकालिक भी, वर्तमान कालिक और भविष्यत् कालिक ज्ञान प्राप्त होता है। जैसा कि इसी सूक्त में कहा है कि यह अनुमति सर्वकालिक है "अनुमति सर्वमिदं बभूव" अर्थात् जो भी ज्ञान अनुमति से अथवा अनुमान से प्राप्त होता है वह सर्वकालिक है। इसके लिए इस मन्त्र में तीन विशेषण दिये हैं। प्रथमतः तिष्ठति अर्थात् भूतकालिक ज्ञान जो शेषवत् नाम से कहा जाता है। जैसे कि आज 'नदी में जल का प्रवाह, बाढ़ का रूप लिये हुये हैं, उस जल में फेन, मिट्टी, पत्ते आदि हैं, जलप्रवाह बहुत तीव्र एवं शीघ्रगामी है। हम अनुमान करते हैं कि पर्वत पर वर्षा हुई है। इसकी वेद ने 'यत् तिष्ठति' कहकर दर्शाया है। द्वितीय शब्द का प्रयोग वेद ने 'चरति' कहकर किया है अर्थात् चरति शब्द चर गतौ धातु से निष्पन्न होता है, इसका अर्थ है गतिपूर्वक। सामान्यतो दृष्ट प्रमाण भी गति पूर्वक माना जाता है। जैसे जिस देवदत्त को प्रातः गुरुकुल कांगड़ी में देखा था वह इस समय हरिद्वार में सुभाष घाट पर है। हम अनुमान करते हैं कि वह गति पूर्वक चल कर यहां आया है। कोई वस्तु बिना चले अथवा गति बिना अन्य स्थान पर नहीं जा सकती है। अतः सामान्यतो दृष्ट "चरति" शब्द से ग्रहण किया जा सकता है, जो वर्तमान कालिक है। इसी प्रकार "एजति" क्रियापद से पूर्ववत् अनुमान का अर्थ ध्वनित होता है पूर्ववत् अनुमान का अर्थ है, जहां कारण को देखकर कार्य का अनुमान किया जाय, वह पूर्ववत् प्रमाण माना जाता है। जैसे कि आज आकाश में मेघ आच्छादित है, वायु बन्द है अर्थात् जब-जब मेघों की यह स्थिति होती है तब-तब अवश्य वर्षा होती है। हम अनुमान लगाते हैं, आज वर्षा होगी। यह अनुमान भविष्यत् कालिक है। एजति का अर्थ कम्पन करना है। आकाश या अन्य स्थलों पर कारण के अनुकम्पन से होने वाले कार्य का ज्ञान पूर्ववत् नामक अनुमान से स्वीकार किया जाता है। अतः वेद के शब्दों में यह अनुमान से उत्पन्न होने वाला ज्ञान सर्वकालिक है। यह तिष्ठति चरति और एजति क्रिया पदों से निष्पन्न होता है। इसी सूक्त के मन्त्र में अनुमति की महिमा वर्णन करते हुए कहा है कि जो उत्तम अनुमान द्वारा भविष्यत् में किये गये या माने गये उत्तम कर्म हैं, वे हमारे सत्कर्म सौभाग्य

---

1. अनुमति सर्वमिदं वभूव यत्तिष्ठति चरति यदु च विश्वमेजति।
तस्यास्ते देवि सुमतौ स्यामानुमते अनुहि मंससे नः।। —अथर्व० 7.20.6

को लाने वाले हों हमारे पास उत्तम वीर और धन हों।[1] व्यापार और जीवन के कर्मक्षेत्र में जो यथार्थ और समय पर समुचित अनुमान के द्वारा जो सही समय पर निर्णय लेते है; उनका यह बुद्धिपूर्वक अनुमान सभी कार्यों का बढ़ाने वाला और धन आदि से सम्पन्न करने वाला होता है। वह अनुमति, अर्थात् वह निणर्य क्रोधादि के आवेग से नहीं लेना चाहिये।[2]

इससे यह सिद्ध होता है कि हमारे दैनिक जीवन में अनुमान व्याप्त है। अतः हम अपने जीवन को सामर्थ्यवान् तभी बना सकते हैं जब उचित समय पर उचित अनुमान के द्वारा अपना व्यवसाय या कर्म करें। तभी हमारे किये हुए यज्ञ फलदायक होते हैं।[3]

यह अनुमति मूलक जो हमारा सत्कर्म है, वह उत्तम अनुमान द्वारा किया गया व्यवहार या कार्य उत्तम स्थान बनाने अथवा उत्तम वीरतामूल व्यवहार बनाने के लिये, वह उत्तम अनुमति या अनुमानमूल का कार्य का परिणाम है वह हमारे कल्याण करने वाला हो गया है। वह हमारा ज्ञान इन्द्रियों द्वारा गोपनीय रखा गया है। ताकि वह हमारी रक्षा कर सके।[4]

वेद में ज्ञानमीमांसा के सूत्र मिलते हैं। ज्ञान मीमांसा के विषय में वेदों का आलोडन एवं विलोडन करके विशेष शोध करने की पर्याप्त सामग्री विद्यमान है। वेद में कहा है कि सुन्दर स्वर्णमय पात्र से सत्य का मुख बन्द है।[5] यदि तत्त्व का बोध करना है तो— "तत्त्वंपूषन्नपावृणु सत्यधर्माय दृष्टये"। अर्थात् यदि वस्तु के सत्य धर्म का तत्त्वबोध करना है तो अज्ञान के ढक्कन को उतार कर फेंक दें। इस प्रकार ज्ञानमीमांसा की तथा तत्त्व बोध करने की मीमांसा वेदों में अनेकों सूक्तों एवं प्रसंगों में कही गई है।

यहां यह ज्ञातव्य है कि वेद में प्रत्यक्ष प्रमाण को समझाने के लिये चाक्षुषु प्रत्यक्ष अर्थात् रूप प्रत्यक्ष का उदाहरण न देकर शब्द प्रत्यक्ष अर्थात् श्रोत्र प्रत्यक्ष का उदाहरण दिया है। दर्शनों में प्रत्यक्ष प्रमाण को समझाने के लिये रूप प्रत्यक्ष का ही उदाहरण दिया गया है। मेरे विचार से वेद में श्रोत्र एवं शब्द प्रत्यक्ष का उदाहरण अधिक सारगर्भित

---

1. यत्ते नाम सुहवं सुप्रणीतेऽनुमते अनुमतं सुदानु। तेना नो यज्ञं पिपृहि विश्ववारे रयिं नो धेहि सुभगे सुवीरम्। —अथर्व॰ 7.20.4
2. अनुमन्यतामनुमन्यमानः प्रजावन्तं रयिमक्षीयमाणम्।
   तस्य वयं हेडसि मापिभूम सुमृडीके अस्य सुमतौ स्याम्।। —वही, 7.2.3
3. अन्वद्य नोऽनुमतिर्यज्ञं देवेषु मन्यताम्।
   अग्निश्च हव्यवाहनो भवतां दाशुषे मम।। —अथर्व॰ 7.20.1
4. एनं यज्ञमनुमतिर्जगाम सुक्षेत्रतायै सुवीरतायै सुजातम्।
   भद्राह्यऽस्या प्रमतिर्वभूव सेमं यज्ञमवतु देवगोपा।। —वही, 7.20.5
5. हिरण्मयेन पात्रेण सत्यस्यापिहितमुखम्।। —यजु॰ 40.17

है, क्योंकि जन्मान्ध व्यक्तियों को भी विद्वान् के रूप में प्रतिष्ठा प्राप्त हुई है। यदि किसी व्यक्ति ने शब्द सुना हो और न ही शब्द उच्चरित किया हो, ऐसा व्यक्ति विद्वान् के रूप में प्रतिष्ठत नहीं हुआ है। वेद की यह शैली है कि तत्त्वबोध के साथ-साथ उपदेश भी प्रदान करता है।

न्याय में अनुमान प्रमाण

अनुमिति का करण अनुमान कहलाता है[1] और परामर्श ज्ञान से जन्य (उत्पन्न) जो ज्ञान होता है वही अनुमिति होता है।

अनुमान तीन प्रकार का होता है।

1. पूर्ववत् 2. शेषवत् 3. सामान्यतोदृष्ट।

पूर्ववत् अनुमान :

कारण को देखकर कार्य के अनुमान को पूर्ववत् अनुमान कहते हैं, जैसे मेघाच्छन्न घटा से वर्षा होने का अनुमान।

शेषवत् अनुमान :

कार्य को देखकर कारण के अनुमान को शेषवत् अनुमान कहते हैं। जैसे नदी का गन्धला पानी और तीव्रयुक्त धार के प्रवाह को देखकर वर्षा का अनुमान किया जाता है।

सामान्यतोदृष्ट :

जिसकी गति नहीं देखी जाती, यदि उसको अन्य स्थान में देखते हैं तब उसकी गति का अनुमान ही किया जाता है। जैसे— सूर्य की गति अप्रत्यक्ष है किन्तु अनुमान से सिद्ध होती है कि सूर्य की गति अनेक सिद्धान्तों की ओर युक्तियों से सिद्ध की जाती है। जैसे कि कुरुक्षेत्र में देखे गये व्यक्ति को काशी में देखना यह सिद्ध करता है कि वह गति पूर्वक यहां आया है।[2]

न्याय दर्शन के अनुसार ज्ञान प्राप्ति का द्वितीय साधन है अनुमान प्रमाण। चार्वाक को छोड़कर सभी भारतीय दर्शन सम्प्रदायों में अनुमान प्रमाण को स्वीकार किया गया

---

1. अनुमितिकरणं-अनुमानम् परामर्शजन्यं ज्ञानमनुमिति। तर्कसंग्रह, अनुमान खंड
2. अथ तत्पूर्वकं त्रिविधमनुमानम्-पूर्वच्छेषवत्सामान्यतोदृष्टञ्च।। सू-5. न्यायदर्शन प्रथम अ० तत्पूर्वकं-प्रत्यक्षपूर्वकं ज्ञानमनुमानं भवति शेषः। तच्च पूर्ववत् शेषवत् सामान्यतोदृष्टं चेति त्रिविधंत्रिप्रकारकमित्यर्थः पूर्वकारणं तद्वत् पूर्ववत् यथा धूमेन वह्न्यनुमानशेषः कार्य तद्वत् शेषवत् यथा नदोवृद्ध्यावृष्ट्यननुमानम्। सामान्यतो-दृष्टव्याप्तिकं सामान्यतोदृष्टं, यथा कुरुक्षेत्र दृष्टस्य पुरुषस्य काश्यां दर्शनमेव गत्यनुमानम्।। —न्यायदर्शन पृ० 4-5

है। प्रमेयों की सिद्धि के लिए प्रमाण की आवश्यकता होती है। चार्वाक भौतिकवादी है। अतः वे प्रत्यक्ष प्रमाण से सर्व कार्य सिद्ध होने के कारण अन्य प्रमाण की आवश्यकता नहीं समझता।

अनुमान शब्द 'अनु' और 'मान' दो शब्दों से सम्पन्न हुआ है। 'अनु' का अर्थ है 'पश्चात्' और मान का अर्थ है ज्ञान का करण। मान शब्द करण अर्थ में माङ् धातु से ल्यट् प्रत्यय होने पर सिद्ध होता है। अतः अनुमान शब्द का शाब्दिक अर्थ है—वह करण अर्थात् लिङ्ग जिससे तत् संबंधी लिङ्गी का ज्ञान हो। अनुमान की परिभाषा विभिन्न विद्वानों ने विभिन्न प्रकार से दी है। अन्नंभट्ट के अनुसार अनुमिति का करण अनुमान है।[1] भाष्यकार वात्स्यायन के अनुसार ज्ञात लिङ्ग के द्वारा तत् सम्बन्धी अज्ञात अर्थ का पश्चात् ज्ञान प्राप्त करना अनुमान है।[2] वाचस्पति मिश्र के अनुसार किसी लिङ्ग के ज्ञान से उस लिङ्ग को धारण करने के कारण अनुमान कहा जाता है।[3] कुछ भी हो संक्षेप में हम अनुमिति के करण को अनुमान कहते हैं।

अनुमान प्रत्यक्ष पर आधारित होता है। उद्योतकर ने न्यायवार्तिक में प्रत्यक्ष तथा अनुमान के बीच निम्न भेद बताये हैं। प्रत्यक्ष तथा मुख्य रूपेण एक ही प्रकार का होता है। अनुमान त्रिविध प्रकार का होता है। प्रत्यक्ष अनुभव काल में द्रष्टा के सामने विद्यमान पदार्थ का ही होता है। किन्तु अनुमान भूत, भविष्यत तथा वर्तमान कालीन वस्तु के संबंध में होता है। अनुमान के लिए व्याप्ति ज्ञान आवश्यक होता है किन्तु प्रत्यक्ष के लिए नहीं।[4] प्रत्यक्ष तथा अनुमान में उपजीव्योपजीवक भाव सम्बन्ध है क्योंकि अनुमान प्रत्यक्षोपजीवी होता है किन्तु प्रत्यक्ष अनुमानोपजीवी नहीं। यही कारण है कि सर्वत्र प्रत्यक्ष के पश्चात् ही अनुमान का निरूपण किया जाता है।

पूर्ववत् इस प्रसंग में अनुमान पर बृहद् व्याख्या प्रस्तुत की गई है। अब न्याय के

---

1. सांख्यकारिका तत्वकौमुदी-5
2. अनुमितिकरणमनुमानम्। तर्कसंग्रह, अनुमान प्रकरण।
3. न्यायवात्स्यायन, 1/1/4
   न्यायवार्तिक टीका अनुमाननिरूपण
   न्यायवार्तिक अनुमान व्याख्या
   सिद्धान्त मुक्तावली, पृ० 286
   वही पृ० 284 न्याय सूत्र 3 का भाष्य
   तत्पूर्वकं त्रिविधमनुमानं पूर्ववच्छेषवत्सामान्यतोदृष्टं च। 1-1-5
   न्यायसूत्र 5 की व्याख्या, वही
   तर्कदीपिका अनुमान प्रकरण। भाषा परिच्छेद 10 तथा न्यायसि० मु०, पृ० 309
4. सांख्य तत्त्वकौमुदी, 5

आचार्यों के विभिन्न मतों द्वारा अनुमान के प्रसंग को व्यक्त किया जाता है। न्यायदर्शन में पाश्चात्य एवं नव्य आचार्यों में अनुमान की व्याख्या में कुछ मतभेद है। परन्तु अनुमान सभी का एक है। अब नीचे टिप्पणी[1] में न्याय के विभिन्न आचार्यों की अनुमान परिभाषा को व्यक्त किया गया है।

---

1. अथ तत्पूर्वकं त्रिविधमनुमानं पूर्वच्छेषवत्सामान्यतोदृष्टं च।।-5 गौतम० न्यायसूत्र
व्यापारस्तुपरामर्शः करणं व्याप्तिधीर्भवेत्।। 66।।
अनुमायां ज्ञायमानं लिंगस्तु करणं नहि।
व्यापारयित्वहि, अनुमायां अनुमिति व्याप्तिज्ञानं करणं परामर्शोव्यापारः तथा हि येन प्ररूपेण महानसादौ धूमे वह्निव्याप्तिर्गृहीता पश्चात् स एव पुरुषः क्वचिद्पर्वतादाव-विच्छिन्नमूलोधूमरेखां पश्यति तदनन्तरं धूमो वह्निव्याप्य इत्येवरूपं व्याप्ति स्मरणं तस्य भवति पश्चाच्च वह्निव्याप्यधूमवानयमिति ज्ञानं भवति स एवं परामर्श इत्युच्यते, तदनन्तरं पर्वतो वह्निमानित्यनुमितिर्जायते। अत्र प्राचीनास्तु— व्याप्यत्वेन ज्ञायमानं लिंगमनुमितिकरणमिति अनागतादिर्लिंगेन स्यादनुमितिस्तदा।। 67।।
व्याप्ति विशिष्टस्य पक्षेण सहवैशिष्ट्यावगाहि ज्ञानमनुमितेः जनकम्। पक्षवृत्तित्वम्। तच्च पक्षे व्याप्त इति ज्ञानं पक्षो व्याप्य वानिति ज्ञानं वा। अनुमितिस्तु पक्षे व्याप्त इति ज्ञानम् ज्ञानात् पक्षे साध्यमित्याकारिका पक्षोव्याप्यवानिति ज्ञानात् पक्षः— साध्य-वानित्याकारिका। द्विविधादपि परामर्शात् पक्षः साध्यवानित्येवानुमितिरित्यन्ये।... ज्ञानकल्पने गौरवाच्चेति चैन्न व्याप्तावच्छेदका ज्ञानेति वह्निव्याप्यवानिति ज्ञानादनृत-मित्युच्यते लाघवाच्च व्याप्ति प्रकारकपक्षताज्ञानत्वेन हेतुत्वम्। किं च धूमवान् पर्वत इति नानानुमित्यापद्धतिः व्याप्यतावच्छेदको भूतधूमत्वप्रकारकस्य पक्षधर्मताज्ञानस्य सत्यात्। न च गृह्यमाणव्याप्तावच्छेदकप्रकारक पक्षधर्मताज्ञानस्य हेतुत्वमिति वाच्यम्। चैत्रस्य व्याप्ति ग्रहे मैत्रस्य पक्षधर्मता ज्ञानात् अनुमितिः स्यात्। यदितत्पुरुषीय गृह्यमाणव्याप्यतावच्छेदप्रकारकं तत्पुरुषीय पक्षधर्मताज्ञानं तत्पुरुषीयानुमिति हेतुरिति-इत्युच्येत तदा अनन्तकार्यकरणभावः। मन्मते तु समवायसम्बन्धेन व्याप्तिप्रकारकपक्ष-धर्मता ज्ञानं समवायसंबन्धेनानुमितिं जनयतीति नानन्तकार्यकारणभावः। यदि तु व्याप्तिप्रकारकपक्षधर्मता ज्ञानं च स्वतन्त्रं कारणमित्युच्यते तदा कार्यकारणभावः स्यात्। इत्यं यत्र ज्ञानद्वयं तत्रापि विशिष्ट ज्ञानकल्पनीयं फलसुखगौरवस्यादोषत्वात्। व्याप्यौ नामव्याप्त्याश्रयः। तत्र व्याप्तिः केचिच्चाह व्याप्तिरिति वह्निमान् धूमादित्यादौ साध्यौ वह्निः साध्यावान् वह्निरित्यादौ साध्यवदन्यस्मिस्तप्तायः पिण्डादौ वह्नेः सत्वान्नतिव्याप्तिः। अत्र येन सम्बन्धेन साध्यं तेन सम्बन्धेन साध्यवान् विद्यामानत्वा-दव्याप्तिसंसर्गात् साध्यवदन्यश्च साध्यवत्यावच्छिन्न प्रतियोगिता— कभेदवान् बोध्यः। तेन यत्किंचिद्वह्निमतो महानसादेर्भिन्ने पर्वतादौ धूम सत्वेपि न क्षतिः। येन संबन्धेन हेतुता तैनेव सम्बन्धेन साध्यवदन्यावृत्तित्वं बोध्यम्। तेन साध्यवदन्यस्मिन्। धूमावयवे

धूमस्य समवायसम्बन्धेन सत्वे अपि न क्षतिः।
सिषाधयिषा विरहविशिष्टासिद्ध्यभावः पक्षता तद्वान् पक्ष इत्यर्थः। सिषाधयिषा मात्रं न पक्षता, विनापि सिषाधयिषांघनगतितेन मेघानुमानात्। अतएव साध्य भेदेऽपि पक्षता न, विनापि सिषाधयिषां-संदेहं तदनुमानात् सिद्धोसत्यामपि सिषाधयिषासत्वे अनुमितिर्भवत्येव। अतः सिषाधयिषाविरहविशिष्टं सिद्धौ विशेषणम्। तथा च यत्र सिद्धिर्नास्ति तत्र सिषाधयिषायां सत्यामसत्यामपि पक्षता। यत्र सिद्धिरस्ति सिषाधयिषा च नास्ति तत्र न पक्षता सिषाधयिषाविरहविशिष्टसिद्धेः सत्वात्।
—विश्वनाथ न्यायमुक्तावली
अनुमिति करणमनुमानम्। परामर्शजन्यं ज्ञानमनुमितिः। व्याप्तिविशिष्टपक्ष धर्मताज्ञानं परामर्शः यत्रधूमस्तत्रग्निरिति साहचर्यनियमो व्याप्तिः। साहचर्यसमानाधिकरण्यं, तस्य नियमः हेतुः समानाधिकरणात्यन्ताभावप्रतियोगिताध्यासामानाधिकरण्यं व्याप्तिरित्यर्थः।
—दीपिका
स्वार्थनुमिति परार्थानुमिति यो लिंगपरामर्श एवं करणम्। तस्मात् लिंग परामर्शः अनुमानम् लिंग त्रिविधम् अन्वय, व्यतिरेक, केवलान्वयि, केवलव्यतिरेकि चेति सन्दिग्धसाध्या भाववान् विपक्षः।...निश्चितसाध्यवान् सपक्षः। निश्चित साध्याभाववान् विपक्षः।
लिंगपरामर्शो अनुमानम्। येन हि अनुमीयते तदनुमानम्। लिंगपरामर्शेन चानुमीयते अतो लिंग परामर्शो अनुमानम्। तच्च धूमादिज्ञानमनुमितिं प्रतिकरणत्वात्। अग्न्यादिज्ञान-मनुमितिः। तत्करणं धूमादिज्ञानम्।
किं पुनर्लिङ्गम् कश्च तस्य परामर्शः?
व्याप्तिबलेनार्थगमकं लिङ्गम्। यथा धूमो अग्नेर्लिङ्गम्। तथाहि यत्रधूमस्तत्राग्निरिति साहचर्यनियमो व्याप्तिः। तस्यां गृहीतायामेव व्याप्तो धूमोग्निं गमयति। अतो व्याप्तिबलेनाग्न्यनुमापकत्वाद् धूमोलिङ्गम्।
तस्य तृतीयं ज्ञानं परामर्शः। तथाहि प्रथमं तावन्महानसादौ भूयो धूमं पश्यन् वह्निं पश्यति। तेन भूयो दर्शनेन धूमोग्न्योः स्वाभाविकं सम्बन्धमवधारयति, यत्रधूमस्तत्राग्निरिति। स्वाभाविकश्च सम्बन्धोव्याप्तिः। तदनेन न्यायेन धूमाग्न्योव्याप्तौ गृह्यमाणायां महानसे यद् धूमज्ञानं तत्प्रथमम् पर्वतादौपक्षे यद् धूमज्ञानं तद् द्वितीयम्। ततः पूर्व गृहीतां धूमाग्न्योव्याप्तिं स्मृत्वा यत्र धूमस्तत्राग्निरिति तत्रैव पर्वत पुनर्धूमं परामृशति। अस्त्यत्रपर्वत वह्निना व्याप्तौ धूम इति। तदर्दि धूमज्ञानं तृतीयम्।
एतच्चावश्यमभ्युपेतव्यम्। अन्यथा यत्र धूमस्तत्राग्निरित्येव स्यात् इह तु कथमग्निना भवितव्यम्। तस्मादिहापि धूमोपि इति ज्ञानम् अन्वेषितव्यम्। अयमेव लिङ्गपरामार्शः अनुमिति प्रतिकरणत्वाच्चानुमानम् तस्मात् अस्त्यत्र पर्वतेग्निरित्यनुमिति ज्ञानमुत्पद्यते। अगृहीतव्याप्तेरिव गृहीतविस्मृतव्याप्तेरपि पुंसो अनुमानादयेन व्याप्तिस्मृतेरप्यनुमिति

हेतुत्वात्। धूमदर्शनाच्चोद्बुद्धसंस्कारोव्याप्तिंस्मरति। यो यो धूमवान् सोग्निमान् यथा महानस इति। तेन धूम दर्शने जाते व्याप्तिस्मृतौ भूतायां यद् धूमज्ञानं तत् तृतीयकं "धूमवांश्चायम्" इति। तदैवाग्निमनुमायति नान्यत्। तदेवानुमानम्। स एव लिंगपरामर्शः तेन व्यवस्थितमेदद् लिङ्गपरामर्शो अनुमानमिति।

तच्चानुमानं द्विविधम्। स्वार्थः परार्थः चेति। स्वार्थः स्वप्रतिपत्तिहेतुः यथा हि स्वयमेव महानसादौविशिष्टेन प्रत्यक्षेण धूमाग्न्योर्व्याप्तिं गृहीत्वा पर्वतसमीपं गतस्तद्गतेवाग्नौ सन्दिहानः पर्वतवर्तिनोमविच्छिन्नमूलामभ्रंलिहांधूमलेखां पश्यन् धूमदर्शनाच्चोदबुद्धसंस्कारो व्याप्तिं यत्र धूमस्तत्राग्निरिति। ततो अत्रापि धूमोस्तीति प्रतिपद्यते। तस्मादत्र पर्वतेग्निरप्यस्तीति स्वयमेव प्रतिपद्यते। तत्स्वार्थानुमानम्। यत्तु कश्चित् स्वयं धूमादग्निमनुमाय परं बोधयितुं पंचावयवमनुमानवाक्यं प्रयुङ्क्ते तत् परार्थानुमानम्।

तद्यथा पर्वतोग्निमान्. धूमवत्वात् यो यो धूमवान् स सोग्निमान् यथा महानसः तथा चायंतस्मात्तथा, इति। अनेन वाक्येन प्रतिज्ञादिमता प्रतिपादितात् पंचरूपोपपन्नलिङ्गात् परोप्यग्निं प्रतिपद्यते। तेनैतत् परार्थानुमानम्।

अत्र पर्वतस्याग्निमत्वं साध्यं धूमवत्वं हेतुः। स चान्वयव्यतिरेकी, अन्वयेनव्यतिरेकेण च व्याप्तिमत्वात्। तथा हि यत्र-यत्र धूमवत्त्वं तत्र तत्राग्निमत्त्वं यथा महानसे इत्यन्वय व्याप्तिः। महानसे धूमाग्न्योरन्वय सद् भावात्। एवं यत्राग्निर्नास्ति तत्र धूमोपि नास्ति तथा महानसे इतीयं व्यतिरेकव्याप्तिः। महाह्रदेर्धूमाग्न्योर्व्यतिरेकस्य सद्भाव दर्शनात्।

व्यतिरेकव्याप्तेस्त्वयं क्रमः। अन्वयव्याप्ति यद् व्याप्यं तदभावो अत्र व्यापकः यच्च व्यापकं तदभावोत्र व्याप्य इति।

तदेवं धूमवत्त्वं हेतुरन्वयव्यतिरेकी। एवमन्येप्यनित्यात्वादौ साध्ये कृतकत्वादयो हेतवोऽन्वयव्यतिरेकेणाद्रष्टव्याः। यथा शब्दोनित्यः कृतकत्वात् घटवत्। यत्र कृतकत्वतत्रनित्यत्वम्। यत्रनित्यत्वाभाव स्तत्रकृतकत्वाभावो यथा गगने। कश्चिद्धेतुः केवलव्यतिरेकी। तद्यथा, सात्मकत्वे साध्ये प्राणदिमत्त्वं हेतुः यथा जीवच्छरीरं सात्मकं प्राणदिमत्त्वात् यत् सात्मकं न भवति तत् प्राणादिमन्न भवति। यथाघटः न वेदं जीवच्छरीरं तथा तस्मान्न यथेति।

अत्र हि जीवच्छरीरस्यकत्वं साध्यं प्राणादिमत्वं हेतुः। स च केवलव्यतिरेकी अन्वयव्याप्तेरभावात्। तथाहि, यत् प्रमादिमत् तत् सात्मकं यथा अमुक इति दृष्टान्तो नास्ति। जीवच्छरीरं सर्व पक्ष एव। लक्षणमपि केवलव्यतिरेकी हेतुः। यथा पृथिवीलक्षणं गन्धवत्वम् विवादपदं पृथिवीतिव्यवहर्तव्यं, गन्धवत्त्वात्। यन्न पृथिवीतिव्यवह्रियते तन्न गन्धवत्-यथापः। कश्चिदन्यो हेतुः केवलान्वयी। यथाशब्दोभिधेयः प्रमेयत्वात्

यत्प्रमेयं तदभिधेयं यथा घटः। तथा चायं स तस्मात्तथेति। अत्र शब्दस्याभिधेयत्वं साध्यं प्रमेयत्वं हेतुः स च केवलान्वयूयेव यदाभिधेयं न भवति तत्प्रमेयमपि न भवति यथापुक इति व्यतिरेकदृष्टान्ताभावात्। सर्वत्र हि प्रमाणिक एवार्थो दृष्टान्तः। स च प्रमेयश्चाभिधेयश्चेति।

एतेषां च अन्वयव्यतिरेकी-केवलान्वयि-केवलव्यतिरेकीहेतुनां त्रयाणां मध्ये यो हेतुरन्वयव्यतिरेकी स पंचरूपोन्न एव स्वसाध्यं साधयितुं क्षमते, नत्वेकेनापि रूपेण हीनः। तानि पंचरूपाणि पक्षसत्त्वं सपक्षसत्त्वं, विपक्षव्यावृतिः, अबधितविषयत्त्वं असत्प्रतिपक्षत्वं चेति। एतानि तु पंचरूपाणि धूमवत्वादौ अन्वयव्यतिरेक हेतौ विद्यन्ते। तथाहि धूमवत्त्वं पक्षस्य पर्वतस्य धर्मः। पर्वते तस्य विद्यामानत्वात्। एवं सपेक्ष सत्त्वम् सपेक्ष महानसे तद् विद्यत इत्यर्थः। एवं विपक्षान्महाहदात् व्यावृत्तिस्तत्र नास्तीत्यर्थः। एवमबाधितविषयं च धूमवत्वम्। तथाहि धूमवत्वस्य हेतोर्विषयः साध्यधर्मस्तच्चाग्निमत्वम् तत्केनापि प्रमाणेन न बाधितं न खण्डितमित्यर्थः। एवमसत्प्रतिपक्षत्वम्—असन् तत्प्रतिपक्षो यस्येत्यसत्प्रतिपक्षं धूमवत्वं हेतुः। तथाहि, साध्यविपरीतसाधकं हेत्वन्तरं प्रतिपक्ष इत्युच्यते। स च धूमवत्वे हेतौ नास्त्येवानुपलभ्भात्। तदैव पंचरूपाणि धूमवत्वे हेतौ विद्यन्ते। तनैतद् धूमवत्वमग्निमत्वस्य गमकम् अग्निमत्वस्य साधकम्।

अग्नेः पक्षधर्मत्वं हेतौः पक्षधर्मतावलात् सिद्धयति। तथाहि, अनुमानस्य द्वे अङ्गे व्याप्तिः पक्षधर्मता च। तत्र व्याप्त्या साध्यसामान्यस्य सिद्धिः। पक्षधर्मतावलात्तु साध्यस्य पक्षसम्बन्धित्वे विशेषः सिद्धयति। पर्वतधर्मेण, धूमवत्वेन वह्निरपि पर्वतसम्बद्ध एवानुमीयते। अन्यथा साध्य सामान्यस्य व्याप्तिग्रहादेव सिद्धेः कृतमानुमानेन।
यस्त्वन्योप्यन्वययव्यतिरेकी हेतुः स सर्वः पंचरूपोपन्न एव सद्धेतुः। अन्यथा हेत्वाभासो अहेतुरिति यावत्। केवलान्वयी चतुरूपोपन्न एव स्वसाध्यं साधयति। तस्य हि विपक्षाद् व्यावृत्तिर्नास्ति विपक्षाभावात्। केवलव्यतिरेकी च यत् रूपोपन्न एव। तस्य हि सपक्षे सत्त्वं नास्ति सपक्षाभावात्। के पुनः सपक्ष विपक्षाः? उच्यन्ते सन्दिग्धसाध्य-धर्माधर्मी पक्षः। यथा धूमानुमाने पर्वतः पक्षः। सपक्षस्तु निश्चितसाध्यमधर्मा धर्मी यथा महानसोधूमानुमाने विपक्षस्तु निश्चितसाध्याभाववान् धर्मो। यथा तत्रैव महाहद इति।

तत्र लिङ्गत्वेनासिद्धो हेतुसिद्धः। तत्रासिद्धस्त्रिविधः आश्रयसिद्धः स्वरूपासिद्धः व्याप्यत्वासिद्धश्चेति। आश्रयसिद्धो यथा, गगनारविन्दं सुरभिः अरविन्दत्वात् सरोजारविन्दवत् अत्र गगनारविन्दमाश्रयः स च नास्त्येव। स्वरूपासिद्धो यथा, अनित्यः शब्दः चाक्षुषत्वात् घटवत्। अत्र चाक्षुषत्वं हेतुः स च शब्दे नास्त्येव, तस्य श्रावणत्वात्।

मीमांसा भाष्य वार्तिक में कहा है—अन्वयव्याप्ति, व्यतिरेकव्याप्ति तथा अन्वय-व्यतिरेकव्याप्ति भेद से व्याप्ति तीन प्रकार की है।[1]

व्याप्यत्वासिद्ध द्विविधः। एको व्याप्तिग्राहकप्रमाणाभावात्। अपरस्तुपाधिसद्भावात्। तत्र प्रथमो यथा, शब्दः क्षणिकः सत्त्वात्।

यत्सत् तत्क्षणिकं यथा जल घटपटलं तथा च शब्दादिरिति। न च सत्वक्षणिक-स्त्वयोर्व्याप्तिग्राहकं प्रमाणमस्ति। सोपाधिकतायाव्याप्तासिद्धौ उच्चमानायां क्षणिकत्व-मन्यप्रयुक्तमित्यभ्युपगतं स्यात्।

द्वितीयो यथा क्रत्वन्तर्वर्तिनोर्हिंसा अधर्मसाधनं हिंसात्वात् बाह्यहिंसावत्। अत्र हि अधर्मसाधनत्वे हिंसात्वं न प्रयोजकं किन्तु निषद्धत्वेमेव प्रयोजकम् उपाधिरिति यावत्। तथा हि साध्यव्यापकत्वे सति साधनाव्यापक, उपाधिरित्युपाधिलक्षणम्। तत्वासिति निषिद्धत्वे। निष्ठित्वं हि साध्यस्याधर्मसाधनत्वस्यव्याकम्। यतो यत्र यत्राधर्म साधनत्वं तत्रतत्रावश्यं निषिद्धत्वमपीति। एवं साधनं हि साध्यं, न व्याप्नोति निषिद्धत्वम्। न हि यत्र यत्र हिंसात्वं तत्रावश्यं निषिद्धत्वं यज्ञीयपशुहिंसायनिषिद्धत्वाभावात् तदेवं निषिद्धत्वस्योपाधेः सद्भावादन्धप्रयुक्तव्याप्त्युपजीवि हिंसात्वं व्याप्यत्वासिद्धमेव। साध्यविपर्याव्याप्तो हेतुर्विरुद्धः। स यथा शब्दो नित्यः। कृतकत्वादात्मवत् अत्र कृतकत्वं हि साध्यनित्यत्वविपरीतानित्यत्वेन व्याप्तम्। यत्कृतकं तदानित्यमेव न नित्यमित्यतोर्विरुद्धं कृतकत्वमिति। सव्यभिचारो अनैकान्तिकः सद्विविधः साधा-रणानेकान्तिको साधारणनेकान्तिकश्चेति। तत्र पक्ष सपक्षविपक्षवृत्तिः साधारणः। यथा शब्दो नित्यः प्रमेयत्वात् व्योमवत् अत्र हि प्रमेयत्वं हेतुस्तच्च नित्यानित्यवृत्तिः। सपक्षाद् विपक्षाद् व्यावृत्तयः पक्ष एवं वर्तते सो असाधारणनैकान्तिकः स यथा भूर्नित्या गन्धवत्वात्। गन्धवत्वं हि सपक्षान्नित्याद् विपक्षाच्चनित्याद् व्यावृत्तं भूतात्र वृत्तिः।

प्रकरणमस्तु स एव यस्तहेतोः साध्यविपरीतसाधकं हेत्वमनन्तं विद्यते स यथा शब्दो नित्यो नित्यधर्मरहितत्वात् शब्दोनित्योनित्यधर्मरहितत्वादिति। अयमेव सत्प्रतिपक्ष इति चोच्यते।

पक्षे प्रमाणान्तरावधृतसाध्याभावो हेतुर्वाधिताविषयः कालात्ययापदिष्ट इति उच्यते। यथा अग्निरनुष्णः, कृकत्वाज्जलवत्। अत्र हि कृतकत्वस्य हेतोः साध्यमनुष्णत्वं तद्भावः प्रत्यक्षेणैवा-वधारितः स्यादनित्यप्रत्यक्षेणैवोष्णत्वोपलम्भात्।

—केशवमिश्र, तर्कभाषा

1. अन्वयेसाधनं व्याप्ते साध्यं व्यापकमिष्यते। साध्याभावोन्यथाव्याप्तिः व्यापकः साधना-त्ययः।

व्याप्याव्यापकभावो हि भावयोर्यादृगिष्यते, तयोरभावयोस्तस्माद्विपरीतः प्रतीयते।
व्याप्यस्य वचनं पूर्वव्यापकस्य ततः परम्।
एवं परीक्षिताव्याप्तिः स्फुटो भवति तत्त्वतः।। —मीमांसाभाष्यवार्तिक, अनुमानखण्ड

अन्वय व्याप्ति :

साध्य साधन की व्याप्ति का नाम अन्वयव्याप्ति है।

व्यतिरेक व्याप्ति :

साध्याभाव साधनाभाव की व्याप्ति का नाम व्यतिरेक व्याप्ति है।

अन्वयव्यतिरेकव्याप्तिः

तथा दोनों की व्याप्ति का नाम अन्वयव्यतिरेकव्याप्ति है। इस प्रकार उन्होंने न्याय की भांति अनुमान के भी तीन भेद माने हैं। अनेक विद्वान् "तेन तुल्यं क्रियाचेद्वतिः" इस सूत्र से वति[1] प्रत्यय लगाकर यह अर्थ करते हैं कि "पूर्वेण तुल्यं पूर्ववत्" जो पूर्व के सदृश हो उसको पूर्ववत् कहते हैं।[2]

कार्य को देखकर कारण का अनुमान शेषवत्[3] कहलाता है जैसाकि नदी की बाढ़ को देख कर ऊपर हुई वृष्टि का अनुमान होता है। लिङ्ग के प्रत्यक्ष होने पर लिङ्गी के प्रत्यक्ष न होने पर लिङ्गी की सामान्य व्याप्ति द्वारा जिससे परोक्ष लिङ्गी का ज्ञान होता है उसको सामान्यतोदृष्ट कहते हैं।[4]

प्राचीन न्याय सिद्धान्त के आधार पर अनुमान की व्याख्या बहुत ही सीमित मिलती है। न्यायानुसार भी अनुमान त्रिविध प्रकार का है, जैसा कि उपरोक्त वर्णन कर चुके हैं। (1) पूर्ववत् (2) शेषवत् (3) सामान्यतोदृष्ट। इनमें कारण से कार्य के अनुमान को पूर्ववत् अनुमान कहते हैं। उमड़े हुए बादलों को देखकर वर्षा का अनुमान पूर्ववत् है।[5] कार्य से कारण के अनुमान को शेषवत् कहते हैं। नदियों के गंदले एवं तेज

---

1. तेन तुल्यं क्रिया चेद्वतिः। अष्टा० 5/1/15
2. सम्बन्ध ग्रहणकालेलिङ्गलिङ्गिनोप्रत्यक्षतः स्वरूपमवधार्यपुनस्तादृशैव लिङ्गे तादृशेतित्पूर्वेण तुल्यं वर्तते इति पूर्ववदनुमानम् यथा महानसे धूमाग्नि सहचारितौ दृष्ट्वा पुनः पर्वते धूमाग्न्यनुमानम्। —न्यायमंजरी
3. शेषवत् यत्र कार्येण कारणमनुमीयते भूतावृष्टिरिति। न्यायभाष्य शेषवत् नामपरिशेषः स च प्रसक्तप्रतिषेधन्यत्राप्रसंगाच्छिष्यमाणे सम्प्रत्ययः सदानित्यमेवमादिना द्रव्यगुण-कर्मणा विशेषेण सामान्यविशेषसमवायेभ्यो निर्भवतस्य शब्दस्य तस्मिन् द्रव्यगुणकर्मसंशये न द्रव्यमेक द्रव्यत्वात् न कर्मशब्दान्तरे हेतुत्वात् अस्तु शिष्यते सोयमिति शब्दस्य गुणत्वप्रतिपत्तिः। —न्यायभाष्य
4. सामान्यतोदृष्टं नाम यत्राप्रत्यक्षे लिङ्गलिङ्गिनो सम्बन्धे केनदिर्थस्य लिङ्गस्य सामान्याद-प्रत्यक्षीलिंगी-गम्यते यथेच्छादिभिरात्मा। —न्यायभाष्य
5. यत्र कारणेन कार्यनुमीयते यथा मेघोच्छन्नतया भविष्यति वृष्टिरिति।
—न्या०भा० 5/1/11 सूत्र

प्रवाह युक्त पानी को देखकर वर्षा का अनुमान। इसके अतिरिक्त सामान्यतोदृष्ट उसे कहते हैं जहां पर किसी एक जगह से देखी हुई वस्तु के अन्यत्र दर्शन हों। जैसे-सूर्य चन्द्र का विभिन्न स्थानों में दर्शन होने से हम उनकी गति का अनुमान कर लेते हैं।

नव्यन्याय में अनुमान

नव्यन्याय में अनुमान के प्राचीन सूत्रकार ने ''तत्पूर्वकम्'' पद की बड़ी विस्तृत एवं युक्तिसंगत व्याख्या की है। इस व्याख्या के अनुसार अनुमान में जो ज्ञातव्य बातें निश्चित की गई हैं उनके व्याप्ति ज्ञान का सबसे प्रमुख स्थान है। लिंग-लिंगी के साहचर्य सम्बन्ध का नाम व्याप्ति है। यह सम्बन्ध प्रत्यक्ष ज्ञान से ही उद्भूत होता है। व्याप्ति ज्ञान के साथ-साथ व्याप्ति स्मरण भी अनुमान का कारण प्रतिष्ठित हुआ है।[1] वैसे तो अनुमान नाम ही उससे पूर्व की किसी अन्य ज्ञान की सम्भावना को अभिव्यक्त करता है। यदि ऐसा न होता हो वह अनुमान ज्ञान कैसे कहलाता।

अनुमान का लक्षण न्याय के अन्य ग्रन्थों में भी किया है। कुछ उद्धरण देते हैं।

तर्कसंग्रह- ''अनुमिति करणम् अनुमानम्'' —इतना लक्षण किया है ''परामर्शजन्यं ज्ञानम् अनुमितिः''— परार्मश जन्य ज्ञान अनुमिति है।

गंगेश के मत में— नव्यन्याय ने अनुमिति का लक्षण पूर्वक अनुमान का निरूपण किया है। अतएव गंगेश ने अनुमान का लक्षण करते हुए कहा है[2]— व्याप्ति से पक्षधर्मता ज्ञान से उत्पन्न होने वाला ज्ञान अनुमिति है। उसका करण अनुमान है। उसका स्वरूप है हेतु का परामर्श, परामर्श का विषय होने वाला हेतु नहीं है। आचार्य गंगेश की व्याख्या ''व्याप्तिविशिष्टत्व और पक्षधर्मत्व के समानाधिकरण्य के (एकाश्रय होना) विषय ज्ञान से उत्पन्न करने वालों का मत पूर्व पक्ष में उपस्थित कर दीधितिकार[3] उसका निराकरण करते हैं कि कर्मधारय समास के पश्चात् आने वाला प्रत्यय दो पदार्थ तावच्छेदकों के

---

1. पूर्ववत् सम्बन्धग्रहणकालेलिंगलिंगिनो प्रत्यक्षतः स्वरूपमवधार्यपुनस्तादृशैवलिंगेन तादृगेवलिंगपूर्वेण तुल्यं वर्तत इति पूर्ववतदनुमान्य यथा महानसे धूमाग्नि सहचरितौ दृष्टवा पुनःपूर्वत धूमाग्न्यनुमानम्। —न्या० भा०, पृ० 46
शेषवत् यत्रकार्येणकार्यमनुमीयतेपूर्वोदकविपरीतमुदकं नद्यापूर्वत्वं शीघ्र च दृष्ट्वानुमीयते भूतावृष्टिरिति। —न्या० भा०
2. तत्र व्याप्तिविशिष्टपक्षधर्मताज्ञानजन्यं ज्ञानमनुमितिस्तत्करणमनुमानम्। लिंगपरामर्शी न तु परामृश्यमाणं लिंगमितिवक्ष्यते।
—तत्व० अनु० प्र० त० वि० कलकत्ता, पृ० 26
3. अत्र व्याप्तिविशिष्टत्वपक्षधर्मत्वसमानाधिकरण्यावगाहि ज्ञानजन्यत्वमर्थ...असत्ख्याति-निरासात्। —त० चि० दीक्षित अनु०, पृ०

समानाधिकरण को व्यक्त करता है। ज्ञान पद में बाधित और अबाधित दोनों प्रकार के ज्ञानों का संग्रह करने में भ्रान्त अनुमिति में व्याप्ति नहीं होती है। उपर्युक्त व्याख्या करने वालों का मत इसीलिए समीचीन नहीं है। ऐसा कोई मत नहीं कि परामर्श से सदा व्याप्ति वैशिष्ट्य का समानाधिकरण गृहीत होता हो और समानाधिकरण्य का विषय बनाकर उस ज्ञान के कारण मानने के गौरवता भी है। दूसरी बात यह है कि सम्बन्ध का सम्बन्ध न मालूम होने पर भी समूहालम्बन ज्ञान से भिन्न ज्ञान हो सकता है। तात्पर्य यह है कि व्याप्ति वैशिष्ट्य ही सम्बन्ध है। उसके सम्बन्ध समानाधिकरण को विशिष्ट ज्ञान का विषय होने की आवश्यकता नहीं है। तीसरी बात यह है कि धूमो वह्निमान् इत्यादि भ्रमस्थल में व्याप्तिविशिष्टत्व और पक्षवृत्ति का समानाधिकरण्य अप्रसिद्ध होने से समानाधिकरण्य विषयक ज्ञान का अभाव है। अतः कर्मधारय का समर्थन करने वाला यह उचित नहीं।

व्याप्तिविशिष्टत्व और पक्षधर्मत्व के समानाधिकरण्य को व्यक्त करने वाले ज्ञान से उत्पन्न ज्ञान[1] यह लक्षण इस लक्षण वाक्य से प्रतिपाद्य नहीं हो सकता है। यहां प्रमाण का विवेचन होने से प्रमा ही लक्ष्य हैं अतः अन्तिम ज्ञान पद प्रमा का वाचक है। अवान्तर वाक्यार्थ को अयोग्यता का निश्चय हो जाने पर महावाक्यार्थ बोध किसी प्रकार से उत्पन्न नहीं हो सकता। ''शशविषाण'' से बना हुआ धनुष इस बोध की उत्पत्ति ब्रह्म भी नहीं दे सकते। इस प्रमात्व की अनुमिति में अव्याप्ति होने से व्याप्ति विशिष्ट में पक्ष धर्मता का ज्ञान इसमें प्रमात्व की अनुमिति में अव्याप्ति होने से व्याप्ति विशिष्ट में पक्ष धर्मता का इसमें सप्तमीतत्पुरुष समास भी ठीक नहीं है। कुछ विद्वान् कहते हैं[2] कि व्याप्ति विशिष्टं च पक्षधर्मश्च- इसमें द्वन्द्वसमास करने पर व्याप्तिविशिष्ट पक्ष धर्मता के ज्ञान की प्राप्ति होती है। पर्वत धूमवान-इस ज्ञान में भी पर्वत अग्निमान है। यह अनुमिति होनी थी। इसलिए एक ही स्थान में उक्त दोनों के अस्तित्व का ज्ञान होना चाहिए। क्योंकि धूम वह्नि व्याप्य है।

इस प्रकार गंगेश के मतानुसार[3] लिंग परामर्श ही अनुमान है। परामर्श विषयक हेतु नहीं। क्योंकि अतीत अनागत हेतु से भी अनुमिति होती है। अतः हेतु का परामर्श

---

1. अवान्तरवाक्यार्थयोग्यत्वनिर्णये महावाक्यार्थ ज्ञानानुदयात् शब्दबुद्धेब्रह्मणापि दुरुपायत्वात्।
—त० चि० दीक्षित अनु० प्र०, पृ० 36

2. व्याप्तिविशष्टश्च पक्षधर्मश्चेति द्वन्द्वाश्रयणाद् व्याप्तिविशिष्टत्व पक्षधर्मत्वागाहि ज्ञानजन्यत्वं लभ्यते।.. अन्यत्र च द्वन्द्वस्य दर्शनात्।
—त० चि० दीक्षित अनु०, पृ० 38

3. तच्च लिंगपरामर्थो न तु परामृश्यमाणं लिंगमिति वक्ष्यते।
—त० चि० अनु० नि०, पृ० 27

ज्ञान ही अनुमान है। हेतु से भी करण मानने पर ज्ञान करण न होने से "ज्ञानाकरणकं ज्ञानम्" इस प्रत्यक्ष में उनका अन्तर्भाव हो जायेगा। उसके लिए हेतु परामर्श ज्ञान ही अनुमान कहा गया है।

विश्वनाथ पंचानन[1] ने व्याप्ति ज्ञान को करण तथा हेतु परामर्श को व्यापार माना है। दिनकरीकार ने मन को ही अनुमिति का करण कहा है। "फलयोगाव्यवच्छिन्नं कारणं करणम्"—यह कह कर कारण का लक्ष्य स्वीकार करने पर लिंग परामर्श को ही कारण मानना उचित है। केवल ज्ञान को अथवा मन को अनुमिति का कारण मानने वाला मत[2] भी उपलब्ध है। इस मत में किसी भी ज्ञान से अनुमिति इसलिए नहीं होती कि परामर्श रूप कारण नहीं रहता है।[3] हेतु परामर्श का कारण न होने से परामर्श उसके लिए व्यापार नहीं हो सकता। दिनकरीकार[4] का विचार है कि यदि हेतु को कारण मानें तो चैत नाम व्यक्ति के परामर्शविषयक हेतु से मैत्र नामकव्यक्ति को अनुमिति उत्पत्ति के कारण के लिए "तत्पुरुषीय" अनुमिति के लिए "तत्पुरुषीय" परामर्श विषयक हेतु को कारण मानना होगा जिसमें गौरव दोष होता है।

दीधितिकार ने[5] "व्याप्ति-प्रकारक-पक्षधर्मताज्ञान" कहा है। नैयायिकों[6] का मत है "पर्वतो अग्निमान्" इस अनुमिति के लिए अग्निव्याप्य आलोकवान् पर्वत यह परामर्शात्मक ज्ञान अनुमिति का कारण है।

मीमांसक[7] मत खण्डन में मीमांसक का ही कहना है कि "वह्नि" व्याप्य "धूमः" निश्चय "पर्वतः"- इस विशिष्ट परामर्श को कारण मानने वालों की व्याप्ति विषय में भी, हेतु के विषय में भी निश्चय का निवेश करना होगा। दो ज्ञानों को स्वतन्त्र रूप से कारण मानने वाले के मत में ज्ञान भिन्न होने से परस्पर निगमन युक्त नहीं है।

---

1. अनुमितौ व्याप्तिज्ञानं करणं परामर्शो व्यापारः। —न्या०सि०, पृ० 290
2. व्याप्तिज्ञानस्य....तस्मादनुमतिं प्रतिमनस्तैनेव करणत्वमित्याहुः।
—अनु०ख०, पृ० 21
3. नवानुमितिं प्रति न व्याप्तिज्ञानत्वेन करणत्वं परं ज्ञानत्वेन मनस्त्वेनैव।
—दिनकरी अनु०ख०, पृ० 177, चौ० सं० 1951
4. परामर्श रूप करणान्तराभावादेवोक्ताभिज्ञंनात्केवलं मनसो अनुमितिः।
—रा०स० खण्ड प्र०
5. लिंगस्य हेतुत्व चैत्रीयपरामर्शविषयलिंगानमैत्रस्यानुमितिप्रसंगतत्वपुरुषीयत्व निवेशगौरवम्-अस्मन्मते सामानाधिकरणप्रत्यासत्याहेतुहेतुमद्भावे नैवातिप्रसंगाभावान्न तत्पुरुषीयत्वनिवेश इति लाघवमित्यपि बोधम्। —दि० अनु० पृ० 212
6. न्या० सि० मुक्तावली
7. मीमांसकास्तु वह्निव्याप्यधूमवानपर्वत इति....। —भा० चि, अनु० पृ० 30

नैयायिक[1] कहते हैं कि "व्याप्तिविशिष्ट हेतु प्रकारक पर्वतीय शेष्यक निश्चय को हम कारण मानते हैं। इसलिए व्याप्ति के विषय में निश्चय का निवेश ही नहीं। अतः व्याप्ति के विषय में निश्चय का ग्रहण न करने पर "वह्निव्याप्यो धूमः" और निश्चय करने पर "व्याप्यत्वाभावात्" का ज्ञान हो। वह ज्ञान[2] आहार्य होने से उसके पश्चात् अनुमिति नहीं होती।

नव्यनैयायिकों का कथन है[3] कि व्याप्यता के नियन्त्रक "अवच्छेदक" धूमत्व का ज्ञान न होने पर भी "वह्निव्याप्यवान्" इस ज्ञान से ही यह धूम है अथवा आलोक है। ऐसा संदेह करने पर अनुमिति उत्पन्न होती है। नैयायिक विश्वनाथ[4] कहते हैं कि व्याप्यतावच्छेदक प्रकारकधर्मपक्ष धर्मता ज्ञान को कारण मानने पर "धूमवान् पर्वतः" इस ज्ञान से भी अनुमिति होनी चाहिए। परामर्श को कारण मानने पर जहां समवाय सम्बन्ध से अनुमिति उत्पन्न होती है वहां समवाय सम्बन्ध से रहने से तत्पुरुषीय आदि का निवेश नहीं करना होगा।[5]

दिनकरीकार का स्पष्ट कहना है[6] कि विशिष्ट ज्ञान के रूप में कारणता के ज्ञान में विशिष्ट ज्ञान गौरव का निश्चित विरोध होता है "स्वोत्तरोत्पन्नं गौरवज्ञानम्" स्वविरोधी जैसे संभव है। तर्कभाषा का मत है- तर्कभाषाकार ने परामर्श का समर्थन किया है। "यत्र-यत्र धूमस्तत्रतत्र वह्निः" कि जहां-जहां पर धूम है वहां-वहां बह्नि भी निश्चित है। यही ज्ञान लिंग परामर्श है।

अनुमान के अंग व्याप्ति के लिए विभिन्न सम्प्रदायों में दर्शनों में विभिन्न नाम उपलब्ध होते हैं। व्याप्ति, साहचर्य, नियम, अनौपाधिक, समयादि। आचार्य गंगेश ने व्याप्ति के लिए व्याप्ति शब्द का ही[7] प्रयोग किया है और उसे अव्यभिचारित्व कहा है। अनुमान प्रामाण्य के लिए निरूपण के पश्चात् ही आचार्य गंगेश ने प्रश्न उठाया है कि "अनुमिति हेतुः व्याप्ति ज्ञानैकान्तव्याप्तिः"? जिसका तात्पर्य है कि "अनुमानका प्रामाण्य जिस अनुमिति पर आधारित है" । उस अनुमिति के कारण व्याप्ति ज्ञान की विषय[8] व्याप्ति क्या है, अनुमिति में जो इतर पदार्थों के भेद जन्यत्व उसके अन्तर्गत आने

1. भट्टाचिन्तामणि —अनु० निरु० पृ० 30
2. बाधाकालोनेच्छाजन्यज्ञानम्।
3. ननु वह्निव्याप्यधूमवान्। —न्या० सि० पृ० 293
4. न्या० सि० मु० अनु० ख० पृ० 214
5. किं च धूमवान् पर्वत इति ज्ञानादनुमित्यापत्तिः व्याप्यावच्छेदकोभूत धूमत्व प्रकाश्यपक्षधर्मत ज्ञानस्य सत्वात्। —न्या० सि० पृ० 214
6. दि० अनु० अ० पृ० 24-25
7. तत्त्वचिन्तामणि, पं० राजशेखर शास्त्री व्याप्ति, पृ० 101
8. तथा चानुमाननिष्ठप्रामाण्यनुमितिहेतुर्व्याप्तिज्ञानविषयीभूता व्याप्तिरित्यर्थः।
—भा०आ०प० रहस्य, पृ० 4

वाले ज्ञान विशेषण के रूप में भासित होने वाली व्याप्ति क्या है? नैयायिक मत में प्रामाण्य की सिद्धि और अनुमिति की भिन्न प्रमा के रूप में सिद्धि दोनों ही अनुमान पर आधारित हैं। अनुमान की मूलाधार व्याप्ति है। व्याप्ति स्वरूप के निरूपण की आवश्यकता स्पष्ट करते हुए दीधितकार[1] लिखते हैं कि स्मरबद्ध जो अनुमान के प्रामाण्य की परीक्षा है उसका कारण है। व्याप्ति ग्रहोपाय का प्रतिपादन जिसका निदान व्याप्ति स्वरूप निरूपण है।

पूर्वपक्ष— व्याप्ति गंगेश मत में[2] पूर्वपक्ष व्याप्ति के पांच स्वरूप उपस्थित किये हैं: 1. साध्यभाव वृत्तित्व 2. साध्यसामानाधिकरण्याधिकरणत्व 3. साध्यैवैयाधिकरण-यधिकरणत्व 4. साध्यनदन्याभावाधिकरणवृत्तित्व 5.हेत्वाधिकरणवृत्ति अभाव प्रतियोगित्व[3] आदि।

साध्यासामानाधिकरण्यनधिकरणत्वं रघुनाथ के मत से इस लक्ष्य की व्याख्या की व्याख्या दीधितकार[4] ने इस प्रकार की है : असमानाधिकरण्य का प्रतियोगित्व जिसका तात्पर्य है। साध्य में विद्यमान अध्येता के अनिरूपक अधिकरण में वृत्ति होना।

आचार्य मथुरानाथ[5] इस लक्ष्य की व्याख्या करते हुए कहते हैं—साध्य के असमानाधिकरण्य का अर्थ साध्याधिकरणवृत्तित्वाभाव करने पर "द्रव्यं सत्त्वात्" इस स्थल में अतिव्याप्ति होगी। अव्याप्यवृत्ति है किन्तु उसकी अधिकरणता व्यावृत्ति होने से कार्य संयोगाधिकरणत्वाभाव एतद् वृक्ष में नहीं रहता है।[6] पृथ्वीत्वाधिकरणत्वाभावात् जल आदि में भी संयोगवद् का भेद नहीं है। जल भी कभी कार्य संयोग का आश्रय होता ही है।[7] "अव्याप्यवृत्ति साध्यं सद्हेतुः" में अव्याप्ति नहीं होती है।[8] मथुरानाथ[9] का विचार

---

1. समारब्धानुमानप्रामाण्य-परीक्षा-कारणीभूत-व्याप्तिग्रहोपाय, प्रतिपादन-निदानं-व्याप्ति-स्वरूप-निरूपण-मारभते। —त० चि० दी०, व्याप्ति, पृ० 101
2. तत्वचिन्तामणि व्याप्ति पंच प्र०, पृ० 101 कलकत्ता
3. तद्धि न साध्याभावद्वृत्तिकम्। —तत्त्व० चि०, पृ० 101
4. साध्यसमानाधिकरणमोदं यस्ययदधिकरणाधिकरणसाध्यं तत्त्वं साध्यविषयसमाना-धिकरणप्रतियोगिता साध्यनिष्ठाधयत्वनिरूपकाधिकाधिकरणवृत्तित्वमिति यावत्।
—त० चि० दि० सि० व्या०
5. मा० व्या० पं० र० दृ०, पृ० 103
6. अव्याप्यवृतिसाध्यकरसद्धेतावति —मा० पा०, पृ० 104
7. मा०व्या०, पृ० 104
8. अनधिकरणत्वमित्यत्राधिकरणत्वांशस्याधिकस्यप्रवेशान्नसाध्यवदन्यायवृत्तित्वमित्यनेन यथाश्रुतस्य— पौनरुक्त्यम्। वही, मा० व्या०, पृ० 105
9. त० चि० सि० व्याघ्र० प्र०, पृ० 112

है ''साध्यवदभिन्नवृत्तित्वनाधिकरणत्व'' इस लक्षण में ''अनाधिकरणत्वं अंश का प्रवेश'' से साध्यवद्भिन्नवृत्ति के साथ इसका पौनरुक्त्य नहीं है।

आचार्य गंगेश[1] दोनों लक्षणों के निष्कर्ष के साथ दोनों का एक साथ खण्डन करते हैं। साध्य का जो अनधिकरण तद्वृत्तित्वभाव यह अर्थ होने पर किसी एक पर्वतीय साध्य के अनधिकरण महानस में धूमवृत्तित्वाभाव धूम में नहीं है।

रघुनाथ के मत की दीधितिकार[2] व्याख्या करते हैं—''साध्यनिष्ठा धेयत्वानिश्चय-काधिकरणवृत्तित्व'' के अनुसार ''इदं वाच्यं ज्ञेयत्वात्'' में वाच्यत्व में रहने वाले आधेयता का परिचायक है क्योंकि वस्तुमात्र में वाच्यत्व है। दूसरा दोष है पर्वत वह्निमान् धूमात् आदि अनेक व्यक्ति साध्यवाले स्थल में किसी एक वह्नि में रहने वाली ''आधेयता'' का अपरिधायक। दूसरा अधिकरण पदार्थ हो सकता है।

आचार्य मथुरानाथ[3] के अनुसार भवानन्दोक्त अतिव्याप्ति का कारण ''आधेयता'' की साध्यता के नियन्त्रक सम्बन्ध से नियन्त्रित करने पर हो जाता है। दीधितिकार ने किसी व्याभिचारि हेतु में भी अतिव्याप्ति का उल्लेख किया है उसको स्पष्ट करने का कार्य भवानन्द[4] ने किया है।

द्वितीय लक्षण अरुचि का कार्य स्पष्ट करते हुए दीधितिकार लिखते[5] हैं—''साध्यवैयधिकरण्य का अर्थ है साध्यत्व से नियन्त्रित प्रतियोगिता का परिचायक भेद है तो केवलान्वीय स्थल में अतिव्याप्ति पूर्ववत् है। मथुरानाथ का मत है[6] कि आचार्य गंगेश ने जो यह कहा है कि ''तदुभयमपि साध्यानधिकरणानधिकरणत्वं उसका तात्पर्य है कि वे दोनों लक्षण साध्यनाधिकरणत्वनियत्'' है अर्थात् साध्यनधिकरणत्व वृत्तित्व व्याप्य है।

परिभाषा व्याप्तिविचार—''यत्र-यत्र ज्ञेयत्वं तत्र-तत्र वाच्यत्वम्'' यह व्याप्ति का नियम भी यथार्थ है। अतः ''वाच्यं ज्ञेयत्वात्'' यह स्थल भी व्याप्ति का लक्ष्य है।

---

1. त० चि० सि०, व्या०, पृ० 112
2. गुणान्यत्व-विशिष्टसत्तावान् जातेरित्यादौ सत्तारूपसत्त्वादिति, पृ० 118
3. गुणान्यत्व-विशिष्टसत्तावान् जातेरित्यादौ सत्तारूपसत्तावादिति, पृ० 118
4. मा० सि० व्याघ्र लक्षण, पृ० 104, चौ०
5. साध्याधिकारणत्वं च साध्यतावच्छेदकावच्छिन्नं साध्यतावच्छेदकसम्बन्धावच्छिन्नं ग्राह्यम्।
   अन्यथा समवायेन वह्न्यादौ साध्ये संयोगेन धूमादिहेतावतिव्याप्तिः।
   —मा० सि० व्या० ल०, पृ०104
6. साध्यानाधिकरणानधिकरणत्वं साध्यानधिकरणानधिकरणत्वनियतम्। साध्यानधिकरणा-वृत्तित्वव्याप्यमिति यावत्। —मा० सि० व्या० ल०, पृ० 106

अव्याप्ति का निराकरण करने के लिए अव्यभिचारित्व पारिभाषिक लक्षण करके नव्य नैयायिकों[1] ने उसकी उपादेयता के सम्बन्ध में विचार किया है।

व्याधिकरणधर्मावच्छिन्नाभाव को मानकर गंगेश[2] ने कहा है—"इदं वाक्यं ज्ञेयत्वात्" साध्यभाव के रूप में समवायित्वरूप से वाचत्व का अभाव ले सकते हैं।

गंगेश[3] कहते हैं कि "साध्यावच्छेदक" से नियन्त्रित[4] प्रतियोगिता के परिचायक अभाव के अधिकरण में वर्तमान होना व्यभिचार है। गंगेश[5] ने प्रतियोग्यवृत्तिश्च धर्मो न प्रतियोगिता अवच्छेदकः—अर्थात् प्रतियोगी में न रहने वाला धर्म प्रतियोगिता का अवच्छेदक है अर्थात् प्रतियोगिता में न रहनेवाला धर्म प्रतियोगिता का अवच्छेदक नहीं होता है कह कर "व्यधिकरण धर्मावच्छिन्न भाव" का खण्डन क्यों किया? इस आशंका की निवृत्ति के लिए दीधितिकार आदि व्याख्याकारों का कथन है कि यहां पारिभाषिक अव्यभिचारित्व के लक्षणों को ध्यान में रखकर व्यधिकरण धर्मावच्छिन्नभाव का निराकरण किया है।

परिभाषा कथन का तात्पर्य है कि "न व्यभिचारः" अव्यभिचारः यह योगार्थ वहां घटित नहीं होता है।[6] इसके चौदह लक्षणों का वर्णन दीधितिकार ने किया है जिनमें प्रथम दो उनके अपने हैं शेष ग्रन्थकारों से संकलित करके विवेचित किये हैं।

1. यत्समानाधिकरणासाध्यतावच्छेदकावच्छिन्नव्यापकतावच्छेदकः।
प्रतियोगिता या यावन्तोभावाः प्रतियोगिसमानाधिकरणास्तत्त्वम्।।

आचार्य जगदीश[7] को इस लक्षण पर आपत्ति है। समान एक साथ रहने वाले "समनियत" अभाव को मानने पर "धूमवानवह्नि" इस स्थल में अतिव्याप्ति होती है।

---

1. ननु पारिभाषाकमेवाव्यभिचारितत्वम्। —त०चि०दी०व्या०, पृ० 103
2. ननु इदं वाक्यं ज्ञेयत्वादित्यादौ समवायितयावाच्यत्वाभावो घट एव प्रसिद्धः व्याधिकरण धर्मावच्छिन्न-भावस्य केवलान्वयित्वत्वात्। —त० व्याधिकरण प्रकरण, पृ० 1
3. साध्यातावच्छेदकाविच्छिन्नाभाववद्वृत्तित्वं हि व्यभिचारः न च वाच्यावाच्याभावस्तादृशाः 'घटे इति चेत् तर्हि सादृशसाध्याभावसमानाधिकरण्यभावो व्याप्तिस्तथा या प्रसिद्धिः। —त०चि०अ०प्र०, पृ० 10
4. प्रतियोग्यवृत्तिश्च धर्मो न प्रतियोगितावच्छेदकः। —तत्त्व०चि०, व्या० प्र०
5. जाग० व्यधिकरण प्रकरण, पृ० 14, चौ०
6. वही, पृ० 13, चौ०
7. ननु तथापि धूमवान् वह्नेरित्यादौ-अतिव्याप्तिसमनियताभावानामैक्याद्धूमाभावस्य धूमत्वेन प्रमेया-भावद्भिन्नस्य पदस्य फलतप्रतियोगिताविशेषणत्वेन साध्यव्यापकताच्छेदभूतोपदेश्य-प्रतियोगिताको भावस्तस्य स्वविशिष्टहेत्वधिकरणावच्छेदेनप तत्तत्प्रतियोगिताश्रय सामानाधिकरण्यं विवक्षितम्। —जा० व्यधि०, पृ० 86

धूमवान और धूमत्वेन प्रमेयाभाव ये दोनों अभाव एक ही स्थान में रहने वाले होने से एक ही हैं।

आचार्य जगदीश[1] तर्कालंकार के अनुसार इस लक्षण में व्यधिकरणधर्मावच्छिन्नाभाव के बिना भी लक्षण समन्वय किया जा सकता है। फलस्वरूप प्रतियोग्यवृत्तिश्च इत्यादि गंगेश का ग्रन्थ असंगत हो जाएगा। सर्वत्र सदृश हेतु स्थलो— वह्निमान् धूमः इदं वाच्यं ज्ञेयत्वात्— आदि में गगन वाच्यत्व उभय का अभाव गगनत्व विशिष्टवाच्यत्व का अभाव लेकर लक्षण समन्वय होगा। जैसे इदं वाच्यं शेषत्वात् में ज्ञेयत्व के आश्रय में गगनवाच्यत्व उभय विद्यमान नहीं है। संगति व्यभिचार कोटि का गम्भीर दोष नहीं है। अतः उसके लिए लक्षण में किसी प्रकार का न्यूनाधिक्य नहीं किया जा सकता। अतः दीधितिकार ने पृथक् लक्षण का परित्याग करके द्वितीय लक्षण का प्रदर्शन किया है।

गदाधर का कथन[2] है कि धूमाभाव और धूमत्वेन प्रमेयाभाव को एक मान कर होने वाली अतिव्याप्ति के निवारण के लिए स्वन्यूनवृत्ति धूमनिवच्छिन्नत्व प्रतियोगिता में विशेषण देने पर भी धूमाभाव और वह्नि-धूमोभयाभाव, अयोगोलक भेदाभाव उभय में रहने वाली प्रतियोगिता स्वन्यूनवृत्तिधर्म से अनियन्त्रित अवच्छिन्न ही है।[3]

2. यत्समानाधिकरणानांसाध्यतावच्छेदकावच्छिन्नव्यापकतावच्छेदकरुपाय-च्छिन्नप्रतियोगितानां यावद्भावनां प्रतियोगितावच्छेदकावच्छिन्नसामानाधिकरण्यं तत्त्वम्।[4]

अजस्त्र हेतु के आश्रय में रहने वाले साध्यता के नियन्त्रक से युक्त की व्याधि धकरणता के नियन्त्रण धर्म से यन्त्रित प्रतियोगिता के परिचायक सभी अभावों का प्रतियोगिता के नियन्त्रक से युक्त साथ एक अधिकरण में वृत्तित्व ही वह हेतु सद्धेतु है— जैसे "पर्वतो वह्निमान् धूमात्।" हेतु धूम के आश्रय पर्वत महानस आदि में रहने वाला अभाव होगा। वह्नित्वेन घटाभाव, धूमवान् वह्नि— यहां पर अग्नि के हेतु के आश्रय स्थान में विद्यमान अभाव धूमाभाव भी होगा।

इस लक्षण की विशेषता यह है कि यहां प्रथम लक्षण की प्रणाली को छोड़

कर षष्ठ्यन्त पदों का दीधितिकार ने प्रयोग किया है। प्रतियोगितावच्छेदकावच्छिन्न समानाधिकरण उस अभाव में प्रतियोगितावच्छेदकावच्छिन्न समानाधिकरण्य का

1. जा०व्यधि० प्र०, पृ० 88
2. ननु व्यधिकरणधर्मवच्छिन्नाभावसत्त्वेपि सर्वत्र सद्धेतौरागगम।
—वा० जा० व्यधि० प्र०, पृ० 90-91
3. गदाधरः— अथवा प्रतियोगितासामानाधिकरण्यशरीनेन्यूनवृत्ति समानाधिकरण-धर्मावच्छिन्न....। —गदाधर प्र० पृ० 171 चौ० सं० 1970
4. दीधिति व्याधिकरण प्र०, पृ० 91, चौ०

विचार करते हैं। अतः इस सन्देह के निवारण के लिए षष्ठ्यन्त पदों का प्रयोग किया है।[1]

इस लक्षण में भी सनियत अभावों को एक मानने पर भी अतिव्याप्ति पूर्व लक्षण में समान ही होती है। वह्नित्वेन धूमवद्वत्ति का अभाव अथवा धूम संयोग सम्बन्ध से द्रव्यमान का अभाव धूमाभाव ही है। समानाधिकरण्य धूमाभाव में नहीं है।

जगदीश का अपना मत है[2] कि यहां भी साध्यव्यापकतारवच्छेदकस्य से नियन्त्रित प्रतियोगिता में स्वन्यून स्थान में रहने वाले धर्म से अनियन्त्रित यह विशेषण जोड़कर लक्षण बनाना चाहिये।

चक्रवर्ति लक्षणम् :

3. व्याप्यवृत्ते समानाधिकरणस्य साध्याभावस्य प्रतियोगितायां समाना-धिकरण्येनानवच्छेदकं तदवच्छिन्न समानाधिकरण्यम्।[3]

चक्रवर्ति के प्रथम लक्षण के अनुसार व्याप्यवृत्ति अर्थात् एक आश्रय में सर्वत्र रहने वाले तथा हेतु के आश्रय स्थान में रहने वाले साध्य के अभाव की प्रतियोगिता का अनियन्त्रक जो साध्यता का नियन्त्रक उससे युक्त के अधिकरण में हेतु का होना व्याप्ति कहलाता है। जैसे ''पर्वतो अग्निमान् धूमात्''[4] में इस लक्षण के परित्याग का कारण स्पष्ट करते हुए भवानन्द[5] लिखते हैं कि जगदीश[6] ने भी इस दोष का समर्थन किया है। गदाधर[7] भी लिखते हैं यद्यपि वह्नित्वेन घटाभाव और घटत्वेन घटाभाव और वह्निभाव दोनों एक होने से वह्नित्वेन घटाभाव भी साध्य का अभाव है।

---

1. प्रतियोगितावच्छेदकावच्छिन्न समानाधिकरणतादृशाभावे किन्तु समानाधिकरणे विधीयते। —जा०व्या०, पृ० 91
2. वस्तुतोऽत्रापि साध्यव्यापकतावच्छेदक रूपावच्छिन्नायाः स्वन्यूनवृत्ति धर्मानवच्छिन्ना-यादृशप्रतियोगिताया न कश्चित् इत्यध्येयम्। —जा०व्या०, पृ० 177
3. न च साध्यव्यापकतावच्छेदकं यद्यत् प्रतियोगितावच्छेदकं प्रत्येकं तदवच्छिन्नं सामान्यानाधिकरण्यं वाच्य साध्यतावच्छेदकावच्छिन्ने इत्यादि विशेषणस्य वैपर्यात् किं चैव यावत्व विशेषणमपि व्यर्थस्यातादो। —प्रकाश० व्याधि० प्र०
4. दीधितिव्यधि० प्र०
5. गदा०, पृ० 177
6. व्यभिचारिणी साध्यतावच्छेदकावच्छिन्नासाध्या भावस्यापि लक्षणघटकत्वान्नतिव्याप्तिः। —गदा०व्याधि०
7. ननु वह्नित्वावच्छिन्नघटाभावस्य घटत्वावच्छिन्नवह्नयभावाभिन्नतया साध्याभावस्य-प्रतियोगितावच्छेदकमेव वह्नित्वमित्यव्याप्तिः अतः समनियताभावैक्यमतं न लक्षणमाह हेतुसामानाधिकरणेति। —वही, पृ० 163

4. हेतुसमानाधिकरणस्य व्याप्यवृत्तेरभावस्य प्रतियोगितायाः समानाधिकरण्ये नानवच्छेदकं यत्साध्यतावच्छेदकं तदवच्छिन्न समानाधिकरण्यम्।

इस लक्षण में प्रथम चक्रवर्ती के लक्षण से परिवर्तन इतना ही किया गया है कि यहां साध्याभाव के स्थान में केवल अभाव रखा गया है जिससे वह्नित्वस्वरूप घटाभाव से लेकर वह्निमान धूमात् में लक्षण समन्वय होता है। शेष लक्षण में पूर्व लक्षण से कोई विशेषता नहीं।

भवानन्द[1] और गदाधर[2] के अनुसार आकाशाभाव के सम्बन्ध से अभाव को साध्य और आत्मा को हेतु बनाने पर अव्याप्ति होती है।

5. हेतु समानाधिकरणस्य प्रतियोगिव्याधिकरणस्याभावस्य प्रतियोगितायाः समानाधिकरण्येनानवच्छेदकं तदवच्छिन्नसमानाधिकरण्यम्।

यह लक्षण पूर्वोक्त लक्षण के समान ही सद्हेतु में घटत्वेन वह्नयभाव आदि लेकर समन्वित होता है। इसमें कपिसंयोगी एतद्वृक्षत्वात् इत्यादि अव्याप्यवृत्ति साधक सद्हेतु में अव्याप्ति वारण के लिए व्याप्यवृत्ति के स्थान पर प्रतियोगी व्यधिकरण पद रखा गया है।

. प्रतियोगिव्यधिकरणत्व के विस्तृत परिष्कार में न जाकर हम इतना ही उल्लेख करना अनिवार्य समझते हैं कि टीकाकरों[3] ने प्रतियोगिव्यधिकरणत्व का इस प्रकार परिष्कार किया है। अतः अव्याप्ति न होने से समानाधिकरण्य पद इस लक्षण में व्यर्थ हो जाता है।[4] चक्रवर्ती लक्षणों की विशेषता को व्यक्त करते हुए दीधितिकार[5] कहते हैं अवच्छेदकता का पर्याप्त सम्बन्ध में आश्रय केवल वह्नि ह्रद उभयत्व होगा।[6] दीधिति-कार का मत है। गुरुधर्म साध्यतावच्छेदकत्व वाले असद्हेतु अतिव्याप्ति के वारण के लिए परिभाषिक अवच्छेदकत्व का अनुसरण आवश्यक है।

---

1. किन्त्वाकाशाभावस्य कालिकासम्बन्धेनाभावे साध्ये आत्मत्वादि हेतावतिव्याप्तिः। —दी० प्र० व्यधि०
2. कालिकसम्बन्धावच्छिन्नप्रतियोगिताकाकाशाभावाभाववानत्मत्वादित्यादावव्याप्तिवारणाय पूर्वोक्तरीत्यनुसरणे गौरववादव्याप्यवृतित्वं परित्यज्य प्रति योगि व्यधिकरणत्वेनाभावं विशेषयति। —गदाधर व्यधि प्र०
3. यादृशवाच्यं प्रतियोगितावच्छेदक। —दी०प्र०व्यधि०, पृ० 166
4. गदाधरी व्यधि०, पृ० 181 तथा 168
5. एवं च व्याप्तेव्यभिचारिसम्बन्धरूपतापिसंगच्छते। हेतौ साध्यतावच्छेदकः। —त०चि०दी० व्यधि० पृ० 166
6. वक्ष्यमाणे वाप्रतियोगितावच्छेदकानलिखितवृत्तित्वमेव तदवच्छेदकत्वमिहापि बोध्यम्। —वही, पृ० 139

6. साध्यतावच्छेदकावच्छिन्न साध्यसमाधिकरणव्यवच्छेदक स्वसमानाधिकरण साध्याभावकत्वम्।

7. यत्समानाधिकरणसाध्याभावप्रमाणां साध्यवत्ता ज्ञानप्रबन्धकत्वं नास्ति तत्त्वम्।

8. यत्तु साध्याभाववति यद् वृतै प्रकृतानुमिति विरोधित्वं नास्ति तत्त्वम्।

ये तीन लक्षण दीधितिकार ने प्रगल्भ के लक्षण रूप में उद्धृत किये हैं।

9. केचित्तु पावन्तः साध्याभावाः प्रत्येकं तत्तत्जातीयायेतदधिकरणनिरूपित-वृत्तिकत्वाभास्तद्वत्वं तत्तत्त्वम्।

10. यद्वा यावन्तरस्तादृशाः साध्याभावाः प्रत्येकं तेषांसजातीययस्य व्यापकीभूतस्य व्याप्यवृत्तेरभावस्य प्रतियोगितावच्छेदेकेन धर्मेण यद्रुपावच्छिन्नं प्रति व्यापकत्वमवच्छिद्यते तद् पनत्वं तत्त्वम्।

11. यद्वा यावन्तरस्तादृशाः साध्याभावाः प्रत्येकं तत्प्रतियोगितावच्छेदकेन यद्पावछिन्नं प्रतिव्यापकत्वम् अविच्छन्दते तदरूपवत्वे तत्त्वम्।

मिश्र के प्रथम लक्षण के यावत् साध्याभाव पद से बह्नित्वेन घटाभाव[1] तथा उसका सजातीय अभाव वह्नित्वेन घटाभावाधिकरणवृत्ति तत्त्वेन घटाभाव तद्वत धूम हेतु में होने से "पर्वतो वह्निमान् धूमात्" में लक्षण समन्वय होता है। दीधिति प्रकाशकार[2] ने द्रव्य गुण कर्मान्यत्वे सति सत्त्वात् इस स्थल में अति व्याप्ति होती है। मिश्र लक्षणों के पश्चात् पारिभाषिक लक्षणों की शृंखला में सर्वभौम के तीन लक्षण जोड़े जाते हैं। ये सर्वभौम वासुदेव सार्वभौम हैं जिन्होंने तत्त्वचिन्तामणि पर रघुनाथ के पूर्व व्याख्या लिखी है। ये रघुनाथ शिरोमणि के गुरु थे। इनके लक्षण इस प्रकार हैं।

12. वृत्तिमद्वृत्तयो यावन्तः साध्याभाववद् वृत्तित्वाभावस्तद्वत्वम्।

13. वृत्तिमद्वृत्तयो यावन्तः साध्याधिकरणवृत्तिवत्वाभावास्तत्तम्।

14. साध्यावच्छेदकाच्छिन्न व्यापकतावच्छेदकरूपावच्छिन्न प्रतियोगिता व्याप्यवृत्तिस्त्व समानाधिकरणं यावद् भावाधिकरणवृत्तित्वाभावा यावन्तो वृत्तिमद्वृत्तयः तद्वत्वं व्याप्तिः।

प्रथम लक्षण का समन्वय "पर्वतो वह्निमान् धूमात्" इस प्रकार से होता है। वृत्तिमान वस्तुयें वर्तमान यावत् साध्याभावदवृत्तित्वा भाव में वह्नित्वेन घटाभाववत् वृत्तित्वेन घटत्वेन अभाव का भी समावेश होता है। वह धूप में विद्यमान होने से लक्षण समन्वय होता है। दीधितिकार का विचार इस प्रकार है।[3]

---

1. साध्याभावाश्च पूर्वोक्त द्वितीयरीत्याप्रत्येक्तव्यः। —दी०व्याधि० प्र०
2. ननु द्रव्यं गुणकर्मान्यत्वे सति सत्त्वादित्य व्याप्तिः। —दी०व्याधि० प्र०
3. साध्याभावश्च पूर्ववद् बोध्यः तद्वृत्तिश्च भावोपि स्वव्यापक तत्साध्याभावद्वृत्तित्वम्। —दी०व्य०प्र०

रामरुदीकार[1] नवीनों के मत को उद्धृत करते हुए कहते हैं कि नवीन तार्किकों के विचार से धूम व्यापक व वह्निसमानाधिकरण वृत्ति के धूमत्वादि ही व्याप्ति होने से व्याप्ति शरीर के साध्य सहचार का विशेषण रूप में निवेश है। अत: सहचार का ज्ञान भी व्याप्ति गृह में विशेषण ज्ञान के रूप में कारण है। रामरुद्रीकार का मत है कि भूयो दर्शन का तात्पर्य अनेक दर्शन से नहीं है प्रत्युत अनेक स्थानों में दर्शन से है जो अत्यन्त आवश्यक है।

पक्षता या पक्षधर्मता:

गंगेश मत पक्षता परामर्श के समान अनुमिति का स्वतन्त्र कारण है। गंगेश आदि नव्य नैयायिकों का मत है। आचार्य गंगेश[2] ने पक्षता के स्थान पर पक्षधर्मता का प्रयोग किया है। किन्तु पक्षधर्मता पद का पक्षता से ही तात्पर्य है। ''पक्षधर्मता'' यहां पर पक्ष धर्मत्व जिसका इस व्युत्पत्ति के आधार पर पक्षधर्मता पद से पक्षता का बोध होता है। पक्ष का धर्मत्व अर्थात् पक्षत्व ''देव एव देवता'' की तरह पक्षता में तल प्रत्यय स्वार्थिक है। इसीलिए ''तत्र न तावत् सन्दिग्ध साध्य धर्मत्वम् पक्षत्वम्'' कहकर साध्य संशय को पक्षता मानने वालों का मत आचार्य गंगेश ने प्रस्तुत किया है।

साध्य संशय:

पक्षता के सम्बन्ध में नव्य नैयायिकों के कई मत उपलब्ध होते हैं। जिनमें पहला विवेचनीय मत साध्य संशय को पक्षता मानने वालों का है उनके अनुसार जहां साध्य पर सन्देह होता है वहीं अनुमिति होती है। जैसे पर्वत में अग्नि है या नहीं यह सन्देह रहने पर अनुमिति होती है क्योंकि जहां साध्य का निश्चय हो वहां अनुमिति नहीं होती है। आचार्य जगदीश[3] साध्य संशय का निश्चय हो वहां अनुमिति नहीं होती— ऐसा वे साध्य संशय पक्षता लक्षण की व्याख्या करते हुए लिखते हैं। नियन्त्रित विधेय वाली अनुमिति का कारण पक्षता है। ''पर्वतो अग्निमान् पर्वत: अग्निमान्नवा'' पर्वतधर्मिक-विषयक संयोग सम्बन्ध से नियन्त्रित पर्वत: अग्निमान् इस निश्चय के रूप में यह निश्चय इस संशय का विरोधी है। दीधितिकार[4] अपने उक्ति लक्षण का कारण लिखते हैं :

(1) कि उक्त रूप से सन्दिग्ध साध्य धर्मत्व का विवेचन करने से ही पक्षविशेष्य तथा पक्षविशेष्य वाले संशयों का अनुगमन नहीं होता है अर्थात् दोनों का ही इस में समावेश हो जाता है।

---

1. राम० रु० व्याप्तिग्रह निरुक्त
2. राम० स० व्याप्ति ग्रह० निरु०
3. जा० प० प्रकरण
4. तत्त्व० वि० प० प्र०

(2) किसी अन्य सन्देह से होने वाला सन्देह किसी अन्य सम्बन्ध से होने वाली अनुमिति के लिए पक्षता नहीं होता है। जैसे कालिक सम्बन्ध पर्वत में अग्नि का सन्देह, संयोग सम्बन्ध से पर्वत में होने वाली अग्नि की अनुमिति में पक्षता नहीं है। अतः लक्षण में "यादृश सम्बन्धावगाहित्व" का समावेश किया जाता है।

(3) सन्दिग्धसाध्यधर्मत्व- शब्द की व्युत्पत्ति दो प्रकार से होती है "सन्दिग्ध साध्वं धर्मत्वं यस्य" और "सन्दिग्धःसाध्यरूपोधर्मः यत्र" पहली व्युत्पत्ति के आधार पर जिसका वृत्तित्व साध्य में सन्दिग्ध है। "सन्देहविषयों भूत साध्यवत्व नाम गमनवत्" इस स्थल में पक्षता की उपलब्धि होती नहीं है। तम का समवेतत्व अप्रसिद्ध होने से द्वितीय अर्थ बाधित होता है।

साध्य संशय खण्डनः

"संन्दिग्ध साध्य धर्मत्व" का लक्षण करते हुए आचार्य गंगेश कहते हैं[1] कि सन्देह यदि विशेषण है तो परामर्श के पूर्व हेतु दर्शन और व्याप्ति स्मरण से उसका विनाश हो जाता है। गदाधर[2] के अनुसार प्रत्यक्ष से साध्य का निर्णय होने पर भी अनुमिति की इच्छा रहने पर अनुमिति होती है। संशय को पक्षता मानने पर वह नहीं होनी चाहिए। गदाधर[3] का मत है कि सिद्धयात्मक परामर्श होने पर संशय के रहते हुए अनुमिति उत्पन्न नहीं होती है किन्तु जगदीश[4] का कथन है कि संशय पक्षतावादी के मत में संशय रहने पर सिद्ध्यात्मक परामर्श के रहने पर भी अनुमिति उत्पन्न होती है।

संशय-योग्यताः

हेतु दर्शन या व्याप्ति स्मरण से साध्य का नाश होने पर भी जब तक साध्य निर्णय नहीं होता है तब तक संशय योग्यता बनी रहती है। उसी से अनुमिति उत्पन्न होती हैं। साध्य संशय-योग्यावादी उक्ति का निर्णय गंगेश ने किया है।

साध्यनिश्चयाभावः

साधक प्रमाण अर्थात् साध्य निश्चय का अभाव भी पक्षतावादी है। अनेक स्थलों में सिद्धि के पश्चात् अनुमिति होती है। उपनिषद् में भी कहा गया है। "आत्मा वा अरे द्रष्टव्यः श्रोतव्यो मन्तव्यो निदिध्यासितत्वः" "मन्तव्यश्चोपपत्तिभिः"— अर्थात् अनेक तर्कों के द्वारा मनन करना चाहिए।

---

1. गा० प० प्र०
2. संशयानन्तरजातसिद्ध्यात्मकपरामर्शादनुमित्यापत्तेश्च। —गा०, पृ० 1088, चौ०
3. संशयानन्तर जातिसिद्ध्यात्मकपरामर्शादनुमित्यापत्तेश्च। —वही
4. अत्र च मते पक्ष साध्यक्ता संशयोत्तरं सिद्ध्यात्मकपरामर्शादीप अनुमितिभवेति इत्येवेति बोध्यम्। —जा० प० प्र०

अनुमितिजनकेच्छा :

अनुमिति इच्छा को पक्षता मानने वाले कुछ नैयायिकों का कथन है कि मुमुक्ष के शब्द के द्वारा आत्मा का ज्ञान होने पर मनन भी मोक्ष के उपाय के रूप में श्रुति द्वारा प्रतिपादित होने से सिद्धि विशेष अनुमिति की इच्छा से आत्मा का अनुमान किया जाता है। इस मत का खण्डन करते हुए आचार्य गंगेश कहते हैं कि सन्देह के समान ही परामर्श के पूर्व अनुमिति की इच्छा का अभाव है। संशय योग्यता के ही समान अनुमिति इच्छा की योग्यता भी अस्पष्ट है। अन्यत्र अनुमिति की इच्छा न रहने पर भी मेघ गर्जना सुनकर मेघ का अनुमान होता है। अनुमिति के कारण परामर्श के रहने पर अनपेक्षित वस्तु का भी अनुमान होता है।

सिषाधयिषणा-विरह-सहकृत-सिद्ध्यभावः

गंगेश के अनुसार अनुमिति की इच्छा-विरहयुक्त साधक प्रमाण का अभाव जहां हो वह पक्ष है। अतः जहां सिषाधयिषणा अर्थात् अनुमिति की इच्छा के विरह से युक्त प्रमाण और साध्य निश्चय है वह पक्ष नहीं है। जहां साध्यनिश्चय है वहां सिषाधयिषणा है। जहां दोनों का अभाव है वहां विशिष्ट का अभाव होने से पक्षता है। ''सिषाधयिषणा विरहसहकृत'' यह विशेषण सिद्धि में जोड़ा गया है। अतः दीधितिकार इस प्रकार की स्थिति का प्रदर्शन करते हैं जहां ये तीनों एक साथ रहते हैं। जैसे जहां पहले क्षण में अनुमिति की इच्छा, दूसरे क्षण में सिद्ध्यात्मक, स्मरणात्मक परामर्श, या उसके पश्चात् अनुमिति की सार्वभौम मत के आधार से दो या तीन क्षणों के बीच सिद्धि रहने पर अनुमिति होती है। उनके मत के अनुसार दीधितिकार ने पक्षता का लक्षण किया है। इस विषय में यज्ञपति[1] उपाध्याय का मत है कि अनुमिति की इच्छा के विरह संयुक्त समान विषयक प्रत्यक्ष सामग्री का अभाव स्वतन्त्र रूप से अनुमिति का कारण नहीं है। प्रत्युत सिषाधयिषणा से युक्त सिद्धि प्रत्यक्ष सामग्री अन्यतर (दोनों में से एक) का अभाव ही पक्षता है। अतः सिद्धि-काल में या समान-विषयक प्रत्यक्ष सामग्री के काल में अनुमिति की आपत्ति नहीं होगी। यज्ञपति उपाध्याय के इस मत की दीधितिकार[2] ने आलोचना की है कि सिषाधयिषणा विरह से युक्त सिद्धि अनुमान से अतिरिक्त साधकमात्र अन्यतर (दोनों में से एक) का अभाव पक्षता है।

उपाध्याय-मत-निराकरणः

दीधितिकार[3] का कहना है कि उपर्युक्त बाधा का भी स्वतन्त्र प्रतिबन्धकत्व नहीं

---

1. दिनकरी अनु० ख० प० प्र०
2. तत्त्व० चि० दी० प० प्र० सि०
3. एवं ते सत्यामनुमित्सायां सिद्धिसत्त्वेपि इत्युत्पादस्य परेषामण्यनुभविकत्वादनमित्साया-स्तत्रोत्तेजक त्वमप्यवश्यं पक्षता न मितिहेतुः। —जाग० प० प्र० प० सि०

रहेगा। बाध का भी उसमें समावेश करके उपर्युक्त अन्यतमा भाव की भी पक्षता कहा जा सकता है। फलस्वरूप बाधा में अनुभव सिद्ध स्वतन्त्र प्रतिबन्धकता का विलोप प्रसंग उपस्थित होगा।

प्रभाकर[1] मतानुयायी पक्षता को अनुमिति का कारण नहीं मानते। जगदीश भी अपना मत व्यक्त करते हुए कहते हैं कि अनुमित्सा के रहने पर भी और सिद्धि के रहने पर भी अनुमिति की उत्पत्ति विरोधी को भी मान्य है। अतः अनुमित्सा को यहाँ उत्तेजक मानना अनिवार्य है। इसलिए पक्षता को अवश्य ही अनुमिति का कारण मानना चाहिए।

अनुमान के भेद

आचार्य गंगेश ने अनुमान के तीन भेद वर्णित किये हैं[5] 1. केवलान्वयी 2. केवलव्यतिरेकी 3. अन्वयव्यतिरेकी। गंगेश का वर्गीकरण नया नहीं है। नैयायिकों में इन अनुमानों के आधार के विषयगत मतभेद हैं। कुछ लोग सहचरों को आधार मानते हैं, कुछ लोग व्याप्ति के आधार को, तो कुछ साध्य के आधार पर वर्गीकरण करते हैं।

अनुमान के भेद— स्वार्थ व परार्थ

अनुमान जो स्वकीय अनुमिति का जनक होता है, वह स्वार्थानुमान कहलाता है, परार्थानुमान परकीय अनुमिति का जनक होता है। परकीय अनुमिति न्याय प्रयोज्य होती है। पंचावयव वाक्यों के समुदाय को न्याय कहते हैं।[2] वादी के द्वारा प्रयुक्त न्याय जन्य बोध से मध्यस्थ की अनुमिति का अन्तिम कारण लिंग परामर्श रूप अनुमान उत्पन्न होता है। जो लोग ज्ञायमान हेतु को अनुमान मानते हैं उनके मत में हेतु का विशेष परामर्श न्याय को अधीन होने से उससे युक्त हेतु भी न्यायाधीन हो जाता है।

न्याय के अवयव :

गंगेश के मत में ''प्राचीन समस्तरूपोत्पन्नलिंगप्रतिपादकं वाक्यम्'' को न्याय[4] कहा है। वे पांच रूप हैं- 1. पक्षसत्त्व, 2. सपक्षसत्त्व, 3. विपक्षासत्त्व, 4. अबाधितत्व

---

1. तत्त्व० वि० के अनु० प्र०
   तत्त्व० चि० के अनु० प्र०
2. न्यायोनाम अवयवसमूहः। —वे० प० अनु० परि०
3. तत्र समस्तरूपोपपन्नलिङ्गप्रतिपादकं वाक्यं स न्यायः। अत्रैव वाक्येति व्याप्तः।
   —त० चि० अव० प्र० न्याय
4. तत्र समस्तरूपोपपन्नलिङ्गप्रतिपादकं वाक्यं स न्यायः। अत्रैव वाक्येति व्याप्तः।
   —त० चि० अव० प्र० न्याय

और 5. असत्प्रतिपक्षित्व। उपनय के द्वारा पक्ष-सत्त्व का उदाहरण से सपक्ष-सत्त्व विपक्षासत्त्व का तथा निगमन से अबाधित तत्व और असत्प्रतिपक्षितत्त्व का प्रतिपादन किया जाता है।

चिन्तामणिकार ने इस लक्षण का खण्डन किया है और इस लक्षण से उसी वाक्य की अतिव्याप्ति होती है। अतः चिन्तामणिकार[1] के अनुसार "अनुमिति का परम कारण जो लिंग परामर्श उसका प्रयोजक जो शब्द[2] और यज्ञपति उपाध्याय[3] के अनुसार न्याय वाक्य से होने वाले उदाहरण और अन्वय दोनों के द्वारा व्याप्ति का ज्ञान मानने पर पौनरुक्त्य होता है।

गदाधर का मत[4] है कि पक्ष में व्याप्तिविशिष्ट के सम्बन्ध का ज्ञान ही अनुमिति का कारण है। व्याप्त से अभिन्न जो हेतु उसके आश्रय से अभिन्न पक्ष का ज्ञान में अनुमिति का कारण नहीं है। न्याय से जो ज्ञान उत्पन्न होता है वह उसी प्रकार का होता है। वह व्याप्तिविशिष्ट के वैशिष्ट्य को व्यक्त करने वाला नहीं होता है क्योंकि नामार्थक, नामार्थ के साथ अभेद ही अन्वय होता है। अतः "व्याप्तिविशिष्टत्वैशिष्ट्यावगाही" ज्ञान के लिए इस प्रकार का मानस परामर्श अवश्य ही स्वीकार करना चाहिए। इसी अभिप्राय से मणिकार ने "तेन च" इत्यादि कहा है।

अवयव का लक्षण:

न्याय वाक्य की एक इकाई को अवयव कहते हैं। सामान्यतया किसी द्रव्य के समवायिकारण को अवयव कहा जाता है। किन्तु यहां न्याय वाक्य रूपी शब्द समूह का कोई अवयव नहीं हो सकता है। समूह के एक भाग या घटक को लेकर यहां प्रतिज्ञादि के लिए अवयव व्यवहार करते हैं। गंगेश अवयव का लक्षण करते हुये कहते हैं— अनुमिति में अन्यतम कारण जो लिंग परामर्श उसका प्रयोजक जो न्यायार्थ ज्ञान उस ज्ञान का जनक वाक्य अवयव कहलाता है। तात्पर्य यह है कि प्रतिज्ञादि वाक्यों से उनके अर्थ का ज्ञान होता है। उस-उस अर्थ के ज्ञान से उनके समूहार्थ का "महावाक्यार्थ ज्ञान

---

1. अनुमितिकरणकारण-लिंगपरामर्श-प्रयोजकशब्दज्ञान-जनकवाक्यं न्यायः।
2. उचितानुपूर्वकप्रतिज्ञादिपंचसमुदायत्वम्। —न्या० ल०
3. अत्र च तदेव ज्ञानं परामर्शरूपम्-उपनयार्थविषयकत्वादि अक्षिणि उपनयस्य व्याप्त्येन तात्पर्यः, तथा च सति न्यायजन्य बोधे उदाहरणार्थतया उपनयार्थतया च व्याप्तिमान पौरुक्त्यं स्यात् किन्तु पक्षधर्मत्व मेवोपनयेन विवक्षितम्। तथा चोदाहरणार्थ व्याप्तेरुप-नयार्थपक्षधर्मतायाश्च विशृङ्त्वेमेव भानमिति न न्याय जन्य बौधस्य व्याप्ति विशिष्ट वैशिष्ट्यावगाहिता।
4. नव्यास्तु पक्षांशे व्याप्तिविशिष्टवैशिष्ट्यावगाहि ज्ञानमेवानुमीति हेतुः। न तु व्याप्त्यभिन्न हेतुमदाभिन्नज्ञानम्....चेत्याभिहितम्। —गदा० अव०, पृ० 26

होता है'' उस महावाक्यार्थ ज्ञान से चरम कारण परामर्श उत्पन्न होकर अनुमिति होती है। इसीलिए प्रतिज्ञादि उपयुक्त लक्षण से युक्त होने से अवयव है।

दीधितिकार ने लक्षण किया है कि प्रतिज्ञादि घटक जो अवयवों के घटक भाग द्वय से अघटित हो—जैसे पर्वतो वह्निमान् यह वाक्य उक्त प्रतिज्ञा घटक नहीं है तथा प्रतिज्ञा और हेतु दोनों के घटक भागद्वय पर्वतोवह्निमान् और धूमात् इन दोनों से अघटित हो अतः वह न्याय का अवयव है। इसी प्रकार धूमात् आदि न्यायावयव हैं।

अवयव का लक्षण

प्रतिज्ञा:

महर्षि गौतम के प्रतिज्ञा लक्षण की आलोचना करते हुए आचार्य गंगेश लिखते हैं कि साध्य निर्देश प्रतिज्ञा का लक्षण नहीं हो सकता है। साध्यपद में अतिव्याप्ति होती है। अतः उद्दिष्ट अनुमिति के लिए कारणीभूत लिंग परामर्श प्रयोजक वाक्यार्थ ज्ञान का जनक होते हुए उस उदृष्ट अनुमिति का अन्यून और अनतिरिक्त विषय वाले शब्द-बोध को जनकर वाक्य प्रतिज्ञा कहलाता है। पर्वत वह्निमान है। या वाक्य 'पर्वतो अग्निमान्' इस अनुमिति के प्रयोजक ''वह्निव्याप्य धूमवान् पर्वतः'' इस परामर्श के प्रयोजक वाक्यार्थ ज्ञान का जनक भी है। अतः वह उस अनुमिति के लिए प्रतिज्ञा है।[1]

प्रतिज्ञा का प्रयोजक:

''प्रतिज्ञा साध्यान्तरंग'' नहीं है। इस मत का निराकरण गंगेश ने किया है।[2] साध्य निर्देश के बिना हेतु वाक्य निवेद्यप्रतियोगिक अन्वय बोध कराने में समर्थ नहीं हैं। हेतु वाक्य में अनुपस्थिति भी योग्यता के आधार पर अन्वित होता है। यह नहीं कह सकते अन्यथा अनुपस्थिति मात्र का अन्वय होने लग जाएगा। विप्रतिपत्ति से भी साध्य की उपस्थिति नहीं हो सकती है। क्योंकि विप्रतिपत्ति का प्रतिवादी विप्रतिपत्ति से अथवा प्रमाण मात्र के उपस्थान से विनाश हो सकता है। परन्तु विप्रतिपत्ति और समयबन्ध के बिना किसी वस्तु की स्थापना नहीं हो सकती। दूसरी बात यह है कि विप्रतिपत्ति वाक्य पक्ष का प्रतिपादन में पर्यवसित हो जाने से यह निराकांक्षा हो जाती है। उस हेतु वाक्य में आकांक्षा नहीं रहती है। उसी की आवृत्ति करने पर उसे ही प्रतिज्ञा कहा जा सकता है। उपनय के द्वारा प्रतीत स्वार्थ की अनुपपत्ति से साध्यवान पद का अनुमान होता है। यह कथन भी योग्य नहीं है। साध्य में हेत्वार्थ का अन्वय होने पर उदाहरण के पश्चात् साध्य व साध्यवान कौन है यह उपनय विषयक आकांक्षा होने पर उपनय का प्रयोग करते

---

1. तत्र न प्रतिज्ञा साध्य निर्देश....। गा० अवयव० प्र० प्रति० ल०
2. त० वि० अव० प्र० प्रति० ल०

हैं। इस प्रकार उपनय से साध्यभिधान और साध्याधिधान से उपनय यह अन्योन्याश्रय दोष है। इसलिए उपनय से प्रतीत स्वार्थों की अनुपपत्ति से आक्षेप नहीं होता। पदकृत्य आदि में साध्य धर्म विशिष्ट धर्मी।

हेतु वाक्यः

पक्ष में साध्य निर्देश के पश्चात् स्वाभाविक रूप से जिज्ञासा उत्पन्न होती है। इस जिज्ञासा की पूर्ति के लिए हेतु की अभिव्यंजक विभक्ति वाले हेतु वचन का प्रयोग किया जाता है। बिना जिज्ञासा के किसी वस्तु का प्रतिपादन करने वाला प्रवक्ता निगृहीत होता है। लोक में इसी प्रकार से आकांक्षा की निवृत्ति देखी जाती है। इसलिए प्रतिज्ञा के पश्चात् परार्थानुमान की प्रक्रिया में हेतु वाक्य का प्रयोग किया जाताहै।

गंगेश[1] मत के आधार से चिन्तामणि गंगेश ने हेतु के कई लक्षण प्रस्तुत किए है। उनमें पहला है ''अनुमिति के लिए कारणीभूत लिंग परामर्श का प्रयोजक '' जो शब्द ज्ञान उस ज्ञान का जनक जो साध्य विषय न होने वाली शाब्द बुद्धि उसका कारण हेतु विभक्ति युक्त शब्द हेतु वचन कहलाता है। जैसे ''पर्वतो अग्निमान्'' में धूमात् यह वचन। आचार्य गंगेश का दूसरा हेतु लक्षण है। ''प्रतिज्ञा वाक्य ज्ञान'' से उत्पन्न कारण की आकांक्षा का निवर्तक ज्ञान का जनक हेतु विभक्ति वाला वाक्य ''पर्वतो अग्निमान्'' कहने पर कैसे? यह कारण के सम्बन्ध में आकांक्षा उत्पन्न होती है। आचार्य गंगेश[2] का तृतीय लक्षण है पंचमी विभक्ति जिसके अन्त में है ऐसा लाक्षणिक पद वाला अनुमिति सम्बन्धी वाक्य।

आचार्य गंगेश के अन्य लक्षण भी हैं। जैसे हेतुत्व प्रतिपादक, विभक्तियुक्त, न्यायावयव, उदाहरण के प्रयोजक अकांक्षा के जनक शाब्द ज्ञान को उत्पन्न करने वाला न्यायावयव तथा साध्य जिसका विषय नहीं है। ऐसे ज्ञान का जनक हेतु पंचम्यन्त अनुमिति सम्बन्धी शब्द।

महादेव मत— न्यायकौस्तुभकार[3] ने स्वार्थ विशिष्ट वैशिष्ट्य बोधजनक न्यायावयव को हेतु अवयव कहा है

हेतु वाक्य के भेदः

आचार्य गंगेश ने हेतु के तीन भेद माने हैं : 1. अन्वयिहेतु 2. व्यतिरेकिहेतु और

---

1. हेतुत्वं च अनुमिति कारणीभूतलिंगपरामर्शप्रयोजक शाब्द-ज्ञान-जनक साध्याविषयक शाब्दधीजनकहेतुविभक्तिमच्छब्दत्वम्। —त० चि० अव० प्र० हेतु
2. प्रतिज्ञावाक्यधीजजन्यकारणाकांक्षा निवर्तक ज्ञानजनकहेतुमद्विभक्तिमद्वाक्यत्वं वाक्य। —त० चि० अव० प्र० हेतु
3. हेतुत्वं च स्वार्थविशिष्टवैशिष्ट्यबोधजनक न्यायावयवत्वम्।—न्या० कौ० पृ० 257

3. अन्वयव्यतिरेकिहेतु। "अन्वयव्याप्ति को बतलाने वाले अवयव के अभिधान का प्रयोजक जो ज्ञान उसका जनक हेतुत्व के प्रतिपादक विभक्ति वाला न्यायावयव अन्वयी हेतु हैं।[1]

उदाहरण:

परार्थानुमान की प्रक्रिया में तीसरा स्थान उदाहरण का है। हेतु का उच्चारण करने के पश्चात् उसके विषय में यह आकांक्षा उत्पन्न होती है कि यह हेतु किस प्रकार से साध्य का बोधक होता है। अत: व्याप्ति के प्रदर्शन के लिए हेतु के पश्चात् तुरन्त उदाहरण का प्रयोग किया जाता है। गंगेश मत में अनुमिति के कारण लिंग परामर्श के प्रतिपादक वाक्य से उत्पन्न ज्ञान का जनक जो व्याप्य के रूप में अभिमत के सम्बन्ध बोध का जनक "शब्द" उदाहरण कहलाता है।[2] जैसे—"यो यो धूमवान् स स वह्निमान्" यथा महानसः। यह वाक्य अनुमिति के कारण परामर्श के रूप में अभिमत साध्य के सम्बन्ध "व्याप्तिबोध" का जनक भी है।

उदाहरण के भेद:

व्याप्ति के भेद—अन्वय तथा व्यतिरेक के आधार पर उदाहरण के आधार पर उदाहरण के दो भेद होते हैं। प्राचीन नैयायिकों ने भी उदाहरण के भेद साधर्म्य और वैधर्म्य के रूप में प्रतिपादित किये हैं। साध्य साधन के सम्बन्ध बोध का जनक तथा साध्य साधनाभाव सम्बन्ध बोध जनक इन्हें भी अन्वय और व्यतिरेक उदाहरण कहा जा सकता है।

वीप्सा:

उदाहरण वाक्य में यत् पद तथा तत्पद की जो द्विरुक्ति होती है उसे वीप्सा कहते हैं। "यद्यत्पापं प्रतिजहि जगन्नाथ नम्रस्य तन्मे।"

उपनयन:

उदाहरण के पश्चात् नैयायिक उपनयन का प्रयोग परार्थानुमान की प्रक्रिया में आवश्यक मानते हैं। उदाहरण से हेतु में साध्य की व्याप्ति-ज्ञान से होती है। किन्तु व्याप्त हेतु पक्ष में है या नहीं इस आकांक्षा के समाधान के लिए व्याप्य हेतु का पक्ष में अस्तित्व प्रदर्शन के लिए उपनय का प्रयोग आवश्यक है। आचार्य गंगेश[3] के अनुसार अनुमिति

---

1. अन्वयव्याप्त्याभिधायकावयवाभिधानप्रयोजक ज्ञानजनकहेतुत्व प्रतिपादकविभक्ति-मन्यावयवत्वमन्वयि हेतुत्वम्। —त० चि० अनु० प्र० ह० ल०
2. इतरोपस्थापितार्थविशेषण स्वार्थबोधजनको न्याय एव। —त० चि० अव० प्र०
3. तत्व० चि० अव० प्र० उप० लक्षण

के कारण तृतीय लिंग परामर्श जनक न्यायावयव उपनय कहलाता है। जैसे पर्वतो वह्निमान् वह्निव्याप्य धूमवान् पर्वतः तथा "चायं" यह वाक्य होने से यह उपनय है।

उपनय के भेदः

उपनय के भी उदाहरणादि के समान भेद होते हैं। अन्वय, उपनय, तथा व्यतिरेक उपनय कहे जा सकते हैं। साध्य व्याप्ति विशिष्ट पक्ष बोधक अवयव को अन्वय साध्याभाव व्यापकाभावप्रतियोगित्वपक्षबोधक अवयव को व्यतिरेक उपनय कहा जा सकता है।

निगमनः

उपनय के पश्चात् निगमन का प्रयोग किया जाता है। निगमन एक प्रकार से प्रतिज्ञा का पुनरुच्चारण ही है। इसमें भी पक्ष में साध्य का प्रतिपादक होता है। उपनय के प्रतिपादन में "तस्मात् तथा" इस शब्द का प्रयोग किया जाता है। तस्मात् का अर्थ है "वह्निव्याप्य धूमत्वात्"।

निगमन का प्रयोजनः

प्रश्न यह है कि व्याप्ति और पक्ष-धर्मता इन दोनों अनुमान के अंगों का प्रतिपादन उक्त चारों अवयवो से ही हो जाता है निगमन की क्या आवश्यकता है? इस विषय में गंगेश[1] का समाधान यह है कि अबाधित्व और असत्प्रतिपक्षितत्व इन दो हेतु रूपों का प्रतिपादन उक्त चारों अवयवों से नहीं होता। अतः उनके प्रदर्शन के लिए निगमन का अनुमान प्रक्रिया में समावेश आवश्यक है।

अनुमान के दोष (हेत्वाभास)

अन्य तार्किकों के समान नव्य नैयायिकों ने भी अनुमान के विभिन्न दोष स्वीकार किये हैं जो अनुमिति या उसके कारणों का विरोध करते हैं। नव्य नैयायिकों[2] के अनुसार हेत्वाभास या उदाहरणाभास नामक दो प्रकार के दोष प्रायः अनुमिति की उत्पत्ति और उसकी यथार्थता के प्रतिद्वन्द्वी होते हैं। बौद्धों एवं जैनों के समान नव्य नैयायिकों ने पक्षाभास का विवेचन स्वतन्त्र रूप में नहीं किया।

---

1. तत्व० चि० अ० प्र०
2. त० चि० सा० नि० प्र०— अथ हेत्वाभासास्तत्त्वम् निर्णयविषयप्रयोजकत्वा निरूप्यन्ते
   क. तत्वानुमितिभूताभावप्रतियोगि यथार्थ ज्ञानविषयत्वम्।
   ख. यद्विषयकत्वेन लिंगज्ञानस्यानुमिति बन्धकत्वंतत्त्वम्।
   ग. आयमानं सदनुमिति प्रतिबन्धकं यत्तत्वं वा। —त० चि० सा० नि० प्र०।

हेत्वाभास की व्युत्पत्ति दो प्रकार से की जाती है—"हेतोर्भासः" और "हेतुवद् भासन्ते इति हेत्वाभासाः"।

हेत्वाभास की उपयोगिता

आचार्य गंगेश के अनुसार—हेत्वाभास का ज्ञान तत्त्व निर्णय तथा विषय का प्रयोजक है। दीधितिकार भी हेतु के साथ हेत्वाभास के ज्ञान को तत्त्वनिर्णय तथा विषय प्रयोजक मानते हैं। इसीलिए हेतु निरूपण के साथ हेत्वाभास निरूपण भी एक कार्य है।

हेत्वाभास का प्रथम लक्षणः

आचार्य गंगेश ने हेत्वाभास के तीन लक्षण उपस्थित किये हैः

1. अनुमिति में कारण होने वाले अभाव के प्रतियोगी यथार्थ ज्ञान का जो विषय हो।

2. ज्ञान विषय के होने से हेतु का ज्ञान अनुमिति में प्रतिबन्धक होता है।

3. ज्ञान विषय होकर जो अनुमिति का विरोधी हो वह हेत्वाभास है।

प्रश्न— मूलाकार गंगेश के उपर्युक्त दोषों या दृष्टहेतुओं के? यदि दृष्ट हेतुओं के हैं तो दोषों के घटित होने से अतिव्याप्ति होती है और दृष्ट हेतुओं में घटित होने से अव्याप्ति होती है। इसका समाधान करते हुए दीधितिकार[1] लिखते हैं कि ये लक्षण मौलिक रूप में हेतु दोषों के ही हैं। किन्तु "तद्वत्" दृष्ट हेतुओं में भी है। "उपाधैसंकरेऽपि न उपाधिसंकरः।

द्वितीय लक्षणः

यथार्थ पद के बिना लघु लक्षण जो गंगेश ने[2] प्रतिपादित किया है वही महत्वपूर्ण है। उस पर गंगेश के उत्तरवर्ती तार्किकों ने विशेष विचार किया है। जिसका विषय होने से हेतु का ज्ञान अनुमिति का विरोध हो जाता है।

विशिष्टान्तराघटित्वः

"धूमवान् वह्नेः" इस स्थल में पूर्वोक्त लक्षण के अनुसार प्रमेयत्व विशिष्ट व्यभिचार में अतिव्याप्ति होती है। प्रमेयत्व विशिष्ट व्यभिचार विषयकत्व की प्रतिबन्धकता का अनतिरिक्त वृत्ति है। इस अतिव्याप्ति के निवारणार्थ रघुनाथ शिरोमणि[3] को परिष्कृत

---

1. यथाश्रुतमिदं हेतुदोषां लक्षणम् तदुत्त्वं च द्रष्ट हेतुत्वानाम् तदभिप्रायेणैव उपाधयसंकर अपि इत्यादि वक्ष्यति। —सम्बध० दीश्सामा० नि० प्र०
2. यद्विषयकत्वेन लिंग ज्ञानस्यानुमिति प्रतिबन्धत्वं तत्त्वम्।
3. विशेषणीयञ्च तादृशविशिष्टान्तरा घटित्वेन। —त० दी० सा० नि० प्र०

करते हुए गदाधर[1] कहते हैं— अनुमिति की प्रतिबन्धकता का जिस रूप में नियन्त्रित विषयकत्व अवच्छेदक होता है वह रूप जिस धर्म से नियन्त्रित विषयकत्व प्रतीति विषमता का अवच्छेदक हो उससे नियन्त्रित विषय जिसका न हो उस प्रतीति (ज्ञान) की विषमता का नियन्त्रक जो उससे नियन्त्रित होना ही विशिष्टान्तर से घटित होता है।

हेत्वाभास के भेदः

प्राचीन नैयायिकों के समान नव्य नैथायिकों ने और गंगेश ने भी हेत्वाभास के पांच भेद कहें हैं ये हैं सव्यभिचार, विरुद्ध, असत्प्रतिपक्ष, असिद्ध और बाधित। सव्यभिचार का लक्षण गंगेश[2] ने इस प्रकार किया है कि व्यभिचार, विभाजन, साधारण और असाधारण तथा अनुपसंहीत के रूप में है।

सत्प्रतिपक्षः

गंगेश मत में साध्याभाव व्याप्य हेतुमत्पक्ष को सत्प्रतिपक्ष कहते हैं। इसका लक्षण आचार्यगंगेश ने किया है। साध्य के विरोधी के उपस्थान में समर्थ समान बल की उपस्थिति से जिसके कार्य का प्रतिरोध होता है वह हेतु है, जैसे- ''शब्दो नित्यः'' ''श्रावणत्वात्'' ''शब्दोनित्यः कार्यत्वात् घटवत्'' यहां पर साध्य विरोधी अनित्यत्व व्याप्य कार्यत्ववदशब्दः'' रूप परामर्श से श्रावणत्व हेतु के कार्य शब्द के नित्यत्व की अनुमिति का प्रतिरोध हो जाता है। अतः श्रावणत्व हेतु सत्प्रतिपक्षित कहलाता है। सत्प्रतिपक्ष शब्द की व्याख्या करते हुए दीधितिकार लिखते हैं—सत् विद्यमान है प्रतिपक्ष अर्थात् विरोधी-परामर्श जिस हेतु के लिए वह हेतु सत्प्रतिपक्ष कहलाता है। इससे यह सिद्ध होता है कि विरोधी परामर्श के रहने से जिस साधक हेतु का कार्य एक हो जाता है वह हेतु सत्प्रतिपक्ष हेत्वाभास होता है। आचार्य केशवमिश्र ने प्रकरणसमशब्द का प्रयोग ही सत्प्रतिपक्ष के लिए किया है अन्नंभट्ट ने भी जिस हेतु के साध्य के अभाव का साधक दूसरा हेतु हो उस हेतु को सत्प्रतिपक्ष कहा है।

सत्प्रतिपक्ष में दूषताः

सत्प्रतिपक्ष तदाभाव, व्यापकता ज्ञान के रूप में अनुमिति का विरोधी होता है। ''रत्नाकोशकार'' मत से समीक्षा करने से ज्ञात होता है कि सत्प्रतिपक्ष में संशयोत्पादकता की दूषकता का बीज है। तद्भाव व्याप्यवत्ता ज्ञान अनुमिति में प्रतिबन्धक नहीं है। इसलिए सत्प्रतिपक्ष स्थल में संशयकार अनुमिति उत्पन्न होती है। जिस प्रकार ''घटाभाव

1. गादा० सामा० नि० प्र०
2. सव्यभिचारोपि त्रिविधः साधारणसाधरणानुपसंहारि भेदात्।

—त० चि० सत्य० प्र०

व्यापकता''[1] का ज्ञान होने पर भी घट और चक्षु का संयोग होने पर घटत्वज्ञान उत्पन्न होता है। या शंख में पीतात्वभाव व्याप्त शुक्लत्व का ज्ञान होने पर भी पित्त रोगी को शृंग पीला है यही ज्ञान उत्पन्न होता है। उसी प्रकार दो विरोधी वस्तुओं के व्याप्य का दर्शन होने पर दो विरोधियों के विषय में संशय रूप अनुमिति होती है।

सत्प्रतिपक्ष के भेद:

सत्प्रतिपक्ष भी दो प्रकार का होता है—''साध्याभाववद् वृत्तिमत्तपक्ष''[2] तथा ''प्रतिहेतुव्यापकतासाध्याभाव समानाधिकरणप्रतिहेतुमत्पक्ष''। पहला स्वतंत्र रूप से अनुमिति प्रतिबन्ध है तथा दूसरा एक ज्ञान से युक्त दूसरे ज्ञान से रूप में अनुमिति का विरोधी है।

असिद्ध:

साधारण्यादि भिन्न होते हुए ज्ञानीय विषय के रूप में परामर्श विरोधिता जिसमें हो वह असिद्ध कहलाता है।[3] असिद्ध तीन प्रकार की होती है—आश्रयासिद्धि, स्वरूपासिद्धि, और व्याप्यत्वासिद्धि।[4]

उपाधि के भेद:

उपाधि के तीन भेद प्रदर्शित किये हैं—केवलसाध्यव्यापक, पक्षधर्मवच्छिन्ना साध्यव्यापक और साधनावच्छिन्नासाध्यव्यापक।

बाधक लक्षण:

आचार्य रघुनाथ[5] के अनुसार जिस धर्म में नियन्त्रित विषयता, विरोधी अनुमिति हो जनकता का नियन्त्रक न होते हुए प्रकृत पक्ष विशेष्य वाली प्रकृत पक्षतावच्छेदक प्रकारवादे ग्रहत्व की अव्यापिका प्रकृत साध्यता के सम्बन्ध में नियन्त्रिता साध्यतावच्छदेक से नियन्त्रित प्रकारता वाले ज्ञानत्व की व्यापिका जो प्रतिबन्धता के नियन्त्रक धर्म से युक्त, बाध्य हेत्वाभास कहलाता है। बाधित हेत्वाभास[6] इस प्रकार है।

---

1. गादा० सि० मु० ख० हेत्वा० प्र०
2. गादा० नि०, भूमिका शिवदत्त मिश्र, चौ० प्र० 1985
3. साधरण्यासाधारण्यानुपसंहारित्वाभिन्न ज्ञानस्य विषयतयापरामर्शविरोधितिावच्छेदकं रूपसिद्धि:।
4. त० चि० असिद्धि० प्र० ।
5. त० चि० दी० बाध० प्र० ।
6. स० 7, त० चि० बाध० प्र०।

धर्मिग्राहकमान से बाधितः

जो हेतु के ग्राह प्रमाण से बाधित होता है उसे धर्मिग्राहकमान बाधित हेत्वाभास कहा जाता है। जैसे घट में विभुत्वबाध प्रत्यक्ष प्रमाण से गृहीत होता है।

अनुमान प्रमाण से बाधितः

मेरु पाषणमय है क्योंकि पर्वत इस अनुमान से मेरु का पाषाणत्व मेरु का सुवर्ण कहने वाले आगम से बाधित है।

आगम प्रमाण बाधितः

परमाणु अवयव युक्त है क्योंकि मूर्त्त है। इसमें परमाणुओं का सावयवत्व अनुमान प्रमाण से बाधित है।

साध्यप्रतियोगी ग्राहकमान बाधितः

साध्य विरोधी के ग्राहक प्रमाण से बाधित हेत्वाभास को साध्य प्रतियोगिक ग्राहक-मन बाधित कहते हैं, जैसे-अग्नि अनुष्ण है क्योंकि कृतक है। इस अनुमान में अग्नि की अनुष्णता के प्रतियोगी उष्णता के ग्राहक प्रमाण से बाधित हैं।

साध्यग्राहक-मान-सजातीय बाधितः

''नर शिर कपाल शुचि है'' क्योंकि यह सिद्ध करने वाले प्राणि के अंग हैं। जैसे ''शंख'' इस अनुमान में दृष्टान्त शंख को शुचि सिद्ध करने वाले आगम के सजातीय ''मलमूत्रपुरीषास्थिनिर्गतंह्शुचिः स्मृतम्'' नरं पृष्ट्वा तु सस्नेहं सचैतस्कमाविशेत्'' से बाधित है।

हेतुग्राहक मान बाधितः

हेतु के ग्राहक प्रमाण से जिसमें साध्य का बोध होता है उसे हेतुग्राहक ज्ञान बाधित कहते हैं।

हेतुग्राहक प्रत्यक्ष प्रमाण बाधितः

जल और वायु उष्ण है क्योंकि पृथ्वी में रहने वाले स्पर्श से भिन्न युक्त हैं।

हेतुग्राहक अनुमान प्रमाण बाधित[1]:

मन विभु है क्योंकि विज्ञान के समवायी ''आत्मा'' के संयोग का आधार है। मन में ज्ञान के समयावी के संयोग की आधारता को सिद्ध करने वाले अनुमान प्रमाण से ही मन का विभुत्व बाधित होता है।

---

1. त० चि० बाध० प्र०

हेतु ग्राहक आगम प्रमाण बाधित :

राजसूय यज्ञ ब्राह्मण का कर्तव्य है, क्योंकि स्वर्ग का साधनहै। राजसूय यज्ञ में ब्राह्मण कर्तव्यता का बाधक है। राजसूय को स्वर्ग साधन बतलाने वाला आगम "राजा राजसूयेन यजेत्" इत्यादि। इस प्रकार हेतु के ग्राहक आगम प्रमाण से बाधित होने से यह भी हेतु ग्राहक मान बाधित हेत्वाभास है।

आचार्य विश्वनाथ पंचानन[1], अन्नंभट्ट[2], केशवमिश्र[3] आदि ने बाध के भेदों का कोई संकेत नहीं किया है।

दृष्टान्ताभास एवं पक्षाभास

आचार्य गंगेश ने वैशेषिकों के द्वारा प्रतिपादित बारह प्रकार के दृष्टान्ताभासों को स्वीकार किया है। किन्तु आचार्य गंगेश के टीकाकारों ने इसे विशेष महत्व नहीं दिया है। वे सिद्धान्ततः इन्हें हेतु दोषों में ही समाहित मानते हैं। महर्षि गौतम ने भी हेत्वाभासों के समान इनका पृथक् उल्लेख नहीं किया है। प्राचीन तथा नवीन दोनों ही नैयायिकों ने दृष्टान्ताभासों को पृथक् दोष माना है। दृष्टान्ताभासों को वैशेषिकों ने स्वीकार किया है। अन्तर्भाव असिद्धि में तथा पक्षाभासों को सुगमता से बाधित किया जा सकता है। इसलिए गंगेश ने पक्षाभास का स्वतन्त्र विवेचन नहीं किया है।

पक्ष, साध्य एवं हेतु— सामान्य परिचय

अनुमान के लिए व्याप्ति ज्ञान और पक्षधर्मता दोनों अत्यावश्यक हैं। व्याप्ति तथा पक्षधर्मता ज्ञान में पक्ष, साध्य तथा हेतु निहित हैं। अतः अनुमान प्रक्रिया को पूर्ण रूप में समझने के लिए पक्ष, साध्य एवं हेतु इन पदों को समझना अत्यन्त आवश्यक है।

'पच्यते इति पक्षः' इस व्युत्पत्ति के आधार पर पक्ष उस वस्तु को कहा जा सकता है, जो अपने में साधन और साध्य दोनों को समाविष्ट करने की शक्ति (सामर्थ्य) रखती हों। इसीलिए ऐसे साध्य और साधन का आश्रय या अधिकरण कहा जाता है। वास्तव में बिना किसी आश्रय के साधन और साध्य की कल्पना असंगत है। जैसे, 'पर्वत बाह्निमान् है', क्योंकि 'वहां धूम है' यहां साधन धूम और साध्य अग्नि दोनों का अधिकरण पर्वत है। किन्तु केवल अधिकरण होने से ही किसी को पक्ष नहीं कहा जा

---

1. न्या० सि० मु० अनु० ख० हेत्वा०
2. तर्क० सं० अनु० परि०
3. वही
4. इदं च साध्यासाधनोभयाश्रयविकलानुप्रदर्शितान्वयानुप्रदर्शितव्यतिरेक विपरीतो-प्रदर्शिता व्यतिरेक भेदाभास रूपमिति। —त० चि० अव० प्र०

सकता है, अन्यथा महान सभी पक्ष कहलाने लगेगा। इसीलिए इसमें संदिग्ध विशेषण लगाया जाता है अर्थात् जिस आश्रय में साध्य संदिग्ध रूप रहता हो, उसे पक्ष कहते हैं। अनुमान में हेतु ज्ञात रहता है और साध्य अज्ञात। इसीलिये अनुमान को स्वतंत्र प्रमाण मानने वाले समस्त चिन्तकों ने हेतु का पक्ष धर्मत्व रूप स्वीकार किया है। 'पक्ष' का प्रयोग प्राय: सभी दार्शनिकों ने किया है, बौद्ध लोग जो पक्ष प्रतिपादक प्रतिज्ञा वाक्य को आवश्यक नहीं मानते, हेतु के 'पक्ष धर्मत्व' रूप में पक्ष का उपन्यास करते हैं। प्राचीन न्याय, बौद्ध एवं जैन ग्रन्थों में पक्ष और साध्य को प्राय: धर्म और धर्मी दोनों अर्थों में प्रयुक्त किया गया है। पक्ष को धर्मी अथवा एकदेशी भी कहा गया है, क्योंकि साधन और साध्य रूप दो धर्म या एकदेश इसमें रहते हैं।

अनुमान का दूसरा आवश्यक पद है साध्य लिङ्गी, साध्य, व्यापक, नियम, आपाद्य, गम्य, अप्रतिबद्ध आदि सभी पद एकार्थवाची हैं। प्राचीन न्याय ग्रन्थ एवं 'सांख्यकारिका' आदि में लिङ्ग-लिङ्गी के रूप में हेतु और साध्य को व्यक्त किया गया है। जिस वस्तु का ज्ञान लिङ्ग द्वारा होता है उसे लिङ्गी कहते है। "साध्य सिद्धिः साधनात्" अर्थात् साधन द्वारा जिस वस्तु की सिद्धि की जाती है, उसे साध्य कहते है। व्याप्य से अधिक देश में रहने के कारण इसको व्याप्य कहा जाता है, व्याप्य का ज्ञान होने पर जिस-जिस वस्तु का बिना किसी अपवाद के ज्ञान होता है, उसे भी व्यापक कहते है। इसको 'नियम' कहने का तात्पर्य यह है कि हेतु और साध्य की नियम रूप व्याप्ति का सम्बन्ध से नियामक द्वारा नियम अर्थ का नियमन होता है।

जिस वस्तु का अपादक द्वारा व्यवस्थापन किया जाये, उसे 'आपाद्य' कहा जाता है। गमक द्वारा जिस अर्थ की सत्ता ज्ञापित होती है, वही गम्य है या प्रमाणेतर से असिद्ध होने के कारण भी इसे गम्य, बोध्य या अप्रतिबद्ध कहा जाता है।

तृतीय अपरिहार्य पद हेतु कहलाता है। हेतु, लिङ्ग, साधन, व्याप्य, गमक, प्रतिबद्ध नियामक एवं अपादक पयार्यवाची हैं। "हिनोतीति गम्यति परोक्षमर्थमिति हेतुः" अर्थात् जो परोक्ष अर्थ (साध्य) का बोध कराता है, वह हेतु है। "परोक्षार्थो लिङ्ग्यते गमयतेऽनेनेति लिङ्गम् इस व्युत्पत्ति के आधार पर, जिससे परोक्ष अर्थ जाना जाये, उसको लिङ्ग कहते हैं, लिङ्ग का अर्थ है जो साध्य रूप अर्थ का द्योतक है। "साध्यतेऽनेनेति साधनम्" जिसके द्वारा साध्य का साधन किया जाय, वह साधन है अथवा साध्यरूप परोक्ष अर्थ की स्थापना करने में साधन होने के नाते इसको साधक भी कहा जाता है। हेतु साध्य की व्याप्ति का आश्रय है अर्थात् अनुमान में उपयोगी व्याप्ति साधन में रहती है इसीलिये इसको व्याप्त कहा जाता है। इसको गमक कहने का तात्पर्य यह है कि इसके द्वारा परोक्ष अर्थ अवगम्य होता है अथवा प्रमाणान्तर से सिद्ध रहने के भी इसे गमक, बोधक या प्रतिबद्ध कहा जाता है। कुमारिल ने नियामक शब्द द्वारा भी हेतु को व्यक्त किया है। हेतु और साध्य के नियत व्याप्ति सम्बन्ध को ही उन्होंने नियम कहा

है और यह नियम रूप सम्बन्ध जिसमें नियमित रूप से गृहीत होता है, उसको नियामक कहते है। 'अपादक' पद का प्रयोग विशेष रूप से गङ्गेश ने 'तर्क प्रकरण' में हेतु पद के लिए किया है। अपादक पद का अर्थ, अज्ञात वस्तु के आपादन या व्यवस्थापन का साधन है।

'न्याय प्रवेश' में साधन के रूप में पक्ष हेतु और दृष्टान्त को सम्मिलित किया गया है किन्तु यह मत दार्शनिकों में मान्य नहीं हैं।

साध्य, अनुमेय के प्रकार एवं स्वरूप— साध्य के प्रसंग चार तथ्य विचारणीय है।

1. स्वरूप 2. लक्षण 3. उपयोगी एवं 4. प्रकार

1. स्वरूप— वात्स्यायन भाष्यकार के अनुसार साध्य के दो स्वरूप माने जा सकते है—

1. धर्म विशिष्ट धर्मी 2. धर्म विशिष्ट धर्म[1]

यहाँ धर्म के साथ और धर्मी के पक्ष अभिप्रेत है। ''साध्यतेऽस्मिन् इति साध्यम्'' इस व्युत्पत्ति के आधार पर पक्ष अर्थात् धर्मी भी कहा जाता है। भाष्यकार के उक्त दोनों स्वरूपों का भी यही अभिप्राय मिलता है। धर्म और धर्मी में विशेष्य है धर्मी विशेषण। 'पर्वतो वह्निमान्'' इस अनुमिति स्थल में अग्नि रूप साध्य-धर्म से विशिष्ट धर्मी रूप पर्वत के रूप में प्रथम का प्रयोग है तथा ''पर्वत वह्नि'' यहाँ पर्वत रूप धर्मी से विशिष्ट अग्नि रूप धर्म के रूप में द्वितीय स्वरूप का प्रयोग किया गया है। भाष्यकार को प्रथम स्वरूप ही इष्ट जान पड़ता है, क्योंकि सन्दर्भ दृष्टान्त व्याख्या में उन्होंने दो स्वरूपों के उदाहरणार्थ— ''अनित्य : शब्द इति'' शब्द अनित्य' है और 'शब्दस्यनित्यत्वम्''— शब्द में नित्यता हैं का प्रयोग किया है[2] किन्तु प्रतिज्ञा सूत्र की व्याख्या में उन्होंने साध्य के स्वरूप में ''धर्मेण धर्मिणो विशिष्टस्य'' इस रूप में धर्मविशिष्ट धर्मी की ही स्थापना की है।

दिङ्नाग ने इन स्वरूपों का विस्तार कर तीन कल्पों द्वारा साध्य के स्वरूप को निर्धारित किया है—

1. केवल धर्म 2. धर्म-धर्मिसंबन्ध और 3. धर्मविशिष्ट धर्मी

'न्यायवार्तिक तात्पर्यटीका' में 'प्रमाणसमुच्चय' की कुछ कारिकाएं उद्धृत की गई है, जिनमें दिङ्नाम ने प्रथम दो का खंडन करके अन्त में वात्स्यान की तरह तृतीय

---

1. साध्यं च द्विविध धर्मविशिष्टो वा धर्मः शब्दस्यानित्यत्वम् धर्म विशिष्टो वा धर्मी अनित्यः शब्द इति। —न्या० भा०, पृ० 308
2. न्या० भा०, पृ० 308

स्वरूप ही स्थिर किया है। इस प्रसङ्ग में वार्तिककार ने दिङ्नाग समर्थित स्वरूप खण्डन का ही प्रयोजन प्रतीत होता है।

बौद्ध मत की आलोचना करते हुए उद्योतकर ने लिखा है कि हेतु से किसका अनुमान होता है, इस प्रसङ्ग में 'धूम' हेतु को दृष्टान्त मानकर वार्तिककत् ने जिन चार कल्पों का उपक्रम किया है, वे इस प्रकार हैं-

1 क्या अग्नि अनुमेय है,

2. क्या अग्नि के अधिकरणीभूत पर्वतदेश का अनुमान होता है,

3. क्या पर्वत में अग्नि की सत्ता का अनुमान होता है, एवं

4. क्या अग्निविशिष्ट पर्वतरूप देश का अनुमान होता है?

इनका खण्डन करते हुए उन्होंने लिखा है कि धूम से बह्नि का अनुमान नहीं किया जा सकता। क्योंकि एक दूसरे में धर्म-धर्मी भाव संभव नहीं हैं अर्थात् न तो धूम अग्नि का धर्म है और न अग्नि धूम का।

अनुमेय के दो घटक-पक्ष तथा साध्य में से पक्ष विशेष्य है और साध्य विशेषण कुछ विचारकों का मत है कि दोनों घटक व्यतिहार्य हैं और अपनी-अपनी इच्छा के अनुसार प्रयुक्त किये जा सकते हैं जैसे, 'शब्द अनित्य है, या 'अनित्यता शब्द में है 'पर्वत वह्निमान् है या 'वह्नि पर्वत में है ' यहाँ प्रयोग-वैभिन्य अवश्य है, किन्तु अर्थत: कोई अन्तर नहीं होते अनुमान यथार्थ ही होगा। अत: परस्पर दोनों विनिमेय है।[1]

कुमारिल ने इसका खण्डन करते हुए लिखा है कि धर्मी को यदि विशेषण माना जाय, तो हेतु रूप धर्म के साथ उसका खण्डन नहीं हो सकता क्योंकि विशेषण के रूप में प्रयुक्त किया जाने का कारण यह गौण हो जाता है और इसलिये प्रधान होने के नाते साध्य रूप धर्म के साथ ही उसका सम्बन्ध होगा। अत: धर्मी के साथ सम्बन्ध न होने से उसके साथ सम्बन्ध कल्पना उपयुक्त नहीं है। जैसे 'शब्द अनित्य है, क्योंकि वह उत्पत्तिशील है' यहाँ 'शब्द' रूप रस विशेष्य है और 'अनित्यत्व' रूप साध्य विशेषण 'अनित्यता शब्द' में है, क्योंकि वह उत्पत्तिशील है इस प्रयोग से पक्ष-'शब्द' विशेषण और साध्य 'अनित्य' विशेष्य हो जाता है द्वितीय प्रयोग का व्यवहार करने पर निगमन यह होगा—'अनित्यता शब्द में है' यहाँ 'शब्द' पर गौण होने के कारण 'उत्पत्तित्व' हेतु 'अनुत्पत्तित्व' का ग्राहक नहीं हैं, क्योंकि वह उसका धर्म नहीं है। उसका योग शब्द के साथ ही मिलता है, फिर चाहे वह विशेषण पदांश अर्थात् गौण ही क्यों न हो। इसलिए प्रयोग की सरलता होने से प्रथम उपयोग ही जान पड़ता है। प्रथम प्रयोग व्यवहृत करने पर अथ ग्रहण करने में कोई कठिनाई प्रतीत नहीं होती, क्योंकि इसमें पक्ष पद

1. श्लो० वा०, श्लोक, पृ० 34-35

की प्रधानता रहती है। इसलिए 'शब्द' रूप पक्ष और साधन रूप 'उत्पत्तित्व' दोनों साथ-साथ ग्रहण हो जाते हैं। निष्कर्ष यह है कि प्रथम उपयोग में पक्ष पद प्रधान होने के कारण उसका सम्बन्ध सीधे हेतु पद के साथ हो जाता है, क्योंकि हेतु पक्ष का धर्म होता है, किन्तु दूसरे प्रयोग में पक्ष पद होने के कारण हेतु पद की व्याख्या आवश्यक हो जाती है कि वह किसका अर्थ है। इसलिए पक्ष पद विशेषण नहीं हो सकता।[1]

लक्षण— वात्स्यायन ने 'धर्म विशिष्ट धर्मी' को साध्य कहकर उन्होंने उसमें प्रज्ञापनीय विशेषण और जोड़ दिया है। उनके अनुसार प्रज्ञापनीय धर्मविशिष्ट धर्मी ही साध्य है।[2] अन्यत्र उन्होंने 'संदिग्ध' विशेषण की ओर भी संकेत किया है जिसका तात्पर्य यह है कि अनुमेय की प्रवृत्ति सर्वथा अज्ञात निर्णीत विषय में न होकर, संदिग्ध विषयय में होती है।[3]

बौद्धों के लक्षणों की आलोचना करते हुए उद्योतकर लिखता है कि उनके लक्षण—"पक्षोः यः साधयितुमिष्ट इति" में प्रयुक्त इष्ट पर निरर्थक है, क्योंकि, 'साधनीय रूप से जो इष्ट हो' इस लक्षण में प्रयुक्त 'साधयितुम्' पद से ही 'इष्ट' पद का कार्य निकल सकता है। यदि यह कहा जाये कि प्रत्यक्षादि-विरोध के निरास हेतु 'इष्ट' पद का उपादान किया गया है, तो यह भी ठीक नहीं है, कारण जो प्रत्यक्षी-विरुद्ध होगा वह साधनीय नहीं हो सकता। कोई भी व्यक्ति, जो चाहता है, उसकी ही सिद्धि करता है। किसी प्रकार के भय से यदि अनिच्छित वस्तु की सिद्धि में संलग्न हो भी जाये तो भी किसी न किसी रूप में उसकी इच्छा व्यक्त हो जाती है, अर्थात् उस समय वह अनिच्छित वस्तु को भी इच्छित के रूप में प्रकट करता है। इसलिए जब लक्षण में साधनीय पद दिया गया है तब इष्ट पद की कोई आवश्यकता नहीं रह जाती।[4]

उद्योतकर ने प्रथम विशेषण की उपयोगिता सिद्ध करते हुए भाष्यकार ने अभिप्राय को इस प्रकार व्यक्त किया है— ऐसी शंका की जा सकती है कि धर्मी और धर्म पहले से ज्ञात रहते हैं, ऐसी दशा में उक्त लक्षण को साध्य नहीं बनाया जा सकता, क्योंकि जिसका साधन किया जाता है वही साध्य कहलाता है। यदि यह कहा जाय कि साध्य, प्रज्ञापनीय धर्म रूप निशेषण से विशिष्ट होने के कारण पूर्व में अवगम्य नहीं रहता, प्रत्युत उसकी सिद्धि अभी की जानी है, तो यह भी युक्त नहीं, क्योंकि, जिस धर्म का ज्ञान होना अभी बाकी है, वह विशेषण नहीं बन सकता, और यदि विशेषण मान भी

1. वही श्लो० 36-38
2. न्याय भा०, पृष्ठ 272
3. तत्र नानुपलब्धे न निर्णीतेऽर्थे न्यायः प्रवर्तते, किं तर्हि? संशयितेऽर्थे।
—न्याय भा०, पृष्ठ 35
4. न्या० वा० पृष्ठ 277

लिया जाये तो वह ऐसी वस्तु नहीं हो सकती, जिसको अभी जानना है, क्योंकि असिद्ध वस्तु कदापि विशेषण नहीं बन सकती, और यदि वह सिद्ध है तो साध्य नहीं बन सकता। इस आक्षेप का समाधान देते हुए उद्योतकर लिखते हैं कि यद्यपि यह सत्य है कि 'अनित्यत्व' रूप विशेषण सर्वथा प्रसिद्ध विशेषण है, अतः वह साध्य बनाने में उपयोगी नही बन सकता, किन्तु न्याय मत में केवल 'अनित्यत्व' को ही साध्य नहीं माना गया है, अपितु 'अनित्यत्व से विशिष्ट शब्द' को ही साध्य रूप में स्वीकार किया गया है।[1]

इसी प्रकार जिन्होंने "साध्यत्वेनेप्सितः पक्ष विरुद्धार्थनिराकृतः" ऐसा साध्य लक्षण मान्य किया है, वे भी युक्ति संगत नहीं जान पड़ते, कारण इसमें भी 'विरुद्धार्थ निराकृतः" पद व्यर्थ है। इस लक्षण में पूर्वोक्त परिभाषा के 'इष्ट' पद के स्थान में 'ईप्सित' पद रखा गया है। यहाँ भी ईप्सित पद का प्रयोग अनिच्छित पक्ष का निराकरण करने के लिए ही हुआ है। अतः द्वितीय विशेषण—'विरुद्ध अर्थ से बाधित न होने वाला' की उपादेयता लक्षण निष्ठ प्रथम विशेषण—'साधत्व रूप से जो ईप्सित हो, के द्वारा ही निरस्त हो जाती है, क्योंकि जो साधत्व रूप से इच्छित होगा वह विरुद्ध अर्थ से निराकृत हो ही नहीं सकता।[2]

कहीं-कहीं "स्वयं साध्यत्वेनोप्सित" या "स्वयं साधायितुमिष्टः" ऐसा भी लक्षण दिया गया है। यहाँ 'स्वयं' पद की सार्थकता सिद्ध करने के लिए वाद विधान टीकाकार ने लिखा है कि 'साधयति' शब्द द्विअर्थक है—

1. कर्त्ता किसी अर्थ को स्वयं सिद्ध करे।
2. उसको किसी अन्य व्यक्ति द्वारा सिद्ध कराये।

द्वितीय अर्थ की व्यावृत्ति के लिये ही लक्षण में 'स्वयं' पद का निवेश किया गया है। किन्तु यह भी ठीक नहीं है। पहली बात तो यह है कि लक्षण सर्वदा स्पष्ट होना चाहिए द्विअर्थक नहीं। दूसरे द्विअर्थक होने पर भी 'स्वयं' पद अनावश्यक है, क्योंकि 'तुमुन्' प्रत्यय 'साधयितुम् में प्रस्तुत किया गया है, जो सर्वदा कर्ता की ओर ही निर्देश करता है, जैसे, 'मैं नहाने जा रहा हूँ यहां 'मैं' पद कर्ता की ओर ही संकेत करता है। फिर कोई यह भी नहीं कहता, 'मैं स्वयं नहाने जा रहा हूं' इसलिए 'साधयितुम्' पद से कर्ता का ही ग्रहण होता है, न कि अन्य व्यक्ति का। अतः 'स्वयं' पद का प्रयोग निरर्थक है।[3]

प्रशस्तपाद ने प्रतिज्ञा-लक्षण की व्याख्या करते हुए अनुमेय 'प्रतिपिपादियिषित'

---

1. न्या० वा०, पृ० 272-73
2. वही, पृ० 281, न्या० वा० वा० टी०।
3. न्या० वा०, पृ० 281-282

और 'अविरोधी' पदों का सन्निवेश करके धर्म विशिष्ट धर्मी को अनुमेय कहा है।[1] इनका प्रथम 'प्रतिपिपादयिषित' पद वात्स्यायन के 'प्रज्ञापनीय' पद का पर्याय मात्र है। 'किरणावली'[2] और 'न्यायकन्दली'[3] में इसी लक्षण का समर्थन किया है, किन्तु शंकर[4] मिश्र ने नव्य नैयायिकों की तरह प्राचीन नैयायिकों के साध्य लक्षणों का खण्डन करके गङ्गेश समर्पित लक्षण ही माना है 'सप्तपदार्थी' गत पक्ष-लक्षण 'तर्कभाषा' और तर्क संग्रह के समान ही है।[5]

साराशंतः न्यायवार्तिककार के अनुसार 'साधनीय' विशेषण ही साध्य के लिए आवश्यक जान पड़ता है और साधनीय वही हो सकता है, जो संदिग्ध हो; क्योंकि सर्वथा अनुपलब्ध अथवा निर्णीत अर्थ की सिद्धि नहीं की जाती। 'तर्कभाषा में भी संदिग्ध साध्यधर्म से युक्त धर्मी को पक्ष कहा गया है।[6] शब्दान्तर से 'तर्कसंग्रह' में भी यही लक्षण स्वीकार किया गया है। पूर्व पक्ष में इस लक्षण का खण्डन करने के उपरांत गङ्गेश ने अपना सिद्धान्त लक्षण इस प्रकार दिया है—''साध्य सिद्ध करने की इच्छा के अभाव से युक्त साध्य-निश्चय के विरह वाले अधिकरण को पक्ष कहा जाता है।[7] प्रायः उत्तरवर्ती सभी नव्य नैयायिकों ने इसी लक्षण को मान्य किया है। इस लक्षण की, अगले अध्याय के पक्षता प्रकरण में विस्तृत रूप से व्याख्या की जाएगी।

सांख्य योग और वेदान्त ग्रन्थों में अनुमेय लक्षण पर कोई विशेष विचार नहीं किया गया है।

'शाबर भाष्य' में आए हुए 'असिन्नकृष्ट' पद की व्याख्या करते हुए कुमारिल ने इस पद को साध्य का विशेषण बतलाया है। इस पद के द्वारा दो संकेत मिलते हैं

1. अनुमेय पूर्व में किसी प्रबल प्रमाण द्वारा ज्ञात न हो तथा 2. बाधित न हो।[8]

हेतु— दैनिक व्यवहार में सभी व्यक्ति हेतु का प्रयोग करते हैं, जैसे किसी साधारण व्यक्ति से पूछा जाय कि 'आप भोजन क्यों करते हैं' तो वह तुरन्त उत्तर देता है 'भूख लग रही थी' या क्षुधा शान्त करने के लिए।' उसे हेतु क्या होता है इसका ज्ञान

---

1. तत्रनुम्योद्देशोऽविरोधी प्रतिज्ञा प्रतिपिपादयिषित धर्मविशिष्टस्य धर्मिनोऽपदेश विषय मापादयितुमुद्देशमात्रंप्रतिज्ञा। —प्र० भा०, पृ० 335
2. कि० पृ० 335
3. न्याय कं०, पृ० 565-569
4. उ० पृ० 215-216
5. संदिग्ध साध्य धर्मवत्वेनोपात्तत्वं पक्षत्वम्। —स०, पृ० 152
6. संदिग्ध साध्यधर्मा धर्मी पक्षः। —व० भा०, पृ० 90
7. व० चि०, पृ० 1092
8. श्लो० वा० अनुमान, श्लो० 55-57

हो या न हो, पर वह प्रयोग अवश्य करता है। अनुमान में हेतु अपना विशिष्ट स्थान रखता है।

हेतु लक्षण—

सांख्य मत— लिङ्ग को व्याप्त रूप में ही परिभासित किया गया है। हेतु के तीन रूपों— 1.पक्ष धर्मत्व 2. स-पक्षसत्व एवं 3. विपक्षासत्व का निर्देश मात्र वृत्ति में मिलता है। शेष 'सांख्यकारिका', 'गौड़पाद भाष्य' सांख्य-तत्त्वकौमुदी, 'सांख्य सूत्र', सांख्य प्रवचन भाष्य' आदि ग्रन्थों में हेतु रूप-विमर्श प्राप्त नहीं होता।

न्याय मत— न्याय सूत्रकार महर्षि गौतम ने हेतु के दो भेद प्रदर्शित करते हुए उनके पृथक्-पृथक् लक्षण सूचित किये हैं अतः न्याय परम्परानिष्ठ हेतु के लक्षण और रूपों का विवेचन हेतु-भेद-निरुपण के अवसर पर किया जायेगा।

मीमांसा मत—

कुमारिल साध्य की व्याप्ति रहती है, उसी हेतु को गमक, व्यार्थ एवं नियामक कहा है।[1]

योग और वेदान्त— इन ग्रन्थों में हेतु के लक्षण अथवा रूपों की स्पष्ट चर्चा का प्रायः अभाव पाया जाता है।

बौद्ध मत— बौद्ध आचार्य धर्मकीर्ति के अनुसार, जो पक्ष का धर्म हो और उसके एक देश से व्याप्त रहे। उसे हेतु कहते हैं।[2]

वैशेषिक मत— इस ने हेतु, अपदेश, लिङ्ग प्रमाण, करण आदि पर्यायों द्वारा हेतु को स्पष्ट किया है। अपदेश की परिभाषा करते हुए उन्होंने लिखा है कि प्रसिद्धि (व्याप्ति) पूर्वक अपदेश होता है। 'प्रकरण सम' और 'कालात्ययावदिष्ट' हेत्वाभासों में अतिव्याप्ति न होने पर भी हेतु का यह लक्षण 'तदभावे च नास्त्येव' तथा 'प्रसिद्ध च तदन्विते' इन विशेषणों के उपादान के कारण केवलान्वयी और केवलत्यतिरेकी हेतुओं में अव्यक्त हो जाता है। विशेषोऽमिधेयः प्रमेयत्वात् सामान्यवत्' इस अनुमान में प्रमेयत्व हेतु केवलान्वयी है। यहाँ पर पक्ष के अन्तर्गत समविष्ट हो जाते हैं, क्योंकि लोक में कोई भी ऐसी वस्तु नहीं है, जो किसी प्रमाता पुरुष के द्वारा प्रमित न हो और किसी प्रमाण का प्रमेय भी न हो।

अनुमान के आधारभूत तत्त्व— अनुमान वस्तुतः व्याप्ति और पक्ष धर्मता ज्ञान पर अवलम्बित है। हेतु और साध्य के नियत पारस्परिक सम्बन्ध के ज्ञान को व्यक्ति तथा

1. श्लो० वा०, श्लो० 3-11
2. प्र० वा० 3/1

पक्ष और हेतु के सामंजस्य को पक्षधर्मता ज्ञान कहा जाता है। किसी भी अनुमान में व्याप्ति स्मरण होने पर पक्ष में हेतु के दर्शन से अनुमेय का ज्ञान निष्पन्न होता है। अतः अनुमान के लिये दोनों यथार्थ ज्ञान का होना अनिवार्य है।

व्याप्य और व्यापक— जिस प्रकार संयोग सम्बन्ध से सम्बन्धित रहने वाले दो सम्बन्धी च और छ अनियत रूप से अनुपयोगी और प्रतियोगी हो सकते हैं, उसी प्रकार व्याप्ति संबन्ध के दो सम्बन्धी हेतु, और साध्य अनियत रूप से हेतु और साध्य हो सकते हैं अथवा नहीं, अर्थात् इनमें से अमुक और गमक और गम्य अथवा व्याप्य क्यों हो?

व्युत्पत्ति के अनुसार 'वि' पूर्वक 'आप्' धातु से कर्म अर्थ में 'क्त' प्रत्यय करने पर व्याप्त तथा कर्त्ता अर्थ में 'ण्वुल्' प्रत्यय करने पर व्यापक शब्द सिद्ध होता है। व्याप्ति क्रिया द्वारा जिस विषय की सिद्धि की जाती है, वह व्याप्य और जिसके द्वारा उसको व्याप्त किया जाता है, उसे व्यापक कहा जाता है। जैसे धूम से अग्नि को सिद्ध करने के लिये, जब अनुमान किया जाता है, तब यह बात आवश्यक रूप से की जाती है कि धूम में, अग्नि के साथ अटल सम्बन्ध है या नहीं, क्योंकि जब तक निश्चित रूप से यह जान नहीं लिया जाता कि धूम अग्नि के बिना कहीं भी नहीं पाया जाता, तब ही इस प्रकार की व्याप्ति जहाँ-जहाँ धूम होता है वहाँ-वहाँ अग्नि होती है, बनाई जा सकती है। जिससे किसी वस्तु को सिद्ध किया जाता है, उसका उस वस्तु से अविच्छेद्य संबन्ध होना चाहिए।

अनुमान के आधारभूत तत्त्व— इसमें व्याप्य और व्यापक को समझ लेना आवश्यक है।

व्याप्य और व्यापक—यह विशेष सम्बन्ध हेतु और साध्य दोनों में अथवा दोनों में से किसी का भी हो सकता। जिस प्रकार सम्बन्ध से सम्बन्धित रहने वाले दो सम्बन्धी च और छ अनियत रूप से अनुपयोगी हो सकते हैं, उसी प्रकार व्याप्ति सम्बन्ध के दो सम्बन्धी, हेतु और साध्य हो सकते हैं अथवा नहीं। अर्थात् इनमें से अमुक ही गमक और गम्य अथवा व्याप्य और व्यापक क्यों हो? इस बात को समझ लेने के लिए व्याप्य-व्यापक भाव को हृदयङ्गम करना आवश्यक है। व्युत्पत्ति के अनुसार 'वि' पूर्वक 'आप्' धातु से कर्म अर्थ में 'व्यत्' प्रत्यय करने पर व्याप्य तथा कर्ता अर्थ में 'ण्वुल्' प्रत्यय करने पर व्यापक शब्द सिद्ध होता है। व्याप्ति क्रिया द्वारा जिस विषय की सिद्धि की जाती है, वह व्याप्य और जिसके द्वारा उसको व्याप्त किया जाता है, उसे व्यापक कहा जाता है। जैसे, धूम से अग्नि को सिद्ध करने के लिये जब अनुमान किया जाता है तब यह बात आवश्यक हैं रूप से देखी जाती है कि धूम में अग्नि के साथ अटल सम्बन्ध है या नहीं क्योंकि जब तक निश्चित्त रूप से यह जान नहीं लिया जाता कि, धूम अग्नि के बिना कहीं भी नहीं पाया जाता तब ही इस प्रकार की व्याप्ति जहाँ-जहाँ धूम होता है वहाँ-वहाँ अग्नि होती है बनाई जा सकती है।

जिससे किसी वस्तु को सिद्ध किया जाता है, उसका उस वस्तु से अविच्छेद्य सम्बन्ध होना चाहिए। इसके विपरीत जो वस्तु सिद्ध की जाती है, उसका इस प्रकार का सम्बन्ध हो अथवा न हो, यह प्रतिबन्धक नहीं। जैसे अग्नि को सिद्ध करते समय यह आवश्यक नहीं है कि उसका धूम के साथ अविच्छेद्य सम्बन्ध हो ही, क्योंकि जहाँ-जहाँ अग्नि होती है वहाँ-वहाँ धूम भी होता है। इस प्रकार व्याप्ति नहीं बनाई जा सकती, कारण अग्नि धूम के अभाव में भी जलते हुए अङ्गारे में पाई जाती है। तात्पर्य यह है कि धूम के निखिल प्रदेश में अग्नि अनिवार्यतः पाई जाती है, ऐसा कोई भी ध ूम स्थल नहीं हो सकता जहाँ अग्नि की सत्ता न हो। धूम में एकान्तिकता (एकनिष्ठता) होने के कारण ही उसमें अग्नि की व्यप्ति रहती है। इसके विपरीत अखिल अग्नि प्रदेश में धूम आवश्यक रूप से उपलब्ध नहीं होता, क्योंकि अग्नि निर्धूम प्रदेश में भी पाई जाती है। अतः न्यूनदेशवर्ती होने के कारण हेतु धूम ही व्याप्य अथवा गमक कहलाता है और अधिक देश वर्तिनी होने के नाते साध्य अग्नि व्यापक या गम्य होता है। नियमतः जिसकी व्याप्ति रहती है, वह व्याप्य कहलाता है। व्याप्य कभी भी व्यापक के क्षेत्र से अतिरिक्त प्रदेश में नहीं रहता। किन्तु व्यापक के लिए ऐसा कोई प्रतिबन्धन निर्दिष्ट नहीं रहता, वह व्याप्य के क्षेत्र से अतिरिक्त प्रदेश में भी रह सकता है।

नव्य न्याय की भाषा में इन पदों को इस प्रकार समझा जा सकता है—'स्वाभाववत् अवृत्तित्व व्याप्यत्वम्' साध्य के अभाव वाले अधिकरण में हेतु का न रहना ही व्याप्यत्व है। जैसे 'पर्वत वह्नियुक्त है, धूम होने से, इस अनुमान में अग्नि के अभाव वाले अधिकरण होंगे—जलाशय आदि, उन सभी में धूम का अभाव निश्चित रूप से पाया जाता है, इसी कारण धूम को व्याप्य कहा जाता है।

हेतु के अधिकरण में रहने वाले अत्यन्ताभाव की इसी अप्रतियोगिता को ही व्यापकता कहा जाता है। वह्नि को ही व्यापक एवं धूम को व्याप्य क्यों कहा जाय, इस बात को समझने के लिये 'पर्वत धूमयुक्त है, वह्नि होने से, इस व्यभिचारी स्थल को लिया जा सकता है। यहाँ धूम को वह्नि का व्यापक नहीं बनाया जा सकता, क्योंकि तद्वत्-वह्निमान् होगें, अयोगोलक आदि, उनमें, जिस प्रकार घट कर आदि का अत्यन्ता भाव रहता है, उसी प्रकार धूम का भी अत्यन्ताभाव है। ऐसी स्थिति में उसकी प्रतियोगिता ही धूम में आयेगी, अप्रतियोगिता। इसलिये धूम वह्नि का व्यापक नहीं, प्रत्युत व्याप्य ही कहला सकता है। अतः निष्कर्ष के रूप में कहा जा सकता है कि साधाना और साध्य में साधन का ही साध्य के साथ अविच्छद्य सम्बन्ध होना चाहिए। साध्य का साधन के साथ ऐसा सम्बन्ध हो या न हो दोनों अवस्थाओं में अनुमान यथार्थ ही होगा।

व्याप्ति लक्षण— प्राप्त दार्शनिक साहित्य में व्याप्ति का स्पष्टतम संकेत "वैशेषिक में ही प्राप्त होता है। यथार्थ हेतु विवेचन के प्रसङ्ग में महर्षि ने लिखा है कि जो हेतु

साध्य से सर्वथा अभिन्न भिन्न सम्बन्ध वाला होता है वह अपदेश नहीं हो सकता,[1] अपितु जो हेतु प्रसिद्ध पूर्वक (व्याप्तियुक्त) होता है वही सद् हेतु कहला सकता है।[2]

इसलिए लिङ्ग का ज्ञान व्याप्ति ज्ञान के आधार पर ही होता है। प्रसिद्धि ज्ञान के बिना लिङ्ग ज्ञान अनुमिति प्रमा का साधक नहीं हो सकता, क्योंकि प्रसिद्धि के अभाव में, हेतु सद्हेतु न रहकर अनपदेश अर्थात् हेत्वाभास हो जाता है।[3]

प्रसिद्धि ज्ञान को व्यक्त करने के लिए महर्षि ने अनेक प्रकार के संयोगी, समवायी, एकार्थ समवायी, विरोधी तथा कार्य, करण हेतुओं का उपान्यास किया है।[4]

त्रिरूप-लिङ्ग धर्मों की व्याख्या करने के उपरान्त प्रसङ्गवश अनुमिति उत्पत्ति की रीति समझाते हुए, प्रशस्तपाद ने अन्वय और व्यतिरेक व्याप्तियों का उल्लेख भी किया है। महर्षि कणाद ने उक्त रीति को समझते हुए 'प्रसिद्धि' पद से व्याप्ति का केवल संकेत ही किया है, किन्तु प्रशस्तपाद ने इनको 'समय' और 'साहचर्य' पदों द्वारा अभिव्यक्त करते हुए दोनों व्याप्तियों के उदाहरण भी दिए हैं जो इस प्रकार हैं- 'जहाँ धूम होता है वहाँ अग्नि भी होती है (अन्वय व्याप्ति) तथा 'जहाँ अग्नि का अभाव होता है वहाँ धूम का भी अभाव होता है 'व्यतिरेक व्याप्ति। उक्त अन्वय और व्यतिरेक रीति से 'प्रसिद्धि समय' अर्थात् व्याप्ति का निश्चित ज्ञान जिस पुरुष को होता है, उसी को धूम के असंदिग्ध यह धूम ही है, आदि नहीं (इत्याकारक संदेह रहित निश्चित ज्ञान) से 'साहचर्य' (धूम और वह्नि का समानाधिकरण) अनुस्मरण होने के पश्चात् अग्नि का अनुमिति रूप निश्चयात्मक ज्ञान होता है।[5]

व्याप्ति निरूपण के प्रसङ्ग में उन्होंने लिखा है कि जिस हेतु में अपने साध्य के साथ सर्वत्र दैशिक तथा कालिक व्याप्ति पाई जाती है वही अपने साध्य का अनुमान होने के कारण यथार्थ हेतु कहलाता है।[6]

सूत्रकार से संगति रखते हुए उन्होंने कहा है कि सूत्र में व्याप्ति के लिये, 'कार्यकारण भाव' संयोग, समवाय, एकार्थसमवाय एवं विरोध सम्बन्धों का जो निर्देश किया है वह केवल उदाहरण प्रदर्शन के लिये ही है। अवधारणा के लिये नहीं। क्योंकि

---

1. अन्यदेव हेतुरित्यनपदेशः। अर्थान्तरं ह्यर्थान्तरस्यानपदेशः। —वै० सू० 3.1.7-8
2. प्रसिद्धि पूर्वकत्वादपदेशस्य। —वही, 3.1.14
3. अप्रसिद्धोऽनपदेश। —वही, 3.1.15
4. वही, 3.1.9, 9.2.1
5. विधिस्तु यत्र धूमस्तत्र वाग्निरन्यभावे-धूमोपि न भवतीति। एवं प्रसिद्ध समस्या संन्दिग्ध धूम दर्शनात् साहचर्यास्मरणात् तद्नन्तरम् अग्न्यध्यवसायो भवतीति।
6. एवं सर्वत्र देशकालाविना भूतमितस्य लिङ्गम्। —वही, पृ० 303

उक्त सम्बन्धों में से किसी के न रहने पर भी दैशिक व कालिक व्याप्ति से विशिष्ट अविनाभूत लिङ्गों द्वारा यथार्थ अनुमिति होती है।

देशाविनाभूत तथा कालाविना भूत यथार्थ लिङ्गों को समझाने के लिये उन्होंने कुछ उदाहरण भी दिये हैं। जैसे 'ओमिति' इस प्रणव का उच्चारण करते हुए अध्वर्यु समूह द्वारा व्यवहित ध्वनकर्ता रूप साध्य के अनुमान में 'अध्वर्यु समूह' देशाविनाभूत लिङ्ग है। तदनुसार दैशिक व्याप्ति का स्वरूप—जहाँ-जहाँ 'ओमेति' प्रणवं का उच्चारण अध्वर्यु समूह द्वारा किया जाता है वहाँ-वहाँ व्यवहित होने पर भी हवनकर्त्ता का बोध अवश्य होता है, 'इस प्रकार व्यक्त किया जा सकता है एवं 'समुद्र-वृद्धि और 'कुमुद-विकास' रूप साध्य के अनुमान में 'चन्द्रोदय' कालाविनाभूत लिङ्ग है।

तदनुसार कालिक अविनाभाव के स्वरूप को इस प्रकार अभिव्यक्त किया जा सकता है—'जब-जब चन्द्रमा का उदय होता है तब-तब समुद्र में तूफान आने लगता है तथा कुमुदनी खिलने लगती है। इसी प्रकार 'शरदकालीन सलिल की स्वच्छता से अगस्त्य नक्षत्र के उदय होने का उदाहरण भी कालाविनाभूत लिङ्ग तथा कालिक व्याप्ति के अन्तर्गत समाविष्ट किया जा सकता है। लिङ्ग देश के साथ अविनाभाव सम्बन्ध होने पर 'देशाविनाभूत' तथा काल के साथ अविनाभाव सम्बन्ध होने पर 'कालाविनाभूत' कहलाता है। इन दैशिक और कालिक व्याप्ति से विशिष्ट लिङ्गों में उक्त कार्यत्व आदि सम्बन्धों का व्यतिरेक व्यभिचार उपलब्ध होता है, क्योंकि चन्द्रोदय आदि लिङ्ग, कुमुद विकास का तथा समुद्र वृद्धि के न तो कार्य हैं, न कारण, न संयोगी, न समवायी, न एकार्थसमवायी एवं विरोध सम्बन्ध उक्त देशकालाविनाभूत लिङ्गों को अवधारण नहीं किया जा सकता। ऐसा मानने पर भी 'अस्य इदम्' इत्यादि सूत्र में वर्णित कार्यत्वादि सम्बन्धों से कोई विरोध नहीं होता, क्योंकि कार्यत्व आदि सम्बन्धों के अतिरिक्त जो भी सम्बन्ध व्याप्ति के प्रयोजक हो सकते हैं। उन सभी को सूत्रकार ने 'अस्येदम्' पद द्वारा संकलित कर लिया है। इस प्रकार सूत्रकार से सामंजस्य रखते हुए प्रशस्तपाद ने व्याप्ति को 'समय', 'साहचर्य' 'अविनाभाव' आदि पदों से व्यक्त किया है।

योग मतः— सांख्य सूत्रों की तरह योग सूत्र में भी व्याप्ति चर्चा उपलब्ध नहीं होती, किन्तु भाष्यकार व्यास ने सम्बन्ध के रूप में व्याप्ति लक्षण का विन्यास इस प्रकार किया है—'जो अनुमेय के साथ समान जातीय पदार्थों में अनुवृत्त—पृथक् कराने वाला हो, उसे सम्बन्ध कहा जाता है। जैसे 'चन्द्र तारागण आदि गतिशील है, देशान्तर की व्याप्ति होने से चैत्र की तरह। इस अनुमान में 'जो-जो देशान्तर प्रांत वाला होता है वह-वह गतिशील होता है' के साथ समान जातीय चैत्र से, अनुवृत्त है, कारण कि एक स्थान से दूसरे स्थान पर पहुँचा सकने की योग्यता रखने के कारण चैत्र गतिशील माना जाता है। यह असमानता अर्थात् भिन्न जातीय विन्ध्याचल से व्यावृत्त है, क्योंकि एक देश विशेष में ही स्थायी रूप से ठहरा रहने अर्थात् अवस्थित रहने के कारण उसमें

गतिशीलता का अभाव है अतः अनुमेय के साथ समान जातियों से युक्त तथा भिन्न जातियों से पृथक् कराने वाले जो सम्बन्ध है वहीं यहाँ व्याप्ति के रूप में प्रतिपादित किया जाता है।[1] तत्त्ववैशारदी में भी इसी का समर्थन किया गया है।[2]

किन्तु सम्बन्धमात्र को उक्त दोषों के कारण व्याप्ति नहीं माना जा सकता।

प्रो० कीथ के मत का निराकरणः— इनका मत है कि इस अविनाभाव सिद्धान्त का प्रवर्तन दिङ्नाग द्वारा ही हुआ है और उन्हीं से प्रभावित होकर प्रशस्तपाद ने इसका विवेचन किया है। अपने सिद्धान्त को प्रतिपादित करने के लिए उन्होंने 'न्यायवार्तिक तात्पर्य टीका' और 'न्यायवार्तिक' के उदाहरण भी प्रस्तुत किये है। और इन उदाहरणों की सहायता से 'अविनाभाव सिद्धान्त' का 'दिङ्गनाग' के सिद्धान्त स्वरूप से खण्डन किया है।[3] इसके पश्चात् यह भी संभव है कि उद्योतकर और वाचस्पति मिश्र ने दिङ्गनाग द्वारा प्रतिपादित किसी विशेष अविनाभाव लक्षण का ही खण्डन किया हो। इतने मात्र से ही वे व्यक्ति के जन्मदाता नहीं कहे जा सकते। प्रशस्तपाद के सामने 'वैशैषिक सूत्र' के अतिरिक्त 'न्यायसूत्र' और 'न्यायभाष्य' भी विद्यमान थे, जिनमें व्याप्ति सिद्धान्त स्पष्ट रूप से निहित है। यद्यपि महर्षि गौतम को अनुमान सूत्र (1.11.15) में व्याप्ति का सिद्धान्त अवगत ही था।

इस प्रकार सार्वदेशिक-सार्वकालिक स्वाभाविक सम्बन्ध के रूप में उन्होंने व्याप्ति का निबन्धन कहा है। इन सूत्रों की व्याख्या करते हुए वात्स्यायन ने लिखा है कि यह संभव है।

सूत्रकार गौतम के साधर्म्य और वैधर्म्य उदाहरण-लक्षणों की व्याख्या में अन्वय और व्यतिरेक दोनों व्याप्तियां निहित हैं उनके मतानुसार हरेक कोई दृष्टान्त-उदाहरण नहीं बनाया जाता, किन्तु ऐसे ही दृष्टान्त को उदाहरण कहा जा सकता है जिसमें साधर्म्य उदाहरण साध्य-साधनभाव तथा वैधर्मी उदाहरण में साध्याभाव-साधनभाव तथा वैधर्म्य साध्याभाव-साधनाभाव को व्यवस्थित देखकर ही पक्ष में भी साध्य-साधनभाव को अनुमान किया जाता है। तथा द्वितीय में एक के अभाव में दूसरे अभाव को देखकर पक्ष में भी एक के अभाव से दूसरे के अभाव में दूसरे अभाव को देखकर पक्ष में भी एक के अभाव का अनुमान किया जाता है। इस व्याख्या से भली भांति निर्णय हो जाता है। कि अनुमान में 'साध्य-साधनभाव' अथवा 'साध्यभाव साधन भाव' का व्यवस्थित होना अत्यावश्यक है।[4]

---

1. अनुमेयस्य तुल्यजातीयेष्वनुवृत्तौ भिन्न जातीयेभ्यो व्यावृतः सम्बन्धः।
2. त० वै० पृ०11. यो० भा०, पृ०11
3. 102 5 न्याय वर्तिक, पृ० 153-55, न्याय वाव ता टी०, पृ० 153-55
4. न्याय भा०, पृ० 30-11

अतएव ऐसा प्रतीत होता है कि वात्स्यायन ने इन पदों से अन्वय-व्यतिरेक व्याप्ति का ही ग्रहण किया हैं। व्याप्तियुक्त होने के कारण ही सूत्रकार ने साधर्म्य अथवा वैधर्म्य उदाहरण से विशिष्ट होने पर हेतु को अपने साध्य की सिद्धि में साधक माना है।[1]

इन सूत्रों की व्याख्या में भाष्यकार ने स्पष्टतः 'जो उत्पत्ति धर्मक होता है वह अनित्य देखा गया हैं इस रूप में अन्वय व्याप्ति तथा 'जो नित्य है वह अनुत्पत्ति धर्मक' इस रूप में व्यतिरेक व्याप्ति सूचित की है।[2]

उदाहरण की प्रयोजिकता सिद्ध करते हुए वात्स्यायन ने लिखा है कि साध्य और साधन धर्मों में जो साध्य-साधनभावरूप जो सम्बन्ध पाया जाता है उसका एक अधिकरण में प्रदर्शन करना ही उदाहरण का प्रयोजन है। हेतु और उदाहरण का यदि विशुद्ध रूप से प्रयोग किया जाये तो प्रतिवादी केवल साधर्म्य और वैधर्म्य के आधार पर अनेक प्रकार के जाति और त्रिग्रह स्थान आदि दोषों का आरोपण नहीं कर पाता। उदाहरण में दोनों धर्मों का साध्य-साधनभाव अत्यवस्थित होने पर ही उक्त दोषों को आरोपित किया जा सकता है। यदि दोनों धर्मों के साधन भाव को दृष्टान्त में निर्धारण, केवल साधर्म्य अथवा केवल वैधर्म्य के आधार पर न किया जाय तो प्रतिवादी के उक्त दोषों अवकाश नहीं रहता। अतः उक्त विवरणों के अनुसार व्यवस्थित साध्य-साधनभाव से विशिष्ट होकर ही हेतु सद्हेतु का परिचायक हो सकता है। अनित्यसम जाति का खण्डन करते हुए सूत्रकार ने भी यही बात प्रतिपादित की है--दृष्टान्त में जो धर्म साध्य-साधनभाव से ज्ञात होता है वह हेतु कहलाता है और वह दो प्रकार का होने के कारण अविशेष नहीं है।

वाचस्पति मिश्र के अनुसार नित्य स्वाभाविक सम्बन्ध को ही व्याप्ति माना गया है। इसी सम्बन्ध में से साधन में गमकता आ सकती है और साध्य की सिद्धि की जा सकती है। जैसे धूम और अग्नि में नियत स्वाभाविक सम्बन्ध पाया जाता है, क्योंकि धूम, सर्वत्र अग्नि के साथ ही पाया जाता है। किन्तु अग्नि में धूम व्याप्ति नहीं है, क्योंकि प्रत्येक स्थान पर अग्नि के साथ धूम पाया जाना आवश्यक नहीं, उदाहरणार्थ, अयोगोलक में अग्नि रहती है पर धूम नहीं रहता। अग्नि के साथ जो धूम दिखाई देता है, वही गीले ईंधन के कारण दिखाई देता है।

इसलिये अग्नि में धूम का होना, आर्द्र ईंधन के संयोग की अपेक्षा रखता है। यह सम्बन्ध आर्द्रेन्धन उपधि सापेक्ष है, निरेपक्ष नहीं, उपाधि गीले ईंधन के अभाव में धूम का भी अभाव दृष्टिगोचर होता है। अतः अग्नि और धूम का सहभाव तभी देखा जाता है जब उसमें उपाधि-गीले ईंधन का संयोग हो जाता है। इसलिये इसको नियत सम्बन्ध

1. न्याय सू० 34-35
2. न्याय भा०, पृ० 317

नहीं कहा जा सकता। केवल स्वभाविक नियत सम्बन्ध ही अनुमान का अङ्ग हो सकता है। वाचस्पति मिश्र का समर्थन करते हुए उदयन ने भी स्वाभाविक सम्बन्ध को व्याप्ति कहा है और अनौपाधिक सम्बन्ध बतलाया है।

उपाधि का प्रयोजन— जहाँ उपाधि केवल साध्य की व्याप्य होती है। वहाँ केवल उपाधि के व्यभिचार द्वारा साध्य के व्यभिचार का अनुमान होता है। साध्य व्यभिचार के अनुमान द्वारा, व्याप्ति ज्ञान का प्रतिबन्धन होना, उपाधि का मुख्य प्रयोजन है। नियमतः जो जिसके व्यापक का व्यभिचारी होता है। इस नियम के अनुसार पर्वत धूमयुक्त है, अग्नि होने से, इस अनुमान में हेतु 'अग्नि' साध्य 'धूम' की व्यापक उपाधि 'आद्रेन्धन संयोग' उपाधि वह्नि के अभाव में भी तत्र-लोहा-पिण्ड विद्यमान रहती हैं, वैसे ही उसके व्याप्य धूम के बिना भी वहाँ अवस्थित रहती है। इसलिये जहाँ वह्नि है वहाँ धूम भी हैं, इत्याकारक व्याप्ति व होने के कारण प्रकृत अनुमान में साध्य धूम के साथ हेतु वह्नि का व्यभिचार स्पष्टतः अंकित हो जाता है। विश्वनाथ के उक्त उपाधि प्रयोजन विवेचन में गङ्गेश के इस सिद्धान्त—जिसके व्यभिचार के साध्य के साथ साधन के व्यभिचार का ज्ञान हो उसे उपाधि कहा जाता है—का ही समर्थन जान पड़ता है।

वाचस्पतिमिश्र समर्थित स्वाभाविक सम्बन्ध की आलोचना करते हुए चित्सुखाचार्य ने लिखा है कि स्वाभाविक शब्द का निर्वचन नहीं हो सकता। स्वभाव शब्द से क्या-

1. सम्बन्धी स्वभाव-जन्यत्व या
2. सम्बन्धिस्वभावाश्रितत्व या
3. संबन्धि-स्वभाव-प्रयुक्त या
4. सम्बन्धिस्वभाव-व्याप्यत्व या
5. सम्बन्धि स्वभाव से अनतिरिक्तत्व अभिप्रेत है।

इनमें से प्रथम पक्षयुक्त नहीं है, क्योंकि रूप से इसको अनुमान करने में, एकार्थसमवाय को ही व्याप्ति सम्बन्ध माना जाता है, किन्तु उसमें 'सम्बन्धिस्वभाव-जन्यत्व' न पाया जाने के कारण अव्याप्ति दोष होगा। इसी प्रकार घट-पट आदि व्यभिचारी पदार्थों में रहने वाले संयोग सम्बन्ध में अतिव्याप्ति होगी, क्योंकि यह संयोग सम्बन्धि स्वरूप से उत्पन्न होने पर भी व्याप्ति नहीं माना जा सकता। द्वितीय पक्ष भी 'संयोगी-स्वरूप' घट-पट आदि पदार्थों के आश्रित रहने वाले संयोग सम्बन्ध में अतिव्याप्त होने के कारण न्यायसंगत नहीं है। इसी प्रकार तृतीय विकल्प में उद्दिष्ट 'प्रयुक्तत्व' शब्द से जन्यत्व विवक्षित होने के कारण पुनः संयोग में अतिव्याप्ति होगी। चतुर्थ कल्प में, व्याप्तत्व की विवक्षा होने पर, व्याप्ति निरूपण, व्याप्ति की अपेक्षा होने के कारण, आत्माक्षय दोष होगा।

दूसरा कथन यह भी है कि सम्बन्ध को यदि व्याप्य माना जाय, तो उसके व्यापक

रूप में सम्बन्धियों को ग्रहण किया जाता है। किन्तु व्यापक माना जाय, तो उसके व्यापक अधिक देश काल में रहता है, अतः बिना सम्बन्ध के भी सम्बन्धियों की स्थिति संभावित हो सकती है। ऐसी स्थिति में सम्बन्ध शून्य एक पदार्थ को देखकर अन्य पदार्थ का अनुमान हो कैसे जाता है? अतः चतुर्थ पक्ष भी समीचीन नहीं जान पड़ता है।

इसी प्रकार अनौपाधिक सम्बन्ध को भी निर्दुष्ट व्यक्ति लक्षण नहीं माना जा सकता। विधि का निश्चय हो जाने के पश्चात् ही उसके निषेध का निश्चय होता है। इसलिये उपाधि ज्ञान हो जाने के पश्चात् ही उसके निषेध का निश्चय होता है। इसलिये उपाधि ज्ञान हो जाने पर ही उसके अभाव से युक्त सम्बन्ध वाले व्यक्ति का ज्ञान हो सकता है। इस प्रकार व्याप्ति सिद्ध होने पर उपाधि की सिद्धि और उपाधि की सिद्धि होने पर उपाधि रहित व्यक्ति की सिद्धि होगी। इस प्रकार अन्योन्याश्रय दोष रूपी वज्र प्रहार; वज्रलेप के समान दृढ़ हो जाता है।[1]

यदि यह कहा जाय कि, जिस धर्म के साथ, साध्य व्यभिचार का दर्शन, कभी ओर कहीं भी संभावित नहीं हो, उस धर्म को उपाधि माना जा सकता है, किन्तु किसी भी धर्म के विषय में ऐसा निश्चय नहीं किया जा सकता है कि उसके साथ देशान्तर, कालान्तर अथवा पुरुषान्तर में साध्य का व्यभिचार न देखा जाय। दूसरा का यह भी है कि, व्याप्ति ग्रहण काल में, अग्निमत्व, सिद्ध हो जाने के कारण, साध्य नहीं रह जाते अतः उपाधि में साध्यव्यापक की विवक्षता भी नहीं की जा सकती, क्योंकि व्याप्ति ज्ञान न होने पर भी व्यापकत्व की निर्वचन ही नहीं हो सकेगा।[2]

भाव सर्वज्ञ के अनुसार साध्य के साथ साधन के स्वाभाविक व्याप्त सम्बन्ध को अविनाभाव कहा गया।[3] साध्याभवीय स्थलों में साधन का सर्वदा अभाव पाया जाना ही अविनाभाव है 'धूमवान् वह्ने' इत्यादि व्यभिचार स्थलों में लक्षण की अतिव्याप्ति का वारण करने के लिए ही 'स्वभावतः' पद का उपाहरण किया गया है।[4] इस प्रकार अविनाभावरूप व्याप्ति के लक्षण के रूप में उन्होंने वाचस्पति मिश्र के लक्षण की पुष्टि की है।

अनुमान के भेद— अनुमान को ऐतिहासिक क्रम व विकास देखते हुए उनको तीन भागों में वर्णित किया जा सकता है—

1. पूर्ववत्, शेषवत् और सामान्यतोदृष्ट

---

1. स० द० सं०, पृ० 12
2. त० प्र०, पृ० 384-87
3. स्वभावतः साध्येन साधनस्य व्याप्तिरविनाभवः। —न्याय० सा०, पृ० 22
4. प०, पृ० 22-23

2. स्वार्थ-परार्थ और

3. केवलान्वयी, केवलव्यतिरेकी तथा अन्वयव्यतिरेकी

तृतीय वर्गीकरण का विवेचन वैदिक परम्परा में ही पाया जाता है, बौद्ध और जैन परम्पराओं में नहीं। द्वितीय वर्गीकरण प्रायः सभी दार्शनिकों को मान्य है। प्रथम वर्गीकरण योग और वेदान्त ग्रन्थों के अतिरिक्त प्रायः सभी दार्शनिक परम्पराओं में न्यूनाधिक रूप में उपलब्ध होता है।

लिङ्ग परामर्श एवं व्याप्ति

न्यायदर्शन के विचारकों के अनुसार अनुमान में लिंग और लिंगी दोनों की ही विद्यमानता रहती है। रसोईघर में जहां हमने लिंग और लिंगी साहचर्य नियम को सीखा है वह अनुमान का विषय नहीं अपितु प्रत्यक्ष का विषय है। सर्वप्रथम बात ध्यान में रखने योग्य है कि अनुमान केवल वही होता है जहां लिंग का प्रत्यक्ष होता है। लिंगी का नहीं। यदि दूरस्थ पर्वत पर धुआं उठता हुआ देखते हैं तो वह सारे अनुमान का विषय बनता है; क्योंकि वहां हमें धुआं प्रत्यक्ष दिखाई देता है परन्तु आग नहीं। हम धुएं को देखकर ही आग का अनुमान करते हैं, पर कैसे, उसकी प्रक्रिया में-इसको न्यायदर्शन ने और नव्यन्याय ने बहुत अच्छे ढंग से समझाया है। जिसे परीक्षार्थी ''लिङ्ग्यते मन्यते इति लिङ्गम्''— जिसमें परोक्ष अर्थ जाना जाये उसका नाम लिंङ्ग है और ''लिङ्गमस्यास्तीति लिङ्गी'' जो लिंग से सिद्ध हो उसका नाम लिंगी है। लिंग हेतु यह दोनों और लिंगी तथा साध्य यह दोनों पर्याय शब्द है।[1] कारण देखकर कार्य के अनुमान को पूर्ववत् कहते हैं, जैसाकि मेघों को देखकर भविष्यत् वृष्टि का अनुमान होता है।[2]

न्याय दर्शन भाष्य में कहा है कि जहां हेतु रहता है वही साध्य रहता है। यह व्याप्ति ज्ञान पूर्वक लिंग लिंगी के स्वरूप को प्रत्यक्ष द्वारा अनुभव करके किसी अन्य काल में वैसे ही लिंग लिंगी के अनुमान का नाम पूर्ववत् है।[3]

न्याय मत में अनुमान तादात्म्य एवं तदुत्पत्ति सम्बन्ध के कारण नहीं किया जाता है।

महानसादि में लिंग लिंगी के व्याप्ति ज्ञान रूप प्रथम प्रत्यक्ष के अनन्तर पर्वतादि

---

1. परीक्षार्थी लिङ्ग्यते गम्यते अनेनेति लिङ्गम्।
   लिङ्मस्यास्तीति लिङ्गी।— न्या० दर्शन सू०, 5 भा०, पृ० 45
2. यत्रकारणेन कार्यमनुमीयते यथा मेघोन्नत्याभविष्यति वृष्टिरिति।— न्या० भा०
3. सम्बन्धग्रहणकाले लिंगलिंगिनो प्रत्यक्षतः स्वरूपमवधार्यपुनस्तादृशैव लिङ्गेन तादृगैव-लिंगीतत्पूर्वेण तुल्यं वर्तत इति पूर्ववदनुमानम् यथा महानसे धूमाग्नि सहचरितौ दृष्ट्वा पुनः वर्तते धूमाग्न्यनुमानम्। —न्या० द० भा०

पक्ष में धूमादि लिंग का द्वितीय प्रत्यक्ष होने पर अनुमित्सा पुरुष को संस्कारों का उद्‌बोध द्वारा "जहां धुआं है—वहां वह्नि है"[1] इस व्याप्ति ज्ञान का स्मरण होता है। उक्त व्याप्ति स्मृति के अनन्तर जो "अयं धूमः" यह धूम है—इस प्रकार तृतीय लिंगदर्शन अर्थात् धूम का हेतु प्रत्यक्ष ज्ञान होता है वहीं अनुमिति का कारण होने से अनुमान कहा जाता है। जिसका फल "पर्वतो वह्निमान्" पर्वत वह्निवाला है—इस प्रकार की अनुमिति प्रमा है।

अनुमान की इच्छा को "अनुमित्सा" लिंगज्ञा को लिंगदर्शन का लिंग परामर्श कहते हैं। इसी अभिप्राय से वाचस्पतिमिश्र का कथन है जो व्याप्त स्मृतिपूर्वक अपने साध्य के एक अधिकरण में रहने वाले लिंग का इन्द्रिय से प्रत्यक्ष होता है। उसी का नाम परामर्श है।

यहां पर कई लोग आशंका करते हैं कि जिस वस्तु का जो कारण होता है उसमें फल उत्पन्न होता है। यह नियम है। इस नियम के अनुसार जैसे धान कूटने से मूसल की क्रिया सांवा में नहीं पाई जाती, उसी प्रकार धूमविषयक परामर्श—धूम ज्ञान रूप करण से वह्नि का अनुमिति रूप फल नहीं प्राप्त होना चाहिए। इसका उत्तर यह है कि वैशेषिक भाष्य के आधार से प्रत्यक्ष से केवल वर्तमान पदार्थ का बोध होता है। परन्तु अनुमान से त्रैकालिक पदार्थों का बोध होता है।

वर्तमान प्रमाण की सत्यता का आधार लिंग हेतु का साध्य के साथ अपरिवर्तनीय सम्बन्ध है। लिंग लिंगी के धारण करने वाले के साथ लिंग के अपरिवर्तनीय सम्बन्ध पर निर्भर है जिसे नियम की संज्ञा दी गई है। यह सिद्धान्त कारण कार्य अनुमान एवं अन्य अनुमानों की प्रक्रिया को उचित रूप से समझने में सहायक हैं। इस प्रकार प्रमाणिक अनुमान का आधार उपाधियों से रक्षित लिंग लिंगी ही है। अविच्छेद व्याप्ति सम्बन्ध है।

---

1. लिङ्गलिङ्गीसम्बन्धदर्शनमाद्यं प्रत्यक्षं लिङ्गदर्शनद्वितीयं, द्वितीयलिङ्गदर्शनात्संस्काराभिव्या कृत्युत्तरकालं स्मृतिः स्मृत्यानन्तरन्चपुनर्लिङ्ग तदर्शनमयंधूम–इति तदिदमान्तिं प्रत्यक्षं पूर्वाभ्यां प्रत्याक्षाभ्यां स्मृत्या चानुगृह्यमाणं परामर्शरूपमनुमानं भवति। यत्पुनरस्यफलमग्नि–विषयाप्रतिपत्तिः। —न्या० वा०
2. न्या० वा० ता०
3. न्या० वा०
4. वही
5. न्या० भाष्य
6. अनुमान पर "न्यायमंजरी" प्रमाण है।
7. कारण-कार्य अनुमान के अतिरिक्त अन्य अनुमान का उदाहरण। —न्या० भा०

कई स्थानों पर हमने अनुभव किया है कि धूम लिंग आग (लिंगी) के साथ पाया जाता है। अतः यह सिद्ध है जहां धुआं होता है वही अग्नि होती है। यह तो लिंग लिंगी के साहयर्च ज्ञान सपक्ष विपक्ष परामर्श ज्ञान पक्ष पक्षता ज्ञान का अटल नियम है। "तृतीय लिंग परामर्श" ही आग के अनुमान का कारण अनुमिति है।

वैशेषिक दर्शन में अनुमान

वैशेषिक दर्शन में प्रमाण मीमांसा पर विशेष वर्णन प्राप्त नहीं होता है। केवल प्रत्यक्ष और अनुमान का संक्षेप वर्णन मिलता है। प्रशस्त पाद भाष्य और उसकी न्याय कन्दली आदि टीकाओं में कुछ विस्तार से वर्णन किया है। क्योंकि न्याय दर्शन में प्रमाण मीमांसा पर विस्तार रूप में एवं सूक्ष्म रूप में प्रतिपादन किया गया है उसी को प्रायः वैशेषिक दर्शन में भी स्वीकार किया है।

प्रशस्तपाद भाष्यकार ने लिखा है कि विशेष दर्शन से उत्पन्न निश्चय पूर्वक ज्ञान, संशय रहित ज्ञान को निर्णय कहा है और अनुमान निर्णय या दो प्रकार का ज्ञान निर्णय माना जाता है।[1] प्रशस्तपाद के भाष्य के अनुसार संशय रहित और निश्चय पूर्वक ज्ञान को प्रत्यक्ष ज्ञान कहते हैं।

प्रत्यक्ष शब्द प्रतिशब्द और अक्षशब्द से "प्रतिगतं अक्षम् या अक्षम् क्षमप्रति वर्तते" इन दोनों ही व्युत्पत्तियों के द्वारा निष्पन्न होता है। प्रकृत में अर्थ के साथ सम्बद्ध इन्द्रिय ही प्रत्यक्ष शब्द से अभीष्ट है। अर्थात् विषय के साथ सम्बद्ध इन्द्रिय ही प्रत्यक्ष प्रमाण है। इस प्रमाण के द्वारा उत्पन्न यथार्थ ज्ञान ही प्रत्यक्ष रूप प्रपिति है। अतः इन्द्रिय और अर्थ के सन्निकर्ष जो यथार्थ ज्ञान उत्पन्न हो वह प्रत्यक्ष प्रमिति और प्रमिति का कारण ही प्रत्यक्ष प्रमाण है।

अनुमान प्रमाण का वर्णन करते हुए वैशेषिक विद्वानों ने कुछ विस्तार पूर्वक प्रतिपादन किया है जैसा कि प्रशस्तपाद भाष्य में 'लिङ्गदर्शनात्' कहकर अनुमान के विषय में—हेतु से उत्पन्न होने वाला ज्ञान ही लैङ्गिक ज्ञान (अनुमिति) है।[2] 'लिङ्ग दर्शनात् समजायमानं लैङ्गिकार' इस वाक्य में प्रयुक्त दर्शन शब्द का अर्थ केवल चक्षु उत्पन्न ज्ञान ही नहीं है परन्तु सभी ज्ञान या उपलब्धि उसके अर्थ हैं क्योंकि अनुमान के द्वारा ज्ञात हेतु से भी अनुमान होता है। यद्यपि लिङ्ग दर्शन से लिङ्ग विषयक संस्कार

---

1. विशेष दर्शनजमवधारणज्ञानं संशय विरोधी निर्णयः। एतदेव प्रत्यक्षमनु मानं वा। प्रशस्तपाद भाष्यम्।—गुण० नि०, पृ० 622
2. लिङ्गस्य दर्शनाज्ज्ञानात् सम्यग् जायमानं लैङ्गिकमिति वाक्यार्थः। तस्य च ज्ञानस्य सम्यगजातीयस्य यथार्थ परिच्छेदकतयोत्पादः.....संशयविपर्ययौ तावद्यथ समर्थो न तथा पारच्छिन्तः।

भी उत्पन्न होता है और उससे लिङ्ग की स्मृति उत्पन्न होती है। अतः इसमें अनुमिति का लक्षण अतिव्याप्त हो जायेगा। 'लिङ्ग दर्शनात् संजायमानं' के पश्चात् ज्ञानं पद का अध्याहार स्वतः प्राप्त है। अतः संस्कार को ज्ञान रूप न होने के कारण अतिव्याप्ति दोष नहीं है। ''संजायमानं'' इस पद में प्रयुक्त सम् शब्द सम्यक् अर्थ में प्रयुक्त हुआ है। अतः लिङ्ग दर्शन से उत्पन्न सम्यक् ज्ञान ही अनुमान है। ऐसा लक्षण सिद्ध होने से संशय विषर्यय एवं स्मृति इन तीनों की अनुमान से व्यावृत्ति हो जाती है।

प्राचीन वैशेषिक विद्वानों के अनुसार तो मुख्य रूप में न्याय दर्शन के अनुसार 'अनुमीयते इति अनुमानम्' अनुमितिकरणं अनुमान इत्यादि व्युत्पत्ति के अनुसार ही अनुमान माना जाता था। व्याप्य-व्यापक अर्थात् लिंङ्ग लिङ्गी के सम्बन्ध में अनुमान प्रमाण माना जाता रहा है।[1] लिङ्गपद का निर्वाचन लीनमर्थ गमयतीति लिङ्गम् अथवा लिङ्गये गम्यतेऽर्थः अनेनइति लिङ्गम्। अर्थात् जिसमें विषय जाना जाता है उसको लिङ्गम् कहते है। समस्त वस्तुएं अपने किसी चिह्न अथवा लिङ्ग से जानी जाती हैं। वैसा देखा गया हो या सुना गया हो अथवा अनुभव किया गया हो उस अवस्था में उस वस्तु के चिह्न को देखकर चिह्नी अथवा लिङ्गी का जो ज्ञान प्राप्त होता है। वह ज्ञान अनुमान प्रमाण माना जाता है यह विवेचन हमें सिद्धान्त चन्द्रोदय में उल्लिखित है जैसे कि धूम को देखकर अग्नि का अनुमान किया जाता है इस विषय में शङ्कर मिश्र का मत है कि—'एतेन लिङ्गमेवानुमिति करणं न तु तस्य परामर्शः तस्य निर्व्यापादत्वेनाकरत्वात् लिङ्गस्य तु स एवं व्यापारः' अर्थात् लिङ्ग ही अनुमिति करण न कि परामर्श इससे स्पष्ट होता है परामर्श नहीं होता कुछ नव्याचार्य अनुमान का व्याप्ति को ही करण स्वीकार करते हैं। उनके मत में अनुमिति करण ही अनुमान का लक्षण है अनुमिति में व्याप्ति ज्ञान, करण, परामर्श व्यापार, अनुमिति उसका कार्य है वस्तुतः व्याप्ति ज्ञान का परामर्श रूप व्यापार द्वारा अनुमिति ज्ञान का कारण सिद्ध होता हैं।

प्रशस्तपाद में अनुमान के दृष्ट और सामान्यतो दृष्ट दो भेद किये हैं। प्रसिद्ध साध्य एवं अनुमेय इन दोनों में जातितः अभिन्न होने पर, जो अनुमान किया जाता है वह दृष्ट अनुमान कहलाता है। हेतु के साथ पहले से ज्ञात रहने वाला साध्य, प्रसिद्ध साध्य ओर जिस साध्य की सिद्धि अभिप्रेत है वह अनुमेय कहा जाता है। जैसे कि किसी गो को सास्नायुक्त देखकर उसे भी गौ होने का अनुमान कर दृष्ट अनुमान कहलाता है। सामान्यतो दृष्ट अनुमान वह है जहां प्रसिद्ध साध्य और अनुमेय दोनों भिन्न जाति के हों। जैसे कि धूम को देखकर अग्नि का अनुमान करना। ऐसे ही जहां पक्ष और सपक्ष विजातीय हो, वह सामान्यतो दृष्ट अनुमान है। जैसे मोहन को प्रातः काल गुरुकुल

---

1. यदनुमेयेन सम्बद्धं प्रसिद्धं च तदन्विते। —प्र० पा० भा० अनुमान, पृष्ठ 477
तदभावे च नास्त्येव तल्लिङ्गमनुमापकम्। —प्र० पा० भा० पदार्थ धर्म संग्रहः

कांगड़ी हरिद्वार में देखा था, वही मोहन सांयकाल हरकी पौड़ी हरिद्वार में देखा गया, इसमें अनुमान किया कि वह गतिपूर्वक अर्थात् चल कर वहां गया है। यह समान्यतो दृष्ट अनुमान है।

अनुमान को सिद्ध करने के लिए सभी दार्शनिक व्याप्ति की विस्तृत व्याख्या करते है। वैशेषिक व्याप्ति को विवेचन में लगभग न्याय दर्शन के समान ही व्याख्या की गई है।

यद्यपि वैशेषिक विद्वान् वेद को श्रुति प्रमाण के रूप में मानते हैं तो भी शब्द प्रमाण को स्वतन्त्र रूप में वैशेषिक दर्शन में स्वीकार नहीं किया जाता है। शब्द प्रमाण का अन्तर्भाव अनुमान प्रमाण में ही किया जाता है।

अतः वैशेषिक दर्शन में प्रत्यक्ष और अनुमान दो प्रमाण ही स्वीकार किये जाते हैं।

वैशेषिकों ने व्याप्ति नियामक सम्बन्धों के आधार पर अनुमान के पांच भेद स्वीकार किये हैं। आचार्य वाचस्पति[1] मिश्र ने सांख्यों के सम्बन्धों पर आधारित सात प्रकार के अनुमानों का भी निषेध किया है—

1. मात्रा हेतुक 2. निमित्त हेतुक 3. संयोगि–हेतुक 4. विरोध हेतुक 5. सहचरि हेतुक 6. स्वस्वामिभाव तथा वाध्यघातकभाव हेतुक[2] वर्तमान उपलब्ध सांख्य के सर्व प्राचीन ग्रन्थ सांख्यकारिका में तो त्रिविधम् अनुमानमाख्यातम्'' कहा गया है। वे तीन भेद व्यास सूत्र में प्रतिपादित पूर्ववत् शेषवत् और सामान्यतोदृष्ट ही है। इनका वर्गीकरण सांख्यतत्त्व कौमुदीकार[3] ने व्याप्ति के आधार पर 'वीत' और 'अवीत' किया है।

जैन तार्किक अकलंक ने नैयायिकों के पूर्ववत्, शेषवत् और सामान्यतोदृष्ट भेद की तीव्र आलोचना की है—''अस्ति आत्मा प्रमाणतः उपलब्धेः'' ''षड्विषाणं नास्ति अनुपलब्धः'' आदि अनुमान ऐसे है जिनका अन्तर्भाव उक्त तीन प्रकारों में नहीं होता है तथा वैशेषिक और सांख्यों के द्वारा प्रस्तुत पञ्चविध औरा सप्तविध में वे नहीं आते हैं। इसलिए जैन परम्परा में अनुमान के दो भेद आचार्य सिद्धसेन ने स्वीकार किये हैं: ''स्वार्थ'' तथा परार्थानुमान[4] अनुमान के 'स्वार्थ तथा 'परार्थ' भेद को प्रशस्तपाद[5] ने भी

1. न्या० वा० ता० टी० 1.1.5
2. मात्रानिमित्तसंयोगिसहचारिभिः स्वस्वामिनोगोधैः सांख्यानां सप्तधानुमाया।
   —न्या० वा० ता० टी० 1.1.5
3. सांख्य तत्त्व कौमदी अनु० प्र०
4. स्वनिश्चयवदन्येषां निश्चयोत्पादनं बुधैः। परार्थानुमानमाख्यातं वाक्यं तदुपचारतः।
   —न्या० वा० का०।
5. प्रशस्तपाद भाष्य—लौकिक ज्ञान प्र०

स्वीकार किया है। अनुमान के इन भेदों को आगे चलकर प्राय: सभी दर्शनों ने स्वीकार किया है। मीमांसा तथा वेदान्त[1] ग्रन्थों में स्पष्ट रूप से इनका प्रतिपादन किया है।

सांख्य दर्शन में अनुमान प्रमाण

अनुमान की व्याख्या :

लिङ्ग और लिङ्गी के ज्ञान से उत्पन्न होने वाला ज्ञान अनुमान[2] होता है। यहां लिंग का प्रयोग व्याप्य के तथा लिङ्गी का प्रयोग व्यापक के रूप में किया गया है। शंकित

---

1. वेदान्त परिभाषा अनु०
2. प्रतिविषयाध्यवसायो दृष्टं त्रिविधमनुमानमाख्यातम्।
   ततिलङ्गलिङ्गिपूर्वकमाप्तश्रुतिराप्तवचनं तु।। सांख्यकारिका, 5
   अनुमानसामान्यतांलक्षयति-लिङ्गलिङ्गिपूर्वकमिति। लिङ्गं व्याप्यम्। लिङ्गि व्यापकम्। शङ्कित-समारोपितोपाधिनिराकरणेन वस्तुस्वभावप्रतिबद्धं व्याप्यम्। येन च प्रतिबद्धं तद् व्यापकम्। लिङ्गलिङ्गि-ग्रहणेन विषयवचिना विषयिणं प्रत्यक्षमुपलक्षयति। धूमादिर्व्याप्यो वह्न्यादिर्व्यापक इति च प्रत्यक्षस्तुततपूर्वकम्। लिङ्गग्रहणं चावर्त्तनीयम्। तेन लिङ्गमस्यास्तीति पक्षधर्मताज्ञानमपि दर्शितं भवति। तद्व्याप्यव्यापक भाव-पक्षधर्मताज्ञानपूर्वकमनुमानीमा ते अनुमानसामान्य लक्षितम् अनुमानविशेष- स्तन्त्रान्तर-लक्षितानभिमतान् स्मारयति त्रिविधमनुमानमिति। तत् सामान्यतो लक्षितमनुमानं विशेषत-स्त्रिविधम् पूर्ववच्छेषवत्सामान्यतो दृष्टिञ्चेति। तत्र प्रथमस्तावद् द्विविधं वीतमवीतं च। अन्वयमुखेन प्रवर्त्तमान विधायकं वीतम्। व्यतिरेकमुखेन प्रवर्तमानं निषेधकमवीतम्।
   तत्रवीतं शेषवत्। शिष्यते परिशिष्यते इति शेष:एक एव विषयतया यस्यास्त्यनुमानज्ञानस्य तच्छेषवत्। यदाहु:- प्रसक्तप्रतिषधे अन्यत्रात्रसङ्गाच् शिष्यभावे सम्प्रत्यय: परिशेष:'' इति (न्यायभाष्यम् 1/1/5) अस्य चाऽवीतस्य व्यतिरेकिण उदाहरणनमग्रेऽभिधास्यते (द्र० 9 का० टी०)
   वीतंद्वेधा-पूर्ववत् सामन्यतोदृष्टं च। तत्रैकं दृष्टस्वलक्षणसामान्यविषयं यत्तत्पूर्ववत् पूर्वप्रसिद्धं दृष्टस्य लक्षणासामान्यमिति यावत् तदस्य विषयत्वेनास्त्यनुमाननस्येति पूर्ववत्। यथा धूमाद् वह्नित्वसामान्यविशेष: पर्वतऽनुमीयते। तस्य च वह्नित्वसामान्य-विशेषस्यस्वलक्षणं बुद्धिविशेषो दृष्टो रसवत्याम्। अपरं च वीतं सामान्यतो दृष्टम् अदृष्टस्वलक्षण सामान्य विषयम्। यर्थेन्द्रिविषकयमनुमानम्। अत्रहि रूपादि विज्ञानानां क्रियात्वेन करणत्वमनुमीयते। यद्यपि करणत्वसामान्यस्य छिदादौ वास्यादि स्वलक्षणमुपलब्धम्, तथापि यज्जातीयस्य रूपादिज्ञाने करणवत्त्वमनुमीयते तज्जातीयस्य करणस्य न दृष्टं स्वलक्षणं प्रत्यक्षेण। इन्द्रियजातीयं हि तत्करणम्, नचेन्द्रियतत्स-सामान्यस्य स्वलक्षणं वह्नि:। सोऽयं पूर्ववत: सामान्यतोदृष्टात् सत्यपि वीतत्वेन चतुष्टयत्वे विशेष:।

एवं समारोपित इन दो उपाधियों के बिना ही जिस वस्तु का स्वभावतः साहचर्य सम्बन्ध होता है उसे 'व्याप्य' कहते हैं। जिसके साथ उस वस्तु का सम्बन्ध होता है उसे 'व्यापक कहते हैं।

इस प्रकार दो वस्तुओं व्याप्य तथा व्यापक के अविनाभाव सम्बन्ध के अनन्तर पक्ष में व्याप्य, लिङ्ग के ज्ञान को ही अनुमान प्रमाण कहते हैं। व्याप्य ज्ञान के बाद पक्ष में ही व्यापक का ज्ञान होना अनुमिति (अनुमान का फल) है। धूमादि को देखने गये पर्वतादि में अग्नि का ज्ञान होता है वही अनुमान है। लिङ्गपरामर्श को सांख्य अनुमान नहीं मानता इसलिए उसने 'पौरुषेयबोध' को ही अनुमिति माना है। धूमादि व्याप्य है और वह्नि व्यापक है। इन्हें क्रमशः हेतु और साध्य भी कहा जाता है। यहां पर बिना किसी उपाधि के निराकरण द्वारा धूम का सम्बन्ध अग्नि के साथ होता है। इसी को व्याप्ति कहा जाता है।[1] धूम (लिङ्ग) पर्वत (पक्ष) में धर्मरूप में विद्यमान है इस ज्ञान को पक्षधर्मता का ज्ञान कहते हैं। अतः व्याप्तिज्ञान तथा लिङ्ग द्वारा उत्पन्न पक्ष धर्मता के ज्ञान को ही अनुमान प्रमाण कहा जाता है। यहां पर पक्ष धर्मता का अर्थ है धूमादि लिङ्ग की पूर्ववादि पक्ष में स्थिति। व्याप्य या व्यापक में से जब एक के होने पर अनुमान किया जाता हो इसी प्रकार होने वाली व्याप्ति को अन्वय व्याप्ति कहते हैं।[2] जब साध्य के अभाव में हेतु का अभाव हो तो उसे व्यतिरेक—व्याप्ति कहा जाता है। अतः व्याप्य से व्यापक का ज्ञान ही व्याप्ति ज्ञान है। हेतु और साध्य के साहचर्य सम्बन्ध को ही व्याप्ति कहा जाता है। इसके दो भेद होते हैं—समव्याप्ति और विषम व्याप्ति।

समव्याप्ति :

जहां व्याप्य और व्याप्य के स्वाभाविक सम्बन्ध को 'अन्वय व्यतिरेक' के द्वारा समान रूप से कहा जाता है वहां सम व्याप्ति होती है। उदाहरणार्थ जहां-जहां धूम होता है वहाँ-वहाँ वह्नि होती है। यहां पर धूम और वृह्नि के स्वाभाविक सम्बन्ध को अन्वय व्यतिरेक द्वारा समान रूप से दर्शाया गया है।

अत्र च दृष्टं दर्शनम् सामान्यत इति सामान्यस्य सार्वत्रिकभक्तिक स्तसिः। अदृष्ट-स्वलंक्षणस्य सामान्यविशेषस्य दर्शनं—सामान्यतोऽदृष्टमनुमानमित्यर्थः सर्वचैतदस्माभिः।
—न्यायवार्तिक तात्पर्यटीकायां (1/1/5)
—सांख्यतत्त्वकौमुदी (16-28)
(अनुमान वर्णनम्)
''प्रतिबन्धदृशः प्रतिबद्धज्ञानमनुमानम्''।
प्रतिबन्धो व्याप्तिः। व्याप्तिदर्शनाद् व्यापक ज्ञानं वृत्तिरूपमनुमानं प्रमाणमित्यर्थः। अनुमितिस्तु पौरुषेय बौद्ध इति। सांख्य दर्शनम्, श्लोक 100

1. यत्रयत्र धूमः तत्रतत्र वह्निः। तत्र वह्निर्नास्तितत्र धूमोऽपि नास्ति।
2. 'तत्सत्त्वे तत्सत्त्वमन्वयः'।

विषमव्याप्ति :

जब हेतु और साध्य के नियम सम्बन्ध को 'अन्वय-व्यतिरेक' द्वारा समान रूप से नहीं बताया जा सकता तो वहां विषम व्याप्ति होती है। विषम व्याप्ति में केवल कार्य को देखकर ही कारणों का अनुमान होता है तथा कारण को देखकर कार्य का अनुमान नहीं होता है, जैसे धूम को देखकर हम पर्वतादि में अग्नि का ज्ञान कर सकते हैं। अग्नि को देखकर धूमादि का अनुमान नहीं किया जा सकता क्योंकि बिजली के उपकरण, गैस, दहकते कोयले में अग्नि होती है धूम नहीं। उसी तरह वर्षा से मेघ की व्याप्ति होती है किन्तु मेघ होने से यह जरूरी नहीं कि वर्षा होगी।

वाचस्पति मिश्र ने अनुमान को दो भेदों में विभक्त किया है वीतानुमान अवीत अनुमान। अन्वय व्याप्ति द्वारा प्रवृत्त होकर व्यापक के पक्ष में सिद्धि करने वाला अनुमान वीतानुमान है। जो दो प्रकार का होता है पूर्ववत् और सामान्योदृष्टम्। व्यतिरेक व्याप्ति द्वारा प्रवृत्त होकर साध्य का निषेध कर उसके पक्ष में हेतु का निषेध करने वाला अनुमान अवीतानुमान होता है इसे शेषवत् अनुमान भी कहते हैं।

इस प्रकार अनुमान को सांख्य में तीन प्रकार का माना गया है :[1] 1. पूर्ववत् 2. सामान्योदृष्ट और 3. शेषवत्।

---

1. अनुमानं तावत् त्रिविधं भवति। पूर्ववत् शेषवत् सामान्यतोदृष्टं चेति। तत्र प्रत्यक्षीकृत-जातीयविषयकं पूर्ववत्। यथा धूमेन वह्न्यनुमानम् वह्निजातीयो हि माहनसादौ पूर्व प्रत्यक्षीकृतः।

   व्यतिरेकानुमानं शेषवत्। शेषोऽपूर्वोऽर्थोऽस्य विषयत्वे नास्तीति शेषवत्। अप्रसिद्ध साध्यकमितिः यावत्। यथा पृथ्वीत्वेनेतर भेदानुमानम् पृथिवीतरभेदो हि प्रागसिद्धः। सामान्यतोदृष्टञ्च तदुभयभिन्नमनुमानम्। यत्र सामान्यतः प्रत्यक्षादिजातीयमादाय व्याप्तिग्रहात् पक्षधर्मताबलेन तद्विजातीयोऽप्रत्यक्षयद्यर्थः सिध्यति। यथा रूपादिज्ञाने क्रियात्वेन करणवत्वानुमानम्। अत्र हि पृथिवीत्वादि जातीयं कुठारादिकरणमादाय व्याप्ति गृहीत्वा तद्विजातीयमतीन्द्रियं ज्ञानकरणमिन्द्रियं साध्यत इति।

   तत्र सामान्यतोदृष्टानुमानाद् द्वयोः प्रकृतिपुरुषोः सिद्धिरित्यर्थः। तत्र प्रकृतेः सामान्यतो-दृष्टमनुमानम्। यथा महत्तत्व सुखदुःखमोहधर्म कद्रव्योपादानकं कार्यत्वे सति सुख दुःख महाधर्म कृत्वात् सुवर्णादिजकुण्डलादिवीतरत्यादिः।

   पुरुषे तु यद्यप्यनुमानापेक्षा नास्ति सर्वसम्मतत्वात् तथापि प्रकृत्यादि वदे के सामान्यतो दृष्टम् वक्ष्यते।

   तद्यथा प्रधानं परार्थ सहकारित्वाद् गृहादिवदिति।

   अत्रहि प्रत्यक्षसिद्ध देहाद्यर्थकित्वं गृहादिषु गृहीत्वा तद्विजातीयः पुरुषः प्रधानादि परत्वेनानुमीयते। देहादीनां च भोक्तृत्वविवेकेन प्राग्गृहीतमित्युभयसिद्धिरिति।। 10।।

   सांख्य प्रवचन भाष्य 14.15

1. पूर्ववत् अनुमान :

'कारण' से 'कार्य' का अनुमान होना ही पूर्ववत् अनुमान है। 'पूर्व' का अर्थ है किसी पदार्थ का सामान्य रूप, जिसका व्यक्तिगत स्वरूप पहले प्रत्यक्ष हुआ रहता है। ऐसा सामान्य जिस अनुमान का विषय हो उसे पूर्ववत् अनुमान कहते हैं अर्थात् जब प्रत्यक्ष किये गये पदार्थ के सामान्य रूप से युक्त विशेष का ज्ञान किया जाए। तब वहां पूर्ववत् अनुमान होता है। यथा धूम हेतु के द्वारा 'वह्नि' रूप सामान्य धर्म से युक्त विशेष वह्नि की अनुमिति होती है जिस वह्नि सामान्य का विशिष्ट रूप पूर्वकाल में व्याप्ति ग्रहण करते समय पाकशाला में देखा जा सकता है। इसी प्रकार मेघों की काली घटा को देखकर 'वृष्टि' का अनुमान करना भी 'पूर्ववत्' अनुमान है।

इसी प्रकार पूर्ववत् अनुमान का विषय सामान्य ही है विशेष नहीं।

2. सामान्यतो दृष्ट :

'सामान्यतोदृष्ट' शब्द दो शब्दों से मिलकर बना है—सामान्यतः अर्थात् सामान्य का, दृष्ट अर्थात् ज्ञान। अर्थात् किसी पदार्थ के सामान्य रूप का ज्ञान, जिसका प्रत्यक्ष पूर्वकाल में न हुआ हो 'सामान्यतोदृष्ट' अनुमान कहलाता है। यथा रूप रस गन्ध आदि का ज्ञान एक कार्य है अतः उसका कोई न कोई कारण अवश्य होगा। इस प्रकार चक्षु जिह्वा, घ्राण आदि इन्द्रियों का ज्ञान हो जाता है किन्तु करण रूप इन इन्द्रियों को अपना विशिष्ट रूप का पूर्वकाल में प्रत्यक्ष नहीं होता। जिस प्रकार 'छेदनक्रिया' एक कार्य है। उसी प्रकार 'रूपादि' का ज्ञान भी कार्य है 'छिदिक्रिया' का अपने कारण 'कुल्हाड़ी' के साथ पूर्वकाल में प्रत्यक्ष होता है किन्तु रूपादि के साथ चक्षुरिन्द्रिय सामान्य का स्वलक्षण स्थूल दृष्टि वालों को भी प्रत्यक्ष नहीं होता। पूर्ववत् और सामान्यतोदृष्टं अनुमान का वीतानुमान के अन्तर्गत आने पर भी यही भेद है।

3. शेषवत् :

शेषवत् का तो शाब्दिक अर्थ ही शेष अर्थात् 'बाकी बचा' है। वही शेष जिस ज्ञान का विषय हो 'शेषवत्-अनुमान कहलाता है। जहां 'कार्य' से 'कारण' का अनुमान हो उसे 'शेषवत्-अनुमान' कहते हैं। न्यायसूत्र (1/1/5) में शेषवत् अनुमान उसे कहते हैं जिस पदार्थ के (प्रसक्ति, सम्भावना होने पर) प्रतिषेध, निराकरण होने पर तथा अन्यत्र उसकी सम्भावना भी न होने पर शेष बचे पदार्थ का ज्ञान सम्यक् अनुमिति होती है। यथा 'पथिकीयां' को शेष बनाकर 'इतरभेद' कर अनुमान करना ही शेषवत् अनुमान है।

मीमांसा में अनुमान प्रमाण

शब्द प्रमाण का विवेचन करते हुए महर्षि जैमिनि ने मीमांसा सूत्र में लिखा है। शब्द (वेद वाक्यस्थ प्रत्येक पद) का अपने अर्थ के साथ स्वाभाविक सम्बन्ध है। उसके

(धर्म के) यथार्थ ज्ञान को साधन होने के नाते शब्द उपदेशात्मक और वेदात्मक होता है। तथा प्रत्यक्षादि प्रमाणों से अप्राप्त (अनुपलब्धे अर्थे) अबाधित एवं निरेपक्ष विषयक होने के कारण वादरायण मतानुसार उसको प्रमाण कहा जाता है।[1]

प्रभाकर मत का विवेचन करते हुए शालिकनाथ मिश्र ने प्रमाण के विषय में लिखा है– "अनुभूति ही प्रमाण है" स्मृति से भिन्न ज्ञान को अनुभूति कहते है। ऐसा कथन करने का प्रयोजन यह है कि "अनुभूति" प्रमाण लक्षण में स्मृति की व्यावृत्ति हो जाये क्योंकि स्मृति संस्कार मात्र से उत्पन्न होने वाला पूर्व अनुभूति सापेक्ष ज्ञान है। अतः स्मृति पूर्वज्ञान की अपेक्षा रखने के कारण अर्थात् सापेक्ष ज्ञान वाली होने के नाते प्रमाण नहीं कही जाती।[2]

यहां शंका हो जाती है कि स्मृति से अतिरिक्त सभी ज्ञान प्रमा अर्थात् अनुभूति रूप हैं तो भ्रमादि स्थल में लक्षण की अतिव्याप्ति होगी क्योंकि भ्रमादि ज्ञान ही अनुभवात्मक होते हैं। इस शंका का समाधान इस प्रकार किया है—"इदं रजतम्" अर्थात् "रजतम् इदम्" यह एक ज्ञान नहीं अपितु दो ज्ञानों का योग है। यहां पर "इदम् अंश" अनुभवात्मक ज्ञान का सूचक है और "रजत अंश" स्मरणात्मक ज्ञान का सूचक है। इस "रजत अंश" ज्ञान के स्मृति मूलक होने के नाते यह अनुभव रूप नहीं है। अतः इसमें प्रामाण्य की आपत्ति नहीं दी जा सकती। इदम् "यह" जो ज्ञान है वह प्रमात्व रूप से इष्ट ही है। केवल रजत ज्ञान ही व्यवहार में विसंवादक होने से भ्रम कहा जाता है। मान लिया जाये कि उक्तोदाहरण में दो ज्ञान हैं किन्तु "पीतं शंखम्" शंख पीला है—में दो ज्ञान नहीं किन्तु यह ज्ञान भी प्रभाकर मत में प्रमाण है। पाण्डुरोग ग्रसित को श्वेत शंख भी पीला ही दिखाई देता है। इसका समाधान यह है कि इस ज्ञान के प्रामाण्य विशिष्ट होने पर भी व्यवहार दशा में विसंवाद होने से यह ज्ञान भ्रान्त कहा जाता है। यहां विसंवाद नहीं देखा जाता। अतः भ्रान्ति का व्यवहार भी नहीं होता। इस प्रकार से पीत शंखादि ज्ञान प्रमाण होते हुए व्यवहार-विसंवादि होने के नाते भ्रान्त ही सिद्ध होता है। अतः अनुभूति ही प्रमाण है।[3]

यद्यपि मीमांसासूत्र में कोई लक्षण नहीं किया गया है फिर भी भाष्यकार शबरस्वामी ने स्पष्ट रूप से अनुमान का लक्षण इस प्रकार किया है—ज्ञात सम्बन्ध के (विदित व्याप्ति सम्बन्ध के) सम्बन्धी एक देश दर्शन से (लिंग दर्शन से) एक देशान्तर

---

1. औत्पत्तिकस्तु शब्दस्यार्थेन सम्बन्धः तस्य ज्ञानमुपदेशो-व्यतिरेकश्चार्थे अनुपलब्धे तत् प्रमाणम् बादरायणस्यानपेक्षत्वात्। —मी० सू० 1-1-5
2. अनुभूतिप्रमाणं सा स्मृतेरन्या स्मृतिपुनः। पूर्वविज्ञानसंस्कारमात्रजं ज्ञानमुच्यते। न प्रमाणं स्मृतिः पूर्वप्रत्तिपत्तेरपेक्षणात्। —प्र० प०, पृ० 104
3. प्र० प०, पृ० 126-127

(अन्य एक देशस्य साध्य) असन्निकृष्ट अर्थ (असम्बद्ध विषय) का ज्ञान ही अनुमान है।[1]

मीमांसा साहित्य में "मीमांसा सूत्र तथा शाबर भाष्य" में हेतु के लक्षण अथवा रूप में कोई व्याख्या नहीं उपलब्ध होती किन्तु कुमारिल ने जिसमें साध्य की व्याप्ति रहती है उसी हेतु को गमक, व्याप्य एवं नियामक कहा है। पार्थसारथि, मिश्र, प्रभाकर, शालिकनाथ आदि ने भी इन्हीं का समर्थन किया है।[2]

मीमांसा सूत्र के भाष्यकार शबर स्वामी ने अनुमान के दो भेद बतलाये हैं। "प्रत्यक्षतोदृष्ट सम्बन्ध" और "सामान्यतोदृष्ट सम्बन्ध" भेद से दो प्रकार का अनुमान सूचित किया गया है। जैसे धूम-आकृति (धूमत्व या धूम सामान्य को देखकर, अग्निमत्व या अग्नि सामान्य) का अनुमान प्रत्यक्ष तो दृष्टसम्बन्ध तथा देवदत्त के गतिपूर्वक देशान्तर प्राप्ति के ज्ञान आदित्य में गति का स्मरण होना सामान्यतोदृष्ट सम्बन्ध अनुमान है। वैसे मीमांसा सूत्र में अनुमान के भेदों की व्याख्या उपलब्ध नहीं होती।

"मीमांसा सूत्र" और शाबरभाष्य एवं कुमारिल और प्रभाकर के ग्रन्थों में अनुमान के स्वार्थ-परार्थभेद उपलब्ध न होने के कारण अवयव लक्षणों को स्पष्ट विवेचन नहीं किया गया। कुमारिल के अनुसार इन्हें तीन अवयव ही अभिप्रेत है: प्रतिज्ञा, हेतु, दृष्टान्त।

मीमांसा में वादी और प्रतिवादी दोनों अथवा एक में से संशय, विपर्यय अथवा अज्ञान जिसमें ज्ञापित हो वह अनिश्चित होने के कारण कुमारिल के अनुसार असिद्ध हेत्वाभास कहलाता है। इसके दो भेद हैं-स्वरूपासिद्ध एवं आश्रयासिद्ध। विपर्ययासिद्ध, संदिग्धासिद्ध तथा अज्ञानासिद्ध भेद से इन दोनों के तीन-तीन अवान्तर भेद माने गए हैं।[3]

अनुमिति का कारण

न्याय :

प्राचीन न्याय तथा नव्य न्याय में अनुमिति का कारण न्यायदर्शन के निषेध तथा अन्य में अप्राप्ति द्वारा शेष विषय में अनुमिति के हेतु का नाम परिमेय है। परिशेष तथा

---

1. अनुमानं ज्ञातसम्बन्धस्य एकदेशदर्शनात् एकदेशान्तरे असंनिकृष्टे अर्थेबुद्धिः।
2. अनुमानं आगमबाधितं नोदीयते। —कणिका, पृ० 304
   अनुमानं कार्यकारणयोरेव इति केचित् तत्तु अयुक्तं अकार्यकारणभूतानामपि कृतिकादीनां अचिरोदगतरोहिण्यादिप्रतिपत्तिहेतुत्वदर्शनात् अतो गम्यगमकत्वेमेव कार्यकारणभावे मन्यते। ननु सोऽपि अनुमानोत्तरकालीनत्वादनङ्गम्। अन्यस्मिन्नेव तु सम्बन्धे सति पश्चात् प्रसिद्धवन्तमेन अनुमानव्यवहारोपलक्षत्वेन उपन्यस्यति। यद्वा शक्त्यभिप्रायं ययोरेव हि व्याप्ति ग्रहणकाले गम्यगमकसामर्थ्यात्मना कार्यकारणभावित्वेन सा अवधृता तत्रैव हेतुना। —मीमांसाकोषः वा० 1-2-3-26, पृ० 139
3. श्लो०वा०, अनुमान, श्लोक 75-76

शेषवत् यह दोनों पर्याय शब्द हैं, जैसा कि जो सत्ता वाला अनित्य होता है वह द्रव्य, गुण या कर्म होता है। यह नियम है।

''वीत'' सामान्यतोदृष्ट अनुमान में स्वलक्षण सामान्यदृष्ट नहीं होता अर्थात् लिंग और लिंगी व्यापत्तियां साहचर्य नियम प्रत्यक्ष का विषय न होने पर भी केवल हेतु सादृश्य से और उसके साधन परशु के साथ साहचर्य प्रत्यक्ष होने के आधार पद हम इन्द्रियों की सत्ता का अनुमान कर लेते हैं।

जैसे— अव्यक्त महदादि सब पदार्थ, परार्थ हैं।

क्योंकि वे संघात हैं।

जो संघात होता है वह परार्थ होता है।

जैसे— शयनासनादि

अव्यक्तादि सुख-दुःख मोहात्मकता के कारण सब संघात है।

अतः वे भी परार्थ हैं।

यह सब पुरुष है जो अव्यक्तादि अतिरिक्त है प्रत्यक्षतः यहां परार्थ का अनुमान करने पर अर्थात् अव्यक्तादि से अतिरिक्त पुरुष के अस्तित्व का सहज अनुमान कर लेते हैं। न्याय दर्शन में इसकी परम्परा कुछ अलग है।

मीमांसा दर्शन :

मीमांसा के सिद्धान्त में अनुमान को जैसे प्राच्य न्याय एवं नव्यन्याय के आधार पर बतलाया गया है। अनुमान की मीमांसक लोग उसी प्रकार तुलना करते हैं। मीमांसा भाष्य वार्तिक में कहा गया है अन्वय व्याप्ति व्यतिरेक, व्याप्ति, अन्वय व्यतिरेक व्याप्ति भेद से तीन प्रकार की विद्यमान हैं।[2] इसी प्रकार यहां असिद्ध, अनैकान्तिक और प्रकरण सम ये तीन ही हेत्वाभास माने गए हैं। नैयायिकों के समान पांच नहीं।[3] केवल इतना ही न्याय और मीमांसा के अनुमान में अन्तर है। परन्तु मीमांसक प्रतिज्ञा, हेतु, उदाहरण उपनय, निगमन, इन अवयवों के अन्तर्गत अनुमान को मान्यता प्रदान करते हैं।[4]

---

1. अनुमिति करणम् अनुमानम् परामर्शजन्यं ज्ञानमनुमिति अथतत्पूर्वकं त्रिविधमनुमानम् पूर्ववच्छेषवत्सामान्यतोदृष्ट। —तर्कसंग्रह, अनु० ख० सू० 5, न्या० द०
2. अन्वये साधनं व्याप्तं साध्यं व्यापकमिष्यते। साध्याभावोन्यथा व्याप्यः व्यापकः साधनात्ययः। व्याप्यव्यापकभावो हि भावः। तस्माद्विपरीतः प्रतीयते। व्याप्यस्य वचनं पूर्वव्यापकस्य ततः परम्। एवं परीक्षिताव्याप्तिः स्फुटो भवति तत्त्वतः।
—मीमांसाभाष्य वार्तिक अनुमानखंड।
3. शास्त्रदीपिका 1-1-25
4. डॉ० उमेशमिश्र— भारतीयदर्शन, पृ० 255

मध्वाचार्य :

तर्कशास्त्र में अनुमान का कारण एक दोष रहित तर्क होता है। जिसके द्वारा उसको सहवर्ती के आधार पर किसी वस्तु का भी निश्चय किया जा सकता है। जयतीर्थ द्वारा इस साहचर्य अथवा व्याप्ति के स्वरूप का अपृथक् व्याप्ति अथवा अविनाभाव के रूप में किया है। व्यासतीर्थ का तर्कशास्त्र एवं तर्कताण्डव में आग्रह के इस पृथक् व्याप्ति का अर्थ वस्तुतः ऐसे अनुभव का बोध होना चाहिए जो अग्राह्य मान्यता अथवा उपस्थिति अन्य देशकाल सम्बन्ध में अनुभूति का अन्य वस्तु की मान्यता के अतिरिक्त असत्य को तब अस्वीकृत करना पड़ेगा कि उन दिनों में स्थित सम्बन्ध व्याप्ति के पूर्वोक्त आधार पर पश्चादुक्त को अनुमान प्रेरित करता है।

चार्वाक द्वारा अनुमान का प्रत्याख्यान

चार्वाक दर्शन के अनुसार प्रत्यक्ष को प्रमाण रूप में स्वीकार किया जा सकता है। इसके अनुसार साक्षात् इन्द्रिय सम्बन्ध से जो जाना जाता है वही सत्य है। उसी की सत्ता विद्यमान है। जिसका हम प्रत्यक्ष ज्ञान नहीं कर सकते हैं उसका अस्तित्व स्वीकार नहीं किया जा सकता है। अनुमान प्रमाण के द्वारा प्राप्त ज्ञान सन्देह रहित नहीं हो सकता है। जब हम धूम को देखते हैं तब उस समय हमें पुराने प्रत्यक्ष अनुभव साहचर्य के द्वारा स्मृति पूर्वक अग्नि का स्मरण हो जाता हैं इसी कारण अनुमान प्रमाण कभी-कभी सत्य और कभी असत्य हो जाता है। हम तब तक अनुमान नहीं कर सकते हैं तब तक कि सामान्य सम्बन्धों का ज्ञान न हो। प्रत्यक्ष अनुभव सामान्य सम्बन्ध का ज्ञान नहीं करा सकता है अनुमान के द्वारा ही हमें सामान्य सम्बन्धों के ज्ञान की प्राप्ति नहीं हो सकती हैं इस प्रकार मानने से अनुमान को अन्य अनुमान की आवश्यकता होगी फिर अन्य अनुमान की, इस प्रकार अनवस्था दोष उत्पन्न होगा। इसलिए अनुमान अयथार्थ है। वह केवल विषयी गत सम्बन्ध का ही ज्ञान कराता है, जो केवल आकस्मिक रूप में ही सत्यज्ञान प्राप्त करा सकता है।

व्याप्ति का खण्डन— अनुमान का आधार व्याप्ति माना जाता है। व्याप्ति का अर्थ है व्याप्य, व्यापक, अर्थात् दो वस्तुओं का नियत साहचर्य अर्थात् एक के साथ अन्य की लगातार नियामकता।[2] दूसरे शब्दों में यह सकते हैं कि उपाधिहीन सम्बन्ध को व्याप्ति कहते हैं। धूम और अग्नि के मध्य व्याप्ति सम्बन्ध उपलब्ध है, इसके आधार पर ही अप्रत्यक्ष अग्नि का अनुमान किया जाता है। जहाँ धूम होता है वहीं वहीं अग्नि है यत्र-यत्र धूमस्तत्र तत्र वह्निः वहाँ इस पर्वत पर धूम दिखलाई देता है। अतः इस पर्वत

1. उपस्कार, पृ० 486-487
2. यत्र-यत्र धूमस्तत्र तत्र वह्निरिति साहचर्य नियमो व्याप्तिः।

—शान्तिरक्षित, तत्त्वसंग्रह, पृ० 43

पर अग्नि है इस अनुमान ज्ञान में जहां-जहां धूम है वहां अग्नि है व्याप्ति वाक्य है। इससे यह सिद्ध होता है कि अनुमान द्वारा प्राप्त ज्ञान व्याप्ति पर निर्भर है। इस विषय में चार्वाक का मत है कि व्याप्ति की स्थापना एवं सिद्धि सम्भव नहीं है। अतः चार्वाक व्याप्ति के खण्डन में निम्नलिखित तर्क प्रस्तुत करता है

प्रत्यक्ष प्रमाण द्वारा व्याप्तिज्ञान नहीं हो सकता है। प्रत्यक्ष के अनुसार भूत वर्तमान और भविष्यगत् सभी कालगत विषयों का ज्ञान सम्भव नहीं है। प्रत्यक्ष द्वारा बाह्य विषय का ही ज्ञान होता है। अतः प्रत्यक्ष प्रमाण से वर्तमान कालिक पदार्थों का ही ज्ञान सम्भव है। यह प्रत्यक्ष द्वार भूतकालिक भविष्यत् काल गत ज्ञान असम्भव है। इससे त्रिकालदर्शी व्याप्ति वस्तुओं का निष्कर्ष निकालने वाली व्याप्ति प्रत्यक्ष प्रमाण से सिद्ध नहीं हो सकती है[1]। जहां-जहां धूम है वहां-वहां अग्नि है यह एक व्याप्ति वाक्य है। यह वाक्य तभी सामान्य हो सकता है। जब समस्त धूमयुक्त स्थानों को, प्रत्यक्ष रूप में अग्नि युक्त ज्ञान का प्रत्यक्ष रूप में अवलोकित किया हो यह किसी भी व्यक्ति के लिए सम्भव नहीं है कि विश्व के समस्त रसोई घरों में जाकर धूम और अग्नि के साहचर्य युक्त सम्बन्ध को प्रत्यक्ष रूप में अवलोकित कर सके। अतः इस प्रकार व्याप्ति की सिद्धि भी असम्भव है।

व्याप्ति का ज्ञान न तो बाह्य प्रत्यक्ष से सम्भव है और न ही आन्तरिक प्रत्यक्ष से सम्भव है। व्याप्ति की सिद्धि में पंच अवयवों का प्रयोग इस प्रकार किया जाता है—

अयं पर्वतः वह्निमान्—प्रतिज्ञा—इस पर्वत पर अग्नि है।

धूम दर्शनात्—हेतु—धूम दिखाई देने से

यथा महानसे—उदाहरण—जैसे कि रसोईघर में

यत्र-यत्र धूमस्तत्र तत्र वंह्निः— उपनय-जहाँ-जहाँ धूम वहाँ-वहाँ अग्नि होती है। अतः एव अयं पर्वतः वह्निमान्—निगमन—अतः यह पर्वत अग्नि वाला है अतः इस पर्वत पर अग्नि है। इसका यह निष्कर्ष निकलता है कि व्याप्ति प्रतिज्ञा और उपनय को सभी घटनाओं का पारस्परिक अनिवार्य सम्बन्ध है। परन्तु प्रतिज्ञा और उपनय के सम्बन्ध को सभी स्थितियों को बाह्य इन्द्रियों की सहायता से नहीं जाना जा सकता है तथा व्याप्ति को आन्तरिक प्रत्यक्ष बाह्य इन्द्रियों की सहायता से नहीं जाना जा सकता है तथा व्याप्ति को आन्तरिक प्रत्यक्ष बाह्य इन्द्रियों अधीन अन्तः करण है। हमें जो-जो ज्ञान बाह्य इन्द्रियों के संवेदनाओं से प्राप्त होता है। हमारा मन उसी के ज्ञान को ग्रहण करता है। इसलिए बाह्य वस्तुओं (धूम-अग्नि आदि) में स्वतन्त्रापूर्वक प्रवृत्ति नहीं हो सकती है

1. तस्य संप्रयुक्त विषय ज्ञान जनकत्वेन भवति प्रसरसर्वेऽपि।
भूत भविष्यतोऽस्तद संभवेन सर्वोपसंहारवत्या व्याप्तदुर्ज्ञानत्वात्।।
—सर्वदर्शन सं० अं० 1

क्योंकि बाह्य वस्तुओं के ज्ञान के लिए निश्चय रूप में ही अन्तःकरण बाह्य इन्द्रियों के संवेदनाओं की सहायता ग्रहण करेगा। यह माना जाता है कि चक्षुरादि बाह्य इन्द्रियों के द्वारा प्रदर्शित विषयों को ग्रहण करने वाला मन चक्षु आदि बाह्य इन्द्रियों के द्वारा परतंत्र है[1]।

चार्वाक की मान्यता है कि व्याप्ति की स्थापना सामान्य लक्षण प्रत्यक्ष के आधार पर मानना समीचीन नहीं है। प्रत्यक्ष प्रमाण से जाति अथवा सामान्य को नहीं जाना जा सकता है। अग्नि और धूम की समस्त स्थितियों को अवलोकित किये बिना ही अग्नित्व और धूमत्व में अनिवार्य सम्बन्ध स्थापित करने को यत्न किया जाता है। धूमत्व के ज्ञान हेतु समस्त विशेष अग्नियों के प्रत्यक्ष की आवश्यकता है। यह प्रत्यक्ष करना उपर्युक्त हेतु असम्भव है। अतः इस आधार पर व्याप्ति स्थापना करना युक्ति-युक्त नहीं है।

अनुमान प्रमाण के आधार पर भी व्याप्ति की सिद्धि की जा सकती है। अनुमान दो प्रकार से किया जा सकता है। ये दो प्रकार आगमनात्मक और निगमनात्मक है। व्याप्ति की सिद्धि न तो निगमन द्वारा हो सकती है और न ही आगमन द्वारा हो सकती है। यदि व्यक्ति का आधार अनुमान ही है तो उस अनुमान को किसी अन्य व्याप्ति पर अवलम्बित करना होगा। इस अवस्था में अनुमान व्याप्ति पर और व्याप्ति अनुमान पर अवलम्बित होने से उसमें अन्योन्याश्रित दोष आ जायेगा[2]।

शब्द प्रमाण से भी व्याप्ति की सिद्धि नहीं होती है। शब्द प्रमाण की प्रमाणिकता भी अनुमान पर अवलम्बित है। दूसरे अनुमान शब्द प्रमाण आधारित है तो फिर प्रत्येक व्यक्ति को अनुमान हेतु किसी दूसरे व्यक्ति के शब्द पर निर्भर करना होगा। इस शृंखला में भी अनवस्था दोष की आपत्ति आ जायेगी। न्याय दर्शन के प्रणेता गौतम भी किसी न किसी रूप में शब्द का अस्तित्व अनुमान पर ही आधारित होना मानते है। उनका कहना है कि शब्दगत अर्थ का ही तो अनुमान किया जा सकता है। अर्थ का प्रत्यक्ष नहीं होता है। इस प्रकार शब्द अनुमान में सन्निहित हो जाता है।[3]

नैयायिकों ने व्याप्ति की सिद्धि का प्रयास अन्वयव्यतिरेक विधि के द्वारा किया है। यह भी उचित नहीं कि क्योंकि अन्वय व्यतिरेक विधि में विधेयात्मक और निषेधात्मक दृष्टान्तों को उपयोग करके, उनका निरीक्षण किया जाता है, जैसा कि अनेक दृष्टान्तों

1. अन्तः करणस्य बहिरिन्द्रिय तन्त्रत्वेन बाह्योऽर्थे स्वातन्त्र्येण प्रवृत्त्यनुपपत्तेः।
तदुक्तम्-चक्षुराद्युक्त विषयं परतन्त्र बहिगमनः। —मा० सर्वदर्शन संग्रह अध्याय 1
2. नाप्यमानं व्याप्ति ज्ञानोपायः तत्रतत्राप्यमेवोमत्यनवस्था द्वौस्थः प्रसङ्गात्।
—सर्व द० अध्याय1
3. शब्दोऽनुमानमर्थस्यानुपलब्धेरनुमेयत्वात्। —न्याय सू० 2-7-50

में धूम और अग्नि का साहचर्य सम्बन्ध मिलता है अथवा साधन के उपस्थित रहने पर साध्य भी उपस्थित रहना अपेक्षित है। इसका अभिप्राय यह हुआ कि साध्य के अभाव में साधन का भी अभाव रहेगा। व्याप्ति की सिद्ध इसी प्रकार सम्भव है। जहाँ-जहाँ धूम है वहीं-वहीं पर अग्नि भी होती है। इस सम्बन्ध में चार्वाक की आपत्ति है कि विधेयात्मक ओर निषेधात्मक उदाहरणों के होने पर भी जो आवश्यक कारक अपेक्षित होते हैं, उनके प्रति संशय बने रहने की सम्भावना रहती ही है। इस सन्दर्भ में भी सामान्यीकरण आदि की समस्यायें होती हैं, जो ज्ञान अनुमान द्वारा प्राप्त होगा, वह पूर्ण रूपेण सन्देह रहित नहीं हो सकता है, असत् रूप में भी होने की सम्भावना बनी रहेगी। अतः इन अन्वय-व्यतिरेक विधि द्वारा भी व्याप्ति की सिद्धि नहीं हो सकती है।

व्याप्ति को सिद्ध करने के लिए यह अवश्य है कि हेतु और साध्य का अविनाभाव सम्बन्ध सोपाधिक कभी न हो। यदि अविनाभाव सम्बन्ध सोपाधिक रूप में होगा तो व्याप्ति अर्थ विहीन हो जायेगी। यथा जहां-जहां अग्नि है वहां-वहां धूम है, यह व्याप्ति निरर्थक है, क्योंकि धूम तो आर्द्र-इन्धन अर्थात् लकड़ी में गीलापन तथा जलांश के रहने पर ही धूम उत्पन्न होता है। जब उसमें आर्द्रता नहीं रहती है तो धूमभाव हो जाता है, वहां अग्नि तो रहती ही है। इससे यह निष्कर्ष निकलता है कि अविनाभाव सम्बन्ध की समस्त उपाधियों तथा उनकी अनुपस्थिति का करना अत्याधिक दु:साध्य है। अतः अविनाभाव सम्बन्ध की समस्त उपलब्धियां व्यापक प्रत्यक्ष सम्भव नहीं है।[1]

उपमान प्रमाण के अनुसार भी व्याप्ति को सिद्ध करना सम्भव नहीं है। चार्वाक का इस सम्बन्ध में स्पष्ट मत है कि उपमान आदि प्रमाण तो व्याप्ति-ज्ञान के विषय किसी भी प्रकार सहायक नहीं हो सकता हैं। उपमान प्रमाण में संज्ञा और संज्ञी के सम्बन्ध ा आदि विषयों ज्ञापक हैं। अतः वे उपाधि रहित सम्बन्ध व्याप्ति के ज्ञापक नहीं हो सकते हैं।[2]

चार्वाक के अनुसार अनुमान का आधार व्याप्ति की सिद्धि आवश्यक है, जो उपर्युक्त तर्कों के अनुसार सिद्ध नहीं हो सकती है। व्याप्ति स्वयं असिद्ध है। अतः व्याप्ति को असिद्ध होने से, उस पर आधारित अनुमान, ज्ञान का स्रोत अथवा प्रमाण नहीं हो सकता है जैसे कि कोई भवन बिना आधार नींव के निर्मित नहीं किया जा सकता है। इसी प्रकार अनुमान प्रमाण को सन्देह रहित नहीं माना जा सकता है।

समालोचना :— चार्वाक ने अनुमान का खण्डन व्याप्ति को असिद्ध मान कर किया है। चार्वाक द्वारा दी जाने वाली युक्तियां भी दोषपूर्ण हैं। व्याप्ति के निराकरण हेतु

---

1. अविनाभावस्य दुर्बोधतया नानुमानदवकाश:। —सर्व दर्शन संग्रह, प्रथम अध्याय
2. उपमानादिकं तु दुरपास्तम्। तेषां संज्ञा संज्ञि सम्बन्धादि बोधकत्वेनानौपाधि अपिसम्बन्ध कत्वा संभावत्। —सर्व० द० संग्रह, 1 अध्याय

चार्वाक की मान्यता है कि व्याप्ति असम्भव है क्योंकि यह सम्भव नहीं है। यह आक्षेप स्वयं एक अनुमान वाक्य है। क्योंकि इसमें हेतु यह निश्चित नहीं है; जिसके आधार पर साध्य की सिद्धि की गई है। इस अनुमान वाक्य में यदि हेतु साध्य से व्याप्त नहीं है। इस तरह व्याप्ति का खण्डन नहीं किया जा सकता है। भारतीय दर्शन जो अनुमान को प्रमाण मानते हैं, उन्होंने अनुमान में जितने भी सम्मिलित दोष आ सकते हैं, उनसे पृथक् अनुमान का लक्षण एवं परिभाषा की है। बौद्ध दार्शनिकों के आधारानुसार कार्य कारण सम्बन्ध तथा तादात्म्य सम्बन्ध व्याप्ति के आधार हैं। इन दोनों सम्बन्धों की धारणायें अनुभव निरपेक्ष हैं। इन पर दोनों आधारित व्याप्ति सिद्ध है। धूम तथा अग्नि की व्याप्ति सम्भव है। जैसे जब भी पुत्र उत्पन्न होता है या हुआ है, उसके लिए यह आवश्यक नहीं कि उसका पिता जीवित ही हो। बिना पिता के पुत्र उत्पन्न नहीं हो सकता है। व्याप्ति इस प्रकार होगी कि देवदत्त एक पुत्र है तो कोई न कोई उसका पिता है! जो जो पुत्र होगा, उसका पिता भी होगा। जैसे सोमदेव एक पुत्र है तो यज्ञदत्त उसका पिता है। यदि देवदत्त युवक होने पर यह कहे कि, क्योंकि मैंने अपने पिता को प्रत्यक्ष रूप में नहीं देखा है, इसलिये उपर्युक्त व्याप्ति से मेरा कोई पिता नहीं है, क्योंकि विश्व के समस्त पिता पुत्र का सम्बन्ध प्रत्यक्ष रूप में जाकर अवलोकित नहीं किया जा सकता है। उपर्युक्त देवदत्त की इस मान्यता को सामान्य और विद्वत् जन अनर्गल ही मानेंगे। दो वस्तुओं में यदि कार्य कारण सम्बन्ध हो तो उन दोनों में व्याप्ति सम्बन्ध भी अवश्य होगा। कार्य कि उत्पत्ति कारण के बिना सम्भव नहीं है। इसी प्रकार मनुष्यता और चिन्तनशीलता व्याप्ति भी सम्भव है। इन दोनों में तादात्म्य सम्बन्ध है। दो वस्तुओं में यदि तादात्म्य सम्बन्ध है अर्थात् एक का अस्तिव दूसरे का कारण है तो वहां पर व्याप्ति सम्बन्ध अवश्य होगा।

अद्वैत वेदान्त के अनुसार अव्यभिचारित पूर्वानुभव व्याप्ति का आधार है। उनकी मान्यता है कि यदि अतीत दो पदार्थों का साहचर्य अवलोकित किया जाय अर्थात् उन्हें निरन्तर किसी सम्बन्ध से एक साथ देखा जाय तथा इस साहचर्य का व्यभिचार (अपवाद) कभी भी देखने में न आये तो उन दोनों में व्याप्ति का सम्बन्ध अवश्य मानना चाहिए। अतः उनका कहना है कि अव्यभिचारित पूर्वानुभव के आधार पर व्याप्ति की सिद्धि अवश्य हो जाती है।

नैयायिको ने अन्वय-व्यतिरेक, व्यभिचाराग्रह, उपाधि-निरास तर्क तथा सामान्य लक्षण प्रत्यक्ष के द्वारा व्याप्ति को प्रबल तर्कों से सिद्ध किया है। अन्वय वह सम्बन्ध जिसके द्वारा यह निश्चय होता है। कि एक वस्तु के रहने पर दूसरी वस्तु का रहना आवश्यक एवं निश्चित रूप में हो अर्थात् एक के रहने पर दूसरी भी अवश्य रहती है और उसका एक भी अपवाद उपलब्ध न हो या कभी भी न देखा गया हो। इस अवस्था में व्याप्ति अवश्य सिद्ध होती है। जैसा कि उपर्युक्त उदाहरणों में अवलोकित कर चुके। अतः धूम और अग्नि का व्याप्ति सम्बन्ध कहना समीचीन ही है।

व्याप्ति को सिद्ध करने के लिए व्यतिरेक विद्या का प्रयोग किया जाता है। इसका अभिप्राय है कि एक वस्तु के न रहने पर दूसरी का न रहना ही व्यतिरेक है। यह शर्त अवश्य है कि इसका कोई अपवाद नहीं होना चाहिए। यदि की साध्य के अभाव में साधन का निरपवाद रूप में अभाव है तो उन दोनों के मध्य व्याप्ति सम्बन्ध अवश्य है। यथा—जहां-जहां अग्नि नहीं होती, वहां-वहां धूम भी नहीं होता है। (यत्र-यत्र अग्निः नास्ति तत्र-तत्र धूमोऽपि न भवति) इससे यह निष्कर्ष निकला कि अग्निहीन वस्तु धूमहीन होती है। अन्वय व्यतिरेक विधि से जिस व्याप्ति का निश्चय पूर्वक ज्ञान है। उसमें कोई व्यभिचार अथवा अपवाद के न होने पर व्याप्ति के मानने पर कोई आपत्ति अपेक्षित नहीं है। वस्तुतः व्याप्ति निहित ही नहीं होती परन्तु वह अनौपाधिक भी होनी अपेक्षित है। व्याप्ति की प्रक्रिया में नैयायिकों का मत है कि उपाधि निरास अर्थात् उपाधियों का निराकरण किये बिना व्याप्ति की सिद्धि करना सम्भव नहीं है। उपाधि की परिभाषा इस प्रकार की जा सकती है कि जिसका साहचर्य किसी अनुमान के साध्य के साथ रहता है, परन्तु हेतु या साधन के साथ सदा नहीं रहता है। यदि कोई अग्नि से धूम का अनुभव करे तो यह अनुमान उपाधिदोष युक्त माना जायेगा। वास्तव में ऐसा अनुमान उपाधिदोष युक्त होने के कारण भ्रमात्मक हो जायेगा। क्योंकि यहाँ, धूम साध्य है और अग्नि साधन है। जब कि अग्नि में धूम तो इन्धन में आर्द्रता के कारण होता है। यहाँ उपाधि आर्द्र एवं गीले इन्धन के साध्य धूम के साथ सदा पाया जाता है, किन्तु हेतु अग्नि साथ सदा नहीं पाया जाता है क्योंकि ऐसे भी अग्निभाव पदार्थ होते है जो धूमवान नहीं होते जैसे विद्युत या लोहे के अग्नि युक्त छड़ आदि। अतः दो वस्तुओं में नियत सम्बन्ध स्थापित करने के लिये उपाधि निराशा नितान्त आवश्यक है। ऐसा नियम अनौपाधिक सम्बन्ध स्थापित करने के लिये विभिन्न परिस्थितियों में विभिन्न दोनों वस्तुओं के अन्वय और व्यतिरेक या भूयोदर्शन के क्रम में यदि हम अवलोकन करें कि साध्य के उपस्थित या अनुपस्थित रहने पर हेतु के अतिरिक्त अन्य कोई वस्तु उपस्थित या अनुपस्थित नहीं होगी तो हम समझेंगे कि हेतु और साध्य के मध्य स्थित नियम सम्बन्ध स्थापित करते समय जितनी उपाधियों की आशाङ्का रहती हैं उन सबका निराकरण हो जाता है और तब हम कहते हैं कि उन दोनों के मध्य व्याप्ति सम्बन्ध स्थापित है।

नैयायिकों ने तर्क के आधार पर भी व्याप्ति की स्थापना की है क्योंकि तर्क से ही समस्त शङ्काओं का निराकरण किया जा सकता है। इसलिए उनकी मान्यता है कि यदि धूम और अग्नि के साहचर्य सम्बन्ध में शङ्का है तो उसका निराकरण तर्क के द्वारा किया जा सकता है। उदाहरणार्थ सभी धूमवान् पदार्थ वह्निमान् है। इस व्याप्ति की प्रमाणिकता तर्क द्वारा इस प्रकार हो सकती है। कल्पना कीजिए कि यह वाक्य असत्य है तो इसका विरोधी वाक्य यह हो सकता है कि कुछ धूमवान् पदार्थ वह्निमान् नहीं है।

अवश्य सत्य होगा। "किन्तु कुछ धूमवान् पदार्थ वह्निमान् नहीं हैं" का अर्थ है कि धूम बिना बह्नि के ही उत्पन्न होता है। अर्थात् धूम का कोई कारण नहीं है यह वाक्य सत्य नहीं हो सकता। क्योंकि यह मानना कार्य कारण सिद्धान्त के विरुद्ध है। कार्यकारण सिद्धान्त के अनुसार कोई भी कार्य कारण के बिना नहीं हो सकता। इसलिए धूम का भी कोई न कोई कारण होना अपेक्षित है। अतः कुछ धूमवान् पदार्थ वह्निमान् नहीं है। यह वाक्य सत्य सिद्ध नहीं हो सकता। क्योंकि यह मानना कार्य कारण सिद्धान्त के विरूद्ध है। कार्यकारण सिद्धान्त के अनुसार कोई भी कार्य कारण के बिना नहीं हो सकता। इसलिए धूम का भी कोई न कोई कारण होना अपेक्षित है। अतः कुछ धूमवान् पदार्थ वह्निमान् नहीं है। यह वाक्य असत्य है तो इसका विरोधी वाक्य होगा कि सभी धूमवान् पदार्थ वह्निमान् है, यह सत्य है इस प्रकार धूम और अग्नि के साहचर्य सम्बन्ध को तर्क द्वारा समीक्षा करके व्याप्ति की सिद्धि स्पष्ट रूप में हो जाती है।

सामान्य लक्षण प्रत्यक्ष के द्वारा भी नैयायिकों ने व्याप्ति को सिद्ध किया है। न्याय शास्त्र में सामान्य लक्षण प्रत्यक्ष का अर्थ है। सामान्य धर्म का ज्ञान[1] जैसे— समस्त मनुष्य मननशील हैं इसका अर्थ है कि जितने भी मनुष्य है, चाहे वे भूतकाल में हो, वर्तमान काल में हो अथवा भविष्यत् काल में हो, सभी मननशील हैं। मृत्यु केवल विशेष मनुष्य के लिए नहीं हाती अपितु मनुष्य जाति के लिए लागू होती है यहाँ यह प्रश्न किया जा सकता है कि समस्त मनुष्य जाति के विषय में कैसे जान सकते हैं। इस सम्बन्ध में न्याय का मत है कि मनुष्य जाति का ज्ञान मनुष्यता सामान्य के अलौकिक प्रत्यक्ष द्वारा होता है। जिसके परिणाम स्वरूप मनुष्यत्व धर्म विशिष्ट सभी व्यक्तियों का ज्ञान हो जाता है। इस प्रकार के प्रत्यक्ष ज्ञान को सामान्य लक्षण प्रत्यक्ष कहा जाता है। मनुष्यत्व और मननशीलता के मध्य व्याप्ति का निश्चय हमें सामान्य लक्षण प्रत्यक्ष के अनुसार ही होता है।

प्रत्यक्ष प्रमाण के पश्चात् अनुमान प्रमाण ही ऐसा प्रमाण है, जो हमें बहुत से पदार्थों का ज्ञान कराता है। अतः चार्वाक द्वारा अनुमान प्रमाण का खण्डन करना समीचीन नहीं है।

बौद्ध दर्शन में अनुमान

बौद्ध के विचार में 'विषय' प्रत्यक्ष और परोक्ष भेद से दो प्रकार का होता है। परस्पर एक दूसरे के भेद पदार्थों में तृतीय प्रकार की सम्भावना ही नहीं है। इसलिए विषय[2] के द्वैविध्य से बौद्ध प्रमाण भी दो प्रकार के मानते हैं। प्रमाणों का वर्गीकरण करने

---

1. मुक्तावली कारिका 64
2. तेहि प्रमेय द्वैविध्यात् प्रमाणं द्विविधं जगुः।
   नान्यः प्रमाणभेदस्य हेतुविषयभेदतः।। —न्या० म० आ०, प्रमा० प्र०।

का विषय के अतिरिक्त कोई अन्य आधार नहीं हो सकता जब दो ही विषय हैं तो किस लिए तृतीय प्रमाण को स्वीकार किया जाये।[1]

विषय का द्वैविध्य क्यों है? इसको स्पष्ट करते हुए मनोरथनन्दी[2] कहते हैं। "स्वलक्षण अर्थ क्रिया में समर्थ होता है, और विजातीय के निषेध के लिए परिकल्पित सामान्य अर्थक्रिया समर्थ न होने से विषय का द्वैविध्य होता है। जहां विषय के अतिरिक्त अन्य निमित्त से सद्भाव अस्तित्व" बुद्धि होती है वह सामान्य है और जहां नहीं होती है वह स्वलक्षण है। इस प्रकार विषय का द्वैविध्य प्रमाण के द्वैविध्य का प्रतिपादन करता है।[3] यहां यह प्रश्न उठता है कि अनुमान यदि सामान्य विषय ज्ञान नहीं है जिसमें अर्थ क्रियाकारित्व रूप अविसंवादकत्व नहीं है तो यह भ्रान्ति क्यों नहीं है और भ्रान्ति है तो प्रमाण क्यों है? इस प्रश्न का समाधान करते हुए प्रमाण वार्तिककार[4] कहते हैं कि अनुमान यदि सामान्य विषयक ज्ञान है तो वह भ्रान्ति ही है किन्तु भ्रान्ति होने पर भी अभिप्राय का अविसंवाद होने से उसमें भी प्रमाणत्व है। इस विषय में प्रमाण वार्तिककार[5] का कहना है कि मणि और प्रदीप दोनों की प्रभा में यह मणि ही है इस प्रकार के निश्चय के कारण उसको प्राप्त करने के लिए दौड़ने वाले का मिथ्याज्ञान मिथ्या होने पर भी मणि साध्य अर्थ क्रिया को प्राप्त करता है। दीप प्रभा में मणिप्रभा का अध्यवसाय करने वाला उसे प्राप्त नहीं करता। इसलिए व्याप्तिरूप लिंग अन्य अनुमान अयथार्थ होने पर भी प्रापक है। सामान्य लक्षण के विषय में दूसरा कोई प्रमाण नहीं है।[6]

धर्मकीर्ति के अनुसार व्याख्या में दो प्रकार हैं—(1) स्वार्थानुमान (2) परार्थानुमान। जैसा कि नामों से ही स्पष्ट है कि स्वार्थानुमान के प्रयोग किसी निर्णय पर पहुंचने के

---

1. प्रमाणद्वयसिद्धे च विषयद्वयवेदन।
वद कस्यानुरोधेन तृतीयं मानमिष्यताम्।। —न्या० म० आ०, प्रमा० प्र०
2. स्वलक्षणस्य अर्थक्रियाशक्तत्वात् विजातीय व्यावृत्यपकल्पितस्य सामान्यस्य अशक्तत्वाद् विषय-द्वैविध्यम्। —प्र० वा० मनोवृ० 2-1
3. यत्र विषयव्यतिरिक्तनिमित्त सद्भावे भवति बुद्धिः तत सामान्यं तत्र न भवति तत्स्वलक्षणम्। प्रकाशान्तरं च न सम्भवति इति बुद्धिविषया-विषयत्वे सामान्य-स्वलक्षणतया एवेति द्वैविध्यमेव विषयस्य। —प्रमा० वा० मनो० वृ० 2-2
4. गतिश्चेत्पररूपेण न च भ्रान्तिः प्रमाणता। अभिप्रायाविसंवादादपि भ्रान्तेः प्रमाणता।। —प्रमा० वा० 2-55
5. मणि प्रदीपप्रमेयोमणि बुद्धयाभिधावतो। मिथ्याज्ञानाविशेषेऽपि विशेषार्थक्रियां प्रति।।
यथा-यथा यथार्थत्वेऽप्यनुमानं तदोभयोः। अर्थक्रियानुरोधेन प्रमाणत्वं व्यवस्थितम्।।
—प्रमा० वा० 2-57
6. प्रत्यक्षमनुमानञ्च प्रमाणं हि लक्षणम्। प्रमेयं तत्र सिद्धं हि न प्रमाणान्तरं भवेत्।।
हिस्ट्री आफ इण्डियन लॉजिक में प्रमाणसमुच्चय से उद्धृत, पृ० 2

लिए किया जाता है और दूसरे का प्रयोग किसी दूसरों को जानने के लिए। एक दूसरे का प्रयोग दूसरों को जानने के लिए अनुमान के सभी अवयवों हेतु उदाहरण आदि का प्रयोग आवश्यक हो जाता है।[1]

अनुमान का लक्षण करते हुए वसुबन्धु[2] ने वादविधि में प्रमाणों की जो व्याख्या की है वह प्रमाण समुच्चय के जैनेन्द्र बुद्धिकृत भाष्य में आंशिक रूप से उद्धृत है। उसमें अनुमान का लक्षण इस प्रकार किया है कि ''अनुमान वहीं है जो प्रत्यक्ष के अवशिष्ट विषय के प्रति आश्वस्त है।''

वसुबन्धु ने न्यायवार्तिक में ''नान्तरीय कार्यदर्शनं तद्विदोनुमानम्'' यह लक्षण उद्धृत किया है। ऐसा 'बौद्ध न्याय' में ग्रन्थ की टिप्पणी में श्चेरवास्की[3] लिखते हैं आचार्य वाचस्पति मिश्र[1] वार्तिककार के खण्डन को स्पष्ट करते हुए इसे दिङ्नाग की

---

1. प्रत्यक्षमाख्याय अवसरे प्राप्तमनुमानमिदानीं वक्तव्यम्। तच्च द्विविधिम् स्वार्थ परार्थ च तत्र स्वार्थमिदानीं वक्तव्यम्। एतत् पूर्णकत्वात् परार्थस्य अस्यार्थाभिनिवेशेन द्वितीया भ्रान्तिरिष्यते गतिश्चेदतत्पशुरूपेण न च भ्रान्तेः प्रमाणगता अभिप्रायानि संवादादपि भ्रान्तेः प्रमाणता गतिरप्यन्यथा दृश्यपक्षं कृतोत्तरः मणिप्रदीप 'अभयामणिबुद्धि-याभिश्चापताः। —प्रमाणवार्तिक अनुमानविचारः, पृ० 118, श्लोक 55-56
यद्येकमेव प्रमेयं तदाचार्येण प्रमेय द्वैविध्यं यदुक्तम्। ''न स्वसामान्यलक्षणाश्यमन्यत-प्रमेयमस्ति इति, तद् विरुध्यते? इत्यादि तस्य स्वलक्षणस्य प्रत्यक्षतः स्वरूपेणानुमानतः पररूपेण सामान्यकारेण गतेमयदूयं मतम्-न तु भृतसामान्यस्य सत्वात्।।54।।
या च द्वितीया पररूपेणगतिरयर्थाभिमिवशेन भ्रान्तिरिष्यते सानुमान यथार्थोस्ति यथा स्वीकरोति तथा तथा नाभिनिविशते, किन्तु स्वीकारं बाह्यसाधारणतया मन्तेय ननुमानं पररूपेण गतिष्वेतदा भ्रान्तिरेव न च भ्रान्तेः प्रमाणमिष्यते मृगतब्णोदेरिक? ।।55।।
अत्रोच्यते।
भ्रान्तेरविप्रमाणताः अभिप्रायस्य अर्थक्रियार्थिक्षिज्ञानमोदन्तया अभिप्रयाविषयी-कृतस्यार्थक्रिया समर्थस्यार्थस्य संवादात् अर्थक्रियार्थिनों हि तत्साधनसमर्थों प्रापकं प्रमाणमिच्छन्ति अन्यथा पररूपेण गति रथि कान्विदभि प्रेतार्थ संवादिका दृष्टेति प्रमाणमेव नन्वनुमानं वास्तवेन ग्रहणात् प्रमाणमस्तु किं भ्रान्तिरिष्यते? इत्याह पक्षरचायं प्रागेव ''न तदवस्त्वभिधेययत्वात्'' इत्यद्विना।
—प्र० वा० 211, कृतोत्तर 56, पृ० 118
2. सेम्पादोजा आचार्य द्वारा केन्द्रीय तिब्बती उच्चशिक्षा संस्थान में सं० 1976 मार्च मार्च में आयोजित यत्संवाद गौष्ठी में पढ़े गये दिङ्नागपूर्व प्रमाणमीमांसा शीर्षकनिबन्ध से उद्दृत।
3. बौद्ध-न्याय अनुवाद चा०, 1969, पृ० 279

परिभाषा बतलाते हैं।

आचार्य दिङ्नाग[2] के अनुमान के लक्षण को वार्तिककार ने इस प्रकार उद्धृत किया है। अनुमेय और उसके द्रव्य अर्थात् सजातीय में जिसका अस्तित्व है और अनुमेय और इसके सजातीय से भिन्न में जो नहीं है वह अनुमान है। यह अनुमान का लक्षण हेतु की त्रिरूपता पर आधारित है।

आचार्य धर्मकीर्ति[3] ने प्रमाणवार्तिक में इस प्रकार लक्षण किया है कि सम्बन्धी के धर्म से धर्मी के विषय में जो परोक्षानुभूति होती है वह अनुमान है। न्याय सिद्ध में धर्म कीर्ति ने अनुमान के दो भेद बतलाये हैं किन्तु अनुमान का सामान्य लक्षण नहीं बताया है। धर्मोत्तराचार्य[4] ने इसका कारण बतलाते हुए कहा है कि परार्थानुमान शब्दात्मक है तथा स्वार्थानुमान ज्ञानात्मक है। तत्त्व संग्रहकार[5] ने भी अनुमान के दो ही भेद बतलाये हैं।

अनुमान के अंग :

बौद्ध-न्याय में अनुमान के अंग व्याप्ति और हेतु बतलाये हैं।[6] व्याप्ति का स्वरूप तथा हेतु कर लक्षण प्रमाण वार्तिककार[7] करते हुए कहते हैं कि अविनाभाव या अवश्यभाव व्याप्ति है जो कार्यकारण भाव या स्वभाव पर आधारित है। न्याय बिन्दु में

---

1. नहि दिङ्नागमते किञ्चिदस्तिवस्तु यन्नान्तरीयक सद्धेतुर्भवति। नहि सर्वोयमनुमानानुमेय-भावी बुद्धारूढ़ेन धर्मधर्मि भावेन न बहिः सदसत्वमपेक्षते इति।
—न्या० वा० ता० टी० 1.1.5
2. अपरे तु मन्यन्ते अनुमेयेऽथ तत्तुल्ये सद्भावों नास्तिताऽसतीरूपानुमानम्।
—न्या० वा० 1.1.5
यह वाक्य प्रमाणसमुञ्चय के 2 अध्याय का है— हिस्ट्री आफ इण्डियन लॉजिक, पृ० 288
3. या च सम्बन्धिनो धर्माद् भूतिर्धामेति ज्ञायते। सानुमानं परोक्षाणामेकान्तेनैव साधनम्।
—प्र० वा० 2-62
4. परार्थानुमानं शब्दात्मकं स्वार्थानुमानं तु ज्ञानात्मकम् तयोरयन्तदान्नैक लक्षणमस्ति ततस्तयो प्रतिनियतं लक्षणमाख्यातुं प्रकारभेदः कथ्यते।
—न्या० वि० धर्मो० टी० 2 परि०
5. स्वपरार्थविभागेन त्वनुमानं द्विधेष्यते। स्वार्थत्रिरूपतो लिङ्गादनुमेयार्थदर्शनम्। त्रिरूपलिङ्गवदनं परार्थः पुनरूच्यते।। —तत्त्व संग्रह अनु० प० श्लोक-1362
6. गौतमीय न्याय में व्याप्ति पक्षधर्मता परामर्श आदि को अनुमान का अंग माना है।
7. कार्यकारणभावाद् स्वभावाद् वा नियामकात् अविनाभाव नियमोऽदर्शनान्नतु दर्शनात्।
—प्र० वा० ३-३१

आचार्य धर्मकीर्ति[1] ने व्याप्ति के लिए स्वभाव प्रतिबन्ध शब्द का प्रयोग किया है जिससे एक पदार्थ दूसरे पदार्थ का गमक होता है। धर्मकीर्ति के आशय को स्पष्ट करते हुए धर्मोत्तराचार्य[2] कहते हैं जो जिसके साथ स्वभाव से प्रतिबद्ध नहीं रहता है वह उसके साथ अव्यभिचार नहीं रहता है। इसलिए जहां अव्यभिचार नियम होता है वहीं अविनाभाव व्याप्ति रहती है।

व्याप्ति के प्रकार:

भारतीय तर्क विद्या में व्याप्ति के कई प्रकार के वर्गीकरण उपलब्ध होते हैं, जैसे अन्वयव्याप्ति, व्यतिरेक-व्याप्ति, सामान्यव्याप्ति, विशेषव्याप्ति, दैशिक व्याप्ति, कालिक व्याप्ति, समव्याप्ति, असमव्याप्ति अन्तव्याप्ति बहिव्याप्ति आदि। धर्मकीर्ति आदि बौद्ध तार्किकों ने व्याप्ति का वर्गीकरण दो प्रकार से किया है—अन्वय तथा व्यतिरेक। मनोरथनान्दी[3] ने भी धर्मकीर्ति का समर्थन करते हुए कहा है "व्याप्ति दो प्रकार की है: 1. व्यापक और 2. व्याप्य इन्हीं दोनों को धर्मकीर्ति ने क्रमशः अन्वय और व्यतिरेक कहा है।

साधर्म्य हेतु का प्रयोग करने पर भी अन्वय हेतु का ज्ञान होता है। उसी प्रकार वैधर्म्य हेतु का प्रयोग करने पर अन्वय हेतु का भी ज्ञान होता है। इस प्रकार साधर्म्य और वैधर्म्य का प्रयोग धर्मोत्तराचार्य[4] को भी अभीष्ट है।

बौद्धों[5] के अनुसार अनुमान, सामान्य विषयक होने से मान्य की ही व्याप्ति होती है विशेष की नहीं। बौद्धों के इस मत का न्यायवार्तिककार[6] टीकाकार वाचस्पति मिश्र[7] आदि ने खण्डन करके विशेष व्याप्ति की स्थापना की है। प्रमुख रूप से बौद्ध ग्रन्थों व्याप्ति के अन्वय और व्यतिरेक रूप के आधार पर ही वर्गीकरण प्राप्त होता है।

हेतु एवं उसकी त्रिरूपता[8] :

आचार्य धर्मकीर्ति[9] की नैयायिकों के समान पक्षधर्मता को अनुमान का आवश्यक

---

1. स्वभावप्रतिबन्धे हि सत्यर्थोऽर्थ गमयेत्। —न्या० वि० 2 परि०
2. न्या० प्रमाण वार्तिक 3-26
3. द्विविधाचेयं व्याप्तिः व्यापकव्याप्यधर्मतया। तत्र व्याप्ये सति व्यापकस्यावश्यं भावस्तस्य व्याप्तिः। व्याप्यस्य च व्यापक एव सतिभावो नामकस्य व्याप्तिः आभ्यायथाक्रमन्वय-व्यतिरेकावुक्तौ।। —प्र० पा० वृ० 3
4. न्या० वि० धर्मो० टी० 2 परि०
5. अन्यत्सामान्यलक्षणम्। सोऽनुमानस्य विषयः। —न्या० वि० 2 परि०।
6. न्या० वा० 1-1-15
7. न्या० वा० ता० टी० 1-1-5
8. यस्मिन् प्रागुपलब्धश्च नोपलब्धश्च यत्र सः।
   अन्वयो व्यतिरेको वा विस्पष्टं तत्र दृश्यते।। —तत्व सं० अनु० प० 1407
9. त्रिरूपो हेतुरित्युक्तं पक्षधर्मेतु संस्थितः रूपे रूपं द्वयं शेषं दृष्टान्तेन प्रदर्श्यते।
   —प्रमाण समुच्चय-3 परि०

अंग मानते हैं। केवल हेतु में साध्य की व्याप्ति का ग्रहण होने से अनुमान नहीं हो सकता है। इसलिए हेतु का लक्षण करते हुए धर्मकीर्ति ने कहा कि "पक्षधर्म, और पक्षधर्म "साध्य" से व्याप्य जो हो वह हेतु है।"

हेतु के तीन रूपों में पक्षधर्मता भी एक रूप धर्मकीर्ति मानते हैं। लिंग के अनुमेय में सत्व ही पक्षधर्मता कहलाता है। हेतु का दूसरा रूप है सपक्षधर्मत्व। धर्मोत्तर[1] के अनुसार न्यायबिन्दुकार के सपक्षवृत्तित्व के लक्षण में निश्चित शब्दों का प्रयोग किया है।

इस प्रकार से धर्मकीर्ति के मत में तीन ही हेतु के रूप हैं। तथापि धर्मोत्तर प्रदीपकार[2] दुर्विकेक मिश्र ने अबाधित विषयत्व आदि के योग से चतुर्लक्षणत्व अथवा पञ्चलक्षणत्व मानने वालों के मत का निषेध किया है।

इस प्रकार धर्मकीर्ति और उनके अनुयायी अविनाभाव के साथ ही हेतु की त्रिरूपता को ही अनुमान का आवश्यक अंग मानते हैं।

प्रो० श्चेरवास्की[3] के अनुसार पर्याप्त हेतु नियम को ही त्रिरूपलिंगानियम कह सकते हैं। इसके नियमों के सूत्र में ये तीन बातें हैं। उद्देश्य में उपस्थिति "पक्षसत्त्व" सपक्ष में सत्त्व, और विपक्ष में असत्त्व।

हेतु के भेद :

बौद्ध[4] हेतु के तीन प्रकार स्वीकार करते हैं—1. कार्य 2. स्वभाव और 3. अनुपलब्ध।

आचार्य धर्मकीर्ति[5] ने सर्वत्र तीन प्रकार के ही हेतु बतलाये हैं—अनुपलब्धि स्वभाव और कार्य। अनुपलब्धि स्वरूप हेतु का उदाहरण देते हुए धर्मकीर्ति कहते हैं—"इस प्रदेश में घट नहीं हैं क्योंकि उपलब्धि योग्य होते हुए अनुलब्ध है उपलब्धि लक्षणा प्राप्त का अर्थ धर्मोत्तराचार्य[6] ने किया है।

---

1. न्या० वि० धर्मो० टी० 2 परि०
2. धर्मोत्तर प्रदीप 2 परि०। इस पुस्तक से ऐसा प्रतीत होता है कि बौद्ध नैयायिक अबाधित विषयत्व असत्प्रतिपक्षितत्व का साध्यव्याप्त में ही समावेश ज्ञान मान लेते हैं।
3. बौद्ध न्याय-श्चेरणास्की अनु० चौ०, पृ० 376
4. त्रिधैवसः—प्र० वा० 3-1
5. अनुपलब्धिः स्वभावे कार्ये चेति— नया० वि० चौ०
6. उपलब्धिज्ञानम्-तत्प्राप्तोऽर्थो जनकत्वेन साम्यग्भ्रानत भविवादुपाधिलक्षणप्राप्तो दृश्य इत्यर्थः।— धर्मोत्तरटीका चौ०, पृ० 1

बौद्ध मत में, प्रतिषेध की सिद्धि[1]

प्रतिषेध की सिद्धि बौद्धमत में दृश्यानुपलब्धि से होती है क्योंकि वस्तु की विद्यमानता में दृश्यानुपलब्धि नहीं होती है, अविद्यमानता में ही होती है इसलिए दृष्टानुपलब्धि से ही प्रतिषेध "अभाव" की सिद्धि होती है।

अभाव की निश्चायक अनुपलब्धि प्रयोग की विभिन्नता से ग्यारह प्रकार की होती है।

1. **स्वाभावानुपलब्धि :** प्रतिषेध का स्वभाव है उसकी अनुपलब्धि ही स्वाभावानुपलब्धि है।

2. **कार्यानुपलब्धि :** प्रतिषेध के कार्य की अनुपलब्धि को कार्यानुपलब्धि कहते हैं।

3. **व्यापकानुपलब्धि :** प्रतिषेध के व्याप्य के व्यापकधर्म की अनुपलब्धि व्यापकानुपलब्धि कहलाती है।

4. **स्वाभावविरुद्धोपलब्धि :** प्रतिषेध के स्वभाव से विरुद्ध की उपलब्धि स्वभावविरुद्धोपलब्धि होती है।

5. **विरुद्ध कार्योपलब्धि :** प्रतिषेध से विरुद्ध कार्य की उपलब्धि को विरुद्ध कार्योपलब्धि कहते हैं।

6. **विरुद्धव्याप्तोपलब्धि :** प्रतिषेध से विरुद्ध के व्याप्त धर्मान्तर की उपलब्धि ही विरुद्धव्याप्तोलब्धि है।

7. **कार्यविरुद्धोपलब्धि :** प्रतिषेध के कार्य के विरुद्ध की उपलब्धि 'कार्यविरुद्धोपलब्धि' है।

8. **व्यापकविरुद्धोपलब्धि :** प्रतिषेध के व्यापक से विरुद्ध की उपलब्धि 'व्यापकविरुद्धोपलब्धि' कहलाती है।

9. **कारणानुपलब्धि :** प्रतिषेध के कारण की अनुपलब्धि कारणानुपलब्धि है।

10. **कारणविरुद्धोपलब्धि :** प्रतिषेध के कारण विरुद्ध की उपलब्धि को 'कारणविरुद्धोपलब्धि' कहते हैं।

11. **कारणविरुद्ध कार्योपलब्धि :** प्रतिषेध कारण के विरुद्ध के कार्य की उपलब्धि ही 'कारणविरुद्ध कार्योपलब्धि' होती है।

आचार्य धर्मकीर्ति लिखते हैं कि ये सब कार्यानुपलब्धि आदि इस प्रकार की अनुपलब्धियां है उनका अन्तर्भाव स्वभावानुपलब्धि में होता है।

---

1. न्या० वि०, परि०, पृ० 2

तत्त्व संग्रहकार आचार्य शान्तिरक्षित[1] ने भी हेतुओं के इन्हीं तीन प्रकारों का समर्थन किया है।

आचार्य दिङ्नाग[2] ने अनुमान के दो किये हैं—स्वार्थानुमान और परार्थानुमान।

स्वार्थानुमान :

आचार्य दिङ्नाग ने स्वार्थानुमान का लक्षण इस प्रकार से किया है—कि जो त्रिरूप लिङ्ग के द्वारा अनुमेयार्थ का दर्शन है वह स्वार्थानुमान है। आचार्य शान्तिरक्षित[3] तथा उनके टीकाकार कमलशील[4] तथा तर्कभाषाकार मोझाकर गुप्त ने भी अनुमान के इन भेदों को मान्यता देते हुए दिङ्नाग व धर्मकीर्ति आदि के लक्षणों का समर्थन किया हैं।

परार्थानुमान :

बौद्ध परार्थानुमान को वचनात्मक मानते हैं। दिङ्नाग के अनुसार परार्थानुमान स्वदृष्ट अर्थ का प्रकाशन है। परार्थानुमान के लक्षण में स्वयं शब्द के ग्रहण का प्रयोजन स्पष्ट करते हुए आचार्य धर्मकीर्ति कहते हैं कि एक ही 'शब्द' रूप धर्मी के नाना धर्म होने पर भी अपने अभीष्ट साध्य की सिद्धि के लिए प्रयुक्त साधन के उपन्यास काल में इष्ट धर्म को ही साध्य करना चाहिए। अन्य को नहीं, इस बात को बतलाने के लिए आचार्य दिङ्नाग ने 'स्व' शब्द का ग्रहण किया है।

प्रो० श्चेरवास्की के अनुसार परार्थानुमान वह हेतु है जो श्रोता के मन में अनुमिति उत्पन्न करता है। इसलिए इसकी यह परिभाषा त्रिरूप लिंगकथन परार्थानुमान है।

निम्नलिखित तीन उदाहरण व परार्थानुमान के भेद को स्पष्ट करते हैं:

स्वार्थ स्वरूप[5] :

शब्द अनित्य है क्योंकि उसकी इस इच्छा से उत्पत्ति होती है जैसे घट आदि। यह अनुमान नित्यता और उत्पत्ति दो विकल्पों के तादात्मय पर आधारित है।

पर्वत पर अग्नि है क्योंकि वहां धूम है, जैसे पाकशाला आदि में। यह दो वस्तुओं के मध्य तदुत्पत्ति सम्बन्ध पर आधारित अनुमान है।

---

1. नायं स्वभावः कार्यं वा दृश्यस्यादृष्टिरेव बा।
   न च तद् व्यतिरिक्तस्य भवत्यव्यभिचारता।। —तत्त्व सं० अनु० प० 1417
2. प्रमाणसमुच्चय वृत्ति-4 परि० "द्वादशारनयचक्र"
3. तत्त्व संग्रह पंजिका अनु० प० 1463-66
4. प्र० वा० 4-1-12
5. बौद्ध न्याय—अन० चौ०

इस स्थान पर घट नहीं है क्योंकि हमें उसका प्रत्यक्ष नहीं हो रहा है जैसे हमें गगन कुसुम का प्रत्यक्ष नहीं होता है। यह अनुपलब्धि पर आधारित अनुमान है।

परार्थ-स्वरूप :

1. जिसकी भी यदृच्छा से उत्पत्ति होती है वह अनित्य होता है जैसे घट शब्दादि।

2. यत्र-यत्र धूमः तत्र-तत्र वह्नि यथा मानसे। तथैव अधुना पर्वतो वर्तते धूमः।

3. जब हमें किसी वस्तु का प्रत्यक्ष नहीं होता है तो उसकी उपस्थिति को अस्वीकार करते हैं, जैसे आकाश पुष्प को हम अस्वीकार करते हैं इस स्थान पर प्रत्यक्ष नहीं हो रहा। यद्यपि प्रत्यक्ष की सामग्री विद्यमान है।

न्याय बिन्दु में प्रतिपादित धर्मकीर्त्ति के लक्षण त्रिरूपलिंग प्रतिपादन में त्रिरूप पद से धर्मोत्तर[1] ने अन्वय व्यतिरेक और पक्षधर्मत्व का ग्रहण किया है जो अन्ततः व्याप्ति तथा पक्षधर्मता का सूचक है।

न्यायबिन्दुकार[2] ने परार्थानुमान के दो भेद किये हैं: 1. साधर्म्यवत् और 2. वैधर्म्यवत्।

साधर्म्यवत् और वैधर्म्यवत् दोनों ही प्रकारों के अनुमानों का प्रयोग अनुपलब्धि स्वभाव और कार्य तीनों ही हेतुओं में होता है। अनुपलब्धि हेतुक[3] उपलब्धि योग्य होते हुए जो उपलब्ध नहीं है वह असद् व्यवहार योग्य है। अनुपलब्धि हेतु के प्रयोग में[4] जो सत् और उपलब्धि लक्षण प्राप्त होता है वह अवश्य उपलब्ध होता है जैसे नील आदि वस्तु विशेष।

स्वभाव हेतुक[5] प्रयोग में अनित्यत्व के न रहने पर सत्त्व कृतकत्व यथा उत्पत्तिमत्व नहीं रहता है, शब्द सत् होते हुए उत्पत्तिमान तथा कृतक है। यह स्वभाव हेतु का प्रयोग है। कार्य हेतुक प्रयोग में अग्नि के न रहने पर धूम भी नहीं रहता।

आचार्य कुमारिल[6] के अनुसार सम्बन्ध दो प्रकार का है—प्रत्यक्षदृष्ट सम्बन्ध और सामान्य दृष्ट सम्बन्ध।

इस प्रकार आचार्य दिङ्नाग से लेकर कमलशील[7] तक सभी बौद्ध विचारक

---

1. त्रीणि रूपाण्यन्वयव्यतिरेकाम्या धर्मत्वसंज्ञकाणि यस्य।—न्या० वि० धर्मो 3 परि०।
2. न्या० वि० 3 परि०।
3. न्या० वि० धर्मो 3 परि०।
4. वही
5. वही
6. तत्त्व संग्रह पंजिका श्लोक 1446-1451
7. अनुमानं स्वार्थपरार्थभेदेन द्विविधम्।—तत्त्व सं० पं० अनु० प्र०1361

अनुमान का स्वार्थ व परार्थ रूप में वर्गीकरण उचित मानते हैं। दिङ्नाग से पूर्व अनुमान का स्वार्थ व परार्थ के रूप में वर्गीकरण उपलब्ध नहीं होता।

दिङ्नाग के अनुसार बौद्ध परम्परा में आचार्य दिङ्नाग[1] को मीमांसक के समान पक्ष, हेतु, दृष्टान्त इन तीन अवयवों का प्रयोग ही मान्य है साध्यवाक्य अर्थात् प्रति की व्यर्थता को धर्मकीर्ति[2] ने कहा है "जिसके विषय में विवाद होने पर साधन का उपान्यास किया जाता है उसकी सिद्धि की इच्छा करने वाले द्वारा साध्य का अर्थात् प्रतिज्ञा का उच्चारण न करने पर भी उसके विषय में विवाद होने से वहीं साध्य है।

निरामन की "अनुमान-साधनानि" मानने वाले उद्योतकारादि के मत में खण्डन करते हुए शान्तिरक्षित[3] कहते हैं कि साध्य विपर्यय की शंका की निवृत्ति के लिए निगमन का प्रयोग आवश्यक है। आचार्य कमलशील[4] भी निगमन की व्यर्थता को स्पष्ट करते हुए कहते हैं "हेत्वपदेशात् प्रतिज्ञाया: पुनर्वचनं निगमन" इस निगमन लक्षण के अनुसार प्रति का ही पुनः कथन निगमन है जब प्रतिज्ञा का प्रयोग ही निरर्थक सिद्ध किया जा चुका है तो निगमन का प्रयोग भी निरर्थक है।

आचार्य दिङ्नाग[5] ने भी निगमन को पुनरूचित होने से साधनाङ्ग नहीं माना है। न्यायबिन्दु[6] में भी दृष्टान्त को साधनाङ्ग नहीं माना है।

बौद्धमत[7] में न्यायावयवों का प्रयोग निम्न प्रकार से है।

स्वभाव हेतु साधर्म्यवत् का प्रयोग

उदाहरण	:	जो सत् होता है।
उपनय	:	शब्द सत् है।

वैधर्म्यवत् प्रयोग:

उदाहरण	:	जो अनित्य नहीं होता है वह सत् नहीं होता जैसे आकाश।

---

1. पक्षहेतुदृष्टान्तवचनैर्हि प्राश्निकानाम् प्रतीतोर्थ: प्रतिपद्य इति —न्या० प्र० सू० 21
2. तत् पक्षवचनं वक्तुरभिप्रायनिवेदन। "प्रमाणं संशयोत्पत्तेः स्वतः साक्षान्न साधनम्" —प्र० वा० 4-16
3. त्रिरूपहेतुनिर्देश: सामर्थ्यदेव सिद्धितः। न विपर्यय शंङ्कास्त्व्यित्यर्थ: निगमसंततः।। —त० सं० अनु० प० 1437
4. तत्त्वसंग्रहपञ्चिका अनु० प० 1439
5. न्या० प्र० सू० प्र० 121 तत्व सं० प० अनु० प० 1439
6. त्रिरूपो हेतुरुक्तः। तावतैवार्थप्रतीतिर्न पृथक् दृष्टान्तो नाम साधनावयव: कश्चित्। तेन नास्य लक्ष्णं। —न्या० वि० 3 परि० 2
7. न्या० वि० 3 परि०।

उपनय : शब्द सत् है। कार्यहेतु-

साधर्म्यवत् प्रयोग

उदाहरण : यहां धूम है।

अनुपलब्धि हेतु

साधर्म्यवत् प्रयोग-

उदाहरण : जो उपलब्धि योग्य होते हुए उपलब्ध नहीं है वह असद् व्यवहार का विषय होता है जैसे खरगोश के सींग।

उपनय : इस प्रदेश विशेष में उपलब्धि लक्षण प्राप्त घट उपलब्ध नहीं होता।

वैधर्म्यवत् प्रयोग

उदाहरण : जो सत् और उपलब्धि लक्षण प्राप्त होता है वह अवश्य उपलब्ध नहीं होता है जैसे नील आदि।

उपनय : उसी प्रकार यहां उपलब्धि लक्षण प्राप्त सद् घट की उपलब्धि नहीं है।

अनुमान के दोष :

बौद्ध मत के अनुसार अनुमान के दोष तीन प्रकार के होते हैं।

1. पक्षाभास

2. हेत्वाभास

3. दृष्टान्ताभास

पक्षाभास :

आचार्य धर्मकीर्ति[1] ने पक्षाभास के चार भेद स्वीकार किये हैं, प्रत्यक्षनिराकृत, अनुमान निराकृत, प्रतीति निराकृत और स्ववचन निराकृत।

1. प्रत्यक्ष निराकृत :

जिस पक्ष का प्रत्यक्ष द्वारा निराकरण होता है वह प्रत्यक्ष निराकृत पक्षाभास कहलाता है।

2. अनुमान निराकृत :

जिसमें पक्ष अनुमान के द्वारा बाधित होता है उसे अनुमान निराकृत पक्षाभास कहते है।

---

1. न्या० वि० 3 परि०

3. प्रतीति निराकृत :

प्रतीति का अर्थ है विकल्प विज्ञान का विषय। शशी चन्द्र शब्द का वाच्य नहीं है वह कथन प्रतीति के द्वारा निराकृत होता है।

4. स्व वचन निराकृत :

प्रतिज्ञार्थ वाचक शब्द से निराकृत पक्ष स्व वचन निराकृत पक्षाभास कहलाता है।

न्याय प्रवेश[1] में आचार्य दिङ्नाग ने नौ प्रकार के पक्षाभास उपस्थित किये हैं :

1. प्रत्यक्ष-विरुद्ध

जैसे शब्द श्रावण प्रत्यक्ष का विषय नहीं है।

2. अनुमान-विरुद्ध

जैसे घट नित्य है यह प्रतिज्ञा, घट अनित्य है क्योंकि कृतक हैं इस अनुमान के विरुद्ध है।

3. आगम-विरुद्ध

वैशेषिक का कथन शब्द नित्य है।

4. लोक-विरुद्ध

नरकपाल पवित्र है। यह प्रतिज्ञा लोक विरुद्ध है। लोक में नरकपाल अशुचि के रूप में प्रसिद्ध है।

5. स्ववचन-विरुद्ध

जैसे मेरी माता बन्धता है। यहां प्रतिज्ञार्थ-प्रतिज्ञार्थ वाचक शब्द से ही बाधित है।

6. अप्रसिद्ध-विशेषण

सांख्यकों का बौद्धों के प्रति कथन आत्मा चेतन है।

7. अप्रसिद्ध विशेषण

बौद्धों का सांख्यों के प्रति यह कथन शब्द विनाशी है।

8. अप्रसिद्धोभय

वैशेषिक का बौद्धों के प्रति यह कथन आत्मा सुख आदि का समवायि कारण है।

9. प्रसिद्ध सम्बन्ध

शब्द श्रावण है। पक्षदोष के स्वरूप को स्पष्ट करते हुए धर्मकीर्त्ति[2] कहते हैं कि

---

1. न्याय प्रवेश पक्षा० प्र०, पृ० 2
2. सर्वे पक्षस्य बाधतः तस्मात् तन्मात्रसङ्गमिनः पक्षदोषा मता नान्ये प्रत्यक्षादिविशेषवत्। —प्र० वा० 483

सभी हेतु आदि दोषों से पक्ष ही बाधित होता है इसलिए जो मात्र पक्ष से ही सम्बन्ध दोष हैं वे ही पक्ष दोष हैं।

हेत्वाभास :

हेत्वाभास का लक्षण करते हुए आचार्य धर्मकीर्ति[1] कहते हैं कि विरूप लिंग के आख्यान को परार्थानुमान कहा है। उसके तीन रूपों में से एक रूप के न कहने पर एक रूप से असिद्ध होने पर या उसके विषय में सन्देह होने पर हेत्वाभास होता है।

बौद्ध परम्परा के हेत्वाभासों का विवेचन हमें सर्वप्रथम आचार्य नागार्जुन[2] के उपाय हृदय में मिलता है। आचार्य नागार्जुन ने आठ प्रकार के हेत्वाभास माने हैं:

1. वाक्-छल 2. सामान्य-छल 3. संशयसम 4. कालातीत 5. प्रकरणसम 6. वर्ण्यसम 7. सव्यभिचार 8. विरुद्ध। आचार्य वसुबन्धु ने अपनी वाद विधि में तीन प्रकार के हेत्वाभास बताये हैं :

1. असिद्ध 2. अनिश्चित 3. विरुद्ध

आचार्य दिङ्नाग[3] के अनुसार हेतु चक्र प्रमाण से हेत्वाभास दो प्रकारों अनैकान्तिक तथा विरुद्ध तथा उनके अवान्तर भेदों का ज्ञान होता है। असिद्ध के अवान्तर भेदों का वर्णन न्याय प्रवेश[4] में उपलब्ध होता है। डॉ० विद्याभूषण के अनुसार दिङ्नाग[5] ने चौदह प्रकार के हेत्वाभास अवान्तर भेद सहित स्वीकार किये हैं। इस प्रकार से असिद्ध के चार भेद के विरुद्ध के पांच भेद तथा संदिग्ध के छः भेद होते हैं। दिङ्नाग ने असिद्ध के चार भेद स्वीकार किये हैं : 1. उभयसिद्ध 2. अन्तरासिद्ध 3. संदिग्धसिद्ध 4. आश्रयसिद्ध। धर्मकीर्ति व प्रशस्तपाद ने भी इन्हीं चार भेदों का समर्थन किया है।

आश्रयसिद्ध[6] धर्मी अर्थात् आश्रय से असिद्ध होने पर हेत्वाभास होता है। अनैकान्तिक[7] असिद्ध के समान ही एक रूप असपक्षासत्त्व के बाधित होने से अनैकान्तिक नामक हेत्वाभास होता है। एकान्त का अर्थ है निश्चय का प्रयोजन। जिसको ऐकान्तिक

---

1. न्या० वि० 3 परि०।
2. उपाय-हृदय।
3. तत्र च। सन् सजातीये द्वेधा चासन् तदव्येषा सहेतुविपरीतोऽस्माद् विरूद्धोऽन्य-स्त्वनिश्चित:।।

   —प्रमाणसमुच्चय अध्याय 3 न्याय वा० ता० टी० में उद्धृत पृ० 299 चौ०।
4. न्या० प्र० हेत्वा० प्र०।
5. वही
6. न्या० वि० 3 परि०।
7. वही

कहते हैं। इस प्रकार साध्य और साधनाभाव संशय का जनक होता है उसे हेतु अनैकान्तिक या हेत्वाभास कहते हैं।

न्याय प्रवेशकार[1] अनैकान्तिक के छः भेद स्वीकार करते हैं: 1. साधारण 2. असाधारण 3. सपक्षैक देशवृत्ति विपक्ष व्यापक 4. विपक्षैक देशवृत्तिपक्ष व्यापी 5. उभयपक्षैक देशवृत्ति एवं 6. विरुद्धाव्याभिचारी।

विरुद्ध[2] हेतु के तीन रूपों में से दो रूपों का अभाव होने पर विरुद्ध होता है। आचार्य दिङ्नाग ने विरुद्ध के चार भेद प्रदर्शित किये हैं जिनमें धर्म विशेष विपरीत साधन या प्रच्छन्न विरुद्ध को हेत्वाभास माना है। आचार्य धर्मकीर्ति[3] इसे स्वतन्त्र हेत्वाभास नहीं मानते हैं। उनका विचार है कि अनुमान वाक्य में प्रयोग किए गये साध्यवाचक शब्द का एक ही अर्थ हो सकता है। आचार्य दिङ्नाग[4] ने एक ओर हेत्वाभास विरुद्ध व्यभिचारी माना है। विरुद्ध व्यभिचारी भी संशय का जनक होता है। आचार्य धर्मकीर्ति ने न्यायबिन्दु में विरुद्ध व्यभिचारी हेत्वाभास का खण्डन किया है। उनका कथन है कि अनुमान का विषयं प्रमाणसिद्धं व नैरूप्य है। प्रमाणसिद्ध हेत्वाभास वहीं हो सकता है जो त्रिरूपता के होने पर प्रमाण सिद्ध हो। विरुद्ध व्यभिचारी का कोई प्रमाण सिद्ध स्वरूप नहीं है। आचार्य अर्वर ने दिङ्नाग की आलोचना करते हुए कहा है कि किसी भी अनुमान में साध्य के लिए एक ही हेतु का उपादान किया जाता है। इसलिए उसके विरुद्ध दूसरा हेतु व्यर्थ है।

दृष्टान्ताभास :

आचार्य धमोत्तर[5] ने दृष्टान्ताभास का लक्षण करते हुए कहा है कि "पूर्वोक्त सिद्धि के लिए प्रयुक्त किया गया दृष्टान्त जब अपने कार्य की सिद्धि में समर्थ नहीं होता तब वह दृष्टान्त दोष है।"

दृष्टान्ताभास के मुख्यत: दो भेद साधर्म्यदृष्टान्ताभास और वैधर्म्य दृष्टान्ताभास होते हैं। दिङ्नाग ने न्याय प्रवेश[6] ने साधर्म्य तथा वैधर्म्य दृष्टान्ताभासों के पांच-पांच भेद व्यक्त किये हैं।

---

1. वही
2. न्या० वि० 3 परि०।
3. न्या० प्र० हेत्वा० प्र०
4. न्या० वि० 3 परि०
5. पूर्वोक्तसिद्धये च उपादीयमानोऽपि दृष्टान्तो न समर्थः स्वकार्यसाधयितुं सदृष्टान्तदोष इति। —न्या० वि० धर्मो 3 परि०, पृ० 15
6. न्याय प्रवेश दृष्टा० प्र०, पृ० 5

साधर्म्य-दृष्टान्ताभासः

1. साधनधर्मसिद्ध 2. साध्यधर्मसिद्ध 3. उभय धर्मसिद्ध 4. अनन्वय और 5. विपरीतान्वय।

वैधर्म्य दृष्टान्ताभासः

1. साध्याव्यावृत 2. साधनाव्यावृत 3. उभयाव्याावृत 4. व्यतिरेक 5. विपरीत व्यतिरेक।

आचार्य धर्मकीर्ति[1] ने दिङ्नाग के इस दृष्टान्ताभासों के अतिरिक्त अन्य आठ भेद बतलाये हैं, इससे धर्मकीर्ति के अनुसार 18 प्रकार के दृष्टान्ताभास होते हैं, जिनके उदाहरण इस प्रकार हैं।

लिंग और लिंगी को न्याय-दर्शन में बहुत अच्छे ढंग से समझाया गया है। जिसे "परीक्षार्थ लिङ्ग्यते गम्यते इति लिङ्गम्" जिससे परोक्ष अर्थ माना जाये वहीं लिङ्ग है और "लिङ्गमस्यास्तीति लिङ्गी" जो लिंग से सिद्ध हो उसका नाम लिंगी है। लिंग हेतु यह दोनों और लिंग तथा साध्य यह दोनों पर्याय शब्द हैं।[2] अनुमान केवल वहीं होता है जहां लिङ्ग का प्रत्यक्ष होता है। लिङ्गी का नहीं। यदि दूरस्थ पर्वत पर धुआं उठते देखते हैं तो वह हमारे अनुमान का विषय होता है क्योंकि हमें वहां धुएं का प्रत्यक्ष होता है आग का नहीं। हम धुएं को देखकर ही आग का अनुमान करते हैं। अतः जहां धूम है वही वह्नि है।[3] न्यायदर्शन भाष्य में कहा है कि जहां हेतु रहता है वहीं साध्य रहता है। यह व्याप्ति ज्ञानपूर्वक लिङ्ग लिङ्गी के स्वरूप को प्रत्यक्ष द्वारा अनुभव करके किसी अन्य काल में वैसे हि लिङ्ग लिङ्गी के अनुमान का नाम ही पूर्ववत्[4] है। अनुमान की इच्छा को 'अनुमित्सा' लिंग को लिंगदर्शन का लिंग परामर्श कहते हैं। इसी अभिप्राय से वाचस्पति मिश्र का कथन है जो व्याप्ति स्मृतिपूर्वक अपने साध्य के एक अधिकरण में रहने वाले लिङ्ग का इन्द्रिय से प्रत्यक्ष होता है उसी का नाम परामर्श है।

---

1. न्या० वि० 3 परि०।
2. परीक्षार्थ लिङ्ग्यते गम्यते अनेनेति लिङ्गम। लिङ्गमस्यास्तीति लिङ्गी।
—न्या० दर्शन सू० भा० पृ० 45
3. लिङ्गलिङ्गी सम्बन्धदर्शन मात्रं प्रत्यक्षं लिङ्ग दर्शनं द्वितीय लिङ्गदर्शनात्संस्कार-भिव्यक्तुत्तरकालं स्मृतिः स्मृत्यानन्तरं चपुनर्लिङ्ग धूम इति तदिदमान्ति प्रत्यक्षं पूर्वाभ्यां प्रत्याक्षाभ्यां चानुगृहमाण परामर्शरूपमनुमानं भवति। यत्पुनरस्य फलमग्निविषया प्रतिपातिः। —न्या० वा०
4. सम्बन्धग्रहणकाले लिङ्गलिङ्गिनो प्रत्यक्षतः स्वरूपम् वर्धनायपुनस्तादृगेव लिङ्गेन तादृगेव लिङ्गी तत्वपूर्वेण तुल्यं इति पूर्ववदनुमानम् यथा महानसे धूमोग्न्योः सहचरितो दृष्टवा पुनः वर्तत अनुमानम्। —न्या० द० भा०

परामर्श की आवश्यकता को स्पष्ट करते हुए आचार्य व्योमशिव[1] लिखते हैं कि अविनाभाव का स्मरण अनियत होने से नियत स्थान में अग्नि का ज्ञान नहीं होगा। परामर्श उपनयार्थ होने से उसे स्वीकार न करने पर उपनय का वैयर्थ्य होता ही है। अतः अग्निरध्यवसाय पद से अध्यवसीयतेऽनेनेत्यध्यवसायः इस व्युत्पत्ति के आधार पर परामर्श रूप ज्ञान का ग्रहण करना चाहिए। कई स्थानों पर हमने अनुभव किया है कि धूम (लिंग) आग (लिंगी) के साथ पाया जाता है। अतः यह सिद्ध है कि जहां धूम होता है वहीं अग्नि होती है। यह तो लिङ्ग-लिङ्गी के साहचर्य ज्ञान सपक्ष विपक्ष परामर्श ज्ञान पक्ष पक्षता ज्ञान का अटल नियम है। "तृतीय लिङ्ग परामर्श" ही ज्ञान के अनुमान का कारण अनुमिति है।

बौद्ध दार्शनिक सामान्यता आदि की कल्पना के लिए अन्तर्व्याप्ति को ही प्रामाणिक मानते हैं।[2] बड़ा काम है। जब किसी विद्वान् के द्वारा कोई निष्कर्ष निश्चित हो जाता है तो पांच तर्क वाक्यों में प्रस्तुत निष्कर्ष परार्थानुमान कहलाता है। वे पांच तर्क वाक्य इस प्रकार के हैं :

प्रतिज्ञा— पर्वत अग्निमान् है।

हेतु— क्योंकि इसमें धुआं है।

उदाहरण— यत्र-यत्र धूमः तत्र-तत्रः वह्नि जैसे पाकशाला

उपनय— यह पर्वत इसी प्रकार का है।

निगमन— अतः पर्वत पर आग है।

दर्शनों में अनुमान के विभिन्न भेद

महर्षि गौतम[3] न अनुमान के तीन भेद स्वीकार किये हैं :

1. पूर्ववत् 2. शेषवत् 3. सामान्यतोदृष्ट।

जबकि भाष्यकार वात्स्यायन ने इन प्रकारों की दो प्रकारों से व्याख्या प्रस्तुत की है। न्याय वार्तिककार[4] ने त्रिविध पद की व्याख्या भिन्न प्रकार से प्रस्तुत की है—व्यतिरेकी, अन्वयव्यतिरेकी तथा अन्वयी बतलाये हैं। इस वर्गीकरण का आधार हेतु के स्वरूप की

---

1. अविनाभावसम्बन्धस्य। नियतत्वानियत प्रदेशऽग्नि प्रतिपत्तिर्न स्यात्। उपनय वैधर्म्य चोपनयार्थ स्याभ्युपगमात्। —व्यो० अनु० प्र०, चौ०, पृ० 570
2. सिक्स बुद्धि ट्रैक्स्ट्स में रत्नाकर शान्ति द्वारा लिखित अन्तर्व्याप्ति का समर्थन। —वि० चौथे खा०, पृ० 191
3. अथ तत्पूर्वकं त्रिविधमनुमानं पूर्ववच्छेषवत् सामान्यतोदृष्टं च।—न्याय सू० 1.1.5
4. त्रिविधमिति। अन्वयी व्यतिरेकी, अन्वयव्यतिरेकी चेति। —न्या० वा० 1.1.1

भिन्नता है। कुछ हेतु पक्ष में रहकर तथा कुछ विपक्ष में न रहकर साध्य के अनुमापक होते हैं, कुछ पक्ष में रहते हैं लेकिन उसके लिए विपक्ष नहीं होता। कुछ हेतु सपक्ष में रहते हुए विपक्ष के न रहने वाले होते हैं इस प्रकार के अनुमापक हेतुओं के स्वभाव के आधार पर वार्तिककार ने अनुमानों का वर्गीकरण किया है।

वार्तिककार[1] का विचार है कि अनुमानों के अनन्त भेद हैं। जैसे—अन्वय व्यतिरेकी अनुमान के दो भेद हैं—सपक्ष ने वृत्ति और सपक्ष में वृत्ति अवृत्ति। उसी प्रकार अन्वयी के भी दो भेद हैं और व्यतिरेकी एक प्रकार का है। इस प्रकार अनुमान के पांच भेद है। काल के भेद से तीन कालों के आधार पर अनुमान के 15 भेद होते हैं। पुरुष भेद के आधार पर '60' भेद हैं। फिर उसके अवान्तर अनेक भेद हैं। इस प्रकार से अनन्त संख्या वाले अनुमान को उक्त तीन प्रकार में संग्रह किया है। इसलिए त्रिविध नियमार्थ है।

उदयन आदि नैयायिकों के समकालीन दार्शनिकों ने अनुमान का वर्गीकरण भिन्न प्रकार से किया है बौद्ध तार्किक दिङ्नाग[2] ने अनुमान के दो ही भेद 'स्वार्थ' और 'परार्थ' किया है। आगे चलकर नव्यनैयायिकों ने अनुमान के ये भेद स्वीकार किये हैं।

साधर्म्य दृष्टान्ताभास :

1. साध्य विकल 2. साधन विकल 3. उभय विकल 4. संदिग्ध साध्य 5. सन्दिग्ध साधन 6. सन्दिग्धोभय 7. अनन्वय 8. अप्रदर्शितावय व 9. विपरीतान्वय।

वैधर्म्य दृष्टान्ताभास :

1. साध्याव्यतिरेकी 2. साधनाव्यतिरेकी 3. उभयाव्यतिरेकी 4. सन्दिग्ध साध्य 5. सन्दिग्ध साधन व्यतिरेक 6. सन्दिग्धोभयव्यतिरेक 7. अव्यतिरेक 8. अप्रदर्शित व्यतिरेक 9. विपरीत व्यतिरेक।

अनुमान के लिए व्याप्ति का महत्त्व :

व्याप्ति के लिए विभिन्न सम्प्रदायों में दर्शनों में विभिन्न नाम उपलब्ध होते हैं: व्याप्ति, अविनाभाव, साहचर्य नियम, समय, अनौपाधिक सम्बन्ध, सम्बन्ध आदि। आचार्य जयन्त[3] के अनुसार व्याप्ति अर्थात् अविनाभाव नित्य साहचर्य हैं। अन्य ग्रन्थकारों

---

1. न्या० वा० ता० टी० 1.1.5
2. अनुमान द्विधा स्वार्थीनिरूपणाल्लिङ्तोऽथ परार्थानुमानं तु स्वदृष्टार्थप्रकाशकम्।
—प्रमाण समुच्चय 21
3. नियमस्मृतेरिति विप्रयंता कोऽयं नाम, व्याप्तिरविनाभावे नित्यसाहचर्यमित्यर्थः।
—न्या० म० आ०

के समान जयन्त ने भी व्याप्ति को अनुमान का अंग माना है। आचार्य उदयन[1] निरूपाधि सम्बन्ध से अव्यभिचार को व्याप्ति कहना चाहते हैं। वैशषिकों के अनुसार अनुमान का मुख्य तार्किक अंग व्याप्ति या साहचर्य दर्शन है व्याप्ति ग्रहण के प्रकार को व्यक्त करते हुए प्रशस्तपाद[2] कहते हैं कि विधि है जहां धूम है वहां अग्नि है अग्नि के न रहने पर धूम नहीं रहता है। इस प्रकार प्रसिद्ध व्याप्ति 'सयम' वाले असन्दिग्ध धूम के दर्शन और साहचर्य स्मरण के पश्चात् अग्नि का अध्यवसाय होता है। व्याप्ति के स्वरूप रूप को उपस्थित करते हुए प्रमाण वार्तिकाकार[3] कहते हैं कि अविनाभाव या अवश्यभाव व्याप्ति है जो कार्य कारण भाव या स्वभाव पर आधारित है। न्याय बिन्दु में धर्मकीर्ति[4] ने व्याप्ति के लिए स्वभाव प्रतिबन्ध शब्द का प्रयोग किया है। अन्य तार्किकों के समान ही जैन तार्किक भी अनुमान का मुख्य आधार व्याप्ति को मानते हैं। आचार्य हेमचन्द्र[5] न आचार्य मणिक्यनन्दी की तरह ही अविनाभाव को व्याप्ति स्वीकार किया है। आचार्य धर्मभूषण के अनुसार साध्य और साधन में गम्यगमक भाव को सिद्ध करने वाला व्यभिचार से रहित जो सम्बन्ध है उसी को अविनाभाव कहा जाता है। आचार्य ने व्याप्ति के दो रूप प्रदर्शित किये हैं प्रथम रूप में आयोग व्यवच्छेद रूप से व्याप्ति के दो रूप अन्य किसी भी जैन तर्क शास्त्री ने स्वीकार नहीं किये हैं। आचार्य प्रभाचन्द्र[6] ने व्याप्ति के तीन भेदों का उल्लेख किया है— 1. बहिर्व्याप्ति 2. साकल्य व्याप्ति 3. अन्तर्व्याप्ति।

आचार्य गङ्गेश[7] ने पूर्व पक्ष व्याप्ति के पांच स्वरूप उपस्थित किये हैं। "यत्र-यत्र हेतुस्तत्र तत्र साध्यम्" इस प्रकार व्याप्ति होती है। साध्यसाधन की व्याप्ति को "अन्वय

---

1. स्वाभाविको निरुपाधिरित्यर्थः यद्यपि व्यभिचाराव्यभिचार व्याप्तौ औपाधिकत्वानौपाधिकत्वो, ताभ्यां च व्यभिचाराव्यभिचारव्याप्तौ औपाधिकत्वानौपाधिकत्वे, ताभ्यां च व्यभिचाराव्यभिचारा वेति नियमः। तौ हि तावन्निमितौ सार्वत्रिककल्पप्रसङ्गात्। नियम विषयौ चोपलभ्यते। नाप्यमिततौ सोपाधेयप्यव्यभिचारे निरुपाधेरपि व्यभिचारे अनियम प्रसंङ्गात् तथा सति कार्यात्मनोऽपि कारणात्मव्यभिचारः प्रसज्येत। तस्मादुपाधावश्यव्यभिचारोनुपाधौ अवश्यम् व्यभिचारः। —न्या० परि० 1.1.5
2. विधिस्तु यत्र धूमः तत्राग्निः अग्न्य भावे धूमो न भवति। एवं प्रसिद्धसमयस्य असन्दिग्ध धूमदर्शनात् साहचर्यानुस्मरणात् तदनन्तरम् अग्न्यध्यव्यवसायो भवति। —प्र०भा० अनु० प्र०, पृ० 294
3. कार्यकारणभावाद् स्वभावाद् वा नियमाकात्।
अविनाभाव नियमोऽदर्शनात् दर्शनात्।। —प्र० वा० 3-31
4. स्वभावप्रतिबन्धो हि सत्यर्थोऽर्थ गमयेत्। —न्या० वि० 2 परि०।
5. प्र० र० भा० पृ० 148
6. तर्कात्तन्निर्णयः परीक्षामुख सूत्र 3-15, र० मा०, पृ० 147
7. तत्त्वचिंतामणि— व्याप्ति पञ्च प्र०, पृ० 101, कलकत्ता।

व्याप्ति" साध्याभाव साद्यन्तभाव की व्याप्ति का नाम "व्यतिरेक व्याप्ति" तथा दोनों ही व्याप्ति का नाम "अन्वयव्यतिरेक व्याप्ति" है। इस प्रकार व्याप्ति के तीन भेद होने से अनुमान के भी उक्त तीन भेद हैं।[1]

तत्पूर्वक पद से लिंग-लिंगी के सम्बन्ध का ज्ञान तथा लिंग ज्ञान अभिप्रेत है।[2]

"विभिन्न दर्शनों में लिंग, लिंगी, साहचर्य ज्ञान, पक्ष, पक्षतादि पर विचार सपक्ष विपक्ष परामर्श ज्ञान पर विचार" :

न्यायदर्शन के विचारकों के अनुसार अनुमान में लिंग और लिंगी दोनों की ही विद्यमानता रहती है। जयन्तभट्ट[3] ने पञ्चलक्षण युक्त ज्ञान लिंग अथवा लिंग ज्ञान की व्याप्ति स्मरण से युक्त होने पर प्रमाण[4] और लिंगज्ञान को उसका फल माना है। आचार्य उदयन[5] भी तृतीय लिंग परामर्श को ही अनुमान मानते हैं। जयन्त के अनुसार लिंग और लिंगी अर्थात् हेतु और साध्य का सम्बन्ध साहचर्य सम्बन्ध होता है। साहचर्य नियम ग्रहण मात्र से अनुमिति होती है। अनुमिति के पूर्व साहचर्य का दर्शन नहीं होता। अपितु पूर्व साहचर्य का दर्शन नहीं होता। अपितु पूर्व-गृहीत साहचर्य का अनुमिति के पूर्व काल से स्मरण होकर अनुमिति होती है।[6]

जैन दर्शन में अनुमान का स्वरूप और लक्षण :

प्राचीन जैन दर्शन में अनुमान के लिए "अभिनिबोध" शब्द का प्रयोग किया है।

---

1. अन्वयं साधनं व्याप्यं साध्यं व्यापकमिष्यते। साध्याभावोन्यथा व्याप्यकः साधनाव्ययः। व्याप्यव्यापकभावो हि भावयो र्या दृगिष्यते। तयोरभावस्तस्माद्विपरीतः प्रतीयते। व्याप्यस्य चनं पूर्व व्यापकस्य ततः परम्। एवं परीक्षिता व्याप्तिः स्फुटोभवति तत्त्वतः।
—मीमांसा भाष्यवार्तिक
2. तत्पूर्वकेन लिंगलिंगिनो सम्बन्धदर्शनं लिङ्गदर्शान्वयाभिसम्बन्ध्यते।
—न्याय दर्शन भाष्य
3. अत्रापि लिङ्ग-विषय ज्ञानं ज्ञान विषयीकृत का लिङ्गप्रतिबबन्धस्मरणसहितं प्रमाणम् लिङ्गी ज्ञानं फलम् लिङ्गिज्ञानस्य वा प्रमाणतायां पूर्वानुपादानदि ज्ञानं फलमुपवर्णनीयम्।
—न्या० म० आ०, प्रमा० प्र०
4. न्या० म० आ०, प्रमा० प्र०
5. नहि व्याप्ति स्मरणमात्रादनुमितः नपि लिङ्गदर्शनमात्रात् किं तर्हिं व्याप्तिविशिष्टलिङ्ग-दर्शनात्। —न्या० परिशुद्धि, पृ० 1.1.5
6. नियमो हि गृहीतोङ्गमनुमेयप्रमां प्रति। न नारिकेलद्वीपस्थौ धूमादग्निं प्रपद्यते। साध्यानुमितिवेलायां न चास्ति नियमः। नियमग्रहण काले च न साध्यमनुमीयते तेन गृहीतस्सन्निदानीं स्मृतिगोचरः नियमप्रतिपत्त्यङ्गे तथावगतिदर्शनात्।
—न्या० म० आ०, प्रमा० प्र०

"तत्त्वार्थ श्लोक वार्तिक" में आचार्य विद्यानन्द लिखते हैं।[1] साध्य विषयक निश्चय जो कि हेतु के द्वारा इन्द्रिय के बिना उत्पन्न होता है उसे अभिनिबोध कहते हैं, इस वार्तिक की व्याख्या करते हुए आचार्य विद्यानन्द लिखते हैं कि साध्य के साथ अविनाभाव रखने वाले हेतु से जिस शब्द, सिषाधयिषित तथा असिद्धि साध्य का ज्ञान होता है उसे अनुमान कहते हैं।

षट् खण्डागम सूत्र के व्याख्याकार वीरसेन[2] ने अभिनिबोध का मतिज्ञान सामान्य अर्थ किया है।

षट् खण्डागम[3] में श्रुतज्ञान में 41 पर्याय शब्द बतलाये गये हैं जिनमें एक हेतुवाद शब्द भी है इस हेतुवाद शब्द की व्युत्पत्ति करते हुए आचार्य बोरके कहते हैं "हिनोति गमयति परिच्छितम् अर्थमात्मानं चेति प्रमाणपञ्कं वा"। तात्पर्य यह है कि जो स्वयं को तथा अन्यार्थ को प्रस्तुत करता है अथवा पांचवे प्रमाण के रूप में संगृहीत है उसे हेतु कहा जाता है वह हेतु जिसके द्वारा कहा जाता है वह है हेतुवाद अर्थात् श्रुतज्ञान। आगम में श्रुतज्ञान के दो भेद माने हैं-

1. शब्द लिङ्गज।
2. अशब्द लिङ्गज।

अशब्द लिङ्गज श्रुतज्ञान ही अनुमान है जिसका उदाहरण है धूम के द्वारा अग्नि का ज्ञान।

आचार्य सिद्धसेन[4] के अनुसार साध्य के अविनाभावी लिङ्ग द्वारा, साध्य का जो निश्चयात्मक तथा अभ्रान्त ज्ञान है उसे अनुमान कहा जाता है। इसी लक्षण का अनुसरण करते हुए अकलक ने लघीयत्रयी तथा न्याय विनिश्चय में अनुमान की परिभाषा दी है कि साध्यविनाभूत लिङ्ग के द्वारा जो साध्य का ज्ञान उत्पन्न होता है उसे अनुमान कहते हैं तथा हान उपादान आदि अनुमान के फल हैं।

इस प्रकार जैन मत में साध्य विज्ञान ही अनुमान प्रमाण है। वहीं अनुमिति रूप फल का कारण है। जैन तार्किकों के अनुसार प्रमाण के भी दो प्रकार के फल होते हैं साक्षात् और परम्परागत यह प्रमेय के निश्चय के पश्चात् होते हैं।[5] प्रमाण का फल

---

1. तत्त्वार्थश्लोक वार्तिक 1-13-120
2. षट्खण्डागम सू० धवला० मतिज्ञान प्रकरण
3. षट् खण्डागम सू० धवला० टीकाश्रुत प्रकरण
4. न्याय वा० 12
5. यदा सन्निकर्षस्तदा ज्ञानं प्रमितिः यदा ज्ञानं तथा हानोपदानोपेक्षाबुद्धयः फलम्। —वा० भा० 1.1.3

प्रमाण में भिन्न होता है ऐसा नैयायिक मानते हैं किन्तु जैन तार्किक फल को प्रमाण से भिन्न तथा अभिन्न दोनों मानते हैं।[1]

अनुमान के अङ्ग

व्याप्तिः अन्य तार्किकों के समान जैन भी अनुमान का मुख्य आधार व्याप्ति को मानते हैं। व्याप्ति शब्दव्युत्पत्ति के आधारपर वि+आप्ति के योग से निष्पन्न होता है; जिसका अर्थ विशेष रूप से आप्ति या सम्बन्ध है।

आचार्य माणिक्यनन्दी[2] ने व्याप्ति स्वरूप इस प्रकार उपस्थित किया है "इस वस्तु के रहने पर यह वस्तु रहती है न रहने पर नहीं रहती है, जैसे अग्नि के रहने पर ही धूम रहता है। अग्नि के न रहने पर नहीं रहता है।" इससे स्पष्ट है कि आचार्य अन्वय और व्यतिरेक को ही व्याप्ति का आधार मानते हैं।

प्रमेश रत्नमालाकार[3] ने भी तर्क को ही व्याप्ति ग्राहक सिद्ध किया है। मणिक्यनन्दी[4] ने तर्क का स्वरूप इस प्रकार व्यक्त किया है उपलब्धि के निमित्त से जो व्याप्ति ज्ञान होता है उसे तर्क कहा जाता है जैसे साध्य अग्नि के होने पर धूम का होना उपलब्धि है अग्नि के न होने पर धूम का न होना। इस उपलब्धि व अनुपलब्धि पर व्याप्ति का ज्ञान ही तर्क है।

आचार्य हेमचन्द्र[5] ने आचार्य माणिक्यनन्दी की तरह ही अविनाभाव को व्याप्ति स्वीकार किया है। आचार्य विद्यानन्द ने भी तर्क को ही अविनाभाव रूप व्याप्ति का ग्राहक माना है।

व्याप्ति के भेद :

1. अन्वयव्याप्ति
2. व्यतिरेक व्याप्ति।

आचार्य हेमचन्द्र ने व्याप्ति के दो रूप प्रदर्शित किये हैं प्रथम रूप से आयोग व्यवच्छेद रूप से व्याप्ति की प्रतीति होती है। दूसरे रूप में अन्ययोग व्यवच्छेद रूप से व्याापति की प्रतीति होती है। व्याप्ति के ये दो रूप अन्य किसी भी जैन तर्क शास्त्री ने स्वीकार नहीं किये हैं।

---

1. प्रमाणात् फलं कथञ्चिद् भिन्नमभिन्नं चेति जैशः। —प्र० र० भा० टि० 1.4.13
2. परीक्षामुख सूत्र 312
3. प० र० माला, पृ० 3-12
4. तर्कान्तनिर्णयः प० मु० मू० 3.15 र० माला०, पृ० 147
5. प्र० र० भा० प० 148

प्रभाचन्दाचार्य[1] ने व्याप्ति के तीन भेदों का उल्लेख किया है वह्नि व्याप्ति, साकल्प व्याप्ति और अन्तव्याप्ति। आचार्य माणिक्य नन्दी का अनुसरण करते हुए आचार्य प्रभाचन्द्र[2] तथा लघु अनन्तवीर्य[3] ने व्याप्ति के सहभाव नियम और क्रम भाव नियम के रूप में दो भेद स्वीकार किये हैं।

हेतु का स्वरूप :

जैन तार्किकों ने हेतु का एक ही स्वरूप अन्यथानुत्पन्नत्व अविनाभावित्व माना है। पात्रस्वामी के मत को उपस्थित करते हुए आचार्य शांतिरक्षित तत्त्वसंग्रह में कहते हैं अन्यथानुपपन्नत्व की हेतु का ठीक लक्षण है। अन्यथानुपपन्नत्व के बिना हेतु को त्रिरूपता या पञ्चरूपोपपन्नता व्यर्थ है, 'स श्यामो मैत्रीतनयत्वात्' आदि हेतु में त्रिरूपता होने पर भी वह गमक नहीं होता है।

समन्त भद्रमत में "जैन तर्कशास्त्र के इतिहास में समन्तभद्र ने सबसे पहले हेतु का स्वरूप प्रदर्शित किया है।" पात्रस्वामी से लेकर चारुकीर्ति तक सभी जैन तार्किकों ने लक्षण का समर्थन किया है।

हेतु के भेद :

जैन तर्क शास्त्र की परम्परा में हेतुओं का कई प्रकार से वर्णन किया गया है। पात्रस्वामी[4] ने अन्यथानुपूर्वक आधार पर एक ही प्रकार का हेतु बतलाया है। षट्खण्डागम के व्याख्याकार वीरसेन[5] ने हेतु के दो भेद कहे हैं— 1. साधन हेतु 2. दूषित हेतु।

स्थानाङ्ग सूत्र में हेतु का चार प्रकार से विभाजन किया गया है :

1. विधि-विधि 2. निषेध-निषेध 3. विधि-निषेध 4. निषेध-विधि।

आचार्य अकलग ने मूलरूप से हेतु के दो भेद स्वीकार किये हैं: उपलब्धि और अनुपलब्धि। उपलब्धि के भी छः भेद किये हैं : 1. स्वभाव 2. स्वभाव कार्य 3. स्वभाव कारण 4. सहचर 5. सहचर कार्य और 6. उत्तर चरकारण सिद्धिविनिश्चय[6] के अनुसार उपलब्धि हेतु के छः इस प्रकार हैं :—

1. स्वभाव 2. कार्य 3. कारण 4. सहचर 5. पूर्वचर 6. उत्तरचर।

---

1. तर्कान्त निर्णयः। —प० मु० सू० 3.15 र० मा०, पृ० 147
2. प्र० मो० अनु० प्र०
3. प्रा० क० मा० 315, पृ० 334
4. तत्त्व संग्रह 1363, पृ० 495
5. धवल टीका
6. स्यानाङ्ग सूत्र

आचार्य सिद्धसेन दिवाकर ने हेतु को अन्यथानुपपत्ति के आधार पर दो प्रकारों में विभाजित किया है। आचार्य अकलङ्क के अर्थ का अनुसरण करते हुए आचार्य माणिक्यनन्दी[1] ने भी हेतु के मूल भेद स्वीकार किये हैं : उपलब्धि और अनुपलब्धि। इन दोनों के इन्होंने दो-दो भेद स्वीकार किये हैं।

हेतु के भेद (माणिक्यनन्दी)

उपलब्धि	अनुपलब्धि
अविरुद्धोपलब्धि	अविरुद्धानुपलब्धि[2]
विरोद्धोपलब्धि	विरुद्धानुपलब्धि

अविरुद्धोपलब्धि[3] तथा विरुद्धोपलब्धि के भी माणिाक्यनन्दी ने छः-छः भेद किये हैं :—

अविरुद्धोलब्धि : 1. व्याप्य 2. कार्य 3. कारण 4. पूर्वचर 5. उत्तरचर 6. सहचर

विरुद्धोपलब्धि : 1. विरुद्ध व्याप्य 2. विरुद्धकार्य 3. विरुद्धकारण 4. विरुद्धपूर्वचर 5. विरुद्ध उत्तरचर 6. विरुद्ध सहचर।

इसी प्रकार अविरुद्धानुपलब्धि के सात प्रकार के विभाजन किये है :

1. अविरुद्धस्वभावनुपलब्धि 2. व्यापकानुपलब्धि 3. कार्य अनुपलब्धि 4. कारणानुपलब्धि 5. पूर्वचरानुपलब्धि 6. उत्तरचरानुपलब्धि 7. सहचरानुपलब्धि।

इसी प्रकार विरुद्धानुपलब्धि के तीन भेद किये हैं : 1. विरुद्धकार्यानुपलब्धि 2. विरुद्ध कारणानुपलब्धि 3. विरुद्धस्वभावानुपलब्धि।

इस प्रकार आचार्य माणिक्यनन्दी ने हेतु के भेदों को 6+6+7+3=22 मान्यता दी हैं।

साध्य स्वरूप :

जैन न्याय परम्परा में आचार्य सिद्धसेन[4] दिवाकर ने साध्य का लक्षण इस प्रकार किया है प्रत्यक्ष आदि प्रमाणों से बाधित न होने वाला साध्य "जैसे अग्नि पर्वत में प्रत्यक्ष

---

1. प्रमाण विनिश्चय। —अनुमान परि०
   हेतोस्तथोपपत्या वा स्याद् प्रयोगोऽन्यथापि वा।
   द्विविधोऽन्यतरेणापि साध्य सिद्धिर्भवेदिति। —न्या० व० का० 17, पृ० 2
2. "स हेतु द्विधोपपलब्ध्यनुपलब्धिभेदाद्।" —परीक्षामुख सूत्र 3/53
3. "अविरुद्धोपलब्धि विधौषोढ़ा— व्याप्यकार्यकारण पूर्वापरसहचरभेदात्।
   —परीक्षाभुत्व सूत्र 3/55
4. साध्याभ्युपगमः पक्षः प्रत्यक्षाद्यनिराकृतः। —न्या० व० का० 14, पृ० 2

उपयोगिता नहीं है। वह विकल्प के द्वारा ही सिद्ध होता है। प्रत्यक्षसिद्ध और उभयसिद्ध धर्मी साध्य धर्म से विशिष्टता अर्थात् संयुक्त की साध्य संज्ञा होती है।

अनुमान के भेद

जैन परम्परा में अनुयोगद्वार[1] सूत्र में अनुमान के तीन भेद किये हैं:

1. पूर्ववत्
2. शेषवत्
3. दृष्टसाधर्म्यवत्

प्रथम दो भेद प्राचीन न्याय[2] सांख्य[3] चरक[4] आदि द्वारा जो स्वीकार किये गये हैं वहीं हैं। तृतीय उनसे भिन्न है। प्राच्य न्याय एवं सांख्य में उसे सामान्यतोदृष्ट कहा है। जबकि अनुयोग द्वारा सूत्र उसे दृष्टसाधर्म्यवत् कहते हैं। परन्तु जैन तार्किकों ने अनुयोग द्वारा स्वीकृत अनुमान के तीनों भेदों को प्रश्रय न देकर आचार्य प्रशस्तपाद एवं आचार्य दिङ्नाग द्वारा प्रतिपादित अनुमान के दो ही भेद स्वार्थानुमान और परार्थानुमान को भी अपने ग्रन्थों में स्थान दिया है।

पूर्ववत् अनुमान :

इस अनुमान की व्याख्या अनुयोग सूत्र में इस प्रकार की है—"पूर्व परिचित किसी लिङ्ग के द्वारा पूर्व परिचित वस्तु का ज्ञान करना पूर्ववत् अनुमान है।" जबकि आचार्य वात्स्यायन माठर ने "कार्य से कारण के अनुमान को पूर्ववत् कहा है।"

शेषवत् अनुमान :

कारण से कार्य का अनुमान शेषवत् अनुमान कहलाता है। अनुयोगद्वार[5] सूत्र में शेषवत् अनुमान के पांच प्रकार बताये हैं : 1. कार्येण 2. कारणेन 3. गुणेन 4. अवयवेन 5. आश्रयेण।

कार्येण:

कार्य से कारण का अनुमान "कार्येण" कहलाता है। जैसे शब्द से शंख का।

---

1. प्रस्तावना—न्यायावतान वार्तिकवृत्त।
   —स० दलसुख भा० भा० वि० सं० 2005, पृ० 71
2. तत् त्रिविधं पूर्ववत् शेषवत् सामान्यतोदृष्टञ्च। —न्या० सूत्र 1.1.5
3. त्रिविधम् अनुमानमाख्यातम्। —सा० का० 5
4. चरकसंहिता अध्याय, श्लोक 21.22
5. प्रस्तावना —न्या० व० वा०, सं० दलसुख भा०, वि० भ० संवत् 2005

कारणेन :

कारण से कार्य के अनुमान को कारणेन कहते हैं। जैसे तन्तु से पट का।

गुणेन :

गुण से गुणी का अनुमान, गुणेन होता है जैसे- निकष से सुवर्ण का।

अवयेवन :

अवयव से अवयवी का अनुमान अवयवेन है। जैसे सींग से महिषी का।

आश्रयेण :

आश्रित वस्तु से अनुमान आश्रयेण कहलाता है जैसे धूम से अग्नि का।

न्याय भाष्य[1] में मतान्तर से परिशेषानुमान को ही शेषवत् कहा गया है जबकि अनुयोग सूत्र में इसको शेषवत् से भिन्न रखा है।

दृष्टासाधर्म्यवत् अनुमान :

अनुयोगद्वार[2] सूत्र में दृष्टसाधर्म्यवत् अनुमान के दो भेद किये हैं— 1. सामान्य दृष्ट 2. विशेषदृष्ट।

1. सामान्यदृष्टानुमान :

किसी एक वस्तु को देखकर तत्सजातीय सभी वस्तुओं का साधर्म्यज्ञान करना या अनेक वस्तुओं को देखकर किसी विशेष में तत्साधर्म्य का ज्ञान करना सामान्यदृष्ट अनुमान है। उदाहरण—जैसा एक फूल है वैसे ही अनेक फूल हैं या अनेक फूल जैसे हैं वैसा ही एक फूल है।

2. विशेषदृष्ट साधर्म्यवत् अनुमान :

जो अनेक वस्तुओं में से किसी एक को पृथक् करके किसी वस्तु का परिज्ञान करना ही विशेष दृष्ट साधर्म्यवत् अनुमान कहलाता है। उदाहरण—जैसे अनेक फूल है वैसे ही एक फूल है। फूल समुदाय में किसी एक फूल की पहचान करना जैसे—गुलाब कि यह गुलाब है। यही विशेषदृष्ट है।

कालभेद के आधार पर आर्यरक्षित ने भी तीन अनुमान के तीन भेद किये हैं :

1. अतीतकाल ग्रहण
2. प्रत्यत्पन्न काल ग्रहण
3. अनागत काल ग्रहण

---

1. वात्स्यायन भाष्य, पृ० 1.1.5
2. प्रस्तावना—न्या० व० वा०, सं० दलसुख भा०, वि० भ० सं० 2005, पृ० 72

अतीत काल ग्रहण :

उत्तम वन निष्पन्नसस्या पृथिवी, जलपूर्ण तडाग सर नदी इत्यादि को देखकर यह अनुमान लगाया जाये कि सुवृष्टि हुई है तो वह अतीत काल ग्रहण अनुमान है।

प्रत्युत्पन्न काल ग्रहण :

भिक्षाचार्य में प्रचुर भिक्षा मिलती देखकर सिद्ध किया जाए कि सुभिक्षु है तो वह प्रत्युत्पन्न काल ग्रहण अनुमान कहलाता है।

अनागत काल ग्रहण :

बादल की निर्मलता, कृष्ण पहाड़, मेघ, या कोई उत्पाद देखकर सिद्ध किया जाये कि सुवृष्टि होगी तो इसे अनागत कालग्रहण अनुमान कहते हैं।

कालभेद के अनुमान का वर्णन चरक में मिलता है।

आचार्य सिद्धसेन[1] ने तो अनुमान के दो भेद स्वार्थ और परार्थ माने हैं—उनके अनुसार स्वनिश्चय के समान दूसरों को निश्चय कराने वाले अनुमान को तार्किकों ने परार्थानुमान कहा है। साध्यविनाभावी हेतु का प्रतिपादक जो वाक्य हैं उन्हें परार्थानुमान कहा जाता है।

आचार्य देवसूरि ने भी अनुमान के स्वार्थ और परार्थ दो भेद किये हैं।[2] उनके अनुसार हेतु का ज्ञान तथा ''व्याप्ति'' सम्बन्ध से उत्पन्न होने वाला साध्य का ज्ञान स्वार्थानुमान है तथा पक्ष और हेतु का कथन करने वाला वचन उपचार से परार्थानुमान है।

आचार्य हेमचन्द्र ने परार्थानुमान के भी दो भेद किये हैं, तथोपपत्तिमूलक अनुमान और अन्यथा उत्पत्ति मूलक अनुमान। आचार्य माणिक्यनन्दी[3] और उनके व्याख्याकार प्रभाचन्द्र[4] अनन्तवीर्य आदि ने परार्थानुमान को दो प्रकार का न मानकर हेतु प्रयोग को ही दो प्रकार का माना है। व्युत्पर्नों[5] के लिए एक ही प्रकार का प्रयोग पर्याप्त है।

---

1. प्रत्यक्षेणानुमानेन प्रसिद्धाप्रकाशनात्। यत्सत्यं सदुपायत्वात् परार्थत्वं द्वयोरवि।।
—न्या० व० का०, पृ० 2

2. अनुमानं हि द्विविधं स्वार्थ परार्थ चेति तत्र हेतुग्रहणसम्बन्धस्मरणकारकं साध्यविज्ञानं स्वार्थमीति: पक्षहेतुवचनात्मकं परार्थानुमानमुपदर्शितमिति।
—प्रमाण न्या० तत्व० 3/9, पृ० 10

3. स्वार्थनिश्चितसाध्याविनाभावैकलक्षणात् साधनासाध्यज्ञानम्।
—प्रमाणमीमांसा, हेमचन्द्र 1/2/8–9

4. परीक्षामुख सू० 3/53 न्या० र० मा०, पृ० 177

5. ''व्युत्पन्नप्रयोगस्तु तथोपपत्याऽन्यथानुपपत्या''
—व० वा० पा० सू० 3/94 प्र० क० भा०, पृ० 390

आचार्य प्रभाचन्द्र[1] और अनन्तवीर्य ने भी माणिक्यनन्दी का समर्थन करते हुए अनुमान का द्वैविध्य स्वीकार किया है।

स्वार्थानुमान के अंग :

आचार्य धर्मभूषण ने स्वार्थानुमान के तीन अंग बतलाये हैं— 1. धर्मी 2. साध्य 3. साधन। आचार्य माणिक्यनन्दी देवसूरिं हेमचन्द्र आदि ने भी धर्मी अर्थात् पक्ष की प्रसिद्धि को आवश्यक माना है।

परार्थानुमान के अंग और अवयव :

जैन न्या० परम्परा में आचार्य भद्रवाहु ने सर्वप्रथम अनुमान चर्चा के प्रसंग में न्यायावयवों की चर्चा की है। अवयवों की सांख्या के विषय में भद्रबाहु ने 2, 3, 5, 10, 10 इस प्रकार भेद किये हैं।

आचार्य सिद्धसेन[2] दिवाकर पहले जैन तार्किक हैं, जिन्होंने परार्थानुमान का विवेचन करते हुए उसके पक्ष, प्रतिज्ञा, हेतु, और 'दृष्टान्त' इन तीन अवयवों का प्रतिपादन किया है।

आचार्य अकलङ्क[3] ने पक्ष 'प्रतिज्ञा' और हेतु दो को ही परार्थानुमान का अंग माना है। दृष्टान्त को स्वीकार करके भी सर्वत्र उसकी उपयोगिता नहीं मानी है उसका कथन है कि दृष्टान्त सर्वत्र आवश्यक नहीं है अन्वय के द्वारा भी साध्य का साधन होता है।

आचार्य माणिक्यनन्दी[4] का मत है कि उपनय और निगमन के बिना यदि केवल उदाहरण का प्रयोग किया जाए तो वह साध्यधर्म युक्त धर्मी में साध्य सिद्धि के लिए सन्देह उत्पन्न करा देता है इसलिए उपनय व निगमन के प्रयोग की आवश्यकता होती है।

जैन तर्क भाषाकार योगविजन[5] ने भी मन्दमतियों के लिए दृष्टान्तादि अवयवों का

1. उपचारनिमित्तं चास्य प्रतिपादकप्रतिपाद्यापेक्षयानुमानकार्यकारणत्वम्।
—प्र० क० मा० 3/56, पृ० 379
2. परार्थानुमानं तत्पक्षादि वचनात्मकम्। —न्या० व० का० 13, पृ० 2
3. सम्बन्धो यत्र निर्ज्ञातः साध्यसाधनधर्मयोः।
स दृष्टान्तः तदाभासाः साध्यादिविकल्पादयः।।
सर्वत्रैव न दृष्टान्तोऽन्वये नापि साधनात्।
अन्यथा सर्वभावनामसिद्धऽयं क्षणक्षयः।। —न्या० वि० का० 380-81
4. म० मु० सू० 3/40
5. मन्दमतिस्तु व्युत्पादयितुं दृष्टान्तादिप्रयोगोन्नेतुं यस्तु प्रतिबन्धग्राहिणः।
प्रमाणस्य न स्मरति तं प्रति दृष्टान्तोऽपि। —जैन तर्कभाषा, प० परि०

प्रयोग उपयोगी माना है। जो कि व्याप्ति युक्त हेतु का स्मरण नहीं कर सकते हैं उनके लिए दृष्टान्त भी अनुमान का अवयव है।

दृष्टान्त के भेद :

"आचार्य सिद्धसेन दिवाकर" ने दृष्टान्त के दो भेद किये हैं— 1. साधर्म्य दृष्टान्त 2. वैधर्म्य दृष्टान्त।

साधर्म्य दृष्टान्त : जहां साध्य व साधन की व्याप्ति निश्चित की जाती है वह साधर्म्य दृष्टान्त कहलाता है।

वैधर्म्य दृष्टान्त : जहां साध्य के न रहने पर साधन की असम्भावना बतलाई जाती है उसे वैधर्म्य दृष्टान्त कहते हैं।

आचार्य माणिक्यनन्दी[1] ने भी दृष्टान्त के दो भेद बतलाये हैं— 1. अन्वय और 2. व्यतिरेक। अनन्तवीर्य ने दृष्टान्त शब्द की व्याख्या इस प्रकार की है कि जहां पर साध्य और साधन लक्षण वाले दोनों धर्म अन्वय के बल से या व्यतिरेक के बल से देखें जाते हैं उसे दृष्टान्त कहते हैं।

उपनय और निगमन :

जैन परम्परा में आचार्य माणिक्यनन्दी तथा उनके व्याख्याकारों के अनुसार हेतु का पक्ष धर्म के रूप में उपसंहार ही उपनय कहा है। उपनय शब्द की व्याख्या न्यायरत्नमाला की टिप्पणी में इस प्रकार दी है। "साध्याविना भावित्वेन विशिष्टे साध्यधर्मिणि उपनीयते पुनरूपचर्य ते हेतुर्येन स उपनयन:" तात्पर्य यह है कि साध्य विशिष्ट धर्मी में साध्याविनाभावी हेतु का पुनरूच्चारण करना ही उपनय है तथा निगमन का लक्षण भी "हेत्वपदेशात् प्रतिज्ञाया: पुनर्वचनं निगमनम्" के इस गौतमीय निगमन के लक्षण के समान ही प्रतिज्ञा का संहार निगमन है। निगमन शब्द की व्याख्या जैन दार्शनिक इस प्रकार करते हैं "प्रतिज्ञाहेतूदारहणोपनय: साध्यलक्षणैकार्थतया निगम्यन्ते सम्बध्यन्ते येन तन्निगमनम्" तात्पर्य यह है कि साध्य धर्म विशिष्ट धूम वाली होने से वह पर्वत अग्नि वाला है इस प्रकार प्रतिज्ञा हेतु उदाहरण उपनय को दुहराना ही निगमन है।

---

1. साध्य— साधनयोर्व्याप्तिर्निश्चीयतेतराम्। साधर्म्येण च दृष्टान्त: सम्बन्धस्मरणान्यत:।।
साध्ये निवर्तमाने तु साधनस्याप्यसम्भव:। व्याप्यते यत्र दृष्टान्ते वैधर्म्येणेति संस्मृत:।।
—न्या० व० का० 18-19, पृ० 3
2. पक्षादि स्वरूप विप्रतिमन्तं प्रति च पक्षशुद्धयादिकम् धीति धीति सो च दशावयवो हेतु: पर्यवस्यति। —जै० त० भा० प्र० परि०।

अनुमान के दोष :

आचार्य सिद्धसेन ने अनुमान दोष के तीन भेद किये हैं पक्षाभास, हेत्वाभास और दृष्टान्ताभास।

आचार्य माणिक्यनन्दी[1] ने अनुमान के चार दोष पक्षाभास, हेत्वाभास, दृष्टान्ताभास और बाल प्रयोगाभास कहे हैं।

पक्षाभास :

आचार्य सिद्धसेन ने पक्ष आभास के अनेक भेद स्वीकार किये हैं। प्रत्यक्षादि से अनिराकृत साध्याभ्युपगम को पक्ष कहा है इसलिए प्रत्यक्ष तथा लोक और स्ववचन से बाधित पक्षाभास अनेक प्रकार का है।

आचार्य दिङ्नाग के पक्ष लक्षण ''साध्यत्वेनोक्षितः पक्षो विरूद्धार्थानिराकृतः'' का प्रभाव आचार्य सिद्धसेन के पक्ष लक्षण में सिद्ध बाधित आदि सार्थकता को व्यक्त करते हैं।

आचार्य माणिक्यनन्दी के अनुसार बाधित और सिद्ध को पक्ष कहना पक्षाभास है। क्योंकि पक्ष का लक्षण इष्ट अबाधि और असिद्ध कहा गया है। पक्षाभास के लक्षण में आये तीन विशेषणों के आधार पर पक्षाभास के पांच भेद किये हैं— 1. अनिष्ट 2. सिद्ध 3. बाधित। आचार्य माणिक्यनन्दी[2] ने बाधित पक्षाभास के पांच भेद किये हैं 1. प्रत्यक्ष बाधित 2. अनुमान-बाधित 3. आगम-बाधित 4. लोक-बाधित 5. स्ववचन-बाधित।

1. अनिष्ट पक्षाभास :

मीमांसा के लिए शब्द अनित्य है। मीमांसक शब्द नित्यवादी होने से उसका शब्द में अनित्यता का साधन अनिष्ट है, इसलिए यह पक्षाभास है। गोतमीय नैयायिक इसे उपसिद्धान्त नामक निग्रह स्थान के अन्तर्गत रखते हैं।

2. सिद्ध पक्षाभास :

जो वस्तु सिद्ध है उसे हेतु प्रदर्शन से सिद्ध करने का प्रयास सिद्ध पक्षाभास का द्योतक है, जैसे शब्द श्रवणीय है।

3. बाधित :

1. प्रत्यक्ष-बाधित : अग्नि अनुष्ण है क्योंकि वह द्रव्य है जैसे जल। इसमें अग्नि

---

1. परीक्षामुख सूत्र 6/12. 21.40.46
2. परीक्षामुख सूत्र 6.1.15

की अनुपलब्धता स्पर्शन प्रत्यक्ष से बाधित होता है। स्पर्शन प्रत्यक्ष से अग्नि उष्ण सिद्ध है अतः यह प्रत्यक्ष बाधित पक्षाभास है।

2. अनुमान-बाधित : शब्द अपरिणामी है क्योंकि वह कृतक है जैसे घड़ा। इस अनुमान प्रयोग में "शब्द परिणामी है" यह पक्ष कृतक हेतु से बाधित है। जो कृतक होगा वह अवश्य ही बाधित होगा। अतः यह अनुमान बाधित पक्षाभास है।

3. आगम-बाधित : धर्म परलोक में दुःख का जनक है क्योंकि वह पुरुषाश्रित जैसे अधर्मी इस अनुमान प्रयोग में धर्म और अधर्म दोनों ही पुरुष पर आश्रित हैं तो भी आगम में धर्म को सुख का कारण बतलाया गया है। अतः यह आगम बाधित पक्षाभास है।

4. लोक-बाधित : मनुष्य के सिर का कपाल पवित्र है क्योंकि वह प्राणी का अंग है। इस अनुमान प्रयोग में नर कपाल जो कि लोक में अपवित्र माना गया है शुचि सिद्ध करने का प्रयास किया गया है। अतः यह लोक बाधित पक्षाभास है।

5. स्ववचन-बाधित : मेरी माता बन्ध्या है पुरुष संयोग होने पर भी गर्भ नहीं रहता। यहां पर मेरी माता कहकर उसे बन्ध्या कहना परस्पर विरोधी है। अतः यह स्ववचन-बाधित पक्षाभास है।

हेत्वाभास :

जैन न्याय परम्परा में समन्तभद्र पहले आचार्य हैं जिन्होंने हेतु के स्वरूप को कहा है। पात्रस्वामी से लेकर लघु अनन्तवीर्य तक सभी ने साध्याविनाभावी अन्यथानुपपन्न हेतु का ही साध्य का साधक कहा है। किन्तु समन्तभद्र आदि के प्राचीन ग्रन्थों में हेत्वाभास का स्पष्ट विवेचन नहीं मिलता।

हेत्वाभास का लक्षण आचार्य सिद्धसेन[1] ने इस प्रकार किया है— कि अन्यथानुपपन्नत्व हेतु का लक्षण कहा जाता है। उसकी प्रतीति न होने पर या उसका विपर्यास होने पर हेत्वाभास उत्पन्न होता है। आचार्य सिद्धसेन[2] के अनुसार हेत्वाभास के तीन भेद हैं— असिद्ध विरुद्ध और अनैकान्तिक। अन्यथानुपपन्नत्व की प्रतीति न होने पर हेतु असिद्ध कहलाता है। अन्यथानुपपत्ति की विपरीत रूप से उपलब्धि होने पर विरुद्ध तथा विपरीत होते हुए पक्ष में हेतु के उपलब्ध ... र अनैकान्तिक होता है।

---

1. अन्यथानुपपन्नत्वं हेतोर्लक्षणमीरितम्।
तदप्रतीतिसन्देहविपर्यासैस्त्वभासता।।

—न्या० व० का० 22, पृ० 3

2. असिद्धप्रतीतो यो योऽन्यथैवोपपद्यते। विरूद्धो योऽन्यथा युक्तोऽनैकान्तिकः।।

—न्या० वा० का 22, पृ० 3

दृष्टान्ताभास :

वैशेषिकों[1] के निदर्शनाभास के प्रभाव में जिन दार्शनिकों ने दृष्टान्तभासों को स्वीकार किया है। आचार्य सिद्धसेन ने दृष्टान्ताभासों का पहले दो भागों में विभाजित किया है और फिर उनके छः-छः भेद किये हैं।

अद्वैत वेदान्त में अनुमान प्रमाण

जो अनुमिति प्रमा का करण हो, वह अनुमान है और अनुमिति प्रमा व्याप्तिज्ञानत्वेन व्याप्तिज्ञानजन्य है। व्याप्तिज्ञान के अनुव्यवसायदिकों को व्याप्तिज्ञानत्वेन व्याप्तिज्ञानजन्यत्व नहीं है। इसलिए अनुव्यवसाय, स्मृति, शब्दज्ञान आदि को अनुमितित्व नहीं है[2]। उस परिणाम को वृत्ति कहते हैं। परन्तु अनुमित्यादि प्रमा स्थलों में। अनुमिति उपमिति इत्यादि प्रमाओं में) अन्तःकरण अग्नि के देश में नहीं आता क्योंकि उस समय अग्नि आदि विषयों का चक्षुरादि इन्द्रियों से सन्निकर्ष (सम्बन्ध) नहीं हुआ करता है[3]।

चैतन्य के एक होने पर भी वह ''उपाधि'' के भेद के कारण भिन्न होता है जैसे घटाकाश मठाकाश से भिन्न है। और इसी प्रकार प्रमाण चैतन्य की वृत्ति उपाधि है और विषय चैतन्य का विषय उपाधि है[4]। इस प्रकार दो उपाधियों के एक देशस्थित होने से उपाधियों में भेद उत्पन्न करने का सामर्थ्य नहीं रहता। ऐसा निर्णीत होने पर ''यह घट है'' इस प्रत्यक्ष ज्ञान में घटाकार वृत्ति में घटसंयोगित्व होता है। (वृत्तिघट से संयुक्त हो जाती है) इस कारण ''घटावच्छिन्न चैतन्य'' और घटाकार वृत्त्यवच्छिन्न चैतन्य का अभेद (ऐक्य) होता है और इन दो चैतन्यों का ऐक्य होने से ''यह घट है'' इस प्रत्यक्ष स्थल में घट ज्ञान के ''घट'' अंश में प्रत्यक्षत्व है[5]।

यदि सुखादि, घटादिकों की तरह बाह्य (शरीर के बाहर) होते तो उसके प्रत्यक्ष

---

1. साध्यर्म्येणात्र दृष्टान्तदोषा न्यायविदीरिताः। आयलक्षणहेतूत्थाः साध्यादि विकलादयः।।
वैधर्म्येणात्र दृष्टान्तदोषा न्यायविदीरिताः। साध्य-साधनयुग्ममानामतिवृतिश्च संशयात्।।
—न्या० व० का० 24.25, पृ० 3
2. अनुमितिकरणमनुमानम्। अनुमितिश्चव्याप्तिज्ञानत्वे नव्याप्तिज्ञानजन्या। व्याप्तिज्ञाननुव्यवसा यादेस्तत्त्वेन तज्जन्यत्वाभावान्नुमितित्वम्।
3. तत्र यथा तडागोदकं छिद्रान्निर्गत्य कुल्यात्पना केदारान्प्रविश्य. तद्वदेव चतुष्कोणाद्याकारो भवति...बह्नयादेश्चक्षुराद्यसन्निकर्षात्। —वही, पृ० 39
4. उपाधि— उपाधित्वेन उपाधेयस्य चैतन्यस्य न भेद (प्रयोजकम्) अपितु भिन्नदेशस्थित-त्वेन। —वही
5. तथाचायं घट इति घटप्रत्यक्षस्थले घटाकारा वृत्ते घटसंयोगितया घट-वच्छिन्नचैतन्यस्य तद्वत्त्यवच्छिन्न चैतन्यस्य चाभिन्नतया तत्र घट (ज्ञानस्यघटांशे) प्रत्यक्षत्वम्।
—वही, पृ० 42

ज्ञान के लिए (विषयाकारवृत्ति के लिए) बाह्य इन्द्रिय सन्निकर्ष की आवश्यकता पड़ती है परन्तु सुखादि ज्ञान को (सुखाद्याकार वृत्ति को) सन्निकर्ष की आवश्यकता नहीं है। अद्वैत के अनुसार सुख, दु:ख, काम, संकल्प इत्यादि भाव अन्त:करण के धर्म हैं इसलिए वे अन्त:करण में ही रहते हैं। सुखादिकों के अनुभवकाल में सुखाद्याकार वृत्ति भी अन्त:करण में ही रहते है। अत: सुखादिविषयावच्छिन्न चैतन्य और सुखाद्याकार वृत्त्यवच्छिन्न चैतन्य का पूर्वोक्त प्रकार के (दो उपाधियों के एक प्रदेश में स्थित होने पर) उन्हें उपाधेय — जनकत्व नहीं होता, इस प्रकार से एकत्व होने के कारण सुखादि अंश में उसे प्रत्यक्षत्व है। दो उपाधियों के एक देश स्थित होने पर भेकदत्व नहीं रहती— यह कहने पर अन्त:करण स्थित सुखादि स्मरण को भी सुखादि अंश में प्रत्यक्षत्व प्राप्त होगा[1]।

विषय में ''योग्य'' विशेषण के देने पर सुख की वर्तमान अवस्था में ''तू सुखी है'' इस वाक्य से पैदा होने वाले ज्ञान को प्रत्यक्षता प्राप्त होती (वह वाक्यजन्य ज्ञान प्रत्यक्ष है) अर्थात् वह ''योग्य'' पद घटित लक्षण भी वाक्य जन्य ज्ञान में अतिव्याप्त होगा''

अर्थात् जिस ज्ञान में अनुमिति नामक यथार्थ ज्ञान (प्रमा) होता है, वह ज्ञान अनुमान कहलाता है। ''अनुमीयते अनेनेति अनुमानम्'' जिस ज्ञान के कारण अग्न्यादिकों का अनुमान किया जाता है। जिस ज्ञान से अनुमिति पैदा की जाती है वह (व्याप्तिज्ञान) अनुमान है[2]। ''व्याप्तिज्ञानत्वेन व्याप्तिज्ञानजन्या अनुमिति:'' व्याप्तिज्ञानत्व से (विषयत्वादि रूप से नहीं) युक्त व्याप्तिज्ञान में जो प्रमा होती है वह अनुमिति प्रमा है। वह घट है, इस घट ज्ञान में ''घटत्व'' प्रकार है, इसलिए इस ज्ञान को घटत्व प्रकारक-घटज्ञान कहते हैं। इसी तरह ''यह व्याप्ति'' इस ज्ञान में व्याप्तित्व प्रकार है इसलिए इस व्याप्ति ज्ञान को व्याप्तित्व प्रकारक ज्ञान कहते हैं। इसी प्रकार ''धूम वह्नि व्याप्य है'' जहाँ धूम होता है वहाँ अग्नि रहती है। यह व्याप्ति का सामान्य उदाहरण है। ऐसे व्याप्तिज्ञानत्वेन अर्थात् व्याप्ति जन्य से जो ज्ञान होता है वह अनुमिति ज्ञान है।

---

1. नन्वेवं स्ववृत्ति-सुखादि-स्मरणस्यापि सुखाद्यंशे प्रत्यक्षद्यत्वमितिचेन्न।

—वही, पृ० 44

2. व्याप्तिप्रकारक-ज्ञानत्वेन। तृतीयाविभक्त्यर्थ: अवच्छिन्नत्वम्। तस्य व्याप्तिज्ञाननिष्ठ-जनकतायामन्वय:। व्याप्तिप्रकारकज्ञानस्य जनकञ्चं व्याप्ति प्रकारकज्ञानत्वेन, नान्येन रूपेणेति व्याप्तिप्रकारकज्ञानत्वम् व्याप्तिज्ञाननिष्ठं, जनकत्वंच अवच्छेद्यम्। तथा च ''व्याप्तिप्रकारक-ज्ञानत्वावच्छिन्नव्याप्तिज्ञानष्ठिजनकता— निरूपतिजन्यतावज्-ज्ञानत्वमनुमितित्वम् इति अनुमितेर्लक्षणम्।

—वेदान्तपरिभाषा अनुमानपरिच्छेद, पृ० 949

यहाँ शंका की जाती है कि "धूम वह्नि व्याप्य" है। यह व्याप्ति प्रकारक-ज्ञान "पर्वत वह्निमान् है" इस अनुमिति के प्रति जैसे कारण होता है वैसे ही व्याप्ति ज्ञान का अनुव्यवसाय, स्मृति ध्वंस आदि के प्रति जैसे कारण होता है वैसे ही व्याप्ति ज्ञान का अनुव्यवसाय, स्मृति, ध्वंस आदि के प्रति भी कारण हैं (वे ही व्याप्ति ज्ञानजन्य हैं) अतः अनुमिति का लक्षण उनमें अतिव्याप्त होता है क्योंकि "मैं वह्निव्याप्य धूमवान पर्वत को जानता हूँ" यह "अनुव्यवसाय ज्ञान" है। इन्द्रियों से होने वाला जो प्रथम ज्ञान है वह व्यवसाय ज्ञान कहलाता है और पश्चात् होने वाला सद्विषयक—मानस ज्ञान अनुव्यवसाय-ज्ञान कहलाता है। इसलिए "व्याप्तिज्ञानत्वेन व्याप्तिज्ञान जन्य ज्ञान को अनुमिति ज्ञान" कहा जाता है—यह अनुमिति ज्ञान का लक्षण, व्याप्तिज्ञान के अनुव्यवसाय ज्ञान में अतिव्याप्त होता है।

इनका उत्तर देते हुए कहा है कि यद्यपि यह सच है कि व्याप्ति का "अनुव्यवसाय" व्याप्ति ज्ञान जन्य होता है। तथापि उस अनुव्यवसाय ज्ञान में जो जन्यत्व है उस जन्यत्व से निरूपित (उस जन्यत्व से ज्ञात होने वाला) जो व्याप्ति ज्ञान में कारणत्व है वह व्याप्तिज्ञान के विषयत्व रूप में होता है। व्याप्तिज्ञानत्व के रूप में नहीं होता है। उसी प्रकार व्याप्तिज्ञानजन्य स्मृति, शाब्दबोध, उसका ध्वंस आदि को भी व्याप्तिज्ञानजन्यत्व होने पर भी उनमें व्याप्तिज्ञान, विषयत्व रूप में उनका कारण होता है। व्याप्ति ज्ञानत्व रूप में नहीं होता। "यह घट है" इसमें घट ज्ञान का विषय होता है और विषयत्व रूप से उस ज्ञान का जनक होता है। ज्ञानत्व रूप में जनक नहीं होता। उसी प्रकार पूर्वोक्त अनुव्यवसायदि ज्ञान, व्याप्ति ज्ञान जन्य होने पर भी व्याप्तिज्ञान को इसके साथ विषयत्व, प्रतियोगित्वादि रूप से सम्बन्ध रहता है। ज्ञानत्व रूप से उनका जनकत्व नहीं रहता। इसलिए उक्त अनुमिति लक्षण अनुव्यवसायादि में अति व्याप्ति नहीं है। अनुमिति का व्याप्ति ज्ञानजन्य यदि इतना लक्षण किया होता तो उस लक्षण की अनुव्यवसाय आदि में अतिव्याप्ति हुई होती। परन्तु "व्याप्तिज्ञानत्वेन व्याप्तिज्ञानजन्या" इतना कहने के कारण लक्षण पर व्याप्तिदोष नहीं आता।[1] अनुमिति के कारण को अनुमान कहते हैं परन्तु अनुमिति का करण क्या है?

ऐसी आकांक्षा होने पर उसका समाधान किया है कि व्याप्तिज्ञान अनुमिति का करण अर्थात् (साधन) है और उसका (व्याप्तिज्ञान का) संस्कार अवान्तर व्यापार है। तृतीय लिंग परामर्श, अनुमिति का कारण नहीं है क्योंकि उसमे अनुमिति का हेतुत्व (करणत्व) ही असिद्ध है। इसलिए असाधारण कारणत्वरूप दूरनिरस्त (अत्यन्त

---

1. व्याप्तिज्ञानानुव्यवसायादेः तत्त्वेन व्याप्तिज्ञानत्वेन तज्जन्यत्वाभावात् अर्थात् व्याप्ति-ज्ञानत्वावच्छिन्नजनकतानिरूपित-जन्यत्वाज्ज्ञानत्वाभावात्। व्याप्तिज्ञानानुव्यवसाय प्रति व्याप्तिज्ञानस्य विषयत्वे (नैव) कारणत्वात् तत्र विषयत्वावच्छिन्न-जनकता-निरूपितजन्यत्वाज्ज्ञानत्वसत्त्वात् नानुमितित्वम्। —वे० परि० अनु० परि०

खण्डित) होता है।[1] धूम वह्निव्याप्य है इत्याकारक व्याप्तिज्ञान ही अनुमिति का कारण है अर्थात् व्याप्तिज्ञान ही अनुमान है।

पुनः शंका की गई कि आपने पहले "अनुमिति को व्याप्तिज्ञानजन्य" कहा था जिससे व्याप्तिज्ञान अनुमिति का कारण है, और अब व्याप्तिज्ञान को अनुमिति का करण बताया जा रहा है। ये दोनों बातें संगत कैसे हो सकती हैं?—एक को ही कारण, करण कैसे माना जाता है।

उत्तर देते हुए बतलाया कि कारणत्व और करणत्व यदि ये दोनों विरोधी होते तो एक ही व्याप्ति ज्ञान[2] को करण या अकरण नहीं कहा जा सकता था परन्तु वे दोनों धर्म परस्पर विरोधी नहीं हैं। क्योंकि असाधारण कारण को करण कहते हैं जैसे ही एक ही ब्राह्मण पर ब्राह्मणत्व तथा परिव्राजकत्व रहता है। एक ही व्याप्ति ज्ञान पर दोनों रहने में कोई दोष नहीं। जैसे दण्ड घट में कारण है और दण्ड ही घट को उत्पन्न करता है। इत्यादि व्यवहार में हम देखते हैं। इस कारण एक ही पदार्थ को हम कारण और करण कह सकते हैं।

प्राचीन नैयायिक अनुमिति के प्रति लिंग को (हेतु, धूमादि) ही कारण मानते हैं परन्तु यह उचित नहीं है। क्योंकि जहां लिंग (हेतु) प्रत्यक्ष योग्य नहीं होता वहां परामर्श का व्यापारत्व संभव नहीं होता है अर्थात् व्यापार के न होने से लिंग को करणत्व भी नहीं मान सकते क्योंकि "व्यापारवत्"[3] (व्यापारयुक्त) जो असाधारण कारण हो उसकी ही करण संज्ञा होती है।

पुनः प्रश्न किया कि—आपने व्याप्तिज्ञान, अनुमिति के प्रति करण है यह बतलाया, जो असाधारण कारण व्यापार से युक्त रहता है उसे ही करण कहते हैं परन्तु यहाँ व्याप्तिज्ञान में व्यापार कौन सा है?

उत्तर में बतलाया कि अन्तःकरण पर रहने वाला व्याप्तिज्ञान का संस्कार ही मध्यवर्ती व्यापार है। इससे व्याप्तिसंस्कार के युक्त होने के कारण व्याप्तिज्ञान करण है, अर्थात् व्याप्तिज्ञान, संस्कार द्वारा अनुमिति में करण रहता है।

---

1. अनुमिति (करणं) च व्याप्तिज्ञानम्। तत्संस्कारोऽवान्तारव्यापारः, न तु तृतीयलिंग-परामर्शमनुमितिकरणम् तस्यानुमितिहेत्वासिद्धया तत्करणस्यदूरनिरस्वात्।
—वही अनु० परि०, पृ० 151
2. अनुमितिकरणमनुमानं निरूपयंति....विद्यमानस्यैवज्ञानविषयीभूतस्य ज्ञायमानत्वात्।
—वही
3. तत्संस्कारो ऽवान्तरव्यापारः व्याप्तिसंस्कारः कार्यकारणयोर्व्याप्तिज्ञाना (नुमित्योर्मध्य-वर्ती) व्यापारः....तस्यानुमितिजनकत्वात्। —वे० परि० अनु० परि०, पृ० 151

परन्तु नैयायिक तृतीयलिंगपरामर्श को ही अनुमिति के प्रति "करण" कहते हैं। प्रथमलिंगज्ञान (धूमज्ञान) है। कोई व्यक्ति जंगल में जाता है, वहां धूम दिखाई देता है— वह द्वितीय लिंग ज्ञान है। उसके बाद "यह पर्वत वह्निव्याप्य धूमवान्" है— ज्ञान होता है। इसमें भी "धूम" विषय है। इसलिए यह तृतीय लिंग ज्ञान है और यही परामर्श कहलाता है। इसके अनन्तर अग्रिम क्षण में ही "पर्वत वह्निमान्" है यह अनुमिति होती है इसलिये यह तृतीय लिंगपरामर्श (वह्निव्याप्यत्व-व्याप्ति रूप धर्म से पर्वतनिष्ठधूमज्ञान) ही अनुमिति का करण है। तात्पर्य यह है कि प्रथमतः "पर्वतधूमज्ञान है" यह ज्ञान होता है अनन्तर जहां धूम रहता है वहां अग्नि भी रहती है— अर्थात् धूम वह्निव्याप्य है— इस प्रकार व्याप्ति का स्मरण होता है।

परन्तु नैयायिकों का यह मत ठीक नहीं हैं क्योंकि पक्षधर्मता ज्ञान (पर्वत धूमवान् है— इस प्रकार पक्ष हेतु का ज्ञान) से महानस में गृहीत व्याप्ति ज्ञान का संस्कार उद्बुद्ध (जागृत) होता है तदनन्तर व्याप्ति का स्मरण होते ही वह्नि की अनुमिति होती है। परन्तु लिंगज्ञान या पक्षधर्मता ज्ञान होकर भी यदि व्याप्ति का स्मरण न हुआ तो अनुमिति नहीं होती। इस अन्वय व्यातिरेक से (संस्कार उद्बुद्ध होने पर व्याप्ति स्मरण यदि हुआ तो अनुमिति होती है संस्कारोद्बुद्ध के अभाव में अनुमिति नहीं होती यह व्यतिरेक (अनुमिति में व्याप्ति ज्ञान ही कारण है। परामर्श अनुमिति में कारण नहीं है यह सिद्ध होता है। क्योंकि "परामर्शसत्त्वे अनुमितिः" परामर्शाभावे अनुमित्यभावः" परामर्श होने पर अनुमिति होती है और उसके न होने पर नहीं होती है, इस प्रकार परामर्श के विषय में अन्वयव्यतिरेक नहीं दिखाये जा सकते। क्योंकि जब पक्षधर्मता ज्ञान और व्याप्तिज्ञान के कारण अनुमिति होती है जब बिना परामर्श के विषय में अन्वयव्यतिरेक नहीं दिखाये जा सकते क्योंकि जब पक्षधर्मता ज्ञान और व्याप्तिज्ञान के कारण अनुमिति होती है जब बिना परामर्श के भी वह होती है यह अनुभव है। इस कारण व्यतिरेक व्यभिचार हो जाता है। इसलिए परामर्श को अनुमिति का कारण नहीं कहा जा सकता। ऐसी स्थिति में उसे करण (असाधारण कारणरूप) कहना कैसे संभव है। "करण शब्द सामान्य कारण का वाचक और उनमें जो असाधारण हो उसकी करण संज्ञा होती है"। जिस प्रकार लिंग-परामर्श अनुमिति के प्रति करण नहीं, उसी प्रकार ज्ञायमान (ज्ञान होने वाला लिंग-हेतु-भी अनुमिति के प्रति करण नहीं हो सकता— अर्थात् मूलस्थ "तृतीयलिंगपरामर्श शब्द ज्ञायमान लिंग का उपलक्षक है[1]। ज्ञान में विषय होने वाला लिंग अनुमिति के प्रति करण है ऐसा मानने पर "पर्वतो वह्निमान् भविष्यतिधूमात्" आदि स्थलों पर सबको जो

---

1. तृतीयलिंगपरामर्शस्य अनुमितिकरणत्वं प्राचीनैरूक्तम्। तथाचोक्तंन्यायवार्तिके "वयन्तु पश्यामः सर्वमनुमानम्, अनुमितेस्तन्नान्तरीयकत्वात्"....न लिंग परामर्शस्येति विज्ञेयम्।
— वेदा० परि० अनुमान परि० 151

अनुमिति होती वह नहीं होगी क्योंकि उस समय वहां लिंग नहीं है इसलिए वहां पर उसके कारणत्व का व्यभिचार होता है। अतः उसमें करणत्व तो है ही नहीं। अतः प्राचीन नैयायिकों का मत ठीक नहीं है इसलिए व्याप्तिज्ञान ही करण है। आपके कथानुसार व्याप्तिज्ञान ही संस्कार द्वारा अनुमिति का कारण मान लिया जाय तो अनुमिति को संस्कार जन्य मानना होगा और संस्कारजन्य ज्ञान, स्मृतिरूप होने से अनुमिति का भी स्मृति कहना होगा। वही संस्कार पर्वत पर धूम देखने पर उद्बुद्ध होता है। तदनन्तर व्याप्ति का स्मरणात्मक ज्ञान होता है ततः अनुमिति। क्योंकि संस्कारजन्य ज्ञान स्मृतिः— संस्कार से जन्य होने (उत्पन्न होने) वाले ज्ञान को स्मृति कहते हैं। यह स्मृति का लक्षण अनुमिति पर घटित होता है; क्योंकि स्मृतिप्रागभावजन्यत्व या केवल संस्कारजन्यत्व स्मृतित्व का प्रयोजक (कारण) माना गया है। इस कारण संस्कार ध्वंस और स्मृति दोनों को साधारण ऐसा संस्कारजन्यत्व स्वरूप प्रयोजक— स्मृति का नहीं माना जा सकता[1]। क्योंकि जहां व्याप्ति स्मरण की अनुमिति हेतुत्व होता है। स्मृति के नियम से संस्कार नाशत्व भी नहीं होता अर्थात् स्मृति के प्रति कारणीभूत अनुभवजन्य संस्कार का स्मृति उत्पन्न होने पर नाश का कोई नियम नहीं है। क्योंकि धारावाहिक स्मृति का सभी को अनुभव है। आपकी शंका ठीक नहीं है। क्योंकि स्मृति में संस्कारनाशकत्व यदि न माने तो अनुद्बुद्ध (उद्बुद्ध न हुए) संस्कार से अनुमिति होने का प्रसंग आयेगा क्योंकि स्मृति के प्रति संस्कारोद्बोध में भी सहकारि-कारणता होने से स्मृति होने से पूर्व संस्कारोद्बोध होना ही चाहिए। संस्कारोद्बोध का अर्थ है कि संस्कारों की जागृति— कार्योन्मुखत्व[2]।

इस प्रकार 'यह धूमवान् है— ऐसा पक्षधर्मता ज्ञान होने पर और "धूमवह्निव्याप्य है" इस अनुभव से उत्पन्न हुए संस्कार का उद्बोध होने पर "वह्निमान्" इत्याकारक अनुमिति होती है। परन्तु पक्षधर्मता ज्ञान और अनुमिति ज्ञान इन में से किसी की भी अनुमिति के प्रति हेतु रूप से कल्पना करना योग्य नहीं। क्योंकि कल्पना करने में गौरव दोष है तथा कोई प्रमाण भी नहीं है[3]।

वह व्याप्तिज्ञान वह्निविषयक ज्ञान अंश में ही कारण है, पर्वतविषयक ज्ञान अंश में नहीं। इसलिए "पर्वत वह्निमान् है" इस ज्ञान को वह्नि अंश में ही अनुमितित्व है,

---

1. न च संस्कारजन्यत्वेनानुमितिः स्मृतित्वापत्तिः स्मृतिप्रागभावस्यसंस्कारमात्रजन्यत्वस्य वा स्मृतित्वप्रयोजकतया संस्कारध्वंस-साधारणसंस्कारजन्यत्वस्य तदप्रयोजकत्वात्।
—वही, पृ० 154
2. न च यत्र व्याप्तिस्मरणादनुमितिस्तत्र कथं.... तद्बोधस्यापि सहकारित्वात्।
—वेदा० परि० अनु० परि०, पृ० 156
3. अयं धूमवानिति पक्षधर्मताज्ञाने धूमोवह्निवाप्य....गौरवमानाभावाच्च।
—वही, पृ० 159

पर्वत आदि अंश में नहीं। पर्वत आदि अंश में उस ज्ञान का प्रत्यक्षत्व है[1] और अशेष साधनों का जो आश्रय, तदाश्रित जो साध्य, उससे हेतु का जो सामानाधिकण्य है वही व्याप्ति है और उस व्याप्ति का ग्रहण व्यभिचार के अदर्शन के साथ सहचार दर्शन से होता है। उस सहचार दर्शन में भूयोदर्शन या सकृद्दर्शन रूप विशेष का कोई आदर नहीं है क्योंकि उस व्याप्ति में प्रयोजक सहचार दर्शन ही है[2]।

वेदान्त मत में यह अनुमान अन्वयिरूप एक ही है। केवलान्वयि नहीं, क्योंकि हमारे मत में समस्त धर्म, ब्रह्मनिष्ठ अत्यन्ताभाव के प्रतियोगी होने से जिस अनुमान का साध्य अत्यन्ताभाव का प्रतियोगी हो और जिसका अप्रतियोगी ऐसे केवलान्वयी की असिद्धि है[3]।

केवलव्यतिरेकी अनुमान भी हो सकता है क्योंकि साध्य के अभाव में साधनाभाव व्याप्ति ज्ञान का, साधन के द्वारा साध्य की अनुमिति कर्तव्य होने पर कोई उपयोग नहीं।

धूमादि हेतु के होने पर अन्वयव्याप्ति का ज्ञान न रखने वाले व्यक्ति को भी व्यतिरेक व्याप्तिज्ञान से ही अग्नि की अनुमिति कैसे हो सकती है? ज़रा भी सहमति प्रदान नहीं करते। परन्तु इन्होंने अपना पाण्डित्य सहजया और विशेषतया क्षणिकत्व सिद्धि अर्थ क्रियाकारिता प्रत्यक्ष एवं अनुमान की सिद्धियों एवं शब्द की सहमति में विशेष मत प्रदान किया है और उपमान प्रमाण की पूर्णरूपेण उपेक्षा की है। इनका प्रमाण्यवाद पर विशेष सैद्धान्तिक मत है। संक्षेप में बौद्ध दर्शन की समीक्षा से उपमान की निरर्थकता सिद्ध होती है। धर्मकीर्ति ने प्रमाणवार्तिकम् में दो प्रमाणों को सहमति प्रदान की है। कहा भी है—"प्रमाणस्य द्वैविध्यात्" इसमें प्रत्यक्ष अनुमान का नाम लिया, उपमान को कोई महत्त्व नहीं दिया और बाद में शब्दादिक को भी प्रमाण सिद्ध किया। लेकिन प्रमाण सांख्यविप्रतिनिराकरण में दो का ही नाम लिया है। इस तर्क से सिद्ध होता है कि उपमान प्रमाण को बौद्ध दर्शन महत्त्व प्रदान नहीं करता।

रामानुज मत में अनुमान—

यतीन्द्र मत दीपिका में श्री निवासाचार्य ने अनुमान का निरूपण इस प्रकार से किया है—व्याप्य के व्याप्यत्वानुंसधान हेतु के द्वारा व्याप्ति विशेष को प्रमा को अनुमिति

---

1. व्याप्तिज्ञानं वह्निविषयकं ज्ञानं करणम् न तु पर्वत (विषयक) ज्ञानांश इति। पर्वतो वह्निमानिति ज्ञानस्य वह्न्यंश एवानुमितित्वं न पर्वताद्यंशे, तदंशे प्रत्यक्षत्वस्योपपादितत्वात्।
—वे० परि० अनु० परि०
2. व्याप्तिश्च अशेष साधानाश्रयाश्रित...सहचारदर्शनस्यैवप्रयोजकत्वात्। —वही
3. तच्चानुमानमन्वयिरूपमेकमेव न तु केवलान्वीयी...केवलान्वयित्वस्या-सिद्धेः।
—वही, पृ० 163

कहते हैं।[1] वेंकटनाथ ने न्यायपरिशुद्धि में लिखा है कि व्याप्य के व्याप्यत्वानुसंधान से व्यापकविशेषप्रमिति को अनुमान कहते हैं और वह करणदोष रूप बाधकप्रत्यय के उपलब्ध न होने से प्रमाण है।[2] व्याप्य हेतु को कहते है। व्यापक साध्य को कहते हैं। हेतु में साध्यनिरूपित व्याप्यत्व रहता है। हेतु के इस साध्यनिरूपित व्याप्यत्व ज्ञान के द्वारा पक्ष में रहने वाले व्यापक विशेष की जो प्रमिति होती है, उसी प्रमिति को अनुमिति कहते हैं। उस अनुमिति के कारण को अनुमान प्रमाण कहते हैं जैसे वह्नि के व्याप्यभूत धूम में व्याप्यत्व का अनुसंधान करके पर्वतादि पक्षों में अग्निविशेष रूपी व्यापक विशेष की प्रमिति ही अनुमिति है।

अनुमान प्रमाण के लिए व्याप्ति का महत्व—

पक्ष में लिंग दर्श के होते ही सपक्ष में पूर्वानुभूत लिंग-लिंगी के साहचर्य सम्बन्ध रूप व्याप्ति ज्ञान का कारण होता है जो कि परामर्श रूप व्यापार के द्वारा अनुमिति रूप कार्य को उत्पन्न करता है।

व्याप्ति के लिए विभिन्न सम्प्रदायों के दर्शनों में विभिन्न नाम उपलब्ध होते हैं। व्याप्ति, अविनाभाव, साहचर्यनियम, अनौपाधिक सम्बन्ध आदि। आचार्य गंगेश ने व्याप्ति शब्द ही प्रयोग किया है और उसे "अव्यभिचरितत्व" कहा है। अनेक दृष्टि-कोणों से नव्य नैयायिकों ने व्याप्ति का विचार किया है। आचार्य गंगेश की तत्त्वचिन्तामणि में ही व्याप्ति के अनेक प्रकार के लक्षण उपलब्ध होते हैं। पूर्वपक्ष व्याप्ति, सिद्धान्त व्याप्ति सिंहव्याघ्रव्याप्ति परिभाषिक व्याप्ति आदि इनका आधार आचार्य गंगेश के समकालीन अथवा पूर्ववर्ती आचार्य हैं।

अनुमान के प्रामाण्य के निरूपण के बाद ही आचार्य गंगेश ने प्रश्न उठाया है कि—"अनुमिति हेतु व्याप्तिज्ञान की व्याप्ति?" जिसका तात्पर्य है कि अनुमान का प्रामाण्य जिस अनुमिति पर आधारित है उस अनुमिति के कारण व्याप्तिज्ञान की विषय व्याप्ति क्या है?[3] अथवा "अनुमिति" में जो इतर पदार्थों के भेद की अनुमिति की जाती है उसके लिए जो हेतु है "व्यतिप्रकारक-पक्षधर्मता ज्ञानजन्यत्व" उसके अन्तर्गत आने वाले ज्ञान में विशेषण के रूप में भासित होने वाली व्याप्ति क्या है?

नैयायिक मत में प्रामाण्य की सिद्धि और अनुमिति की भिन्न प्रमा के रूप में सिद्धि दोनों ही अनुमान पर आधारित है और अनुमान का मूलाधार व्याप्ति है। इसलिए

---

1. व्याप्यव्याप्यत्वानुसंधानात् व्यापकविशेषप्रमितिरनुमितिः तत्करणमनुमानम्। व्याप्यस्य धूमस्य, अग्निव्याप्यत्वानुसंधानात् व्यापकविशेषप्रमितिर्वह्नि-प्रमितिः।

—य० ग० दी० अनु० प्र०

2. व्याप्यस्य------करणदोषबाधकप्रत्ययरहितत्वात्। —न्या० प० अनु० प्र०
3. तथाचानुमाननिष्ठप्रामाण्यानुमितिहेतुव्याप्तिज्ञानविषयीभूताव्याप्तिरित्यर्थः।

—मा० व्या० प० रहस्य, पृ० 4

व्याप्ति के स्वरूप के विषय में जिज्ञासा स्वाभाविक है। व्याप्ति स्वरूप के निरूपण की आवश्यकता स्फुट करते हुए दीधितिकार लिखते हैं समारब्ध जो अनुमान के प्रामाण्य की परीक्षा है, उसका कारण है व्याप्ति ग्रहोपाय का प्रतिपादन। जिसका निदान है व्याप्ति स्वरूप निरूपण[1] यही कारण है कि अनुमान प्रामाण्य विचार के पश्चात् आचार्य गंगेश को व्याप्ति के स्वरूप का विचार करना पड़ा।

आचार्य गंगेश ने पूर्वपक्ष व्याप्ति के पांच स्वरूप उपस्थित किये हैं। "यत्र-यत्र धूमः-तत्र-तत्र साध्यम्" इस प्रकार के व्याप्ति के स्वरूप को कहा है। किन्तु "यत्र-यत्र और तत्र-तत्र" से यह सिद्ध होता है कि सर्वत्र धूम के आश्रय में अग्नि रहता है, किन्तु चार्वाक का यही आक्षेप है कि किस आधार पर यह प्रतिज्ञा कर सकते हैं? सर्वत्र जहाँ धूम होता है अग्नि होती है "अतः यावद् धूम में व्याप्ति को स्पष्ट करने के लिए उसका परिष्कार करना आवश्यक है और उसके लिए यह भी आवश्यक था कि व्याप्ति स्वरूप निषेधात्मक है बिना उसके व्याप्ति का स्वरूप स्पष्ट ही नहीं होता तथा उसमें सार्वभौमिकता नहीं आ सकती। इसलिए निषेध मुख से आचार्य ने उसे अव्यभिचरितत्व अर्थात् व्यभिचाराभाव कहा। व्याभिचाराभाव का ज्ञान हो जाता है। जब कोई धर्माभाव के आश्रय लौह पिण्ड में अग्नि के अस्तित्व को देखता है तो उनके बीच में व्यभिचार स्पष्ट हो जाता है। इस प्रकार उसे "साध्याभाववद् वृत्तित्व" रूप व्यभिचार का ज्ञान होता है। इसी प्रकार उस "साध्याभाववद् वृत्तित्व" रूप व्यभिचार का ज्ञान होता है। इसी प्रकार व्यभिचार के अन्य भी कई रूप हो सकते हैं।

वैशेषिक दर्शन में व्याप्ति का सर्वप्रथम महर्षि कणाद के वैशेषिक सूत्र में उपलब्ध होता है। जो हेतु साध्य से सर्वथा अभिन्न अथवा भिन्न सम्बन्ध वाला होता है। वह उपदेश नहीं हो सकता अर्थात् हेतु नहीं हो सकता।[2] व्याप्तियुक्त" जो हेतु प्रसिद्धि पूर्वक होता है वही सही हेतु होता है, हेतु अगृहीत व्याप्ति वाला होने से अनुमिति का जनक नहीं हो सकता है। इसलिए व्याप्ति ग्रहण के प्रकार को व्यक्त करते हुए प्रशस्त-पाद कहते हैं कि विधि है, जहां धूम है वहां अग्नि है, अग्नि के न रहने पर धूम नहीं रहता है, इस प्रकार प्रसिद्ध व्याप्ति "समय वाले असन्दिग्ध धूम के दर्शन और साहचर्य स्मरण के पश्चात् अग्नि का अध्यवसाय होता है। इस प्रकार विधि को व्यक्त करते हुए आचार्य प्रशस्त ने समय और साहचर्य पद के द्वारा व्याप्ति का उल्लेख किया है।[3]

---

1. समारब्धानुमानप्रामाण्यपरीक्षाकारणीभूतव्याप्तिग्रहोपायप्रतिपादननिदानं व्याप्तिस्वरूपं निरूपणमारभते। —त० चि० दी० व्या०, पृ० 101
2. उपदेशः प्रसिद्धोपदेशः। —वे० मू०
3. विधिस्तु यत्र धूमः तत्राग्निः अग्न्यभावे धूमो न भवति। एवं प्रसिद्ध-समयस्य असन्दिग्धधूमदर्शनात् साहचर्यानुस्मरणात् तदन्तरं अग्न्यऽध्यवसायो भवति।
—प्र० भा० अनु० प्र०

प्रतिबन्ध "व्याप्ति" लक्षण करते हुए किरणावली में आचार्य उदयन लिखते हैं अनौपाधिक सम्बन्ध व्याप्ति है। उसका निश्चय अव्यभिचार के निश्चय के बिना या उसके कारणी भूत उपाध्यभाव के निश्चय के बिना नहीं हो सकता है। कणाद रहस्यकार ने अव्यभिचारि सम्बन्ध को व्याप्ति मानकर केवलान्वयी स्थल के लिए मात्र सम्बन्ध को व्याप्ति माना है। केवलान्वयी में साध्याभावयुक्त व्यभिचार का प्रदर्शन सम्भव नहीं है।[1] व्योमशिवाचार्य ने प्रशस्तपाद भाष्य में प्रदर्शित "विधि" शब्द का अर्थ व्याप्ति अविना-भाव किया है।[2] व्याप्ति का ग्रहण व्योमशिवाचार्य के अनुसार सामान्य से युक्तों का होता है। अग्नि विशेष और धूम विशेष अनन्त होने से विशेष में व्याप्ति का ग्रहण संभव नहीं है। विशेषों में रहने वाले अग्नित्व और धूमत्व रूप सामान्य के उपग्राहक होने से इनके आधार पर भूयोदर्शन के बल से अग्नि और धूम में व्याप्ति का ग्रहण होता है।

मध्वाचार्य के अनुसार अनुमान—

अनुमान की व्याख्या मध्य सम्प्रदाय के प्रसिद्ध आचार्य श्री जयतीर्थ ने इस प्रकार की है "निर्दोष कारण अनुमान है। उपपत्ति व्याप्त युक्त और लिंग ये अनुमान के पर्यायवाची शब्द है। यह साहचर्य नियमपूर्वक है। व्याप्ति का कर्म व्याप्त है और उसका कर्तृ व्यापक है, जैसे धूम का अग्नि के साथ व्याप्ति जहां धूम है वहां अग्नि है, यह अव्यभिचार नियम है। यहां पर धूम व्याप्त है और अग्नि व्यापक है।[3]

धर्मों अर्थात् गुणों की चार प्रकार की गति है कुछ धर्म समवृत्तिक हैं, जैसे जो वेदों में निषिद्ध है उनका करना पाप है और जो पाप है वे वेदों में निषिद्ध है अर्थात् जहां दोनों अन्योन्य व्याप्यव्यापक भाव हैं। कुछ न्यूनाधिक वृत्ति वाले हैं जैसे जहां-जहां धूम है वहां-वहां अग्नि है, यहां पर न्यूनवृत्ति धूमत्वव्याप्य है और अधिकवृत्ति अग्नित्व व्यापक है। कुछ परस्परपरिहार से रहते हैं अर्थात् कभी भी एक साथ नहीं रह सकते जैसे जहां गोत्व है वहां अश्वत्व नहीं और जहां अश्वत्व है वहां गोत्व नहीं। उनका अन्योन्यव्याप्यव्यापक भाव भी नहीं है क्योंकि सम्बन्ध का ही अभाव है।[4]

---

1. ननु तत्रापि व्याप्तिरव्यभिचारितसम्बन्ध---केवलान्वयिनि सम्बन्धमात्र
2. सैव व्याप्तित्वात् तदतिरित्वस्थले त्वव्यभिचारस्योक्तत्वात्।

—क० अनु० प्र० व्योमवती अनु० प्रा०, वा० सं० 1987, पृ० 570

3. निर्दोषोपर्यात्तरनुमानम्। उपर्यातर्व्याप्यं युक्तिर्लिंगमिति पर्याय:। अविनाभावो व्याप्ति:। साहचर्य-नियम इति यावत्। व्याप्ते: कर्मव्याप्यम्। तस्या: कर्तृ व्यापकं यथा धूमस्याग्निना व्याप्तिरव्यभिचरित: सम्बन्ध:। यत्र धूम: तत्र अग्निरिति नियमात्। तत्र धूमोव्याप्य: ।अग्निर्व्यापक:। —प्र० अनु० प्र०
4. प्रमाणपद्धति:। —अनु० प्र०

कहीं पर समाविष्ट होते हुए भी परस्परपरिहार से रहते हैं, जैसे पापकत्व पुरुष में पाया जाता है और उस पापकत्व का पुरुष में समावेश होने पर भी कहीं-कहीं स्त्रियों में भी पाया जाता है और कभी-कभी पुरुष में भी नहीं पाया जाता। अतः कोई व्याप्ति नहीं बन सकती है। ये भी अन्योन्यव्याप्यव्यापक भाव वाले नहीं है। सम्बन्ध रहने पर भी परस्पर व्यभिचारित है। जहां व्याप्य धर्म व्यापकप्रमिति का साधन होता है यह अनुमान कहलाता है और व्यापक अनुमेय कहलाता है।[1]

पर्वत पर वर्तमान धूम ऊपर रहने वाले पुरुष को अग्निप्रमा उत्पन्न क्यों नहीं करती? इस के पक्ष में कहा है कि अनुमान प्रत्यक्ष के समान अज्ञात करण नहीं है वह तो सम्यक् ज्ञात है। तो फिर नारिकेलदीपवासी का देशान्तर में जाने पर धूम की प्रमिति होने पर भी अग्नि का ज्ञान क्यों नहीं होता? कहा जाता है कि नारिकेलदीप में रहने वाले ने धूम और अग्नि की व्याप्ति को नहीं समझा होगा और व्याप्ति ज्ञात है तो उसका स्मरण नहीं होगा।[2]

व्याप्तिज्ञान किस प्रमाण से उत्पन्न होता है। इसके उत्तर में जयतीर्थ कहते हैं कि यथायथा प्रत्यक्ष अनुमान और आगम इन प्रमाणों में व्याप्ति का ज्ञान होता है। धूम की अग्नि के साथ व्याप्ति प्रत्येक गम्य है जैसे महानसादि में धूम और अग्नि के साहचर्य को देखने वाले पुरुष को ही विमर्श होता है कि क्या रसोईघर में ही धूम और अग्नि का सम्बन्ध है? सभी जगह सभी समय में है? क्या ये एक दूसरे के परिहार से रह सकते हैं? इसके पश्चात् अनेक बार धूम को देखकर अग्नि को भी देखता है और न अग्नि के प्रभाव में धूम का भी अभाव देखता है और कहीं पर धूम के रहने पर अग्नि का होना भी पाया जाता है तो पुनः यह विचार होता है कि बहुत स्थलों में धूम के साथ रहने पर भी अग्नि कहीं पर धूम के बिना भी होती है। तथा धूम मेरे परिचित स्थलों से अग्नि के साथ सम्बन्ध होने पर भी कही उसको छोड़ कर भी रहता है या सभी जगह इनका सहचर है तो फिर यह बुद्धि उत्पन्न होती है कि अग्नि और धूम के सम्बन्ध में आर्द्रेन्धन संयोग भी उपाधि है और यह धूम-व्यापक है स्वयं व्यावर्तन करते हुए उसको व्यावर्तित कर दिया है, अग्नि को नहीं। इस तरह निश्चय कर यह महानसादि में उपाधि की गणना में प्रवर्तित होता है[3] और क्रमशः अविनाभाव का ज्ञान हो जाता है।

1. केचित्----व्यापकश्चानुमेय इति। —प्र० अनु० प्र०
2. प्रमाणपद्धति अनु० प्र०
3. ननुव्याप्तिज्ञानं केन प्रमाणेन जायते। यथायथं प्रत्यक्षानुमानागमैरिति ब्रूमः। तत्र तावत् धूमस्याग्निना व्याप्तिः प्रत्यक्षगम्या। तथाहि। महानसादौ धूमाग्न्योः साहचर्य पश्यतः पुरुषस्यैव विषयो जायते। किमत्रैवेतौ धूमाग्नी सहचारितावन्यमत्र देशान्तरे कालान्तरे च, एतज्जातीया परस्परपरिहारेण वर्तते, उतान्यतर एवान्यतरपरिहारेण किं वा सकलदेशकाल्योः सहचरितावेवेति। —पृ० 22 पर

अनुमान तीन प्रकार का है। कार्यानुमान, कारणानुमान और अकार्यकारणानुमान। उसमें प्रथम धूम और अग्नि का, द्वितीय विशिष्ट मेघोन्नत देखकर दृष्टि का होना और तृतीय यथा रज और रूप का। अनुमान पुनः दो प्रकार का होता है—दृष्ट और सामान्यतोदृष्ट। वहाँ पर प्रत्यक्षयोग्यार्थानुमापक दृष्ट है जैसे धूम और अग्नि का और दूसरा प्रत्यक्षायोग्यानुमापक सामान्यतो दृष्ट है जैसे रूप आदि ज्ञान चक्षुरादि का। यथावायव भूत व्याप्ति का ग्रहण तथा भूत लिंगलिंगी भाव का दर्शन जैसे धूम और अग्नि का और व्याप्यव्यापक का अन्यादृश्यत्व पर भी तत्सामान्याकारानुगम द्वारा लिंगलिंगी का भाव सामान्यतो दृष्ट है।[1]

अनुमान पुनः दो प्रकार का होता है। दृष्टिप्रमिति साधन और तर्क।[2]

अद्वैत वेदान्त व्याप्ति—

अद्वैत वेदान्त में अशष साधनों का जो आश्रय तदाश्रित जो साध्य उससे हेतु का जो सामानाधिकरण्य-यही व्याप्ति है और उस व्याप्ति का ग्रहण व्यभिचार के अदर्शन के साथ सहचार के दर्शन से होता है। उस सहचार दर्शन में भूयोदर्शन या सकृद्दर्शन रूप विशेष का कोई आदर नहीं है क्योंकि उस व्याप्ति में प्रयोजक सहचार दर्शन ही है।[3]

"वह्निमान् धूमात्"—इस अनुमिति में धूम साधन है। साधनता धूमनिष्ठ है। साधनता अवच्छेदक धूमत्व है। उस धूमत्व से अवच्छिन्न पर्वतादि भिन्न-भिन्न स्थान

ततः भूयोभयः धूमं पश्यन् अग्निं पश्यति। अग्न्याभावे च धूमाभावः। यथा धूमाभावेऽपिक्वचिदग्निसद्भावः। ततः पुनरेकविचारो भवति यथा बहुषु स्थलेषु धूमेन त्वनुचितं परित्यज्य वर्तते....! न चेत निर्मितस्य सम्बन्धस्य धूमस्वभावत्वेन न त्वापि तदभावो भविष्यतीत्येवं निश्चित महानसादावुपाधिगवेषणं प्रवर्तते।

—प्रमाणपद्धति—अनु० प्र०

1. त्रिविधिमनुमानं कार्यानुमानम् कारणानुमानम् अकार्यकारणानुमानं चेति।.....। व्याप्यव्यापकयोरन्यादृशत्वेऽपि तत्सामान्याकारानुगमेन लिंग-लिंगीभावे सामान्यतो दृष्टम्। —प्र० अनु० प्र०
2. अनुमानं पुनर्द्विविधम्। साधनानुमानं दूषणानुमानं चेति। तत्र यथा धूमप्रमित्याप्रमिति-साधनम्। दूषणानुमानमपि द्वेधां दृष्टिप्रमिति साधनं तर्कश्चेति तत्र आद्यं यथा नेदं स्वसाध्यसाधनसमर्थम्। प्रमाणबाधितत्वादित्यादि कस्यचिद्धर्मस्यांगीकारेऽर्थान्तरस्यापादनं तर्कः। —प्र० प० अनु० प्र०
3. व्याप्तिश्च अशेषसाधनाश्रयाश्रितसाध्यसामानाधिकरण्यरूपा। सा च व्याभिचारदर्शने सति सहचारदर्शनेन गृह्यते। तच्च सहचार दर्शनं भूयो दर्शनं सकृद्दर्शनं वेतिविशेषज्ञो नादरणीयः, सहचारदर्शनस्यैव प्रयोजकत्वात। —वे० परि०, पृ० 161

के साधन रूप धूम व्याप्ति है। उनका आश्रय पर्वत पदार्थ है उन्हीं का आश्रय की हुई साध्यतावच्छेदक रूप वह्नित्व रूप साध्य व्यक्तियों के साथ धूम व्याप्तियों का सामानाधिकरण्य होना ही व्याप्ति का स्वरूप है अर्थात् पर्वतादि पक्ष पर, धूम और अग्नि का होना यत्र-यत्र धूमस्तत्र तत्र वह्नि'' इस आकार का जो सामानाधिकरण्य ही व्याप्ति का स्वरूप है। इस प्रकार व्याप्ति का लक्षण करने से किसी एक पर यदि साधन व्यक्ति के आश्रय महानसादि में रहने वाले किसी एक धर्मादि साध्य का सामानाधिकरण्य ग्रहण कर ''पर्वतो धूमवान् वह्नेः यह यदि किसी ने अनुमान किया तो वह्नि रूप असद् हेतु में व्याप्ति लक्षण की अतिव्याप्ति होगी—ऐसी आशंका करने पर उसका निवारण इस प्रकार होगा-महानस में अग्नि है, इसलिए महानस उसका आश्रय है। महानस में उसके आश्रय में धूम भी रहता है। इसलिए महानस की अग्नि को साधन बनाकर उन दोनों का समानाधिकरण्य है अर्थात् ये दोनों एक ही अधिकरण महानस में रहते हैं। इसी आधार पर जहां अग्नि वहां धूम ऐसी व्याप्ति मानकर ''पर्वत धूमवान् है क्योंकि उस पर अग्नि है।''

यह अनुमान यदि कोई करे तो उसमें अग्नि रूप हेतु सत् न होकर असत् है क्योंकि वह्नि व्याप्य धूम की तरह धूम व्याप्य वह्नि नहीं है। अयोगोलक में अग्नि होता है किन्तु धूम नहीं होता है। इसलिए वह्नि सत् हेतु नहीं है। यहां पर साधनतावच्छेदक से अवच्छिन्न समस्त वह्नियों के आश्रय महानस, पर्वत तप्तायोगोलक आदि में से अयोगोलक रूप आश्रय पर साध्यतावच्छेदक धूमत्व से अविच्छिन्न हुआ एक भी धूम नहीं है। इस कारण वह्नि और धूम का पूर्वोक्त समानाधिकरण्य नहीं दिखाया जा सकता। इसलिए व्याप्ति का लक्षण वह्नि रूप असत् हेतु पर अतिव्याप्य नहीं है।

अब प्रश्न उत्पन्न होता है कि ऐसी व्याप्ति का ग्रहण किस प्रमाण से होता है? तर्क से उसका ग्रहण नहीं हो सकता। क्योंकि व्याप्त के आरोप से व्यापक का आरोप करना रूप जो तर्क है, वह व्याप्ति के अधीन है। सहचार दर्शन से भी व्याप्ति का ग्रहण नहीं हो सकता। क्योंकि दो पदार्थों का साहचर्य एक बार या बार-बार दीखने पर भी उसका क्वचित् व्यभिचार भी दिखायी देता है। इस शंका का समाधान इस प्रकार किया जाता है व्यभिचार के अदर्शन के साथ साहचर्य दर्शन से उस व्याप्ति का ग्रहण किया जाता है। जैसे धूम अग्नि का व्यभिचार दिखाई न देते हुए उनका सहचार दीखने से ही धूम वह्नि व्याप्य है यह ज्ञान होता है। जहां धूम हो वहां अग्नि अवश्य ही होती है। धूम है और अग्नि न हो यह कभी नहीं होता। इस रीति से धूम और अग्नि के व्यभिचार का अनुभव न आकर सहचार के अनुभव होने से ही धूम और अग्नि की व्याप्ति का ज्ञान हो जाता है। दो पदार्थों का नियमेन एकत्र दिखाना ही सहचार दर्शन है। चाहे वह अनेक बार देखने से हुआ हो या एक बार देखने से हुआ हो। केवल व्यभिचार शून्य सहचार दर्शन की आवश्यकता है अर्थात् जिनका सहचार ज्ञान हुआ हो, उनकी व्याप्ति

का ग्रहण नहीं होता। इस अन्वय व्यतिरेक के द्वारा सहचार दर्शन ही व्याप्तिज्ञान में हेतु है, यह लाघव से सिद्ध होता है। इसलिए सहचार दर्शन में ही व्याप्ति प्रयोजकत्व है। भूयोदर्शन या सकृद्दर्शन उसमें प्रयोजक नहीं है। उस रीति से अनुमिति में व्याप्ति ज्ञान कारण है और अनुमान के लिए व्याप्ति आवश्यक है। यही व्याप्ति का स्वरूप है।

विशिष्टाद्वैत के अनुसार व्याप्ति—

व्याप्त साध्य की अपेक्षा अधिक देश तथा अधिक काल में नहीं रहता है। व्यापक की अपेक्षा न्यूनदेश अथवा न्यूनकाल में नहीं रहता है। व्याप्य व्यापक का अविनाभूत है। अर्थात् व्यापक के बिना व्याप्य नहीं रहता है। व्यापक व्याप्य का प्रति सम्बन्धी होता है। व्याप्य से व्यापक का उपाधि रहित सम्बन्ध व्याप्ति कहलाती है। उस व्याप्ति का ग्रहण, जहां-जहां धूम होता है, वहां-वहां अग्नि रहती है इस प्रकार बार-बार देखने से होता है। व्याप्ति दो प्रकार की होती है— अन्वयव्याप्ति और व्यतिरेक व्याप्ति। साधन का सद्भाव बतलाकर साध्य का सद्भावप्रति पादनुपरस्पर गृहीत हो जाने वाली व्याप्ति अन्वयव्याप्ति है। जैसे जो धूमवाला होता है वह अग्निवाला होता है। साध्य का निषेध करके साधन का निषेध पूर्वक गृहीत की जाने वाली व्याप्ति व्यतिरेक व्याप्ति कहलाती है। जैसे जो-जो अग्नि रहित रहता है वह निर्धूम होता है। यह दोनों प्रकार की व्याप्ति उपाधि के रहने पर दूषित हो जाती है।[1]

जो साध्य में व्यापक रहते हुए साधन में व्यापक न हो उसे उपाधि कहते हैं। जैसे वह्निरूपी साधन के द्वारा धूम रूपी साध्य की सिद्धि में आर्द्रेन्धन संयोग उपाधि है। जैसे जो मैत्री का पुत्र होता है वह श्याम वर्ण का होता है "यहां पर शाकपाकजत्व उपाधि है। वह उपाधि दो प्रकार की होती है— निश्चित एवं शंकित। निश्चित उपाधि का उदाहरण है— विवादास्पाद सेवा दुःखद होती है, क्योंकि वह सेवा राजा की सेवा के समान है। यहाँ पर पापारब्धत्व उपाधि है। किन्तु दुःख प्रदत्त ईश्वर की सेवा में नहीं है, यह निश्चय हो जाने से निश्चितोपाधि है। शंकितोपाधि का उदाहरण है— विवादास्पद जीव इस शरीर की समाप्ति पर मुक्ति प्राप्त कर लेगा, क्योंकि उसकी समाधि शुक आदि के समान निष्पन्न हो गई है। यहां पर कर्मों का अत्यन्त विनाश ही उपाधि है। यह कर्मों

---

1. अनधिगतदेशकालनियमं व्याप्यम्। अन्यूनदेशकालवृत्तिर्व्यापकम्। तद्मिविनाभूतं व्याप्यम् तत्प्रतिसम्बन्धि व्यापकमिति। तेन निरूपाधिकतया नियतसम्बन्धो व्याप्तिरित्युक्तं भवति। यत्र धूमस्तत्रवह्निरिति व्याप्तिर्भूयो दर्शनेन गृह्यते। व्याप्तिर्द्विधा-अन्वयव्यतिरेक भेदात्। साधनविधौ साध्यविधिरूपेण प्रदत्ता व्याप्तिरन्वयव्याप्तिः। यथा यो धूमवान् सोऽग्निमानिति। साध्यनिषेधे साधननिषेधरूपेण प्रवृत्ता व्याप्तिर्व्यतिरेक व्याप्तिः। यथा योऽनग्निः सनिर्धूम इति। रोममुभयविधा व्याप्तिरूपाधिसम्भवे दुष्टा।

—यतीन्द्रमतदीपिका अनु० प्र०

का आत्यन्तिक विनाश इस निष्पन्न समाधि वाले जीव का हो चुका है कि नहीं? यह सन्दिग्ध है, अतएव यह शंकितोपाधि का उदाहरण है। अतएव सिद्ध हुआ कि उपाधि रहित सम्बन्ध वाला ही व्याप्त होता है। दोनों के अनुसार लिंग लिंगी सहाचर्यों का ज्ञान, सपक्ष विपक्ष परामर्श ज्ञान, पक्ष-पक्षतादि पर विचार।[1]

न्यायदर्शन के विचारकों के अनुसार अनुमान लिंग-लिगी जहाँ दोनों की विद्यमानता रहती है वहां नहीं होता। वह रसोई पर जहां कि हमने लिंग और लिंगी के साहचर्य नियम को सीखा है वह अनुमान का विषय नहीं अपितु प्रत्यक्ष का विषय है। सर्वप्रथम यह बात ध्यान में रखनी है कि अनुमान वहीं होता है जहां केवल लिंग का प्रत्यक्ष होता है। लिंगी का नहीं। यदि दुरत्व पर्वत पर धुआँ उठता हुआ हम देखते हैं तो हमारे अनुमान का विषय बनता है। वहां हमें धूम प्रत्यक्ष दिखाई देता है परन्तु अग्नि नहीं। हम धुओं को देखकर आग का अनुमान करते हैं पर कैसे उसकी प्रक्रिया को न्याय दर्शन में एवं नव्यन्याय में बहुत अच्छे ढंग से समझाया है जिससे परीक्षार्थी ''लिंग्यते गम्यते अनेन इति लिंगम्''— जिससे परोक्ष अर्थ जाना जाये इसका नाम लिंग है और लिंगमस्यास्तीति लिंगी। जो लिंग से सिद्ध हो उसका नाम लिंगी है। लिंग हेतु वह दोनों और लिंगी। जो लिंग से सिद्ध हो उसका नाम लिंगी है। लिंग हेतु वह दोनों और लिंगी तथा साध्य यह दोनों पर्याय शब्द है।[2] भाष्यकार ने कहा है कि जहाँ हेतु होता है वहीं साध्य रहता है। इस व्याप्ति के ज्ञानपूर्वक लिंग-लिंगी के स्वरूप को प्रत्यक्ष द्वारा अनुभव करके किसी अन्य काल में वैसे ही लिंग से लिंगी का अनुमान का नाम पूर्ववत् है।[3]

न्याय के मत में अनुमान तादात्म्य एवं तदुत्पत्ति सम्बन्ध के कारण नहीं किया जाता है। महानसादि में लिंग-लिंगी के व्याप्ति ज्ञान रूप प्रथम प्रत्यक्ष के अनुसार पर्वतादि पक्ष में धूमादि लिंग का द्वितीय प्रत्यक्ष होने पर अनुमित्सा वाले पुरुष के संस्कारों के उद्‌बोध द्वारा जहां धुआं है वहां वह्नि है। इस व्याप्ति ज्ञान का स्मरण

---

1. साध्यव्यापकत्वे सति साधनाव्यापकत्वमुपाधिः। यथा वह्नि धूमोसाध्यमाने आद्रेन्धनसंयोग उपाधिं। मैत्रीतनयत्वेन श्यामत्वे साध्यमाने शाकपाकजत्वमुपाधिः। स सोपाधिद्विविधः- निश्चितः शंकितश्चेति।....। अतो निरूपाधिकसम्बन्धवद्व्याप्यमिति सिद्धम्।
—यतीन्द्रमतदीपिका अनु० प्र०
2. परीक्षार्थ लिंग्यते गम्यते अनेनेति लिंगम्। ''लिंगमस्यास्तीति लिंगी।
—न्या० द० 1/1/3
3. सम्बन्धग्रहणकाले लिंग-लिंगनौ प्रत्यक्षतः स्वरूपमवधार्यपुनस्ताद्रशैवर्लिगेन तादृगैवर्लिगीतत्पूर्वकेण तल्युंवर्तत इति पूर्ववदनुमानम्। यथा महानसे धूमाग्नी सहचरितौ- दृष्ट्वापुनः वर्तते धूमाग्न्यूनुमानम्।
—न्या० द० भ०

होता है[1] और उक्त व्याप्ति स्मृति अनन्तर जो "अयं धूम:" यह धूम है इस प्रकार तृतीय लिंग दर्शन अर्थात् धूम हेतु का प्रत्यक्ष ज्ञान होता है। वही अनुमिति का कारण होने से अनुमान कहलाता है। जिसका फल" पूर्व से धूममान् पर्वत वह्निवाला है इस प्रकार की अनुमिति है। अनुमान की इच्छा को "अनुमित्सा" तथा लिंग ज्ञान को लिंगदर्शन" वा लिंगपरामर्श" कहते हैं। इसी अभिप्राय से "वाचस्पति मिश्र" का कथन है जो व्याप्ति स्मृति पूर्वक अपने साध्य के एक अधिकरण में रखने वाले लिंग का इन्द्रिय से प्रत्यक्ष होता है उसी का नाम परामर्श है।[2]

लिंग और लिंगी को एक साथ देखना साहचर्य दर्शन है। लिंग और लिंगी में परस्पर व्याप्यव्यापकभाव सम्बन्ध होता है। लिंग व्याप्य और लिंगी व्यापक होता है। इन दोनों के उक्त सम्बन्ध का ज्ञान व्याप्ति ज्ञान कहलाता है।

सपक्ष—

जिसमें लिंग लिंगी का साहचर्य ज्ञान होता है अथवा जो निश्चित साध्यवान् है उसे दार्शनिक भाषा में सपक्ष कहते हैं।[3]

पक्ष—

सन्दिग्ध साध्यवान् को पक्ष कहते हैं।[4] वह स्थल जिसमें कि साध्य का संशय हो, पक्ष कहा जाता है। नव्य न्याय में इस पर बड़ा विस्तृत विचार किया है। न्याय सिद्धान्त मुक्तावली में इसकी व्याख्या करते हुए विश्वनाथ ने कहा है कि सैवायमिषा विरह विशिष्ट सिद्धि के अभाव को पक्षता कहा जाता है। इसके प्रतीक होते हैं। इसलिए पूर्वोक्त अनुमान से उनका मिथ्यात्व सिद्ध नहीं हो सकता, परन्तु यह आधेय उचित नहीं है। क्योंकि चन्द्रबिम्ब एक प्रदेश मात्र में प्रत्यक्ष दीखता है। परन्तु शब्द प्रमाण से उस प्रत्यक्ष प्रत्यय का बाध हो जाता है। इसमें जो प्रत्यक्ष दिखायी दे वह सत्य ही है—यह नियम नहीं। "नेह नानास्ति किंचन" इस ब्रह्म में नानात्व का लेश तक नहीं है। इत्यादि अर्थ के आगम ब्रह्म आगम, ब्रह्मभिन्न वस्तु का निषेध करते हैं। इस कारण समस्त द्वैत मिथ्या है, यह सिद्ध होता है।

---

1. लिंगलिंगीसम्बन्धदर्शनात् प्रत्यक्षं लिंगदर्शनद्वितीय बुभुत्सावतो द्वितीयलिंग-दर्शनात्संस्काराभि व्याप्युत्तरकालं स्मृति स्मृत्यनन्तरन्वपुनर्लिंगदर्शनं धूम इति तदिदम प्रत्यक्षं पूर्वाभ्यां प्रत्यक्षाभ्यां स्मृत्या चानुगृह्यमाणं परामर्शरूपमनुमानं भवति पुनरस्य फलमग्निविषयाप्रतिपत्तिः। —न्या० वा०
2. सम्बन्धस्मृतिसहकारिणेन्द्रियेणस्वसाध्यविनाभूतालिंगविज्ञानं यदुपजन्यते तत्परामर्श इत्याचक्ष्यते। —या० वा० ता०
3. निश्चितसाध्यवान् सपक्षः। —तर्कसंग्रह
4. मन्दिग्धसाध्यवान पक्षः। —तर्कसंग्रह

स्वाश्रयत्व से अभिमत जितना परार्थ हो उसमें स्थित जो "स्व" का अत्यन्ताभाव, उसका प्रतियोगित्व ही मिथ्यात्व है। भावरूप से स्वीकार किये हुए घटादि पदार्थों के आश्रय रूप से अभिमत कपालादि उपादान कारणभूत पदार्थ में विद्यमान वास्तविक रूप से घट का जो अत्यन्ताश्राय, उसका प्रतियोगित्व ही मिथ्या है।

रामानुज सिद्धान्त के अनुसार अनुमान के भेद—

विशिष्टाद्वैत दर्शन में यह स्वीकार किया जाता है कि व्याप्ति एवं पक्षधर्मता से विशिष्ट हेतु के द्वारा ज्ञाता को जो ज्ञान होता है वह अपने लिए ही होता है अतएव सभी अनुमानों को स्वार्थ ही मानना चाहिए। श्रीनिवास ने यतीन्द्रमतदीपिका में लिखा है कि अनुमान को स्वार्थ और परार्थ दो भागों में विभक्त करके कुछ लोगों ने उसके दो भाग किए-स्वार्थानुमान तथा परार्थानुमान। किन्तु सिद्धान्त में सभी अनुमानों को स्वार्थ ही माना है। सिद्धान्तों का कहना है कि सभी अनुमान अपने ही प्रति संधानार्थ प्रवृत्त होते हैं। अतएव सभी स्वार्थानुमान ही होते हैं, परार्थ नहीं।[1] आचार्य वेंकटनाथ ने भी अपने ग्रन्थ न्यायपरिशुद्धि में ऐसा ही लिखा है कि कुछ अनुमान के स्वार्थ और परार्थ भेद से दो प्रकार का विभाजन करते हैं। जबकि स्वप्रतिसन्धानादि बल से या स्वव्यवहार-मात्र हेतु से अनुमान स्वार्थ ही है।[2] इस प्रकार निष्कर्ष निकला कि विशिष्टाद्वैत में एक ही प्रकार का अनुमान गृहीत है और यह है स्वार्थानुमान। परार्थानुमान का ग्रहण भी स्वार्थानुमान में ही हो जाता है।

दोनों दर्शनों व माध्यों में अवगत अवयव वाक्य—

महर्षि गौतम ने अपने न्याय सूत्र में अवयवों का निर्देश मात्र किया है। उनके अनुसार अवयव संख्या में पांच होते हैं जो क्रमशः प्रतिज्ञा, हेतु, उदाहरण, उपनय और निगमन है[3]। न्यायावयवों की "अनुमान" आवश्यकता को व्यक्त करते हुए वात्सायन कहते हैं कि साधनीय धर्म अर्थात् साध्य धर्म से युक्त धर्मी की अथवा साध्या धर्मी से विशिष्ट साध्य की सिद्धि जिस शब्द समूह से निष्पन्न होती है, उन्हें अवयव वाक्य कहा जाता है।[4] पंचावयवों को वात्स्यायन ने परमन्याय कहा है।[5] विप्रतिपन्न पुरुष प्रतिपादकत्व

1. तदेतदनुमानं स्वार्थ परार्थ-इति द्विधा विभज्य केचिदाहुः। सर्वेषामेवानुमानानां स्वप्रति-संधानादिबलेन प्रवृत्ततया स्वव्यवहारमात्रहेतुत्वमिति स्वार्थनुमान-मेवेत्यपरे।—अ०प्र०
2. तदिदमनुमानं स्वार्थ परार्थ चेतिकेचिद्विभजन्ते तदयुक्तम्। सर्वेषामप्युपमानानां स्वप्रति-सन्धानादिबलेन प्रवृत्ततया स्वव्यवहारमात्रहेतुत्वेन च स्वार्थत्वात्।
   —न्या० परि० अनु०, पृ० 154
3. प्रतिज्ञाहेतूदाहरणोपनयनिगमनान्यवयवाः। —न्या० सू० 1/1/32
4. साधनीयार्थस्य शब्दसमूहे सिद्धिः परिसमाप्यते तस्य पंचावयवाः प्रतिज्ञादयः समूहा-पेक्षावयवाः उच्यन्ते। —वा० भा०
5. सोऽयं परमो न्याय इति। —तदैव।

ही उसका परमत्व है। आचार्य जयन्त के अनुसार स्वयं अनुमान से गृहीत अर्थ को दूसरों के प्रति प्रतिपादन के लिए जितने वैधर्म्योपमान पक्ष है जहां द्वैत वस्तु किसी प्रसिद्ध विसदृश धर्मों से होती है, जैसे अश्व क्या है, ऐसा पूछने पर प्रष्टा को यह बताया जाय कि अश्व गौ के समान दो खुर वाला नहीं होता है। इस अतिदेश वाक्य के श्रवण से प्रष्टा जब ऐसे पशु को देखता है जो दो खुर वाला नहीं है तो वह गौ से उसके देशदृश्य को देखकर एक खुर वाला होने से यह अश्व ही है ऐसा ज्ञान वैधर्म्योपमान कहलाता है।[1] इसको इस प्रकार भी उद्घृत किया जा सकता है कि पृथ्वी जल आदि से विरुद्ध धर्म वाली है, ऐसा सुकर गम्य रहित पाषाण को देखकर भी उसमें जल आदि अन्य चार द्रव्यों के धर्मो के अभाव से ज्ञाता को यह ज्ञान हो जाता है कि यह पृथ्वी है।[2]

धर्ममात्रोपमान वह उपमान है जहाँ वस्तु उसी के विशेष लक्षणों से ज्ञात होती है।

---

1. वैधर्म्योपमानं तु कीदृगश्व इति प्रश्ने गवयादिवत् द्विशफो न भवत्यश्व इत्यतिदेशवात्या- दृगवाद्विवेशदृश्यमाधिगतवतः पश्चादेकापशुत्वदि रूपत्व वैधर्म्यचतुर्खुरगमे प्रत्यभिज्ञानम्। —तदैव
2. वैधर्म्यविशिष्टपिण्डदर्शनं करणं जलादिविधर्मवती पृथिवी "इत्यतिदेशवाक्यार्थो व्यापारः"। —दिनकरो 263

चतुर्थ अध्याय

शब्द प्रमाण

चतुर्थ प्रमाण शब्द या आप्त प्रमाण माना जाता है। इसका अर्थ यह है कि जो भी जिस विद्या का समर्थ ज्ञाता होता है, वह उस विषय का आप्त अर्थात् शब्द प्रमाण माना जाता है। यह आप्त या शब्द प्रमाण दो प्रकार का, आर्ष परम्परा में स्वीकार किया जाता है। प्रथमतः स्वतः प्रामाण्य और परतः प्रमाण। स्वतः प्रमाण वेद एवं श्रुति को माना जाता है। वेद के अनुसार अन्य दर्शनों में माना गया है, वह परतः प्रमाण शब्द प्रमाण के रूप में स्वीकार किया जाता है।

न्याय दर्शन में शब्द प्रमाण—आप्त के ज्ञान को शब्द प्रमाण कहा जाता है। (आप्तोपदेशः) आप्तोपदेश का नाम (शब्द प्रमाणः) शब्दप्रमाण है।[1] जिसको पदार्थ का ठीक-ठीक साक्षात्कार हुआ हो और यथार्थ देखे हुए पदार्थ का व्याख्यान करने की इच्छा रखता हो, ऐसे उपदेष्टा का नाम "आप्त" और "आप्तोक्तं वाक्यं प्रमाणम्" आप्त के कथन किए हुए वाक्य का नाम शब्दप्रमाण है।[2] आकांक्षा योग्यता आशक्ति तथा तात्पर्य वाले पदों के समुदाय का नाम वाक्य है।[3] इस पद से इस अर्थ का बोध हो, इस प्रकार के संकेत का नाम "शक्ति" या यों कहिये कि नियत पद पदार्थ के सम्बन्ध का नाम शक्ति है। आप्त पुरुषों के उपदेश वृद्ध पुरुषों के व्यवहार तथा प्रसिद्ध अर्थ वाले पद की समीपता से शक्ति का ग्रहण होता है। जब पुरुष को उक्त तीनों कारणों में से किसी कारण द्वारा शक्ति-ग्रहण हो जाता है तब कालान्तर में पद समुदाय रूप वाक्य विशेष के श्रवण करने से जो वाक्यार्थ का बोध होता है उसी का नाम "शाब्दीप्रमा" है। और उक्त प्रमा के असाधारण कारण आप्तोक्त वाक्य को शब्द प्रमाण कहते हैं। उक्त शब्द में शक्तिवाले पदों का नाम "कारण" उपस्थित पदजन्य पदार्थ स्मृति "व्यापार" तथा आकांक्षादि सहकारी कारण हैं।

जिस पद के बिना जो पद अर्थ का बोध करना हो उसको उस पद की अपेक्षा

1. आप्तोपदेशः शब्द। —7 न्यायदर्शनभाष्य
2. आप्तःखलु साक्षात्कृतधर्म्मा यथादृष्टस्यार्थस्य चिख्यापयिषया प्रयुक्त उपदेष्टा। —न्या० भा० सू० 7
3. आकांक्षादिमत्पदसमूहो वाक्यम्—अस्मात्पदादयमर्थो बोद्धव्य इत्यात्मकः संकेतः शक्तिः शक्तिमत्पदम्। —न्या० भा० प० सू० 7

का नाम आकांक्षा है। अथवा यह कहिये कि एक पद को दूसरे पद के बिना अर्थबोध का नाम आकांक्षा है।

संध्यामुपासीत्-संध्याकरे– इस वाक्य में ''संध्या'' कारक पर तथा ''उपासीत्'' क्रियापद है। उक्त क्रियापद कारकपद के बिना तथा कारक पद क्रियापद के बिना ''संध्याकरे'' इस अर्थ का बोधक नहीं हो सकता अर्थात् उक्तार्थबोधन करने के लिए जो क्रियापद को कारकपद को क्रियापद की अपेक्षा है वही आकांक्षा कहाती है और उक्ताकांक्षा न होने से गौरश्वः पुरुषो हस्ति इति– गौ, घौड़ा, पुरुष, हाथी– यह निराकांक्षा पदों का समुदाय वाक्य नहीं हो सकता क्योंकि इनमें वाक्यार्थ बोध के लिए एक दूसरे पर की अपेक्षा नहीं पाई जाती।

एक पदार्थ में दूसरे पदार्थ के सम्बन्ध का नाम योग्यता है– अथवा यह कहिये कि बाध रहित अर्थ का नाम योग्यता है[1] जैसा कि ''सत्यं वद'' इस वाक्य में सत्य के पद में ''अम्'' विभक्ति सम्बन्धी कर्मत्व के अर्थ के साथ तथा उक्तार्थ के साथ पद धातु के कथन रूप अर्थ की ओर कथनार्थ का कथानुकूल आख्यातार्थ-पुरुष के साथ जो उत्तरोत्तर सम्बन्ध पाया जाता है उसका नाम योग्यता है। जैसा कि ''अग्निनासिंचेत्'' अग्नि से सिंचन करे, यहां रूपकरण पदार्थ का सेवन पदार्थ में सम्बन्ध रूप योग्यता नहीं। अर्थात् अग्नि में जल की भांति सिंचन क्रिया की योग्यता नहीं पाई जाती।

इसलिए उक्त वाक्यभासों से यथार्थ शब्द बोध नहीं होता। जिस पद के अर्थ का जिस पदार्थ के साथ सम्बन्ध करना अपेक्षित हो उन पदों की व्यावधान रहित उपस्थिति का नाम ''आशक्ति'' है जैसा कि ''सत्यं वद'' आदि वाक्यों में सत्यादि पदार्थ का वदनादि पदार्थ के साथ सम्बन्ध रूप अन्वय अपेक्षित है

उन पदों का जो विलम्ब रहित साथ-साथ उच्चारण करना ही ''आशक्ति'' कहलाती है। आज कथन किए हुए सत्यं पद की तथा दूसरे दिन कथन किए हुए ''वद'' पद के साथ आशक्ति न होने से वाक्यता नहीं हो सकती।

वक्तुरिच्छा तात्पर्य :

वक्ता के अभिप्राय का नाम तात्पर्य है। तात्पर्य और अभिप्राय ये दोनों शब्द पर्यायवाची हैं। तात्पर्य ज्ञान भी आकांक्षादि की भांति शब्दबोध का कारण है। यदि उक्त ज्ञान शब्द बोध का कारण न माना जाये तो ''सैन्धवमानय''– सैन्धव लाओ– इस वाक्य से श्रोता को सर्वत्र लवण या अश्व आनयन का बोध होना चाहिए परन्तु नहीं होता इससे सिद्ध है कि जो श्रोता सैन्धव पद से भोजनकाल में लवण तथा गमनकाल में अश्व का

---

1. एकपदार्थे– परपदार्थसम्बन्धो योग्यता। –न्या० भा० सू० 7 पं०

बोध ही होता है अन्यथा यह कहिये कि वक्ता का यह अभिप्राय जानकर ही बोध हो सकता है अन्यथा नहीं। इसलिए तात्पर्य ज्ञान भी शब्दबोध में कारण है।

कई लोग यह आशंका करते है कि वाक्यार्थ बोध में पदजन्य पदार्थ की स्मृति को व्यापार माना जाये तो घट पद के उच्चारण करने से श्रोता को समवाय सम्बन्ध द्वारा आकाश रूप अर्थ को स्मृति के अनन्तर आकाश का बोध होना चाहिए। इसका उत्तर यह है कि पदजन्य पदार्थ की स्मृति का नियामक सम्बन्ध वृत्ति रूप में है समवायादि में नहीं। अर्थात् घटादि पदों का अपने अर्थ के साथ जो वृत्तिरूप सम्बन्ध है वही पदों के श्रवण से पदार्थ स्मृति का नियामक होता है अन्यथा नहीं।

सार यह है कि शाब्दबोध का हेतु जो पदार्थ स्मृति के अनुकूल पद "पदार्थ" का सम्बन्ध हो उसको वृत्ति कहते हैं।[1] जिस पुरुष को वृत्ति सम्बन्ध ज्ञान है उसको वाक्यश्रवण के अनन्तर सब पदों का साक्षात्कार होता है।

परस्पर सम्बन्ध वाले सब पदार्थों का बोध अथवा परस्पर सम्बन्ध का बोध होता है उसी को शास्त्र की परिभाषा में शाब्दबोध कहते हैं, जैसा गुरु ने शिष्य से कहा—"त्वं वेदपुस्तकमानय" तुम वेद पुस्तक ले आओ। इस वाक्य में द्वितीया विभक्ति के कर्म में "आङ् पूर्वक नी धातु से" आनय में शक्ति है। "त्वं" पद के सम्बोधन योग्य चेतन-विशेष-शिष्य में शक्ति है। शक्ति ज्ञान वाले शिष्य की श्रोत्रेन्द्रिय के साथ उक्त गुरु वाक्य के सम्बन्ध होने के साथ प्रथम सम्पूर्ण पदों का श्रवण व साक्षात्कार होता है। "एक सम्बन्धिज्ञानमपरसम्बन्धिस्मारकम्" एक 'सम्बन्धि' का ज्ञान संस्कारों के उद्बोध द्वारा दूसरे सम्बन्धी की स्मृति का हेतु होता है। इस नियम के अनुसार पद रूप सम्बन्धी के श्रावण साक्षात्कार से संस्कारों के उद्बोध द्वारा उत्पन्न हुए अर्थ रूप सम्बन्धी के स्मृति रूप व्यापार वाले उक्त गुरु वाक्य से शिष्य को श्रोत्रेन्द्रिय के साथ उक्त गुरु वाक्य का सम्बन्ध होने पर ही प्रथम सम्पूर्ण पदों का श्रवण साक्षात्कार होता है। इस प्रकार के बोध का नाम शाब्दबोध है। यही रीति सर्वत्र वाक्यार्थ बोध में जाननी चाहिए।

शक्ति तथा लक्षणाभेद पद की वृत्ति की होती है—इनकी व्याख्या आगे की जायेगी।

शक्तिग्रह के उपाय :

न्यायदर्शन में सूत्रकार के लक्षण के स्थान पर "आप्तवाक्यम्" शब्द लक्षण किया है। यह सम्भवतः इसलिए वाक्यान्तर्गत पद एवं शब्द के लिए नित्यत्वानित्वम् का वाक्य ही शब्द है। इस लक्षण में अविलम्ब ही यह प्रश्न उठता है कि आप्त कौन है

---

1. शाब्दबोधहेतुपदार्थोपस्थितत्यनुकूलः।
पदपदार्थयोः सम्बन्धः वृत्तिः । —न्याय सूत्रभाष्य 6 की पद व्याख्या।

और वाक्य क्या है? शक्तिग्रह के उपाय की व्याख्या के प्रसंग में आप्त की परिभाषा इस प्रकार की गई है—जो यथाभूत अर्थ को ज्यों का त्यों कहता है अर्थात् जो वस्तु जिस स्थिति में है जैसी है उसको वैसी यथावत् बताना ही आप्त का कार्य है।[1]

इस पद से अर्थ का बोध हो, इस प्रकार के संकेत का नाम शक्तियां अथवा यह कहिये कि नियत पद पदार्थ के सम्बन्ध का नाम "शक्ति" तथा उक्त शक्ति के आश्रयभूत उपाय पद का नाम शक्ति है। आप्त पुरुषों के उपदेश, वृद्ध पुरुषों के व्यवहार तथा प्रसिद्ध अर्थ वाले पद की समीपता से शक्ति का ग्रहण होता है।[2] जब पुरुष उक्त तीनों कारणों में से किसी एक कारण द्वारा शक्ति का ग्रहण करता है तब कालान्तर में पद समुदाय रूप वाक्य विशेष के श्रवण करने से जो वाक्यार्थ का बोध होता है उसी का नाम "शाब्दीप्रमाण" है और उक्त प्रमा के असाधारण कारण आप्तोक्त वाक्य को "शब्दप्रमाण" या शब्दबोध कहते हैं। वाक्यार्थ ज्ञान और शाब्दीप्रमा, ये तीनों पर्याय शब्द हैं। शब्दबोध में शक्तिवाले पदों का ज्ञान "करण" उपस्थित पदजन्य पदार्थ स्मृति "आकांक्षा" आदि चारों सहकारी कारण शक्तिग्रह के उपाय हैं।

वैय्याकरणी लोगों ने वाक्य की परिभाषा (व्याख्या) में (एकलिंग वाक्य) में ऐसा कहा है अर्थात् एक ही क्रिया आती हो उसे वाक्य कहते हैं। सम्भवतः व्याकरण के क्षेत्र में वही उपयोगी भी होगा। यहां तो कर्त्ताक्रिया के मेल से वाक्य बना देने से ही तात्पर्य है। व्याकरण इस न्यायदर्शन के मत में शब्द प्रमाण पर एक विस्तीर्ण विचारधारा प्रचलित है। सभी न्याय एवं आस्तिक विचारधारा के विचारकों ने शब्दप्रमाण की व्याख्या में अपने विचार व्यक्त किए हैं। न्याय में आप्तवाक्य शब्द का प्रयोग किया गया है। प्रश्न उठता है कि आप्त कौन है? तथा वाक्य क्या है?

आप्त की परिभाषा करते हुए कहा गया है कि जो यथार्थ को बतालने वाला हो उसे आप्त कहते हैं[3] अर्थात् जो चीज जैसी है उसको वैसी ही बतलाना। वाक्य क्या है? इसका वर्णन भिन्न-भिन्न लोगों ने अपने-अपने विचार व्यक्त किये है। वैय्याकरणों ने तिङन्त को वाक्य कहा है।[4]

---

1. आप्तोपदेशसामर्थ्याच्छाब्दार्थसम्प्रत्ययः। —सू० 52, न्यायदर्शनम्, अ० 2
2. आकांक्षादिमत्पदसमूहो वाक्यम्— असामान्य पदद्वयमर्थो बोद्धव्यः इत्यात्मकः संकेतः शक्तिः शक्तिमत्पदम्। —न्या० भा०, पृ० 65
3. आप्तोपदेशः शब्दः। —7 न्यायदर्शन
   आप्तोक्तंवाक्यं प्रमाणम्। —न्याय भाष्य, पृ० 64
   आप्तोक्तवाक्यद्विविधोदृष्टादृष्टार्थत्वात्। —न्या० सू० 8
4. यथार्थवक्तुः वाक्यं पदसमूहो वाक्यम्। —तर्कसंग्रहशब्द खण्डम्।
   सुप्तिङ्न्तं पदम्— वृतौ सुबन्तं तिङ्न्तं पदसंज्ञास्यात्। —संज्ञाप्रकरण लघुसिद्धान्त

नैयायिकों का कहना है कि सभी अनित्य पदार्थ त्रिक्षणावस्थायी होते हैं। एक क्षण में उत्पत्ति, दूसरे क्षण में स्थिति तृतीय में विनाश।[1] इस पूर्वकाल में जो विनाश से पहले श्रोता को अपनी अनुभूति कराते हुए चित्त पर अपना संस्कार छोड़कर नष्ट हो जाते हैं। इस अनुभव जन्य संस्कार का आगामी वर्ण की अनुभूति से सम्बन्ध हो जाता है।

चार प्रमाणों का अन्तर्भाव

महर्षि गौतम ने केवल चार ही प्रमाण स्वीकार किये हैं। अन्य प्रमाणों का अन्तर्भाव इन्हीं चार प्रमाणों में किया है। उनके अनुसार ऐतिह्य का शब्द में, अर्थापत्ति सम्भव और अभाव का अनुमान में अन्तर्भाव हो जाता है।[2] भाष्यकार लिखते हैं कि प्रतिषेध युक्तियुक्त नहीं है। कैसे? आप्तों का वचन शब्दप्रमाण है और यह शब्द प्रमाण है और यह शब्द का लक्षण ऐतिह्य से व्यावृत्त नहीं है। वह यह भेद समानता के कारण संगृहीत हो जाता है।[3]

प्रत्यय के द्वारा उससे सम्बन्ध रखने वाले अप्रत्यय का ज्ञान अनुमान है। इसी प्रकार अर्थापत्ति संभव और अभाव है। वाक्य के अर्थ के विश्वास से विरुद्ध होने वाले अनुक्त अर्थ का ग्रहण अर्थापत्ति है। वह अनुमान ही है। अविनाभाव संबंध से संबंध रखने वाले समुदाय और समुदायी में समुदाय के द्वारा दूसरे समुदायी का ग्रहण सम्भव है, वह भी अनुमान है। इसके होने पर यह नहीं हो सकता। इस प्रकार विरोध प्रसिद्ध होने पर कार्य की उत्पत्ति न होने से कारण के प्रतिबन्धक का अनुमान किया जाता है। अतः वह यह चार प्रमाणों का निर्देश ठीक ही है।[4]

वार्तिककार भी इससे पूर्ण सहमत हैं। अन्तर्भाव दिखाने के लिए ही यह सूत्र है। शब्द में ऐतिह्य का अन्तर्भाव होता है, दोनों का समान लक्षण होने से शब्द का लक्षण ऐतिह्य से व्यावृत नहीं होता।[5] अनुमान में अर्थापत्ति सम्भव और अभाव का अन्तर्भाव होता है। समान लक्षण होने से। यदि यह कहा जाये कि अर्थापत्ति का अनुमान से संग्रह कैसे हो जाता है तो उत्तर है कि दोनों में से एक का प्रतिरोध दूसरे की स्वीकृति का

---

1. न्यायदर्शन सू० 7/8
2. शब्द एतिध्यानर्थान्तरभावादनुमानेऽर्थापत्ति सम्भवाभावानर्थान्तरभावाच्चाप्रतिषेधः। —न्या० सू० 2/2/2
3. अनुत्पन्नःप्रतिषेधः। कथम्? आप्तोपदेशः शब्द इति। न च शब्दलक्षणमेति ह्याद व्यावर्तते। सोऽयं भेदः सामान्यात् संगृह्यत इति। —न्या०भा० 2/2/2
4. प्रत्यक्षेणाप्रत्यक्षस्य समृद्धस्य प्रतिपत्तिरनुमानम्। तथा चार्थापत्तिसम्भवः। वाक्यार्थ-सम्प्रत्ययेनानभिहितस्यार्थस्य प्रत्यनीकभावाद् ग्रहण— मर्थापत्तिरनुमानमेव। सोऽयं यथार्थ एव प्रमाणोद्दशति तदैव।
5. शब्द ऐतिह्यमन्तर्भवति समानलक्षणत्वात्। —न्या०वा० 2/2/2

विषय होने से जहां-जहां दो सम्बन्ध वस्तुओं में से एक का प्रतिरोध किया जाता है वहां-वहां दूसरी वस्तु की स्वीकृति देखी गई है जैसे दिन में नहीं खाता है; इस कथन से "रात्रि में खाता है" यह प्रतीत हो जाता है।[1] संभव और अभाव भी अनुमान में आ जाते हैं। इनका अन्तर्भाव सामान्य तो दृष्ट अनुमान होता है। इस प्रकार अन्तर्भाव हो जाने से उनका पृथक् उपदेश नहीं किया गया।

तर्क-भाषाकार केशवमिश्र चार ही प्रमाणों का वर्णन कर अन्यों का इन्हीं में अन्तर्भाव दिखलाते हैं। उनके अनुसार अर्थापत्ति पृथक् प्रमाण नहीं हैं। उन्होंने अर्थापत्ति प्रमाण का लक्षण पूर्वक खण्डन किया है। उनके अनुसार उत्पन्न न होने वाले अर्थात् अनुपपद्यमान अर्थ को जानकर उसके उपपादक अर्थ की कल्पना अर्थापत्ति नामक प्रमाण कहलाता है। जैसे कि "देवदत्त पुष्ट है। किन्तु दिन में नहीं खाता" यह देखने या सुनने पर उसके रात्रि भोजन की कल्पना कर ली जाती है। दिन में न खाने वाले व्यक्ति का मोटा होना रात्रि भोजन के बिना उत्पन्न नहीं होता इसलिए पीनत्व की अन्य प्रकार से अनुपपत्ति से होनेवाली अर्थापत्ति ही रात्रि भोजन में प्रमाण हो जाती है और वह अर्थापत्ति प्रत्यक्ष आदि से भिन्न है क्योंकि रात्रि भोजन प्रत्यक्ष आदि का विषय नहीं है। यदि ऐसा कहते हैं तो यह कथन ठीक नहीं है। क्योंकि रात्रि भोजन अनुमान का विषय है। जैसे कि देवदत्त रात्रि में खाता है यह प्रतिज्ञा है, क्योंकि दिन में न खाने पर भी वह पुष्ट है, यह हेतु हैं। जो रात्रि में नहीं खाता वह दिन में न खाने पर भी पुष्ट नहीं होता। जैसे दिन तथा रात्रि में न खाने वाला व्यक्ति पुष्ट नहीं है यह उदाहरण है और यह देवदत्त जैसा अपुष्ट नहीं है, यह उपनय है इसलिए यह दिन तथा रात्रि में न खाने वाला नहीं है यह निगमन है। इस प्रकार केवल व्यतिरेकी अनुमान से ही रात्रि भोजन की प्रतीति हो जाने से अर्थापत्ति को पृथक प्रमाण नहीं माना जा सकता। अतः अर्थापत्ति प्रमाण का अन्तर्भाव अनुमान में हो जाता है।[2]

अभाव नाम का भी एक पृथक प्रमाण है, ऐसी अनेकों की अवधारणा है क्योंकि

---

1. अनुमानेऽर्थापत्तिसंभवाभावानामन्तर्भावः द्वोरेकतरप्रतिषेधेऽपिद्वतीयाभ्यनुज्ञाविषयत्वात्- यत्र-यत्र द्वयोर्वस्तुनोरेकतर वस्तु प्रतिषिध्यते तत्र-तत्र द्वितीयाभ्यनुज्ञा दृष्टा, यथा दिवा न भुङ्क्ते इत्यभिधानाद् रात्रौ भुङ्क्ते इति गम्यते।
2. अनुपपद्यमानार्थदर्शनात् तदुपपादकी भूतार्थान्तर कल्पनम् अर्थापत्तिम्। तथाहि, पीनो देवदत्तो दिवा न भुङ्क्ते "इति दृष्टे श्रुते वा रात्रि भोजनं कल्प्यते।.... अयथानुपपत्तिप्रसूतार्थापत्तिरेव रात्रिभोजने प्रमाणम्। नैनत्। रात्रिभोजनस्यानुमानविषयत्वात्। तथाहि अयं देवदत्तो रात्रौ भुङ्क्ते दिवाऽभुंजानत्वे सति पीनत्वात्। यस्तु न रात्रौ भुङ्क्ते नासौ दिवाऽभुञ्जानते सति पीनो यथा दिवारात्रौ चाभुञ्जानोऽपीनो न चायं तथा तस्मान्न तथेति केवलव्यतिरेक्यनुमानेनैव रात्रिभोजनस्य प्रतीयमानत्वात्। किमर्थमर्थापत्तिः पृथक्त्वेन कल्पनीय। —तर्कभाषा, अ० वि०

उस अभाव प्रमाण को ग्रहण करने के लिए मानना ही होगा, क्योंकि घट आदि की अनुपलब्धि से घट आदि के अभाव का निश्चय किया जाता है और उपलब्धि का अभाव ही अनुपलब्धि है। अतः अभाव प्रमाण के द्वारा घट आदि के अभाव का ग्रहण होता है। ऐसी उनकी अवधारणा उपयुक्त नहीं है, क्योंकि यदि यहां घट होता तो भूत के समान दिखलाई देता, इत्यादि तर्क के साथ अनुपलब्धि से युक्त प्रत्यक्ष प्रमाण से ही अभाव का ग्रहण हो जाता है। उसकी भिन्न प्रमाण मानने की आवश्यकता नहीं है।[1]

यहां पूर्वपक्षी का अभिप्राय यह है—"भूतल में घट का अभाव है, इस प्रकार का अनुभव हुआ करता है। इस अनुभव में घट आदि का ग्रहण होता है। इस अभाव के ग्रहण की प्रक्रिया यह है कि जब घट आदि पदार्थ की उपलब्धि के सभी साधन होते हैं किन्तु घट आदि पदार्थ की उपलब्धि नहीं होती तो हम निश्चय करते हैं, कि यहां घट आदि नहीं है। उदाहरणार्थ उचित प्रकाश में चक्षु में तथा भूतल का संयोग होने पर भूतल का प्रत्यक्ष हो रहा है किन्तु यहां घट का ग्रहण नहीं हो रहा। उपलब्धि के समस्त साधन प्रकाश, इन्द्रिय व्यापार आदि के होने पर प्रत्यक्ष योग्य घट की उपलब्धि नहीं होती तो हम निश्चय करते हैं कि भूतल में घट आदि के अभाव का निश्चय होता है और अनुपलब्धि का अर्थ है उपलब्धि का अभाव। इसलिए यहां उपलब्धि का अभाव ही घटाभाव के ज्ञान का साधन है। अथवा अभाव ही ऐसा प्रमाण है जिसके द्वारा घटाभाव का ग्रहण होता है।

इस घटाभाव का ग्रहण प्रत्यक्ष आदि चारों प्रमाणों में से किसी के द्वारा भी नहीं ले सकता। क्योंकि इन्द्रिय का व्यापार तो भूतल आदि अधिकरण के ग्रहण में लीन हो जाता है। किंच अभाव के साथ इन्द्रिय का सन्निकर्ष भी नहीं हो सकता। अतः प्रत्यक्ष द्वारा अभाव का ग्रहण नहीं हो सकता। अनुमान के द्वारा भी इसका ग्रहण सम्भव नहीं क्योंकि अभाव के साथ व्याप्ति नहीं होती। इसी प्रकार उपमान तथा शब्द प्रमाण का भी विषय अभाव नहीं हो सकता। अतः अभाव नामक एक पृथक् प्रमाण है।

इसका निराकरण इस प्रकार हो जाता है कि हमारे यहां अर्थात् न्याय मत में घट आदि के अभाव नाम का कोई पृथक् प्रमाण नहीं है। अभाव का ग्रहण प्रत्यक्ष के द्वारा हो जाता है। इतना भेद अवश्य है कि अभाव के ग्रहण में दो ही सहकारी कारण होते हैं एक तो यह तर्क कि यदि यहां घट होता तो भूतल के समान वह भी दिखालाई देता। दूसरे प्रकाश, इन्द्रिय सन्निकर्ष आदि सभी उपलब्धि के साधनों के होते हुए भी प्रत्यक्ष योग्य घट का प्रत्यक्ष नहीं हो रहा है इस प्रकार की अनुपलब्धि। फलतः घटाभाव आदि के ग्रहण में प्रकृष्ट कारण तो चक्षु आदि इन्द्रिय ही है क्योंकि उसके बिना अभाव का

---

1. नैतत्। यद्यत्र घटोऽभविष्यत्तर्हि भूतलमिवाद्रक्ष्यदित्यादितर्कसहकारिणाऽनयलम्भसनाथेन प्रत्यक्षेणैवायायवग्रहणात्। —तर्कभाषा, अ० वि०

ग्रहण नहीं होता, उसका व्यापार होने पर अभाव का ग्रहण हो जाता है। उपर्युक्त तर्क तथा घट आदि की अनुपलब्धि में दोनों चक्षु इन्द्रिय के सहकारी होते हैं। इस प्रकार प्रत्यक्ष के द्वारा ही घट आदि के अभाव का ग्रहण हो जाया करता है उसके लिए अभाव नाम का पृथक् प्रमाण मानना युक्ति संगत नहीं है। अतः सिद्ध है कि प्रमाण चार ही होते हैं। अर्थापत्ति का अन्तर्भाव इन्हीं चार में हो जाता है।

मध्वमत में अर्थापत्ति और अभाव

मध्वाचार्य सम्प्रदाय में जयतीर्थ ने अपनी "प्रमाण पद्धति" में अर्थापत्ति का अन्तर्भाव अनुमान में किया है। उसके तीन प्रमाण स्वीकार किये हैं। अनुपपद्यमान अर्थ के दर्शन से उसके उपपादक की वृद्धि करना अर्थात् ज्ञान होना ही अर्थापत्ति है। जैसे चैत्र जीवित है और घर में नहीं है ऐसा ज्ञान होने पर उसका घर से बाहर होना उचित होता है जो अनुमान का विषय है क्योंकि चैत्र जीवित भी है और घर में भी नहीं तो इसका अर्थ है कि वह कहीं अन्यत्र है क्योंकि जीवित है और घर में नहीं हैं जैसे मैं जीवित हूं और अन्यत्र हूं। जीवित का और गृह में अभाव का लिंग उत्पन्न होता है। अतः यह पृथक् प्रमाण न होकर अनुमान ही है।[1]

अभाव नामक प्रमाण का अन्तर्भाव भी अनुमान में ही हो जाता है। जैसे यहां घट नहीं है इससे घट की अनुपलब्धि का अनुमान लगाया जा सकता है। क्योंकि उपलब्धि के सभी साधन उपस्थित हैं। यदि यहां घट होता तो उपलब्ध होना चाहिए था परन्तु घट उपलब्ध नहीं है। अतः घट का अभाव है। इस प्रकार के अनुमान की ही प्रक्रिया है।

सांख्य दर्शन में शब्द प्रमाण :

सांख्यशास्त्र को प्रत्यक्ष, अनुमान तथा आप्तवचन रूप से तीन ही प्रमाण अभिमत हैं।[2] अनुमान के बाद आप्तवचन या शब्दप्रमाण इसलिए रखते हैं कि अनुमान के द्वारा

---

1. एतेषामेवार्थापत्त्यादीनामन्तर्भावः अनुपपद्यमानार्थ दर्शनात्तदुपपादकी बुद्धिरर्थापत्तिः यथा जीवंश्चैत्रो गृहे नास्तीति ज्ञाने सति बहिर्भावज्ञानम्। अत्र यद्यप्येकैकस्य बहिर्भावलिंगत्वं नोपपद्यते व्यभिचारात्। तथाऽपि चैत्रोबहिरस्तु जीवनवत्वे सति गृहे सत्वात्। यो जीवन् यत्र नास्ति स ततोऽन्यत्रास्ति। यथाऽहमिति। मिलितयोर्जीवन-गृहावयवयो-लिंगत्वमुपपद्यते एव। —प० प० ज्ञ० प०
2. दृष्टमनुमानमाप्तवचनं च सर्वप्रमाणसिद्धत्वात् त्रिविधं प्रमेयसिद्धिः प्रमाणद्धि। सांख्य-कारिका-4 प्रत्यक्षमात्रं चार्वाकाः बौद्धाः वैशेषिका द्वयम्। सांख्ययोगास्त्रयं चैव न्याय चैव चतुष्टयम्। पंचप्रभाकरा भट्टाः तथा वैदान्तिकाश्चषट्। पौराणिकाः तथा चाष्टौ प्रमाणान्यत्र मन्यन्ते।

ही वक्ता को शक्ति अर्थात् शब्दार्थ-सम्बन्ध का ज्ञान होता है और शब्दार्थ के सम्बन्ध का ज्ञान होने पर ही शब्दबोध होता है। अतः अनुमान शब्द प्रमाण का परोक्ष रूप से कारण है। "आप्तश्रुतिराप्तवचनम्"[1] अर्थात् आप्त वाक्य जन्य ज्ञान ही आप्तवचन है। आप्तवचन का अर्थ है आप्त श्रुति अर्थात् वाक्य से उत्पन्न वाक्यार्थ ज्ञान। यह वाक्यार्थ ज्ञान जो स्वतन्त्र रूप से प्रमाण होता है, अपौरुषेय वेदवाक्यों से उत्पन्न होने से भ्रम प्रमादादि पुरुषदोषों से रहित होने के कारण युक्त है। इसी प्रकार श्रुति मूलक स्मृति-इतिहास के वाक्य भी आप्त है। इन्हीं वाक्यों से उत्पन्न वाक्यार्थज्ञान, विषयाकार अध्यवसायत्मिका बुद्धि का परिणाम शब्दप्रमाण है। यह वाक्यार्थ ज्ञान स्वरूप शब्द प्रमाण स्वतः प्रमाण है।

मीमांसा दर्शन में शब्द प्रमाण

मीमांसा दर्शन के अनुसार ज्ञात शब्द से पदार्थ का स्मरणात्मक बोध होने पर जो वाक्यार्थ ज्ञान होता है, उसे शब्दप्रमाण कहते हैं। शब्दप्रमाण के सन्दर्भ में शब्द की नित्यता का विवेचन मीमांसकों की ओर से भारतीय ज्ञान-मीमांसा के लिए एक उल्लेखनीय देन है। शब्द की नित्यता की सिद्धि के लिए तर्क प्रस्तुत किए गए हैं कि जिसे कर्णेन्द्रिय द्वारा शब्द के रूप में ग्रहण किया जाता है वह शब्द नहीं होकर ध्वनि है। यह ध्वनि नित्य शब्द का प्रतीक है। ध्वनि वस्तुतः शब्द से पृथक् है और अनित्य है।

इस तथ्य की पुष्टि के लिए यह तर्क प्रस्तुत किया गया है कि—"यदि वस्तुतः ध्वनि शब्द होती तो 'घट' शब्द के दस बार उच्चारण करने से दस शब्दों का बोध होना चाहिए था। परन्तु एक शब्द का बराबर उच्चारण करने पर भी एक ही शब्द का अर्थ बोध होता है।"

इससे स्पष्ट होता है कि उच्चारण से शब्द की उत्पत्ति न होकर ध्वनि की उत्पत्ति होती है। निष्कर्षतः शब्द नित्य है और शब्द और अर्थ का सम्बन्ध भी नित्य है।

लक्षणा भेद तथा उनका मूल्य

शक्ति तथा लक्षणा भेद से पद की वृत्ति दो प्रकार की है। न्याय दर्शन के द्वितीयाध्याय के द्वितीयाह्निक में इसका विस्तारपूर्वक निरूपण किया गया है।[2] यह यौगिक, रुढ़ि और योगिरुढ़ि है।

---

1. 'आप्तश्रुतिराप्तवचनम्'। —सांख्य दर्शनम्।
2. न लक्षणावस्थितापेक्षसिद्धेः।
—न्यायार्यभाष्य, द्वितीय अध्याय, द्वितीय आह्निक, पृ० 389

अवयवशक्तियोंग:

इसका नाम शक्य है। शक्य तथा शक्यार्थ यह दोनों पर्याय शब्द है। "शक्य के साक्षात्कारसम्बन्ध का नाम लक्षणा" और लक्षणावृत्ति के विषयभूत पदार्थ को लक्ष्य कहते हैं। जहल्लक्षणा, अजहल्लक्षणा तथा लक्षित लक्षणा भेद से तीन प्रकार है।[1] लक्ष्य अर्थ को छोड़कर तत्सम्बन्धी अर्थ को जिससे प्रतीति हो उसकी "जहल्लक्षणा" कहते हैं। जैसाकि "गंगायां ग्राम:" गंगा में ग्राम है इत्यादि वाक्यों में गंगादि पद उक्त लक्षणा के उदाहरण हैं। गंगा पद का शब्दार्थ जलप्रवाह और उसका साक्षात्सम्बन्धी तीर उक्त लक्षणा का विषय होने से लक्ष्य है अर्थात् गंगापद के जलप्रवाह रूप शक्यार्थ का जो तीर के साथ संयोग है वही गंगा पद के तीर में लक्षणा है।

इस प्रकार लक्षणावृत्ति के ज्ञान वाले पुरुष को गंगापद के श्रवणोत्तर तीन रूप अर्थ की स्मृति द्वारा—"गंगातीरवृत्तिघोष:" गंगा के तट पर ग्राम है यह शाब्दबोध होता है जिसमें शक्यार्थ के सहित अर्थान्तर की प्रतीति हो उसको "अजहल्लक्षणा" कहते हैं[2] जैसाकि "छत्रिणो यान्ति" छाते वाले जाते हैं। छत्रिण: आदि पद उक्त लक्षणा के उदाहरण है। बहुत से आधुनिक लोग अजहल्लक्षणा का इस प्रकार लक्षण करते हैं। लक्ष्यवृत्ति धर्म का नाम "लक्ष्यतावच्छेदक" उक्त धर्म द्वारा जिसमें शक्य तथा लक्ष्य दोनों की प्रतीति हो उसको "अजहल्लक्षणा" कहते हैं[3] जैसे—काकेभ्योदधिरक्ष्यताम्" यहां पर "काकेभ्य:" पद की दध्युपघातक में लक्षणा है; जिनके स्पर्श से दधिभक्षण करने योग्य नहीं रहता, उनका नाम दध्युपघातक है और "तद्वत्ति दध्युपघातकत्व कर्म लक्ष्यतावच्छेदक" है जिस प्रकार 'काक-पक्षि' दधि के उपघातक होते हैं अतएव वक्ता का तात्पर्य केवल काक पक्षी से दधि की रक्षा करना नहीं अपितु दध्युपघातक रूप लक्ष्यतावच्छेदक धर्म द्वारा काक और मार्जार आदि शक्य और लक्ष्य दोनों की प्रतीति श्रोता को उक्त लक्षणा से होती है। इसलिए उक्त लक्षणा को आलंकारिक लोग "अजहल्लक्षणा स्वार्थ" भी कहते हैं।

शक्यार्थ के सम्बन्ध द्वारा अर्थान्तर की प्रतीति जिससे हो उसको "लक्षित लक्षणा" कहते हैं[4] जैसा कि "द्विरेफोरौति"-द्विरेफ शब्द करता है। "सिंहोमाणवक:" यह पुरुष सिंह है। इत्यादि वाक्यों में "द्विरेफ" तथा "सिंह" पद उक्त लक्षणा के

---

1. शक्यार्थमनन्तरमीव्यतत्सम्बन्ध्यर्थान्तरप्रीतिहेतु जहल्लक्षणा।
—न्या० भा० पृ० 71
2. शक्यार्थमन्तर्भाव्यौतत्सम्बन्ध्यर्थान्तरप्रतीतिहेतोलक्षणम् अजहल्लक्षणा। —वही
3. लक्ष्यतावच्छेदकरूपेणशक्यलक्ष्योभयबोधप्रयोजिका लक्षणा अजहल्लक्षणा। —वही
4. स: द्विविधोदृष्टापदृष्टार्थत्वात्। —न्या० दर्शन सू० 8
लौकिकं त्वा प्रोक्तम् प्रमाणम् अन्यपदप्रमाणम्। —तर्कसंग्रह

उदाहरण हैं। प्रमाण निरवकाश नहीं है। सांख्य शास्त्र के आद्यमहदादि के आरम्भ में क्रम शब्द प्रमाण के विषय में है जैसा कि सांख्यतत्त्वकौमुदी में वाचस्पतिमिश्र ने प्रतिपादित किया है। इसके अतिरिक्त स्वर्ग, अपूर्व और देवतादि को शब्द का विषय बताया गया है।[1] जिस प्रकार दृष्ट लोक में प्रत्यक्ष सुख कर्मार्जित होने से अनित्य है।[2] अतः सांख्य में महदादि आरम्भ क्रम शब्द से सिद्ध बताया गया है।

मीमांसा दर्शन के विचार से शब्द प्रमाण को दो भागों में विभक्त किया है—

1. पौरुषेय
2. अपौरुषेय

आप्त पुरुष के वाक्य पौरुषेय है और वेदवाक्य अपौरुषेय हैं। वेद धर्म में सबसे उत्कृष्ट प्रमाण शब्दप्रमाण को ही माना गया है। यह अपौरुषेय है। वेद नित्य होने से शब्द भी नित्य है।[3] समानता का होना यदि गवय में प्रत्यक्ष है तो गाय में भी प्रत्यक्ष ही है। इस प्रकार उपमान का कोई भिन्न प्रमेय नहीं है। जिसके लिए उपमान रूप भिन्न प्रमाण माना जाये।[4] अतः उपमान कोई पृथक् प्रमाण नहीं है।

मीमांसाचार्यों के अनुसार भट्टीय परम्परा में उपानादि छः प्रमाणों से उपमान की उपादेयता को स्वीकार किया गया है। प्रभाकर पांच ही मानते हैं, उनके मत में भी उपमान को पृथक् प्रमाण मानना उचित है। अतः मीमांसकों के अनुसार उपमान एक पृथक् प्रमाण है। उपमान की व्याख्या इन आचार्यों ने न्याय के अनुसार ही की है। परन्तु दोनों आचार्यों में इसके विषय में थोड़ा सा अन्तर है। कुमारिल भट्ट के अनुसार गाय को पहले से ही जानने वाला मनुष्य जंगल में जाकर किसी गवयाकृति को देखता है और सादृश्यवश उसे अपनी गाय की याद आ जाती है। यह सोचता है कि यह उपस्थित जानवर मेरी गाय के सदृश ही है। इस सादृश्य के आधार पर उसका प्रत्यक्ष नहीं कहा जा सकता है, क्योंकि उपमान का आधार सदृश और स्मरण (गाय और गवय) विषयों को लक्ष्य .रते है। प्रत्यक्ष इन्द्रिय सन्निकर्ष मूलक होता है। वह सन्निकर्ष केवल गवय का है, गाय का नहीं यही उपमान को पृथक् प्रमाण मानने का कारण है। जबकि प्रभाकर सादृश्य द्वारा अदृष्ट विषयक ज्ञान को उपमान कहते हैं। गवय को प्रत्यक्ष से देखते हुए सादृश्य द्वारा अप्रत्यक्ष गाय का स्मरण हो जाता है।

---

1. सांख्यतत्त्वकौमुदी का 6 तथा च यत्र तन्नास्ति महदाद्यारम्भक्रमे स्वर्गापूर्व देवतादौ च इत्यादि।
2. आप्तश्रुतिराप्तवचनम्— सांख्यदर्शन।
3. मीमांसा दर्शन— शब्दार्थतर्कपर्यन्तः। एषः सर्वेश्वरः "यः सर्वमखल्विदं ब्रह्म" "तत्त्वमसि, अहं ब्रह्मास्मि".... आदि।
4. स चेद्रः गवये प्रत्यक्षः गव्यपि तथेति नोपमानस्य प्रमेयमान्तरमन्ति यत्र प्रमाणान्तारमुपमानं भवेत्। इति न प्रमाणान्तरमुपमानम्। —तदैव

अद्वैत वेदान्त में शब्द प्रमाण

अब आगम प्रमाण (शब्दप्रमाण) का निरूपण किया जाता है। जिस वाक्य में तात्पर्य का विषय होने वाला संसर्ग अन्य प्रमाणों से बाधित नहीं होता वह वाक्य शब्दप्रमाण होता है। वाक्यजन्य ज्ञान में आकांक्षा, योग्यता, आसत्ति (सन्निधि) और तात्पर्य ज्ञान— ये चार "कारण" होते हैं।[1]

आकांक्षा, योग्यता आसत्ति और तात्पर्य ज्ञान, इनमें से पदार्थों की परस्पर जिज्ञासा में विषय होने की योग्यता को आकांक्षा कहते हैं। क्रिया के श्रवण होने पर कारक के ज्ञान की इच्छा उत्पन्न होती है उसी प्रकार कारक का श्रवण होने पर क्रिया की और कारण का श्रवण होते ही इति कर्तव्यता की आकांक्षा होती है। इस आकांक्षा के लक्षण में "योग्यत्व" पद की आवश्यकता को बताते है। जिज्ञासा रहित व्यक्ति को वाक्यार्थ का बोध होने से उसमें (बोध में) आकांक्षा का लक्षण अव्याप्त न हो इसलिए लक्षण में "योग्यत्व" पद दिया है। क्रियात्व कारकत्व आदि धर्म, उस योग्यता के अवच्छेदक होने से आकांक्षा के लक्षण की गो, अश्व, पुरुष आदि पद समूह में अतिव्याप्ति नहीं होती है।

इसी प्रकार "तत्त्वमसि" इत्यादि अभेदान्वय-प्रतिपादक वाक्यों में समानविभक्ति वाले वादों से प्रतिपाद्यत्व ही अवच्छेदक है। इसलिए वहां भी लक्षण की अव्याप्ति नहीं होती।[2]

उपरोक्त आकांक्षा का लक्षण भी मीमांसकों को भी अभिमत होने से उन्होंने भी इसी प्रकार की आकांक्षा को मानकर बलाबलाधिकरण में— "वह अमिक्षा वैश्वदेवी" ("विश्वदेव देवताका") है और वाजिन वाजिदेवताक है। इस वाक्य पर विचार करते समय वहां पर वैश्वदेव योग का अमिक्षा के साथ अन्वय होने से वाजिनान्वय की उसे आकांक्षा नहीं रहती इसलिए वैश्वदेवयाग का वाजिन से अन्वय नहीं होता— कहा है।[3]

---

1. अथागमो निरूप्यते। यस्य वाक्यस्य तात्पर्य विषयीभूत संसर्गो मानान्तरेण न बाध्यते तद्वाक्यम् प्रमाणम्। वाक्यजन्यज्ञाने च आकांक्षा योग्यता आसत्तितात्पर्यज्ञानं चेति चत्वारि कारणानि। —वेदान्त परिभाषा, आगम परिच्छेद, पृ० 189
2. तत्र पदार्थानां परस्पर-जिज्ञासा-विषयत्वयोग्यत्वमाकांक्षा। क्रिया-श्रवणे कारकस्य कारक-श्रवणे क्रियायाः करण-श्रवणे इति कर्तव्यतायाश्च जिज्ञासाविषयत्वात्। अजिज्ञासोरपि वाक्यार्थबोधाद् योग्यत्वमुपात्तम्। तदवच्छेदकं च क्रियात्वकारकत्वादिक-मिति नाति व्याप्तिः गौरश्वः इत्यादौ। अभेदान्वये च समानः। विभक्तिक-प्रतिपाद्यत्वं तदवच्छेदकमिति तत्त्वच्छेदकमिति तत्त्वमस्यादि— वाक्येषु ना व्याप्तिः।—वही
3. एतादृशाकाङ्क्षाभिप्रायेणैव बलाबलाधिकरणे "सा वैश्वेदव्यामिक्षा वाजिभ्यो वाजिनम्" वैश्वदेवयागस्यामिक्षान्विततत्वेन न वाजिनाकाङ्क्षेत्यादि व्यवहारः।
—वेदान्त आगम परिच्छेद पृ० 19[illegible]

"तप्ते वयसि" इत्यादि वाक्य में भी वाजिन को-वैश्वदेव— याग की जिज्ञासा का विषयत्व न होने पर भी जिज्ञासा का विषय होने की योग्यता ही है। (वैश्वदेव याग को वाजिन की आकांक्षा होना रूप दोष इस पक्ष में ही आता है। (क्योंकि प्रकृत में यागनिरुपित) याग में जिज्ञासाविषयत्व होने की योग्यता का अवच्छेदक "प्रदेयद्रव्यत्व" (देने के योग्य द्रव्य होना) है, और यह प्रकृत वाजिन में भी है।

परन्तु यह कहना ठीक नहीं। क्योंकि हम केवल प्रदेय द्रव्यत्व को ही योग्यता का अवच्छेदक नहीं मानते। किन्तु स्वसमान जातीय पदार्थ के अन्वयबोधाभाव से सहकृत (युक्त) प्रदेय द्रव्यत्व ही प्रकृत स्थल में योग्यता का अवच्छेदक है। इस कारण "वाजिन" अन्वय करते समय उक्त योग्यतावच्छेदक (प्रदेयत्व) उसमें रहता है क्योंकि अमिक्षा से याग का अन्वय करते समय उसका वाजिन से अन्वय उपस्थित(प्राप्त) ही नहीं होता। उसी प्रकार अन्य उदाहरणों में भी (श्रुति लिंग आदि की युगपत्प्राप्ति उदाहरणों में भी) श्रुति से अन्य लिंगादि प्रमाणों में "पारदौर्बल्य" न्याय आकांक्षा का अभाव रहता है[1] अर्थात् तात्पर्यविषयीभूत संसर्ग का बोध न होना ही योग्यता है। "अग्नि से सिंचन करता है" आदि वाक्य में योग्यता नहीं है क्योंकि उस वाक्य का अग्निकरणक आद्रीकरण रूप अर्थ प्रत्यक्ष प्रमाण से बाधित होता है। प्रजापति ने अपनी वपा (पेट के भीतर की कोमल हीन वस्तु) को खींचकर निकाला और उससे अग्नि में हवन किया आदि वाक्य का पशुप्राशस्त्य ही तात्पर्य विषयीभूत अर्थ है और वह किसी प्रमाण से बाधित न होने के कारण उस वाक्य में योग्यता है। उसी तरह "वह ब्रह्म तू है" आदि वाक्य में भी योग्यता के लक्षण की अव्याप्ति नहीं होती क्योंकि "तत्" और "त्वम्" इन पदों के वाच्य अर्थ में अभेद का बोध होने पर भी लक्ष्यार्थ भूत चैतन्य के अभेद रूप अर्थ का बोध नहीं होता है।[2]

---

1. ननु तत्रापि वाजिनस्य-जिज्ञासा विषयत्वेपि तद्योग्यत्वमस्त्येव। प्रदेय—द्रव्यत्वस्य यागनिरूपितजिज्ञासा-विषयतावच्छेदकत्वादिति चेत् न। स्व-समानजातीय पदार्थान्वय-बोध विरहसहकृतप्रदेय द्रव्यस्यैव तदवच्छेदकत्वेन वाजिन द्रव्यस्य स्वसमानजातीयामिक्षा द्रव्यान्वयबोध सहकृतत्वेन तादृशावच्छेदकाभावात्। उदाहरणान्तरेष्वपि दुर्बलत्व प्रयोजक आकांक्षा विरह एव द्रष्टव्यः।

—वेदान्त आगम परिच्छेद, पृ० 169

2. योग्यता च तात्पर्य-विषयीभूत-संसर्गाबाधः वह्निनासिंचतीत्यादौ तादृशसंसर्गबाधान्न-योग्यता स प्रजापतिरात्मनोवपामुदखिदत्-इत्यादवपि तात्पर्य-विषयीभूतपशुप्राशस्त्याबाधाद् योग्यता। तत्त्वमस्यादिवाक्येष्वपि वाच्याभेद-बोधेऽपि लक्ष्यस्वरूपाभेदं बाधाभावाद् योग्यता।

—वही पृ० 202

जो पदजन्य पदार्थ की उपस्थिति हो उसे आसत्ति कहते हैं अर्थात् व्यवधान से रहित (बीच में अन्य पदों का व्यवधान उपस्थित न हो)। प्रत्याक्षादि शब्देतर प्रमाणों से उपस्थित होने वाले पदार्थों का अन्वय में बोध नहीं होता, इसलिए "पदजन्य" यह शब्द लक्षण में दिया है। पदजन्य पदार्थोपस्थित अपेक्षित होने से ही जहां पर क्रिया-कारकादि दूसरा पद नहीं कहा हो ऐसे "द्वारम्" इस एक शब्द के अर्थ की पूर्ति के लिए "पिधेहि" ऐसे पदों का अध्याहार करना पड़ता है। और इसी कारण 'इषेत्वा" इत्यादि मन्त्रों में "छिनद्धि:" ऐसे पद का भी अध्याहार करना चाहिए। यह निर्णय मीमांसा में किया है[1]। ऐसे ही पदजन्य—उपस्थिति मीमासंकों को मान्य होने से सौर्यादि विकृति यागों से "सूर्याय" में सूर्य देवता को उद्देश्य कर सावित्र हवि का निर्वाप करता हूँ—इन पदों का उच्चारण करना चाहिए, यह सिद्धान्त किया गया है।[2]

वह पदार्थ शक्य और लक्ष्य भेद से दो प्रकार का है (उनमें शक्य का अर्थ है शक्ति रूप वृत्ति से युक्त और लक्ष्य का अर्थ है। लक्षणारूपवृत्ति से युक्त (पदों के वाच्य अर्थ में स्थित मुख्य वृत्ति को ही शक्य पद की घटक शक्ति कहते हैं। जैसे—"घट" पद की तल तथा मध्य भाग में वर्तुल आकार से युक्त वस्तु विशेष में रहने वाली वृत्ति ही शक्ति कही जाती है। वह शक्ति, पृथक् (अतिरिक्त) पदार्थ है। क्योंकि कारण में विद्यमान होती हुई कार्योत्पत्ति के अनुकूल (जनक) समस्त (यावत्) शक्ति हो सिद्धान्त में पृथक् पदार्थ के रूप में स्वीकार किया है[3] और वह पदनिष्ठ शक्ति, तत्तद् विशेष पद से तत्तद् विशेष पदार्थ विशेष पदार्थ के ज्ञान रूप कार्य से अनुमेय (अनुमान प्रमाण) के जानने योग्य है। पदार्थ में ऐसी शक्ति की विषयता होना ही उसकी शक्यता है। वह शक्यत्व (ता) जाति में ही रहती है। व्यक्ति में नहीं; क्योंकि व्यक्ति अनन्त (असंख्य) होने से प्रत्येक व्यक्ति में पृथक् शक्यत्व मानने में गौरव है। व्यक्ति में यदि शक्यत्व (शक्ति) नहीं है तो गो आदि पदों के श्रवण करते ही—सास्नादिमान् गो व्यक्ति का ज्ञान कैसे होता है? उत्तर यह है कि—जाति, व्यक्ति,

---

1. मीमांसा 2/1/47
2. आसत्तिश्चावधानेन पदजन्यपदार्थोपस्थितिः। मानान्तरोपस्थापितपदार्थस्यान्वयबोधाभावात् पदजन्येति। अत एवाश्रुतपदार्थस्थले तत्त्पदाध्याहारः "द्वारम्" इत्यादौ "पिधेहि" इति। अतएव "इषेत्वा" इत्यादि मन्त्रे "छिनद्धिः" इति पदाध्याहारः। अतएव विकृति "सूर्याय" त्वां जष्टं निवर्पामि इति पदप्रयोगः।
   —अद्वैत वेदान्त आगम परि०, पृ० 204
3. पदार्थश्च द्विविधः—शक्योलक्ष्यश्चेति। तत्र शक्तिरपिपदानामर्थेषु मुख्या वृत्तिः यथा घटपदस्य पृथुबुध्नोदराद्याकृति-विशिष्टे वस्तुविशेषवृत्ति। सा च शक्तिः पदार्थान्तरम्। सिद्धान्ते कारणेषु कार्यानुकूल-शक्तिमात्रस्य पदार्थान्तरत्वात्।

ज्ञानरूप एक ही ज्ञान से संवेद्य होने से, जाति ज्ञान के होते ही व्यक्ति ज्ञान और व्यक्ति ज्ञान के होते ही जातिज्ञान होता है।[1]

व्यक्ति का बोध लक्षणा से मान लीजिये। जिस प्रकार ''नीलघट'' आदि वाक्य में लक्षणा स्वीकार करते हैं। उसी प्रकार जातिवाचक पदों की भी जातिविशिष्ट व्यक्तियों में लक्षणा कर लेनी चाहिए। अतएव मीमांसकों ने जो अर्थ अन्यालभ्य हो (अन्य प्रमाणों से ज्ञात नहीं होता हो) वही शब्दार्थ बताया है। अतः शक्य पदार्थ का उल्लेख किया है।[2]

अब लक्ष्य पदार्थ का निरूपण किया जाता है। शक्य और लक्ष्य में लक्षण का विषय होता है। केवल लक्षणा और लक्षित लक्षणा भेद से लक्षणा दो प्रकार की होती है। उनमें केवल शक्य का साक्षात् सम्बन्ध जहां हो वह केवल लक्षणा है। जैसे—''गंगायां घोषः'' इस वाक्य में गंगा पद की गंगा पद वाच्य गंगा प्रवाह रूप पदार्थ के साथ साक्षात् संयोग से सम्बन्ध रहने वाले तीर रूप अर्थ में लक्षणा है।[3]

जहां पर शक्यार्थ के परम्परासम्बन्ध के द्वारा अर्थान्तर (वाच्यार्थ से भिन्न अर्थ) की प्रतीति हो वहां लक्षितलक्षणा समझना चाहिए, जैसे—''द्विरेफ'' अर्थात् दो रेफ (रकार) रूप अर्थ में शक्त पद की भ्रमर पद से मधुकर रूप अर्थ में वृत्ति है। (शक्यार्थ रूप द्वि रेफों के परम्परा सम्बन्ध के द्वारा द्विरेफ पद से मधुकर रूप अर्थ की प्रतीति होने से यह लक्षित लक्षण है।[4]

गौणी लक्षित लक्षणा ही है, जैसे—''यह बटु सिंह है'' इस वाक्य में 'सिंह' शब्द

---

1. सा च तत्तत्पदजन्यपदार्थज्ञानस्य-कार्यानुमेया। तादृशशक्ति विषयत्वं शक्यत्वम्। तच्च जातेरेव न व्यक्तेः, व्यक्तिनामानन्त्येन गुरुत्वात् तच्च जातेरेव न व्यक्तेः, व्यक्तिनामानन्त्येन गुरुत्वात्। कथं तर्हि गवादि पदाद् व्यक्तिमानमिति चेत्, जातेव्यक्ति समान-संवित्संवेगत्वादिति।

—अ० वे० आ० परि०, पृ० वही

2. व्यक्तेर्लक्षणयावगमः। यथा नीलोघट इत्यत्र नीलशब्दस्य नीलगुण-विशिष्टे लक्षणा, तथा जातिवाचकस्य तद्विशिष्टे लक्षणा। तदुक्तम् अन्यालभ्योहि शब्दार्थः इति। एवं शक्यो निरूपितः।

3. अथ लक्ष्य-पदार्थोनिरूप्यते। तत्र लक्षणाविषयोलक्ष्यः लक्षणा च द्विविधा, केवललक्षणा लक्षितलक्षणा चेति। तत्र शक्यसाक्षात्सम्बन्धः केवललक्षणा, यथा गंगायां घोष इति अत्र प्रवाह साक्षात्सम्बन्धिनि तीरे गंगापदस्य केवललक्षणा।

—अ० वे० आ० परि०, पृ० 221

4. यत्र शक्यपरम्परा—सम्बन्धनार्थान्तरप्रतीतिस्तत्र बाधितलक्षणा। यथा द्विरेफ-पदस्य रेफ द्वेय शक्तस्य भ्रमरपद-घटित-परम्परा-सम्बन्ध मधुकरे वृत्तिः।

—वही, पृ० 223

वाच्यार्थ जो सिंह पशु उसके साथ सम्बद्ध रहने वाले क्रूरत्वादि धर्म रूप सम्बन्ध से माणवक (बटु) की प्रतीति होती है।[1]

अन्य प्रकार से यह लक्षणा त्रिविध प्रकार की है—(1) जहल्लक्षणा (2) अजहल्लक्षणा (3) जहदजहल्लक्षणा त्रिविध। उनमें से जिस लक्षणा में वाच्यार्थ का अन्तर्भाव लक्ष्यार्थ में न होकर अन्यार्थ (शक्यभिन्न अर्थ) की प्रतीति होती है। (शक्यार्थ भासित न होकर केवल लक्ष्यार्थ भासित होता है) उसे जहल्लक्षणा कहते हैं, जैसे—''विषं भुङ्क्ते'' इस वाक्यार्थ से विष भक्षण रूप वाक्यार्थ का ज्ञान न होकर ''शत्रु के घर मत जाओ'' इस लक्ष्यार्थ की प्रतीति होती है, अतः यह जहल्लक्षणा है।[2]

जहां पर लक्ष्यार्थ का अन्तर्भाव करके ही अन्य (लक्ष्य) अर्थ की प्रतीति होती है वहां पर (वाच्यार्थ का त्याग न होने से) अजहल्लक्षणा होती है, जैसे ''शुक्लो घटः'' में शुक्ल शब्द गुण का वाचक है। अर्थात् शुक्लवर्ण उसका वाच्यार्थ है। वह गुण होने से घट अर्थात् द्रव्य नहीं है। इस कारण शुक्ल शब्द के वाच्यार्थ की वाक्य में उपपत्ति न लग सकने से (अनुपपत्ति होने से) उस शब्द की शुक्ल गुण के साथ नित्य सम्बद्ध रहने वाले ''शुक्लगुणवान् घट'' रूप अर्थ में लक्षणा माननी पड़ती है। किन्तु लक्षणा के स्वीकार करने में भी शुक्ल गुण रूप वाच्यार्थ की सर्वथा अप्रतीति नहीं होती क्योंकि शुक्ल गुणविशिष्ट घट का ज्ञान ''शुक्ल'' गुण रूप विशेषण ज्ञान के बिना संभव नहीं है। इसलिए यह अजहल्लक्षणा का उदाहरण है।[3]

जिस वाक्य में विशिष्ट वाचक शब्द अपने विशेषण रूप एकदेश को (एक अंश को) छोड़कर विशेष्य रूप एक अंश का बोधक होता है वहां जहदजहल्लक्षणा होती है जैसे—''सोयं देवदत्तः'' वह यह देवदत्त है। यह पद तत्काल तथा यह पद एतत्काल विशिष्ट है। परन्तु देवदत्त परोक्ष तथा अपरोक्ष रूप विरुद्ध उभयकालों में विशिष्ट होकर एक ही समय में स्थित नहीं हो सकता इसलिए वह और यह दोनों पद केवल देवदत्त

---

1. गोण्यपि लक्षित लक्षणैव। यथा सिंहो माणवक इति अत्र सिंह शब्द वाच्य सम्बन्धि-क्रोर्यादि-सम्बन्धन माणवकस्य प्रतीतिः।

—वही, पृ० 224

2. प्रकारान्तरेण लक्षणा त्रिविधा—जहल्लक्षणा अजहल्लक्षणा, जहदजहल्लक्षणा चेति। तत्र शक्यमनन्तर्भाव्य यत्रार्थान्तर प्रतीतिस्तत्र जहल्लक्षणा यथा विषं भुङ्क्ष्व। अत्र स्वार्थ विहाय शत्रुगृहे होगमननिवृत्तिर्लक्ष्यते।

—अ० वे० परि०; पृ० 226

3. यत्र शक्यार्थमन्तर्भाव्यै वार्धान्तर—प्रतीतिस्तत्र अजहल्लक्षणा ''यथाशुक्लो घट'' इति। अत्र हि शुक्ल शब्दः स्वार्थ शुक्लगुणमन्तर्भाव्यैव तद्वतिद्रव्ये लक्षणा वर्तते।

—वही, पृ० 228

रूप विशेष्य अर्थ के बोधक है। अर्थात् दोनों पद केवल विशेष्यपरक है। स्वार्थपरक (वाच्यार्थ परक) नहीं है। इसलिए यह जहदजहल्लक्षण का उदाहरण है।[1]

कौओं से दही की रक्षा की जाये—इत्यादिवाक्य ही जहदजहदलक्षणा के उदाहरण हैं। क्योंकि ऐसे वाक्यों में "काक" शब्द के वाच्यार्थ (काकत्व-विशिष्ट काक) का परित्याग कर और अशक्यार्थ (अवाच्य लक्ष्यार्थ-दध्युपघातकत्व) का पुरस्कार कर "काक-भिन्न" अर्थात् दही को दूषित करने वाले मार्जरादि प्राणी—अर्थ में प्रवृत्त है, इसलिए यह जहदजहल्लक्षणा का उदाहरण है।[2]

वाक्यैकवाक्यता कहां होती है? जहां भिन्न-भिन्न संसर्गप्रतिपादक (अर्थ प्रतिपादक) दो वाक्यों को परस्पर आकांक्षा के कारण महावाक्यार्थ बोधकत्व होता है। वहां वाक्यैकवाक्यता होती है। जैसे—"स्वर्गकामोयजेत्" स्वर्ग की कामना से व्यक्ति यज्ञ करे। दूसरे प्रयाजवाक्यों को परस्पर अपेक्षित अंगागिभावबोधकत्व होने से उनकी जो एक वाक्यता सिद्ध होती है वहीं वाक्यैकवाक्यता होती है।

मध्वमत में शब्द प्रमाण—

जयतीर्थ के अनुसार निर्दोष शब्द आगम कहलाता है।[3] निरभिधेयता या अन्वयभावेन बोधकत्व, विपरीतबोधकता, ज्ञापकता, अप्रयोजनता, अनभिमत प्रयोजनता अशक्य-साधनप्रतिपादन आदि दोष रहित शब्द ही आगम है अथवा निर्दोष वाक्य ही आगम प्रमाण है।[4]

विभक्ति में अन्तिम अक्षर युक्त वर्ण पद कहलाते हैं। आकांक्षा सन्निधि योग्यता से युक्त पद समूह को वाक्य कहते हैं। आकांक्षा का अपना नाम जिज्ञासा है और वह चेतन का धर्म है। उस चेतन के विषय होने से पदार्थ और उसके प्रतिपादक पद साकांक्षा होते हैं। अविलम्ब से उच्चरित शब्दों को सन्निधि कहते हैं जो पद का धर्म हैं उसके वाचक होने से पद भी योग्यता वाले हैं ऐसा कहा जाता है पद से निरभिधेयता की

---

1. यत्र हि विशिष्ट-वाचकः शब्दः एकदेशविहाय एकदेशे वर्तते तत्र जहदजदल्लक्षणा यथा "सोयं देवदत्तः" इति। अत्र हि पदद्वयवाच्ययोर्विशिष्टयोरेक्यानुपपत्वा पददमात्र-परत्वम्। —परि० पृ० 229
2. जहदजहल्लक्षणोदाहरणं तु—काकेभ्यो दधिरक्ष्यतामिदध्युपघात्व शक्य काक-परित्यागेनाशक्यदध्युपघातकत्वपुरस्कारेण काके-अकाके प्रवृत्तेः।

—वही, पृ० 235
3. निर्दोषः शब्दः आगमः।

—प्र० प० श० ब०
4. निरभिधेयत्वेनान्वयभावेन वा बोधकत्वं विपरीतबोधकत्वं, जातज्ञापकत्वम्-शब्द आगमः।

—वहीं

आकांक्षा सन्निधि से अन्वयाभाव की योग्यता से विपरीत बोधकता की निरस्ति होने पर सकलदोष के विकास के लिए निर्दोष पद का ग्रहण किया है।[1]

आगम प्रमाण मध्वमत में दो प्रकार का होता है। अपौरुषेय और पौरुषेय। वेद अपौरुषेय है और इससे भिन्न पौरुषेय है।[2]

अद्वैत दर्शन में शब्द प्रमाण का स्वरूप—

अद्वैत आचार्य धर्मराज ध्वरीन्द्र ने उपमान प्रमाण के अनन्तर आगम शब्द प्रमाण का निरूपण किया है। अद्वैत वेदान्त में शब्द प्रमाण एक महत्वपूर्ण प्रमाण है। क्योंकि अद्वैतवाद का सम्पूर्ण सिद्धान्त श्रुति पर ही आधारित है। और श्रुति आगम प्रमाण के अन्तर्गत आती है। अतः अपने सिद्धान्त की पुष्टि को श्रुति से निर्देष करते हुए आगम प्रमाण का आश्रय लेना होता है। आगम विरुद्ध किसी भी सिद्धान्त की सत्यता में विश्वास नहीं किया जा सकता है। वही सिद्धान्त ग्राह्य तथा यथार्थ है जो श्रुति से अच्छी प्रकार परिपुष्ट हो तथा श्रुति से जिसका किंचित मात्र भी विरोध न हो।

आगम प्रमाण का निरूपण करते हुए वेदान्तपरिभाषाकार लिखते हैं कि जिस वाक्य के तात्पर्य का विषय होने वाला संसर्ग, अन्य प्रमाणों से बाधित नहीं होता, वह वाक्य या आगम प्रमाण होता है। वाक्यजन्य ज्ञान में आकांक्षा योग्यता आसत्ति और तात्पर्यज्ञान ये चार कारण होते हैं।[3]

आकांक्षा, योग्यता आसत्ति और तात्पर्यज्ञान इनमें से पदार्थों की परस्पर जिज्ञासा में विषय होने की योग्यता को आकांक्षा कहते हैं।[4] क्रिया के श्रवण होने पर क्रिया की और कारण का श्रवण होते ही इति कर्तव्यता की आकांक्षा होती है। जिज्ञासा रहित व्यक्ति को भी वाक्यार्थ का बोध होने से उसके बोध में आकांक्षा का लक्षण व्याप्त न हो इसलिए लक्षण में योग्यत्व'' पद दिया है। क्रियात्व, कारकता आदि धर्म, उस योग्यता के अववच्छेदक होने से आकांक्षा के लक्षण की ''गौ, अश्व, पुरुष'' आदि पद समूह में अतिव्याप्ति नहीं होती। इसी प्रकार तत्त्वमसि ''इत्यादि अभेदान्वयप्रतिपादक वाक्यों में समानविभक्ति वाले पदों से प्रतिपादक ही अवच्छेदक है। इसलिए वहां भी लक्षण

1. विभक्त्यन्ताः वर्णाः पदम्। आकांक्षा सन्निधि योग्यतावतां समूहो वाक्यम्। ......। अन्वयदोषनिरासार्थ निर्दोषग्रहणम्। —तदैव।
2. आगमो द्विविधः। अपौरुषेयः पौरुषेयश्चेति। तत्र अपौरुषेयो वेदः, पौरुषेयऽन्यः।।
—तदैव
3. अथागमो निरूप्यते। यस्य वाक्यस्य तात्पर्यविषयीभूतसंसर्गो मानान्तरेण न बाध्यते तद्वाक्यं प्रमाणम्। वाक्यजन्यज्ञाने च आकांक्षायोग्यताऽऽसत्तयस्तात्पर्यज्ञानं चेति चत्वारि कारणानि। —वे० परि० आग० परि०
4. तत्र पदार्थानां परस्पर जिज्ञासा-विषयत्वयोग्यत्वमाकांक्षा।

की अव्याप्ति नहीं होती। अद्वैत द्वारा अभिमत आकांक्षा का लक्षण मीमांसकों को भी मान्य होने से उन्होंने भी इसी प्रकार की आकांक्षा को मानकर बलाबलाधिकरण में'' वह आमिक्षा वैश्वदेवी'' है और वाजिन वाणिदेवताक'' है इस वाक्य का विचार करते समय वहाँ पर वैश्वदेव याग का अविद्या के साथ अन्वय होने से वाजिनान्वय की उसे आकांक्षा नहीं रहती। इसलिए वैश्वदेवयाग का वाजिन से अन्वय नहीं होता। ऐसा व्यवहार होता है।[1]

''तप्ते पयसि'' इत्यादि वाक्य में भी वाजिन को वैश्वदेव याग की जिज्ञासा का विषयत्व न होने पर भी जिज्ञासा का विषय होने की योग्यता है ही क्योंकि प्रकृत में यागनिरूपित अर्थात् याग में जिज्ञासाविषयत्व होने की योग्यता का अवच्छेदक प्रदेयद्रव्यत्व है, और यह प्रकृत वाजिन में भी है।

परन्तु यह कहना ठीक नहीं है क्योंकि हम केवल प्रदेयद्रव्यत्व को ही योग्यता का अवच्छेदक नहीं मानते। किन्तु स्वसमानजातीये पदार्थ के अन्वयबोध भाव से सहकृत प्रदेय द्रव्यत्व ही प्रकृत स्थल में योग्यता का अवच्छेदक है। इस कारण ''वाजिन'' से अन्वय करते समय उक्त अवच्छेदक नहीं है किन्तु अमिक्षा'' से याग का अन्वय करते समय उसका वाजिन से अन्वय उपस्थित ही नहीं होता। इसी प्रकार अन्य उदाहरणों में श्रुति से अन्य लिंगादि प्रमाणों में ''पारदौर्बल्य न्याय'' से आकांक्षा का अभाव रहता है।[2]

तात्पर्य विषयीभूत संसर्ग का बोध न होना ही योग्यता है। ''अग्नि से सिंचन करता है'' आदि वाक्य में योग्यता नहीं है क्योंकि उस वाक्य का अग्निकारण आर्द्रीकरण रूप अर्थ प्रत्यक्ष प्रमाण से बाधित होता है। ''उस प्रजापति ने अपनी वपा को खींचकर निकाला और उससे अग्नि में हवन किया ''आदि वाक्य का पशु प्राशस्त्य ही तात्पर्यविषयी भूत अर्थ है और वह किसी प्रमाण से बाधित न होने के कारण उस वाक्य में योग्यता है। इसी तरह ''वह ब्रह्म तू है।'' आदि वाक्य में भी योग्यता के लक्षण की

---

1. क्रिया श्रवणे कारकस्य कारक श्रवणे क्रियाया: करणश्रवणे-इति कर्तव्यतायाश्च जिज्ञासाविषयत्वात्। अजिज्ञासोरपि वाक्यार्थबोधाद् योग्यत्वमुपापन्नम्। तदवच्छेदकं च प्रतिपाद्यत्वं तदवच्छेदकमिति तत्त्वमस्यादिवाक्येषु नाव्याप्ति:। एतादृशाकांक्षाऽभि-प्रायेण बलाबलाधिकरणे'' सा वेश्यदेव्यामिक्षा वाजिभ्यो वाजिनम् इत्यत्र वैश्यदेवयागस्था-मिषाऽन्वितत्वे न वाजिनाकांक्षत्यादिव्यवहार:। —तदैव
2. ननु तत्रापि वाजिनो जिज्ञासाऽविषयेत्वेऽपियोग्यत्वमस्त्येव। प्रदेयद्रव्यत्वञ्च यागनिरूपित जिज्ञासाविषयतावच्छेदकत्वादिति चेत् न। स्व समानजातीय पदार्थान्वयबोध विरह सहकृतप्रदेयद्रव्यान्वयबोधसहकृतत्वेन तादृशावच्छेदकाभावात्। आभिक्षायां तु नैवम्। वाजिनान्वयस्य तदानुपस्थितत्वात्। उदाहरणान्तरेष्वपि दुर्बलत्वप्रयोजक आकांक्षाया विरह एव दृष्टव्य:।

अव्याप्ति नहीं होती, क्योंकि "तत्" और "त्वम्" इन पदों के वाक्य-अर्थ में अभेद का बाध होने पर भी लक्ष्यार्थ भूत चैतन्य के अभेद का बाध होने पर भी लक्ष्यार्थ भूत चैतन्य के अभेद रूप अर्थ का बाध नहीं होता। अव्यवधान से अर्थात् बीच में अन्य पदों का व्यवधान उपस्थित न होकर जो पदजन्य पदार्थ की उपस्थिति उसे आसत्ति कहते हैं। प्रत्यक्षादि शब्देतर प्रमाणों से उपस्थित होने वाले पदार्थों का अन्वय में बोध नहीं होता, इसलिए "पदजन्य" यह पद लक्षण में दिया है। पदजन्य पदार्थोपस्थिति अपेक्षित होने से ही जहाँ पर क्रिया कारकादि दूसरा पद नहीं कहा हो ऐसे "द्वारम्" इस एक शब्द के अर्थ की पूर्ति करने के लिए "पिधेहि" ऐसे पदों का अध्याहार करना पड़ता है और इसी कारण "इषे त्वा" इत्यादि मन्त्रों में "छिन्धि" ऐसे पद का ही अध्याहार करना चाहिए। ऐसी पदजन्य उपस्थिति मीमांसकों को मान्य होने से सौर्यादि विकृति यागों में "सूर्याय जुष्टं निर्वपामि" मैं सूर्य देवता को उद्देश्य कर सावित्र हवि का निर्वाप करता हूँ। इन पदों का उच्चारण करना चाहिए, यह सिद्धान्त है।[1]

शब्द जन्य पदार्थोपस्थिति, शाब्दबोध में कारण है। परन्तु वह पदार्थ कितने प्रकार का है? इस विषय में अद्वैतवादी कहते हैं कि वह पदार्थ शक्य तथा लक्ष्य का अर्थ है लक्षण रूपवृत्ति से युक्त। पदों के वाक्य अर्थ में स्थित मुख्य वृत्ति को ही शक्य पद की घटना शक्ति कहते हैं। जैसे "घट" पद की तल तथा मध्य भाग में वर्तुल आकार से युक्त वस्तु विशेष में रहने वाली वृत्ति ही शक्ति कही जाती है। यह शक्ति, पृथक् अर्थात् अतिरिक्त पदार्थ है क्योंकि कारण में विद्यमान होती हुई कार्योत्पत्ति के अनुकूल समस्त शक्ति के सिद्धान्त में पृथक् पदार्थ के रूप में स्वीकार किया है[2] और वह पदनिष्ठ शक्ति के तत्तद् विशेष पद से तत्तद् विशेष पदार्थ के ज्ञानरूप कार्य से अनुमेय है। पदार्थ में ऐसी शक्ति की विषयता होना उसकी शक्यता है। वह शक्यत्व जाति में ही रहता है, व्यक्ति में नहीं क्योंकि व्यक्ति अनन्त होने से व्यक्ति पृथक् शक्यत्व मानने

---

1. योग्यता च तात्पर्य विषयीभूत संसर्गाबाधः। बर्हिना सिंचतीत्यादौ तादृशसंसर्गबाधान्न योग्यता।" स प्रजापतिरात्मनोवपामुदखिदत् "इत्यादावपि तात्पर्यविषयी भूतपशुप्राशस्त्या-बाधाद् योग्यता। तत्त्वमस्यादि वाक्येष्वपि वाच्यामे-दवायेऽपि लक्ष्यस्वरूपाभेदे बाधाभावाद् योग्यता।
   आसत्तिश्चाव्यावधानेन पदजन्यपदार्थोपस्थितिः। मानान्तरोपस्थापितपदार्थस्यान्वयवो धर्मत्वात्पदजन्येति। अतः एवाश्रुतपदार्थस्थले तत्रतत्पदाध्याहारः द्वारम्इत्यादौ "पिधेहि" इति। अतएव "इषे त्वा" इत्यादि मन्त्रे "छिन्धि इति पदाध्याहारः। अतएवविकृतिषु "सूर्याय" जुष्टं निर्वपामि" इति पद-प्रयोगः।—तदैव।
2. पदार्थश्च द्विविधः शक्यो लक्ष्यश्चेति। तत्र शक्तिर्नाम पदानामर्थेषु मुख्या वृत्तिः यथा पटपदस्यपृथु-बुध्नोदराद्यवृति विशिष्टे वस्तुविशेष वृत्तिः। सा च शक्तिः पदार्थान्तरम्। सिद्धान्ते कारणेषु कार्यानुकूलशक्तिमात्रस्य पदार्थान्तरत्वात्। —तदैव।

में गौरव है। व्यक्ति में यदि शक्यत्व नहीं है तो "गौ" आदि पदों के श्रवण करते ही सास्नादिमानगो व्यक्ति को ज्ञान कैसे होता है? उत्तर यह है कि जाति व्यक्ति ज्ञान रूप एक ही ज्ञान से संवेद्य होने से जाति ज्ञान के होते ही व्यक्तिज्ञान और व्यक्ति ज्ञान के होते ही उसमें ही जाति ज्ञान होता है।[1]

अथवा "गौ" इत्यादि पदों की व्यक्ति में स्वरूपतः विद्यमान शक्ति है, व्यक्ति में विद्यमान वह शक्ति ज्ञात होकर व्यक्ति के बोधन में कारण होती है। "व्यक्ति" अंश में व्यक्ति शक्ति का ज्ञान भी कारण है, यह मानना आवश्यक नहीं है क्योंकि व्यक्ति शक्ति ज्ञान तथा जाति शक्ति ज्ञान दोनों को शब्दबोध में कारण मानने में गौरव होता है और जाति शक्तिमत्व का ज्ञान होने पर व्यक्ति शक्ति का ज्ञान होने पर भी व्यक्ति के ज्ञान न होने में विलम्ब नहीं होता। इसलिए जहां शक्ति का ज्ञान न होते हुए भी वस्तु का ज्ञान होता है, वहां शक्तिज्ञान की कल्पना करना अनुचित है, अतएव न्यायमत में भी शक्ति अन्वय में स्वरूपसती (स्वरूपतः विद्यमान) रहती है। ज्ञायमान शक्ति में जो पदार्थ विषय होता है, वही वाच्य होता है। इस प्रकार वाच्य का लक्षण होने से जाति ही "गवादि" पदों का वाच्य ठहरती है। अतः व्यक्ति वाच्य नहीं होती।[2]

अथवा व्यक्ति का बोध लक्षण से माना जा सकता है। जिस प्रकार "नील घट" इस वाक्य में नील गुणवाचक नील शब्द का गुणी में लक्षण स्वीकार करते हैं। उसी प्रकार जातिवाचक पदों का भी जातिविशिष्ट व्यक्तियों में लक्षण कर लेना चाहिए। अतएव मीमांसकों ने जो अर्थ अनन्यलभ्य हो वही शब्दार्थ होता है। यह बताया है। इस प्रकार शक्य पदार्थ का निरूपण किया गया है।[3]

अब लक्ष्य पदार्थ का निरूपण किया जाता है—शक्य और लक्ष्य में से लक्ष्य वह होता है जो पदार्थ लक्षण में विषय हो। केवल लक्षण और विक्षितलक्षण भेद से लक्षण दो प्रकार का हो। उनमें शक्य का साक्षात्सम्बन्ध जहाँ हो वह केवल लक्षण है।

---

1. सा च तत्त्पदजन्य पदार्थज्ञानकार्यानुमेया। तादृशशक्तिविगयोगत्वं। तच्च जातेरेव न व्यक्तेः व्यक्तिनायानन्त्येन गुरुत्वात्। कथ। तर्हि गवादि यदाद् व्यक्ति-मानमिति चैत् जातेर्व्यक्तिसमानसंवित्संवेयत्वामिति ब्रूमः। —तदैव
2. यदा गवादिपदानां व्यक्तौ शक्तिः स्वरूपसती न तु ज्ञाता हेतुः। शक्तिस्तु ज्ञातता। न व्यक्त्यंशे शक्तिज्ञानमपि कारणं गौरवात् जातिशक्तिमत्य ज्ञानेमति व्यक्तिशक्तिमत्वज्ञानं बिना व्यक्ति-नं वाच्यम्। वाच्यत्वमिति जातिरेव वाच्या। —तदैव
3. अथवा व्यक्तेर्लक्षणमवाच्यम्। यथा नीलो घट इत्यत्र नीलशब्दस्य नीलगुण विशिष्टे लक्षणं तथा जातिवाचकस्य तद्विशिष्टे लक्षणम्। तदुक्तम् अनन्यलभ्योहि शब्दार्थ" इति एवं शक्यो निरूपितः। —तदैव

जैसे—''गंगायां घोषः'' इस वाक्य में गंगा पद की गंगापदवाच्य गंगा प्रवाह रूप पदार्थ के साथ सक्षात् संयोग से सम्बद्ध रहने वाले तीर रूप अर्थ में केवल लक्षण है।[1] केवल लक्षण का निरूपण कर शक्य परम्परा सम्बन्धस्य द्वितीय लक्षणा के प्रकार को इस तरह परिभासित किया है— जहां पर शक्यार्थ के परम्परा सम्बन्ध के द्वारा अर्थान्तर की प्रतीति हो वहां लक्षितलक्षणा समझना चाहिए। जैसे ''द्विरेफ'' रूप अर्थ में शक्य पद की भ्रमपद से घटित परम्परा सम्बन्ध से मधुकर रूप अर्थ में वृत्ति है।[2]

गौणवृत्ति भी लक्षितलक्षणा ही है। जैसे यह बटु सिंह है ''इस वाक्य में'' सिंह'' शब्द का वाच्यार्थ जो सिंह पशु उसके साथ सम्बद्ध रहने वाले क्रूरत्वादि धर्म रूप सम्बन्ध से माणवक की प्रतीति होती है।[3] सिंहो माणवकः'' यह बटु सिंह है, यहां पर ''सिंह शब्द का ''सिंह पशु'' वाच्यार्थ है। परन्तु उसके साथ ''बटु'' का किसी प्रकार से सम्बन्ध नहीं है, इस कारण यहां शक्य सम्बन्धरूपलक्षण का संभव नहीं है। अतः शब्द की गौणी नामक पृथक् वृत्ति माननी चाहिए, यदि गौणी-वृत्तिवादी ऐसा कहे तो ऐसा नहीं है; क्योंकि यहां शक्यार्थ का लक्षणार्थ के साथ साक्षात् सम्बन्ध संभव न होने पर भी ''द्विरेफ'' पद के समान परम्परा सम्बन्ध संभव हो सकता है। इस कारण ''लक्षितलक्षणा'' नामक लक्षण के द्वितीय प्रकार से गौणीवृत्ति का अन्तर्भाव होता है। इसलिए गौणी वृत्ति को पृथक् रूप से मानने की आवश्यकता नहीं है। कारण यह है कि ''गंगायां'' ''घोषः और द्विरेफ'' इन शब्दों से प्रतीयमान तीर और मधुकर रूप अर्थों की उपपत्ति लगाने के लिए शक्य साधनात्सम्बन्ध और शक्यपरम्परा सम्बन्ध रूप द्विविध सम्बन्ध के कारण केवल लक्षणा और लक्षित-लक्षणा नामक लक्षणा के दो भेदों को स्वीकार अवश्य करना चाहिए। उनका स्वीकार कर लेने पर ''सिंहो माणावकः इत्यादि स्थालों में भासमान परम्परा सम्बन्ध से उस वाक्यार्थ की उपपत्ति लग जाने के कारण गौणी को पृथक् वृत्ति मानना व्यर्थ है।

प्रकारान्तर से इस लक्षणा के तीन भेद किये हैं। जहल्लक्षणा, अजहल्लक्षणा और

---

1. अथ लक्ष्यपदार्थो निरूप्यते। तत्र लक्षणविषया लक्ष्याः। लक्षणं च द्विविधां केवल-लक्षण लक्षित लक्षणा चेति। तत्र शक्यसाक्षात्सम्बन्धः केवल लक्षणा यथा'' गंगायां घोषः'' इति अत्र प्रवाहसाक्षात्सम्बन्धिनि तीरे गंगापदस्य केवललक्षणा।

—तदैव

2. यत्र शक्यपरंम्परा सम्बन्धेनार्थान्तिरप्रतीतिस्तत्र लक्षित-लक्षणा। यथा द्विरेफ पदस्य रेफद्वयशक्यस्य भ्रमरपदघटित परम्परासम्बन्धेन मधुकरे वृत्तिः।

—तदैव

3. गौण्यपि लक्षितलक्षणा। यथा सिंहो माणवक इति अत्र सिंहशब्दवाच्यसम्बन्धित-क्रौर्यादिसम्बन्धेन माणवकस्य प्रतीतिः। —तदैव

जहदजहल्लक्षणा। उनमें से जिस लक्षणा में वाच्यार्थ का अन्तर्भाव लक्ष्यार्थ में न होकर अन्यार्थ अर्थात् शक्यभिन्न अर्थ की प्रतीति होती है, उसे जहल्लक्षणा कहते हैं। जैसे— विष खा'' इस वाक्यगत पदों से विषभक्षण रूप वाच्यार्थ का ज्ञान न होकर ''शत्रु के घर मत जाओ'' इस लक्ष्यार्थ की प्रतीति होती है। अत: यह जहल्लक्षणा'' है और जहां पर शक्यार्थ का अन्तर्भाव करके ही लक्ष्य अर्थ की प्रतीति होती है, वहां पर वाच्यार्थ का त्याग न किये होने से अजहल्लक्षणा होती है। जैसे—शुक्लो घट:'' इस वाक्य में शुक्ल शब्द अपने शुक्लगुण रूप'' स्वार्थ का शुक्लगुण विशिष्ट द्रव्यरूप लक्ष्यार्थ में अन्तर्भाव करके ही शुक्लगुणवान् द्रव्य रूप अर्थ में लक्षणावृत्ति से रहता है अर्थात् उपर्युक्त अर्थ का बोधन कराता है। अत: यह अजहल्लक्षणा है।[1]

जिस वाक्य में विशिष्ट बाचक शब्द अपने विशेषण रूप एक देश को छोड़कर विशेष्य रूप एक अंश का बोधक होता है, वहां जहदजहल्लक्षणा होती है। जैसे—सोऽयं देवदत्त: वह यह देवदत्त-इस वाक्य में ''वह'' पद का तत्कालविशिष्ट और ''यह'' पद का एतत्काल विशिष्ट अर्थ है। परन्तु ''देवदत्त'' परोक्ष और अपरोक्ष रूप विशुद्ध उभयकालों से विशिष्ट होकर एक ही समय में स्थित नहीं हो सकता। इसलिए ''वह'' और ''यह'' दोनों पद केवल देवदत्त रूप विशेष्य अर्थ के ही बोधक है अर्थात् दोनों पद केवल विशेष्य परक हैं। स्वार्थ परक नहीं। इसलिए यह जहदजहल्लक्षणा का उदाहरण है। अथवा ''तत्त्वमसि'' वह ब्रह्म तू है'' आदि अभेद बोधक वाक्यों में ''तत् पद का वाच्य सर्वज्ञत्वादिविशिष्ट चैतन्य के साथ ऐक्य सम्भव नहीं हो सकता। अत: चैतन्यों की एकता के लिए स्वरूप में उसकी लक्षणा करनी पड़ती है, ऐसा प्राचीन वेदान्तियों का मत है। नवीनों का कथन है कि वही यह देवदत्त ''वह ब्रह्म तू है'' आदिवाक्यों में स:'' अयम्'' तत्'' और त्वम्'' ये विशिष्टवाचक पद यद्यपि विशेषत: एक देश के ही बोधक हैं, तथापि उस बोध के लिए उन पदों की विशेष्यांश में लक्षणा करने की आवश्यकता नहीं। क्योंकि शक्तिवृत्ति से उपस्थित हुए तत्कालतया एतत्काल से विशिष्ट देवदत्त के अभेदान्वयरूप अर्थ की अनुपपत्ति रहने पर भी शक्तिवृत्ति से ही उपस्थित हुए विशेष्यों का अभेदान्वय करने में किसी प्रकार का विरोध नहीं है। जैसे—''घट'' अनित्य है'' इस वाक्य में ''घट'' पद के घटत्वजातिविशिष्ट ''घट'' रूप वाच्यार्थ का एक देश यद्यपि अनित्यत्व के साथ अन्वित होने के योग्य नहीं है, तथापि अन्वययोग्य घटव्यक्तिरूप विशेष्यांश के साथ उसका अन्वय हो सकता है। तात्पर्य यह

1. प्रकारान्तरेण लक्षणा त्रिविधा-जहल्लक्षणा, अजहल्लक्षणा, जहदहल्लक्षणाचेति। तत्र शक्यमन्तर्भाव्यं यत्रार्थांन्तरप्रतीतिस्तत्त जहल्लक्षणा यथा विशं भुङ्क्ष्वेति। अत्र स्वार्थ विहाय शत्रुगृहे गमननिवृत्तिर्लक्ष्यते। यत्र शक्यार्थमन्तर्भाव्यान्तर प्रतीतिस्तद-जहल्लक्षणा, यथा शुक्लो घट इति। अत्र हि शुक्लशब्द: स्वार्थ: शुक्लगुणमन्तर्भाव्ये तद्वति द्रव्ये लक्षणाया वर्तते। —तदैव

है कि हम "घट" व्यक्ति को ही अनित्य समझते हैं। घटत्व जाति को नहीं यह ज्ञान शक्ति से ही होता है।[1]

जिस वाक्य में पदार्थ के एक देश की विशेषण रूप से उपस्थिति हो वहीं पर उसकी स्वतन्त्रतया उपस्थिति होने के लिए लक्षणा का अभ्युपगम करना पड़ता है। जैसे—"घट" नित्य है" इस वाक्य में "घट" पद से शक्तिवृत्ति के द्वारा केवल घटत्व की स्वतन्त्रतया उपस्थिति नहीं होती, इसलिए वैसी उपस्थिति होने के लिए घट पद की घटत्वरूप अर्थ में लक्षणा को स्वीकार करना पड़ता है। इसी न्याय के अनुसार "तत्त्वमसि" इत्यादि प्रवृत्त वाक्यों में भी लक्षणा करने की आवश्यकता नहीं है क्योंकि शक्तिवृत्ति के द्वारा स्वतन्त्रतया चैतन्यरूप से उपस्थित रहने वाले "तत्" और "त्वम्" पदार्थों का अभेद से अन्वय होने में कोई भी बाधक नहीं है। अन्यथा "घर में घट है" घट में रूप है" "घट लाओ" आदि वाक्यों में भी घटत्व गेहत्व आदि धर्मों में गृहादि पदार्थ रूप अंशों में अभिमत अन्वय बोध करा दने की योग्यता न होने से वहां पर भी घटादि पदों का केवल विशेष्यपदत्व लक्षण से ही होने लगेगा। तस्मात् पूर्वाचार्यो ने "तत्त्वमसि" आदि वाक्यों में जहदजहल्लक्षणा को अभ्युपगमवाद से स्वीकार किया है।[2]

"कौओं से दही की रक्षा की जाये "इत्यादि वाक्य ही जहदजहल्लक्षणा के उदाहरण हैं। क्योंकि ऐसे वाक्यों में "काक" शब्द के वाच्यार्थ को परित्याग कर और अशक्यार्थ का पुरस्कार कर "काक" शब्द की काक तथा अकाक अर्थ में प्रवृत्ति है। परन्तु तात्पर्य की अनुपपत्ति ही लक्षणा में बीज है। अन्वय की अनुपपत्तिलक्षणा में बीज नहीं है। क्योंकि "काकेभ्यो दधि रक्ष्यताम्" वाक्य में अन्वय की अनुपपत्ति भी सम्भव नहीं है। इसी प्रकार गंगायां घोष:" आदि वाक्यों में तात्पर्य की अनुपपत्ति भी सम्भव है। लक्षणा केवल पदवाप्तवृत्ति नहीं है किन्तु वाक्यवृत्ति भी है। जैसे गभीरायां नद्यां घोष: गहरी नदी पर ग्वालों का घर है इस वाक्य में गम्भीर और नदी दो पदों के समूह की तीर अर्थ में लक्षणा है। वाक्यार्थ में अशक्यता होने से अर्थात् वाक्यार्थ में अशक्यत्व के न होने से उसमें शक्यसम्बन्धरूप लक्षणा है—यह कैसे कहा जा सकेगा? ऐसी शंका यदि हो तो कहते हैं—शक्ति से पद सम्बन्ध के द्वारा जो बोधित किया जाता है उसका सम्बन्ध ही लक्षणा है और पदार्थ जैसे शक्ति से व्याप्य होता है, जैसे वाक्यार्थ भी शक्ति से ज्ञाप्य होता है। अत: वाक्य में लक्षणा के स्वीकार करने में कोई अनुपपत्ति नहीं है। अर्थवाद वाक्य के पदों को ही प्रशतस्त्य अथवा निन्दितत्व रूप अर्थ में लक्षणा यदि

1. वयन्तु ब्रूमः-सोऽयं देवदत्त: तत्त्वसोत्यादौ विशिष्टवाचकपदानामेकदेशपरत्वेऽपि लक्षणा। शक्त्युपस्थितयोर्विशिष्टयोरभेदान्वयानुपपत्तौ विशेष्ययो: शक्त्युपस्थितयोरेवा-भेदान्वयाऽविरोधात्। यथा घटोऽनित्य उत्पन्नघटपदवाच्यैकदेशघटत्वतयायोग्यत्वेऽपि योग्यघटव्यक्त्या सहानित्यत्वान्वय:। —तदैव
2. यत्र पदार्थैकदेशस्य विशेषणतयोपस्थिति:.------बोध्या। —तदैव

मान लें तो एक ही पद से लक्षणा के द्वारा उन अर्थों की उपस्थिति हो जायेगी जिससे अन्य पद व्यर्थ होंगे अर्थात् एक ही पद से प्राशस्त्य या निन्दितत्वादि अर्थों का लक्षणा के द्वारा यदि ज्ञान हो जाये तो अन्य पद व्यर्थ है, समझना पड़ेगा। इसलिए अर्थवाद वाक्य के पद समूह में विधि से अपेक्षित ऐसे प्राशस्त्य पदार्थ की बोधकता होने के कारण पदस्थानीयत्व होता है अर्थात् वह पद समूह एक पद के समान ही होता है। इस करण उनकी विधिवाक्य के साथ एकवाक्यता होती है। इसलिए अर्थवाद वाक्यों की पदैकवाक्यता मानी जाती है।[1]

पदजन्य पदार्थ की अव्यवधान से उपस्थिति को ही आसत्ति कहते हैं। वह शब्दबोध में कारण होती है। क्योंकि आसत्ति रहने पर शब्दबोध होता है और आसत्ति के न रहने पर शब्दबोध नहीं होता वह अन्वय व्यतिरेक प्रत्यक्षंतया सभी के अनुभव में आता है। इसी प्रकार महावाक्यार्थ का बोध होने से अवान्तर वाक्यों के प्रत्येक वाक्य का ज्ञान कारण होता है क्योंकि उसके अन्वयावादि का भी वैसा ही निश्चय होता है।[2]

अब क्रम प्राप्त तात्पर्य का निरूपण किया जाता है। निरूपणीय तात्पर्य के लक्षण प्रमाण को बताते समय यदि अर्थ की प्रतीति की इच्छा से उच्चारितत्व यह तात्पर्य का लक्षण करें तो वह ठीक नहीं होगा। क्योंकि जिस पुरुष को वाक्यार्थ ज्ञान नहीं है ऐसे के द्वारा उच्चारण किये जाने वाले वेद वाक्य से अर्थज्ञान न होने का प्रसंग आवेगा। अर्थज्ञान शून्य व्यक्ति के द्वारा कहे गये वेद वाक्य से अर्थ की प्रतीति नहीं हो सकेगी। इसके अतिरिक्त यह अध्यापक अव्युत्पन्न है। इस प्रकार के विरोध दर्शन से उसमें तात्पर्य भ्रम का अभाव रहता है इस कारण उसे इसका ज्ञान है—यह भी नहीं कह सकते। अब यदि ऐसा कहें कि उन वाक्यों का अर्थ ज्ञान ईश्वर के तात्पर्य ज्ञान से होता है वह भी ठीक नहीं क्योंकि ईश्वर का अस्तित्व न मानने वाले व्यक्ति को भी उन वाक्यों के अर्थ का ज्ञान होता देखने में आता है।[3] अद्वैतवादी तात्पर्य का लक्षण करते हैं कि पदार्थों के संसर्ग का अनुभव उत्पन्न करने की वाक्य में योग्यता का होना ही तात्पर्य है, "घर में घट है" यह वाक्य घर और घट के सम्बन्ध का अनुभव कराने में योग्य है न कि गृह और घट के संसर्ग बोध कराने में। इसलिए "गेहे घटः" यह वाक्य घट संसर्ग परक

1. वेदान्त परिभाषा।
2. तदुपस्थितिश्चासतिः। स च शब्दबोधे हेतु तथैवान्वयव्यतिरेकदर्शनात्। एवं महा-वाक्यार्थबोधे वान्तरवाक्यर्थबोधे हेतुः तथैवान्वयावधारणात्। —तदैव।
3. क्रमप्राप्तः तात्पर्यो निरूप्यते। तत्र तत्प्रतीतीरच्छयोच्चरि तत्वं न तात्पर्यम्। अर्थज्ञान शून्येन पुरुषेणोच्चरिता वेदादर्थ प्रत्ययाभावप्रसंगात्। अयमध्यापकोऽव्युत्पन्न इति। विशेषदर्शनेन तत्र तात्पर्यभ्रमस्याप्यभावत्। न चैश्वरी-यतात्पर्यज्ञानात् तत्र शब्दबोध इति वाच्यम्। ईश्वरानंगीकर्तुरपि तदवाक्यार्थ प्रतिपत्तिः। दर्शनात्। —तदैव

है न कि गृह और घट के संसर्ग का।[1] यदि तात्पर्य का यह लक्षण स्वीकृत करने पर अनेक अर्थों में रूढ़ पदों से युक्त वाक्य के तत्तद् अर्थ के अनुरोध से अनेक तात्पर्य मानने होंगे, अर्थात् अनेकार्थक पदों से युक्त वाक्य में अतिव्याप्ति होगी जैसे "सैन्धव-मानय" यह वाक्य श्रोता के नमक लाने का ज्ञान हो इस इच्छा से जब कहा जाय तब उस वाक्य में अश्व संसर्ग का ज्ञान करा देने की स्वरूप योग्यता भी रहती है। इस कारण "यह वाक्य लवण संसर्गबोधक है।" ऐसा ज्ञान होने के समय ही "यह अश्वादि संसर्ग बोधक है" ऐसा ज्ञान भी होने लगेगा। ऐसी शंका करना ठीक नहीं क्योंकि तात्पर्य के लक्षण में "विवक्षित अर्थ से भिन्न अर्थ की प्रतीति की इच्छा से उसका उच्चारण न होना" इस विशेषण का निवेश करणीय है। अर्थात् जो वाक्य उस अर्थ की प्रतीति के उत्पन्न करने की स्वरूप योग्यता से युक्त होकर भी जिस अन्य अर्थ की प्रतीति की इच्छा से उच्चारित नहीं होगा वह वाक्य उसी संसर्ग का बोधक कहा जाता है।

शुक से कह गये वाक्य में एवं अव्युत्पन्न व्यक्ति से बोले गये वेदवाक्य में वक्ता में वक्ता की विशेषार्थ प्रतीतिविषयक इच्छा ही नहीं रहती। इस कारण अन्यार्थ प्रतीति की इच्छा से उस वाक्य को बोला गया वह नहीं कहा जा सकता, इसलिए तदिवर प्रतीच्छिया अनुचरितत्व" लक्षण उन वाक्यों में घटित होने से अव्यप्ति नहीं हो पाती है। अब प्रशन है कि तत्प्रतीतिजननयोग्यता का अवच्छेदक क्या है? अर्थात् विशिष्ट अर्थ का ज्ञान करा देने की योग्यता, शब्द में किस कारण आती है? इसके उत्तर में कहते हैं कि उक्त यावत् शाब्दप्रतीतिजननयोग्यता की अवच्छेदक "शक्ति" ही है। हमारे अर्थात् अद्वैत मत में सर्वत्र "शक्ति" को ही कारणता का अवच्छेदक माना है। अतः किसी प्रकार का दोष नहीं है।[2]

यह तात्पर्य ज्ञान, वेद वाक्यों में मीमांसा के द्वारा परिशोधित न्यायों से ही निश्चित होता है। परन्तु लौकिक वाक्यों में प्रकरणादियों से तात्पर्य का निश्चय होता है। वहां लौकिक वैदिक वाक्यों में से लौकिक वाक्य तो प्रमाणन्तरों से ज्ञात हुए अर्थ का ही अनुवाद करते हैं। परन्तु वैदिक वाक्यों का अर्थ प्रमाणान्तर से अज्ञात होने के कारण अनुवाद रूप नहीं होता है।[3]

---

1. तत्प्रतीतिजननयोग्यत्वं तात्पर्यम्। गेहे घट इंति वाक्यं गेहे घटसंसर्गप्रतीतिजननयोग्यं न तु घट संसर्गप्रतीतिजननयोग्यमिति तद्वाक्यं घटसंसर्गपरं न तु पटसंसर्गपरमित्युच्यते। —तदैव
2. उक्तप्रतीतिमात्रजननयोग्यतायावच्छेदिका शक्तिः, अस्माकं तु मते सर्वत्र कारणतायाः शक्तेरेवावच्छेदकत्वान्न कोऽपि दोषः। —तदैव
3. तथा तात्पर्यः वेदे मीमांसापरिशोधितन्यायादेवावधार्यते, लोकेतु प्रकरणादिना तत्र लौकिक वाक्यानां मानान्तरावगतार्थानुवादकत्वम्। वेदे तु वाक्यार्थस्यापूर्वतया नानुवादकत्वम्। —तदैव

इस प्रकार आगम प्रमाण के दो भेद होते हैं—लौकिक और वैदिक। लौकिक पौरुषेय है और वैदिक अपौरुषेय। वेद स्वतः प्रमाण ईश्वरोच्चरित होने से, लौकिक परतः प्रमाण है पुरुषोच्चरित होने से क्योंकि पुरुष का ज्ञान भ्रमादि से अयथार्थ भी हो सकता है।

रामानुज मत में शब्द प्रमाण—

श्री निवासाचार्य ने यतीन्द्र मत दीपिका में शब्दप्रमाण का निरूपण किया है। जो वेंकटनाथ की न्याय परिशुद्धि में वर्णित शब्द प्रमाण के अनुरूप है। उनके अनुसार जो अनाप्त व्यक्ति के द्वारा नहीं कहा गया हो, उस वाक्य से उत्पन्न अर्थ का ज्ञान ही शब्द ज्ञान है। उस शब्द ज्ञान के साधकतम को शब्दप्रमाण कहते हैं। लक्षण में अनाप्त युक्त पद का सन्निर्देश करके वेदों को पौरुषेय मानने वाले नैयायिकों के मत का निरास किया गया है। अथवा ऐसे वाक्य को शब्दप्रमाण कहते हैं, जो कारणदोष तथा बाधक ज्ञान से रहित है। सृष्टि के आरम्भ में श्रीभगवान् पूर्वक विशिष्ट वेदों को स्मरण करके ब्रह्मा को उनका उपदेश देते हैं, इस उक्ति के अनुसार वेदों की नित्यता तथा अपौरुषेयता सिद्ध होती है। अतः एव वेदों में कारण दोष तथा बाधक प्रत्यय का अभाव है।[1]

शब्द प्रमा के साधकतम को शब्दप्रमाण कहते हैं। ऐसा वाक्य अनाप्त पुरुष के द्वारा नहीं कहा गया हो, उस वाक्य से उत्पन्न वाक्यार्थ बतलाकर कहा गया है कि शाब्द ज्ञान के जनक वाक्य का किसी पुरुष के द्वारा उक्त होना आवश्यक नहीं हैं, क्योंकि वेद जो अपौरुषेय है। उनका प्रवक्ता कोई पुरुष नहीं है। ईश्वर भी उन वाक्यों के स्वतन्त्र वक्ता नहीं है। ईश्वर तो सृष्टि के आरम्भ में पूर्वकल्प में विद्यमान यथायथा आनुपूर्वी सहित वेदों का स्मरण करके उनका उपदेश ब्रह्मा को दे देते हैं। एतावता स्पष्ट है कि ईश्वर भी वेदों के वक्ता नहीं है। अतःएव वेद किसी पुरुष विशेष द्वारा उक्त नहीं है। अपितु वे अपौरुषेय है तथा नित्य है। सर्वदा एकसमान आनुपूर्वी से युक्त रहना ही वेदों की नित्यता है। जिसकी रचना किसी पुरुष की बुद्धि के अधीन होती है वह पौरुषेय है। वेदों की रचना किसी पुरुष की बुद्धि के अधीन नहीं हुई है। विशिष्टाद्वैतियों के अनुसार वाक्य का मुक्त होना आवश्यक नहीं है किन्तु यदि वाक्य किसी स्वतन्त्र वक्ता द्वारा उक्त है तो उसका वक्ता अनाप्त नहीं होना चाहिए, अपितु उसे प्राप्त होना चाहिए। आप्त उसे कहते हैं जो किसी भी कारणवश अयथार्थ न कहे, अपितु जो सदा यथार्थ ही कहे उसे आप्त कहते हैं।

---

1. अनाप्तानुक्तवाक्यजनिततदर्थविज्ञानं शाब्दज्ञानम्। तत्करणं शब्दप्रमाणम्। अनाप्तानुक्तेत्युक्तत्वादेरस्य पौरुषेयत्वमतनिरासः। कारणदोषबाधकप्रत्ययायथावद्वाक्यं वा। सर्गादौ भगवान् चतुर्मुखाय पूर्वपूर्वक्रमविशिष्टान्वेदान् स्मृत्वाउपदिशतीत्युक्त्यावेदस्य नित्यत्वमपौरुषेयत्वं च सिद्धमिति कारणदोषाभावो बाधकप्रत्ययाभावश्च।

—य० म० दी० तृ० अ०

शब्दप्रमाण का दूसरा लक्षण करते हुए यतीन्द्र मत दीपिकाकार कहते हैं– अथवा जो कारणदोष एवं बाधक प्रत्यय से रहित होता है वहीं वाक्य शाब्दप्रमा का जनक होता है। चूंकि वेद नित्य है, अत:एव पौरुषेय वाक्यों में होने वाले भ्रम प्रमाण करणपाटव विप्रलिप्सा रूपी कारण दोषों का अभाव है। वेद वाक्य यथार्थ ज्ञान का प्रतिपादन करते हैं। अतएव उन ज्ञानों का कोई भी बाधक ज्ञान नहीं हैं। इस प्रकार वेदवाक्य शब्द प्रमा के जनक है। लोक में भी आप्त पुरुषों द्वारा प्रोक्त वाक्य कारण दोष एवं बाधक प्रत्यय से रहित होते है। अतएव वे भी शब्दप्रमा के जनक होते हैं।

वल्लभ मत में शब्दप्रमाण—

वल्लभ सम्प्रदाय के अनुसार वेदों को ही सर्वश्रेष्ठ प्रमाण माना गया है। जो वेदमूलक नहीं है। वे सब अप्रमाणिक हैं। वेद ही आप्तोपदिष्ट होने से प्रामाणिक है। परमेश्वर ही परम आप्त है। उनके द्वारा प्रोक्त वेद भी आप्त माने जाते हैं। आप्त का अर्थ है यथास्थिति अर्थ का प्रतिपादक पुरुष। आप्त पुरुष दो प्रकार के हैं लौकिक और अलौकिक।

लौकिक आप्त पुरुष हम लोगों में से कोई-कोई होता है। अलौकिक आप्त पुरुष ऋषियों से आरम्भ होकर ईश्वर तक माने जाते हैं। ये आप्त वाक्य उत्तरोत्तर प्रवृद्ध होते हुए परम आप्त ईश्वर में पर्यवसित होते हैं। अतएव ईश्वर के उपदेश रूप वेद ही श्रेष्ठ प्रमाण है। तथा शब्द में भी अलौकिक अर्थ के ज्ञापक शब्दों को प्रमाण माना है।[1] इन्हीं को वल्लभाचार्य ने स्वत: सिद्ध प्रमाण माना है अर्थात् शब्द की प्रमाणिकता स्वत: सिद्ध, निरेपक्ष व नित्य है।

वेद अन्तर्यामी संकल्प से सृष्टि के प्रारम्भ में हिरण्यगर्भ के पूर्व स्वप्न पदार्थ के समान केवल प्रतिभामात्र से अनुभव किये गये हैं। ईश्वर सर्वज्ञ होने से उसी के समान निर्माण करता है। अपने तत्त्वार्थ दीप निबन्ध नामक ग्रन्थ में वल्लभाचार्य ने कहा है कि वेद श्री कृष्ण के वचन (गीता), व्यास के सूत्र और व्यास की समाधि भाषा ये चार ही प्रमाण हैं।[2] इसमें वेदा: पद बहुवचनान्त होने के कारण वेद के कर्म और ज्ञान दोनों काण्डों में प्रयुक्त समस्त वाक्य, पद, अर्थवाद आदि रूप वाक्य सभी का समावेश हो जाता है। अर्थात् वेदों के प्रत्यक्ष को प्रमाण रूप में बल्लभाचार्य ने स्वीकार किया है। प्रस्थान रत्नाकर में पुरुषोत्तम ने भी वेद के वाक्य, उनके अर्थ अर्थवाद आदि का अत्यन्त विस्तार के साथ वर्णन किया है। उन्होंने वेदों के समस्त प्रकार अर्थों, पदों, वाक्यों आदि

---

1. शब्द एव प्रमाणम् तत्राप्यलौकिकज्ञापकमेव। तस्मात् सिद्धप्रमाणभावं प्रमाणम्।
—तत्त्वार्थदीपनिबन्ध, शास्त्रार्थ० प्र०, पृ० 27

2. वेदा: श्रीकृष्णवाक्यानि व्याससूत्राणि चैव हि।
समाधिभाषा व्यासस्यप्रमाणं तच्चतुष्टयम्।। —तत्त्व० मि० शा० प्र० कारिका-7

को प्रामाणिक माना है। अर्थ ज्ञान पर्यन्त वेद का अध्ययन करना आवश्यक है क्योंकि केवल वेदों के पठन मात्र से सन्देह उत्पन्न नहीं होता। सन्देह की उत्पत्ति नहीं होने पर ब्रह्मसूत्र द्वारा निर्णीत अर्थ प्रयोजनहीन हो जावेंगे।

श्रीमद्‌भगवद् गीता को भी वल्लभाचार्य ने प्रमाण स्वीकार किया है। यद्यपि श्रीमद्‌भगवद् गीता श्रीकृष्ण के वाक्य होने से वेदों में ही परिगणित है तथापि भगवान् श्रीकृष्ण ने उसका उपदेश अर्जुन को उसके अधिकार के अनुरूप स्मृतिरूप में दिया था। स्मृति के रूप में उपदिष्ट होने के कारण श्रीमद्‌भगवद् गीता को वेदों से अलग माना गया है। स्मृति का मूल अनुभव है। अतः स्मृति भी प्रमाण है। वेदों का उपवृंहण इतिहास तथा पुराण से होता है। अतः रामायण, महाभारत तथा पुराण भी प्रमाण माने जाते हैं। ये सब वेदों के व्याख्या ग्रन्थ हैं। श्रुति, स्मृति तथा पुराणों में जहां परस्पर विरोध प्रतीत होता है वहाँ श्रुति ही बलवती मानी जाती है। जहाँ स्मृति तथा प्रमाणों में विरोध प्रतीत हो वहाँ स्मृति बलवती मानी जाती है।[1] इसी प्रकार सांख्य, योग, न्याय, वैशेषिक, योगवासिष्ठ रामायणादि ग्रन्थों के सम्बन्धांश ही प्रामाणिक माने गये हैं। तन्त्रों को भी श्रुति के अविरोध से प्रमाण की गणना में किया जाता है। प्रत्यक्ष तथा अनुमान प्रमाण शब्दप्रमाण की तुलना में निर्धन माने जाते हैं क्योंकि ईश्वर की अपेक्षा लौकिक पुरुषों में आविद्यान्धकार के कारण अल्पज्ञता होती है। भ्रम प्रमाद तथा विप्रलिप्सा आदि लौकिक पुरुषों के अविद्याजन्य दोष के कारण उससे भी हीन प्रमाण माने जाते हैं। प्रसिद्ध लौकिक अर्थ के ज्ञापक शब्द गौण रूप में ही प्रमाण होते हैं। इस प्रकार अदृष्टार्थवादी वक्ता के वाक्यों के अप्रामाणिक होने पर भी प्रमेय बल द्वारा वे प्रामाणिक माने जाते हैं। अतः वेद ही स्वतःप्रमाण है। वेदों का अर्थ निर्णय करने के लिए तथा सन्देह का निवारण करने के लिए स्मृति, पुराण, मीमांसा आदि भी प्रमाण माने गये हैं। वेदों में सन्देह उत्पन्न होने पर श्रीमद्‌भगवद् गीता वाक्यों से निर्णय सम्भव है। श्रीमद्‌भगवद् गीता में सन्देह उत्पन्न होने पर। व्यास सूत्रों और जैमिनी सूत्रों से निर्णय करना चाहिए। जैमिनी सूत्रों में भी सन्देह उत्पन्न होने पर श्रीमद्‌महापुराण द्वारा सन्देह का निवारण करना चाहिए।[2] यही भाव वल्लभाचार्य ने तत्त्वदीप निबन्ध नामक ग्रन्थ में प्रकट किया है कि वेद श्रीमद्‌भगवद् गीता, ब्रह्मसूत्र और श्रीमद्‌भागवत इन चारों प्रमाणों

---

1. श्रुतिस्मृतिपुराणानां विरोधी यदि दृश्यते।
   तत्र श्रुतिर्बलिष्ठा स्यात् तयोर्द्वैधे स्मृतिर्वरा।।

   —प्रस्थान रत्नाकर, पृ० 105

2. अतो गौण मुख्य भावस्य सत्वाद् वेदे सन्देहे भगवद्गीतावाक्यर्निर्णयः तत्र सन्देहे व्याससूत्रैः तदविरुद्धैः जैमिनीयैश्च। तत्रापि सन्देहे श्रीभागवतेन समानुभूय भगवदवतारेण व्यासेनोक्तत्वात्।

   —प्र० र०, पृ० 105

में से प्रत्येक उत्तरावर्ती प्रमाण अपने पूर्ववर्ती प्रमाणों में उत्पन्न होने वाले सन्देह का विशेष रूप से निराकरण करने वाला होता है।[1] इस प्रकार एक के पश्चात् दूसरे का विरोध उत्पन्न होने पर जो अर्थ अपनी बुद्धि के अनुसार भासित होता है वही अर्थाभास कहलाता है। अर्थाभास होने पर चारों में जहां एक वाक्यता (वेद, गीता, ब्रह्मसूत्र, भागवत) हो वहीं जिज्ञासा दशा में प्रामाणिक होता है। इन चारों प्रमाणों अविरोध प्रमाण भी अप्रमाणिक नहीं है। इनके विरोधी अर्थ या अनर्थ वाक्य किसी भी अवस्था में प्रमाण नहीं माने जा सकते हैं। वेदादि से कहीं विरोध और कहीं अविरोध होने पर भी वेद विरूद्ध होने के कारण उन्हें प्रमाण नहीं माना जा सकता। वल्लभाचार्य ने धर्म के विषय में श्रुति व स्मृति दोनों को प्रमाण माना है परन्तु भगवान् रूप के विषय में मनुस्मृति आदि तत्काल आदि तदनुकूल होने पर ही प्रमाण है। विरुद्धदशा में समस्त वाङ्मय ही वेद के तुल्य ही है। अतएव शब्द ज्ञान अर्थात् शब्द द्वारा शब्द से उत्पन्न होने के कारण परोक्ष का निश्चायक ज्ञान होता है।

इस प्रकार वेद, श्रीमद्‌भगवद् गीता, व्यास सूत्र और श्रीमद्‌भागवत एक ही अर्थ के बोधक होने पर प्रामाणिक ज्ञान की उत्पत्ति करते हैं। पूर्व ज्ञान की उत्पत्ति के पश्चात् नाम एवं लीला भेद से समस्त वाक्यों के रूप में भगवान के ही प्रकाशित होने के कारण समस्त वाक्य अर्थात् वाङ्मय ही प्रमाण होते हैं अर्थात् भगवान ही एकमात्र तत्त्व हैं जो नियत रूप से सर्वत्र अंश में ही प्रकट होते हैं। अतः समस्त वाक्य वाङ्मय प्रमाण है।[2] भगवान् जिस अंश से जहाँ प्रकट होते हैं, वहाँ उसी प्रदार्थ की पतीति होती है। जिस प्रकार सर्प कभी ऋजु, कभी कुण्डलाकार और कभी भिन्न आकारों वाला हो जाता है। उसी प्रकार ब्रह्म का स्वरूप भी सब प्रकार का होते हुए भी भक्त की इच्छा के अनुरूप विशेष रूपों में प्रगट होता है।[3] इसी प्रकार समस्त शब्द सारे अर्थो की प्रतीति कराते हैं क्योंकि समस्त शब्द भगवान् के ही वाचक हैं किन्तु भगवदिच्छा से एक शब्द में एक ही अर्थ प्रकट होने के कारण शब्दविशेष अर्थविशेष का वाचक हो जाता है। अतः शब्द को ही पुरुषोत्तम ने सबसे बलवान् प्रमाण माना है।

सांख्य के अनुसार शब्दप्रमाण :—

सांख्य के तीन प्रमाण माने हैं—प्रत्यक्ष, अनुमान और शब्द। सामान्यतोदृष्ट

---

1. उत्तरोत्तरं पूर्वपूर्वस्य सन्देहवारकं प्रकर्षेण कीर्तितम्।

—तत्त्व० नि० प्र०, पृ० 30

2. अथवा सर्वरूपत्वान्नामलीलाविभेदतः।
विरुद्धांशपरित्यागात् प्रमाणं सर्वमेव हि।। —तत्त्व० शा० प्र० का० 9

3. यथा सर्पः ऋजुरनेकाकारः कुण्डलश्च भवति तथा ब्रह्मस्वरूपं सर्वप्रकारं भक्तेच्छया तथा स्फुरति। —ब्र० सू० अणु० भा० 3/2/27

नामक अनुमान से अतीन्द्रिय या अप्रत्यक्ष विषयों की प्रतीति या सत्ता की सिद्धि होती है और उससे भी अज्ञात या अप्रत्यक्ष विषय यथार्थ प्रतिपादन करने वाले आगम प्रमाण से सिद्ध होता है।[1]

आप्त अर्थात् प्रामाणिक या यथार्थ बात कहने वाले व्यक्ति या शास्त्र के सुने हुए वचन के अर्थ का ज्ञान आप्तवचन अर्थात् शब्द या आगम प्रमाण होता है।[2] आप्त वचन लक्ष्य निर्देश है। आप्त का अर्थ प्राप्त या युक्त अर्थात् यथार्थ है। श्रुति शब्द का अर्थ वाक्य से उत्पन्न होने वाला वाक्यार्थ ज्ञान है।

महर्षि व्यास ने भी योगदर्शन में आगम को आप्त पुरुष द्वारा कहा गया या अनुमित किया गया माना है। वह दूसरे पुरुष को ज्ञान के संक्रमण के लिए शब्द से कहा जाता है। शब्द से उस अर्थ के विषय की वृत्ति को ही आगम कहते हैं। जो वक्ता पदार्थ को न जानता है, न ही उसने देखा है, उसे अर्थ का ज्ञान एवं बोध कराना ही आप्त वचन तथा आप्त प्रमाण है जैसे कि छात्र को अध्यापक शब्द के अर्थों का बोध कराता है अर्थात् वह सभी को साक्षात् देखता है और श्रुति के माध्यम से कथन करता है। अतः श्रुति आगम प्रमाण के अन्तर्गत है।[3]

---

1. सामान्यतस्तु दृष्टादतीन्द्रियाणां प्रतीतिरनुमानात्।
   तस्मादपि चासिद्धं परोक्षमाप्तागमात् सिद्धम्।। —सा० का० 6
2. आप्तश्रुतिराप्तवचनं तु। —सा० का 5
3. आप्तेन दृष्टोऽनुमितो वार्थःपरत्र स्वबोधसंक्रान्तये शब्देनोपदिश्यते, शब्दात्तदर्थविषया वृत्तिरागमः। यस्याश्रद्धेयर्थोवक्तुर्न न दृष्टानुमितार्थः स आगम प्लवेत मूलवक्तरि तु दृष्टानुमितिः निर्विकल्पः स्यात्। —यो० द० सू० व्या० भ० सू० 6

पञ्चम-अध्याय

उपमान प्रमाण

उपमान प्रमाण की परिभाषा :

न्यायसूत्र में कहा है कि प्रज्ञात और प्रज्ञपनीय ज्ञातव्य विषय के ज्ञान को उपमान कहते है।[1] न्यायदर्शन के अनुसार चतुर्थ प्रमाण उपमान है। प्रसिद्ध साधर्म्य से युक्त साध्य के साधन को उपमान कहते हैं।[2] तर्कसंग्रह में उपमिति के करण को उपमान कहा है।[3] न्यायदर्शन व्यासभाष्य में कहा है कि पूर्वज्ञात का नाम प्रसिद्ध तथा समानधर्म का नाम साधर्म्य है। साधर्म्य, सापेक्ष तथा सारूप्य यह तीनों पर्याय शब्द हैं। पूर्वज्ञात पदार्थ के समान धर्म द्वारा साध्य-उपमेय की सिद्धि को उपमान-उपमिति कहते हैं और वह जिस कारण द्वारा ज्ञात हो उसका नाम उपमान है।[4]

उपमान प्रक्रिया :

न्यायदर्शन में उपमान प्रक्रिया के विषय को इस प्रकार व्यक्त किया है, जैसे गौ के समान गवय तथा माष है वैसे माषपर्णी है। तर्क संग्रह में उपमिति के कारण को उपमान कहा जाता है। संज्ञा और संज्ञिक के सम्बन्ध को उपमिति कहते हैं। उसका करण सादृश्य ज्ञान है, जैसे कोई मनुष्य गवय पद के वाच्य को न जानता हुआ किसी जंगली पुरुष से गो सदृश गवय होता है— इस वाक्य को सुनकर जंगल में गया और वाक्यार्थ का संस्मरण करता हुआ गो के सदृश पिण्ड को देखता है— यही उपमान प्रमाण है। परन्तु वैशेषिक एवं जैन, बौद्ध इसको स्वीकार नहीं करते हैं।

न्यायदर्शन में उपमिति की समानता के आधार पर अर्जित किए हुए ज्ञान के

---

1. प्रज्ञातस्य सामान्यं प्रजयनीय ज्ञातव्य विषयज्ञानमुपमानम्। न्यायदर्शन उपमान प्रकरण
2. प्रसिद्धसाधर्म्यात् साध्यसाधनमुपमानम्। —न्या०द० 1-1-6
3. उपमितिकरणमुपमानम्। तर्कसंग्रह 85, तत्करणं सादृश्यज्ञानम्।
4. प्रसिद्धसाधर्म्यात् साध्यसाधनमुपमानम्। —न्या०भाष्ये, पृ० 56-57 पद० 7 ग्रामीणस्य प्रथमतः पश्यतोगवयादिकम्। सादृश्यधर्मीगवादीनां यास्यात्साकरणं मतम्।।79।। वाक्यार्थस्यातिदेशस्यस्मृतिर्व्यपि-उच्यते। गवयादिपदानां तु शक्तिधीरुमाफलम्।।40।।
—विश्वनाथ कारिकावली।

उत्कृष्टतम साधन को उपमान कहते हैं।[1] तर्कसंग्रह में इसकी मूल प्रक्रिया को इस प्रकार कहा है।[2] ''उपमानजन्यं ज्ञानमुपमिति'' उपमान जन्य ज्ञान का नाम उपमिति है। अर्थात् ''गवयपदवाच्यः'' यह गवय पद वाच्यार्थ है। इस प्रकार पद पदार्थ के सम्बन्ध ज्ञानशक्ति ज्ञान को उपमिति कहते हैं। इस नीति के सादृश्य का ज्ञान ''करण'' आप्तवाक्यार्थ की स्मृति ''व्यापार'' तथा गवयादि पदों का शक्तिमान फल है। जो इस गो, गवय के साधर्म्य को जान सकने में समर्थ है।

न्यायदर्शन द्वारा अन्य दार्शनिक मतों का निराकरण :

न्यायदर्शन द्वारा विभिन्न दार्शनिकों के मतों का परम्परागत गहन अवलोकन एवं अध्ययन से पता चलता है कि न्यायदर्शन ने अपने तर्कसिद्धान्त एवं न्यायसिद्धान्त में उपमान को भी महत्त्वपूर्ण मान्यता प्रदान की है।[3] यहां अब न्यायमत द्वारा अन्य दार्शनिक मतों का निराकरण किया जाता है।

दर्शनों में जैन, बौद्ध ने अपने मतों में उपमान को महत्व प्रदान नहीं किया अपितु जैन दर्शन के प्रसिद्ध विद्वान् हेमचन्द्र ने उपमान प्रमाण को अपने ग्रन्थ में अनुमान, अपितु परोक्ष प्रमाण के साथ में प्रत्यभिज्ञा का समावेश किया है।[4]

मीमांसा दर्शन के दार्शनिकों का मत है कि उपमान एक पृथक् ही प्रमाण है परन्तु कुछ तर्क में अन्तर है। प्रभाकर के अनुसार अनुपलब्धि प्रमाण नहीं है। इन्होंने भी उपमान को स्वीकृति देकर न्याय की भांति उपमान की एक पृथक् भूमिका बताई है।

वेदान्त में भी उपमान का न्याय की भांति ही समाधान किया है। अन्योपरोक्त दार्शनिकों के मत से ज्ञात होता है कि उपमान प्रमाण को न्यायदर्शन ने बहुत उच्च प्रकार

---

1. उपमानप्रमाणमूलं हि साधर्म्यमेव तच्च त्रिविधं संभवति— अत्यन्तसाधर्म्यम् प्रायः साधर्म्यम् एकदेशसाधर्म्य च। एतस्मात् साधर्म्य त्रयादुपमानप्रमाणस्य सिद्धिर्नभवति इत्यर्थः। गविगोरत्यन्त-साधर्म्यस्य सिद्धिर्नभवति इत्यर्थः। गविगोरत्यन्त साधर्म्यस्य प्रायसाधर्म्यस्य गौरी च सर्वस्यैक देशसाधर्म्यस्य विद्यमानत्वादि भावः।।
—44 अ० 2 अत्यन्तप्रायैकदेशसाधर्म्यादुपमानसिद्धिः, न्यायदर्शन, पृ० 38
2. उपमिति करणमुपमानम् तत्करणम् सादृश्य ज्ञानम्। तथा हि कश्चित् गवय पदार्थमजानन् कुतश्चिदारण्यपुरुषात् गो सदृशो गवय इति श्रुत्वा वनं गतो वाक्यार्थस्मरन् गोसदृशं पिण्डं पश्यति तदनन्तरमसौ गवय शब्दवाच्य इत्युपमितिरुपपद्यते। अथोपमान खण्डं तर्कसंग्रहः।
3. प्रसिद्धसाधर्म्यात् साध्यसाधनमुपमानम्। —न्यायदर्शन 1-1-6
4. उपमानं प्रसिद्धार्थ साधर्म्यात् साध्यसाधनम्। —लघीय 3-10 संग्रहग्रन्थ प्र० मी०

से प्राच्य एवं नव्य मतों द्वारा उपमान में अत्यधिक महत्ता को प्रदान किया है।[1] उसकी व्याख्या भी तर्कसंग्रह आदि न्यायग्रंथों द्वारा समीचीन प्रतीत होती है।

पूर्व ज्ञात का नाम "प्रसिद्ध" और समान धर्म का नाम "साधर्म्य" है। साधर्म्य सापेक्ष तथा सारूप्य यह तीनों पर्याय शब्द हैं। पूर्वज्ञात पदार्थ के समान धर्म द्वारा "साध्य" उपमेय की सिद्धि को "उपमान" कहते हैं।[2] अर्थात् वह जिस कारण द्वारा ज्ञात हो उसका नाम "उपमान" है। अनुमान की भांति उपमान भी करणवाची और भाववाची जानना चाहिए। जैसा कि "गवय" पद के वाच्यार्थ को न जानने वाले नगरवासी पुरुष ने एक वनवासी से पूछा कि "कीदृशो गवयः" गवय कैसा होता है?— वनवासी ने उत्तर दिया—"गो सदृशो गवयः"— गौ के सदृश गवय होता है। इस प्रकार वनवासी के वचन को सुनकर नगरवासी पुरुष वन में गया वहां जाकर गो सदृश उसने गवय को देखा और वाक्यार्थ स्मरण किया "गो सदृशो-अयं गवयः"। अतः इस उपमिति असाधारण कारण का नाम उपमान है। इस प्रकार उपमान का लक्षण यह हुआ कि सादृश्य व्यक्ति के ज्ञान का नाम "उपमान" और उपमान जन्य ज्ञानमुपमितिः— उपमान जन्य ज्ञान का नाम उपमिति है[3] अर्थात् "अयं गवयपदवाच्यः" यह गवय पद का वाच्यार्थ है। इस प्रकार पद-पदार्थ के सम्बन्ध ज्ञान को उपमिति कहते हैं। इस रीति के सादृश्यज्ञान को करण तथा आप्तवाक्यार्थ की स्मृति को "व्यापार" तथा गवयादि पदों का शक्ति ज्ञान फल है।

भाव यह है कि जब पुरुष इस आप्त वाक्यार्थ को जान लेता है— "गौ के सदृश गवय" होता है इन दोनों का साधर्म्य है। तब उसको कालानन्तर में साधर्म्य ज्ञान द्वारा जो गवयादि पदों को अपने अर्थ के साथ संज्ञा संज्ञी सम्बन्ध को ज्ञान करा देता है। वही उपमान प्रमाण का उपमिति ज्ञान कहलाता है। जो गवयादि संज्ञावाची पदों का गवयादि व्यक्ति प्रत्यक्षादि प्रमाणों द्वारा नहीं हो सकता अतः उक्त निश्चय का असाधारण कारण उपमान ही है।

बहुत लोग सादृश्य ज्ञान की भांति वैधर्म्य ज्ञान को भी उपमिति का कारण मानते हैं। उनका कथन है कि खड्गमृग पद के वाच्यार्थ को न जानने वाले नगरवासी ने वनवासी से सुना[4] है कि उष्ट्र के विपरीत ह्रस्व ग्रीवादि अवयवों वाला और नासिका के

---

1. प्रज्ञातसामान्यं समानत्येप्रयज्ञनीय ज्ञातव्यविषयज्ञानमुपमानम्। —न्या० सू०
उपमान प्रमाण उपमितिकरणम्— उपमानम्। —तर्कसंग्रह 85
2. पदप्रसिद्धसाधर्म्यात् साध्यसाधनमुपमानम्। —न्यायभाष्य
3. सादृश्यविशिष्टपिण्डज्ञानमुपमानम्। —न्यायभाष्य
सम्बन्धस्य परिच्छेदसंज्ञायाः संज्ञिना सह।
प्रत्यक्षादेरसाध्यत्वादुपमानफलं विदुः। —न्यायकुसुमाजंली
4. उष्ट्रविधम्मां नसिकाग्रे चलसदके शृड्गः खड्गमृगः। —न्यायभाष्यम्

अग्र भाग में सींग वाला पशुविशेष खड्गमृग गेंडा पद का वाच्यार्थ है। इस तरह नगरवासी वनवासी के वाक्य को सुनकर वन में गया और वहां जाकर एक पशु को देखा और उक्त वाक्यार्थ को स्मरण किया और उक्त वाक्यार्थ से यह ज्ञान हुआ कि "अयं खड्गमृगवाच्यः" यह खड्गमृग पद का वाच्यार्थ है। इसी का नाम उपमिति है। इस उपमिति का वैधर्म्य ज्ञानकरण वाक्यार्थ स्मृति व्यापार तथा उष्ट्रविरुद्ध धर्मवाले व्यक्ति का प्रत्यक्ष सहकारी करण है परन्तु नवीन नैयायिक उक्त व्यक्ति के इन्द्रियजन्य ज्ञान को करण वाक्यार्थ स्मृति को व्यापार और वाक्यार्थ को सहकारी करण मानते है। उक्त दोनों मतों में कारण भेद होने पर भी फल भेद नहीं है।

अद्वैत वेदान्ती उपमान को इस प्रकार घटित मानते हैं कि जब गो व्यक्ति को देखने वाला ग्रामवासी वन में जाकर गवय को देखता है तब उसको "अयं गो सदृशः" यह पशु गौ के सदृश है—इस प्रकार प्रत्यक्ष ज्ञान होता है इसका नाम उपमिति है। अर्थात् न्याय मत में संज्ञा, संज्ञी के सम्बन्ध ज्ञान को उपमिति नाम दिया गया है। वेदान्ती सादृश्य ज्ञान को उपमिति कहते हैं।[1]

जहां उपमान उपमेय भाव पाये जाये वहीं उपमान प्रमाण का विषय हो सकता है। सर्वत्र नहीं जैसा कि माष से माषपर्णी का उपमान करता है। इस ज्ञान में माष उपमान तथा माषपर्णी उपमेय है।[2]

शाब्दीप्रमाण— जयन्त भट्ट ने प्राचीन नैयायिकों के इस मत को इस प्रकार ज्ञापित किया है[3] कि पूर्वज्ञात गौ आदि व्यक्ति तथा अज्ञात गवयादिकों के सादृश्य का प्रतिपादन करने वाला "गो सदृशो अयं गवयः" यह वाक्य उपमान प्रमाण है। यह सादृश्य ज्ञान नहीं उक्त वाक्य ही प्रसिद्ध गौ द्वारा असिद्ध गवय के सादृश्य का प्रतिपादन करता हुआ गवय संज्ञा के वाच्यार्थ का बोध कराता है। इससे सिद्ध है कि सादृश्य प्रतिपादक वाक्य "करण" वाक्य स्मरण "व्यापार" और संज्ञा संज्ञी के सम्बन्ध का ज्ञान प्रतीति फल है गौ का सादृश्य "ज्ञानवाक्यानुभवजन्यसंस्कारों" का उद्बोधक होने से केवल सहकारी कारण है, करण नहीं। शाब्दीप्रमा के हेतु होने से शब्दप्रमाण माने जाते है। इस प्रकार "यथा गौ तथा गवयः" यह वाक्य फल भेद होने पर भी शब्दप्रमाण से पृथक् नहीं हो सकता? जहां[4] प्रमाता केवल शब्द की प्रतीति से अथवा शब्द प्रयोक्तव्य पुरुष के

---

1. सादृश्यज्ञानजन्यं ज्ञानमुपमितिः। —वेदान्त दर्पण
2. माषेण माषापर्णीमुपमिनोमि। —वेदान्त दर्पण
3. संज्ञासंज्ञीसम्बन्धीप्रतीतिफलं प्रसिद्धेतरयोः सारूप्यप्रतिपादकमतिदेशवाक्यमेवोपमानम्। — न्यायमंजरी
4. यत्र शब्दः प्रतीयादेव तत्पृणातु.....
सारूप्य प्रसिद्धेन गवा पश्यति। —न्यायमंजरी उपमान प्रमाणान्तर्गत

विश्वासमात्र से वस्तु के तात्त्विक ज्ञान को प्राप्त होता है वहां पर शब्दप्रमाण ही माना जाता है। इस तर्क को न्यायमंजरी की टिप्पणी में सविस्तार से समझाया गया है।

तात्पर्य यह है कि यदि वनवासी पुरुष नगरवासी पुरुष को गवय ज्ञान के हेतु गौ के सादृश्य ज्ञान का उपदेश न करता तो "गो सदृशो गवयः" यह वाक्य शब्दप्रमाण के अन्तर्गत माना जाता है तज्जन्य गवय ज्ञान भी उपमिति न कहलाता। किन्तु उस ज्ञान का शब्दबोध नाम से व्यवहार किया जाता, परन्तु ऐसा नहीं। क्योंकि नगरवासी पुरुष वनवासी के वाक्यमात्र से गवय पद के वाच्यार्थ को न जानता हुआ पूर्वज्ञात गौ के सादृश्य ज्ञान द्वारा ही "इस पशु की गवय संज्ञा है" इस गवय के वाच्यार्थ को जानकर सफल प्रवृत्ति वाला होता है यही प्रमाण है।

"सादृश्य प्रमा के करण को उपमान कहते हैं"—"उपमीयते अनेन इति उपमानम्"। किसी व्यक्ति ने शहर में गाय को देखा और फिर वह अरण्य में जाकर गवय को देखता है (चक्षुरिन्द्रिय का गवय के साथ सन्निकर्ष होता है)[1] उस समय यह ज्ञान होता है कि यह पशु गाय जैसा है। तदनन्तर "इस गवय जैसी मेरी गाय है" यह निश्चयात्मक ज्ञान होता है। इन दोनों ज्ञानों में से अन्वय और व्यतिरेक के बल से गवय में होने वाला जो गो सादृश्य ज्ञान (यह गवय गाय जैसा) है वह करण (उपमान) है और गोनिष्ठ, गवय के सादृश्य का ज्ञान (इसके जैसी ही मेरी गाय है (फल) (उपमिति) है[2]। प्रमाण रूप और प्रमा सादृश्य में गो की गवय से उपमा दी गई है। अर्थात् इस ज्ञान में "गो" उपमान और "गवय" उपमेय है। यही दोनों में भेद है। इसमें प्रथम सादृश्य ज्ञान द्वितीय सादृश्य ज्ञान का जनक (कारण) है और द्वितीय सादृश्य ज्ञान का फल (कार्य) है। इस प्रकार इनमें जन्य-जनक भाव है। इस सादृश्य ज्ञान की उत्पत्ति इन्द्रियादि को नहीं होती। अतः उपमान एक पृथक् प्रमाण है सिद्ध होता है।

उपमान प्रमाण के विषय में वेदान्ती और नैयायिक दोनों में मतभेद है। नैयायिकों का मत है कि—

किसी आरण्यक व्यक्ति से "गवय गो सदृश होता है" सुनकर अरण्य में गए हुए किसी शहरी व्यक्ति का "गवय" के साथ इन्द्रिय सन्निकर्ष होने पर "यह गो सदृश है" ऐसा गो सादृश्य ज्ञान होता है। तदनन्तर आरण्यक व्यक्ति के बताये हुए "गवय गो सदृश होता है" वाक्यार्थ का स्मरण आता है। इसके पश्चात् "अयं गवय पद वाच्य"-यह गवय पशु "गवय" शब्द का वाच्य अर्थ है— यह ज्ञान होना अनुमिति है। इनके मत में उपमान प्रमाण वस्तुबोधक न होकर शक्ति ग्राहक है। गवय पद

---

1. सर्वदर्शनसंग्रहः मध्व के प्रमाण संग्रह द्वारा।
2. प्रमाणस्यद्वैविध्यप्रदर्शनपूर्वकं, तत्र सांख्याविप्रतिपत्तिनिराकरणं ज्ञानं द्विविधं विषयवैविध्यात् शक्यभितः अर्थक्रियाम् केशादिनार्थो अनर्थाधिमोक्षतः। —प्रमाणवार्तिकम्, पृ० 99

एक विशिष्ट शक्ति वाला पशु है। इस प्रकार का ज्ञान कराना ''उपमान'' का प्रयोजन है।

वेदान्तियों का मत :

इनके मत में उपमान का यह प्रयोजन नहीं है। वेदान्तियों का मत है कि ''अनेन सदृशी मदीया गौ:''—इस गवय जैसी मेरी गाय है। यह ज्ञान होना ही उपमान का फल उपमिति है। अनुभव भी ''इस पशु जैसी मेरी गाय है''—ऐसा ही होता है। अत: ''गो सदृशी गवय:'' इस अतिदेश वाक्य के स्मृति रूप व्यापार की कल्पना कर पश्चात् उससे 'गवय' शब्द का वाच्य है। ज्ञान की कल्पना करना, यह सब अनुभव के विरुद्ध है।

नैयायिक ''यह व्यक्ति गवय पद का वाच्य है'' इस प्रकार उपमिति ज्ञान नहीं मानते किन्तु गवय, गवय पद का वाच्य है—इस प्रकार के ज्ञान को उपमान का फल (उपमिति) बताते हैं।

परन्तु जहां गो, गवय, गज, अज आदि सामने स्थित हों, वहाँ पर इनमें से गवय पद का वाच्य कौन सा है? इस प्रकार पूछने पर यदि गवय को गवय पद का वाच्य बताया जाये तो सटीक नहीं बैठ पाता। वहाँ यह व्यक्ति गवय पद का वाच्य है यह उत्तर देना चाहिए और ऐसा मानने पर उपमान की शक्तिग्राहक नहीं कहा जा सकता; क्योंकि एक गवय की शक्ति को वह दिखा सकेगा किन्तु अन्य गवय में उस शक्ति का ज्ञान कराने में उसका उपयोग नहीं होगा। इसलिए अनुभव के अनुरूप ही उपमिति को स्वीकार करना चाहिये। शंका की जाती है कि आपके मत में उपमान यदि शक्तिग्राहक नहीं है तब उसका होना ही व्यर्थ है। क्योंकि एक गवय की शक्ति को वह दिखा सकेगा किन्तु अन्य गवय में उस शक्ति का ज्ञान कराने में उसका उपयोग नहीं होगा। इसलिए अनुभव के अनुरूप ही उपमिति को स्वीकार करना चाहिये।

शंका की जाती है कि आपके मत में उपमान यदि शक्तिग्राहक नहीं है तब उसका होना ही व्यर्थ है। क्योंकि अनुमान जगन्मिथ्यात्व को सिद्ध करता है, उस प्रकार उपमान में कोई उपयोगी दिखाई नहीं देता। इसका समाधान यह किया है कि—शंका ठीक नहीं है, क्योंकि अद्वैत ब्रह्मसाक्षात्कार होने तक मुमुक्ष को चित्तशुद्ध्यर्थ वेदोक्त कर्म के अनुष्ठान की आवश्यकता होती है। कर्मानुष्ठान को योग सम्बन्धी ''प्रकृतिवद् विकृति: कर्तव्या'' प्रकृतिभूत दर्श (पौर्णमासादि) के समान विकृति भूत सौर्पयागादि का अनुष्ठान करना चाहिए। इस प्रकृति-विकृति भाव के ज्ञान की अपेक्षा होती है। किन्तु यह ज्ञान, सादृश्यमूलक होने से उपमान प्रमाण के अधीन है। अत: हमारे मत में इस ज्ञान को करा देना ही उपमान का उपयोग है।

पुन: शंका उत्पन्न होती है कि ''अनेन सदृशी मदीया गौ:'' आदि ज्ञान, प्रत्यक्षदि अन्य प्रमाणों से भी हो सकेगा। उसके लिए उपमान को एक स्वतन्त्र रूप से प्रमाण मानने की क्या आवश्यकता है?

समाधान इस प्रकार है— यह गवयनिष्ठ सादृशज्ञान, प्रत्यक्ष से भी हो सकता है। यह कहना ठीक नहीं है। क्योंकि उस समय 'गो' व्यक्ति से इन्द्रिय सन्निकर्ष नहीं रहता। "अनुमान" प्रमाण से उसका (सादृश्य का) ज्ञान होता है। यह कहना ठीक नहीं। क्योंकि गवय में रहने वाला "गौ" को सादृश्य का लिंग (साधक हेतु) बन नहीं सकता। जैसे— (1) मेरी गाय गवय के समान है, (2) क्योंकि उसमें एतद् गवयनिष्ठ सादृश्य का प्रतियोगित्व है (3) जो जिसमें रहने वाले सादृश्य का प्रतियोगी रहता है। वह उसके जैसा होता है।[1]

उदाहरण— चैत्र, मैत्र में रहनेवाले सादृश्य का प्रतियोगी है, इसलिए वह मैत्र जैसा है— ऐसे अनुमान से "गवयनिष्ठ सादृश्य का ज्ञान हो सकेगा" यह आशंका करना भी ठीक नहीं क्योंकि ऐसा अनुमान न करने पर भी "इस गवय जैसी मेरी गाय है" यह ज्ञान होता है, यह अनुभवसिद्ध है और इस ज्ञान के अनन्तर "मैं इस बात को उपमान प्रमाण से जनता हूँ यही अनुव्यवसाय होता है। इसलिए उपमान स्वतन्त्र प्रमाण है यह सिद्ध होता है।[2]

सांख्यदर्शनकार "प्रत्यक्ष में ही उपमान प्रमाण का अन्तर्भाव मानते हैं। उनका कहना है कि "गवय" के साथ इन्द्रिय सन्निकर्ष होने पर उसमें गोसादृश्य का ज्ञान होता है और वह जैसे प्रत्यक्षात्मक ही रहता है। उसी प्रकार "गौ" का स्मरण होने के बाद "गौ" में जो गवयसादृश्य का ज्ञान (जिसे आप उपमिति कहते हैं) होता है। वह भी प्रत्यक्ष रूप ही है यह मानना चाहिए क्योंकि गवय में होने वाला सादृश्य गौ में भासित होने वाले सादृश्य तक भिन्न नहीं है। जो सादृश्य गवयनिष्ठ है क्योंकि किसी एक जाति का अन्य जाति में रहने वाला जो भूयोऽवयव सामान्ययोग (बहुत से अवयवों का साम्य रूप सम्बन्ध) रूप सम्बन्ध को सादृश्य कहते हैं। और ऐसे सादृश्य का गवय में जिस प्रकार प्रत्याक्षात्मक ज्ञान होता है उसी प्रकार गौ में भी उसका प्रत्यक्ष ज्ञान उच्चित ही है। इसलिए सादृश्य प्रमाणान्तर नहीं है, उसका प्रत्यक्ष में ही अन्तर्भाव होता है। परन्तु सांख्य का यह अभ्युपगम्य ठीक नहीं क्योंकि आपके कथनानुसार यद्यपि सादृश्य सर्वत्र एक सा ही है। तथापि उसके धर्मी और प्रतियोगी सर्वत्र भिन्न-भिन्न होते हैं। इसलिए तत्तद्-विशेष-व्यक्ति पर रहने वाला सादृश्य भिन्न होता है। यह मानना ही पड़ेगा,

---

1. न वेदं प्रत्यक्षेण स भवति, गोपिण्डस्य तदेन्द्रियासन्निकर्षात्। नाप्यनुमानेन, गवयनिष्ठ-गोसादृश्यालिङ्गत्वात्।
   नापि मदीया गौरेतद्गवय-सदृशी एतन्निष्ठ-सादृश्य-प्रति-योगित्वाद् गोवयगतसादृश्य-प्रतियोगी, स तत्सदृशः। —वही, पृ० 182
2. "यथा मैत्रनिष्ठसादृश्यप्रतियोगी चैत्रोमैत्रसदृशः" अनुमानात्तत्संभव इति वाच्यम् एवं गवय सदृशी मदीयागौरिति प्रतीतेरनुभवसिद्धत्वात्। उपमिनोमीत्यनुव्यवसायाच्च। तस्मादुपमानमानानन्तरम्। —वेदान्तपरिभाषा उपमान परिच्छेद, पृ० 183

सादृश्य जिसमें प्रतीति हो वह उस सादृश्य का धर्मी होता है। उसी को सादृश्य का अनुयोगी भी कहते हैं। जिसका सादृश्य भासित होता है उसे प्रतियोगी कहते हैं। (गौ सदृशी गवय:) उस ज्ञान में— गवय में गौ का सादृश्य भासित होता है। इसलिए इस सादृश्य का गवय धर्मी या अनुयोगी और गौ प्रतियोगी है। यह कहनाा चाहिए। परन्तु यह धर्म प्रतियोगी भाव ''गवय सदृशी गौ:'' गवय जैसी मेरी गाय है— इस ज्ञान में नहीं रहता है। यहाँ गौ धर्मी और गवय प्रतियोगी होता है। इसलिए गौगत और गवयगत सादृश्य को एक रूप (समान ही) मान लेने पर जिस व्यक्ति को ''गौ सदृशी गवय:'' इस प्रकार गवयनिष्ठ गौसादृश्य का ज्ञान होता है उस व्यक्ति को ''गौगतगवय (सादृश्यं) पश्यामि'' ऐसा— मैं गोनिष्ठ गवय सादृश्य पृथक्-पृथक् ही रहता है। वह अवश्य ही स्वीकार करना चाहिए। इसलिए गवय प्रत्यक्ष होने के कारण उनके साथ चक्षु का सन्निकर्ष होता है। अत: तद्गत सादृश्य प्रत्यक्षभासित होता है। परन्तु गो व्यक्ति वहाँ पर उस समय समीप नहीं होने से उसके साथ इन्द्रिय सन्निकर्ष नहीं रहता। इसलिए गोनिष्ठ सादृश्य प्रत्यक्ष का विषय नहीं हो सकता।

वैशेषिकों का कहना है कि प्रत्यक्ष में उपमान का अन्तर्भाव न होने पर अनुमान का अन्तर्भाव हो सकेगा। किन्तु यह भी असम्भव है क्योंकि गो के साथ गवय के सादृश्य का ज्ञान अनुमान प्रमाण से नहीं हो सकता। वैशेषिकों के अनुसार अनुमान प्रमाण इस प्रकार होना चाहिए कि— (1) मेरी गौ, इस गवय से निरूपित (गवय प्रतियोगी) सादृश्य से युक्त है (2) क्योंकि वह गौनिरूपित (गोप्रतियोगिक) अर्थात् गो जिसका प्रतियोगी है अर्थात् गो जिसका प्रतियोगी है अर्थात् ''गवय'' जिसका अनुयोगी है। सादृश्य से युक्त है (3) इस गवय के समान है। यदि हम वैशेषिकों का अनुमान स्वीकार करें तो ''स्वरूपसिद्धि'' दोष आता है। ''हेतु'' का पक्ष न रहना— स्वरूपसिद्धि दोष कहलाता है। यहां पर हेतु— गौ प्रतियोगिक सादृश्य'' वह (हेतु) गो रूप पक्ष पर नहीं रहता। गौ में गवय निरूपित सादृश्य रहेगा परन्तु गोनिरूपित (स्वयं गो का) सादृश्य कैसे रह सकेगा? सादृश्य भेद-घटित होने से, दो पदार्थों में भेद के बिना उनमें सादृश्य है यह नहीं कहा जा सकता। जो हेतु अपने पक्ष पर नहीं रहता वह साध्य की सिद्धि कैसे कर सकेगा। इसलिए अनुमान से उपमान की गतार्थता नहीं होती[1] जैसे जहां पर साध्य (वह्नि

---

1. उपमानस्य न प्रत्यक्षे नाप्यनुमाने अन्तर्भावो भवति। गवि जायमानमुपमिति पदवाक्यं गवय सादृश्यज्ञानं प्रत्यक्षेण भवति इति वदन् वादी प्रष्टव्य:। किं गवयज्ञानं प्रत्यक्षेण भवतीति तात्पर्यम् उत सादृश्य ज्ञानम् आहोस्विद् गो ज्ञानम् आहोस्वित् गो सादृश्य वैशिष्ट्यज्ञानम्? तत्र आद्ये इष्टापत्ति: अतएव न द्वितीय: तृतीये उपमानप्रमाणं बिना स्मृतायां गवि सादृश्यवैशिष्ट्यग्रहा: असंभव:, अतएव न तृतीय: गतांशे इन्द्रिय-सन्निकर्षाभावेन प्रत्यक्षत्वं न संभवति-इति स्मृतिरेव वक्तव्या। तदुक्तं वार्तिके— नगरस्या-गन्तुकज्ञानं स्मरणान्नातिवर्तते इति। तथा च न प्रत्यक्षे उपमानस्यान्तर्भाव:।

—वही पृ० 182

आदि) प्रत्यक्ष है, वहां पर भी "पर्वतो वह्निमान् धूमात्" अनुमान करते हैं। परन्तु उतने में ही प्रत्यक्ष प्रमाण की व्यर्थता सिद्ध नहीं होती (अनुमान से प्रत्यक्ष अगतार्थ है) वैसे ही अनुमान से यद्यपि उक्त सादृश्य ज्ञान सिद्ध होने पर भी उपमिति प्रमा का पृथक् अनुभव होने से उपमान प्रमाण अनुमान से चरितार्थ नहीं हो सकता। इसके अतिरिक्त इस सादृश्य ज्ञान के अनन्तर "अयम् अनुमिनोमि" में इस गवय सादृश्य का अनुमान करता हूँ—यह अनुव्यवसाय नहीं होता किन्तु "उपमिनोमि" में उपमान से जानता हूँ—यह अनुव्यवसाय होता है। इससे भी "गोनिष्ठ सादृश्य ज्ञान अनुमित्यात्मक न होकर उपमित्यात्मक है" यह सिद्ध होता है। अत: "उपमान" यह स्वतन्त्र पृथक् प्रमाण है। यह अवश्यमेव स्वीकार करना चाहिए।

जैसे जहां पर साध्य (वह्नि आदि) प्रत्यक्ष हैं वहां पर भी "पर्वतो वह्निमान्" धूमात्"—अनुमान करते हैं। परन्तु उतने से ही प्रत्यक्ष प्रमाण की व्यर्थता जैसे सिद्ध नहीं होती (अनुमान से प्रत्यक्ष अगतार्थ है) वैसे ही अनुमान से यद्यपि उक्त सादृश्य-ज्ञानसिद्ध होने पर भी उपमिति प्रमा का पृथक अनुभव होने से उपमान प्रमाण अनुमान से चरितार्थ नहीं हो सकता। इसके अतिरिक्त इस सादृश्य ज्ञान के अनन्तर "अहं अनुमिनोमि" में इस गवय सादृश्य का अनुमान करता हूँ यह अनुव्यवसाय नहीं होता, किन्तु "उपमिनोमि" में उपमान से जानता हूँ यह अनुव्यवसाय होता है। इससे भी "गौनिष्ठ सादृश्य ज्ञान" अनुमित्यात्मक न होकर उपमित्यात्मक है यह सिद्ध होता है। अत: "उपमान" यह स्वतन्त्र पृथक् प्रमाण है यह अवश्यमेव स्वीकार करना चाहिए।

उपमान प्रमाण के विषय में विभिन्न आचार्यों के मत

उपमान प्रमाण के विषय में वैशेषिक आचार्यों के मत कुछ इस प्रकार हैं। नैयायिकों ने प्रत्यक्ष, अनुमान, उपमान और शब्द तथा वैशेषिकों ने चार के स्थान पर प्रत्यक्ष और अनुमान दो ही प्रमाण माने हैं। लोकायतिक अथवा चार्वाक उपमान प्रमाण की आवश्यकताओं को अस्वीकार किया गया है। शब्द में सहकारिता—अर्थात् नष्ट वर्ण और स्थितिमान वर्ण, बार-बार सुनने और कहने से बड़ी दृढ़ता आती है। इस प्रकार शब्द के अतिशयत्व का सिद्धान्त पद और वाक्य बनाने वाली बाधा का समाधान हो जाता है।

तर्कसंग्रह में भी आप्त के माध्यम से शब्द का स्वरूप दिखाया है। आप्त और आप्त के कथन किए हुए वाक्य का नाम शब्दप्रमाण है। यथार्थ वक्ता को आप्त कहते हैं। जिसने किसी भी वस्तु के धर्म का साक्षात्कार कर लिया है। तर्कशास्त्र (लॉजिक) में शब्दप्रमाण एक महत्वपूर्ण भूमिका निभाता है। तर्कशास्त्रियों का एक युक्तिसंगत विधिनिर्माण करने के प्रसंग में शब्दप्रमाण का प्रमुख स्थान है। बिना आप्त वाक्यों के (लॉजिक) तर्क निरालम्ब दीखता है। नैयायिक लोगों का कथन है कि "गंगायां घोष:" इस वाक्य के उच्चारण करने से श्रोता का तात्पर्य शीतलता स्वच्छता वाले तीर का बोध

कराने से है। यदि तीर का ही बोध कराना होता तो "तीरे घोष:" ऐसा कथन होना चाहिए था "गंगायां घोष:" नहीं। जैसे उष्ट्र लम्बी व टेढ़ी गर्दन वाला है, प्रलम्बमान उष्ट्र तथा कंटीली झाड़ियों को खाने वाला होता है। ऐसा सुनकर कोई ऊँट को न जानने वाला ऐसे विशेषण से युक्त पशु को देखता है तो उसे ऊँट का ज्ञान हो जाता है। यह धर्ममात्रोपमान है।[1] इस प्रकार उपमान के तीन भेद किये जाते हैं।

अद्वैतवादी आचार्यों की उपमान समीक्षा

शंकर मत में उपमान—

धर्मराजाध्वरीन्द्र उपमान का निरूपण करते हुए लिखते हैं कि सादृश्य प्रमा के कारण को उपमान कहते हैं। वह इस प्रकार है—जिस व्यक्ति ने शहर में गौपिण्ड को देखा हो, वह अरण्य में जाकर जब "गवय" को देखता है चक्षु इन्द्रिय का गवय के साथ सन्निकर्ष होता है, उस समय उसे यह पिण्ड गौ समान है, ऐसा ज्ञान होता है। तदनन्तर उसे इस गवय जैसी ही मेरी गाय है, निश्चयात्मक ज्ञान होता है। इन दो ज्ञानों में से अन्वय और व्यतिरेक के बल से स्वयं में होने वाला जो सादृश्यज्ञान है, वह करण उपमान है और गौनिष्ठ गवय का सादृश्य ज्ञान उपमिति है।[2]

प्रमाण रूप सादृश्यज्ञान में "गौ" को गवय की उपमा दी गई है अर्थात् इस ज्ञान में "गौ" उपमान और गवय उपमेय है। और प्रमारूप सादृश्य ज्ञान में "गौ" को "गवय" की उपमा दी गई है। अर्थात् इस ज्ञान में "गवय" उपमान और "गौ" उपमेय है। यही दोनों में भेद है। इनमें प्रथम सादृश्य ज्ञान द्वितीय सादृश्यज्ञान का जनक, कारण है और द्वितीय सादृश्य ज्ञान उसका फल है। इस प्रकार इनमें जन्य-जनक भाव है। इस सादृश्य ज्ञान की उत्पत्ति इन्द्रियादिकों से नहीं होती, अत: उपमान एक पृथक् प्रमाण सिद्ध होता है।

उपमान को वेदान्ती तथा नैयायिक दोनों ही स्वीकार करते हैं परन्तु उनमें मतभेद है। नैयायिकों का अभिमत है कि "उपमान" प्रमाण किसी आरण्यक व्यक्ति से "गवय गोसदृश होता है, सुनकर अरण्य में गये हुए शहरी व्यक्ति का "गवय" के साथ इन्द्रियसन्निकर्ष होने पर यह गोसदृश्य है ऐसा गो सादृश्य ज्ञान होता है। तदनन्तर

---

1. न्या० सा० से०, पृ० 88
2. अथोपमानं निरूप्यते। तत्र सादृश्यप्रमाकरणमुपमानम्। तथा हि, नगरेषु दृष्टगोपिण्डस्य पुरुषस्य वनं गतस्य गवयेन्द्रियसन्निकर्षे सति भवति प्रतीति:, अयं पिण्डी गो सदृश इति। तदनन्तरं भवति निश्चय: अनेन सदृशी मदीया गौररिति। तदन्वयव्यतिरेकाभ्यां गवयनिष्ठगोसादृश्यज्ञानं करणम्। गोनिष्ठसादृश्यज्ञानं फलम्।

—वे० परि० अनु० प्र०

आरण्यक व्यक्ति के बताये हुए "गवय" गोसदृश होता है। "वाक्यार्थ का स्मरण होता है। इसके पश्चात् यह गवय पशु "गवय" शब्द का वाक्य अर्थ यह ज्ञान होना ही उपमिति है। इसके मत में उपमान प्रमाण वस्तुबोधक न होकर शक्ति ग्राहक है। "गवय" पद को एक विशिष्ट पशु में शक्ति है" इस प्रकार का ज्ञान कराना ही उपमान का प्रयोजन है।

परन्तु वैदान्तियों के मत में "उपमान" का यह प्रयोजन नहीं हैं। उनके मत में इस गवय जैसी ही मेरी गौ है—यह ज्ञान होता है। इस ज्ञान का होना ही उपमान का फल है। इस पर यदि यह कहा जाये कि "अनेन सदृशी मदीया गौः" आदि ज्ञान प्रत्यक्षादि अन्य प्रमाणों से भी हो सकेगा उसके लिए उपमान को एक स्वतन्त्र रूप से प्रमाण मानने की क्या आवश्यकता है तो इसका उत्तर यह है कि यह गवयनिष्ठ सादृश्य ज्ञान प्रत्यक्ष से भी हो सकता है। यह कहना ठीक नहीं है। क्योंकि उस समय गौ व्यक्ति से इन्द्रिय सन्निकर्ष नहीं रहता।" अनुमान से भी उसको सादृश्य ज्ञान नहीं हो सकता है क्योंकि "गवय" में रहने वाला "गौ" का सादृश्य "गौ" में रहने वाले" गवय के सादृश्य का लिंग नहीं बन सकता है। अतः उपमान स्वतन्त्र प्रमाण है।[1]

रामानुज मत में उपमान प्रमाण—

उत्तर मीमांसीय विशिष्टाद्वैत सम्प्रदाय ज्ञान के मात्र तीन-प्रत्यक्ष, अनुमान और आगम ही स्रोत स्वीकार करते हैं। अन्य ज्ञान के साधनों का प्रत्यक्षादि में अन्तर्भाव करते हैं। अतः उपमान का भी अनुमान आदि में अन्तर्भाव हो जाता है। जैसे अतिदेश वाक्य के स्मरण के अर्थ की सहायता से सादृश्य विशिष्ट पिण्ड का ज्ञान उपमान कहलाता है। गवय को नहीं जानने वाला व्यक्ति जैसी गौ होती है वैसा ही गवय होता है। इस तरह की कही से वनवासी की बात सुनकर वन में जाकर अतिदेश वाक्य के अर्थ का स्मरण करते हुए जब गौ के सादृश्यविशिष्ट पिण्ड को देखता है तो उस वाक्य के अर्थ के स्मरण की सहायता से उसे गौ सादृश्य विशिष्ट पिण्ड का ज्ञान होता है। इसी को उपमान कहते हैं। उस ज्ञान के स्मरण स्वरूप होने के कारण प्रत्यक्ष में अन्तर्भाव होता है। उसका व्याप्तिग्रह सापेक्ष होने से उपमान में अन्तर्भाव होता है। किंच वह ज्ञान वाक्यजन्य होता है। अतःएव उसका शब्द प्रमाण में अन्तर्भाव होता है।[2] इस प्रकार

---

1. न चेदं प्रत्यक्षेण संभवति, गोपिण्डस्य तदेन्द्रियासन्निकर्षात्। नाप्यनुमानेनगवयनिष्ठ-गोसादृश्यत्वतल्लिंगत्वात्। —वे० परि० उ० प्र०
2. एवमनुमानं निरूपिते उपमानादेरनुमानादावन्तर्भावः। यथा—अतिदेशवाक्यार्थ-स्मरण-सहकृतसादृश्यविशिष्टपिण्डज्ञानमनुमानम्। गवयमज्ञानमपि यथा गौस्तथा गवय इति कुतश्चिदारण्यकाच्श्रुत्वा वनं अतिदेशवाक्यार्थ स्मरन् यदा गोसादृश्यविशिष्ट पिण्डं पश्यति तदा तद्वाक्यार्थस्मरणसहकृतगोसादृश्यविशिष्ट-पिण्डज्ञानं जायते तदुपमान-मित्युच्यते। तस्य स्मरणरूपत्वात्प्रत्यक्षेऽन्तर्भावः व्याप्ति-ग्रहापेक्षत्वादनुमानेन्तर्भावः वाक्यजन्यत्वाच्छब्दे चान्तर्भावः। —य०म०दी०दि०अ०, पृ० 48

उपमान ज्ञान का सर्वात्मना प्रमाणों में अन्तर्भाव हो जाता है, अतः उपमान को एक अतिरिक्त प्रमाण मानना उचित नहीं है।

वल्लभाचार्य दर्शन में उपमान—

वल्लभ वेदान्ती भी उपमान प्रमाण को पृथक् प्रमाण स्वीकार नहीं करते हैं। इसके खण्डन के लिए वल्लभ वेदान्ती का कथन है कि सादृश्य तथा अतिदेश वाक्यार्थ के स्मरण के साथ नेत्रेन्द्रिय से ही संज्ञा तथा संज्ञी के ज्ञान की प्राप्ति हो जाती है, सादृश्यज्ञान को स्वतन्त्र प्रमाण मानना युक्ति संगत नहीं है अन्यथा योग्यानुपलब्धि को भी प्रमाणान्तर मानना पड़ेगा। इस प्रकार उपमान का प्रत्यक्ष में ही अन्तर्भाव करने से तो उपमान की परोक्षता नष्ट होती है तो वल्लभ वेदान्ती को इष्टापत्ति है। अथवा उपमान का मानस प्रत्यक्ष में अन्तर्भाव कर लेना चाहिए क्योंकि अति देश वाक्य के लक्षण से पूर्ण जाना हुआ और पदार्थ के स्फूरण मात्र से स्फूरित सादृश्य की संस्कार द्वारा शब्दाभिव्यक्ति होने पर वाक्य के सहकार से ही मानसिक गवयपद वाक्य पदार्थ का संज्ञासंज्ञी सम्बन्ध है। घोड़ा खड़ा है, व्यक्ति देखता है। आदि वाक्यों से श्रोताओं की आकांक्षा को पूरा कर देने से यह वाक्य बन जाता है।

अर्थापत्ति प्रमाण—

मीमांसा दर्शन अर्थापत्ति को प्रमाण के रूप में स्वीकार करता है। अद्वैतवेदान्त भी अर्थापत्ति को पृथक् प्रमाण स्वीकार करता है।

अर्थापत्ति का लक्षण—मीमांसा दर्शन के शाबर भाष्य में अर्थापत्ति का लक्षण किया है कि "कोई ऐसा ज्ञान, जिसमें अर्थात् आपद्यते, जिसके बिना कोई दृष्ट या श्रुत विषय सिद्ध न हो सके, वह अर्थापत्ति कहलाता है, जैसे जीवित देवदत्त घर में नहीं है। इसका अर्थ यह हुआ कि देवदत्त घर से बाहर है, क्योंकि वह जीवित है।[1] इसलिये घर के बाहर अभी प्रत्यक्ष न होने पर भी, हम अर्थापत्ति प्रमाण से देवदत्त के घर के बाहर होने का ज्ञान प्राप्त कर रहे हैं। अतः अर्थापत्ति पांचवां प्रमाण मानना अपेक्षित है। पार्थसारथी के अनुसार—"जब हम देखते हैं कि किसी निश्चित विषय या अभिप्राय की व्याख्या के लिये दूसरे विषय या अभिप्रायः के बिना नहीं हो सकती है तो हम प्रथम विषय की व्याख्या के लिये दूसरे अर्थ अथवा विषय की कल्पना करके एक निश्चित ज्ञान को प्राप्त करते हैं, यही कल्पना अर्थापत्ति है।[2]

कुमारिल के अनुसार अर्थापत्ति की अन्य प्रमाणों से विशिष्टता यह है कि इसमें किसी निश्चित अर्थ में किसी प्रकार की अनुपपत्तता रहती है। किसी भी मनुष्य का होना

1. अर्थापपत्तिरपि दृष्टः श्रुतोवार्थो–अन्यथा नोपपद्यते इत्यर्थकल्पना यथा जीवितो देवदत्तस्य गृहाभावदर्शनेन बहिर्भावस्य-अदृस्य कल्पना। —शाबरभाष्य, पृ० 110
2. शास्त्रदीपिका, पृ० 76

न होना एक साथ सम्भव नहीं है। यहां विरोध तभी दूर हो सकता है जब तक हम यह कल्पना नहीं कर लेते कि वह मनुष्य घर के बाहर स्थित है। उसके बाहर होने की कल्पना से उसके घर में न होने की व्याख्या हो जाती है। यहां अनुपपत्ति की प्रतीति अर्थापत्ति का कारण है और उपपत्ति प्रमा है। यह अनुपपत्ति या विरोध वास्तविकता नहीं होता है। जैसे कि हम दूर से देखते हैं कि चांदी पड़ी हुई है जब पास जाकर उठा कर देखते हैं कि चांदी नहीं है। यहां पर चांदी है और चांदी नहीं है। इन दोनों ज्ञानों में वास्तविक विरोध है। यह विरोध तभी दूर हो सकता है कि दोनों ज्ञानों में से किसी एक को मिथ्या माना जाए। परन्तु अर्थापत्ति में दोनों ज्ञान मिथ्या नहीं होते। यह उचित है कि अन्ततः विरोधी प्रतीत होते हैं। ऐसी स्थिति में ज्ञाता के मन में उन दोनों ज्ञानों में समन्वय स्थापित किया जा सकता है। यही समन्वय स्थापित करना अर्थापत्ति को जन्म देता है और ज्ञाता को एक निश्चित ज्ञान प्राप्त हो जाता है।[1] सुचरित मिश्र के अनुसार यह विरोध दो प्रमाणों के मध्य होता है। उपर्युक्त उदाहरण में दो प्रमाण हैं—अनुमान तथा अनुपलब्धि। अनुमान से ज्ञात होता है कि जीवित मनुष्य कहीं है। यह स्पष्ट नहीं होता है कि वह कहां पर है। अनुपलब्धि प्रमाण से यह ज्ञात है कि वह घर में नहीं है। अनुमान और अनुपलब्धि के विरोध से ही अर्थापत्ति की उत्पत्ति मानी जा सकती है। देवदत्त बाहर है। इससे उसके घर में न होने की व्याख्या हो जाती है और वह विरोध भी समाप्त हो जाता है।[2] अर्थापत्ति के भेद कुमारिल भट्ट ने अर्थापत्ति के मुख्य रूप में दो भेद किए हैं। दृष्टार्थापत्ति और श्रुतार्थापत्ति। पुनः उसने दृष्टार्थापत्ति के पांच भेद किए हैं। अतः पांच प्रमाणों में आधार पर यह पांच प्रकार की है। श्रुतार्थापत्ति में अनुपत्ति का ग्रहण शब्द प्रमाण से होता है। इस प्रकार प्रत्यक्ष, अनुमान, शब्द, उपमान, अर्थापत्ति और अनुपलब्धि प्रमाणों से छः प्रकार की अर्थापत्ति हो सकती है।[3] देवदत्त के घर में न रहने का उदाहरण अभाव पूर्विका अर्थापत्ति का है। प्रत्यक्ष पूर्विका अर्थापत्ति का उदाहरण अग्नि की दहक शक्ति की कल्पना करना है। अनुमान पूर्विका अर्थापत्ति का उदाहरण है। सूर्य में गमन शक्ति की कल्पना। उपमान पूर्विका अर्थापत्ति का उदाहरण इस प्रकार है कि उपमान प्रमाण द्वारा यह ज्ञान होता है कि गो गवय सदृश है। परन्तु यहां प्रश्न उठता है कि गौ के सादृश्य का ज्ञान हमें क्यों होता है। अर्थापत्ति से हमें यह ज्ञान होता है कि गौ में एक ऐसी शक्ति है जो सादृश्य के प्रतियोगी के दर्शन में प्रकट हुई है और जिसने गो में गवय सादृश्य के बोध को जन्म दिया है। अर्थापत्ति पूर्विका अर्थापत्ति का उदाहरण शब्द नित्यत्व की कल्पना क्योंकि जैसे कि किसी ने अपने सेवक से कहा गामानय। सेवक उसका अर्थ समझ कर गाय को ले आता है।

1. शास्त्रदीपिका, पृ० 78
2. श्लोक वार्तिका पर काशिका, अर्थापपत्ति 1
3. श्लोक वार्तिका पर काशिका, अर्थापपत्ति 2

सेवक इसका अर्थ इसलिए समझ जाता है कि उसने उन शब्दों के अर्थ पहले से सुने हुए थे, उसी के अनुसार वह शब्दों के अर्थों को समझ लेता है। अर्थापत्ति से यह निष्कर्ष निकलता है कि गौ आदि शब्द नित्य हैं।[1]

श्रुतार्थापत्ति का आधार शब्द प्रमाण है इसका उदाहरण यह है कि यज्ञदत्त मोटा हो रहा है परन्तु वह दिन में भोजन नहीं करता है। अर्थापत्ति से यह ज्ञान प्राप्त होता है कि यज्ञदत्त रात्रि को भोजन करता है, क्योंकि कोई भी भोजन किए बिना मोटा नहीं हो सकता। इस श्रुतवाक्य से ही उसका रात्रि में भोजन खाना सिद्ध होता है। यही श्रुतार्थापत्ति मानी जाती है।

प्रभाकर मत— प्रभाकर शबर के अर्थापत्ति के लक्षण में अनुपपत्ति के अर्थ की समीक्षा करते हुए कहते हैं कि इसका अर्थ है कि एक के अभाव में दूसरे का न होना। परन्तु यदि ऐसा है तो अर्थापत्ति कार्य से कारण के अनुमान से अभिन्न है क्योंकि कार्य भी कारण के बिना नहीं हो सकता। अर्थापत्ति और अनुमान के विवेचन के पश्चात् प्रभाकर इस निष्कर्ष पर पहुंचते हैं कि कार्य से कारण के अनुमान में कार्य अर्थात् लिङ्ग अनुपपन्न होता है और कारण अर्थात् साध्य उपपादक होता है, जबकि अर्थापत्ति में लिङ्ग उत्पादक होता है और साध्य बिना उपपादक के अनुपपन्न होता है। दूसरे शब्दों में अनुमान में हमारी विचार सरणि अनुपपन्न से उत्पादक की ओर होती है। जबकि अर्थापत्ति में हमारी विचार सरणि उत्पादक से अनुपपन्न की ओर होती है।[2] प्रभाकर के अनुसार अर्थापत्ति की विशिष्टता उपपादक के ज्ञान से अनुपपन्न का ज्ञान है, जैसे कि उपर्युक्त उदाहरण में देवदत्त की घर में अनुपस्थिति देवदत्त की बाहर स्थिति की उपपादक है। प्रभाकर का यह मत कुमारिल भट्ट के ठीक विपरीत है क्योंकि कुमारिल के अनुसार देवदत्त के घर के बाहर होने की कल्पना देवदत्त के घर में अनुपस्थिति की उपपादक है। प्रभाकर मत शबर मत से भिन्न है क्योंकि शबर कहते हैं कि दृष्ट अथवा श्रुत विषय अनुपपन्न होता है और यह अनुपन्नता उपपादक की कल्पना का कारण होती है परन्तु प्रभाकर का मत है कि अर्थापत्ति द्वारा जो ज्ञात होता है वह अनुपपन्न होता है। पार्थसरथी ने प्रभाकर के मत की आलोचना की है। शालिगनाथ ने प्रभाकर के मत का कुछ संशोधन किया है। इसके अनुसार देवदत्त का घर में न रहने के कारण बाहर रहना अनुपपन्न नहीं है, अपितु उसे घर में न देखकर बाहर होने की कल्पना उसका जीवित होना उसका कारण बनता है।

अद्वैतवेदान्त मत—

धर्मराजाध्वरीन्द्र ने अर्थापत्ति का लक्षण प्रायः भाट्ट मीमांसकों के अनुसार किय

1. श्लोक वार्तिका पर काशिका, अर्थापपत्ति 5-6
2. बृहती, पृ० 112

है किन्तु उस की व्याख्या और उदाहरणों में अवश्य अन्तर है इसके अनुसार किसी उपापाद्य ज्ञान से उपपादक ज्ञान की कल्पना करना अर्थापत्ति है।[1] इसमें उपपाद्य का ज्ञान कारण है और उपपादक ज्ञान फल है, जैसे रात्रि भोजन के बिना दिन में न खाते हुए मनुष्य का मोटा होना अनुपपन्न है उस मोटेपन की अनुपपत्ति होने पर रात्रि भोजन उसका उपपादक है।[2] कुमारिल के समान वेदान्त परिभाषा में भी दो प्रकार की अर्थापत्ति मानी जाती है। दृष्टार्थापपत्ति श्रुतार्थापत्ति। दृष्टार्थापत्ति का उदाहरण है कि कोई मनुष्य सामने पड़ी वस्तु को यह रजत है और फिर उसी को यह कहता है कि यह रजत नहीं है। यहां पर दूसरा ज्ञान जो वस्तु में रजत का निषेध करता है, प्रथम ज्ञान के सत्यत्व में अनुपपन्न है अतः रजत के मिथ्यात्व की कल्पना कराता है।[3] श्रुतार्थापत्ति वहां होती है जहां श्रूयमाण वाक्य की अनुपपत्ति के द्वारा अर्थ की कल्पना की जाती है, जैसे—आत्मवेत्ता शोक को पार कर लेता है। तरति शोक आत्मावित्—इस वाक्य में श्रूयमाण जो शोक शब्द है उसके वाच्यार्थ बन्धन समूह के जिसका ज्ञान द्वारा बाध हो जाता है, अन्यथा अनुपपन्न होने के कारण बन्धन के मिथ्यात्व की कल्पना की जाती है, जैसे कि जीवित देवदत्त घर में नहीं है इस वाक्य के श्रवण के पश्चात् जीवित देवदत्त का घर में न रहना बाहर रहने की कल्पना कराता है।

धर्मराजाध्वरीन्द्र श्रुतार्थापपत्ति के दो भेद करते हैं—अभिधानापपत्ति और अभिहितानुपपत्ति। अभिधानानुपपत्ति वहां होती है जहां वाक्य के एक अंश के सुनने से वाक्य में, उसके तात्पर्य का अन्वय न बनने के कारण, अन्वय के लिये उपयोगी किसी दूसरे पर की कल्पना की जाती है, जैसे 'पिधेहि' कहने पर 'द्वारं पिधेहि' की कल्पना द्वार बन्द करो कि कल्पना अभिधानानुपपत्ति अर्थापत्ति के द्वारा ही की जाती है। इसी प्रकार अभिहितानुपपत्ति वहां होती है, जहां वाक्य द्वारा ग्रहण किया गया अर्थ अनुपपन्न रूप में ज्ञात होकर दूसरे अर्थ की कल्पना कराता है, जैसे "स्वर्गकामोज्योतिष्टोमेन यजेत" इस वाक्य में ज्योतिष्टोम यज्ञ को स्वर्ग का कारण बतलाया गया है। इसके अनुसार स्वर्ग की प्राप्ति तो बहुत बाद में होती है अतः ज्योतिष्टोम यज्ञ का कारणत्व अनुपपन्न है। इसकी उत्पत्ति के लिए अपूर्व की कल्पना की जाती है।[4] अतः अर्थापत्ति से यह ज्ञान उत्पन्न होता है कि यज्ञ आत्मा पर संस्कार उत्पन्न कर देता है यही अपूर्व माना जाता है। यह अपूर्व की सिद्धि अभिहित अनुपपत्ति अर्थापत्ति द्वारा ही होती है। उपर्युक्त विवेचन से यह सिद्ध होता है कि अर्थापत्ति के विषय में अद्वैत वेदान्त और भाट्ट मत में पर्याप्त अन्तर भी है।

---

1. तत्रोपपाद्यज्ञानेनोपपादककल्पनमर्थापत्तिः। —वेदान्त परिभाषा, पृ० 266
2. वेदान्त परिभाषा, पृ० 266
3. वेदान्त परिभाषा, पृ० 268
4. वेदान्त परिभाषा, पृ० 273

अर्थापत्ति प्रमाण का अन्तर्भाव न्याय, वैशेषिक, सांख्य आदि अन्य दर्शन अनुमान प्रमाण में करते हैं। जिसका विवेचन पिछले अध्यायों में किया जा चुका है। भाट्ट मीमांसकों ने अर्थापत्ति प्रमाण को स्वतन्त्र प्रमाण माना है। इस विषय में उन्होंने अनेक तर्क भी प्रस्तु किए हैं। उनका इस विषय में एक प्रबल तर्क है कि अर्थापत्ति प्रमाण में व्याप्ति की आवश्यकता नहीं होती जबकि अनुमान में व्याप्ति आवश्यक है।

अनुपलब्धि प्रमाण (अभाव)—

अद्वैत वेदान्त के प्रसिद्ध ग्रन्थ वेदान्त परिभाषा में अनुपलब्धि प्रमाण के विषय में कहा है कि "ज्ञान के कारणों (प्रत्यक्ष अनुमान आदि) अर्थात् प्रमाणों उत्पन्न न होने वाले अभाव के ज्ञान का असाधारण कारण अनुपलब्धि रूप प्रमाण है।[1] इसे हम इस प्रकार भी समझ सकते हैं कि अनुपलब्धि ऐसा प्रमाण है, जिसके द्वारा हमें किसी पदार्थ के ऐसे अनुभव को जो अभाव रूप में होता है। जिस का ज्ञान अन्य पांच प्रमाणों द्वारा नहीं होता है।

अनुपलब्धि प्रमाण में निम्नलिखित तर्क द्रष्टव्य है।

1. अनुपलब्धि प्रमाण द्वारा किसी पदार्थ के अभाव का ज्ञान होता है।

2. यह ज्ञान अनुभवात्मक है अर्थात् स्मृतिमूलक नहीं है।

3. यह ज्ञान अन्य प्रत्यक्ष, अनुमान और उपमान आदि प्रमाणों द्वारा प्राप्त नही होता है।

मीमांसा दर्शन के भाष्यकार शबर मुनि का कथन है कि "किसी असन्निकृष्ट (अप्रत्यक्ष) अर्थ का यह बोध कि वह नहीं है (उसका अभाव है) अन्य प्रमाणों से बोध नहीं हुआ है, अतः अन्य प्रमाणों का अभाव ही अभाव (अनुपलब्धि) प्रमाण है।[2] कुमारिल भट्ट ने इसे और भी स्पष्ट किया है कि यदि कोई ऐसा पदार्थ जिसके होने को पांच प्रमाणों में से किसी भी प्रमाण द्वारा जाना जा सकता है फिर भी उससे किसी पदार्थ का बोध नहीं होता तो उसका यह बोध न होना (अनुपलब्धि) उस वस्तु के अभाव के बोध के लिए अभाव प्रमाण है।[3] पार्थसारथी मिश्र ने इसे स्पष्ट करते हुए कहा है कि प्रत्येक पदार्थ की दो स्थितियां होती है— भाव और अभाव। पदार्थ का होना भाव कहलाता है परन्तु किसी भी प्रमाण के द्वारा उस पदार्थ का उपलब्ध न होना, पदार्थ

---

1. ज्ञानकरणाजन्याभावानुभवासाधारणकारणानुपलब्धिरूपं प्रमाणम्।
—वेदान्त परिभाषा, अनुपलब्धि परिच्छेद
2. अभावोहि प्रमाणाभावो नास्तीत्यस्यार्थास्यासन्निकृष्टस्य। —शाबरभाष्य, सूत्र 1.1.5
3. श्लोक वार्तिका, पृ० 473

के अभाव का बोध कराता है।[1] वेदान्त परिभाषाकार ने अनुपलब्धि प्रमाण के विषय में अनेक शंकाओं का समाधान करते हुए तर्क प्रस्तुत किए हैं कि— योग्यस्य प्रतियोगिनः अनुपलब्धि प्रथम प्रत्यक्ष योग्य विषय की अनुपलब्धि और द्वितीय प्रत्यक्ष योग्य आधार पर विषय की अनुपलब्धि (योग्याधिकरणे प्रतियोग्यनुपलब्धिः) प्रथम अर्थ के अनुसार यदि विषय प्रत्यक्ष योग्य है परन्तु वह अनुपलब्ध है तो उसका अभाव माना जायेगा। यह अर्थ उचित प्रतीत नहीं होता है क्योंकि भ्रम से पिशाच के रूप ग्रहण किए गए स्तम्भ में भ्रम दूर होने पर हमें स्तम्भ में पिशाच से भेद (अन्योन्याभाव) का बोध होता है जोकि इसका अर्थ ठीक नहीं बैठता, क्योंकि पिशाच प्रत्यक्ष योग्य नहीं है फिर भी स्तम्भ में उसका बोध होता है यदि दूसरे अर्थ प्रत्यक्ष योग्य आधार पर विषय की अनुपलब्धि ले लिया जाए तो यह अर्थ भी ठीक नहीं होगा[2], क्योंकि ऐसा मानने पर आत्मा प्रत्यक्ष योग्य है, क्योंकि वह उसका मानस प्रत्यक्ष होता है।

वेदान्त परिभाषाकार ने योग्यानुपलब्धि के उपर्युक्त दोनों अर्थ न लेकर उससे भिन्न तीसरा अर्थ ग्रहण किया है इसके अनुसार इसका अर्थ है कि— योग्य अनुपलब्धि (योग्या चासावनुपलधिश्च) कर्मधारय समास। इसका अर्थ है कि ऐसे विषय की अनुपलब्धि जो उन विशेष परिस्थितियों में वहां होता तो उपलब्ध हो जाता जैसे— पर्याप्त प्रकाश युक्त भूतल पर यदि घट होता तो उसका बोध हो जाता इस तर्क के साथ जब उस प्रकार के भूतल पर घट का अभाव होता तो घट के अभाव का बोध हो जाता है। भूतल पर अन्धकार होने पर इस प्रकार का तर्क सम्भव नहीं है। इसलिए यही मानना उचित होता है कि चक्षुरिन्द्रिय के प्रकाश आदि सहकारी कारक के होने पर भी भूतल पर घट आदि का न होना अनुपलब्धि प्रमाण है जो कि उपर्युक्त अर्थ मानने पर वेदान्त परिभाषाकार के अनुसार अर्थ ठीक नहीं है।

सांख्य न्याय आादि जो अनुपलब्धि प्रमाण को पृथक् से प्रमाण स्वीकार नहीं करते हैं उनके तर्कों का भी वेदान्त परिभाषा में निराकरण किया गया है। अद्वैत वेदान्त में अभाव बोध में प्रमाण फल के रूप में अभाव ज्ञान को प्रत्यक्ष ही स्वीकार कर लिया है, यद्यपि वे प्रमाण के रूप में प्रत्यक्ष को स्वीकार नहीं करते हैं। ऐसा उन्होंने इसलिए किया कि क्योंकि उन्होंने इसलिए स्वीकार किया कि जो चित्तवृत्ति भूतल को व्याप्त करती है वही घटाभाव को भी व्याप्त कर लेती है और प्रमाता अवच्छिन्न चैतन्य और भूतल स्थित घटाभाव अवच्छिन्न का अभेद हो जाने पर अभाव का बोध प्रत्यक्ष ही है। परन्तु यहां पर घटाभाव का बोध अनुपलब्धि प्रमाण से ही होता है न कि प्रत्यक्ष प्रमाण से होता है।

---

1. शास्त्रदीपिका, पृ० 8
2. योग्यानुपलब्धेरेखाभाग्राहकत्वात्। —वेदान्त परिभाषा, अनुपलब्धि परिच्छेद

ऐतिह्य प्रमाण—

ऐतिह्य प्रमाण का अभिप्राय यह है कि जो घटनायें इतिहास सम्बन्धी सच मानी जाती हैं, या प्रामाणिक रूप में स्वीकार की जाती है उनको ऐतिह्य प्रमाण के द्वारा स्वीकार किया जाता है, जैसे कि—राम, कृष्ण, अशोक और विक्रमादित्य आदि अनेक सम्राटों का इतिहास उपलब्ध है उस इतिहास को हम उपन्यास और गल्प के रूप में स्वीकार नहीं करते हैं अपितु प्रामाणिक रूप में राम आदि राजा हुए सच्चे रूप में स्वीकार करते हैं। ऐसे प्राचीन इतिहास का हमें प्रामाणिक ज्ञान प्राप्त होता है वह ऐतिह्य प्रमाण के रूप में ही प्राप्त होता है।

सम्भव प्रमाण—

सम्भवति अस्मिन् इति सम्भव अर्थात् जैसे कि जिसमें जो सम्भव हो, वह ज्ञान प्राप्त होना सम्भव प्रमाण के द्वारा प्राप्त होता है जिसके लिए अनेक उदाहरण प्रस्तुत किए जा सकते हैं, जैसे कि एक किलो में 200 ग्राम, 250 ग्राम और 500 ग्राम सम्भव है। इसी प्रकार महद् आकाश में घटाकाश और मठाकाश सम्भव है। इन उपर्युक्त दोनों प्रमाणों को किसी आस्तिक और नास्तिक दर्शनों में स्वीकार नहीं किया है अपितु इन प्रमाणों को पौराणिक मान्यताओं के अनुसार स्वीकार किया है।

षष्ठ अध्याय

ख्यातिवाद

ज्ञान और भ्रम में विभिन्न भेद

प्रत्यक्ष ज्ञान इन्द्रिय और पदार्थ के सन्निकर्ष अर्थात् संयुक्त होने से उत्पन्न हुआ, अव्यपदेश्य अर्थात् अशब्द अव्यभिचारी, निर्दोष अर्थात् संशय विपर्यादि से रहित व्यवसायात्मक निश्चयात्मक ज्ञान ही कहलाता है[1]।

इस प्रकार ज्ञान और भ्रम में विभिन्न भेद हैं। अतः भ्रम की सर्वप्रथम परिभाषा उद्धृत करते हैं।

जब कोई पदार्थ संशय एवं दोष युक्त हो तथा अव्यवसायात्मक और अनिश्चयात्मक अज्ञान वाला हो उसे भ्रम कहते हैं। न्यायमंजरी में भ्रम की परिभाषा करते हुए ग्रन्थकार ने लिखा है[2] कि यदि किसी वस्तु में ऐसे गुण का वर्णन किया जाय जो उसमें नहीं हो वह प्रत्यक्ष ज्ञान भ्रान्ति वा भ्रममूलक ही होगा उसे ान नहीं कहा जा सकता। जैसे, "रज्जू में सर्प" "साबुन के झाग में दूध की भ्रान्ति"।

ज्ञानं और भ्रम में इन्द्रियों का सम्पर्क तो सही विषयवस्तु से ही होता है। परन्तु अन्य परिस्थितियों एवं उपाधि कारणों से (वातावरणदोष) के कारण उसके गुण स्वरूप के सम्बन्ध में भ्रान्ति उत्पन्न हो जाती है। इसी को ही भ्रम का भेद माना गया है।

अन्य अप्रासंगिक बाह्य प्रत्यक्षों के कारण भी वस्तु विशेष को अन्य रूप में देखने से भ्रान्ति उत्पन्न होती है। जैसे— सूर्य रश्मियों को जिसे संस्कृत में मृग मरीचिका कहा जाता है। ये मरुभूमि में प्रायः दिखाई देती है। उस तपती हुई भूमि में नदी के बहते हुए पानी में लहरें सी प्रतीत होती हैं, वहाँ पानी है यही भ्रम है।[3]

श्री जयन्त भट्ट का कथन है कि इन्द्रिय दोष से अथवा उसी प्रकार की वस्तु की स्मृति से जो वस्तु देखी है उससे पूर्व के गुणों का निक्षेप हो जाता है, वही भ्रम है। इसमें

---

1. इन्द्रियार्थसन्निकर्षोत्पन्नं ज्ञानम्। न्यायदर्शन 1/1/4
2. न्यायमंजरी, पृष्ठ 88 पर ज्ञान एवं भ्रम की परिभाषा
3. इन्द्रियेणालोच्यमरीचिण उच्चावचमुच्यतो निर्विकल्पेन गृहीत्वा पश्चात् तत्रोपधात् दोषात् विपर्येति विकल्पकोक्तया-- प्रत्ययो भ्रान्तो जायते, तस्माद् विज्ञानस्य व्यभिचारिनार्थस्य। —न्यायमंजरी, पृ० 88

इन्द्रिय सम्पर्क आवश्यक नहीं है। अप्रासंगिक स्मृतियों के स्फुरण मात्र में भी ऐसी भ्रान्ति हो जाती है।[1] मानसिक भ्रान्ति भ्रम के सिद्धान्त के विपरीत को ख्याति या अन्यथा ख्याति कहते हैं। जो मनोः कल्पना के रूप में पहले से स्थित या वह विषय वस्तु के रूप में दिखाई देने लगता है।[2]

उत्तरकालीन वैशेषिक जिसकी प्रशस्तपाद और श्रीधर ने व्याख्या की है इस सम्बन्ध में न्यायदर्शन से वे सहमत है। भ्रम (न्याय) अथवा विपर्यय का वैशेषिक की अवस्था में इन्द्रियों का सम्पर्क सदैव सही वस्तु से ही होता है। परन्तु गुणों को उस वस्तु में स्थापित कर देने से भ्रम उत्पन्न होता है।[3]

बौद्ध मत से यह विपरीत है। बौद्धों का कहना है कि सविकल्पक प्रत्यक्ष भ्रान्ति भ्रम का कारण है कि हम वस्तुओं में भ्रम के कारण जाति, गुण, नाम और द्रव्य की कल्पना कर लेते है।[4] भ्रम जागृति और स्वप्न दोनों अवस्थाओं में पाया जाता है। इस प्रकार भ्रम की विभिन्न परिभाषाओं का अध्ययन करने से हम इस निष्कर्ष पर पहुंचे कि भ्रम के भेदों की संख्या या ज्ञान और भ्रम में भेद वही कहे जा सकते हैं जो कि ज्ञान के मूल स्रोत हैं। जिन साधनों से ज्ञान प्राप्त होता है उन्हीं के विगतार्थ भ्रम का लक्ष्य होता है। भ्रम की स्थिति में दार्शनिकों के मध्य मतभेद है। जैसे परमसत्ता के विषय में दार्शनिकों के मतभेद हैं सत्ता सम्बन्धी अपनी-अपनी मान्यता के साथ भ्रमस्थल में सैद्धान्तिक मतभेद आवश्यक ही हैं। प्राचीन आचार्यों ने पाँच व्याप्तियों का उल्लेख किया है।

भारतीय दर्शनों में ख्यातिवाद सम्बन्धी विभिन्न मत

भारतीय मनीषियों के उर्वरा मस्तिष्क में जिस ज्ञान कर्म और भक्ति के त्रिपथगा का प्रवाह उदित हुआ है उसने दूर-दूर के मानुषों के कल्मष को धोकर उन्हें पवित्र, नित्य, शुद्ध, बुद्ध और सदा स्वच्छ बनाकर मानवता का पूर्ण एवं सर्वांगीण विकास किया है। भ्रमस्थल में भी दार्शनिकों ने सूक्ष्म विवेचन किया है।

अन्यथाख्याति—

न्यायदर्शन में ख्याति को दो भागों में विभक्त किया है 1. विपरीत ख्याति तथा

---

1. जिसका उल्लेख न्यायमंजरी के पृ० 89 से 184 तक है।
2. हृदये परिस्फुरतो अर्थस्य बहिरवभासनम्। न्यायमंजरी, पृ० 184 पर वर्णन मिलता है।
3. शक्तिसंयुक्तनेन्द्रियेण दोषासहकारिणा रजतसंस्कारसचिवेन सादृश्यमनुन्धता शुक्तिका विषयो रजताध्ववसाया कृता। —न्यायकंदली, पृ० 177-181
4. न्यायमंजरी, पृ० 93-100

2. अन्यथाख्याति। जो मनोकल्पना के रूप में पहले से स्थित था वह विषयवस्तु के रूप में दिखाई देने लगता है।[1]

उत्तरकालीन वैशेषिक जिसकी प्रशस्तपाद और श्रीधर ने व्याख्या की है, इस विषय में वे न्यायदर्शन से सहमत हैं। भ्रम(न्याय) अथवा विपर्यय वैशेषिक की अवस्था में इन्द्रियों का सम्पर्क सदैव सही वस्तु में ही होता है। परन्तु किसी अन्य के गुणों को उस वस्तु में स्थापित कर देने से भ्रम उत्पन्न होता है।[2]

भ्रम को न्यायदर्शन में विपर्यय कहा है। विपर्यय का लक्षण करते हुए कहा है—विपरीतार्थ निश्चय जहां पर नहीं हो उसे विपर्यय कहते हैं।[3] नैयायिकों ने भ्रम की व्याख्या अन्यथाख्याति द्वारा की है। उनके द्वारा भ्रम-स्थान में वस्तु अन्यथा या विपरीत रूप में प्रकाशित होती है। आचार्य शंकर ने नैयायिकों के अनुसार भ्रम की व्याख्या करते हुए अध्यासभाष्य में कहा है। जहां पर शुक्ति आधार में जिस रजत का अध्यास होता है उसी शुक्ति में जो भ्रान्त शक्ति के विपरीत धर्म कल्पना करना ही अध्यास है।[4]

न्याय के अनुसार शुक्ति में जो भ्रान्त व्यक्ति को रजत ज्ञान होता है वह न केवल शुक्ति ज्ञान ही है और न रजत ज्ञान है। यहाँ पर इन दोनों से पृथक् तृतीय ज्ञान है। यह तृतीय ज्ञान एक विशिष्ट ज्ञान है। इस ज्ञान का विशेष्य "इदं रजतम्" में से "इदमंश" और विशेषण रजतम् है। इसी को न्यास मत में भ्रम ज्ञान कहा जाता है।

इस प्रकार पूर्वोक्त कथित भ्रमज्ञान प्रथम चाकचिक्य युक्त वस्तु के साथ चक्षु का संयोग होता है। दोनों के रहने के कारण उक्त चाकचिक्य युक्त वस्तु के विशेष धर्म शुक्तित्व का ग्रहण नहीं हो पाता है। इसके बाद रजत और पुरोवर्ती द्रव्य सादृश्य का ज्ञान रजत स्मृति को उत्पन्न करता है। इसके पश्चात् स्मृति का विषय उस रजत के पुरोवर्ती द्रव्य का एक तादात्म्य सम्बन्ध दोष के साथ गृहीत रजत है। उस सत्य रजत के समान इष्ट साधना ज्ञान होने लगता है अर्थात् उस रजत के पाने पर "मुझे लाभ होगा" ऐसा ज्ञान होता है। इसके पश्चात् उसे प्राप्त करने की इच्छा होती है। इच्छा के बाद ग्रहण करने की प्रवृत्ति होती है।[5] इस ज्ञान में पुरोवर्ती वस्तु एवं रजत दोनों ही सत्य वस्तुयें हैं। एकमात्र तादात्म्य संसर्ग अर्थात् सम्बन्ध ही परस्पर

---

1. विपरीतख्यातिः अन्यथाख्यातिः द्विविधरूपेणप्रसिद्धः। —न्यायभाष्य वात्स्यायन।
2. वैशेषिक दर्शन ख्यातिवाद।
3. मिथ्याध्यवसायो विपर्ययः।—न्यायभूषण, पृ० 125
4. मिथ्याध्यासः तस्यैव विपरीतधर्मत्वकल्पनामाचक्षते,
   वाचस्पतिमिश्र के अनुसार भ्रम का लक्षण, अध्यासभाष्य
5. न्यायमकरन्द, पृ० 81-82

आरोपित है।[1] अब प्रश्न यह अनुभव होता है एन्द्रिय प्रत्यक्ष के इन्द्रियार्थ सन्निकर्ष आवश्यक होता है तभी घट का प्रत्यक्ष ज्ञान होता है। इसी प्रकार यदि शुक्ति रजत प्रत्यक्ष होता है। जैसे घट को देखता हूँ—घट के साथ मेरे चक्षु का संयोग सन्निकर्ष होता है तभी घट का प्रत्यक्ष ज्ञान होता है। इसी प्रकार यदि शुक्ति रजत प्रत्यक्ष होता है तो उसमें इन्द्रियार्थ सन्निकर्ष तो है नहीं क्योंकि रजत सामने नहीं है। जो ज्ञान पदार्थ के यथार्थ रूप में नहीं है अर्थात् पदार्थ के सत्त्व रूप को विषय नहीं करता अर्थात् जो कालान्तर में यथार्थ ज्ञान से नष्ट हो जाता है; इसको विपर्यय या विपर्यय ज्ञान कहते है।[2]

इसी प्रकार यदि शुक्ति रजत का प्रत्यक्ष होता है तो उसमें भी इन्द्रियार्थ सन्निकर्ष तो है नहीं क्योंकि रजत सामने नहीं है। फिर रजत का प्रत्यक्ष कैसे होता है? इसके समाधान में नैयायिकों ने लक्षण नामक अलौकिक सन्निकर्ष की बात कही है। क्योंकि नैयायिक प्रत्यक्ष के लिए सन्निकर्ष आवश्यक मानते हैं। भ्रमस्थल में भ्रम उसी को होगा जिसने पूर्व उस पदार्थ को देखा है। कोई भी वस्तु संस्कार के रूप में आत्मा में आती है पुनः जब वस्तु सामने आती है तब उसका धर्म सहित ज्ञान तो नहीं हो पाता। किन्तु सामान्य ज्ञान हो जाता है।

उस समय आत्मा में विद्यमान संस्कारों के उद्‌बुद्ध होने के कारण पूर्व दृष्ट वस्तु की स्मृति अकस्मात् हो जाती है। वास्तविक रूप में वह स्मृति ही ज्ञान है। पूर्वदृष्ट वर्तमान में स्मर्यमाण वस्तु का स्मृति-रूप में एक प्रकार से सम्बन्ध मन के साथ होता है उसके बाद मन सम्बन्ध चक्षुरादि इन्द्रियों के साथ होता है। इसको न्याय की भाषा में स्वसंयुक्त मनोजन्य स्मृति विषय तत्त्व स्वरूप सम्बन्ध कहा जाता है। ज्ञान लक्षण सन्निकर्ष द्वारा पूर्वोक्त प्रकार से ''इदं रजतम्'' में भी स्मर्यमाण रजत संयुक्त मन और मन से संयुक्त चक्षु इन्द्रिय के द्वारा रजत का प्रत्यक्ष होता है। यह विपर्यय इसलिए है, क्योंकि इस ज्ञान में प्रमाज्ञान का लक्षण नहीं घटता। प्रमा यथार्थ ज्ञान को कहा गया है। यथार्थ ज्ञान का अर्थ है यथार्थ रजत में ''इदं रजतम्'' का ज्ञान[3] क्योंकि उसमें रजत विशेष्य में रजतत्व का ज्ञान होता है। इसीलिये यह भ्रम है। यहां द्रष्टव्य है कि नैयायिक दार्शनिक यह स्पष्ट करना चाहते हैं कि शुक्ति में रजत का भ्रम, रजत का सर्वत्र अभाव सिद्ध नहीं करता अपितु वह अन्यत्र विद्यमान होने से एवं अनेक बार देखने का ज्ञान

1. न्यायमतानुसार किसी भी सविकल्पक ज्ञान में ये तीन भाग होते हैं—विशेष्य, विशेषण (प्रकार) संसर्ग (सम्बन्ध)—जैसे घटवत् भूतलम्—इसमें भूतल विशेष्य घट विशेषण इस प्रकार दोनों संयोग सम्बन्ध है। वही संसर्ग है।
2. विपर्यो मिथ्या ज्ञानमतद्रूपप्रतिष्ठितम्। यो-1-8 कणभुक् अक्षचरण अनुयायी। ज्ञाने मिथ्या मायामयी।। —तर्कसंग्रह, पृ० 15-16, अन्नंभट्ट, मुरादाबाद सं० 1907
3. तर्कसंग्रह—पृ० 15-16 अन्नंभट्ट, मुरादाबाद स० 1907

हमारे मन में है। जब हम रजत का सादृश्य कर लेते हैं तब शुक्तिका को दूर से देखने में स्मृति ज्ञान हो जाता है। और उस रजत सादृश्य शक्ति ज्ञान में जो रजत ज्ञान है वह लक्षणा द्वारा ''इदं रजतम्'' का भ्रमित ज्ञान सही हो सकता है।

असत्-एवं आत्मख्याति—

बौद्ध दर्शन में दो प्रकार की ख्याति मानी जाती है— 1. असत्ख्याति, शून्यवादी बौद्धों का मत है; 2. आत्मख्याति, विज्ञानवादी बौद्धों का मत है।

1. असत्ख्याति :

शून्यवादी माध्यमिक दृश्य प्रपंच को एवं विज्ञान को असत् कहते हैं। शून्यवादी के अनुसार ज्ञेय, ज्ञाता, एवं ज्ञान तीनों ही असत् है।[1] भ्रमस्थल में भी भ्रमाधिष्ठान शक्ति असत् है एवं आरोप्य विषय रजत भी असत् है। शुक्ति रजत भ्रम होने से अत्यन्त असत् रजत की प्रतीति होती है। न्यायमकरन्द द्वारा कहा गया है कि— शून्यवादी के अनुसार अत्यन्त असत् अर्थ की प्रकाशित करने वाला ज्ञान ही विभ्रम है।[2]

न्याय, मीमांसा, वैशेषिक, वेदान्त के दर्शनग्रन्थों में माध्यमिक को शून्य या असत्-ख्यातिवादी के रूप में प्रस्तुत किया है। नागार्जुन में शून्य को माध्यमिक कारिका में कहीं-कहीं आलोकदृश्य के समान ही निःस्वभाव कहा है।[3]

इसका खण्डन भी न्याय, वैशेषिक और अद्वैतवेदान्तियों ने स्पष्ट किया है। जयन्त भट्ट ने असत् ख्याति के लिए दो विकल्प करके प्रश्न किया है कि असत् में असत् की ख्याति, एकान्तख्याति असंभव है क्योंकि आकाश में कुसुम की ख्याति नहीं देखी गई। देशान्तर में स्थित रजत को ख्याति मानने पर विपरीत ख्याति ही होगी न कि असत् ख्याति।[4] अद्वैतवेदान्ती भी इसका प्रत्याख्यान करते हैं कि असत् का अर्थ सत्ताशून्य है। इसकी प्रतीति नहीं हो सकती यदि असत् की प्रतीति होती है तो वह सदात्मना माना जाता है या असदात्मना असत् आत्मना ज्ञान नहीं हो सकता क्योंकि नितान्त अभाव वाले असत् ज्ञान संभव नहीं हो सकता और सदात्मना ज्ञान होने पर सत्ख्याति होगी असत् नहीं।[5] इसके अनुसार भी एक को भ्रम और अन्यों को प्रमा कहने की कसोटी नहीं रहेगी। अतः यह सिद्धान्त भी मान्य नहीं हो सकता।

---

1. सर्वदर्शनसंग्रहः बौद्धदर्शन, पृ० 63, चौखम्बा। 1907, भामती और कल्पतरु
2. अन्य तु अत्यन्तमसन्तमर्थमवभासयन्ती संविदेवविभ्रम इत्याचक्षते, पृ० 102
3. न्यायमंजरी, प्रमाण प्रकारण, पृ० 164
4. इष्टसिद्धि, पृ० 116
5. आकाशशृंगं च बन्ध्यायाः पुत्र एव च असन्तश्चाभिव्यज्यन्ते तथा भावेषु कल्पनम्।
—भा० स० पी० एल० वैद्य

आत्मख्याति :

बौद्ध विज्ञानवाद के अनुसार विज्ञान या विज्ञप्ति के अतिरिक्त बाह्य पदार्थ नहीं है। जो कुछ भी हमें दृष्टिगोचर होता है वह केवल चित्तमात्र है बाह्य रूप में असत् है विज्ञानवादी इसलिए आत्मख्यातिवादी है। आत्मा शब्द का यहां विज्ञान अर्थ है। सौत्रान्तिक और वैभाषिक भी आत्मख्यातिवादी है। वैभाषिक मत में बाह्य पदार्थ प्रत्यक्ष है। सौत्रान्तिक पक्ष में अनुमेय, अतः ये दोनों भ्रम का अधिष्ठान बाह्य पदार्थ और अरोप्य वस्तु जानकार मानते हैं।[1]

विज्ञानवादी बौद्धों के द्वारा आत्मख्यातिवाद को प्रस्तुत करते हुए आनन्दबोध कहते हैं कि विज्ञानवादी बौद्ध ज्ञानाकार रजत बाहर अवभास को ही विभ्रम कहते हैं।[2] माधवाचार्य ने भ्रमस्थल में विज्ञानवादी दृष्टिकोण को ही बताया है शुक्ति रजत विज्ञान रूप है। विभ्रमित रजत बुद्धि रूप है। क्योंकि यह इन्द्रिय सन्निकर्ष के बिना ही प्रत्यक्ष होता है। जैसा कि बुद्धि।[3] वास्तव में, विज्ञानवादी कहते हैं कि जो वस्तु जिस रूप में हमारे सामने दिखाई देती है वह वस्तु उसी रूप में ज्ञान का साधारण नियम है। जहां पर इस नियम का व्यक्तिक्रम होता है अर्थात् किसी प्रबल बाधक प्रत्यय द्वारा पूर्वोत्पन्न ज्ञान का बोध होता है वह भ्रम सिद्ध होता है।[4] अद्वैत वेदान्त के अनुसार भी बाधित विषय ज्ञान भ्रम है। यह रजत है इस ज्ञान के पश्चात् यह रजत नहीं है इस बाधक प्रत्यय से पूर्वोक्त ज्ञान यह रजत है यह भ्रम सिद्ध होता है।[5]

बौद्ध विज्ञानवाद को आत्मख्याति या यथार्थवादी दार्शनिक ने तो स्वीकार नहीं किया है। प्रत्ययवादी दार्शनिक अद्वैतवादियों ने भी इसका खण्डन किया है। इस रूप में अद्वैतवेदान्ती यथार्थवादी दार्शनिकों के साथ हैं। क्योंकि प्रत्ययवादी विश्वप्रपंच को अलीक नहीं मानते हैं। इसका बहुधा तर्कों द्वारा आत्मख्याति का खण्डन करते हैं। भामतीकार ने मीमांसकों की ओर से इनसे प्रश्न किया है कि "इदं रजतम्" इस भ्रमस्थल को विज्ञान का ही आकार निश्चित रूप से कहा गया है।

अब प्रश्न यह उठता है कि किस प्रमाण से रजत को विज्ञानवादी ज्ञान का धर्म सिद्ध करते हैं। प्रत्यय से यह नहीं कहा जा सकता क्योंकि प्रत्यक्ष द्वारा "इदं रजतम्" इस ज्ञान में सामने अवस्थित वस्तु का प्रत्यक्ष हो रहा न कि आन्तर विज्ञान का।[6] प्रत्यक्ष

1. वेदान्त कल्पतरु एवं परिमल, पृ० 26
2. केचित् ज्ञानाकारस्यैव बहित्वभास्ते विषम इत्याहुः। —न्यायमकरन्द, पृ० 99
3. विवरणप्रमेय संग्रहः, पृ० 123, विद्यारण्यमुनि अच्युतग्रन्थमाला, 1969
4. न्यायमकरन्द 99
5. वही
6. सहकारास्पदं रजतमावेदयति, नत्वान्तरम्। —भामती, पृ० 26-27

द्वारा यदि रजत को ज्ञान का आकार जाना जाये और यह रजत अनुभव न होकर "मैं रजत" ऐसा अनुभव हो क्योंकि विज्ञानवाद के अनुसार विज्ञानातिरिक्त कुछ नहीं है।[1] इसलिए रजत जब ज्ञान में अवभासित होता है तब इदत्ता करके बाह्यता का प्रतिभास नहीं हो सकता है। इनके अनुसार तो भ्रम और प्रमा में अन्तर ही नहीं हो सकेगा।

अनिर्वचनीय ख्याति—

अद्वैतवेदान्त में ख्यातिवाद को "अनिर्वचनीय ख्याति" कहा है। वेदान्त परिभाषाकार ने कहा है कि अन्तःकरण वृत्ति कुल्यात्मा बहिर्वेश को जाकर अन्तःकरण और विषय दोनों को सम्बन्धित करती है।[2] उक्त प्रकार से वृत्ति के बहिर्गमन एवं विषय आकार परिणति से ही विषय का अनावरण भंग होता है। तभी विषय ज्ञान होता है किन्तु जब रज्जू में सर्प भ्रमस्थल में अन्तःकरण की वृत्ति नेत्र द्वारा बहिर्गमन करके रज्जू देश में पहुंचकर तिमिरादि दोष के कारण रज्जुगत अनावरण भंग करने में समर्थ नहीं हो पाती[3] चित्सुखाचार्य ने कहा कि सत्य असत्व रूप से जिसका विचार संभव नहीं वह अनिर्वाच्य है।[4] सभी प्रकार के भ्रम ऐसे ही होते हैं।[5] संक्षिप्त रूप में यह देखा कि अनिर्वाच्य क्या है। इसके ज्ञान लेने पर यह प्रश्न उठता है कि अनिर्वचनीय ख्याति क्या है? ख्याति का अर्थ ज्ञान है। अनिर्वचनीय ख्याति का अर्थ दो प्रकार से है। प्रथम अनिर्वचनीय की ख्याति अर्थात् अनिर्वचनीय वस्तु का ज्ञान। अद्वैत मतानुसार ब्रह्मतिरिक्त सम्पूर्ण वस्तुयें अनिर्वचनीय हैं। जगत् की अनिर्वचनीयता व्याख्या के लिए भ्रमस्थलीय रजत की अनिर्वचनीयता की सिद्धि करनी है क्योंकि दृष्टान्त रूप में प्रतिभासिक वस्तु को ही लिया जा सकता है। इस मत के अनुसार भ्रमसथलीय शुक्ति रजत असत् नहीं क्योंकि उसकी प्रतीति "इदं रजतम्" इस प्रकार होती है।

असत् को अद्वैत वेदान्त अनुसार अर्थ आलोक है। जो कि आकाश-कुसुमादि की प्रतीति "इदं" रूप से कदापि नहीं हो सकती। "वन्ध्या सुतोस्ति" वन्ध्या का पुत्र है। के व्याकरण दृष्टि से शुद्ध होने पर भी तथ्यात्मक होने चाहिए तभी तात्त्विक होंगे।

---

1. अहमिति हि तदास्यात् प्रतियतु प्रत्ययाद्व्यातिरेकात् सदेव सत् स्यादिति त्रिधातोर्मीयते दुर्नीतिनयप्रमाणैः यथार्थदर्शे तु नयप्रमाणपथेनदुर्नोति पथत्वमारस्थः।
—अन्ययोगद्वात्रिंशिका, श्लोक सं० 28
2. वेदान्त परिभाषा, पृ० 23 धर्मराजध्वरीन्द्र, सर्वदर्शन चोख०
3. सिद्धान्तलेखसंग्रहः, पृ० 215
4. प्रत्येकसदसत्वाभ्यां विचारपदवीं न यत्।
गाहते तदनिर्वाच्यमाहुर्वेदान्तवेदिनः।।—तत्त्वप्रदीपिका, 19
5. सत्त्वे वासत्वेन च विचारसहत्वेसति।
सदसत्वे च यद् विचारं सहते तदनिर्वाच्यम्।। —तत्त्वप्रदीपिका

इसी प्रकार भ्रमस्थानीय रजत भी नहीं है क्योंकि सत्त्व त्रिकाल बाध्यत्व हैं। भ्रमस्थली रजत की उत्पत्ति शुक्ति विषयक अज्ञान से हुई है। शुक्ति विषयक ज्ञान से उसका उत्तरवर्ती क्षण में ''नेदं रजतम्'' यह रजत नहीं हैं, करके बाध हो जाता है। अद्वैत के अनुसार जिसका बाध होता है सत् नहीं है। अतः सत् नहीं असत् भी नहीं है तब तो भ्रमस्थलीय रजत अनिर्वचनीय है।[1]

सत्ख्याति

विशिष्टाद्वैत में सत्ख्यातिवाद की संज्ञा दी गई है। रामानुज यथार्थवादी दृष्टिकोण के समर्थक हैं। और उसके प्रवर्त्तक बोधायन थे। आपने सत्ख्यातिवाद की व्याख्या की है। उनके अनुसार सारा संसार सत् है और उसकी सत्ता यथार्थ है। उसके मत में कोई भी ज्ञान मिथ्या नहीं होता। ज्ञान सदैव सत्य होता है और ज्ञान का विषय भी सत्य होता है। यह उनके यथार्थवादी दृष्टिकोण का प्रतिफल है। रामानुज सत्ख्यातिवाद के प्रवर्त्तक कहे जाते हैं। उनका कहना है कि त्रिवृत्करण और पंचीकरण के सिद्धान्त के अनुसार यह सत्य है कि समस्त पदार्थों में मिश्रण है। यथा— मानो हम पृथ्वी ही ले, उसमें जल, वायु, अग्नि और आकाश महाभूत के अंश भी विद्यमान हैं। इसी प्रकार आकाश के विषय में कहा जा सकता है। जो हमारे दैनिक प्रत्यक्ष का विषय भी है। आकाश जो आवरण रूप शून्य है वह हमें नीला दिखाई देता है। यह उस पंचीकरण प्रक्रिया का परिणाम भी है जिसमें प्रक्रिया के अन्तर्गत पांच महाभूतों में इतरेतर रूप से एक विशेष आनुपातिक समुपस्थिति स्वीकार की गई है। इनमें आनुपातिक रूपेण तत्त महाभूत का अधिक्य तत्त नाम हेतु है। पृथ्वी कहे जाने वाले महाभूत में पृथिव्याशं का प्राचुर्य है। अतः उसे पृथिवी कहा जाता है। इसी प्रकार जल, वायु, आदि हैं। इसी प्रकार यदि हम शुक्ति रजत के उदाहरणों को लें तो रामानुज के अनुसार यह विदित होता है कि पंचीकरण प्रक्रिया के फलस्वरूप शुक्ति में रजत का अंश भी विद्यमान है।[2] परन्तु शुक्ति में रजतांश की अपेक्षा तदंश का प्राचुर्य अधिक है। अतः लोकव्यवहार में उसे शुक्ति ही कहा जाता है और देखा जाता है।[3] किन्तु शुक्ति में रजत की सादृश्यता के कारण शुक्ति में रजतांश की समुपस्थिति है। रामानुज कहते हैं कि वह सदृश पदार्थ के किसी न किसी भाग में रहता है।[4] इसी कारण यदि शुक्ति में रजत की प्रतीति या धारणा होती है तो वह भ्रम न होकर सत्य है क्योंकि शुक्ति में रजत भी विद्यमान है।

---

1. पंचपादिका भूमिका 101-102 मद्रास, 1958
2. शुक्त्यादौ रजतादेरवभावः शुक्तैव बोधितः। —श्रीभाष्य अविद्या भंग, पृ० 31
3. यथार्थसर्वविज्ञानमिति वेदाविदांमतम्।
4. त्रीवृत्करणत्वेन हि प्रत्यक्षेणोभयभूते।
   गुणविधिनियमपंचीकरण तत्त्वत्रयम अचित्प्रकरणम। —पूर्वोक्तैव, पृ० 29-30

शुक्लांश यदि किसी पीलिया के रोगी को अपने नेत्रगत दोष के कारण पीत दिखाई देता है। वह पीत शेषरूप ज्ञान भी आचार्य रामानुज के अनुसार भ्रम नहीं कहा जा सकता, क्योंकि यह सत् का ही ज्ञान है। इसका कारण देते हुए वैज्ञानिक से रामानुज कहते हैं कि पीलिया के रोगी की आंखों का पीतत्व नयनरश्मियों के द्वारा आकर दृष्टि निपातन के साथ ही शेष के शुक्लत्व को आच्छादित कर देता है।[1] तत्त्वपरिणाम स्वरूप ही "पीतत्व" की प्रतीति होती है। अतः वह पीतत्व सत् या वास्तविक ही है, भ्रम नहीं। यदि कोई कहें कि वह पीलिया रोगी की आंखों से निष्क्रान्त शुक्तत्व पर आरोपित पीतत्व तात्कालिक अन्य द्रष्टा को क्यों परिलक्षित नहीं होता। तो रामानुज एक कुशल तार्किक की भांति उत्तर देते हैं कि वह अरोपित पीतिमा इतनी सूक्ष्म या मायावी होती है कि अन्य व्यक्ति उसे देखने में सक्षम नहीं होता।[2] किन्तु पीलिया रोगी के द्वारा अपने नेत्रों के निष्क्रान्त को सूक्ष्म रश्मियों को अति समीपता के वशीभूत कर लेती।

जहां तक मरीचिका में जल की प्रतीति होने का विषय है। रामानुज उसे भी सत् की प्रतीति मानते हैं क्योंकि मरीचिका के रेत में पृथ्वी के अंश के बाहुल्य के साथ अन्य भूतों की भ्रान्ति अल्पांश के प्रति अधिक बुद्धि है। बालु में जल सत् है। अतः तत्प्रतीति भी सत् है।

रामानुज निर्विशेष की प्रतीति स्वीकार नहीं करते। इसी कारण उनके अनुसार निर्विकल्पक ज्ञान में भी सविशेष की ही प्रतीति मानी गयी है। और अधिक क्या, रामानुज स्वविप्लव पदार्थों की सत्ता को भी स्वीकार करते हैं। उनके अनुसार वे पदार्थ स्वप्नद्रष्टा जीवात्मा के तत् तत् कर्मानुरूप परमात्मा प्रदत्त फल ही है।[3] इसी प्रकार विशिष्टाद्वैत का मत है कि ज्ञान सर्वथा यथार्थ वस्तु का ही होता है।[4] यदि कोई कहे या प्रश्न करे कि शुक्ति में रजत है तो वह तदर्थ प्रवृत्त व्यक्ति रजत नहीं है—ऐसी अवस्था में उसे पूर्व ज्ञान का बोध हो जाता है। इसमें रामानुज का मत है कि यह प्रवृत्ति बाध उस रजत रूप सत्य ज्ञान को बाधित नहीं करती प्रत्युत उसे ज्ञान के फल की बाधा कहा जायेगा या माना जायेगा।[5] ज्ञान और ज्ञान के फल में सर्वथा भिन्नता मानी गयी है।

---

1. विभ्रमविवेक, पृ० 46
2. पीतत्व द्रव्यसंभिन्नाः नयनरश्मयः शंखादिभिः संयुज्यन्ते। पूर्वोक्तैव तदैव सदृशं तस्ययत् तद्द्रव्येक देशभाष।
3. शुक्लादौ रजतादेश्च भावः शुक्तैवबोधितः।
4. शुक्त्यादि निर्देश भेदा भूयस्त्व हेतुकः। —श्रीभाष्य अविद्याभंग, पृ० 31
5. स्वप्नेच प्राणिनां पुण्यपापानुगणं भगवतैव तत् पुरुषामात्रानुभाव्यस्तत्वालवासावस्त-भूताश्चार्याःसृज्यन्ते सर्ववीजज्ञानजातं यथायथम्। ज्ञानफलप्रवृत्तैः बाध्यत्वम्।
—श्रीभाष्य अविद्याभंग, पृ० 31 से 34

अख्याति—

मीमांसा दर्शन में ख्यातिवाद को अख्याति के नाम से जाना जाता है। मीमांसकों में प्रभाकर आदि के मत आते हैं। अख्याति मीमांसक प्रभाकर सम्प्रदाय के अनुसार सभी ज्ञान यथार्थ हैं। उनके अनुसार अयथार्थ ज्ञान है ही नहीं। कालिकानाथ ने प्रकरणपंजिका में प्रभाकर मत के ज्ञान के सिद्धान्त का प्रतिपादन करते हुए कहा है कि सभी ज्ञान यथार्थ है।[1] इस सिद्धान्त के अनुसार ''इदं रजतम्'' इसके पश्चात् जो ''नेदं रजतम्'' यहाँ पर भी इदं रजतम् का निषेध नहीं होता है। अपितु रजत के साथ इदं के असम्बन्ध के ज्ञान न होने के कारण यह रजत है, इस प्रकार शब्दादि प्रयोग रूप व्यवहार का ही प्रतिषेध होता है।[2] भ्रमादि जो शुक्ति में रजत का प्रयोग मानते हैं, वह समीचीन नहीं हैं क्योंकि उक्त शुक्ति का रजत भ्रमस्थल में रजत का आलम्बन शुक्ति का नहीं हो सकता। ऐसा होने पर स्वानुभवविरोध होगा। भ्रमवादी जब रजत का आलम्बन शुक्ति को कहते हैं। उनमें ये लोग पूछते हैं कि ''आलम्बन से भ्रमवादियों का क्या अभिप्राय है'' क्या जिसकी सत्ता है वह वस्तु ज्ञान का आलम्बन है। ऐसा कहने पर अतिप्रसंग दोष होगा। संसार में सत् वस्तु जहां भी है वह किसी ज्ञान का आलम्बन हो जायेगी। यदि भ्रमवादी इदं को कारणत्वेन रजत ज्ञान का विषय मानते हैं तो भी समीचीन नहीं है। ज्ञान का कारण इन्द्रियां भी हो सकती हैं। प्रत्यक्ष ज्ञान के प्रति इन्द्रियां भी कारण हैं। अतः इन्द्रियां भी रजत ज्ञान का विषय क्यों न हो। यदि यह कहा जाय कि ज्ञान ही भासत्व के आलम्बन का कारण है। तब भी शुक्ति रजत के ज्ञान का आलम्बन हो ही नहीं सकती। इदं रजतम् में शुक्ति रजत की प्रतीति तो होती नहीं। अर्थात् शुक्ति भासती रहीं हैं, अतः वह आलम्बन नहीं हो सकती।[3]

उक्त भ्रमस्थल में ''रजत'' इस प्रकार का अनुभव होता है। शुक्ति ऐसा नहीं होता। अतः अनुभव का विरोध होगा। चक्षुरादि इन्द्रियां यथार्थ ज्ञान उत्पन्न करने में सहायक होती हैं। न कि मिथ्या ज्ञान को उत्पन्न करने में। दृष्टेन्द्रियां भी मिथ्या ज्ञान उत्पन्न करने में समर्थ नहीं हैं, क्योंकि दोष से दूषित होने पर केवड़े का बीज बट के अंकुर को उत्पन्न करने में समर्थ नहीं हो सकता। इसी कारण मानना पड़ेगा कि कारणगत दोष कारण में कार्य जन शक्ति को व्यवहृत करते हैं, कारण में नये कार्य को उत्पन्न करने की शक्ति उत्पन्न नहीं करते हैं।[4]

---

1. यथार्थ सर्वमेतेहविज्ञानम्। —प्रकरण भूमिका पंजिका 41: शलिकनाथ, चौखंबा 1903
2. न चैष रजतस्य निषेधः नदान्तायाः किन्तु विवेकाग्रहप्रसंजितस्य रजतमिति रजत-व्यवहारस्य।—भामती पृ० 26
3. न हि रजतनिर्भासस्य शुक्तिकालम्बनं युक्तम् अनुभवविरोधात् न खलु सत्तामात्रेणा-वलम्बनम् अति प्रसंगात्.....इत्यादि। —भामती, पृ० 23
4. भामती, पृ० 27

अख्याति—

इसीलिए मीमांसकों के अनुसार "इदं रजतम्"— यहां "इदं" का प्रत्यक्ष भी सत्य ज्ञान है और रजत की स्मृति भी सत्य ज्ञान है। दोनों एकजातीय ज्ञान न होकर दो प्रकार के ज्ञान हैं। इस दो प्रकार के ज्ञानों का जातिगत, अकारणगत एवं विषयगत पार्थक्य है। भ्रान्त व्यक्ति उसे समझ नहीं पाता। भ्रान्त व्यक्ति के लिए दोनों ज्ञान की ख्याति दो ज्ञानों के रूप में नहीं होती। अपितु विशिष्ट एक ज्ञान के रूप में प्रतीति होती है। तदनुकूल वह व्यवहार भी करता है "इदं रजतम्" में अभेद उपलब्धि करके भ्रान्त व्यक्ति उसे उठाने के लिए दौड़ता है। वह इस रजत के ज्ञान को सत्य समझ बैठता है। अख्याति वादी सभी ज्ञान यथार्थ हैं। इसके समर्थन में अनुमान का प्रयोग कर सकते हैं। ये भ्रम स्थल में भी स्मृतिमूलक ज्ञान को ही बुद्धि में संस्कारों की उद्भावना मानते हैं।

सदसद्ख्याति सांख्य :

सदसद्ख्याति सांख्यदर्शन में विज्ञानभिक्षु, आदि सांख्याचार्यों ने भ्रम की व्याख्या में सदसद्ख्याति का समर्थन किया है।[1] इन सांख्य आचार्यों के अनुसार "इदं रजतम्" इस प्रकार भ्रम ज्ञान के विश्लेषण करने पर यह स्पष्ट हो जाता है कि चक्षुदोष के कारण शुक्ति स्वरूप विशेष धर्म की प्रतीति न होने के कारण "इदं" रूप जो शुक्ति का ज्ञान होता है वह प्रमा ज्ञान है क्योंकि वह सत्य वस्तु का ज्ञान है।

1. तर्कसंग्रह, पृ० 15–16

सप्तम-अध्याय

प्रामाण्यवाद

प्रत्यक्षादि प्रमाणों से पदार्थों एवं सभी प्रकार का ज्ञान उपलब्ध होता है। ज्ञान मीमांसा क्षेत्र में इसके बाद यह समस्या उत्पन्न होती है कि जो ज्ञान हमें प्राप्त हो रहा है वह यथार्थ है अथवा अयथार्थ। इस ज्ञान के प्रामाण्य की परीक्षा कैसे की जाये? इस प्रकार की अनेक शंकायें उत्पन्न होती है। इन शकांओं के सम्बन्ध में न्याय, वैशेषिक, मीमांसा, वेदान्त, सांख्य योगादि भाष्यकारों एवं टीकाकारों में पर्याप्त मतभेद है। इस विषय में न्याय, वैशेषिक दर्शन का मत है कि निर्विकल्पक प्रत्यक्ष के अतिरिक्त जितने भी प्रत्यक्ष हैं उन सबको दो भागों में विभाजित किया जा सकता है। यथार्थ ज्ञान एवं अयथार्थ ज्ञान। यथार्थ ज्ञान का साधन ही प्रमाण है। इसे ही प्रमा आदि एवं विषय आदि नामों से पुकारा जाता है। हमें जो ज्ञान प्राप्त होता हो रहा है उसका प्रामाण्य या अप्रामाण्य का साधन कोई अन्य प्रमाण है। यह प्रामाण्य और अप्रामाण्य दोनों ही व्यवसाय के आश्रयभूत बनते हैं। यह व्यवसाय प्रतिकूल परिस्थिति न होने पर अनुव्यवसाय नाम के मानस प्रत्यक्ष द्वारा गृहीत होता है। इन दोनों का अर्थात् प्रामाण्य और अप्रामाण्य का ज्ञान अनुव्यवसाय गृहीत होकर अनुमान से ग्रहण किया जाता है। जैसे— तालाब से जल ज्ञान प्राप्त होता है, हम वहां जाकर जल पीते हैं। जब जल से प्यास बुझ जाती है तो सन्तोष होता है कि जो जल ज्ञान हमें प्राप्त हुआ था, वह प्रामाण्य से युक्त अर्थात् यथार्थ रूप है। यह यथार्थ रूप हमने अनुमान से जाना था। कभी-कभी इससे विपरीत दशा भी हो सकती है कि जब कोई व्यक्ति रेगिस्तान में जल ज्ञान प्राप्त करता है वह अपनी प्यास बुझाने के लिए वहां जाता है किन्तु जल न होने की वजह से निराश लौटता है, वह उस समय विचारता है कि जो जल ज्ञान प्राप्त हुआ था वह अयथार्थ अर्थात् अप्रामाण्य युक्त है।

इस प्रकार जल का ज्ञान प्रमात्मक हो चाहे अप्रमात्मक वह स्वयं अनुव्यवसाय नाम के मानस प्रत्यक्ष से गृहीत होता है।

वेदान्त में प्रत्यक्षादि छह प्रमाण हैं। उन छह प्रमाणों से छह प्रकार की प्रमाएं होती हैं। ये प्रमाएं यथार्थ (वास्तविक सत्य) हैं या अयथार्थ (अवास्तविक असत्य) हैं अर्थात् भ्रम रूप हैं? इसे जानने का जो साधन है, उसके विषय में शास्त्रकारों का मतभेद है। नैयायिकों का कहना है कि—"प्रमात्वं न स्वतो ग्राह्यं संशयानुपपत्तिः"—प्रमात्व

(प्रमा का यथार्थत्व-सत्यत्व) स्वतोग्राह्य नहीं होता अर्थात् उस ज्ञान की साधन सामग्री से ही उसका ग्रहण नहीं होता, क्योंकि ज्ञान को सत्यता या असत्यता चक्षुरादि से ही ज्ञात होती है। मन्द प्रकाश में स्तम्भ आदि के विषय में "यह स्तम्भ है या पुरुष है—इत्याकार संशय तो अनुभवसिद्ध है। इसलिए ज्ञान का प्रामाण्य स्वतः (ज्ञान ग्राहक सामग्री से ही) ज्ञात नहीं होता। किन्तु प्रामाण्य, उसका ग्राहक प्रमाण अनुमान है। अतः ज्ञान प्रामाण्य, अनुमान रूप पर प्रमाण से ग्राह्य होने के कारण पर तो ग्राह्य है।[1]

मीमांसकों का प्रामाण्य स्वतः और अप्रामाण्य परतः है। नैयायिकों को यह माननीय नहीं है। उनका कहना है कि प्रामाण्य स्वतः और अप्रामाण्य परतः क्यों माना जाना चाहिए। नैयायिकों ने प्रमाणों का परतः प्रमाणता वा अप्रमाणता का सिद्धान्त ही अपनाया है।

इस प्रकार प्रमाणार्जित ज्ञान को भी सन्दिग्ध मानकर उसकी प्रमाणान्तरता से यथार्थता सिद्ध करने वाले परतः प्रामाण्यवादी नैयायिक है। उस ज्ञान को प्रामाणान्तर सिद्ध करने की कोई आवश्यकता नहीं है। एक स्वतः सत्य सिद्ध मानने वाले मीमांसक लोग स्वतः प्रामाण्यवादी कहलाते हैं। संक्षेप में एक प्रमाण से अर्जित ज्ञान को दूसरे प्रमाण के बल से सत्यता निर्धारित करना "परतः प्रामाण्य" और किसी प्रमाण से अर्जित ज्ञान को स्वतः सिद्ध समझ लेना "स्वतः प्रामाण्य" कहलाता है।

प्रभाकर का मत—

यह ज्ञान को स्वयं प्रकाशमान् मानते हैं। इनके मत में ज्ञान और मिथ्या दो विरोधी बाते हैं। जो ज्ञान है वह मिथ्या है ही नहीं, यथार्थ है। इसलिए प्रमाणार्जित ज्ञान स्वयं प्रकाशवाला होने से यथार्थ है। इसलिए उसकी यथार्थता में कोई सन्देह नहीं। अतः स्वतः प्रमाण है।

कुमारिल भट्ट :

इनके यहां "ज्ञातता" के आधार पर स्वतः प्रामाण्य माना गया है। जब इन्द्रिय और अर्थ के सन्निकर्ष से ज्ञान होता है तब उसका "अयं घटः"—यह घड़ा है—इस प्रकार का ज्ञान होता है। इस विषय में वेदान्त और मीमांसा का मत है कि ज्ञान की उत्पादक सामग्री में इसके प्रामाण्य की यथार्थता निहित रहती है। अतः प्रमाणों से गृहीत ज्ञान के प्रामाण्य की सिद्धि कहीं बाहर से नहीं आती अपितु जिस इन्द्रियादि से जो ज्ञान होता है उससे प्रामाण्य गृहीत हो जाता है। यथार्थ ज्ञान का नाम प्रमिति है। वह अपनी

1. एवमुक्तानां प्रमाणानां प्रामाण्यं "स्वतएवोत्पद्यते ज्ञायते च" तथा हि स्मृत्यनुभव साधारणं....तच्च ज्ञानसामान्य-सामग्री प्रयोज्यं, नत्वधिकं गुणमपेक्षते, प्रमामात्रे अनुगतगुणाभावात्। —वेदान्त परिभाषा, पृ० 314

यथार्थता की परीक्षा की अपेक्षा नहीं रखता अपितु वह तो स्वत: प्रामाण्यवाद है। इसके लिए यह कहना उचित होगा कि जिस प्रकार कांच के तोड़ने से उसकी पैनी धार स्वत: उत्पन्न हो जाती है यह धार बनानी या पैनी करनी नहीं पड़ती। उसी प्रकार स्वत: प्रामाण्यवाद को किसी तर्क का सहारा नहीं लेना पड़ता। अत: जिस इन्द्रियादि से ज्ञान होता है उससे उसका प्रामाण्य भी गृहीत होता है।

न्याय के अनुसार :

न्याय के अनुसार प्रामाण्य और अप्रामाण्य दोनों ही परत: माने गए हैं। इनका सिद्धान्त है कि ज्ञान का ग्रहण मानस प्रत्यक्ष द्वारा होता है।[1] तथा उसका प्रामाण्य अनुमान द्वारा, यहां पर ज्ञान का अर्थ यथार्थानुभव प्राप्ति की प्रक्रिया हो जाने पर जब हम अपने मत में उस ज्ञान की सत्ता का समर्थन करने लगते हैं। तब शब्दों की शाब्दिक अभिव्यक्ति होती है। नैयायिक विद्वानों का कहना है कि ज्ञान का प्रामाण्य समर्थ प्रवृत्ति अवश्यंभावी समझनी चाहिए। यह प्रवृत्ति दो प्रकार की हो सकती है—एक सफल प्रवृत्ति दूसरी निष्फल। उपरोक्तोदाहरणों को देखकर स्पष्ट है कि एक जलाशय को देखकर प्रवृत्ति सफल होती है, जल से सम्पूर्ण कार्य की सिद्धि हो सकती है तथा दूसरे को देखने पर निराशा हाथ लगती है और मृगमरीचिका के सदृश प्रतीति होती है।

सांराश यह है कि प्रामाण्य और अप्रामाण्य के आधार पर क्रमश: फलवती प्रवृत्ति और निष्फलप्रवृत्ति होती है। फलवती प्रवृत्ति को ही समर्थ प्रवृत्ति कहते हैं। नैयायिकों के अनुसार इन्ही प्रवृत्तियों के आधार पर ज्ञान के प्रामाण्याप्रामाण्य का निश्चय करना युक्तिसंगत होगा।

अनुमान प्रयोग :

अनुमान का प्रयोग निम्न प्रकार का है। विवादग्रस्त जल का ज्ञान प्रमाण है क्योंकि उससे सफल प्रवृत्ति (समर्थ-प्रवृत्ति) उदय होती है, जो प्रमाण नहीं अप्रमाण है, उससे समर्थ प्रवृत्ति नहीं होती। प्रत्यक्षादि प्रमाणों से सभी ज्ञान उपलब्ध होता है। मीमांसा क्षेत्र में तो यह समस्या उत्पन्न हो गई कि जो ज्ञान हमें प्राप्त हो रहा है वह यथार्थ है अथवा अयथार्थ। उस ज्ञान से प्रामाण्य की परीक्षा कैसे की जाय। न्याय, वैशेषिक, सांख्य, योगादि भाष्यकारों एवं टीकाकारों में बहुत मतभेद है। यथार्थ ज्ञान अयथार्थ ज्ञान का साधन ही प्रमाण है। इसे ही प्रमादि नामों से पुकारा जाता है। यह प्रामाण्य और अप्रामाण्य दोनों ही व्यवसाय के आश्रयभूत बनते हैं। वह व्यवसाय प्रतिकूल परिस्थिति न होने पर अनुव्यवसाय नाम से मानस प्रत्यक्ष द्वारा गृहीत होता है। अर्थात् दोनों का ज्ञान अनुव्यवसाय गृहीत होकर अनुमान से ग्रहण किया जाता है। जैसे

1. बुद्ध्युपलब्धिज्ञानमित्यनर्थान्तरम्। न्या० 1-1-15

तालाब के पास जाकर जल प्राप्त किया उससे कार्य सिद्धि होने के बाद सन्तोष मिला और यह ज्ञान हुआ कि यह प्रामाण्य से युक्त यथार्थ है। यह यथार्थ हमने अनुमान से जाना है। इसकी विपरीत दशा भी हो सकती है।

प्रामाण्यवाद की समस्या पर जिन दार्शनिकों ने विचार किया है उन्हें हम पांच भागों में विभाजित कर सकते हैं।

1. सांख्य का मत स्वतः प्रामाण्याप्रमाण्य है।

2. नैयायिकों का मत परतः प्रामाण्याप्रमाण्य है।

3. स्वतः प्रामाण्य परतः अप्रामाण्य का पक्ष मीमांसक एवं वेदान्तियों का है।

4. बौद्ध दार्शनिकों का पक्ष स्वतः अप्रामाण्य है।

5. सदैव सत्-सत्सदसत्सदितिनैव प्रामाण्यवाद प्रसिद्धार्थ ख्याति आदि जैन दार्शनिकों का।

बौद्धों का मत परतः प्रामाण्य है।[1] इन मतों में सबसे अधिक महत्वपूर्ण मत न्याय, मीमांसा दर्शनों के मत माने जाते है। ये दोनों मत शास्त्रार्थ के विषय रहे है।

बौद्धदर्शन—

बौद्धदर्शन में प्रामाण्य और अप्रामाण्य के सम्बन्ध में दो प्रकार के मत प्रचलित है। कुछ बौद्ध विद्वान् अप्रामाण्य को स्वतः तथा प्रमाण्य को परतः मानते हैं। उनका कहना है कि कोई भी ज्ञान तब तक अप्रामाण्य ही माना जाता है जब तक उससे प्रेरणा पाकर मनुष्य ज्ञान वस्तु को प्राप्त नहीं कर लेता। प्रमाण ज्ञान तभी समझा जाता है जब वह विषय का प्रापक हो जाता है। अन्य शान्तिरक्षित आदि बौद्ध विद्वानों का मत इस उक्त मान्यता के विपरीत है, उनका कहना है कि अभ्यासदशापन्न ज्ञान में प्रामाण्य और अप्रामाण्य दोनों ही स्वतः और अनभ्यासदशापन्न ज्ञान में दोनों परतः हैं।

प्रामाण्य और अप्रामाण्य के विषय में मीमांसा और न्याय की मान्यताओं की विस्तृत समीक्षा प्राप्त होती है। न्याय दर्शन में वस्तु-स्थिति यह मानी जाती है कि कोई मनुष्य तो घट आदि में प्रामाण्य का निश्चय होने पर उसके ग्रहण करने या छोड़ने के लिए प्रयत्न करता है और अन्य मनुष्य घटादि के ज्ञान में प्रामाण्य के सन्देह की अवस्था में भी उसके ग्रहणादि के निमित्त प्रयत्नशील होता है। वहां प्रामाण्य का निश्चय तो तब

1. प्रमाणत्वाप्रमाणत्वे स्वतः सांख्यः समाश्रिताः।
नैयायिकास्तुपरतः सौगताश्चरम स्वतः।
प्रथमं परतः प्राहुः प्रामाण्यं वेदवादिनः।
प्रमाणत्वमस्वतः प्राहुः परतश्चाप्रमाणताम्।। —सर्वदर्शन जैमिनिदर्शनसंग्रहः

होता, घटादि के ग्रहण का लाभ होने पर, उस ज्ञान के आधार पर किया गया प्रयास सफल हो जाता।

इन मतों में न्यायदर्शन के अनुसार प्रामाण्य और अप्रामाण्य स्वतः ग्राह्य नहीं है अपितु परतोग्राह्य है। यह स्पष्ट है कि प्रामाण्य ज्ञान के लिए सफल प्रवृत्ति जनक हेतु अनुमान रूप अन्य कारण की अपेक्षा होती है।[1] प्रामाण्य और अप्रामाण्य के विषय में मीमांसा दर्शन के तीन आचार्यों में प्रथम प्रभाकर, द्वितीय कुमारिल भट्ट और मुरारिमिश्र के मत अधिक विख्यात हैं। मीमांसा दर्शन की मान्यता पर प्रामाण्य तो स्वतोग्राह्य है और परतोग्राह्य। प्रामाण्य स्वतोग्राह्य का अर्थ है कि जिस सामग्री से प्रामाण्य का ज्ञान हो जाता है तब अन्य ज्ञान सामग्री की आवश्यकता ही नहीं।

सांख्यमत के अनुसार प्रामाण्य और अप्रामाण्य स्वतोग्राह्य है। बौद्ध दर्शन में प्रामाण्य और अप्रामाण्य के सम्बन्ध में दो प्रकार के मत प्रचलित हैं। कुछ बौद्ध विद्वान् अप्रामाण्यता को स्वतः तथा प्रामाण्य को परतः मानते हैं। उनका कहना है जब तक कोई भी ज्ञान अप्रामाण्य माना जाता है तब तक उनसे प्रेरणा पाकर मनुष्य ज्ञान वस्तु को प्राप्त नहीं कर लेता। प्रमाण ज्ञान तभी समझा जाता है जब तक विषय का प्रापक हो जाता है।[2] शान्तिरक्षित आदि बौद्ध विद्वानों का मत है कि अभ्यास दशापन्न ज्ञान में प्रामाण्य और अप्रामाण्य दोनों ही स्वतः और अनभ्यास दशापन्न ज्ञान में दोनों परतः हैं।[3]

ज्ञातता नाम से धर्म की उत्पत्ति होती है। इसकी अभिव्यक्ति है। (मया घटो जातः)—मैंने घड़ा जान लिया है। यह ज्ञातता बिना ज्ञान के पैदा नहीं होती इसलिए इसे अर्थापत्ति द्वारा ज्ञान से उत्पन्न मानते हैं। इसी ज्ञातता के उत्पादक होने से ये लोग ज्ञान के अस्तित्व को स्वीकार करते हैं। "ज्ञातता" की उत्पत्ति के पश्चात् सिद्ध होने वाले ज्ञान के अस्तित्व को स्वतः प्रमाण मानते हैं। अतः यह भी प्रामाण्यवाद का समर्थन करते हैं।

मुरारि मिश्र :

नैयायिकों की ज्ञान-प्रक्रिया को सम्मुख रखकर मीमांसकों के समर्थित स्वतः प्रामाण्यवाद को मानने वाले मुरारिमिश्र सबसे अनोखे हैं। इनके सिद्धान्त का अध्ययन करने से स्पष्ट अभास होता है कि इनका मन्तव्य "आधाबगुला आधा सुआ" है। इसके

---

1. न्यायमंजरी में विस्तृत व्याख्या द्रष्टव्य है। पृ० 160–174
   कन्दली टीका का वर्णन द्रष्टव्य है। पृ० 213–220
2. सौगताश्चरमं स्वतः। —सर्वदर्शनसंग्रह बौद्धदर्शन।
3. तत्त्वसंग्रह में ये संकेत प्राप्त होता है।

विषय में प्रसिद्ध मुरारेस्तृतीयः पन्थाः की लोकोक्ति पूर्णतया चरितार्थ होती है। इनका स्वतः प्रामाण्य नैयायिकों का आधार लेकर खड़ा किया गया है। इन्द्रिय और अर्थ के सन्निकर्ष से उत्पन्न ज्ञान का भान हमें "अयं घटः" इत्यादि व्यवसाय से होता है। व्यवसाय के पश्चात् यही अनुव्यवसाय कहलाता है।[1] मुरारि मिश्र अनुव्यवसाय से उत्पन्न "अयं घटः" इस ज्ञान के भान को प्रामाण्य के साथ-साथ उदित मानते हैं। प्रभाकर के मत में स्वयं प्रकाश रूप में ज्ञान यथार्थतः स्वतः प्रमाण होने का अधिकारी है।

मुरारि का ज्ञान भी प्रामाण्य के लिए अनुव्यवसाय का मुखापेक्षी है। हां नैयायिकों की अपेक्षा ये तीनों किसी न किसी अंश में स्वतः प्रामाण्यवादी है।

न्यायकुसुमांजलि में उदयन ने प्रामाण्य की परतः उत्पत्ति को प्रस्तुत करते हुए कहा है कि उत्पत्तिगत परतस्तव अनुमान द्वारा यह सिद्ध किया जाता है कि प्रमा, ज्ञान उत्पादक हेतु से अतिरिक्त हेतु के अधीन है। न्यायदर्शन और मीमांसादर्शन के प्रामाण्यवाद सम्बन्धी शास्त्रार्थ के विषय को इस प्रकार प्रस्तुत किया जा सकता है। न्याय मत के अनुसार वास्तविक स्थिति ये है कि कोई मनुष्य घटादि के ज्ञान के प्रामाण्य का निश्चय होने पर उसके लेने या त्यागने में यत्नशील होता है। दूसरा अन्य कोई व्यक्ति घटादि के ज्ञान में प्रामाण्य की सन्देहावस्था में भी उस वस्तु के ग्रहणादि के लिए यत्न करता है। उस ज्ञान में प्रामाण्य का निश्चय तब होता है जब घटादि का लाभ होने पर उस ज्ञान के आधार पर किया गया प्रयत्न सफल हो जाता है।[2]

"मया घटो ज्ञातः—मैंने घड़े को जान लिया है—यह कहकर प्रकट करता है। बाद में उसके कारण रूप में ज्ञान का अधिज्ञान होता है। उसका क्रम यह कहा जा सकता है कि जब मनुष्य को ज्ञातता का दर्शन होता है तब वह विचार करता है कि घटादि में ज्ञातता उसे दिखाई दे रही है। वह किसी अन्य कारण के बिना उत्पन्न नहीं हो सकती क्योंकि यदि उसे घटादि का स्वाभाविक धर्म या कारण ज्ञान अधर्म माना जायेगी तब घटादि में सदा दृष्टिगत होने की उत्पत्ति होगी।[3]

---

1. डॉ० उमेश मिश्र भारतीय दर्शन— पृ० 247 अनर्धराघव में ब्रह्म मीमांसा शब्द का प्रयोग दिखाते हुए लिखा है :
   यत्र त्वं "ब्रह्ममीमांसा" तत्त्वज्ञो दण्डधारकः।
   दुराधारश्चैव यस्याषवङ्गिरः प्रपितामहः।।
2. जलादि ज्ञाने ज्ञाते तस्य प्रामाण्यमवधार्य कश्चित् जलादौ प्रवर्तते....वस्तु गतिः।
   —तर्कभाषा प्रामाण्यवाद प्रकरण
3. तेन ज्ञानग्राहकातिरिक्तानपेक्षत्वमेवस्वतस्त्वं प्रामाण्यस्य....प्रामाण्यमप्यर्थापत्यैव गृह्यते।
   —तर्कभाषा प्रामाण्यवाद प्रकरण

नैयायिक मानते हैं कि ज्ञान का ज्ञान तो मानस प्रत्यक्ष से ही होता है।[1] वास्तव में ज्ञान न्यायानुसार एक गुण है। गुण सदा द्रव्याश्रयी रहता है। विषय के बिना ज्ञान शून्य होता है। अतः ज्ञान और उसके विषय का प्रतिबिम्ब होना आवश्यक है। तभी ज्ञान में प्रामाणिकता आ सकती है।

स्वभाव से ही विषय का ज्ञान होता है। विषय और विषयी का ज्ञान स्वाभाविक ही है। इसमें केवल अन्तर यह है कि अभ्यासदशापन्न अवस्था में ज्ञान स्वभाव से ही हो जाता है।

---

1. स्वभावादेव विषयविषयितोपपत्तेः अर्थज्ञानयोरेतादृश एक स्वाभाविक....विषयत्वं न स्यात्।-तर्क प्रामाण्यवाद प्रकरण अनेन तु केवलमन्वयव्यतिरेक्यनुमानेन अभ्यास-दशापन्न-ज्ञानस्य प्रामाण्ये अवबोधिते...तस्मात् परत एव प्रामाण्यम्।
—तर्कभाषा प्रामाण्यवाद प्रकरण द्रव्याश्रयी गुणः—न्यायदर्शन

अष्टम अध्याय

छल जाति निग्रहस्थान

न्यायदर्शन में किसी विचार को उचित रूप में प्रस्तुत करना तथा प्रस्तुत किए गये विचार को गलत सिद्ध करना आदि विषयों को लेकर विस्तृत वर्णन प्राप्त होता है। इसलिए हेत्वाभासों के वर्णन के साथ-साथ जब वक्ता अपनी जीत के इच्छा से असत् उत्तर अर्थात् जाति आदि का प्रयोग करता है, इसी प्रकार छल का प्रयोग भी दूसरे को पराजित करने की दृष्टि से करता है। इसलिए न्यायदर्शनकार ने शोडष पदार्थों में छल जाति और निग्रहस्थान का भी वर्णन किया है। न्याय के तर्काभासों में यदि हम सूक्ष्म दृष्टि से अवलोकन करें तो ज्ञात होगा कि पांच हेत्वाभास, तीन प्रकार की कथा अर्थात् वाद, जल्प, वितण्डा तीन प्रकार के छल, 24 प्रकार की जाति और 16 प्रकार का निग्रह स्थान, जिनका योग 51 प्रकार का विवेचन न्यायदर्शन में विस्तार रूप से किया गया है।

छल :—

वादी के वाक्यों का विरोध करना, वादी के अभिमत अर्थात् अर्थ को विकल्प रूप में (विपरितार्थ में) कल्पना करना छल कहलाता हैं।[1] न्यायदर्शन में छल तीन प्रकार का माना जाता है। वाक् छल, सामान्य छल, और उपचार छल नाम से तीन प्रकार का छल है।

1. वाक् छलः— वाक् छल का अर्थ है किसी विशेष को न लेकर सामान्य रूप से कहे हुए शब्द के अर्थ में वक्ता के आशय से विरुद्ध अर्थ की कल्पना करना वाक् छल कहलाता हैं,[2] जैसे कि वक्ता ने कहा कि नव कम्बल वाला बालक जा रहा है। दूसरे प्रतिवादी ने कहा कि इस बालक के पास तो एक नया कम्बल है, नौ कम्बल कहाँ हैं। जबकि वक्ता का अभिप्राय नवीन कम्बल वाला बालक ही था, यहां प्रतिवादी ने नव शब्द का अर्थ नौ संख्या वाचक भी हैं और नवीन अर्थ भी है। वक्ता के अभिप्राय के विरुद्ध अर्थ का प्रयोग किया गया है। इसी प्रकार हम व्यवहार में देखते हैं कि नाना रूपों में छल का प्रयोग किया जाता है, जैसे— अजां ग्रामं नय 'सर्पिराहर 'ब्राह्मणं भोजय'

---

1. तत्त्रिविधं वाक् छलं सामान्यच्छलमुपचारच्छलं चेति।।1।।
2. अविशेषाभिहितेऽर्थे वक्तुरभिप्रायादर्थान्तर कल्पना वाक्छलम्।।

—न्याय द०, अ० 1, आ० 2, सूत्र 11, 12

इति। इन वाक्यों में अजां, सर्पि, ब्राह्मण ये शब्द सांख्योक्त प्रकृति से बनाये गए धृत, सरकने वाले जीव तथा ब्राह्मण एवं सृष्टि का भी क्रम से सामान्य रूप से अर्थ के बोधक होने से सामान्य शब्द होते हुए उपरोक्त सम्बन्ध के सामर्थ्य से अर्थमय हो सकते हैं, उन्हीं अर्थों के बोधक हो सकते हैं अर्थात् अजा इस शब्द से बकरी अर्थ के लेने से ही उसकी अर्थ क्रिया गांव में ले जाना क्रिया हो सकती है। न कि सांख्योक्त प्रकृति रूप लेने से गांव में ले जाना का अर्थ बोध हो सकता है इसलिए इस वाक्य का सीधा अर्थ यह है कि बकरी को गांव में ले जाओ और सर्पिहार ब्राह्मण को भोजन कराओ। इसलिए इसे वाक् छल कहा जाता है।

उपचार छल :—

मुख्य तथा गौण (लाक्षणिक) अर्थों में से किसी एक अर्थ रूप धर्म के आशय से सद्प्रयोग करने पर, उसके विरुद्ध अर्थ मानकर खण्डन करना उपचार छल कहलाता है। जिस छलमयवादी ने लक्षण को मानकर लक्ष्य अर्थ में शब्द का प्रयोग किया हो अर्थात् प्रतिवादी उस पद के वाच्य अर्थ को लेकर अर्थ की सत्ता का निषेध कहलाता है वह उपचार छल कहलाता हैं, जैसे कि मञ्चाक्रोशन्ति इति अर्थात् मञ्च चिल्ला रहे हैं यहां पर वादी का अभिप्राय यही है कि मञ्चं पर बैठा पुरुष चिल्ला रहा है। परन्तु प्रतिवादी छल का प्रयोग करते हुए कहता है कि मञ्च कहां चिल्ला सकता है, मञ्च पर बैठा हुआ पुरुष चिल्लाता है। वास्तव में हम व्यवहार में अर्थ की प्रधानता से अथवा सत् का अर्थ लक्षणा शक्ति से करते हैं तो अर्थ विकल्प उपपत्ति की सिद्धि से लक्षणा के द्वारा शब्दों के अर्थ ग्रहण किए जाते हैं न कि अभिधा शक्ति से वहां पर अर्थ ग्रहण किया जाएगा, जैसे कि 'गङ्गायां घोषः' का अर्थ लक्षणा के द्वारा ग्रहण किया जाता है कि गङ्गा के तट पर घर।

सामान्य छल :—

सम्भव हो सकने योग्य अर्थ की अतिसामान्य योग से विवाक्षित अर्थमय रहने वाले तथा उसको छोड़ने वाले सामान्य धर्म के सम्बन्ध से असम्भूतार्य कल्पना करना सामान्य छल कहलाता है[1]। जैसे कि यह ब्राह्मण विद्वान् है इस प्रकार ब्राह्मण की प्रशंसा करने की दृष्टि से वादी ने यह वाक्य कहा। प्रतिवादी इसका खण्डन करते हुए सामान्य छल का प्रयोग करता है और यह कहता है कि यदि सभी ब्राह्मण विद्वान् होते हैं तो व्रात्य ब्राह्मण भी विद्वान् होंगे, जबकि ऐसा नहीं होता है। यहां वादी का अभिप्राय है कि 'यह ब्राह्मण विद्वान् है' कहने का अभिप्राय यही है कि ब्राह्मण प्रायः विद्वान् होते हैं, यह अभिप्राय नहीं होता है कि व्रात्य ब्राह्मण विद्वान् होते हैं। इसी प्रकार यह बालक अग्नि

1. सम्भवतोऽर्थस्याति सामान्ययोगादसम्भूतार्थ कल्पना सामान्यच्छलम्।
—न्याय०, अ० 1, आ० 2, सू० 13

के समान है इस वाक्य में भी वादी का यही अभिप्राय है कि यह बालक तेजस्वी है। यदि प्रतिवादी यही कहने लगे कि इस बालक में अग्नि कहाँ है। जबकि वादी का अभिप्राय है यह बालक अग्नि के समान तेजस्वी है।

न्यायदर्शन में पूर्वपक्षी की ओर से यह कहलाया गया है कि वाक् छल को ही उपचार छल क्यों न माना जाय क्योंकि दोनों के लक्षण सामान्य हैं।[1] सूत्रकार इस आपत्ति का उत्तर देते हुए कहते हैं कि यह मानना उचित नहीं क्योंकि दोनों के अर्थ में भेद है[2]। सूत्रकार आगे छल के तीन भेद ही मानने उचित है इस पर जोर देते हुए कहते है कि अविशेष या उपरोक्त भेद साधक रहने पर भी यदि वाक् छल और उपचार छल एक ही छल माना जाय तो किञ्चित् साधर्म्य से अर्थ के विकल्प से वच विघात रूप साधर्म्य को लेकर अभेद माना जाएगा तो एक छल का प्रसंग आ जाएगा अर्थात् अर्थान्तर की कल्पना, अर्थ सदभाव का निषेध ऐसे वाक् छल और उपचार छल के परस्पर भेद के साधक रहने पर भी यदि दोनों में भेद नहीं माना जाये तो छल के सामान्य भेद लक्षण में कहा हुआ अर्थ के विकल्प के द्वारा वादी के वाक्य का विरोध करना यह सामान्य धर्म लेकर एक ही छल को मानने की आपत्ति आ जाएगी। अतः न्यायदर्शन में तीन प्रकार के छलों का स्वरूप स्वीकार किया जाता है।

जाति :—

केवल समान तथा विरुद्ध धर्मों से प्रव्याख्यान करना, जो कि असत् उत्तर देता है, उसे जाति कहते है। जिसका अभिप्राय यह होता है कि व्याप्ति की उपेक्षा न करके कुछ पदार्थों के समान तथा विरुद्ध धर्मों को लेकर दोष दिखाना अथवा कहना जाति कहलाता है[3]। यद्यपि संपूर्ण जातियों में साधर्म्य और वैधर्म्य को नहीं अवलोकित किया जाता है, व्याप्ति की आवश्यकता रखकर असत् उत्तर देना जाति कहलाता है इसको संक्षिप्त में हम इस प्रकार कह सकते है कि असत् उत्तर जाति कहती है। जाति द्वारा उत्तर देना संपूर्ण स्थलों में अनुचित भी नहीं होता क्योंकि जल्प, वितण्डा का प्रयोग करने वाले नास्तिक विद्वान् को जाति उत्तर देना अथवा वैदिक मत को मनवाना कुछ विद्वान् ऐसी स्थिति में जाति का प्रयोग करना उचित मानते हैं। न्यायदर्शन में 24 प्रकार की जाति मानी जाती हैं

साधर्म्यसमा, वैधर्म्यसमा, उत्कर्षसमा, अपकर्षसमा, वर्ण्यसमा, अवर्ण्यसमा, विकल्पसमा, साध्यसमा, प्राप्तिसमा, अप्राप्तिसमा, प्रसंगसमा, प्रतिदृष्टान्तसमा, अनुत्पत्तिसमा, संशयसमा, प्रकर्णसमा, अहेतुसमा, अर्थापत्तिसमा, अविशेषसमा, उपपत्तिसमा,

---

1. वाक्छलमेवोपचारच्छलं तदविशेषात्। —न्याय द०, अ० 1, आ० 2, सू० 15
2. नतदर्थान्तरभावात्।। —न्याय द०, अ० 1, आ० 2, सू० 16
3. साधर्म्य वैधर्म्याभ्यां प्रत्यवस्थानं जातिः। —न्याय द०, अ० 1, आ० 2, सू० 18

उपलब्धिसमा, अनुपलब्धिसमा, नित्यसमा, अनित्यसमा और कार्यसमा ये 24 प्रकार की जातियां अर्थात् असत् उत्तर रूप देने माने जाते हैं। वादआदि कथाओं में वादी में अपने पक्ष की स्थापना के लिए दिए हुए हेतु का जिससे वास्तविक न होने पर खण्डन किया जाता है उसे जाति कहते हैं। जो कि उपर्युक्त प्रकार 24 प्रकार की जाति उत्तर कहा जाता है।

साधर्म्यसम और वैधर्म्यसम :—

वादी के अन्वय और व्यतिरेक व्याप्ति को लेकर हेतु से साध्य की सिद्धि करने पर व्याप्ति की अपेक्षा न करने वाले साधर्म्य से साध्य के अभाव की आपत्ति देने को साधर्म्यसम तथा केवल वैधर्म्य को लेकर साध्य के अभाव की आपत्ति देने को वैधर्म्यसम जाति उत्तर कहते हैं[1]। भाष्यकार इसकी व्याख्या करते हुए साधर्म्यसम का लक्षण करते हैं कि व्याप्ति सहित समान धर्म को लेकर जो वादी साध्य की सिद्धि दिखाता है तो उस पर साधर्म्य के विपरीत की सिद्धि करने के लिए प्रतिवादी व्याप्ति की आवश्यकता न समझते हुए केवल समान धर्म से जो बिना किसी विशेष कारण के खण्डन करता है, वह स्थापना हेतु से साधर्म्यसम नामक जाति का प्रयोग करता है जैसे कि जब वादी आत्मा को क्रिया का आधार, द्रव्य में क्रिया के कारण गुण का सम्बन्ध होने के कारण, जैसे मिट्टी का ढेला रूप द्रव्य क्रिया के कारण गुण के संयोग से सम्बद्ध होने के कारण क्रिया का आधार है, आत्मा भी वैसा ही क्रिया के कारण प्रयत्न अथवा अदृष्टवाला ही है, अतः क्रिया का आशय है। इस प्रकार वादी के आत्मा में क्रियाधार होने का उपसंहार करने पर, दूसरा प्रतिवादी केवल साधर्म्य को लेकर ही वादी का खण्डन करता है कि आत्मा क्रिया रहित है। क्योंकि व्यापक द्रव्य क्रिया रहित होते है। जैसे आकाश व्यापक और वह क्रिया से रहित है आत्मा भी वैसा ही है इस कारण क्रिया का आधार नहीं है। यहाँ इसमें कोई विशेष कारण नहीं है कि क्रिया के आधार मिट्टी के ढेले से उपयुक्त साधर्म्य से आत्मा क्रियाधार ही होगा न कि क्रिया रहित। व्यापक आकाश के साधर्म्य से क्रिया रहित होगा। जिसमें एक ही पक्ष प्रमाण माना जाय अतः किसी विशेष हेतु के न होने के कारण यह साधर्म्यसम नामक जाति कहलाती है अर्थात् एक पक्ष के दूसरे पक्ष की अपेक्षा से संगत अथवा असंगत होने में कोई विशेषता न होना ही साधर्म्यसम जाति मानी जाती हैं।

वैधर्म्यसम जाति का उदाहरण है कि जिसमें वादी की स्थापना प्रथम के समान ही, केवल खण्डन के भेद में दिखला करके कहा जाय कि क्रिया के कारण दोनों संयुक्त लोष्ठ परिमित देखने में आता है, आत्मा ऐसा परिमित नहीं है इस कारण लोष्ठ के

---

1. साधर्म्यवैधर्म्याभ्यां उपसंहारे तद् धर्मौ विपर्ययोपपत्ते साधर्म्य—वैधर्म्यसमौं।
—न्याय द०, अ० 1, आ० 2, सू०

समान क्रियाधार नहीं हो सकता अर्थात् पूर्व खण्डन में आकाश के साथ निष्क्रियता रूप समान धर्म को लेकर आत्मा से निष्क्रियता की सिद्धि की थी, और इस खण्डन में परिमित लोष्ठ के साथ अपरिमितता रूप वैधर्म्यो को लेकर ही निष्क्रियता को सिद्ध किया है इस कारण यह वैधर्म्यसम जाति मानी जाती है। इसे इस प्रकार भी कहा जा सकता है कि क्रिया आत्मय लोष्ठ के समान क्रिया हेतु गुण का सम्बन्ध होने के कारण आत्मा क्रियात्मय ही होगा, न कि क्रियात्मय लोष्ठ के अपरिमितता रूप वैधर्म्य को लेकर आत्मा क्रियाधार नहीं है, यह नहीं हो सकेगा। अतः विशेष कारण न होने के कारण यह वैधर्म्य समजाति कही जाती है। क्योंकि यहाँ वैधर्मों को लेकर आत्मा क्रियाधार नहीं है, विभु होने के कारण से, क्रियाधार लोष्ठ द्रव्य व्यापक नहीं देखा जाता, जैसे लोष्ठ आत्मा अव्यापक नहीं है इसी कारण वह निष्क्रिय है। इस प्रकार वैधर्मों को लेकर ही ऐसा खण्डन किया जाता है कि क्रिया रहित आकाश द्रव्य क्रिया के कारण गुण से रहित देखने में आता है। आत्मा ऐसा नहीं है। इस कारण निष्क्रिय नहीं हो सकता। इसमें कोई विशेष कारण नहीं है, कि क्रियाधार के विरुद्ध धर्म के होने से आत्मा निष्क्रिय ही होगा। यह वैधर्म्य समजाति का उदाहरण है।

पक्ष और दृष्टान्त दोनों के धर्मों के विकल्प वैचित्र्य से (विचित्रता) दोनों के सिद्ध करने योग्य होने से उत्कर्षसम, अपकर्षसम, वर्ण्यसम, अवर्ण्यसम, विकल्पसम, तथा साध्यसम जातियां मानी जाती हैं[1]। इसका आशय यह है कि न रहने वाले धर्म के आरोप रूप उत्कर्ष, विद्यमान रहने वाले धर्म का अपचय रूप अपकर्ष, साध्य वर्णन करने योग्य असाध्य वर्णन करने योग्य न हो तथा विशेष विकल्प इन धर्मों के अपात्ति देने योग्य प्रयोगों को क्रम से उत्कर्षसम, अपकर्षसम, वर्ण्यसम, अवर्ण्यसम, विकल्पसम और साध्यसम नामक जाति कहेंगे। यहां भाष्यकार व्याख्या करते हुए कहते हैं कि उत्कर्षसम जाति जिस जाति में पक्ष या दृष्टान्त दोनों के धर्मों में विचित्र होने के कारण पक्ष में न रहने वाले दृष्टान्त के धर्म का आरोप किया जाता है। जैसे यदि क्रिया के कारण उनका सम्बन्ध होने से ढ़ेले के समान आत्मा भी क्रिया का आधार हो, तो उस लोष्ठ के समान स्पर्श गुण का आत्मय भी होगा ऐसा प्राप्त होता है और यदि आत्मा लोष्ठ के समान स्पर्श गुण वाला न हो तो क्रिया का आधार भी न होता अर्थात् उत्कर्षसम दृष्टान्त लोष्ठ का धर्म स्पर्श गुण का आत्मय होना आत्मा रूप पक्ष में न रहने पर भी आरोप से सिद्ध किया जाता है। ऐसा न होने में कोई विशेष कहना होगा जो कि नहीं कहा गया है। यह उत्कर्षसम जाति का उदाहरण है।

जिस जाति में दृष्टान्त के बल से पक्ष में वर्तमान धर्म का भी अपकर्ष किया जाता है अर्थात् हटाया जाता है उसे अपकर्ष नामक जाति कहते हैं, जैसे लोष्ठ निश्चय से

1. साध्यदृष्टान्तयोर्धर्म विकल्पादुभयसाध्यत्वाच्चोत्कर्षोपकर्ष वर्ण्यावर्ण्यविकल्प साध्य समा। —न्याय द०, अ० 5, आ० 1, सू० 64

क्रियाधार होता हुआ भी अव्यापक दिखाई देता है अर्थात् इस दृष्टान्त में लोष्ठ में व्यापकता का आभाव है। इस कारण आत्मा में विद्यमान भी व्यापकता धर्म का उससे अपकर्ष किया जाता है। यदि अपकर्षसम जाति है। प्रसिद्धि करने योग्य, संदिग्ध, तथा अवर्ण्य उसके विपरीत निश्चित जिन दो जातियों में उपर्युक्त धर्मों के विपरीत किया जाता है, अर्थात् पक्ष के धर्म के दृष्टान्त में और दृष्टान्त धर्म के पक्ष में आरोप किया जाता है, वह दोनों जाति अर्थात् वर्ण्यसम तथा अवर्ण्यसम कही जाती है अर्थात् संदिग्ध साध्यधर्म वक्ता रूप धर्म के पक्ष में रहने से उसका जब निश्चित साध्यधर्म वक्ता रूप धर्म का जब संदिग्ध साध्य वाले पक्ष में आरोप किया जाय तो उसे अवर्ण्यसम जाति कहा जाता है, जैसे वादी के किसी अनुमान का प्रयोग करने पर यदि प्रतिवादी कहे कि जो दृष्टान्त तुम देते हो उसे पक्ष के समान संदिग्ध साध्य वाला होना चाहिए यह अवर्ण्यसम जाति तथा दृष्टान्त के समान पक्ष को भी निश्चित साध्यवान होना चाहिए। वह वर्ण्यसम जाति होती हैं।

क्रिया के कारण गुणों से युक्त कोई पदार्थ शुरू होता है जैसे लोष्ठ, तथा लघु होता है जैसे—वायु। इसी प्रकार क्रिया में कारण गुणों से युक्त कोई पदार्थ क्रिया का आधार होगा। जैसे लोष्ठ और कोई क्रिया रहित होगा जैसे आत्मा अथवा एक पक्ष का साधक कोई विशेष कहना पड़ेगा। अर्थात् वादी के क्रिया के कारण गुणों के होने से आत्मा क्रिया वाला है, जैसे—लोष्ठ। ऐसा अनुमान करने पर प्रतिवादी कहता है कि लोष्ठ रूप दृष्टान्त में गुरुत्व रूप दूसरा धर्म है, परन्तु इस गुरुत्व का क्रिया कारण गुण युक्तता रूप हेतु के क्रियात्मयता रूप सांध्यय के साथ वायु में व्यभिचार देखने में आता है क्योंकि वायु लघु है इसी प्रकार आत्मा में भी लोष्ठ के क्रिया हेतु गुणयुक्त धर्म का व्यभिचार हो जाएगा। यदि विकल्पसम जाति मानी जाती है। इससे आगे भाष्यकार साध यसम का लक्षण करते हुए कहते है कि हेतु आदि अवयवों के सामर्थ्य को रखने वाले धर्म को साध्य कहते हैं। दृष्टान्त में उसकी आपत्ति देने से साध्यसम नाम की जाति है जैसे—यदि लोष्ठ के सादृश्य से आत्मा में क्रिया सिद्ध की जाय तो आत्मा में क्रियाधारता संदिग्ध है। और साध्य है इसी प्रकार लोष्ठ में भी क्रियाअयत्व साध्य और संदिग्ध है, नहीं तो लोष्ठ और आत्मा का सादृश्य ही न होगा इसी को सादृस्यसम जाति कहते हैं। वार्तिककार ने साध्य तथा साधन दोनों के धर्मों की समानता की आपत्ति देने को साध्यसम जाति माना है।

सूत्रकार इन उपर्युक्त छः जातियों का उत्तर देने वाले सिद्धान्त सूत्र का उल्लेख करते है कि व्याप्तियुक्त विशेष समान धर्म से ही, सिद्धि होने के कारण, इनके विरुद्ध व्याप्ति रहित केवल साधर्म्य से वादी का किया हुआ खण्डन नहीं हो सकता है[1]। इसका

1. किञ्चित्साधर्म्यादुपसंहारसिद्धेर्वैधर्म्यादप्रतिषेधः।

—न्याय द०, अ० 5, आ० 1, सू० 5

आशय यह है कि अनुमान में व्याप्ति रूप स्वाभाविक सम्बन्ध को लेकर ही सद हेतु के पक्ष में साध्य की सिद्धि होती है, इसके विपरीत व्याप्तिरहित केवल समान धर्म को लेकर जो जातिवादी ने खण्डन किया है, वह अनुचित है। सिद्ध पदार्थ को छिपाना या अपलाप करना उचित नहीं है, इसलिए प्रसिद्ध का खण्डन न होने के कारण उसकी उपमा देना प्रसिद्ध है। जैसे कि—जैसी गौ होती है वैसी ही नीलगाय होती है।

साध्य की सिद्धि करने के लिए दिया हुआ हेतु यदि साध्य को प्राप्त होकर साध्य की सिद्धि करे तो, साध्य तथा हेतु दोनों की प्राप्ति में कोई विशेष न होने के कारण साध्य साधन को सिद्ध करेगा, या साधन साध्य को सिद्ध करेगा इस नियम में कोई कारण न होने की आपत्ति को प्राप्ति समजाति कहते हैं। हेतु बिना साध्य को प्राप्त कर सिद्ध करता है ऐसा माने तो बिना प्रदीप के प्राप्त अन्धकार में जिस प्रकार पदार्थ प्रकाशित नहीं होता उसी प्रकार साध्य की सिद्धि न कर सकेगा। इस आपत्ति को अप्राप्ति समजाति कहते हैं[1]। इसको भास्कर समझाते हुए कहते हैं कि हेतु साध्य को प्राप्त कर उसे सिद्ध करेगा अथवा न प्राप्त करके जिसमें हेतु साध्य को प्राप्त कर उसे सिद्ध करेगा अथवा न प्राप्त करके जिसमें हेतु साध्य को प्राप्त कर साध्य का साधक नहीं हो सकता क्योंकि प्राप्ति में कोई विशेष न होने के कारण वह हेतु साध्य का साधक न हो सकेगा, क्योंकि विद्यमान हेतु तथा साध्य इनकी परस्पर समान प्राप्ति होने के कारण लोक व्यवहार में किसको सिद्ध करेगा और जिसका साध्य होगा वह प्राप्तिसम नाम की जाति कहलाती हैं। इसके साथ ही हेतु बिना साध्य को प्राप्त किए ही सिद्ध नहीं कर सकता। क्योंकि बिना प्राप्त अन्धकार में दीपक पदार्थों को नहीं दिखलाता है अतः उपर्युक्त प्रकार से प्राप्ति को लेकर आपत्ति देने को प्राप्तिसम तथा अप्राप्ति को लेकर अप्राप्तिसम जाति कहलाती है।

यदि वादी दृष्टान्त में वर्तमान धर्म को दूसरे में धर्मादि सत्ता के साधन रूप से कथन करे तो उसमें भी प्रमाण होना चाहिए, जैसा क्रिया कारण गुण वाला लोष्ठ क्रिया कारण वाला है। इसका भी प्रमाण दो ऐसी आपत्ति देने को प्रसंगसम जाति कहते हैं। विरुद्ध दृष्टान्त से आपत्ति देने को प्रतिदृष्टान्तसम जाति कहते है। जैसे आत्मा क्रियाधार है क्रिया के कारण गुण का सम्बन्ध होने से, लोष्ठ के समान। ऐसा कहने पर इसके विरुद्ध क्रिया कारण गुण युक्त आकाश निष्क्रिय देखने में आता है, अतः आत्मा क्रिया रहित क्यों न माना जाय। इस आपत्ति को प्रतिदृष्टान्तसम जाति कहते हैं[2]।

---

1. प्राप्य साध्यमप्राप्य वा हेतोः प्राप्त्याऽविशिष्टत्वाद प्राप्त्याऽसाधकत्वाच्च प्राप्त्यप्राप्तिसमौ।।
—न्या० द०, अ० 5, आ० 1, सू० 7
2. दृष्टान्तस्य कारणानपदेशात् प्रत्यवस्थानाच्च प्रतिदृष्टान्तेन प्रसंङ्गप्रतिदृष्टान्तसमौ।
—न्या० द०, अ० 5, आ० 1, सू० 9

शब्द अनित्य है, प्रयत्न से उत्पन्न होने के कारण, घट के समान, ऐसा वादी के कहने पर, उत्पत्ति के पूर्व काल में न उत्पन्न हुए शब्द में अनित्यता का कारण प्रयत्न से उत्पन्न शब्द नहीं होता है, अतः अनित्यता का कारण प्रयत्न से उत्पन्न शब्द नहीं होता है, अतः अनित्यता का कारण न होने से शब्द नित्य हो जाएगा नित्य पदार्थ की तो उत्पत्ति ही नहीं होती, इस प्रकार अनुत्पत्ति को लेकर किए हुए खण्डन को अनुत्पत्ति समजाति कहते हैं।[1] इसकी भाष्यकार व्याख्या करते हुए कहते हैं कि शब्द प्रयत्न से उत्पन्न होने के कारण अनित्य है, घट के समान ऐसा वादी की स्थापना करने पर जातिवादी यह कह सकता है कि उत्पन्न होने के कारण पूर्वकाल में प्रयत्न न करने पर शब्द का होना शब्द की नित्यता को सिद्ध करता है, और नित्य पदार्थ उत्पन्न नहीं होते प्रतिवादी जब ऐसा कहता है तो वह अनुत्पत्तिसम जाति कहलाती है।

संशयसम जाति की परिभाषा करते हुए सूत्रकार कहते हैं कि शब्द अनित्य है प्रयत्न से उत्पन्न होने की व्याप्ति के कारण ऐसी वादी के स्थापना करने पर प्रयत्न अनन्तर्यक स्वरूप हेतु में संशय द्वारा आपत्ति देने को संशयसम जाति कहा है[2]। इसको समझाते हुए भाष्यकार कहते हैं कि वादी के अनुसार शब्द अनित्य है, प्रयत्न से उत्पत्ति की व्याप्ति होने से घट के समान, ऐसी स्थापना करने पर कि शब्द अनित्य इसलिए है कि वह प्रयत्न के अनन्तर उत्पन्न होता है ऐसा हेतु के होने से इस शब्द में नित्य गोत्वादि जातियों का इन्द्रिय से गृहीत होना यह समानधर्म है ही। तथा यही अनित्य घट के साथ भी है। अतः नित्य जाति तथा अनित्य घटादिकों के इन्द्रियों से गृहीत होना रूप समानधर्म शब्द में होने के कारण शब्द नित्य है अथवा अनित्य है यह संशय निवृत्त नहीं होता। इसलिए यह संशयसम जाति कहलाती है।

प्रकरणसम जाति का स्वरूप सूत्रकार ने इस प्रकार बतलाया है कि जिस समय एक वादी यह कहता है कि शब्द अनित्य है, प्रयत्न से उत्पन्न होने की व्याप्ति रखने से घट के समान, ऐसी वादी स्थापना करता है। उस पर प्रतिवादी कहता है कि स्पर्श रहित होने से आकाश के समान शब्द नित्य है ऐसा वह अपना दूसरा पक्ष स्थापित करता है इस प्रकार इस संदर्भ में प्रकरण की निवृत्ति न होने के कारण यह प्रकरणसम जाति कहलाती है[3]। क्योंकि नित्य आकाश के साधर्म्य से कहे जाने वाले हेतु से भी पक्ष तथा प्रतिपक्ष दोनों की प्रवृत्ति होने के कारण संशय होने से एक पक्ष का निश्चय नहीं हो सकता है। अतः प्रकरण के न समाप्त होने के कारण आपत्ति देना प्रकरणसम जाति कहलाती है।

---

1. प्रागुत्पत्तेः कारणाभावादनुत्पत्ति समः। —न्या० द०, अ० 5, आ० 1, सू० 12
2. सामान्यदृष्टान्तयोरैन्द्रियकत्वे समाने नित्यानित्यसाधर्म्यात्संशयसमः। —न्या० द०, अ० 5, आ० 1, सू० 14
3. उभयसाधर्म्यात् प्रक्रियासिद्धेः प्रकरणसमः।। —न्या० द०, अ० 5, आ० 1, सू० 16

अहेतुसमजाति का लक्षण सूत्रकार इस प्रकार करते हैं कि किसी साध्य की सिद्धि के लिए दिया हुआ हेतु यदि पूर्वकाल न हो तो साध्य के न होने से वह किसी सिद्धि करेगा। यदि पश्चात् साधन हो तो उसके पूर्व में न रहने से वह किसका साध्य होगा। साध्य तथा साधन एक काल में हो तो, दोनों में कौन किसका साध्य तथा कौन किसका साधन होगा, अतः ऐसा हेतु जो हेतु नहीं है उससे कोई विशेष न होने के कारण अहेतु से ही समान धर्मीता को लेकर आपत्ति करने को अहेतु समजाति कहते हैं।[2]

अर्थापत्ति समजाति का स्वरूप इस प्रकार बतलाया है कि अर्थात् प्राप्त होता है इससे विरुद्ध पक्ष की सिद्धि से आपत्ति देने को अर्थापत्तिसम नामक जाति कहते हैं। स्थापनावादी ने शब्द अनित्य है प्रयत्नान्तर उत्पन्न होने से घट के समान ऐसी स्थापना करने पर अर्थापत्ति द्वारा विरुद्ध पक्ष की सिद्धि करने की आपत्ति को अर्थापत्तिसम जाति कहते हैं, जैसे कि शब्द अनित्य है प्रयत्न से उत्पन्न होने के कारण ऐसी स्थापना करने पर अर्थापत्ति से प्रतिपक्ष का सिद्ध करने वाले जातिवादी के असत् उत्तर को अर्थापत्तिसम नामक जाति कहते हैं[2]।

अविशेषसम जाति का लक्षण इस प्रकार किया है कि शब्द तथा घट दोनों का प्रयत्न के अनन्तर होना रूप एक धर्म हो सकता है, इस कारण शब्द तथा घट दोनों में अनित्यता के समान होने पर संपूर्ण संसार में पदार्थों में अविशेषता आ जाएगी, क्योंकि संसार के संपूर्ण पदार्थों में एक सद्भाव रूप धर्म होता है इस कारण सत्ता रूप धर्म संपूर्ण पदार्थों में होने के कारण सब पदार्थ समान ही हो जाऐंगे। इस प्रकार की आपत्ति देने का अविशेषसम जाति कहते हैं[3]। इसको भाष्यकार समझाते हुए कहते हैं कि शब्द तथा घट दोनों में प्रयत्न के अनन्तर उत्पन्न होना रूप धर्म रहता है। अतः शब्द तथा घट में कोई विशेषता नहीं है इस कारण दोनों की अनित्यता में कोई विशेष नहीं है। ऐसा माना जाये तो संसार के संपूर्ण पदार्थों में विशेषता न होने की आपत्ति आती है। क्योंकि सत्तारूप धर्म होने से सद्भाव रूप धर्म संपूर्ण पदार्थों में हो सकता है इस कारण संसार के संपूर्ण पदार्थों में सत्ता रूप धर्म के समान होने के कारण संपूर्ण पदार्थों में विशेषता न होने की आपत्ति देने से खंडन करने को अविशेष समजाति कहते हैं।

उपपत्तिसम जाति का स्वरूप इस प्रकार बतलाया है कि यदि शब्द में प्रयत्न से उत्पन्न होना रूप अनित्यतता का कारण होने से शब्द अनित्य है। ऐसा हो तो आकाश

---

1. त्रैकाल्यासिद्धेर्हेतोरहेतुसमः।। —अ० 5 आ० 1 सू० 18।
2. अर्थापत्तितः प्रतिपक्ष सिद्धेरर्थापत्तिसमः।। —न्या०अ० 5 आ० 1 सू० 21 ।
3. एकधर्मोपपत्तेरविशेष सर्वाविशेषप्रसङ्गात् सद्भावोपपत्तेरविशेषसमः ।।
—अ०5 आ० 1 सू० 23

के साथ स्पर्श का रूप कारण होने के कारण शब्द नित्य है यह भी हो सकता है। इस अनित्यतता तथा नित्यतता के दोनों के कारण हो सकने से निषेध को उपपत्तिसमजाति कहते हैं।[1]

उपलब्धिसमजाति का लक्षण इस प्रकार किया है कि वादी के कहे हुए अनित्यता के कारण प्रयत्न से उत्पन्न होना रूप कारण के न रहने पर भी वायु के संयोग से वृक्ष की शाखा के भंग से उत्पन्न शब्द में अनित्यतता प्राप्त होती है। अत: वादी के दिए प्रयत्न से उत्पन्न होना रूप कारण न होने पर भी अनित्यतता रूप साध्य धर्म की उपलब्धि होने के कारण आपत्ति देने को उपलब्धिसमजाति कहते हैं[2]।

अनुपलब्धिसम जाति को स्पष्ट करते हुए कहा है कि यदि आवरण के न मिलने से आवरण का अभाव सिद्ध होता हो तो आवरणों के न मिलने के भी उपलब्धि प्राप्त न होने के कारण आवरणों के अनुपलब्धि न मिलने का कारण भी अभाव सिद्ध होता है। ऐसा होने के कारण आवरण के अनुपलब्धि के प्रमाण से आवरणों का अभाव भी सिद्ध नहीं होगा, परन्तु आवरण का होना ही सिद्ध होगा, ऐसी जातिवादी उत्तर को अनुपलब्धिसम जाति कहते हैं[3]।

अनित्यसमजाति का लक्षण इस प्रकार बतलाया है कि यदि केवल समान धर्म से ही भाव पदार्थों में समान धर्मता हो अर्थात् यदि घट के केवल साधर्म्य से ही शब्द की अनित्यतता हो तो संपूर्ण भाव पदार्थों के अनित्य घट के साथ सत्तारूप साधर्म्य के होने के कारण संपूर्ण संसार के पदार्थों में भी अनित्यतता हो सकेगी इस अभिप्राय के असत् उत्तर को अनित्यसम जाति कहा जाता है।[4]

नित्यसम जाति का स्वरूप बतलाया है कि जिस अनित्यतता की घट के दृष्टान्त से शब्द में वादी स्थापना करता है वह अनित्यतता शब्द में यदि सदा है तो धर्म के सदा होने के कारण धर्मी शब्द भी सदा होगा, जिससे शब्द में नित्यतता आ जाएगी और यदि अनित्यता सदा नहीं है तो अनित्यता के न होने के कारण शब्द नित्य ही ऐसा मानना पड़ेगा, इस प्रकार नित्यता को लेकर निषेध रूप आपत्ति को नित्यसम जाति कहते हैं[5]। इस पर भाष्यकार समझाते हैं कि वादी शब्द अनित्य है, ऐसी प्रतिज्ञा करता है। वह

1. उपपत्तिकारणाभ्यनुज्ञानादप्रतिषेधः। —न्या० द०, अ० 5, आ० 1, सू० 25
2. निर्दिष्ट कारणाभावेऽप्युपलम्भादुपलब्धिसमः। —न्या०द०, अ० 5, आ० 1, सू० 27
3. तदनुपलब्धेरनुपलम्भादभावसिद्धौ तद्विपरीतोपपत्तेरनुपलब्धिसमः। —न्या० द०, अ० 5, आ० 1, सू० 29
4. साधर्म्यात् तुल्यधर्मोपपत्तेः सर्वानित्यत्वप्रसङ्गादनित्यसमः। —न्या० द०, अ० 5, आ० 1, सू० 32
5. नित्यमनित्यभावादनित्य नित्यत्वोपपत्तेर्नित्यसमः। —न्या० द०, अ० 5, आ० 1, सू० 35

नित्यतता क्या शब्दमय सदा नित्य है या अनित्य है यदि शब्द में अनित्यता सदा हो तो अनित्यतता धर्म के सदा होने से शब्द रूप धर्मी भी सदा नित्य होगा, जिससे शब्द नित्य है ऐसा प्राप्त होता है और यदि वह अनित्यतता शब्द नहीं हैं तो अनित्यता शब्द के सदा न होने के कारण शब्द नित्य हो जाएगा। इस नित्यता को लेकर आपत्ति देने से नित्यसम जाति कहलाती है।

कार्यसम जाति का लक्षण इस प्रकार किया गया है[1] कि प्रयत्न से होने वाले कार्यों के दो प्रकार की उपलब्धि होती है— जिसमें घटादि कार्य जो पूर्व में नहीं थे कुम्भकार के प्रयत्न से उत्पन्न होते है तथा कुछ वर्तमान होने पर भी आवरण आदिकों से जो नहीं दिखाते थे आवरण के हटाने के प्रयत्न से प्रकट होते है जैसे— मृत्तिका से व्यवहित जलादि का अतः उपर्युक्त दो प्रकार के प्रयत्न से कार्यों के होने के कारण प्रयत्न के पश्चात् होने से शब्द अनित्य है। ऐसा वादी का पक्ष असंगत इस प्रकार की आपत्ति देने को कार्यसमजाति कहते हैं। इस पर भाष्यकार कहते हैं कि प्रयत्न से उत्पन्न होने के कारण शब्द अनित्य होता है ऐसा वादी की मान्यता है अर्थात् जिसके प्रयत्न करने से आत्मलाभ (अपनी उत्पत्ति) होती है वह पूर्व काल में न रहकर उत्तरकाल में रहता है जिस प्रकार घटादि कार्य कुम्भकारादि के प्रयत्न से उत्पन्न होते हैं। अनित्य भी वही कहा जाता है जो उत्पन्न होकर नष्ट होता है अर्थात् प्रयत्न के पश्चात् होने वाला कार्य अनित्य होता है। इस प्रकार स्थापना पक्ष दिखाकर जातिवादी का सद् उत्तर का उल्लेख करते हुए कहा है कि ऐसा वादी का पक्ष होने पर जातिवादी के पक्ष में यह निष्कर्ष निकालना कि प्रयत्न के कार्य अनेक प्रकार के होने से इस हेतु उपरोक्त स्थापना पक्ष का निषेध कहा जाता है कि प्रयत्न करने के पश्चात् उत्पत्ति के पूर्वकाल में न रहनेवाले घटादि कार्य की उत्पत्ति देखने में आती है। इसलिए प्रयत्न के दो प्रकार के कार्यों में दिखाई पड़ने से शब्द में कौन सी कार्यता है इसका विशेष साधक होने की आपत्ति को कार्यसमजाति कहते हैं।

न्यायदर्शन में यह उपर्युक्त जातिवादी प्रयोग विषय के गहन आलोडन एवं विलोडन तथा किसी वादी के खंडन में कितने प्रकार के तर्क एवं तर्काभासों का प्रयोग किया जा सकता है, इसकी विस्तारपूर्वक विवेचना की गई है यद्यपि जाति उत्तर का समाधान सूत्रकार ने स्वयं किया है तथापि जाति का उपयोग करके प्रतिवादी को पराजित किया जा सकता है, इसलिए शास्त्रार्थ परम्परा में छल, जाति आदि का प्रयोग पर्याप्त रूप में होता रहा है। वास्तव में इनका प्रयोग अपने पक्ष की विजय प्राप्त करना, दूसरे को पराजित करने की भावना से ही किया जाता रहा है।

निग्रह स्थान :—

जिन विरुद्ध ज्ञान तथा अज्ञानादि रूप निग्रह स्थानों से वादी का पराजय होता

---

1. प्रयत्नकार्यनेकत्वात् कार्यसमः। —न्या० द०, अ० 5, आ० 1, सू० 37

है उन्हें निग्रह स्थान कहते हैं[1]। निग्रह स्थान से संपूर्ण कथा समाप्त हो जाती है, इसका अभिप्राय है कि वादी अथवा प्रतिवादी के निगृहीत होने पर एक की पराजय हो जाती है। सूत्र में विप्रतिपत्ति शब्द का अर्थ है कि सूक्ष्म विषयों में होने वाला ज्ञान विपरीत ज्ञान कहलाता है अथवा स्थूल विषयों में होने वाला विपरीत ज्ञान कुत्सित ज्ञान कहलाता है। जिस उक्त विपरीत ज्ञान रहता है वह कथा में पराजय को प्राप्त करता है सूत्र में अप्रतिपत्ति का अर्थ है कि आरम्भ करने योग्य विषय में अज्ञान से आरम्भ करना ऐसा अर्थ है, क्योंकि अज्ञानी वादी के स्थापित किए हुए पक्ष का न निषेध करता है और न अपने पक्ष का प्रतिपादन करता है। सूत्र में विप्रतिपत्यप्रतिपत्यो ऐसा समास क्यों नहीं रखा इसका समाधान भाष्यकार करते हैं कि सूत्र में समास न करने से यह द्योतित होता है कि यही दो निग्रह स्थान नहीं है अपितु अनेक प्रकार के निग्रह स्थान है।

साधर्म्य तथा वैधर्म्य मात्र से जाति अथवा निग्रह स्थान अनेक प्रकार का हैं।[2] इसलिए सूत्रकार ने कहा है कि इन अनेक प्रकार के निग्रह स्थानों के विविध रूप अथवा प्रकार है जिनका क्रमशः विवेचन किया जा रहा है।

निग्रह स्थान के प्रकार :—

प्रतीज्ञाहानि, प्रतिज्ञान्तर (दूसरी प्रतिज्ञा करना) प्रतिज्ञा विरोध प्रतिज्ञा का विरोध, प्रतिज्ञा संन्यास— प्रतिज्ञा का त्याग करना, हेत्वन्तर— दूसरा हेतु करना, अर्थान्तर— दूसरा अर्थ करना, निरर्थक— व्यर्थ होना, अविज्ञातार्थ— अर्थ का ज्ञान न होना, अपार्थक— असम्बद्ध अर्थ का होना, अप्राप्तकाल— जिसका समय प्राप्त न हो, न्यून— अवयवों की न्यूनता, अधिक— अवयवों का अधिक होना, पुनरुक्त— पुनः कथन करना, तदनुभाषण— उत्तर न देना, अज्ञात— न जानना, अप्रतिभा— उत्तर की स्फूर्ति न होना, विक्षेप— कथा में बाधा करना, मतानुज्ञा— मतों को मान लेना, पर्यनुज्योपेक्षण— प्रश्न करने योग्य की उपेक्षा करना, निरनुयोज्यानुयोग— प्रश्न करने के अयोग्य प्रश्न करना, अपसिद्धान्त— सिद्धान्त के विरुद्ध करना और हेत्वाभास— दुष्ट हेतु का प्रयोग करना।

1. प्रतिज्ञाहानि—

अपने दृष्टान्त में विरुद्ध दृष्टान्त के धर्म को स्वीकार कर लेना प्रतिज्ञाहानि दृष्टान्त कहलाता है,[3] जैसे— शब्द अनित्य है क्योंकि यह इन्द्रिय से ज्ञात होता है जैसे— घट। इस पर यह कहा जा सकता है कि इन्द्रिय से ज्ञान होना नित्य सामान्य से भी है फिर भी शब्द वैसा क्यों नहीं? तत्पश्चात् वादी कहता है कि यदि इन्द्रिय से ज्ञात

---

1. विप्रतिपत्तिरप्रतिपत्तिश्च निग्रहस्थानम्। —न्या० द०, अ० 5, आ० 1, सू० 19
2. तद्विकल्पाज्जाति निग्रहस्थान बहुत्वम्।—न्या० द०, अ० 5, आ० 1, सू० 20
3. प्रतिदृष्टान्तधर्माभ्यनुज्ञा स्वदृष्टान्ते प्रतिज्ञाहानिः।—न्या०द०, अ० 5, आ० 2, सू० 2

होने वाला सामान्य नित्य है। तब घट भी नित्य हो इस प्रकार यह वादी साधक दृष्टान्त को नित्य कहकर निगमन पर्यन्त पूरे पक्ष को ही त्याग कर देता है। पक्ष का त्याग करते हुए प्रतिज्ञा का त्याग करने वाला कहलाता है क्योंकि यह प्रतिज्ञा पर आश्रित है।

2. प्रतिज्ञान्तर :—

वादी के प्रतिज्ञा किए गए अर्थ का प्रतिवादी के निषेध करने पर धर्म के विकल्प से उस प्रतिज्ञा के अर्थ को कहना प्रतिज्ञान्तर नामक निग्रहस्थान कहलता है।[1] इन्द्रिय ग्राह्य होने के कारण घट के समान शब्द अनित्य है। ऐसी वादी की प्रतिज्ञा करने पर जो इसके विरुद्ध दृष्टान्त से वादी के पक्ष का निषेध करता है, दृष्टान्त तथा विरुद्ध दृष्टान्त में समान धर्म का सम्बन्ध होने पर धर्म के भेद से जाति इन्द्रिय से गृहीत होती है इसलिए यह प्रतिज्ञान्तर नामक निग्रहस्थान कहलाता है। क्योंकि इसमें दूसरी प्रतिज्ञा की गई है।

3. प्रतिज्ञाविरोध :—

अपने अभिष्ट अर्थ का स्वयं खंडन करना प्रतिज्ञा विरोध है[2]। न्यायदर्शन के अनुसार प्रतिज्ञा और हेतु का परस्पर विरोध प्रतिज्ञा विरोध निग्रहस्थान कहलाता है, जैसे द्रव्य गुण से भिन्न हैं यह प्रतिज्ञा है। क्योंकि रूपादि से अन्य अर्थ की उपलब्धि नहीं होती यह हेतु है कैसे? यदि द्रव्य गुण से अलग है तब तो रूपादि से पृथक् अन्य अर्थ की उपलब्धि नहीं होती। गुणाधार पदार्थों की प्राप्ति नहीं होगी। यदि रूपादि से भिन्न अन्य अर्थ की प्राप्ति नहीं होती तो द्रव्य गुण से पृथक् है यह सिद्ध नहीं होगा क्योंकि द्रव्य गुण से पृथक् है और रूपादिकों से पृथक् अन्य अर्थ की उपलब्धि नहीं होती, ये दोनों बाते विरुद्ध है अतः यह प्रतिज्ञा विरोध निग्रह स्थान है।

4. प्रतिज्ञासंन्यास :—

अपने पक्ष का व्यभिचारादि दोष के निषेध करने के पश्चात् प्रतिज्ञात अर्थ को त्याग देना प्रतिज्ञासंन्यास निग्रह स्थान कहलाता है[3]। न्याय वार्तिकार के अनुसार स्वपक्ष का प्रतिषेध कर दिए जाने पर जो प्रतिज्ञात अर्थ का त्याग कर दिया जाता है। उसे प्रतिज्ञा संयास कहते हैं, जैसे इन्द्रिय से गृहीत होने के कारण शब्द अनित्य है ऐसा वादी के कहने पर दूसरा प्रतिवादी कहे कि घटत्वादि जाति (सामान्य) भी इन्द्रिय से जानी जाती है परन्तु वह अनित्य नहीं होती। शब्द भी इन्द्रिय से गृहीत होता है और अनित्य नहीं

---

1. प्रतिज्ञातार्थप्रतिषेधे धर्मविकल्पात्तदर्थनिर्देशः प्रतिज्ञान्तरम्।
   —न्या० द०, अ० 5, आ० 2, सू० 3
2. अप्रतिज्ञा हेत्वोर्विरोधः प्रतिज्ञा विरोधः। —न्या० द०, अ० 5, आ० 2, सू० 4
3. पक्षप्रतिषेधे प्रतिज्ञातार्थापनयनं प्रतिज्ञासंन्यासः। न्या०द०, अ० 5, आ० 2, सू० 5

हैं, ऐसा निषेध करे। तो इस प्रकार वादी के पक्ष का प्रतिवादी द्वारा खण्डन करने पर अपने पक्ष को छोड़ देना प्रतिज्ञा संयास निग्रहस्थान कहलाता है।

5. हेत्वन्तर :—

अपने पक्ष का व्यभिचारादि दोष से निषेध करने पर वादी के कहे हेतु का प्रतिवादी के खण्डन न करने पर हेतु में विशेषण देने की इच्छा करनेवाले वादी को हेत्वन्तर नामक निग्रह स्थान होता है। अनुमान वाक्यों में साध्य के साधक हेतु को पहले सामान्य रूप से कहने के पश्चात् प्रतिवादी के हेतु का निषेध करने पर यदि वादी उस निषेध का परिहार के लिए विशेषण सहित उसी हेतु को बदल दे तो हेत्वन्तर नामक निग्रहस्थान होता है।[1] जैसे सांख्य मत से स्थापनावादी ऐसी प्रतिज्ञा करता है कि वह संपूर्ण व्यक्त (जगत का रूप कार्य) एक प्रकृति कारण वाला है। किस हेतु से उत्तर एक कारण वाले विकार (कार्यों) का विशेष परिणाम होता है जैसे मिट्टी से बनने वाले कसौरे, घटादि कार्यों का परिमाण देखने में आता है। इसी प्रकार प्रकृति को कारण (वाले विकार कार्यों का परिमाण होने से) यह संपूर्ण जगत रूप कार्य एक कारण वाला है। इस पर नैयायिक प्रतिवादी खंडन करता है कि अनेक कारण वाले घट, आभूषणादि इन कार्यों का भी विशेष परिमाण दिखाई पड़ता है इस प्रकार परिमाणवाला होना और एक कारण वाला होना इन दोनों में परस्पर व्यभिचार दोष को हटाने की इच्छा से कहता है कि परिमित होना विशेषण देता है यही हेत्वन्तर निग्रह स्थान कहलाता है।

6. अर्थान्तर :—

वाद, जल्प और वितण्डा कथा में जहाँ पक्षी तथा प्रतिपक्षी अपने पक्ष को सिद्ध करते हो यदि वादी शब्द को यह नित्य है यह सिद्ध करने के लिए स्पर्श रहित होने के कारण ऐसा हेतु देता है और प्रतिवादी इस हेतु का सुखादिकों में व्याभिचार दोष देने में असमर्थ होने से अपने सामर्थ्य को छिपाता है। केवल वह असम्बद्ध युक्ति से निषेध करे कि हेतु इस भेदों के इस धातु से तुम् प्रत्यय से बना हुआ ऐसा कृदन्त पद है। इस प्रकार कृदन्त और सुबन्त की व्याख्या करने लगे तो यह अर्थान्तर निग्रह स्थान होता है।[2]

7. निरर्थक :—

वर्ण क्रम, निर्देषवन्निरर्थकम् इसका आशय यह है कि व्यर्थ वर्णों के क्रम को

---

1. अविशेषोक्ते हेतौ प्रतिषिद्धे विशेषमिच्छतो हेत्वन्तरम्।
—न्या० द०, अ० 5, आ० 2, सू० 6
2. परिषत् प्रतिवादीभ्यां त्रिरभि हितमप्य विज्ञातमविज्ञातार्थम्।
—न्या० द०, अ० 5, आ० 2, सू० 9

कहने वाला निरर्थक निग्रह स्थान कहलाता है। यदि क, च, ट, त, प, ये शब्द नित्य हैं, ज, व, श, व, ह होने से झ, घ, ढ, ष होने के समान ऐसा अनुमान करना निरर्थक निग्रह स्थान कहलाता है क्योंकि उपर्युक्त अनुमान में कहे हुए वर्णों का कोई अन्त न होने से यह केवल वर्ण मात्र है।

8. अविज्ञातार्थ :—

जो वाक्य प्रतिवादी द्वारा तीन बार कहे जाने पर भी समझ में न आ सके वह अविज्ञातार्थ निग्रह स्थान कहलाता है। यहाँ कहने का अभिप्राय यह है कि तीन बार कथ्य पद का तात्पर्य तीन कठिनाईयों से है प्रथम वाक्य की क्लीष्टता जैसे श्वेत दौड़ता है द्वितीय अप्रतीत प्रयोग जैसे जरफरीतु या बहुत शीघ्रता से बोलना इन कारणों से अविज्ञातार्थ निग्रह स्थान होता है।

9. अपार्थक :—

जिन प्रयोगों में पूर्व में या पश्चात् सम्बद्ध होने के कारण अर्थात् पद या वाक्य का आगे या पीछे से अन्वय करने पर सम्बन्ध न होना अर्थात् असम्बद्धता होना क्योंकि उस पद समुदाय का जिसका अर्थ न हो सकने के कारण उसका प्रयोग करने वाले को अपार्थक निग्रहस्थान होता है। जैसे दस अनार, छः मालपुए यह कुण्ड है, या बकरी का चमड़ा है। इत्यादि वाक्य या पद में पूर्वापर सम्बन्ध न होने के कारण अथवा समुदायार्थ न होने से यह अपार्थक निग्रह स्थान होता है[1]।

10. अप्राप्तकाल :—

प्रतिज्ञा हेत्वादि अवयवों को उलट-पलट कर कहना अथवा रखना अप्राप्तकाल निग्रह स्थान कहलाता है[2]। जैसे-कहना कि इस पर्वत पर अग्नि है यह प्रतिज्ञा हुई इसके पश्चात् कहना कि निष्कर्ष रूप में यह पर्वत अग्निवाला है यह अप्राप्तकाला कहलाता है।

11. अधिक :—

जितना अर्थ विवक्षित है उतना न कहकर उससे अधिक अवयव कहना अधिक नामक निग्रह स्थान कहलाता है[3] जैसे अपने किसी पक्ष को सिद्ध करने के लिए हेतु

---

1. पौर्वापर्यायोगादप्रतिसम्बद्धार्थकापार्थकम्।
   —न्या० द०, अ० 5, आ० 2, सू० 10
2. अवयवविपर्यासवचनमप्राप्तकालम्।
   —न्या० द०, अ० 5, आ० 2, सू० 11
3. हेतुदाहरणाधिकममधिकम्।
   —न्या० द०, अ० 5, आ० 2, सू० 13

और उदाहरण दिया जाता है परन्तु वादी दो या तीन हेतु या उदाहरण देता है वह अधिक नामक निग्रहस्थान कहलायेगा।

12. न्यून :—

विवक्षित अर्थ को पूरा न कहकर कुछ कम कहना न्यून कहलाता है,[1] जैसे पाँच अवयवों से मिलकर ही साध्य की सिद्धि हो सकती है। उतने अवयवों का प्रयोग न करना अपितु कम अवयवों का प्रयोग करना न्यून नामक निग्रह स्थान कहलाता है।

13. पुनरुक्त :—

अनुवाद के अतिरिक्त शब्द और अर्थ को पुनः-पुनः कहना पुनरुक्त निग्रहस्थान कहलाता है,[2] जैसे शब्द नित्य है और शब्द नित्य है इस प्रकार बार-बार कहना पुनरुक्त कहलाता है।

14. अननुभाषण :—

स्थापनावादी द्वारा ज्ञात और तीन बार कही गई बात का प्रत्युच्चारण नहीं करना अननुभाषण कहलाता है इसका अभिप्राय यह है कि जिस वाक्य का अर्थ समझ लिया है और वह तीन बार कहा जा चुका है, उसका उच्चारण न कर सकना अननुभाषण कहलाता है।[3]

15. अज्ञान :—

'अविज्ञातं च अज्ञानम्' अर्थात् न जाना हुआ इसका अभिप्राय यह है कि प्रतिवादी के कहे हुए तथा परिशज्ञ लोगों ने जिसके अर्थ को जान लिया हो तथा पुनः तीन बार कहे जाने पर भी जो वादी के जाने पर वादी के समझ में नहीं आता वह अज्ञान निग्रह स्थान है।

16. अप्रतिभा :—

उत्तर न सूझने का नाम अप्रतिभा है अर्थात् जब वादी अपनी स्थापना के खण्डन

---

1. हीनमन्यतमेनाप्यवयवेन न्यून।

—न्या० द०, अ० 5, आ० 2, सू० 12

2. शब्दार्थयोः पुनर्वचनं पुनरुक्तमन्यत्रानुवादात्।

—न्या० द०, अ० 5, आ० 2, सू० 14

3. विज्ञातस्य परिषदा त्रिरभिहितस्याप्य प्रत्युच्चारणेमननुभाषणम्।

—न्या० द०, अ० 5, आ० 2, सू० 16

में कही गई बातों का उत्तर नहीं दे पाता तो उसकी अप्रतिभा समझी जाती है उसे अप्रतिभा निग्रह स्थान कहते है।[1]

17. विक्षेप :—

'विक्षिपन्तियोगात्' अपनयन्ति इति विक्षेपा' अर्थात् जो चित्त को विक्षिप्त करता है उसे विक्षेप कहा जाता है। आशय यह है कि किसी कार्य को करने के बहाने से कथा को भंग करना विक्षेप निग्रह स्थान कहलाता है।[2]

18. मतानुज्ञा :—

अपने पक्ष में दोष बांधकर दूसरे विरोधी पक्ष की आपत्ति देना मतानुज्ञा निग्रह स्थान कहलाता है।[3] यहां अभिप्राय यह है कि मतानुज्ञा निग्रह स्थान के लिए दोष को अपने पक्ष में मानकर उसका उद्घाटन कर, यह कहना कि तुम्हारे पक्ष में भी समान दोष हैं। अर्थात् वह अपने पक्ष में दोष मानकर विरोधी के पक्ष में दोष देता हुआ दूसरे के मत को मान लेता है इसलिए इसे मतानुज्ञा निग्रह स्थान कहते हैं।

19. पर्यनुयोज्योपेक्षा :—

पर्यनुयोज्यो का अर्थ है निग्रह उपपादन से तिरस्करणीय जो निग्रह को प्राप्त है उसका निग्रह न करना पर्यनुयोज्योपेक्षण कहलता है।[4] निग्रह की प्राप्ति होने पर उसकी अपेक्षा अर्थात् तुम निग्रह स्थान को प्राप्त हो ऐसा न कहना। यह किसकी पराजय है यह सम्बन्धित परिपद् को बतलाना होगा। जिसका निग्रह हुआ है वह अपना पराजित होना स्वयं प्रकट नहीं करेगा।

20. निरनुयोज्यानुयोग :—

निग्रह स्थान न होने पर भी निग्रह स्थान का अभियोग लगाना निरनुयोज्यानुयोग कहलाता है[5]। निग्रह स्थान लक्षण में गलत धारणा के कारण पराजय आदि का कहना अर्थात् निग्रह स्थान न प्राप्त होने वाले को भी यह कहना कि तुम निवृत्त हो गए हो अथवा पराजय को प्राप्त हो गए हो।

---

1. उत्तरस्याप्रतिपत्तिरप्रतिभा। —न्या० द०, अ० 5, आ० 2, सू० 18
2. कार्य व्यसङ्गात् कथाविच्छेदो विक्षेपः। —न्या० द०, अ० 5, आ० 2, सू० 19
3. स्वपक्ष दोषाभ्युपगमात् परपक्षे दोषप्रसङ्गोमतानुज्ञा।
—न्या० द०, अ० 5, आ० 2, सू० 20
4. निग्रहस्थान प्राप्तस्थानिग्रहः पर्यनुयोज्योपेक्षणम्।
—न्या० द०, अ० 5, आ० 2, सू० 21
5. अनिग्रह स्थाने निग्रहस्थानाभियोगो निरनुयोज्यांनुयोगः।
—न्या० द०, अ० 5, आ० 2, सू० 22

21. अपसिद्धान्त :—

स्वीकृत सिद्धान्त से न्यून होने का नाम अपसिद्धान्त है अर्थात् इसी सिद्धान्त को स्वीकार कर आगे कुछ नियम की बात न करना अपसिद्धान्त कहलाता है।[1]

22. हेत्वाभाष :—

'हेतुवत् आभाषन्ते इति हेत्वाभाव:' इसका अभिप्राय यह है कि हेतु न होते हुए भी हेतु के समान प्रतीत होने वाला हेत्वाभास कहलाता है। न्यायदर्शन में हेत्वाभास को 13वें तत्त्व के रूप में माना है मैंने भी अपने इस ग्रन्थ में हेत्वाभास का अलग से विवेचन किया है परन्तु हेत्वाभास निग्रह स्थानों में भी माना जाता है जैसा कि न्याय दर्शन में कहा है कि हेत्वाभासाश्च यथोक्ता: अर्थात् हेत्वाभासों का वर्णन किया जा चुका है। न्याय में हेत्वाभाषों को भी निग्रह स्थान के रूप में स्वीकार किया है। इसलिए कहा गया है कि 'हेतुवतआभाषमाना:' अर्थात् हेतु न हो परन्तु हेतु जैसा लगता हो वह हेत्वाभास कहलता है जैसे शब्द नित्य है क्योंकि वह जन्य है आत्मा के समान यहां पर हेतु जन्म शब्द से नित्यत्व को न सिद्ध कर उसके अनित्यत्व को सिद्ध कर रहा है क्योंकि जो जन्य होगा वह अनित्य होगा।

प्राचीन न्याय में छल जाति निग्रह स्थान का विस्तारपूर्वक वर्णन किया है क्योंकि न्यायदर्शन में पांच अध्याय हैं जिसमें केवल पांचवा अध्याय छल, जाति, निग्रह स्थान के रूप में लिखा गया है। नव्य न्यायाचार्यों ने इनका संक्षिप्त रूप में वर्णन किया है इससे ऐसा प्रतित होता है कि नव्य न्याय में इनकी बहुत अपेक्षा नहीं समझी गई। वात्स्यायन मुनि ने भाष्य करते हुए स्पष्ट उल्लेख किया है कि यह न्यायविद्या केवल आध्यात्मिक विद्या नहीं है यह आन्विक्षिकी विद्या है जिसका अर्थ है कि तर्क, तर्कभाषा और संशय आदि का तथा तीन प्रकार की कथा और निग्रहस्थानादि का विस्तृत अध्ययन एवं विवेचन प्रस्तुत किया गया है इसलिए कहा है कि—

प्रदीप: सर्वविद्यानामुपाय: सर्वकर्मणाम्।
आश्रय: सर्वधर्माणां विद्यादेशे प्रकीर्त्तिता।।

बौद्ध आचार्य धर्मकीर्ति ने अपने वाद न्याय ग्रन्थ में छल के प्रयोग का अनुचित माना है। तथापि उन्होंने अपने ग्रन्थों में प्रकरण समुचय वाग् वृद्धि में बौद्धों ने छल जाति, निग्रह स्थानादि का स्वयं वर्णन किया है। यद्यपि न्यायदर्शन सहित सभी इनका खंडन करते हैं और इनके प्रयोग को अनुचित मानते हैं। तो भी तात्त्विक दृष्टि से इन सबका विवेचन किया है क्योंकि इनका प्रयोग समाज में होता है और उनको रोका नहीं

---

1. सिद्धान्तमभ्युपेत्यानियमात् कथा प्रसङ्गोऽपसिद्धान्त:।
—न्या० द०, अ० 5, आ० 2, सू० 23

जा सकता है इसलिए दार्शनिकों को भी इनका प्रयोग अथवा ज्ञान होना आवश्यक है क्योंकि नास्तिक इनका प्रयोग करके तत्त्व ज्ञान का खण्डन करके नास्तिक सिद्धान्तों का प्रतिपादन करने में सफल हो जाएगा। इनका प्रयोग इसलिए उपयोगी है कि जैसे कि किसान अपनी खेती की रक्षा के लिए कांटेदार तार लगाता है ताकि कोई पशु आदि आकर उसकी खेती का नुकसान न कर जाएं इसी प्रकार तत्त्व ज्ञान की रक्षा के लिए जल्प, वितण्डा, छल, जाति, निग्रहस्थानादि का परिज्ञान कराने के लिए इनका वर्णन न्यायदर्शन में विस्तारपूर्वक प्राप्त होता है[1]।

1. तत्त्वाध्यवसाय संरक्षणार्थ जल्पवितण्डे बीजप्ररोह संरक्षणार्थ कण्टकशाखा वरणवत्।
—न्या० द०, अ० 5, आ० 2, सू० 5

नवम अध्याय

वैदिक मूल तत्त्व

अनादि सत्ता कितनी मानी जायें, इस सम्बन्ध में दार्शनिकों में आरम्भ से लेकर आज तक मतभेद रहा है। महर्षि दयानन्द के अनुसार ऋषि प्रणीत षड्दर्शनों से तो इस सम्बन्ध में मतभेद नहीं रहा है। परन्तु उनके भाष्यकारों और मध्यकालीन दार्शनिकों में यह विवाद पराकाष्ठा तक पहुंच गया। पश्चिमीय दर्शनिकों में भी यह मतभेद न्यून नहीं है। भारत में तो यह विवाद इतना विस्तृत हुआ कि इन वादों के आधार पर अनेकों मतों की सृष्टि हो गई। एक गांव का रहने वाला भले ही उस वाद के गहन और सूक्ष्म तत्त्वों को न जान सके परन्तु वह झट कह देगा कि मैं अद्वैतवादी हूं या द्वैतवादी। अस्तु। महर्षि दयानन्द त्रैतवाद को मान्यता देते हैं। उनके अनुसार ईश्वर, जीव और प्रकृति ये तीनों पदार्थ नित्य हैं। प्रत्येक कार्य के लिए तीन प्रकार के कारणों की आवश्यकता होती है। इस प्रकार यह संसार एक कार्य है, घट की तरह। जैसे घट को बनाने के लिये कुम्भकार, मिट्टी और चक्र आदि की आवश्यकता है इसी प्रकार संसार की रचना में भी तीन वस्तुयें कारण है। ईश्वर, जीव और प्रकृति। संसार के प्रत्येक पदार्थ में हमें तीन कारण स्पष्ट दिखाई देते हैं, जैसे कुम्भकार निमित्त कारण, मिट्टी उपादान कारण और चक्र आदि साधारण निमित्त कारण हैं इसी प्रकार जगत् की रचना में ईश्वर निमित्त कारण, प्रकृति उपादान कारण और जीव साधारण निमित्त कारण है। यदि इनमें से किसी भी कारण की न्यूनता हो जाये तो विश्व की रचना सम्भव नहीं है। जैसे यदि कुम्भकार के पास मिट्टी न हो तो वह घट का निर्माण नहीं कर सकता, चक्र गधा आदि न हो तो भी वह घट का निर्माण नहीं कर सकेगा। कुम्भकार भी न हो तो घट का निर्माण नहीं हो सकता है।

वेदों के अन्त: साक्ष्य से लेकर आचार्य शंकरादि ने वेदों के ज्ञान को प्रामाणिक और ईश्वर प्रदत्त माना है। महर्षि दयानन्द ने, इस युग में आकर वेद के सम्बन्ध में जो भ्रान्त धारणायें उत्पन्न हो गई थीं, उस भ्रान्त विचारधारा का खण्डन ऋग्वेदादि-भाष्य-भूमिका और सत्यार्थ-प्रकाश तथा वेदों का भाष्य रचकर किया है। वेदों के भाष्य की परम्परा में रावण से लेकर स्कन्द स्वामी उद्गीथ, वररुचि भट्ट भास्कर महीधर, उव्वट और सायण मध्यकालीन भाष्यकार और वर्तमान युग में महर्षि दयानन्द, श्री अरविन्द, जयदेव विद्यालङ्कार, पण्डित धर्मदेव, स्वामी ब्रह्ममुनि प्रभृति विद्वान् हैं। मध्यकालीन भाष्यकारों में प्रमुख रूप से आचार्य सायण का नाम अधिक प्रसिद्ध है। सायण के

वेद-भाष्य में प्रायः कर्मकाण्ड को ही अधिक महत्त्व दिया गया प्रतीत होता है। इसी प्रकार उन्होंने प्रायः सभी मन्त्रों की संगति यज्ञों के विनियोग तक ही सीमित-सी कर दी है, जिससे उसका भाष्य संकुचित होकर बौद्धिक नहीं रहा है। उसने स्वयं ही वेद का विषय कर्मों का व्याख्यान माना है।[1] पश्चिमीय विद्वानों ने वेदों का नवीन विकासवादी दृष्टि से भाष्य किया है। इनका अभिप्राय वेदों में प्राचीन आर्यों के परिवार का या समाज का या प्रारम्भिक अवस्था से विकास का वृत्तान्त है। इन विद्वानों पर सायण का प्रभाव है। यद्यपि इन विद्वानों ने परिश्रम किया है, स्वच्छन्द उड़ाने एवं कल्पना भी की हैं, परन्तु वेद में जो ज्ञान विज्ञान भरा है वहां तक ये लोग नहीं पहुँच सके हैं। कुछ पश्चिमीय विद्वानों ने वेदों को गडरियों का गीत भी कहा है, परन्तु इसका दोषी श्री अरविन्द जी ने आचार्य सायण को ठहराया है।[2] चाहे मध्यकालीन भाष्यकार हों अथवा योरोपीय उन्नीसवीं शताब्दी के विद्वान् हों दोनों का ही वेदों के मन्त्रों का भ्रान्त अर्थ करने का एक प्रमुख कारण यह था कि-मन्त्रों या सूक्तों में आये देवता। ये भाष्यकार, देवता से अभिप्राय उस मन्त्र या सूक्त की प्रतिष्ठापित शक्ति से लेते थे। परन्तु महर्षि दयानन्द ने निरुक्त प्रक्रिया, जो आर्ष मानी जाती है, उसको माना और मन्त्रों के देवता का अर्थ किया—''मन्त्रों का प्रतिपाद्य विषय'' अर्थात् निरुक्त में (Subjective Matter) स्पष्ट कहा है कि दैवत उसको कहते हैं कि जिनके गुणों का कथन किया जाय अर्थात् जो संज्ञा जिस-जिस अर्थ की होती है, उन-उन मन्त्रों का नाम वही देवता होता है।[3] जैसे ओम् वाचं ते शुन्धामि-मन्त्र का देवता विद्वांसः है। इसका अर्थ यह हुआ कि इस मन्त्र में विद्या से सम्बन्धी विषय का प्रतिपादन होना चाहिये जैसा कि महर्षि दयानन्द ने यजुर्वेद के इस 6ठे अध्याय के 14 वें मन्त्र का अर्थ उक्त अभिप्राय से किया है। परन्तु उव्वट ने देवता शब्द का समुचित अर्थ नहीं लिया, इसलिए अजा के बच्चे मेमने की यज्ञ में आहुति करते समय इस मन्त्र को बोलकर उसके अंगों के प्रक्षालन के लिये

---

1. ''एतं विदन्ति वेदेन तस्माद् वेदस्य वेदता.....
   कर्माणि वेदस्य विषयः। तदचबोधः प्रयोजनम्''
   —काण्वसंहिता-सायण आचार्य कृत भाष्य उपक्रमणिका से
2. वेद के विषय में आधुनिक सिद्धान्त इस विचार से आरम्भ होता है, जिसके लिये सायणादि उत्तरदायी है कि वेद एक ऐसे आदिम जंगली और अत्यधिक बर्बर समाज की सूक्ति संहिता है जिसके नैतिक व धार्मिक विचार असंस्कृत थे, जिसकी सामाजिक रचना असभ्य थी और अपने चारों ओर के जगत् के विषय में जिनका दृष्टिकोण बिल्कुल बच्चों जैसा था।
   —वेद रहस्य, भाग-1 पृष्ठ-31, श्री अरविन्द, अनुवादक अभय, 1948
3. यत्काम ऋषिर्यस्यां देवतायामार्थपत्यम्। इच्छन् स्तुतिं प्रयुंक्ते तद् दैवतः स मन्त्रो भवति। —निरुक्त, अ० 7-1, ऋग्वेदादि भाष्य भूमिका, वेद विषय-विचार

विनियोग रूप में माना है। ऋग्वेदादि भाष्य भूमिका में भाष्यकरणसमाधानादिविषय नामक अध्याय में महर्षि दयानन्द ने महीधर, सायण, उव्वट प्रभृति विद्वानों के कुछ मन्त्रों को भाष्य की तुलना में रखकर यह सिद्ध कर दिया कि इन्होंने वेद मन्त्रों के भ्रान्त अर्थ कर संसार में संकुचित विचारधारा का प्रसार किया। इसलिये ही श्रीअरविन्द ने महर्षि दयानन्द की भाष्य शैली को वैज्ञानिक एवं सत्य का उद्घाटन करने वाली शैली माना है। उनकी भाष्य शैली के विषय में श्री योगी अरविन्द के उद्गार "ऋषि दयानन्द की इस धारणा में कि वेद में धर्म और विज्ञान दोनों सत्य पाये जाते है, कोई कल्पित बात नहीं। मैं इसके साथ अपनी धारणा जोड़ना चाहता हूं कि वेदों में एक दूसरे विज्ञान की सचाइयां भी विद्यमान हैं—दयानन्द का प्रबल प्रमाणों के आधार पर विश्वास था कि वेद में परमेश्वर, प्राकृतिक नियामक, आत्मा और प्रकृति.....पुराने अज्ञान और पुराने युग की मिथ्या ज्ञान की अव्यवस्था और अस्पष्टता के बीच में यह उसकी ऋषि दृष्टि थी, जिसको बन्द करके रखा था। उसकी चाबियों को उसी ने पा लिया और बन्द पड़े हुये स्रोत की मुहरों को उसी ने तोड़कर परे फेंक दिया।[1]"

वेदों में यथार्थवाद (त्रैतवाद)—

महर्षि दयानन्द ने वेदों में ब्रह्म, आत्मा और प्रकृति तथा सभी आध्यात्मिक सामग्री के साथ वेदों में गणित विद्या आदि विज्ञान सम्बन्धी विद्याओं का प्रतिपादन किया है।

यद्यपि उनके इस प्रयास पर अनुसन्धान करके कोई आविष्कार वैदिक विद्वानों ने अभी तक नहीं किया है, परन्तु जिस समय विमान विद्या का आविष्कार नहीं हुआ था, उससे लगभग 30 वर्ष पूर्व ऋग्वेदादिभाष्य भूमिका में वेद मन्त्रों के अर्थ निकाल ऐसे विमानों का वर्णन उन्होंने किया, जिनकी कल्पना भी यूरोप जगत् में नहीं थी।[2] श्री अरविन्द तो उनसे भी आगे बढ़कर कहते हैं कि "मैं तो यहां तक कहूंगा कि वेदों में

---

1. "There is nothing fastatic in Dayananda's idea that veda contains truths as well as truth of religion. I will evn add my own conviction that ved contains other truths of science the modern world.......It is Dayananda held on strong enough grounds, the vedas reveal to us God... & Soul .....God and nature...... I convinced that what ever may be the final complete..... Dayananda will.......the first discover of the right clue. A mids.....misunderstanding He was the eye of direct vision.....truth and fastened....He has found the key of the doors that time has closed and as under seals of the in presoned of untains."

—Sri Aurbindo, Bankim, Tilak, Dayanand, p. 57, 3rd. Ed.

2. ऋग्वेदादिभाष्यभूमिका में नौविमानादि अध्याय में ऐसे विमानों का वर्णन हुआ है। एक विमान पृथ्वी, जल और आकाश तीनों में चल सकता है।

कुछ वैज्ञानिक सत्य तो ऐसे भी हैं जिन्हें आधुनिक विज्ञान जानता तक भी नहीं।[1] महर्षि दयानन्द के इस सूक्ष्म अन्वेषण का परिणाम यह निकला कि वेद जो अभी तक सायणादि विद्वानों तक कर्मकाण्ड की पुस्तक थी और पाश्चात्य विद्वान् जिसमें केवल प्रकृति की शक्तियों की पूजा मानते थे, अब अध्यात्म तथा ईश्वरीय ज्ञान की पुस्तक हो जाती है। जिसमें एक वैज्ञानिक धर्म का प्रतिपादन और अन्य विद्याओं के मूल (बीज) भी प्राप्त हो जाते हैं।

इन उक्त हेतुओं से यह समझने में सहायता मिलती है कि कुछ विद्वान् जो यह मानते हैं कि उपनिषदों में वेदों के विरुद्ध क्रान्ति की गई हैं, उनकी यह मिथ्या कल्पना है। जिस आध्यात्मिक विद्या का वर्णन उपनिषदों में हुआ है, उसका स्रोत वेद है अर्थात् वेदों के विरुद्ध उपनिषदों में कुछ भी नहीं कहा गया है।

महर्षि दयानन्द वेदों में एक यथार्थवादी दर्शन का प्रतिपादन करते हैं। जिसको कि हम त्रैतवाद नाम दे सकते हैं। इस त्रैतवाद के अन्तर्गत ईश्वर, जीव और प्रकृति को यथार्थ रूप में स्वीकार किया जाता है, जिस प्रकार उपनिषदों में केवल एक ब्रह्म का प्रतिपादन हुआ है, इसी प्रकार वेद भी एक ईश्वर की उपासना मानता है। ईश्वर को अनेक नामों से कहा गया है, उनके असंख्य नाम हो सकते हैं। वे अनेक नाम बहु देवतावाद के द्योतक नहीं हैं। जैसा कि यजुर्वेद के 32वें अध्याय में श्वेताश्वेतरोपनिषद् के चतुर्थ अध्याय में कहा गया है कि वह ब्रह्म अनेक नामों से कहा गया है, उसी को अग्नि, उसी को आदित्य, उसी को वायु, चन्द्रमा, शुक्र, आप आदि नामों से कहा जाता है।[2] इसी प्रकार ऋग्वेद में प्रतिपादन किया गया है कि ये इन्द्र, वरुण, अग्नि, मातरिश्वा आदि नाम उसी ईश्वर के है अर्थात् वह एक है, विद्वान् लोग उसको अनेक नामों से कहते हैं।[3]

उसी परमात्मा को जानो जिसमें सभी देव समाये हुये हैं अर्थात् जो सब में व्यापक है, यह ऋग्वेद और श्वेताश्वेतरोपनिषद् में स्पष्ट उपलब्ध होता गया है।[4] उपनिषदें वेदों

---

1. द्रष्टव्य-पृष्ठ (217 से 227 तक विविध विमानों का वर्णन उन्होंने सन् 1968 ई० में किया है, जबकि पहिला वैलून 1902 में उड़ा था। लोक-लोकान्तर में जान की तो समस्त पश्चिमी जगत् में कल्पना भी नहीं थी)।
2. तदेवाग्निस्तदादित्यस्तद्वायुस्तदु चन्द्रमाः। तदेव शुक्रं तद् ब्रह्म तद् आपः स प्रजापतिः।
   —यजु० 3201, श्वेताश्वतरोपनिपद् 4.2
3. इदं मित्रं वरुणमग्निमाहुरथोदिव्यः स सुपर्णो गरुत्मान्।
   एकं सद्विप्रा बहुधा वदन्तिअग्निं यमं मातारिश्वानमाहुः।।
4. ऋचोऽक्षरे परमे व्योमन् यस्मिन् देवा अधि विश्वेनिषेदुः। यस्तन्नेवेदं किंमृचाकरिष्यति य इत् तद्विदुस्त इमे समासते। —ऋग्वेद 1.64.39, श्वेताश्व०-4-8
   तथा तमेतं वेदानुवचनेन ब्राह्मणा विविदिषन्ति। —बृहदारण्यको० 4-4-22

को प्रमाण मानकर चलती हैं, न कि वेदों का खण्डन करती हैं। उस अक्षर पर-ब्रह्म का वर्णन करते हुए कठोरपनिषद् ने स्वीकार किया है कि जिस ब्रह्म को प्राप्त करने का सभी वेद उपदेश देते हैं, उस ब्रह्म को जानो।[1] ब्राह्मण वेद के स्वाध्याय द्वारा उसी परमात्मा को जानने की इच्छा करते हैं।[2] मुण्डकोपनिषद् में तो कहा है कि उस परमात्मा का अग्नि मुख है, चन्द्रमा और सूर्य चक्षु हैं, दिशायें श्रोत्र हैं, तथा ऋग्वेदादि वेद उसकी खुली हुई वाणी हैं।[3] ये ऋग्वेद साम और युजः उसी परमात्मा के द्वारा प्रकाशित ज्ञान है? अतः इन मुख्योपनिषदों की अन्तः साक्ष्य के अनुसार वेदों की उपनिषदें प्रमाण रूप में स्वीकार करती हैं।[4] यजुर्वेद का चालीसवां अध्याय और ईशोपनिषद् में तो कुछेक मन्त्रों को छोड़कर कुछ भी अन्तर नहीं प्रतीत होता है। अन्यत्र वेदों के मन्त्रों को ज्यों का त्यों उपनिषदों में ग्रहण किया गया है। ये उपनिषदें रसों के भी रस हैं। वेद रस हैं और उपनिषदें उनके रस हैं! ये उपनिषदें अमृतों के भी रस हैं, वेद अमृत हैं, ये उनके अमृत हैं।[5] तप, दम और कर्म ये उपनिषदों के आधार हैं और वेद ही उपनिषदों का सब शरीर है।[6] कुछ प्रमाण तो हम पीछे दे चुके हैं कि यथार्थवाद से हमारा अभिप्राय ब्रह्म, आत्मा और प्रकृति से निर्मित पदार्थों से है। जब यह सिद्ध हो गया कि उपनिषदें वेदों के विरुद्ध नहीं, अपितु वेदों को प्रमाण रूप में स्वीकार करती हैं। अब यह अवलोकन करके सिद्ध करने का प्रयास किया जाय कि इन तीनों तत्त्वों में दोनों अर्थात् उपनिषदें और वेद जैसे एकमत अथवा साम्य रखते हैं।

वेद में एक ईश्वर :—

उपनिषदों में जो सिद्धान्त प्रचलित है वह यह कि उपनिषदों का ब्रह्म एक है। आचार्य शङ्कर के सिद्धान्तानुसार तो ब्रह्म ही एकमात्र सत् है शेष मायोपहित चैतन्य हैं। ब्रह्म ही संसार का अभिन्न निमित्तोपादन कारण है। परन्तु यदि उपनिषदों का आधार वेद माना जाय तो परस्पर संगति से ऐसा अर्थात् आचार्य शङ्कर का मत समीचीन प्रतीत नहीं होता है क्योंकि वेदों में अनेक मन्त्र एक ब्रह्म का प्रतिपादन तो करते हैं परन्तु साथ

---

1. सर्वेवेदा यत्पदमामनन्ति। —कठोपनिषद् 2.15
2. तथा तमेतं वेदानुवचनेंन ब्रह्मणा विविदिषन्ति। —वृहदा० 4.4.22
3. अग्निर्मूर्धा चक्षुषीचन्द्रसूर्योदिशः श्रोत्रेवाग् विवृताश्च वेदाः।
   वायुःप्राणो हृदयं विश्वमस्य पद्भ्याँ पृथिवी ह्येष सर्वभूतांतरात्मा।।—मुण्ड० 2.1.4
4. तस्मादृचः साम यजूंषि दीक्षाः। —मुण्डको० 4.1.6
5. ते वा एते रसानां रसाःवेदाहिरसास्तेषामेतेरसाः। तानि वा एतान्यमृतानाममृतानि, वेदाह्यमृतास्तेषामेतान्यमृतानि। —छान्दोग्य 3.5.4
6. तस्यै तपोदमः कर्मेति प्रतिष्ठावेद,
   सर्वाङ्गानि सत्यमायतनम्।। —केन० 4.7.8

ही आत्मा अर्थात् जीवात्मा और संसार के पदार्थों की सत्ता भी स्वीकार की गई है। इसी प्रकार उपनिषदों में भी वेद मन्त्रों को लेकर उसी प्रकार का सिद्धान्त प्रतिपादित किया है जैसा कि वेद ने किया है। अन्तर केवल इतना है कि वेद एक सागर है जिसमें सभी प्रकार की विद्याओं का वर्णन बीज रूप में हुआ है। उपनिषदें, वेद के केवल एक अंग अर्थात् ज्ञानकाण्ड की अनुभूति परक व्याख्यायें प्रस्तुत करती हैं। उपनिषदों के उन वचनों का अभिप्राय तो हम आगे अध्यायों में स्पष्ट करने का प्रयास करेंगे, यहां केवल वेद और उपनिषदों में ब्रह्म सम्बन्धी मन्त्रों का साम्य दिखाना ही उचित है।

जिस प्रकार उपनिषदों में एक ब्रह्म माना है इसी प्रकार वेदों में भी एक ईश्वर का वर्णन आया है।

सृष्टि में जो कुछ भी जड़ चेतन संसार है वह समस्त परमेश्वर से व्याप्त है।[1]

1. जो समस्त विश्व का अनुपम स्वामी और अखिल भुवनों का एक पति परमेश्वर है। इसी परमसत्ता का वर्णन परमपुरुष, सृष्टि का अध्यक्ष देवों का देव तथा ब्रह्म आदि नामों ने अनेक मन्त्रों में पाया जाता है।[2]

2. जहां ब्रह्म का साक्षात्कार जिज्ञासु कर लेता है तब समस्त भुवनों का साक्षात्कार कर लेता है। क्योंकि ब्रह्म सूक्ष्मातिसूक्ष्म है।[3]

3. विद्वान् ब्राह्मण उसी एक ब्रह्म की स्तुति भरी वाणियों से भक्ति करते हैं।[4]

4. हम लोग अपनी रक्षा के लए उस ईश्वर की, जो जंगम स्थावर सबका स्वामी है, वही बुद्धि का प्रेरक है, उसकी प्रार्थना करते हैं।[5]

5. उसी एक ईश्वर को अग्नि, वायु, चन्द्रमा, यम, मातरिश्वा आदि नामों से कहा जाता है।[6]

---

1. ईशवास्यमिदं सर्व यत्किंच जगत्यां जगत्। —यजु० 40-41, ईशो०1
2. पतिवर्बभूथासमो जनानामेको विश्वस्य भुवनस्य राजा। —ऋ० 6.36.4
3. सूत्रं सूत्रस्य यो विद्यात् स विद्यात् ब्राह्मणं महत्। —अथर्व० 10.8.37
4. यत्र लोकाश्च कोशाश्चापो ब्रह्म जनाविदुः। असच्च यत्र सच्चान्तः स्कम्भं तं ब्रूहि कतमः स्विदेव स। —अथर्व० 10.7.10
5. ब्रह्माणं ब्रह्मवाहसंगीर्भिः सखायमृग्मियम्। गां दोहसे हुवे।। —ऋ० 6.45.7
   रुचं ब्राह्मं जनयन्तो देवा अग्रे तदब्रुवन्। यस्त्वैवं ब्राह्मणो विद्यात्तस्य देवा असन्वशे (यजु० 31.21) ओउम् खं ब्रह्म। (यजु० 40.17) तमीशानं जगत स्तस्थुषस्पतिं —ऋ० अ० 1,अ० पृ० 6, व० 15, मं० 5
6. तदेवाग्निस्तदादित्य........—यजु० 31.1

1. हे अखिल ऐश्वर्य सम्पन्न परमेश्वर! आप से भिन्न तथा आप के तुल्यघु लोक और पृथ्वी पर न हुआ है और न होगा हम लोग लौकिक पदार्थ अश्व, हाथी आदि सवारियों की इच्छा करते हुए तथा दुग्धादि के लिये गांवों की इच्छा करते हुए ज्ञान और अन्न बल आदि युक्त होकर हम आपकी प्रार्थना एवं उपासना करते हैं।[1]

2. उस परमेश्वर के स्वरूप का वर्णन करते हुए वेद कहता है कि वह शरीर रहित, शुद्ध, नाड़ियों से रहित, पापों से रहित स्वयम्भू आदि विशेषणों से युक्त है।[2]

पश्चिमीय मनीषी और पश्चिमी विचारधारा से प्रभावित भारतीय विद्वान् यह मानते हैं कि वेदों में ब्रह्म विद्या नहीं है, ब्रह्म विद्या का विकास वेद के बाद वेदान्त अर्थात् उपनिषदों में हुआ है।[3]

कुछ विद्वान् इतना अवश्य स्वीकार करते हैं कि ऋग्वेद के अन्तिम में आते-आते एकेश्वरवाद की भावना कुछ पनप गई थी। परन्तु महर्षि दयानन्द तो इस विचारधारा के एकदम विपरीत उद्घोषणा करते हैं कि वेदों का मुख्य तात्पर्य परमेश्वर के ही प्राप्त करने में है।[4] उनकी अपनी मान्यता है कि सब वेद वाक्यों में ब्रह्म का ही प्रतिपादन है कहीं साक्षात् रूप के कहीं परम्परा से है।[5] महर्षि दयानन्द अपनी इस मन्यता को सिद्ध करने के लिए कठोरपनिषद् का प्रमाण देते हैं। समस्त वेद जिसके गीत गाते हैं वह ओ३म् है।[6] इतना ही नहीं अपितु वेदान्त दर्शन भी यह स्वीकार करता है कि वेदों में ब्रह्म का वर्णन पाया जाता है।[7] वास्तव में वेदों में जिस ब्रह्म का वर्णन हुआ है, वह ऐसा नहीं है कि उससे अधिक शक्तिशाली और कोई देव हो अपितु वह देवों का देव है और

---

1. न त्वां वा अन्यो दिव्यो न पार्थिव न जातो न जनिष्यते। अश्वायन्तो मघवान्निद्र वाजिनो गव्यन्तस्त्वाहवामहे। — सामवेद उ० 1.4.11
2. स पर्यगाच्छुक्रमकायमव्रणमस्नाविरं शुद्धमपापविद्धं कविर्मनीषीपरिभूः स्वयम्भूर्याथा तथ्यतोऽर्थान्व्यद्धात्शाश्वतीभ्यः समाभ्यः। — यजु० एवं ईशो 40
3. "The conception of Brahaman which has been the highest glory for the Vendanta Philosophy of later days had hardly emerged in the Rigveda from the association of the sacrificial mind."
—S.N. Dass Gupta—A History of Indian Philosophy, Vol. I, p. 20 Printed 1922
4. एवमेव सवेषां वेदानामीश्वरे मुख्यार्थे मुख्य तात्पर्यमस्ति।
5. तदेव ब्रह्म सर्वत्र वेद वाक्येषु समन्वितं प्रतिपादितमस्ति।
— ऋग्वेदोदिभाष्य, वे० वि० वि०, पृष्ठ 50
6. क्वचित् साक्षात् क्वचितपरम्परयां च। — ऋग्वेदादि०, पृष्ठ 49, सम्वत् 2008
अतः परमोऽर्थोवेदानां ब्रह्मैवास्ति। — वही
7. सर्वे वेदा यत्पदमामनन्ति। — कठो० 1.2.15; तत्तु समन्वयात्। — वे० 1.1.4

सर्वशक्तिमान है। वह सर्वव्यापक, सर्वज्ञ, सर्वान्तर्यामी आदि विशेषताओं से युक्त है। एकेश्वरवाद का वेदों में जितना स्पष्ट और सुन्दर वर्णन हुआ है सम्भवतः अन्यत्र कहीं हुआ हो। फिर भी पश्चिमी विद्वानों ने यह तर्क कैसे दिया कि एकेश्वरवाद की मान्यता आर्यों में द्रविड़ लोगों से आयी है। बिना किसी ठोस प्रमाण से कहना केवल मिथ्या कल्पना मात्र है। अतः महर्षि दयानन्द के अनुसार वेदों में बहुदेवतावाद या हीनोथियिज्म इन दोनों में से एक भी नहीं है। मैक्समूलर की इस विचारधारा का खण्डन भी स्वयं ठोस प्रमाणों से हो जाता है कि कैथेथियिज्म एक देवता के बाद दूसरे की उपासना अथवा हीनोथियिज्म अर्थात् पृथक-पृथक् देवताओं की पूजा[1] इस सम्बन्ध में महर्षि की धारणा है कि इस सम्बन्ध में देवता शब्द के अर्थ का अनर्थ किया है। यहां पर देवता शब्द से ईश्वर का ग्रहण नहीं करना चाहिए।[2] निरुक्ताकार देव शब्द की व्युत्पत्ति करता है कि ''देवोदानाद्वा, दीपनाद्धा, द्योतनाद्वा, द्युस्थानोभवतीति वा अर्थात् दान देने से देव है, प्रकाश करने से देव है, उपदेश वा पालनादि करने से (माता-पिता) देव है, द्युस्थान का भी जो प्रकाशक है वह देव है। अतः स्पष्ट सिद्ध हो जाता है कि वेदों में एक ही ईश्वर की उपासना का विधान है।

वेदों की तरह उपनिषदों में भी ईश्वर के अनेक नाम आये हैं, जैसे महर्षि दयानन्द ने ईश्वर का मुख्यनाम ओउम् बतलाया है, उपनिषदों में भी ओ३म् शब्द ईश्वर के मुख्य नाम के रूप में अनेकों स्थलों पर आया है। इसी प्रकार ब्रह्म शब्द, मायाविन् आदि नाम से एक ही ईश्वर के आये हैं। इन नामों की विशेष व्याख्या तो और ईश्वर के स्वरूप आदि की विवेचना तो आगे की जायेगी यहां केवल उपनिषदों में आये ईश्वर वाचक शब्द दिये जा रहे हैं ताकि वेद और उपनिषदों के ईश्वर का साम्य देखा जा सके। उपनिषदों के ये नाम वेदानुसार हैं और प्रायः उसी प्रकार हैं जैसे वेदों गें। वेदों में हमने देखा कि बहुदेवतावाद का खण्डन कर एक ईश्वर की स्थापना की गई है। वेदों की भांति उपनिषदों में यही कहा है कि वह परम ब्रह्म बहुत नामों से कहा जाता है। जैसे श्वेताश्वतरोपनिषद् में कहा है कि उसी को अग्नि, उसी को आदित्य, वायु, चन्द्रमा, अग्नि आदि भी विभिन्न ईश्वर के ही नाम हैं।[3] यह ओ३म् ही अविनाशी ब्रह्म है। यही

---

1. "It was necessary, therefore, for the purpose of accurate reasoning to have a name different from Polytheism, to signify this worship of single God, each accupying for a time a supreme position and proposed for it the name of Kanotheism that is worship of an God after another or of Henotheism, the worship of single God"

—F. Max Muller, India what can it teach us, p. 146-147, 1892

2. यह उन वेदज्ञों की भारी भूल है जो देवता शब्द से ईश्वर का ग्रहण करते हैं।

—सत्यार्थ प्रकाश, पृष्ठ 175

3. तदेवाग्निस्तदादित्य..... —श्वेता० 4.2

सबका आलम्बन है।[1] इस ओंकार का तप करने से ही, ब्रह्म की प्राप्ति हो जाती है।[2] यह ओ३म् अक्षर ही सब कुछ है। यह सम्पूर्ण जगत का उपाख्यान है। भूत, भविष्यत् और वर्तमान में ओंकार ही है।[3] प्रश्नोपनिषद में भी कहा है कि हे सत्यकाम निश्चित है कि यह ओंकार ही ब्रह्म है इसी को अपर-पर भी कहते हैं।[4] फिर आगे कहा कि यह ओउम् ही है।[5] जिसे तप और ब्रह्मचर्य से जाना जाता है वह ओउम् ही है।[6] वह बिना पैर के चलता है बिना आंखों के देखता है।[7] ब्रह्म संसार की सभी वस्तुओं से अति सूक्ष्म है तथा सर्वत्र आकाश के समान व्यापक है। उपनिषदों में ब्रह्म को भोग प्रदान करने वाला कहा है और जीवात्मा को भोक्ता माना गया है। मुण्डकोपनिषद् में स्पष्ट उद्घोषणा की है कि दो सुन्दर परों वाले पक्षी एक ही प्रकृति रूपी वृक्ष पर विराजमान हैं। एक उस वृक्ष के फलों का आस्वादन लेता है दूसरा साक्षी के रूप में अवलोकन कर रहा है।[8] इस पर दयानन्द का अर्थ द्रष्टव्य है—इन जीव और ब्रह्म में से एक जो जीव है वह वृक्ष रूप संसार में पाप और पुण्य रूप फलों को (अनश्नन्) न भोगता हुआ चारों ओर अर्थात् भीतर बाहर सर्वत्र प्रकाशमान हो रहा है।[9] इससे अगले मुण्डकोपनिषद के ही वचन में स्पष्ट कहा गया है कि इस प्रकृति रूपी वृक्ष पर भोक्ता जीवात्मा निमग्न है। प्रकृति की नाना प्रकार ही मोहात्मक शक्ति से मोह अर्थात् राग को प्राप्त हो रहा है। जो वीतराग योगी अपने आत्मा को निर्मल कर परमात्मा को अपने से भिन्न साक्षात्कार करता है तब वह जीवात्मा उसकी अनन्त महिमा और दिव्य सृष्टि का दर्शन करता है जो शोक से रहित हो जाता है।[10] इससे यह स्पष्ट हो गया कि उपनिषदों में भोक्ता जीवात्मा और भोग्या प्रकृति तथा इस पर शासन करने वाला ब्रह्म का व्याख्यान पाया जाता है। ब्रह्म, सर्वज्ञ, विभु, सर्वशक्तिमान सृष्टि रचयिता, पालन

---

1. एतद्ध्येवाक्षरं ब्रह्म एतद्धयेवाक्षरं परम् —कठो० 112, 16, 17
2. स भूय एवेन्धनयोनिगृह्यतद्वदोभयं वै प्रणवेन देहे। —श्वेता० 1.13
3. य ओमित्येतदक्षरमिदं सर्व........सर्वमोङ्कार एव। —माण्डूक्य० 1
4. एतद्वैसत्यकाम परं चापरं च ब्रह्म यदोङ्कार। —प्रश्नो० 5.2
5. ओमिति ब्रह्म...........। —तैत्तिरीय० 1.8
6. तत्ते पदं संग्रहेण ब्रवीम्योमित्येतत्। —कठो० 1.2.25
7. अपाणिपादो जवनो ग्रहीता पश्यति। तमाहुरग्रयं पुरुषं महन्तम्।। —श्वेता० 3.19
8. द्वा सुपर्णा सयुजा सखाया समानं वक्षं परिषस्व जाते।
   तयोरन्यः पिप्पलं स्व द्वत्यनश्नन्नन्योऽभिचाकशीति —मु० उ० 34.1
9. ईश्वर के सम्बन्ध में सैकड़ो प्रमाण उपनिषदों में आये हैं। यहां तो केवल वेद की तुलना के लिए अल्प ही प्रमाण दिए हैं।
10. समाने वृक्षे पुरुषोनिमग्नोऽनीशया शोचति मुह्यमानः।
    जुष्टं यदा पश्यत्यन्तमीशमस्य महिमानमिति वीतशोकः।। —मु० उ० 3.1.2

कर्त्ता व संहर्ता है। जीवात्मा अल्प शक्तिवाला अणु तथा परिछिन्न है। कर्म में स्वतन्त्र परन्तु फल भोगने में परतन्त्र है। प्रकृति अचेतन परिणामी एवं जगत् का उपादान कारण है।[1] जो श्रुतियां उपनिषदों में द्वैतवाद का प्रबल समर्थन करती हैं, उनको अद्वैतवादी यह कहते हैं कि ये व्यवहार काल की श्रुतियां हैं। उपनिषदों मे इस बात का लेशमात्र भी अंश नहीं मिलता है। यह प्रश्न किया जा सकता है कि क्या उपनिषदों में सृष्टि रचना का वर्णन नहीं है? यदि सृष्टि का वर्णन है तो मिथ्या क्यों कहा जाये? पारमार्थिक और व्यावहारिक सत्ता को स्वीकार करने का आधार क्या है? आचार्य शंकर ब्रह्म को समझाने के लिए इस संसार का आश्रय लेते हैं फिर संसार मिथ्या और ब्रह्म पारमार्थिक वह कैसे हुआ अर्थात् मिथ्या पारमार्थिक सत्ता सिद्ध कैसे की जा सकती है? वास्तव में व्यावहारिक स्तर में जो अद्वैतवादी भेद मानते है, उससे महर्षि दयानन्द की त्रैतवादी या यथार्थवादी विचारधारा को ही बल मिलता है। स्वामी दयानन्द के अनुसार उपनिषदों में ब्रह्म को संसार का रचयिता कहा गया है कि जिससे समस्त महाभूत उत्पन्न होते हैं, उत्पन्न होकर उसी में रहते हैं। प्रलयावस्था में नष्ट होकर ब्रह्म के गर्भ में (अव्यक्तावस्था) चले जाते हैं।[2] इसी कारण महर्षि दयानन्द ब्रह्म को निमित्त कारण मानते हैं, जैसे तैत्तिरीय उपनिषद् में कहा कि पहिले सब असत् अर्थात् अव्यक्त प्रकृति थी, उससे सत् अर्थात् व्यक्त हुआ, वह अव्यक्त से व्यक्त ब्रह्म ने ही किया है।[3] अभी हम पीछे यथार्थवादी उपनिषदों के प्रमाण देकर स्पष्ट कर आये हैं। यह व्यावहारिक स्तर है ऐसी अद्वैतवादियों की कल्पना प्रतीत होती है। इसमें उनके कोई ठोस प्रमाण प्रतीत नहीं होते हैं। इस सम्बन्ध में तो मैक्समूलर की भी धारणा है कि उपनिषदों में सृष्टि का वर्णन जितने यथार्थवादी ढंग से पाया जाता है, उसे कोई भी अनुभव कर सकता है कि इनमें भ्रमवाद को कहीं भी स्थान नहीं है।[4] वास्तव में उपनिषदों में सृष्टि रचना का वर्णन जिस रूप में किया है वह विशुद्ध यथार्थवादी है। स्वामी दयानन्द का कथन है कि उपनिषदों में आचार्य शंकर के मायावाद का वर्णन कहीं भी जान नहीं पड़ता है। यह तो है कि माया शब्द

---

1. आचार्य द्विजेन्द्रनाथ शास्त्री (इन वाक्यों पर स्वामी ब्रह्ममुनि, आर्य मुनि, शंकरदेव काव्यतीर्थ संस्कृत साहित्य विर्मश पृष्ठ 15 आदि का भाव द्रष्टव्य हैं।)
2. यतो वा इमानि भूतानि जायन्ते येन जातानि जीवन्ति। यत्प्रयन्त्यभिसंविशन्ति.....
—ते० उ० भृगुवल्ली, अनु० 1
3. असद्वा इमदग्र आसीत्। ततो वै सदजायत। तथात्मानंस्वयमकुरुत
—तैतिरीयोपनिषद्, ब्रह्मानन्द व० अनु० 7, मं० 10
4. This idea that the World is only Maya and Dillustion a vision a nothing was that colebrooke meant when he said it was absent from the Upanishds and the original Vedanta Philosophy and so far he is right. *The Vedanta Philosophy*, p.70, Max Muller.

उपनिषदों में आया है, परन्तु यहां माया आचार्य शंकर की माया नहीं है, अपितु माया का अर्थ प्रकृति है। श्वेताश्वेतरोपनिषद् में स्पष्ट कहा है माया को प्रकृति जानो।[1] सांख्यदर्शन की प्रकृति और उपनिषदों की माया एक ही प्रतीत होती है। क्योंकि स्थान-स्थान पर उपनिषदों में सृष्टि रचना का जो नर्णन हुआ है, उसमें विवर्तवाद का कहीं उल्लेख नहीं जान पड़ता, अपितु परिणामवाद ही दृष्टिगोचर होता है। इसलिए ही सांख्यदर्शन अपने प्रकृति के परिणामवाद को श्रुति सम्मत बतलाता है।[2] उपनिषदों में जीव और प्रकृति को भ्रम कहीं नहीं कहा गया जैसा कि अद्वैतवादी रज्जू में सर्प का भ्रम बतलाते हैं, हां इतना अवश्य कहा गया है कि ब्रह्म नित्यों का नित्य है अर्थात् जीव और प्रकृति इन नित्य तत्त्वों का स्वामी अनादि ब्रह्म है।[3]

डॉ० राधाकृष्णन का मत है कि उपनिषदों की यथार्थवादी विचारधारा से आगे चलकर सांख्यशास्त्र में भी बल मिला है।[4]

अतः इससे स्पष्ट हो जाता है कि उपनिषद् मायावादी न होकर यथार्थवादी हैं।

सृष्टि का निर्माण होने से पूर्व प्रलयावस्था में प्रकृति किस अवस्था में थी, उसका क्या रूप था। सृष्टि निर्माण किसने किया इत्यादि प्रश्नों का उत्तर वेदों में गम्भीरता से दिया गया। ऋग्वेद में नासदीय सूक्त में इस दार्शनिक समस्या का समाधान बड़ी ही तात्त्विक दृष्टि से किया गया है। पश्चिमी विद्वान् मेक्समूलर जो वेदों को ऋषियों द्वारा विरचित स्वीकार करते हैं, उस नासदीय सूक्त के विषय में उनका भी कहना है कि इस सूक्त को परमात्मा ने ऋषियों पर अवतरित किया है। इस सूक्त के कुछ मन्त्रों का विवेचन करना यहां पर उचित जान पड़ता है।

1—उस समय अर्थात् प्रलयकाल में न असत् था और न सत् था और न ही परमाणुओं से भरा अन्तरिक्ष भी था। उस समय कहां क्या आच्छादित था? किसके आश्रय से था और क्या बहुत अधिक गम्भीर जल था।[5]

---

1. मायां तु प्रकृति विद्यान्मायिनं महेश्वरम्।
   तस्यावयवभूतैस्तु व्याप्तं सर्वमिदं जगत्।। —श्वेताश्वतरोपनिषद् 4.10
2. श्रुतिरपि प्रधान कार्यत्वस्य। —सांख्य० सू० 5.2
3. नित्यो नित्यानां चैतनश्चेतनानामेको वहूनां यो विदधाति कामान्।
   —श्वेताश्वतरो० 6.3
4. "The realistic tendencies of the Upanishads receive emphasis in the Sankhya conception of the Universe"
   —Indian Philosophy, p. 2502, Dr. Radha Krishnan
5. नासदासीन्नो सदासीत्तदानीं नासीद्रजो नो व्योमा परो यत्।
   किमावरीव कुह कस्य शर्मन्नम्भः किमासीद्गहनं गभीरम्।। —ऋ० 10.129.1

2—तब उस समय न मृत्यु थी तथा न किसी प्रकार का जीवन था, रात्रि और दिवस भी नहीं था। वह एक (परमात्मा) अपनी शक्ति से स्वधा-प्रकृति के साथ बिना प्राण वायु के प्रंणान कर रहा था, उससे परे श्रेष्ठ कुछ भी नहीं था।[1]

3—उस समय सब कुछ अन्धकार था तथा अन्धकार से व्याप्त अव्यक्त प्रकृत्ति थी और यह सब अज्ञेय अवस्था में जल के समान एकाकार था। वो तुच्छ था (ब्रह्म के सम्मुख प्रकृति तुच्छ है) वह परमात्मा के तप से एक अर्थात् व्यक्त तो होने लगी। यहां महर्षि दयानन्द का अर्थ द्रष्टव्य है :[2]

1—इस प्रलयावस्था के समय मन का रेत: जो पहले था उस के ऊपर काम अर्थात् संकल्प हुआ मनीषी लोगों ने जान लिया कि इस असत् में सत् छिपा हुआ था।[3]

2—इन तीनों का किरण तिरछा फैला है, नीचे भी आश्चर्यकारी था और ऊपर भी आश्चर्यजनक, वीर्य के धारण करनेवाले थे,[4] बलशाली जीव महान् थे इधर आत्मा की धारणा शक्ति थी और पूरे प्रयत्न का बल था।[5]

3—वस्तुत: कौन जानता है और कौन कह सकता है, कहां से निर्माण हुआ और कहां से विविध प्रकार की सृष्टि हुई है। देव (अर्थात् विद्वान् या सूर्यादि दिव्य पदार्थ) भी बाद में ही बने हैं। अब कौन यह जान सकता है कहां से यह सृष्टि निर्मित हुई है।[6]

4—जिससे यह विविध प्रकार की सृष्टि उत्पन्न हुई है, वही इसको धारण करता है। यदि न करे तो (सृष्टि विनष्ट हो जाय) यहां पर वा निश्चय के अर्थ में है। जो

---

1. न मृत्युरासीदमृतं न तर्हि न रात्र्या अह्न आसीत् प्रकेत:।
आनीदवातं स्वधया तदेकं तस्माद्धान्यन्न पर: किं चनास।। —ऋ० 10.190.2
2. तम आसीत्तमसा गूढमग्रेऽ प्रकेतं सलिलं सर्वमा इदम्।
तुच्छ्येनाभ्वपिहितं यदासीत्तपसस्तन्महिनाजायतैकम्।। —ऋ० 10.129.3
3. यदाकार्य जगन्नोत्पन्नमासीत्तदा सत् सष्टे: प्राक् शून्यमाकाशमपि नासीत्। कुत: तद्व्यवहारस्य वर्तमानाभावात् तस्मिन् काले सत् प्रकृत्यात्मकव्यक्तं, सत् सत्संज्ञकं यज्जगत्कारणं तदपि नो आसीन्ना वर्तत्.....किन्तु पर ब्रह्मण........ परम कारण संज्ञकमेव तदानीं समर्वत्तत।
—ऋग्वेदादिभाष्यभूमिका सृष्टि विद्या, विषय, पृ० 131, आठवीं बार, सम्वत् 2008
4. कामस्तग्रे समर्वत्तताधि मनसो रेत: प्रथमं यदासीत्।
सतो बन्धुमसति निरविन्दन्हृदि प्रतीष्ये कवयो मनीषा।। —ऋ० 10.129.4
5. तिरश्चीनो विततो रश्मिरेषामध: स्विदासीदुपरि स्विदासीत्।
रेताधाआसन्महिमान आसन्त्स्वधा अवस्तात् प्रयति:परस्तात्।। —ऋ० 10.129.5
6. को अद्धां वेद क इह प्रवोचत्कुत आजाता कुत इयं विसृष्टि:।
अर्वाग्देवा अस्य विसर्जनेनाथा को वेद यत आवभूव।। —ऋ० 10.129.6

परम व्योम है इसका अध्यक्ष है, हे मित्र उसको जान, यदि उसको न जानेगा तो महती हानि होगी।[1] (इन उपरोक्त मन्त्रों के अर्थ ऋग्वेदादिभाष्यभूमिका और पं० जयदेव विद्यालङ्कार के भाष्यानुसार लिये गये हैं।)

कुछ आधुनिक विद्वान् जिन पर आचार्य शङ्कर का प्रभाव है, वे अद्वैतवाद का संकेत इसी सूक्त से ढूँढने का प्रयास करते हैं। यहां चिन्तनीय यह है कि सर्वप्रथम मन्त्र में सत् और असत् दोनों का ही उस अवस्था में होने का खण्डन किया है। यदि इस मन्त्र में यह होता कि सृष्टि के पूर्व केवल सत् ही था कुछ भी नहीं था, तब तो आचार्य शङ्कर के सिद्धान्त का प्रतिपादन समुचित जान पड़ता, क्योंकि आचार्य शङ्कर ने अपने दर्शन को जो आधार बनाया वह यह कि तीनों कालों में जिसका बाध नहीं होता वह सत् ब्रह्म है।[2] वेद इसके विपरीत कहता है कि उस समय सत् नहीं था, इसका मायावाद के अनुसार अर्थ यह होना चाहिये कि उस समय ब्रह्म भी नहीं था, क्योंकि आचार्य शङ्कर के अनुसार तो सत् का कभी बाध होता ही नहीं है। परन्तु वेद तो न सत् को मानता है और वह न असत् को ही मान्यता देता है। इसलिये इसका अभिप्रायः यही उचित प्रतीत होता है कि सत् का अर्थ है, यह कार्यरूप जगत् नहीं था, और असत् का अर्थ है कि अभाव अर्थात् पूर्णतः अभाव भी नहीं था अपितु कारण प्रकृति अव्यक्तावस्था में थी। ईश्वर अपनी ईक्षण शक्ति से ही उसमें गति देकर क्षोभ उत्पन्न कर देता है। यहां पर आचार्य सायण का अर्थ भी इस मन्त्र पर चिन्तनीय है क्योंकि उनका अर्थ इस प्रकार है—जगत् का कारण शशविषाण के समान निरुपाख्य नहीं था और न ही सद्रूप से ही निर्वाच्य था, किन्तु दोनों से विलक्षण अनिर्वाच्य था।[3] यहां पर स्पष्ट रूपेण सायण पर आचार्य शङ्कर का प्रभाव है। परन्तु सायण सम्भवतः यहां पर आचार्य शङ्कर के सत् शब्द के अभिप्राय को ओझल कर, न सत् था इसका अर्थ उनके सत् शब्द के अर्थ के विपरीत कर गये है। जब सायण शशविषाण के समान संसार के मूल कारण का अभाव नहीं स्वीकार करते हैं तो स्पष्ट रूप से प्रकृति को क्यों नहीं माना जाय, अनिर्वाच्य उसे क्यों कहा जाय? वेदों में सृष्टि रचना का वर्णन बहुत ही दार्शनिक रूप

---

1. इयं विसृष्टिर्यत आवभूव यदि वा दधे यदि वा न।
   यो अस्याध्यक्षः परमे व्योमन्त्सो अंग वेद यदि वा न वेद।। —ऋ० 10.129.7
2. "त्रिकालाबाधितं सत्" —शङ्कर भाष्य ब्रह्मसूत्र
3. जगतो मूल कारणं तदसच्छशविषाणवन्निरूपाख्यं नासीत्......नो सन्नेवरुदात्मवत्सत्वेन निर्वाच्यमासीत्.....उभयविलक्षणमनिर्वाच्यं नैवासीत्।
   —ऋग्वेद संहिता 10.129.1, चतुर्थ खण्ड, सायण भाष्य मैक्समूलर सम्पा० चौखम्बा संस्कृत ग्रन्थमाला वाराणसी 1966। (इस प्रकार अज्ञान भावरूप है अर्थात् आकाश कुसुम के समान अभाव रूप नहीं है। उपर्युक्त का यह भाव है।)

में प्रस्तुत किया गया है। द्वा सुपर्णा सयुजा सखाया[1] यह मन्त्र ऋग्वेद में भी आता है। उपनिषदों में इसी प्रकार आया है। इसका अर्थ हम पीछे कर आये हैं अर्थात् दो पक्षी सुन्दर गतिशील प्रकृति रूपी वृक्ष पर बैठे हैं। एक उदासीन भाव से देख रहा है। दूसरा इस प्रकृति रूपी वृक्ष के फलों का आस्वादन ले रहा है। जो स्वाद ले रहा है, वह सुख-दुःख रूपी उसके परिणाम को भोगता है, दूसरा नहीं। यहां पर प्रकृति की उपमा वृक्ष से दी है।

वेद और उपनिषदों ने सृष्टि का अध्यक्ष ईश्वर को माना है। नासदीय सूक्त के अतिरिक्त युजर्वेद के 'पुरुष' सूक्त में सृष्टि रचना का वृत्तान्त पाया जाता है। पुरुष सूक्त में इक्कीस प्रकार की सामग्री से ब्रह्माण्ड की रचना बताई गई है। एक-एक लोक के चारों ओर सात-सात परिधियों का निर्माण किया।[2] आगे सूर्य चन्द्रमा आदि रचना दिखलाकर प्राणियों के शरीर की रचना का वर्णन है। इसी प्रकार अथर्ववेद में भी प्रश्नों द्वारा सृष्टि रचना का वर्णन उपलब्ध होता है।

इस प्रकार हमने देखा कि महर्षि दयानन्द वेदों में और उपनिषदों में प्रकृति को बतलाकर इन ग्रन्थों को यथार्थवाद की शिक्षा पर ला खड़ा कर देते हैं। आचार्य शंकर ने तो उपनिषदों की प्रत्ययवादी (अद्वैतवादी) व्याख्या की है, उसमें एक कारण प्रतीत होता है आचार्य ने वेदों को न पढ़ पाया हो, इसमें कारण यह दिया जा सकता है कि उन्होंने अपने ग्रन्थों में कहीं पर वेदों का प्रमाण प्रस्तुत नहीं किया है। भला यह कैसे हो सकता है कि वे वेदों के पण्डित होते और उनका प्रमाण न देते। जो कुछ भी रहा हो परन्तु उपनिषदों की वही दार्शनिक व्याख्या समुचित हो सकती है जो वेदों की व्याख्या से भी सहमति रखती हो। क्योंकि हम पीछे सिद्ध कर आये हैं कि उपनिषदें वेदों को स्वतः प्रमाण के रूप में स्वीकार करती है। स्वामी दयानन्द के अतिरिक्त वेदों में प्रकृति के अनादित्व को डॉ० राधाकृष्णन् जैसे उद्भट्ट विद्वान् स्वीकार तो करते हैं, परन्तु उनकी यह स्वीकारोक्ति दैवी भाषा में अवश्य है।[3]

उपर्युक्त विवेचन से यह स्पष्ट हो गया है कि वेदों में स्पष्ट रूप में यथार्थवाद

1. ऋग्वेद 1.164.2
2. एक समुद्र, दूसरा त्रसरेणु, तीसरा मेघ मण्डल की वायु, चौथा वृष्टि जल और वृष्टि और जल के ऊपर एक प्रकार की वायु, छठा अत्यन्त सूक्ष्म वायु जिसको धनञ्जय कहते हैं। सातवां सूत्रात्मावायु जो धनञ्जय से भी सूक्ष्म है। ये सात परिधि कहलाती हैं। — ऋग्वेदादिभाष्यभूमिका, सृष्टि रचना विषय
3. Inx. 121 We have an account of the creation of the World by an omnipotent God out of pre-existent matter. —Indian Philosophy, Vol. I, p. 100 by Radha Krishnan, Printed Indian Edition 1951

का निरूपण किया गया है। इसी प्रकार उपनिषदें भी वेदों के अनुसार यथार्थवाद का ही प्रतिपादन करती है।

वैदिक दर्शन के पश्चात् भारतीय दार्शनिक परम्परा में अनेक दार्शनिक मतों की सृष्टि हुई है उसे प्रश्नोत्तर रूप में प्रस्तुत किया जा रहा है :—

प्रश्न—त्रैतवाद आदि कुछ भी नहीं अपितु सर्वत्र हमें तो क्षणिकता ही दिखलाई देती है। स्थाई सत्ता है ही नहीं अपितु जो भी सत् दिखाई देता है वह सब क्षणिक है[1] जैसे मेघ को आकाश में देखते हैं, कुछ क्षण बाद वह नहीं रहता इसी प्रकार प्रत्येक पदार्थ क्षणिक है, क्या जीव और संसार के दूसरे पदार्थ। हमें एक नियम दिखाई देता है कि व्यापक का निष्कासन करने से व्याप्य का भी निष्कासन हो जाता है। अर्थात् व्यापक में नहीं रहने वाली वस्तुऐं व्यापक में भी नहीं रहती है। इसी नियम के आधार पर व्यापक पदार्थ से क्रम और अक्रम का निष्कासन अथवा व्यावृत्ति करने पर, क्षणिक होने वाली वस्तुओं का भी निष्कासन हो जाता है। अभिप्राय: यह है कि व्यापक से क्रम अक्रम को पृथक् करने से, जिससे सम्भवत: अक्षणिक वस्तुओं से सत्ता पृथक् हो जाती है। क्षणिक सत् है यह सिद्ध हो जाता है क्योंकि अक्षणिक से सत् व्यावृत होता है। असत् क्षणिक की सत्तासिद्ध होती है।[2] क्रम तथा अक्रम के बीच तीसरा विकल्प सम्भव नहीं है।

क्रम और अक्रम परस्पर विरोधी हैं, दोनों के बीच में तीसरा विकल्प सम्भव नहीं है। जो अर्थ क्रिया कारित्व का व्यापक कर सकें। किसी भी वस्तु की सत्ता या क्रमिक होगी अर्थात् आगे पीछे करें या अक्रमिक अर्थात् एक साथ। अत: जो अर्थमूल क्रिया की शक्ति है वह क्षणिक में निहित है। इससे यह स्पष्ट हो गया कि यदि कोई सत्ता स्थाई होती तो क्रम और अक्रम नहीं होता क्योंकि स्थाई होने पर क्रम और अक्रम का प्रश्न ही उपस्थित नहीं होता। अत: अस्थाई पदार्थों में ही क्रम और अक्रम हो सकते है, जैसे एक सौवर्ष पुराना वस्त्र, जो इस समय हमें जीर्ण शीर्ण दिखाई दे रहा है, क्या वह इस अवस्था में आज ही आया है? यह नहीं अपितु इसमें सौ वर्ष से प्रत्येक क्षण में परिवर्तन हो रहा था। यहां एक बात और द्रष्टव्य है कि स्थाई पदार्थ में अर्थ क्रिया भी नहीं हो सकती, क्योंकि यदि अस्थाई कारण बनकर अपनी सत्ता के नाश के अनन्तर कार्य उत्पन्न करें तो भी यह सम्भव है परन्तु यह सम्भव नहीं है, यदि स्थाई तो फिर नाश कैसे। अत: अर्थ क्रिया को स्थाई पदार्थ से पृथक् करके स्वयं भी क्रम

---

1. व्यापक व्यावृत्या० व्याप्य० व्यावृत्तिरिति न्यायेन० व्यापक क्रमाकमवृत्ता अक्षणिकात् सत्वव्यावृत्तेः सिद्धत्वाच्च। तच्चार्थी क्रियाकारित्वं क्रमाक्रमाभ्यां व्याप्तं। न च क्रमाक्रमाभ्यामन्यः प्रकारः सम्भवति। —सर्वदर्शन स० क्षणिक प्रकरण
2. यत् सत्—तत्क्षणिकम् यथा जलधरपटलम्। —सर्वदर्शन स० बौद्ध दर्शन प्रकरण

और अक्रम स्थाई से पृथक् रहता है, जिसमें केवल क्षणिक वस्तुओं की ही सत्ता सिद्ध होती है।

एक बीज के दृष्टान्त द्वारा यह बात सहज ही समझ में आ जाती है। यदि बीज एक क्षण से अधिक स्थाई रहता है इनके प्रतिक्षण में कार्योत्पादन की शक्ति भी अवश्य रहनी चाहिए क्योंकि ऐसा नहीं हो सकता कि किसी की सत्ता भी रहे किन्तु उसमें कार्योत्पादन की शक्ति न हो अतः सत्ता के लिए क्रिया कारित्व आवश्यक है। जैसे बन्द बोरे में बीज क्यों नहीं पौधा उत्पन्न करता है। यहां पर यदि कोई यह कहें कि वहां पर जल मिट्टी आदि सहकारी कारण उत्पन्न होते हैं तभी वह शक्ति कार्य को उत्पादन करती है। अतः बीज एक है। यह भी गलत है क्योंकि बीज के पूर्व रूप से अर्थात् उसमें जब मिट्टी जल आदि का संयोग नहीं रहता, पौधे की उत्पत्ति नहीं होती। उसके फलस्वरूप से अर्थात् जब उसमें मिट्टी जल आदि का संयोग नहीं रहता, पौधे की उत्पत्ति नहीं रहती उसक्रे पररूप से अर्थात् जब उसमें मिट्टी जल आदि से कुछ परिवर्तन आता है तब भी उसमें पौधे की उत्पत्ति होती है। अतः बीज दोनों अवस्थाओं में एक सा नहीं रहता वरन् उसमें परिवर्तन हो जाता है। बस यह परिवर्तनशीलता एक बीज में ही नहीं अपितु समस्त संसार में है क्योकि किसी वस्तु से प्रतिक्षण एक प्रकार की सम्भावना नहीं रहती है। इसी प्रकार आत्मा भी क्षणिक होगा क्योंकि प्रतीत्य समुत्पाद के कारण परिवर्तनशीलता दृष्ट धर्मों के अतिरिक्त किसी अदृष्ट स्थाई द्रव्यों को नहीं माना जा सकता है। अतः स्थिर आत्मा को भी नहीं माना जा सकता है। इस प्रकार बौद्धों के इस क्षणिकवाद को ही मानना चाहिए क्योंकि कहा भी बौद्धों का भगवान शुद्ध ही पूजन योग्य है। जो जगत् को क्षण भंगुर मानते हैं[1] अतः क्षणिकवाद ही सिद्ध होता है न कि त्रैतवाद।

उत्तर—यह क्षणिकवाद सर्वथा अनुचित है क्योंकि यदि क्षणिकवाद को माना जाय तो स्मरण नहीं बनेगा। हम देखते हैं कि कल या उससे पूर्व की घटना का हमें स्मरण हो जाता है क्योंकि क्षणिकवाद के अनुसार तो जो हम कल थे आज नहीं है अतः यह वही देवदत्त है जो मैंने आज से पांच वर्ष पूर्व हरिद्वार में देखा था। यह व्यवहार कैसा होता है।[2] जो पहले जलधर आदि के दृष्टान्त दिए हैं वे भी ठीक नहीं क्योंकि बौद्धों

---

1. बौद्धानां सुगतोदेवो विश्वचक्षण भंगुरम्। —विवेकविलास, अष्टम विलास, 265वां श्लोक अथवा सत्यार्थप्रकाश, द्वादश समुल्लासपूर्वपक्ष
2. जो विश्व क्षणभंगुर हो तो चिरदृष्टि पदार्थ का यह वही है ऐसा स्मरण नहीं होना चाहिए। जो क्षण भंग हो तो वह पदार्थ ही नहीं रहता पुनः स्मरण किसका होवे जो क्षणिकवाद ही बौद्धों का मार्ग है तो इनका मोक्ष भी क्षण भंग होगा।
—सत्यार्थप्रकाश, 12 समुल्लास प्रकरण बौद्ध खण्डन में देखो

के अनुसार क्षणिकत्व है वह कहीं भी दिखलाई नहीं पड़ता है। बादल को हम देखते हैं तो स्थाई दिखाई देता है न कि क्षण-क्षण में बदला हुआ सा, क्योंकि बौद्धों के यहां क्षण का अभिप्राय: एक क्षण है न कि नैयायिकों के तीन क्षण। बौद्धों का जो क्षण है उसे हम आंक नहीं सकते हैं जब हमारा दृष्टान्त ही अशुद्ध है तो अनुभव कैसे होगा।

कपास के बीज अवयवों में भी जो कार्य से सम्बद्ध होने योग्य है उसमें लोह रस का सेचन होता है, उसी के फल निकलने तक सम्बन्ध होते हैं। लाली आ जाती है। परम्परा से कुछ होगा ही नहीं क्योंकि यह कैसे हो कि संस्कार कहीं और उसका फल कहीं दूसरी जगह यह कैसे सम्भव है। कारणवाली आत्मा में कर्म हो और कार्य आत्मा उसके फल का उपभोग करे, अत: क्षणिकवाद का सिद्धांत बिल्कुल ही नहीं बनता है। सन्तान और परम्परा को तब तक मान्य नहीं किया जा सकता जब तक उसे परस्पर मिलाने वाली वस्तुएं न हो अर्थात् सन्तानों को संयुक्त करने वाला न हो। अत: उन सन्तानों में एक ही व्यक्ति सिद्ध होता है।[1] यदि क्षणिकवाद को मानना चाहे तो अध्यापक और शिष्य में अध्ययन अध्यापन भी सम्भव नहीं। इसमें एक दोष तो यह है कि दूसरे क्षण शिष्य और अध्यापक ही नहीं रहेंगे। दूसरे अति दोष आयेगा। इसी प्रकार किये गये कर्म का नाश तथा न किये गये कर्म का फल प्राप्त हो जायेगा। जो अध्यापक और शिष्य के उदाहरण से स्पष्ट है। एक दोष तो यह है कि किये गये का फल भोगना, तीसरा विश्व का विनाश चौथा मोक्ष का विनाश हो जायेगा क्योंकि आत्मा क्षणिक है तो मृत्यु के अनन्तर सुखी होने के लिये कोई भी प्रयत्न नहीं करेगा। स्मृति भंग दोष भी आ जायेगा जिसका वर्णन हम पूर्व ही कर आये हैं।[2] ओह-कितना आश्चर्य है कि बौद्ध लोग एक ओर तो आत्मा को क्षणिक मानते है दूसरी ओर स्वर्ग की प्राप्ति के लिये चैतन्य की पूजा करते है, सभी संस्कार क्षणिक है, दूसरी ओर हजारों वर्ष तक रहने वाले विहारों का निर्माण हो रहा है। एक ओर सब कुछ शून्य है दूसरी ओर गुरु को धन देने का आदेश भी मिल रहा है। देखो इनका सैद्वान्तिक पक्ष कैसा और व्यवहार कैसा है?[3] यदि क्षणिकवाद को माना जाय तो ज्ञान के समय ज्ञेय पदार्थ की सत्ता नहीं रहेगी। ठीक इसी प्रकार ज्ञेय पदार्थ के समय ज्ञान की सत्ता नहीं रहेगी ज्ञेय पदार्थ कारण और ज्ञान कारण पहले ज्ञेय हो तब ज्ञान। क्षणिकवाद के अनुसार दोनों रह नहीं सकते

---

1. सजातीया: क्रमोत्पन्ना: प्रत्यसन्ना: परस्परम्।
   व्यक्तयस्तासु सन्तान: स चैक इति गीयते।। —सर्वदर्शन स० जैन दर्शन
2. कृतप्रणाशा कृतकर्मभोग भव प्रमोक्ष स्मृति भङ्गा दोषान्।
   उपेक्ष्य साक्षात्क्षण भंगमिच्छन्नहो महासाहसिक: परोऽसौ।। —वी० स्तु० 18
3. नासत्यात्मा फलभोगमात्रमथच स्वर्गाय चैत्यार्चन, संस्कारा: क्षणिका: युगस्थितिभृश्चते विहारा: कृता:। सर्वशून्यमिद वसूनि गुरवेदेहीति चादिश्यते, बौद्धानां चरितं किमन्यदियतो दम्भस्य भूमि: परा।। —न्यायमञ्जरी, पृष्ठ 39

क्योंकि पूर्वापर के क्रम से होते हैं। अतः इसी प्रकार में कोई ग्राहक न रहेगा न कोई ग्राह्य। इस प्रकार क्षणिकवाद नहीं बन सकता है।

प्रश्न—क्षणिक पदार्थ ज्ञान पर अपने आकार की छाप छोड़ेगा।

उत्तर—यह कहना ही नहीं बनता क्योंकि जिस पर छाप पड़ेगा वह है ही नहीं। अतः ग्राह्य ग्राहक नहीं बनेगा।

प्रश्न—यदि क्षणिकवाद का खण्डन हो गया तो शून्यवाद तो ठीक ही है क्योंकि संसार का मूल कराण शून्य ही है। पूर्व भी शून्य था, आगे भी शून्य बन जायेगा। हम देख सकते हैं कि एक का अस्तित्व दूसरे पर आश्रित है। अभिप्रायः यह कि ज्ञाता, ज्ञेय और ज्ञान, ये एक दूसरे पर आश्रित है। यदि इनमें से एक असत् होगा तो शेष दोनों भी असत् होंगे, जब तक हम किसी रज्जू को सर्प समझते हैं तो वहां उसका अस्तित्व बिल्कुल असत् है। यदि सर्प ही असत्य है तो ज्ञाता भी असत्य है। अतः इस उदाहरण द्वारा यह प्रतीत होता स्वप्न जगत की तरह ज्ञाता, ज्ञान और ज्ञेय सभी असत् हैं। इस प्रकार हम इस निष्कर्ष पर पहुंच जाते हैं कि आभ्यन्तर या बाह्य किसी भी प्रकार की सत्ता नहीं है। सब कुछ शून्य ही है। शून्य का अर्थ सत्, असत्, सदसत् और असन्नासत् ये भी लक्षण किया जाता है, जो अनिर्वचनीय है। व्यावहारिक वस्तुएं सभी असत् या शून्य हैं। किन्तु उनकी पृष्ठभूमि में ऐसी सत्ता है जो अनौपाधिक और अविकृत है। कुछ इनके ही दार्शनिक बाह्य वस्तुओं को शून्य मानते हैं परन्तु चित्त जो सभी पदार्थों को बतलाने वाला है उसको शून्य नहीं मानते हैं। उनका कहना है कि मानसिक धारणा में ही बाह्य पदार्थों के रूप में भ्रमवश, दृष्टिगोचर होते हैं अर्थात् विषय नहीं हैं अपितु विषयी ही अपनी तत् सम्बन्धित धारणाओं को आरोपित करता है। पाश्चात्य दर्शन में बेर्कले भी बाह्य पदार्थों का आश्रयत्व नहीं मानता है। इसके अनुसार सत्ता अनुभव मूलक है।

उत्तर—यह शून्यवाद भी ठीक नहीं है क्योंकि बाहर के पदार्थ में सत् अर्थात् वे अपनी सत्ता रखते हैं। और अन्य मन चेतन आदि भी अपनी सत्ता रखते हैं। संसार स्पष्ट रूप में दिखलाई पड़ता है। जगत् की सभी वस्तुएं अपनी-अपनी सत्ता रखती है। उनमें शून्यता का भाव लेशमात्र भी नहीं हैं। हम देखते हैं कि कार्य कारण का नियम कर रहा है। इस नियम के अनुसार सत् कारण से सत् कार्य की उत्पत्ति होती है। असत् कारण से कोई भी सत्ताधारी कार्य उत्पन्न नहीं हो सकता।[1] कहा कि असत् सर्प से सत् सर्प की उत्पत्ति देखी जाती है सो यह ठीक नहीं है क्योंकि वहां प्रतीति काल अर्थात् हमें जब तक यह पता नहीं चलता कि यह सत् नहीं है अपितु रस्सी है तब तक सत् कारण

1. न सन्नासनन सदसन्न चाप्यनुभात्कम्।
चतुष्कोटी विनिर्मुक्तिं तत्त्वं माध्यमिका बिदुः।।

से सत् कार्य की ही उत्पत्ति होती है। यदि यह कहा जाय कि भ्रान्ति दूर होने पर तो नहीं परन्तु यह आपका उदाहरण भी तो भ्रम स्थल का ही है।

जाग्रत और भ्रम रहित स्थल वाले दृष्टान्त सब सत् कार्य की उत्पत्ति करने वाले हैं। हमें तो यह स्पष्ट प्रतीत होता है कि जो गुण कारण में हैं। वे गुण कार्य में भी किसी न किसी रूप में स्पष्ट परिलक्षित होते हैं। उदाहरण के रूप में तिल से ही तेल की उत्पत्ति होती है, बालू से तेल की नहीं। असत् से सत् की उत्पत्ति कदापि नहीं हो सकती जिस प्रकार मनुष्य के सींग असत् है इसी प्रकार असत् से सत् की उत्पत्ति भी नहीं हो सकती।[1] इसी प्रकार जब सब शून्य ही है तो ये गगनचुम्बी पर्वतामालाऐं, ये शान्त और गम्भीर समुद्र, गहरी खाइयां और यह विचित्र जगत् कैसे उत्पन्न हो सकता है।

शून्यवादी से पूछना चाहिए कि जिस शून्य पर तुम विचार कर रहे हो, वह तुम विचार करते तो शून्य नहीं हो सकते। फिर शून्य कहां रहा।[2] इस प्रकार एक तो शून्य दूसरा उसका ज्ञाता, अतः ज्ञाता और ज्ञेय अपने आप सिद्ध हो जाते हैं। जब ये दोनों सिद्ध हों तो ज्ञान अपने आप सिद्ध हो जाता है। जो योगाचार आदि बाह्य शून्य तत्व मानते हैं तो भी ठीक नहीं क्योंकि जैसे बाहर पहाड़ है, वे अन्दर किस प्रकार हो सकता हैं। यदि आप माने तो भी उतना स्थान ह्रदय मैं नहीं हो सकता है।[3] यही मानना समीचीन है कि पर्वत की सत्ता बाहर है उसका ज्ञान आत्मा में है।[4]

इसी प्रकार जो लोग पदार्थ को प्रत्यक्ष नहीं मानते है उनका अपना वचन भी अनुमेय ही मानना होगा। हम जो यह प्रयोग करते है ये घड़ा अथवा यह घड़े का एक देश इन सबका प्रयोग भी नहीं बन सकता है। यह घड़ा है, यह अनुमान से नहीं परन्तु प्रत्यक्ष से ही जाना जाता है क्योंकि सब अवयवों में एक अवयवी रहता है, उसके प्रत्यक्ष होने से घट के सब अवयव भी प्रत्यक्ष होते हैं, इस प्रकार सावयव घट प्रत्यक्ष होता है।[5]

शून्यवादी जो कहता है कि ज्ञाता, ज्ञेय और तीनों ही शून्य है इसका खण्डन हो

---

1. नासतः ख्यानं नृशृंगवत्।
2. शून्य आकाश, अदृश्य आकाश और बिन्दु को भी कहते है। शून्य का जानने वाला शून्य कभी नहीं होता है।। सत्यार्थप्रकाश समुल्लास आठ, प्रकरण नास्तिक।
3. जो सब शून्य हो तो शून्य का जानने वाला शून्य नहीं हो सकता और जो सब शून्य हो, तो शून्य को जान नहीं सकते इसलिये शून्य का ज्ञाता ज्ञेय दो प्रकार सिद्ध होते हैं और जो योगाचार बाह्य तत्व मानता है पर्वत इसके भीतर होने चाहिये..... अवकाश कहां। —सत्यार्थ प्रकाश 12 समुल्लास।
4. इसलिये बाहर पर्वत है और पर्वत का ज्ञान आत्मा में रहता है।
—सत्यार्थप्रकाश, 12 समुल्लास।
5. देखो सत्यार्थप्रकाश 12 वा० समुल्लास बौद्ध प्रकरण।

गया। शून्यवाद द्वारा संसार की रचना सम्भव नहीं है। अतः त्रैतवाद द्वारा इस समस्या का समाधान हो सकता है क्योंकि कारण तीन होते हैं।

प्रश्न—अनैकान्तवाद के द्वारा इस समस्या का समाधान किया जा सकता है। हमें छोड़कर सभी लोग एकान्तवादी हैं। किसी वस्तु का ज्ञान हमें पूरा नहीं हो सकता है। उसके जानने के कई पक्ष होते हैं। उन सब पक्षों को एक साथ जानना बड़ा ही दुष्कर है। साधारण ज्ञान हम नहीं कर सकते हैं। हम किसी पक्ष विशिष्ट को ही जान सकते हैं, वहीं तक उसकी सत्यता भी माननी चाहिये सर्वतो भावेन सत्य नहीं हैं। सभी दार्शनिक ज्ञान की इस सीमा का ध्यान नहीं रखते हैं कि अल्पज्ञ जीव किसी वस्तु के सभी पक्षों को कैसे जान सकता है। जैसे हम कहते हैं कि घड़ा है यह एक पक्ष से देशकाल गुण आदि का विचार करके हम घट की सत्ता मानते हैं। इसमें नहीं पक्ष भी है। जैसे उस देशकाल आदि को दृष्टि से घड़ा नहीं है। अतः यही सिद्धान्त है कि अनैकान्तवाद अर्थात्, स्याद्वाद मानना उत्तम है। किसी भी वस्तु की सत्ता या दूसरी बात के कहने में हमें (स्याद् शब्द का) प्रयोग करना चाहिये जैसे हम कहते हैं कि काला कपड़ा यहां उसमें सफेदपना नहीं है। अतः सम्भावना का प्रयोग करना ही सर्वथा उचित है। वास्तव में अन्य सभी दार्शनिक अपने-अपने दर्शनों के सिद्धान्तों को ऐसे ही वर्णन करने के समान है जैसे किसी ने कहा है कि कुछ अन्धे थे वे हाथी को छूकर देख रहें थे। एक ने कहा कि हाथी तो स्तम्भ के समान है, दूसरे ने कहा छाज (सूप) के समान और तीसरे ने कहा दीवार के समान, सभी ने जैसा-जैसा छुआ वैसा कहा। अतः वे सभी अधूरे हैं। सभी का बताया हुआ हाथी सम्पूर्ण हाथी है। किसी एक का नहीं। इसी प्रकार कोई द्रव्य पदार्थ भी पक्षों पर विचार करने से होगा। हमारा सप्तभंग न्याय सबको मानना चाहिये। प्रत्येक वस्तु स्यात् है,[1] स्यात् नहीं,[2] स्यात् है और नहीं भी है[3] स्यात् अव्यक्तव्य है,[4] स्यात् है और अव्यक्तव्य भी है[5] स्यात् नहीं है अव्यक्तव्य भी है[6] और स्यात् है, नहीं अव्यक्तव्य भी है[7] सबके समुच्चय से सप्त भंग कहलाता है।[8] इसको हम दूसरी प्रकार कह सकते हैं कि जैसे जीव चेतन होने से है अर्थात् वह भाव रूप है। यह प्रथम भंग

1. स्याद्-अस्ति।
2. स्याद् नास्ति।
3. स्यात्-अस्ति नास्ति च।
4. स्याद्—अव्यक्तव्यम्।
5. स्यात् अस्ति च अव्यक्तव्यम्।
6. स्याद् नास्ति च अव्यक्तव्य च।
7. स्यात्-अस्तिच अव्यक्तव्यंच।
8. तद्विधान विवक्षया स्यादस्ति इति गति भवत.....समुच्चयेन युक्तश्च सप्तम भंग उच्यते। —सर्वदर्शन संग्रह जैन दर्शन

हुआ। जीव जड़ नहीं है यह दूसरा भंग। इसी प्रकार सप्त भंग होते हैं। अतः चित्त और अचित्त दो तत्त्व है।

उत्तर— किसी भी वस्तु में एक ही प्रकार की पारमार्थिक सत्ता हो सकती है। ब्रह्म सत्ता के अन्दर, असत्ता नहीं रह सकती है। परस्पर विरोधी धर्म एक ही वस्तु में नहीं हो सकते हैं। इस प्रकार जो पारमार्थिक सत्ता है उस असत्ता आदि का समावेश किसी भी प्रकार नही हो सकता है क्योंकि विकल्प क्रिया का तो हो सकता है परन्तु वस्तु का नहीं। वस्तुतः जैनियों का यह सिद्धान्त अन्योऽन्या भाव साधर्म्य और वैधर्म्य में एक बात है, यह मानने के समान है। हम यह देखते हैं कि जीव में अजीव और अजीव में जीव का अभाव होताा है। जो जीव में चेतन्यत्व और अजीवं में जड़त्व। एक ही धर्मी में एक सत् और असत् विरोधी धर्मों का समावेश नहीं हो सकता है। यह सात स्यात् है, स्यात् नहीं है, आदि।[1]

सप्तभंग नय है ये ऐसे ही है जैसे शीतत्व और उष्णतत्व एक ही समय एक ही वस्तु में एक स्थान पर रहें। वे वैसे ही वा नहीं भी है। या और प्रकार से है, इस प्रकार से अनिश्चत ज्ञान संशय ज्ञान के समान अप्रमाण ही है स्याद्वाद के मानने पर प्रत्येक वस्तु का लक्षण, स्वरूप अनिश्चित संशयरूप ही रहेगा।[2]

हमने देखा कि युक्तियों और तर्कों के आधार पर भी अनैकान्तवाद टिक नहीं सकता है। यदि इस स्याद्वाद को माना जाये तो प्रत्येक व्यक्ति हर समय में संशयवादी ही बना रहेगा। इनसे कोई पूछे कि क्या तीर्थकर जब उपदेश देता था उस समय भी ये इस स्याद् शब्द का प्रयोग करते हैं, कि यह उपदेश शायद ठीक है, शायद नहीं। यदि ये बुद्धि बनी रहेगी कि में इस बतलाये गये अनुष्ठान आदि-आदि कर्मों में प्रवृत हूं या नहीं। स्यात् मोक्ष है स्यात् नहीं। भला बतलाइये यदि ये मान्यता हो तो कौन उधर प्रवृत्त होगा।

हम ऐसा भी नहीं कह सकते कि जिस प्रकार एक ही वस्तु का एक साथ छोटा और बड़ा दोनों रूप रह सकता है।[3] उसी प्रकार संसार को अनैकान्त मान ले। अभिप्रायः

---

1. यह कथन (स्याद् वाद) एक अन्य यऽन्योभाव में साधर्म्य और वैधर्म्य में चरितार्थ हो सकता है। इस सरल का प्रकरण छोड़कर कठिन जाल रचना केवल......होता है। जीव का अजीव और अजीव का जीव में अभाव रहता ही है। जैसे जीव और जड़ के वर्तमान होने से साधर्म्य और चेतन तथा जड़ होने वैधर्म्य अर्थात् जीव चेतनत्व और जड़त्व नहीं है इसी प्रकार जड़ में जडत्व और चेतनत्व नहीं है। इससे गुण कर्म स्वभाव के समान धर्म इतना प्रपंच बढ़ाना किस काम का।
   —सत्यार्थप्रकाश प्र० 12 समुल्लास
2. नैकस्मिन् सम्भावत् —वेदान्तदर्शन 2.2.32
3. नैचैकस्य ह्स्वत्वदीर्घ......जगत् स्यादिति वाच्यम्। —सर्वदर्शनसंग्रहरामानुज दर्शन

यह है कि जैसे द्वयणुक में ह्रस्वत्व और दीर्घत्व दोनों है उसी प्रकार जगत सत् और असत् है यह मानना ठीक नहीं है द्वयणुक का छोटा बड़ा होना सापेक्ष है किसी भिन्न प्रतियोगी कि अपेक्षा रखता है जैसे चतुरणुक और द्वयणुक। चतुरणुक की अपेक्षा वह छोटा है, द्वयणुक की अपेक्षा बड़ा है परन्तु सत् असत् मानने में यह बात नहीं घटती है। वहां प्रतियोगी नहीं जिसमें सत् असत् कह सकें क्योंकि वहां किसकी अपेक्षा से कहेंगे। ह्रसत्व और दीर्घत्व उतने विरोधी नहीं है जितने की सत् और असत् को एक ही वस्तु में एक ही साथ स्थित कहना ठीक नहीं है। इसी प्रकार अन्य भंगों का खण्डन भी स्पष्ट रूप से हमें दिखाई देता है। अब हमें यह भी विचारना चाहिये कि जो इन सारे प्रपंचों की जड़ सप्त भंगीनय है, वह स्वयं एकान्त है या अनैकान्त यदि प्रथम विकल्प माना जाये तो सब कुछ अनैकान्त है, इस प्रतिज्ञा का ही विरोध होता है। यदि यह निश्चित स्वरूप वाला है तो फिर किस तरह से सब चीजों को अनैकान्त मानेंगे क्या सप्त भंगीनय सबके अन्तर्गत नहीं है। यदि दूसरा विकल्प मानते हैं तो इष्ट वस्तु की सिद्धि नहीं होगी। क्योंकि अनैकान्त हो जाने से सप्तभंगी प्रामाणिक नहीं हो सकता। अर्थात् किसी वस्तु को सिद्ध नहीं कर सकता। इसके अतिरिक्त उनके यहां तत्वों की संख्या नौ या सात मानी गई है। इस प्रकार निर्धारण करना फल है। और निर्धारण करने वाला प्रमाता है। उसके निध ारिण का प्रमाण है और यह तत्व स्वयं प्रमेय है। यदि इन सब स्वरूप निश्चित माने तो सब कुछ अनैकान्त है कि प्रतिज्ञा कहां रही यदि इनका स्वरूप अनिश्चित है तो इतने बड़े प्रपंच की क्या आवश्यकता है। यह उपहासनीय वार्ता है कि इतने तत्व, प्रमाण प्रमाता और फल आदि का वर्णन करके कहते हैं कि यह सब कुछ अनैकान्त है। अतः अनैकान्तवाद इी अपनी जड़ स्वयं खोद देता है।

प्रश्न— यह ठीक है कि अनैकान्तवाद से सृष्टि कैसे रची इसका कौन रचने वाला है? इसमें कौन रहता है? इत्यादि समस्या का समाधान हो जाता है। संसार में एक तत्त्व है जिसकी पारमार्थिक सत्ता है। है, वह है ब्रह्म। अद्वैतवाद में सबसे अधिक विशेषता यह है कि इसके अंगीकार करने के अनन्तर एक तत्त्व ही सृष्टि रचना करता है। अतः इसके स्वीकार करने के पश्चात् आप द्वारा मान्य तीन कारणों की आवश्यकता नहीं है केवल ब्रह्म इस संसार का अभिन्न निमित्तोपादान कारण है। आप कहेंगे कि यह ठीक नहीं क्योंकि कारण एक से उत्पन्न वस्तु दिखाई देनी चाहिए। सो इसका उत्तर यह है कि क्या जब हम दूर से कुछ अन्धकार और प्रकाश में रस्सी में हमें सर्प की उत्पत्ति हो जाती है। वहां पर केवल रज्जू सर्प का अभिन्न निमित्त उपादान कारण है। यदि कहो कि वहां तो सर्प, रस्सी वस्तुतः नहीं अपितु आरोपित सर्प की उत्पत्ति होती है तो इसमें दोष क्या है? यह संसार भी ब्रह्म पर आरोपित है। अतः संसार मिथ्या है।

सत्तायें तीन प्रकार की होती है। एक वह जिसका तीनों कालों में बाध न हो[1]

1. त्रिकालाबाधितं सत्।

वह सत्। दूसरी जिसका उत्तर काल में तो बाध हो जाये, परन्तु वर्तमान में ही उसे असत् नहीं कह सकते परन्तु वर्तमान काल में तो है इसे प्रातीतिक सत्ता (प्राति भासिक) कहते हैं क्योंकि यदि संसार को सत् मान लिया जाये तो फिर यह तिरोहित कैसे हो जाता है। अतः संसार असत् नहीं परन्तु यह मिथ्या है। यदि संसार की तुलना हम स्वप्न के पदार्थ या भ्रम से कर लेवें तो संसार आगे तिरोहित हो जाता है, इस समस्या का समाधान हो जाता है। यह संसार और जीव मिथ्या है।

उत्तर—यह सिद्धान्त भी ठीक नहीं है। अच्छा बतलाओ वह तुम्हारे मत में मिथ्या अथवा झूठा किसे कहते हैं। पूर्व पक्ष वस्तु की सत्ता तो नहीं परन्तु केवल प्रतीत हो जैसे सर्प होता तो नहीं परन्तु रज्जू में उसकी प्रतीत हो रही होती है।

उत्तर पक्ष—जो वस्तु नहीं होती है उसकी प्रतीति ही सम्भव है। तुम्हारा ऊपर वाला उदाहरण भी ठीक नहीं क्योंकि सर्प वहां भले न हो परन्तु अन्यत्र होता ही है।

पूर्व—क्यों नहीं अध्यास द्वारा, यह प्रतीति स्पष्ट रूप से दिखाई देती है इसके अनेकों उदाहरण देखने में आते हैं।

उत्तर—अच्छा आप बतलाइये आपके मत में अध्यास किसे कहते हैं?

पूर्व—किसी दूसरे पदार्थ में अन्य पदार्थ को आरोपित करना अध्यास कहलाता है।[1] जब हम अध्यारोप का निराकरण करते हैं तो वही अपवाद कहलाता है। ब्रह्म इन दोनों से पृथक् अर्थात् ब्रह्म प्रपंच से भिन्न है।

उत्तर—यह आपका सिद्धान्त अनुचित है क्योंकि जो यह मानते हों कि सर्प वस्तु नहीं है। यदि यह कहे कि वह वहां तो नहीं है सो भी ठीक नहीं क्यों अन्यत्र सर्प के संस्कार हमारे हृदय में तो है। वास्तविक सर्प दूसरे स्थान पर है ही। इसी रज्जू में सर्प शुक्ति में रजत और स्थाणु में पुरुष इन स्क्षलों पर भी समझ लेना चाहिए।

पूर्व—स्वप्न में हमें जों पदार्थ दिखाई देते हैं, वे तो सब झूठे ही हैं। उसी प्रकार इस जगत को समझना चाहिए।

उत्तर—स्वप्न में भी वहीं पदार्थ हमें दिखाई देते हैं जिनको जागृत अवस्था में देखा अथवा सुना है।

पूर्व—यह ठीक नहीं क्योंकि ऐसे भी स्वप्न आते हैं जिनको जागृत अवस्था में देखा नहीं होता है। जैसे अपने कंधे पर आप चढ़ना। अपना सिर कटा और स्वयं रोता हुआ दिखाई देता है। इसी प्रकार जल की धारा भी ऊपर को जाती दिखाई दे जाती है।

---

1. वस्तुन्यवस्त्वारोपणमध्यासः अध्यारोपापवादाभ्यां निष्प्रपञ्चं प्रपञ्च्यते।

उत्तर— हम देखते हैं कि लड़ाई में सिर कटा, बन्धु-बान्धवों को रोता देखा फव्वारे से जल भी ऊपर जाते देखा। इन सबके संस्कार हमारे हृदय में रहते है उनकी स्मृति भी बनी रहती है। स्वप्न अवस्था में सब बातें मनुष्य अपने में ही देख लेता है। यहां भी ये सब अवस्तु नहीं अपितु सभी कुछ देखा या सुना हुआ है। इतना अवश्य है कि स्वप्न जैसा देखा या सुना है वह यह आवश्यक नहीं कि सब नियमपूर्वक हों, अनियम से हो जाता है, जैसे हम कभी-कभी पूर्व दृष्ट या श्रुत को अपने हृदय से निकालकर कागज में लिखना चाहते है तो वैसे ही नहीं लिख पाते है जैसी वह वस्तु देखी या सुनी भी। जैसा देवदत्त को मैंन आज से दस वर्ष पूर्व देखा आज फिर देख रहा हूं परन्तु उसको मैं पहचान नहीं पा रहा हैं क्योंकि स्मृति कुछ धुन्धली पड़ गई है इसी प्रकार स्वप्न में भी होता है, वहां अनेकों स्मृतियां हृदय पटल पर अंकित होती हैं, सबका सम्मिश्रण हो जाता है। एक दूसरे पर उनका प्रभाव पड़ता है। यदि ऐसा न हो तो चक्षुहीन जो जन्म से ही अन्धा है उसका रूप स्वप्न में कभी भी नहीं आता है। अतः इससे सिद्ध है कि स्वप्न में भी दिखाई देने वाली वस्तुऐं अवस्तु नहीं हैं।

पूर्व— अध्यस्त के लिए अधिष्ठान की भी आवश्यकता होती है जैसे रज्जु न हो तो सर्प की भी प्रतीति नहीं हो सकती है। रज्जु में सर्प की उपस्थिति तीनकाल में भी नहीं है। जब अन्धेरे में सर्प दिखाई देता है तो दीपक के आने पर सर्प की भ्रान्ति प्रकाश के कारण समाप्त हो जाती है। ठीक इसी प्रकार ब्रह्म ज्ञान के होने संसार मिथ्या है इसका ज्ञान हो जाता है। पूर्ण रूप से ब्रह्म ज्ञान हो जाता है अज्ञान की निवृत्ति हो जाती है। जैसे रज्जु के दिखने पर सर्प का ज्ञान नहीं रहता है।

उत्तर— अच्छा यह बतलाओ कि यह भ्रम अवस्था अज्ञान किस-किस को हुआ। पूर्व-जीव को। उत्तरः- तुम तो ब्रह्म को छोड़कर किसी को मानते ही नहीं। अच्छा बतलाओं जीव को अज्ञान किससे हुआ? पूर्व-अज्ञान से। उत्तर— अज्ञान कहां से आया और उसका रहने का स्थान कहां है? पूर्व-अज्ञान अर्थात् अविद्या अनादि है और वह ब्रह्म में रहता है। उत्तर— क्या आप के ब्रह्म भी अज्ञानी है? अच्छा बतलाओं ब्रह्म में अज्ञान ब्रह्म का ही है या किसी और का, वह अज्ञान हुआ किसको पूर्व-चिदाभास उत्तर— चिदाभास का क्या स्वरूप है? पूर्व— ब्रह्म। ब्रह्म को ब्रह्म का अज्ञान अर्थात् अपने स्वरूप को भूलकर वह ईश्वर हिरण्यगर्भ आदि बन जाता है।

उत्तर— उसके भूलने का कारण क्या है? पूर्व-अविद्या। उत्तर— अविद्या क्या सर्वव्यापी का गुण? अथवा अल्पज्ञ का? पूर्व अल्पज्ञ का। उत्तर आपके मत में तो अल्पज्ञ है ही नहीं फिर यह कहां से आया यदि ब्रह्म के किसी एक प्रदेश में अज्ञान मानोगे तो वह अज्ञानी हो जायेगा और उस अज्ञान का प्रभाव सर्वत्र हो जायेगा। जिससे ब्रह्म विकारी हो जायेगा। ब्रह्म के प्रदेश भी नहीं हो सकते। और नहीं ब्रह्म के किसी भाग में अज्ञान ठहर सकता है पूर्व-यह सब उनका ब्रह्म का धर्म है। जो औपाधिक है। अतः

केवल यह उपाधि का धर्म है ब्रह्म का नहीं उत्तर—वह उपाधि जड़ है अथवा चेतन, सत्य है अथवा असत्य है। पूर्व अनिर्वचनीय है। उसे हम जड़, चेतन, सत्य और असत्य कुछ भी नहीं कह सकते हैं। उत्तरः—यह कहना ठीक नहीं क्योंकि यह कथन आपका स्वयं अपनी बात का खण्डन करता है।[1] यह कैसे हो कि अविद्या का कोई स्वरूप ही नही। यह तो ऐसे ही हुआ कि जैसे किसी स्वर्णकार के निकट हम दो धातुएं मिलाकर जाय और पूछें कि यह क्या है? किन्तु वह यही तो कहेगा कि इसमें दो धातुएं मिली हुई हैं। पूर्व—जैसे घटाकाश मठाकास आदि में घट और मठ के होने से पृथक्-पृथक् होते हैं वस्तुतः तो एक महदाकाश ही है। ऐसी ही माया और अविद्या से युक्त होकर ब्रह्म अन्तःकरण की उपाधियों से हमें अलग नजर आता है। वास्तव में ब्रह्म एक ही है। जैसे-जैसे अग्नि को हम देखते हैं, छोटे, चौड़े और लम्बे इत्यादि सब आकृति वाले पदार्थों में व्यापक होकर तदाकार दिखता है, वैसे उनसे पृथक् है वैसे ही ब्रह्म एक है परन्तु वह अन्तःकरणों में तदाकार होकर दिखाई दे रहा है। वैसे वह एक ही है।[2] उत्तर—यह भी कहना व्यर्थ है क्योंकि जैसे घट, मठ और मेघ अलग-अलग हैं। कारण कार्य रूप जगत को और जीव तथा ब्रह्म को पृथक्-पृथक् क्यों न माना जाये? पूर्व—ऐसा मानना ठीक नहीं क्योंकि ब्रह्म जड़ अथवा चेतन में व्यापक होकर आकार युक्त दिखाई देता है। जैसे हजारों पानी के कूण्डों में सूर्य अलग-अलग दिखाई देता है जिसके अनेकों प्रतिबिम्ब भी नष्ट दिखाई देते हैं। वस्तुतः सूर्य एक है। कुण्डों के नष्ट होने पर वे प्रतिबिम्ब भी नष्ट हो जाते हैं उसी प्रकार जो अन्तःकरणों में ब्रह्म का अभाव, जिसे चिदाभास भी कहा जाता है यह तभी तक है जब तक कि अन्तःकरण है। जब अन्तकरण समाप्त हो जायेंगे तो ब्रह्म अकेला ही रह जाता है। जब तक वह अन्तःकरण रहता है तभी तक वह अपने को सुखी दुखी, पापी, भूखा प्यासा समझता है वह ऐसा अपने में आरोपित कर लेता है। जब तक उसे ज्ञान नहीं होता है।

उत्तर—यह उदाहरण अशुद्ध है क्योंकि सूर्य आकार वाला तथा कुण्डे भी आकार वाले है। सूर्य जल से भिन्न है तभी प्रतिबिम्ब पड़ सकता है। प्रतिबिम्ब तभी सम्भव है जब कि एक वह पदार्थ जिसका वह प्रतिबिम्ब पड़ रहा हो। परन्तु यहां ब्रह्म निराकार है उसका प्रतिबिम्ब बन ही नहीं सकता है। ब्रह्म सर्वव्यापक है उसका अलग दिखाई देना भी नहीं बन सकता है क्योंकि सभी पदार्थ ब्रह्म में ही तो है उनका सम्बन्ध व्याप्य व्यापक सम्बन्ध है अतः वे एक भी नहीं हो सकते हैं। अन्वय व्यतिरेक से देखने में

---

1. वदतोव्याघात् यह विवाद सत्यार्थ के एकादश समुल्लास में शंकर मत समीक्षा में हैं। उसका यहां टिप्पणी में देना बड़ा कठिन है क्योंकि, यह विस्तारपूर्वक है ऊपर उसके अनुसार ही लिखा गया है।
2. अग्निर्यथैको भुवनं प्रविष्टो रूपं रूपं प्रतिरूपो बभूव।
एकस्तथा सर्वभूतान्तरात्मा रूपं रूपं प्रतिरूपो बहिश्च।। —कठ० वल्ली 5, मं 9

तो एक दिखाई देते हैं परन्तु वास्तव में वे पृथक्-पृथक् दिखाई देते हैं। देखिए अन्तःकरण चलायमान है परन्तु ब्रह्म अचल है। यदि ब्रह्म को जीव से भिन्न न माना जायेगा तो जहां-जहां अन्तःकरण जायेगा वहां-वहां का ब्रह्म ज्ञानी हो जायेगा। जैसे हम छाता लेकर चलते हैं। वहां-वहां छाया, दूसरे स्थानों पर प्रकाश रहता है। इसी प्रकार अन्तःकरण ब्रह्म को ज्ञानी और अज्ञानी और मुक्त प्रतिदिन करता रहेगा। ब्रह्म के किसी देश में अज्ञान रहने से ब्रह्म का वह प्रदेश अज्ञान से युक्त हो जायेगा इसी प्रकार यदि आपके इस सूर्य और जलकुण्डों के दृष्टान्त को स्वीकार कर लिया जाये, तो जैसा आप ब्रह्म मानते हैं वैसा ब्रह्म ही नहीं रह जायेगा क्योंकि ब्रह्म नित्य शुद्ध बुद्ध मुक्त स्वभाव वाला है अन्तःकरण आदि के आवरण से ब्रह्म अज्ञानी दोषयुक्त बद्ध और अखण्ड से खण्ड-खण्ड हो जायेगा। पूर्व पक्ष— ब्रह्म न सर्वज्ञ है और न अल्पज्ञ है क्योंकि सर्वज्ञता और अल्पज्ञता उपाधि सहित वाले पदार्थों में होते हैं। उत्तर- उपाधि सहित कौन है? पूर्व— ब्रह्म। उत्तर— तब तो ब्रह्म ही सर्वज्ञ और अल्पज्ञ हुआ। यदि कहो कि उपाधि कल्पित अथवा मिथ्या है तो कल्पना करने वाला कौन है। जीव है अथवा ब्रह्म? या कोई अन्य। पूर्व— ब्रह्म। उत्तर-जो ब्रह्म स्वरूप है वह मिथ्या कल्पना नहीं कर सकता। जो मिथ्या कल्पना कर सकता है वह ब्रह्म ही नहीं हो सकता। तुम जो यह मानते हो कि ब्रह्म ही सत्य है वह स्थापना खण्डित हो जाती है। पूर्व— हम सत्य और असत्य को झूठ मानते हैं। वाणी से बोलने को भी मिथ्या मानते हैं। उत्तर— जब आप झूठ कहने और मानने वाले हो तो तुम स्वयं झूठे हो गये। इस प्रकार तुम्हारा सिद्धान्त भी झूठा हो गया। पूर्व— सत्य और झूठ ये हमारे ही कल्पित हैं। हम दोनों के साक्षी अधिष्ठान है। उत्तर— जो तुम सत्य और झूठ के आधार हो तो तुम धनी और चोर सदृश हुए, ऐसा व्यक्ति कभी प्रामाणिक नहीं हो सकता है। ब्रह्म संसार के प्रपंच को फैलाता है उस समय माया जो कि ब्रह्म का आश्रय है ब्रह्म को ही आच्छादित कर लेती है। उत्तर— माया सत् या असत् है। पूर्व— माया अनिर्वचनीय है। उत्तर-संसार में हम देखते हैं कि कोई वस्तु या तो सत् होगी या असत्। सत् और असत् दोनों एक स्थान पर नहीं रह सकते। इसलिये माया अथवा अविद्या में अग्निर्वचनीत्वानुपपत्ति नामक दोष आ जाता है। अतः संसार में सत् अथवा असत् ये दो प्रकार की ही वस्तुएं है इससे भिन्न नहीं। अविद्या का स्वरूप जो कल्पित किया है वह भी ठीक नहीं, क्योंकि तुम मानते हो कि विषय शून्य और आश्रय शून्य अनुभूति मानते ही ये दोनों दोष नहीं बन सकते, क्योंकि दोष या तो पारमार्थिक हो सकते हैं या अपारमार्थिक। यदि पारमार्थिक माना जाये तो ब्रह्म के दोष भी पारमार्थिक हो जायेंगे। यदि अपारमार्थिक माना जाये तो वह जो अनुभूति द्रष्टा, दृश्य बन जाता है तो यहां पर इसके मूल में भी दोष मानना पड़ेगा इस प्रकार दोष की अनन्त कल्पना से अनवस्था दोष आ जायेगा। अतः अविद्या का स्वरूप हो नहीं सकता। जिसका स्वरूप ही नहीं बनता उसकी कल्पना ही व्यर्थ है। अविद्या प्रमाणों से भी सिद्ध नहीं होती। अविद्या प्रत्यक्ष प्रमाण से तो सिद्ध है ही नहीं, क्योंकि प्रत्यक्ष में तो हमें जीव

और प्रकृति की सत्ता स्पष्ट रूप से दिखलायी ही देती है। पूर्व— परमार्थ रूप से प्रत्यक्ष तो सब मिथ्या है क्योंकि प्रत्यक्ष भी अविद्यावत् है।[1] उत्तर— यदि प्रत्यक्ष भी मिथ्या है तो संसार में कोई प्रमाण ही नहीं रहेगा। प्रत्यक्ष को मिथ्या कहने वाले की बात स्वयं मिथ्या है क्योंकि मेरे सामने देवदत्त खड़ा है। मैं यह कैसे कह सकता हूं कि मुझे देवदत्त प्रत्यक्ष नहीं हो रहा। तुम जो सर्प रज्जू के दृष्टांत देते हो वह भी तो प्रत्यक्ष पर ही आधारित है। प्रत्यक्ष के अभाव में अनुमान नहीं बन सकता और प्रत्यक्ष और अनुमान नहीं तो शब्दप्रमाण भी नहीं ठहरता। हम देखते हैं कि प्रत्यक्ष ही कारण और कार्य का अनन्यत्व बताता है जैसे— तन्तु स्थानीय कपड़े में वस्त्रनामी कार्य का प्रत्यक्ष नहीं होता है तानाबाना किए हुए तन्तु ही प्रत्यक्ष दीखते हैं और तन्तुओं में उनके अंश और उन अंशों में उनके अवयव। इस प्रत्यक्ष ज्ञान से ही अनुमान किया जाता है। क्या तुम ब्रह्म को अभिन्न निमित्तोपादान कारण सिद्ध करने के लिए प्रत्यक्ष और अनुमान का आश्रय नहीं लेते हो? तुम्हारी सभी युक्तियां प्रत्यक्ष और अनुमान पर ही आधारित है। आप लोग अज्ञान को भावरूप मानते हो जो कि ठीक नहीं है क्योंकि अनुमान से भी ऐसा सिद्ध नहीं होता है।

पूर्व— अनुमान से अज्ञान भावरूप बन सकता है क्योंकि अविद्या को प्रमाणित करने वाला ज्ञान किसी दूसरी वस्तु के अनन्तर होता। जो वस्तु ज्ञान के प्रागभाव से बिल्कुल भिन्न ज्ञान के विषयों को ढकने वाली, ज्ञान के द्वारा हटने वाली तथा ज्ञान के स्थान में अवस्थित अथवा बनी रहती है। (साध्य) दूसरा यह है कि प्रमाण ज्ञान अप्रकाशित वस्तुओं को प्रकाशित करता है। (हेतु) जिस प्रकार अन्धकार में पहले-पहल उत्पन्न होने वाली दीप की प्रभा होती है। यहां पर हम देखते हैं कि प्रमाण ज्ञान का विषय-ब्रह्मादि हैं उसके स्वरूप को ढकने वाला प्रमाण ज्ञान का देश आत्मा है उसी में अवस्थित रहनेवाला वह प्रमाण ज्ञान के प्रागभाव से भिन्न है। इन युक्तियों से सिद्ध होता है कि जो दीप प्रथम प्रकाश की किरणों को फैलाता है। उसी में अन्धकार भी नष्ट करने की शक्ति होती है। जब हम प्रथम बार दीप को कमरे में जलाते हैं तो वह कमरे में रखी हुई सभी अप्रकाशित वस्तुओं को प्रकाशित कर देता है। उसी प्रकार अन्धकार की तरह किसी दूसरी वस्तु को हटाकर प्रमाण ज्ञान भी प्रकाशित को प्रकाश में ले आता है। जो वस्तु हटाई जाती है वही अविद्या अथवा अज्ञान है, जो अनुमान द्वारा भावात्मकता सिद्ध होती है और जिसकी व्यावृत्ति ज्ञान द्वारा हो जाती है।

उत्तरपक्ष— उपर्युक्त अनुमान तर्क की कसौटी पर खरा नहीं उतरता है क्योंकि ज्ञान को आप एक दूसरी वस्तु अज्ञान के बाद सिद्ध करते हैं तो यह अज्ञान भी एक दूसरे अज्ञान की अपेक्षा रखेगा, ऐसा आप कर नहीं सकते क्योंकि ऐसा करने पर अर्थात् दूसरे अज्ञान से प्रपंच का आवरण हो जाने पर संसार की ही भावना मिट जायेगी, जो

---

1. अविद्यावद् विषयाण्येव प्रत्यक्षादीनि प्रमाणानि शास्त्राणि च।

कि मायावादियों के सिद्धान्त के भी विरुद्ध है। यदि आप भाव रूप अज्ञान को या उसके साधक अनुमान को तथा यह कथित विशेषणों से युक्त किसी दूसरी वस्तु के पश्चात् सिद्ध नहीं करेंगे तो हेतु अनैकान्तिक हो जायेगा। दूसरे आपका यह अनुमान साध्य को सिद्ध करने का सामर्थ्य नहीं रखता है! क्योंकि वास्तव में दीपक की प्रभा अप्रकाशित वस्तु को प्रकाशित नहीं करती। ज्ञान किसी वस्तु को प्रकाशमान कर सकता है। दीपक के रहते भी ज्ञान से ही विषयों का प्रकाशमान होता है। चक्षु इन्द्रिय ज्ञान उत्पन्न करती है। उसी समय प्रदीप प्रभा सहायक के रूप में प्रकाश के विरोधी घने अन्धकार को दूर करके साधन बनती है। जिस अज्ञान के विषय में विवाद है। वह विशुद्ध ज्ञान के स्वरूप ब्रह्म में आश्रय नहीं ले सकता क्योंकि वह अज्ञान है जबकि दूसरा ब्रह्म ज्ञान है क्योंकि जैसी सुख आदि के बारे में उत्पन्न अज्ञान ज्ञाता पर ही तो आश्रित है, न कि ज्ञान पर। क्योंकि जीव ही ज्ञाता है। इसी प्रकार आप (द्वैत) का वह रूप अज्ञान ज्ञाता पर ही आश्रित है न कि ज्ञान पर। परन्तु आप तो इस अज्ञान को ज्ञान रूप ब्रह्म पर आश्रित मानते हो जो कि ठीक नहीं है। यदि आप कहे कि सुख आदि के विषय में होने वाले अज्ञान का आश्रय स्वचेतन है। उसका स्वभाव ही विशुद्ध ज्ञान है, फिर अज्ञान का आरोपण ज्ञान स्वरूप आत्मा पर कैसे करते हैं। इसका उत्तर यह है कि अनुभव करना, अनुभव करने वाली आत्मा का केवल अपनी सत्ता से किसी वस्तु में व्यवहार की योग्यता उत्पन्न करने का स्वभाव रखता है। जिस अनुभूति के ज्ञान अवगति, संविद आदि बहुत से नाम है। तथा जो धर्म कर्म करने वाला भी है। अनुभव करने वालों को आत्मा और आत्मा की वृत्तियों में स्थित एक गुण को ज्ञान कहते हैं। यदि आप कहें कि—ज्ञान तो आत्मा का स्वरूप है, तो भी ठीक नहीं है क्योंकि ज्ञान आत्मा का स्वरूप होते हुए गुण भी है जिस प्रकार मणि, सूर्यादि तेजस पदार्थ स्वयं प्रभा में युक्त स्वरूप से अवस्थित हैं। किन्तु प्रभा रूपी गुण के आश्रय स्थान भी है। अर्थात् सूर्य आदि तेज के स्वरूप भी हैं। अर्थात् सूर्य आदि तेज के स्वरूप होकर भी तेज के एक प्रकार के प्रभा गुण से भरे हैं। जिस प्रकार प्रभा मुख्यतः द्रव्य है, गौण रूपेण उसे गुण मानते हैं। उसी प्रकार ज्ञान भी मुख्यतः द्रव्य (आत्मा का स्वरूप) गौण रूप से उसे गुण के रूप में समझते हैं। इस विषय में श्रुति भी प्रमाण है।

नमक का टुकड़ा जैसे अन्तर्बाह्य का बिना भेद किए रस का ही खण्ड है। उसी प्रकार यह आत्मा अन्तर्बाह्य के विभाजन से शून्य हो प्रज्ञान ही खण्ड है। इसमें ज्ञान को आत्मा का स्वरूप बतलाया गया है कि जो यह समझे कि मैं इसे सूंघ रहा हूँ, वहीं आत्मा है।[1]

---

1. स तथा सन्नन्धोऽन्तरोऽब्राह्यः कृत्स्नो रसघनो रूपैवं वा अरेऽयमात्मानन्तरोऽ बाह्यः कृत्स्नः प्रज्ञानधन एव। —बृ० उ० 4.5.13

हमने यहां पर देखा है कि उपनिषदों में भी आत्मा को ज्ञान स्वरूप और कुछ में भी आत्मा को ज्ञान स्वरूप और कुछ में अज्ञान गुणक यथा तथा ज्ञान स्वरूप दोनों माना गया है। इस प्रकार रामानुज का कथन है कि जहां अज्ञान को भाव रूप मानने में प्राप्त प्रमाण भी स्वीकार नहीं है क्योंकि कहा है कि जो ऋत से भिन्न हो उससे ढका हुआ है।[1] यहां पर उसे भिन्न पाप कर्मों का कहा है न कि अज्ञान कहा गया है। जो ब्रह्म की प्राप्ति का विरोधी है। क्योंकि ऐसा अन्यत्र भी कहा गया है। जो इस ब्रह्म की प्राप्ति नहीं करते हैं, वह अनृत से ढके हुए हैं।[2] आप लोग जो अनृत का अर्थ अविद्या करते हो सो ठीक नहीं। यहां पर तो केवल अनृत अर्थ का वे पाप कर्म है जो ब्रह्म लोक प्राप्ति में बाधक बन जाया करते हैं क्योंकि ऋत उन कर्मों को कहते हैं जो हमें ब्रह्म लोक को प्राप्त कराते हैं।

माया शब्द भी जिसे आप लोग अनिर्वचनीय अविद्या कहते हैं, यह भाव रूप अज्ञान का बाधक नहीं है अपितु विचित्र पदार्थों की सृष्टि करने वाली त्रिगुणात्मिका प्रकृति ही है।[3]

पूर्व—अद्वैत की सिद्धि में श्रुति प्रमाण है। उपनिषद्, गीता में इस प्रकार के प्रमाणों की कोई न्यूनता नहीं है। निम्नलिखित प्रमाणों से सिद्ध हो रहा है कि ब्रह्म निर्विशेष है, आत्मा और ब्रह्म की एकता अज्ञान के नष्ट होने पर हो जाती है। ब्रह्म को जानने वाला ब्रह्म ही हो जाता है।[4] जिस प्रकार मिट्टी मूल में सत्य है, शेष जितने भी पदार्थ मिट्टी से बने हैं, उसका विचार मात्र है।[5] अतः इस प्रकार ब्रह्म केवल पारमर्थिक सत्ता है शेष में जगत् आदि तो माया के विकार जानो। जो नानात्व का दर्शन करता है वह मृत्यु को प्राप्त होता है[6] जब तक यह द्वैत रहता है तभी तक सभी दुःख है। यह जो सब कुछ दिखाई देता है वह आत्मा है। चिन्मात्र ब्रह्म है, जो निर्विशेष है वही परमार्थतः सत् है। उसके अतिरिक्त जितने भी ज्ञाता, ज्ञेय आदि जो भेद हैं। वे सब कल्पित और मिथ्या है। मैं (ब्रह्म) ही सर्व भूतों का एकमात्र आश्रय हूं। ब्रह्म ही केवल है दूसरे पदार्थ नहीं हैं।

उत्तर—वस्तु हमेशा अपने गुणों के साथ होती है अर्थात् वस्तु सविशेष होती है। निर्विशेष कभी नहीं। हम देखते हैं कि पदार्थ सविशेष रूप से, किसी न किसी विशेषण

1. अथ या वेदेदं स आत्मा—छ० 8.12.4, न चानृतेन हि प्रत्यूढ़ाः—छ० 8.3.2
2. य एतं ब्रह्मलोकं न विन्दन्ति अनृतेनेहि प्रत्यूढाः।
3. मायां तु प्रकृति विद्यात् —श्वे० उ० 4.10, छा० 8.3.2
4. ब्रह्मविद् ब्रह्मैवभवतीति। —मु० 3.2.9
5. मृत्योः समृत्युमाप्नोति विकारो नामधेयंमृत्तिकेत्येवसत्यम्। —छान्दोग्य 6.1.8
6. इदं सर्वं यदेयमात्मा —बृह्दा० 4.5.7

के साथ प्रतीत होता है। सभी वस्तुओं के स्वभाव अथवा विशेष धर्म होने से सभी वस्तुयें सविशेष ही है। कहीं भी निर्विशेष वस्तु की प्रतीति नहीं होती है। स्वभावत: ज्ञाता का ज्ञातव्य विषय का प्रकाश करना ही ज्ञान का स्वभाव है। इस प्रकार ब्रह्म भी सविशेष है, जैसा कि शास्त्र में कहा वह ब्रह्म सत्य, ज्ञान और अनन्त आदि गुणों वाला है उसके अन्दर अनन्तादि गुण विराजमान हैं इससे ब्रह्म भी सविशेष ही हुआ।

पूर्व— वह ब्रह्म निर्विशेष है। तुमने जो सत्यार्थ गुणों वाला अर्थ किया हुआ ठीक नहीं अपितु वह ब्रह्म है असत्य नहीं, अज्ञानी नहीं और सान्त नहीं है। इसका निषेधात्मक अर्थ करना चाहिए।

उत्तर— फिर वह कैसा है यह भी नहीं, वह भी नहीं। उसका अपना स्वरूप क्या हुआ जिस वस्तु का अपना स्वरूप नहीं होता वह पदार्थ पदार्थाभास ही होगा। यह तो माना जा सकता है कि जो गुण उसमें न हो उनका खण्डन किया जाये जैसे ब्रह्म के अन्दर रागद्वेष कपट जड़ता आदि गुण नहीं उस दृष्टि से वह निर्गुण है परन्तु उसमें चेतनता, न्याय-ज्ञान, अनन्तता गुण विराजमान हैं इसलिए वह सविशेष अर्थात् सगुण भी हो गया है। अत: उपनिषदों में जो उसके लिए निर्गुण निष्फल आदि शब्द आये हैं यह सापेक्ष हैं अर्थात् उसे अपने स्वभाव एवं स्वरूप वाले विशेषण अर्थात् गुण हैं विरोधी नहीं। किसी वस्तु के विशेषण जहां व्यावर्तक होते हैं अर्थात् दूसरी वस्तु से पृथक करने वाले होते हैं वहां पर विशेषण उस वस्तु का प्रवर्तक और प्रकाशक भी होता है।[1] यहां अद्वैत शब्द जीव और दूसरे पदार्थों से पृथक् करता है विशेषण जो प्रकाश करने वाला है वह ब्रह्म एक है हमें इसका ज्ञान कराता है, जैसे इस नगर में देवदत्त अद्वितीय धनी हैं, विक्रम सिंह सेना में अद्वितीय शूरवीर हैं।[2] इससे यही सिद्ध होता है कि देवदत्त के समान सेना में कोई शूरवीर नहीं है। इस प्रकार ब्रह्म के विषय में समझना चाहिए। शेष आपने जो अद्वैत की सिद्धि में प्रमाण दिये हैं उनकी भी संगति समझनी चाहिए क्योंकि उपनिषद् और वेदादि में द्वैतपरक बहुत वचन हैं जिनकी इसी प्रकरण में आगे व्याख्या होगी।

पूर्व— आप तो कहते हैं कि उपनिषद् वाक्यों कि संगति लगा लेनी चाहिये परन्तु तैतिरीय उपनिषद् में आता है कि जीवात्मा और ब्रह्म में थोड़ा सा भी अन्तर करता है उसको भय होता है।

उत्तर— इसका अर्थ जो आपने किया सो ठीक नहीं। अपितु यह है कि जो मनुष्य

---

1. सत्यंज्ञानमनन्तं ब्रह्म। 4 एकमेवाद्वितीयं ब्रह्म।
   अहमात्मा गुडाकेश:। सर्वभूताशयस्थित:। —गीता 1, घ० 3
2. अशेष विशेष प्रत्यनीकचिन्मात्र ब्रह्मैव परमार्थ: तदतिरेकि नानाविध ज्ञातृज्ञेय तत्कृतज्ञान-भेदादि सर्वं तस्मिन्नेव परिकल्पितं मिथ्याभूतम्। —छा० 6.2.1

उस परब्रह्म परमात्मा का खण्डन करता अथवा जो अपने पराये का भेद करता है तथा परमात्मा को सर्व व्यापक न समझकर उसके नियमों के विपरीत आचरण करता है और जो दूसरों से शत्रुता है उसको भय प्राप्त होता है।

पूर्व—मैं ब्रह्म हूं और बृहत् ब्रह्म है[1] इत्यादि वाक्य भी तो स्पष्ट अद्वैत का प्रतिपादन करते हैं।

उत्तर—यहां पर ऋषि दयानन्द जी के शब्दों में इन वाक्यों का अर्थ दिखाते हैं। मैं ब्रह्मस्थ हूं, यहां तात्स्थ्योपाधि है (जैसे हम कहते हैं) कि मञ्चान् पुकारते हैं।[2] मञ्चान जड़ है, उनमें पुकारने का सामथ्र्य नहीं इसलिए मञ्चस्थ पुरुष पुकारते हैं इसी प्रकार यहां भी जानना। कोई कहे कि ब्रह्मस्थ सब पदार्थ हैं पुनः जीव को ब्रह्मस्थ कहने में क्या विशेषता है? इसका उत्तर यह है कि सब पदार्थ ब्रह्मस्थ हैं परन्तु साधर्म्य युक्त निकटस्थ जीव है वैसा अन्य नहीं, और जीव की ब्रह्म का ज्ञान और मुक्ति में ब्रह्म के साक्षात् सम्बन्ध में रहता है। इसलिए जीव का ब्रह्म के साथ तात्स्थ्य व तत्सहचरितोपाधि अर्थात् ब्रह्म का सहकारी जीव है। इससे ब्रह्म और जीव एक नहीं है।[3] अब हम वह तू है इसका स्पष्टीकरण करते हैं। इससे एक बात तो यह है कि आप लोग जो तत् पद से ब्रह्म को लेते हो सो ठीक नहीं है क्योंकि यहां ब्रह्म शब्द तो है नहीं। हम उपनिषद् के समस्त वचन को रखते हैं जिसका अर्थ है कि वह ब्रह्म जाना जा सकता है जो वह सबके अन्दर व्याप्त हो रहा है अर्थात् सभी पदार्थों और जीव का अर्न्तयामी ब्रह्म से तू युक्त है। इस प्रकार का उपदेश श्वेतकेतु के पिता दे रहे हैं.

हमने जो अर्थ किया है उसका स्पष्टीकरण उपनिषद् के इस वचन में स्पष्ट आया कि महर्षि याज्ञवल्क्य अपनी पत्नी मैत्रेयी को उपदेश देते हैं कि जो ब्रह्म जीव आत्मा में स्थित और उस जीव से भिन्न है, जिसे अविद्वान् लोग नहीं जानते हैं वह परमात्मा हमारी आत्मा मे व्यापक है। इसका अभिप्राय यह हुआ कि जिस प्रकार हमारे शरीर में जीवात्मा है, उसी प्रकार जीव में परमात्मा व्यापक है। ऐसे परमात्मा को तू जान।

इस उपरोक्त वचन से यह सिद्ध होता है कि जीव परमात्मा से भिन्न है परन्तु परमात्मा उस जीवात्मा में भी व्यपाक होने से इस प्रकार वचन आते हैं कि जो ऐसे प्रतीत होते हैं अद्वैत का प्रतिपादन कर रहे हो परन्तु वास्तव में वे जीव और ब्रह्म को भिन्न ही मानते हैं। जब योगी समाधिरूप होकर ब्रह्म का साक्षात्कार करता है तो कहता

---

1. प्रवर्तकं प्रकाशकं विशेषणं भवतीति। —सत्यार्थप्रकाश, 7 समुल्ला॰
2. अस्मिन् नगरेऽद्वितीयो धनाढ्यो देवदत्तः। अस्यां सेनायां अद्वितीयः शूरवीरो विक्रम सिंहः।
3. अथोदरमन्तरं कुरुते अथ तस्य भयं भवति।
   अहं ब्रह्मास्मि। तत्त्वमसि। 5 मञ्चाः क्रोशन्ति।

है कि जो परमात्मा व्यापक मेरे अन्दर हो रहा है।[1] ब्रह्म शब्द का अर्थात् होता है आच्छादन करने वाला अर्थात् सर्व व्यापक है ऐसा ब्रह्म का अर्थ मानकर अर्थात् योगी उसका साक्षात्कार करके ऐसा अनुभव करता है। जैसा कि ऊपर कह आये हैं।

ब्रह्म को जानने वाला ब्रह्म ही होता है ऐसा जो आप लोग मानते हैं सो ठीक नहीं क्योंकि इसका अभिप्राय यह है कि ब्रह्मवित् को प्राकृतिक नाम रूप समाप्त हो जाता है तब वह ब्रह्म के आनन्द को प्राप्त होता है। आनन्द साम्य से ऐसा कहा जाता है। जैसे हम पीछे बतला आये हैं।

पूर्व— भागत्याग लक्षण द्वारा हम जीवात्मा और ब्रह्म में अभेद मानते हैं। जैसे यह वही देवदत्त हैं जो ग्रीष्मकाल में काशी में देखा था, उसी को वर्षा ऋतु में मथुरा में देख रहा हूं।[2] यहां पर काशी उष्णता, वर्षा ऋतु मथुरा आदि को छोड़कर शुद्ध देवदत्त का ग्रहण होता हैं इसी प्रकार ईश्वर का परोक्ष देश, काल माया उपाधि और जीव का देशकाल, अविद्या और अल्पज्ञता आदि छोड़ देने से शुद्ध ब्रह्म शेष रहता हैं। अतः भागत्याग लक्षणा अर्थात् दोनों ओर विभिन्नता वाले विशेषणों को छोड़कर, केवल दोनों तरफ साम्य को लेकर किसी वस्तु का निर्णय कर लिया जाता है।

उत्तर— यह भी ठीक नहीं क्योंकि माया से विशिष्ट जो तुम ईश्वर मानते हो, उसका हम पीछे खण्डन कर आये हैं। यहां इतना समझेंगे कि जीवात्मा और परमात्मा दोनों नित्य हैं। आपका उक्त दृष्टान्त ईश्वर और जीव के पक्ष में नहीं घट सकता, क्योंकि वहां तो देवदत्त ही केवल भिन्न-भिन्न स्मृतियों में देखा हैं। परन्तु जीवात्मा के विषय में भी यह आया हैं कि वह नित्य हैं और शरीर के नष्ट होने पर वह नष्ट नहीं होता हैं।[3] विशेष जीवात्मा की नित्यता जीव प्रकरण में सिद्ध करेंगे।

पूर्व पक्ष— ब्रह्म का अभिन्न निमित्तोपादान कारण मानने में आपको कोई आपत्ति नहीं होनी चाहिये क्योंकि मुण्डकोपनिषद् में कहा है कि मकड़ी अपने अन्दर से ही तन्तु निकाल जाला बनाकर उसमें क्रीड़ा करती है और उस बने हुए जाल को अपने अन्दर पुनः समेट लेती हैं ठीक इसी प्रकार ब्रह्म अपने में से जगत् को बना आप जगदाकार बन इस संसार में स्वयं क्रीड़ा कर रहा हैं[4] क्योंकि माण्डूक्योपनिषद् पर गौडपाद आचार्य ने इस प्रकार कहा हैं जो प्रथम न हो अन्त में रहे वह वर्तमान में भी

---

1. य आत्मानि तिष्ठन्नात्मनोऽन्तरोऽयमात्मा न वेद यस्यात्मा शरीरम् आत्मनोऽन्तरोऽयम-
   याति सत् आत्मान्तर्याम्यमृतः। —स० प्र० 7, स० छा० 3.7.22
2. अयमात्मा ब्रह्म (बृहू वृद्धौ, बृञ् आच्छादने) —माण्डू व्य० 2, स० प्र० 7 स०
3. सोऽयं देवदत्तो य उष्णकाले काश्यां दृष्टः स इदानीं प्रावृद् समये मथुरायां दृश्यते
4. नायं हन्ति न हन्यते (गीता) अजो नित्यः शाश्वतोऽयम्। —गीता 2.18

नहीं है। इसी प्रकार सृष्टि के आदि में जगत न था केवल ब्रह्म था प्रलय के अन्त में संसार न रहेगा और केवल ब्रह्म ही रहेगा तो वर्तमान में भी ब्रह्म क्यों नहीं हैं।[1]

उत्तर पक्ष—यदि आप के कथनानुसार जगत् उपादान कारण भी ब्रह्म हो तो वह परिणामी और विकारी हो जायेगा[2] क्योंकि उपादान कारण के गुण कर्म स्वभाव कार्य में आते हैं, जैसे—मिट्टी से घट बनता है घट का मिट्टी उपादान कारण है घट में भी मिट्टी के जड़त्व आदि गुण आते है ठीक इसी प्रकार जो ब्रह्म सच्चिदानन्द स्वरूप है चेतन है[3] उसके ये गुण भी जगत् में दिखाई देने चाहिये परन्तु जगत् इस प्रकार का नहीं है इसलिए ब्रह्म को जगत् उपादान कारण नहीं माना जा सकता ऊपर आप ने जो मकड़ी का दृष्टान्त दिया है आपके मत को सिद्ध नहीं करता है अपितु खण्डन ही करता है क्योंकि मकड़ी का जो जड़ शरीर है वह तन्तु का उपादान कारण है और जीवात्मा उसका निमित्त कारण।[4]

अब तक हमने अद्वैतवाद का खण्डन उसका पूर्वपक्ष रखते हुए युक्तियों द्वारा किया। कहीं-कहीं उपनिषद् वचनों को लेकर, जिनको कि अद्वैतवादी अपने मत में दिया करते हैं उन सभी वचनों की संगति हम इसी प्रकरण में लगा चुके हैं। अब इससे आगे दर्शन ग्रन्थों में त्रैतवाद प्रतिपादक प्रमाणों का उल्लेख करेंगे।

वेदान्त दर्शन—

वेदान्त दर्शन के प्रथम सूत्र में ही कहा कि इसके अनन्तर ब्रह्म की जिज्ञासा करते हैं।[4] यहां पर ब्रह्म दूसरा उसी की जिज्ञासा करने वाला यह स्पष्ट द्वैत की निष्पत्ति है।

ब्रह्म से अन्य जीवात्मा आनन्दमय नहीं, क्योंकि जीवात्मा के आनन्द की उपपत्ति युक्ति द्वारा प्रतिपादन नहीं की जा सकती।[6]

यहां पर ब्रह्म और जीव में भेद दिखाते हुए व्यास ने यह दिखलाया है कि जीवात्मा और ब्रह्म एक नहीं है अपितु भिन्न-भिन्न है क्योंकि ब्रह्म जो आनन्द स्वरूप है जीवात्मा वैसा नहीं।

---

1. स य एषोणिमा। ऐतदात्म्यमिदं सर्वं तत् सत्यं स आत्मा तत्त्वमसि श्वेतकेतो इति —स० प्र० 7 वा० स० छा० 6.7
2. यथोर्णनाभिः सृजते गृह्यते च मुण्डुकोप०।। 7।।
3. आदावन्ते च यन्नास्ति वर्तमाने किं तत्तथा। —गौडपादीय का० अलात् 4.31।
4. क्योंकि वह जड़ रूप शरीर तन्तु का उपादान और जीवात्मा निमित्त कारण है। यह भी परमात्मा की अद्‌भुत् रचना का प्रभाव है। —सत्यार्थप्रकाश समुल्लास 8
5. अथातो ब्रह्म जिज्ञासा। —वेदान्त 1.1
6. नेतरोऽनुपपत्तेः 1.1.16.

भेद का कथन होने से जीवात्मा तथा आनन्दमय ब्रह्म पृथक्-पृथक् है। जीवात्मा और ब्रह्म मे भेद यहीं है कि ब्रह्म आनन्दमय है और जीवात्मा आनन्द स्वरूप नहीं है। क्योंकि शास्त्रों में केवल सत्‌चित्त कहा है। हां इतना अवश्य है कि वह आनन्द की प्राप्ति का प्रयास करता है।[1]

जीवात्मा में उक्त गुण न होने से ब्रह्म से भिन्न है। यहां पर सूत्रकार यह बतलाना चाहते हैं कि जीवात्मा केवल शरीर में रहता है परन्तु सर्वव्यापक और सर्वान्तर्यामी ब्रह्म सर्वत्र विद्यमान रहता है। वह ब्रह्म जन्म मरण आदि के बन्धन में नहीं आता है। इसलिए वह ब्रह्म जीवात्मा के सादृश्य नहीं है।[2]

जीवात्मा कर्म एवं कर्त्ता के कथन से युक्त होने से यह उपास्य नहीं अपितु उपासक हैं। यहां सूत्रकार का अभिप्राय यह है कि उपास्य और उपासक भिन्न-भिन्न हैं। उपासक जीवात्मा के हृदय में उपास्य आत्मा ब्रह्म सदैव विराजमान रहता है। अतः वह सत्य संकल्प आदि गुणों वाला जीव ब्रह्म से पृथक् है ऐसा समझना चाहिये।[3]

प्राण धारण करने वाला आत्मा द्यौ आदि का आयतन सम्भव नहीं यह जीवात्मा द्यौ आदि का आयतन नहीं हो सकता क्योंकि वह स्वभाव से अल्पज्ञ है। संसार की रचना में यद्यपि जीवात्मा के कर्म निमित्त होते हैं परन्तु फिर भी वे जड़ हैं इसलिए वे नियन्ता नहीं बन सकते। इसकी सिद्धि के लिए सूत्रकार यह बतलाते हैं कि जीवात्मा और परमात्मा से भेद है अतः जीवात्मा द्यौ आदि का आयतन सम्भव नहीं है।[4] जैसे आकाशादि उत्पत्ति प्रलय के विषय में अनेक शास्त्रीय प्रमाण उपलब्ध होते हैं वैसे जीवात्मा के विषय में उत्पन्न होने के प्रमाण उपलब्ध नहीं होते क्योंकि उसे तो श्रुति में जन्म लेने वाला न मरने वाला, नित्य और शाश्वत आदि नामों से कहा है।[5]

जगत् सम्बन्धी व्यापार को छोड़कर अन्य ऐश्वर्य युक्त आत्मा को प्राप्त हो जाता है। क्योंकि जहां जगत् की रचना का शास्त्र में कथन है, वहां ब्रह्म का प्रकरण समझना चाहिए। मुक्त आत्माओं का नहीं।[6]

इन उपरोक्त वेदान्त दर्शन के सूत्रों में ब्रह्म जीव और प्रकृति में भेद दर्शाया है। समस्त वेदान्त दर्शन में एक भी सूत्र उसमें उपलब्ध नहीं होता जो अद्वैतका प्रतिपादन करता है परन्तु आचार्य शङ्कर माया और अविद्या की कल्पना करके दर्शन का भाष्य

---

1. भेदव्यपदेशाच्च 1.1.17
2. अनुपपत्तेस्तु न शारीरः 1.2.2
3. कर्मकर्तृव्यपदेशाच्च 1.2.4
4. प्राणवच्च। भेदव्यपदेशात् वेदान्त 1.3.4.5
5. नात्मा श्रुतेर्नित्यत्वाच्च ताभ्यः 2.3.7
6. जगत् व्यापार वर्जन प्रकरणसन्निहितत्वाच्च 4.4.17

अद्वैतपरक कहते हैं। यद्यपि आचार्य शङ्कर ने इन उपरोक्त सूत्रों का अर्थ भेदपरक ही किया है। परन्तु वे यह कहना भी नहीं चूकते कि यह भेद अविद्या के कारण है। प्रत्येक सूत्र के साथ उन्होंने ऐसा लिखा है जबकि जीवात्मा की मुक्ति का वर्णन करते हुए समय इस बात की अंगीकरण करते हैं कि कल्पतक का जीवात्मा की मुक्ति में रहते हैं क्योंकि उन्होंने बृहदारण्क के एक वचन का अर्थ करते हुए कहा है कि जीवात्मा मुक्तावस्था में अनेक वर्ष अर्थात् कल्पपर्यन्त निवास करते हैं। मुक्ति में जीवात्मा सदा के लिए नहीं रहता है। ऐसा भाव आचार्य शंकर ने अनेकों स्थानों पर व्यक्त किये हैं। उनमें के कुछ का उल्लेख मुक्ति से पुनरावर्तन प्रसंग में करेंगे। अब ये समझ नहीं आता कि जब शंकर मुक्ति में जीव को कल्पपर्यन्त मानते हैं तो फिर वे अद्वैतवादी कैसे हुये। अस्तु वह विद्वानों का अन्वेषणीय विषय है।

हमने देखा कि वेदान्त दर्शन भेद का प्रतिपादन करता है। ईश्वर जीव और प्रकृति का उल्लेख स्थान-स्थान पर उन्होंने किया है कि जीव के गुण प्रकृति में ईश्वर के गुण जीव में नहीं आ सकते हैं। इस प्रकार मूल तत्व त्रय क़ा प्रतिपादन स्वरूप में हुआ है।

न्यायदर्शन एवं वैशेषिक दर्शन तो स्पष्ट रूप से द्वैत को मानते ही हैं। ये दोनों प्रमाणुओं को नित्य मानते हैं जिससे जगत् का निर्माण हुआ है। न्याय ने बारह प्रमेय माने है उनमें और शरीरादि को माना है। शरीर प्रकृति का विकार है। आत्मा चेतन तत्त्व जो नित्य है, ऐसा न्याय और वैशेषिक स्वीकार करते हैं। आत्मादि का विषय जीव की सिद्धि में लिखा जायेगा। न्याय और वैशेषिक तो द्वैत को स्पष्ट रूप से स्वीकार करते ही हैं। विशेष इनका प्रमाण जीव प्रकृति आदि की सिद्धि में दिया जायेगा। यहां इतना ही पर्याप्त है।

सांख्य और योग दर्शन में भी द्वैत को अंगीकार किया गया है। सांख्य प्रकृति से जगत् की रचना करता है और उस प्रकृति को नित्य मानता है।[1] सृष्टि रचना की यही प्रणाली योग दर्शन ने भी मानी है। ईश्वर को[2] दोनों ही स्वीकार करते हैं। हां सांख्य-कारिका में ईश्वर का अवश्यमेव खण्डन किया है परन्तु महर्षि दयानन्द सांख्य सूत्रों को ही प्रमाणिक मानते हैं जिसमें ईश्वर को स्वीकार किया गया हैं।[3] इस प्रकार सभी दर्शनों में ईश्वर, जीव और प्रकृति के नित्यत्व का सिद्धान्त स्वीकार किया गया है।

---

1. परावतः प्रकृष्ठाः समाः सम्वत्सरान् अनेकान् वसन्ति।
   ब्रह्मण अनेकान् कल्पान् वसन्ति इत्यर्थः।। —छा० 6.2.5 शांकर भाष्य
2. .... पुरुष विशेष ईश्वरः। —सांख्य० 1.24
3. ईदृश ईश्वर सिद्धिः सिद्धा। —सांख्य० 3.57

दशम-अध्याय

ब्रह्मनिरूपण

एकेश्वरवाद तथा बहुदेववाद—

वेदों में भिन्न-भिन्न स्थलों पर भिन्न-भिन्न नाम और रूपों से देवों का स्मरण किया गया है। यह उपासना उन्हें एक सम्पूर्ण देव मानकर चलती है, कहीं अग्नि को पूर्णदेव मानकर स्तुति की जा रही है तो कहीं इन्द्र को ही सर्वोत्तम मानकर उससे अपनी रक्षा आदि की कामना की जा रही है। कहीं रुद्र का ईश्वरत्व प्रकट हो रहा है तो कहीं वरुण और मित्र का। कहीं सूर्य के गीत गाये जा रहे हैं तो पूषन् के। कहीं सविता को अखिल विश्व का स्वामी बताया जा रहा है तो कहीं भग को और कहीं विष्णु को इन समस्त तीनों लोकों का आराधक मानकर उपासना की गई है। इस प्रकार वेदों में बहुत से देवों की स्पष्ट सत्ता प्रस्थापित की हुई मिलती है। ये देवता द्युलोक के वासी भी हैं और अन्तरिक्ष के भी। ये प्राकृतिक शक्तियां भी कही जाती हैं और भाव-संवलित आकारधारी भी। इन सबको अपने-अपने सन्दर्भों में विशिष्ट-विशिष्ट व्यक्तियों से युक्त माना गया है। अमरत्व और अपरिवर्तनशीलता इनके गुण हैं। यद्यपि उन्हें विपुल शक्ति सम्पन्न माना गया है। संसार का कल्याण— अकल्याण इन्हीं की कृपा पर आधारित माना गया है। इसलिए मानवमात्र से उनको प्रसन्न करके जगत्-कल्याण हेतु कामना करने का उपदेश दिया गया है। प्रकृति के विभिन्न क्षेत्रों का अधिनायक इन्हीं देवताओं को माना गया है। उनका पृथक्-पृथक् अपना निर्धारित क्षेत्र बतलाया गया है।

यही बहुदेववाद का विचार शनैः शनैः प्रगति की ओर अग्रसर होता है और सभी शक्तियों सभी देवताओं के ऊपर एक शक्ति का उद्घोष वेदों में होता है 'एकं सद् विप्रा बहुधा वदन्ति'—जो कहकर उसको ही इन्द्र, विष्णु, ब्रह्मा, ब्रह्मणस्पति, वरुण, मित्र, अर्यमा, रुद्र, पूषन् सविता और भग देवता बताया जाता है।[1] पूर्वोक्त समग्र बहुदेववाद

---

1. (क) त्वमग्न इन्द्रो वृषभः सतामसि त्वं विष्णु रुगायोनमस्यः।
त्वं ब्रह्मा रयिविद् ब्रह्मणस्पते त्वं विधर्तः सचसे पुरध्या।।
—ऋग्वेद 2.1.3

(ख) त्वमग्ने राजा वरुणो धृतव्रतस्त्वं मित्रो भवसिदस्म ईड्यः।
त्वमर्यमा सत्पतिर्यस्य सम्भुजंत्वमंशो विदथे देवभाजयुः।।
—ऋग्वेद 2.1.4

की प्रतिच्छाया एकेश्वरवाद के पूर्णलोक में सिमट जाता है। सभी शक्तियाँ, सभी व्यक्तित्व या तो उसी के द्वारा आयोजित बताये जाते हैं अथवा उसी को इन भिन्न-भिन्न में देखा जाता है। कहीं उसे विराट् की संज्ञा दी जाती है। कहीं उसे हिरण्यगर्भ कहा जाता है। सब नामधारी देवताओं का उसी को समाधार कहा गया है।[1] इतना ही नहीं, उसे समस्त जगद्रूप भी कहा गया है।[2] महर्षि यास्क भी कहते हैं कि—महाभाग्यद् देवताया एक आत्मा बहुधा स्तूयते। (निरूक्त देवतकाण्ड 7.1)

आचार्य रामानुज और महर्षि दयानन्द दोनों ही दार्शनिक एकेश्वरवाद के समर्थक हैं। दोनों एक परमात्मा की सत्ता को स्वीकार करने वाले हैं। किन्तु दयानन्द का एकेश्वरवाद रामानुज के एकेश्वरवाद से उन अर्थों में भिन्नता रखता है, जिन अर्थों में रामानुज सर्वेश्वरवाद की ओर अग्रसर होते हैं।

आचार्य शंकर ने सम्पूर्ण अर्थों में सर्वेश्वरवाद को स्वीकार किया है। उन्होंने परमात्मा का एकात्मक प्रतिपादित करने वाली त्रुटियों के आधार पर जिनमें—सर्वं खल्विदं ब्रह्म "नेह नानास्ति किंचन" एकं ब्रह्म सत्यं इत्यादि है। शंकर ने परमात्मा को परम सत्य ही नहीं प्रत्युत एकमात्र तत्त्व स्वीकार किया है। शंकराचार्य के अनुसार यह समस्त जगत् मिथ्या है। मिथ्याज्ञान किंवा अविद्या का विकार है। जीव भी अन्तःकरण से परिछिन्न परमात्मा ही है। अतः वह भी उस परमात्मा से भिन्न नहीं है। इसलिये जगत् के मिथ्या होने से, जीव के प्रमुख ब्रह्म होने से एकमात्र वह ब्रह्म ही परम सत्य है। अन्य किसी भी तत्त्व की सत्ता सत्य नहीं है। इस प्रकार आचार्य का एकत्ववाद अपने सम्पूर्ण अर्थों में सर्वेश्वर है। यह जगत् और यह जीव अन्ततोगत्वा उसी के रूपान्तरण हैं।[3]

(ग) त्वमग्ने द्रविणोदा अरंकृते त्वं देवः सविता रत्नधा असि।
त्वं भगो नृपते वस्व इशिषे त्वं पायुर्दमे यस्तेऽविघत्।।

—ऋग्वेद 2.1.7

(घ) इद्रं मित्रं वरुणमग्निमाहुरथो दिव्यस्स सुपर्णो गरुत्मान्।
एकं सद्विप्रा बहुधा वदन्ति अग्निं यमं मातरिश्वानमाहुः।।

—ऋग्वेद 1.164.46

1. यो देवानां नामध एक एव।—ऋग्वेद 10.83.3, यजु० 17.27, अथर्व० 2.1.3
2. यजु० 32.1
3. (क) स० प्र०, पृष्ठ 115 ।
(ख) वासुदेवः सर्वम्—गीता-रा० भा० 7.14
(ग) सर्ववेदान्तेनैव सर्वे शब्दाः परमकारणतया जयमेव गीतये इत्यर्थः।

—वेदार्थ संग्रह, पृष्ठ 180

आचार्य रामानुज उक्त सर्वेश्वरवाद की ओर तो बढ़ने को उत्सुक से प्रतीत होते होते हैं किन्तु अन्येतर तत्त्वों का यथार्थ उनके विचारों के पैरों को बांधता हुआ सा प्रतीत होता है। इसलिये वे उस रूप में सर्वेश्वरवादी नहीं बन पाते, जिनमें शंकराचार्य हैं। रामानुज के अनुसार जीव और जगत् ईश्वराश्रित ही हैं। इसलिये वे जीव और जगत् अपने-अपने स्वभावों के कारण ईश्वर से भिन्न होकर भी ईश्वर से अभिन्न हैं। जिस प्रकार एक शरीर अपने अस्तित्व के लिये अपनी आत्मा पर निर्भर करता है, किन्तु वह आत्मा से भिन्न होता है, उसी प्रकार जीव और जगत् परमात्मा का सम्बन्ध है। रामानुज इसी अभिन्नता के आधार पर परमात्मा को उपादान कारण एवं निमित्त कारण स्वीकार करते हैं। इस अर्थ में वे अद्वैतवाद अभिन्ननिमित्तोपादनेश्वरवादी हैं। इसलिये वे भी सर्वेश्वरवादी ही हैं, किन्तु, जैसा कि पहले कहा जा चुका है कि वे रामानुज-अभिन्नता जीव जगत् को परमात्मा ही नहीं मानते, प्रत्युत उनकी अपनी-अपनी सत्ता को भी सत्य मानते हैं। उनका सर्वेश्वरवाद (विशिष्टाद्वैत) उन्हें उपान्तरित सर्वेश्वरवादी कहने के लिये बाध्य करता है, यही उनका अपना वैशिष्ट्य है। जिनके कारण-अर्थात् जीव और जगत् विशिष्टपरमात्मा को स्वीकार करने से विशिष्टाद्वैतवादी हैं।

दयानन्द इस प्रकार का उपान्तरित सर्वेश्वरवाद स्वीकार नहीं करते। उनके अनुसार परमात्मा की सत्ता शाश्वत है और सर्वोत्कृष्ट है, किन्तु जीव और जगत् की सत्ता भी अनादि है, तस्मात् वे दोनो भी यथार्थ हैं। यद्यपि ईश्वर के साथ उनका व्याप्य-व्यापक सम्बन्ध है, किन्तु किसी भी प्रकार वे अपनी यर्थाथता के लिए ईश्वर के आश्रित नहीं हैं। दयानन्द, आचार्य रामानुज की भांति त्रितत्व का मूल किसी एक (परमात्मा) को ही नहीं मानते। उनके त्रितत्व अपने-आप में सर्वथा सत्य हैं और यथार्थ हैं। सृष्टि के मूलभूत हेतु जगत् की पृथक् सत्ता को स्वीकृति करने के कारण वे परमात्मा को न्याय दर्शन की भांति सृष्टि के प्रति मात्र निमित्त कारण मानते हैं। इस अर्थ में वे निमित्तेश्वरवादी हैं। इसलिये वे त्रितत्व के यथार्थ को अङ्गीकार करने के कारण सर्वेश्वरवादी नहीं कहे जा सकते हैं। तस्मात् एकेश्वरवादी तो वे अवश्य है किन्तु सर्वेश्वरवादी नहीं।

तत्त्वमीमांसा की दृष्टि से कहा जाता है कि आचार्य शंकर अद्वैतवादी किंवा सर्वेश्वरवादी अर्थात् एकतत्त्वमात्रवादी हैं, रामानुज त्रितत्त्ववादी हैं, और उस त्रितत्त्व का एक ही को मूल मानने के कारण विशिष्टाद्वैतवादी किंवा उपान्तरित सर्वेश्वरवादी हैं। किन्तु दयानन्द पूर्णतः त्रितत्त्ववादी है और उन त्रितत्त्वों के सम्पूर्ण यथार्थ को स्वीकार करने के कारण एकेश्वरवादी हैं। दर्शन की भाषा में उन्हें त्रैतवादी न कहकर द्वैतवादी कहना ही उपयुक्त होगा। अति संक्षिप्त विशेषण इस प्रकार हैं—

ईश्वर सत् है,[1] चित् है[2] और आनन्द है[3] अर्थात् सच्चिदानन्द हैं। वह निराकार[4], सर्वशक्तिमान्[5] न्यायकारी[6], और दयालु है।[7]

अजन्मा,[8] निर्विकार,[9] अनादि,[10] अनुपम,[11] सर्वाधार,[12] सर्वेश्वर[13] होने के साथ-साथ वह सर्वव्यापक[14] है वह सर्वान्तर्यामी[15] और सर्वज्ञ[16] भी हैं। अजर,[17] अमर,[18] अभय,[19] नित्य,[20] पवित्र[21] स्वभाव वाला वही सृष्टिकर्त्ता[22] है। वह उपास्य देव है।[23]

ऋग्वेद में स्पष्ट वर्णन आया है कि जिस परमात्मा ने पृथ्वी आदि लोक लोकान्तरों की परिणामपूर्वक बनाया है इस पृथ्वी आदि से ऊपर नक्षत्र चन्द्र तारकादि के सहस्थान द्युलोक का भी स्तम्भन वही कर रहा है। वह परमात्मा अपने सामर्थ्य से

---

1. ऋग्वेद 1.164.46, अथर्व० 10.8.6, यजु० 32.8
2. अथर्व० 18.4.14, ऋ० 4.31.2, यजु० 39.5
3. अथर्व० 2.1.5, यजु० 11.10, ऋ० 10.121.1 यहां पर क पद आनन्द स्वरूप वाचक है।
4. यजु० 40.8, 31.3, 31.4, 32.1, ऋ० 8.68.11, 1.26.13, 19.7.6
5. ऋ० 8.14.21, 8.32.15, 10.55.6, 6.25.5, अथर्व० 10.8.23
6. ऋ० 8.43.24, अथर्व० 1.20.4, 4.1.66
7. ऋ० 5.64.3, 2.41.11, 7.87.7
8. ऋ० 1.67.3, 7.35.13, यजु० 31.19, 40.8
9. ऋ० 10.111.3, 8.47.9, अथर्व० 10.8.44
10. सामपूर्व० 5.2.1, उत्तरार्चिक 1.1.22, यजु० 32.2
11. ऋ० 7.32.23, सामपूर्वार्चिक 3.1.10, ऋ०8.51.3, 10.121.10
12. यजु० 31.11, 13.4, ऋ० 1.9.1, अथर्व० 10.8.6, 10.7.130, 10.8.11
13. ऋ० 8.64.3, 10.26.14, यजु० 32.8, 40.5, 32.11, अथर्व० 7.87.1
14. ऋ० 1.67.6, 10.26.14, यजु० 32.8, 40.5, 32.11, अथर्व० 7.87.1
15. ऋ० 3.62.9, 1.25.10-11, 1.25.7, अथर्व० 5.11.4, 4.16.2 व 5-6
16. ऋ० 8.101.14
17. अथर्व० 10 अथर्व० 10.8.44, ऋ० 6.49.10, 6.5.7 ।, 6.19.2
18. अथर्व० 5.14.2, 6.4.2, 10.48.5, 4.1.1
19. ऋ० 3.30.5, 2.27, 14, अर्थर्व० 1.21.1
20. अथर्व० 10.8.22-23, ऋ० 10.15.6
21. ऋ० 8.95.7-8, 9.35.6
22. ऋ० 10.110.9, 10.125.8, 10.190.3, यजु० 17.18-19, सामपू० 6.4.3, अथर्व० 16.1.6
23. ऋ० 1.75.3, 2.1.4, 5.8.4, 1.1.1, 10.121.1

नियम में रहता हुआ स्तवन के योग्य है। महान् सामर्थ्यों को प्राप्त होकर मैं भी सर्वत्र स्तवन करूँ। इस उपरोक्त कथन से यह स्पष्ट हो जाता है कि मूल प्रकृति से उस परमेश्वर ने पृथ्वी आदि लोक लोकान्तरों का निर्माण किया और तीसरी वस्तु जीवात्मा है जो उस परमात्मा की प्रार्थना उपासना इत्यादि करता है। यहां भी द्वैत की स्पष्ट सिद्धि हो जाती है।[1]

महान् सुख का भण्डार परमेश्वर चराचर जगत् का उत्पादक और व्यवस्था में रखने वाला है। वही परमात्मा धारक तथा लय करने वाला है। वह सबको उत्पन्न करके सबको शुभ कर्मों की प्रेरणाप्रदान करता है[2] इस मंत्र से स्पष्ट रूप से त्रैतवाद सिद्ध होता है। जिस परमेश्वर ने सभी पदार्थों का निर्माण किया है जो उस परमेश्वर को नहीं जानता। और जो योगाभ्यास आदि द्वारा उसके जानने का प्रयास करता है उसका ही ज्ञान यथार्थ है। जो उस ज्ञान के अनुसार आचरण नहीं करता उसका वेद भी क्या करेगा। जो मनुष्य उस वेद ज्ञान द्वारा अपने अन्तिम उद्देश्य प्रभु की प्राप्ति कर लेंगे वही उस परमात्मा में मगन हो सकते हैं। इस परमानन्द को प्राप्त करने के लिए परमात्मा का ज्ञान आवश्यक है।

इस मंत्र में उपादेय परमेश्वर है तथा हेय सूर्य चन्द्र पृथिवी आदि रूप जगत् है जो कि अपने मूलभूत अनादि प्रकृति का विकार रूप है। तीसरा जीव है जो परमेश्वर के प्रदत्त वेद ज्ञान द्वारा इस हेय जगत् का साधन रूप में त्यागपूर्वक सेवन कर उपादेय प्रभु को पाने का प्रयास करता है इस प्रकार त्रैत की सिद्धि हो जाती है।[3]

दो सहवासी सखा जीवात्मा तथा परमात्मा अपने समान अनादि प्रकृति रूपी वृक्ष पर बैठे हुए हैं। उनमें से एक उस वृक्ष के स्वादु फलों का उपभोग करता है दूसरा जो कि सच्चिदानन्द स्वरूप है उस वृक्ष के फलों का उपभोग नहीं करता, अपितु अपने दूसरे सखा को उपभोग करते हुए देखता है और उसका साक्षी है। जो सखा उस-उस वृक्ष के फलों को खाता है वह दुःख सुख आदि कर्मफलों को प्राप्त होता है। परन्तु जो दूसरा सखा जो केवल साक्षी मात्र है अर्थात् फलों का उपभोग नहीं करता वह कभी भी किसी भी प्रकार के बन्धन में नहीं आता।[4]

---

1. वृहत्सुम्नः प्रसवति निवेशनो जगतः स्थातुरुभयाय योवसी।
   सना देवा सविता शर्श यच्छुत्वस्मे ज्ञयाय त्रिवरूथ मर्घसः।।
2. विष्णोर्नुकं वीर्याणि प्रवोचं यः पार्थिवानि विममेरंजासि।
   यो अस्कमायदुत्तरं सघस्थं विचक्रमाणस्त्रेधोरुगायः।। —ऋग्वेद 1.154.1
3. यस्मिन् वृक्षेमध्वदः सुपर्णानिविशन्ते सुवते चाधिविश्वे।
   तस्येदाहुः पिप्पलं स्वाद्वग्रे तन्नोन्नशद्यः पितरं न वेद।। —ऋग्वेद 1.164.22
4. न तं विदाथ य इमा जजानान्यद्युष्माकमन्तरं बभूव। —ऋग्वेद 10.82.7

इस मन्त्र में दो सखा और एक वृक्ष बतलाकर स्पष्ट रूप से त्रैतवाद का प्रतिपादन किया गया है। अलंकार रूप से यह समझाया गया है कि जीवात्मा और परमात्मा दो मित्र है। प्रकृति एक वृक्ष के समान है जीवात्मा संसार में आकर नानाविध कर्मों को करता है और नाना प्रकार के दुःख सुख रूपी फलों का उपभोग करता है। परमात्मा इस प्रकृति रूपी वृक्ष पर निवास करता हुआ भी किसी प्रकार का कर्म नहीं करता। वह केवल द्रष्टामात्र है। जिस प्रकृति के विकार भूत इस दृष्टि रूपी वृक्ष पर अनेक जीव बैठे हुए, वहीं पर ही अपनी सन्तानोत्पत्ति करते हुए उसी वृक्ष के फलों का उपभोग करते हुए उन्हीं की भूरि-भूरि प्रशंसा करते हैं अर्थात् विविध प्रकार के भोगों को भोगते हुए यही कहते हैं कि अमुक पदार्थ बड़ा स्वादिष्ट है अमुक उससे भी अधिक स्वादिष्ट है आदि-आदि।

इस प्रकार जो भोगों की प्रशंसा करें धीरे-धीरे उनमें मग्न हो जाते हैं तो वे काम, क्रोध, लोभ आदि की दुष्प्रवृत्तियों में फंस जाया करते हैं। जब तक उस परमानन्द परमपिता परमेश्वर को प्राप्त करने का प्रयास नहीं करते तब तक सांसारिक दुःखो में फंसे रहते हैं। परमात्मा को प्राप्त करने के लिए निश्चल बुद्धि से उसकी आराधना करनी होगी।

वहाँ भी स्पष्ट रूप से त्रैत की सिद्धि हो जाती है। जिस परमेश्वर ने इस चित्र को विचित्र नाना-विध सृष्टि का सृजन किया है। उस करुणा निधि स्रष्टा को तुम नहीं जानते। वह तुम्हारे अन्दर व्याप्त हो रहा है। तब भी उस परमात्मा को क्यों नहीं जानते? यहाँ भी त्रैतवाद की सिद्धि स्पष्ट है। एक संसार दूसरा परमेश्वर तीसरा जीवात्मा जो कि संसार के भोगों में फंसकर उस परम को नहीं जानता।[1]

अनन्त धनों के भण्डार प्रभु तुम जैसा अन्य कोई द्युलोक में और न ही कोई पृथ्वी लोक में उत्पन्न हुआ और न ही होगा। हे परमेश्वर्यो के केन्द्र इन्द्र हम अश्वादि यातायात के साधनों को भली प्रकार प्राप्त करें।[2]

जिस महान् सामर्थ्य वाले परमात्मा ने तीन तेजों से परिपूर्ण तथा प्रकाशमान सर्वहित सम्पादक सूर्यादि पदार्थों को रचा है। जिससे इस विशाल भूमण्डल को दृढ़ किया है और इसके द्वारा होने वाले सुख को भी धारण किया है, उसी की ही अनुकम्पा से हमें विविध सुखों का अनुभव होता है। उसने दुःख रहित मोक्ष के आनन्द को भी धारण किया हुआ है। यदि हमें सर्वोत्कृष्ट आनन्द की कहीं प्राप्ति हो सकती है, तो उसी विधाता परमेश्वर से ही प्राप्त हो सकती है।

---

1. न त्वा वां अन्योदिव्यो न पार्थिवो न जातो न जनिष्यते।
   अश्वायन्तो मघवन्निन्द्र वाजिनो गव्यन्तस्त्वा हवामहे।। —ऋग्वेद 7.32.23
2. मामा हिंसीज्जनिता यः पृथिव्या यावा दिव सत्यधर्मा व्यानट्।

इस मन्त्र में जिज्ञासु प्रश्न करते हैं कि हम किस देव की श्रद्धा तथा नम्रतापूर्वक उपासना करें? उत्तर में स्पष्ट कहा गया है उस परमात्मा कि जिसने की द्यौ पृथ्वी आदि को धारण किया हुआ है उपासना करें। यहां त्रैतवाद स्पष्ट रूप से परिलक्षित हो रहा है। वेदों में भी त्रैतवाद की सिद्धि है। इस विषय में हमने कुछ मन्त्र प्रस्तुत किये हैं। हमारे ग्रन्थ का कलेवर अधिक न बढ़े इसलिए आगे मन्त्र न दिखाकर मात्र वेदों में आये कुछ शब्दों के अर्थ लिख रहे हैं। जिनसे त्रैत की सिद्धि होती है।

यजुर्वेद में परमेश्वर के लिए प्रजापति शब्द आया है। जिसका अभिप्राय है कि—प्रजा का स्वामी[1], उस प्रजा से अनादि जीवात्मा तथा जिससे वह प्रजा का पालन पोषण करता है। उस कार्य रूप जगत् से अनादि प्रकृति रूप तत्त्व की अनुमान से सिद्धि को तंत्र की प्रतिपत्ति हो जाती है।

ईश्वर के लिए हिरण्यगर्भ शब्द भी आया है। जिसका अभिप्राय है कि सूर्य, विद्युत् आदि पदार्थ जिसके गर्भ में है।[2] इन सब पदार्थों से जिनका कि गर्भ में रखे हुए हैं अनादि उपादान प्रकृति रूप कारण का अनुमान से ज्ञान होता है। अब चूंकि यह सूर्य चन्द्र आदि का कार्य है। अतः ये सब पदार्थ उपभोग के लिए बनायें गये हैं। वह जीव समुदाय इस प्रकार हिरण्यगर्भ शब्द से भी अनादि तत्त्वमय की निष्पत्ति हो जाती है।

वेदों में देव शब्द भी आता है जिसका अर्थ होता है कि जो परमात्मा आनन्द स्वरूप होकर आप ही क्रीड़ा करता है अथवा बिना किसी सहायता के अपने सहज स्वभाव से ही संसार की उत्पत्ति स्थिति एवं प्रलय करता रहता है। वह सबकी क्रीड़ाओं का आधार है जो सबको जीतने हारा परमेश्वर देव है।[3] जो चराचर जगत् का प्रकाशक है अर्थात् जिससे सारा चराचर जगत् प्रकाशित हो रहा है।[4] सज्जनों तथा धर्मात्माओं द्वारा स्तुति किया जाता है। अथवा उपासना किया जाता है वह देव है।[5] इस प्रकार हमने देव शब्द के अर्थ का विवेचन किया। इन सब निरुक्तियों अथवा निर्वचनों से ज्ञात होता है कि वह परमात्मा देव समस्त ब्रह्माण्ड का बनाने वाला है और वह चर अचर जगत्

---

1. प्रजायाः पालकः पतिः स्वामी वा।
   प्रजापतिश्चरतिं गर्भे...... —मनु० 31.19
2. सूर्य विद्युत हिरण्यादि पदार्थाः गर्भे यस्य सः हिरण्यगर्भः परमेश्वर
   हिरण्यगर्भः समवर्तताग्रे........ —ऋग्वेद 10.129.7
   हिरण्यगर्भ इत्येष....... —यजु० 32.3
3. यो दीव्यति क्रीडति स देवः। विजिगीषते यः स देवः। ऐषो हे देवः प्रदिशो नु सर्वा
   ..... —यजु० 32.4
4. यश्चराचरं जगद् द्योतयति स देवः।
5. यः स्तूयते स देवः।

के सब व्यवहारों को सिद्ध करता है। इससे वह देव है। तात्पर्य यह है कि देव के इन सभी अर्थों से त्रैत की निष्पत्ति हो रही है क्योंकि वह देव उपासकों को स्तुति तथा उपासना आदि के द्वारा प्राप्त होता है तो उपासक जीवात्माओं की सिद्धि भी अपने आप हो जाती है।

विराट् :— विराट् शब्द से यद्यपि परमेश्वर का भी ग्रहण होता है परन्तु यजुर्वेद 31.5 के आधार पर जगत् का ही ग्रहण किया गया है जिसका अभिप्राय होता है कि जो विशेष प्रकार से यह महान् जगत् प्रकाशित किया जाता है वही विराट् कहाता है।[1] अब प्रश्न यह होता है कि यह विराट् जगत् किस निमित्त कारण से प्रकाशित उत्पन्न किया जाता है, अपितु कौन इसकी उत्पत्ति प्रकाशन करने वाला है, क्योंकि बिना किसी निमित्त कारण के तो किसी की उत्पत्ति बन नहीं सकती जैसे कि घड़ा आदि। दूसरा प्रश्न यह भी होता है कि यह जगत् किस उपादान कारण से उत्पन्न किया जाता है अर्थात् इसका उपादान कारण क्या है? जिसमें सम्पूर्ण संसार ऐसे आश्रय लिये हुए है कि जैसे पक्षी अपने घोंसले में रहते हैं। उसी सर्वाधार परमेश्वर से यह जगत् उत्पत्ति काल में उत्पन्न होकर स्थूल रूप में आ जाता है और प्रलयकाल में कारण रूप प्रकृति में लीन होकर उसी परम पुरुष प्रभु में समा जाता है। वही जगदीश्वर व्यापक परमात्मा पुनः-पुनः उत्पन्न होने वाली इन प्रजाओं के तानें बानें के साधन से ओत-प्रोत हो रहा है। उसी परम पुरुष को विद्वान् योगाभ्यासी जन योगाभ्यास द्वारा अपनी हृदय गुहा मे देखकर साक्षात्कार कर परमानन्द में मग्न हो जाते हैं।[2]

यहां हृदय गुहा में विहित परमेश्वर के एक नीडवत् आधार प्रभु से आदि निमित्त ब्रह्म, विविध विश्व से उसकी मूल प्रकृति और प्रजाओं से अनादि जीवात्मा समुदाय का ग्रहण कर अनादि तत्त्वत्रय का प्रतिपादन हो जाता है। जो परमात्मा सत्यधर्मा है। वही परमेश्वर भू लोक का निर्माण करता है। यही नहीं बल्कि द्युलोक-प्रकाश लोक-चन्द्रमा आदि-आदि को उत्पन्न करके उन सबके अन्दर परिपूर्ण हो रहा है। वह प्राणप्रिय करुणा निधान इनसे अनेक विध करुणामय समान रूप अन्य औषधियों आदि तृप्तिकर भोगों की व्यवस्था कर हमारे लिए प्रदान कर, हमें अनुगृहीत करता है।[3]

यहां पर कहा गया है कि वह परमेश्वर सत्यधर्मा है। उसके लिये जनिता, सत्यधर्मा, व्यानट् ये तीनों शब्द दर्शा रहें हैं कि जगत् की उत्पत्ति आदि का कोई निमित्त

---

1. ततो विराडजायत विराडाऽधिपुरुषः.....—यजु० 31.5
2. येन द्यौरुग्रा पृथ्वी च दृढा येन स्वः स्तभितं येन नाकः।
   यो अन्तरिक्षं रजसो विमानः कस्मै देवाय हविषा विधेम।। —यजु० 32.6
3. वेनस्तत्पश्यन्निहितं गुहा सद्यत्र विश्वं भवत्येकनीडम्।
   तस्मिन्निदं संचविचैति सर्वं स ओतः प्रोतश्च विभुः प्रजासु।। —यजु० 32.8

कारण है, यह सत्य सर्वव्यापक प्रभु है। पृथ्वी, द्यो, चन्द्र आदि जो पद आये हैं, वे अपने उपादान मूल प्रकृति की ओर संकेत करते हैं। उपासक शब्द के लिए हविषा आदि शब्दों का प्रयोग हुआ है, जो जीवात्मा के वाचक हैं क्योंकि कारण के बिना कोई वस्तु उत्पन्न नहीं हो सकती। तीसरा प्रश्न यह है कि विराट जगत् की उत्पत्ति किसके लिए हुई। इन सब प्रश्नों का उत्तर यही है कि परमात्मा इसका निमित्त कारण है उपादान कारण मूल प्रकृति है और जिसकी उत्पत्ति हुई वह जीवात्मा है।

वैश्वानर :— वैश्वानर परमेश्वर सकल प्राणियों को अपने शुभ अशुभ कर्मों के अनुसार लोक लोकान्तरों की प्राप्ति कराता है।[1] यहां वैश्वानर से अनादि परमेश्वर जिन नरों प्राणियों को वह भोगों की अथवा भिन्न-भिन्न योनियों को शरीरों को कर्मानुसार प्राप्ति कराता है। उनसे अनादि जीवों तथा जिन भोगों लोक लोकान्तरों को प्राप्ति कराता है, उनसे अनुमान द्वारा अनादि प्रकृति की सिद्धि होकर अनादि वैदिक त्रैतवाद की उपलब्धि हो जाती है।

वरुण :— वरुण वरणीय परमेश्वर धर्मात्मा एवं धनी जनों के द्वारा वरण किया जाता है। यहां पर एक वरणीय और एक वरण करने वाला इन दोनों से द्वैत और तीसरा जो मूल प्रकृति तत्त्व है जिसका जीवात्मा नानाविध भोग भोगता है, तीनों की सिद्धि हो जाती है।

विष्णु :— जो चराचर जगत् में व्याप्त हुआ[2] इस महान जगत् की व्यवस्था कर रहा है वह विष्णु महान् परमेश्वर है।[3] यहां विष्णु से अनादि अविनाशी ब्रह्म और चराचर से जगत् और जीव इन तीनों की उपपत्ति हो जाती है।

विश्वकर्मा :— विश्वकर्मा परमात्मा से सारा जगत् रचाया जाता है उसी विश्वकर्मा से यह उभयविध जगत् का निर्माण होता है।[4] इस प्रकार हमने वेद मन्त्रों और वेदों में आये कुछ शब्दों के द्वारा देखा कि जगत् में मूल रूप से कम से कम तीन तत्त्व मानने चाहियें।

मूल उपनिषदों में ब्रह्म का विवेचन—

1. **ईशावास्योपनिषद्**— वह परमात्मा कंपन नहीं करता है, परन्तु मन से भी

---

1. नासतो विद्यते भावः— गीता कारणभावात्कार्योभावात् वैशेषिक
2. यो विश्वान् अखिलान् नरान्नयति प्रापयति कर्मानुगुण भोगलोकान् स वैश्वानर परमेश्वरः।
3. विवेष्टि व्याप्नोति चराचरं जगत् इति विष्णु सर्वत्र परिपूर्णः परमेश्वरः। व्रियते यः स वरुण परमेश्वरः इति। ओं शन्नोमित्रः शं वरुण — ऋ० 1.6.18
4. विश्वंकरोति इति विश्वकर्मा, विश्वकर्मा विमना — ऋ० 8.3.17

वेगवान् है। ये इन्द्रियां उसे प्राप्त नहीं कर सकती हैं, परन्तु वह इन्द्रियों से भी पूर्व विद्यमान है। वह स्थिर है, परन्तु अन्य को पीछे देता है। उसी के कारण जो वायु स्वयं हल्की है अपने से भारी बल को उठा लेती है।[1] कुछ लोग इसका यह अर्थ करते है कि शुद्ध रूप से परमात्मा नहीं चलता अपितु शब्द रूप में चलता है। इस प्रकार परमात्मा के दोनों रूप बन सकते हैं परन्तु यह आशय उपनिषत्कार का प्रतीत नहीं होता है। अतः ब्रह्म में उभयरूप मानना ठीक नहीं है। आगे कहा है कि जब पुरुष इस सम्पूर्ण विश्व को परमात्मा के आधार पर समझता है और इस ज्ञान के पाने पर वह पुरुष पूर्ण प्रकार से सुरक्षित हो जाता है फिर किसी की निन्दा स्तुति नहीं करता है। यहा पर इस वचन मे ईश्वर ज्ञान का फल कथन किया गया है।[2] इस उक्त मन्त्र का अर्थ अद्वैतवादी यह करते हैं कि जब पुरुष इस सारे संसार को अपने आप में देखता और सारे संसार के भूतों में अपने आपको देखता है तो वह निन्दा स्तुति नहीं करता है।[3] इसके आगे उपनिषद् में परमात्मा का निर्बीज समाधि द्वारा जब योगी साक्षात्कार करता है तो उस अवस्था में योगी समदर्शी हो जाता है, वह शोक और मोह से रहित हो जाता है। उसे अपने पराये का यश नहीं रहता अपनी प्राणीमात्र में एकता देखता है।[4] यहां यदि एकत्व का अर्थ ब्रह्म और जीव का अभेद होता है तो मोह और शोक पद की आवश्यकता न होती, अपितु यह कहा जाता कि वह ब्रह्म हो जाता है। परन्तु जैसा कि योगदर्शन में व्याख्यान है कि योगी समाधि काल में ब्रह्म में अवस्थित हो जाता है या अपने स्वरूप को देख लेता है। आत्मतत्त्व बोध हो जाता है, अवस्था कहकर भेद प्रतिपादित किया गया है।[5] जिस परमात्मा के साक्षात्कार हो जाने पर योगी समदर्शी अवस्था को उपलब्ध कर लेता है उस ईश्वर का स्वरूप क्या है? इसका वर्णन करते हुए कहा है कि वह ईश्वर सब स्थानों पर गया हुआ है। दीप्त, शरीर रहित, नसनाड़ियों रहित, घावों से रहित, सब प्रकार से पवित्र, पापरहित, क्रान्तदर्शी, सब जगह व्याप्त, स्वयं सत्ता वाला है। वह जैसा चाहता है वैसा भली प्रकार सृष्टि के पदार्थों को रचता है अर्थात् धारण करता है।

---

1. विष्णोः कर्माणि पश्यत — ऋ० 2.7.19
2. ईशोपनिषद् 5
3. यस्तु सर्वाणि भूतान्यात्मन्येवानुपश्यति। सर्वभूतेषु चान्मानं ततो न विजुगुप्सते।।
   — ई० उ० 6
4. यहां प्रकरण में आत्मा शब्द का अर्थ ब्रह्म के लिए प्रयुक्त है, जबकि अद्वैतवादी यहां अपने अर्थ में ग्रहण करते हैं। जब पहले से परमात्मतत्त्व का वर्णन है तो आत्मा का अर्थ परमात्मा लेना उचित नहीं। आर्यमुनि।
5. ईशो० 7—"तत्र को मोह कः शोक एकतत्वमनु पश्यत"
   यहां एक त्वम् का अर्थ है—एकता-समता-एक दृष्टि उस अवस्था में योगी जाति, सम्प्रदायों से ऊपर उठकर निष्पक्ष हो जाता है।

वह निरन्तर व्यवधान रहित सभी कल्पों से चला आ रहा है। जैसी व्यवस्था चाहता है वैसा प्रबन्ध कर रहा है।[1] ईश्वर के उस स्वरूप को सभी आचार्यों ने एकमत होकर स्वीकार किया है। कुछ आधुनिक प्रत्ययवादी विद्वान् अन्य करते हैं। उन्होंने इस मन्त्र के उत्तरार्द्ध में सृष्टि रचयिता के रूप में ईश्वर को माना है। मुक्त आत्मा सृष्टि रचना कभी भी नहीं कर सकता है। यह सामर्थ्य तो केवल ईश्वर का ही है वेदान्त दर्शन का भाष्य करते हुए आचार्य शंकर यह मानते हैं कि मुक्त पुरुष सृष्टि की रचना नहीं कर सकता है।[2] उक्त मन्त्र में ब्रह्म के स्वरूप का ही वर्णन है। इस मन्त्र में ईश्वर के स्वरूप को विधेयात्मक और निषेधात्मक[3] हेतु और सिद्ध किया है। वह ईश्वर शुक्र, शुद्ध पर्यगात्, कवि, मनिषी, परिभू, स्वयंभू, शाश्वतीभ्यः "इन विशेषणों से युक्त है, यह उसके विधेयात्मक गुण है।" अकायं, अव्रणं, अस्नाविरं अपापबिद्धं, इन विशेषणों से उसकी निषेधात्मक रूपेण व्याख्या की है।[4]

आचार्य शंकर ने ईश्वर को अज्ञानोपहित चैतन्य माना है। परन्तु ईशोपनिषद् में जो ईश शब्द आया है वह ब्रह्म के अर्थ में ही आया है। किसी भी उपनिषद् में ईश्वर को मायोपहित चैतन्य माना है। ऐसी श्रुतियों का अर्थ आचार्य शंकर यह कहकर करते हैं ये श्रुतियाँ व्यवहार काल को बताती हैं परन्तु मूल उपनिषदों को यह अमान्य लगता है एक श्रुति व्यवहारकाल की दूसरी पारमार्थिक काल की है।

2. **केनोपनिषद्**— इस उपनिषद में ब्रह्म का वर्णन नाटकीय ढंग से किया है। आरम्भ में प्रश्न किया है वह कौन सा देव है जो सब चक्षु, श्रोत्र और वाणी आदि इन्द्रियों को शरीर के साथ युक्त करता है। मन और वाणी को भी कौन प्रेरणा देता है।[5]

इन सबका प्रेरणा देने वाला या शरीर के संयुक्त करने वाला वह देव परमेश्वर है। जिसको जानकर अमृत हो जाते हैं।[6] जो लोग ईश्वर को साकार मानते हैं, उनका खण्डन रूप में किया गया है। उस देव परमेश्वर को चक्षु आदि इन्द्रियों से नहीं जाना जा सकता है। मन भी जानने में असमर्थ है अर्थात् उसका साक्षात्कार आत्मा ही कर

---

1. तदा द्रष्टुः स्वरूपे अवस्थानम् —यो० 1.3
2. पर्यगाच्छुक्रमकाय....... —ईशो० 8
3. जगद् व्यापार वर्जन प्रकरणादसंनहितत्वाच्च— वैदान्त० 4.4.17— इस शंकरभाष्य— जगदुत्पत्त्यादि व्यापारं वर्जयित्वाअन्यदक्षिणमाद्यैश्वर्य मुक्तानां भवितुमर्हति। जगद् व्यापारस्तु नित्यसिद्धस्येश्वरस्य।
4. पाजिटिव— नेगेटिव।
5. केन-प्रथम-केनेषितां पतति।
6. श्रोत्रस्य श्रोत्रं मनसो मनो। —केन० प्रथम खण्ड, 1-2, वह परमेश्वर देव श्रोत्र का श्रोत्र मन का मन अर्थात् इस सबकी शक्ति उसके कारण है।

सकता है। उस ब्रह्म की महिमा वर्णन करते हुए कहा कि ये चक्षु, क्षोत्र, वाणी और मन तथा वाणी बोलती है, मन मनन करता है। श्रोत्र सुनते हैं और प्राण गति करता है, इसी को ब्रह्म जानो वही उपासनीय है। जिसकी साधारणतः उपासना की जाती है वह वास्तव में ब्रह्म नहीं है।[1] जो लोग यह कहते हैं कि हमने ब्रह्म को जान लिया वे अभी अल्प ही जानते हैं वह ब्रह्म के शब्दों के द्वारा नहीं जाना जा सकता है।[2] इस उपनिषद् में ब्रह्म की महिमा का वर्णन रूप द्वारा किया है। ये अग्नि, जल वायु आदि देव उस महादेव की शक्ति के बिना कुछ भी नहीं कर सकते हैं। अग्नि में जलाने की वायु में उड़ाने की और जल में बहाने या गलाने की शक्ति उसी से प्राप्त होती है, इसका अभिप्रायः यह है कि वह जड़ वस्तुओं पर नियमन वहीं ईश्वर करता हैं। तात्पर्य यह है कि वह ब्रह्म अनुभूति या आत्मा के द्वारा साक्षात्कार करने का विषय है न कि केवल शब्द द्वारा जाना जा सकता है। उसको प्राप्त करने के लिए ध्यान योग द्वारा प्रज्ञा को प्राप्त कर समाधियों का अनुष्ठान करना होगा।[3] इस उपनिषत् में भी ब्रह्म की व्याख्या निषेधात्मक रूप में ही अधिक हुई है।

3. **कठोपनिषद्**— इस उपनिषद् में ब्रह्म के मुख्य नाम ओउम् का प्रतिपादन यह व्याख्यान करके किया है कि जिसका सब वेद वर्णन करते हैं और जिसको प्राप्त करने के लिये तप और ब्रह्मचर्यादि का पालन किया जाता है वह ओउम् पद से कहा गया है। इसी ओंकार का उल्लेख अन्य उपनिषदों तथा वेदादि में मुख्य रूप से किया जाता है। कहते हैं उसी का आलम्बन ही सर्वश्रेष्ठ है क्योंकि परमाणु से भी सूक्ष्म होने के कारण परमात्मा अणु से भी अणु अर्थात् सबसे सूक्ष्म है। आकाश आदि प्रभु पदार्थों से भी महान् है अर्थात् उससे महान् है। साधक अपनी हृदयरूपी गुहा में विराजमान उस परमात्मा की महिमा, उसकी कृपा से निष्काम कर्मों और शोक रहित होकर उसका साक्षात्कार करता है।[4] कुछ विद्वान् धातु शब्द का अर्थ मन आदि इन्द्रियों से करते हैं।[5] परन्तु यह प्रतीत होता है क्योंकि वेद में भी धातु शब्द को वा धातु शब्द से तृच प्रत्यय से धातृ शब्द का निर्माण किया जाय तो भी उसका अर्थ होगा पदार्थ मात्र जिसके आश्रित हो अर्थात् सबका धारण करने वाला उसका नाम कथन किया है। अतः परमात्मा का नाम धातु है।[6] इन्द्रियों से धातु का ग्रहण नहीं किया जा सकता है।[7] कुछ अन्य विद्वान्

---

1. केन-यत्श्रोत्रेण....... —तदैव ब्रह्म-केन, प्रथमखण्ड 4-8 ।।
2. यदि मन्यते सुवेदीति...... —वही 9
3. केन, द्वितीय खण्ड तथा तृतीय खण्ड
4. अणोरणीयान्महतो महीयान्..... —कठ० 20
5. सूर्याचन्द्रमसौधाता यथापूर्वमकल्पयत् —10.180.3
6. धीयते सर्वमस्मिन् दधाति सर्वं वेन्ति धातु।
7. आसीनो दूरं व्रजति —कठ० 241

जो ईश्वर को साकार होना मानते हैं वे महान् से महान् का अर्थ अवतार करते हैं, उनसे कोई पूछे क्या अवतार सर्वव्यापक होता है या एक देशी। इसका खण्डन अगले मन्त्र से ही हो जाता है। वह ब्रह्म अपनी सत्ता में सर्वत्र अगले गतिमान है अतः वह एक स्थान पर ठहरा हुआ भी दूर देश में जा सकता है और सर्वव्यापक होने से लेटे हुए के समान वह व्याप्य वस्तुओं को सब ओर से घेरे हुए है। वह आनन्द स्वरूप होने से मद और इन्द्रिय अन्य हर्ष के होने से अमद कहलाता है। ऐसा ही वर्णन ईशापनिषद् में तदैजति. ....कहकर किया है। परन्तु अद्वैतवादी इसे जीव का वर्णन मानते हैं परन्तु यह उनकी भावना एक उपनिषद् की भावना के विरुद्ध है, क्योंकि इस उपनिषद् में तो अनेकों ऐसे स्थंल हैं जहां ब्रह्म का भेद स्थापित किया है। उस ब्रह्म की व्यापकता और सूक्ष्मता का वर्णन करते हुए कहा है कि वह शरीर धारियों में शरीर रहित है और अनित्य वस्तुओं में नित्य है तथा अवस्थित है, इस प्रकार का विभु व्यापक मानकर भी साधक उसकी सत्ता को स्वीकार करते हैं, वे शोक रहित हो जाते हैं।[1] यहां उपनिषद् ने औपाधिक ईश्वर का खण्डन अशरीरी कहकर कर दिया है। इससे आचार्य शंकर की इस मान्यता का खण्डन स्वतः हो जाता है, कि वह चैतन्य मायोपहित होकर सौपाधिक हो जाता है, उसकी शक्ति से अस्त हो है, समस्त देव उसी में अर्पित है अर्थात् उसका अतिक्रमण कोई भी नहीं कर सकता है।[2] आगे व्याख्यान किया है कि जो ब्रह्म इस जन्म अर्थात् इस लोक में हमारे कर्मों का नियन्ता है वह परलोक में भी नियन्ता है, जो परलोक में है वही यहां पर भी उस प्रभु मे जो नानात्व देखते हैं वे मृत्यु के ग्रास बनते हैं।[3] इस कथन के अनुसार बहु देवतावाद नाना ईश्वर कल्पना निराधार सिद्ध हो जाती है। ब्रह्म की सर्वव्यापकता भौतिक अग्नि के दृष्टान्त से कथन की गई है। जिस प्रकार एक ही अग्नि लोक लोकान्तरों में व्याप्त होकर प्रत्येक पदार्थों में तदाकार रूप में अवस्थित है इसी प्रकार एक अन्तर्यामी परमात्मा समस्त पदार्थों में व्यापक हो रहा है। वह उनके अन्दर ही नहीं अपितु बाहर भी विद्यमान है।[4] इस कथन के अनुसार बहु देवतावाद या ईश्वर कल्पना निराधार सिद्ध हो जाती है। ब्रह्म की सर्वव्यापकता भौतिक अग्नि के दृष्टान्त से कथन की गई है, जिस प्रकार एक ही अग्नि लोक लोकान्तरों में व्याप्त होकर प्रत्येक पदार्थ में तदाकार रूप में अवस्थित है इसी प्रकार एक अन्तर्यामी परमात्मा समस्त पदार्थों में व्यापक हो रहा है वह उनके अन्दर ही अपितु बाहर भी विद्यमान है। इसी वायु के दृष्टान्त से उसकी व्यापकता सिद्ध करते हुये माना है कि जैसे एक ही वायु समस्त लोक लोकान्तरों में प्रविष्ट हुआ तदाकार हो जाता है उसी

---

1. अशरीरं शरीरेषु.........
2. कठ० 24.9
3. कठ० 4.10
4. कठ० 2.22

प्रकार यह ब्रह्म भी सब भूतों का अर्न्तयामी होता हुआ उनके बाहर भी वर्तमान रहता है।[1]

प्रतिरूप से अद्वैतवाद को मानने वाले केवल ब्रह्म की सत्ता को सिद्ध हुआ मानते हैं परन्तु उनका खण्डन अगले मंत्र में ही उस ब्रह्म को निमित्त कारण मानकर कर दिया है। वह ब्रह्म जिस जगत् का निर्माता है, वह उर्ध्वमूल है अर्थात् कारणरूप में ऊपर है। उसका कार्यरूप में (जिसे शाखा रूप) जगत् नीचे है। यह अनित्य संसार रूप वृक्ष प्रवाह से अनादि है, ऐसा वृक्ष जिस ब्रह्म के आधार पर स्थित है, वह ब्रह्म अत्यन्त ज्योति या पवित्र है, वही अमृत है, उसी में सभी देव अधिष्ठित हैं उसका उल्लंघन कोई नहीं कर सकता है।[2] हे नाचिकेता यह वही ब्रह्म है जिसके विषय में तूने पूछा है। परन्तु यहां पर प्रत्ययवादियों का विचार है कि उर्ध्व मूल का अर्थ उपादान कारण है परन्तु उनका यह विचार इसलिए उचित नहीं है कि यदि यहां पर ब्रह्म को अभिन्ननिमित्तोपादान सिद्ध करने का उद्देश्य होता तो ऊर्ध्व मूल माना है। निमित्त होने के कारण होने से शाखा पद के स्थान पर मूल पद ही होना चाहिए परन्तु यहां शाखा रूप में कार्य जगत् का वर्णन किया है। इस मंत्र में ब्रह्म को आधार आधेय भाव से निरूपण किया गया है आचार्य शंकर के मत में ब्रह्म ही सब कुछ होने से वह आधार आधेय निरूपण नहीं हो सकता, परन्तु यहां तो स्पष्ट रूप में उक्त निरूपण हुआ है। अश्वत्य रूपी वृक्ष को कुछ आचार्य ब्रह्म रूप में मानते हैं परन्तु ऐसा अर्थ भी नहीं किया जा सकता है क्या ब्रह्म काल तक ही रहेगा।[3] इस मंत्र के आधार पर शबलवादी जड़ पदार्थों की शबल रूप में उपासना करने का यत्न करते है। अर्थात् शाखा से मूल तक जाना परन्तु यह मान्यता प्रत्यक्ष के विपरीत है। प्रत्यक्ष में सभी मूल में शाखा की ओर आते हैं। साकार पूजा का खण्डन पीछे भी कठ ने किया है। अर्थात् जड़ वस्तुयें अमृत कभी नहीं हो सकती हैं। वह ब्रह्म ही अमृत है। दूसरा कोई नहीं है।

4. प्रश्नोपनिषद्— इस उपनिषद् में ब्रह्म का निरूपण प्रश्नोत्तर रूप में किया है। ब्रह्म के विषय का विवेचन करते हुए ऋषि पिप्पलाद व्याख्यान करते हैं कि जैसे पक्षी अपने वासस्थान रूप वृक्ष को प्राप्त होते हैं इसी प्रकार यह समस्त जगत् के पदार्थ उस ब्रह्म में ही निवास करते हैं अर्थात् उस परमात्मा ने सूक्ष्म कोई भी नहीं हैं।[4] इतना ही नहीं अपितु आगे वर्णन किया है कि जो उस प्रसिद्ध ब्रह्म को अज्ञान से रहित, शरीर

---

1. कठो० 5.9–10
2. कठो० 7.1
3. शबल ब्रह्मवादी मानते हैं कि ब्रह्मरूपी वृक्ष शाखा रूप से शबल और मूल रूप से शुद्ध है। परन्तु यह मान्यता निराधार प्रतीत होती है क्योंकि जड़ पदार्थों की पूजा का खण्डन उपनिषदों में सर्वत्र प्राप्त है।
4. प्रश्नोपनिषद्, चतुर्थ-प्रश्न 7

से रहितदि व्रणों से रहित, प्रकाश स्वरूप, अविनाशी, परमात्मा भली प्रकार जानता है अर्थात् परम सूक्ष्म ब्रह्म का ज्ञाता सब कुछ जान लेता है और तद्रूप अर्थात् उसके गुणें को धारण करके महान् हो जाता है।[1] यहां अभिप्राय: यह है कि उस ब्रह्म को जान लेने पर सब कुछ जान लिया जाता है, कुछ भी अवशिष्ट नहीं रहता है। यह केनोपनिषद् में भी कहा है।[2] यहां पर अद्वैतवादी सर्वज्ञ: का अर्थ करते हैं कि वह जीव ब्रह्म होकर सर्वज्ञ हो जाता है परन्तु यह समीचीन नहीं है क्योंकि अद्वैतवादी सर्वज्ञता आदि गुण शुद्ध ब्रह्म मे नहीं मानते हैं फिर सर्वज्ञ: का अर्थ ब्रह्म बन जाना मानना असंगत है। यहां अभिप्राय यह है कि सर्व जानाति इति सर्वज्ञ: अर्थात् ब्रह्म को जानने पर समस्त विश्व को जानने वाला हो जाता है।[3] यहां परमात्मा को व्यापक बतलाकर उसके स्वरूप को निषेधात्मक रूप में व्याख्या प्रस्तुत की गई है। इस उक्त उपनिषद् में ब्रह्म की महिमा, सर्वव्यापकता और वह जड़ पदार्थों से भिन्न है, उसकी संक्षिप्त रूप में व्याख्या प्रस्तुत की है।

5. **मुण्डकोपनिषद्**— वह ब्रह्म अत्यन्त दिव्य, भूर्तधर्मों के रहित, सर्वत्र व्यापक, प्रत्येक पदार्थ के बाहर और भीतर है। इसलिए वह उत्पत्ति से रहित है, प्राणों से रहित, मन से रहित है प्रकाश स्वरूप है। अव्याकृत प्रकृति से परम सूक्ष्म है।[4] समस्त संसार के पदार्थों में निरुक्तकार यास्क मुनि के अनुसार षड् भाव उपलब्ध है। सभी पदार्थ उत्पन्न होते है, बढ़ते हैं, परिणाम को प्राप्त होते हैं।[5] परमात्मा इन षड्भावविकारों से रहित है इसलिए उसे अमूर्त कहा है। अर्थात् वह निराकार है। उस निराकार ब्रह्म से ही मन, प्राण और इन्द्रियां आदि उत्पन्न हो जाते हैं, उसी से पृथ्वी आदि। यहां निमित्तकारण के रूप में ब्रह्म का वर्णन हुआ है।[6]

ब्रह्म का रूपक द्वारा निरूपण किया है। यदि हम उसे मूर्तरूप में देखना चाहें तो यह अग्नि उसका मुख है। चन्द्र और सूर्य उसकी आंखे हैं, वायु प्राण है, समस्त विश्व उसका हृदय स्थान है। पृथ्वी पादस्थानीय है, ऋग्वेदादि उसकी खुली हुई वाणी है। वास्तव में वह ब्रह्म सबका अन्तरात्मा है।[7] यह अलंकार रूप में उस विराट् ब्रह्म का

---

1. वही, चतुर्थ-प्रश्न 10
2. तस्मिन्नेवविज्ञाते सर्वमिदं विज्ञातं भवति। —वही
3. पं० सत्यकाम विद्यालंकार का भाष्य द्रष्टव्य। आर्यमुनि, ब्रह्ममुनि भाष्य द्रष्टव्य।
4. दिव्योह् यमूर्त..... —मुण्डक० 2, खण्ड 1-2
5. जायते-अस्ति-विपरिणमते-वर्धते-अपक्षीयते-विनश्यति इति षड् भावविकारा:। —निरु० 1-2
6. मुण्डको० 2-3
7. अग्निमूर्धा— मुण्डको० 2.1.4

स्वरूप निरूपित किया है। ये अग्नि आदि अवयव उसके आरोपित हैं वस्तुतः नहीं, क्योंकि वह तो सर्वभूतान्तरात्मा है। वही समस्त सृष्टि की रचना करता है।[1]

वह ब्रह्म सर्वत्र और सर्ववित् है, और उसकी महिमा सृष्टि रचना से परिलक्षित है, वह परमात्मतत्त्व हृदयकमल रूप में वर्तमान है, ज्ञान रूप है, प्राण और शरीर का चलाने वाला है और प्रत्येक प्राणी में विद्यमान रहकर आनन्द की वृष्टि कर रहा है।[2]

उस ब्रह्म का प्रतिपादन है क्योंकि आगे कहा है कि वह ब्रह्म सर्वथा निष्कलंक है, वह ज्योतियों की भी ज्योति है। उसे आत्मवित् विद्वान् जानते हैं। यहां रूपकालंकार द्वारा ब्रह्म का प्रतिपादन किया है, स्पष्ट रूप में कहा है कि वहां सूर्य का प्रकाश नहीं है। चन्द्रमा, नक्षत्र, विद्युत और अग्नि उसको प्रकाशित नहीं करते हैं, वास्तव में उसी की अनन्त शाश्वत शक्ति से समस्त भूमण्डल प्रकाशित हो रहा है।[3] इसके अनन्तर उस ब्रह्म की सर्व व्यापकता का विशद् रूप में उल्लेख करते हुए कहा कि यह अमृत रूप ब्रह्म सबसे पूर्व था, बाद में रहेगा। दक्षिण, उत्तर, नीचे, ऊपर सभी स्थानों पर ब्रह्म ही फैला हुआ है। ब्रह्म ही विश्व में वरिष्ठ अर्थात् श्रेष्ठ है यहां पर ब्रह्म को सजातीय, विजातीय और स्वगत भेद से रहित बतलाया गया है अर्थात् जगत् से पूर्व ब्रह्म ही था अर्थात् यह रूपात्मक जगत् अव्याकृत प्रकृति में लीन था। वह प्रकृति ब्रह्माश्रित होने के कारण ब्रह्म के सजातीय भेद की आपादक न थी, और स्वतन्त्र न होने के कारण सजातीय भेद की आपादक न थी, इसलिए ब्रह्म को सर्वात्मत्वेन कथन किया गया है और ऊपर, नीचे, दक्षिण, उत्तर भाव से कथन किया है कि अनवच्छिन्न सत्ता से एकमात्र ब्रह्म ही समस्त दिशाओं में है। इसीलिये कहा है कि वह ब्रह्म सर्वश्रेष्ठ है।[4] यहाँ यह स्पष्ट हो जाता है कि ब्रह्म का स्वरूप जीव से भिन्न है। इससे अधिक उपनिषद् और क्या स्पष्ट करेगी कि दीप्ति वाला ब्रह्म अणु से भी सूक्ष्म है जिसमें भी लोक लोकान्तर निवास करते हैं और समस्त प्राणी भी अवस्थित हैं वह अक्षर ब्रह्म है। वही सभी की शक्तियों की शक्ति है। हे सौम्य वही जानने योग्य है।[5] इस उपनिषद् में ब्रह्म को परम ब्रह्म रूप में वर्णित किया है। अतः परम विशेषण केवल ब्रह्म के लिए प्रयुक्त हुआ है।[6] अतः ब्रह्म ही से परम सब दृष्टियों में ~ है। जीवात्मा ब्रह्म (महान्) हो सकता है।

1. मुण्डको० 2.1.5, 6, 7, 8
2. यः सर्वज्ञः —मुण्ड० 2.2.7
3. मुण्डक० 2.2.10
4. आर्यमुनि भाष्य द्रष्टव्य
5. मुण्डको० 2.2.1
6. उपनिषदों में ब्रह्म के स्वरूप का वर्णन मुक्ति (हेतु) प्रधान न होकर अनुभूति प्रधान है। —स्वामी ब्रह्ममुनि-माण्डूक्य

6. माडूक्य उपनिषद्— माण्डूक्य उपनिषद् में ओंकार का वर्णन बहुत अधिक सूक्ष्मता और गहनता के साथ हुआ है।

ओ३म् यह जो वस्तु या ओउम् यह तो आत्मा है, सो यह अक्षर है अक्षर का अभिप्राय: यह है कि जिसके गुण कर्म और स्वभाव कदाचित् भी न बदले जैसे कोई कहता है कि यह अग्नि प्रज्वलित पदार्थ है, यहां कहने वालों का अभिप्राय यह है कि अग्नि जो मुख से बोला जाता, वह नहीं, और अग्नि शब्दस्याही से लिखा वह भी नहीं अपितु जलता हुआ साक्षात् अग्नि पदार्थ अभिप्रेत है। इसी प्रकार ओ३म् एक रस निर्विकार है न कि मुख से या स्याही से लिखा ओ३म् शब्द। यह समस्त जगत् उसका उपाख्यान है। भूतकालिक, वर्तमानकालिक और भविष्यकालिक यह सब ओंकार ही है। इसके अतिरिक्त तीनों कालों से अतीत भी ओंकार ही है।[1] यहां पर यह द्रष्टव्य है कि इस जगत् को उसका उपाख्यान कहा है। इसका अभिप्राय यह है कि समस्त ब्रह्माण्ड उस पर परमात्मा की सत्ता का सूचक होने से उसका उपाख्यान कहाता है, जैसे मूलमन्त्र या मूलमन्त्रों पर के गूढ़ अर्थों को उनको टीका प्रस्फुटित कर देती है। इसी प्रकार चराचरात्मक जगत् ईश्वर के महत्त्व का बोधक होने से उसका व्याख्यान रूप है। इन तीनों कालों के अन्तर्गत जो कार्य रूप जगत् है वह ओंकार का रचा हुआ होने से ओंकार की महिमा का वर्णन है।[2] आचार्य शंकर माण्डूक्य उपनिषद् पर भाष्य करते हुए कहते हैं कि 'ओ३म् यह अक्षर ही सब कुछ है यह अभिधेय (प्रतिपाद्य) रूप जितना पदार्थ समूह है, वह अपने अभिधान (प्रतिपादक) से अभिन्न होने के कारण यह सब कुछ ओंकार ही है पर ब्रह्म भी अभिधान अभिधेय (वाच्य वाचक) रूप उपाय के द्वारा ही जाना जाता है। इसलिए वह भी ओंकार ही है। यह जो परापर ब्रह्म अक्षर ओउम् उसका उपाख्यान ब्रह्म की प्राप्ति का उपाय होने के कारण उसकी समीपता से स्पष्ट कथन का नाम उपाख्यान है।[3]

आचार्य शङ्कर एक प्रकार से अभिधान अभिधेय सम्बन्ध मान रहे हैं परन्तु यथार्थवादी व्याख्याकारों का कथन है कि बोध्य-बोध सम्बन्ध से ब्रह्म का वर्णन हुआ है। ओंकार का विवेचन करते हुए कहा है कि उक्त लक्षणों वाला यह सब में गमन

---

1. ओमित्येतदक्षरमिदं सर्वमिति। यदिदमर्थजातभिधेय भूतं तस्यामिधानाव्यतिरेकात् अभिधानस्य ओंकाराव्यतिरेकादोकार एवेदं सर्वम्। तस्यैतस्य परापर ब्रह्मरूपस्याक्षरस्यौ-मित्येतस्योपव्याख्यानम्। —माण्डूक्य-शंकरभाष्य, पृष्ठ 25
2. ओमित्येतदक्षरमिदं सर्वं तस्योपख्याख्यानं भूतं भवद्भविष्यादितिसर्वमोकारं एव पचन्यति-कालातीतं तदप्याकार एव अग्निरिति प्रज्वलित पदार्थः। —माण्डूक्य 2
3. इदं सर्वतस्यापाख्यानम् इन्द्रियगोचर सर्वक्रियात्मक और ज्ञानात्मक जगत् क्रियात्मक उस ओ३म् रूपात्मा का बोध करने वाला व्याख्यान है।

—स्वामी ब्रह्ममुनि-माण्डूक्य

करने वाला आत्म ब्रह्म समस्त पदार्थों से महान् है, यह आत्मा चार प्रकार के विभूति रूप पादों वाला है[1] इसी कालों में जितना वस्तु जगत् है यह सब उस पुरुष की महिमा है। समस्त ब्रह्माण्ड उसके एक पाद स्थानीय है और उसके तीन पाद अमृत रूप हैं। जिस प्रकार यजुर्वेद में चार पादों का विन्यास है। इसी प्रकार यहां इस उपनिषद् में भी चार पादों का विन्यास है। जिस आत्मतत्व के उक्त चार पाद वर्णन किये गये हैं वह निश्चित रूप से जीवात्मा नहीं है किन्तु ब्रह्मरूप आत्म तत्त्व है। इसी भाव से अर्थ आत्मा कहा गया है। परन्तु आत्मा से अद्वैतवादी विद्वान् जीवात्मा ग्रहण करते हैं। जो उक्त हेतु से उचित प्रतीत नहीं होता है क्योंकि ब्रह्म के अर्थ में अभेद सिद्ध करने के लिए अद्वैतवादी इसी प्रक्रिया का आश्रय लेते है। यदि यहां अयं आत्मा ब्रह्म का अर्थ यह होता कि जीवरूप आत्मा ब्रह्म है तो अयमात्माचतुष्पात् यह पद कभी नहीं हो सकता है क्योंकि आत्मा के भेदों या पादों का वर्णन कहीं भी नहीं हुआ है अपितु ब्रह्म के चतुष्पाद का वर्णन वेदों में आया है। जैसा कि हम अभी देख आये हैं। अतः सिद्ध हुआ कि यहां पर ब्रह्म का ही प्रतिपादन किया गया है।

परमात्मा का प्रथम पाद के रूप में व्याख्यान इस प्रकार है—जीव जाग्रत अवस्था में बाहर के पदार्थों का प्रकाशक है इसलिए उसे बहिप्रज्ञः कहा है। दो आंख, दो कान, दो नाक तथा एक मुख में उसके सप्तांग कहलाते हैं। पांच प्राण, पांच ज्ञानेन्द्रिय, पांच कर्मेन्द्रिय और मन बुद्धि चित्त अहंकार ये सब मिलकर उन्नीस मुख वाला जीवात्मा को कहा है। अर्थात् ये 19 तत्त्व मुख्य रूप में हमारे शरीर में है। यह जाग्रत स्थान रूप में प्रथम पाद है।[2] दूसरे पाद का नाम तैजस रखा है क्योंकि स्वप्नावस्था तैजस् है। अन्तः प्रज्ञ रूप में कहा है। जिस अवस्था में पुरुष न किसी कामना की इच्छा करता और न कोई स्वप्न देखता है। सभी वृत्तियां विरुद्ध हो जाती हैं वह सुषुप्ति रूप तृतीय पाद है। यह तीनों पादों का वर्णन संक्षिप्त रूप में किया है। वास्तव में ये तीनों पाद जीवात्मा की तीन अवस्थायें हैं। जाग्रत, स्वप्न और सुषुप्ति। सुषुप्ति में आनन्दमय अवस्था का वर्णन है। यदि जीव ब्रह्म का अभेद कहा जाता है तो चतुष्पाद में ब्रह्म का उल्लेख न किया होता,[3] वास्तव में प्राज्ञ नामक जीव का वर्णन है। ये विश्व, तैजस और प्राज्ञ तीनों एक ही बोध की अवस्था भेद से संज्ञा विशेष हैं। परन्तु अद्वैतवादी जिस प्रकार अवस्था भेद से जीवन की तीन संज्ञा मानते हैं इसी प्रकार ब्रह्म की भी वैश्वानर, हिरण्यगर्भ और ईश्वर ये तीन संज्ञा मानते हैं।[4] ये तीनों मायोपहित चैतन्य हैं। परन्तु यथार्थवादी दृष्टिकोण के अनुसार विराट् आदि तीन शरीर तथा हिरण्यगर्भादि तीन भेद मानना ठीक नहीं है।

1. एतावानस्य महिमानोज्यायांश्च... —यजु० 31.30
2. माण्डूक्य उपनिषद् 3
3. वही 4
4. वही 5

उपनिषदों में इनका कहीं भी वर्णन नहीं आया है कि ब्रह्म से विवर्त होकर ईश्वर हिरण्यगर्भ आदि का मायोपहित चैतन्य रूप निर्माण होता है। ये उक्त सभी नाम तथा अन्य सहस्त्रों शब्द परमात्मा के ही वाचक हैं। इन शब्दों के प्रसङ्गानुसार अन्य अर्थ भी हो सकते हैं। जैसे कठोपनिषद् में एक स्थान पर वैश्वानर शब्द का प्रयोग अग्नि के लिये हुआ है। ईश्वर वाची नाम में इसका अर्थ है कि समस्त विश्व का रचने वाला अर्थात् विश्वव्यापक।[1] परन्तु वैश्वानर आदित्य अर्थ भी आता है।[2] आचार्य शंकर भी तीनों अर्थों में वैश्वानर शब्द का अर्थ स्वीकार करते हैं।[3]

अतः उक्त तीनों पादों में जीव का ही वर्णन है, परमात्मा का नहीं। वह परमात्मा जिसका चतुर्थ पाद में वर्णन किया गया है, वह सम्पूर्ण जगत् का स्वामी, सर्वज्ञ, सर्वान्तर्यामी वह सबका कारण है। क्योंकि उससे समस्त भूतों की उत्पत्ति होती है। उक्त तीनों पादों में जिस जीव का वर्णन किया था उससे विलक्षण ब्रह्म विवेचन इस प्रकार किया है कि वह ब्रह्म जाग्रत, स्वप्न में जीव जो बहिःप्रज्ञ और अन्तःप्रज्ञ वह इससे भिन्न है अर्थात् वह तो सर्वज्ञ है। न ही अप्रज्ञ अर्थात् जड़ प्रकृति भी नहीं है। अदृश्य, सूक्ष्म होने के कारण अव्यवहार्य है, अमूर्त है, अर्थ इन्द्रियों द्वारा ग्राह्य नहीं है। सब चिन्हों से वर्जित है। वह आनन्द स्वरूप और सजातीय विजातीय स्वागत भेद शून्य, ऐसे ब्रह्म को जो मानते हैं वह परमात्मा है और वही जानने योग्य हैं।[4]

इस चतुर्थ पाद के रूप में ब्रह्म का वर्णन स्पष्ट रूप में जीव से भिन्न किया है। यदि ऐसा अभिप्रेत न होता तो यहां स्पष्ट कहा होता कि वह जीवात्मा अज्ञान से दूर होकर चतुर्थ पाद के रूप में ब्रह्म हो जाता अथवा वही ब्रह्म है।

7. ऐतरेय उपनिषद्— ऐतरेय उपनिषद् में ब्रह्म का व्याख्यान निमित्तकारण के रूप में उपलब्ध होता है। वह ब्रह्म ही सबसे पूर्व अर्थात् कार्य रूप जगत् से पूर्व था। ऐसा उसके तुल्य कोई भी तत्त्व नहीं था जो उसकी स्पर्द्धा करता, वह ब्रह्म निरपेक्ष रूप में वर्तमान था। उसने ही अपनी ईक्षण शक्ति द्वारा सभी लोक लोकान्तरों को उत्पन्न किया।[5] अन्य उपनिषदों की तरह ब्रह्म को अनेक नामों से ऐतरेय में कहा गया है। उस ईश्वर का नाम ब्रह्म, उसी का नाम इन्द्र, प्रजापति और प्रज्ञानेत्र आदि नाम हैं। जिससे

---

1. आचार्य शंकर और दूसरे अद्वैतवादी इन तीन पादों को अभेदपूर्ण, वैश्वानर, हिरण्य ईश्वर रूप कहते हैं।
2. वैश्वानरः प्रविशति अतिथि ब्राह्मणोगृहान् —कठ० 1.7
3. वैश्वानरः साधारणशब्दविशेषात् —ब्र० सू० 1.2.24, स एषः वैश्वानरोविश्वरूपः —प्रश्न० 1.7, वैश्वानरशब्दसु त्रयाणां साधारणः।
4. अमात्रश्चतुर्थोऽव्यवहार्यः —माण्डू० 12
5. आत्मैवेदमग्र..... —ऐतरेय० 1.11

समस्त पदार्थ सत्ता रूप में व्यक्त होकर लाभ को प्राप्त करते हैं उसका नाम नेत्र है।[1] अर्थात् ज्ञान रूप नेत्र हों जिससे उसका नाम नेत्र है।[2] प्रत्ययवादी इसका अभिप्राय: यह लेते हैं, यह जड़ चेतन जगत् शुक्ति रजत के समान प्रज्ञानरूप में कल्पित होने के कारण इस संसार वर्ग को प्रज्ञान में प्रतिष्ठत कहा गया है। अर्थात् चैतन्यस्वरूप ब्रह्म ही हो, आरोप रूप व्यवहार का कारण जिसका नाम प्रज्ञानेत्र है।[3] और चैतन्य स्वरूप ब्रह्म में यह सब संसार प्रलय काल में स्थिति पाने के कारण इसे प्रज्ञा प्रतिष्ठा कहा गया है।[4] इस प्रकार संसार का एक मात्र कारण वे ब्रह्म को ही मानते हैं अन्त में "प्रज्ञानं ब्रह्म" कहा है इससे यह बोध ब्रह्म बन जाता है। परन्तु यह उनका कथन उचित प्रतीत नहीं होता है क्योंकि अगले मन्त्र में ही जीव की उत्क्रान्ति विवेचन करके उसको सुख रूप मुक्ति की प्राप्ति का उल्लेख किया है। यदि उक्त अभिप्राय: होता तो, जीव की मुक्ति का वर्णन न किया होता। जब "प्रज्ञानेत्रो लोक:" कहकर अखिल ब्रह्माण्ड के बाधसमानाधिकरण्य की रीति से अभेद कथन किया गया है तो जीव भी उसी में आ गया। दूसरी आपत्ति यह है कि जब प्रथम मन्त्र में प्रज्ञानपद ईश्वर वाच्य है तो यहां ब्रह्म के प्रकरण में अज्ञान का अर्थ जीव क्यों ग्रहण किया जाय। प्रकृष्ट ज्ञान का स्रोत ब्रह्म ही है। इसलिए ब्रह्म के लिये ही प्रज्ञान पद का उल्लेख समीचीन प्रतीत होता है। अत: स्पष्ट है कि प्रज्ञानं ब्रह्म विशेष्यविशेषण भाव कथन किया है। यदि प्रज्ञानं पद का विशेषण न देकर कहा जाता तो ब्रह्म का अर्थ प्रकृति, जीव और वेद भी तो हैं। इसलिए इनसे पृथक् करने के लिये ज्ञानस्वरूप ब्रह्म रूप में ब्रह्म स्वरूप उपलब्ध होता है।[5]

8. तैत्तिरीय उपनिषद्— तैत्तिरीय उपनिषद् ब्रह्म का स्वरूप सत्य ज्ञान अनन्त-रूप में कहा गया है। वह परमात्मा सत्य, ज्ञान और अनन्त धर्मों वाला है। इस वाक्य में विशेष्य और सत्यादि उसके विशेषण हैं। यदि ब्रह्म सत्य कहा जाता तो प्रकृति में उसकी अतिव्याप्ति हो जाती क्योंकि जीव भी ज्ञानस्वरूप है। इसकी व्यावृत्ति के लिये "अनन्तं ब्रह्म" ब्रह्म का लक्षण हुआ। ब्रह्म सत्य, ज्ञानस्वरूप और अनन्त हैं। इससे यह सिद्ध हुआ कि ब्रह्म सत्य, ज्ञान और अनन्त विशेषणों वाला (गुणें) है। परन्तु अद्वैतवादी विद्वानों के मत में यह लक्षण नहीं बन सकता है कि लक्षण व्यावर्तक भी होता है क्योंकि इनके यहाँ ब्रह्म से भिन्न कोई पदार्थ ही नहीं फिर किसका लक्षण किया जाय। अद्वैतवादी इसका अर्थ भी करते हैं कि ब्रह्म को जानने वाला ब्रह्म हो जाता है परन्तु यह उनकी

---

1. नीयते सत्ता प्राप्यतेऽनेनेति नेत्र। —आर्यमुनि
2. एष ब्रह्म एष इन्द्र... —ऐतरेय० 5.3
3. प्रज्ञा चैतन्यमेवनेत्रं व्यवहारकारणं यस्य स प्रज्ञानेत्र:।
4. प्रज्ञायां चैतन्यं प्रतिष्ठति प्रलयकाले सर्वं जगल्लीयते इति प्रज्ञाप्रतिष्ठां। —अद्वैतवादीव्याख्या।
5. ब्रह्म विदाप्नोति परम-सत्यं ज्ञानमनन्तं ब्रह्म। —ब्र० व० 2

भ्रान्ति ही प्रतीत होती है क्योंकि उत्तरार्द्ध में स्पष्ट कहा है कि वह "सर्वान् कामान्" सब कामनाओं का उपभोग ब्रह्म के साथ करता है। यदि ब्रह्म ही हो जाता तो फिर कामनाओं का प्रश्न ही न पैदा होता। वस्तुतः इसका अभिप्रायः यह है कि परम ब्रह्म को जानने वाला जीवात्मा भी ब्रह्म अर्थात् महान् हो जाता है।[1] आचार्य शंकर का मत इसी अध्याय में पीछे स्पष्ट कर चुके हैं।[2]

9. श्वेताश्वतर उपनिषद्— इस उपनिषद् में प्रश्नोत्तर रूप में ब्रह्म का निरूपण किया है। वह कारण रूप ब्रह्म क्या है? प्रकृति और जीवात्मा क्या हैं? यह ब्रह्म ही अपेक्षित है। वह ब्रह्म नित्यों का नित्य, चेतनों का चेतन है जो सांख्य और योग द्वारा जाना जाता है। वही सृष्टि को व्याकृत करने में कारण है। उसे ज्ञान कर ही मुक्ति मिल सकती है।[3] इतना ही नहीं अपितु इससे पूर्व कहा है कि एक देव समस्त भूतों में व्याप्त है[4] वह सत्त्व, रजस् और तमस् इन तीनों गुणें से विरल है। वह हमारे कर्मों का साक्षी है और निर्गुण है। वह अणु से भी सूक्ष्म और महान् है।[5] समस्त ब्रह्माण्ड में व्याप्त होकर भूत, भविष्यत् वर्तमान सबका ज्ञाता है। वह ब्रह्म हाथ, पांव रहित होकर भी वेगवान होकर ग्रहण करने वाला है। चक्षुरहित होकर भी देखता, कर्ण रहित भी सुनता है। वह सम्पूर्ण प्राणिमात्र को जानता है किन्तु उसे साधारणतः कोई जानता है। वह प्रभु महान् है।[6] आगे इसी को प्रकारान्तर से कहा है कि उस ब्रह्म के सब ओर हाथ पांव है सब ओर आंखें, सिर और मुंह हैं वह सर्वत्र सुनने वाला हैं।[7] अभिप्राय यह है कि ऐसा कोई स्थान नहीं जहां पर वह देखता सुनता न हो, वेद में कहा है कि अज्ञानी लोग समझते हैं कि हमें कोई भी नहीं देखता है परन्तु वरुण तृतीय उन्हें देख रहा है।[8] वास्तव में वह पुरुष ही भूत, भविष्य और वर्तमान में सबका स्वामी है। वही अमृत है। इन मंत्रों का अर्थ आचार्य शंकर ब्रह्म को नि विशेष रूप मानकर प्रस्तुत करते हैं। परन्तु यहां स्पष्ट रूप में कहा कि वह ब्रह्म ज्ञानातीत है और प्रकाश स्वरूप है।[9] यह प्रकाश स्वरूप होने से सविशेष व निरूपणीय है। यदि निर्विशेष रूप कहा होता तो प्रकाश और तम दोनों से रहित कहना चाहिए। इससे आगे कथन किया है कि उस ब्रह्म से उत्कृष्ट वस्तु कोई

1. जैसा कि कहा है ब्रह्मविद् ब्रह्मैव भवति।
2. सत्यं ज्ञानमनन्तं ब्रह्म।
3. नित्योनित्यानां —श्वेता० 6.13
4. एकोदेवः सर्वभूतेषु —श्वेता० 6.11
5. श्वेता० 3.20
6. आपाणिपादो —श्वेता० 3.19
7. श्वेता० 3.16
8. वरुणस्तृतीयः —ऋग्वेद
9. श्वेता० 3.8

भी नहीं है और सबसे सूक्ष्म होने के कारण उससे छोटी वस्तु भी कोई नहीं है। न ही उससे कोई महत्तर है।[1] वस्तुतः अखिल ब्रह्माण्ड उस ब्रह्म से व्याप्त है। ईशोपनिषद् में भी कहा है कि जगत् में जो जगत् है वह ईश्वर से व्याप्त है।[2]

इसी प्रकार आगे कहा है कि वह ब्रह्म होकर भी अपनी शक्ति से नानाविध संसार का प्रादुर्भाव करता है अर्थात् रचता है।[3] उस ब्रह्म के अनेक नाम है इसका विवेचन इस प्रकार किया है कि अग्नि, आदित्य, वायु, चन्द्रमा, और शुक्रादि नाम उसी ब्रह्म के हैं।[4] इससे स्पष्ट हो जाता है कि उपनिषदें अनेक देवतावाद या बहु देवतावाद को नहीं मानती हैं महर्षि दयानन्द का भी यही मत हैं।[5] ऋग्वेद और यजुर्वेद में भी इसी आशय के मंत्र अनेकों उपलब्ध होते हैं इन्हीं भावों को यजुर्वेद में कहा है।[6] ऋग्वेद में कहा है कि इन्द्र, मित्र, वरुण, अग्नि, यम और मातरिश्वा उसी एक ब्रह्म के विभिन्न नाम हैं। विद्वान् लोग उसे बहुत नामों से कहते हैं कि जबकि वह एक ही है।[7] यह सर्वव्यापी देव जगत्कर्त्ता और सर्वदा समस्त जीवों के हृदय में स्थित है। उस परम ब्रह्म का स्वरूप प्रज्ञः बुद्धि से जानकर मनीषी लोग अमर हो जाते हैं। इस संसार क्षेत्र में देव एक जाल को अनेक प्रकार से विकृत कर अन्त में संहार करता है। तथा यह महात्मा ईश्वर ही (कल्पान्तर के आरम्भ) प्रजापतियों को पुनः उत्पन्न कर सब पर शासन करता है।[8] उस ब्रह्म की महिमा का वर्णन करते हुए कहा है कि जगत् का निमित्तकारणभूत जो परमात्मा प्रत्येक वस्तु के स्वभाव को स्थिर करता है। अकेला ही समस्त संसार का नियमन करता है। वह परम ब्रह्म है।[9] ब्रह्म की यथार्थ रूप में व्याख्या प्रस्तुत की है जैसा कि कहा है कि इस गहन संसार के भीतर उस अनादि, अनन्त विश्व के रचयिता, अनेक रूप, विश्व को एकमात्र व्याप्त करने वाले देव को जानकर समस्त पाशों से मुक्त हो जाता है।[10] इस उपनिषद् में ब्रह्म का निरूपण निमित्तकारण के रूप में हुआ है। आचार्य शंकर का इस पर जो भाष्य उपलब्ध होता है उसे प्रायः अद्वैतवादी विद्वान् स्वीकार नहीं करते क्योंकि उनका कहना है कि यह उनकी भाषा प्रतीत नहीं होती है। परन्तु उनका ऐसा

1. श्वेता० 3.9
2. ईशावास्यमिदं सर्वं —ईशा० यजु० 40.1
3. श्वेता० 4.1
4. तदेवाग्नितदादित्य —श्वेता० 4.2
5. महर्षि दयानन्द ने सत्यार्थप्रकाश में 104 नामों की व्याख्या प्रस्तुत की।
6. यजुर्वेद 32
7. इन्द्रमित्रवरुण-एकं सद्विप्रा —ऋग्वेद 1.164.46
8. श्वेता० 4.17
9. श्वेता० 5.3
10. अथानन्तं सलिलस्य मध्ये....—श्वेता० 5.13

कहना संभवतः इसलिए है कि इस उपनिषद् में पूर्ण रूपेण यथार्थवादी दर्शन का प्रतिपादन मिलता है।

10. **छान्दोग्य उपनिषद्**— इस उपनिषद् के आरम्भ में ही ओ३म् शब्द की व्युत्पत्ति करते हुए कहा है कि ओ३म् उसका मुख्य नाम है, जो अक्षर (अविनाशी) इसी को उद्गीथ अर्थात् वाणी का आधार मानकर उपासना करे।[1] उसकी सर्वव्यापकता के लिये कहा है कि ब्रह्म ने समस्त लोक-लोकान्तरों में प्रकाशित करने के अनन्तर तीन व्याहृतियों को प्रकाशित किया[2] और व्याहृतियों के प्रकाशान्तर ब्रह्म प्रकाशित हुआ अर्थात् ब्रह्म का ज्ञाता हुआ जिस प्रकार पर्णमाल से सम्पूर्ण पत्र छिपे हुए होते हैं या जिस प्रकार रथ के पहिये आरों से लगे होते हैं उसी प्रकार ओंकार में सम्पूर्ण वाणियां प्राप्त हैं अथवा वह ओंकार ही सम्पूर्ण में व्याप्त होकर अखिल ब्रह्माण्ड को धारण कर रहा है।[3] उसकी व्यापकता के साथ सूक्ष्मता का विवेचन बड़े विशद् रूप में छान्दोग्य में उपलब्ध है। जैसा कि उदाहरणों से समझाया है कि जो ब्रह्म, जिससे विश्व की उत्पत्ति, स्थिति, लय होता है उन पदार्थों को ब्रह्मस्थ समझें क्योंकि वह ब्रह्म को जगत् से तीनों कालों में अभिन्न माना है। यह उनके अनुसार मुख्य समाधिकरण है। अर्थात् समस्त पदार्थ अपने-अपने आकार से ब्रह्म रूप ही हैं, उससे भिन्न नहीं है। यहां यह विवेचनीय है कि क्या इन पदार्थों को ब्रह्म माना जाय या इन पदार्थों में ब्रह्म को व्यापक माना जाय। यदि पहली बात मानी जाय तो प्रश्न होगा कि उत्पत्ति, स्थिति, लय वस्तुओं का होने के कारण ब्रह्म विकृत नहीं हो जायेगा। विवर्त कहने से दोष दूर नहीं हो सकता क्योंकि जीव भी तो ब्रह्म ही है। वह ब्रह्म अतिसूक्ष्म है। इसलिये ये वस्तुएं ब्रह्म नहीं हो सकतीं। क्योंकि आगे ही प्रतिपादन है कि उक्त गुणें वाला ईश्वर मेरे हृदय के मध्य में अति सूक्ष्म हैं धानों से और यवों से और सरसों से, चावलों से भी अति सूक्ष्म है। यह ब्रह्म मेरे हृदय के मध्य में पृथ्वी से, अन्तरिक्ष से, द्योलोक से अर्थात् लोकों से महान् है। यहां सूक्ष्म से सूक्ष्म और महान् से महान् रूप में ब्रह्म का वर्णन हुआ है।[4] शाण्डिल्य ऋषि ने ब्रह्म के स्वरूप का विश्वकर्मा रूप में वर्णन किया है। सर्व कर्मों वाला, सब कामनाओं वाला, सब ग्रन्थों वाला, सब रसों वाला है, यह सब जगत् उस ब्रह्म से व्याप्त है।[5] वाणी रहित पक्षपात शून्य मेरे हृदय के अन्दर यही वह ब्रह्म है। ऐसे गुणें वाले या स्वरूप वाले ब्रह्म को प्राप्त होऊं, यही मेरी प्रार्थना है। उक्त हेतुओं से स्पष्ट है कि वह ब्रह्म हमारा स्वामी है, पिता है। जीवात्मा उसे पिता-पुत्र, स्वामी-सेवक, के सम्बन्ध से प्राप्त करना

---

1. छान्दोग्य० 1.1
2. भूः, भुवः, स्वः— ये तीन महाव्याहृतियां कहलाती हैं।
3. छान्दोग्य० 2.22.3
4. छान्दोग्य० 3.14.3
5. सर्वकर्मा सर्वकामः सर्वरसः सर्वगन्धः.....— छान्दोग्य० 3.14.4

चाहता है। परमात्मा के कोशों का वर्णन भली प्रकार करते हुए प्रतिपादित किया है कि उसका कोश कैसा है। आकाश जिसका उदर समान है, पृथ्वी पाद समान है, दिशायें जिसके कोणें हैं, द्युलोक जिसका खुला मुख है। इत्यादि ऐसा जो परमात्मा रूप कोश है कभी जीर्ण नहीं होता अर्थात् सदा एक रस रहता है। विश्व का धन उसके कोश के आश्रित हैं।[1] छान्दोग्य उपनिषद् की तरह वेदों में भी ब्रह्म का विराट् रूप में वर्णन प्राप्त होता है। ऋग्वेद दशम मण्डल के इक्कीस और बयासीवें सूक्त में ब्रह्म का विश्वकर्मा के रूप में वर्णन हुआ है। क्योंकि वह विश्व का बनाने वाला है।[2] छान्दोग्य में ईश्वर का वर्णन भूमा रूप में भी हुआ है। भूमा नीचे, ऊपर, पीछे, पूर्व में, वही दक्षिण, वही उत्तर में स्थित है। अर्थात् वही इस समस्त ब्रह्माण्ड में व्यापक हो रहा है।[3] इस उपनिषद् में ब्रह्म का नाना रूप में व्याख्यान हुआ है। उसके सत्य नाम को व्याख्या देखने योग्य है। ब्रह्म के सत्य नाम में स, त्, य यह तीन अक्षर है इन अक्षरों में जो सकार है वह अमृत है और जो तकार है वह मर्त्य है। तथा जो यकार है वह उक्त दोनों को नियम में रखता है। इसी कारण य कहलाता है, वास्तव में जो ऐसा जानने वाला है,वह प्रतिदिन महान् सुख को प्राप्त होता है। इस उक्त स, त्, य का अभिप्राय यह हुआ कि स का अर्थ अमृत जीवात्मा है। त का अर्थ मर्त्य अर्थात् प्रकृति है में परिवर्तन होने से यह मर्त्य है। वह य रूप ब्रह्म दोनों का उपयोग कर संसार का निर्माण करता है।[4] इससे आगे ब्रह्म का वर्णन से तु रूप में हुआ है। वह ब्रह्म जो सदा अहतपाप्मा विजर, विमृत्यु और विशोकादि विशेषण युक्त है वही संसार का सेतु है अर्थात् जैसे हम सेतु पर बिना चढ़े नदी को पार नहीं कर सकते।[5] इसी प्रकार ब्रह्म का आलम्बन लेना आवश्यक है। इसी सेतुरूप को कठ में, श्रेष्ठ आलम्बन नाम से कहा है। यदि यह सेतु संसार को धारण न करे तो संसार तत्काल नष्ट हो जाय। अतः यह अमृतमय सेतु ही इसकी रक्षा कर सकता है। मुण्डक में भी इसको अमृत का सेतु कहा है।[6] छान्दोग्य का ब्रह्म भी दूसरी उपनिषदों के समान है। इसी भाव को यजुर्वेद में भी प्रदर्शित किया है।[7] वास्तव में उपनिषद् के मन्त्र केवल बुद्धि का व्यायाम नहीं है अपितु समाधि द्वारा ब्रह्म का साक्षात्कार करने पर जो अनुभूति या साक्षात्कार ऋषियों को हुआ वही उपनिषदों में

1. अन्तरिक्षोदरः कोशो भूमिबुध्नो न जीर्यते —छान्दोग्य० 3.51.1
2. विश्वंकरोतीति विश्वकर्मा।
3. छान्दोग्य० 6.25.1
4. छान्दोग्य० 8.3.5
5. छान्दोग्य० 8.4.1
6. अमृतेषु सेतु 2.25
7. तमेव विदित्वा 31.8

प्रतिपादित है। अनुभव सदा समान ही हुआ करता है क्योंकि ब्रह्म एक ही है तो उसका साक्षात् भी समान रूप में ही होगा।

11. **बृहदारण्यक उपनिषद्**— जैसा कि हम पीछे नाना रूपों में ब्रह्म के स्वरूप का अवलोकन कर आये हैं। इस उपनिषद् में परमात्मा को अश्व रूप में वर्णन किया है। अथर्ववेद के ब्रह्मगवी सूक्त में गौ रूप में परमात्मा का वर्णन हुआ है। वह अश्वरूप परमात्मा कैसा है? कि उस परमात्मा के ब्राह्म मुहूर्त काल शिरस्थानीय सूर्य चक्षु स्थानीय, वायु प्राण स्थानीय, दैश्वसनर, अग्नि विस्तृत मुख के समान और संवत्सर देह स्थानीय है। इस पूज्य अश्व का प्रकाश पृष्ठ स्थानीय अन्तरिक्ष लोक उदर स्थानीय पृथ्वी पाद स्थानीय पूर्व आदि दिशायें पासे और आग्नयादि— बीच की दिशायें पसलियां हैं। ऋतुएं अंगस्थानीय, महीने तथा पक्ष सन्धियें, दिन और रात्रि ठहरने का स्थान और नक्षत्र अस्थि है। मेघों से परिपूरित आकाश मांसस्थानीय बालू रेत बनाये हुए जन्म के समान नदियां नाड़ी स्थानीय, पर्वत यकृत् और क्लोम पिपासा स्थानीय औषधियाँ तथा वनस्पतियां लोम स्थानीय, उदय होता हुआ सूर्य उसका पूर्वार्द्ध और मध्याह्न का और ढलता हुआ सूर्य उसके पीछे का भाग है। जो जमाई लेता है वह बिजली का चमकना, जो उसके प्रकृति रूप शरीर का हिलाना है। वह बादल का कड़कना जो उसके प्रकृति रूप शरीर से सूक्ष्म धातुओं का बहना, वही वर्षा और जो इस विराट् में जो गर्जना है वही उसके शब्द समान है।[1] वास्तव में जैसा कि इस उपनिषद् नाम बृहत् है ऐसी ही विराट् स्वरूप की व्याख्या अश्वरूप में उपनिषद् के आरम्भ में ही कर दी है। ऋग्वेद और यजुर्वेद में तथा उपनिषदों में भी इस प्रकार के परमात्मा के बृहत स्वरूप का व्याख्यान हुआ है।[2]

जैसे विराट् अश्व का वर्णन परमात्मा के लिये हुआ है इसी प्रकार आगे इसी उपनिषद् विराट् पुरुष का विशद विवरण इस प्रकार किया है—सृष्टि से पूर्व वह आत्मस्वरूप ब्रह्म ही था। इस पुष्पाकार आत्मा ने चारों ओर देख आलोचना किया, तो अपने से भिन्न कुछ न देखकर मैं ही सर्वात्मा हूं। इस प्रकार कथन किया, यह पुरुष भी प्रथम अहं-अयं कहकर पश्चात् जो इसके माता-पिता कृत अन्य नाम होता है उसे कहता है, जिस कारण इस सम्पूर्ण प्रपंच से पूर्व उस आत्मा ने सब पापों को दग्ध किया अर्थात् जो सृष्टि से पूर्व भी शुद्ध और अपापबिद्ध था इस कारण भी उसको पुरुष कहते हैं जो इस प्रपंच से पूर्व पुरुष की तरह होने की इच्छा करता हुआ इससे पूर्व आत्मा की शुद्धता को जानते हैं। वह पुरुष भी पाप को दग्धकर के सुखी होता है।[3] वास्तव

---

1. अश्नुतेव्याप्नोति सर्व जगदिति अश्वः। कालो अश्वो वहति। —अथर्व० 19.6.5
   उषा वा अश्वस्य मेध्यस्यशिरः —बृहदा० 1.1.1
2. यजुर्वेद का पुरुष सूक्त 31
3. बृहदा० 1.4.1

में यहां पर यह स्पष्ट किया गया है इस जगत् की रचना से पूर्व ब्रह्म किस प्रकार इस जगत् को रचने का ईक्षण किया है।

प्रियतम रूप में ब्रह्म का प्रतिपादन करते हुए कहा है कि वह आत्मा पुत्र, चित्त तथा अन्य सब पदार्थों से प्रियतम है सो जो इस आत्मा से अन्य पुत्रदिकों को प्रिय मानता उसके प्रति आत्मवेत्ता कहना हैं कि यदि आत्मारिक्त पदार्थों को प्रिय समझता है तो तू निश्चय रूप में अज्ञानी है।[1] इसका अभिप्राय यह है कि संसार में अन्य वस्तुयें प्रिय तो हो सकती हैं परन्तु प्रियतम केवल ब्रह्म ही है।

ब्रह्म में सजातीय तथा स्वगत भेद का निषेध करते हुए उसकी दुर्विज्ञेतया को बतलाते हुए ऋषि कहते हैं कि जहां द्वैत होता है वहां दूसरे को सूंघता है, देखता है, सुनता है, कथन करता है, मनन करता है और दूसरे को जानता है। पर जहां अपने आप ही यहां कौन किसको सूंघे, कौन किसको सुने, कथन करे, मनन करे, जाने किसकी सत्ता पुरुष सबको जानता है उसको किससे जाने अर्थात् जो सबका विज्ञाता है उसको किससे जाने। इसका अभिप्राय यह है कि जब तक हम द्वैत रूप में अर्थात् यह मेरा है प्रिय है, और वह दुश्मन है, रहेगा तब तक हम उसको प्राप्त नहीं कर सकते यही द्वैत है। वास्तव में यह मनुष्य निश्चय कर लेता है कि एकमात्र ब्रह्म ही उपादेय है तब वह सब वासनाओं का परित्याग कर देता है। ऐसा करने के कारण दुःख से दुःखी और सुख से सुखी नहीं होता है। वास्तव में यह समस्त चराचर जगत् उस परमात्मा की सत्ता के आश्रित है। पीछे दुन्दुभि आदि दृष्टान्त भी इसलिये दिये है। लवण से भी यही बतलाया है कि जैसे लवण घुलकर जलमय होने पर भी जिधर से भी ग्रहण किया जाय वहां लवण ही लवण प्रतीत होता है, इसी प्रकार इस चराचर जगत् के पीछे अर्थात् भीतर व्यापक होने से सर्वत्र ईश्वर ही ईश्वर दृष्टिगत होता है।[2] इसी भाव को मुण्डक उपनिषद् में भी देख गये है। इसी भाव को दूसरे रूप में आगे कथन किया गया है कि यह पृथ्वी सब भूतों का मधु उपकारक है। यह तेजोमय प्रकाशक, अमृतमय आनन्दमय पुरुष है। वह उसी ब्रह्म के आश्रित है। समस्त विश्व को ब्रह्माश्रित होने से ब्रह्म कहा गया है।[3] इसी प्रकार आप (जल) अग्नि वायु, आदित्य, दिशायें, चन्द्र, विद्युत, आकाश, धर्म और सत्यादि दृष्टान्तों से समस्त विश्व को उसके आश्रित बतलाकर उस आत्मतत्व को ब्रह्म कहा है। क्योंकि संसार के पदार्थ उसके आश्रय में रहते हैं इसलिये ही महान् है परन्तु इनकी महत्ता ब्रह्म के कारण है। जैसा कि अन्य उपनिषदों में भी हम देख आये हैं। संसार में समस्त वस्तुयें मिलकर उस ब्रह्म का पराभव नहीं कर सकती है क्योंकि वह

---

1. बृहदा० 1.4.8
2. बृहदा० 2.4.14
3. इयं पृथिवी सर्वेषां भूतानां.....स योऽयमात्मा इदममृतमिदं ब्रह्मेदं सर्वम्।

सभी रूपों में पूर्ण है वह सर्वत्र आकाश के समान होने के कारण पूर्ण है, उसी ब्रह्म से उत्पन्न हुआ कार्य कारण रूप संघात्मक जगत् भी पूर्ण कहाता है। उसी पूर्ण परमात्मा के पूर्ण भाव को लेकर ही जगत् अध्याकृत से शेष रह जाता है। कौरव्यायणी के पुत्र का मत है कि जो परमात्मा निरतिशय कल्याण गुण वाला होने से ब्रह्म तथा आकाश की तरह सर्वगत होने से उसी को ब्रह्मवेत्ता लोक ओ३म् पद वाच्य कहते हैं। समाधि अवस्था में जप करते हैं क्योंकि मनुष्य एकमात्र उसी ब्रह्म के साक्षात्कार द्वारा प्रसंख्यान को प्राप्त होकर सब प्रकार के क्लेशों से रहित हो जाता है।[1] वास्तव में ब्रह्म सब कार्य कारणत्मक संघात का कर्त्ता ब्रह्म के द्वारा ही भूमि, सूर्य द्यौ आदि धारण किये हुए हैं।[2]

उक्त उपनिषदों में बहु देवतावाद या बहु ईश्वरवाद का विचार का अभाव है क्रमशः संक्षिप्त रूप में सभी उपनिषदों में वर्णित ब्रह्म का स्वरूप का प्रतिपादन करने का अभिप्राय यह है कि उपनिषदों की मूल भावना और पूर्वापर संगति लगाकर इसका वास्तविक भाव दूसरा ही है। उक्त उपनिषदों में ब्रह्म का जो स्वरूप प्रतिपादित यथार्थ रूप में हुआ है। ब्रह्म विषयक दयानन्द मत का निष्कर्ष—

1. बहु देवतावाद या बहु ईश्वरवाद की गंध भी उपनिषदों में उपलब्ध ही होती है।
2. ईश्वर अमूर्त है इसलिए इसका अवतार कभी भी नहीं हो सकता है।
3. ईश्वर सगुण और निर्गुण दोनों हैं। दयानन्द ने जो ईश्वर का लक्षण किया है कि वह ब्रह्म सच्चिदानन्द आदि लक्षणों से युक्त है। उपनिषदों की मान्यता के अनुसार ही है[3]। ऋषि दयानन्द ने ईश्वर के जितने लक्षण लिए हैं वे लगभग सभी उपनिषदों में प्राप्त हो जाते हैं।
4. कुछ उपनिषद् मंत्रों में इस प्रकार के मंत्र ऊपरी दृष्टि से जान पड़ते हैं कि उनकी व्याख्या प्रत्ययवादी (अद्वैतवादी) की जाय तो अति समीचीन प्रतीत होती है परन्तु पूर्वापर और प्रसंगानुसार सूक्ष्म दृष्टि से अवलोकन करने पर यथार्थवादी व्याख्या समीचीन जान पड़ती है। जिसके गुण कर्म स्वभाव पवित्र हैं, जो सर्वज्ञ निराकार, सर्वव्यापक, अजन्मा, अनन्त, सर्वशक्तिमान्, दयालु, न्यायकारी, सब सृष्टिकर्त्ता धर्त्ता, हर्त्ता, सब जीवों के कर्मानुसार सत्य न्याय के फलदाता आदि लक्षण युक्त है। इसी को परमेश्वर मानता हूं। (स० प्र० स्वमन्त व्यामतव्य प्रकाश, पृष्ठ 735 लक्षण)

---

1. बृहदा० 5.1.1
2. सत्येनोत्तभिताभूमिः........दिविसोमो...... —अथर्व० 14.1.1.1
3. ईश्वर जिसके कि ब्रह्म परमात्मादि नाम हैं।

दर्शनों में ईश्वर का स्वरूप

ईश्वर (सिद्धि) में दार्शनिक युक्तियां

प्रश्न—ईश्वर में प्रत्यक्ष प्रमाण तो नहीं घट सकता जब प्रत्यक्ष ही नहीं तो अनुमान से भी ईश्वर की सिद्धि नहीं की जा सकती क्योंकि अनुमान प्रत्यक्षपूर्वक होता है।[1]

उत्तर— परमात्मा की सत्ता की सिद्धि प्रत्यक्ष आदि सब प्रमाणों से होती है क्योंकि सोम त्वचा प्राण आदि का सब स्पर्श रूप आदि सप्त सत्य विषयों के साथ सम्बन्ध होने से उसका ज्ञान होता है उसे ही प्रत्यक्ष कहते हैं परन्तु अब विचारना चाहिए कि इन्द्रिय और मन के सहयोग से गुणें को प्रत्यक्ष होता है न कि गुणी का जैसे चारों त्वचादि इन्द्रियों से स्पष्ट रूप रस गन्ध का ज्ञान होने से पूर्ण गुणी जो पृथ्वी आदि है उनका प्रत्यक्ष आत्मा युक्त मन से होता है वैसे ही संसार की प्रत्यक्ष रचना को देखकर उसके नियम ज्ञान और विचित्रता आदि गुणें के प्रत्यक्ष होने से ईश्वर भी प्रत्यक्ष से ही सिद्ध हो जाता है जब आत्मा मन और मन इन्द्रियों को विषयों में लगाया है अथवा चोरी आदि करवाता है तो उस समय हमारे मन में भय शंका और लज्जा उत्पन्न होती है, और जब हम अच्छे कार्य करते हैं[2]—तब आनन्द उत्साह आदि उत्पन्न होते हैं यह ईश्वर के गुण हमारे मन मे प्रतिदिन प्रत्यक्ष होते हैं इस प्रकार गुणें के प्रत्यक्ष होने पर गणी का प्रत्यक्ष हो जाता है। मानस प्रत्यक्ष के द्वारा ईश्वर के कर्त्तव्य आदि गुणें से उस कर्त्ता ईश्वर को भी प्रत्यक्ष हो जाता है। योगज प्रत्यक्ष जो योगियों को होता है उन योगियों का भी कथन है कि ईश्वर प्रत्यक्ष से सिद्ध है ऐसा उपनिषद् के योगियों ने लिखा है कि ब्रह्म प्रत्यक्ष है[3]। इस प्रकार यहां पर हमने यह सिद्ध करने का प्रयास किया कि ईश्वर प्रत्यक्ष प्रमाण से सिद्ध है।[4]

ईश्वर की सिद्धि के लिये अनुमान प्रमाण भी किया जाता है अनुमान प्रमाण की सिद्धि हम ज्ञान मीमांसा परिच्छद में कर आये हैं। अत: उसको यहां लिखना पिष्ट पेषण मात्र होगा। यह सारा संसार जो पृथ्वी आदि हमारे समक्ष उपस्थित है इनका निर्माण किसी ने किया होगा क्योंकि हम देखते हैं कि बिना कारण के कार्य नहीं होता। अत: पृथ्वी आदि किसी के बनाये हुए हैं कार्य होने से घटादि की तरह जिस प्रकार घटादि

1. चेतनानिरपेक्षापरमाणवोनियम पूर्वकं गतिशीला भवतुमर्हन्ति ज्ञानप्रयत्न शून्यत्वात् खण्डित गिरिऐरण्डादिवत्। —नास्तिक वाद, पृष्ठ 30
2. सत्यार्थप्रकाश, समु० 7
3. त्वमेव प्रत्यक्षं ब्रह्मासि।
4. क्षित्यङ्कुरादिकं कर्तृजन्यं कार्यत्वाद् घटवद् इति अनुमानस्य प्रमाणत्वाद्।
—तर्कदीपिका पृ० 12

बिना बनाये हुए नहीं बनते।[1] उसी प्रकार यह पृथ्वी आदि भी बिना निमित्त के नहीं बन सकते। अतः पृथ्वी आदि का बनाने वाला कोई अवश्य होना चाहिये।

न्यायकुसुमांञ्जली में उदायनाचार्य ने ईश्वर की सिद्धि में बहुत अच्छी युक्तियां दी हैं। उनका भाव संक्षेप में इस प्रकार है।[2]

1. सृष्टि एक कार्य है अतः इसका कारण होना चाहिए।
2. परमाणुओं के मिलाने से क्रिया हुई है अर्थात् आयोजन हुआ है इसलिये उस आयोजन का कोई कर्त्ता होना चाहिए।
3. सृष्टि का कोई आधार भी होना चाहिए जो उसको धारण किये हुए है।
4. सबसे पहले बुनना आदि काम सिखाने वाला भी कोई होना चाहिए अर्थात् कार्य क्षमता का देने वाला भी कार्य होना चाहिए।
5. यह जो वेदों का ज्ञान है उसका देने वाला भी कोई होना चाहिए।
6. वेदों का निर्माता कोई ना कोई अवश्य है। मनुष्य वेदों का निमार्ण नहीं कर सकता।
7. मनुष्य सृष्टि आदि को अपने आप सृष्टि का निर्माण नहीं कर सकते हैं। अतः भाषा आरम्भ में किसने दी।
8. यह सर्वप्रथम किसको सूझा वह परमात्मा ही हो सकता है। इस प्रकार प्रत्यक्ष और अनुमान से ईश्वर की सिद्धि हो जाती है। पर ईश्वर की बुद्धि तथा प्रकृति की एक अपूर्ण छाया पड़ती है। सृष्टि सदा रहती है, क्योंकि इसका रचयिता नित्य है सृष्टि बुद्धिमय है क्योंकि इसका कर्त्ता बुद्धिमान् है।

वेद में प्रत्यक्ष से सिद्ध—

वेद में ईश्वर का प्रत्यक्ष से अनुभव करने का आदेश प्राप्त होता है, जैसाकि अथर्ववेद के स्कम्भ सूक्त में कहा है कि—

1. **यो वैतान्विद्यात् प्रत्यक्षं स ब्रह्मवेदिता स्यात्।** —अथर्व० 10.7.24
   जो ब्रह्मविद्य से जाना जाता है, उसे ब्रह्म को प्रत्यक्ष से जानना चाहिये।
2. **स्कम्भत्वा वेद प्रत्यक्षमिन्द्रेसर्वसमाहितम्।** —अथर्व० 10.7.29
   वह स्कम्भ इन्द्र को प्रत्यक्ष से जान, उस इन्द्र, ब्रह्म में समस्त पदार्थ समाहित हैं।
3. **इन्द्रत्वा वेद प्रत्यक्षं स्कम्भे सर्वं प्रतिष्ठितम्।** —अथर्व० 10.7.30
   उस इन्द्र, ईश्वर को तुम प्रत्यक्ष से जानो वह समस्त जड़ चेतन पदार्थों में आधारभूत होकर प्रतिष्ठित है।

---

1. कार्यायोजनधृत्यादेः पदात् प्रत्ययतः श्रुतेः।
   वाक्यात् सङ्ख्या विशषाच्च साध्या विश्वविदव्ययः। —न्याय कु० 5.1
2. God is dead. A created God can not be God. He can not help us, becuse his existence depends upon us.

वेदों में ईश्वर की अनन्तता के विषय में बहुत स्पष्ट प्रमाण आये है अतः ईश्वर की सिद्धि में शब्दप्रमाण की भी न्यूनता नहीं है जैसे कि अथर्ववेद मे लिखा है कि ईश्वर भूत भविष्यत और वर्तमान इन तीनों से परे अर्थात् इन तीनों का अधिष्ठाता है।[1]

ईश्वर अनन्त मस्तिष्कों वाला, अनन्त आंखों वाला, अनन्त पैरों वाला वह सृष्टि को चारों ओर से घेर कर उससे भी ऊपर रहता है।

परमात्मा की इतनी महिमा है कि वह सबसे महान् है वह सृष्टि में चौथाई और तिगुना भाग तो उसका अमृत है।[2] कहने का भाव यह है कि परमात्मा के एक चौथाई भाग में वह समस्त संसार और शेष भाग वह इस सृष्टि से अलग है। जो लोग परमात्मा को स्वीकार नहीं करते वे भूल करते हैं।

इसी मंत्र पर महर्षि दयानन्द स्पष्टीकरण करते हुए लिखते हैं कि जो कुछ भूत भविष्यत और वर्तमान में हो रहा है वह सब उसकी ही महिमा है। बल्कि इतना ही नहीं उसकी महिमा का संपूर्ण रूप हम भी व्याख्यान नहीं कर सकते हैं। पृथ्वी से लेकर सभी भूत एक पैर के समान हैं।

प्रश्न—ईश्वर को अनन्त क्यों माना जाये। बहुत से विद्वान् तो उसे सान्त भी मानते हैं। यदि मान लिया जाय, कि ईश्वर एक स्थान पर है इसमें क्या आपत्ति होगी? क्योंकि पुराणों में विष्णु को विष्णु लोक अर्थात् क्षीर सागर आदि मुसलमानों के धर्म ग्रन्थों में सातवें आकाश पर और इसाई चौथे आकाश पर मानते हैं। इस प्रकार का ईश्वर मानने में आपको क्या आपत्ति है?[3]

उत्तर—जब हम सृष्टि को अनन्त मानते हैं तो ईश्वर को सान्त कैसे माना जा सकता है। यदि हम मान लेवें की ईश्वर एक स्थान पर है तो उसके आगे क्या होगा? शून्य ही रहेगा।[4] शून्य भी नहीं हो सकता क्योंकि शून्य तो एक वस्तु विशेष का नाम है। एक बात विचारने की ओर है कि यदि ईश्वर सर्वव्यापक न हो तो वह सर्व शक्तिमान् नहीं हो सकता है फिर उस ईश्वर। मनुष्य के कर्मों को जानने के लिये नौकर आदि रखने पड़ेंगे। ईश्वर का उत्पन्न होना भी नहीं माना जा सकता है क्योंकि फिर उसको क्यों न माना जाये जिससे वह उत्पन्न हुआ है फिर उसका पिता भी उत्पन्न हुआ होगा।

---

1. This world reflects in an imperfect medium, the mind and nature of its creater. It is perpetual, as its creator is eternal, it is boundless as its creator is infinite, it is regular, as its creator is changless it is rational, as its creator is all wise" (p. 198)
2. यो भूतञ्च भव्यञ्च सर्वं यश्चाधितिष्ठति।
   स्वर्यस्य च केवलं तस्मै ज्येष्ठाय ब्रह्मणे नमः।। —अथर्ववेद
3. सहस्त्रशीर्षा पुरुषः सहस्त्रक्षः सहस्त्र पात्।
   स भूमि सर्वतः स्पृत्वा त्यतिष्ठदशाङ्गुलम्।। —यजु० 31
4. एतावानस्य महिमा अतो ज्यांयाश्च पुरुषः।
   पादोस्य विश्वा भूतानि त्रिपादस्यामृतं दिवि।। —यजु० 31

इस प्रकार ईश्वर को अजन्मा ही मानना चाहिए, न ही ईश्वर के पिता के नाम को कोई जानता है। अतः ईश्वर अनन्त ही सिद्ध है।[1]

प्रश्न—ईश्वर को साकार क्यों ना माना जाय?[2]

उत्तर—जब हम उसको अनन्त सिद्ध कर आये हैं तो वह साकार कैसे हो सकता है न ही वह जन्म ले सकता है क्योंकि यदि जन्म लेगा तो कर्मों के बन्धन में आयेगा फिर तो वह जीव ही हुआ ईश्वर नहीं।[3] वेद में उसे उत्पन्न नहीं होने वाला कहा गया है उस ईश्वर के शरीर भी नहीं कहा गया है तो हड्डी मांस आदि का तो प्रश्न ही क्या है न ही वह पापादि के बंधन में जाता है।[4]

प्रश्न—सृष्टि करने वाला कोई ईश्वर नाम की वस्तु नहीं है अपितु सब कुछ शून्य ही है। हम देखते हैं कि गणित का प्रारंभ शून्य से होता है सभी वस्तुएं शून्य में ही मिल जाती हैं।[5]

उत्तर—बिना कर्त्ता के कोई कार्य नहीं हो सकता है। शून्य अपने में कुछ नहीं है चेतन तत्त्व अनादि है। वही सभी लोक लोकान्तरों में गति दे रहा है।[6] इस विषय में मैडम ब्लेवेटसकी ने सत्य ही कहा है ईश्वर भी नहीं जीव भी नहीं यह कितनी बड़ी भयानक कल्पना है उन्मत्त मद नास्तिक का अपनी मनोचक्षु के सम्मुख प्रकृति की चिन्गारियों की अपरिमित श्रृंखला के ऐसे कुरूप की कल्पना कहना जिसकी उत्पत्ति शून्य से हुई जो स्वयं भी कुछ नहीं क्योंकि न शक्ति है न पुरुष है प्रवाहित हो रहा है परन्तु कहीं से नहीं इसका कारण कोई नहीं क्योंकि कारण का सर्वथा अभाव है यह

---

1. अस्य पुरुषस्य भूत भविष्यवर्तमानस्थो यावान् संसारोऽस्ति तावान् महिमा वेदतिव्यः एतावानस्य महिमास्ति चेत्तर्हि तस्य महिम्न परिच्छेद इयत्तराजाते इति गम्यते। अत्र ब्रूते नैतावान् मात्र अस्य महिमेति। किं तर्हि अतोऽप्यधिकतमो महिमातस्यास्तीति गम्यते। अत्राह (पादोऽस्य) अस्यानन्तु सार्मथ्यस्येश्व (विश्वा) प्रकृत्यादि पृथ्वी पर्यन्तानि सर्वाणि भूतान्येक पादोऽस्ति एकस्मिन् दशांशे सर्वं विश्वं वर्तते (त्रिपादस्या) अस्य दिवि......मोक्षं सुखमस्ति। —ऋग्वेदादिभाष्य, भूमिका, पृ० 121
2. अज एकपात्। —यजु० 34.53
3. सपायर्गाच्छुक मकायमस्नाविरं शुद्धमपापविद्धम्......—यजु० 40.8
4. प्रश्न ईश्वर अवतार लेता है या नहीं। उत्तर—नहीं। —सत्यार्थप्रकाश, 11 समु०
5. No, God no Soul? Dread full annihilengthough. The Maddening nightmare of a lunatic-ateeist; and presenting before his fevered vision a hideous ceaseless procession of sparks of cosmic matter created by no one; self appearing self existant and self developing; this self. for it is I nothing and no body floating onward from no hence it is propelled by no cause for there is none and it rushes now that and this in a ride of eternity blind intertand causeless. (It is unceiled) Vol. I, XXII
6. सत्यं ज्ञानमनन्तं ब्रह्म।

जा रहा है परन्तु कहीं को नहीं। यह अनन्त का चक्र है अन्धा निष्क्रिय और अकारण परमात्मा ही सृष्टि का निर्माण करता है और वह अनंत है।[1]

प्रश्न—अच्छा ईश्वर को मान लिया जाये परन्तु जीव और प्रकृति की क्या आवश्यकता है? जो अधिक समर्थ होते हैं उन्हें उतने कम साधनों की आवश्यकता होती है।

उत्तर—ईश्वर केवल निर्मित्त कारण है उपादान कारण प्रकृति को न माना जाये तो सृष्टि में चेतनता आदि गुण आने चाहियें अतः उपादान कारण मानना आवश्यक है। यदि जीव न माने जाये तो सृष्टि किसके लिये बनी इसका निर्माण ही व्यर्थ हो जायेगा शेष इस संबन्ध में अद्वैत खण्डन में लिखा गया है पुनः लिखना कलेवर मात्र बढ़ाना ही होगा।[2]

सांख्यदर्शन में उस ईश्वर को नित्य मुक्त कहा है वह ईश्वर जीवात्मा के साथ रहता हुआ कर्म फल भोगों के प्रति उदासीन है वह प्रकृति को कार्य रूप में करता है इसलिय ईश्वर में कर्तव्य सिद्ध होता है उसे विश्व कर्त्ता भी कहा है वही परमेश्वर सर्वज्ञ सर्वकर्त्ता है।[3] इस प्रकार ईश्वर सिद्ध है अर्थात् ईश्वर की सिद्धि है।[4] अत· सृष्टि का प्रथम तत्त्व ईश्वर है यहां पर हमने संक्षेप में ईश्वर की सिद्धि की है शेष त्रैतवाद के प्रमाणों में ईश्वर का वर्णन विस्तारपूर्वक आया ही है। तत्त्व मीमांसा के संबन्ध में दार्शनिकों को प्रथम समस्या है कि ऐसा चेतन तत्त्व कौन है जो जगत् का निर्माण करता है वह तत्त्व ईश्वर है जिसे हम ईश्वर सिद्धि कर चुके हैं।

ईश्वर सिद्धि के पश्चात् दूसरा चेतन तत्त्व क्या है? वह एक है या अनेक है वह चेतनता भूतों से आती है या ईश्वर की भांति शाश्वत नित्य है आदि प्रश्न होते हैं उनका समाधान जीव प्रकरण मं किया जायेगा।

मध्यकालीन आचार्यों की मान्यता

आचार्य शंकर का मत

जगत् की रचना और उसके कारणें को लेकर दार्शनिक जगत् में विवाद है। ब्रह्म को जगत् का कौन सा कारण स्वीकार किया जाय यह गम्भीर चिन्तन का विषय है। सामान्यतः विश्व की इष्ट वस्तुओं के निर्माण में तीन कारणें को स्पष्टतः स्वीकार किया

---

1. नित्यमुक्तव्यं —सां० 1.162
2. औदासिन्यं चेति —सां० 1.163
3. कार्यतस्तत्सिद्धिः?— सां० 2.6, साहिविपूर्वक विश्व विदात्मयानिर्ज्ञः।— श्वेता० 6.6
4. स हि सर्ववित्सर्वकर्त्ता। दृशेश्वरसिद्धिः।। सां० 3।57।

जाता है। प्रथम निमित्त कारण, द्वितीय उपादान, तृतीय साधारण कारण है। जैसे घट का निर्माण हमारे समक्ष प्रत्यक्ष कुम्भकार करता है। इस घट के निर्माण में निमित्त कारण कुम्भकार, मृत्तिका उपादान कारण और चक्रादि साधारण कारण है। प्रायः दृष्ट वस्तुओं का इन्हीं तीन कारणें से सर्वत्र निर्माण दृष्टिगोचर होता है। यदि उच्च दार्शनिक चिन्तन को समीचीन माना जाय तो स्पष्ट है कि इस विश्व की सृष्टि रचना में ब्रह्म[1] निमित्त कारण, प्रकृति उपादान कारण और जीवादि साधारण कारण हैं।

दार्शनिक चिन्तन के इतिहास में यह सर्वविदित है कि विश्व रचना के कारणें में भारतीय मनीषियों में मतभेद रहा है। उपनिषदों के भाष्यकारों में भी यह मतभेद स्पष्ट रूप से उभरकर आया है। वेदान्त दर्शन, उपनिषद् और गीता के प्रसिद्ध भाष्यकार आचार्य शंकर का मत सर्वविदित है कि ब्रह्म जगत् का निमित्त कारण नहीं है। क्योंकि आचार्य शंकर ब्रह्म में कर्तृत्व आदि गुणें को स्वीकार नहीं करते हैं। यदि ब्रह्म को सृष्टि रचना का निमित्त कारण माना जाय तो ब्रह्म में कर्तृत्वादि गुणें को स्वीकार करना होगा। उनके मत में ब्रह्म को निमित्त कारण मानने पर दूसरी आपत्ति यह आती है यदि ब्रह्म केवल निमित्त कारण है तो सृष्टि रचना के लिये उपादान कारण प्रकृति को भी स्वीकार करना पड़ेगा जो उनको अमान्य है। आचार्य शंकर ब्रह्म में कोई भी कर्तृत्वादि गुण स्वीकार न करने पर भी ब्रह्म को जगत् का अभिन्न निमित्तोपादान कारण स्वीकार करते है।

जैसे रज्जु में सर्प की प्रतीति स्पष्ट रूपेण होती है। हम यह ज्ञान प्राप्त करते हैं कि यह सर्प है, उससे भयभीत होते हैं। इसी प्रकार आचार्य शंकर और उसके अनुयायी शुक्तिका में रजत का ज्ञानादि उदाहरण देते हैं। रज्जु सर्प का निमित्त कारण भी है और उपादान भी है अतः रज्जु सर्प का अभिन्न निमित्तोपादान सिद्ध हो जाता है। इसी प्रकार शुक्ति और रजत के उदाहरणों में भी जान लेना चाहिये। उपर्युक्त दृष्टान्तों के अनुसार ब्रह्म भी जगत् का अभिन्न निमित्तोपादान कारण है। ऐसा सिद्ध करने के लिये वे अध्यास का आश्रय लेते हैं। उनका कथन है कि स्मृतिरूप पूर्व दृष्ट का अन्य में अधिष्ठान में अवभास (प्रतीति) है, वही अध्यास है। कुछ लोग एक दूसरे के धर्म के आरोप को अध्यास मानते हैं[2] जैसे शुक्ति रूप अधिष्ठान में अज्ञान कल्पित होने के कारण रजत अध्यात है अथवा रज्जु रूप में अधिष्ठान में अज्ञान कल्पित सर्प अध्यास है। अध्यास को दो प्रकार का स्वीकार किया जाता है। स्वरूपाध्यास और संसर्गाध्यास[3] जब अज्ञान

1. महर्षि दयानन्द ईश्वर और ब्रह्म को पर्याय स्वीकार करते हैं।
2. स्मृतिरूपः परत्र पूर्वदृष्टावभासः तं केचित् अन्यत्रान्यधर्माध्यासः।
—ब्रह्मसूत्र-शंकरभाष्य-सत्यानन्द ग्रन्थमाला, पृष्ठ 4
3. जैसे कि "शुक्तिमिदंरजतम्" (शूक्ति में वह रजत है) यह रजत् शक्ति में स्वरूप से ही अध्यस्त हैं, क्योंकि भ्रमकाल से पहले वहां रजत नहीं है। केवल भ्रमकाल

समाप्त हो जाता है तो हम कहते हैं कि यह सर्प नहीं, अपितु रज्जु है। जिस अधिष्ठान में जिस वस्तु का अध्यास होता है, उसके गुण अथवा दोष से वह अणुमात्र भी सम्बन्धित नहीं होता हैं। जैसे कि रज्जु के गुण सर्प में नहीं आते हैं। इसी प्रकार ब्रह्म रूप अधिष्ठान में जगत् अध्यस्त है तो ब्रह्म के भी गुण जगत् में नहीं जायेंगे। यह मानकर आचार्य शंकर ने उपादान कारण के गुण कार्य में आते हैं, इस दोष से ब्रह्म को बचाने का प्रयास किया ऐसा प्रतीत होता है। ब्रह्म को अभिन्न निमित्तोपादान सिद्ध करने के लिए उन्होंने मुण्डकोपनिषद् का प्रमाण प्रस्तुत करते हुए कहा है कि जैसे मकड़ी अपने में से जाला उत्पन्न करती है और अपने में समेट लेती है ठीक उसी प्रकार इस ब्रह्म से यह जगत् उत्पन्न हुआ है और इसी में लीन हो जायेगा।[1]

ब्रह्मसूत्र के शांकर भाष्य में उपनिषदों के प्रमाणों द्वारा शंकर स्वामी ने ब्रह्म को ही जगत् का कारण सिद्ध करने के साथ उपनिषदों के भाष्यों में भी ब्रह्म का उसी प्रकार का वर्णन किया है। उनकी मान्यता है कि व्यक्तिगत चैतन्य की संज्ञा आत्मा और समष्टिगत चैतन्य की संज्ञा ब्रह्म है। आत्मा और ब्रह्म में अद्वैत है।[2] ब्रह्म शब्द का मूल अर्थ है— बृहत्[3]— अर्थात् महान् होने के कारण निरपेक्ष परम सत्य ब्रह्म ही है। आचार्य शंकर तैत्तिरोयोपनिषद् का भाष्य करते हुए लिखते हैं कि ब्रह्म जिसका लक्षण है कि वह महान् है। उसे जो जानता है वह ब्रह्मवित् कहलाता है। ब्रह्मवित् उस परम निरतिशय ब्रह्म को किसी अन्य की प्राप्ति नहीं हुआ करती है। वह जो कि निश्चय ही उस परब्रह्म को जानता है। वह ब्रह्म ही हो जाता है।[4] ब्रह्म सर्वातिशय अर्थात् सबसे बड़ा उससे महान् कोई नहीं है। जिन आचार्य शंकर ब्रह्म को किसी भी प्रकार से सविशेष स्वीकार नहीं करते हैं अर्थात् वे निर्विशेष और निर्गुण मानते हैं। निर्गुण शब्द से अभिप्राय है कि उस ब्रह्म में किसी भी प्रकार का गुण नहीं है अर्थात् वह ब्रह्म गुण विहीन है। जो वाक्य उपनिषदों में ब्रह्म के स्वरूप को बतलाते हैं। आचार्य शंकर उनका अर्थ विधेयात्मक न करके अपितु निषेधात्मक पद्धति से करते हैं जैसाकि तैत्तिरीयोपनिषद् में ब्रह्म को

में नूतत अनिर्वचनीय उत्पन्न होता है और (नेदं रजतम्) यह रजत नहीं है। अतः ज्ञान से बाध होता है। वह अध्यास है। इस प्रकार शुक्ति का अध्यस्त स्वरूप के साथ रजत का संसर्गध्यास है। (शंकर भाष्य पर सत्यानन्दी दीपिका-पृष्ठ 5)।

1. यथोर्णनाभिः सृजते गृह्णते च यथापृथिव्यामोषधयः संभवति। यथा सतः पुरुषात् केशलोमानि तथा अक्षरात् संभवतीह विश्वम्। —मुण्डको० 1.7
2. स वा अयं आत्मा ब्रह्म —बृहदारण्यक 4.4.5
3. बृहत्वाद् ब्रह्म (यहां धात्वर्थ है) अर्थात् महान्।।
4. ब्रह्मविद्ब्रेति वक्ष्यमाण लक्षणं-बृहतमत्वा ब्रह्ममत्वा ब्रह्मतद्वेतिविजानातीत— स यो वै हवें तत्परमं ब्रह्मवेद ब्रह्मैव भवति। —शांकरभाष्य-तैत्तिरीयोपनिद्-गीता प्रैस गोरखपुर, पृष्ठ 98 पर हिन्दी सहित-द्रष्टव्य

सत्य, ज्ञान और अनन्त विशेषणों या गुणें वाला कहा है।[1] सत्य का अर्थ आचार्य शंकर करते हैं कि ब्रह्म असत्य नहीं है अर्थात् वह विकार रहित है।[2] इसी प्रकार ज्ञान का अर्थ भी उनकी दृष्टि में ज्ञान गुण नहीं है अपितु उसमें अज्ञान नहीं और अनन्त का अभिप्राय है वह ब्रह्म सान्त नहीं है।[3] आचार्य शंकर ब्रह्म को परब्रह्म और अपर ब्रह्म दो रूपों में मानते है। उनका कथन है। पर ब्रह्म में स्वतः रूप आदि विशेषण वाली भी हो और इसके विपरीत भी हों[4] आगे उन्होंने कहा कि अपर ब्रह्म का प्रतिषेध तो नहीं किया जा सकता है। अर्थात् परब्रह्म और अपरब्रह्म का प्रतिषेध तो नहीं किया हो सकता है, अन्यथा शून्यवाद सिद्ध हो जायेगा[5] जैसा कि हम ऊपर संकेत कर आये हैं कि आचार्य शंकर ब्रह्म को सभी विशेषणों से रहित और निर्विकल्प मानते हैं।[6] उनका स्पष्ट मत है कि सभी उपनिषदें ब्रह्म को निर्विशेष ही स्वीकार करती हैं।

ब्रह्म तो सब विशेषणों से रहित निर्विकल्प ही है। उनके मन में ब्रह्म को ऐसा ही उपनिषदों ने स्वीकार किया है।

रामानुज के अनुसार ईश्वर का स्वरूप और सिद्धि—

जीवन की जटिलताओं में व्यस्त नाना दुखों से परिक्लान्त जीवात्मा आदि युग से किसी ऐसी सत्ता की तलाश में भटक रहा है। जो उसके सभी दुःखों का एकमात्र समाधान हो। विभिन्न चिन्तकों ने ऋषियों में वेदों के माध्यम से उस सत्ता का स्वरूप खोजने का प्रयास किया है एवं सफलता प्राप्त की है। रामानुज एक लम्बी परम्परा के पर्याय हैं। जो वेदों से लेकर अलाबार के सन्तों तक फैली हुई है। इसी आवान्तर में अनेक ऋषि, मुनि और दार्शनिकों ने यथा सामर्थ्य उपनिषद वचनों से आचार्य शंकर केवल ब्रह्म की ही सत्ता सिद्ध करते हैं उनमें से मुख्य वचन इस प्रकार है जैसा कि छान्दोग्य में कहा गया है कि जो समस्त है सब आत्मा ही है।[7] छान्दोग्य को मान्यता

---

1. सत्यंज्ञानमनन्तं ब्रह्म — तत्तिरोयोपनिषद् व ब्र० वां अनु 1
2. अतः सत्यं ब्रह्मैति ब्रह्म विकारान्निवर्तयति — तै० उ०, शंकरभाष्य 2.1
3. द्रष्टव्य तैत्तिरीय उपनिषद् पर शंकर भाष्य।।
4. न तावत् स्वतः एव परस्य ब्रह्मण उभयलिंगत्वमुपपद्यते। नह्येकं वस्तु स्वतः एवं रूपादि विशेषोपेतं तद् विपरीतं चेत्यवधारयितुं शक्यं विरोधात्।
   —शंकरभाष्य, ब्र० सू० 3.2.11
5. न तावद् उभयप्रतिषेध उपपद्यते शून्यवाद प्रसंगात्।—ब्र० स०, शंकरभाष्य 3.2.22
6. अतश्चान्यतरलिंगपरिग्रहे अपिसमस्त विशेषरहितं निर्विल्पकमेव ब्रह्म प्रतिपत्तव्यं न तद् विपरीतं—सर्वत्र हि ब्रह्मस्वरूपं प्रतिपादन परेषु वाक्येषु ज्ञत्येवमादिष्वपास्त समस्त विशेषमेव ब्रह्मोपदिश्यते। —ब्र० सू०, शांकरभाष्य, वही
7. इदं सर्व यदयमात्मा—बृ० 2.4.6

है कि आत्मा ही सब कुछ है। इसी विषय में मुण्डकोपनिषद् का कहना है कि सबस पहिले ब्रह्म ही अमृत है और ब्रह्म ही सब कुछ है ब्रह्म को छोड़कर कुछ भी नहीं है।[1] जगत् में नाना कुछ भी नहीं है केवल ब्रह्म ही है।[2] आचार्य शंकर उपनिषदों के कुछ वचनों को महावाक्य नाम से कहते हैं। संभवतः महावाक्य यह नाम उन्हीं का दिया हुआ है। उनकी मान्यता हैं कि इन महावाक्यों द्वारा भी ब्रह्म ही केवल निरेपक्ष और परम सत्ता है। इन महावाक्यों का क्रमशः आचार्य शंकर के अनुसार अर्थ प्रस्तुत किया जाता है। सर्वप्रथम यह ब्रह्म ही था, उसने अपने आपको जाना कि मैं ब्रह्म हूं। अतः वह सर्व हो गया उसे देवों में से जानने वाला बृहद्रूप हो गया। उस आत्मारूप से देखते हुए ऋषि वामदेव ने जाना कि इस ब्रह्म को इस समय भी जो इस प्रकार जानता है कि मैं ब्रह्म हूं।[3] इस वचन पर आचार्य शंकर भाष्य करते हुए कहते हैं कि यहां ब्रह्म शब्द से ऊपर ब्रह्म अभिप्रेषित है क्योंकि उसी में सर्वभाव का साध्यत्व संभव है। इससे आगे कहा गया है कि वह यह ब्रह्म अपूर्व (कारण रहित) अनप-(कार्यरहित) अनन्तर (विजातीय द्रव्य से रहित) और अबाह्य है। यह आत्मा ही सबका अनुभव करने वाला ब्रह्म है।[4] आचार्य शंकर इस वचन के भाष्य में कहते हैं कि वह निरन्तर ब्रह्म कौन है। जो प्रत्यात्मा द्रष्टा श्रोता, मन्ता, बौद्धा, अर्थात् जानने वाला और सर्वानुभू है। उसका न कोई कारण है। वह आत्मा ही ब्रह्म है। अगले महावाक्य में कहा गया है कि पहले यह पुरुष आत्मा ही था। उसने आलाचना करने पर अपने से भिन्न न देखा। उसने आरम्भ में अहमस्मि अर्थात् वह ब्रह्म मैं हूं।[5] इससे अगले महावाक्य में भी इसी भाव को इस प्रकार प्रस्तुत किया गया है कि वह यह जो अणिमा है एतद्रूप ही यह सब है। वह सत्य है, वह आत्मा है। हे श्वेतकेतु वही तू है। इस पर शंकर का कहना है कि जिस आत्मा से यह समस्त जगत् आत्मवत् है वही सत् संज्ञक है। कारण सत् अर्थात् परमार्थ सत् है अर्थात् वह आत्मा ही जगत् का प्रत्येक स्वरूप हैं वही यथार्थ है। जिस प्रकार गौ आदि शब्द बैल गाय आदि अर्थ में रूढ़ है उसी प्रकार उपपदरहित आत्मा शब्द प्रत्यगत्मा में रूढ़ हैं अतः हे श्वेतकेतु वह सत् तू है।

---

1. आत्मैवेदं सर्वम्—छा० 7.25.2
   ब्रह्मैवेदममृतं पुरस्तानत् ब्रह्मैवेदं सर्वं। —मु० 2.2.11
2. सर्वं खल्विदं ब्रह्म —छा० 2.14.1
   नेह नाना अस्ति किंचन —बृ० 4.4.19
3. ब्रह्म वा इमग्र आसीत्तदात्मानमेवावेत्—अहं ब्रह्मास्मि इति। तस्मा
4. तदेतत् ब्रह्मपूर्वमनपरमनन्तरमबाह्य-अयमात्मा ब्रह्म सर्वानुभूतित्वमनुशासनम्।
   —बृ० 5.19, गीता प्रैस गोरखपुर से मुद्रित
5. आत्मैवेदमग्र आसीत् पुरुष—सोअहम् अस्मीत्यग्रे व्याहरात् ततोअहं नामभवम्
   —बृ० 1.4.9

वह यह जो समस्त जगत् का दृश्यरूप दिखलाई दे रहा है वह सब कुछ चिन्मात्र ब्रह्म है। जो निर्विशेष है वही परमार्थतः सत् है। उसके अतिरिक्त जितने भी ज्ञाता ज्ञेय आदि जो भेद हैं वे सब कल्पित और मिथ्या है। उस परम सत्ता का संधान किया है, जो विभिन्न रूपों में उनके विचारों के माध्यम से हमारे समक्ष आती है। किन्तु रामानुज का भाषित परिपूरित हृदय उससे सम्भवतः सन्तुष्ट नहीं हो पाया। वह ऐसी सत्ता के अनुसंधान में व्याप्त होता है और उसे खोजता है, जो समस्त विचारों से दूर सभी आदर्शतम गुणें का आकार एवं सभी जनों को सुलभ हो। इन सभी आदर्श भावनाओं की पूर्ति विष्णु भगवान् में देखते हैं। वही ईश्वर है, वही परमात्मा है, वही परम ब्रह्म है विष्णु किंवा परमात्मा को विशिष्टद्वैत में कहीं वासुदेव कहा गया है और कहीं नारायण। जगत् के सभी पदार्थ उसी परमात्मा का अभिधान करते हैं, क्योंकि वह सब में परिव्याप्त हैं। लोकाचार्य ने ईश्वर के स्वरूप का कथन करते हुए कहा है—

ईश्वर समाप्त क्षुद्रताओं से रहित, अनन्त, ज्ञानांन्दमात्र स्वरूप ज्ञानशक्तमा कल्याणकारी गुणें से अलंकृत समस्त जगत् के सृष्टि, पालन प्रलय के संयोजक, आर्ष जिज्ञासु। विषयी और ज्ञानी-चारों प्रकार के जीवों के समाश्रय रूप, धर्म, अर्थ, काम, मोक्ष, लाभ, चारों प्रकार के फलों के प्रदाता, विलक्षण शरीरवान् है।[1]

वेदान्त देशिक ने अवान्तर रूप से ईश्वर के विषय में कहा है—सर्वेश्वर या सर्वव्यापक होते हुए चेतन पदार्थों के शेष रूप, सारे कर्मों के समाराध्य, सर्वफलप्रदाता, सर्वाधार और सब कार्यो के उत्पादक अपने गर्भभूत ज्ञान तथा स्वयं के स्वरूप के अतिरिक्त सभी द्रव्य रूपी शरीरों में आत्मा रूपेण भी समान तथा स्वतः जो सत्य संकल्प कहते हैं, वे ईश्वर है।[2]

ईश्वर सबका स्वामी और सबका शेषी अर्थात् पूरक है। जीव और जगत् उसके शरीरा या प्रकार रूप हैं। उन सब में आत्मभाव से रहता हुआ उनका नियंत्रण करता है।[3] आचार्य रामानुज के अनुसार पृथ्वी, जल, अग्नि, वायु आदि सभी जड़-जगत् उसके द्वारा व्याप्त हैं। जीवात्मा भी उससे व्याप्त हैं विशिष्टाद्वैत क अनुसार एकमात्र ब्रह्म

---

1. ईश्वरोऽखिलप्रत्यनीकानन्तज्ञानानन्तैकस्वरूपो ज्ञानाशक्तित्यागा दिकल्याणगुण विभुषितः सकलजगन्सृष्टि स्थितिसंहारकर्त्ता आप्तो जिज्ञासुरपापो ज्ञानी-मुक्तयतोयिधपुरुष-सर्माणीयां धम्मार्थकाममोक्षाख्यं चतुर्विधफलप्रद्रो विलक्षणं विप्रह्युवेतो।

—तत्त्वत्र०, पृष्ठ 85

2. सर्वेश्वर त्वं व्यापकत्वं सति चेतनत्वं सविशेषित्वं, पूर्वकर्मसमाराध्यत्वं सर्वप्रलप्रदत्तं शरीरात्मं स्वतः सत्यसकल्पत्वादिकं वैश्वरलक्षणम्। —न्यायसिद्धा० ईश्वर परिच्छेद

3. परस्यैव ब्रह्मणः सर्वात्मकं सर्वशरीरक त्वं सर्वनियन्तृत्व च प्रतिपद्यते।

—श्रीभाष्य 1.2.19

है—जो सब में आत्मभाव से रहता हुआ, सबका नियामक है। यदि वह प्रकृति में व्याप्त होकर उसका नियामक न हो तो सृष्टि क्रम में एक अव्यवस्था दोष दिखाई देने लगे।

आचार्य रामानुज के अनुसार ब्रह्म जीवात्मा को कर्मों की प्रेरणा देता है, कर्म करने का सामर्थ्य देता है और अनन्तर अपने ईश्वर रूप के द्वारा उसके कर्म फलों का वितरण या नियमन करता है। अन्तर्यामी होने से भी उसको जीव के शरीरर गत बाल यौवनादि जागृति, सुषुप्ति और मूर्च्छा आदि तथा प्रकृति के विकार नहीं बांधते वह सभी प्रकार के विकारों से रहित है। सर्वत्र व्याप्त परमात्मा दुख सुख का आश्रय भी नहीं बनता क्योंकि पाप-पुण्य की परिभाषाओं में लिपटे कर्मों से वह सर्वथा अस्पृक् हैं। मुण्डकोपनिषद् भी कहता कि एक ही शाखा पर रहते हुए (जीवात्मा रूपी) पक्षी मधुर फलों का उपभोग करता है, जबकि दूसरा बिना खाये ही देखता रहता है।[1] वह सत्यकाम और सत्य संकल्प है। वह सबका नियमन करने से ही सर्वेश्वर है।[2] वह सर्वज्ञ है, उसका धर्म भूतज्ञान त्रिकालाबाधित अपरिवर्तनशील है। वह सबको तत्तत्कर्मानुसारि फल प्रदान करता है, जो उसकी अपरिच्छिन्न ज्ञातता किंवा सर्वज्ञता का ही सूचक है।

विशिष्टद्वैत के अनुसार ईश्वर का स्वरूप सर्वसद्गुणें से सम्पन्न है। वह सभी परिणामों से रहित पूर्ण और सर्वोत्कृष्ट सत्ता हैं। यह परिवर्तनशील संसार उसी अपरिवर्तनशील आश्रयरूप ईश्वर में स्थित होकर रहता है। इसलिए इस संसार को सत् कहा जाता है। उसमें और उसके आश्रयभूत जीव में किसी भी प्रकार के धर्मभूत ज्ञानानुप्राणित कर्मों का संक्रमण नहीं होता। इसीलिये वह सत्यों का सत्य भी कहा गया है।[3]

आचार्य रामानुज के अनुसार ज्ञानमात्र ही उसका स्वरूप नहीं है। उसमें अन्य अनेक गुणें का भी सन्निवेशे हैं। वह सभी के ज्ञान शत्यादि कल्याण गुणें का आश्रय है। आनन्द इसका सारभूत गुण है।[4] उसमें लेशमात्र भी दुख का अंश नहीं है।[5] तैत्तिरीय उसे 'रस' बताता है।[6] वह सर्वज्ञ है, उसका धर्मभूत है। ज्ञान अविच्छिन्न है, क्योंकि वह

---

1. अपि थैके शखिन एकस्मिनेव देह-संयोग बोधस्यापुरुषार्थे परस्परं तद्भावम्—अधीयते। श्रीभाष्य—3.2.13
2. यतीन्द्रमत, पृष्ठ 84
3. (क) तस्य च ब्रह्मणः सत्यस्य सत्यमितिं नामधेयम्।
   (ख) जीवानां कर्मानुगुण्येन ज्ञानसंकोचकितुसो वियते, परमपुरुष त्वापहतपापम्नस्ती न विद्यते। अतः तेम्योअप्येव सत्यम् श्रीभाष्यं। —पूर्वोक्त
4. प्राज्ञस्यानन्दः सारभूतो गुणः इति प्राज्ञ आनन्द शब्देन व्यपदिश्यते। —पूर्वोक्तेव 3.3.2
5. आनन्दप्राचुर्यमल्पपदुः सर्वभावभवगमयतीति तदसत् प्रमाणान्तरेण तद्भावोवगम्यः।
6. रसौ वे सः—तैत्तिरीयोपनिषद् 2.7, पूर्वोक्तैव 1.1.14

चेतन है और चेतन स्वयंप्रकाश होता है। वह ज्ञान का आश्रय है, ज्ञानमात्र नहीं। रामानुजीय दर्शन में धर्मभूतज्ञान चित्तत्व का अपृथक्-सिद्ध विशेषण होता है। उसके ज्ञान के परमशुद्ध होने के कारण नित्य और विभु हैं, उसके ज्ञान में कर्मों के साहचर्य से होने वाली संकोचविकासावस्थाएं नहीं है। श्रुतियां भी उसे सत्य, ज्ञान और अनन्त बताती हैं।

वह देशगत, कालगत और वस्तुगत तीनों परिच्छेदों से रहित होने के कारण अनन्त है। सत्यत्व, ज्ञानत्व, और आनन्दत्व परमात्मा के स्वरूप निर्देशक गुण हैं। ज्ञानशक्त्यादि से भी उसके स्वरूप धर्म निरूपित किये जाते है। सर्वज्ञत्व, सर्वशक्ति आदि सृष्टि आदि कार्योपयोगी धर्म हैं। वात्सल्य, सांशोल्य, सोम्यादि उसके गुण उसे जीवात्मा के परमाश्रयत्व से रूप में प्रतिष्ठापित करते हैं। करुणादि धर्म उसके रक्षक रूप को अभिव्यंजित करते हैं।

सर्वोपरि परमात्मा ही इहलोक और परलोक में नानाविध सुखों को प्रदाता है। आचार्य रामानुज के अनुसार प्रकृति और जीवात्मायें परमात्मा की तात्विक एकता में अन्नभूत है। उनका परमात्मा के साथ गुण और द्रव्य का सा सम्बन्ध है, जैसे शरीर के अंग भंग होने पर आत्मा को कोई विकार या हानि नहीं होती। उसी प्रकार परमात्मा को भी जीव और जगत् की अनेक विध विकृतियां प्रभावित नही करती। वह सृष्टि का उपादान कारण होकर भी सभी प्रकार से गुण-दोषों से अछूता है— यही परमात्मा का शुद्धत्व है।

एकादश अध्याय

सृष्टि संरचना

इस सृष्टि के पदार्थों को देखकर एक चिन्तक के मन में भाव उत्पन्न होता है कि इस सृष्टि की रचना कैसे हुई। यह संसार कहां से आया से आया, यह प्रश्न अभी ही उत्पन्न नहीं हुआ अपितु इस प्रकार की जिज्ञासा वेदों में प्राप्त होती है। ऋग्वेद जो आदि ग्रन्थ माना जाता है उसमें भी इस प्रकार के प्रश्न उपलब्ध होते हैं। जैसा कि नासदीय सूक्त में पूछा गया है कौन जानता है और कौन कह सकता है कि यह सृष्टि उत्पन्न हुई?[1] यजुर्वेद के पुरुष सूक्त में भी, अथर्ववेद के स्कम्भ सूक्त में सृष्टि की विवेचना उपलब्ध है। इन सभी सूक्तों में सृष्टि के प्रथम निमित्त कारण का महत्व अत्यधिक दर्शाया गया है। वास्तव में यदि घट निर्माण हेतु कुम्भकार न हो तो मृत्तिका होने पर भी घर का निर्माणा नहीं हो सकता है।

डॉ० राधाकृष्णा का मत है कि उपनिषदों की यथार्थवादी विचारधारा से आगे चलकर सांख्यशास्त्र में भी बल मिला है।[2] अतः इससे स्पष्ट हो जाता है कि उपनिषद् मायावादी न होकर यथार्थवादी हैं।

सृष्टि का निर्माण होने से पूर्व प्रलयावस्था में प्रकृति किस अवस्था में थी, उसका क्या रूप था। सृष्टि निर्माण किसने किया इत्यादि प्रश्नों का उत्तर वेदों में गम्भीरता से दिया गया है। ऋग्वेद के नासदीय सूक्त में इस दार्शनिक समस्या का समाधान बड़ी ही तात्त्विक दृष्टि से किया गया है। पश्चिमीय विद्वान् मोक्षमूलर जो वेदों जो वेदों को ऋषियों द्वारा विरचित स्वीकार करते हैं, इस नासदीय सूक्त के विषय में उनका भी कहना है कि इस सूक्त को परमात्मा ने ऋषियों पर अवतरित किया है। इस सूक्त के कुछ मन्त्रों का विवेचन करना यहां पर उचित जान पड़ता है।[3]

---

1. कोअद्धा वेद कइह प्रवोचत्कुत आ जाता कुत इयं विसृष्टिः। —ऋ० 10.129.6
2. "The realistic tendencies of the Upanishadas receive Emphassis in the Samkhya conception of the Universe."
   —Dr. Radha Krishnan, Indian Phiosophy, Vol.2, p. 240
3. नासदासीन्नो, सदासीत्तदानीं नासीद्रजो नो व्योमा परो यत्।
   किमारीवा कुहकस्यशर्म्मन्नम्मः किमासीद्गहनं गम्भीरम्।। —ऋ० 10.129.1

1. उस समय अर्थात् प्रलयकाल में न असत् था और न सत् था और न ही परमाणुओं से भरा अन्तरिक्ष भी था। उस समय कहां क्या आच्छादित था? किसके आश्रय से था और क्या बहुत अधिक गम्भीर जल था?[1]

2. तब उस समय न मृत्यु थी तथा न किसी प्रकार का जीवन था, रात्रि और दिवस भी नहीं था। वह एक (परमात्मा) अपनी शक्ति से स्वधा-प्रकृति के साथ बिना प्राण वायु के प्राणन कर रहा था उससे परे श्रेष्ठ कुछ भी नहीं था।[2]

3. उस समय कुछ अन्धकार था तथा अन्धकार से व्याप्त अव्यक्त प्रकृति थी और यह सब अज्ञेय अवस्था में जल के समान एकाकार था। जो तुच्छ था (ब्रह्म के सम्मुख प्रकृति तुच्छ है) वह परमात्मा के तप से एक अर्थात् व्यक्त सी होने लगी। यहां महर्षि दयानन्द का अर्थ द्रष्टव्य है।[3]

1. इस प्रलयावस्था के समय मन का रेतः जो पहले था उसके ऊपर काम अर्थात् संकल्प हुआ मनीषी लोगों न मान लिया कि इस असत् में सत् छिपा हुआ था।[4]

2. इन तीनों का किरण तिरछा फैला, नीचे भी आश्चर्यकारी था और भी आश्चर्यजनक, वीर्य के धारण करने वाले थे, बलशाली जीव महान् थे, इधर आत्मा की धारण शक्ति थी और पूरे प्रयत्न का बल था।[5]

3. वस्तुतः कौन जानता है और कौन कह सकता है, कहां से निर्माण हुआ और कहां से विविध प्रकार की सृष्टि हुई है। देव (अर्थात् विद्वान् या सूर्यादि दिव्य

---

1. न मृत्युरासीदमृतं न तर्हि न रात्रया अह्न आसीत् प्रकेतः।
आनीदवातं स्वधया तदेकं तस्माद्धान्यन्न परः किंचनास।। —ऋ० 10.120.2

2. तम आसीत्तमसा गूढमग्रे ऽप्रकेतं सलिलं सर्वमा इद्म।
तुच्छयेनाम्वपिहितं यदासीत्तपसस्तन्महिना जायतेकम्।। —ऋ० 10.129.3

3. यदाकार्य जगन्नोत्पन्नमासीत्तदा सत् सृष्टेः प्राक् शून्यमाकाशमपि नासीत्। कुतः तद्व्यहारस्य वर्तमानाभावात् तस्मिन् काले सत् प्रकृत्यात्कमव्यक्तं, सत् सत्संज्ञकं यज्जगत्कारणं तदपि नो आसीन्ना वर्तत....किन्तु पर ब्रह्मणाः.....परम कारण संज्ञकमेव तदानीं समवर्तत।
—ऋग्वेदादिभाष्यभूमिका, सृष्टि विद्या विषय, पृ० 131 आठवीं बार सम्वत् 2008

4. कामस्तंदग्रे, समर्वत्तताधि मनसो रेतः प्रथमं यदासीत्।
सतो बन्धुमसति निरविन्दन्हृदि प्रतीष्या कवयो मनीषा।। —ऋ० 10.129.4

5. तिश्चीनो विततो रश्मिरेषामधः स्विदासीदुपरि स्विदासीत्
रेतोधाआसन्महिमान आसन् स्वधा अवस्तात् प्रयतिः परस्तात्। —ऋ० 10.119.5

पदार्थ) भी बाद में बने हैं। अब कौन यह जान सकता है कहां से यह सृष्टि निर्मित हुई है।[1]

4. जिससे यह विविध प्रकार की सृष्टि उत्पन्न हुई है वही इसका धारण करता हैं। यदि न करें तो (सृष्टि विनष्ट हो जाय) यहां पर वा निश्चय के अर्थ में है। जो परम व्योम है इसका अध्यक्ष है। कि उसको भिन्न जान, यदि उसको न जानेगा तो महती हानि होगी।[2]

वेद की तरह उपनिषदों में भी यह जिज्ञासा उपलब्ध होती है। श्वेताश्वतर उपनिषद् में भी ऋषि ने किस प्रकार हम जीवन धारणा करते हैं। हम कहां से उत्पन्न होते हैं किस प्रकार से जीवित कहे जाते हैं। प्रलयकाल में हमारी स्थिति कहां और कैसी रहती है। दुःख और सुख के उपभोग में हमारा कौन अधिष्ठाता है या नियन्ता रहता है।[3]

तैत्तिरीय उपनिषद् में सृष्टि रचना का वर्णन इस रूप में उपलब्ध होता है उस ब्रह्म (निर्मितकारण) से (की प्रेरणा से) जो अपनी स्वाभाविक ईक्षण शक्ति से आकाश से वायु, वायु से अग्नि, अग्नि से जल जल से पृथ्वी, और पृथ्वी से औषधि रूप नाना जगत् निर्मित हो जाता है।[4] इस प्राप्त प्रसंग में ब्रह्म का वर्णन चल रहा है। यहां ब्रह्म को निर्मित्त कारण रूप में प्रतिपादित करते हुए उसकी महिमा का प्रतिपादन हुआ है। उसनें सृष्टि की रचना की। अब प्रश्न यह उपस्थित होता है कि क्या सृष्टि उसके अन्दर थी, जो जादूगार की तरह उसने बाहर निकाल दिया।[5] यहां स्पष्ट रूप में पंचमी विभिक्ति का प्रयोग हुआ है, जैस पर्वत से नदी निकलती है। इसका अर्थ यह नहीं होता कि पर्वत में जल है। यहां पर भी आत्मनः पद जगत् का उपादान कारण रूप में प्रयुक्त नहीं हुआ अपितु निमित्तकारण के रूप में प्रयुक्त हुआ प्रतीत होता है। वह ब्रह्म सर्वव्यापक होने से समस्त जगत् का सर्वाधार है। ऐसा ही वेद भी स्वीकार करता है।[6] इस उक्त उपनिषद् के मन्त्र पर पं० आर्यमुनि का विचार है कि परमात्मा से आकाश रूप द्रव्य

---

1. को अद्धावेद कइह प्रवोचत्कुत आजाता कुत इयं विसृष्टिः।
अर्वागदेवा अस्य विसर्जनेनाथा को वेद यत आ बभूव।। —ऋ० 10.129.6
2. मन्त्रों का अर्थ ऋग्वेदादिभाष्य भूमिका के अनुसार है।
3. किं कारणंब्रह्मकुतःस्मजाताः। —श्वेता० 1.1
4. तस्माद्वा एतस्मादात्मन आकाशः सम्भूतः। आकाशाद्वायुः। वायोरग्निः। अग्नेरापः अदभ्यः पृथवी, पृथिव्याः औषधयः....। —तै० उ० व० 1 अनुवाक
5. इयं विसृष्टिर्यत आवभूव यदि वा दधे यदि वा न।
यो अस्याध्यक्षः परमे व्योमन्त्सो अंग वेद यदि वा न वेद।। —ऋ० 10.129.7
6. स दाधार पृथिवी —यजु०

उत्पन्न हुआ, यहां भूतों की सूक्ष्मावस्था से तात्पर्य या अवकाशप्रद वस्तु का नहीं किन्तु सूक्ष्म रूप से सर्वत्र व्यापक द्रव्य का है।[1] इसी पर ऋषि दयानन्द का मत इस प्रकार है कि उस परमेश्वर और प्रकृति से आकाश अवकाश अर्थात् जो कारण रूप द्रव्य सर्वत्र फैला रहा था, उसको इकट्ठा करने से अवकाश उत्पन्न सा होता है। वास्तव में आकाश की उत्पत्ति नहीं होती क्योंकि बिना आकाश से प्रकृति और परमाणु कहां ठहर सकें।

हमारा यह विचार है कि जिसे आकाश कहते हैं, उसकी उत्पत्ति नहीं होती अपितु औपाधिक आकाश की उत्पत्ति माननी चाहिए। तब यहां आकाश का अभिप्रायः या शक्ति से परमेश्वर क्षोभ उत्पन्न करता है उस क्षोभ का नाम सूक्ष्म रूप की दृष्टि से आकाश हो सकता है।

मुण्डकोपनिषद् में भी सृष्टि रचना का प्रतिपादन उपादान कारण की दृष्टि से न करके निमित्त कारण की दृष्टि से किया गया है। अपने प्रयत्न रूप तप से ब्रह्म को जानने का अभिप्राय यह है कि ब्रह्म इस सृष्टि को रचता हैं तब अपने प्रयत्न से सबको ज्ञात होता है। उस तप के परिणामस्वरूप ब्रह्म अन्न तक समस्त जड़ पदार्थों का निर्माण कर देता है। अन्न से प्राण आदि सभी गति करते हैं।[2] आगे के वचन में नानाविध रूप में उत्पत्ति का वर्णन किया गया है, प्राण, मन, इन्द्रियां, आकाश, वायु, अग्नि, आपः आदि की उत्पत्ति बतलाते हुए पृथ्वी विश्व को धारण करने वाली बतलाते हुए अन्त में उत्पन्न हुई।[3] यहां जायते का अर्थ है प्रादुर्भाव होना (जैसे प्रादुर्भाव) प्रादुर्भाव से तात्पर्य सांख्य का सत्कार्य संकेत रूप से प्राप्त है। इस उपनिषद् के द्वितीय मुण्डक के प्रथम खण्ड में 5, 6, 7 मन्त्रों में नाना प्रकार की वस्तुओं के निर्माण का संकेत करते हुये उसी परमेश्वर से ऋग्वेद्, यजुवेद सामवेद, दीक्षा, यज्ञ, संवत्सर आदि की उत्पत्ति का वर्णन है। क्या यजुर्वेद के मन्त्रों के ज्ञान को मायावादी यह मानेंगे कि वह ब्रह्म ही इस रूप में परिणत हो गया है ?

कठोपनिषद् में भी कार्य से कारण की ओर संकेत करते हुए कहा है कि इन्द्रियों से मन सूक्ष्म है मन से सूक्ष्म बुद्धि है, बुद्धि से ऊपर महतत्त्व है और महत्तत्त्व से सूक्ष्म अव्यक्त प्रकृति सूक्ष्म है। यहां प्रस्तुत प्रसंग में ब्रह्म की सूक्ष्मता का वर्णन चल रहा है इससे अगले मन्त्र में कहा है कि उस अव्यक्त प्रकृत से भी जड़ तत्त्वों का वर्णन स्थूल से सूक्ष्म की ओर है। अन्तिम जो सूक्ष्म तत्त्व हैं वह अव्यक्त प्रकृति परन्तु इस उपादान रूप प्रकृति से भी सूक्ष्म चेतन तत्त्व परमात्मा है। उसको जानकर ही हम अमृत को प्राप्त करते हैं।

---

1. उपनिषद् आर्यभाष्य, पृ० 537, नोट– तैत्तिरीय में सर्वेदेवाः
2. इमानि च पंच महाभूतानि पृथिवी...... –तै० उ० खं० 5 अनुवादक
3. मुण्डक० उपनिषद् 1, मु० 1, ख० मं० 8

प्रश्नोपनिषद् में भी सृष्टि की रचना का उल्लेख है। पांचों महाभूतों को, पांच ज्ञानेन्द्रियों, पांच कर्मेन्द्रियों और मन इन सबको देव नाम से कहा है।[1] ऋषि दयानन्द भी चेतन और जड़ दो रूपों में देव शब्द प्रयोग करते हैं क्योंकि अग्नि आदि देव भी हम सबको देते है। सभी उपनिषद् में आगे सभी भूतों के सूक्ष्म भूत और तन्मात्राओं का क्रमशः प्रलयकाल में कैसे प्रलय होती है इसका वर्णन करते हये बताता है कि जैसे पक्षीगण में सभी स्थूल और जड़ जगत् अपने-अपने क्रमशः कारण को प्राप्त होता हुआ मूल प्रकृति में और मूल प्रकृति परमेश्वर में अवस्थित रहती है। पृथ्वी, जल, अग्नि, वायु और आकाश तथा इनके कारण तन्मात्रायें अर्थात् शब्द, स्पर्श, रूप, रस और गन्ध आदि जो महाभूतों के कारण हैं। इनमें पृथ्वी आदि का लय अपने पांच विषयों में अर्थात् उन्हीं स्पर्शादि सूक्ष्म तन्मात्राओं में लय हो जाता है।[2] इस लय को दिखाते हुए जो द्रष्टा श्रोता पुरुष चेतन आत्मा है, उसकी भी परमात्मा में अवस्थित कहा है।[3] यह इन्द्रिय और उसके विषयों का वर्णन दर्शनों के अतिरिक्त शांखायन आरण्यक में भी इन्द्रियाँ और इनके विषयों का उल्लेख इसी उक्त क्रमशः से प्राप्त होता है।[4] इस प्रकार इस उपनिषद् में भी प्रसंग से सृष्टि रचना का विषय उपलब्ध है।

छान्दोग्य उपनिषद् में सर्गाम्भ का वर्णन है। उपनिषद् के (6, 2, 3) में बहुस्याम इस प्रकार संकल्प पूर्व सर्गाम्भ का वर्णन जहां किया है वहां (उपनिषद् 6, 3, 3) में "तासां विवृतं त्रिवृतं मेकैकांकरवाणि" यह कहा है। आचार्य द्रमिल इस त्रिवृत का विवेचन करते हुए इसकी सांख्य में प्रतिपादित सत्त्व, रज और तम का वाचक माना है। अर्थात् जो रस्सी तीन लड़ियों स बनी हो, उसके समान यह सृष्टि रचना भी इन तीन लड़ी अर्थात् सत्त्व रज, तम से मिलकर हुई है। वहां उपनिषद् में ये तीन अर्थात् त्रिवृत्व है। तेज-आप और अन्य ये यथाक्रम रजस्, सत्त्व-तमस् के प्रतीक हैं क्योंकि आगे उपनिषद् में अग्नि का रोहित रूप तेज अर्थात् रजस् का रूप है। परन्तु रजस् इस स्थिति में अपने-अपने विशुद्ध रूप को छोड़ देता है। उस समय जिसको हम तेज कहते हैं वहां रजस्-तत्त्व और तमस् तीनों रूप विद्यमान हैं। यही बात सत्य है। इससे स्पष्ट उपनिषद् और क्या कह सकती है कि ये विकार रूप जगत् के ये सत्त्व, रजस् और तमस् यही तीन रूप सत्य हैं। इस त्रिवृत्त पद क आधार पर आचार्य शंकर ने पांच स्थूल भूतों

---

1. वही 2, नु० 1, ख० मं० 3
2. पृथिवी च पृथिवीमात्र, चापश्चापोमात्रातेजश्च तेजोमात्र-आकाश-मात्र....

   —प्रश्नो० चतु० प्र० 8 म०
3. घ्राणामेवास्या— तस्यगन्धाः, चक्षुरेवास्य— तस्य रूपं— श्रोत्रमेवास्यातस्य शब्दः।

   —श० भा० 5.5
4. यदग्नेरोहितं रूपं तेजसस्तपंरूपं यच्छुक्लंतदपां यत्कृष्णं तदन्नास्यापागादग्नेरागित्वं वाचारभ्भणं विकारोनामधेयं त्रीणिारूपाणि इत्येव सत्यम्। —छान्दोग्य० 6.47.4

को परस्पर सम्मिश्रण की कल्पना की है जो प्रसंग के अनुसार उचित प्रतीत नहीं होती क्योंकि आगे उपनिषद् कार स्वयं इन तीनों को सत्य मानता है शेष जड़ पदार्थों का लय इन्हीं में होने से वे वाचारम्भण मात्र हैं। श्वेताश्वतर उपनिषद् में जो त्रिवृत शब्द आया है वहां आचार्य शंकर ने इसका अर्थ सत्त्व, रजस तमस् ही ग्रहण करते हैं। अतः यह स्पष्ट हो जाता है कि छान्दोग्य उपनिषद् में जो त्रिवृत्त शब्द है उसका अर्थ सत्त्व, सजस् और तमस् लेना अधिक समीचीन प्रतीत होता है क्योंकि ये तीनों मिलकर अर्थात् संघातरूप में संसार का निर्माण करते हैं। छान्दोग्य में उक्त प्रसंग स्पष्ट संकेत करता है कि इसी प्रकार आदित्य का जो लोहित रूप हैं यद्यपि वह तेज और रजस का है परन्तु इस अवस्था में वह अपने विशुद्ध रूप छोड़ देता हैं और हम उस समय जिस आदित्य को देखते हैं उसमें तीनों रूप हैं अर्थात् रजस् सत्त्व और तमस् तीनों विद्यमान हैं। यही सत्य है, इस प्रकार आगे चन्द्र और विद्युत के उदाहरणों में कहा गया है। इन तीनों को कहा है कि इनके तीन-तीन भाग हो जाते है और इसी प्रकार ये सृष्टि रचना कर डालते हैं। मैत्र्युपनिषद् में भी इसका इस प्रकार है कि स्पष्ट रूप से जगत् सर्ग की त्रिगुणमूलक बताया है। इन मूलतत्त्वों से जो रचना होती है उसको विशेष कहकर प्रस्तुत किया है।[1] सांख्य योगदर्शन में विशेष शब्द भूतों के लिए प्रयुक्त हुआ है। यहां शब्द रचना का क्रम पूर्णरूपेण सांख्यदर्शन के अनुसार प्रतीत होता है। इस रचना के मूल उपादान तत्त्व सत्त्व रजस त्रिगुण है। इसी के अनुसार त्रयात्मकत्वात्तुभयत्वात् (311.2) इस ब्रह्म सूत्र के द्वारा सूत्रकार न छान्दोग्य के उक्त प्रसंग को लक्ष्य कर त्रिगुण से जगत् की उत्पत्ति का विवरण प्रस्तुत किया है। शंकर के अनुसार यदि इन तीन देवताओं को भूत माना जाता है, इन्हें सत्य नहीं कहा जा सकता है क्योंकि शंकर स्वयं जबकि उपनिषद् इनको सत्य कह रही है। अतः इसका सामंजस्य सांख्य के त्रिगुण को मानकर किया जा सकता है।

यह निश्चित सा लगता है आचार्य द्रमिल आचार्य शंकर के पूर्ववर्ती हैं। आचार्य ने उपनिषदों के भाष्य में एकाधिक बार भक्ति से कहकर स्मरण किया है।

उपनिषदों में उक्त सृष्टि रचना का वर्णन स्पष्ट करता है कि दर्शनकाल में जब सांख्य का पादुर्भाव हुआ, उस समय उपनिषदों में जो सृष्टि रचना के संकेत प्रसंगानुसार आये थे, उनका अनुसंधान करके अर्थात् उसको व्यवस्थित रूप एवं वैज्ञानिक रूप दिया प्रतीत होता है। उक्त विवेचन से मेरा मत है कि उपनिषदों की सृष्टि रचना का प्रभाव सांख्य दर्शन पर है न कि सांख्य का उपनिषदों पर है[2] क्योंकि हमारी मान्यतानुसार वेदों

1. महदाद्याविशेषान्ता-त्रिरूपत्वंतथाअवदत्। —मै० उ० 6.10
   नोट-आचार्य द्रमिल की यह व्याख्या श्रोभाष्य में प्राप्त है।
2. सत्वरजस्तमसां साम्यावस्था प्रकृतिः प्रकृतेमर्हान् महतोऽहंकारोअहंकारात् पंच तन्मात्राण्युभयमीन्द्रियं च पंचतन्मात्रेभ्यः स्थूलभूतानि।— सांख्य सू० अ०1, सू० 61

के पश्चात् का युग ब्राह्मण और उपनिषदों का युग है। उससे उत्तरवर्ती युगदर्शनों का माना जाना चाहिए। सांख्य की सृष्टि रचना जो उपनिषदों की सृष्टि का व्यवस्थित रूप कहना अधिक उपयुक्त होगा संक्षिप्त में इस प्रकार है। सत्वरजस और तमस् की साम्यावस्था का नाम प्रकृति है। उस प्रकृति से महत् (बुद्धितत्त्व) महत् से अहंकार, अहंकार से पांच तन्मात्रायें हैं और 11 इन्द्रियां उत्पन्न हुई और पांच भूत उत्पन्न हुए।[1] इन्हीं को इस चार भागों में इस प्रकार विभाजित किया है। प्रकृति अविकृति है। महत् अहंकार पांच तन्मात्रायें प्रकृति और विकृति दोनों हैं, 11 इन्द्रियां और पांच स्थूल ये 16 विकृति हैं और पुरुष, न प्रकृति और न विकृति है। इस प्रकार ये सृष्टि रचना के जड़ जगत् के 25 तत्त्व माने हैं।[2]

संसार की सत्ता :

संसार की सत्ता यथार्थ रूप में है। ये समस्त जड़ पदार्थ केवल भ्रममात्र या स्वप्न नहीं है अपितु यथार्थ रूप में उपलब्ध विकार अथवा परिणाम है। जो कुछ इस संसार में अवलोकन कर रहे हैं। वह अनादि काल से अनन्तकाल तक सदा ऐसा ही बना रहता है, यह बात नहीं है। कोई एक अवस्था अवश्य आती है, जब दृश्य मान रूप में इसका आरम्भ हुआ था। उसके ठीक पहले ऐसी अवस्था न थी। वर्तमान स्थिति के अनुसार ऐसा अवसर आयेगा जब इसकी यह अवस्था न रहेगी। परन्तु इनका मूल उपादान सदैव अवस्थित रहता है। इन दोनों अवस्थाओं में प्रथम अवस्था को सर्ग और द्वितीय अवस्था को प्रलय कहा है। सर्ग के आदिकाल में संसार की वस्तुओं का विकास प्रारम्भ होता है, सृष्टि की युवाअवस्था आती है, फिर प्रलय हो जाती है अर्थात् परमाणु विभक्त हो जाते है। संयुक्त होने पर सृष्टि और वियुक्त होने पर प्रलय यह क्रम अनादि काल से चल रहा है। इसका प्रारम्भ प्रायः सभी दार्शनिकों ने नहीं माना है। प्रारम्भ मानने पर दर्शन की अनेक समस्यायें उभर आती हैं। जिनका उत्तर मिलना असंभव सा लगता है। अतः इसका समाधान अनादि काल से ही मानना अधिक उपयुक्त होगा। इस विवेचन स हम इस निष्कर्ष पर पहुंचते हैं कि संसार की सत्ता सदैव बनी रहती है, उन वस्तुओं का रूपान्तर हो जाता है परन्तु सृष्टि तत्व का अभाव नहीं होता है। जैसे आज विज्ञान का सिद्धान्त है कि कोई वस्तु नष्ट नही होती है। जैसे लकड़ी जो हमने जलाई है। वह पूर्णतः नष्ट नहीं होती अपितु जिन तत्वों से मिलकर बनी थी, उसमें मिल गई। राख को हम खाद बनाकर डाल देते हैं। वह रूपान्तर होकर फिर आ जाती है। अतः इस परिवर्तन में वस्तुओं की सत्ता बनी ही रहती है। कभी कारण के रूप कार्य के रूप में।

1. श्वेताश्वतर उपनिषद् भी सांख्यदर्शन के पीछे की है।
2. मूल प्रकृतिरविकृतिः महद्याः प्रकृतिविकृतयः सप्तः, षोडशकस्तु विकारो न प्रकृति न विकृति पुरुषः। —सांख्य कारिका 4

आधुनिक युग में यथार्थवाद को विज्ञान से पर्याप्त बल मिला है। भौतिक शास्त्र के अनुसंधान ने सिद्ध कर दिया है समस्त ब्रह्माण्ड का निर्माण इलेक्ट्रोन, न्युट्रोन तथा प्रोट्रोन से हुआ है। विज्ञानों की खोजों से भी संसार की यथार्थ सत्ता सिद्ध हुई है। उपनिषदों में भी हमें उसका प्रतिपादन मिलता है। ऋषि दयानन्द दृश्य जगत् को तत्व रूप में एकदम मान्यता देते हैं। वेद भी इसकी स्पष्ट घोषणा करता है कि परमेश्वर ने जैसे पूर्व कल्प में सूर्य, चन्द्र, विद्युत् पृथ्वी आदि बनाते थे वैसे[1], ही यथार्थ सत्ता सदैव वर्तमान कार्य एवं कारण रूप में विद्यमान रहती है। उपनिषदें और दयानन्द प्रकृति को एवं संसार की सत्ता को सत्य मानकर वैज्ञानिकों के आविष्कार का भाग उद्घाटित कर देते हैं। जिनके आविष्कारों को यथावत् मानने में हिचकिचाते नहीं हैं। भौतिकवाद और आध्यात्मिकवाद का यथार्थवाद में समन्वय करने की क्षमता रखते हैं। श्री अरविन्द भी इस समन्वय को चाहते थे। उपनिषदों में मुख्य रूप में ब्रह्म विज्ञान का व्याख्यान है तो भी संसार की सत्ता का वर्णन स्पष्ट रूप में उपलब्ध होता है।

मायावाद :

मायावाद का सृजन कर आचार्य शंकर ने उपनिषदों एवं वेदान्त दर्शन को आध ार रूप में अंगीकार कर किया है। छान्दोग्य के "अनृतेन हि प्रत्यूढा" में अनृत शब्द का अर्थ आचार्य शंकर ने अविद्यापरक ही किया है। वहीं पर आनन्द गिरि ने उक्त शब्द का अर्थ किया है, अनादि अनिर्वाच्य मिथ्या ज्ञान।[2] वाचारम्भण श्रुति का अर्थ करते हुए आचार्य शंकर ने कहा है कि विकारजात सम्पूर्ण कार्य जगत् वस्तुतः कारण से अभिन्न है। जिस प्रकार रक्तोपाधान युक्त स्फटिक मणि में पद्मराग मणि का भ्रम होता है। वस्तुतः वह पद्मराग मणि नहीं है। उसी प्रकार कार्य जगत् ब्रह्म कारण ब्रह्म से भिन्न नहीं है।[3] भिन्नता केवल प्रतीत होती है। एकमेवाद्वितीयम् श्रुति की व्याख्या में आनन्दगिरि ने ब्रह्म में स्वजातीय विजातीय भेदों का निषेध किया है।[4] जिसका अर्थ है कि भेद मिथ्या है। छान्दोग्य में ही कहा गया है कि जहां पर अन्य को देखता है अन्य को सुनता है, अन्य को जानता है वह अल्प है आचार्य शंकर ने वहीं पर अल्प को स्वप्नवत् मिथ्या कहा है।[5] इसी प्रकार मुण्डक उपनिषद् में ब्रह्मैवेदं विश्वम् इसके भाष्य में आचार्य शंकर

---

1. सूर्याचन्द्रमसौ धाता यथापूर्वमकल्पयत् दिवं च पृथिवीं चान्तरिक्षमथो स्वः। —ऋ० म० 10, सू० 190, मं० 3, इस पर ऋषि दयानन्द कृत भाष्य द्रष्टव्य— स० प्र० समु० 8, पृ० 247
2. छान्दोग्य उ०, शांकर भाष्य, आनन्दगिरि टीका० 8.3, आनन्दाश्रम
3. वही 2.4.1, पूना, 1860, पृ० 316; 1890, पृ० 420
4. वही 6.2.1, पृष्ठ 297, 298।
5. छान्दोग्य उ०, शांकर भाष्य 2.24.1, पृष्ठ 90, 400

ने नामरूप को अवभास कथन किया है।[1] श्वेताश्वतर उपनिषद् में ''मायां तु प्रकृति विद्यात्'' में माया शब्द को भाष्यकार ने कल्पित अर्थ में लिखा है।[2] वृहदारण्यक में नेह नानास्ति किञ्चन के भाष्य में शंकर ने ब्रह्म नानात्व का निषेद किया है। वस्तुतः अविद्यारोपणा व्यतिरेक परमार्थ द्वैत है ही नहीं।[3]

आचार्य गौडपाद एवं आचार्य शंकर :

माण्डूक्य कारिका में आचार्य गौडपाद ने मायावाद का निरूपण पर्याप्त रूप में किया है।[4] माण्डूक्य कारिका में इन्होंने माध्यमिक कारिकाकार नागार्जुन के समान जगत् प्रपञ्च को मिथ्या कहा है। आचार्य गौडपाद सांख्य और न्याय-वैशेषिक की तरह जगत् उत्पत्ति को मान्यता नहीं देते हैं। इसके अनुसार सत्कार्यवाद और असत्कार्य दोनों के अनुसार जगत् की रचना सम्भव नहीं है। क्योंकि यदि कार्य पूर्व ही सत् हो तो उत्पत्ति की क्या आवश्यकता है? क्योंकि वह तो है ही न्याय इस सत्कार्यवाद का खण्डन करता है। इस तरह दोनों का प्रत्याख्यान इन्होंने किया है[5] और मिथ्या प्रपञ्च की सिद्धि की है। इनके अनुसार परमार्थतः जगत् मिथ्या है। तात्पर्य यह है कि कारण ब्रह्म से पृथक् रूप से यह जगत् कभी उत्पन्न नहीं हुआ, क्योंकि पृथक् रूप से उत्पत्ति असम्भव है। अतः समस्त पदार्थों को अनुत्पन्न ही कहा जा सकता है। आचार्य ने माण्डूक्य कारिका के वैतथ्य नामक द्वितीय प्रकरण में भाव वस्तुओं को स्वप्नवत् मिथ्या कहा है। जिस प्रकार स्वप्न की वस्तुयें अन्तस्थ होती है, उनमें बाह्यता नहीं होती फिर भी वे स्वप्न की वस्तुयें बाह्य वस्तुओं के समान दृष्टिगोचर होती हैं। उसी प्रकार जागृत अवस्था की वस्तुओं को जानना चाहिए। स्वप्न की वस्तुयें भी तथ्यहीन हैं। अतः स्वप्नकालिक वस्तुओं के सदृश्य जागृत अवस्था की वस्तुयें भी तथ्यहीन हैं अर्थात् वे वितथ हैं।[6] आचार्य शंकर ने गौडपाद की उक्त 2 कारिका भाष्य वितथ के भाव को वैतथ्य असत्य है अर्थात् जिसमें तथ्यता नहीं है। जो अतथ्य हैं वही वैतथ्य सत् है। स्वप्नकालिक वस्तुयें जब तक स्वप्न दर्शन होता रहता है तब दिखाई देती हैं, तभी तक उनकी सत्ता है। स्वप्न से उठे हुए व्यक्ति के लिये स्वप्नकालिक वस्तुयें उसी समय अर्थात् जागते ही मिथ्या

---

1. मु० उ० भाष्य 2.2.11, पृष्ठ 33, 34; आनन्दाश्रम, पूना, 1896
2. श्वेताश्वतर उ० 4.10, पृष्ठ 57, आनन्दाश्रम, शकानन्द, पूना, 1811
3. वृहदारण्यकोपनिषद् भाष्य 4.4.19, पृष्ठ 682, आनन्दाश्रम, पूना, 1927
4. जायमानं कथमजं भिन्नं नित्यं कथं च तत्। —मा० का० 3.11, पृष्ठ 162
5. भूतं न जायते किञ्चिद्भूतं नैव जायते।
   विवदन्तो द्वयोः ह्ये वमजातिंव्यापयन्ति ते।। —गौ० का० 4.4
6. वैतथ्यं सर्वभावानां स्वप्न आहुर्मनीषिणाः
   —मा० का० 2.1, पृ० 65, गौडपाद, आनन्दाश्रम, पूना, 1921

दिखाई देती है, अर्थात् जागृत ज्ञान से स्वप्न का ज्ञान बाधित होता है, अतः बाधित होने के कारण स्वप्नकालिक वस्तुयें मिथ्या हैं। आचार्य गौडपाद वैतथ्य प्रकरण की तृतीय कारिका में स्वप्न की वस्तुओं को मिथ्या सिद्ध करने के लिये श्रुति से भी प्रमाण उद्धृत करते हैं। परन्तु वे सब मनः कल्पित हैं सत्य नहीं है।[1] आचार्य शंकर ने गौडपाद वैतथ्य प्रकरण से चतुर्थ कारिका भाष्य में स्वप्न की वस्तुओं के सदृश जागृत् करने हेतु कहते हैं कि वस्तुयें पूर्वकाल में नहीं थी भविष्यत् में नहीं रहेगी इसी प्रकार यदि कालिका परिछिन्न वस्तुयें यदि वर्तमान में दिखाई भी दें तो उनको वितथ ही कहना पड़ेगा। वे तथ्यहीन होते हुए ही दिखाई देती हैं।[2] परवर्ती आचार्य मधुसूदन सरस्वती ने परिच्छिन्नत्व को मिथ्यात्वानुमान में हेतु माना है और परिच्छिन्नत्वेन वस्तुओं को मिथ्या कहा है।[3]

आचार्य गौडपाद विश्वदर्शन अज्ञान या माया के कारण मानते हैं। वस्तुतः अनादि माया के कारण जीव सोया हुआ है, अपने स्वरूप को भूला हुआ है। माया में सप्त होने के कारण उसे दर्शन हो रहा है।[4] गौडपाद की भाषा में अमादि माया सुप्त जीव सब ज्ञान प्राप्त करता है। तभी शाश्वत अद्वैत तत्व को जान सकता है। जो कि अनिद्रस्वरूप, ज्ञानस्वरूप है।[5] उनका कथन है कि परमार्थ तत्व ज्ञान से घटादि वस्तुओं का वैसा ही,बाध होता है जैसा कि रज्जु में सर्प का, रज्जु ज्ञान से, मरुजल का मरु ज्ञान से, शुक्ति रजत का शुक्ति ज्ञान बाध होता है। इसी कारण आचार्य गौडपाद प्रपञ्च की सत्ता नहीं मानते हैं। वास्तव में प्रपञ्च उनके अनुसार मायामय है। एकमात्र अद्वैत ही परमार्थ है।[6] जिस प्रकार अन्धकार में रज्जु विषयक ज्ञानाभाव के कारण सर्प का भ्रम होता है उसी प्रकार जगत् विकल्प है और रज्जुज्ञान से सर्पज्ञान की निवृत्ति होती है।[7] उपर्युक्त विवरण आचार्य गौडपाद द्वारा प्रतिपादित जगन्मिथ्यात्व या मायावाद को समझने के लिये पर्याप्त है। अद्वैतवाद का इतिहास में आचार्य गौडपाद का स्थान अत्यन्त महत्वपूर्ण है। मायावाद का प्रधान विषय अद्वैत की सिद्धि है। एतदर्थ जगन्मिथ्यात्व की स्थापना गौडपादाचार्य ने की है। इस प्रकार अद्वैत में स्वीकृति मिथ्यात्व का स्पष्ट प्रतिपादन आचार्य गौडपाद की कारिका में प्राप्त है। परन्तु यह अवश्य मानना पडेगा

---

1. वितथस्य भावोवैतथ्यम् असत्वमित्यर्थः। —मा० का० 2.1, पृ० 65
2. अभावश्च रथादीनां श्रुयते न्यायपूर्वकं। वैतथ्यं तेन वै प्राप्तं स्वप्न आहुः प्रकाशितम्। —मा० का० 2.3, पृष्ठ 68
3. आदावन्ते च यन्नस्ति वर्तमानोपि तत्तथा। विथैः सदृशाः।—मा० का० 2.6, पृ० 70
4. मिथ्यात्व लक्षण —अध्यास 4 द्रष्टव्य
5. अनादि मायया सुप्तो यथा जीवः प्रबुध्यते।
अजमनिद्रमस्वप्नमद्वैतं बुध्यते तदा।। —मा० का० 1.16, पृष्ठ 50
6. मायामात्रमिदं द्वैतमद्वैतंपरमार्थतः —मा० का० 1.17, पृ० 52
7. माण्डूक्य कारिका 2.17 तथा 2.18, पृ० 81, 82

कि प्रतिभासिक व्यवहारिकादि सत्ता का विवेचन माध्यमिक कारिका में उपलब्ध नहीं है जो आचार्य शंकर तथा अन्य उत्तरवर्ती अद्वैत आचार्यों को स्वीकार करना पड़ा है। उक्त विवरणा से यह स्पष्ट है कि ये दार्शनिक विद्वान् अपने इस प्रत्ययवाद को दो प्रकार से सिद्ध करने का प्रयास करते प्रतीत होते हैं, एक तो उपनिषदों के कुछ मन्त्रों की व्याख्या अद्वैतवादी विचारधारा द्वारा करना चाहते हैं दूसरी युक्तियों से।[1]

महर्षि दयानन्द के अनुसार प्रकृति की सत्यता :

महर्षि दयानन्द के अनुसार यह सम्पूर्ण दृश्यमान जगत् वास्तविक सत्ता रखता हैं। वह किसी अन्येतर पदार्थ का विवृत न होकर अपनी कारणभूत प्रकृति का सत्कार्य है। उसकी सत्ता पराश्रय की अपेक्षा नहीं रखती। प्रकृति के सत् होने के कारण तज्जनित जगत् भी सत् है। परिवर्तनशीलता उसका धर्म है। इन अर्थों में वह अनित्य है। परिवर्तन का आधारभूत द्रव्य नित्य है। उसके अवयवों में पारस्परिक संयोग-वियोग के कारण नावीन्य आता रहता है, किन्तु आधारभूत द्रव्य में अपने में नित्य ही रहता है। महर्षि दयानन्द श्रुति के निम्न मंत्र के आधार पर अपनी प्रकृति की सत्यता को प्रमाणित करते हैं कि जो ब्रह्म और जीव दोनों चेतनता और पालानादि गुणें से सदृश, व्याप्य व्यापक भाव से संयुक्त मित्रतायुक्त सनातन अनादि है, और वैसा ही अनादि मूल रूप कारण और शाखा रूप कार्ययुक्त वृक्ष अर्थात् जो स्थूल होकर प्रलय में छिन्न-भिन्न हो जाता है, वह तीसरा अनादि पदार्थ इन तीनों के गुण, कर्म और स्वभाव भी अनादि हैं। इन जीव और ब्रह्म में से एक जीव है, वह इस वृक्ष रूप संसार में पाप-पुण्य रूप फलों को अच्छे प्रकार से भोगता हैं। और दूसरा कर्मों के फलों को न भोगता हुआ चारों और अर्थात् भीतर बाहर सर्वत्र प्रकाशमान हो रहा है। जीव से ईश्वर, ईश्वर से जीव और दोनों से प्रकृति भिन्न स्वरूप तीनों अनादि हैं।[2]

श्वेताश्वतरोपनिषद् भी कहती है कि लोहित, कृष्णा और शुक्ल (सत्वरजतमोगुणे) वर्णा की प्रकृति न उत्पन्न होने वाली है।[3]

द्वा सुपर्णा सयुजा सखाया समानं वृक्षं परिषस्वजाते।
तयोरन्य पिप्पलं स्वाद्वत्त्यनश्ननन्यो अभिचाकशीति।।[4]

दयानन्द का मत है कि प्रकृति सत् है और उसका विचार संसार भी सत् है। परिवर्तनशीलता उसका धर्म अवश्य है, किन्तु वह पारमार्थिक नित्य है। दयानन्द कहते

---

1. ऋग्वेद 1.164.20, द्वा सुपर्णा.......।
2. स० प्र०, अष्ट समुल्लास, पृष्ठ 137
3. अजामेकां लोहितशुक्लकृष्णां —श्वेता० 4.5
4. स० प्र०, अष्टम समुल्लास, पृष्ठ 142

हैं कि जो यथावत् उपलब्ध होता है। उसका वर्तमान में अनित्यत्व और परमसूक्ष्म कारण को अनित्य कहना कभी नहीं हो सकता। परिदृश्यमान अनित्यता वस्तुगत अनित्यता नहीं। प्रत्युत वह स्वरूपगत परिवर्तन मात्र है। इसी प्रकार यह जगत् अवास्तविक या भ्रमजनित मिथ्या नहीं है, प्रत्युत सत् है।

प्रश्न उठता है कि यदि यह सब जगत् नित्य है तो प्रलयावस्था में अपनी सत्ता क्यों नहीं रखता। उसके उत्तर में दयानन्द कहते हैं कि जगत् की सत्ता सब रहती है किन्तु अपनी सूक्ष्मता के कारण वह अप्रसिद्ध होकर अन्धकार में आवृत्त रहता है[1] और उस समय न किसी के जानने, न तर्क में लाने और न प्रसिद्ध चिन्हों से युक्त इन्द्रियों से जानने योग्य था, न होगा। किन्तु वर्तमान में जाना जाता है और प्रसिद्ध चिन्हों से युक्त जानने के योग्य होता है और यथावत् उपलब्ध है।

महर्षि दयानन्द के अनुसार सांख्यदर्शन की भांति प्रकृति त्रिगुणत्मिका है। वह अपने सूक्ष या कारण रूप में सत्वरजस्तमोमयी है। सृष्टि पूर्व वे गुण साम्यवस्था में रहते हैं। अनन्तर परमात्मा प्रेरित विक्षोभों से उन गुणें में वैधर्म्य आता है। इस वैषम्य के आने से प्रकृति अपने प्रपंच के पंख फैलाने लगती है।

न्याय और वैशेषिक की उह मान्यता सत्कार्यवाद के अनुसार न होकर असत् कार्यवाद के अनुसार है। सत्कार्यवाद के विरुद्ध कुछ भाष्यकार युक्तियां देते हैं यदि बीज में अंकुर पहले से ही विद्यमान है, तो उसकी उत्पत्ति कहना अनुचित ही होगा क्योंकि उत्पत्ति से पूर्व जो वस्तु नहीं होती उन्हीं की उत्पत्ति देखी जा सकती है। परन्तु सांख्य इसका उत्तर यही देता है कि अव्यक्त से व्यक्त होने का नाम ही कार्य की उत्पत्ति है। हम भाष्यकारों के विवाद का विश्लेषणा नहीं करना चाहते यह सत्कार्यवाद और असत् कार्यवाद का शताब्दियों पूर्व का विवाद विभिन्न भाष्यकारों एवं टीकाकारों द्वारा प्रौढ़ तर्कों से प्रतिपादन हुआ हैं। ऋषि दयानन्द इन दोनों में समन्वय दिखाने का प्रयास करते हैं। उनका मत है कि मौलिक विचारधारा जो दोनों दर्शनों में उपलब्ध हैं, उसका कोई विशेष अन्तर नहीं होता अपितु व्याख्या के प्रकार में अधिक अन्तर-प्रतीत होता है। न्यायशास्त्र में एक सूत्र देखिये[2] (बीज का) नाश हुये बिना (अंकुर की) उत्पत्ति न होने से अभाव से भाव की उत्पत्ति है। परन्तु दयानन्द सूत्र को पूर्वपक्ष को मानते हैं। इस सूत्र को यदि उत्तर पक्ष का माना जाय तो इसमें असत्कार्यवाद का प्रतिपादन है। परन्तु इनकी धरणा इसके विपरीत है। वे कहते हैं कि जो बीज का उपमर्दन करता है वह प्रथम ही बीज

1. तम असीत्तमसा गूढमग्रे —ऋग्वेद् 10.129.3
2. अभावात् भावोत्पत्तिर्नानुपमृद्य प्रार्दुभावात् —न्याय० 4.101.10
   नोट-सत्यार्थप्रकाश में ऋषि दयानन्द षड् दर्शनों में सृष्टि के छः अंगों की व्याख्या करते हैं। —स० प्र०, पृष्ठ 222-223

में था जो न होता तो उत्पन्न कभी न होता।[1] इनके मत में यह सूत्र असत् कार्यवाद का पोषण नहीं करता जैसा कि कुछ मानते हैं। इस पर आपत्ति की जा सकती है कि ऋषि ने अपने पक्ष का पोषण करने के लिये ऐसा अर्थ किया होगा परन्तु इसका उत्तर यह है कि श्री गंगानाथ झा महामहोपाध्याय सतीशचन्द्र विद्याभूषण, स्वामी तुलसीराम का भी यही मत है। यही नहीं अपितु न्यायदर्शन अभाव से भाव की उत्पत्ति का असंगत मानता हुआ उसका प्रत्याख्यान करता है। अगले सूत्र में कहा गया है कि यह उचित नहीं कि अपितु व्याघात दोष है।[2] इस सूत्र पर सतीशचन्द्र विद्याभूषण इसी भाव का प्रदर्शन करते हैं।[3]

इस समीक्षा से यह प्रतीत होता है कि न्याय अभाव से भाव की उत्पत्ति नहीं मानता। इस समय के विद्वान् ही नहीं अपितु मुनि वात्स्यायन स्पष्ट रूप में अवयवों में अवयवी की उपस्थिति मानते हैं।[4] वैशेषिक दर्शन पर भी यह आरोप लगाया जाता है परन्तु वैशेषिक तो स्पष्ट रूप में कारण को अभाव से कार्य का भी अभाव मानता है।[5] वह तो कारण के गुणें को कार्य में स्वीकार करता है।[6] वैशेषिक परमाणुवादी है तो सांख्य गुणवादी है। डा० राधाकृष्णन् का भी यही मत प्रतीत होता है कि दोनों वादों में कोई विशेष अन्तर नहीं है। न्यायदर्शन के विषय में स्पष्ट कहते हैं न्याय यह तो मानता है कि पूर्व (द्रव्य पदार्थ) के पूर्ण विनाश से नवीन पदार्थ की उत्पत्ति असंभव है, परन्तु इससे खुलकर कहने को तैयार नहीं होता। इससे यही प्रतीत होता है कि न्यायशास्त्र के अनुसार द्रव्य अपनी पूर्वावस्था का परित्याग मात्र करता है।[7] न्यायमंजरी का प्रणेता भी यही स्वीकार करता है कि हम नैयायिक यह नहीं मानते कि कोई वस्तु जिसका अभाव है। उत्पन्न हो जायेगी। हमारा कहना था कि जो उत्पन्न हुआ है उसका अभाव था।[8]

उपर्युक्त विवेचन से यह स्पष्ट है कि सत्कार्यवाद और असत् कार्यवाद में कोई मौलिक विरोध नहीं है अपितु प्रक्रिया में अन्तर है। ऋषि दयानन्द परमाणुवाद और

---

1. स० प्र०, पृष्ठ 216
2. व्याघात प्रयोग—न्याय० 4.1.15
3. The reasoning put forward is unsound, as it involves self contradition Vatsyayan Bhashya translated by Ganga Nath Jha.
4. न्याय० 1।2।37 पर वात्स्यायन भाष्य द्रष्टव्य।
5. कारणभावात् कार्याभावः— वैशेषिक सू० 1.2.1
6. कारणगुणपूर्वकः कार्य गुणेदृष्टः— वही 2.1.24
7. The Naiyayika concedes that which make the formation of new impossible. If follows that Naiyayika is not inclined to accept it openly.—Indian Philosophy, p. 48
8. A History of Indian Philosophy—S.N. Dass Gupta, V.I., p. 320

सांख्यों के प्रकृतिवाद का समन्वय करने का प्रयास करते हैं, उनका मत है कि अनादि नित्य स्वरूप सत्व, रजस् और तमोगुण की एकावस्था रूप प्रकृति से उत्पन्न जो परम् सूक्ष्म पृथक्-पृथक् तत्वावयव विशेषों से अवस्थान्तर दूसरी अवस्था को सूक्ष्म-सूक्ष्म बनते बनाते विचित्र सृष्टि कहलाती है।

महर्षि दयानन्द भी सांख्य की भांति सृष्टि के क्रमिक उपदानों को चार विभागों में बांटते हैं :—

(1) अविकारिणी प्रकृति। (2) प्रकृति-विकृति-महत्तत्व और अहंकार और तन्मात्रायें प्रकृति भी हैं और विकृति भी। महतत्व त्रिगुणामयी प्रवृत्ति संभव होन से विकृति हैं, किन्तु अहंकारोद्भासिका होने के कारण प्रकृति और षोडशक (एकादश इन्द्रियों एवं पंचतन्मात्राओं) का उत्पादन होने के कारण विकृति भी है इसी प्रकार पंचतन्मात्रायें अहंकार प्रसूत होने के कारण विकृति, किन्तु पंच स्थूलभूतों की उत्पादिका होने के कारण प्रकृति है। (3) विकृति-अहंकारोद्भूत एकादश इन्द्रियां केवल विकृति हैं। क्योंकि वे अन्य किसी पदार्थ के उत्पादिका होने के कारण प्रकृति की कोटि में नहीं आती है। (4) न प्रकृति न विकृति-जीव व ईश्वर न किसी की प्रकृति है और न किसी के विकार हैं, वे सर्वथा शुद्धसात्विक और निर्विकार हैं।

आचार्य रामानुज एवं महर्षि दयानन्द के द्वारा स्वीकृत-कार्यकारणवाद

आचार्य रामानुज और महर्षि दयानन्द दोनों ही दार्शनिक कार्य से कारण को भिन्न मानने वाले असत्कार्यवाद को अस्वीकार करते हुए सत्कार्यवाद का समर्थन करते हैं। सत्कार्यवाद की दो अवस्थायें हैं:—

1. विवर्तवाद-तत्व से अन्यथा प्रतीति को विवर्त कहते हैं।[1]

2. परिणाम का विकारवाद-तत्व की तात्विक परिणाति को परिणाम कहते हैं।[2]

अद्वैतवाद विवर्तवाद को स्वीकार करता है, उनके मत में समस्त जगत् अविद्योपहित ब्रह्म का विवर्त है। अतः वह मिथ्या है। एकमात्र निर्विशेष ब्रह्म ही सत्य है।

परिणामवाद में जगत् की सत्यता को स्वीकार किया गया है। कार्य अपनी कारण में सत्य एवं यथार्थ ही होता है। रामानुज और दयानन्द दोनों ही परिणामवाद को स्वीकार करते हैं। दोनों ही दार्शनिक यथार्थवादी दृष्टिकोण क उद्वाहक हैं। दोनों दर्शनिक तीन प्रकार के कारण स्वीकार करते हैं—(1) उपादान कारण (2) निमित्त कारण (3) सहकारी कारण।[3]

---

1. अतत्वतोऽन्यथा प्रथा विवृत इत्युदाहृतः।
2. सतत्वतोऽन्यथाविकार इत्युदीरितः।
3. (क) यतीन्द्रमत, पृष्ठ 81
   (ख) सत्यार्थप्रकाश, अष्टम समुल्लास, पृष्ठ 138

उपादान कारण उस कारण को कहते हैं जो कार्य रूप में परिणत होता है।[1] अर्थात् जिसके बिना कुछ न बने, वही अवस्थान्तर रूप हो के बने और बिगड़े भी।[2] यथा-मिट्टी। निमित्तकारण उसे कहते हैं जो उपादान को कार्य रूप में परिणत करता है।[3] सहकारी कारण या साधारण कारण उसे कहा जाता है जो (कार्य) बनाने में साधन और साधारणा निर्मित हो।[4] यथा दण्ड चक्र एवं तुरी वेमादि।

आचार्य रामानुज कारण में कार्य की पूर्ण सत्ता स्वीकार करते हैं। रामानुज के अनुसार औपनिषदिक वाक्य-एक विज्ञानेन सर्वविज्ञानम्[5], की चरितार्थता संभव हो सकती है। जबकि हम कार्य और कारण के तादात्म्य को स्वीकार करें। यदि कारण और कार्य दोनों में पार्थक्य माना जायेगा तो हा कारक के ज्ञान के द्वारा कार्य का ज्ञान और कार्य दोनों में सफल हो जायेंगे। कोई भी मिट्टीपात्र जिसके बनने में मृत्तिका का धर्म या गुण परिवर्तित नहीं हुआ हैं, मात्र उसके अवयवों में एक नयी अवस्था या रूप आया है। वस्तुतः उसमें मृत्तिकत्व सर्वथा विद्यमान है क्योंकि मृत्तिका से निर्मित होने वाला कोई घट या शरावा आदि अन्य कोई नवीन पदार्थ न होकर मात्र मृत्तिका को ही नूतन अवस्था और आकृति है।[6] उनमें वही धर्म विद्यमान है, जो मृत्तिका में है। इसलिय मृत्तिका के जान लेने पर मृत्तिका-सम्भूत सभी रूपाकृति जानी जा सकती है। इसलिए कहा गया है कि कारण के जानने पर तत्सम्भूत सभी कार्यों को जाना जा सकता है।

दयानन्द के अनुसार यह संभव ही नहीं कि बिना कारण के कार्य हो जाये, और जब कार्य के लिये कारण की अपेक्षा है तो कारण में कार्य की पूर्व निहितता स्वतः सिद्ध हो जाती है। यदि हम कहें कि अभाव से भाव की उत्पत्ति होती है क्योंकि यदि हम बीज को तोड़कर देखें तो उसके अंकुर का उसमें सर्वथा अभाव होता है। किन्तु बाद में अंकुरण हो जाता है—इस शंका के सन्दर्भ में महर्षि दयानन्द का विचार है—जो बीज का उपमर्दन करता है, वह प्रथम ही बीज में था, जो न होता तो उत्पन्न कभी न होता।[7] दयानन्द के कहने का अभिप्राय यह है कि कारण में कार्य का सूक्ष्म रूप

---

1. कार्यरूपेण विकारयोग्यं वस्तु उपादानम्। —यतीन्द्रमत, पृष्ठ 81
2. स० प्र०, अष्टम समुल्लास, पृष्ठ 138
3. (क) कार्यतयापरिणामयितुः निमित्तम्— स० प्र०, अष्टम समुल्लास, पृष्ठ 81
   (ख) स० प्र०, अष्टम समुल्लास, पृष्ठ 138
4. (क) कार्योत्पच्च्युपकरणं वस्तु सहकारी। —यतीन्द्रमत, पृष्ठ 81
   (ख) स० प्र०, अष्टम समुल्लास, पृष्ठ 138
5. छान्दोग्योपनिषद्।
6. यथामृदोत्पन्न घटादिकं मृदात्मकम्। —वेदार्थ संग्रह, पृष्ठ 59
7. स० प्र०, अष्टम समुल्लास, पृष्ठ 142

में पहले से ही होता है। उसकी परिणति के लिये मात्र यथोचित् साधनों से निर्मित एवं सहकारी साधनों की आवश्यकता होती है, जैसे कारण रूप मिट्टी में घटोत्पादान-क्षमता पूर्व रूप से ही विद्यमान है, किन्तु कार्य रूप घट की परिणति तब तक संभव नहीं है जब तक की निमित्त कारण रूप कुम्भकार प्रयास न करें। जो कार्य की उत्पत्ति और विनाश कहा जाता है, वस्तुतः पारमार्थिक रूप से वह परिणति और निलय ही है। दयानन्द भी रामानुज की भांति यह स्वीकार करते हैं कि जैसे कारण के गुण होते हैं वैसे ही कार्य में होते हैं।[1]

आचार्य रामानुज सांख्यवत् कार्य को अभिव्यक्त नहीं मानते। प्रत्युत वे कार्य कारण भूत द्रव्य को अवस्था परिणाम कहते हैं।[2] इस सिद्धान्तनुसार उपादान कारण के विभिन्न अवयव एक दूसरे में मिल जाते हैं, उनका स्वरूप एक नया हो जाता है। अतः वे एक नये संस्थान की उत्पत्ति करते हैं, जिसे परिणाम कहते हैं। यदि कारण एवं परिणाम (कार्य) की एकता को स्वीकार न किया जाये तो प्रत्येक वस्तु को किसी भी अन्य वस्तु का उपादान कारण माना जा सकता है। जैसा कि अभी कहा रामानुज भी मानते हैं कि कार्य का अपना एक विशिष्ट उपादान होता है। मात्र उस उपादान में ही उस कार्य को उत्पन्न करने की क्षमता हुआ करती है।[3] जैस घटोत्पादक समार्थ्य मात्र तदुपादानभूत तन्तुओं में ही है, मृत्तिका पट उत्पन्न नहीं कर सकता क्योंकि वह उसका उपादान कारण नहीं है।

इस प्रकार देखा गया कि रामानुज के मत में कार्य का वास्तविक तात्पर्य कारणभूत पदार्थ की विशेषताओं और अवस्थाओं में परिवर्तन है अर्थात् कार्य-कारण द्रव्य की अवस्था के ही नाम है। मृत्तिका, स्वर्ण आदि का आकार-विशेष को धारण करना ही करणारूप बुद्धि का कार्य रूप प्रतीति है। अतः कार्य और कारण भिन्न-भिन्न शब्दों से हो जाता है, जैसा कि एक ही देवकत्व की विभिन्न अवस्थाओं के लिए शैशव, यौवन, पार्थक्यादि भिन्न-भिन्न बुद्धि और भिन्न-भिन्न शब्दों का, प्रयोग किया जाता है।[4]

रामानुज के अनुसार आकार विशेष को प्राप्त होना उत्पत्ति और आकार विशेष

---

1. स० प्र०, अष्टम समुल्लास, पृष्ठ 47
2. (क) अवस्थान्तरापत्तिरेवहि कार्यता। —गीता, रामानुज भाष्य 13.2
   (ख) एकमैव कारणभूतं द्रव्यावस्थान्तरयोगेन कार्यमित्यमिधीयते।
   —वे० सं०, पृष्ठ 59
3. यत्कार्योपादानं शक्तं यत् कारणम्-श्रीभाष्य—2-1-15।
4. तस्यैवमृद्हिरण्यादेः द्रव्यस्य संस्थानान्तरभावकत्वमात्रेण बुद्धिः शब्दान्तरादय उपपद्यन्ते, अर्थस्यैव देवदत्तस्यावस्थाभेदेः जातः यथा स्थविर इति— श्रीभाष्य 2.1.15

का विनष्ट होकर कारण रूप हो जाना विनाश कहलाता है।[1] अभिप्राय यह है कि दोनों को विशेष अवस्थाओं के नाम हैं।

यहां यह ध्यातव्य है कि दयानन्द भी रामानुज की भांति अवस्था परिणाम'' को ही कार्य मानते हैं, जैसा कि उनके उपादान कारण के लक्षण से स्पष्ट रूप से द्यातित हो रहा है-''वही अवस्थान्तर रूप होके बने''।

आचार्य रामानुज सृष्टि प्रक्रिया में परमात्मा को ही उपादान और निमित कारण मानते हैं।[2] उनके मतानुसार प्रकृति अपनी अव्यक्तावस्था में परमात्मा को ही आश्रय बनाकर रहती है। अतः यह परमात्मा का स्वगतभेदभूत प्रकार या शरीर या विशेषणा हैं। उनके अनुसार विशेषण और विशेष्य के सम्बन्ध में तादात्म्य सम्बन्ध नहीं है। गुणी गुण नहीं होता और गुण गुणी अर्थात् गुणवान् पदार्थ से भिन्न होता है। इस प्रकार प्रकारी में भेद है, ये तादात्म्य सम्बन्ध की अपेक्षा गुण-गुणी या विशेषण-विशेष्य में समानाधिकरण मानते हुए परस्पर अपृथक् सिद्ध सम्बन्ध मानते हैं। इसलिये प्रकृति ईश्वर से भिन्न भी है और विशेषण रूप में अभिन्न भी। इनकों पारस्परिक अभिन्नता की परमात्मा को उपादान कारण प्रमाणित करती है और भिन्नता से परमात्मा अपने संकल्प के द्वारा निमित्त कारण बनकर सृष्टि करता है। उसके ज्ञान-शक्ति आदि गुण तुरी-वैभक्ति जगत् सृष्टि में सहकारी कारण बनते हैं। उस प्रकार परमात्मा ही उपादान और निमित कारण है। इस विशेषण-विशेष्य या प्रकार-प्रकारीभूत सम्बन्ध की बाधार्थिक भिन्नाभिन्नता के कारण परमात्मा में कोई विकृति नहीं आती।[3]

दयानन्द प्रकृति को अपने मूल रूप में पूर्ण और सर्वथा सत्य अनादि तत्व मानते हैं। उनके मतानुसार प्रकृति स्वतन्त्र, उपादान कारण है—मृत्तिकावत्। और सब सृष्टि को कारण से बनाने, धारने और प्रलय करने तथा सबकी व्यवस्था रखने रखाने वाला मुख्य निमित्त कारण परमात्मा है।[4] प्रकृति क्योंकि जड़ है, अतः वह अपने आप और बिगड़ सकती है किन्तु दूसरे के बनाने से बनती हैं और बिगड़ने से साधन और बिगड़ती है।[5] ज्ञान, दर्शन, बल, हाथ और नाना प्रकार के साधन आदि और दिशा,काल और आकाश साधारण कारण हैं।[6]

---

1. द्रव्यस्योत्तरोत्तरसंस्थानयोगः पूर्वपूर्वसंस्थानसंस्थितस्य विनाशः। स्वावस्थस्य तूत्पत्तिः
—पूर्वोक्तैव
2. पूर्वोक्तैव 1.4.21
3. अतः प्रकृति प्रकारसंस्थिति परमात्मनि प्रकारभूतप्रकृत्यशे विकारः प्रकायांशे स्वीकारः।
—वेदार्थ संग्रह
4. स० प्र० अष्टम समुल्लास, पृष्ठ 138
5. पूर्वोक्तैव, पृष्ठ 138-39
6. पूर्वोक्तैव, पृष्ठ 138-39

जैसा कि अभी कहा गया है कि प्रकृति जड़ है उसमें सक्रियत्व का सर्वथा अभाव होता है। अतः उसे किसी अन्य कर्त्ता की अपेक्षा होती है, जो चेतन हो, क्योंकि बिना कर्त्ता के कोई भी क्रिया या क्रिया जन्य पदार्थ नहीं बन सकता। अतः अनन्त ज्ञान एवं अतुल्य सामर्थ्य के कारण एकमात्र ईश्वर ही उसका कर्त्ता बन सकता है। परमात्मा को उपादान कारण मानने के कारण मनाने के प्रस्ताव को दयानन्द अस्वीकार करते हैं। उनका कहना है कि—"यदि पुरुष को शक्ति का योग हो तो संगापत्ति हो जाये अर्थात् जैसे प्रकृति सूक्ष्म से मिलकर कार्यरूप में संगत हुई है वैसे परमेश्वर भी स्थूल हो जाय।[1] उसके अतिरिक्त सांख्यसूत्र के आधार पर परमात्मा के उपादान कारणभूत की अनुपपत्ति का कथन करते हुए कहते हैं कि "सत्तामात्रंचैवेतत्सर्वमैश्वर्यम्" जो चेतन से जगत् की उत्पत्ति हो तो जैसा ईश्वर समग्रऐश्वर्ययुक्त है वैसा संसार में भी सर्वेश्वर्य होना चाहिए, जो कि नहीं है।[5]

1. (क) प्रधानशक्तियोगत्वात्संगापत्तिः-सांख्य सू० 5.8
   (ख) स० प्र०, पृष्ठ 125
2. पूर्वोक्तैव

द्वादश-अध्याय

आत्म-निरूपण

चार्वाक दर्शन सम्पूर्ण सृष्टि की उत्पत्ति केवल प्रत्यक्ष प्रमाण को मानते हुए पृथ्वी, जल, तेज और वायु नामक चार भूतों से मानता है। इस दर्शन में आकाश को स्वीकार नहीं किया गया है, क्योंकि आकाश का प्रत्यक्ष नहीं होता है। आकाश प्रत्यक्ष का विषय है नहीं, अतएव सम्पूर्ण जगत उपर्युक्त चार भूतों से ही बना है। इन्ही चार भूतों के विशेष योग से चैतन्य की उत्पत्ति होती है।[1]

प्रत्यक्ष से ग्रहण न होने के कारण आत्मा का कोई प्रत्यक्ष अस्तित्व नहीं है जैसा कि आस्तिक दर्शनकार उल्लेख किया करते हैं क्योंकि वह न तो घटादि की तरह बाह्येन्द्रियों और न सुखादि की तरह मन से ग्राह्य होता है। अनुमान प्रमाण तो चार्वाक मानते ही नहीं इसके अतिरिक्त आत्मा की सिद्धि में कोई लिंग भी नहीं है क्योंकि चैतन्य की इन चार भूतों के अतिरिक्त कोई सत्ता नहीं है। चैतनता रहित इन चार भूतों के विशेष प्रकार से मिश्रित होने पर तथा शक्ति के आधिक्य से चैतन्य गुण उत्पन्न हो जाता है जैसे कि मदशून्य जो आदि संयोग जन्म सुरा में मद शक्ति की उत्पत्ति होती है समय बीतने पर व्याधि के कारण जब शक्ति का क्षय हो जाता है तो शरीर चेतनाविहीन हो जाता है। चैतन्य के रहने पर यह चार भूतों से निर्मित शरीर ही स्मृति अनुसंधान आदि व्यवहार का निर्वाह करता है।[2]

सब मनुष्य अपने विषय में ऐसा व्यवहार करते हैं कि मैं स्थूल हूँ, मैं कृश हूँ इस वचन में मैं और स्थूल तथा कृश के समानाधिकरण से भी इसी निर्णय पर पहुंचा जाता है कि देह ही ''मैं'' अथवा आत्मा है क्योंकि स्थूलता आदि देह के ही धर्म हैं किसी दूसरे के नहीं। यह मेरा देह है इस प्रकार के वचन भी आत्मा और देह के भेद को नहीं सिद्ध कर सकते हैं क्योंकि यह तो इसी प्रकार एक होने पर भी गौण रूप से अद्वैत प्रतिपादक है जिस प्रकार राहु का सिर। न स्वर्ग नाम की कोई वस्तु है न मोक्ष ही, न आत्मा, और न परलोक कहीं है। वर्णाश्रम धर्म की अनेक प्रकार की क्रियायें

---

1. किण्वादिम्यः समस्तेभ्यो द्रव्येभ्यो मदशक्तिवत्।
   अहं स्थूलः कृशोऽस्मीति समानाधिकरणतः।।
2. देह स्थलाल्यांदि योगाच्च स एवात्मा न चापरः।
   मम देहोऽय मित्युक्तिः समवेदोपचारिकोः।। —स० द० स०, पृ० 7

भी किसी प्रकार के फल को देने में सहायक नहीं है[1] (इसलिए इन सबके न होने से) जब तक जीवन है तब तक सुखपूर्वक रहना चाहिए सुख प्राप्ति के लिए यदि किसी से ऋण लेना पड़ जाय तो भी घृतादि के पान के लिये ले लेना चाहिए।[2] सुख प्राप्ति के लिये (यह नहीं विचारना चाहिए कि इस ऋण को आगामी जन्म में लौटाना पड़ेगा) दूसरे जन्म से डरना व्यर्थ है क्योंकि जिस शरीर को मरने पर जला दिया जायेगा वह लौट कर नहीं आ सकता।

केवल युक्तियाँ ही नहीं अपितु निगम भी इसी सिद्धान्त के प्रतिपादक है क्योंकि उनमें भी इसी प्रकार के वचन मिलते हैं यह आत्मा महान् है, अनन्त है, अपार है यह विज्ञान मय ही है[3]। इन महान् भूतों से उठकर यह इन्हीं में विलीन हो जाता है विनष्ट हो जाता है मरकर इसको ज्ञान का नाम नहीं रहता इस प्रकार के प्रसंगों व तर्कों से स्पष्ट हैं कि आत्मा पृथिव्यादि चार भूतों के संयोग से उत्पन्न होने वाली शक्ति के अतिरिक्त कुछ नहीं है।

अन्य स्थलों पर भी चार्वाक के दर्शन के उन सिद्धान्तों को दर्शाया गया है, जैसे प्रमाण के विषय में केवल प्रत्यक्ष प्रमाण और उसके द्वारा प्रमाणित पदार्थों की सत्ता मानते हुए सर्व दर्शनसंग्रह तथा षड्दर्शन समुच्चय में लिखा है कि जिसका प्रत्यक्ष द्वारा बोध नहीं होता है उसी को केवल अस्तित्व स्वीकार किया जाता है अदृष्ट अर्थात् आत्मा, परमात्मा धर्म, व स्वर्ग नरक और मोक्षादि कभी भी नहीं देखे गये।[4]

भौतिकवादयों से लेकर आध्यात्मवादियों तक के विषय में जितने भी विचार हैं वे संक्षिप्त रूप में इस प्रकार हैं[5] :—

1. यह शरीर ही आत्मा है। ऐसा चार्वाक आदि का मत है।[6]
2. शरीर आत्मा नहीं अपितु इन्द्रियां आत्मा हैं।[7]

---

1. न स्वर्गो नापवर्गो वा एवात्मा पार लौकिकः।
   न व वर्णाश्रमादीनां क्रियार्च्चय फलदायकः।। —स० द० स०, पृ० 13
2. यावजीवेत्सुखं जीवेत्ऋणांबे कृत्वा घृतंपिबेत्।
   भस्मीभूतस्य देहस्य पुनरागमनं कुतः।। —स० द० स०, पृ० 14
3. विज्ञानधनं वेतैभ्यो भूतेभ्यः समुत्थाय।
   विनश्यति ना प्रत्यसंनास्ति।। —बृ० उ०, 2.4.12
4. प्रत्यक्षगम्यमेवास्ति नास्त्यदृष्टमदृष्टतः।
   अदृष्टवादिष्टमिश्यामि नादृष्टं दृष्ट मुच्च्यते।। —स० द० सं० 2.2
5. छान्दोग्य० 8.92
6. देहमात्रचैतन्यविशिष्टात्मा इति प्राकृताजना......
7. इन्द्राण्येव चैतन्यात्मेत्यपरे........

3. अन्य विचारक मन को आत्मा मानते हैं।[1]
4. बौद्ध लोग क्षणिक विज्ञान को ही आत्मा स्वीकार करते हैं।[2]
5. अन्य लोगों के मत में आत्मा शून्य हैं यह माध्यमिक बौद्ध विद्वानों का मत है।[3]
6. कुछ विद्वान् इसको कर्त्ता न मानकर केवल भोक्ता ही मानते हैं।[4]
7. कुछ दार्शनिकों का विचार हैं कि आत्मा शरीर से भिन्न एक पदार्थ है और वह कर्त्ता और भोक्ता है।[5]
8. कुछ दार्शनिकों का मत है कि मैं हूँ मुझसे पृथक् एक अन्य महाशक्ति है जिसको ईश्वर कहते है।[6]
9. प्रत्ययवादी (आध्यात्मवादी) मानते हैं कि जीव ब्रह्म है।[7]

समाधान :—

चार्वाक आदि दार्शनिकों का सिद्धान्त अन्य भारतीय आस्तिक दार्शनिकों को एकदम अमान्य है। उपनिषदें जो आत्मतत्त्व का निरूपण और ब्रह्म प्राप्ति के साधनों का वर्णन करती हैं उनका यह सिद्धान्त कैसे मान्य हो सकता है? चार्वाक का देहात्मवाद सिद्धान्त मुख्य रूप से प्रत्यक्ष प्रमाण के द्वारा आत्मतत्त्व का सिद्ध न होना है। वह उसी तत्त्व या पदार्थ को मान्यता देता है जो पदार्थ प्रत्यक्ष प्रमाण द्वारा सिद्ध होती है। इसी बात का समर्थन कुछ सुसंस्कृत रूप में प्रसिद्ध व्यवहारवादी मनोवैज्ञानिक वाट्सन ने यह कहकर किया था कि जो पदार्थ प्रयोगशाला में सिद्ध न किया जाय उसको नहीं मानना चाहिए। इसलिए उसने मन और आत्मा की सत्ता को मनोविज्ञान से निकालने का प्रयास किया था।[8] इन दोनों का खण्डन सामान्य तर्कों से सरलता से किया जा सकता है। हमारा बाल्यकाल का शरीर यौवन के शरीर से भिन्न है। जैसे मुझे दूसरे के देखे

---

1. मन इत्यन्ये।
2. विज्ञानमात्र क्षणिकमित्येपरे।
3. शून्यमित्यपरे —छा० 8.9.2
4. भोक्तैव केवलं न सत्तेत्येके
5. अस्तिदेहादि व्यतिरिक्तः संसारी कर्त्ता भोक्तेत्यपरे।
6. अस्तिमतद व्यतिरिक्त ईश्वरः सर्वज्ञः सर्वशक्तिरिति केचित्
7. जीवोब्रह्मैव आत्मत्वात्
   विशेष—ये सभी मान्यतायें आचार्य शंकर ने अपने भाष्य मे प्रस्तुत उनकी अपनी मान्यता जीव ब्रह्म ही है व्यावहारिक जीव की सत्ता है।
8. Psychology is Science of behaviour, Watson.

हुए पदार्थों का स्मरण नहीं हो सकता इसी प्रकार बाल्यकाल की घटनाओं का भी हमें स्मरण नहीं हो सकता इसी प्रकार क्योंकि बाल्यकाल शरीर यौवनकाल के शरीर से भिन्न है। यदि कहा जाये कि बाल्यकाल के संस्कार यौवन के शरीर में संक्रान्त हो जाते हैं इसलिए स्मृति हो जायेगी। यह कहना भी समीचीन नहीं है क्योंकि कारण का कार्य में संक्रमण नहीं हो सकता है[1] जैसे माता की अनुभूति का गर्भस्थ शिशु को स्मरणा नहीं होता। यदि कोई कहे कि उपादान कारण की वासना की उपादेयता का संक्रमणा माना जाय। यह कहना भी उचित नहीं क्योंकि एक परमाणु पुंज की उत्पत्ति न होने से हाथ आदि का ही उपादान मानना पड़ता है, हस्त आदि के कट जाने पर उस कटे हुए हाथ आदि से अनुभव किये हुए विषयों का खण्ड शरीर को अनुभव नहीं हो सकेगा। खण्ड शरीर में कटे हुए हाथ के उपादान न होने के कारण दूसरा हेतु यह देते हैं कि बाल्यावस्था और यौवन अवस्था के परमाणु एक ही होते हैं। परन्तु ऐसा मानने पर भी दो प्रकार के दोष आते हैं। प्रथम दोष यह है कि हम परमाणुओं को इन्द्रियों से ग्रहण नहीं कर सकते क्योंकि ये अतीन्द्रिय होते हैं। चैतन्य जब परमाणु में रहेगा तब तो स्मरण भी अतीन्द्रिय हो जायेंगे। इसी प्रकार की दूसरी मान्यता आधुनिक भौतिकवादी वैज्ञानिकों की है। उन पर भी यही आपत्ति आती है कि जीवन की चेतना सम्बन्धी समस्या सेल्स के मानने से समाहित नहीं होती है क्योंकि सेल्स स्वयं चेतना या जीवन नहीं है। यह चेतना का निवास स्थान हो सकता है। जब हम यह कहते हैं कि सैल से ही सैल न बनकर आकृति हीन द्रव्यों से भी सैल बन जाते हैं। उसका अर्थ यह समझते हैं कि आजीवन से जीवन के उद्‌भव का हमने कथन किया है। तब हम सैल को चेतना मान लेते हैं। यदि सैल ही चेतना है तो कोई भी सैल अजीवित न होना चाहिए। पर ऐसा नहीं है। जैसे कुछ सैल जीवित हैं ऐसे ही कुछ सैल अजीवित हैं। तब तो चेतना को सैल से अतिरिक्त मानना अनिवार्य होगा।

इससे अगली मान्यता यह है कि शरीर को आत्मा न माना जाय तो इन्द्रियों को आत्मा मान लेना चाहिए। परन्तु यह भी सिद्धान्त जड़ तत्त्व के समान ही है। इन्द्रियां आत्मा नहीं हो सकती क्योंकि मैं वस्तु को चक्षु से देखता हूँ उसी को हाथ से छूता हूँ।[2] इससे सिद्ध होता है कि इन दोनों से भिन्न कोई अन्य सत्ता है जो दोनों पर नियन्त्रण रखता है, अर्थात् जिसको देखने और स्पर्श का ज्ञान हो रहा हैं क्योंकि आंख देख सकती है, छू नहीं सकती और हाथ स्पर्श कर सकते हैं देख नहीं सकते हैं फिर यह ज्ञान किसको हो रहा है कि जिसको मैंने देखा उसी को छू रहा हूं। या मधुर वस्तु को देखकर

1. नान्यं दृष्टं स्मरत्यनयो नैकं भूतम् प्रक्रमात्।
   वासना संक्रमोनास्ति न च गत्यन्तरं स्थिरे।। —न्याय कु० 1.15
2. दर्शनस्पर्शाभ्यामेकार्थ ग्रहणात्। —न्यायदर्शन पर वात्स्यायनभाष्य

जिह्वा में पानी क्यों भर आता है?[1] प्राय: इसी प्रकार की युक्तियों द्वारा आचार्य शंकर ने भी देहात्मवाद के सिद्धान्त का खण्डन किया है। इस विषय पर आचार्य शंकर और न्यायदर्शन सहमत से प्रतीत होते हैं। हमें कितने भी ज्ञान प्राप्त होते हैं उनमें तीन बातें पाई जाती हैं। ज्ञाता, ज्ञान और ज्ञेय।[2] प्रत्यक्ष अर्थ में जो स्मृति होती है उसमें एक ही होना चाहिए कई नहीं। वे बिना कर्त्ता के भी नहीं हो सकती है।[3] अत: इन इन्द्रियों के द्वारा कर्त्ता एक ज्ञान प्राप्त करता है। अत: सिद्ध होता है कि स्मृति कर्त्ता के बिना सिद्ध नहीं हो सकती हैं। विलियम जैम्स की भी मान्यता यही है कि स्मृति यह सिद्ध करती है मैं हमेशा हूँ। मैं नहीं हूँ यह सिद्ध कदापि स्मृति द्वारा नहीं हो सकता है।[4]

मैं की सत्ता को वेद जो उपनिषदों के ज्ञान का आधार है स्वीकार करता है। वह मैं शरीर, इन्द्रिय मन और बुद्धि आदि से भिन्न है। वेदों में जीवात्मा का वर्णन अनेक रूपों में या पद्धतियों से हुआ है। परन्तु जीवात्मा के स्वरूप का वर्णन मैं के रूप में भी हुआ है। जैसा कि ऋग्वेद में कहा है कि मैं नहीं जानता क्या मैं यही हूं जो स्थूल रूप में दिखलाई देता हूँ अर्थात् शरीर हूँ। मैं तो सन्नद्ध होकर प्रयत्न के लिये उद्यत होकर मनन शक्ति के द्वारा गति करता है।[5] शरीर भौतिक होने में न स्वयं यत्न कर सकता है न वह ज्ञानवान् है। न ही उसमें स्वतन्त्र ज्ञानपूर्वक गति करने की शक्ति है। अगले मन्त्र में फिर कहा है कि आत्मा अमर्त्य अर्थात् मरण धर्मा नहीं है नित्य और अमर होता हुआ मरण धर्मा शरीर के साथ एक स्थानी होकर स्वधर्मा अर्थात् अपनी इच्छा से जकड़ा हुआ है। वह किसी वस्तु को ग्रहण करता है किसी के परे हटकर छोड़ देता है।[6]

आचार्य शंकर भी एक कसौटी बतलाते हैं कि शरीर स्थित आत्मा है या नहीं उनका कथन है कि यदि किसी जीवधारी में ये तीन गुण, करे, न करे, अथवा उल्टा करे। (कर्तु, अकर्तु एवं अन्यथा कर्तु)[7] प्राप्त हो तो जान लेना चाहिए कि इनमें आत्मा

---

1. इन्द्रियान्तरविकारात् —न्याय० 3.1.12
2. सर्वत्र खलु ज्ञाता ज्ञानं ज्ञेयंच गृह्यते।
3. अथ प्रत्यक्षेऽर्थे वा स्मृति—न नाना कर्त्ताकारि नाकर्तृकाणि।
4. 'It is the Knowledge of an event of fact--and the present of today's no reason—thinker as his own— (Psy. W. James P. 287-281).
5. अजामेकां लोहित शुक्ल कृष्णां— अजोह्यको— भुक्ताभोगामजोऽन्य: —श्वेत० 4.5
6. न जायते म्रियते वा विपश्चित्-नायं कुतश्चिन्न बभूव कश्चित्।
   नित्य: शाश्वोऽयं पुराणो न हन्यते हन्यमाने शरीरे। —कठो० 2.18
7. जीवापेतं वां किलेदं म्रियते न जीवो म्रियते। —छान्दोग्य 6.11

है। व्यवहारवादी तो मानते हैं कि उत्तेजक[1], के प्रत्युत्तर में प्रतिक्रिया[2] अवश्य होती हैं परन्तु आचार्य शंकर कहते है कि मनुष्य किसी उत्तेजक क्षण का आत्मा दूसरे क्षण के आत्मा से भिन्न होने से पूर्वकाल की स्मृति नहीं हो सकती अन्य के देखे हुए का अनुभव किये हुए पदार्थों का अन्य को स्मरण नहीं हो सकता है। जब वह आत्मा रहा ही नहीं तो जो जैसा करता है वैसा वही भोगता सिद्धान्त का खण्डन हो जायेगा और जिसने वह कर्म नहीं किया, वह उसको भोगने लगेगा।[3] अतः आत्मा को प्रवाह का केवल पुंज मानने से स्मृति और मोक्ष आदि की समस्या का समाधान कदापि नहीं हो सकता है।

आत्मा का स्वरूप :

ऋषि दयानन्द शरीर से भिन्न आत्मा को शाश्वत नित्य के रूप में स्वीकार करते हैं। न तो भौतिकवादियों की तरह आत्म तत्त्व को जड़ तत्त्व से निर्मित मानते हैं और न ही जीवात्मा को मायोपहित चैतन्य के रूप में मान्यता प्रदान करते हैं। जीवात्मा के स्वरूप का उल्लेख उन्होंने उपनिषदों के मन्त्र तथा वेद के मन्त्र और अन्य दर्शनों के अनुसार ही किया है। श्वेताश्वतर उपनिषद् का प्रमाण देते हुए बतलाते हैं कि तीन अज अर्थात् नित्य हैं।[4] उनका जन्म कभी भी नहीं होता है। उनमें अजा प्रकृति है यह अज जीवात्मा और त्रिगुणत्मिका प्रकृति है समस्त दृश्य जगत् निर्मित होता, उससे निर्मित पदार्थों का उपभोग करता है। एक तीसरा अज और है जो इस प्रकृति से निर्मित पदार्थों का उपभोग नहीं करता है, वह परमात्मा है इस प्रकार ये तीनों प्रकृति, जीव और परमात्मा तीनों अज कहे गये हैं और तीनों जगत् के कारण हैं[5] अर्थात् जीवात्मा का कोई कारण नहीं अपितु जीवात्मा जगत् के कारणें में से एक कारण है।

वह आत्मा भौतिक तत्त्वों से निर्मित नहीं है अपितु अनादि है इसका तथ्य उपनिषदें स्पष्ट रूप से उद्घोषणा करती हैं। कठोपनिषद् स्पष्ट मान्यता प्रदान करती है कि वह आत्मा न उत्पन्न होती है, न मरती और न ही किसी अन्य वस्तु से बन सकती है। यह अजन्मा और नित्य है। सदा रहने वाला और पुराना है। शरीर के नाश पर उसका नाश नहीं होता है।[6]

छान्दोग्य उपनिषद् भी यही स्वीकार करती है कि जीव का विनाश कभी नहीं होता है अपितु जीव शरीर से निकल जाता है। शरीर मरता है जीवात्मा नहीं।[7]

---

1. Stimulus. 2. Responce.
3. कृतप्रणाश–अकृतकर्मभोग— स्याद्वाद मंजरी।
4. न जायते इति अजः। जीवश्च परमेश्वरश्च। न जायते इति अजा प्रकृति।
5. न विजनामि यदि वेदमस्मिनिण्यः सन्नद्धो मनसा चरामि। —ऋग्वेद 10.164.36
6. ऋग्वेद 10.164.38
7. द्रष्टव्य ब्र० सू० पर शंकर भाष्य 1.1.4

वृहदारण्यक– उपनिषद् के याज्ञवल्क्य और मैत्रेयी संवाद में जीवात्मा को नित्य और अविनाशी बतलाया गया है।[1] गीता में भी आत्मा को नित्य और शाश्वत माना गया है। गीता में जीवात्मा का विशद् और रोचक वर्णन किया गया है। यह आत्मा नित्य है। इसे शस्त्र काट नहीं सकते, अग्नि जला नहीं सकती है। जल गीला नहीं कर सकता और वायु शुष्क नहीं कर सकती है, जैसे मनुष्य नये घर में प्रवेश करता है वैसे वही जीवात्मा भी नवीन शरीरों को प्राप्त करता है और पुराने वस्त्रों को छोड़ देता है। इस प्रकार आत्मा अनादि और नित्य है।[2] वेदों में भी उपनिषदों की तरह आत्मा के सम्बन्ध में अनेक मन्त्र प्राप्त होते हैं। अथर्ववेद में परमात्मा से प्रार्थना की गई है कि हे ईश्वर मैं आपकी कृपा से अगले जन्म में मन सहित 11 इन्द्रियां, प्राणों को धारणा करने, सामर्थ्य युक्त आत्मा, धन एवं वेद का ज्ञान प्राप्त हो।[3] ऋषि दयानन्द आत्मा को नित्य और उसका पुनर्जन्म स्वीकार करते हुये वेद भाष्य में कहते हैं कि हे सुखदायक परमेश्वर आप कृपा करके पुनर्जन्म में हमारे बीच में उत्तम नेत्रादि समस्त इन्द्रियों का स्थापन कीजिए प्राण अर्थात् मन, बुद्धि, चित्तअहंकार, बल, पराक्रम आदि युक्त शरीर पुनर्जन्म में कीजिए। यजुर्वेद कहता है कि हे परमेश्वर जब-जब हम जन्म लेवें तब-तब हमको शुद्ध मन, पूर्ण आयु, आरोग्य प्राण कुशलता युक्त जीवात्मा उत्तम चक्षु और श्रोत्र प्राप्त हों।

उपर्युक्त प्रमाणों से सिद्ध होता है कि वेद और उपनिषदें जीवात्मा को नित्य एवं शाश्वत् और पुनर्जन्म होने वाली मानती हैं। निरुक्त में भी स्पष्ट उल्लेख मिलता है कि— मृत्यु को प्राप्त होकर हम पुनः मृत्यु को प्राप्त होते हैं। इस प्रकार यह जीवात्मा नाना प्रकार की माताओं का स्तनपान करता है यह जीवात्मा अपने आपको उक्त प्रकार का मानकर प्रभु भक्ति करने का अभिलाषा व्यक्त कर रहा है।[4]

उक्त प्रमाणों से सिद्ध है कि उपनिषद् काल में जीवात्मा को अनादि माना जाता था। उपनिषदों में यह विवेचन है कि जीवात्मा अनादि हैं, इस विषय को लेकर बहुत विवाद उपलब्ध नहीं होता है इसके कुछ कारण यही प्रतीत होते हैं कि उस काल में जीवात्मा के सम्बन्ध में संभवतः भौतिक विचारधारा और अनात्मवाद का विचार बहुत न्यून होगा क्योंकि उपनिषदें ब्रह्म का प्रतिपादक है उसका साक्षात्कार कैसे किया जाय?

1. न वा अरे अहं मोहं ब्रवीम्यविकाशी वा अयम् आत्मानुच्छित्ति धर्मा।— बृ० 4.5.14
2. गीता 11.32, 15.58-59, 2.32
3. पुनर्मैत्विन्द्रियं पुनरात्मा चक्षुः पुनः प्राणमिह नो धेहि भोगम्।
   — ऋग्वेद, अ० 8, अ० 1, व० 23, मं० 1, इस मंत्र पर ऋग्वेदादिभाष्यभूमिका में द्रष्टव्य 218, 219
4. (क) मृतश्चाहं पुनर्जातः............।
   (ख) अवाङ्मुखः पीड यमानो.......— निरुक्त अ० 13.6

आदि विषयों पर विवेचन अधिक प्रस्तुत करती है। इन बातों से अधिक समीचीन लगता है कि उपनिषदों का आत्म तत्त्व सम्बन्धी विचार स्पष्ट था। ऋषि दयानन्द भी उपनिषदों के प्रमाणों से यह सिद्ध करते हैं कि इसका प्रादुर्भाव न तो भौतिक तत्त्वों से हुआ है और न ही ब्रह्म से इसकी उत्पत्ति हुई है।[1] अतः जिस प्रकार ब्रह्म का कारण नहीं है उसी प्रकार जीव का भी कोई कारण नहीं है। जिस पदार्थ का कभी निर्माण नहीं होता। वह विनष्ट भी कभी नहीं होता। इसलिए ऋषि दयानन्द जीव को नित्य और अमर मानते हैं। वह इस शरीर को छोड़कर अन्य शरीर को धारण करता रहता है जैसा कि हम उक्त प्रमाणों से देख आये हैं।

इसाई दार्शनिक सन्त थोमस उक्विनास ने इसाई सम्प्रदाय के अनुसार जीवात्मा को अमर तो माना परन्तु नित्य नहीं माना है। थामस जन्म के समय प्रत्येक प्राणी के भी जीव और प्रकृति तथा ईश्वर को पृथक्-पृथक् मानता है[2] परन्तु वह जीव और प्रकृति की उत्पत्ति ईश्वर से निर्मित मानता है। यदि ईश्वर चाहे तो उन्हें भी नष्ट कर सकता है।[3] अतः सन्त थामस का अभिप्राय यह है कि जीव ईश्वर पर आश्रित है। वह परमात्मा की कृतिमात्र है। इसी भाव को स्पिनोजा दूसरे रूप में प्रस्तुत करता है। जीवात्मा द्रव्य परमात्मा के अनेक रूप व गुणें में दो रूप हैं जिनके द्वारा प्रतिबद्ध को प्राप्त करता है, इसके मतानुसार जीवात्मा के अनादि परमात्मा का रूप होने से उसके नित्यत्व या अमरत्व का प्रश्न बड़ा विचित्र सा प्रतीत होता है क्योंकि ईश्वर ही नित्य और अनादि है। परन्तु चिन्तनीय यह है कि नैतिक जीवन का आधार आत्मा को अमर माने बिना कैसे चल सकेगा? जैसा कि काण्ट ने वैदिक जीवात्मा की अमरता पर इसलिए जोर दिया है कि नैतिकता का आधार इसके बिना संभव नहीं है। काण्ट जीवात्मा को प्रत्यक्षों की एकता के आध्यात्मिक नियम के रूप में स्वीकार करते हैं। इस जन्म के दुःखों के आधार पर पुनर्जन्म में रहता है। इस अवस्था में मन एवं इन्द्रियों की क्रीड़ा अवरुद्ध हो जाती है।[4] परन्तु एक चौथी अवस्था भी उपनिषदों में मानी गई है, वह तुरीयवस्था वह जीव की मोक्ष काल की अवस्था है।

---

1. ईश्वर नाम ब्रह्म का और ब्रह्म से भिन्न अनादि अनुत्पन्न और अमृतरूप जीव का जीव है। —सत्यार्थप्रकाश, समु० 7, पृ० 197 पर
2. The soul is not transmutted with the semen but it is created afresh with eachman. —Russel B., History of Western Philosophy, p. 480, London, 1947)
3. Descartes admitted there substances, God and matter, it is true that even for him God was in sense more substantial than mind and matter, since he had created them and could if he chose annihilate them. —Fluid, p. 594
4. जागरितस्थानो बहिः प्रज्ञ.............
स्वप्न स्थानोऽन्तप्रज्ञः ....
यत्र सुप्तो न कञ्चन कर्म कामयते............ —माण्डूक्य 3, 4, 5

इस प्रकार उपनिषदें जीव को ब्रह्म से भिन्न नित्य अनादि और पुनर्जन्म का धारण करने वाला और कर्त्ता भोक्ता रूप में मानती है। जीवात्मा का कर्त्ता एवं भोक्ता के रूप में श्वेताश्वतर उपनिषद् में स्पष्ट कहा है कि जो नाना गुणें से युक्त, कर्म कर्त्ता, उनसे फलों भोक्ता और जो विश्व में तीन गुण है उनके विभिन्न रूपों का आस्वादन करने वाला,(शरीरादि के माध्यम से) और प्राणों का अधिष्ठाता जीवात्मा अपने कर्मों के फलस्वरूप नाना जन्मों को धारण करने वाला है।[1]

जीवात्मा का परिमाण

मध्यमवाद :

मुख्यत: जैन मत के अनुसार जीवात्मा का परिमाण न अणु है और न ही विभु अपितु मध्यम परिमाण ही है। चार्वाक को भी इसके अर्न्तगत रखा जा सकता है। जैन दार्शनिकों की इस विषय में मान्यता स्पष्ट इस प्रकार है, जीवात्मा लोकमित् प्रदेश है। अर्थात् लोकाँश के जितने प्रदेश हैं, उतने ही प्रदेश आत्मा के भी माने जाते हैं। अत: लोक के समस्त प्रदेशों के साथ आत्मा प्रदेशों के सम्बन्ध के शक्य होने के कारण आत्मशक्ति सामर्थ्य की दृष्टि से विभु व्यापक है परन्तु व्यक्तिगत स्वरूप की दृष्टि से अपना अभिव्यक्ति की दृष्टि से वह अपने पूर्वार्जित कर्म द्वारा प्राप्त किये गये अपने शरीर मात्र में ही सीमित होने से विभु-अव्यापक अर्थात् शरीर मात्र परिमाण वाला माना जाता है।[2] आगे फिर प्रतिपादन करते हुए स्याद्वाद मञ्जरी में कथन किया है कि व्यक्ति रूप में आत्मा अपने शरीर मात्र में ही सीमित रहता है। यह अनुमान द्वारा प्रमाणित होता है। क्योंकि इसके गुणें का प्रकाश उसके शरीर में ही होता है। जिस स्थान मात्र में जिसके गुणों का प्राकट्य होता है, वह उस स्थान मात्र में ही सीमित होता है, जैसे घट, आदि पदार्थ। जैन दार्शनिक इन आत्म प्रदेशों को पत्थर के समान ठोस् नहीं मानते हैं अपितु आवश्यकतानुसार सिकुड़कर लघु और फैलकर विशाल हो जाते है। इसका अभिप्राय: यह हुआ कि जितना विस्तृत शरीर होता है उतना आत्मा भी होता अर्थात् चिऊंटी और हाथी को आत्मा क्रमश: छोटे-बड़े होंगे।

परन्तु उक्त सिद्धान्त की मान्यता उपनिषदों से प्रमाणित नहीं की जा सकती है क्योंकि इसमें दोष यह माना जाता है कि जिस प्रकार दीवे के भौतिक प्रकाश को मकान की भौतिक दीवारें रोककर संकुचित कर देती है, उसी प्रकार शरीर रूपी भवन की दीवारें

---

1. गुणाणुभ्यां य: फलकर्मकर्त्ता, कृतस्य तस्यैव च चोपभोक्ता।
   .... प्राणाधिप: संचरति स्वकर्मभि:। —श्वेता० उ० 5.5
2. न चार्हत मतानुसारेणाहंप्रत्ययप्रामाण्यातात्मनौ..........कृतहानाकृताभ्युपगमप्रसंगात्।।

आत्मा के स्वरूप को रोककर संकुचित कर देती हैं। परन्तु यहां अन्तर स्पष्ट है कि दीपक प्रकाश भी भौतिक और दीवार भी भौतिक है, भौतिक का प्रतिबन्ध सम्भव है परन्तु आत्मा अभौतिक होने से उसका प्रतिबन्ध हो नहीं सकता है। दूसरी आपत्ति यह है कि दृष्टान्त में दीप के कारण को ही भवन विस्तृत हुआ मानते हैं न कि दीपक को व्यापक माना जाता है। वहां आत्मा के प्रकाश को नहीं अपितु आत्मा को ही शरीर में व्यापक माना गया है। तीसरी आपत्ति यह दी जा सकती है कि सिकुड़ने फैलने वाली रबड़ आदि वस्तुओं में ऐसा देखा जाता है कि उनके अवयव संकुचित होने के समय परस्पर सट जाते हैं और फैलने के समय अपने मध्य में कुछ अवकाश देकर खुल जाते हैं। यदि जीव को भी इसी प्रकार माना जाय तो वह सावयव पदार्थ होगा और वह अनित्य हो जायेगा। आचार्य शंकर भी इस मत का खण्डन करते हैं। उनके मत को स्पष्ट करते हुए सर्वदर्शन संग्रहकार ने विवेचन किया है कि मध्यम परिमाण वाला पदार्थ अवयवों से युक्त होता है। इस तरह तो आत्मा भी शरीर की तरह अनित्य मानना पड़ेगा। उसका परिणाम होगा कि किये गये कर्म का नाश और न किये गये फल की प्राप्ति होने लगेगी। यदि इस दोष से बचने के लिये कहा जाय कि अवयवों का समुदाय आत्मा है।[1] तब निम्नलिखित विकल्प हो सकते हैं। पहला चैतन्य प्रत्येक अवयव में होगा दूसरा चैतन्य अवयतों के समूह में होगा।[2] पहला विकल्प तो बन ही नहीं सकता क्योंकि ऐसी दशा में बहुत से चेतन हो जायेंगे परस्पर प्रधानता प्राप्ति का संघर्ष भी मानना पड़ेगा और परस्पर एकमत न होने की क्रियायें भी एक दूसरे के विरोध में होने लग जायेंगी। इस प्रकार शरीर भी विदीर्ण होकर निष्क्रिय सा हो जायेगा।[3] यदि दूसरा विकल्प स्वीकार किया जाये कि समूह में ही चेतनता है तो प्रश्न होगा कि अवयवों का यह संघात कैसे होता है? क्या शरीर की दृष्टि से यह संघात होता है अथवा संभवतः ही होता है या मनमाने ढंग से हो जाता है? पहले विकल्प का तात्पर्य है कि शरीर में जितने अवयव हैं उतने ही आत्मा के भी हैं। दूसरे विकल्प का तात्पर्य है कि सभी अवयव स्वभाव से प्रकृति से आपस में मिले हुए हैं।[4] तीसरे विकल्प का अर्थ है कि अवयवों का संघात बिना किसी नियम के मनमाने ढंग से हुआ है। इनमें प्रथम विकल्प इसलिए ठीक नहीं है यदि शरीर का अवयव कट जाता है तो आत्मा का अवयव भी कट जायेगा। अतः जीव पर अचेतना का आरोप आयेगा।

द्वितीय नियम भी समीचीन नहीं हो सकता कि एक दूसरे से सदा एक तरह से संयुक्त रहेंगे। ऐसा नियम प्रतीत नहीं होता। तीसरा विकल्प भी नहीं हो सकता है क्योंकि

---

1. अथैतद्दोषपरिजिहीर्षया अवयवसमुदाय;...............।
2. नाद्यः। बहूनां चेतनानाम्.........—माधवीय सर्वदर्शन संग्रह शांकर दर्शनम्
3. नाद्यः। एकस्मिन्नवयवे छिन्ने.........
4. न द्वितीयः..........

यदि मनमाने ढंग से संश्लेषण होता है इसी तरह विश्लेषण भी होगा। इसलिये निश्चित रूप से जीव अचेतन हो जायेगा।[1]

वास्तव में यदि आत्मा मध्यम परिणाम वाला माना जाय तो उसे मूर्त भी मानना होगा। क्योंकि मध्यम परिणाम वाले समस्त द्रव्य मूर्त होते हैं। मूर्त होने पर दो मूर्त द्रव्यों का एक स्थान में समावेश शक्य न होने से शरीर में उसका अनुप्रवेश न हो सकेगा। यदि मूर्त शरीर में मूर्त मन और बालु का पुंज में मूर्त जलकणों के सदृश मूर्त शरीर में मूर्त आत्मा के समावेश की उपपत्ति की जायेगी तो शरीर के अखिल भाग में शैत्य, औष्ण्य आदि की अनुभूति के लिये शरीर के समस्त अवयवों में सामंजस्य के लिये उसको शरीर सम परिणाम मानना होगा शरीर सम होने पर शरीर के समान उसे जन्म तथा शरीर का खंड एवं प्रारोह होने पर उसका भी खण्ड और प्रारोह मानना होगा। जब कोई शरीर कटकर अनेक खण्डों में विभक्त होगा तो उन जीवित खण्डों में उस शरीर के आत्मा अनुप्रवेश होने पर एक ही आत्मा के अनेक भेद हो जायेंगे।

सांख्यदर्शन में भी जीवात्मा के मध्यम परिणाम का खण्डन उपलब्ध होता है, जैसे घटादि पदार्थ मध्यम परिणाम होने से सावयव तथा विनाशी है। ऐसे ही पुरुष भी मध्यम परिणाम वाला मानने से सावयव तथा विनाशी हो जायेगा।[2]

विभुवाद :

विभुवादियों के अनुसार आत्मा का परिमाण विभु है। अर्थात् जीवात्मा व्यापक है। न्यायसूत्र के भाष्यकार वात्स्यायन मुनि और पदार्थ संग्रह के कर्त्ता प्रशस्तपाद अनेक स्थलों पर आत्मा को न्याय सदृश व्यापक बताते हैं।[3] उनका कहना है आत्मा का परिमाण प्रत्यक्षादि द्वारा सिद्ध नहीं हो सकता है। उनका कहना है अपितु अतीन्द्रिय परिमाण मानना चाहिये। दो प्रकार के द्रव्य होते हैं नित्य और अनित्य। अनित्य द्रव्यों का परिमाण न परम-अणु और न परम महान्। उसका मध्यम परिमाण होता है। यथा पृथ्वी जलादि। नित्य द्रव्य परम अणु भी होते हैं, परम महान् भी। जैसे परमाणु और आकाश।

विभुवादी एक और हेतु उपस्थित करते हैं। अदृष्ट की क्रिया में हेतु होने से भी ज़ीवात्मा को व्यापक कहते हैं। क्रिया के निमित्त कारण अनेक है। गुरुत्व वस्तु के गिरने में कारण है। प्रत्येक भारी पदार्थ नीचे गिरता हैं द्रव्यत्व से पानी में गति होती है। वेग से गोली आदि दूर तक जाती है, प्रयत्न से शारीरिक क्रियायें होती हैं गुरुत्व, द्रव्यत्व,

---

1. न तृतीयः। संश्लेषविश्लेषणस्यापि...... —सर्वदर्शन संग्रह शांकर दर्शनम्
2. मूर्त्तत्वाद् घटादिवत् समान धर्मापत्तावापसिद्धान्तः। —सांख्य० 1.50
3. आकाश तुल्येनात्मकथनात् परममहत्त्वमित्यर्थः —प्रशस्तपादभाष्ये आत्मनिरूपणम्

प्रयत्न वेग गुण है। जिस वस्तु में ये होते हैं उसमें क्रिया उत्पन्न करते हैं, उस वस्तु से जिन पदार्थों का सम्बन्ध हो उनमें क्रिया उत्पन्न कर हिला डुला देते हैं। वाष्प के वेग में इन्जन दौड़ता है और इन्जन के साथ बंधी हुई बोगियां फट दौड़ती हैं। एक पदार्थ भी गतिमान रहते हैं। वैसे ही आत्मा प्रयत्न गुण के समान धर्म और अधर्म नामक गुण भी पदार्थ में क्रिया उत्पन्न करते हैं भारतीय मनुष्य के धर्माधर्म विदेश के वस्त्र में तभी गति उत्पन्न कर सकते हैं,[1] जब अनेक आश्रय आत्मा का विदेश के वस्त्र के साथ सम्बन्ध हो। इन्जिन का वेग उन्हीं बोगियों को चलाता है जो इन्जिन से संयुक्त है, जो उससे नहीं जुड़ी होती वे वहीं खड़ी होती हैं। धर्माधर्म में रहते हैं वे दूर से वस्तुओं में गति उत्पन्न नहीं कर सकते। यदि आत्मा को विभु माना जाय और शरीर से बाहर व्यापक स्वीकार कर लिया जाय तो उक्त समस्या का समाधान किया जा सकता है।

अग्नि के ऊर्ध्वज्वलन और वायु के तिर्यक् गमन का हेतु :

जीवों के धर्माधर्म का अग्नि के ऊर्ध्वज्वलन और वायु के तिर्यक् गमन का कारण कहते हैं।[2] अतः ऊर्ध्वज्वलन और तिर्यक्गमन का धर्माधर्म ही कारण प्रशस्तपाद मुनि स्वीकार करता है। कारण होने के लिये आत्मा का अग्नि और वायु से सम्बन्ध होना चाहिए। आत्मा का व्यापक होना ही इस समस्या का समाधान है।

अभेदवादियों का विभुत्वपक्ष :

अभेदवादी जो विभु परिमाण मानते हैं वे प्रमाण देते हैं, वह आत्मा जो प्राणों के बीच विज्ञानमय है और महान् अजन्मा है।[3] यहां स्पष्ट रूप में आत्मा को महान् और विज्ञानमय कहा गया है।

उसके अतिरिक्त कोई द्रष्टा नहीं है और न ही कोई ज्ञानी है। उससे भिन्न कोई देखने वाला, सुनने वाला, मनन करने वाला और ज्ञान करने वाला नहीं है[4] उपनिषदों

---

1. एक व्यक्ति भारत में रहता है वह विदेश की कपास के बने वस्त्र पहनता है उनसे अपने आपको गौरवान्वित अनुभव करता है इस अनुभव के कारण, वे उसके धर्माधर्म है। उसके धर्माधर्म ने विदेश के कपास के बने सुन्दर वस्त्रों में क्रिया उत्पन्न की। जीव के धर्माधर्म अनेक योजनाओं की दूरी पर से वस्तुओं को खींचते हैं।
2. तथा धर्माधर्मयोरात्मगुणत्वात्तदाश्रयव्यापकत्वे न सयत् अग्नेरूर्ध्वज्वलनं वायोस्तिर्यग्गमनं. ......अदृष्ट एवं कारणः तो व्यापक त्वाच्च परममहत्त्वम्।

—प्रशस्तपाद भाष्य आत्मनिरूपणम्
3. स वा महानज आत्मा योऽयं विज्ञानमयः प्राणेषु। —बृ० 4.4.22
4. नान्यो अस्ति द्रष्टा नान्यो अस्ति विज्ञाता। —बृ० 3.7.23

के अनेक वचनों के प्रमाणों से जीव को पृथक् चेतन सत्ता और अणु परिमाण आदि वाला मानने की कोई आवश्यकता नहीं है।

अतः विभुवादी युक्ति और प्रमाणों से आत्मा का परिमाण विभु सिद्ध करते हैं। इन विभुवादियों को दो कसौटियों में विभाजित किया जा सकता हैं। एक वे है जो आत्मा को अनेक मानने पर भी विभु मानते हैं और दूसरे वे है जो केवल एक ही आत्मतत्त्व स्वीकार करते है। उपाधि भेद से अनेक है।[1]

मस्तिष्क मध्य में अंगुष्ठ के अग्रभाग परिणाम सम स्थान में शरीर के समस्त ज्ञान तन्तुओं का केन्द्र है। वहीं आत्मा का स्थान मानना अधिक समीचीन है। इसी उपनिषद् में आगे कहा है कि वह अन्तरात्मा सदा मानवों को हृदय में सन्निविष्ट हुआ अंगुष्ठ परिमाण स्थान में निवास करता है।[2] इसी प्रकार इसी भाव को श्वेताश्वतर उपनिषद् में आया है कि संकल्प और अहंकार से युक्त सूर्य के सदृश प्रकाश स्वरूप अर्थात् सूर्य जिस प्रकार एक स्थान पर रहता हुआ सम्पूर्ण सौरमण्डल को प्रकाशित करता है, ऐसे ही शरीर में एक स्थान पर बैठा हुआ आत्मा समस्त शरीर को प्रकाशित एवं नियंत्रित करने वाला अंगुष्ठ परिमाण स्थान में निवास करता है।[3] जीव के परिणाम को बतलाने के लिए इस उपनिषद् में एक कसौटी बताते हुए कथन किया है—रोम का अग्रभाग लेकर उसको सहसधा विभक्त कर दिया जाय उससे भी सूक्ष्म जीवात्मा का परिमाण जानना चाहिए यह कथन जीवात्मा की अत्यन्त अणुता का निर्देश करने के अभिप्राय से किया गया है। यह नहीं, कि रोम के अग्रभाग का ठीक दस सहस्रवां भाग जीवात्मा का परिमाण है।[4] यहां उपनिषद्कार जो हमें अणु का कथन कर रहे हैं वह अणु प्रकृति का अणु नहीं है अपितु उसमें भी सूक्ष्म चेतन जीवात्मा एक देशी और परिच्छिन्न परिमाण वाला है। प्रश्नोपनिषद् में स्पष्ट रूपेण कथन किया है कि यह आत्मा हृदय में है।[5] यदि विभु मानने का सिद्धान्त होता तो आत्मा को हृदय में कभी नहीं कहा जाता। इसी प्रकार छान्दोग्य में आया है कि यह आत्मा हृदय में है। वृहदारण्यक उपनिषद् में भी इसी सिद्धान्त की मान्यता उपलब्ध है, कौन सी आत्मा यह जो कि प्राणों के मध्य में विज्ञानवान् हृदय के अन्दर ज्योति रूप है।[6] अथर्ववेद में भी इसी सिद्धान्त की पुष्टि मिलती है अर्थात् आत्मा का स्थान हृदय है।[7]

1. नान्यो अस्ति द्रष्टा, श्रोता, मन्ता, विज्ञाता —छा० 6.8.7
2. अंगुष्ठामात्रः पुरुषो अन्तरात्मा सदा जनानां हृदये सन्निविष्टः। —वही, ब० 6.17
3. अंगुष्ठमात्रो रवितुल्य..............
4. बालाग्रशतभागस्य शतधा कल्पितस्य च। —श्वेता० उ० 3.13.8, 9
5. हृदि ह्यषे आत्मा --प्रश्नो० 3.6
6. स वा एष आत्मा हृदि —छान्दोग्य० 8.3.3.2
7. कतम आत्मा योअयं विज्ञानमयः प्राणेषु हृद्यन्तः ज्योतिपुरुषः। —अर्थ० 16.3.15

अब प्रश्न यह उपस्थित होता है कि यह शरीर में एक स्थान पर रहने वाला आत्मा कैसे समस्त शरीर में अपना प्रकाश फैलता है?[1] जैसा कि वृहदारण्यक उपनिषद् में वर्णन आया है, उस हृदय का अग्र अर्थात् चारों ओर का भाग चमक रहा है।[2] जिस प्रकार हृदय के मध्य विराजमान आत्मा का ज्ञान रूप प्रकाश हृदय के बाहर भी फैला हुआ है। ठीक इसी प्रकार समस्त शरीर और उससे भी बाहर फैल जाना संभव प्रतीत होता है।

अब प्रश्न हो सकता है कि गुण गुणी से बाहर कैसे रहेगा? इसका उत्तर दिया जा सकता है, जैसे कि कस्तूरी की गन्ध बाहर फैल जाती है।[3] यहां यह चिन्तनीय है कि कस्तूरी का अणु उड़कर वायुमण्डल में फैलता होता है, परन्तु कस्तूरी का अणु न्यून होने के कारण ऐसी शंका निर्मूल प्रतीत होती है। इसी बात को उपनिषदकार ऋषि बतला रहे हैं कि आत्मा के ज्ञान का उससे पृथक् भी फैले रहने का उपदेश दे रहे हैं अर्थात् शरीर में आत्मा एक स्थान पर रहकर अपनी शक्ति से चेतनता और ज्ञान समस्त शरीर में रखने का सामर्थ्य रखता है। वृहदारण्यक में कहा है वह आत्मा इन प्राणों अर्थात् इन्द्रियों के विज्ञान को (विज्ञायते अनेनइति विज्ञानम्) ज्ञान की साधनभूत इन्द्रियों की शक्ति को अपने विज्ञान से संकट कर जो कि हृदय में हृदयाकाश है उसमें सोता है।[4]

उपनिषदों में जीवात्मा का अणुरूप में परिमाण माना गया है। यह उपयुक्त प्रमाणों से पूर्णतः सिद्ध हुआ मानना चाहिए। जहां विभुवाद की गन्ध प्रतीत हो वहां दो प्रकार की बात हो सकती है एक तो जीवात्मा का वर्णन न होकर ब्रह्म का वर्णन हो सकता है। दूसरे जीवात्मा की महिमा का वर्णन अतिशयोक्ति द्वारा किया गया हो, अन्यथा जैसा कि प्रायः हम सभी उपनिषदों के प्रमाणों द्वारा देख आये हैं कि उपनिषदों में जीवात्मा को स्पष्ट अणु रूप में कहा है या उसको हृदय में विराजमान बतलाया है। हृदय में कथन करने से विभुवाद स्वतः खण्डन हो जाता है। उपनिषदों का यह अणुवाद केवल उपनिषदों तक ही सीमित नहीं है अपितु वेद में भी इसका प्रतिपादन करते हैं। ऐसा स्पष्ट प्रतीत होता है। ऋग्वेद के 1.101.7, 1.23.14, 1.67.2, 1.67.3 और यजुर्वेद में 40.3, 40.31, 40.17, 12.39 तथा सामवेद उ० प्र० 1 मन्त्र 17 आदि स्थलों पर स्पष्ट रूप में जीवात्मा को अणु माना गया है।[5]

---

1. बृहस्पतिर्म आत्मा नृमणानाम हृद्यः। —बृह० उ० 4.2.7
2. तस्यहैतस्य हृदयस्याग्र प्रयोतते। —बृ० 4.4.2
3. व्यतिरेखा गन्धवत्। —वै० 2.3.26
4. यत्रैष एतत् सुषुततोअभूत य एष विज्ञानमयः पुरुषस्तदेषां प्राणानां विज्ञानेन विज्ञानमादाय य एषो अन्तर हृदय आकाशः तस्मिन् शेते।
5. इन मन्त्रों का अर्थ ऋषि दयानन्द या पं० जयदेव विद्यालंकार कृत भाष्यों में द्रष्टव्य हैं। —बृ० 2.1.17

सांख्यदर्शन के बहुत से विद्वान् आत्मा को विभु स्वीकार करते हैं परन्तु सूक्ष्मता से देखा जाय तो वहां पर आत्मा को अनुरूप में प्रतिपादित किया है। पंच शिखाचार्य ने यह स्पष्ट स्वीकृति दी है कि आत्मा अणु परिमाण वाला है।[1] पं० उदयवीर शास्त्री जिन्होंने सांख्यदर्शन पर तीन प्रामाणिक पुस्तकें लिखीं हैं, वे सांख्यदर्शन में आत्मा को अणु परिमाण कथन करते हैं।[2] न्यायदर्शन के कुछ भाष्यकारों ने भी आत्मा को विभु माना है परन्तु न्यायदर्शन के कुछ स्थल चिन्तनीय है। वात्स्यायन मुनि ने ही व्याख्यान किया है कि यह नित्य आत्मा पूर्व शरीर को छोड़ता है, मरता है, और मरकर पूर्व शरीर को छोड़कर अन्य शरीर को ग्रहण करता है।[3] इसी प्रकार आगे कहा गया है कि आत्मा का मन से, मन का इन्द्रियों से और इन्द्रिय का अर्थ से सम्बन्ध होने पर प्रत्यक्ष होता है[4] इसके अतिरिक्त 3।1।22 पर भी उनका भाष्य इसी उक्त भाव का उपलब्ध होता है। एक नवीन दृष्टि से यह इन दर्शनों पर अलग से अनुसंधान का विषय है। परन्तु यहां पर इतना अवश्य कहा जा सकता है कि आत्मा मरकर दूसरे स्थान पर जाकर जन्म ग्रहण करने जाता है। यह बिना अणु परिमाण के संभव नहीं है। आत्मा का आना, जाना विभु मानने पर संभव नहीं होता है। अपितु वहां पर केवल शरीर की जाने की बात तो कही जा सकती है परन्तु आत्मा अन्यत्र जन्म लेता है, यह प्रतिपादन होने से आत्मा का अणु परिमाण मानना ही अधिक उचित प्रतीत होता है। आत्मा मन से संयुक्त होता है यह भी अणु परिमाण का स्पष्ट द्योतक है। उक्त दृष्टि से यदि विवेचन किया जाय तो न्यायदर्शन में अनेकों सूत्र इसके प्रतिपादन में प्रस्तुत किये जा सकते हैं।[5]

ऋषि दयानन्द जीवात्मा को परिच्छिन्न रूप में स्वीकार करते हैं। उनका परिच्छिन्न का अर्थ है कि अणु कहने से प्रकृति का अणु सन्देह में न माना जाय, इसलिए उन्होंने परिच्छिन्न अर्थात् अति सूक्ष्म एकदेशी जो प्रकृति के अणु से स्वभाव रूप में सूक्ष्म है।

पुनर्जन्म :—

भारतीय दार्शनिक परम्परा में जीवात्मा की सत्ता एवं अस्तित्व को लेकर अनेक

---

1. तमणुमात्रमात्मान मनुविद्यास्मीत्मवं तावत् संप्रजानीते। —पंचशीख सू० 5
2. कपिल और पंचशिखादि सांख्य के मूलभूत आचार्यों का यह विचार प्रतीत होता है कि उन्होंने आत्मा को विभु नहीं माना। प्रप्युत परिच्छिन्न अथवा अणुमात्र माना है। —सांख्य सिद्धान्त, प्रथम अध्याय, पं० उदयवीर शास्त्री
3. नित्योअयमात्मा प्रैति पूर्व शरीरंजायते म्रियते इति प्रेत्य च पूर्व शरीरं हित्वाशरीरान्त मुपा दाय इति। —वात्स्यायन भाष्य 4.9.10
4. आत्मा मनसा संयुज्यते मन इन्द्रियेण इन्द्रियमर्थेनति।
5. न्यायदर्शन में सूत्र 3.1.25, 3.2.61, (वही, 1.104) 4.1.10, 3.1.22 (इन सूत्रों पर वात्स्यायन भाष्य द्रष्टव्य)

धाराएं विकसित हुई हैं। भारतीय दर्शन में चार्वाक को छोड़कर सभी दर्शन पुनर्जन्म के विषय में परस्पर सहमत है। यहां तक बौद्ध दर्शन जो कि किसी भी वस्तु के विषय में स्थिर अवधारणाओं का खण्डन करता है, और यह कहता है कि "यत् सत् तत् क्षणिकम"। सत् जो तत्त्व है वह क्षणिक है। आत्मा की सत्ता के विषय में तो स्थायी रूप से आत्मा की मान्यता बौद्ध दार्शनिक स्वीकार नहीं करते हैं परन्तु पुनर्जन्म में विश्वास करते हैं। पुनर्जन्म के सिद्धान्त के अनुसार चेतन तत्त्व जिसे प्रायः दार्शनिक जीवात्मा कहते हैं, मृत्यु के पश्चात् इस वर्तमान कालिक शरीर को छोड़ देता है और दूसरे शरीर को धारण कर लेता है। अतः जीवात्मा नाना प्रकार की योनियों में जाकर नाना प्रकार के शरीर को धारण करता है। इस समस्या के समाधान करने पर अनेक नये प्रश्न जन्म ले लेते हैं। क्या हम पुनर्जन्म इसलिए मानते हैं कि हम यह स्वीकार नहीं करना चाहते हैं कि मृत्यु के पश्चात् हम पूर्णतः समाप्त हो जाते हैं या इसके पीछे कोई तार्किक आधार भी है? इसमें सन्देह नहीं कि पुनर्जन्म के मानने के पीछे पहले कारण के होने की भी पर्याप्त सम्भावना है। साथ ही यह भी सम्भावना हो सकती है कि केवल एक जन्म को स्वीकार करने पर कर्म और उसके फलों में संगति नहीं बैठती है। इस विषय में न्यायदर्शन ने पुनर्जन्म को सिद्ध करने के लिए कुछ शुद्ध तार्किक युक्तियां प्रस्तुत की हैं। न्यायदर्शन निम्नलिखित तर्क प्रस्तुत करता है—

नवजात शिशु को जो हर्ष, भय और शोक का अनुभव होता है। वह केवल अनुभव किए गये विषयों के स्मरण से हो सकता है।[1] हम नवजात शिशु को प्रायः मुस्कुराते हुए, रोते हुए या भयभीत हुए देखते हैं। यह सद्यप्रसूत शिशु को ऐसा क्यो होता है? क्योंकि मुस्कुराना हर्ष का चिह्न है और हर्ष अभिलषित वस्तु की प्राप्ति से होता है। इस प्रकार जब बच्चे को अकारण रोते हुए देखते हैं तो यह शोक का चिह्न है। शोक अभिलषित वस्तु की अप्राप्ति से होता है। प्रश्न उठता है, कि बच्चे को किसी वस्तु के प्रति इच्छा कैसे हुई? इस जन्म में तो उसे किसी पदार्थ के इच्छित या अनिष्ठ होने का आरम्भ से बोध होना सम्भव नहीं हैं। इसलिए यह मानना पड़ता है कि इससे पूर्व उसका कोई ऐसा जन्म रहा होगा जिसमें उसे इच्छित या अनिष्ट वस्तुओं का ज्ञान हुआ होगा। पूर्व-पूर्व जन्मों में उसको इस प्रकार की वस्तुओं की इष्ट जनकता का ज्ञान होने से उसी ज्ञान से उत्पन्न संस्कार से इस जन्म में उसके उन वस्तुओं में इष्ट जनकता की स्मृति होती है। उसी स्मृत्यात्मक ज्ञान के कारण बच्चे को सजातीय विषयों के प्रति अभिलाषा उत्पन्न होती है।

उपर्युक्त मानने पर उसके विरोध में यह कहा जा सकता है कि जैसे कमल स्वभावतः खिलता है और संकुचित होता है। उसी प्रकार बच्चों का हास्य तथा रोना भी तात्कालिक विकार या अवस्था विशेष है। इसके द्वारा उसके हर्ष या शोक का अनुमान

---

1. पूर्वाभ्यस्तस्मृत्यनुबन्धाज्जातस्य हर्षभयशोक संप्रतिपत्तेः। —न्याय 3.1.18

नहीं किया जा सकता[1]। इसका उत्तर यह है कि पंचभूतों से उत्पन्न कमल का विकास अथवा संकुचित रूप विकार भी स्वाभाविक नहीं हैं। उष्ण-शीत वर्षा कालादि उसके कारण हैं[2]। इसी प्रकार बच्चे के हास्य, रुदन आदि के भी कारण होने चाहिए। वे क्या हो सकते हैं? कमल सूर्य की किरणों से खिल जाता है और रात्रि में संकुचित हो जाता है। बालक का हंसना तथा रोना सूर्य-किरण तथा रात्रि से नहीं होता। अतः ये उसके कारण नहीं हो सकते। इसलिए 'युवकों तथा वृद्धों के साम्य पर शिशुओं में भी हंसना और रोने के कारण हर्ष और शोक मानना पड़ता है, जिससे उसका पुनर्जन्म सिद्ध होता है।

भय के कारण भी बच्चे का पुनर्जन्म सिद्ध होता है। यह देखा जाता है कि जब बच्चा मां की गोद से थोड़ा सा स्खलित होता है तो रोता हुआ या कांपता हुआ, दोनों हाथ फैलाकर मां के वक्षस्थल के मंगल सूत्र को पकड़ लेता है। वह ऐसा क्यों करता है? एक युवक और एक वृद्धादि की तरह अपने आप को गिरने से भयभीत होकर बचाने की चेष्टा करता है। उसके भय तथा चेष्टा कारण अवश्य ही उसका यह ज्ञान है कि पतन दुःख का कारण है। यह ज्ञान उसे कहां से प्राप्त हुआ? यह निश्चित रूप से पूर्वजन्म की स्मृति से होता है। अतः उसकी चेष्टा से भय और शोक का अनुमान होता हैं। इस अनुमान से पूर्वजन्म की सिद्धि होती है। भय से प्रायः मृत्यु का भय ही समझा जाता है। प्रत्येक जीवात्मा को मृत्यु का भय होता है। यह तभी सम्भव है जब उसने मृत्यु के पूर्व के दुःख का अनुभव किया हो। इस जन्म में तो यह सम्भव नहीं हैं। अतः यह मानना पड़ता है कि पूर्व जन्मों में जीव ने मृत्यु दुःख का अनुभव किया है। उसी संस्कार से उत्पन्न स्मृति से ही मृत्यु का भय होता है[3]। पुनर्जन्म के पक्ष में जो दूसरी युक्ति दी जाती है, वह भी प्रथम युक्ति के समान ही है। नवजात शिशु को जो उत्पन्न होते ही स्तनपान की अभिलाषा होती हैं। वह उसके पुनर्जन्म के आहार के अभ्यास से उत्पन्न है। स्तनपान की इच्छा से उसका पुनर्जन्म सिद्ध होता है[4]। इसका अभिप्राय यह है कि नवजात शिशु के स्तनपान के लिए चेष्टा को देखकर उससे उसके कारण अध्यात्मिक प्रवृत्ति का अनुमान होता हैं। प्रवृत्ति से उसके विषय में इच्छा का अनुमान होता है। इच्छा से इसके कारण ज्ञान का अनुमान होता है क्योंकि यह मेरा इष्ट जनक है। इस प्रकार के ज्ञान से ही इच्छा उत्पन्न होती है। बालक युवक सभी को आहार इष्ट जनक है। स्मृति से आहार की इच्छा का तृप्त होना अभ्यास से होता है। इसलिए यह स्वीकार करना होगा कि नवजात शिशु को जो सबसे पहले दूध पीने की इच्छा होती

1. पद्मादिषु प्रबोध संमीलनवत् तद्विकारः —न्यायसूत्र 3.1.19
2. नोष्णशीतवर्षाकालनिमित्तत्वात् पंचात्मकविकारणम्। —न्यायसूत्र 3.1.20
3. योगसूत्र 2.3 पर व्यासभाष्य।
4. प्रेत्याहाराभ्यासकृतात् स्तन्याभिलाषात्। —न्यायसूत्र 3.1.21

हैं। उसका कारण है—"आहार मेरा इष्ट जनक है" इस प्रकार की स्मृति होती हैं। इसलिए नवजात शिशु की स्मृति के कारण के रूप में पूर्वजन्म का आहार अभ्यासमूलक संस्कार मानना होगा। उपर्युक्त युक्ति के विरोध में पूर्वपक्षी यह कहता है कि जिस प्रकार लोहा बिना पूर्व अभ्यासमूलक संस्कार के अयस्कान्तमणि (चुम्बक) की ओर जाता है। उसी प्रकार नवजात शिशु का मुख माता के स्तन की ओर जाता है।[1] इसका खंडन करते हुए न्याय का कहना है कि यह कथन उचित नहीं हैं क्योंकि लोहे की प्रवृत्ति अन्यत्र नहीं होती।[2] तात्पर्य यह है हम यह देखते हैं कि चुम्बक लोहे के अतिरिक्त किसी अन्य वस्तु को अपनी ओर आकृष्ट नहीं करता। अतः यह मानना पड़ेगा कि लोहे का चुम्बक की ओर आकृष्ट होने का कोई निश्चित कारण है। इसी प्रकार नवजात शिशु के दुग्धपान के लिए मां के स्तनों की ओर जाने का भी कोई निश्चित कारण होना चाहिए।

शिशु में चेष्टा आहार की इच्छा से होती हैं क्योंकि आहार के प्रति प्रवृत्ति होना ये सिद्ध करता हैं कि यह उसकी चेष्टा पूर्व जन्म को सिद्ध करती है।[3] शंकराचार्य के शिष्य आचार्य सुरेश्वर भी यह मानते हैं कि हिरण का बच्चा जो अपनी माता के स्तनपान के लिए स्वयं प्रवृत्त हो जाता है वह पुनर्जन्म में अनुभूत विषयों के स्मरण के कारण ही होता है।[4] पुनर्जन्म की सिद्धि में तीसरी युक्ति यह है कि संसार में ऐसा कोई प्राणी जन्म लेता हुआ दिखलाई नहीं पड़ता जो जन्म से पूर्णरूपेण वीतराग हो, अर्थात् सभी इच्छाओं से रहित हो, कोई भी आसक्ति उसमें न हो, क्योंकि जन्म से ही इच्छा रहित व्यक्ति नहीं दिखाई पड़ता है[5]। राग का कारण है पूर्वानुभव विषय। यदि हम पूर्व जन्म नहीं मानेगे तो प्राणियों को पूर्वानुभव नहीं होगा, और इस प्रकार राग भी उत्पन्न नहीं होगा। इस पर न्यायदर्शन में पूर्वपक्षी की ओर शंका उठाई है कि राग की उत्पत्ति जीवों के साथ ऐसी ही है जैसे गुणें के साथ द्रव्य की उत्पत्ति अर्थात् जैसे घट आदि द्रव्यरूपादि गुणों के साथ ही उत्पन्न होते हैं।[6] इसके उत्तर में न्यायदर्शन का मानना है कि यह कहना उचित नहीं है क्योंकि रागादि संकल्प (इच्छा-मोह) से उत्पन्न होते हैं।[7] प्रत्येक जीव को जन्म के बाद राग अर्थात् विषयों के प्रति आसक्ति अवश्य होती है। यह राग संकल्प के बिना नहीं हो सकता, और पूर्वानुभव विषयों की स्मृति के बिना संकल्प संभव नहीं

1. अयसोऽयस्कान्ता भिगमनवत् तदुपसर्पणम्। —न्यायसूत्र 3.1.22
2. नान्यत्र प्रवृत्यभावात्। वही—3.1.23
3. देखिये उपर्युक्त सूत्र पर वात्स्यायन भाष्य।
4. पूर्वजन्मानुभूतार्थस्मरणान्मृगशावकः।
   जननीस्तन्यपानाय स्वयमेव प्रवर्तते।। —मानसोल्लास, 75
5. वीतराग जन्मदर्शनात्। —न्यायसूत्र 3.1.24
6. सगुण द्रव्योत्पत्तिवत्तदुत्पत्ति। —न्यायसूत्र 3.1.25
7. न संकल्पनिमित्तत्वाद्रागादीनाम्। —न्यायसूत्र 3.1.26

है। अतः यह अपेक्षित होगा कि प्रत्येक जीव ने पूर्व जन्म में अपने जातीय विषयों का अनुभव किया है।

हमने देखा कि पूर्व जन्म की सिद्धि के लिए तीन युक्तियां प्रस्तुत की गयी है, इनमें प्रथम युक्ति के अन्तर्गत नवजात शिशु के अकारण् हंसना, और रूदन करना है। बच्चा कभी प्रायः नींद में भी हसने लगता है या रोने लगता है, ऐसा क्यों होता है? इसका आधुनिक विज्ञान के पास कोई उत्तर नहीं हैं। पहली युक्ति में भय दूसरी युक्ति में स्तनपान की चेष्टा तथा तीसरी युक्ति में विषयों के प्रति राग। ये सभी बातें आधुनिक मनोविज्ञान में सहज प्रवृत्तिया से सम्बद्ध है। विज्ञान यह मानता हैं कि जीवों में सहज प्रवृत्तियां पाई जाती हैं, परन्तु क्यों पायी जाती हैं?, इसका उत्तर उसके पास यह है कि वे जीवों की अपने पूर्वजों से जीन के माध्यम से प्राप्त होती हैं। यहां पूर्व जन्म सिद्धान्त में तथा आधुनिक विज्ञान में पर्याप्त अन्तर है। पूर्व जन्म सिद्धान्त इन सहज प्रवृत्तियों की व्याख्या पूर्व जन्म के संस्कारों के आधार पर करता है। पूर्व जन्म के संस्कार आत्मा के अन्तःकरण में उत्पन्न होकर अथवा अन्तःकरण में स्थिर रहकर अगले जन्म संक्रमित हो जाते हैं और जीव की सहज प्रवृत्तियों के रूप में परिवर्तित हो जाते हैं। पूर्व जन्म के आधार पर इनकी व्याख्या तो स्पष्ट हैं। परन्तु विज्ञान जब जीन के माध्यम से पूर्वजों से इनका संक्रमण मानता है तो प्रश्न उठता है कि जीन में ये प्रवृत्तियां कहां से आयी? विज्ञान यह स्वीकार नहीं करता कि संसार अनादि है और मनुष्य परम्परा से अनादि है। विज्ञान विकासवाद में विश्वास करता है अतः इसकी दृष्टि से इन प्रवृत्तियों का धीरे-धीरे विकास हुआ होगा। परन्तु इस विकास के सम्बन्ध में अभी तक उसका मत स्पष्ट नहीं है। विज्ञान जीवों के अनुभवों का संस्कार जीन पर स्वीकार नहीं करता। फिर यह प्रश्न बना ही रह जाता है कि जीन में ये प्रवृत्तियां कैसे विकसित हुई?

एक और युक्ति जो सम्पूर्ण भारतीय परम्परा पुनर्जन्म के पक्ष में प्रस्तुत करती हैं। वह है समाज में पायी जाने वाली विषमता। कोई व्यक्ति निर्धन है कोई धनी, कोई सुखी है कोई दुःखी। हम निरपराध लोगों को दुःखों से प्रताड़ित तथा अपराधियों को वैभव सम्पन्न पाते हैं ऐसा क्यो है? भारतीय परम्परा में इसका समाधान कर्म सिद्धान्त के आधार पर किया जाता है जिसका पुनर्जन्म के साथ अनिवार्य सम्बन्ध है। हमने पूर्व जन्म में जो कर्म किए उसी का फल इस जन्म में प्राप्त करते हैं। कई बार हम अवलोकित करते हैं कि एक व्यक्ति सच्चरित्र है, किसी का बुरा भी नहीं करता है फिर भी वह निर्धन और दुःखी है। इसका कारण यही मानना पड़ता है कि उसका यह दुःख रूपी परिणाम पिछले जन्म में किया हुआ दुष्कर्म है। इसी प्रकार एक दुष्कर्मी व्यक्ति को सुखी और वैभव सम्पन्न देखते हैं तो यह स्वीकार करना पड़ता है कि इसका कारण उसके पूर्व जन्म के सत्कर्म है। अतः कर्म सिद्धान्त को स्वीकार कर लेने पर पुनर्जन्म स्वतः सिद्ध हो जाता है क्योंकि मनुष्य अपने सभी कर्मों के फलों को इस जन्म में प्राप्त

करता हुआ दृष्टिगोचर होता है। अतः यह मानना अपेक्षित है कि इस जन्म के भोगों की व्याख्या पूर्वजन्म के निश्चित हुए कर्म फल के रूप में भोग ही है। यद्यपि आज का विज्ञान इसे स्वीकार नहीं करता है और सामाजिक विषमता का दोष पुनर्जन्म के सिद्धान्त पर निश्चित कर देता है।

वाचस्पति मिश्र ने न्यायवार्तिक तात्पर्य टीका में प्रज्ञा तथा मेधा के भेद को पुनर्जन्म की सिद्धि के लिए प्रस्तुत किया है। दो व्यक्ति मनुष्य रूप में एक ही मां बाप की सन्तान होते हुए भी प्रज्ञा तथा मेधा के उत्कर्ष या अपकर्ष की दृष्टि से असमान होते हैं[1]। एक व्यक्ति किसी बात को बहुत शीघ्र समझ लेता है और उसे याद कर लेता है। उसका दूसरा भाई उस बात को न शीघ्र समझ पाता है और न उसे याद कर पाता है। हम जानते हैं कि मनोयोगपूर्वक किसी विद्या के अभ्यास करने पर उस विषय में उस व्यक्ति की प्रज्ञा तथा मेधा की वृद्धि होती है। इसलिए यह मानना पड़ेगा कि प्रज्ञा एवं मेधा के उत्कर्ष का कारण किसी विद्या का अभ्यास है। इस जन्म जो मनुष्य में प्रतिभा के रूप में बिना अभ्यास के ही प्रज्ञा तथा मेधा का उत्कर्ष दिखलाई पड़ता है। उसमें पूर्व जन्म कृत अभ्यास को ही मानना पड़ेगा।

पुनर्जन्म के मानने पर कई अन्य समस्याएं उत्पन्न हो जाती है—

1. पुनर्जन्म सिद्धान्त यह मानकर चलता है कि जीव अनेक योनियों में जन्म लेता है। फिर एक जन्म की समाप्ति पर दूसरे जन्म की योनि का निर्धारण कैसे होता है?
2. जीव के एक योनी में जन्म लेने पर उसकी दूसरी योनियों के संस्कार क्यों उद्‌बुद्ध नहीं होते और वह दूसरी योनियों के प्राणी की तरह व्यवहार क्यों नहीं करता?
3. जीव जब दूसरा जन्म लेता है तो उसे पुनर्जन्म का संस्मरण क्यों नहीं रहता?
4. क्या मृत्यु के बाद ही जीव तुरन्त जन्म लेता है या दूसरे जन्म के पूर्व शरीर रहित स्थिति में भी रहता है? यदि वह दूसरे जन्म के पूर्व स्थिति में रहता है तो किस प्रकार?
5. क्या पुनर्जन्म शृंखला नित्य है अर्थात् जीव क्या सदैव एक जन्म के बाद दूसरा जन्म लेता रहता है? या कभी ऐसी भी स्थिति आती है जब उसे इस शृंखला से मुक्ति मिल जाती है?
6. पुनर्जन्म जन्म किसका होता होता है आत्मा या अन्तःकरण आदि शारीरिक अनुभवों का?

---

1. अपि च मनुष्यत्वेन तुल्यत्वेऽपि प्रज्ञामेधाप्रकर्ष भेददर्शनात् प्राग् भव अभ्यास कल्पना। —न्यायसूत्र 3.1.26

इन उपर्युक्त समस्याओं का समाधान भारतीय दर्शन में इस प्रकार प्रस्तुत किया गया है—

1. जीव जो पुनर्जन्म के समय विशिष्ट योनि वाले शरीर को पशु, पक्षी, कीट, मनुष्यादि के शरीर को प्राप्त करता है उसका कारण भारतीय दर्शन में पुनर्जन्म के विचित्र कर्मों का फल बतलाया है[1]। उनके कर्मों में जो धर्म अधर्म रूप उत्कृष्ट अदृष्ट उत्पन्न होता है। वही पंच महाभूतों के सहयोग से विशिष्ट योनि वाले शरीर को जन्म देता है इतना अवश्य है कि विशिष्ट जीव के विशिष्ट माता-पिता के गर्भ में आने से जहां उस जीव के पूर्व जन्म के कर्म कारण बनते हैं, वही माता-पिता के पुत्र रूपी फल के अनुभव के अनुकूल कर्म भी कारण का काम करते हैं।[2]
2. जहां तक यह प्रश्न है कि किसी विशिष्ट योनि में जन्म लेने पर जीव के उसी योनि के संस्कार क्यों उद्‌बुद्ध होते हैं? इसका उत्तर वैशेषिक दर्शन में इस प्रकार मिलता है कि प्रथम तो उसके विशिष्ट इच्छा, द्वेष आदि का कारण उसका अदृष्ट (पूर्व जन्मों के कर्मों के संस्कार) है[3] और दूसरे जिस योनि में वह जन्म लेता है वह योनि भी उसके अनुरूप संस्कारों के उद्‌बुद्ध होने में कारण है।[4] यदि जीव मानव जन्म के बाद अपने कर्मों के अनुसार कुत्ता योनि अथवा गौ की योनि को प्राप्त करता है तो उसके पूर्व जन्मों में कुत्ता योनि अथवा गौ योनि के ही संस्कार उद्‌बुद्ध होते हैं मानव योनि के नहीं। योगदर्शन में इसे सुस्पष्ट किया गया है कि जीव के पुनर्जन्मों के विविध कर्मों में जो कर्म विपाकोन्मुख (फल देने के लिए उन्नमुंख) होता है उसके अनुकूल ही वासनाएं अभिव्यक्त होती है।[5] इसका अभिप्राय यह है कि हमारे विभिन्न पूर्व जन्मों के कर्मों में सभी कर्म फलोन्मुख नहीं होते कुछ विशिष्ट ही फलोन्मुख होते हैं। यदि ऐसे कर्म फलोन्मुख हो रहे है कि जिनके अनुसार हमें गौ योनि प्राप्त होती है। तो उन्हीं कर्मों के अनुरूप ही वासनाएं भी उद्‌बुद्ध हो जाती हैं[6] क्योंकि पुनर्जन्म होने पर जीव के पूर्व कर्मों

---

1. पूर्वकृत फलानुबन्धात्तदुत्पत्तिः। —न्यायसूत्र 3.2.60
2. तत्र पित्रोः पुत्रफलानुभवनीये कर्मणी सत्वस्य गर्भावासानुभवनीयं कर्म सह मातृ गर्भाशये शरीरोत्पति प्रयोजयति। —न्यायसूत्र 3.2.63 पर तात्पर्यटीका
3. अदृष्टाच्च। —वैशेषिकसूत्र 6.2.12
4. जाति विशेषाच्च। —वैशेषिक—6.2.13
5. ततस्ताद्विपाकानुगुणनामेवाभिव्यक्तिर्वासनानाम्। —योगसूत्र, कैवल्यपाद, 8
6. फलभोग से उत्पन्न संस्कार का नाम वासना है। यही स्मृति को उत्पन्न करती हैं और प्रवृत्ति के रूप में काम करती है।

के संस्कार और वासनाएं मिलकर कार्य करती है। इसलिए देश अथवा काल, योनि का व्यवधान हो तो आनन्तर्य बना रहता है।[1] इसका अभिप्राय है कि यदि जीव ने यदि एक सहस्त्र वर्ष पूर्व किसी दूर देश में वानर जन्म ग्रहण किया था और यदि वह अनेक योनियों में जन्म लेने के बाद पुनः वानर योनि में यहां इस प्रदेश में प्राप्त करता है तो योनि की दूरी देश की दूरी और काल की दूरी व्यवधान का काम नहीं करते। उसकी वानर योनि की वासनाएं पुनः उद्बुद्ध हो जाती है।

3. पुनर्जन्म की तीसरी समस्या यह मानी जाती हैं कि पूर्व जन्मों की स्मृति क्यों नहीं रहती? इस विषय में गर्भोपनिषद् में कहा गया हैं कि नवम् मास में जीव मां के गर्भ में निवास कर योगियों की तरह पूर्व-पूर्व जन्मों का स्मरण करता है। और अनुताप करते हुए सोचता है कि इस बार यदि इस योनि से मुक्ति मिल जायेगी तो मैं इस ईश्वर की भक्ति करूंगा, जैसे ही वह जन्म लेकर भूमि पर आता है तो उसको सब कुछ विस्मरण हो जाता है। अन्तःकरण में जो विपाक का भोगारुठ फल उपस्थित होता है तो अन्य किए हुए कर्मों की स्मृति आच्छादित हो जाती है। उसकी भोगारूठ फल की प्रवृत्ति के कारण उस जन्म के किए हुए कर्म की ही स्मृतियां उद्भासित होती है। यद्यपि गर्भोपनिषद में विस्मरण का कारण वैष्णवी माया को बतलाया है जो तर्क सम्मत नहीं कहा जा सकता है। भारतीय दार्शनिक परम्परा के अनुरूप भी नहीं माना जा सकता है। वास्तव में विस्मरण की बात पूर्वजन्म की ही नहीं इस जन्म की घटनाओं को भी प्रायः भूल जाते हैं। बचपन में किए हुए कर्मों का विस्मरण हो जाता है तो पिछले जन्म की घटनाओं को तो भूलना स्वाभाविक ही है। अतः विस्मरण का अभिप्राय यह है कि पूर्व काल में किए हुए कर्मों का संस्कार अन्तःकरण पर अंकित होता है। अन्तःकरण का पर्दा अन्य वाद के लिए कर्मों के कारण परिवर्तित हो जाता है या बदल जाता है इसलिए पूर्व जन्म में किए हुए कर्म हो अथवा इस जन्म में किए कर्म हो उनका विस्मरण होना स्वाभाविक है। यहां यह ज्ञातव्य है कि भारतीय दर्शन यह नहीं मानता है कि पूर्व जन्म की घटनाओं को किसी भी प्रकार याद नहीं कर सकते हैं। न्यायसूत्र में स्मृति के अनेक कारण बतलाते हुए अन्त में धर्म तथा अधर्म को भी स्मृति का हेतु बतलाया गया है।[2] पूर्वजन्म के स्मृति का हेतु धर्म जो कि वेदाभ्यास से उत्पन्न माना

---

1. जति-देश-काल व्यवहिता नामप्यानन्तयं स्मृति संस्कार योरेकरुपत्वात्।
—योगसूत्र, केवल्यपाद, 9

2. न्यायसूत्र 3.2.41

गया है।[1] योगदर्शन तो यह स्वीकार करता है कि योगी अपने पूर्व जन्म के संस्कारों का साक्षात्कार करके उनका ज्ञान प्राप्त कर लेता है। कुछ जाति स्मर योगियों के प्रसंग में भी प्राप्त होते हैं। जिन्हें अपने पूर्व जन्म की घटनाओं का स्मरण था। भगवान जैगिशव्य को संस्कार साक्षात द्वारा दस महासर्ग के सभी जन्म परिणामों का ज्ञान बताया गया है।[2] इसी प्रकार पुनर्जन्म की अनेक घटनाओं का वर्णन आधुनिक काल में भी मिलता है। यह अवश्य ज्ञातव्य है कि वर्तमान युग में जितनी भी पुनर्जन्म की घटनाएं प्रकाश में आयी है। प्रायः उन सभी व्यक्तियों की मृत्यु किसी दुर्घटना वश आकस्मिक रूप में हुई थी।

4. मृत्यु के बाद जीव तुरन्त योनि में जन्म लेता है या नहीं? इसके विषय में मूल दार्शनिक ग्रन्थों में निश्चित रूप में उल्लेख नहीं मिलता है। परन्तु उपनिषदों में यह उल्लेख अवश्य मिलता है कि जैसे ज्योंक् पिछला पैर उठाने से पूर्व अगले पैर को जमा लेती है। उसी प्रकार जीवात्मा का जब अगला जब निश्चित हो जाता है तभी उसकी मृत्यु होती है। इसी प्रकार योगदर्शन में कहा गया है कि—"सतीमूले तद्विपाको जात्यायुर्भोगः" अर्थात् मूल में वासनाओं के तथा उनके विपाक अवशिष्ट रहने के कारण जाति आयुर्भोग प्राप्त होता है। इससे यहीं सिद्ध होता है कि मृत्यु के बाद जीवात्मा का पुनर्जन्म हो जाता है, क्योंकि यहां यह प्रश्न होता है कि यदि जीवात्मा जन्म नहीं लेता है तो कहां जाता है? क्योंकि जीवात्मा का यह जन्म और मृत्यु का चक्र सतत् रूप में जन्म और मृत्यु, मृत्यु और जन्म का यह परिचक्र अनादिकाल से चला आता है। यह चक्र तभी समाप्त होता है जब जीवात्मा की मुक्ति होती है, क्योंकि जन्म के बाद मृत्यु और मृत्यु के बाद जन्म, यदि यह क्रम नहीं रहता है तो फिर जन्म होने का क्या कारण होगा? यह अवश्य है कि उपनिषदों में यह प्राप्त होता है कि मृत्यु के पश्चात् उसके अगले जन्म तक की एक प्रक्रिया है जिसमें से होकर वह अगला जन्म धारण करता है। जीवात्मा चन्द्रलोक, सूर्यलोक और सोमादि लोकों को जाता है। इसका अर्थ आधुनिक दार्शनिक विद्वान स्वामी दयानन्द सरस्वती यह कहते हैं कि सूर्यलोक, चन्द्रलोक आदि का अभिप्राय जीवात्मा

---

1. धर्माज्जात्यन्तस्मरणम्। उपर्युक्त पर न्याय वार्तिक, धर्माद्वेदाभ्यासज़नितेन धर्मेण जाति स्मरति पूर्विकाम्। उपर्युक्त पर तात्पर्य टीका। —मनुस्मृति 4.148 भी देखें
   वेदाभ्यासेन सततं शौचेन तपसैब च।
   अद्रोहेण च भूतानां जाति स्मरति पौर्विकीम्।।
2. योगसूत्र—3.18 पर व्यास भाष्य

की अवस्थाओं से हैं। ये अवस्था विशेष बहुत काल की अपेक्षा नहीं रखती अपितु जीवात्मा के अगले जन्म की प्राप्ति शीघ्र ही हो जाती है। पुराणों में यह अवश्य प्राप्त होता है कि कभी-कभी जीवात्मा भूत योनियों में जाता है जो कि षड्दर्शन की मान्यताओं के अनुकूल नहीं है।

5. पुनर्जन्म से सम्बद्ध एक समस्या यह है कि क्या जन्म और मृत्यु की परम्परा नित्य हैं? इसका भी अन्त होता है? भारतीय दर्शन इस परम्परा को अनादि-काल से मानता है परन्तु इसको अनन्त नहीं मानता। ज्ञान द्वारा यह साधना और भक्ति के द्वारा मोक्ष को स्वीकार किया जाता है। मोक्ष का तात्पर्य ही जन्म और मृत्यु की परम्परा से मुक्ति है। मुक्ति की अवधि एक बहुत दीर्घकाल तक मानी जाती हैं। परन्तु कुछ विद्वान् मुक्ति से पुनरार्वतन को भी स्वीकार करते हैं। इनमें स्वामी दयानन्द और आचार्य शंकर को भी गिना जा सकता है। यद्यपि आचार्य शंकर पुनरावर्तन की बात को तभी स्वीकार करते हैं। जब दक्षिणायन मार्ग से मुक्ति प्राप्त किया हो। यद्यपि मोक्ष सरलता से प्राप्त नहीं होता है अनेक जन्मों में साधना करने के पश्चात् किसी-किसी जीवात्मा को मुक्ति प्राप्त होती है। अधिकांश जीवों की स्थिति यही प्रतीत होती है कि जन्म और मृत्यु के आवाद परिचक्र में पड़े रहते हैं।

6. पुनर्जन्म से सम्बन्धित एक समस्या यह भी है कि पूनर्जन्म किसका होता है? आत्मा या अन्तःकरण आदि शरीरिक अंगों का? इसमें यद्यपि ऊपर से देखने से लगता है। कि भारतीय दार्शनिक एकमत नहीं हैं। वेद, उपनिषद, न्याय, वैशषिक, मीमांसा और जैन आदि दर्शनों में आत्मा का ही पुनर्जन्म स्वीकार किया जाता है। सांख्यदर्शन और अद्वैत वेदान्त आत्मा का पुनर्जन्म स्वीकार नहीं करते हैं। इनका मत हैं कि पुनर्जन्म सूक्ष्म शरीर या लिंग शरीर का होता है। वेदान्त के अनुसार लिंग शरीर में पांच कर्मेन्द्रियां, पांच ज्ञानेन्द्रियां, पांच प्राण तथा मन और बुद्धि ये सत्रह अवयव माने हैं। सांख्य के अनुसार लिंग के अवयव अहंकार सहित अठारह अवयव हैं। उपर्युक्त दोनों मतों में कथन मात्र ही भेद हैं, क्योंकि पुनर्जन्म वास्तव में आत्मा का ही हो सकता है, जिसका अभिप्राय है कि शरीर इन्द्रिय आदि से संयुक्त होने का नाम जन्म है और वियुक्त होने का नाम मृत्यु है। यह अलग समस्या है कि जीवात्मा को कुछ दर्शन परिच्छिन्न (अणु) और विभू (व्यापक) मानते हैं क्योंकि कारण शरीर के साथ यदि आत्मा की चेतना और उसका प्रकाश न हो तो सब कुछ जड़वत् और निष्क्रिया हो जाता है। इसलिए आत्मा का पुनर्जन्म होता है यहीं मानना उचित है।

उपर्युक्त विवेचन से यह देखने का प्रयास किया है कि भारतीय दर्शन में पुनर्जन्म

की मान्यता केवल रुढ़िवादी विचारधारा ही नहीं अपितु उसका तार्किक आधार भी प्रस्तुत किया जाता है। आधुनिक विज्ञान यद्यपि पुनर्जन्म की समस्याओं का निदान दूसरे रूप में प्रस्तुत करता है परन्तु वह भी कुछ समस्याओं का उत्तर नहीं दे पाता है उसमें एक तो यही है कि नवजात शिशु को हर्ष और शोक का बोध उसके उत्पन्न होने के साथ कैसे हो जाता है? क्यों मुस्कुराता है? इसका उत्तर विज्ञान के पास नहीं है। दूसरा यह है कि अठारहवीं शताब्दी से यूरोप में जब विज्ञान और मनोविज्ञान का विकास प्रारम्भ हुआ तो पुनर्जन्म की समस्या को भी पुनः निरीक्षित करने के लिए कई संस्थाओं की स्थापना हुई। उस पर अनेक ग्रन्थ भी लिखे गये, जैसे कि—परामनोविज्ञान के अनेक ग्रन्थों में पुनर्जन्म के स्मरण की सैकड़ों घटनाओं का उल्लेख उन ग्रन्थों में प्राप्त होता है। अतः पुनर्जन्म को आधुनिक विज्ञान भी किसी न किसी रूप में स्वीकार करता है।

त्रयोदश अध्याय

अन्तःकरण निरूपण

अन्तःकरण शब्द की व्युत्पत्ति—

'अन्तःकरण' शब्द दो शब्दों से मिलकर बना है। अन्तः+करण। 'अन्तः' शब्द 'अन्तर'। इस अव्यय से बना है जो तीनों लिङ्गों, सब विभक्तियों, और सब वचनों में समान रहे तथा जिस का कहीं भी व्यय न हो उसे 'अव्यय' कहते हैं।[1]

दूसरा शब्द है—'करण'। 'करण' बना है—'डुकृञ[2] करणे' धातु से। करण अर्थ में 'ल्युट्'[3] इस सूत्र से भाव करण अर्थ में 'ल्युट' प्रत्यय का संयोग फिर 'युकोरनाकौ'[4] इस सूत्र रे 'यु' को अनादेश उसके पश्चात् 'रषाभ्यां नो णः समान पदे'[5] सूत्र से करण शब्द निष्पन्न होता है। इस प्रकार अन्तर+करण को मिलाने से अन्तःकरण शब्द निष्पन्न होता है।

अन्तःकरण शब्द का अर्थ—

'अन्तःकरण' में 'अन्तः' शब्द का अर्थ है अन्दर या गुप्त या भीतर करण उसको कहते हैं जो क्रिया की सिद्धि प्रकृष्ट उपकारक हो।[6] इस प्रकार दोनों शब्दों को मिलाकर अर्थ बना—आन्तरिक साधन जो क्रिया की सिद्धि में अत्यन्त उपकारक हो। जैसे, व्याकरण शास्त्र में—'मैं दण्ड से घोड़े को ताड़ता हूं'—यहां 'दण्ड' ताड़न क्रिया को सिद्धि में अत्यन्त उपकारक (सहायक) है अतः इसको करण कहा गया है।

दर्शनशास्त्र में 'करण' शब्द का प्रयोग आध्यात्मिक रूप में हुआ है। करण दो प्रकार के होते हैं—एक बाह्य दूसरा अन्तः। बाह्य करण दश माने जाते हैं। सांख्यदर्शन

---

1. सदृशं त्रिषु लिङ्गेषु सर्वासु च विभक्तिषु।
   वचनेषु च सर्वेषु यन्नव्येति तदव्ययम्।।
   —वामन जयादित्य रचित काशिका अष्टाध्यायी अ०1, पाद 1, सूत्र 37 की व्याख्या
2. डुकृञ-करणे। धातुपाठ महर्षि पाणिनि रचित
3. ल्युट् च। —अष्टाध्यायी अ० 3, पा० 3, सू० 115
4. अष्टा० अ० 7, पा० 1, सू० 1
5. अष्टा० अ० 8, पा० 4, सू० 1
6. अष्टा० अ० 1, पाद० 4, सू० 42

के अनुसार "उभय, मिन्द्रयं"[1] और सांख्यकारिका के अनुसार पांच बुद्धि अर्थात् ज्ञानेन्द्रियां— चक्षु, श्रोत्र, घ्राण, रसना और त्वचा; पांच कर्मेन्द्रियां— वाक, पाणि, पाद, पायु और उपस्थ हैं।[2]

दूसरा करण अन्तःकरण है। सांख्यादर्शन के अनुसार— 'उस अहंकार से अन्तःकरण का अनुमान किया जाता है'[3] अर्थात् अहंकार रूप कार्य द्रव्य को देखकर उसके उपादान भूत मुख्य अन्तःकरण (महत्तत्व या बुद्धि) का ज्ञान होता है। उसके अनन्तर 'उस अहंकार से प्रकृति का अनुमान है'[4] अर्थात् महत्तत्व रूप कार्य को देखकर उसका प्रकृति रूप उपादान कारण अनुमित होता है। श्री विज्ञानभिक्षु ने अपने प्रवचन भाष्य में सांख्यदर्शन के— 'तेनान्तःकरणस्य' सूत्र भाष्य में अन्तःकरण का अर्थ महत्तत्व किया है। उस अहंकार कार्य के द्वारा उसके कारण अन्तःकरण का अनुमान होता है जो महत् कहकर बुद्धि का अनुमान होता है।[5] अर्थात् अन्तःकरण महत्, बुद्धि शब्द पर्यायवाची शब्द हैं।

योगदर्शन के अनुसार भी विशेष-अविशेष, लिङ्ग और अलिङ्ग ये गुणें के परिणाम अर्थात् गुणें की सन्धियां हैं।[6] इसी सूत्र के भाष्य में महर्षि वेदव्यास कहते हैं— कि पांच महाभूत, पांच ज्ञानेन्द्रिय, और ग्यारहवां मन ये 16 अविशेषों के विशेष हैं।[7]

6 पदार्थ अविशेष हैं— पांच तन्मात्रायें व छठा अहंकार है।[8]

लिङ्गमात्रबुद्धि अलिङ्ग प्रकृति का समीप अर्थात् पहला कार्य है।[9] अलिङ्ग मूल प्रकृति का नाम है।

---

1. सांख्यदर्शन अ० 1, सूत्र 61, व बाह्याभ्यन्तराभ्यां तेश्चाहंकारस्य अ० 1, सू० 63
2. बुद्धीन्द्रियाणि चक्षुः श्रोत्रघ्राणत्वगाख्यानि ।
वाक्पाणिपादपायूपस्थानि कर्मेन्द्रियाण्याहुः।।

—ईश्वरकृष्णरचित सांख्यकारिका, 26
3. तेनान्तः करणस्य। —सांख्यदर्शन अ० 1, सूत्र 64
4. ततः प्रकृतेः। —सांख्यदर्शन अ० 1, सूत्र 65
5. ततः प्रकृतेः। —सांख्यदर्शन अ० 1, सूत्र 65
6. सांख्य सूत्र पर विज्ञानभिक्षु कृत प्रवचन।

—भाष्य, अ० 1, सूत्र 64
7. महर्षि यास्क रचित निघण्टु कोश, अ० 3, 9
8. विशेषाविशेषलिङ्गमात्रालिङ्गानि गुण पर्वाणि।— पातंजल योगदर्शन, पाठ 2, सूत्र 16
9. तत्राकाशवायवग्न्दकभूमयोभूतानि शब्दस्पर्शरूपरसगन्ध तन्मात्रायामविशेषाः। तथा श्रोत्रत्वक्चक्षुर्जिह्वाघ्राणानि बुद्धीन्द्रियाणि, वाक्पाणिपादपायूपस्थानिकर्मेन्द्रियाणि एकादशं मनः स्वार्थम्। व्यासभाष्य उपरोक्त सूत्र।

उपरोक्त प्रमाणों से सिद्ध होता है कि लिङ्गमात्र महत्तत्व, अन्त:करण और बुद्धि पर्यायवाची शब्द हैं।[1]

परन्तु महर्षि यास्क के निघण्टु कोष में प्रज्ञा अर्थात् बुद्धि के 11 पर्यायवाची हैं— 1. केत: 2. केतु:, 3. केतनम् 4. चित्तम् 5. क्रतु:, 6. असु: 7. धी:, 8. शचि: 9. माया, 10. वयुनम् 11. अभिख्या। इत्येकादश प्रज्ञा नामानि।[2]

यजुर्वेद के अनुसार भी धी नाम बुद्धि का है—'हे परमात्मा! आप हमारी बुद्धि को पवित्र करो।'[3]

दूसरे स्थान में यजुर्वेद में कहा है—''इस प्रकार वह (सविता) परमेश्वर देव भी (देवान्) उपासकों को (स्वर्यतों धिया दिवम्) अत्यन्त सुख दे के उनकी बुद्धि के साथ आनन्द स्वरूप प्रकाश को करता है।[4] तथा (युक्त्वाय) वही परमात्मा अपनी कृपा से उनको युक्त करके उनके आत्माओं में (बृहज्ज्योति) बड़े प्रकाश को प्रकट करता है और (सविता) जो सब जगत् का पिता है, वही (प्रसुवा) उन उपासकों को ज्ञान और आनन्दादि से परिपूर्ण कर देता है। परन्तु (करिष्यत:) जो मनुष्य सत्य प्रेम भक्ति से परमेश्वर की उपासना करेंगे, उन्होंने उपासकों को परमकृपामय अन्तर्यामी परमेश्वर मोक्ष सुख देने के लिए आनन्दयुक्त होगा।''[5]

परन्तु श्रुति में—''काम, संकल्प, विचिकित्सा, श्रद्धा-अश्रद्धा, धैय-अधैर्य, ह्री (लज्जा) धी (बुद्धि) भी (भय) से सब मन ही हैं।[6]

दूसरे यह सिद्ध होता है कि बुद्धि (धी) ''मन'' शब्द का पर्यायवाची है।

श्रुति के अनुसार 'मन' चित्त है— उपर्युक्त निघण्टु कोश में— चेत: और चितम् शब्द आते हैं और ये शब्द प्रज्ञा (बुद्धि) के पर्यायवाची है। हम ऊपर कह आये हैं[7]

---

1. षड्विशेण। तद्यथा शब्दतन्मात्रं स्पर्शतन्मात्रं रूपतन्मात्रं रसतन्मात्रं गन्धतन्मात्रं चेति एकद्धित्रिचतुष्पंचक्षण: शब्दादय पंच विशेषा, षष्ठश्चाविशेषो स्मितामात्रा इति।— व्यासभाष्य उपरोक्त सूत्र
2. 'लिङ्गमात्रमलिङ्गस्यद्रत्यासन्नं, तत्रतत्संसृष्टं' विविचयते। —वही, व्या० भा०
3. निघण्टुकोश महर्षि यास्क, अ० 3, खण्ड 9
4. धियो यो न: प्रचोदयात्। —यजुर्वेद
5. युक्त्वाय सविता देवान्त्स्वर्य्यतो धिया दिवम्।
   बृहज्ज्योति करिष्यत: सविता प्रसुवाति तान।। —यजुर्वेद, अध्याय 11, मन्त्र-3
   महर्षि दयानन्द कृत अनुवाद ''ऋग्वेदादिभाष्यभूमिका'' पृ० 169
6. काम: संकल्पो विचिकित्सा श्रद्धाऽश्रद्धा धृतिरधृतिर्ह्रीर्धीर्भीहिंत्येतत्सर्व मन एव।
7. वही, निघण्टुकोश, अ० 3, सू० 9

कि धी (बुद्धि या प्रज्ञा) सब मन ही है। अतः यह सिद्ध हो गया कि मन, बुद्धि, चित्त तीनों पर्यायवाची हैं केवल कार्यभेद से पृथक्-पृथक् दृष्टिगोचर होते हैं। मन के चित्त होने में श्रुति पुनः प्रबल प्रमाण देती है। इतना ही नहीं अपितु प्रस्तुत श्रुति में कहा है कि "मन की प्रज्ञा बुद्धि (धी) है मन ही (चेतः) चित्त है। और धैर्य का साधक भी मन ही है और जो ज्योति (अन्तः) अन्तःकरण में छिपी है जो मरणधर्मा से रहित है और जिस मन के द्वारा कुछ भी कर्म नहीं किया जा सकता। ऐसा मेरा मन कल्याणकारी संकल्प वाला हो।[1]

इस प्रकार सिद्ध हो गया है कि मन, बुद्धि, चित्त एक ही है और यह मरणधर्म रहित हैं।[2] सांख्यदर्शन में कहा है—प्रकृति का प्रथम विकार भूत जो महत्तत्व है वह मन पद से भी अभिहित होता है।[3]

और विज्ञानभिक्षु ने इसी सूत्र को टीका में कहा है—प्रकृति का प्रथम विकार भूत महत्तत्व है वह मनन बुद्धि वाला होने से मन कहा गया है। यहां मन का अर्थ निश्चय करने वाली बुद्धि है।[4] फिर कारिका प्रस्तुत करते हैं।

जो प्रधान (प्रकृति) का विस्तृत बीज है उसे ही महत्तत्व और उसे ही बुद्धि कहा गया है।[5] और वायु पुराण में भी-बुद्धि, मन, लिङ्ग (महत्) महानक्षर ये सब पर्यायवाची शब्द हैं।[6]

इस प्रकार यहां तक यह सिद्ध हो चुका कि मन, बुद्धि, चित्त, अन्तःकरण है। परन्तु वेदान्त परिभाषा में चार प्रकार के अन्तःकरण दिये हैं—मन, बुद्धि, चित्त और अहंकार है जिसको विषय क्रमशः मनन, निश्चय, स्मरण और अभिमान है।[7] अतः

---

1. यत्प्रज्ञानमुत चेतो धृतिश्चय यज्ज्योतिरन्तरमृतम्प्रजासु। यस्मान्न ऋते किंचन कर्मक्रियते तन्मे मनः शिवसंकल्पमस्तु।। —यजुर्वेद, अ० 30, मं० 3
2. अमृतम्। —यजुर्वेद, अ० 34, मन्त्र 3
3. महदाख्यमाधं कार्य तन्मनः। —सांख्यदर्शन, अध्याय 1, सूत्र 17
4. सांख्यसूत्र, अ० 1, सूत्र 71 का विज्ञानभिक्षुकृतप्रवचन भाष्य
5. यदेतद्विस्तृतं बीजं प्रधानपुरुषात्मकम् ।
महत्ततत्वमिति प्रोक्तं बुद्धि तत्त्वं तदुच्यते।
—प्रवचनभाष्य विज्ञानभिक्षुकृत उपरोक्त सूत्र।
6. बुद्धिर्मनश्च लिङ्ग च महानक्षर एव च।
पर्यायवाचकैः शब्दैः तमाहुस्तत्वचिन्तिकाः।। —वायुपुराण, अ० 102, सूत्र 21
7. मनो बुद्धिरहंकारश्चित्तम् करणमन्तर।
संशयो निश्चयो गर्व स्मरणं विषया इमे।।
—श्री धर्मराजाध्वरीन्द्र वेदान्त परिभाषाप्रत्यक्ष परिच्छेद।

वेदान्त के अनुसार अन्तःकरण चार हैं। शांकरभाष्य के वेदान्त में अन्तःकरण चार हैं।[1] आचार्य शंकर के अहं ब्रह्मास्मि ऐसा श्रुति के उदाहरण से अहंकार का अनुमान होता है क्योंकि सांख्यदर्शन में कहा है कि—अभिमान ही अहंकार है।[2]

वेदान्तदर्शन के अनुसार अन्तःकरण का अस्तित्व अवश्य मानना चाहिए अन्यथा नित्य उपलब्धि और अनुपलब्धि का प्रसंग उपस्थित होगा।[3]

अहंकार चित्त की वृत्ति का नाम है :

'अस्मिता' क्लेश हो तो अहंकार है अब दृक् शक्ति 'आत्मा' और दर्शन शक्ति 'बुद्धि' को एक मान लिया जाय तब 'अस्मिता' नाम का क्लेश होता है।[4] महर्षि वेदव्यास ने इस सूत्र के भाष्य में कहा है—'पुरुष' देखने वाली शक्ति है। बुद्धि दिखाने वाली शक्ति है, इस प्रकार भिन्न होने पर इन दोनों का स्वरूप एक पदार्थ के समान न होना 'अस्मिता' क्लेश कहा जाता है।[5]

इस सिद्धान्त की पुष्टि में महाराजा भोज देव भी कहते हैं—जिस प्रकार अन्तःकरण की प्रवृत्ति से सम्बन्ध वाला पुरुष कर्तृत्वभोक्तृत्व से रहित होने पर भी "मैं कर्त्ता हूं", 'मैं भोक्ता हूँ" इस प्रकार मानता है[6] और व्यासभाष्य के अनुसार बुद्धि से सूक्ष्म पुरुष स्वरूप को विद्यादि के द्वारा भिन्न न देखना और उस बुद्धि को अज्ञान से आत्मा जानना भोग का स्वरूप है।[7] और लोक में भी (अहंकार) चित्त के लिए ही आता है यथा—मैं हारा, मैं जीता, परन्तु आत्मा न हारता है, न जीतता है।

अन्तःकरण की परिभाषा देने से पूर्व अब विचारणीय विषय यह है कि अन्तःकरण के बारे में शास्त्रीय मान्यतायें क्या हैं ?, क्योंकि उसके उपरान्त ही अन्तःकरण की

---

1. शांकरभाष्य वेदान्तदर्शन, अ० 2, पाद० 3, सूत्र 30-32
2. अभिमानो अहंकार —सांख्यादर्शन, अ० 2
3. वेदान्तदर्शन, अ० 3, पा० 2, सूत्र 32
4. दृक्दर्शनशक्त्योरेकात्मवेवास्मिता।
   —योगदर्शन, पाद 21, सू० 6
5. पुरुषोदृक्शक्तिर्बुद्धि दर्शनशक्तिरित्येतयोरेकस्वरूपाथत्तिरिवास्मिता क्लेश उच्येत।
   —व्यास भाष्य, योगदर्शन, पाद 2, सूत्र 6
6. यथाप्रकृतिवताकर्तृत्वभोक्तृत्वरहितोऽपि कर्त्र्यहं भोक्त्र्यहमित्यभिमन्यते।
   —व्यासभाष्य पर भोजवृत्ति योगवृत्ति योगदर्शन, पा० 2, सू०-6
7. बुद्धितः परं पुरुषमाकारशीलविद्यादिर्भिक्तरपश्यत्कुर्यात्तत्राऽऽलबुद्धि महिन इति।
   —व्यासभाष्य योगदर्शन, पाद 2, सू० 6

परिभाषा का निश्चय हो सकेगा। यहां वेद[1] वेदान्त[2] उपनिषद्[3] और योग[4] के उदाहरण देकर यह कह सकते हैं कि अन्तःकरण चार हैं— मन, बुद्धि, चित्त, और अहंकार। परन्तु न्याय दर्शन मन, बुद्धि और चित्त को अन्तःकरण मानता है। जिसके यहां प्रमाण दिये जाते हैं—

अन्तःकरण के विषय में न्याय दर्शन की मान्यता— एक समय में दो ज्ञान न होना मन का लक्षण है।[5]

बुद्धि, उपलब्धि और ज्ञान इन तीनों के अर्थ में कोई अन्तर नहीं अर्थात् तीनों पर्यायवाची हैं।[6] चित्त की एकाग्रता अथवा प्राणिधान, अथवा मन को धारण और (लङ्गादिज्ञानम्) लिङ्ग आदि के ज्ञानों के (युगपत्भावात्) एक साथ न होने से (युगपत् स्मरणम्) एक समय में ज्ञान नहीं होते।[7]

अन्तःकरण के विषय में वैशेषिक दर्शन की मान्यता— वैशेषिक दर्शन में मन को द्रव्य माना है।[8] और बुद्धि को उस मन रूपी द्रव्य का गुण माना है[9] अतः मन बुद्धि का गुण गुणी का सम्बन्ध है।

यदि हम तर्क के अनुसार कि गन्ध पृथिवी का गुण है परन्तु पृथिवी क्या कभी गन्ध को त्याग सकती है? अतः जहां-जहां गन्ध होगी वहां-वहां पृथिवी अवश्यमेव होगी अतः सिद्ध होता है कि मन के कहने से बुद्धि का बोध और बुद्धि के कहने से मन

1. यजुर्वेदः अ० 34, मं० 3, अ० 34, मं० 1, अ० 11, मं०-3
2. वेदान्तदर्शन, अ० 2, पाद 3, सूत्र 32, शांकरभाष्य वेदान्तदर्शन, अ० 2, पाद 3, सूत्र 32, वेदान्तदर्शन, अ० 2, पाद 3, सूत्र 30, वेदान्त परिभाषा, धर्मराजाध्वरीन्द्रकृत प्रत्यक्ष परिच्छेद।
3. मनसा ह्येव पश्यति मनसा शृणोति। —बृहदारण्यक उपनिषद्, 2, 5, 3
4. धारणासु च योग्यतामनसः अर्थात् प्राणायाम से मन की धारणा में योग्यता हो जाती है।— योगदर्शन, पाद 1, सूत्र 53
   उस समय बुद्धि (प्रज्ञा) ऋतम्भरा हो जाती है— योगदर्शन, पाद 1, सू० 48
   हृदय में ध्यान करने से चित्त के दर्शन होते हैं। —योगदर्शन, पाद 2, सू० 6
5. युगपज्ज्ञानानुपत्तिर्मनसो लिङ्गम्। —न्यायदर्शन, अ० 1, आ० 1, सू० 16
6. बुद्धिरुपलब्धिज्ञानमित्यनर्थान्तरम्। —न्यायदर्शन, अ० 1, आ० 1, सू० 16
7. प्रणिधानलिङ्गादिज्ञानानामयुगपद्भावादयु गपत्स्मरणम्।
   —न्यायदर्शन, अ० 3, आ० 2, सूत्र 33
8. पृथिवो.....मनइतिद्रव्याणि —वैशे० द०, अ० 1, 1, 5
9. रूपगन्धस्पर्शस्संख्या... बुद्धयःसुखदुःखे इच्छाद्वेषोप्रयत्नाश्चगुणाः।
   —वैशे० द०, अ० 1,1, 6

का बोध होता है। परन्तु निघण्टुकोश[1] में बुद्धि (धीः) के ग्रहण से चेतः और चित्तम् का भी ग्रहण होता है क्योंकि चेतः और चित्तम् ये धी (बुद्धि) शब्द के पर्यायवाची हैं। अतः सिद्ध हुआ कि वैशेषिक दर्शन के अनुसार अन्तःकरण तीन है— मन, बुद्धि और चित्त।

'सांख्यदर्शन के अनुसार अन्तःकरण' के

1. धर्म और अधर्म अन्तःकरण के धर्म हैं।[2]
2. मन उभय इन्द्रिय है।[3] भोगचित्त पर्यन्त हैं।
3. बुद्धि निश्चयात्मक ज्ञान प्राप्त कराती है।[4]

सांख्य कारिका[5] की सांख्यतत्त्व कौमुदी में तीन अन्तःकरण माने हैं मन, बुद्धि और अहंकार। जिसमें महत् (बुद्धि) निश्चय कराने वाली है। अभिमान अहंकार है, संकल्प करने वाला मन है[6] अतः सांख्यतत्व कौमुदी के अनुसार मन, बुद्धि और अहंकार तीन अन्तःकरण हैं। और यदि निघण्टु कोश[7] के अनुसार धी (बुद्धि) को चित्त का पर्यायवाची माने तो अन्तःकरण चार हैं और सांख्यदर्शन के "चिदावसानः भोगः।"[8] इस सूत्र के अनुसार चित्त शब्द बुद्धि का पर्यायवाची है। अतः अन्तःकरण— मन, बुद्धि, चित्त, अहंकार है।

सांख्यदर्शन के प्रसिद्ध भाष्यकार विज्ञानभिक्षु ने अहंकार को अन्तःकरण का द्रव्य माना है और कहा है— जो 'अहं' को करता है वह अहंकार है वह कुम्भकार के समान अन्तःकरण का द्रव्य है वह धर्माधर्म के अभेद से असाधारण वृत्त की सूचना के लिए अभिमान कहा जाता है। बुद्धि के द्वारा निश्चित अर्थ में ही अहंकार ममकार के रूप

---

1. महर्षि यास्क निघण्टुकोश, अ० 3, खण्ड9
2. अन्तःकरणधर्मत्वं धर्मादीनाम्। —सांख्यदर्शन, अ० 5, सूत्र 25
3. उभयात्मकं मनः। व चिदावसान भागः। —सांख्यदर्शन, अ० 2, सू० 26 व 1-104
4. अध्यवसायो बुद्धि। —सांख्यदर्शन, अ० 2, सू० 13
5. ईश्वरकृष्णरचित कारिका।। 29
6. अन्तःकरणस्यवृत्तिमाह— "स्वालक्षण्यम्" इति। स्वालक्षण्यं वृत्तिस्त्रयस्य। स्वमसाधारणं लक्षणं येषां तानि महदहंकारमनांसि तेषामभावः स्वालक्षण्यं तच्चस्वानि स्वानि लक्षणान्येव। तद्यक्षा— महतो व्यवसायः, अहंकारस्याभिमानः, संकल्पो मनसो वृत्ति व्यापारः।— सांख्यकारिका पर आचार्य वाचस्पति मिश्र प्रणीत सांख्यतत्त्वकौमुदी-कारिका 29 की वृत्ति।
7. निघण्टु कोश, अ० 3, खण्ड 9
8. सांख्यदर्शन, अ० 1, सूत्र 104

में उत्पन्न होता है। बुद्धि और अहंकार का सम्बन्ध बीज और बीजांकुर के समान है।[1]

इसके पश्चात अपने सिद्धान्त की पुष्टि में विज्ञानभिक्षु ने वायु और मत्स्य पुराण का उदाहरण दिया हैं कि मन और बुद्धि दोनों एक पर्यायवाची शब्द है।[2] इस प्रकार सांख्य के अनुसार मन, बुद्धि, चित्त और अहंकार ये चार अन्तःकरण हैं। मनुस्मृति में मनु ने कहा है कि मन को वश में करने से 11 इन्द्रियां वश में हो जाती हैं।[3] अतः यहां महाराज मनु ने मन को अन्तःकरण के रूप में स्वीकार किया है- ऐसा अनुमान होता है।

योगवाशिष्ठ के अनुसार अन्तःकरण—

योगवाशिष्ठ में महर्षि वशिष्ठ ने अहंकार को मन की वृत्ति माना है[4] और मन को अन्तःकरण माना है—''श्री रामचन्द्र कहते हैं कि मुनीश्वर, ''आपत्तियों की प्राप्ति होने पर दुःख और मोह जिनसे दूर रहते है, स्वास्थ्य और सम्पत्ति में जो अहंकार शून्य मन से सुशोभित होते हैं तथा सुन्दरी रमणियां जिनके अन्तःकरण में आघात नहीं पहुंचा सकती अर्थात् विकार उत्पन्न नहीं कर सकती, ऐसा महात्मा पुरुष अत्यन्त दुर्लभ है। जो हाथियों की सेना रूपी तरंगों से उद्वेलित होने वाले समर सागर को अपने बल विक्रम के द्वारा पार कर जाते हैं, मेरी बुद्धि में शूरवीर नहीं है, मैं तो उन्हीं को शूरवीर मानता हूं जो मन रूपी उत्ताल तरंगों से पूर्ण इस देह और इन्द्रिय रूपी समुद्र को विवेक वैराग्य आदि के द्वारा लांघ जाते हैं।[5]

---

1. अहंकरोतीत्यहंकारः कुम्भकारवत् अन्तःकरणद्रव्यम्। स च धर्माधर्म्म भेदादभिमान इत्युक्तो साधारणवृत्तितासूचनाय। बुद्ध्या निश्चित एवाथ हंकार-ममकारो जायेत। अतो वृत्योः कार्यकारणभावानुसारेण वृत्तिमतोरपिकार्यकारणभाव उन्नीयत इति प्रागेवोक्तम्। अन्तःकरणमेकमेव बीजांकुरमहावृक्षादिवदवस्थात्रयमात्र भेदात् कार्यकारण-भावमापद्यत इति प्रागेवोक्तम्। —सांख्यदर्शन प्रवचन, भाष्य, अ० 2, सूत्र 16
2. मनो महान्मतिर्ब्रह्मापूर्वबुद्धिः ख्यातिरीश्वरः।
   —वायुपुराण 4-25; मत्स्ये तु न दृश्यते।
3. एकादशमनो ज्ञेय स्वगुणेनोम्यात्मकम्।
   यस्मिन्जिते जितावेतो भवतः पंचकौ गुणै। —मनुस्मृति, 2-92
4. कृच्छ्रेषु दूरास्त विषादमोहाःस्वास्थ्येषुनोत्सिक्तमनोऽभिरामा।
   मुदुर्लुभाः सम्प्रति सुन्दरोभिरक्षाहतान्तः करणाः महान्तः।।
   —योगवाशिष्ठ, वैराग्यप्रकरण, सर्ग 27, श्लोक 8
5. तरन्तिमातंगघटातरंगरणाबुद्धिं ये मयि ते न शूराः।
   शुरास्त एवेह मनस्तरंग देहेन्द्रियाम्मोधिमिमं तरन्ति।।
   —यो० वा०, वै० प्र०, 27, श्लोक 9

श्रीमद्भगवद्गीता में कहा है कि जिसके मन में अहंकार का भाव नहीं है, जिसकी बुद्धि कर्मों में लिप्त नहीं होती, वह इस सम्पूर्ण लोक को मरता हुआ भी नहीं मरता और न (पाप से) बांधा जाता है।[1] अतः गीता भी मन बुद्धि अहंकार को अनुमानतः अन्तःकरण के रूप में स्वीकार करती है।

परिभाषा—

अन्तःकरण अन्दर के करण को कहते हैं जो जीवात्मा का अत्यन्त उपकारक है[2] जो भोग और मोक्ष[3] का सम्पादन करता है, जो अजर[4] अर्थात् जीर्ण न होने वाला और अमर है जो जाग्रतावस्था और सुषुप्तावस्था अर्थात् स्वप्नावस्था में दूर-दूर तक आता है।[5] अर्थात् जीवात्मा के सारे कार्य सम्पादन करता है, जीवात्मा के साथ जिसका सीधा सम्बन्ध है और जो शास्त्रों में मन,[6] बुद्धि,[7] चित्त,[8] अहंकार,[9] आदि नामों से उद्धृत किया गया है उसे अन्तःकरण कहते हैं।

अन्तःकरण की उपयोगिता—

अन्तःकरण की परिभाषा देने के उपरान्त अन्तःकरण की उपयोगिता पर विचार किया जाता है कि जीव अन्तःकरण ज्ञानप्राप्ति में कितना सहायक है। अन्तःकरण के मुख्य व्यापार क्या हैं? वह किसी प्रकार जीवात्मा के लिए भोग व अपवर्ग सम्पादन करता है, उसका जीवन में क्या उपयोग है, इत्यादि।

सांख्यदर्शन में महर्षि कपिल ने कहा है कि धर्म और अधर्म अन्तःकरण के धर्म हैं।[10] धर्म के लक्षण महाराज मनु ने मनुस्मृति में दिये हैं— धृति (धैर्य), क्षमा, दम, चोरी

---

1. यस्य नाहंकृतो भावो बुद्धिर्यस्य य लिप्यते ।
   हत्वास इमान्लोकान्न हन्ति न निबध्यते ।।
   —गीता, अ० 18, श्लोक 17
2. साधकतम् करणम्। —अष्टाध्यायी अ० सू०
3. प्रकाशक्रियास्थितिशीलं भोगापवर्गार्थं दृश्यम्।
   —योगदर्शन पाद 1
4. यदजिरं जविष्ठं— यजुर्वेद, अ० 34
5. 'अमृतेन' —यजुर्वेद, अ० 34
6. युगपज्ज्ञानानुपतिर्मनसोलिङ्गम् । —न्यायदर्शन, अ० 1, आ० 1, सू० 16
7. अध्यवसायो बुद्धिः।— सांख्यदर्शन, अ० 2, सू० 13
8. हृदये चित्तसंवित्।— योगदर्शन, पाद 3, सू० 24
9. अभिमानोऽहंकारः।— सांख्यदर्शन, अ० 5, सू० 16
10. अन्तःकरणधर्मत्वं धर्मादीनाम्।— सांख्यदर्शन, अ० 5, सू० 16

न करना, शौच, इन्द्रिय निग्रह, धी (बुद्धि), विद्या, सत्य और अक्रोध—ये धर्म के दश लक्षण है।[1] इससे विपरीत दश लक्षण अधर्म के हैं।

अन्तःकरण (चित्त) आत्मा के लिए भोग व मोक्ष सम्पादान करता है0

सांख्यदर्शन में महर्षि कपिल कहते हैं कि भोगों की समाप्ति चित्त हैं अर्थात् चित्त तक ही भोगों की सत्ता है। आगे आत्मा को प्रभावित नहीं करते।[2]

शास्त्रों में भोग को हेय कहा गया है। द्रष्टा आत्मा और दृश्य अन्तःकरण का संयोग ही तो हेय का हेतु है ऐसा महर्षि पतंजलि ने योगदर्शन में कहा है।[3] प्रकृति ही भोग का कारण है—ऐसा ही योगदर्शनकार का मत है।[4] पुनः आगे कहा है उस द्रष्टा के लिए दृश्य (अन्तःकरण) का स्वरूप है। इसी सूत्र पर महर्षि वेदव्यास ने भाष्य में कहा है—देखने वाले पुरुष (जीवात्मा) के कर्म और फल योगार्थ दृश्य है उसकी प्रयोजन सिद्धि के लिए ही दृश्य का आत्मा होता है अर्थात् "स्वरूप" होता है यह अर्थ है वह जड़ बुद्धि का स्वरूप 'पर' अर्थात् चेतन स्वरूप के समान प्राप्त होता है इसलिए भोग, मोक्ष प्रयोजनार्थ हुई बुद्धि पुरुष से नहीं देखी जाती। अब प्रश्न होता है कि क्या इस दृश्य (अन्तःकरण) का नाश हो जाता है? उत्तर, नहीं होता।[5]

जब इस प्रकार पुरुष का भोग सम्पादन करना ही प्रयोजन है तो फिर उसके भोग सम्पादन करने पर वह निष्प्रयोजन हुई व्यापार रहित होगी। इस परिणाम स्वरूप शून्यकाल में पुरुष स्वरूप से शुद्ध होने के कारण सर्वद्रष्टा पुरुष बन्ध रहित होता है इस कारण फिर संसार का उच्छेद जाये इस शंका के निवारणार्थ आगे कहते हैं[6]—

"सम्पादन किया है प्रयोजन जिस पुरुष का उसके लिए नष्ट होने पर भी अन्य पुरुषों के साधारण होने से वह दृश्य नष्ट नहीं होता।[7]

सांख्यदर्शन में महर्षि कपिल ने कहा है—'प्रधान' (प्रकृति या अन्तःकरण) की प्रवृत्ति (मध्यादि रूप में परिणाम अवं कतृत्व) नित्य मुक्त पुरुष विवेकाभ्यास पूर्वक मोक्ष के लिए एवं अपने भोग के लिए (शब्दादि बोध के लिए) होती हैं। भोग (स्वार्थ)

---

1. धृतिक्षमादमोस्तेयं शौचमिन्द्रियनिग्रहः।
   धीर्विद्यासत्यमक्रोधो दशकं धर्मलक्षणम्।। —मनुस्मृति, अ० 6, श्लोक 92
2. चिदावसानः भोगः। —सांख्यदर्शन, अ० 1, सू० 104
3. द्रष्टदृश्ययोः संयोगो हेय हेतुः।—योगदर्शन, पाद 2, सू० 17
4. तदर्थ एव दृश्यस्यात्मा। —योगदर्शन, पाद 2, सू० 21
5. योगदर्शन, पाद 2, सू० 21, व्यासभाष्य
6. योगदर्शन के व्यासभाष्य पर भोजवृत्ति, पाद 2, सू० 2
7. योगदर्शन, पाद 2, सूत्र 22

एवं अपवर्ग (विमुक्त-मोक्ष) द्विविध पुरुषार्थ तत्वतः चित्त व्यापार है, जब ये दोनों चरितार्थ नहीं हो जाते, तब तक प्रधान का वैषम्य चित्त प्रवाह रूप में चलता सा रहेगा—यह सूत्र का तात्पर्य है।[1]

प्रस्तुत सूत्र के भाष्य में विज्ञानभिक्षु लिखते हैं ''स्वभाव से दुःख बन्धन से विमुक्त पुरुष का प्रतिबिम्ब रूप दुःख के मोक्ष के लिए अर्थात् प्रतिबिम्ब सम्बन्ध के द्वारा दुःख के मोक्ष के लिए प्रकृति कर्तृत्व है। अथवा अपने लिए अपना परमार्थिक दुःख मोक्ष के लिए'' यह इसका अर्थ है। यद्यपि मोक्ष के समान भोग भी सृष्टि का प्रयोजन है तथापि मुख्य रूप से मोक्ष ही कहा गया है।[2]

सांख्यदर्शन के प्रथमाध्याय में महर्षि कपिल ने कहा है कि जगत् के सम्पूर्ण जड़ पदार्थ जीवात्मा के भोग के लिए ही है, उन सबका उपभोग करने वाला होने से 'जीवात्मा' भोक्ता है।[3] यद्यपि पुरुष निर्लेप है। पुनः आगे कहते हैं कि कैवल्य की प्रवृत्ति जीवात्मा में पायी जाती है।[4]

इसके भाष्य में प्रवचन भाष्यकार विज्ञानभिक्षु लिखते हैं—यदि शरीरादि ही भोक्ता है तो भोक्ता को कैवल्य के लिए और दुःख के अत्यन्त उच्छेद की प्रवृत्ति नहीं हो सकती। शरीरादि का विनाश होने से और प्रकृति का धर्मी मानने से दुःख स्वाभाविक ऐसा सिद्ध होने से कैवल्य असम्भव हो जायेगा। क्योंकि स्वभाव का अत्यन्त उच्छेद नहीं घटता है, यह अर्थ है।[5]

प्रमाण पुष्ट के लिए विज्ञानभिक्षु ने सांख्याकारिका को उद्धृत किया है—

संघात या संघटनात्मक वस्तुओं के परार्थ होने के कारण त्रिगुणत्व आदि धर्मों से विपरीत धर्म वाले के रूप में अपेक्षित होने, अधिष्ठान या नियन्त्रण के लिए किसी की अपेक्षा होने, किसी भोक्ता की अपेक्षा होने एवं कैवल्य या मोक्ष के लिए (शास्त्रों व मनीषियों को) प्रवृत्ति होने के कारण यह सिद्ध होता है कि पुरुष की सत्ता है।[6]

---

1. विमुक्तमोक्षार्थ स्वार्थ वा प्रधानस्यः।
   —सांख्यदर्शन, अ० 2, सू० 1, अनु० रामशंकर भट्टाचार्य
2. स्वभावतो दुःखबन्धादिवमुक्तस्य पुरुषस्य प्रतिबिम्बरूप दुःखमोक्षार्थप्रतिबिम्बेन दुःखमोक्षार्थं वा प्रधानस्य जगतकर्तृत्वम्,.... एवोक्तं।
   —प्रवचनभाष्य सांख्यदर्शन, अ० 2, सू० 1
3. सांख्यदर्शन, अ० 1, सू० 143
4. सांख्यदर्शन, अ० 1, सूत्र 144
5. प्रवचनभाष्य सांख्यदर्शन, अ० 1, सूत्र 144
6. संघातपरार्थत्वात् त्रिगुणदिविपर्ययादधिष्ठानात्।
   पुरुषोऽस्ति भोक्तृं भावात् कैवल्यार्थं प्रवृत्तेश्च ।।—सांख्यकारिका, कारिका 17

यद्यपि प्रस्तुत कारिका में पुरुष की सिद्धि की गई है परन्तु प्रकृति ही तो पुरुष के लिए भोग व मोक्ष का कारण है।

पुरुष के भोग व मोक्ष की पुष्टि में पुनः सांख्यकार कहते हैं कि आत्मा के संचित कर्म से भोग का अवसान (प्राप्ति या समाप्ति) चेतन में है[1] और परम्परा से विवेक के सिद्ध होने से मोक्ष श्रुति सम्मत है।[2]

श्रुति भी कहती है—कि मैं ऐसे पुरुष को जानता हूं जो महान् है जिसका वर्ण आदित्य के समान है जो अन्धकार से परे है इसके अतिरिक्त यहां कोई मार्ग नहीं है।[3]

इसी प्रकार न्यायशास्त्र में भी कहा है कि जब मिथ्या ज्ञान अर्थात् अविद्या नष्ट हो जाती है तब जीव के सब दोष नष्ट हो जाते हैं उसके पीछे प्रकृति अर्थात् अधर्म, अन्याय, विषयासक्ति आदि की वासना सब दूर हो जाती है। उसके नाश हो जाने से फिर जन्म नहीं होता उनके न होने से सब दुःखों का अत्यन्त अभाव हो जाता है। दुःखों के अभाव होने से पूर्वोक्त परमानन्द मोक्ष में अर्थात् सब दिन के लिए परमात्मा के साथ आनन्द ही आनन्द भोगने को बाकी रह जाता है। इसी का नाम 'मोक्ष' है।[4]

इसी प्रकार वेदान्त[5] और कठोपनिषद्[6] से प्रतीत होता है कि मुक्ति में मन ही कारण है। आचार्य शंकर कहते हैं कि मन ही बन्धन और मोक्ष का कारण है।[7]

इसी प्रकार छान्दोग्योपनिषद् में भी कहा है कि वह जीव शुद्ध इन्द्रिय और शुद्ध मन से इन आनन्दरूप कामों को देखता और भोक्ता होकर उसमें सदा रमण करता है क्योंकि उसका मन और इन्द्रियां प्रकाशस्वरूप हो जाती है।[8]

मन से ही भोग होता है ऐसा बृहदारण्यकोपनिषद् में कहा है कि अन्यत्र मन था

1. चिदवसानामुक्तिस्तत्कर्माजितत्वात्। —सांख्यदर्शन, अ० 6, सू० 55
2. सांख्यदर्शन, अ० 6, सू० 58
3. वेदाहमेतं पुरुषं महान्तमादित्य वर्णं तमसः परस्तात्।
   तमेव विदित्वाति मृत्युमेति नान्यः पन्था विद्यतेऽयनाय।। —यजुर्वेद।
4. न्यायदर्शन, अ० 1, आ०-1, सू० 2, म० दयानन्द कृत व्याख्या ऋ० वा०भा० भू० गुक्ति विषय
5. वेदान्तदर्शन, अ० 4, पाद 4, सू० 10-12
6. कठोपनिषद्, 6, मं० 10, 11, 14, 15
7. मन एव मनुष्यानां कारणबन्धमोक्षयोः।
8. देवेन चक्षुषा मनसैतान् कामन्पश्यन् रमते ।
   —छान्दोग्योपनिषद्, प्रपाठक 8, ख० 11 (प्रवाक 5)

इसलिए मैंने नहीं देखा, अन्यत्र मन था इसलिए मैंने नहीं सुना।[1] मन ही के द्वारा सुनता है, मन ही के द्वारा देखता है।[2]

अन्तःकरण के भोग और मोक्ष के विषय में मनु का विचार है कि इन्द्रियों के विषय में आसक्त होने से अवश्य ही दोषों की प्राप्ति होती है अर्थात् भोगों की प्राप्ति होती है क्योंकि भोग से दोष उत्पन्न होता है किन्तु अन्तःकरणादि व बाह्यकरणादि अर्थात् इन्द्रियों के वश में होने पर परमार्थ लाभ (मोक्ष) होता है।[3]

पुनः मनु कहते हैं कि सुनकर, स्पर्शकर, खाकर और सूंघकर जो प्रसन्न या अप्रसन्न न हो वही जितेन्द्रिय कहा जाता है।[4] अर्थात् वही मन को जीतकर परमार्थ लाभ प्राप्त करता है।

योगवाशिष्ठ में भी महर्षि वसिष्ठ ने चित्त को ही संसार का कारण, भोग का कारण और दुःख का कारण माना है अर्थात् चित्त से ही सृष्टि और चित्त से असृष्टि होती है। दुष्ट चित्त भोग का कारण और अदुष्ट चित्त मोक्ष का कारण माना है।

वशिष्ठ कहते हैं—रघुनन्दन! भाव और अभाव का तथा दुःख रूपी रत्नों का खजाना चित्त ही, जो वासनाओं का वश में कहने वाला एक तरह से अनुचर, शरीर का कारण है। प्रतीत होने के कारण सत् और विनाशशील होने के कारण असत् रूप ये शरीर समूह एक मात्र चित्त से ही उत्पन्न हुए हैं, जैसे स्वप्न में भ्रम से संसार की प्रतीति सब से होती है। जो यह मिथ्या जगत् का स्वरूप दृश्यता को प्राप्त है, वह चित्त से उसी प्रकार उत्पन्न होते हैं। अनेक तरह की वृत्तियां धारण करने वाले इस चित्त रूपी वृक्ष के दो बीज हैं—

एक 'प्राण संचरण' और दूसरा 'दृढ़ भावना'। जब शरीर की नाड़ियों में प्राण वायु संचरण करने लगता है तब वृत्तिमय चित्त तत्काल ही उत्पन्न होता है, किन्तु जब शरीर की नाड़ियों में प्राण संचरण नहीं करता, तब वृत्ति ज्ञान न होने के कारण उसमें चित्त

---

1. अन्यत्र मनो अभुवं नादर्शमन्यत्रमता अभूवं नाश्रौषम्।

—बृह० उप० 1.5.3

2. मनसा ह्येव पश्यति, मनसा ह्येव श्रृणोति, —बृह० उप० 1.5.3
3. इन्द्रियाणां प्रसंगेन दोषमृच्छत्यसंशयम्।
सनियम्य तु तान्येव ततः सिद्धिं नियच्छति'

—मनुस्मृति, श्लोक 93

4. श्रुत्वास्पृष्टवा च दृष्ट्वाच भुक्त्वाघ्रात्वा च यो नरः।
न हृष्यति ग्लायति वा स विज्ञेयो जितेन्द्रियः ।।

—मनु० अ० 2, श्लोक 98

उत्पन्न नहीं होता। यह प्राण संचरण रूप जगत् ही चित्त के द्वारा दिखाई पड़ता है जिस प्रकार आकाश में नीलता आदि दिखायी पड़ते हैं।[1]

महात्मा बुद्ध ने भी धम्मपद में कहा है कि अस्थिर चित्त प्रज्ञा को परिपूर्ण न करने वाला अर्थात् मोक्ष देने वाला नहीं होता वह सद्धर्म को नहीं जानता जिसकी श्रद्धा डांवाडोल है।[2]

जिसके चित्त में राग, इसलिए जिसके चित्त में क्षोभ नहीं, उस पाप पुण्य विमुक्त जाग्रत पुरुष को किसी भी तरह का भय नहीं होता।[3]

इस प्रकार सिद्ध होता है कि अन्तःकरण ही जीवात्मा के लिए भोग व मोक्ष सम्पादन करता है और अन्तःकरण ही बाह्य करणों अर्थात् दश इन्द्रियों के साथ भोग और योग सम्पादन करता है।[4] जीवन में दो ही उपयोगी वस्तु हैं भोग एवं मोक्ष, जिसका अन्तःकरण अर्थात् मन, बुद्धि, चित्त, अहंकार सात्विक हैं। वह मोक्ष को सम्पादित करता है। रजोगुण और तमोगुण पतन का कारण है,[5] वही मनुष्य का बैरी है।

जब अन्तःकरण निश्चय करता है तब उसे 'बुद्धि' नाम से कहा जाता है।

---

1. अन्तर्लीनधनारम्भशुभाशुभमहाङ्कुरम।
   संसृति व्रतते बीजं शरीरं विद्धि राघव।। 1।।
   शाखाप्रतानगगनफलपल्लवशालिनी।
   तेनेयं भवति स्फीताशरदीव वसुन्धरा।। 2।।
   भावाभावादशाकोशं दुःखरत्नसमुद्रकम।
   बीजमस्य शरीरस्य चित्तमाशावशानुगम्।। 3।।
   चित्तादिदमुदैत्युच्चैः सदसच्चाङ्गजालकम्।
   तथा चैतत्वयं स्वप्नसंभ्रमेष्वनुभूयते।। 4।।
   यदिदं किंचिदाभोगि जागतं दृश्यतां गतम्।
   रूपं तच्चेतसःस्फारं घटादित्वं मृदो यथा।। 5।।
   द्वे बीजे चित्तवृक्षस्य वृत्ति व्रतति धारिणः।
   एकं प्राण परिस्पन्दो द्वितीयं दृढ़भावना।। 6।।
   —योगवा० उपशम प्रकरण, सर्ग 91, श्लोक 8-11, 13-17
2. अनवस्थितचित्तस्य सद्धर्म्म अविजानतां
   परिप्लवसादस्य पन्जा न परिपूरति ।।
3. अनवस्सुचित्तस्य अनन्वाहतचेतसौ पुन्नपायहीनस्सनत्थि जागरतो भयं।
   —धम्मपदं साधना, चित्तप्रणिधान, श्लोक 22-23
4. मनो मननात्।
5. सांख्यदर्शन, अ० 2, सू० 13

अन्त:करण का उपयोग जब मनन करने में होता है तब उसे 'मन' कहा जाता है।

अन्त:करण का उपयोग जब अभिमान करने में होता है तब उसे 'अहंकार' कहा जाता है।[1]

जिस काल में अन्त:करण का उपयोग किसी अनुभूत विषय को स्मरण करने में होता है तब उसे 'चित्त' कहा जाता है।[2]

इस प्रकार अन्त:करण का जीवन में बहुत उपयोग है—'विषयग्रहण करना', जीवात्मा को भोग और मोक्ष बाह्यकरण दश इन्द्रियों को उत्पन्न करना अन्त:करण का उपयोग है।[3]

अन्तःकरण और पंचकोश—

इस शरीर का रथी आत्मा है। यह शरीर रथ तुल्य है। बुद्धि सारथि और मन लगाम है। अत: इस रथी आत्मा को अपना उद्धार अवश्य करना चाहिए क्योंकि मानुष देह अति दुर्लभ है फिर वह क्षणभंगुर है। जिस प्रकार मेल से दर्पण, झिल्ली से गर्भ ढ़का रहता है उसी प्रकार यह आत्मा भी पांच कोशों से आवृत्त है। पहला कोश है अन्नमय कोश, दूसरा प्राणमय, तीसरा मनोमय, चौथा विज्ञानमय और पांचवा आनन्दमय कोश है। श्री हलायुध भट्टाचार्य ने 'कोश' का अर्थ "आवरण विशेष" किया है।[4]

ग्रन्थकारों ने इन पंचकोशों का तीन शरीरों में विभाजन किया है—स्थूल शरीर, सूक्ष्म शरीर और कारण शरीर।

1. अन्नमय कोश एवं स्थूल शरीर—

जीवात्मा के समीप तक जाने के लिए मुख्य द्वार या सिंह द्वार रूप सदृश पांच भौतिक प्रत्यक्ष दीखने वाला यह स्थूल शरीर है। वह अन्न प्रधान है अर्थात् पार्थिव है। इसके कारण दढ़ शरीरादि नाम है। किन्तु इस शरीर के दो भाग हैं उनमें से स्थूल भाग का नाम अन्नमय कोश है तथा दूसरे भाग का नाम प्राणमय कोश है।[5] इस स्थूल शरीर में सात धातुएं—रस, रक्त, मांस, मेद, मज्जा, अस्थि व वीर्य या रज। अर्थात् पुरुष की सातवीं धातु वीर्य और स्त्री की सातवीं धातु रज है। वीर्य और रज के संयोग से ही शरीर

---

1. सांख्यदर्शन, अ० 2, सू० 16
2. वेदान्त परिभाषा प्रत्यक्ष परिच्छेद
3. सांख्यदर्शन
4. हलायुध कोश, पृ० 250
5. आत्मविज्ञान, पृ० 101

की उत्पत्ति गर्भ में होती है जो दश मास के पश्चात् बाहर आ जाता है। इसके मुख्य तीन भाग— मस्तिष्क, धड़ और पैर हैं। महर्षि वेदव्यास के शब्दों में— स्थान, बीज, उपष्टम्भ, निस्यन्द और निधनादि के कारण अर्थात् माता का उदर जो स्थान, लोहित वीर्यादि बीज, खान-पानादि रस, निस्यन्द अर्थात् पसीना, मलादि तथा मृत्यु के बाद जो शरीर दुर्गन्ध है उसके कारण विद्वान लोगों ने इसको अपवित्र माना है।[1]

2. प्राणमय, मनोमय व विज्ञानमय कोश या सूक्ष्म शरीर—

वेदान्तसार के लेखक सदानन्द प्राणमय, मनोमय व विज्ञानमय कोश को सूक्ष्म शरीर के अन्दर मानते हैं। ये इस सूक्ष्म शरीर के सत्रह तत्त्व मानते हैं— पांच प्राण, मन, व बुद्धि और दश इन्द्रियां— ये सूक्ष्म शरीर हैं और भोग के साधन हैं।

पांच प्राण-

1. प्राण : सामने चलने वाली नासिका के अग्रभाग पर रहने वाली वायु है। यह वायु फेफड़ों में आती जाती है।

2. अपान वायु : नीचे जाने वाली गुदादि स्थानों में रहने वाली वायु है कितने जृम्भणादि को कारण रूप वायु देवदत्त का विकृत वायु के निकालने में अन्तर्भाव कर लेते हैं।

3. समान वायु : शरीर के भीतर अन्तर्भाव में भोज्य एवं पेय पदार्थों को ठीक करके व्यवस्थित करने वाली वायु को समान वायु कहते हैं। कुछ क्षुत्पिपासा के कारणेद्भूत कृकल का अन्नादि समीकरण के कारण तथा पोषण कर धनञ्जय वायु का समान में अन्तर्भाव कर लेते हैं।

4. उदान वायु : कण्ठ में रहने वाली तथा ऊपर को उठाने वाली वायु को उदान कहते हैं कितने उदान में उद्किरण का कार्य सम्पन्न हो जाने से नाग वायु का उदान में अन्तर्भाव कर लेते हैं।

5. व्यान वायु : सम्पूर्ण शरीर में व्यापक रहने वाली वायु को व्यान कहते हैं। तथा उपरोक्त के अनुसार सदानन्द उन्मीलन अर्थात् अंगों (विशेषों) का संकोच-विकास के कारण रूप का व्यान में अन्तर्भाव करते हैं।[2]

सांख्य मतानुयायी, बृहदारण्यक उपनिषद् दश प्राण मानते हैं।[3]

---

1. व्यासभाष्य योग, सू० पा० 2, सू० 5
2. वेदान्तसार श्री सदानन्द प्रणीत सूक्ष्मशरीरोत्पत्ति प्रकरण
3. बृहदारण्यकोपनिषद्, ब्राह्मण 9, कण्डिका 4

स्वामी योगेश्वरानन्द सरस्वती के अनुसार[1] रस नाड़ी मांस अस्थि रहित, वाष्प जैसे अत्यन्त चमकीले तत्त्व से बना, प्रत्यंगों से रहित काया में व्यापक तत्त्व है, यहां स्थूल देह का संचालक है। अर्थात् यह "काया" जो कुछ कार्य करती है वह सब क्रिया मात्र इसी सूक्ष्म शरीर की प्रेरणा व शक्ति से करती है, किन्तु इस प्रेरणा में "ज्ञान" तथा क्रिया ये दो शक्तियां मिली रहती हैं, इस सूक्ष्म शरीर के दो भाग हैं— क्रिया प्रधान भाग मनोमय कोश और ज्ञान प्रधान विज्ञानमय कोश।

स्वामी योगेश्वरानन्द प्राणमय कोश को सूक्ष्म शरीर में नहीं मानते। सांख्यदर्शन के अनुसार मन बुद्धि अहंकार लिङ्ग शरीर में रहते है जो अन्तःकरण हैं तथा दस इन्द्रियां कुल 13 करण हैं। प्राणमय कोश के पश्चात् मनोमय कोश तथा विज्ञानमय (बुद्धि) कोश है।

आनन्दमय कोश या कारण शरीर—

यह आनन्दमय कोश हिरण्य कोश,[2] हृदय गुहा,[3] हृदय पुण्डरीक[4] अनाहत पद्म, कारण शरीर, लिङ्ग शरीर ब्रह्म आदि नामों से व्यवहृत किया जाता है।

आनन्दमयकोश का स्वरूप—

हृदय के मध्य में एक छोटा-सा बेदाना श्वेत अंगुर के तुल्य अण्डाकृति एक रिक्त पिण्ड है। पुराणों में इसे ज्योतिर्लिङ्ग के नाम से कहा गया है।[5] और कदाचित कोई पूछे कि उस हृदयाकाश में क्या रक्खा है जिसकी खोज न की जाय?[6]

तो उसका उत्तर यह कि "स ब्रूया० घा०" हृदय देश में जितना आकाश है, वह सब अन्तर्यामी परमेश्वर से भरा है। और उसी हृदयाकाश के बीच में सूर्य आदि प्रकाश, तथा पृथ्वी लोक, अग्नि, वायु, सूर्य, चन्द्र, बिजली और नक्षत्र लोक भी ठहर रहे हैं। जितने दीखने वाले और नहीं दिखने वाले पदार्थ हैं वे सब उसी की सत्ता के बीच में स्थिर हो रहे हैं।[7]

---

1. आत्मविज्ञान, पृ० 10
2. अथर्ववेद 10.2.13
3. संत्यज हृदये गुहेशानं देवमन्यं प्रयान्ति ये।
   ते रत्नमभिवांछति त्यक्तहस्तस्थ कौस्तुभाः। —महोपनिषद्, अ० 6, मं० 2
4. अथ यदिदमस्मिन् ब्रह्मपुरे दहरं पुण्डरीकं....।
   —छान्दोग्योपनिषद्, प्रपा० 8 (खण्ड 1 में)
5. आत्मविज्ञान स्वामी योगेश्वरानन्द लिखित, पृ० 197
6. ऋग्वेदादिभाष्यभूमिका म० दयानन्द कृत अनुवाद, पृ० 165
7. छान्दोग्योपनिषद्, प्रपा० 8, ख० 1 मंत्र 2-3

ऐसा ही मुण्डकोपनिषद् के ऋषि कहते हैं।[1]

इस लिङ्ग शरीर में ही वासनायें (संस्कार) रहती हैं।[2] ये वासनायें जाति देश काल के आवरण से विछिन्न नहीं हो सकती इस कारण अभिव्यंजक या उद्रेक को पाकर संस्कार रूपी वासनायें झट उद्‌बुद्ध हो जाती हैं अथवा जाग पड़ती हैं। और ये वासनायें अनादि हैं क्योंकि प्रत्येक जीव में "नष्ट न होने की इच्छा" अनादिकाल से इसके साथ चिपकी हुई है।[3]

इसलिए अन्तःकरण पंचकोश में रहता है अतः अन्तःकरण के बिना (अन्नमयकोश को छोडकर मृत्यु के समय) पंचकोश नहीं रह सकता। अतः प्रत्येक मुमुक्षु का कर्तव्य है कि पंचकोशों सहित आत्मविज्ञान की प्राप्ति योग्य गुरु अर्थात् श्रोत्रिय और ब्रह्मनिष्ठ के पास जाकर करे। जब तक पंच कोशों व आत्मज्ञान नहीं होगा तब तक विवेकख्याति उत्पन्न नहीं हो सकती और विवेकख्याति के बिना परम पद की प्राप्ति असम्भव है। यहां तो केवल संकेत मात्र है।

शरीर विभाजन में अन्तःकरण का स्थान—

अन्तःकरण किसमें प्रतिष्ठित है अर्थात् कहां रहता है? स्थूल शरीर में वा सूक्ष्म शरीर में वा कारण शरीर में। वेदान्तसार के अनुसार तीन शरीर हैं—स्थूल, सूक्ष्म और कारण शरीर, यह कारण शरीर आनन्द की अधिकता से वास्तविक अनुपहित ब्रह्म रूप को कोश (खोल) के समान आच्छादक होने से ही आनन्दमय कोश तथा (स्थूल एवं सूक्ष्म) उपाधि के विलय का आधार होने से आनन्द कोश स्थूल सूक्ष्म विश्व प्रपंच के विलोम का स्थान कहा जाता है। इसी कारण ये सुषुप्ति कहलाता है।[4]

सांख्यदर्शन के अनुसार स्थूल शरीर प्रायः मातापितृज होते हैं परन्तु सूक्ष्म शरीर माता-पिता से उत्पन्न नहीं होता, अतः सर्गादि में उत्पन्न लिङ्ग शरीर का ही सुख-दुःख कार्यत्व है, क्योंकि इस शरीर में भोग होता है। सूक्ष्म शरीर सर्गादि में एक ही होता है।

विज्ञान भिक्षु के अनुसार लिङ्ग शरीर में सत्रह अवयव होते हैं—11 इन्द्रियां 5

---

1. हिरण्यमये परे कोशे विरजं ब्रह्म निष्कलम्।
   तच्छुभ्रं ज्योतिषां ज्योतिस्तदात्मविदो बिदुः।। —मुण्डक उ० 2, ख०, मं० 9
2. भोजवृत्ति योगदर्शन पा० 3, सू० 34 व 9-10
3. जाति देशकालव्यवहितानामप्यानन्तर्य स्मृतिसंस्कारयोरेकरूपत्वात् ।
   तासामनादित्वं चाशिषो नित्यत्वात् ।। —योगदर्शन योगेश्वरानन्द अनुवाद (आत्मविज्ञान, पृ० 200-201) पा० 4 सू० 9 व 10
4. वेदान्तसार "समष्टिव्यष्टिरूपाज्ञानभेदद्वयोः" प्रकरण

तन्मात्रा एवं बुद्धि। विज्ञान भिक्षु अहंकार को बुद्धि के अन्तर्गत ही मानते है।[1] परन्तु सांख्य तत्त्व कौमुदीकार आचार्य वाचस्पति मिश्र सूक्ष्म शरीर में 18 तत्त्व मानते हैं। वे अहंकार को बुद्धि से पृथक् कहते हैं।[2]

कर्मजनित भोग लिङ्ग शरीर में होता है यह तत्त्वतः भोगायतन है। भूतपंचक का आश्रय षट् कोशिका स्थूल देह है। इस आश्रय सम्बन्ध से ही स्थूल देह को भोगयतन कहा जाता है। यहां विज्ञान भिक्षु तीन देह मानते हैं—

1. लिङ्ग शरीर, 2. लिङ्ग शरीर का अधिष्ठानात्मक पंचभूतात्मक सूक्ष्म देह और 3. स्थूल देह।[3] लिङ्ग शरीर और षट्कोशिक स्थूल शरीर के बीच में जो लिङ्गाधिष्ठान भूत शरीर माना गया है उसके बिना शरीर कार्य नहीं कर सकता, जिस प्रकार छाया या चित्त आधार विशेष से बिना नहीं रह सकता।[4]

इस लिङ्ग शरीर का परिमाण है अणु, ऐसा श्रुति कहती है[5] और यह शरीर अन्नमय है यह भी श्रुति का सार है।[6]

योगदर्शन के अनुसार चित्त का स्थान हृदय है क्योंकि श्रुति के अनुसार चित्त में ही संकल्प विकल्प या वृत्तिमय है[7] क्योंकि इन्द्रियों के अर्थ की चेष्टा का आश्रय यह शरीर है।[8]

अतः अन्तःकरण इस शरीर में रहकर ही सारे कार्य करता है अतःकारण लिङ्ग शरीर में प्रतिष्ठित है और लिङ्ग शरीर स्थूल शरीर प्रतिष्ठित है। परन्तु मृत्यु के समय लिङ्ग शरीर को छोड़ देता है और यह लिङ्ग शरीर पुरुषार्थ (धर्म, अर्थ, काम, मोक्ष) के लिए संसरण करता है।[9]

अन्तःकरण जीव का विशेषण या उपाधि—

सुख दुख का भोक्ता यह जीव है। अन्तःकरण के द्वारा ही तो जीव सुख-दुःख भोगता है। जब मोक्षावस्था में अन्तःकरण अपने कारण प्रकृति में लीन हो जाता है तब दुःखों का अत्यन्त अभाव हो जाता है। अन्तःकरण के सम्पर्क से ही— आत्मा में कर्तृत्व

---

1. प्रवचनभाष्य सांख्यदर्शन अ० 2, सूत्र 7-9 अनुवादक रामशंकर भट्टाचार्य।
2. सांख्यतत्त्वकौमुदी : सांख्यकारिका 41
3. प्रवचनभाष्य सां० सू०, अ० 3 सू० 11— अनुवादक श्रीरामशंकर भट्टाचार्य वाराणसी
4. सांख्यदर्शन, 3, 2, अनु० रामशंकर भट्टाचार्य
5. सांख्यदर्शन 3, 14; बृहदारण्यकोपनिषद् 4, 4, 2
6. सांख्यदर्शन 3, 14, छान्दोग्योपनिषद् 6, 5, 4
7. हृदये चित्त संवित्। यो०सू०, पा० 3, सू० 34 छान्दोग्योपनिषद् प्रपा० 7, खण्ड 5
8. न्याय सू०, अ० 1, सू० 11
9. सांख्य सू०, अ० 3, सू० 16

और भोक्तृत्व माना गया है। महर्षि वेदव्यास के अनुसार व महर्षि कपिल के अनुसार यह चित्त (अन्तःकरण) ''अयस्कान्त मणिकल्पम्'' है। जब तक विवेकज्ञान की प्राप्ति नहीं होती तब तक मनुष्य में सुख दुःख रहता है। मैं सुखी हूं, मैं दुःखी हूं, परन्तु आत्मा में तो सुख-दुःख नहीं है। आत्मा तो नित्य कूटस्थ, निर्विकार, अजन्मा है।[1] अतः सुख-दुःख आत्मा के धर्म नहीं हैं। सुख-दुःख का कारण तो अविद्या है अज्ञान है इस अज्ञान की दो शक्तियां हैं— आवरण और विक्षेप। आवरण शक्ति से जिस प्रकार एक छोटा-सा बादल का टुकड़ा योजनों फैले हुए बिम्ब को, द्रष्टा के नेत्रों पर आवरण से आच्छादित कर देता है, उसी प्रकार असीम अज्ञान भी अज एवं नित्य सच्चिदानन्द आत्मा को आच्छादित कर देता है। और अज्ञान ही विक्षेप शक्ति के कारण अज्ञान से आच्छन्न आत्मा में ही आकाशादि सृष्टि प्रपंच की उद्भावना उसी प्रकार करता है जिस प्रकार रज्जु विषयक अज्ञान से अपने से आच्छादित रस्सी में अपनी शक्ति से सर्पादि की (यह पूंछ, यह फन, आदि अंग प्रत्यंगों सहित) उद्भावना करता है। इस शक्ति की ऐसी विशेषता है। इसलिए कहा है— विक्षेप शक्ति ही लिङ्ग शक्ति सृष्टि अर्थात् कारण या सूक्ष्म सृष्टि से लेकर ब्रह्माण्ड[2] पर्यन्त जगत् का सृजन करती है। अतः अज्ञान के कारण ही जीव इस शरीर को आत्मा मानकर दुःख से दुःखित होता है। ऐसा श्री आद्यशंकराचार्य ने ''आत्मबोध'' में व विवेकचूड़ामणि ग्रन्थ में कहा है कि जिस प्रकार चलते हुए जल में चन्द्रमा बिम्ब हिलता हुआ दिखाई देता है उसी प्रकार यह मनुष्य अज्ञान से आत्मा में कर्तृत्व की भावना करता है और वैसे ही अज्ञान से रज्जु को सर्प मानता है।[3] महर्षि कपिल, कणाद आदि ऋषि अज्ञान (अविद्या) से बन्धन मानते हैं।[4]

अतः जब तक मनुष्य में अविद्या रहेगी तब तक अन्तःकरण रहेगा और जीव की उपाधि माना जायेगा।

कर्मफल—

मनुष्य ज्यों ही संसार में आकर आंखे खोलता है तो उसे संसार में विषमता दृष्टिगोचर होती है। इस विषमाता को देखकर के भारतीय ऋषियों ने कर्म फल के सिद्धान्त का निरूपण बड़ी ही सूक्ष्म दृष्टि से किया है। जैसा कि वेदान्त दर्शन में कहा

1. श्रीमद्भगवद्गीता, अ० 2
2. वेदान्तसार श्री सदानन्द प्रणीत ''अज्ञानावरणविक्षैपशक्तिद्वयम्'' प्रकरण।
3. आज्ञानान्मानसोपाधिः कर्तृत्वादीनि चात्मनि।
   कल्पयतेऽम्बुगते चन्द्रे चलनादिर्यथाम्भसः ।।
   —आत्मबोध, श्लोक 21, विवेकचूड़ामणि, श्लोक 388
4. ''बन्धो विपर्ययात्''
   —सांख्यदर्शन, अ० 3, सू० 24; तस्य हेतुरविद्या, वैशेषिक सूत्र 1

है कि विश्व में नाना प्रकार की विषमता यह दर्शाती है कि इसका कारण हम सब के कर्म हैं।[1]

इसमें शंकराचार्य लिखते हैं कि जगत् में किसी-किसी को अत्यन्त सुख भोगी, किसी को अत्यन्त दुःख भोगी और किसी-किसी को मध्यम अवस्था में देखा जाता है सही, किन्तु इससे ईश्वर का पश्चात अथवा उसकी करुणा का अभाव सिद्ध नहीं होता। क्योंकि भगवान किसी वस्तु की अपेक्षा न करके सृष्टि के कार्य में प्रवृत्त नहीं होते। वे तो जीव के संचित कर्म अथवा भाग्य पर ध्यान रखकर ही विषम सृष्टि करते हैं। अतएव जीवगत कर्म का तारतम्य ही वैषम्य सृष्टि का वास्तविक कारण है; ईश्वर तो निमित्त मात्र है।[2]

इस सूत्र के भाष्य में रामानुजाचार्य ने यह पराशर-वचन उद्धृत किया है कि 'सृज्य पदार्थों की सृष्टि में ईश्वर तो निमित्त मात्र है; असल में सृज्य जीव की शक्ति ही (कर्म) सृष्टि का प्रधान कारण है; भागवत के द्वितीय स्कन्ध में भागवतकार ने सृष्टि के पक्ष में तीन कारण बतलाये हैं—काल, स्वभाव और संस्कार। स्वभाव से मतलब है जगत् का जड़ उपादान-प्रकृति; संस्कार—जीव का अदृष्ट या संचित कर्म। जब प्रलय के अन्त में पर्यायक्रम से सृष्टि का काल उपस्थित होता है तब भगवान् जीव के अदृष्ट को अवलम्बन करके प्रकृति के परिणाम में विचित्र सृष्टि की रचना करते है; अतएव कर्म ही सृष्टि की विषमता का प्रधान है।

मीमांसक लोग भी कर्म की प्रधानता मानते है। उनके मत से भी कर्म ही विषमता का जनक है; किन्तु वे लोग कर्म के ऊपर अधिक जोर देकर ईश्वर तक को उड़ा देना चाहते हैं। उनके मत से कर्म ही स्वतः प्रवृत्त होकर ('automatically) फल उत्पन्न करता है। इसमें ईश्वर का कुछ भी कर्तृत्व नहीं है। वे भूल जाते हैं कि कर्म विधाता के विधान बिना कुछ भी नहीं कर सकता। इसी कारण ईश्वर को निमित्त कहा गया है। ईश्वर को कर्मफल का विधाता कहने से दण्ड और पुरस्कार या नियंता नहीं कहा गया

---

1. वैषम्यनैर्धृण्ये न सापेक्षत्वात्तथा हि दर्शयति।

—ब्रह्म सूत्र, 2, 1, 34।

2. सापेक्षी हीश्वरो विषमां निर्म्मिमीते। किमपेक्षते इति चेत्। धर्माधर्मौ अपेक्षते इति वदामः।.... देवमनुष्यादिवैषम्ये तु।
तत्तज्जीवगतानि एव असाधारणानि।

—2, 1, 34 सूत्र पर शंकर भाष्य

कर्माणि कारणनि भवन्ति। एवं ईश्वरः
सापेक्षत्वात् न वैषम्यनैघृण्याभ्यां दुष्यन्ति।

है। प्रचलित ईसाई धर्म में दण्ड-पुरस्कार (Reward and Punishment) के साथ ईश्वर का घनिष्ठ सम्बन्ध देखा जाता है। ईसाईयों का ईश्वर जो या ईर्ष्यान्वित ईश्वर (Jealous God) है। इस प्रकार ईश्वर को जीव के पाप-पुण्य के निर्णयकर्त्ता के पद पर प्रतिष्ठित कराया जाता है। वह प्रत्येक जीव के और पाप को तौल करके सुख-दुःख विधान करता है।

जगत् में दीख पड़ने वाली विषमता का समाधान कर्मवाद की सहायता से किया जाता है सही, किन्तु उससे सृष्टि के आरम्भ में विषमता प्रवर्तित थी उसका कारण बतलाया जाना क्या संभव है? शास्त्र में सृष्टि का जैसा विवरण दिया हुआ है उससे ज्ञात होता है कि जगत् में पहले से ही विषमता मौजूद है। उद्भिज, पशु, मनुष्य और देव—जीव में भेद आरम्भ से ही थे।[1]

'उससे सृष्टि के आरम्भ में देव, साध्य, मनुष्य, पशु, पक्षी- ये विविध पदार्थ उत्पन्न हुए।[2]

'उस अक्षर (परमेश्वर) से विविध पदार्थ उत्पन्न होते हैं और उसी में लीन हो जाते है'। पहले कहा गया है कि कर्म वैचित्र्य ही इस विषमता का कारण है। देहधारी जीव के बिना कर्म कौन करेगा? सृष्टि के पहले तो जीव का देह के साथ संयोग रहता नहीं। तब कर्म आयेगा कहां से? और कहा यह जाता है कि ईश्वर जीव के कर्म की अपेक्षा करके ही सृष्टि-वैषम्य का विधान करते हैं। इस आपत्ति का उत्तर देना भारतीय दर्शन के लिए बहुत ही सहज है; क्योंकि भारतीय शास्त्र के अनुसार सृष्टि अनादि है और आगे भी यह सिल-सिला जारी रहेगा।[3]

जिस प्रकार अंकुर से बीज और बीज से अंकुर होता है उसी प्रकार कर्म से सृष्टि और सृष्टि के लिए कर्म हैं। इस विषय में ब्रह्मसूत्र का निर्णय इस प्रकार है—

न कर्माविभागत् इति चेच् न अनादित्वात्।

पंतजलि ने भी योग सूत्र में यही बात कही है कि हमारे अन्दर वासनाओं का आदि नहीं है। ये कर्म के विपाक अनादि काल से हैं। उनका प्रारम्भ नहीं माना जा सकता है। ये कर्म की वासनायें जन्म जन्मान्तर में साथ रहती हैं। जीवात्मा की

---

1. निमित्तमात्रमेवासौ सृज्यानां सर्गकर्मणि।
प्रधानकारणीभूता यतो वे सृज्यशक्तयः।।
2. तस्मात् च देवा बहुधाः संप्रसूताः
3. तथाक्षराद् विविधाः सोम्य भावाः
प्रजायन्ते तत्र चैवापियन्ति। —मुण्डक० 2.1.1

इच्छा यह रहती है कि वह सदा रहे, वह न रहे, ऐसी इच्छा उसकी कभी भी नहीं रहती है।[1] वह नित्य रहना चाहता है। उसकी यह इच्छा सिद्ध करती है कि वह नाना जन्मों में फल कर्म करता रहा है और उनका फल भोगता रहा है।[2]

कर्म क्या है? अतंर्दृष्टि करने पर हम देखते हैं कि आत्मा की तीन शक्तियां हैं; ज्ञानशक्ति, इच्छाशक्ति और क्रियाशक्ति।[3]

'इस (आत्मा) को परा शक्ति और विविध माना है; ज्ञानशक्ति बल (इच्छा) शक्ति और दिव्या शक्ति ये तीनों स्वभाव सिद्ध हैं'।

शक्ति का प्रकाश दिव्या से होता है। आत्मा की ये जो तीन शक्तियां हैं इनका प्रकाश किसमें है?

ज्ञानशक्ति का क्रिया चिन्तन (Thought) है; इच्छा शक्ति की क्रिया वासना (Desire) है; और क्रियाशक्ति की क्रिया चेतना (Action) है। अतएव, आत्मा से जो तीन शक्तियां उद्भूत होती हैं उनका प्रकाश चिंतन, वासना और चेष्टता के द्वारा होता है।

जगत् सभी जगह नियम के अधीन है। अतः वैज्ञानिक नियम ''क्रियाभाव की प्रतिक्रिया है'' जैसा प्राकृतिक जगत् के सम्बन्ध में सत्य है वैसा ही आध्यात्मिक जगत् के सम्बन्ध में भी। क्या आध्यात्मिक और क्या प्राकृतिक, क्या चित् और क्या जड़, जगत् में कहीं भी इस नियम का व्यत्यय नहीं है। इस त्रिविध क्रिया—चिन्तन, वासना और चेष्टता का साधारण नाम कर्म है। कर्मफल से कर्म का ही उत्तररूप है और कर्म कर्मफल का पूर्वरूप है कर्म करने से उसका फल होगा ही, यह स्वयं सिद्ध बात है। अतएव चिन्तन, वासना और चेष्टता का कर्मफल अवश्यंभावी है।

कर्म का फल अवश्य ही भोगना पड़ता है। यह सिद्धान्त चार्वाक को छोड़कर सभी भारतीय दार्शनिक सम्प्रदाय स्वीकार करते हैं। कर्म अपने फलों को भोगे बिना नष्ट नहीं होते हैं चाहे सैकड़ों कल्प क्यों न व्यतीत हो जायें।[4] ब्रह्मवैवर्त में भी इसे स्पष्ट माना

---

1. तासां अनादित्वम् चाशिषोनित्यत्वात्—4, 10
2. इसका भाष्य है—
   नैषः दोषः अनादित्वात् संसारस्य। भवेद् एष दोषो यदि आदिमान् संसारः स्यात्। अनादौ तु संसारे बीजांकुरवत् हेतुहेतु मद्रभावेत कर्मणः सर्गवैषम्यस्य चप्रवृत्तिन विरुध्यते। —शंकर भाष्य
3. परास्य शक्तिविर्विधैव श्रूयते
   स्वाभाविकी ज्ञान-बल-क्रिया च। —श्वेताश्वतर, 6.8
4. माभुक्तं क्षीयते कर्म कल्पकोटिशतैरपि

गया है कि पाप और पुण्य मुक्त कर्म अवश्य ही भोगने पड़ते हैं, बिना भोगे हुए वे नष्ट नहीं होते हैं।[1]

इन कर्मों के भोगने में महाभारत में युक्ति दी गई है कि जिस प्रकार हजारों गौवों के बीच बछड़ा अपनी मां को ढूंढ लेता है उसी प्रकार पूर्वकृत कर्म अपने कर्त्ता का अनुसरण करता है।[2] यह मानना उचित होगा कि कर्म के पंजे में आने के पश्चात् उससे बचने का कोई उपाय नहीं। अतः कर्म का फल भोगना ही पड़ता है।

एक अंग्रेजी कहावत के अनुसार जैसा बीज होगा वैसा ही वृक्ष उत्पन्न होगा।[3] बबूल का बीज बोकर, आम की आशा करना केवल मूर्खता ही कही जा सकती है। अतः पुण्य कर्म का फल सुख है और पाप कर्म का फल दुःख है। योग दर्शन में इस सिद्धान्त का प्रतिपादन करते हुए स्पष्ट युक्ति दी गई है कि पुण्य और अपुण्य हेतु होने के कारण उन कर्मों का फल सुखरूप और दुःखरूप ही होता है।[4]

कर्म विभाजन— इस जन्म में मनुष्य अनेक प्रकार के कर्म करता है। इसी जन्म में अपितु अनेक जन्मों में और अनेक योनियों में पुनः-पुनः जन्म लेता हुआ वह विचरता रहता है। वह जीवात्मा अनेक चिन्तन, वासना और चेष्टाओं का कर्त्ता है। हमारे पूर्व जन्म में किये हुये कर्म अथवा इस जन्म के कर्म शुभ या अशुभ होंगे। पुण्य या पापमय होंगे। सुकृत होंगे या दुष्कृत होंगे। जिस जन्म में कर्म किये हैं, उनका फल उसी जन्म में मिले, यह आवश्यक नहीं है। कर्म के विषय में अनेक दार्शनिक शंकाये उत्पन्न होती हैं कि एक कर्म का फल जन्म होता है अथवा एक कर्म का फल अनेक जन्म होता हैं। यदि इन उपर्युक्त दोनों में से किसी अवस्था को स्वीकार किया जाय तो काल के न्यून होने से आपत्ति आ खड़ी होती हैं। एक कर्म का फल एक जन्म मानने पर यह प्रश्न उपस्थित होता है कि एक जन्म के कर्मों का भोगना भी कठिन हो जायेगा। एक जन्म में मनुष्य अनेकों कर्मों को करता है। अतः उन कर्मों का फल प्राप्त करने के लिए वह कितने जन्म लेगा? अतः समय नहीं होगा और असंख्य कर्मों का फल भोगना शेष रहता रहेगा। अतः इस सिद्धान्त को स्वीकार नहीं किया जा सकता है। एक कर्म का फल यदि अनेक जन्म माना जाय तो काल की अत्याधिक न्यूनता होगी। कर्मों का फल भोगना असम्भव हो जायेगा।

---

1. अवश्यमेव भोक्तव्यं कृतं कर्म शुभाशुभम्।
   शुभाशुभं यत् कर्म बिना भोगान्न तत्क्षयः।। —ब्रह्मवैवर्त कृष्ण जन्म खण्ड, 44
2. यथा धेनु सहस्रेषु वत्सो विन्दति मातरम्।
   तथा पूर्व कृतं कर्म कर्तारमनुगच्छति।। —महाभा०, शान्तिपर्व 181.16
3. As you sow so you reap.
4. ते ह्लादपरितापफलाः पुण्यापुण्य हेतुत्वात्। —योग० 2.14

यदि तीसरा सिद्धान्त स्वीकार किया जाय कि अनेक कर्मों का फल अनेक जन्म होता है तो भी पूर्व प्रश्न समुपस्थित होगा। अतः काल का अभाव ही कर्मों का फल भोगने नहीं देगा। इसका निष्कर्ष यह मानना उचित होगा कि अनेक कर्मों का फल एक जन्म होता है। जिन कर्मों के कारण विपाक बनाता है वे क्रियमाण कर्म कहे जाते हैं। उन्हीं को वर्तमान कर्म भी कह सकते हैं।[1] योगदर्शन में कहा है कि योगी के कर्म पाप और पुण्य रहित होते हैं योगियों से भिन्न सामान्य मनुष्यों के कर्म तीन प्रकार के है।[2] जो सामान्य मनुष्य होते हैं उनके कर्म शुक्ल अर्थात् पुण्य। कृष्ण अर्थात् पापयुक्त और शुक्ल कृष्ण पापयुक्त मिश्रित। इन उक्त तीन प्रकार के कर्मों के प्रधान कर्म ही अगले जन्म को निर्धारित करते हैं। अर्थात् मनुष्य जन्म के फल देने के लिए अभिमुख जो वासनायें हैं उन्हीं की अभिव्यक्ति मनुष्यादि जन्म के लिए होती है।[3]

मनुष्य के असंख्य संचित कर्म पड़े रहते हैं। उनके भोगने का अवसर पता नहीं किस जन्म में आयेगा? उन्हीं कर्मों को भोगने का जब अवसर आता है तो हम उन्हें प्रारब्ध या भाग्य कहते हैं। प्रारब्ध कर्मों के विषय में भागवत में कहा है कि संचित कर्मों में से जिस निर्दिष्ट अंश को भोगने के नये जन्म से पूर्व काल प्रेरणा करता है वही प्रारब्ध कर्म है।[4] अतः कर्मों का विभाजन इस प्रकार हुआ कि संचित प्रारब्ध और क्रियमाण। संचित कर्म को कच्चा फल समझना चाहिए। वह अभी भोग के योग्य नहीं है। प्रारब्ध कर्म पका हुआ फल हैं— वह फल देने योग्य हो गया है। इस जन्म के जो प्रारब्ध कर्म हैं, उनको भोगना ही पड़ेगा। बिना भोगे उन का नाश नहीं होता है।[5] जैसे धनुष से छुटा हुआ तीर अपने लक्ष्य तक पहुंचे बिना नहीं रुकता है। उसी प्रकार कर्म का भोगना प्रारम्भ हो गया है, वह भोगे बिना अधूरा नहीं रहता है।

जिस जातीय कर्म का जो विपाक होता उसी के अनुसार वासना का उदय होता है। कर्म फल के सामञ्जस्य के विषय योगदर्शन में स्पष्ट माना गया है कि कर्म और भोग के मध्य सैकड़ों, हजारों जातियों, दूर अति दूर के देशों और करोड़ों कल्प समय

---

1. क्रियमाणञ्च यत्कर्म वर्तमानं तदुच्यते।
   अनेकजनमसंजातं प्राक्तनं सञ्चितस्मृतम्।। —भागवत 6.10.9-12)
2. कर्माशुक्लाकृष्णं योगिनस्त्रिविधमितरेषाम्। —योग कै० पा० 6 सूत्र
3. ततस्तद्विपाकानुगुणनामेवाभिव्यक्तिर्वासनानाम्। —यो० 4.8
4. सञ्चितानां पुनर्मध्यात् समाहृत्य कियत् किल्।
   देहारंभे च समये कालः प्रेरयतीव ततः।। प्रारब्धं कर्म विज्ञेयम्
   तदैव सञ्चितेभ्यश्च कर्मभ्यः कर्मभिः पुनः। —देवीभागवत 6.10.9-12
5. योजयत्येव तं कालः— भागवत 4.12.22-40, प्रारब्ध कर्मणां भोगादेवं क्षयः —भा०

का अन्तर रह सकता है। उनके आनन्तर्य में कुछ भी हानि नहीं होती है अपितु पूर्ण समन्वय एवं सामञ्जस्य बना रहता है।[1]

इससे यह निष्कर्ष निकाला जा सकता है कि जिन कर्मों का क्रम भोगारूढ़ है वे कर्म किसी कल्प पूर्व भी किये हुए हैं। उनका निर्णय करना अत्याधिक दुष्कर माना गया है। सामान्य व्यक्ति की तो बात ही क्या है। योगी जन भी उस कर्म की विचित्र गति को जानने में असमर्थ हैं। योग दर्शन में व्यास मुनि भाष्य में यह स्पष्ट मानते हैं कि कर्मों की गति अति विचित्र है।[2] योगी भी उसे जानने में असमर्थ हैं? कर्माशय दृष्ट और अदृष्ट जन्म वेदनीय होते हैं। सूत्रकार कहता है कि कर्माशय का अर्थ धर्माधर्म है। यह धर्माधर्म मोहादिमूलक हैं और इनके फल इस जन्म और अगले जन्म में प्रकाशित होते हैं।[3] इस पर योग भाष्यकार व्यास लिखते हैं कि हमारे इस जन्म के कर्म का मूल काम, क्रोध, लोभ और मोह है इनका फल इस जन्म में या अगले जन्मों में भोगना है। उत्कृष्ट पाप या पुण्य का फल सद्य: मिलता है। जैसी पीड़ित, भयभीत, आर्त और शरणागत पर अत्याचार ऋषि तपस्वी को पीड़ित करना इत्यादि ऐसे क्रम हैं जिनका फल या कर्माशय तुरन्त फल देने में समर्थ हो जाता है। इस सम्बन्ध में व्यास भाष्य में दो उदाहरण प्राप्त होते हैं। नहुष और नंदीश्वर नहुष इन्द्र का पद पाकर इतने अभिमानी हो गये कि उन्होंने अगस्त जैसे मुनियों को सताना आरम्भ कर दिया। उसका फल मिला अजगर का जन्म। इसी प्रकार नन्दीश्वर ने देव की इतनी आराधना की कि उन्हें मनुष्य शरीर के बदले इसी जन्म में देवत्व मिल गया था। इसी प्रकार पुराणों और अन्यत्र इस प्रकार के दृष्टान्त दिये जाते हैं। उन कथाओं की सत्यता पर सन्देह किया जा सकता है परन्तु युक्ति से यह सिद्ध होता है कि तीव्र पाप और पुण्य कर्मों से सद्य: फल की प्राप्ति हो सकती है।

कर्मफल विपाक—

कर्म का फल तभी मिलता है जब उसका विपाक हो जाता है। जैसे कुम्भकार घट का निर्माण करके उसको पकाता अर्थात् रंगता है, उसे अग्नि में रखकर पाक करता है। ऐसे जब मनुष्य कर्म करता तो उसके बाद उसकी वासनायें चित्त में अविशिष्ट रहती

---

1. जातिदेशकालव्यवहितानामपि आनन्तर्य स्मृति संस्कारयो: एकरूपत्वात्।
--योग० 4.9
2. कर्मणां गतिविचित्रा योगिनामप्यगम्य:। —योग० 2.12 व्यास भाष्य
3. क्लेशमूलकर्माशयो दृष्टादृष्टजन्मवेदनीय: (योग० 2.12) इस पर व्यास भाष्य— तत्र पुण्यापुण्य कर्माशय: कामलोभमोह क्रोधप्रभव: स द्दष्ट जन्म वेदनीय.... तथा तीव्र क्लेशेन भीतो व्याधिकृपणेषु विश्वासोपगतेषु— तपस्विषु कृत: पुन: पुनरपकार:। स चापि पापकर्माशय: सद्य एव पच्यते। —योगदर्शन 2.12

हैं। वे वासनायें ही कर्म विपाक में मुख्य भूमिका निभाती है। जैसा कि बृहदारण्यकोपनिषद् में इस कर्म विपाक को स्पष्ट करते हुए कहा है कि यह जीवात्मा काममय है। उसी की जैसी कामना होती है, वैसा वह चिन्तन करता है, जैसा चिन्तन करता है, उसके अनुसार कर्म करता है। जैसा कर्म करता है वैसा ही हो जाता है अर्थात् फल मिलता है।[1] इस प्रकार जन्म की कामना और चिन्तन द्वारा अगला जन्म निश्चित हो जाता है। यहां प्रश्न हो सकता है कि पहले कामना होती है या वासना? एक जन्म की वासना आगे आने वाले जन्म को किसी तरह निश्चय करती है? इसके उत्तर में बृहदारण्यक उपनिषद् में स्पष्ट किया है कि जहां पर काम्यता होती है वहां पर जीव जाता है। इस विषय में मुण्डकोपनिषद् भी बतलाती है कि यह जीवात्मा जिन काम्य वस्तुओं की कामना करता है, वहीं पर कामना के फल से उसका जन्म निश्चित हो जाता है।[2] इसी मान्यता को बृहदारण्यक में कहा है कि जिसका मन जिसमें आसक्त है, उसी स्थान में उसे कर्म ले जाता है।[3]

गीता में भी कहा है कि जो स्वर्ग लोक में जाने के कर्म करता है, वह स्वर्ग में अवश्य जाता है क्योंकि वह उसकी काम्य वस्तु है।[4] कर्म के महत्त्व पर प्रकाश डालते बृहदारण्यक ने माना है कि कर्म के फल स्वरूप स्वर्ग की प्राप्ति और वहां से पुनः आना ये सभी कर्म की महिमा का ही परिणाम है। बौद्ध दर्शन में इस कामना या काममय को तृष्णा नाम से कहा है। अपभ्रंश पाली में तृष्णा को तन्हा कहा जाता है यही तृष्णा ही संस्कार और जन्म का कारण बनती है।

इन कर्मों का विपाक जहां पर बनता है योग दर्शन में उसे कर्माशय कहा गया है। यह कर्माशय जब तब अपना कार्य करता रहता है, जब तक इसके मूल कारण अविद्या आदि क्लेशों का नाश नहीं होता और विवेक ज्ञान के द्वारा उक्त क्लेशों का नाश हो जाने से नष्टमूल हुआ कर्माशय अनन्त होने पर भी उक्त फलों का आरम्भ नहीं कर सकता है, क्योंकि मूल के कट जाने पर शाखा का फलीभूत होना सम्भव नहीं है। अतः अपने मूलभूत अविद्यादि क्लेशों के विद्यमान होने पर ही धर्माधर्म का रूप कर्माशय जाति आदि फल के देने वाले हो सकते हैं, अन्यथा नहीं।

---

1. काममय एवायं पुरुष इति। स यथाकामो भवति तत्क्रतुर्भवति। यत्क्रतुर्भवति तत्कर्म कुरुते। यत् कर्म कुरुते तद् अभिसम्पद्यते। —बृ० 4.4.5
2. कामान् यः कामयते मन्यमानः, स कामभिर्जायते तत्र-तत्र। तदेव सक्तः अहं कर्मणेति। —बृ० 3.2.2
3. लिङ्गं मनो यत्र निषक्तमस्य। —बृ० 4.4.6
4. ते पुण्यमासाद्य सुरेन्द्रलोकं— गीता 9-20
   क्षीणे पुण्ये मर्त्यलोकं विशन्ति— गीता 9-21

भाष्यकार इसे स्पष्ट करते हुए कहते हैं कि जैसे तण्डुलतुषों के विद्यमान होने पर अंकुर उत्पन्न करने में समर्थ होते हैं, इसी प्रकार कर्माशय में अज्ञान होने तक ही कर्मों का विपाक जाति आयु और भोग का देने वाला है। जाति का अभिप्राय: यहां जन्म से है।[1] बृहदारण्यक भी इसी मान्यता को स्वीकार करती है।[2]

मध्यकाल या पौराणिक मान्यता के अनुसार कर्मविधाता या भाग्यवाद को स्वीकार किया जाता है। वह एक विश्वास कहा जा सकता है। इस सिद्धान्त में दार्शनिक तर्क का अभाव प्रतीत होता है। जो कर्मों का नियत विपाक है, फल भोगने के अवसर को ही भाग्य कहना उचित है। कुछ लोगों की मान्यता के अनुसार दैव की कल्पना की गई है कि दैव ही सब करता है। वास्तव में वह हमारे सञ्चित कर्मों का भोगारूढ़ फल है। दैव वास्तव में होता ही नहीं है, केवल कल्पना मात्र है। योगवाशिष्ठ में स्पष्ट किया गया है कि मन्द बुद्धि के लोगों ने दैव की कल्पना की है।[3] इस बात को स्पष्ट करते हुए मीमांसा की गई है कि जो लोग कर्म न करके भाग्य के भरोसे बैठे रहते हैं वे अपना धर्म अर्थ और काम सभी नष्ट कर देते हैं।[4] वे दैव को सब कुछ मान कर ही पुरुषार्थ हीन हो जाते हैं। ऐसे लोगों के यहां से लक्ष्मी भी वापिस लौट जाती है अर्थात् वे निर्धन बन जाते हैं।[5] इसलिए पौरुष दो प्रकार का माना गया है। प्राक्तन और अद्यतन। इसे ही आमुष्मिक और ऐहिक। पिछले जन्म का और इस जन्म का किया हुआ कर्म। वास्तव में पौरुष ही सर्वत्र कर्म करता है, दैव नहीं[6] वास्तव में पिछले जन्म का किया हुआ कर्म, या इसी जन्म का कर्म भी भोगते समय अदृष्ट कहलाता है। अदृष्ट कोई दैव नहीं है। वह प्राक्तन कर्म ही है। हां यह अवश्य तथ्यपूर्ण है कि किस कर्म का फल क्या होगा? यह निश्चित रूप में कहना बड़ा ही कठिन है। क्योंकि कर्मों के फल का निर्धारण जानना दुष्कर है।[7]

कर्म का आरम्भ कब से हुआ? इसका उत्तर प्राय: भारतीय दर्शनों में अनादि मानकर दिया गया है। क्योंकि यदि कर्म का प्रारम्भ माना जाय और जीवात्मा का कोई भी जीवन का प्रारम्भ या आदि माना जायेगा तो न किये हुए कर्म का भोग और किये

---

1. सतिमूले तद्विपाको जात्यायुर्भोगा:। —योग० 2-13
2. यदा सर्वे प्रमुच्यन्ते कामा येऽस्य हृदिस्थिता:।
   तदा मर्त्योऽमृतो भवति अत्र ब्रह्म समश्नुते।। —बृ० 4.4.6
3. कल्पितं मोहितैर्मन्दै र्दैवं किञ्चिन्न विद्यते। —यो० बा० मु० प्र० 4.10
4. ते धर्ममर्थ कामञ्च नाशयत्यात्मविद्विष:। —वही, 16.3
5. अदृष्टश्रैष्ठ्य बुद्धीनां दृष्ट्वा लक्ष्मीर्निवर्तते। —वही, 5.20
6. पौरुषं सर्व कर्मणां कर्तृ राघव नेतरत्। नदैवं तत्र कारणम्। —वही, 9.1
7. कर्मणां गति दुर्विज्ञेय:। —योग०

गये कर्म विनाश मानना पड़ेगा।[1] अतः इसलिए योगदर्शन में स्पष्ट रूप में बतलाया गया है कि कर्मों की वासना या कर्म विपाक अनादि है।[2] जब जीवात्मा नित्य है और संसार भी प्रवाह से अनादि है तो कर्म भी अनादि स्वतः सिद्ध हो जाते हैं।

निष्काम कर्म—

वैदिक साहित्य से लेकर समस्त भारतीय दार्शनिक वाङ्मय में कर्मों को अनिवार्य बतलाया गया है। इस सिद्धान्त का विरोधाभास भी उक्त साहित्य में प्राप्त होता है। अर्थात् आत्मा या मन के विकास की वह चरम स्थिति जिसमें कर्म करता है, परन्तु उसका फल उसे नहीं मिलता अर्थात् वह कर्म उस मन की उच्च स्थिति में करता है, जिसमें कर्म के पीछे वासना या लगाव (मोहादि) आदि का संक्रमण नहीं होने देता है। यजुर्वेद या ईशोपनिषद् ने इस मन्तव्य को स्पष्ट रूप में स्वीकार किया है कि मनुष्य को सौ वर्ष और उससे भी अधिक समय तक कर्म करते हुए जीने का संकल्प करना चाहिए, परन्तु यदि लोभादि के कारण कर्म किये जायें[3] केवल कर्त्तव्य बुद्धि से कर्म किये तो पूर्ण आयु भर कर्म करता हुआ भी उनमें लिप्त नहीं होता[4] अर्थात् उसके कर्म फल देने वाले नहीं होगे अपितु वे विपाक रूप में परिणत नहीं होते, क्योंकि वे कर्म वासना रहित किये गये है, जैसे कि बीज को दग्ध किया जाय तो उस बीज से अंकुर प्रस्फुटित नहीं होते हैं।[5] इस स्थिति के बिना मुक्ति की प्राप्ति सम्भव नहीं है। गीता भी इसको स्वीकार करती है। जो विद्वान् ज्ञानाग्नि से कर्मों को दग्धबीज भाव रूप में कर लेते हैं वे ही सच्चे पण्डित हैं।[6] यही तभी सम्भव है जब जीवात्मा कर्म फल के प्रति आसक्ति हटाकर नित्यतृप्त और लगाव रहित हो गया है।[7] इसी को गीताकार ने स्पष्ट करते हुए कहा है कि कर्मों के पीछे अहं भाव को छोड़ देना चाहिये। जो व्यक्ति ईश्वर में कर्म अर्पण करके आसक्ति रहित होकर कर्म करता है, वह उसके फल में लिप्त नहीं होता।[8] वेदान्त दर्शन भी यही मानता हैं कि तत्त्वज्ञान की स्थिति उत्पन्न हो जाने के बाद न केवल क्रियमाण पाप का ही अपितु क्रियमाण पुण्य का भी अश्लेष हो जाता है।[9] इसी प्रकार

1. कर्मप्रणाशाकृत कर्म भोगः —जैन दर्शन सर्वदर्शन संग्रह
2. तासां अनादित्वं.......नित्यत्वत् —योग सूत्र 4.10
3. तेन त्यक्तेन भुञ्जीथाः मागृधः कस्य स्विद्धनम्। —ईशो० 1
4. दग्धबीजभावः —यो० द० व्यास भाष्य 2.2
5. एवं त्वयि नान्यथेतोऽस्ति न कर्म लिप्यते। —ईशो० 2
6. ज्ञानाग्निदग्ध कर्माणां तमाहुः पण्डितं बुधाः। —गीता 4.19-20
7. त्यकत्वा कर्म फलासंग नित्यतृप्तो निराश्रय। —वही
8. ब्रह्मण्याधाय कर्माणि सङ्गं त्यक्त्वा करोति यः। —वही 5.10
9. तदाधिगम्य उत्तरपूर्वाधयोः अश्लेषविनाशी। —ब्रह्मसूत्र 4.1.13.41

उपनिषद् भी कहती है कि तत्त्वज्ञानी पाप और पुण्य दोनों से बचकर अमृत को प्राप्त कर लेता है।[1] सांख्यदर्शन में विवेक ज्ञान की पराकाष्ठा का वर्णन करते हुएकहा है कि सम्यक् ज्ञान प्राप्त होने के बाद धर्मादिक सात बन्धन दग्ध बीजभाव की प्राप्त हो जाते हैं। जैसे कि अग्नि से दग्ध किया हुआ बीज, प्ररोह शक्ति को प्राप्त नहीं होता ऐसे ही ज्ञानाग्नि से दग्ध कर्म फल देने में समर्थ नहीं होते हैं। इसलिए मुण्डक उपनिषद् में कहा है कि समाधि प्राप्त सम्यक् ज्ञान से कर्म क्षीण हो जाते हैं।[2] आचार्य शंकर भी इन कर्मों को भस्म हुआ मानते हैं। वे स्पष्ट करते हैं कि भस्मान्त संचित कर्म का फल नहीं भोगना पड़ता है।[3] उसके दूसरे जन्म का भय नहीं रहता है। यह तभी सम्भव है कि जब सम्पूर्ण अज्ञान नष्ट हो जाता है।[4] हां इतना अवश्य है कि जो कर्म भोगारूढ़ हो गये हैं वे अवश्य भोगे जाते हैं। प्रवृत्त कर्मों का ज्ञानाग्नि से दग्ध किया जा सकता है। इसलिए सांख्यदर्शन में कहा है कि कर्म नष्ट होने पर भी भोगारूढ़ कर्म फल भोगने तक शरीर रहता है, उसके बाद पुरुष की मुक्ति हो जाती है।[5]

---

1. सर्वे पाप्मानोऽतः निवर्तन्ते। उभेउ हैव एतौ पततः।
2. सम्यक् ज्ञानाधिगमात् उत्पन्न सम्यक् ज्ञानस्य..... एतानि सप्तरूपाणि बन्धन भूतानि सम्यक् ज्ञानेन दग्धानि। —सांख्य कारिका भाष्य
3. क्षीयन्ते चास्य कर्माणि तस्मिन् दृष्टे परावरे। —मु० 2.2.8
4. यानि अप्रवृत्त फलानि ज्ञानोत्पत्तेः प्राक्कृतानि अज्ञान सहभावीनि च.....सर्वाणि कर्माणि भस्मसात् कुरुते। —शांकर भाष्य, गीता पर
5. तिष्ठति संस्कारवशाच् चक्रभ्रमिवद्धृतशरीरः। —सांख्य कारिका 67

चतुर्दश-अध्याय

आचार निरूपण

आचारशास्त्र की समस्यायें प्रमुख रूप में ये मानी जाती हैं कि मनुष्य एक कार्य करता है तो कहा जाता है कि उसने शुभ कार्य किया है। जब वह दूसरा कार्य करता है तो कहा जाता है कि उसने यह अशुभ कार्य किया। यह हम क्यों कहते हैं कि अमुक कार्य शुभ है और अमुक कार्य अशुभ है? पाश्चात्य विद्वान् इस भावना का प्रादुर्भाव तब से ही मानते हैं जब से मनुष्यों ने सम्मिलित होकर कोई कार्य किया होगा। उसी दिन से नीतिशास्त्र का आरम्भ स्वीकार किया जाता है इस शुभ और अशुभ के प्रश्न को लेकर आचारशास्त्र आगे बढ़ता है। ये नैतिक प्रत्यय निम्नलिखित आते हैं। शुभ, अशुभ, उचित, अनुचित, कर्तव्य और अकर्तव्य शुभ और अशुभ है। आचारशास्त्र परम शुभ का स्वरूप बतलाकर उसकी प्राप्ति के लिए मार्ग प्रशस्त करता है।

अचारशास्त्र वेत्ताओं के सम्मुख आचारशास्त्र सम्बन्धी अनेक समस्यायें आती हैं, जिनका वे समाधान ढूंढ़ने का प्रयास करते हैं। उन समस्याओं में प्रमुख समस्या यह है कि मनुष्य किसी भी संकल्प के चुनने में स्वतन्त्र है या नहीं अर्थात् यदि शुभ और अशुभ कर्म करने में मनुष्य स्वतन्त्र है तो वह अपना विकास भी कर सकता है यदि वह उक्त कर्म करने में परतन्त्र है तो उसका विकास उस पर आधारित नहीं होता। आचार्य रामानुज और पाश्चात्य दार्शनिक स्पिनोजा आदि इस सिद्धान्त के पक्षपाती हैं कि जीवकर्म में पूर्णतः स्वतन्त्र नहीं है, जो कुछ है वह ईश्वर की कृपा पर अवलम्बित है। ऋषि दयानन्द यहां पर भी यथार्थवादी दृष्टिकोण अपनाते हैं, उनका कथन है कि जीव शुभ और अशुभ कार्यो के करने में स्वतन्त्र है[1] क्योंकि बिना स्वतन्त्रता के उसका विकास कैसे संभव हो सकता है। यही मत उपनिषदों का भी है क्योंकि जीवात्मा अविद्या आदि को छोड़कर अपना विकास कर लेता है। अतः संकल्प स्वातन्त्र्य पर उपनिषदों में अलग से तो विचार नहीं किया परन्तु यह भी कहीं नहीं कहा है कि वह परतन्त्र है। कुछ उपनिषदों के ऐसे स्थल हैं जो उसकी संकल्प स्वातन्त्र्य को सिद्ध करते हैं, जैसे

---

1. अपने कर्तव्य कर्मों में स्वतन्त्र और ईश्वर की व्यवस्था में परतन्त्र है। अर्थात् जो स्वाधीन है वही कर्त्ता है। —स० प्र०, पृ० 190

बृहदारण्यक उपनिषद् में आया है कि मानव काम संकल्प और समीकरण मात्र है, जैसी उसकी कामना होगी, वैसे ही उसके संकल्प होंगे, जैसे उसके संकल्प होंगे वैसे ही उसके कर्म होंगे। ये काम संकल्प और कर्मफल के सम्बन्ध का बड़ा समीचीन विवेचन है। कठोपनिषद् में नचिकेता को यमाचार्य दो मार्ग श्रेय और प्रेय मार्ग बताता है। उनमें से नचिकेता श्रेय मार्ग का अनुसरण करता है, जबकि वह श्रेय को अपनाये या प्रेय को अपनाये। इसी प्रकार ईशोपनिषद् में विद्या और अविद्या एवं सम्भूति इन सभी विकल्पों में से उसे चुनने की स्वतन्त्रता है।[1] कुछ विद्वान् संकल्प स्वातन्त्र्य का अभिप्रायः यह समझते हैं कि कामचारी होना, इसलिए वह कहते हैं कि कामचारी सभी उपनिषदों में माना है जबकि वह आत्मतत्व को समझ लेता है।[2] सभी संकल्पों की स्वतन्त्रता उसे उपलब्ध होती है परन्तु यह मत उनका इसलिए समीचीन प्रतीत नहीं होता कि नीतिशास्त्र की यह एक बहुत बड़ी ज्वलन्त समस्या है कि वह जीवात्मा किसी ईश्वर या प्रारब्ध आदि में जकड़ा हुआ या, वह करने, न करने, शुभ करने एवं अशुभ करने में स्वतन्त्र है। ऋषि दयानन्द यथार्थ रूप में यह स्वीकार करते हैं कि जीव संकल्प या कर्म करने में स्वतन्त्र है जबकि नियतिवादी जीव को कर्म और भोगने में परतन्त्र मानते हैं।[4]

यदि कर्म स्वातन्त्र्य सिद्धान्त को न माना जाय तो हमारे सम्मुख नियतिवादी का ही सिद्धान्त शेष रह जाता है। जिसके मानने से मनुष्यों में पुरुषार्थ हीनता का आना स्वाभाविक ही है। जबकि सांख्यदर्शन में मोक्ष की प्राप्ति पुरुषार्थ से ही मानी गई है। उपनिषदों में जो तप का वर्णन हुआ है वह पुरुषार्थ का ही दूसरा नाम है। इसलिए केनोपनिषद् ब्रह्म ज्ञान की प्रतिष्ठा का आधार या स्तम्भ उसकी नींव तीन अर्थात् तप, दम और कर्म मानते हैं।[5] शारीरिक नियन्त्रण को तप कहते हैं। तपरूपी कर्मों के द्वारा हम अपनी इन्द्रियों के मल को दूर करते हैं। मानसिक नियन्त्रण को दम कहा जाता है। इन दोनों का क्रियात्मक रूप हम कर्म के द्वारा ही दे सकते हैं। यहां स्पष्ट कहा है कि यदि मनुष्य चाहता है कि वह अपना विकास करके ब्रह्म को प्राप्त करना चाहता है तो उसे आलसी-प्रमादी की तरह अपनी नियति पर या भाग्य पर अवलम्बित नहीं

---

1. कठो० 2.1, 2
2. ई० 9, 10, 11, 12
3. किन्तु उसकी स्वतन्त्रता डोरी में बन्धे हुए पक्षी की स्वतन्त्रता से अधिक नहीं। उपनिषदों रचनात्मक सर्वेक्षण।—लेखक रामचन्द्र रानाडे, पृ० 208 हिन्दी संस्करण
4. पुरुषार्थ प्रारब्ध से बड़ा इसलिए है कि संचित प्रारब्ध बनते जिसके सुधारने से सब सुधरते और जिसके बिगाड़ने से सब बिगड़ते हैं इसी से प्रारब्ध की अपेक्षा पुरुषार्थ बड़ा है। —दयानन्द, स्वमन्तव्यामन्तव्यप्रकाश, सं० 25
5. तस्यै तपो दमः कर्मेति प्रतिष्ठिता वेदाः। —केन० खं० 4.8

रहना चाहिए अपितु उसकी प्राप्ति के लिये उसे तप, दम कर्म करना आरम्भ कर देना चाहिए। इसलिए ही उपनिषदों का सिद्धान्त प्रसिद्ध रूप में माना जाता है कि हमें चरैवेति चरैवेति अर्थात् चलते रहना है। कर्म और ज्ञान को प्राप्त करने के लिये कर्म करते रहने का आदेश दिया था।[1] भाग्यवाद या नियतिवाद की उपनिषदों में गन्ध भी प्रतीत नहीं होती है। दर्शनों में भी कर्म स्वातन्त्र्य के आचार्यशास्त्र के चिन्तकों के सम्मुख यह एक समस्या आती है कि आचारशास्त्र के सिद्धान्तों का आधार क्या हो? क्योंकि रूढ़ियां, सामाजिक परम्परायें और राजनैतिक नियम आदि, उसके आधार माने जाते हैं। अब यह विचारना अपेक्षित है कि उपनिषद् किसको आधार मानती हैं। उपनिषदों में उपर्युक्त आधारों का वर्णन प्राय: मिलता है उपनिषद् के नीतिशास्त्र का आधार निम्नलिखित प्रतीत होता है—

1. आत्मा अभौतिक हैं, असृष्ट और अमर है।
2. यह आत्मा चेतन है इसमें ज्ञान संवेदन और प्रयत्न होते हैं।
3. आत्मा स्वतन्त्र है। स्वतन्त्रता इसकी मौलि सम्पत्ति है।[2] परन्तु इसकी स्वतन्त्रता कर्म करने में हैं फल भोगने में नहीं है।
4. आत्मा असीमित नहीं है, इसका कार्य ज्ञान कार्य सब सीमित है इसकी उन्नति और अवनति दोनों सम्भव हैं। यह उन्नति के लिए प्रयास ब्रह्म की प्राप्ति है। यह उस को कर पाता है तो ठीक है नहीं तो इसकी सबसे बड़ी हानि है।[1]
5. मनुष्य को उच्चतम उद्देश्य तक जाना है, अत: उसके उत्तरदायित्व का क्षेत्र बहुत बड़ा है। अनेक विकल्पों में किसी एक को चुनना है। चुनाव के लिए आचारशास्त्र सहायक है।
6. आत्मा सक्रिय तथा विकासशील है। इसी प्रकार संसार भी विकासशील है, संसार के साथ अपनी गति का मिलना यही नैतिकता सिखाती है।

उपनिषदों में यन्त्रवाद और उद्देश्यवाद दोनों का उल्लेख प्राप्त नहीं होता। उद्देश्यवादी सिद्धान्त के अनुसार ईश्वर सम्पूर्ण संसार का केन्द्र बिन्दु है। वह अपने लिए संसार रचता है, इस उद्देश्यवाद के अनुसार आत्मा सर्वथा परतन्त्र हो जाती है अथवा बन्धन में रहता है। पूर्ण परतन्त्रतावाद भी उचित नहीं है क्योंकि इसके अनुसार ईश्वर जीव को रचता है। और कृपा करके जीवों को स्वतन्त्रता प्रदान करता है प्रथम सिद्धान्त के अनुसार जीवात्मा को अपना मार्ग निर्वाचन के लिए स्वतन्त्रता नहीं रहती है। जब जीव कर्म करने में स्वतन्त्र नहीं है कर्मों का फल भोगने में बाध्य नहीं होना चाहिए

---

1. इह चेदवेदीदथ सत्यमस्ति नो चेदिहावेदीन्महती विनष्टि:। —केन० 2.5
2. स्वतन्त्र: कर्त्ता। —अष्टाध्यायी

क्योंकि जो जैसा करता है वैसा भोगता है यह सिद्धान्त सर्वमान्य है। यदि जीवात्मा अपने कार्यों के चुनने में स्वतन्त्र नहीं अर्थात् उससे दूसरा ही कर्म कराता है तो वह फल भी करने वाला भोगेगा। अत: इस सिद्धान्त के अनुसार ईश्वर स्वतन्त्रता प्रदान करता है इससे स्वतन्त्रता का मूल्य नहीं रह जाता। उपनिषदों का सिद्धान्त दोनों उक्त मतों से भिन्न प्रतीत होता है। पीछे ब्रह्म विषयक अध्याय में हम देख चुके हैं कि ईश्वर संसार का निमित्त कारण अवश्य है परन्तु वह अपने स्वार्थ के लिए सृष्टि नहीं रचता है। यदि वह अपने स्वार्थ के लिए सृष्टि रचता है तो ऐसे ईश्वर का होना व्यर्थ हो जायेगा। भौतिकवाद और पूर्ण परतन्त्रतावाद जिसे अध्यात्मवाद भी कहा जाता है, दोनों ही अतिमत हैं। अत: उपनिषदों में केवल एक वर्ग उपलब्ध नहीं होता है।

नीतिशास्त्र का आदर्श है अपने आपको जानना अर्थात् हम अशुभ से शुभ की ओर शुभ से शुभतर की ओर अग्रसर होते हैं। उपनिषद् यही कहती है कि हमें अपने काम को पहचानना चाहिए।[1] वास्तव में हमारे अन्दर जो पाशविक वृत्तियां, अहं की अभिलाषायें और महत्वाकांक्षी होना आदि है; ये हमारे जीवन के निम्न स्तर हैं। आत्मा के विकास के लिए एवं परम सत्ता प्राप्त करने के लिए जो रूकावटें और विरोधी प्रभाव हैं उन्हें दबाना होगा।[2] उपनिषदो का नैतिक जीवन तर्क संगत एवं विचारशील है नैतिक जीवन केवल विषय उपभोग का जीवन नहीं है। आत्मा को रथ में बैठने वाला स्वामी करके जानो, तथा मन रास (लगाम) की जगह है। इन्द्रियां घोड़ों की जगह हैं और सांसारिक पदार्थ मार्ग हैं। बुद्धिमान् लोग इन्द्रियाँ एवं मन से संयुक्त आत्मा को ही भोक्ता कहकर पुकारते हैं। किन्तु जो व्यक्ति दुर्बल और अज्ञानी हैं, उसकी इन्द्रियां उसके वश में न रहकर नटखट घोड़ों की तरह रथी के वश से बाहर होकर इधर-उधर निरुद्देश्य रूप में भटकती है। इसके विरोध में जो ज्ञानी है और जो मानसिक बल से युक्त है उसकी इन्द्रियां वश में रहती हैं।[1] जो अज्ञानी एवं अपवित्र व्यक्ति वह परमशुभ अर्थात् अमरता को प्राप्त नहीं कर सकता है। मनु ने भी तो यही कहा था कि आचार हीन को वेद भी पवित्र नहीं कर सकते है।[2] उपनिषद् यह मानती है कि मनुष्य जन्म मृत्यु को प्राप्त कर जन्म मृत्यु के चक्र से विपरीत हो, ज्ञानी है वह मृत्यु को पार कर जन्म मृत्यु के चक्र से छूटकर मुक्ति में अर्थात् परम शुभ को प्राप्त कर लेता है।

उपर्युक्त विवेचन से यह स्पष्ट है कि मनुष्य जैसा कर्म करता है अर्थात् जैसा उसका आचरण है वैसा ही आवश्यक है। क्योंकि कर्मफल का सिद्धान्त यह बतलाता है कि अच्छा आचरण करने वाला अच्छा होता है। पाप करने वाला पापात्मा होगा। उपनिषद् इसी कर्म फल के अनुसार आत्मा की अच्छी और बुरी गति भी मानती है।

---

1. कठ० 3.3, 4, 5, 6, 7, 8
2. आचार हीनं न पुनन्ति वेदा:। —मनु०

मैं तुम्हें सनातन ज्ञान देता हूं कि तुम यह जान पाओगे मरने के बाद आत्मा की गति होती है।[1] कोई ये शरीर धारी लोग अपने कर्म के अनुसार दूसरा शरीर प्राप्त करने हेतु दूसरी योनि में प्रवेश करते हैं और अन्य दूसरा कोई अखण्ड ब्रह्म को प्राप्त कर लेते हैं।[2] पुण्य कर्मों से उत्तम लोक मिलते हैं पाप कर्मों से नीच लोक मिलते हैं।[3] जो तपस्वी और पवित्र आचरण वाले हैं, जो सत्य पर आरूढ़ हैं उन्हीं के लिए शुद्ध ब्रह्म लोक है। जिसमें कुटिलता, असत्य और धोखा नहीं है।[4] परन्तु जिनका जीवन पवित्र हो चुका है वे विकसित होकर जिस-जिस लोक की प्राप्ति का मन से संकल्प करते हैं और जिन-जिन पदार्थों की वाँछा करते हैं उन-उन लोकों एवं उन-उन पदार्थों को उपलब्ध कर लेते हैं।[5] यहां स्पष्ट रूप में उपनिषद् कर्म स्वातन्त्र्य के सिद्धान्त का प्रतिपादन कर रही है इसलिए मुण्डक उपनिषद् में बतलाया गया है जो जिन वस्तुओं को शुभतम एवं पवित्रतम मानता हुआ अभिलाषा करता है वह उन अभिलाषाओं के अनुसार वहां-वहां जन्म लेता है जहां-जहां वस्तुयें उपलब्ध हो सकती हैं।[2] इसी का छान्दोग्य उपनिषद् में समर्थन उपलब्ध हो सकती हैं।[6] इसी का छान्दोग्य उपनिषद् में समर्थन उपलब्ध होता है। वहां कथन किया गया है कि जो इस लोक में उत्तम कर्म वाले होते हैं वे निश्चय ही उत्तम योनियों को प्राप्त कर लेते हैं। ब्रह्म देव आदि योनियों को प्राप्त करते हैं। जो लोग निन्दित कर्म वाले हैं वे निन्दित योनियेां को प्राप्त होते हैं, जैसे कुत्ता, शूकर और चाण्डालादि योनियां उन्हें मिलती हैं।[7] ये उपरोक्त योनियां तो तप लक्षण मात्र हैं। असंख्य प्रकार की योनियां कही जा सकती हैं, उनमें से जीवात्मा उसी प्रकार की योनि को प्राप्त करेगा, जैसे उसके कर्म होंगे। उन योनियों को प्राप्त कर नाना प्रकार के सुख दुःखों को भोगता है।[8]

आत्मा की इस प्रकार की विविध गतियों को जानते हुए ऋषियों और मुनियों ने उपनिषदों के माध्यम से मनुष्यों को शुभ कर्म करने और अशुभ कर्म त्यागने का उपदेश

---

1. कठ० 2.5, 6
2. अविद्यामामन्तरे वर्तमानाः स्वयं धीराः —कठ० 2.5
   नसाम्परायः प्रतिभातिबालं प्रमाद्यन्तं वित्तमोहेन मूढम्। —कठ० 2.6
   एष सुविज्ञेयो बहुधा चिन्त्यमानः। —वही 2.8
3. पुण्येन पुण्यं लोकं नयति पापेन पापम्। —प्रश्न० 3.7
4. प्रश्नोपनिषद् 1.15, 16
5. मु० उ० 1.10
6. कामान् यः कामयते मन्यमानः स कामममभिजायते तत्र तत्र। —मु० उ०
7. त इह रमणीय चरणा—रमणीयां योनिं कपूयचरणाअभ्यासोहिह यत्ते कपूयां योनिमापद्येरन्। —छा० 5.10.17
8. बृ० उ० 4.4.4, 11

दिया है। शुभ कार्यों के करने से शरीर को कष्ट अनुभव होता है। पाप का पथ स्वार्थमय और भोगमय जीवन हैं। एक को ऋषियों ने प्रिय लगने वाला और दूसरे को श्रेष्ठ मार्ग, परन्तु दुर्गम्य रूप कहा है। हे पूषन्! सत्य का द्वार सुवर्ण के ढक्कन से ढका हुआ है, आप इसको हमारे सामने से हटाइये ताकि मैं सत्य और धर्म को देखूं।[1]

उपनिषदों में यद्यपि ज्ञान काण्ड की व्याख्या या आध्यात्मिक मार्ग जिसे मुक्ति या अमृतमय जीवन का अधिक रूप में प्रतिपादन उपलब्ध है तथापि हम साधारण भनुष्य का कर्म करने चाहिए इसका भी उल्लेख उपनिषदों में प्राप्त होता है। यह इस प्रकार का वर्णन तैत्तिरीय उपनिषद् में नीति बोध का यह रूप अधिक स्पष्ट रूप में उपलब्ध होता है। तैत्तिरीय उपनिषद् की प्रकृति सचेतन और शिक्षात्मक है। इसमें अनेक सद्गुणें का उपदेश प्राप्त है। हमें धर्म का आदर करने, सत्य बोलने, तप, संयम और शन्ति की साधना करने, नित्य और नैमित्तिक हवन (यज्ञ) करने, अतिथि सत्कार करने, मनुष्यता का पालन करने, एवं सन्तान उत्पन्न करने का आदेश दिया है।[2] तीन नीतिकारों के मत को एक विषय में भी कथन किया गया है जिनमें से प्रत्येक प्रधान सद्गुण को श्रेष्ठ मानता था।[3] सत्य वचन राथीतर सत्य गुण का उपदेश देते थे। तपोनिष्ठ पौरुशिष्टि तपोगुण को प्रधान रूप में महत्त्व देते हैं। नाक माद्गल्य वेदों के अध्ययन और अध्यापन को सर्वश्रेष्ठ रूप में मानते थे क्योंकि उनका मत है कि यही सर्वोत्तम तप है। जब स्नातक बनकर विश्वविद्यालय में दीक्षान्त किया जाता था, उस समय आचार्य द्वारा पुनः नैतिक शिक्षा का सारगर्भित उपदेश दिया जाता था, ऐसा इस उपनिषद् से प्रतीत होता है। उपर्युक्त उपदेश के अतिरिक्त आचार्य शिष्य को कहता था कि देव और पितृ कार्य में से विमुख न होने तथा माता-पिता गुरु और अतिथि को पितृ तुल्य मानने को कहा गया है। सामान्यरूप में स्नातक का वही कर्म करने को कहा जाता है। जो समाज की दृष्टि में निर्दोष हो। आचार्य कहता है कि जो अपने से ज्ञान में श्रेष्ठ हैं उन्हें आसन देकर सम्मान करना चाहिए। अन्त में आचार्य कुछ विकल्प प्रस्तुत करते हैं अर्थात् प्रत्येक अवस्था में श्रेष्ठ करना चाहिए चाहे आस्था हो अथवा न हो। दान श्रद्धा से अश्रद्धा से। भय, लज्जा से और उदारता से देना चाहिए अर्थात् लेने की प्रवृत्ति की अपेक्षा हमेशा देने का ही उपदेश दिया गया है।

तैत्तिरीय उपनिषद् के उक्त विवेचन से यह स्पष्ट हो जाता है कि इस उपनिषद्

---

1. बृहदारण्यक —5.15.1
2. वेदमनूच्या चार्य्योअन्तेवासिनांशास्ते—सत्यं वद. धर्म चर, स्वाध्यायान्माप्रमदः आचार्याय प्रियं धनं—संत्यान्न प्रमदितव्यम्। —तै० शिक्षा ब 11 अनुवाक्
3. सत्यमिति सत्यवचाराथीतरः, तप इति तपोनित्य पौरुशिष्टिः स्वाध्याय प्रवचने एवेति नाको मौद्गल्यः। —तै० शि० व० 9 अनु०

में साधारण गुणें का भी उल्लेख प्राप्त है। सद्गुणें का उल्लेख छान्दोग्य उपनिषद् में भी मिलता है। घोर अंगरिस के और देवकी के पुत्र कृष्ण के संवाद में सद्गुणें का एक सूचि के रूप में वर्णन उपलब्ध है। मनुष्य के प्रधान सद्गुण तप, दान, ऋजुता, अहिंसा और मर्त्य है। घोर अंगरिस के अनुसार ये मनुष्य के प्रधान गुण हैं।[1] भगवान् गीता में भी सद्गुणें को उपलब्ध सूची का प्रायः इससे साम्य है।[2] जिसमें अहिंसा, सत्य, त्याग तेजादि सम्मिलित हैं। छोन्दोग्य में ही मनुष्य पांच महापातकों का उल्लेख उपलब्ध है। वहां बतलाया गया है कि जो वित्त की चोरी करता है, सुरापान करता है, गुरु पत्नी के साथ गमन करता है, या ब्राह्मण की हत्या करता है, वह नरक में जाता है। उसके साथ सहयोगी वैसी ही अवस्था को प्राप्त होंगे। चोर, मद्यपी, व्यभिचारी, ब्रह्मघाती और उनके सहकारी सब मृत्यु दण्ड के अधिकारी है। यह मनु और याज्ञवल्क्य की परवर्ती स्मृतियों के अनुकूल हैं।[3] वहां पर भी पांच महापातकों का उल्लेख उपलब्ध है।

बृहदारण्वक में भी सद्गुणें का उल्लेख उपलब्ध है। कथा के द्वारा समझाया गया है कि देव, मनुष्य और असुर सब अपने सामान्य पिता प्रजापति के समीप गये हैं। वहां जाकर उन्होंने आत्माधिगत ज्ञान का उपदेश देने की प्रार्थना की। प्रजापति ने देवों के लिए अक्षर दिया और पूछा क्या वे उसका अर्थ समझ गये। उत्तर पाया कि उन्होंने इन्द्रियों का दमन करना चाहिए। जिससे प्रजापति सन्तुष्ट हो गये। मनुष्य को भी उसने द अक्षर का ही उपदेश दिया। उनसे भी उसी प्रकार पूछा क्या समझ गये। उत्तर मिला उन्हें दान (दत्त) का पालन करना चाहिए। असुरों को भी प्रजापति ने द का ही उपदेश दिया उनसे भी पूछने पर उत्तर मिला कि उन्होंने दया का पालन करना चाहिए।[4] यहां उपनिषद्कार हमें बतलाता है कि आकाश में मेघ गर्जन के रूप में भी ददद की ध्वनि होती है उसका अभिप्राय हमारे लिये दमन, दान और दया करना है। इन्हीं की सात्विक राजसिक और तामसिक रूप कहा जा सकता है अर्थात् जो देवों के समान उच्च अवस्था को प्राप्त हैं, उनके लिये इस दिव्य वाणी का आदेश दमन करो नहीं तो अभिमान से मुक्त होकर गर्व वाले बन जाओगे, ऐसे लोग सामर्थ्यवान् होने के कारण क्रूर कर्मों में प्रवृत्त हो सकते हैं। जो सामान्य मनुष्य की अवस्था में है, उनके लिये इस, दिव्य वाणी का उपदेश

---

1. द्रष्टव्य छान्दोग्य का अंगरिस कृष्ण संवाद।
2. अहिंसा सत्यमक्रोधः त्यागः शन्तिरपैशुनम् । — 16.2
   तेजः क्षमा मतिः शौचं अद्रोहीनातिमानितां । — 16.3
3. आपस्तम्ब 10.4
4. ... तेभ्यो हैतदक्षरमुवाचद्.. होचुर्दाम्यततेति। हेनं मनुष्या....होचुर्दत्तेति। हैनमसुराऊचुः ... होचुर्दयध्वमिति वदतिस्त नयित्नु ददद इति दाम्यत, दत्त, दय ध्वमिति।
   —बृ० अ० 5, बा० द्वि० 1, 2, 3

समझना चाहिए कि दानशील बनना है अर्थात् हमें दान की प्रवृत्ति के द्वारा अपने समाज को समृद्धिशाली बनाना है। जो दानव प्रवृत्ति वाले अर्थात् अनर्थकारी प्रवृत्ति वाले हैं और अपरिमित शक्ति रखते हैं उनके लिए आदेश हैं और दयावान् अर्थात् दयालु बनो। इस विवेचन का निष्कर्ष यह निकला कि द दान और दया तीन प्रकार की भिन्न-भिन्न मनोवृत्ति-प्रधान मनुष्यों के लिए तीन अलग-अलग मुख्य गुण हैं।

आचार सम्बन्धी मान्यताओं का दार्शनिक विवेचन करते समय उपनिषदों पर प्रायः आरोप लगाया जाता है कि ये निराशावाद को प्रोत्साहन देती है। परन्तु यह आरोप इसलिए उचित नहीं प्रतीत होता कि उपनिषदों का ऋषि भिन्न-भिन्न अवस्था वाले व्यक्तियों को भिन्न उपदेश देता है जैसा कि बृहदारण्यक उपनिषद् में हम उपर्युक्त सन्दर्भ में विवेचन कर आये हैं। रामचन्द्र दत्तात्रेय रानाडे का विचार है कि यह संभाव्य है कि यह सुखनिरेपक्षवाद से होकर परमनिराशावाद के स्वरूप में परिणत हो गया। वे आगे पुनः पूछती हैं— एक अजर और अमर जीवन के शाश्वत् आनन्द का अनुभव कर लेने के बाद कौन क्षमाशील मनुष्य सौन्दर्य और वासना (प्रेम) के क्षणिक सुखों के चिन्तन में आनन्द पा सकेगा?[1] मेरे विचार में निराशावाद नहीं है जिसमें साधक उच्च स्थिति को प्राप्त कर लेता है क्योंकि सामान्य व्यक्ति के लिये आचार्य कठोपनिषद् में स्वयं संसार के पदार्थों के संग्रह का वर्णन करती हैं परन्तु नचिकेता आत्म तत्त्व को जानना चाहता है। इसलिए, उसे संसार सुख और शाश्वत् ब्रह्मानन्द के सुख विशेष की तुलना उपनिषद्कार ने की है। मैत्री उपनिषद् में भी वासनाओं की तृप्ति से ऊपर उठने को कहा गया है काम क्रोध लोभादि से ऊपर उठने का उपदेश स्पष्ट रूप में दिया गया है। शोपेनहावर उपनिषदों से अत्यन्त प्रभावित हैं उनका भी यही मत है कि मनुष्य के लिए सबसे अच्छी बात यही हो सकती थी कि वह यहां जन्म ही न लेता और उसके बाद दूसरी सर्वोत्तम बात यौवन में ही मरण है।[2] इनका मन्तव्य भी यही प्रतीत होता है, कि यौवन में केवल भौतिक सुख को ही प्रधानता नहीं देनी चाहिए अपितु उससे पर जो आत्म तत्त्व है उसे जानने का प्रयास करना चाहिए।

उपनिषद् ऐसा मानती प्रतीत नहीं होती हैं कि संसार को छोड़कर कहीं भाग जाओ। अपितु वे तो यहीं रहते हुए सौ वर्ष तक कर्म करने का उपदेश देती है।[3] जैसा कि छान्दोग्य उपनिषद् में आया है कि श्रद्धा ही तपस्या है।[4] डाक्टर राधाकृष्ण की मान्यता है बाह्य पदार्थों के बन्धन से मुक्त होने के लिए हमें वन में एकान्त में जाने

1. उपनिषद् दर्शन का रचनात्मक सर्वेक्षण, पृ० सं० 113, लेखक—रामचन्द्र दत्तात्रेय रानाडे, अनुवादक रामानन्द तिवारी, राजस्थान हिन्दी ग्रंथ एकादमी, जयपुर
2. वही, पृ० 192
3. ईशोपनिषद् 2
4. छान्दोग्य० 5.10

की आवश्यकता नहीं, न एकान्तवास को बढ़ाने की आवश्यकता है[1] और न तपस्या की जिससे कि सांसारिक पदार्थों का सम्बन्ध एक साथ ही छूट जाय।[2] जो उपनिषद् के उत्तरवर्ती काल में जो अन्धाधुन्ध संन्यासवाद का प्राबल्य रहा उसका उपनिषद् काल में समर्थन प्राप्त नही होता। यद्यपि जीवन को अमृतमय बनाने की समस्या का समाधान उपनिषदों में क्रान्तिकारी रूप में उपलब्ध होता है तो भी संसार रहते हुए ही त्याग पूर्वक भोग का उपदेश उपलब्ध होता है। आगे डा० राधाकृष्णन् का विचार स्पष्ट है कि उपनिषद्काल में इन्द्रियों के अत्याचार के विरोध में प्रबल आवाज सुनाई दी। शरीर को दागना आदि ऐसी ही अत्यन्त क्रियायें प्रचलित हो गई थीं। यूकन के अनुसार उपनिषदों का लक्ष्य अधिकतर संसार में घुसकर उस पर विजय पाना इतना नहीं है जितना कि उससे अनासक्ति एवं मुक्ति पाना है। कठोर से कठोर बाधा के विरुद्ध भी स्थिर रखने के लिये जीवन को दीर्घ बनाना नहीं है, वरन प्रत्येक प्रकार की कठोरता को कम करना एवं नरम करना है। तथा एक प्रकार की विहीनता, धीरे-धीरे तिरोधान हो जाना एवं गम्भीर चिन्तन है।[3] गफ के अनुसार—उपनिषदों की व्याख्या के अनुसार भारतीय ऋषि-मुनि दैवीय जीवन में भाग लेने का प्रयत्न केवल पवित्र भावना, उच्च विचार एवं घोर परिश्रम द्वारा नहीं और न ही सत्यज्ञान की प्राप्ति के लिए तथा सत्य कर्म द्वारा अपितु एकान्तवास अनासक्ति निष्क्रियता एवं समाधि द्वारा भी करते हैं।[4] उपर्युक्त मतों का प्रत्याख्यान करते हुए डा० राधाकृष्णन् की मान्यता समीचीन प्रतीत होती है कि नैतिक जीवन का सार इच्छा को मिथ्सर वैराग्य जो जीवन को एवं स्वप्न व भ्रान्तिमात्र समझता है और जो कुछ भारतीय विचार को एवं यूरोपीय विचारकों के मन में भी बार-बार आता है और उन्हें परेशान करता है उपनिषदों के व्यापक भाव से सर्वथा विपरीत है।[5]

इनका यह मत हमारे उपर्युक्त मत की पुष्टि करता है कि उपनिषद् एकदम संसार को छोड़कर भाग जाने का उपदेश नहीं देते हैं। जहां ऐसा कुछ भी प्रतीत नहीं होता है वहां विरक्त हो जाने का तात्पर्य मनुष्य जाति के निराशा एवं ईश्वर का परनव है। संसार को त्यागने का एकमात्र आदेश नहीं हैं अपितु केवल ऐन्द्रियक सुख ही सब कुछ नहीं इससे परे भी कुछ हैं। हमें उपनिषदों के रहस्यवादी परदे के पीछे अवलोकन करके भौतिक संसार एवं मनुष्य के अन्दर व्यापक ब्रह्म को जानने एवं साक्षात्कार करने का

---

1. इण्डियन फिलासफी, लेखक—डा० राधाकृष्णन्, अनुवादक—नन्दकिशोर गोभिल, उपनिषदों का दर्शन, पृ० 199
2. वही, पृ० 199
3. मेन करेंट्स, पृ० 13
4. फिलासफी आफ द उपनिषद्, पृ० 266-267
5. भारतीय दर्शन, डा० राधाकृष्णन् (हिन्दी), पृ० 201

उपदेश उपनिषदों में उपलब्ध होता है।[1] भगवत्गीता में भी स्पष्ट इसी प्रकार की मान्यता है। श्रीकृष्ण अर्जुन को संन्यास लेने का उपदेश नहीं देते जो अपितु युद्धस्व अर्थात् कर्म कर अपने कर्त्तव्य पालन पर जोर देते हैं। प्रायः सभी विद्वानों की यह मान्यता है कि गीता उपनिषद् का एक सरल संस्करण मात्र है अर्थात् उपनिषदों का प्रभाव गीता पर समुचित रूप से दृष्टिगोचर होता है।

वास्तव में उपनिषद् की यह उद्घोषणा प्रतीत होती है कि जैसा कि उत्तरवर्ती अन्य भारतीय दार्शनिक और नीतिकार सहमत हैं, मन को निर्मल बनाने के लिए भोजन की शुद्धि का होना आवश्यक है।[2] इन वासनाओं पर नियन्त्रण अपनी इच्छा से किया जाना चाहिए। जहां ऐसा सम्भव न हो वहां मन को शमन करने अर्थात् मन को ज्ञान पूर्वक परिवर्तन करने का आदेश है। तपस्या अथवा वासनाओं का वशीकरण बलपूर्वक बाह्य साधनों द्वारा किये जाने एवं संन्यास अथवा धार्मिक भावनाओं के द्वारा वासनाओं के त्याग में भेद किया जाता है। तपस्या का विधान भारतीय नीतिशास्त्रवेत्ता मनु आदि ने वानप्रस्थ के लिए किया है संन्यास संन्यासी के लिये है। हमें अपनी वाणी को मन के अन्दर और मन को बुद्धि के समर्पित करना चाहिए।[3] समाधि एवं ध्यान की अवस्था का विधान मन की शुद्धि के लिए किया गया है। उपनिषदों में जीवात्मा को निर्देश है कि अपनी इन्द्रियों को अन्तर्मुख करके केवल ईश्वर का ध्यान करें। इससे जीवात्मा अपना साक्षात्कार करता हुआ ब्रह्म का सान्निध्य प्राप्त कर लेता है।

भारतीय नीतिकारों ने जो ब्रह्मचर्य, गृहस्थ, वानप्रस्थ एवं सन्यास ये चारों आश्रम बनाये हैं उनका तात्पर्य भी केवल यही है कि मनुष्य धीरे-धीरे अपने आपको सांसारिक मल एवं अपवित्रता से शुद्ध कर सकता है। तभी वह उच्चतम अवस्था प्राप्त करने का अधिकारी हो जाता है।

ऋषि दयानन्द इस विषय में कहते हैं कि हम सभी आश्रमों में अपनी पवित्रता रखनी चाहिए। परलोक अर्थात् परजन्म में सुख और जन्म के सहायतार्थ नित्य धर्म का संचय धीरे-धीरे करता जाय क्योंकि धर्म ही के सहाय से बड़े-बड़े दुस्तर दुःखसागर को जीव तर कर सकता है।[3] आगे वे पुनः लिखते हैं कि सदा दृढ़कारी, कोमल स्वभाव, जितेन्द्रिय, हिंसक क्रूर दुष्टाचारी पुरुषों से पृथक् रहने हारा, धर्मात्मा मन को जीतने और विद्यादि ज्ञान से सुख को प्राप्त होंवे।[4]

जैसा हम स्पष्ट कर चुके हैं कि उपनिषद् संसार में रहने को हेय नहीं समझती

---

1. आहारशुद्धौसत्त्वशुद्धिः। —मनु०
2. अर्थेभ्यश्च परं मनः। मनसश्च पराबुद्धिर्बुद्धेरात्मा..... —कठ० 3.10
3. स० प्र० समु० चतुर्थ, पृ० 113
4. वही., पृ० 114

हैं इसी प्रकार ऋषि दयानन्द गृहस्थाश्रम की प्रशंसा करते हुए कहते हैं कि इसलिए जो मोक्ष और संसार के सुख की इच्छा करता हो वह प्रयत्न से गृहस्थ आश्रम धारण करे।[1] आगे ऋषि पुनः अपना मत स्पष्ट करते हुए कहते हैं कि जो कोई प्रशंसा करता है वह प्रशंसनीय है।[2] परन्तु इसके लिए कि गृहस्थाश्रम ज्येष्ठ है और स्वर्ग तुल्य है, उसके लिये स्त्री और पुरुष में परस्पर प्रेम का होना आवश्यक मानते हैं। तैत्तिरीय उपनिषद् में भी इसलिए कहा है कि प्रजातन्तुं मां व्यवच्छेत्सोः अर्थात् सन्तान के प्रजनन में व्यवधान न आये। यही मन्तव्य प्रतीत होता है कि अपने-अपने स्थान पर समुचित हैं, केवल अपने कर्तव्य का पालन निष्ठापूर्वक करना ही हम पूर्वापर भाव की तुलना से देखें तो यही पातें है कि संसार अपने आप में बुरा या अशुभ नहीं है। अपितु हम अपने अशुभ कर्मों द्वारा उसे स्वयं बुरा बना देते हैं। यही कारण है कि हमें ईशोपनिषद् में विद्या और अविद्या सम्बन्धी और असम्भूति का सामंजस्य प्राप्त होता है।[3] मुण्डक उपनिषद् में ज्ञान और कर्म का सामंजस्य है।[4] यद्यपि उच्च अवस्था ज्ञान को महत्व दिया गया है तो निष्क्रियता का प्रतिपादन उस रूप में कहीं भी कथन नहीं किया जिस रूप में मध्यकालीन सन्तों और कवियों की कृतियों में पाते हैं कि अजगर चाकरी नहीं करता पक्षी कोई नौकरी या कार्य नहीं करते, सब के दाता राम है।[5]

उपनिषदों में जहां आध्यात्मिकता का सूक्ष्म रूप में वर्णन उपलब्ध है, वहां सामाजिक ज्ञान और परिवार सम्बन्धी समाजशास्त्र का वर्णन आता है। जैसे कठोपनिषद् में नचिकेता सर्वप्रथम अपने पिता को शान्त करना ही अपेक्षित समझता है।[6] इसी प्रकार श्वेताश्वतर उपनिषद् में इसी प्रकार की प्रार्थना का उल्लेख है जैसा कि वेदों में अपने परिवार की सुरक्षा की चिन्तापूर्वक प्रार्थना हमें यत्र-यत्र प्राप्त होती है।[7] जैसा कि श्वेताश्वतर उपनिषद् में आया है कि हमें अपने बच्चों और पुत्रों के वियोग से पीड़ित न करो, हमारे बलवान वीरों को मत मारो।[8] जब तक पूर्णरूपेण हम अन्तर्मुखी नहीं होते या हमारे मन की सामान्य स्थिति होती है तो हमें अपने पारिवारिक कर्त्तव्यों को कदापि

---

1. वही, पृ० 232
2. वही, पृ० 232, गृहस्थेनैव धार्यन्ते तस्माज्ज्येष्ठाश्रमो गृही। तथा गृहस्थमाश्रित्य वर्तन्ते सर्व आश्रमाः। मनु० 3.77, 79, स० प्र० में व्याख्या, पृ० 232 ।
3. ईशोपनिषद्, 2.9, 10
4. मुण्डक उ०, प्र० मु०, प्रथम खण्ड 8, द्वि० ख० 1, 2, 3 से 9 तक।
5. अजगर करे न चाकरी पंछी करे न काम।
   दास मलूका कह गये सबके दाता राम।। —सन्तवाणी संग्रह से
6. यजुर्वेद, अ० 12, मं० 75 से 79, 102, 108, 117, अ० 7.13
7. मा नस्ताके तनये—वीरान्मा नो रूद्र—वधीर्हविष्मन्तः।—श्वेताश्वत०, अ० 4.22
8. बृ०, अ० 3, ब्राह्मण 1, मं० 1 से 3 तक मे द्रष्टव्य।

विस्मरण नहीं करना चाहिए। परन्तु दूसरी ओर उपनिषदों में आध्यात्मिक श्रेय की ओर जाने का उपदेश एवं आदेश सर्वत्र ही कथन किया गया है। सम्भवतः आधिभौतिक श्रेय और आध्यात्मिक श्रेय में कोई जातिभेद नहीं है। हम दोनों को सानुपातिक समझ सकते हैं। महान् आदर्शवादी तत्त्वज्ञ याज्ञवल्क्य ने भी जनक की सभा में उनसे प्रश्न किया गया कि वे सम्पत्ति और गोधन अथवा विजय और विवाद तो उन्होंने उत्तर दिया था कि वे दोनों चाहते थे। वे गायों को उनके सुवर्णातसीयों सहित चाहते थे तथा जनक की सभा में अन्य तत्त्वज्ञानियों के साथ विवाद में विजय भी चाहते थे। अतः वे आधिभौतिक और आध्यात्मिक वाद दोनों प्रकार का श्रेय चाहते थे।[3] परन्तु उपनिषदों में आधिभौतिक सुख और आत्मानुभूति या मोक्ष के आनन्द का सानुपातिक भेद का अवश्य उल्लेख किया गया है। जैसे पूर्ण स्वस्थ सभी साधन सम्पन्न युवक को इकाई मानकर भेद का उल्लेख किया जाता है। उस युवक से बढ़कर सौगुना आनन्द गान्धर्व का माना गया है। यह तुलना आगे क्रमशः बढ़ते-बढ़ते देवगन्धर्व पितृ, देवताओं, कर्मसिद्ध श्रेष्ठ देवता, इन्द्र, वृहस्पति, प्रजापति और ब्रह्मानन्द की कल्पना की गई है। ब्रह्म के आनन्द की प्राप्ति विकास की चरम सीमा मानी गई हैं।[1]

बृहदारण्यक उपनिषद् में याज्ञवल्क्य और मैत्रेयी के संवाद में भी यही तुलना सूक्ष्म रूप में प्रदर्शित की गई है। छान्दोग्य उपनिषद् में आत्मानुभूति के नैतिक तथा रहस्यात्मक पक्षों का उत्तम रीति से समन्वय मिलता है।[2] यह भी बतलाया गया है कि मनुष्य को अपना विकास करते समय भूमा को प्राप्त करना चाहिए।

उपनिषदों में आत्मा को पाप पुण्य से परे कहा गया है। वास्तव में अज्ञान और अविद्या आदि के कारण उस पर मल विक्षेप और आवरण की परतें आ जाती है। इन परतों को धर्म और अधर्म कृत और अकृत से परे बतलाया गया है इसी प्रकार आत्मा के विषय में भी छान्दोग्य उपनिषद् में प्रतिपादन इसी प्रकार आत्मा के अदेह आत्मप्रिय और अप्रिय से परे है। मुण्डकोपनिषद् में भी बतलाया गया है कि जब नैतिक कर्त्ता एक पर निरंजन प्रभु के दर्शन कर लेता है तो समस्त पाप पुण्यों की कल्पनाओं से मुक्त हो जाता है। इसी प्रकार बृहदारण्यक उपनिषद् में आता है कि हृदय गुफा में निवास करने वाला आत्मा जो सब इन्द्रियों पर शासन करने वाला है महान है। केवल अपने स्वरूप को पहचानना अवशिष्ट है। वह पाप पुण्य से परे हो जाता है।

आधुनिक आचारशास्त्र में यह अतीतवाद है। जो पाप पुण्य से परे की अवस्था है। ब्रोडले और नीत्शे का भी अतीतवाद कहलाता है परन्तु उपनिषदों के अतीतवाद में अन्तर है। नीत्शे का अतिनीतिवाद केवल अतिमानुषिक के अतीतवाद में शक्तियों के

---

1. द्रष्टव्य छान्दोग्य उपनिषद् में ब्रह्म के आनन्द का वर्णन।
2. बृहदारण्यक, 3.1.4, 5

विषय में ही लागू होता है। जो एकान्त शक्ति के अधिकारी होने के कारण नीति और अनीति का प्रतिरोध केवल ब्रह्म के विषय में लागू होता है। जिसे उसकी एकान्तता के कारण नीति ओर अनीति से परे समझना चाहिए। ऋषि दयानन्द की मान्यता है कि मनुष्य का आत्मा सत्य असत्य का जानने वाला है तथापि अपने प्रयोजन की सिद्धि के लिए हठ, दुराग्रह और अविद्या आदि दोषों से सत्य को छोड़ के असत्य में झुक जाता है[1] अर्थात् मनुष्य को स्वार्थ का परित्याग कर आत्मा के आदर्शों के अनुकूल आचरण करना ही चाहिए।

उपनिषदों में नैतिक धर्म के नियम सर्वत्र बिखरे मिलते हैं। मनु से जो धर्माचारण के दस सद्गुण बतलाये हैं वे उपनिषदों में उपलब्ध हैं। धैर्य, क्षमा, दम, चोरी न करना, शौच, इन्द्रिय, निग्रह, धी (बुद्धि, अर्थात् ज्ञान), विद्या, सत्य और क्रोध न करना।[2]

ऋषि दयानन्द इसमें अहिंसा को जोड़कर ग्यारह नैतिक धर्म के लक्षण करते हैं। अर्थात् यम, नियम का भी इसी में यथासम्भव अन्तर्भाव किया जा सकता है। योगदर्शन में यमों का वर्णन करते समय अहिंसा को सर्वप्रथम रखा है।[3] स्मृतिकाल बौद्ध और जैन दर्शन के प्रादुर्भाव काल में अहिंसा पर विशेष ध्यान दिया जाता रहा है। इस कारण यह प्रतीत होता है, यज्ञों में हिंसा प्रारम्भ होने से उस समय चिन्तकों का ध्यान हिंसा को रोकने की ओर अधिक गया होगा। यह भी संभव प्रतीत होता है कि यज्ञों में पशु आदि की बलि की प्रवृत्ति उत्पन्न होने से मांस खाने की जनसाधारण की रुचि कुछ बढ़ने की लगी हो, उस प्रवृत्ति को रोकने के लिए भी अहिंसा का प्रचार आवश्यक हो जाना स्वाभाविक है।

उपनिषदों में सद्गुणों में सत्य पर विशेष जोर दिया गया है। प्रायः सभी उपनिषदों में प्रत्येक स्थान पर सत्य का उल्लेख किसी न किसी रूप में हुआ है। यदि अन्य कोई भी अपराध या अशुभ कर्म हो गया हो परन्तु उस व्यक्ति ने वैसा करके भी सत्य बोला हो तो उसे समाज में या विद्वानों ने हेय दृष्टि से नहीं देखा। छान्दोग्य उपनिषद् का प्रसिद्ध प्रसंग आया है कि जाबाला नाम की एक स्त्री ने यौवन काल में दूसरों के घर सेवा करते हुए एक पुत्र को अवैध रूप में उत्पन्न किया। उसका पुत्र सत्यकाम जब वयस्क हुआ तो उसने अपनी माता से अपने पिता का नाम पूछा। जाबाला ने केवल यही उत्तर दिया कि वह इतना जानती है कि वह उसका पुत्र है। पिता का नाम नहीं जानती थी। जब सत्यकाम दीक्षा प्राप्त करने के लिए गया तो आचार्य ने पूछा वह किस वंश से उत्पन्न

---

1. स० प्र०, पृ० 2, भूमिका से
2. धृतिक्षमादमोऽस्तेयं शौचमिन्द्रियनिग्रहः।
   धीर्विद्यासत्यमक्रोधो दशकं धर्मलक्षणम्।।
3. अहिंसा सत्यास्तेयब्रह्मचर्य्यापरिग्रहायमाः।। —योग दर्शन, सू० 30

है उसने कहा मैं केवल अपनी माता का नाम जानता हूं गोत्र और वंश नहीं जानता। मेरी माता का कहना है कि यौवन में उसने दूसरों के यहां सेवा करते हुये मुझे प्राप्त किया। गुरु ने सत्यकाम से कहा यह वचन किसी अब्राह्मण के मुख से नहीं निकल सकते हैं।[1] आओ मैं दीक्षा दूंगा। क्योंकि तुम सत्य से विचलित नहीं हुए हो। यह कथा हमें बतलाती है कि किसी स्वैरिणी स्त्री का पुत्र भी शुद्ध और यथार्थ सत्य बोलने के कारण ब्राह्मण पद का अधिकारी हो सकता है। पुनः इसी उपनिषद् में आया है कि सत्य किस प्रकार प्रतिरूप माना गया है।[2]

मुण्डकोपनिषद् में स्पष्ट कहा गया है कि सत्य की ही विजय होती है असत्य की नहीं। ऋषि लोग जिनकी समस्त कामनायें पूर्ण हो चुकी है वे सत्य लोक को प्राप्त होते हैं। प्रश्नोपनिषद् में भी सत्य की महिमा का उल्लेख करते हुए महर्षि भारद्वाज ने भी यह बताया है कि जो सत्य भाषण नहीं करता वह सूख जाता है। इसका अभिप्राय यही है कि असत्य बोलने का साहस नहीं करना चाहिए।[3]

ऋषि दयानन्द भी सत्य को ही प्रमुखता देते है। आर्यसमाज के तृतीय नियम में उन्होंने सत्य को ही रखा है "सत्य के ग्रहण करने और असत्य के छोड़ने में सर्वदा उद्यत रहना चाहिए"।[4] मन वचन और कर्म से सत्य का पालन करना सबका वास्तविक धर्म है। ऋषि दयानन्द कहते हैं कि ऋत भी इसी का नाम है। तथा सत्य भाषण और आचरण से उत्तम धर्म का लक्षण कोई नहीं है।[5]

भारतीय आचार शास्त्र को उन सर्वभौम नियमों की माला देती है जिनकी न्यूनता को कहीं पर और किसी काल में उपेक्षा नहीं की जा सकती है। ये नियम भारतीय सांस्कृतिक निधि के अनुपम थाती हैं। इनकी उपेक्षा करके मानव परम शुभ कदापि प्राप्त नहीं कर सकता है।

शुभ और अशुभ (पाप और पुण्य)

यह निष्कर्ष निकालना बड़ा ही कठिन है कि क्या अच्छा है और क्या बुरा है? शुभ और अशुभ का प्रत्यय पाश्चात्य नीतिशास्त्र की देन है या हम भारतीय दृष्टिकोण से विचार कर रहे हैं कि भारतीय दृष्टि से शुभ और अशुभ क्या है, उसका आधार क्या है। भारतीय दर्शन में परम शुभ मोक्ष को प्राप्त करना है जैसे कि हम धर्म, अर्थ काम और मोक्ष, इन चार पुरुषार्थों को स्वीकार करते हैं। इन पुरुषार्थों के मूल में जो भावना

1. छान्दोग्य० 4.4.1, 2, 3, 4, 5
2. मुण्डक० 2.1.1, 3.1.5, 6 पर
3. प्रश्नोपनिषद् 1.15.6.1 पर द्रष्टव्य
4. आर्यसमाज का तृतीय नियम
5. दयानन्द ग्रंथ माला, भाग 2, पृ० 396

है वह है कि अपने दुःख से मुक्ति, सुख की प्राप्ति (पारलौकिक तथा लौकिक), परदुःख निवारण। मनुष्य के इन प्राप्तव्य लक्ष्यों के आधार पर भारतीय दर्शन में विस्तार पूर्वक विवेचना की गयी हैं

न्याय वैशेषिक के अनुसार संसार ही आत्मा की बन्धन है। न्याय के अनुसार मिथ्या ज्ञान से आरम्भ कर दुःख पर्यन्त धर्मी का आत्मा में प्रकट होना संसार है। ये धर्म हैं मिथ्या ज्ञान, दोष, प्रवृत्ति, जन्म तथा दुःख। इनमें पहला धर्म क्रमशः अगले धर्म का कारण है।[1] अतः बन्धन का कारण है मिथ्याज्ञान। बन्धन से मुक्त होने का मार्ग न्याय के अनुसार सोलह पदार्थों का तात्विक ज्ञान है। और वैशेषिक के अनुसार छः पदार्थों का ज्ञान है[2]। यहाँ यह प्रश्न पूछा जा सकता है कि बन्धन का कारण जो मिथ्याज्ञान है उसका स्रोत क्या है? उसको किसने उत्पन्न किया है? न्यायवैशेषिक का उत्तर यहीं है कि अज्ञान अनादि हैं अतः बन्धन भी अनादि है। इसलिए अनादिकाल से यह बन्धन चला आ रहा है। तात्त्विक ज्ञान से यह आत्मा मोक्ष को प्राप्त कर लेता है।

सांख्य और योग में बन्धन का अर्थ है अविद्या और क्लेष तथा इनसे उत्पन्न धर्म और अधर्म से युक्त होना। धर्म एवं अधर्म के कारण संसरण करना तथा दुःख भोगना। पुरुष या आत्मा के लिए यह पर्याप्त नहीं है। यह सम्पूर्ण संसरण वास्तव में प्रकृति में होता है जिसे अज्ञान वश पुरुष अपना समझ लेता है। यहां इस भ्रम को ही वास्तव में बन्धन कहा जा सकता है। यह भ्रम पुरुष को क्यों होता है?-सांख्य का उत्तर है कि यह भ्रम तो अनादि है। इसलिए सांख्य-योग के मत में बन्धन या अशुभ का कोई मूल स्रोत दृष्टिगोचर नहीं होता, इतना अवश्य है कि बन्धन में पड़ा हुआ पुरुष धर्म-अधर्म के कारण पुनः जन्म लेता है। अतः धर्म-अधर्म या कर्म भी गौणतः बन्धन के कारण है। बन्धन के नाश का कारण केवल ज्ञान है और वही परम शुभ है। उसका स्रोत मुमुक्षत्व या मोक्ष की इच्छा ही माना जा सकता है। अतः शुभ का स्रोत मनुष्य की इच्छा ही है। योग में यम-नियम, आसन, प्राणायाम, ध्यान और समाधि को भी साधन रूप में माना गया है।

मीमांसा दर्शन में बन्धन का अर्थ है आत्मा का प्रपंच (शरीरादि सृष्टि) के साथ सम्बन्ध और उसका कारण है धर्म-अधर्म। धर्म-अधर्म वे संस्कार है जो कर्म करने से आत्मा में उत्पन्न होते हैं विहित कर्मों के करने से धर्म की तथा निश्चित कर्मों के करने से अधर्म की उत्पत्ति होती हैं। धर्म-अधर्म के कारण ही जीव पुनः जन्म लेता है तथा

---

1. दुःख जन्म प्रवृत्तिदोष-मिथ्याज्ञानानामुत्तरोत्तरा पाये, तदन्तरापायादपवर्गः।
—न्यायदर्शन 1.1.2

2. वैशेषिक सूत्र 1.1.4.

शरीर इन्द्रियों और विषयों से सम्बन्ध होता है। मोक्ष की प्राप्ति धर्म-अधर्म के नाश द्वारा हो सकती है। धर्म-अधर्म के नाश के साधन काम्य और निषिद्ध कर्मों का त्याग, शम-दम, ब्रह्मचर्य का पालन तथा आत्मज्ञान है। नित्य तथा नैमित्तिक कर्मों का करना भी मीमांसा ने आवश्यक माना है। मोक्ष की प्राप्ति के लिए ज्ञान और निष्काम कर्म आवश्यक है। ये दोनों ही अन्ततः मनुष्य की इच्छा पर है। मीमांसा दर्शन मोक्ष के अतिरिक्त स्वर्ग प्राप्ति को भी जीवन का लक्ष्य मानता है जिसका साधन यज्ञ है। अतः यज्ञ भी उसके अनुसार शुभ का स्रोत है। मीमांसा के अनुसार निष्कर्ष रूप में यह कहा जा सकता है कि शुभ और अशुभ का मूल स्रोत मनुष्य की इच्छा और संकल्प पर निर्भर करता है।

जैन दर्शन में आत्मा के बन्धन का कारण कर्म-पुद्गल का आत्मा में आगमन, और कषाय (क्रोध, मान, माया, लोभादि भाव) के कारण होता है। परन्तु आत्मा अपने में तो नितान्त शुद्ध होती है। फिर कषाय की उत्पत्ति उसमें कहां से होती है? जैन दर्शन में इस विषय का उत्तर यहीं है कि कषाय अनादि है। कषाय को अनादि मानने के कारण जीव का बन्धन भी अनादि है। अतः जैन दर्शन में मूल अशुभ कषाय को स्रोत सहित माना जा सकता है। मोक्ष का मार्ग है सम्यग् दर्शन, सम्यग् ज्ञान और सम्यग् चरित्र। इनका मूल मनुष्य की इच्छा को ही माना जा सकता है।

बौद्ध दर्शन में संसार का जरामरण ही दुःख का बन्धन है इसका मूल कारण ही अविद्या है। अविद्या एक लम्बी शृंखला की आदि कड़ी हैं। जिसके अन्त में जरामरण है। यह भवचक्र सदा परिवर्तित होता रहता है अतः बौद्ध मत में बन्धन का मूल स्रोत अविद्या ही है जो अनादि हैं। इसके निवारण के लिए आष्टांगिक मार्ग का विधान किया गया है जो मनुष्य की ही इच्छा के अधीन माना जा सकता है। अतः यहां भी अशुभ का स्रोत अविद्या है जो अनादि हैं। और शुभ का स्रोत मनुष्य का संकल्प तथा उसकी इच्छा है। बौद्ध दर्शन में मोक्ष को निर्वाण के नाम से कहा गया है, जिसका अभिप्राय है कामनाओं का इच्छाओं का बुझ जाना।

अद्वैतवेदान्त— अद्वैत वेदान्त में सत्ता के मुख्य दो स्तर माने जाते हैं, पारमार्थिक और व्यावहारिक। पारमार्थिक स्तर पर तो केवल ब्रह्म की सत्ता है जो अपने आप में सच्चिदानन्द स्वरूप है। यह स्वयं मोक्षस्वरूप है। यहीं परमज्ञान है। यही मनुष्य का चरम लक्ष्य है। अतः यह शुभ ही शुभ है इस स्तर पर तो कहीं अशुभ है ही नहीं, अतः उसके स्रोत का भी प्रश्न नहीं उठता। व्यावहारिक स्तर पर यह सम्पूर्ण जड़-चेतन जगत् आता है। इसी स्तर पर मनुष्य (जीवात्मा) शुभ और अशुभ कर्म करता है। यह जगत् ही मनुष्य का बन्धन है। अद्वैत वेदान्त में यह सम्पूर्ण विश्व एक भ्रम है तथा मिथ्या प्रतीति है। जिसका कारण माया, अविद्या या अज्ञान है और अज्ञान ही बन्धन का कारण है अतः इसे अशुभ का मूल स्रोत कहा जा सकता है। यहां यह प्रश्न किया जा सकता

है कि यह माया अथवा अज्ञान कहां से आया? इस विषय में अद्वैत वेदान्त का कहना है कि यह अनादि हैं। यह तत्त्व ज्ञान द्वारा समाप्त किया जा सकता है अतः इनकी दृष्टि में ज्ञान ही शुभ है। ज्ञान स्वयं मोक्ष स्वरूप या ब्रह्म रूप है। अतः इससे पृथक् इसका कोई स्रोत नहीं माना जा सकता। पारमार्थिक दृष्टि से यद्यपि अज्ञान ही सम्पूर्ण बुराई का स्रोत है। परन्तु व्यावहारिक स्तर पर भवचक्र में फंसे हुए मनुष्य के लिए उसका कर्म भी उसके शुभ अशुभ का स्रोत माना जा सकता है। क्योंकि उसको जो कुछ लौकिक सुख प्राप्त होता है। वह उसके अपने कर्मों के कारण ही प्राप्त होता है। अद्वैत वेदान्त में जीवात्मा को कर्म करने में स्वतन्त्र माना गया है। अन्ततः वह स्वयं अपने शुभ-अशुभ कर्मों का निर्माता है। इसकी अपनी इच्छा ही उसके अपने शुभ और अशुभ का मूल स्रोत कही जा सकती हैं।

विशिष्टाद्वैत— विशिष्टाद्वैत में सत्ता के पारमार्थिक और व्यावहारिक जैसे भिन्न-भिन्न स्तर नहीं हैं क्योंकि यहां मिथ्या कुछ नहीं है। सभी कुछ पारमार्थिक है। इसलिए जीव का बन्धन भी पारमार्थिक है। जीव बन्धन में क्यों रहता है? रामानुज का उत्तर है कि शरीर धारण करने के कारण जीव बन्धन में आता है। शरीर धारण करना उसके कर्मों का परिणाम है। अतः रामानुज के अनुसार संसारिक सुख-दुःखों का शुभ-अशुभ का स्रोत कर्म है और कर्म क्योंकि मनुष्य की स्वतन्त्र इच्छा पर निर्भर करता है। अतः मनुष्य की इच्छा ही इसका मूल स्रोत है। मोक्ष साधन के रूप में रामानुज कर्म, ज्ञान और भक्ति इन तीनों का समुच्चय मानते हैं। इसलिए रामानुज की दृष्टि में भी सम्पूर्ण शुभ-अशुभ का मूल स्रोत मनुष्य की स्वतन्त्र इच्छा ही है। रामानुज के दर्शन में यद्यपि विरोध सा भी प्रतीत होता है कि एक तरफ रामानुज कहता है कि विश्व में ईश्वर की इच्छा के बिना कुछ भी सम्भव नहीं है। जो कुछ है वह उसकी लीला मात्र है। इसलिए जीवात्मा जो भी कर्म करता है वह ईश्वर की लीला है। दूसरी और यह मानते है कि जीवात्मा शुभ कर्मों के द्वारा मुक्ति प्राप्त कर सकता है इससे यह प्रतीत होता है कि रामानुज ये कहना चाहते हैं कि जीवात्मा को ईश्वर की कृपा प्राप्त करने के लिए अथवा पात्रता प्राप्त करने के लिए शुभ कर्मों को करना ही होगा। अतः रामानुज भाग्यवाद को मानते हुए भी कर्मों की स्वतन्त्रता को भी स्वीकार करता है।

शुद्धाद्वैत के प्रवर्तक वल्लभ के अनुसार जीव के बन्धन का कारण अविद्या है। अतः इस मत में अशुभ का स्रोत अज्ञान या अविद्या, और शुभ का स्रोत ज्ञान माना जा सकता है।

द्वैताद्वैत के प्रवर्तक निम्बार्क आचार्य के अनुसार जीव के बन्धन का कारण कर्म है और कर्म अज्ञान का कारण है। यह अज्ञान अनादि है यह अशुभ का मूल स्रोत माना जा सकता है। इसका नाश ईश्वर की कृपा से ही हो सकता है अतः ईश्वर की कृपा ही शुभ है। जिसका मूल स्रोत स्वयं ईश्वर है। परन्तु ईश्वर की कृपा उन्हीं पर होती

है जो अपना सब कुछ ईश्वर को समर्पित कर देते हैं। इसलिए इसका भी कारण मनुष्य की अपनी इच्छा को ही मानना अपेक्षित है।

द्वैतवाद के प्रतिपादक आचार्य मध्व के अनुसार बन्धन के पांच प्रकार हैं अविद्या, लिंग-देह, परमाच्छादक प्रकृत्ति, काम और कर्म। किन्तु ये सब मध्व के अनुसार सादि है स्वरूपतः शुद्ध आत्मा को बाधने में असमर्थ है। ईश्वर के इच्छा से आत्मा को बांधने में समर्थ होते हैं। मध्यकालीन इस द्वैतवाद के अनुसार बन्धन का मूल कारण ईश्वर इच्छा है। ईश्वर की इच्छा से ही जीव इन पांचों बन्धनों के नाश करने में समर्थ होता है। अतः शुभ और अशुभ दोनों का स्रोत माध्व दर्शन में ईश्वर इच्छा है।

भारतीय दर्शन में शुभ के निम्नलिखित स्रोत माने जा सकते हैं—

1. मूल तत्त्व जो शुभ से अभिन्न है वह ब्रह्म है— अद्वैतवेदान्त।
2. ज्ञान जो मनुष्य इच्छा के अधीन हैं— शुद्धाद्वैत, सांख्य, योग, न्यायवैशेषिक।
3. ज्ञान और कर्म मनुष्य की इच्छा के अधीन है— मीमांसा
4. ज्ञान, भक्ति और कर्म जो मनुष्य की इच्छा के अधीन है— विशिष्टाद्वैत।
5. ईश्वरेच्छा— द्वैत-अद्वैत, द्वैत।
6. सम्यग् दर्शन, सम्यग् ज्ञान और सम्यग चरित्र, ये मनुष्य की इच्छा के अधीन हैं— जैनदर्शन।
7. आष्टांगिक मार्ग जो मनुष्य की इच्छा के आधीन है— बौद्ध दर्शन।

भारतीय दर्शन में मोक्ष का अर्थ है— दुःखों से आत्यान्तिक- सदा के लिए मुक्ति। दुःखों से मुक्ति हमे कैसे प्राप्त हो सकती है। इसके लिए भारतीय दर्शन ने दुःखों के मूल कारणें का गहराई से गहन अध्ययन प्रस्तुत किया है। चार्वाक और बौद्धों को छोड़कर सभी भारतीय दर्शन मनुष्य के चेतन तत्त्व के रूप में आत्मा के अस्तित्व को स्वीकार करते हैं इस आत्मा को अपने शुद्ध रूप में सभी प्रकार दुःखों से रहित मानते हैं। यह आत्मा अज्ञान या अविद्या के कारण बन्धन में पड़ता है। संसार में जन्म लेकर जन्म-मरण के चक्र में पड़ता है। यह संसार जन्म-मरण का चक्र ही इन दर्शनों के अनुसार ही दुख का कारण है। यह संसार का बन्धन अद्वैत वेदान्त के अनुसार अज्ञान के कारण मिथ्या प्रतीति मात्र है। परन्तु अन्य दर्शनों के अनुसार वास्तविक है यथार्थ है। सांख्य-योग के अनुसार आत्मा-प्रकृति के विकार बुद्धि आदि के साथ अपना तादात्म्य स्थापित कर लेती है अतः बुद्धि आदि को अपना ही रूप मानने लगती है अतः बुद्धि आदि में होने वाले परिवर्तनों को अपना परिवर्तन समझने लगती हैं। सांख्य योग की दृष्टि से सभी प्रकार के सुख-दुःख वास्तव में प्रकृति में होने वाले परिवर्तन हैं। आत्मा को ये स्पर्श नहीं करते। परन्तु आत्मा भ्रम के कारण इन्हें अपना मान बैठती है। इसलिए सांख्य योग की दृष्टि में सबसे बड़ा अशुभ अज्ञान है। जिसके कारण आत्मा

प्रकृति के विकारो के साथ अपना तादात्म्य स्थापित करती है। और इसके विरुद्ध विवेक के द्वारा जब आत्मा पुरुष प्रकृति का साक्षात्कार कर लेता है। तो प्रकृति के विकारो से भिन्न अपने शुद्ध स्वरूप का साक्षात्कार कर लेता है। इसी को सांख्य में सत्व पुरुष अन्यथा ख्याति कहा गया है। जिसका अभिप्राय है बुद्धि और आत्मा की भिन्नता का ज्ञान।

अद्वैत वेदान्त में बन्धन का कारण अविद्या अज्ञान ही अशुभ या बुराई है। न्यायवैशेषिक तथा मीमांसा में मनुष्य का बन्धन अनादि हैं, परन्तु उसका नाश तत्त्व ज्ञान द्वारा हो सकता है। इसलिए यहां भी बन्धन और जन्म-मरण का चक्र अशुभ है और ज्ञान शुभ है जैन दर्शन में कर्म पुद्गल के आस्रव के कारण आत्मा का स्वरूप रूक जाता है। जिस कारण वह बन्धन में पड़ता है। कर्म पुद्गल के आस्रव का कारण क्रोधादि कषाय है। अतः यहाँ को ही मूल अशुभ माना जाता है। बन्धन से मुक्त होने का मार्ग सम्यग् दर्शन, सम्यग् ज्ञान और सम्यग् चरित्र है। इसी को यहाँ शुभ माना जाता है। बौद्ध दर्शन में बन्धन को संसार चक्र या भवचक्र के रूप में माना जाता है। इसका क्रम इस प्रकार हैं—

अविद्या, संस्कार, विज्ञान, नामरूप, षडायतन (मनसहित-छः इन्द्रियां), वेदना (इन्द्रियानुभव), तृष्णा, उपादान (भोग), भव, जाति, जन्म तथा पुनर्जन्म, जरा-मरण ये सभी अशुभ है। इसके आदि में अविद्या है। वास्तव में अविद्या ही मूल रूप में अशुभ है। वैशेषिक दर्शन में मनुष्य के धर्मों को दो भागों में बांटा गया है— सामान्य और विशेष। सामान्य धर्म में तेरह धर्म बताये गये हैं। श्रद्धा, अहिंसा, भूति तत्त्व, अस्तेय, ब्रह्मचर्य, अनुपछाभावशुद्धि, क्रोधवर्जन, अभिसेचन, शुचि द्रव्य, विशिष्ट देवता भवति, और उपवास तथा अप्रमाद। विशेष धर्म में वर्णाश्रम धर्म को माना गया है। इसी प्रकार बौद्ध दर्शन में निर्वाण को प्राप्त करने के लिए आष्टांगिक मार्ग बतालाया गया है—सम्यक् दृष्टि, सम्यक् संकल्प, सम्यक् वाक्, सम्यक् कर्म, सम्यक् आजीव, सम्यक् व्यायाम और सम्यक् स्मृति, सम्यक् समाधि।

सभी भारतीय दार्शनिक जो मोक्ष को परम सुख के रूप में स्वीकार करते हैं, वे अन्तःकरण पर मल विक्षेप और आवरण की वासना को अनादिकाल से मानते हैं। उन वासनाओं के तप, वैराग्य से अन्तःकरण को शुद्ध करने का मार्ग बतलाते हैं।

पञ्चदश अध्याय

मोक्ष निरूपण

मोक्ष धारा—

विश्व में दो प्रकार की प्रवृत्ति सर्वत्र दृष्टिगोचर होती है। प्रथम दु:खों को दूर करने की प्रवृत्ति, द्वितीय सुखों को प्राप्त करने की प्रवृत्ति। भारतीय-साहित्य में मुक्ति की धारणा का आधार इन दोनों प्रकार की प्रवृत्तियों की अतिशयता है। हम साधारणत: दु:खों की इच्छा न करते हुये अपने सुख की वृद्धि करना चाहते हैं। जो संसार में प्राप्त होने वाले शब्द स्पर्शादि के विषयों के सम्बन्ध से उत्पन्न होने वाले सुख हैं वे प्रसिद्ध ही हैं। परन्तु उनकी अन्तिम अवधि ज्ञान नहीं है। जो प्राप्त सुख अनुभव किये जा रहे हैं उनमें भी न्यून-अधिक का निर्णय करना भी कठिन सा है। कोई शब्द में सुख, कोई रूप में सुख अधिक अनुभव करता है। अत: लोक में रुचियां विभिन्न प्रकार की हैं।[1] हम इस विवेचन से इस निष्कर्ष पर पहुंचते हैं कि सुख विशेष का न्यून या अधिक होना भोक्ता पर ही अवलम्बित है।

इसी प्रकार दु:ख निवृत्ति भी दो प्रकार की है। प्रथम वर्तमान दु:ख की निवृत्ति, द्वितीय भावी दु:ख की निवृत्ति। इन दोनों में भी भावी दु:ख की निवृत्ति, अधिक बलवान होती है क्योंकि भावी दु:ख इस वर्तमान कालिक दु:ख की अपेक्षा अधिक बलशाली दृष्टिगोचर होता है। क्योंकि वर्तमान कालिक दु:ख तो भोगारूढ़ होता है इसलिए सह लिया जाता है। अत: महर्षि पतञ्जलि ने कहा है कि जो दु:ख भविष्यत् काल में आते हैं वे त्याज्य हैं।[2] इसमें युक्ति यही देते हैं कि जो दु:ख अतीत अर्थात् हम भोग चुके हैं, और जो भोगे जा रहे हैं, उनका उपाय करने से क्या? वे भोगारूढ़ हैं ही, भविष्यत्-काल में दु:ख न आये, उनका उपाय करना चाहिए[3] उपाय भी ऐसा जो आत्यन्तिक रूप दु:खों की निवृत्ति कर सके।

---

1. भिन्नरुचिर्हिलोक:।
2. हेयं दु:खमनागतम्। —योग० सा० पा० 16
3. दु:खमतीतमुपभोगेनातिवाहितं न हेयपक्षे वर्तते, वर्तमानं च स्वक्षणे भोगारूढ़मिति ... तस्मादेव अनागतं दु:खं ...हेयतामापद्यते। —व्यासभाष्य 2, 16 पर

ये उक्त दोनों प्रकार की प्रवृत्तियां ही मोक्ष की विचारधारा की जनक कहलाती हैं। यह उक्त धारणा कि हमें अतिशय सुख प्राप्त हो और दुःखों की निवृत्ति हो, वेदों के काल से ही प्राप्त होती है। उपनिषदों के युग में तो इसकी हमें पराकाष्ठा उपलब्ध होती है। यजुर्वेद और ईशोपनिषद् में स्पष्ट कहा है कि वहां अर्थात् मोक्षावस्था में मोह अर्थात् शोक नहीं रहता।[1] तैत्तिरीय उपनिषद् में भी इन उक्त दोनों प्रकार की भावनाओं की सातिशयता को दर्शाया गया है। वह सब कामनाओं को पूर्ण कर लेता है।[2] वह निर्भय हो जाता है।[3] अमृत को प्राप्त कर लेता है।[4]

उपनिषदों में यह विचारधारा है कि इन उपर्युक्त वाक्यों में "सर्वान् कामान् अश्नुते" यह कहकर निरतिशय सुख की उपलब्धि दर्शायी है। चतुर्थ वाक्य में भी (रसं ह्येवायं लब्ध्वानन्दी भवति) सातिशय आनन्द की प्राप्ति की ओर संकेत है। "ऽभयं गतो भवति" यह कहकर दुःखों की ओर संकेत मिलता है। इस पर अभ्यंकर शास्त्री का मत है कि जो भय है वह भावी दुःख के अनुसन्धान अर्थात् संस्मरण आदि से उत्पन्न जो चित्त की विकलता को करने वाली चित्तवृत्ति विशेष हुआ करती है। अल्प दुःख होने से भय होता है। अतः प्राप्त और अप्राप्त दोनों प्रकार के भयों का न होना निरतिशय दुःख निवृत्ति में ही सम्भव है। अतः अभयं गतो भवति—इस वाक्य में निरतिशय दुःख निवृत्ति ही कही गई है।

मोक्ष एवं विभिन्न दार्शनिक—

चार्वाक तथा अन्य जड़वादी दार्शनिक केवल लौकिक सुखों को ही अन्तिम मान उनकी प्राप्ति को ही पुरुषार्थ मानते हैं।[5] परन्तु यह अनुभव मानता है कि आत्मा नित्य होने के कारण सांसरिक सुखों से भी आगे जो सबसे बड़ा जन्म-मरण का दुःख है, उससे छूटना चाहते हैं। क्योंकि सांसारिक भोगों में तो अन्त में दुःख ही छिपा रहता है।

उपरोक्त विवेचन से यह निष्कर्ष निकलता है कि समस्त जीवात्मा अपना विकास करके मुक्ति की ओर अग्रसर होना चाहती हैं। यहां विकास से अभिप्राय भौतिक विकास से नहीं है अपितु संसार के संसर्ग से रागद्वेष आदि-दोष आ जाते हैं—उनसे छुटकारा पाकर ब्रह्म की प्राप्ति करनी है। इसी को हम दूसरे शब्दों में इस प्रकार कह सकते हैं कि जीवात्मा स्वतन्त्र होना चाहता है। इस स्वतन्त्रता की पराकाष्ठा का नाम ही मोक्ष,

---

1. तत्र को मोहः कः शोकः। —ईशो० 7 मं०
2. सोऽश्नुते सर्वान्कामान्। —तैत्तिरीय उ० ब्र० व०, अनुवादक 2
3. सोऽभयं गतो भवति। —वही, ब्र० व०, अनुवादक 15
4. रसं ह्येवायं लब्ध्वानन्दी भवति। —वही, ब्र० तै०, अनु० 15
5. अथ त्रिविधदुःखात्यन्त निवृत्तिरत्यन्त पुरुषार्थः। —सां० सू० 1.1
   "दुःखत्रयाभिघाताज्जिज्ञासातदपघातके हेतौ।" —सां० कारिका 3

अथवा अमृत हो जाता है। इसे ही गीता में परमधाम या परमपद कहा है। इस परमपद का अभिप्राय भौतिक अर्थ में नहीं, यह एक ऐसी अवस्था है जिसमें कर्तृत्व, ज्ञातृत्व और भोक्तृत्व शक्तियों की पराकाष्ठा हो जाती है। सांसारिक समस्त बन्धन छूट जाते हैं और समस्त संशय समाप्त हो जाते हैं।[1] तथा जन्म-मरण का चक्र छूटकर वह परमधाम अर्थात् मोक्ष को प्राप्त कर लेता हैं। इस मोक्ष की धारणा से कुछ चिन्तक इस भ्रम से ग्रस्त हो जाते हैं कि मोक्ष कोई स्थान विशेष है वहां जीवात्मा को भेज दिया जाता है। परन्तु उपनिषदों में या भारतीय षड्दर्शन और वैदिक साहित्य में भी मुक्ति कोई स्थान विशेष पर जाना नहीं है अपितु जीवात्मा की स्वतन्त्रता की पराकाष्ठा है। वह ज्ञान की अन्तिम सीढ़ी है उसको प्राप्त करके, जन्म-मरण के बन्धनों से छूट करके जीवात्मा स्वतन्त्र विचरता है। उस अवस्था का नाम वेद में अमृत कहा गया है। भारतीय नास्तिक दार्शनिकों में जैन और बौद्ध जो ईश्वर की सत्ता में विश्वास नहीं रखते, वे भी मोक्ष को स्वीकार करते हैं। जैनों के यहां मिथ्या दर्शन बन्ध के कारण हैं। उनका निरोध संवर कर लेने पर तथा नये कर्मों का अभाव होकर निर्जरा रूपी कारण के सम्पर्क से पूर्वार्जित कर्मों का विनाश हो जाता है। तब सब प्रकार के कर्मों से मुक्ति उपलब्ध हो जाती है बस इनका यही मोक्ष कहलाता है। जैन आचार्य पद्मनन्दी कहते हैं कि सूर्यचन्द्रादि ग्रह तो जाकर लौट आते हैं परन्तु लोक से परे जो आकाश है उसमें गये हुये मोक्षात्मा आज तक नहीं लौटे।[2]

बौद्ध दर्शन भी मोक्ष को स्वीकार करता है। बौद्ध दर्शन में मुक्ति के लिये निर्वाण शब्द का प्रयोग हुआ है। जिसका शाब्दिक अर्थ है बुझा हुआ। परन्तु यह विचार भ्रामक प्रतीत होता है। क्योंकि ऐसा होता तो महात्मा बुद्ध मृत्यु से पूर्व निर्वाण पद कैसे प्राप्त कर लेते हैं। वस्तुतः निर्वाण शब्द का अर्थ वासना की अग्नि बुझ जाना प्रतीत होता है। इनके अनुसार जब हमारे अन्दर से कामासव, भावासव और अविद्यासव आदि की अशुद्धियां समाप्त हो जाती हैं तब पुनर्जन्म नहीं होता। निर्वाण को बौद्ध दर्शन में शीतीभाव अथवा शीतलता की अवस्था कहा है।

बौद्ध दर्शन में निर्वाण के दो रूप बतलाये गये हैं। सोपाधि और अनुपाधि निर्वाण। प्रथम पुनर्जन्म के कारण कुछ अवशिष्ट रहते हैं द्वितीय में पूर्ण बुझा हुआ माना गया है। परन्तु जीवात्मा का अभाव नहीं होता है।

कुछ मीमांसकों के अनुसार मोक्षावस्था में धर्म और अधर्म इन दोनों का सम्बन्ध

---

1. भिद्यते हृदयग्रन्थिश्छिद्यन्ते सर्वसंशयाः। क्षीयन्ते चास्य कर्माणि तस्मिन् दृष्टे परावरे।
—मु० उ०, द्वितीय मुण्डक 8

2. गत्वा-गत्वा निवर्तन्ते चन्द्रसूर्यादयोग्रहाः।
अद्यापि न निवर्तन्ते त्वलोकाकाशमागताः।। —प० न० आ०

नहीं रहता। इस पर दूसरे विचारकों की आपत्ति है कि मुक्तावस्था में जब सब धर्म नष्ट हो जाते हैं तो मुक्त व्यक्ति को किसी प्रकार के आनन्द की प्राप्ति नहीं होगी। इसका उत्तर ये इस प्रकार देते हैं कि—मुक्तावस्था में न आनन्द का अनुभव होता है न ज्ञान का। आनन्द का अनुभव करने के लिए इन्द्रियों की आवश्यकता रहती है, परन्तु इन्द्रियां मोक्षावस्था में नहीं रहती। निषिद्ध और काम्य दोनों प्रकार के कर्म नष्ट हो जाते हैं।

न्यायदर्शन में भी मोक्ष को दुःख के पूर्ण अभाव की अवस्था माना है। भाष्यकारों ने कहा हैं कि दुःख से मनुष्य तभी छूटता है जबकि वह ग्रहण किये हुए जन्म को छोड़ देता है। सुख की अवस्था मुक्ति में ये युक्तियुक्त नहीं मानते हैं। वहां नित्य सुख की प्राप्ति होती है, यह किसी भी प्रकार सिद्ध नहीं होता है। नित्य सुख की अभिव्यक्ति में कोई हेतु होना चाहिए।[2] यदि वह सुख नित्य होगा तो सदैव प्राप्त हमें भी होना चाहिए। यदि अनित्य होगा तो मुक्तावस्था में भी नहीं होगा। इस प्रकार भाष्यकार मोक्ष में सुख का प्रत्याख्यान करते हैं।

सांख्यदर्शन के अनुसार जब तीनों दुःखों का अत्यन्त नाश हो जाता है तो आत्मा की कृतकृत्यता होती है।[3] इसके अनुसार आत्मा को प्रकृति के सम्पर्क में आना शरीरादि का धारण करना भोग और अपवर्ग के लिए होता है। भोगों का उपभोग कर्त्ता आत्मा अध्यात्म की ओर प्रवृत्त होने पर जब अपने स्वरूप का साक्षात्कार कर लेता है तो कृतार्थ हो जाता है। प्रकृति से आत्मा का साक्षात्कार हो जाने पर प्रकृति से आत्मा का सम्बन्ध छूट जाता है। जब दुःखों का भी आना-जाना हमेशा के लिए छूट जाता है। इस पर आक्षेप किया जा सकता है कि दुःखनिवृत्ति के साथ सुख भी चला जाता है। तब दुःख निवृति को मुक्ति न मानकर सुख की प्राप्ति को मोक्ष क्यों न माना जाये?[4] इस आक्षेप का उत्तर यह दिया जा सकता है कि जिस प्रकार व्यक्ति को दुःख से द्वेष होता है उसी प्रकार अभिलाषा सुख को पाने की नहीं होती।[5] संसार में चारों ओर दुःख ही दुःख पाते हैं, अतः मनुष्य चाहता है कि दुःख दूर हो जाये।

योग दर्शन में बुद्धि और पुरुष के शुद्ध होने पर मोक्ष होता है। जब बुद्धि तीनों गुणों के सम्पर्क से छूट जाती है अथवा छूटकर पवित्र हो जाती है उस समय पुरुष में

1. मोक्षार्थी न प्रवर्तेत तत्र निषिद्धयोः।
2. नित्यं सुखमात्मनो महत्ववन्मोक्षेव्यज्यते, तेनअभिव्यक्तेनात्यन्तं विमुक्तःसुखी भवतीति केचिन्मन्यन्ते। तेषां प्रमाणाभावादनुपपत्तिः। न प्रत्यक्षं नानुमानम्।"
   —द्रष्टव्य न्या०, वात्स्यायन भाष्य, अ० 1, आ० 1, सू० 22 पर
3. अत्यन्तदुःखनिवृत्या कृतकृत्यता। —सां० द० 6.5
4. यथा दुःखात् क्लेशः पुरुषस्य न सुखादभिलाषः। —सां० 6.6
5. असंगो हि अयं पुरुषः साक्षी चेता केवलोनिर्गुणश्च।

अपने स्वरूप में ठहरने की शक्ति उत्पन्न हो जाती है। यही कैवल्य है।[1] यह लक्षण जीवनमुक्त का प्रतीक होता है। जब योगी के सत्व, रजस् और तमस् आदि गुण अपने कारणों में लीन हो जाते हैं अथवा पुरुषार्थहीन हो जाते हैं तब चित्तिशक्ति अपने स्वरूप में स्थिर होकर ब्रह्म को प्राप्त हो जाती है। यही मोक्ष है।

इन उक्त दर्शनों में मोक्ष का जो स्वरूप, चाहे वह नास्तिक दर्शनों में (जैन और बौद्ध) हो या आस्तिक दर्शनों में उपलब्ध होता है, इन सबका एक ही प्रधान भाव दिखलाई देता है, वह है दुःखों से छूटना। इसलिए योग दर्शनकार ने योगी को अक्षिकल्प कहा है और परिणाम में सब विवेकियों को बतलाया कि समस्त संसार दुःखमय है।

उपनिषदों के आलोडन-विलोडन करने से ज्ञात होता है कि दर्शनों में यह जो दुःखों से छूटकर मोक्ष प्राप्त करने की भावना प्राप्त होती है, उस प्रकार से उपनिषदों में संसार को अधिक दुःखमय सम्भवतः न समझा गया हो क्योंकि मोक्ष शब्द का निर्माण "मुच् विमोचने" से हुआ है। जिसका अर्थ है छूट जाना। संभवतः यही कारण रहा है कि मोक्ष शब्द का प्रयोग उपनिषदों में कम मिलता है।

वैदिक कालीन भावना में इसी मोक्षानन्द के लिए अमृत होना माना जाता था। मोक्ष की भावना वेदों में उपलब्ध अमृतरूप में प्राप्त है। यद्यपि उपनिषदों में संसार के पदार्थों से तृप्ति अन्तिम रूप से नहीं मानी है। नचिकेता यमाचार्य को स्पष्ट रूप में कहता है कि मनुष्य धन से कभी तृप्त नहीं होता, धन की इच्छा तो बढ़ती ही रहती है।[2] ये विश्व के समस्त भोग्यपदार्थ तो चिरस्थायी नहीं हैं कल तक रहने वाले हैं।[3] दूसरा हेतु यह देता है कि ये भोग भोगी लोगों की इन्द्रियों के तेज को समाप्त कर देते हैं—यह आयु तो अल्प है। अतः यह आत्मतत्त्व क्या है, यह मुझे समझाओ।[4]

उपनिषदों में आत्मतत्त्व को जानने की जिज्ञासा अधिक प्रतीत होती है। अतः स्पष्ट हो जाता है कि संसार से परे आत्मतत्त्व को खोजने का कार्य अति प्राचीन काल से है परन्तु उपनिषदों में अमृतमय होने की भावना अधिक रूप में दिखलाई देती है।[5]

आचार्य रामानुज के अनुसार मोक्ष का स्वरूप—

कर्म बन्धन के हेतु हैं। अज्ञान प्रेरित अविरत कर्म परम्परा ही जीवन को बांधती हैं। उन कर्मों का क्षय ही मोक्ष हो सकता है। और यह क्षय तब होता हैं जब जीव अपने

---

1. तदा द्रष्टुःस्वरूपेऽवस्थानम् —यो० द०, सां० कारिका 1.3
2. परिणामतापसंस्कारदुःखैर्गुणवृत्तिविरोधाच्च दुःखमेव सर्वविवेकिनः। —योग० 2.15
3. न वित्तेन तर्पणीयो मनुष्यः। —कठ० 1 व 27
4. श्वोभावाः— वही 1.26
5. कठ० 1.26

यथार्थ को समझकर उन कर्मों के अनित्यत्व को समझता है। ऐसा जीव ब्रह्म के अपरोक्ष ज्ञान द्वारा ही कर पाता है। ब्रह्म के प्रति सम्पूर्ण आत्मसमर्पणत्व ही ब्रह्म का अपरोक्ष ज्ञान है : ऐसी अवस्था में सभी संचित कर्मों का विनाश स्वतः ही हो जाता है, और जो क्रियमाण कर्म हैं वे उसे बांधने में असमर्थ हो जाते हैं, क्योंकि उन कर्मों के प्रति जीव का वास्तविक कर्तृत्व समाप्त हो जाता है। जिस प्रकार जल में रहता हुआ भी कमल जल से भीगता नहीं है, उसी प्रकार ब्रह्मज्ञानी कर्म करता हुआ भी उनसे लिप्त नहीं होता। प्रारब्ध कर्मों की प्रविष्टि जीवन को हेतु रह जाती है जो विनष्ट हो जाने पर जीव को स्वतन्त्र कर देती है और जीव अपने लक्ष्यभूत मोक्ष को प्राप्त कर लेता है। जब तक जीव अनासक्ति रूप से शरीर को धारण किये रहे, तो उसे नित्य-नैमित्तिक कर्मों को अवश्य करना चाहिए, अन्यथा, विशिष्टाद्वैत के अनुसार उनके न करने से प्रत्यवाय (पाप) उत्पन्न होंगे और वे (पाप) अपने विपाकों से जीवात्मा को पुनः संचरण के लिए बाध्य करेंगे।

रामानुज के अनुसार मोक्ष शरीरपातान्तर ही सम्भव है। शरीर-पातासन्न (मुमुक्षु) की वाक्‌शक्ति का मन में लय होता है, उसी प्रकार समस्त ज्ञानेन्द्रियों की शक्तियां मन के साथ अविभक्त हो जाती हैं। इन सबसे संयुक्त मन प्राण में, और प्राण आत्मा में समाविष्ट हो जाते है और आत्मा पंचमहाभूत में। मुमुक्षु की आत्मा सुषुम्णा नाड़ी से होती हुई शरीर का परित्याग कर देती है और अपने दिव्य स्वरूप को प्राप्त करके अग्निलोक, वायुलोक, वरुणलोक, आदित्यलोक, इन्द्रलोक, प्रजापतिलोक एवं ब्रह्मलोकों से होती हुई शाश्वत बैकुण्ठ लोक में पहुंच जाती है।[1] यहाँ पर परमात्मा अपनी श्री के साथ वास करते हैं।

ब्रह्मलोक या बैकुण्ठ में आत्मा पंचरूप मोक्ष को प्राप्त करती है। रामानुज ने श्रीमद्‌भागवत्‌पुराणोक्त मोक्ष को स्वीकार किया है।[2] पंचरूप मोक्ष भागवत्‌पुराण में इस प्रकार बताया गया है— 1. सालोक्य मुक्ति, 2. सादिष्ट मुक्ति, 3. सामीप्य मुक्ति 4. साधर्म्य मुक्ति तथा 5. सायुज्य मुक्ति। वस्तुतः पांचों रूपों का भागवत्‌पुराण में क्रमिक विकास माना गया है। किन्तु, विशिष्टाद्वैत में प्रथम चारों से सम्बन्धित सायुज्य को ही मोक्ष की संज्ञा दी गई है, पृथक्-पृथक् या क्रमिक या भेदरूपों को नहीं।

रामानुज शंकर की भांति जीव और ब्रह्म का पूर्ण निलय स्वीकार नहीं करते,

1. (क) न्यायसिद्धान्त, पृ० 328
(ख) कौषीतकी भाष्य में उद्‌धृत—स एतं देवयान पन्थानमाद्याधिलोकमागच्छति वायुलोकं, स वरुण लोकं, स आदित्यलोकं, स प्रजापतिलोकं, स ब्रह्मलोकं —इत्यादि।

2. श्रीमद्‌भागवत्‌पुराण 3.29.13

क्योंकि रामानुज की दृष्टि में जीव ब्रह्मांश होकर भी ब्रह्म नहीं है, अतः उसका निलय संभव ही नहीं है। निलय सर्वथा तदाकार का हुआ करता है; न्यूनाधिक सदृश या विसदृश पदार्थों का निलय संभव नहीं।

वस्तुतः सायुज्य शब्द को ऋग्वेद से ग्रहण किया प्रतीत होता है, वहां पर जीव और ब्रह्म को दो परम मित्रों के रूप में देखा गया है जो (मोक्ष की अवस्था में) एक स्थान पर बैठकर परस्पर सापेक्षिक आनन्द को प्राप्त करते हैं और एक दूसरे के आनन्द का आस्वादन करते हैं।[1] मैत्रायणी संहिता में भी सायुज्यशब्द इसी तात्पर्य में प्रयुक्त हुआ है।[2]

रामानुज का मत है कि मुक्त आत्मा ईश्वर के स्वरूप को प्राप्त करता है, यद्यपि उसके साथ तद्रूपता को नहीं।[3]

न्यायसिद्धान्तकार ने सायुज्य शब्द की परिभाषा करते हुए कहा है कि समान गुणों को प्राप्त करना ही सायुज्य है।[4] जीवात्मा भी मोक्ष की अवस्था में परमात्मा के सायुज्य को ही अर्थात् उसकी समानता को प्राप्त करना है। अपना सायुज्यमुक्ति के समर्थन में विशिष्टाद्वैतवादी "परमसायुज्यमुपैति" तथा "मम साधर्म्यभोक्ता" आदि श्रुतियों को भी उद्धत करते हैं।[5] इन श्रुतियों में तथा अन्यत्र भी स्पष्ट रूप से निलय की नहीं अपितु सायुज्य या साधर्म्य कही गई है। इसी प्रकार गीता में भगवान कृष्ण साम्य का ही कथन करते हैं।[6] बृहदारण्यकोपनिषद् में भी सायुज्यमुक्ति का वर्णन मिलता है। —व्यवहार में जिस प्रकार अपनी पत्नी को आलिंगित करने वाले पुरुष को न बाहर का ज्ञान रहता है और न भीतर का, इसी प्रकार यह जीवात्मा परमात्मा के द्वारा आलिंगित होने पर न कुछ बाहर का विषय जानता है और न भीतर का। यह उसका आप्तकाम, अकाम और शोकाशून्य रूप होता है। इसके अतिरिक्त समृद्धि और विष्णुपुराणादि में ऐसे वचन मिलते हैं जिन्हें विशिष्टाद्वैतवादी ब्रह्म के साथ ऐक्यभाव का खण्डन करके समता के सिद्धान्त की पुष्टि के लिये प्रस्तुत करते हैं।

विशिष्टाद्वैत के अनुसार मुक्त आत्मा कर्म के अधीन नहीं रहतीं। इसी अर्थ में

---

1. द्वा सुपर्णा सयुजा सखाया समानं वृक्षं परिषस्वजाते। —ऋग्वेद 1.164.20
2. ब्रह्म चैव च क्षेत्रं च सयुजा अकः।
3. ब्रह्मणोभावः न तु स्वरूपैक्यम्। —ऋ० 1.1.1
4. समानात्मगुणयोनित्यम्। —न्यायसिद्धान्त, पृ० 333
5. (क) मुण्डकोपनिषद् 3.3.3
   (ख) श्रीमद्भगवद्गीता 14.2
6. मन्मनाभव मद्भक्तो मद्याजी मां नमस्कुरू।
   मामेवैष्यसि युक्त्वैवमात्मानं मत्परायणः।। —गीता 9.34

उसे स्वराट् कहा गया है।[1] रामानुज के अनुसार मुक्तात्मा में, सांसारिकता का उच्छेद हो जाने पर, ब्रह्म के केवल गुणों का समावेश होता है। वह अपने पूर्ववत् यथार्थ स्वरूप में ही रहता है, उसमें किसी प्रकार का नया विकास नहीं होता।[2]

गीता का कथन है कि कर्मों की उन्नति से प्राप्त स्वर्ग जीवात्मा के कर्म फलों के नष्ट हो जाने पर छूट जाता है और पुनः इस सांसारिक व्यूह में फंसना पड़ता है।[3] किन्तु जो भक्ति से ब्रह्म की प्राप्ति की इच्छा करता, उसे ब्रह्म प्राप्त हो जाने पर न केवल ब्रह्म का मैत्रभाव (भोग) उपलब्ध होता है प्रत्युत उसका पुनः जागतिक संसरण भी नष्ट हो जाता है।[4]

रामानुज के अनुसार मुक्तात्मा सत्यसंकल्प बन जाता है।[5] किसी पदार्थ को वह संकल्प मात्र से ही प्राप्त कर सकता है वह ब्रह्मानन्द के भोगार्थ इच्छानुसार अनेक शरीर धारण करने में सक्षम होता है और उनका त्याग करने में भी।[6] इस प्रकार जीवात्मा मोक्ष की अवस्था में स्वशासी हो जाता है। राजानुज का मत है कि मुक्तात्मा दो अंशों को छोड़कर प्रायः अन्य सभी रूपों में ब्रह्म के समान हो जाता है, मुक्ति की अवस्था में ब्रह्म के दो गुणों को जीवात्मा नहीं प्राप्त कर पाता, वैसे भी— प्रथमतः जीवात्मा ब्रह्मवत् विभु नहीं हो पाता, वह अणु परिमाण वाला ही रहता है। दूसरे जीवात्मा को, ब्रह्म का जो विशेष शक्ति है, जगत् सृजनात्मिका रूप वह शक्ति प्राप्त नहीं हो पाती।[7]

मोक्षावस्था में रामानुज आत्माओं की अनेकता को स्वीकार करते हैं, किन्तु उनके अनुसार आत्माओं का यह आनेक्य गुणात्मक न होकर गणनात्मक ही होता है। गुणात्मक दृष्टि से सभी आत्मायें ब्रह्मानन्द का समान रूप में भोग करने के कारण समान हैं।

---

1. कर्मवश्यो न भवतीत्यर्थः। — श्रीभाष्य, श्रुतप्रकाशिका 1.1.1, पृ. 40
2. अयं प्रत्यगात्मा अर्चिरादिना परं ज्योतिरूपंसंपद्य यं दशाविशेषमापद्यते, स स्वरूपाविर्भावः, नापूर्वाकरोत्पत्तिरूपः।। — श्रीभाष्य 4.4.1
3. अल्पस्थिरस्वर्गादीननुभूयः पुनः पुनर्निवर्तन्ते। — गीता, रामानुज भाष्य 9.21
4. तेषांनित्यमुक्तानां मत्प्राप्तिलक्षणं योगमपुनरावृत्ति रूपं क्षेमं वहामि च।
   — पूर्वोक्तेव 9.22
5. अतो मुक्तस्य सत्यसंकल्पत्वं परमपुरुषः साम्यश्च। — श्रीभाष्य 4.4.20
6. अतएव संकल्पात् उभयविषयम् सशरीरमशरीरं च मुक्तिं।
   — पूर्वोक्तेव 4.4.12
7. जगत्व्यापारो निखिल चेतनाचेतन स्वरूपस्थितिपूर्वातिभेदनियमेषु तद्वर्ण निरस्तनिखिलतिरोधानस्य निर्व्याज ब्रह्मानुभयरूपं मुक्तस्यैश्वर्यम्।
   — पूर्वोक्तेव 4.4.17

आचार्य रामानुज द्वारा जीवनमुक्ति का निरास—

सांख्य-वेदान्त प्रभृति दर्शनों द्वारा स्वीकृत सशरीर जीवनमुक्ति की अवधारणा को आचार्य रामानुज मान्यता नहीं देते। रामानुज के अनुसार शरीर ही बन्धन का कारण है।[1] अतः सशरीर मोक्ष स्वीकार नहीं किया जा सकता। कर्मरूप अविद्या का हेतु सशरीरत्व ही है, अतः कर्मरूप अविद्या की निवृत्ति के लिये शरीरपात आवश्यक है। रामानुज के अनुसार सशरीरमुक्त हो जाने की बात कहना ''मेरी माता बन्ध्या है'' कहने के समान सर्वथा अविश्वसनीय है एवं उपहास्य है।[2] वे अपने मत की पुष्टि में ऐसे युक्ति वचनों को भी उद्धृत करते हैं। जिनमें जीवन्मुक्ति का स्पष्टरूप से निषेध किया गया है।[3]

पंचाग्नि ज्ञाताओं के जिस ज्ञानमार्ग को आचार्य रामानुज ने कैवल्य की संज्ञा दी है, उसे कुछ विचारकों ने कैवल्यरूप मोक्ष माना है। उनके अनुसार कैवल्यमोक्ष को परमपदवत् स्वीकार किया गया है, किन्तु ब्रह्मापेक्षित न मानकर स्वात्मानुभावमात्र माना है और उस अवस्था में जीवात्मा की स्थिति को इस प्रकार बताया है, जिस प्रकार मानों पति (ब्रह्म) द्वारा त्यक्ता कोई भार्या हो।

किन्तु विशिष्टाद्वैत के मूर्धन्य विद्वान् वेदान्तदैशिक ने ऐसी धारणाओं का प्रबल रूप से खण्डन किया है और बताया है कि यह मोक्ष रामानुजानुमोदित नहीं है। वरदविष्णु मिश्र ने भी कहा है कि भगवत्प्राप्ति के प्रतिबन्धक सम्पूर्ण कर्मों के क्षय के अभाव से स्वात्मानुभव मात्र मोक्ष कैवल्य मोक्ष नहीं माना जा सकता। अतः जीवन्मुक्तिरूप या ब्रह्मासम्पृक्त रूप स्वात्मानन्दानुभवमात्र कैवल्यमोक्ष नहीं है।

वेदान्तादि दर्शनों द्वारा विहित जीवन्मुक्त आत्मा को रामानुज गीता के आधार पर स्थित प्रज्ञ की संज्ञा देते हैं। ऐसी अवस्था में जीव सभी इच्छाओं से मुक्त हो जाता है तथा आत्मलाभ होकर स्वात्मानन्द का उपयोग करता है।

आचार्य रामानुज द्वारा स्वीकृत मोक्ष के साधन—

रामानुजाचार्य ने अद्वैतवाद के ज्ञानशास्त्रीय मोक्ष साधन सिद्धान्त का प्रत्याख्यान कर भक्ति को मोक्ष का साधन स्वीकार किया है। उनकी भक्ति केवल भावुकता नहीं है प्रत्युत वह ज्ञान व कर्म का संबलित रूप है। कदाचित् रामानुजीय सम्पूर्ण-दर्शन भक्ति की भित्ति पर ही अलवम्बित है। इसलिए भक्ति का उनके दर्शन में विशेष रूप से निरूपण हुआ है। जैसा कि कहा गया है कि मात्र भावुक भक्ति ही उनके लिये मोक्ष

---

1. यतः सशरीरत्वं बन्धः। —पूर्वोक्तेव 1.1.4
2. सशरीरस्यैव मुक्ति इतिचेत् माता मे बन्ध्येतिवत् असंगतार्थ वचः।

—पूर्वोक्तेव

3. ''तस्य तावदिदं चिरं यावन्न विमोक्षये अथ संपत्स्ये।'' —छान्दो० 6.14.2

का साधन नहीं है। उसका ज्ञान और कर्म योग से संबलित होना आवश्यक है।[1] अद्वैतवादी दर्शन में कर्म और भक्ति अविद्या प्रेरित तथा अपारमार्थिक सगुण ब्रह्म की अनित्य प्राप्ति के साधन कहे गये हैं। किन्तु रामानुज के दर्शन में भक्ति का सम्पूर्ण महत्त्व है। कर्म सम्बन्धी मीमांसा भी मोक्ष के लिये उतनी ही परमावश्यक है जितना कि ज्ञानयोग। रामानुजीय दर्शन में भक्ति का ज्ञान और कर्म से समन्वित रूप प्रस्तुत किया गया है। ज्ञान परमोत्कृष्टता ही भक्ति का उपादान है। इस प्रकार कहा जा सकता है कि भक्ति ज्ञानावस्था विशेष ही है।

मोक्ष की प्राप्ति हेतु किये गये प्रयासों में कर्मों की अपेक्षा नहीं की जा सकती। यद्यपि ये जीवात्मा में गुणों के संसर्गों से कर्तृत्व प्रकाशित करते हैं किन्तु स्वफलाधान के कारण ये जीवात्मा के बन्धन के हेतु बनते हैं। इसलिए, रामानुज के अनुसार वे भी बन्धन से मुक्ति प्राप्त करने में विशेष स्थान रखते हैं। यद्यपि जीवन कर्म किये बिना साध्य नहीं है तथापि मोक्ष के साधनभूत ज्ञान और भक्ति के लिए कर्मों में परिष्कार परमावश्यक है। गीता में निष्काम कर्म-भाव पर बल दिया गया है। रामानुज के अनुसार निष्काम कर्म ज्ञान की पृष्ठभूमि तैयार करते हैं। क्योंकि असम्यक् रूप से किये गये कर्म जीवात्मा के बन्धन हेतु बनते हैं। इसलिये प्रत्येक साधक को निष्काम भाव से कर्मों को करना चाहिए। यद्यपि मात्र निष्काम कर्म के द्वारा मोक्ष संभव नहीं है, क्योंकि—''तमेवविदित्वाऽतिमृत्युमेति नान्यः पन्था विद्यते अयनाय''—आदि श्रुतियों में (ब्रह्म) ज्ञान को मोक्ष का साधन बताया गया है। किन्तु जैसा कि अभी कहा गया कि निष्काम कर्मों के द्वारा, रामानुज के अनुसार ज्ञान हेतु पृष्ठभूमि तैयार होती हैं।[2] विशिष्टाद्वैत के अनुसार ज्ञानोद्भव तभी संभव है, जबकि चित्त में सत्वगुण की अभिवृद्धि हो। क्योंकि रज और तमोगुण की अवस्था में परम साक्षात्कार रूप ज्ञान असम्भव है। पूर्वकृत पाप-पुण्यों के भोग रूप के कारण जीवात्मा में रज और तमोगुण की परिवृद्धि रहती है, जो निष्काम कर्मों से ही नष्ट हो पाती है। इस प्रकार निष्काम कर्म सत्वगुणोद्रेक कर चित्त शुद्ध करते हैं, जिसमें ज्ञान का स्फुरण संभव होता हैं। रामानुज कहते हैं कि ज्ञाननिष्ठा समस्त इन्द्रियों तथा मन के शब्दादि विषयरूप से बने व्यापारों के परित्याग से ही सिद्ध होती है।[3] विविध सकाम व्यापारों का त्याग निष्कामभाव है। निष्कामभाव की उद्भावना के लिए प्रकृति-जन्य अहंकार से निवृत्ति परमावश्यक है। अहंकार के कारण ही जीवात्मा अपने को सम्पूर्ण सांसारिक क्रिया कलापों का कर्त्ता

1. बलदेव उपाध्याय, संपादित न्याय सिद्धान्तांजलि की भूमिका, पृष्ठ 18
ज्ञानकर्मानुगृहीतं भक्तियोगम्। —पूर्वोक्तेव, भूमिका
2. कर्मयोगे ज्ञानस्यैव प्राधान्यं चोच्यते। —पूर्वोक्तेव, भूमिका 1.40
3. ज्ञाननिष्ठासकलेन्द्रियमनसां शब्दादिविपषव्यापारोपरति निष्पाद्यः—पूर्वोक्तेव 3.3

एवं भोक्ता समझता है।[1] इसलिए कर्तृत्व में निष्कामभाव लेने के लिये अहंकारत्याग अपरिहार्य है। निष्काम कर्मों के द्वारा शुद्ध किये हुए चित्त से जीवात्मा के साथ अपने परमार्थ संबंध को देखता है। निष्काम कर्मयोगी के-जो केवल नित्य-नैमित्तिक और फलसंगरहित काम्य कर्मों को करता है—पूर्वकृत रूप सञ्चित रूप नष्ट हो जाते हैं। और प्रारब्ध के नष्ट होने तक वह देह को धारण किये रहता है। क्रियमाण कर्म फलनिस्संगता के कारण निष्प्रभावी हो जाते हैं— तस्मात् भावी बन्धन के हेतु नहीं बनते। मुमुक्षु तब ही कर्मयोगी बनता है जब वह सुख-दुःख, हानि-लाभ, और जय-पराजय में समत्व भाव वाला हो जाता है। ऐसे जीव को गीता के आधार पर रामानुज स्थितप्रज्ञ की संज्ञा देते हैं।

इस प्रकार कर्मयोग जीव के कल्मष को प्रक्षालित करता हुआ ज्ञानयोग के द्वारा साक्षात् रूप से भक्ति का उत्पादक होता है।[2] इसलिए कर्मयोग भक्ति का ज्ञान से कहीं भी विरोध या प्रातिकूल्य नहीं रखता।

ज्ञानयोग भक्ति का परम साधन एवं मूल है। सभी शास्त्रों में उस परम सत्ता को निदिध्यासित ध्यातव्य कहा है। किन्तु रामानुज उसकी एकान्त साधनता को अस्वीकार कर उसे मुख्यसाधनभूता भक्ति का सहायक स्वीकार करते हैं। कर्मयोग से निर्मल हुए अन्तःकरण द्वारा ईश्वर को अपना शेष (आधार) रूप जान लेने पर प्रकृति से व्यतिरिक्त होकर आत्मचिंतन ही ज्ञानयोग है।[2]

सत्वोद्रेकित अन्तःकरण के द्वारा जीव सर्वप्रथम आत्मज्ञान प्राप्त करता है अपने अणुत्व एवं अल्पज्ञत्वादि को समझता है, और विभु ईश्वर की अपरिसीमता एवं अनन्तता को जानकर अपने को उसी पर निर्भर मानता है और उसके प्रति आसक्ति भाव से परिपूर्ण हो उठता हैं।

कर्मों के प्रति अनासक्तिभाव ज्ञान की प्रथमावस्था है। इस अवस्था में साधक आत्मा को शरीर एवं इन्द्रियों से व्यतिरिक्त अनुभव करता है और अपने गन्तव्यरूप ईश्वर को समझने लगता है। उसे इस बात का ज्ञान हो जाता है कि वह परमात्मा ही उसका आधार है। इसी के साथ उसका नित्य एवं परमार्थिक सम्बन्ध है— यह प्रकृति उसका आधार नहीं है या शरीर तथा इन्द्रियों से सम्बन्ध अनित्य एवं गुण प्रेरित हैं। अतः यह सम्बन्ध त्याज्य है। ऐसा ज्ञान जगत् की— निस्सारता को परिपुष्ट कर साधक

---

1. प्रकृतेर्गुणसत्वादिभिः स्वानुरूपं क्रियमाणानि कर्माणि प्रति अहंकारविमूढ़ात्माहं कर्त्तेति मन्यते। —पूर्वोक्तेव 3.27
2. अयं तु जीवगतकल्मषापनयन द्वारा ज्ञानयोगमुत्पाद्य तद्द्वारा साक्षाद्वाभक्तिरुत्पादको भवति। —यतीन्द्रमत०, पृ० 62

विषयोपभोग एवं सकामता से विमुख करता है। इस प्रकार प्रकृति के साथ अपने औपाधिक सम्बन्ध की तथा परमात्मा के साथ सत्य सम्बन्धों की— जो भिन्न-भिन्न रूपों में हैं— शरीर-शरीरी, प्रकार-प्रकारी एवं शेषशेषी इत्यादि— अनुभूति होने लगती है। उस अनुभूति के अनन्तर जीवात्मा को— अहं ब्रह्मास्मि'' रूप अक्षय ज्ञान होने लगता है और इसके पश्चात् वह स्व-आधारभूत परमात्मा के प्रति स्नेहस्निग्ध हो समर्पित हो उठता है और उसका निरन्तर ध्यान-मनन करने लगता है। उसका अहंकार समाप्त हो जाता है। उसे ब्रह्मरूप भासने लगता है। उसके सारे कार्य परमात्मा को समर्पित होते हैं। उसमें वैराग्य व्यापक हो जाता है। ऐसा होना वहां ज्ञान का उत्तम रूप है यही उच्चतम भक्ति का भी स्वरूप यही है। इस प्रकार ज्ञान भक्ति का और भक्ति ज्ञान के सहायक होते हैं।

जब साधक सर्वज्ञविशुद्ध सच्चिदानन्द परमात्मा के साथ अपने नित्य और आधाराधेय सम्बन्ध को जान लेता है, तो उसके हृदय में तदाश्रय (मोक्ष) पाने की कामना बलवती हो उठती है। उस अपने परम गन्तव्य का अनुरागाप्लावि होकर निरन्तर ध्यान रूप सेवन अर्थात् भक्ति करता है।[1] उस ध्यान से न केवल परमात्मा ही प्रसन्न होता है, अपितु साधक को भी एक अनिवर्चनीय सुख की प्राप्ति होती है।[2] उसका यह ध्यान या स्मृति रूप मनन तेल धारा की भांति अविच्छिन्न और आबाधगति वाला होता है।[3] ऐसी अवस्था में परमात्मप्रति एकाग्रीकृत ध्यान वाले उस साधक को अन्य कोई भी विचार बाधा नहीं देता। समस्त कर्मों को बिना फल की कामना किये परमात्मा को समर्पित करके वह साधक सम्पन्न करता है। और आत्मानुभव रूप आनन्द का पान करता है तथा उसके साथ अपने सम्बन्ध का परोक्षानुभव करता है।

आचार्य रामानुज के द्वारा भक्ति के सात साधन माने गये हैं, जिनके द्वारा मन निर्मल होकर परमात्मा का ज्ञान करने में सक्षम होता है।[4]

1. **विवेक —** शारीरिक शुद्धता हेतु जाति, आश्रय और निमित्त दुष्टभव्य पदार्थों का त्याग कर सात्विक पदार्थों का भक्षण विवेक रूप साधन है।
2. **विमोक —** काम क्रोधादि अर्थात् दुर्विकारों का परित्याग विमोक है।

---

1. स्नेहपूर्वमनुध्यानं भक्तिरित्युच्यते। —गीता-रामानुजभाष्य 7.11
2. परमपुरुषः स्वेनैव स्वयमनवधिकातिशयसुखीसन् परस्यापि सुखं भवति। ब्रह्म यस्य ज्ञानविषयो भवति स सुखी भवतीत्यर्थः। —वेदार्थसंग्रह, पृ० 61
3. तेलधारावद्— अविच्छिन्नस्मृतिसन्तानस्यम्। —श्रीभाष्य 1.1.1, पृ० 55-56
4. विवेकविमोकादिसाधनसप्तकानुगृहीतपरमात्मीयासननिर्मलीकृतेन हि मनसा गृह्यते। —पूर्वोक्तेव 1.21

3. अध्यास — कल्याण गुणपरिकर परमात्मा रूप आश्रय का पुनःपुनः संशीलन अध्यास कहलाता है

4. क्रिया — यथाशक्ति पंच महायज्ञों का अनुष्ठान भक्ति का क्रिया-रूप साधन है।

5. कल्याण — नैतिक और परहितकारी सत्य, आर्जव, दया, दान, अहिंसा रूप सद्गुणों का आत्मस्थापन कल्याण साधन है।

6. अनवसाद — दैन्यादि हीन भावों का परित्याग अनवसाद कहलाता है।

7. अनुद्धर्थ — सुख-दुःख की अतिशयानुभूति का परित्याग भक्ति का अनुद्धर्थ रूप साधन है।

इन सात साधनों से सम्पन्न साधक ब्रह्म का अपरोक्षानुभव करने में सक्षम होने लगता है। भक्ति की क्रमिकावस्था को दृष्टिपथ में रखकर भक्ति को तीन कोटियों में विभाजित किया जा सकता है। प्रथम, साधन भक्ति या उपाय भक्ति, द्वितीय, पराभक्ति, तथा तृतीय, परमभक्ति।

साधन भक्ति में मुमुक्षु शमदमादि के द्वारा अपने मन और बुद्धि को निर्मल करने का प्रयास करता है क्योंकि चित्त के द्वारा भी उसे वह ज्ञान उपलब्ध हो सकता है, जो उसकी आत्मा के स्वरूप की और परमात्मा के स्वरूप की तथा उस परमानन्द के साथ उसके यथार्थ सम्बन्ध को उद्घाटित करने में सक्षम होता है।

इस प्रकार की भक्ति में अनुरक्ति और अभिलाषा की अपेक्षा ज्ञान का आधिक्य होता है, यह कहा जा सकता है कि साधक विवेकान्मुखी होता है अर्थात् जिसमें साधक अपने और ईश्वर के मध्य के सम्बन्ध के यथार्थ्य एवं प्रकृति और अपने मध्य के सम्बन्ध का अयाथार्थ्य है, उसे समझता है। ऐसा भगवदनुरक्ति की अवस्था को साधन या उपाय भक्ति कहते हैं। इस प्रकार की भक्ति में साधक परमात्मा के अस्तित्व में एक दृढ़ आस्था रखता है। यह आस्था तब और अधिक प्रबल हो उठती है, जब साधक वैदिक यज्ञों के प्रभावों सहित सभी प्रकार के पदार्थों की तथा अन्य सभी प्रकार के पदार्थों की नश्वरता को समझ लेता है, जैसा कि ऊपर कहा जा चुका है कि साधन भक्ति में ज्ञानातिशय ही होता है। तथापि इसमें साधक उस परमसत्ता को सन्धान के प्रति और अधिक जिज्ञासु होकर शमदमादि के द्वारा उसका याथार्थ्य अनुभव करने का प्रयत्न करता है। तो भी, अपने और परमात्मा के मध्य के पदार्थ सम्बन्ध के उदित हो जाने पर उसके प्रति अनुरक्त हो उठता है। इसलिए इसे भक्ति की भी संज्ञा दी जाती है। अर्थात् कहा जा सकता है कि ज्ञानातिशय प्रधान भगवदनुरक्ति ही साधन या उपाय भक्ति है।

भक्ति योगों के लिए परमात्मा प्रत्येक अवस्था में सर्वोच्च माना जाता है, तथा

आत्मज्ञान की परमात्मज्ञान का एक साधन स्वीकार किया जाता है क्योंकि आत्मज्ञानान्तर और परमात्मा के साथ अपने सम्बन्ध की प्रतीति हो जाने पर परमात्मा आराध्य हो जाता है। यह एक अलग बात है कि उसकी आराधना साधक निर्लिप्त कर्मों के द्वारा करता है अथवा एक दिव्य ज्ञान के अन्वेषण के लिए प्रयास करता है। दोनों अवस्थाओं में वह भक्ति ही है क्योंकि भक्ति का अभिप्राय या शाब्दिक अर्थ है—सेवन या आराधना करना। वस्तुतः आत्मज्ञानान्वेषण और परमात्मज्ञानान्वेषण भक्ति के दो रूप हैं, क्योंकि साधक के शमदमादि के निरन्तर अभ्यास से उसका चित्त निर्मल होता है और उस निर्मल चित्त के द्वारा तेलधारवत् अपरिच्छिन्न चिन्तन या मनन के द्वारा परमात्मा का अन्तःदमन या अन्तः अनुभव करता है और उसी अवस्था में साधक को परमात्मा के प्रति आस्था और प्रबल रूप से दृढ़ होती है, जो उसके प्रेम, समादर तथा गुणकीर्तन से अभिव्यक्ति भी पाती है। इसी अवस्था में उपाय भक्ति पराभक्ति में परिणत हो जाती है। तदनन्तर पराज्ञानावस्था को प्राप्त होकर आत्मज्ञान और परमात्मज्ञान के समन्वय से परम भक्ति की गहनता को प्राप्त कर लेती है। इस अन्तरावस्था में साधक परमात्मप्रेम तथा पदाभिलााषा से आप्लावित हो उठता है, और समस्त जगत् के पदार्थ या विषयों से उदासीन होकर एकमात्र परमात्मा की अनुकम्पा और सान्निध्य प्राप्ति के लिए समुत्सुक हो उठता है।

परमाभक्ति की अवस्था में भक्त अपने सभी कर्मों को परमात्मा को अपने हृदय को उसमें सन्यस्त कर देता है।[1] तभी अतिरिक्त विचारों का त्याग कर एकमात्र उसी की शरण में अपने को अर्पित कर देता है और यह परमात्मा उन सभी व्यवधानों को नष्ट कर देता है जो भक्तिकाल में सत्यविरोधी होते है।[2]

प्रपत्ति रूप भक्ति—

रामानुजीय दर्शन की प्रपत्ति को एक अमूल्य देन समझा जाता है। यतीन्द्र मतदीपिकाकार ने न्यायविद्या एवं शरणागति प्रभृति इसके पर्याय रूप बताये हैं।[3] शाब्दिक रूप से प्रपत्ति का अर्थ दुःखत्रय के एकमात्र उद्धारक परमात्मा के संरक्षण में जाना है। रामानुज ने श्रीभाष्य में परमात्मानुभूति प्राप्ति करने वाली विभिन्न विद्याओं का कथन किया है। प्रपत्ति किं वा न्यास विद्या भी उनमें से एक हैं, जो उस परमात्मानुभूति एवं प्राप्ति का साधन करती है।

वस्तुतः मोक्षसाधिका प्रपत्ति का सन्धान रामानुजदर्शन में उन लोगों के लिये किया

---

1. चेतसा सर्वकर्माणि मयि मन्यस्व मत्परः।
बुद्धियोगमुपाश्रितमन्वितः सततं भव।। —गीता 18.59
2. अहं त्वां सर्वपापेभ्यो यथोदित-स्वरूपभक्त्यारम्भविरोधिभ्यः। —गीता 18.66
3. सर्वेभ्यः पापेभ्यो मोक्षयिष्यामि। —गीता, रामानुजभाष्य 18.66

गया है जो भक्ति योग की विभिन्न अवस्थाओं को स्वीकार करने में या अपनाने में असमर्थ होते हैं और जो कर्मयोग और ज्ञानयोग की जटिलतओं को समझने में समर्थ नहीं होते। दूसरे प्रपत्ति उन लोगों के लिये भी जो विभिन्न जातीय या सामाजिक संविधानों (मनुस्मृति आदि) के द्वारा शास्त्राध्ययन आदि या ज्ञानकर्मयोगादि के कार्यक्षेत्रों से निषिद्ध कर दिये गये हैं। किन्तु प्रपत्ति का "मार्ग उन सबके लिए खुला है अर्थात् विद्वान् के लिए भी, मूर्ख के लिए भी, उच्च श्रेणी वालों के लिए भी तथा निम्न श्रेणी वालों के लिए भी। जबकि भक्ति का मार्ग, जिसके अन्दर ज्ञान तथा कर्म आ जाते हैं केवल ऊपर के तीन वर्गों तक ही सीमित हैं।"[1] प्रपत्ति में कोई भी व्यक्ति अपने गुरु से दीक्षा लेकर अपने को उस परमात्मा के प्रति समर्पित कर सकता है, उसके अन्दर आश्रय पा सकता है। श्री निवास दास ने प्रपत्ति के पांच अंग बताये हैं।[2]

1. आनुकृत्य का संकल्प —	साधक के द्वारा ऐसे सद्‌गुणों का संग्रह जो ईश्वर को आमोदित कर सके।
2. प्रातिकृत्य का निषेध –	ऐसे गुणों का परित्याग, जो ईश्वर को प्रिय न हों।
3. संरक्षा का आपूर्ण विश्वास —	अपनी रक्षा का ईश्वर पर आपूर्ण विश्वास।
4. गोप्तृत्ववरण —	रक्षा के लिए आवेदन अथवा ईश्वर पर मोक्ष-प्रदान का विश्वास।
5. कार्पण्य एवं आत्मनिक्षेप—	ईश्वर के प्रति अपने को किंकर मानना कार्पण्य हैं तथा उसके प्रति सर्वांगरूपेण आत्मसमर्पण आत्म-निक्षेप होता है।

प्रपत्ति में जीवात्मा अपने को सर्वथा अयोग्य एवं असहाय किंकर मानकर एकमात्र ईश्वर इच्छा से मोक्ष प्राप्ति का अभिलाषी होता है। साधक अपने को उस शुष्क पत्ते की भांति समझता है, जिसका समस्त अस्तित्व एवं अवस्थाभार परमात्मा रूपी पवन की अनुकम्पा पर अवलम्बित है। समस्त कामनायें, कर्म और कर्मफलों को ईश्वर के प्रति समर्पित करना ही उसके लिए उपलब्ध जीवन का शरीरपातान्ता ध्येय रह जाता हैं।[3] इस प्रकार का साधक परमात्मा के द्वारा सभी पापों एवं दुराभिवातों से निर्मुक्त कर दिया जाता है अर्थात् रामानुज के अनुसार परमात्मा भक्त की या साधक की उत्कट भक्ति से प्रसन्न होकर उसके पापों को क्षमा कर देता है।

---

1. भारतीय दर्शन, डॉ० राधाकृष्णन्, भाग 2, पृ० 707
2. आनुकृत्यस्य संकल्पः प्रातिकृत्यस्य वर्जनम्। रक्षति इति विश्वासो गोप्तृत्व वरणं तथा। आत्मनिक्षेप कार्पण्यम्, इत्याद्यगंपचकयुक्ता। —यतीन्द्रमत०, पृष्ठ 64
3. सर्वस्य लौकिकस्य वैदिकस्य च कर्मणः कर्तृत्वं भोक्तृत्वमाराध्यत्वं अथवा मयि सर्व समाहितं भवति तथा कुरु। —गीता, रामानुजभाष्य 9.27

ईश्वर का शेष और जीव का शेषी भाव वस्तुतः इसी अवस्था में आकर अपनी अभिव्यक्ति पाता है। जब जीव आत्मा का अखिल सांसारिकत्व, अहं, अस्मद् और मदीय भावत्व पूर्णरूपेण परमात्मा के प्रति समर्पित हो जाता है, तो वह पूर्ण प्रपत्ति की अवस्था कहलाती है। जीवात्मा में कोई आकांक्षा स्फुरित नहीं होती परमात्मा की अनुकम्पा-प्राप्ति ही एकमात्र लक्ष्य होता है। सम्पूर्ण अहंभाव एवं जगत्सम्बन्धी भाव उपशमित हो जाते हैं। ऐसी स्थिति में साधक को ऐसा बना देती है कि वह परमात्मेच्छा के अनुकूल कार्य करे और उन सभी कार्यों एवं भावों का परित्याग कर दें जो परमात्मा के प्रतिकूल थे। सर्वांगरूपेण समर्पण ही पूर्ण प्रपत्ति है और जब पूर्ण प्रपत्ति की अवस्था होती है तो साधक को सुख-दुःखकारी विषय न खेद पहुंचाते है और न हर्ष देते है। इति।

महर्षि दयानन्द के अनुसार मोक्ष का स्वरूप और उसके साधन—

प्रायः सभी दर्शनों की भाँति दयानन्द भी दुःखों से निवृत्ति को ही मोक्ष मानते हैं।[1] इस मत की पुष्टि के लिए वे सांख्यसूत्र को उद्धृत करते हुए कहते हैं कि आध्यात्मिक अर्थात् शरीर पीड़ा, आधिभौतिक—जो दूसरे प्राणियों से दुःखित होता है, और आधिदैविक—जो अतिवृष्टि, अतिताप, एवं अतिशीत तथा मनादि इन्द्रियों के चाञ्चल्य से होता है—ऐसे त्रिविध दुःखों को छुड़ाकर मुक्ति पाना अत्यन्त पुरुषार्थ है[2] क्योंकि दुःख अविद्या के कारण होते हैं, अतः प्रकारान्तर से अविद्या से परिनिवृत्ति ही मोक्ष है। अविद्या ही जीव के बन्धन का हेतु है। दयानन्द के अनुसार भौतिक सूक्ष्म शरीर का संग मात्र मृत्यु तक ही रहता है। अपने मत की पुष्टि में शतपथ ब्राह्मण को उद्धृत करते हुए[3] कहते हैं—"मोक्ष में भौतिक शरीर की इन्द्रियों के गोलक जीवात्मा के साथ नहीं रहते किन्तु अपने स्वाभाविक शुद्ध गुण रहते हैं। जब सुनना चाहता है तब श्रोत्र, स्पर्श करना चाहता है तब त्वचा, देखने के संकल्पमात्र से चक्षु, स्वाद हेतु रसना, गन्ध हेतु घ्राण, संकल्प-विकल्प करते समय मन, निश्चय करने के लिए बुद्धि, स्मरणार्थ चित्त और अहंकार के लिए अहंकार स्वरूप अपनी स्वशक्ति से जीवात्मा मुक्ति में ही जाता है और संकल्पमात्र शरीर होता है, जैसे शरीर के आधार इन्द्रियों के गोलक द्वारा जीव स्वकार्य करता है वैसे अपनी शक्ति से मुक्ति में सब आनन्द भोग लेता है।[4]

---

1. सत्यार्थप्रकाश, नवम समुल्लास, पृष्ठ 165
2. क. अथ त्रिविधदुःखात्यन्तनिवृत्तिरत्यन्तपुरुषार्थः। —सां० सू० 1.1
   ख. सत्यार्थप्रकाश, नवम समुल्लास, पृ० 169
3. शतपथ ब्राह्मण । 14.4.2.17
4. सत्यार्थप्रकाश, नवम समुल्लास, पृष्ठ 156-57

कहने का अभिप्राय यह है कि सत्य-संकल्पादि स्वाभाविक गुण सामर्थ्य (जीवात्मा) में रहते हैं, भौतिकता नहीं रहती।[1] इसी परम्परा में वे अपने मत के पोषणार्थ-जैमिनि, वादरायण, कठोपनिषद् तथा छान्दोग्य आदि को उद्धृत करते हैं, जिसमें मुक्ति में जीव की शुद्ध सामर्थ्य की स्थिति का कथन किया गया है।[2]

मुक्ति में जीवात्मा का अभौतिक सूक्ष्म शरीर, जो पाँच, प्राण, पांच ज्ञानेन्द्रियां, पांच सूक्ष्मभूत, मन और बुद्धि सत्रह तत्त्वों का समुदाय रूप होता है। इनके द्वारा परब्रह्म की प्राप्ति करता है।[3] दयानन्द के अनुसार—''जब जीव के हृदय की अविद्या रूपी गांठ कट जाती है सब संशय छिन्न होते हैं और दुष्ट कर्मत्रय को प्राप्त होते हैं तभी उस परमात्मा, जो अपने आत्मा के भीतर और बाहर जाता है उसमें निवास करता है''।[4] —आदि मुण्डकोपनिषद् के सिद्धान्त को स्वीकार किया गया है।[5]

जीव और ईश्वर को दयानन्द स्वरूपतः भिन्न मानते हैं। अतः मुक्तिरूप आनन्द की उपलब्धि के लिए उनका पारस्परिक विलय स्वीकार नहीं करते। क्योंकि, दयानन्द के अनुसार मुक्ति में यदि जीव और ब्रह्म मिल जायें तो मुक्ति का सुख कौन भोगे; और मुक्ति के जितने साधन हैं, वे सब निष्फल हो जायें।[6] यदि मुक्ति में जीव का विलय स्वीकार किया जायेगा तो वह जीव का स्वास्तित्व— तिरोधायक अर्थात् स्वरूपनाश ही माना जायेगा क्योंकि आनन्द की उपलब्धि तो अपने पृथक् अस्तित्व के द्वारा ही भोग सकता है। जबकि निलय के तद्रूप होकर अनुभूति का अस्तित्व ही समाप्त हो जायेगा, जो पृथक् रूप के द्वारा ही ग्राह्य है।

महर्षि दयानन्द पुनः तैत्तिरीयोपनिषद् का उद्धरण देकर वे पुनः अपने इस मत की पुष्टि करते हैं कि मोक्षावस्था में जीवात्मा ब्रह्म से संयुक्त होता है और अपने पूर्णास्तित्व के साथ आनन्द भोगता है। ''—जो जीवात्मा अपनी बुद्धि और आत्मा में स्थित सत्य ज्ञान और अनन्त आनन्द स्वरूप परमात्मा को जानता है, वह उस व्यापक ब्रह्म में स्थित होकर उस ''विपश्चित्'' अनन्त विद्यायुक्त ब्रह्म के साथ सब कामों को

---

1. पूर्वोक्तेव, पृ० 156
2. स० प्र०, न० समु०, पृ०157 पर उद्धृत :
   (अ) भावं जैमिनिर्विकल्पामननात्। —वै० सू० 3.4.14-10
   (ब) द्वादशाऽवदुभयविद्ये वादरायणाः अतः। —उक्त 4.4.12
   (स) कठो० का 2.6.10, द्र० छां० 9, 8.12.5
3. यह दूसरा अभौतिक (सूक्ष्म) शरीर मुक्ति में भी रहता है। —स० प्र०, पृ० 160
4. पूर्वोक्तेव, नवम समु०, पृ० 165
5. मुण्ड० 2.2.8
6. स० प्र०, नवम समुल्लास, पृ० 165

प्राप्त होता है अर्थात् जिस-जिस आनन्द की कामना करता है, उस-उस आनन्द को प्राप्त करता है।[1]

मोक्ष में जीवात्मा की अवस्था के सन्दर्भ में महर्षि दयानन्द की मान्यता है कि "वह मुक्त जीव अनन्त व्यापक ब्रह्म में स्वच्छन्द घूमता, शुद्धज्ञान से सब सृष्टि को देखता, अन्य मुक्तों के साथ मिलता, सृष्टि-विद्या को क्रम से देखता हुआ सब लोक लोकान्तरों में अर्थात् जितने ये लोक दीखते हैं और नहीं देखते हैं, उन सब में घूमता है। वह सब पदार्थों को जो उसके ज्ञान में आते हैं, सब को देखता है।[2]

इस प्रकार महर्षि दयानन्द का यह स्पष्ट मन्तव्य है कि मोक्ष की दशा में जीवात्मा ब्रह्म में विलीन नहीं होता अपितु समग्र सृष्टि में, जिसमें कि परमात्मा व्याप्त है, सत्य संकल्प होकर भ्रमण करता है। इसका अभिप्राय यह हुआ कि महर्षि दयानन्द कुछ अर्थों में सत्यसंकल्प होने के, ब्रह्म के साम्य या संयोग को मुक्ति मानते हैं। जिसकी पुष्टि में वे मुण्डकोपनिषद् के उसी वचन को प्रस्तुत करते हैं जिसे आचार्य रामानुज ने किया है।[3]

इसी संदर्भ में महर्षि दयानन्द वैष्णवाचार्यों के उस मन्तव्य का भी खण्डन करते हैं जिसमें सालोक्य, सायुज्य आदि रूपापन्नता को मोक्ष माना गया है। दयानन्द का कथन है कि "ये जितने लोक हैं वे सब ईश्वर के हैं, इन्हीं में सब जीव रहते हैं, इसलिए सालोक्य मुक्ति प्राप्त है।" ईश्वर सर्वत्र व्याप्त होने से सब उसके समीप हैं, इसलिए सामीप्य मुक्ति भी स्वतः सिद्ध है। सायुज्य जीव ईश्वर से सब प्रकार छोटा और चेतन होने से स्वतः बन्धुवत् है। इससे सायुज्य मुक्ति भी बिना प्रयत्न के सिद्ध और सब जीव सर्वत्र व्यापक परमात्मा में व्याप्त होने से संयुक्त हैं। इससे सायुज्य मुक्ति भी स्वतः सिद्ध है। दयानन्द के अनुसार उक्त चारों प्रकार का तथाकथित मोक्ष रूप आनन्द तो जीव सामान्य जीवन में ही भोग लेता है। तस्मात् तादृश सायुज्य आदि मोक्षों का उसके मत में कोई तात्पर्य नहीं रह जाता है।

मोक्ष के साधन—

महर्षि दयानन्द के अनुसार उपासना को, जो योगदर्शन सम्मत है, को मोक्ष का प्रधान साधन स्वीकार किया गया है। किन्तु उससे पूर्व दयानन्द चार साधन और अनुबन्ध-चतुष्ट्यादि को मोक्ष की पृष्ठभूमि निर्मित करने में सहयोगी साधन स्वीकार

---

1. स० प्र०, नवम समुल्लास, पृ० 166
2. परमसाम्यमुपैति —मुण्डकोपनिषद् 3.1.3
3. स० प्र०, नवम समुल्लास, पृ० 162-63

करते हैं। महर्षि दयानन्द के अनुसार चार साधन और अनुबन्ध-चतुष्ट्यादि से सम्पन्न व्यक्ति ही मोक्ष का अधिकारी होता है।[1]

दयानन्द के अनुसार प्राथमिक चार साधन विवेक, वैराग्य, षट्क सम्पत्ति एवं मुमुक्षुत्वादि हैं।

इनमें विवेक के अन्तर्गत मोक्षाभिलाषी व्यक्ति को सर्वप्रथम सत्पुरुषों के साहचर्य से सत्यासत्य, धर्माधर्म, कर्त्तव्याकर्तव्यादि का निश्चय करना होता हैं। साधक को स्वगत यथार्थ ज्ञान की प्राप्ति हेतु अन्नमय, प्राणमय, मनोमय, विज्ञानमय एवं आनन्दमयादि पांच कोशों को जानना चाहिए, क्योंकि " इन्हीं से जीव सब प्रकार के कर्म, उपासना और ज्ञानादि व्यवहारों को करता है।" अनन्तर जागृत, स्वप्न, सुषुप्ति आदि अवस्थाओं को जानने का प्रयत्न करना चाहिए। इन सभी को जानकर साधक को सूक्ष्म शरीर और स्थूल शरीर, कारण शरीर और तुरीय शरीरादि के भेद का ज्ञान करना चाहिए।

दूसरा साधन वैराग्य है, जिसमें साधक सत्याचरण का ग्रहण और असत्याचरण का त्याग करके पदार्थों के नित्यानित्य प्रकार भेद को जानता हुआ परमात्मा के अनुकूल आचरण करता है।

तीसरा साधन शमदमादि छः प्रकार के कर्म करना षट्क सम्पत्ति है। आत्मा और अन्तःकरण को अधर्माचरण से हटाकर धर्माचरण में सदा प्रवृत्त रखना **शम** कहलाता है। श्रोत्रादि इन्द्रियों और शरीर को व्यभिचारादि बुरे कर्मों से हटाकर शुभ कार्यों में प्रवृत्त करना **दम** कहलाता है।

दुष्ट कर्म करने वाले पुरुषों से अलगाव "**उपरति**" कहलाती है। निन्दा, स्तुति, हानि, लाभादि में समत्वभाव को "**तितिक्षा**" सम्पत्ति कहते हैं। वेदादि सत्य शास्त्रों और उनके ज्ञान से पूर्ण आप्त विद्वान् और आप्तोपदेष्टा महर्षियों के वचनों पर विश्वास करना **श्रद्धा** कहलाती है। चित्त की एकाग्रता को **समाधान** कहते हैं।

महर्षि दयानन्द के अनुसार इसके पश्चात् विषय, सम्बन्ध, अधिकारी तथा प्रयोजनादि अनुबन्ध चतुष्ट्य का सम्यक् रूपेण अवबोध करना चाहिए।[2]

दयानन्द के मत में मुमुक्षु को श्रवणादि चतुष्टय का व्यवहार करना चाहिए।[3]

---

1. चार साधन, और चार अनुबन्ध अर्थात् साधनों के पश्चात् ये (श्रवण-चतुष्टय) कर्म करने होते हैं। इनमें से जो इन चार साधनों से युक्त पुरुष होता है, वही मोक्ष का अधिकारी होता है। —स० प्र०, नवम समुल्लास, पृ० 161
2. स० प्र०, नवम समु०, पृ० 161
3. पूर्वोक्तेव, पृ० 161-62

विद्वान् के उपदेश को विशेषतः ब्रह्म-विद्यादि को शान्ति एवं ध्यान देकर सुनना **श्रवण** कहलाता है। शंकाओं का समाधान और उन विचारों का एकाग्रचित्त से विचार करना **मनन** जब सुनने और मनन करने से निस्सन्देह हो जाय, तब समाधिस्थ होकर उन बातों को देखना, समझना और श्रुत और विचारित का ध्यान-योग से परीक्षण निदिध्यासन तथा पदार्थ के जैसे स्वरूप गुण और स्वभाव हो वैसा याथातथ्य जान लेना **साक्षात्कार** कहलाता है। यही श्रवणादि चतुष्ट्य हैं।

उसके अनन्तर महर्षि दयानन्द मोक्ष प्राप्ति हेतु उपासना की योगसम्मत विस्तृत व्याख्या करते हैं। दयानन्द सम्मत उपासना कर्मयोग, तत्त्व विवेचन अर्थात् ज्ञान योग और परमभक्ति की समन्वित अवस्था का एक सुन्दर स्वरूप है।[1] उपासना शब्द का अर्थ समीपस्थ होता है।[2] यह सामीप्य स्तुति, प्रार्थना तथा अन्य योगाभिहित साधनों के द्वारा ही गम्य है।

महर्षि दयानन्द के अनुसार उपासना काल में चित्त-वृत्ति-निरोध परमावश्यक है, इसके द्वारा चित्त सभी दुष्ट व्यक्तियों से हटकर शुभ गुणों में संस्थित होता हैं। जैसे जल के प्रभाव को एक ओर से दृढ़ बांधकर रोक देने से, तब तक वह जिस और नीचा होता है, उस ओर चलकर कहीं स्थिर हो जाता है, इसी प्रकार मन की वृत्ति भी बाहर से रूकती है, तब परमेश्वर में स्थिर हो जाती है।[3]

मन की क्लिष्ट, विषयासक्त और परमेश्वर की उपासना से विमुख करने वाली पांच प्रकार की प्रमाण, विपर्यय-विकल्प, निद्रा एवं स्मृति वृत्तियां होती हैं।[4]

इसके अतिरिक्त उपासना योग के व्याधि स्त्यान (सत्य कर्मों में अप्रीति), संशय, प्रमाद आलस्य, अविरति, भ्रान्तिदर्शन, अलब्धभूमिकत्व (अर्थात् समाधि की प्राप्ति न

---

1. मुक्ति का उत्तम साधन उपासना है; इसलिए जो विद्वान् लोग हैं, वे सब जगत् और सब मनुष्यों के हृदय में व्याप्त ईश्वर को, उपासना रीति से अपने आत्मा के साथ युक्त करते हैं।

—ऋग्वेदादिभाष्य, पृ० 184

2. सत्यार्थप्रकाश, सप्तम समुल्लास, पृ० 122
3. तदा द्रष्टुः स्वरूपे ऽवस्थानम्। योगसूत्र पर-"यदा सर्वस्मात् व्यवहारान्मनोऽवरुध्यते, तदास्योपासकस्य मनो द्रष्टुः सर्वज्ञस्य परमेश्वरस्य स्वरूपे स्थितं लभते।

—अ०, पृ० 185

4. वृत्तयः पंचतय्यः-1. प्रमाणविपर्यविकल्पनिद्रा स्मृतयः, 2. तत्र प्रत्यक्षानुमानागम-प्रमाणानि। 3. विपर्ययो मिथ्याज्ञानमतद्रूपप्रतिष्ठम् 4. शब्द ज्ञानानुपाती वस्तुशून्यो विकल्पः, 5. अभावप्रत्ययालम्बना वृत्तिर्निद्रा, 6. अनुभूत विषयासंप्रमोषः स्मृतिः।

—योगसूत्र 1.1.5.11

होना) एवं अनवस्थितत्व चित्त का अस्थैर्य) आदि नौ प्रकार के विघ्न हैं।[1] इनके छोड़ने का एकमात्र उपाय अद्वितीय ब्रह्मतत्त्व है, उसी में प्रेम और सर्वदा उसीकी आज्ञा का पालन करना पुरुषार्थ हैं। वही इन विघ्नों के नाश करने का वज्ररूप अस्त्र है। अर्थात् उक्त सभी प्रकार के विघ्न उपासना के द्वारा दूर होते हैं।

महर्षि दयानन्द के द्वारा उपासना के योगदर्शन में समस्त आठ प्रकार के अंग माने गये हैं, जिनके अनुष्ठान से अविद्यादि दोषों का क्षय तथा ज्ञान के प्रकाश की वृद्धि होने से जीव यथावत् मोक्ष को प्राप्त होता है।[2] ये हैं अष्टांग—यम, नियम, आसन, प्राणायाम, प्रत्याहार, धारणा, ध्यान और समाधि हैं।[3]

1. यम— अहिंसा, सत्य, अस्तेय, ब्रह्मचर्य एवं अपरिग्रह भेद से पांच प्रकार का होता है।[4] सर्वप्रकारेण सब कालों में सब प्राणियों के साथ वैर छोड़कर प्रेम-भाव का व्यवहार करना ''अहिंसा'' है। इससे वैरभाव का त्याग होता है। यथार्थ बोलना और सुनना और स्वीकारना ''सत्य'' है। इससे फलरूप में जो-जो काम करना चाहता है, वे सब हो जाते हैं। किसी अन्य के पदार्थ पर अवैधरूप आधिपत्य न करना ''अस्तेय'' है। इसके परिणाम स्वरूप सभी उत्तम-उत्तम पदार्थ प्राप्त होने लगते हैं। कामेन्द्रियसंयम-'ब्रह्मचर्य' है। इस यम के द्वारा बल और बुद्धि आदि की वृद्धि होती है। लिप्सा प्रेरित भोग सामग्री का अतिशय अर्जन न करना ''अपरिग्रह'' है। इससे शुभ गुणों का विचार मन में स्थिर होता हैं।

2. नियम— उपासना का दूसरा नाम या अंग 'नियम' है। यह भी शौच, संतोष, तप, स्वाध्याय एवं ईश्वरप्रणिधान रूप पांच प्रकार का होता है।[5] अन्दर और ब्राह्य स्वच्छता 'शुचि' है। फलस्वरूप अन्तःकरण की शुद्धि, मन प्रसन्न और एकाग्र होता है। और साथ ही, आत्मानुभव की योग्यता आती है। निरालस्य धर्मानुष्ठान से अत्यन्त पुरुषार्थ करके प्रसन्न रहना तथा दुःख में शोकातुर न होना 'संतोष' है। इससे जो सुख मिलता है वह सर्वोत्तम है। आत्मा और मन को धर्माचरण तथा शुभ गुणों के आचरण रूप तप से निर्गत करना 'तप' है। इससे शरीर एवं इन्द्रियां अशुद्धि के कारण क्षीण होने

---

1. व्याधिस्त्यानसंशय-प्रमादालस्याविरतिर्भ्रान्तिदर्शनालब्ध।
   भूमिकत्वानवस्थितत्वानि चित्तविक्षेपास्तेऽन्तरायाः।। —योगसूत्र 1.1.30
2. उपासनायोगांगानामनुष्ठानाधारणदर्शावधरज्ञानं प्रतिदिनं क्षीणं भवति, ज्ञानस्य च बृद्ध्यामोक्षप्राप्तिर्भवति। —ऋग्देदादि०, पृ० 193
3. यमनियमासनप्राणायामप्रत्याहारधारणाध्यानसमाधयो-अष्टावंगानि।
   —योगसूत्र 1.2.29
4. अहिंसासत्यास्तेय ब्रह्मचर्यापरिग्रहा यमाः। —योगसूत्र 2.2.30
5. शौचसन्तोषतपः स्वाध्यायेश्वरप्राणिधानानि नियमाः। —पूर्वोक्तेव 1.2.23

से बचे रहने के कारण दृढ़ होकर सदा रोगरहित होती हैं। मोक्ष विद्याविधायक वेदशास्त्र का पढ़ना और ओंकार के विचार से ईश्वर का निश्चय करना, कराना "स्वाध्याय" कहलाता है। इससे परमात्मा के साथ सम्प्रयोग, तदनुग्रह का प्रतिवेदन, आत्मा की शुद्धि, सत्याचरण पुरुषार्थ व प्रेम का सम्प्रयोग होता है। तस्माद् मुक्ति की उपलब्धि शीघ्र होती है।

सब सामर्थ्य, सब गुण, प्राण, आत्मा और मन के प्रेमभाव से आत्मादि सत्य द्रव्यों का ईश्वर के लिए समर्पण करना "ईश्वरप्रणिधान" है। इससे साधक सुगमता से समाधि को प्राप्त होता है।

आसन— सुखपूर्वक शरीर और आत्मा के स्थैर्य को 'आसन' कहते हैं।[1] ये पद्मासन, वीरासन, दण्डासन प्रभृति अनेक हैं। दयानन्द कहते हैं कि सुखानुरूप आसन करना चाहिए। दृढ़ आसनावस्था में साधक को शीतोष्णादि बाधा नहीं देते।

3. **प्राणायाम**— श्वास-प्रश्वास की गति का निरोधक जब ज्ञान के द्वारा किया जाता है तो उसे 'प्राणायाम' कहते हैं।[2] उसे चार प्रकार का माना गया है। बहिर्निर्गत प्रश्वास का निरोध 'बाह्य प्राणायाम' होता है। अन्तः प्रविष्ट श्वास का तत्रैव निरोध 'आभ्यन्तर प्राणायाम' कहलाता है और न प्राण को बाहर निकाले तथा न भीतर ले जाये प्रत्युत जितनी देर सुखपूर्वक हो सके ज्यों का त्यों वहीं रोक दे, वह 'स्तम्भ प्राणायाम' है और चतुर्थ (बाह्यन्तरापेक्षी प्राणायाम' वह है जब प्रश्वास बाहर को आये तथा बाहर को कुछ रोके और जब भीतर को जाये तो भीतर ही रोके।

4. **प्रत्याहार**— इन चारों प्रकार के अनुष्ठान से चित्त निर्मल होता है। आत्मा के ज्ञान का आवरक अज्ञान नष्ट हो जाता है और ज्ञान का प्रकाश शनैः-शनैः प्रबृद्ध होता है।[3] तथा अनुष्ठाता के मन की ब्रह्म ध्यान विषयक सम्यक् योग्यता बढ़ती है।[4] जब उपासक चित्त को जीत लेता है तो वह चित्त परमात्मा की स्मृति के अन्यत्र कुत्रापि नहीं जाता। उसकी इन्द्रियां भी अपने-अपने विषयों में निरुद्ध हो जाती हैं तो उपासना का प्रत्याहार अंग होता है।[5] अभिप्राय यह है कि उपासक के चित्त और इन्द्रियां उसके अधीन

---

1. तत्र स्थिरसुखमासनम्। —योगसूत्र 1.2.46
2. तस्मिन्सतिश्वासप्रश्वासयोर्गतिविच्छेदः प्राणायामः। —पूर्वोक्तेव 1.2.49
3. ततः क्षीयते प्रकाशावरणम्। —पूर्वोक्तेव 1.2.52
4. प्राणायाम-अनुष्ठानेनोपासकानां मनसो ब्रह्मध्याने सम्यग्योग्यता भवति।
   —ऋग्वेदादि०, पृ० 200
5. स्वविषयासम्प्रयोगे चित्तस्य स्वरूपानुसार इवेन्द्रियाणां प्रत्याहारः।
   —योगसूत्र 1.2.54

हो जाती हैं। प्रत्याहार की अवस्था में ज्ञान हो जाने से उपासक को सत्य में ही प्रीति होती है, असत्य में नहीं।

5. **धारणा**— चित्त के चाञ्चल्य को समाप्त करके नाभि, हृदय, मस्तक, नासिका, और जिह्वा के अग्रभाग आदि देशों पर स्थिर करके ओंकार का जप और उसका विषय, जो परमात्मा है उसका विचार करना 'धारणा'[1] कहलाता है। वस्तुतः धारणा पूर्वोक्त पांच अंगों के सिद्ध हो जाने पर स्वतः ही सिद्ध हो जाती है।

6. **ध्यान**— धारणाभिहित देशों में से किसी एक देश में ध्यान करने और आश्रय लेने के योग्य जो अन्तर्यामी परमेश्वर है, उसके प्रकाश और आनन्द से, अत्यन्त विचार और प्रेमभक्ति के साथ इस प्रकार प्रवेश करना यादृशी कोई नदी समुद्र में गिरती है तब ईश्वरातिरिक्त किसी अन्य पदार्थ का स्मरण न करना, मात्र उस परमात्मा में ही एकमात्र ध्यानावस्थित रहना "ध्यान" कहलाता है।[2]

7. **समाधि**— उपर्युक्त सात अंगों का फल 'समाधि' होता है। समाधि उपासक की उस अवस्था को कहते हैं जिसमें वह अपने शरीर को भी भूला हुआ सा परमेश्वर के प्रकाशस्वरूप आनन्द और ज्ञान से परिपूर्ण हो जाता है। इस अवस्था में एकमात्र आत्मसंयुक्त ब्रह्मानन्द की उपलब्धि होती है। ममत्व, परत्व एवं जागतिक आभास, सभी तुच्छ हो जाते हैं। किसी भी प्रकार की लिप्तता का आभास साधक अनुभव नहीं करता।

इस उपासनायोग की प्राप्ति साधक तभी करने में समर्थ होता है जब वह धर्माचरण किंवा सदाचरण करता है। अन्यथा दुष्टकर्मों में लिप्त होने से उपासक को वह एकाग्रता उपलब्ध ही नहीं हो पाती, जो अनन्यानन्दपरक होती है। इसीलिए यमनियमादि के अन्तर्गत आत्मनिग्रह की आवश्यकता पर बल दिया गया है। सभी अंगों का साक्षात्कार करने में समर्थ हो जाता है और देहपातान्तर मोक्ष को प्राप्त करता है।

महर्षि दयानन्द ने उपासना के दो प्रकार बताये हैं[3]— सुगुणोपासना तथा निर्गुणोपासना। ईश्वर के सर्वज्ञ, सर्वशक्तिमान्, शुद्ध, सनातन, न्यायकारी, दयालु, सर्वव्यापक, सर्वाधार, कल्याणकारक, सर्वद्रष्टा, सर्वेश्वर इत्यादि सत्यगुणों की ज्ञानपूर्वक उपासना करने को 'सगुणोपासना' कहते हैं। उस परमात्मा को अजन्मा, निराकार, अशरीरी, शब्दस्पर्शगन्धादि-विरहित, संख्यातीत, परिमाणभारातीतादि राहित्यपरक मानकर स्मरण करने को निर्गुणोपासना कहते हैं।

---

1. देशबन्धश्चित्तस्य धारणा। —पूर्वोक्तेव 1.3.1
2. तत्र प्रत्येकतानता ध्यानम्। —पूर्वोक्तेव 1.3.2
3. सेयं तस्यपरमेश्वरस्योपासना द्विविधास्ति— एका सगुणा, द्वितीया निर्गुणा चेति। —ऋग्वेदादि०, पृ० 205

इस प्रकार की परमात्मा की उपासना के द्वारा, दयानन्द के अनुसार, अविद्यादि क्लेश तथा अधर्माचरण की विनिवृत्ति से शुद्ध विज्ञान और धर्मादि शुभगुणों के आचरण से आत्मा को उन्नत करके उपासक मोक्ष को प्राप्त होता है।[1]

अद्वैत वेदान्त में स्वीकृत मुक्तिवाद का खण्डन—

वेदान्त दर्शन में जीव का ब्रह्म से सर्वथा अभेद सम्बन्ध है। दोनों के अभेद सम्बन्ध को– एकमेवाद्वितीयम्– इत्यादि श्रुतियों के आधार पर प्रतिपादित किया गया है। उन दोनों के मध्य उसी प्रकार का सम्बन्ध है जैसा कि घटाकाश और मठाकाश के मध्य है। घट के अन्दर का आकाश और घट के बाहर का आकाश एक ही है किन्तु घट की उपाधि के कारण वे भिन्न-भिन्न प्रतीत होते है इसी प्रकार जीव और ब्रह्म एक ही है। किन्तु शरीर, मन और ज्ञानेन्द्रियों की उपाधि के कारण वे भिन्न-भिन्न प्रतीत होते हैं। आत्मा का कर्तृत्व भी मात्र अविद्यावशात् है। उसका कर्तृत्व तब एक ही उद्भासित होता है जब तक कि अविद्या के कारण द्वैत से सम्बन्ध रहता है। आत्मा का कर्तृत्व केवल व्यावहारिक रूप से ही सत्य है। प्रश्न उठता है कि यदि ब्रह्म और जीव अभिन्न हैं तो जागतिक बन्धन क्यों होता है; अद्वैतवादी इसका उत्तर देते हुए कहते हैं कि अविद्या के कारण जीव अपने स्वरूप को भूल बैठता है। जीव यद्यपि स्वयं ब्रह्म है किन्तु अनादि अविद्या के कारण वह उस परम सत्य को विस्मृत कर बैठता है और स्वयं को मन, शरीर, इन्द्रियां समझने लगता है। कहने का अभिप्राय यह है कि जीव बन्धन का कारण स्वयं उसके मन में ही हैं, कहीं बाहर नहीं। बन्धन मानसिक है, सत्तागत नहीं। अतएव बन्धन केवल व्यावहारिक दृष्टि से ही सत्य है। पारमार्थिकरूपेण तो जीव ब्रह्म ही है। इसी कारण अद्वैत मत में इसी बात पर बल दिया गया है कि मुक्ति की प्राप्ति बाह्य जगत् के किन्हीं पदार्थों के रूपान्तरण का परिणाम न होकर प्रत्युत अपने पारमार्थिक स्वरूप को और अविद्याजनित बाह्य जगत् के मिथ्यात्व को समझ लेना ही है। इस प्रकार अद्वैत वेदान्तान्तर्गत मोक्ष का साधन एकमात्र ज्ञान ही है अर्थात् इस बात के ज्ञान का उद्भव होना ही है कि वह नितान्त रूपेण ब्रह्म ही है। जिस प्रकार रज्जू-सर्प भ्रम के निराकृत हो जाने से ज्ञाता को किसी नवीन पदार्थ या बात की प्राप्ति नहीं होती, उसी प्रकार जगत् भ्रम के निराकृत होने से किसी नवीन पदार्थ की प्राप्ति नहीं होती, मात्र अपने पारमार्थिक स्वरूप की ही उपलब्धि होती है। इस प्रकार अद्वैत मत में मोक्ष किसी नवीन वस्तु की उपलब्धि नहीं हैं।

शंकर के मत में ज्ञान ही एकमात्र मोक्ष का साधन है। इतना ही नहीं प्रत्युत सर्वोच्च ज्ञान स्वयं में मोक्ष ही है। ज्ञान और कर्म में वैसा ही विरोध है जैसाकि प्रकाश

---

1. एवं परमेश्वरोपासनेनाविद्याधर्माचरण निधारणाच्छुद्ध– विज्ञान धर्मानुष्ठानोन्नतिभ्यां जीवोमुक्तिं प्राप्नोति इति। —वही, पृ० 207

और अन्धकार में। पुण्य और पाप कर्मों का फल क्रमशः सुख व दुःख है। किन्तु, आत्मज्ञान का फल मोक्ष है। यद्यपि कर्म और भक्ति उस ज्ञान की पृष्ठभूमि का निर्माण करते है किन्तु उनमें भी अज्ञान का समावेश होता है अतः एकमात्र ज्ञान ही मोक्ष का साधन है। क्योंकि भ्रम जगत् भ्रम कर्म या भक्ति द्वारा दूर नहीं किया जा सकता, वह तो एकमात्र ज्ञान से ही निराकरणीय है, जैसाकि पहले कहा जा चुका है कि अद्वैत मत में मोक्ष किसी नवीन पदार्थ या सत्ता की उपलब्धि नहीं हैं, प्रत्युत अपने यथार्थ स्वरूप का उद्बोधनमात्र है। अतएव ज्ञान के द्वारा अज्ञान का उच्छेदन ही मोक्ष है क्योंकि जीव इस अज्ञान से पूर्व ब्रह्म ही था, किन्तु माया के कारण वह अपने इस यथार्थ स्वरूप को भूल गया था और अपने को शरीर, मन, ज्ञानेन्द्रियां आदि समझने लगता है। ऐसे अज्ञान की निवृत्ति के अनन्तर जो स्वरूपोद्बोधन होता है, वही मोक्ष है।

शंकर का विचार है कि कर्म से मोक्ष का कोई सम्बन्ध नहीं है। कर्म का फल किसी वस्तु की उत्पत्ति होती या अपने परिणाम के द्वारा किसी वस्तु में विकार उत्पन्न करना होता है। शंकर इस बात का निषेध करते हैं कि नित्य मोक्ष कर्म एक अनित्य कारण से उत्पन्न नहीं हो सकता। मोक्ष किसी पदार्थ का विकार ही नहीं है क्योंकि विकार होने से वह नित्य नहीं हो सकता क्योंकि जगत् में देखा जाता है कि वैचारिक पदार्थ नित्य नहीं हुआ करते। जिस प्रकार दूध का विकार दधि नित्य नहीं हुआ करता। शंकर के अनुसार भक्ति और कर्म के द्वारा सगुण ब्रह्म की प्राप्ति हो सकती है। परमतत्त्व उपलब्ध कदापि नहीं हो सकता, क्योंकि वे मिथ्या जगत् के ही एक अंग हैं, जो सावधिक विपाक मात्र रखते हैं। ततपरिणामों में अक्षुणता का सर्वथा अभाव होता है। परमतत्त्व ज्ञानस्वरूप मात्र है। "तस्मात्"... ऋते ज्ञानात् न मुक्तिः"। नैष्कर्म्यसिद्धिकार ने कहा है कि जब जीव शारीरिक साधनों के प्रति अजग एवं अहंरहित जो कि शारीरिक बन्धनों के कारण है, हो जाता है तो ज्ञानोत्पन्न होता है क्योंकि सिंह और मेघ की भांति ज्ञान और कर्म एकमात्र नहीं रह सकते।[1]

आचार्य रामानुज—

रामानुज यथार्थवादी दृष्टिकोण रखते हैं। उनके मतानुसार जीव और ब्रह्म में कदापि साम्य नहीं है। रामानुज के मतानुसार यद्यपि जीव ब्रह्म का ही अंश है, या उसका विशेषण है, तथापि वह अपने अंशों या विशेष्य के समान नहीं है। वह उसमें अभिन्न होकर भी अपने स्वरूप से उससे भिन्न है। इसलिए मोक्ष कोई ज्ञानावस्था कोई विशेषण न होकर एक सहज उपलब्धि है जो विचित्र प्रयासों के अनन्तर उपलब्ध होती है। रामानुज और दयानन्द दोनों ने जीव के कर्तृत्व को सत्य माना है। हां, वे कर्तृत्व

---

1. बाध्याबाधकभावाच्च पञ्चास्योरणयोरिव ।
   एक देशानवस्थान्त समुच्चयता तयोः ।। —नैष्कर्म्यसिद्ध 1.55

भोक्तृत्वादि गुण अनित्य तो अवश्य है किन्तु संसरण या जागतिक सम्बन्धता में वे सर्वथा जीव के कर्म हैं। इसलिए रामानुज और दयानन्द दोनों दार्शनिक कर्मों की शुद्धता पर भी उतना ही बल देते हैं जितना की मोक्ष के लिये ज्ञानोपलब्धि पर। रामानुज के अनुसार जहां कर्म और ज्ञान मोक्ष की साधनभूतता के अंग हैं, वहां भक्ति, जो इन दोनों के परिणाम स्वरूप अपनी पराकाष्ठा को प्राप्त होती है, भगवत्प्राप्ति में एकमात्र साधन होती है। रामानुज की भक्ति केवल भावुक मन की उड़ान या समत्व का उन्माद नहीं है। रामानुज के अनुसार वह ज्ञानावस्था का सर्वोत्तम स्वरूप है, जिसके उपरान्त जीवात्मा सबके अनित्यत्व और अपारमार्थित्व को समझता हुआ, एकमात्र परमात्मा को सारभूत और अपना संलक्ष्य मानता है और उसके चरणों में अवनत होकर किंकरमात्र से उसके समक्ष उपस्थित होकर उसकी प्रसादरूप कृपा की कामना करता है। रामानुज ब्रह्म को निर्गुण निर्विशेष ज्ञानमात्र नहीं मानते। उनके मतानुसार परमात्मा हेय प्रयत्नीक होकर असंख्य कल्याणगुणगणाकर है। अतः उस परमात्मा की उपलब्धि में वे परमात्मा की कृपा की अपेक्षा करते हैं। कहने का अभिप्राय यह है कि शंकराचार्य का ब्रह्म एकमात्र जीवात्मा के प्रयत्नानन्तर लब्ध ज्ञान के द्वारा ही प्राप्त है किन्तु रामानुज की दृष्टि में मोक्ष या प्राप्ति भगवत्कृपा पर भी उतनी ही आश्रित है[1] जितनी कि जीवात्मा के द्वारा उसके लिए किये गये प्रयासों पर आश्रित है परमात्मा अपनी कृपा के द्वारा मुमुक्षु को उपाय बुद्धि प्रदान करते हैं।

रामानुज का विचार हैं कि प्रथम तो निर्विशेष **ब्रह्म** किसी भी प्रकार हमारे ज्ञान का विषय बन ही नहीं सकता क्योंकि अनुभूति कदापि निर्विषया नहीं हो सकती। अतः परब्रह्म जो एकमात्र ज्ञानस्वरूप है, किस प्रकार हमारे ज्ञान का विषय बन सकता है। शंकर द्वारा समस्त ब्रह्माण्ड का प्रपंच बताकर मिथ्या की संज्ञा दे देने से सभी शास्त्रादि को मिथ्या कर दिया गया है। तस्मात् शंकराभिमत तत्त्वमसि और अहंब्रह्मास्मि आदि श्रुतिपरक वचन को, जिन्हें वे जीव और ब्रह्म की अभेदता के ज्ञान की निष्पत्ति में एक बहुत बड़ा योगदानी मानते हैं, किस प्रकार मात्र शब्दार्थ ज्ञान से मोक्ष के प्रदाता हो सकते हैं; वाक्यार्थ ज्ञान से कथमपि अज्ञान निवारण और उस तथाकथित अज्ञाननिवारण से मोक्ष की प्राप्ति नहीं हो सकती। रामानुज कहते हैं कि वाक्य का वाक्यार्थ ज्ञानमात्र से ब्रह्म भाव की सिद्धि नहीं हो सकती। जैसा देखा भी नहीं जाता। बड़े-बड़े वाच्यार्थ ज्ञानियों में भी भेद दर्शन की अनुवृत्ति बनी ही रहती है, यदि वाच्यार्थ ज्ञानमात्र से ब्रह्म भाव की सिद्धि सम्भव भी हो जाये तो श्रवण, मनन आदि शास्त्रीय विधि व्यर्थ हो जायेगी। अतएव तत्त्वमसि प्रभृति वाक्यार्थ ज्ञानमात्र से बन्धन मुक्ति नितान्त असम्भव है।

1. एकमेवेष संप्रसादो तस्माच्छरीरात् समुत्थाय परं ज्योतिरूपं संपद्य स्वेन रूपेणाभिनिष्पद्यते।
— श्रीभाष्य 4.4.2

यद्यपि मिथ्यात्व बन्धन ज्ञान के द्वारा ही बाध्य है किन्तु बन्धन अपरोक्ष है, परोक्ष रूप वाक्यार्थ ज्ञान से यह निवार्य नहीं है। रज्जू आदि में प्रत्यक्ष सर्पमय होता है। ''यह सर्प नहीं रज्जू है'' ऐसे प्रामाणिक व्यक्ति के कथन मात्र से भय की निवृत्ति नहीं देखी जाती, क्योंकि भीत व्यक्ति के समक्ष तो सर्प की ही प्रवृत्ति रहती है। उक्त आप्तवाक्य तो अप्रत्यक्ष सर्प का विपरीत ज्ञानमात्र ही है। भय की निवृत्ति कारण प्रत्यक्ष द्वारा वस्तु के यथार्थ ज्ञान पर आश्रित होता, जैसे कि रज्जू को सर्प मानकर भयभीत पीछे हटा हुआ व्यक्ति ''यह सर्प नहीं रज्जू है''। आप्तपुरुष के कथन के वस्तु को यथार्थ रूप में देखने को प्रवृत्त होता है उसको भलीभांति देखकर ही भय से निवृत्त होता है, केवल कथन मात्र से नहीं। इसलिए शब्द को भी प्रत्यक्ष ज्ञान का उत्पादक नहीं कहा जा सकता क्योंकि ब्रह्म अतीन्द्रिय तत्त्व है, जबकि जितने भी ज्ञान के साधन उनमें केवल इन्द्रियां ही प्रत्यक्ष ज्ञान के साधन है। निष्काम कर्मानुष्ठान से निर्मल मन, श्रवण, मनन, निदिध्यासन से विषय पराङ्मुख पुरुष का ज्ञान भी वाक्यार्थमात्र से ही हो सकता है।[2] रामानुज का मत है कि जगत् भी उतना ही सत्य है जितना जीवात्मा। दोनों ही उस अखण्डैकरस परमात्मा के प्रकार या अंश हैं। तस्मात् दोनों भी उसी प्रकार सत्य हैं। अतएव अज्ञान जगत् का नहीं है। अज्ञान से कर्मासक्ति होती है। इसलिए यदि जीवात्मा कर्म और कर्मभोगों के अयाथार्थ्य को समझ लेता है और उन्हें अनासक्त भाव से सम्पादित करता है तो उसके मानस में प्रारब्ध के द्वारा सम्भूत अज्ञानात्मक एवं सम्मोहात्मक राजस् और तामस् गुणों का उच्छेद होने से सत्वगुणोद्रेक होगा और उसको जगत् के अपरमार्थता का ज्ञान तथा परमात्मा के साथ अपने सम्बन्ध का बोध करायेगा। इस ज्ञान और बोध के अनन्तर जीवात्मा उस एकमात्र अपने संलक्ष्यभूत परमात्मा के प्रति समर्पित हो सकता है। इस प्रकार कर्मयोग, ज्ञानयोग और समर्पणमूलक भक्तियोग के समन्वय के बिना कथमपि मोक्ष की उपलब्धि सम्भव नहीं।

अद्वैत वेदान्त में मोक्ष को किसी नवीन वस्तु की अवस्था की उपलब्धि नहीं माना गया है किन्तु रामानुज इस सिद्धान्त से विरोध रखते हैं। उनके मतानुसार परमात्मा का प्रकारभूत जीव कर्मों के व्यूह में फंसने के कारण अपनी उक्त परमार्थता को खो बैठता है। उसकी उपलब्धि उसकी परम सुगमता एवं त्रिगुणामूलक जगत् से व्यतिरिक्त होने से एक अपूर्वावस्था की उपलब्धि मानी जायेगी।

शंकर वेदान्त में जिस अविद्या निवृत्ति को मोक्ष कहा गया है उसके विषय में रामानुज और उनके अनुयायियों ने अनेक प्रकार की शंकायें प्रकट की हैं। अद्वैतमत में

1. न च वाक्यात् वाक्यार्थज्ञानमात्रेण ब्रह्म-भावसिद्धिः अनुपलब्धेः विविधभेददर्शनानुवृत्तेश्च। —श्रीभाष्य 1.1.4

2. पूर्वोक्तेव, श्रीभाष्य 1.1.4

जहां जीवब्रह्मैक्यवाद स्वीकार किया, जीवैक्यवाद भी माना गया है क्योंकि एक ही ब्रह्म अविद्या के कारण समस्त शरीरों में अन्तःकरणावच्छिन्न होकर विचरण कर रहा है। अद्वैतवादी मानते हैं कि उस विद्या की निवृत्ति ही मोक्ष है। इस पर रामानुज विप्रतिपत्ति करते हुए प्रश्न करते हैं कि जब तो एक के मुक्त होने पर अन्यों की भी मुक्ति होनी चाहिए; और यदि यह कहा जाये कि अन्यों के मुक्त न होने के कारण अविद्या बनी रहती है तो इस पर रामानुज आपत्ति करते हैं कि तब तक तो एक की भी मुक्ति नहीं होनी चाहिए क्योंकि बन्ध का मूलभूत कारण अविद्या बनी हुई है।[1]

यदि यह कहें कि प्रत्येक जीव विद्या पृथक्-पृथक् है, जिसकी अविद्या का नाश होगा, वह मुक्त होगा और जिसकी बनी रहेगी, वह बद्ध रहेगा, तो इस पर प्रष्टव्य है कि इस प्रकार का भेद स्वाभाविक है या कल्पित; यदि यह कहा जाये कि भेद स्वाभाविक है जीवों के भेद के लिए जो अविद्या की कल्पना की गई है वह व्यर्थ हो जायेगी, इस भेद की कल्पना करने वाली अविद्या कल्पित है तो प्रश्न उठता है कि इस भेद की कल्पना करने वाली अविद्या ब्रह्म की है या जीवों की, यदि ब्रह्म की है तो पुनः एक अविद्या के विनाश के अनन्तर सबकी मुक्ति होनी चाहिये और यदि यह कहा जाये कि जीवों की है तो जीव अविद्या का आश्रय बनता है, जबकि जीव स्वयं अविद्या के होने पर बनता है इस प्रकार न्योन्याश्रय दोष होगा।[2] अद्वैत वाद के अविद्यानिवृत्तिरेव मोक्ष विषयक न्याय सिद्धान्तकार ने दोषों को गति देते हुए प्रश्न किया है—यदि समस्त भ्रमों अर्थात् अविद्या का उच्छेदन भी मोक्ष है तो वह उच्छेदन भ्रम से सिद्ध होता है या प्रमा से।

यदि समस्त भ्रमों का उच्छेद भ्रम से सिद्ध मानते हैं तो वह भी भ्रम होने के कारण अयुक्तियुक्त अर्थात् परमार्थ रूप से उच्छेद होगा ही नहीं[3] और यदि उच्छेद को प्रमा सिद्ध माने तो उच्छेदरूप में अयथार्थ भी सत्य होगा और उस अवस्था में एकमात्र ब्रह्म को सत्य मानने वाला अद्वैत मत ही नष्ट हो जायेगा।[4] साथ में यदि प्रमात्मक ज्ञान से भ्रमपरिकर रूप अविद्या का उच्छेदन होता है तो वह उच्छेद का हेतु प्रमात्मक ज्ञान सप्रकारक होगा, क्योंकि ब्रह्म स्वरूप के समान निष्प्रकारक ज्ञान से भ्रमपरिकार का उच्छेद हो ही नहीं सकता। यदि हो सकता है तो निष्प्रकारक ब्रह्मस्वरूप भूतज्ञान से परिकर का उच्छेद पहले से ही हो गया होता और यदि सप्रकारक ज्ञान से उच्छेद

---

1. तर्हि एकस्यापिमुक्तिर्न स्यात् अविद्याया अविनष्टत्वात्। —श्रीभाष्य 2.1.15
   भेदसिद्ध्यर्थस्य चाविद्याकल्पनस्य व्यर्थत्वात्। —पूर्वोक्तेव
2. इतरेतराश्रयत्वम्। —पूर्वोक्तेव
3. भ्रान्त्या सर्वसमुच्छेदे नोच्छेदस्तत्त्वतो भवेत्।
   —जीव परिच्छेद, न्यायसिद्धा०, पृ० 283
4. प्रमया तु सिद्धान्ताद्वैतभंगादिसम्भवः। —पूर्वोक्तेव

स्वीकार करे तो सद्‌विषयक ब्रह्म भी सधर्मक होगा, जैसा कि अद्वैतमत समर्थक अर्थात् सविशेष ब्रह्म स्वीकार करने को कदापि तत्पर नहीं।

जीवन-मुक्ति का खण्डन—

अद्वैतवादी मतानुसार वाक्यार्थ ज्ञान द्वारा भ्रमपरिकर के समूलोच्छेद हो जाने पर मोक्ष शरीर रहते हुए भी प्राप्तव्य है। उस जीवन मुक्ति की अवस्था में मोक्ष का शरीर की उपस्थिति के साथ कोई विरोध नहीं है, जैसा कि पहले बताया जा चुका है। अद्वैतमतानुसार जीवात्मा द्वारा ब्रह्म के साथ अपने अभेद का ज्ञान ही मोक्ष है। उसके लिए देहपात की अपेक्षा अनिवार्य नहीं है। मोक्ष प्राप्त करने वाले व्यक्ति का शरीर रहता है क्योंकि वह प्रारब्ध कर्मों का फल होता है। वह शरीरधारी जीवात्मा संसार के प्रपंच में नहीं पड़ता, न उसे मोह बाधा देता है और न शोक उसे अभिभूत करता है। सुख-दुःख, जय-पराजय सभी जागतिक संगात्मक भावों के प्रति समभाव उचित हो जाता है। संसार की सत्ता उसके जीवन में अवश्य रहती है किन्तु वह उसके त्रिषयों से सम्पृक्त नहीं होता। संसार की अनुवृत्ति होती है किन्तु वह बाधित सब में ही होती है। तत्त्वज्ञान के द्वारा संचित कर्म का नाश तथा संचीयमान या क्रियमाण कर्मों का निवारण हो जाता है किन्तु प्रारब्ध कर्म का नाश भोग अपेक्षा रखता है तद्‌भोगान्तर जब प्रारब्ध की सामर्थ्य समाप्त हो जाती है तो अनन्तर देहपात होने पर जीवात्मा पूर्ण मुक्ति को प्राप्त कर लेता है।

किन्तु रामानुज अद्वैत वेदान्त के उक्त सिद्धान्त का सशक्त तर्क से खण्डन करते हैं। उनका मन्तव्य है कि जब तक देहपात नहीं होता तब तक मोक्ष कथमपि सम्भव नहीं है क्योंकि शरीरत्व ही बन्ध है।[1] कर्मरूप अविद्या से प्राप्त शरीर-संसर्ग का विनाश हुए बिना मुक्ति स्वीकार नहीं की जा सकती। रामानुज का कथन है कि आत्मा का सशरीरी रहते हुए मुक्त हो जाना स्वतो व्याघात है, क्योंकि बन्ध का तात्पर्य ही आत्मा का शरीर के साथ संसर्ग या सम्बन्ध होना है। मोक्ष का तात्पर्य है उस शरीर रूप बन्धन से सम्बन्ध विच्छेदन। अतः यह कहना कि मैंने जीवन-मुक्ति प्राप्त कर ली है, "मेरी माता बन्ध्या है" कहने के तुल्य है।[2] यदि कहा जाय कि जीवन-मुक्ति का तात्पर्य तो सशरीरपात की समाप्ति— इस अर्थ में हो जाता है कि जीवात्मा शरीर धारण किये होकर भी उसे उस शरीर के मिथ्यात्व का ज्ञान हो जाता है।[3] इस पर रामानुज कहते हैं कि

1. यतः सशरीरत्वं बन्धः। — श्रीभाष्य 1.1.4
2. सशरीरमे मोक्ष इति चेत् "माता में बन्ध्या" इति वदतःसंगतार्थवचः।
— श्रीभाष्य 1.1.4
3. अथ सशरीरत्वप्रतिभासे वर्तमाने यस्यायंप्रतिभासो मिथ्येति प्रत्ययः तस्य सशरीरस्य निवृत्तिरिति।
— श्रीभाष्य 1.1.4

"नहीं ऐसा कहना ठीक नहीं हैं क्योंकि शरीर मिथ्या है" —ऐसे ज्ञान से ही सशरीर की निवृत्ति कैसे हो सकती है; मृत को मुक्ति भी मिथ्यामय शरीरत्वाभिमान की निवृत्ति ही है। इस प्रकार अद्वितीय जीवन्मुक्ति के और शरीर के मिथ्यात्व से मुक्त मृत जीवात्मा के स्वरूप में कोई अन्तर नहीं रह जाता। यदि कहा जाये कि जिसको सशरीरत्व की प्रतीति बाधित होते हुए भी द्विचन्द्र के ज्ञान की भाँति अविप्लुत भाव से रहती है, वही जीवनमुक्त है।[1] तो ऐसा कहना भी निरापद नहीं क्योंकि बाधक ज्ञान ब्रह्म से अतिरिक्त सभी विषयों से सम्बद्ध होता है। शरीरत्व की प्रतीति और उसकी हेतु भूता अविद्या के कर्मादि दोष भी उस ज्ञान से बाधित होने चाहिए। इसलिए शरीरत्व की प्रतीति को द्विचन्द्र ज्ञान की तरह अनुकृत नहीं कह सकते।[2] क्योंकि द्विचन्द्र का हेतु भूत दोष अपने बाधक द्विचन्द्रकला के ज्ञान का विषय न होने से बना रहता है और उसकी अनुवृत्ति बनी रहती हैं किन्तु आपके मत में तो शरीरत्व और सशरीरत्व मिथ्याज्ञान दोनों ही एक साथ बने रहते हैं। अतः उक्त अवधारणा में युक्तियुक्त नहीं है।

रामानुज का विचार है कि जीवन्मुक्ति का सम्प्रत्यय न केवल अयुक्तियुक्त प्रत्युत श्रुति विरोध भी रखता है क्योंकि मोक्ष प्राप्त करने के लिए श्रुतियों में कहा गया है कि जब तक रुकना पड़ता है जबकि उसके शरीर का पतन नहीं हो जाता। छान्दोग्योपनिषद् में स्पष्टरूपेण कहा गया है कि "इस लोक में आचार्य पुरुष ही सत् का ज्ञाता है।" उसके लिये मुक्त होने में उतने समय का ही विलम्ब है, जितने समय तक कि वह बन्धन से मुक्त नहीं हो जाता।[3] अतः समस्त भेदों की निवृत्ति जीवनमुक्ति जीवित रहते हुए कथमपि सम्भव नहीं।[4]

महर्षि दयानन्द—

दयानन्द जीव के कर्तृत्व भोक्तृत्वादि धर्मों को असत्य या अविद्याजनित न मानकर उन्हें सत्य मानते हैं इसलिये दयानन्द भी कर्म और ज्ञान में शंकर जैसा विरोध स्वीकार नहीं करते। महर्षि दयानन्द के अनुसार कर्म और ज्ञान दोनों मिलकर ही मोक्ष के साधन हो सकते हैं। एकान्ततः ज्ञान मात्र नहीं कर्मों की शुद्धता ही ज्ञान की जननी है और उस ज्ञान का तभी सदुपयोग हो सकता है जबकि ब्रह्म के प्रति साधक समर्पित हो जाये। इस प्रकार रामानुज की भांति दयानन्द भी मुक्ति के साधनों में अद्वैत शंकर

---

1. अथ सशरीरत्वप्रतिभासो बधितोऽपि यस्य द्विचन्द्रज्ञानवदनुवर्तते, स जीवन्मुक्त इति चेत्। —पूर्वोक्तेव
2. कारणभूताविद्या कर्मादिदोषः सशरीरत्व प्रतिभासेन सह तेनैव बाधित इतिबाधितानुवृत्तिर्नशक्यते वक्तुम्।
3. छान्दोग्योपनिषद् 6.14.2
4. सकलभेदनिवृत्तिरूपा मुक्तिर्जीवतो न सम्भवति। —श्रीभाष्य 1.1.4

के ज्ञान के साधन-मात्रत्व के विरोध में कर्मज्ञान और भक्ति के समन्वित स्वरूप को स्वीकार करते हैं। दयानन्द की निर्गुणोपासना आत्मसर्मपण की अपेक्षा रखती है। कर्म की निष्कामता ज्ञानोद्भाविका है और ज्ञान परमात्मा के प्रति ध्यान-धारणा का उत्प्रेरक है। दयानन्द के अनुसार मिथ्याभाषणादि पाप कर्मों का फल दुख है। उनको छोड़कर सुखरूप फल देने वाले सत्यभाषणादि धर्माचरण आवश्य करें।[1] इस प्रकार कर्मगत उपेक्षा को दयानन्द स्वीकार नहीं करते। दयानन्द के मत में मोक्ष एक अपूर्व आनन्दा-वस्था है। वे इसे शंकरवत् स्वरूपाविर्भाव नहीं मानते दयानन्द जीव और ब्रह्म को सर्वथा पृथक्-पृथक् तत्त्व स्वीकार करते हैं। ब्रह्म और जीव के कतिपयगुण साम्य अवश्य है किन्तु जीव स्वयं में ब्रह्म नहीं है। अतः ब्रह्मरूप मोक्ष लक्ष्य सर्वथा एक नवीन उपलब्धि है। हम पीछे दिखा चुके हैं कि दयानन्द ने शंकर के ब्रह्मवाद और ब्रह्मैक्यवाद का प्रबल युक्तियों से खण्डन किया है मोक्ष जो कि अल्पज्ञत्वादि विशिष्ट जीव और सर्वज्ञत्वादिविशिष्ट परब्रह्म का एक दीर्घकालीन मिलन है अपने में जीव के प्रति सर्वथा एक नवीन उपलब्धि है। दयानन्द के मतानुसार मोक्षावस्था अनन्यानन्द परक है, अतः उसे जीव का स्वरूपा-विभाव नहीं माना जा सकता, क्योंकि जीव के अपने सुख दुःखादि गुण हैं। यही परमानन्द वह कारण है, जिसके लिये जीव समग्र जीवन सतत् साधना करता रहता है। दयानन्द शंकर की अविद्या को मान्यता नहीं देते। बहुविध असंगता शंकराभिप्रेत अविद्या का जब अस्तित्व ही नहीं है तो ब्रह्म और जीव का अभेद अप्रमाणित हो जाता है जीव उतना ही सत्य है जितना की ब्रह्म, ब्रह्म में सद्गुणों की अनन्तता है, क्योंकि वह स्वयं अनन्त है। अतः जीव शान्त है और संसरणशीलता उसका धर्म है जो मोक्ष में विरत होता है। दयानन्द के अनुसार बन्ध और मोक्ष दोनों ही सावधिक हैं शरीर के जीव का बन्धन व्यावहारिक हैं, दयानन्द के जीव का बन्धन स्वाभाविक है, सत्य है। अतः उसे मिथ्यात्व का प्रश्न ही नहीं उठता। आचार्य शंकर ने जीवन्मुक्ति को भी मान्यता दी है, किन्तु दयानन्द यद्यपि उसका खण्डन नहीं करते तथापि प्रतीत यह होता है कि वे जीवन्मुक्ति को स्वीकार नहीं करते। दयानन्द का मन्तव्य है कि शरीरपातान्तर ही मोक्ष की उपलब्धि सम्भव है। यद्यपि साधक परमात्मानुभव की अपनी साधना के बल से भोग लेता है तथापि उस दशा में वह मुक्त नहीं माना जा सकता—ऐसा दयानन्द का मत प्रतीत होता है। शरीर ही बन्धन है उससे मुक्त होने पर ही वास्तविक मुक्ति संभव है। इस प्रकार दयानन्द अद्वैत मतीय अभिप्रेत मुक्तिवाद सिद्धान्त को स्वीकार नहीं करते।

मुक्ति में ब्रह्मैक्यवाद का खण्डन—

जैसाकि पूर्व पृष्ठों पर बताया गया है कि अद्वैतवाद में मुक्ति किसी नूतन पदार्थ की उपलब्धि नहीं हैं, जीवात्मा द्वारा अपने परमार्थ स्वरूप का बोध है और देहपातान्तर

---

1. स० प्र०, नवम समुल्लास, पृ० 161

उस सर्वज्ञ विभु परमात्मा में विलय हो जाता है, जो ब्रह्माण्ड में सर्वत्र व्याप्त है। ब्रह्म देश, काल और कारणता से परे परम तत्त्व है। जीवात्मा का मोक्ष ऐसे ही निरपेक्ष ब्रह्म के साथ अभेद-ज्ञान प्राप्त करने में निहित है। अतएव मोक्ष या ब्रह्मानुभव देश और काल में कोई घटना नहीं है और न ही उसका कारणता से किसी प्रकार का सम्बन्ध हैं।[1] शंकर ने मोक्ष का स्वरूप बताते हुए कहा है कि यह परमार्थ है, कूटस्थ नित्य है, आकाश के समान सर्वव्यापी है, सभी विचारों से ऐसी स्थिति है जहां पाप-पुण्य अपने विपाकों के साथ त्रिकाल में भी पहुंच जाने पर समर्थ नहीं होते।[2] कूटस्थनित्य उस पदार्थ को कहते हैं जो परिवर्तन रहित होकर नित्य हो, शंकर का ब्रह्म इसी प्रकार का कूटस्थ नित्य है। उनमें कभी परिवर्तन नहीं होता क्योंकि मोक्ष और कुछ नहीं है केवल ब्रह्मानुभव ही है और इस ज्ञान में ज्ञाता, ज्ञेय और ज्ञान भिन्न नहीं हैं, अतएव जीवात्मा कूटस्थ नित्य है। वह किसी भी प्रकार के परिवर्तनों से रहित है। मोक्ष आकाशवत् विभु अर्थात् सर्वव्यापक है। इसका कारण है कि ब्रह्म सर्वव्यापी है और मोक्ष स्वयं तो ऐसे ही सर्वव्यापी ब्रह्म से अभिन्न जान लेता है।

मोक्ष की अवस्था में स्वयं को ब्रह्म अनुभव करता है। अतः मोक्ष सभी प्रकार के भेदों से रहित कहा गया है सभी प्रकाशशील सूर्यचन्द्रादि पदार्थों की प्रकाशन-शक्ति देने वाला ब्रह्म स्वयं प्रकाश है। उसी स्वयं प्रकाश में जीवात्मा का विलय हो जाता है। अतः वह भी स्वयं प्रकाश बन जाता है।

आचार्य रामानुज—

रामानुज और दयानन्द दोनों ने अद्वैत वेदान्त के मोक्ष के ब्रह्मैक्य वादी स्वरूप का प्रत्याख्यान किया है। रामानुज का मत है कि शंकर के अद्वैत में ब्रह्म और माया का द्वैत अत्यन्त कठिन विचार है। माया के सदसद् विलक्षण सिद्ध न होने से उसकी निवृत्ति भी होती प्रतीत नहीं होती क्योंकि यदि वह सत् है और उसकी भावात्मक सत्ता है तो वह सत्य होनी चाहिए और सत्य होने पर मोक्ष प्राप्ति सर्वथा असम्भव हो जायेगी और यदि वह अभावात्मक है तो निषेध का निषेध कर मोक्ष का क्या तात्पर्य रह जाता है।

दूसरे स्वयं ब्रह्म का जीवभाव और तापत्रयानुभव असंभावित है क्योंकि ब्रह्म

---

1. न च देशकालनिमित्ताद्यपेक्षत्वम् व्यवस्थितात्मकस्तु विषयत्वादरूपज्ञानस्य।
—बृहदारण्यकोपनिषद्, 4.5.15 पर मान्य।

2. इदं तु पारमार्थिकं कूटस्थनित्यं व्योमवत्सर्वव्यापी
सर्वविक्रियारहितं नित्यतृप्तं निरवयवं स्वयंज्योतिः
स्वाभाविकं यत्र धर्माधर्मौ सह कार्येण कालत्रयं च नोपावर्तेत।
—शां० भाष्यपूर्वोक्तेव 1.1

निर्विकार एवं निर्दोष कहा जाता है। ब्रह्म और जीव के विलय को पूर्ण रूप से अस्वीकार करते हैं। उनका मत है कि जब परमात्मा और जीव अभेद हैं ही (शंकर के अर्थों वाला नहीं) तो उनका परस्पर विलय किस प्रकार सम्भव है। जीव और परमात्मा अंशांशी भाव हैं तो मोक्षावस्था को सायुज्यपरक ही सिद्ध करता है, विलयावस्था (विलयात्मक) नहीं। विशिष्टाद्वैतियों का मत है, आत्मविनाशक अद्वैती मोक्ष के प्रति प्रवृत्ति किस प्रकार मानी जा सकती है। जब जीव का स्वत्व ही जिस मोक्ष में समाप्त होगा, तो उस मोक्ष के प्रति क्या अनुरक्ति एवं प्रयासों की अपेक्षा जीव में की जा सकती हैं।

अद्वैतवादी शंकर का मत हैं कि मोक्ष दशा में (भी) जीवात्मा की अहमर्थत्व की अनुभूति नही होती।[1] उसका रामानुज खण्डन करते हुए कहते हैं कि ऐसा कहना तो प्रकारान्तर से आत्मविनाश को ही मोक्ष मानना है[2] क्योंकि अहमर्थत्व केवल धर्म नहीं है जो अविद्या की तरह अहंभाव हो जाने पर भी आत्मा के शुद्ध स्वरूप में स्थित रहे, प्रत्युतसूक्ष्म पदार्थ आत्मा का भी स्वरूप है। यथार्थ में या भ्रान्तिवश जो लोग आध्यात्मिक आदि दुःखों से कातर होकर "मैं दुखी हूं" ऐसा अनुभव करते हैं, लोग पुनः ये दुःख प्राप्त न हो ऐसा सोचकर मोक्ष प्राप्ति के साधनों में प्रवृत्त होते हैं तो वे लोग मोक्ष की बात सुनकर ही भाग खड़े होंगे।[3] और इस प्रकार कोई मोक्ष का अधिकारी दृष्टिगोचर ही नहीं होगा, और मोक्षोपदेष्टा समस्त शास्त्रों का कथन भी व्यर्थ होगा।[4]

यदि यह कहा जाये कि मोक्षावस्था में आत्मप्रकाश विद्यमान रहता है तो इस पर रामानुज कहते हैं कि इससे क्या होता है, मैं नष्ट होकर केवल प्रकाशवान् रह जाऊंगा, ऐसा जानकर भी कोई बुद्धिमान् मोक्षकर्मों की ओर उन्मुख नहीं हो सकेगा।[5] अद्वैतवादी वेद ब्रह्म भक्ति इत्यादि श्रुतियों द्वारा मोक्ष में जीव और ब्रह्म के अभेद को सिद्ध करते हैं।

किन्तु विशिष्टाद्वैत मत में उक्त श्रुति अभेदत्व की प्रतिपादिका न होकर साम्य का कथन करती है। इसकी व्याख्या में विशिष्टाद्वैतवादी कहते हैं—ब्रह्म और जीवात्मा का शरीर-शरीरीभाव के कारण जीव और ब्रह्म में तादात्म्य होता है। वह तादात्म्य यद्यपि नित्य सिद्ध है किन्तु संसरणावस्था में जीवात्मा को इसका प्रत्यक्षानुभव नहीं होता।

---

1. यत्तु मोक्षदशायां अहमर्थी नानुवर्तते। —श्रीभाष्य 1.1.1, पृ० 170
2. तथासति आत्मनाश एवापवर्गः प्रकारान्तरेण प्रतिज्ञातः स्यात्। —पूर्वोक्तेव
3. स साधनानुष्ठानेन यदि अहमेव न भविष्यामीत्यवगच्छेत्, अपसंपदेवासौ मोक्षकथा-प्रस्तावात्। —पूर्वोक्तेव, पृ० 170
4. सर्वमोक्षशास्त्रमप्रमाणं स्यात्। —पूर्वोक्तेव
5. मयि नष्टे अपि किमपि प्रकाशमात्रम् अपवर्गे अवतिष्ठति इति मत्वा न हि कश्चिद्-बुद्धिपूर्वकारीप्रवर्तते। —पूर्वोक्तेव

सुख-दु:खमोहात्मिका प्रकृति की होड़ में नानाविध प्रपञ्चों में आवृत जीवात्मा अपने शरीरीभूत परमात्मा के साथ आत्म सम्बन्ध को भूल बैठता है किन्तु मोक्ष में वह इस तादात्म्य का— जो शरीर-शरीरीभाव से ही सम्भव है —प्रत्यक्ष एवं पूर्णानुभव करता है। मोक्षावस्था में नैरन्तर्य के कारण देहात्मभावस्थ तादात्म्य का अनुभव भी निरन्तर ही होता रहता है क्योंकि मोक्ष अविच्छिन्न हैं, अतः यह परमसूक्ष्मानुभव भी अविच्छिन्न है। अतः जो ब्रह्म तादात्म्य का अनुभव मोक्षावस्था में होता है उसी का कथन करने के लिये— ब्रह्मविद् ब्रह्मैव भवति— इत्यादि वाक्य हैं। इनका अर्थ यही है कि जो साधक ब्रह्म को जानता है, अर्थात् उपासना करता है, वह ब्रह्म के समान बन जाता है, अर्थात् ब्रह्म के तादात्म्य का अनुभव करता है। यहां "एव" शब्द साम्यवाचक है। न्यायदर्शनकार ने भी कहा है कि यहाँ "एव" शब्द साम्य अर्थ का वाचक है।[1]

श्रीभाष्य भी यही सिद्ध करता है कि ब्रह्म विद् ब्रह्मैव भवति— इस श्रुति में वर्णित अभेद गौण है। जहां दोनों व्यक्तियों का प्रकार एक है, वहां जो अभेद व्यवहार होता हैं, वह मुख्य ही है, अर्थात् प्रायः मुख्य के समान है, जहां दोनों व्यक्ति परस्पर समान हैं, वहां दोनों व्यक्ति एक प्रकार के होते हैं। वहां यह कहा जाता है कि वह गोव्यक्ति वह गोव्यक्ति वहीं है। यहां दोनों गोव्यक्तियों में स्वरूपैक्य हो नहीं सकता, किन्तु प्रकारैक्य होता है, क्योंकि दोनों व्यक्ति एक प्रकार के हैं। यहां दोनों गोव्यक्तियों में प्रतिपाद्यमान अभेद गौण ही है, मुख्य नहीं है। मुख्य न होने पर भी मुख्य के समान है। ऐसे ही गौण भेद को लेकर ब्रह्म वेद ब्रह्म भवति— यह वचन भी भिन्न है।[2]

महर्षि दयानन्द—

रामानुज व महर्षि दयानन्द भी मुक्ति की अवस्था में जीव और ब्रह्म के विलय को स्वीकार नहीं करते। शंकर मत में जीव और ब्रह्म वस्तुतः एक है, अतः उनका विलय माना जाता है किन्तु दयानन्द जीव, जगत् और परमात्मा— तीनों तत्त्वों की पृथक्-पृथक् अनादि सत्ता स्वीकार करते हैं। दो साधर्म्य तत्त्वों का निलय कदापि सम्भव नहीं है। दूसरे, दयानन्द, रामानुज मुक्ति की अवस्था में आनन्द की समुपस्थिति स्वीकार करते हैं। यह आनन्द तभी सम्भव हैं जबकि दोनों (जीव और परमात्मा) पृथक्-पृथक् हों। अन्यथा दयानन्द के अनुसार— "या" दोनों मिल जाय तो मुक्ति का सुख कौन भोगे; और साथ ही तर्क देते हैं कि यदि जीव और ब्रह्म का विलय स्वीकार किया जाय तो

1. न्यायसिद्धान्त, पृ० 289
2. भास्यं च गौणतमिवाह—'प्रकारैक्ये च तत्त्व व्यवहारो मुख्य एव, यथा सेयं गौः' इति। मुख्य एवं मुख्यप्रायः इत्यर्थः। सेयं गोरिति तु व्यक्ति द्वैयक रूप्यव्यपदेशः। अतः सिंद्धमीश्वरात् परस्परं च भिन्ना जीवा इति।

—न्यायसि०, पृ० 291, जीवपरि०

मुक्ति में जितने साधन हैं, वे भी सब निष्पन्न हो जायेंगे, क्योंकि जब उसके स्वरूप का विलय का निलय होना हैं तो साधक ऐसी मुक्ति के लिए क्यों अग्रसर होगा शंकराचार्य के अनुसार मुक्ति में जीव और ब्रह्म एक हो जाते हैं। दयानन्द इसी बात को दृष्टिपथ में रखकर कहते हैं कि ऐसी मुक्ति अर्थात् जहां दुःख त्रयाभिघात से निवृत्ति हो और परमानन्दरचता की उपलब्धि हो, किस प्रकार मानी जा सकती है। प्रत्युत इसे तो प्रलय मानना चाहिये।[1] क्योंकि जब जीव का अपना स्वरूप ही नष्ट हो जाता है तो उसका अस्तित्व और मुक्ति से उसे लाभ ही क्या रह जाता है।

इस प्रकार महर्षि दयानन्द भी अद्वैत के मुक्त-अवस्था में जीव ब्रह्मैक्यवाद को अंगीकार नहीं करते।

तत्त्वमसि का अर्थ—

अद्वैत वेदान्त तत्त्वमसि महावाक्य का अर्थ निर्विशेष ब्रह्म और अन्तःकरणावच्छिन्न तद्रूप जीवात्मा के मध्य पूर्णाभेद ज्ञान करता है। इस पूर्णाभेदार्थ की सिद्धि के लिये विभिन्न अर्थावबोधक साधनों का आश्रय लेता है— जिसमें जहदजहल्लक्षणा का प्रमुख स्थान है।

अद्वैत वेदान्तियों का मत है कि जिस प्रकार ''सोऽयं देवदत्तः'' वाक्य में 'स' पद का अर्थ पूर्वकाल में दृष्टत्व है और 'अयं' पद का अर्थ वर्तमानकाल में दृष्टत्व है। इन परस्पर विरुद्ध दोनों अर्थों का त्याग करके केवल एक देवदत्त व्यक्ति ही लक्ष्य होता है। अतः 'स' और 'अयम्' ये दोनों पद लक्ष्य हैं और पारस्परिक एकार्थावबोधता लक्ष्यार्थ है। इसी प्रकार तत्त्वमसि वाक्यों में भी तद्पद का अर्थ अप्रत्यक्षत्व और त्वम् पद का अर्थ प्रत्यक्षत्व है। इन परस्पर विरुद्ध दोनों अंगों का त्याग करके केवल एक अविरुद्ध चैतन्य लक्ष्य होता है और तत् त्वम् दोनों पद लक्ष्य होते हैं। इसी को जहदजहल्लक्षणा या भाग लक्षणा कहते हैं।[4] अर्थात् जहाँ लक्षक शब्द अपने कुछ अर्थ का त्याग कर देते हैं और कुछ अर्थ का ग्रहण कर लें वहां जहदजहल्लक्षणा होता है। उक्त व्याख्या

1. स० प्र०, नवम समुल्लास, पृ० 165,
2. पूर्वोक्तेव
3. पूर्वोक्तेव
4. लक्ष्य लक्षण भावसम्बन्धस्तु यथा तत्रैव स शब्दोयं शब्दयोस्तदर्थयोर्वाविरुद्ध तत्कालैतत्काल विशिष्टत्व परित्यागने अविरुद्ध देवदत्तेन सह लक्ष्यलक्षणभावः। तथात्रापि वाक्ये तत्त्वं पदयोस्तदर्थयोर्वा विरुद्ध परोक्षत्वापरोक्षवादिविशिष्टत्वपरित्यागेन विरुद्धाविरुद्ध चैतन्य सह लक्ष्य लक्षणभावः। इयमेव भागलक्षणेत्युच्यते।
—वेदान्तसार, पृ० 66

में 'स' और 'अयम्' दोनों शब्दों में देवदत्तत्व में तथा तत् और त्वम् के चेतन्य में कोई विरोध नहीं है। अतः इन अंशों का त्याग नहीं किया जाता। किन्तु 'स' के भूतकालिकत्व और अयम् के एतत्कालिकत्व का लक्षैव तत् के परोक्षत्व विशिष्टत्व और त्वम् के अपरोक्षत्व विशिष्ट रूप विरुद्धांशों का परित्याग कर देने से दोनों में अभेद की सिद्धि होती है। यही कारण अद्वैतवादियों का अभिप्राय है।

आचार्य रामानुज और अद्वैत वेदान्त के उक्त मत का समर्थन नहीं करते। उनके मतानुसार यहां जीव और ब्रह्म के पूर्णाभेद प्रतिपादन जैसी कोई बात नहीं है। प्रथमतः वहां अद्वैत वेदान्त द्वारा 'सोऽयं देवदत्तः' आदि का उदाहरण देकर 'तत्त्वमसि के भागलक्षणापरक अर्थ का अवबोध कराया गया है, का खण्डन करते हुए उसमें लक्षणा के निषेध करते हैं। 'सोऽयंदेवदत्तः' इस उदाहरण में किसी भी प्रकार की लक्षणा की सम्भावना नहीं की जा सकती क्योंकि लक्षणा का कारणीभूत किसी भी प्रकार का यहां विरोध नहीं हैं।[1] अतीत और स्थानान्तर में दृष्ट व्यक्ति के वर्त्तमान में देखे जाने पर उस व्यक्ति में कोई अन्तर नहीं आता, यह वही है—ऐसा जो प्रभृतिपरक ज्ञान है, वह का द्वय (भूत और वर्तमान) में दृष्ट एक ही व्यक्ति के अभेद का ही द्योतक है। अन्यथा तो प्रतीति के अनुसार भेद मान लेने पर सम्पूर्ण पदार्थ ही क्षणिक मानने पड़ेंगे, अतः दो स्थानों की विभिन्नता काल भेद के द्वारा निवृत्त हो जाती है।[2] रामानुज के अनुसार उक्त 'सोऽयं देवदत्तः के आधार पर तत्त्वमसि में लक्षणा का अभिधान नहीं किया जा सकता है। और जहां तक सामानाधिकरण्य का प्रश्न है, रामानुज के मतानुसार विभिन्नार्थ बोधक तत्त्वों की जो एकमात्र अर्थ बोधकता हैं, उसे समानाधिकरण कहते हैं।[3] इस नियम अनुसार अन्वय द्वारा हो या अन्यार्थ बोध द्वारा ही, दोनों ही अवस्थाओं में पदान्तर प्रतिपाद्य विषय में अर्थात् पार्थक्य नहीं होता। एक ही बाद को विभिन्न पदों प्रतिपादन करना ही समानाधिकरण का कार्य है। जैसे देवदत्त श्याम वर्णों, रक्तनेत्र, अदीन, अकृष्ण और अनुबद्य है— इस वाक्य में समानाधिकरण्य के नियम से एक गुणों वाला एक ही देवदत्त है जबकि वेदान्ती लोग तत् और त्वम् से अभेद प्रतिपादित करना चाहते हैं जबकि आप (अद्वैतवादी वेदान्ती) तत् रूप सर्वज्ञत्वादि विशिष्ट ब्रह्म और अल्पज्ञत्वादि का अपरोक्षत्वादि विशिष्ट जीव दो पृथक्-पृथक् के एक ही अर्थ से प्रतिपादित करना चाहते हैं; वह असंभव है। रामानुज कहते हैं कि हां एक ही वस्तु में समन्वय के अयोग्य दो विशेषण समानाधिकरण्य भाव से प्रयुक्त होते हैं, वहां पर

1. सो-अयं देवदत्तः इत्यत्रापि लक्षणा न विद्यते, विरोधाभावात्। —श्रीभा० 1.1.13
2. अन्यथा प्रतीति विरोधे सति सर्वेषां क्षणिकत्वमेव स्यात्। देशद्वय सम्बन्ध विरोधस्तु, कालभेदेन परिह्रियते। —पूर्वोक्तेव
3. भिन्नप्रवृत्तिनिमित्तानां शब्दानामस्मिन्नर्थे वृत्ति समानाधिकरण्यम्।

—पूर्वोक्तेव 1.1.13

एक-एक पद का गौण अर्थ स्वीकारना होगा। दोनों का मुख्य अर्थ नहीं होगा।[1] अतएव आप का तत् और त्वम् में अभेद इस रूप में सिद्ध नहीं हो सकता है। जैसे 'गोर्वाहीक' में एक का मुख्य और दूसरे का गौण अर्थ है[2], उसी प्रकार आपकी भी तत् और त्वम् में एक का मुख्य और दूसरे का गौण अर्थ स्वीकार करना पड़ेगा—अर्थात् या जो जीव के अर्थ को मुख्य मानों और ब्रह्म के अर्थ को गौण या ब्रह्म के अर्थ की मुख्य मानों और जीव के अर्थ को गौण। इस अवस्था में भी दोनों का पूर्णाभेद सिद्ध नहीं हो सकता।[3]

इस पर यदि अद्वैतवादी वेदान्ती यह कहें कि कोई वस्तु एक विशेषण से विशेषित होने पर, दूसरी विशेषण विशिष्ट वस्तु के निश्चित ही भिन्न होगी[4] जैसे पट-पटादि में समान विभक्त होते हुए भी, एकता सम्भव नहीं है, उसी प्रकार अन्यत्र भी समान विभक्ति का निर्देश होने पर विभिन्न विशेषणविशिष्ट पदार्थों का ऐक्य नहीं होगा। इसलिए समानाधिकरण शब्द का विशिष्टार्थ प्रतिपादन में तात्पर्य नहीं होता। अपितु विशेषण के रूप में वस्तु के स्वरूप का उपस्थापक नया बोध सम्पादन कराकर उन सबका ऐक्य प्रतिपादन करना ही उसका कार्य होता हैं।[5]

इसका उत्तर देते हुए आचार्य रामानुज कहते हैं कि हो सकता है, ऐसा हो, किन्तु दो विशेषणों का सम्बन्ध ही अभेद निरोधक हो, ऐसा नहीं है, प्रत्युत एक धर्म रूप विशेष पदार्थ दो धर्मों वाले विशेषवर्गों का सम्बन्ध सर्वथा अयोग्य है और वही एकता का विरोधी है, घटत्व और पटत्वादि में जो इस प्रकार की अयोग्यता है, वह प्रत्यक्षादि प्रमाणों से सिद्ध होती है। नील-उक्त में दण्डित्व कुण्डलित्व की भांति रूपकत्व, रसकत्व, गन्धकत्व आदि होते हुए भी एकता के विरुद्ध नहीं है। इस प्रकार केवल विरोध का अभाव ही नहीं है, अपितु प्रवृत्ति-निवृत्ति के भेदानुसार जो समानाधिकरण का नियम है, उसके अनुसार भी दो धर्मों वाली विशेषताओं का उपपादन हो जाता है। केवल वस्तु स्वरूप की एकता के बतलाने या अनेक पदों के प्रयुक्त होने पर भी उपयुक्त कारण

---

1. यत्र त्वेकस्मिन् वस्तुनि समन्वय योग्यं विशेषणद्वयं समानाधिकरणपदनिर्दिष्टम्..... तत्राप्यन्तरत् पदममुख्यवृत्तमाश्रीयते, न द्वयम्। —पूर्वोक्तेव
   सोऽयं देवदत्त इत्यत्रापि लक्षणागन्धो न विद्यते, विरोधाभावात्।— श्रीभाष्य 1
2. अथ मनुषे एक विशेषणप्रतिसन्धित्वेननित्यमाणं विशेषणान्तरप्रतिसन्धित्वात् विलक्षण-मिति। —पूर्वोक्तेव
3. समानाधिकरण शब्दस्य न विशिष्टप्रतिपादनपरत्वम्, अपितु विशेषणमुखेन स्वरूप-मुपस्थाय तदैक्यप्रतिपादनपरत्वमेवेति। —पूर्वोक्तेव
4. एवमनन्यगोचरानन्तविशेषविशिष्टप्रकृतब्रह्मपरामर्शितच्छब्दस्य निर्विशेषवस्तुमात्रोपदेशपरत्वम् असंगत्वेनोमत्तप्रलपितत्वात् । –पूर्वोक्तेव।
5. त्वंपदं संसारित्वविशिष्ट जीववाचि। तस्यापि निर्विशेष स्वरूपोपस्थापनपरत्वे स्वार्थः परित्यक्तः स्यात्। —पूर्वोक्तेव

न होने से समानाधिकरण्य का नियम लागू नहीं हो सकता। विशेष्य के साथ विशेषणों का सम्बन्ध स्वीकार न करके, केवल वस्तुमात्र बोधकता ही स्वीकार की जाय, तब भी एक विशेषण से ही एक वस्तु की विशेषता स्वतः ही व्यर्थ हो जाते हैं। अन्यान्य विशेषवर्गों के द्वारा यदि उपलब्ध वस्तु का आकार भेद ही माना जाय तब भी उन विशेषणों से वस्तु की सविशेषता सिद्ध हो जाती है।

इसलिये रामानुज कहते हैं कि असाधारण अगोचर, अनन्त विशेषण विशिष्ट ब्रह्म के बोधक तत् शब्द की सामान्य (निर्विशेष) वस्तुओं से समता नितान्त असंगत प्रतीत होती है। जो प्रमत्तों का सा प्रलाप प्रतीत होती है।[1] त्वं पद संसारी विशिष्ट जीवात्मा का बोधक है, उसकी यदि निर्विशेष रूप से कल्पना की जाय तो त्वं पद के वास्तविक अर्थ का विनाश ही है।

रामानुज के अनुसार तत्त्वमसि का वास्तविक तात्पर्य एक विशिष्ट अभिन्नता से है, जिसका अर्थ यह है कि ईश्वर ब्रह्माण्ड के कारण के रूप में उस ईश्वर से अभिन्न है, जो कि जीवात्मा का अन्तर्यामी है। ''तत्'' पद ईश्वर की ब्रह्माण्ड के कारण के रूप में विशेषता को प्रकट करना है और ''त्वम्'' पद ईश्वर की जीवात्मा में अन्तर्वास करके उसकी नियामक सत्ता का आभास प्रदान करता है।[2] इस प्रकार दोनों पद एक ही तत्त्व की ओर संकेत करते है और यह अर्थ अभिधावृत्तिजन्य ही है, लक्षणापरक नहीं।

ईश्वर स्वाश्रित किन्तु आत्मा की ईश्वराश्रितता व्यञ्जित होती है। उनका पूर्ण तादात्म्य सम्भव नहीं है। जीवात्मा ईश्वर का एक प्रकार है और इस रस में यह उस ईश्वर से अपना अस्तित्व तथा क्रियाशीलता को प्राप्त करता है, जिससे उसका देशात्म्य सम्बन्ध है। इस प्रकार रामानुजानुसार तत्त्वमसि का अभिप्राय ईश्वर के उन दो रूपों से है जो कि उसे विभिन्न परिस्थितियों में उपलब्ध होते है। प्रथम संसार के कारण भूत तथा असंख्य कल्याणगुण-गणकर स्वरूप का अपने उस रूप के साथ तादात्म्य स्थापित हो जाता है जिसमें वह कार्यावस्था रूपेण अचिद् विशिष्ट जीवात्मा में संपृक्तत्व सिद्ध होकर अन्तर्यामी रूप से निवास करता है।

महर्षि दयानन्द

दयानन्द उक्त श्रुति को महावाक्य की संज्ञा नहीं देते। उनके अनुसार ये वेद वाक्य

---

1. त्वं पदं संसारित्वविशिष्ट जीव वाचि। तस्यापि निर्विशेष स्वरूपोपस्थापनपरत्वे स्वार्थः परित्यक्तः स्यात्। —पूर्वोक्तेव
2. तत्रतत्पदं जगत्काशभूतसकलकल्याणगुणगणाकारं निरवद्यं निर्विकारमाष्टे, त्वमिति तदेव ब्रह्म जीवान्तर्यामी रूपेण स्वशरीर जीवप्रकार विशिष्टमाचष्टे।

-वेदार्थसंग्रह, पृ० 35

ही नहीं किन्तु ब्राह्मण ग्रन्थों के वचन है, उनका नाम महावाक्य कहीं सत्यशास्त्रों में नहीं लिखा।[1]

प्रश्न : अच्छा तो इसका अर्थ कैसा करोगे। (तत्) ब्रह्म (त्वं) तू जीव (असि) है। जीव। (त्वम्) तू (तत्) ब्रह्म (असि) है।

उत्तर : तुम तत् शब्द से क्या (अर्थ) लेते हो।

प्रश्न (कर्त्ता) : "ब्रह्म"

उत्तर (दाता) : ब्रह्म पद की अनुवृत्ति कहां से लाये।

प्रश्नकर्त्ता : तदेव सोम्येदमग्र आसीदेकमेवाद्वितीयं ब्रह्म। इस पूर्व वाक्य से।

उत्तरदाता : तुमने इस छान्दोग्य उपनिषद् का दर्शन भी नहीं किया। जो वह देखी होती तो वहां 'ब्रह्म' शब्द का पाठ ही नहीं है, ऐसा झूठ क्यों कहते हो। किन्तु छान्दोग्योपनिषद् में तो सदेव सोम्येदमग्र आसीदेकमेवाद्वितीयम्। (6.2.1) ऐसा पाठ है, वहाँ ब्रह्म शब्द नहीं।[2]

प्रश्नकर्त्ता : तो आप तत् शब्द से क्या (अर्थ) लेते हैं।

उत्तर : स य ऐषो-अणिमैतदाम्यमिदं सर्वं तत्सत्यं स आत्मा तत्त्वमसि श्वेतकेतो इति (छा० 6.8.7)

वह परमात्मा जानने योग्य है जो यह अत्यन्त सूक्ष्म और इस सब जगत् और जीव का आत्मा है। वही सत्य स्वरूप और अपना आत्मा आप ही है। हे श्वेतकेतो प्रियपुत्र!

तदात्मकस्तदन्तर्यामी तत्त्वमसि।।

उस परमात्मा अन्तर्यामी से तू युक्त है। यही अर्थ उपनिषदों से अविरुद्ध है क्योंकि आत्मनि तिष्ठन्नात्मनो-अन्तरो यमात्मा न वेद यस्यात्मा शरीरम्।

आत्मनि-अन्तरो यमयति स त आत्मान्तर्याम्यमृतः।।[3]

इस प्रकार महर्षि दयानन्द तत्त्वमसि को जीव और परमात्मा का व्याप्य-व्यापक सम्बन्ध अभिधायक ही मानते हैं। दोनों ही दार्शनिक मुक्ति में जीव की स्वतन्त्र सत्ता को स्वीकार करते हैं। किन्तु रामानुज मुक्ति में जीवात्मा का परमात्मा के साथ सायुजयभाव मानते हैं। जबकि दयानन्द उसका खण्डन करते हैं।

दोनों ही दार्शनिक मुक्ति में अद्वैतवाद के जीव ब्रह्मैक्य का खण्डन करते हैं। वे नहीं मानते कि जीवात्मा अविद्या के कारण है।

---

1. सत्यार्थप्रकाश, सप्तम समुल्लास, पृ० 127
2. सत्यार्थप्रकाश, सप्तम समुल्लास, पृ० 127-28
3. द्रष्टव्य ऋग्वेदादिभाष्य, भूमिका, पृ० 215 अजमेर

दोनों ही दार्शनिकों के अनुसार जीव मोक्ष में सत्य को प्राप्त हो जाता है। किन्तु दयानन्द द्वारा अभिस्वीकृत उक्त सत्यसकंल्पत्व उन अर्थों में रामानुज से न्यून है जिनमें वे दयानन्द मुक्ति में भी जीवात्मा में अल्पज्ञादि गुणों को नित्य स्वीकार करते हैं। दोनों के अनुसार मुक्ति में जीवात्मा का नानात्व बना रहता है।

किन्तु रामानुज के अनुसार मुक्त जीव का पुनरागमन नहीं होता। वह सदा के लिये मुक्त हो जाता है। दयानन्द के अनुसार जीवात्मा को मुक्ति के बाद ही पुनरावृत्ति होती है, तस्मात् उनके अनुसार मुक्ति सावधिक हैं। अन्य भारतीय दार्शनिक सावधिक मुक्ति को मुक्ति न मानकर शुभ कर्मफलजन्य प्राप्त पुण्य लोक ही मानते हैं। भारतीय दर्शन में शायद एक मात्र दयानन्द ही मोक्ष से पुनरावृत्ति मानने वाले प्रथम दार्शनिक हैं। उन दार्शनिकों की युक्ति है कि पुनरावृत्ति-आत्मक मुक्ति जीवात्मा को पुनः पुनः अर्जित करनी पड़ेगी। इसलिये वह दुखों से एकान्तिक और आत्यन्तिक निवृत्ति भी नहीं मानी जा सकती। जो भी हो, दयानन्द का यह मत अभिनव है।

कुछ नैतिक दार्शनिकों का विचार है कि यदि सत्कार्यों का अन्तिम फल जीवनमुक्ति के रूप में वर्तमान जन्म में ही प्राप्त हो तो वे जीव नैतिक दृष्टि से अन्य साधकों और समाज के लिये आदर्श मार्गदर्शक बन सकते हैं। जीवन मुक्ति को न मानने वाली स्थिति में यह लाभ नहीं मिल सकता। क्योंकि विदेह मुक्ति तो मृत्यु के उपरान्त ही सम्भव है जिसका कि साक्षात् विवरण देना कठिन हैं। इस संदर्भ में पुनः कहना पुनरावृत्ति न होगी कि दोनों दार्शनिकों ने जीवन-मुक्ति को अस्वीकार किया है।

इस प्रकार हम देखते है कि आचार्य रामानुज और महर्षि दयानन्द की दार्शनिक मान्यताओं में अनेक समानताएं है। सबसे प्रमुख बात यह है कि दोनों ही दार्शनिक किसी न किसी रूप में चेतन और जड़ दोनों तत्त्वों की सत्ता स्वीकार करते हैं।

उपनिषदों में मोक्ष का स्वरूप

उपनिषदों में आये मोक्ष के स्वरूप के विषय में उपनिषदों के मूल से देखना अधिक श्रेयस्कर होगा। ईशोपनिषद् ने कहा है कि ज्ञान से अमृत को प्राप्त करता है।[1] जब वह ज्ञान की अवस्था प्राप्त कर लेता है तो वह उसकी पराकाष्ठा ही है।[2] दो प्रकार की भावना वैयक्तिक और समष्टिगत की तुलना करते हुए कहा है कि जो वैयक्तिक भावना से ऊपर उठकर समाज को प्रमुखता देता है अर्थात् उस परमेश्वर को जानने तथा मोक्ष को प्राप्त करने के लिये यह आवश्यक है कि सम्भूति अर्थात् "इदं न मम" की भावना से ओतप्रोत होता हुआ समाज के लिये अपना जीवन समर्पित कर देता है।

---

1. विद्ययाऽमृतमनुश्नते। —ई०उ०
2. सम्भूत्याऽमृतमश्नुते।—ई०उ०— पं० सत्यव्रत, सिद्धान्तालंकार, भाष्यद्रष्टव्य, प्र० 24

तभी उस समष्टिगत ज्ञान से अमृत अर्थात् मोक्ष को उपलब्ध कर लेता है। ज्ञान की इस उच्च अवस्था को प्राप्त कर लेने पर मनुष्य को अपने पराये का भेदज्ञान नहीं रहता। इस उक्त उपनिषद् में मोक्ष के स्वरूप को अमृतमय बतलाया है जिसका अभिप्राय है कि वह अमृत को प्राप्त कर उस कल्याणतम ईश्वर के दर्शन कर लेता है अर्थात् उसके आनन्द में रहता है। जब जीवन मुक्तावस्था में उस ब्रह्म के तेज को देखता "सोअहमस्मि" पद का प्रयोग किया है जिसका अर्थ स्थूलरूप में देखने से ज्ञात होता है। कि वह परमात्मा मैं हूँ। यही अर्थ आचार्य शंकर आदि को अभीष्ट है। वह **ब्रह्म** था, बस वह ज्ञान हो जाता है कि मैं **ब्रह्म** हूँ। परन्तु इस पर आपत्ति यह है कि जब यहां वह **ब्रह्म** है इसका ज्ञान हो गया तो यह वह क्यों कहता है कि मैं उस "कल्याणतमंपश्यामि पुरुष को देखता हूँ।[1] देखना तो पृथक् सत्ता रखने पर ही हो सकता है। वस्तुतः यहां अभिप्राय यह प्रतीत होता है कि जब मनुष्य अज्ञान आदि के कारण शरीर इन्द्रियां मन बुद्धि आदि को मैं रूप में जानता है तो **अज्ञान** दूर हो जाने पर अपने तेज और परमेश्वर के तेज को देखकर कहता है कि जैसे ईश्वर जड़ रहित चेतनस्वरूप है ऐसे ही मैं भी चेतनस्वरूप हूँ। उसे तादात्म्य-सा प्रतीत होने लगता है, यह अवस्था तभी संभव है जब वह परमात्मा के अपहतपाप्मादि धर्मों को धारण कर लेता है। लोक में भी यह व्यवहार प्रसिद्ध है कि अति प्रेम होने पर अभेद सा प्रतीत होने लगता है। यदि उपनिषद्कार को यह अद्वैतवादी सिद्धान्त अभीष्ट होता तो आगे के दो मन्त्रों में यह प्रार्थना जीवात्मा से न करवाता— हे ज्ञान-स्वरूप परमात्मा! मुझे सुपथ पर ले चल।[2] ओम् को स्मरण करने का उपदेश न दिया जाता।[3] जब वह स्वयं **ब्रह्म** है तो स्मरण किसका?

केन उपनिषद् में मोक्ष को अमृत रूप में ही माना है। धीर विद्वान ज्ञानी लोग समस्त पदार्थों को छोड़कर जो श्रोत्र का श्रोत्र मन का मन, परमेश्वर है उसको जानकर अमृतावस्था को प्राप्त हो जाते है।[4] उस मोक्षावस्था में चक्षु आदि का ज्ञान नहीं होता है अर्थात् ये इन्द्रियाँ स्थूलरूप में वहां नहीं जाती हैं।[5] कुछ विद्वान् अमृत का अर्थ मोक्ष न मानकर अन्यथा अर्थ करते हैं। उनका खण्डन स्वयं उपनिषद्कार यह कहकर कर सकता है कि वहां चक्षु आदि का भी गमन नहीं है। केनोपनिषद् में मोक्षावस्था के लिये स्वर्ग शब्द का भी प्रयोग हुआ है। स्वर्ग पद का प्रयोग होना इस ओर संकेत करता है

1. कल्याणतमं तत्तेपश्यामि। —ई० 16
2. ईश० उ० 17.13 ई० 18
3. केन० उ०, प्रथम खण्ड, मं० 21
4. न तत्र चक्षुर्गच्छति —केन० वही, मं० 3
5. अपहत्य पाप्मानमनन्ते स्वर्गे लोके ज्येये प्रतितिष्ठति।

—के० उ०, ख० चतुर्थ, मन्त्र 34

कि उस अवस्था में सदा रहने वालों को आनन्द प्राप्त होता है।[1] यह कठोपनिषद् में भी कहा है कि वहां स्वर्गलोक में जरा और मृत्यु कभी नहीं प्राप्त करता है। अपितु एक रस रहनेवाला आनन्द को प्राप्त होता है।[2] इस मन्त्र में "शोकातिग" कहकर दु:खों की निवृत्ति का संकेत भी मिलता है। मोदते से आनन्द का संकेत मिलता है। स्वर्गलोक से सुखविशेष की अवस्था का अभिप्राय जीवन्मुक्तावस्था से है। जीवन्मुक्तावस्था मोक्ष में जीवात्मा चला जाता है। भूखप्यास से रहित, जरा से रहित और पूर्णतः भय से रहित मोक्ष के बिना संभव नहीं है। हमारे इस विचार की पुष्टि उपनिषद्कार स्वयं करता है कि वह आगे से मृत्यु के पाशों को काटकर शोक से पार होकर स्वर्गलोक में आनन्दमय रहता है।[3] यहां उपनिषद्कार ने द्वितीय वर के द्वारा, यज्ञाग्नि, जिसे हम आध्यात्मिक यज्ञाग्नि भी कह सकते हैं, उस द्वारा स्वर्ग की प्राप्ति बतलाता है जब जीवात्मा पूर्णतः शुद्ध हो जाता है तो उस मोक्ष पद को प्राप्त कर, जो मृत्यु के बाद जन्म लेता था वह जन्म ग्रहण नहीं करता[4] है यहां तत्पदं मोक्ष का विशेषण है। उस मार्ग को निर्देश करते हुये कहा है कि उस मोक्ष के मार्ग को पारकर उस विष्णुव्यापक परमेश्वर के धाम अर्थात् मोक्ष को प्राप्त कर लेता है। यहां 'परमंपदम्' पद मोक्ष के लिये प्रयुक्त हुआ है। अर्थात् जीवात्मा का सर्वोच्च पद मोक्ष ही है। वही उसकी अवस्था पराकाष्ठा या परागति नाम से घोषित की गई है।[5] उस परमधाम के अन्य विशेषणों के अतिरिक्त कठोपनिषद् में ध्रुव पद भी आया है जो इस बात का संकेत देता है कि मोक्ष धाम चिंरस्थाई है। यद्यपि मोक्ष या मुक्ति शब्द उपनिषदों में प्रायः प्राप्त नहीं होता तो भी शोक से छूट जाता है इत्यादि अर्थों में विमुक्तः, विमुच्यते, परिमुच्यते आदि शब्दों का प्रयोग हुआ है। ये सभी शब्द मुच धातु से ही निष्पन्न होते हैं। मोक्ष भी इसी धातु से निष्पन्न होता है। परन्तु छूटना अर्थ यहां मुख्य रूप में प्रतीत होता है। मोक्ष के लिये अमृत पद का प्रयोग उपनिषदों में अनेक स्थलों पर उपलब्ध है।[6] इस उक्त उपनिषद् में भी मोक्षावस्था में ये स्थूल इन्द्रियां नहीं रहती ऐसा माना गया है।[7] यह उपनिषद् स्पष्ट उद्घोषणा करती है कि उस मोक्षावस्था में मनुष्य निरन्तर रहने वाले सुख को प्राप्त कर

---

1. स्वर्गे लोके न भयं... त्वं न जरा विभेषि।.... शोकातिगो मोदते स्वर्गलोके।
—कठ० उ०, वही, 12 मं०
2. स मृत्युपाशान्पुरतः प्रणो... मोदते स्वर्गेलोके। —कठ० 18
3. तत्पदमाप्नोति यस्माद् भयो न जायते। —क० 13.8
4. कठ० 3.10, 11
5. कठ० 3.9, 10, 11
6. कठ० 6.18, 9, 14, 15, 17 आदि मन्त्रों में भी अमृत पद मोक्ष के लिये प्रयुक्त हुआ है।
7. न तत्र सूर्योभति-न वाचा न मनसा।—कठ० 5.15.6.12

लेता है।[1] मुक्ति में केवल दु:खाभाव ही नहीं होता अपितु विधेयात्मक सुख विशेष को उपलब्धि होती है। यह भाव इस उपनिषद् में स्पष्ट हो जाता है।

मुण्डक उपनिषद् में मुक्ति और विमुक्त शब्द का प्रयोग मोक्ष के अर्थ में हुआ है जो आगे स्पष्ट किया जा रहा है। इस उपनिषद् में जीवात्मा और ब्रह्म का भेद का प्रतिपादन स्पष्ट रूप में किया है। परन्तु आगे चलकर अद्वैतवादी श्रुति भी उपलब्ध होती है। इस मत से यही प्रतीत होता है कि उपनिषद्कार रहस्यवादी भाषा का प्रयोग कर पाठक को आश्चर्य में डाल देता है। परस्पर यह प्रतीत होने वाले विरोधाभास का परिहार यथार्थवादी दार्शनिक करने का प्रयास करते हैं, मोक्ष का वर्णन करते हुए इस उपनिषद् में कहा है कि वह जीवात्मा जब पुण्य प्राप्त मोहजाल को समाप्त कर लेता है, तब वह साधक निरंजन परमात्मा को प्राप्त कर परम साम्य मोक्ष को प्राप्त कर लेता है।[2] यहां साम्य पद इसका द्योतक है कि वह जीवात्मा ब्रह्म नहीं हो जाता अपितु जो उसके अन्दर अपहतपाप्मादि ब्रह्म के गुणों की समता उपलब्ध हो जाती है। जीव में जो सबसे अधिक ब्रह्म से न्यूनता है, वह है आनन्द का न होना। वह उस ब्रह्म को जानकर आनन्द को प्राप्त कर उसकी समता प्राप्त कर लेता है। न कि अपनी सत्ता समाप्त कर प्रलय को प्राप्त होता है जैसाकि अद्वैतवादी कहते हैं।

ब्रह्मधाम शब्द का प्रयोग मुक्ति के लिये किया गया है।[3] आगे मुक्ति के स्वरूप और सीमा निर्धारण करते हुए बतलाया है, वे ब्रह्मनिष्ठ लोग मोक्ष में अर्थात् ब्रह्म लोक में परान्तकाल तक रहते हैं।[2] यहां परान्तकाल तक कहकर स्पष्ट रूप में यह बताया है कि जीव ब्रह्मानन्द को प्राप्त करता हुआ ब्रह्म में विचरता रहता है और ब्रह्मानन्द का अनुभव करता रहता हैं। जब वह आत्मा मोक्ष को प्राप्त कर लेता है तब वह सभी प्रकार के अपने नामों से रहित हो जाता है अर्थात् लोक में जो नाम है उनसे मुक्त होकर परम पुरुष को प्राप्त कर लेता है जैसे गंगा यमुना आदि नदियां समुद्र में जाकर यमुना आदि नामों से नहीं कही जाती, इसी प्रकार यज्ञदत्त, राम आदि नाम उसके नहीं रहते।[3] मोक्ष में जीवात्मा ब्रह्म हो जाता है—ऐसा अद्वैतवादी मानते हैं। इस मन्त्र का प्रमाण उनके लिये अन्तिम है अर्थात् इसे वे अकाट्य समझते हैं। परन्तु भाष्यकारों के विवाद में न जाकर यदि मूल उपनिषद् के मन्त्र को देखा जाय तो उनका यह मानना गलत प्रतीत होता है क्योंकि नदियों का दृष्टान्त देकर यह माना है कि नदियां नाम रूप छोड़कर समुद्र में लय होकर समाप्ति को प्राप्त हो जाती हैं। परन्तु पुरुष के लिये यह नहीं कहा अपितु वह उस परम दिव्य पुरुष को प्राप्त कर लेता है। ''लयं प्राप्नोति'' ऐसा पद नहीं

---

1. तेषां सुखं शाश्वतम्। —कठ० 5.12
2. निरंजनः परमं साम्यमुपैति। —मुण्डक उ० 3.1.3
3. ''जुष्टस्ततस्तेनामृत्वमेति'' मुण्डक उ० 3/1/3 श्वेता० 116

है अपितु वह "परमं पुरुषमुपैति दिव्यम् प्राप्त करता है, न कि ब्रह्म हो जाता है। इससे आगे भी कहा है कि वह परम महान् को जानकर शोकों को पार कर ग्रन्थियों से छूटकर अमृत हो जाता है। छान्दोग्योपनिषद् में भी इस भाव को इस प्रकार व्यक्त किया है कि "उस परम ज्योति को प्राप्त कर वह अपने स्वरूप को पहचान लेता है"

माण्डूक्योपनिषद् में ओंकार का बर्णन किया है। अनेकों स्थलों पर उसको जानने का विधान किया गया है।[6] परन्तु आश्चर्य यह है कि आचार्य गौडपाद ने कह दिया कि न कोई मुमुक्षु है और न ही मुक्त अर्थात् मोक्ष आदि कुछ भी नहीं हैं। जबकि प्रायः सभी उपनिषदें एक स्वर से मुक्ति का वर्णन कर रही हैं।[7]

तैत्तिरीय उपनिषद् में बताया है कि जब ब्रह्म ज्ञानी उस महाआकाश रूपी गुहा में स्थित ब्रह्म को जान लेता है तब वह सब कुछ प्राप्त कर मोक्ष अवस्था में चला जाता है।[4] यहां स्पष्ट कहा है कि ब्रह्मविद् उस परम पद को प्राप्त करता है न कि ब्रह्म हो जाता है। यदि ऐसा होता तो यहां इस स्थल पर "सर्वान् कामान् अश्नुते" वह समस्त कामनाओं को प्राप्त कर लेता है। यह पद नहीं आना चाहिये था। उस मोक्ष अवस्था में वाणी वहाँ से लौट आती, मन की गति भी नहीं है, वहां मोक्ष में किसी प्रकार का भय भी नहीं है।[1] इसी उपनिषद् में आगे कहा गया है कि मोक्ष होने पर जीवात्मा पूर्ण अभय हो जाता है।[2] वह अभय कब हो जाता है तभी जबकि वह उस आनन्दमय इस रूप **ब्रह्म** को प्राप्त कर मुक्तावस्था में चला जाता है।

श्वेताश्वतर उपनिषद् में मोक्ष के स्वरूप का प्रतिपादन इस प्रकार किया है कि जीवात्मा जब परमेश्वर को जानकर उस अमृत रूप मोक्ष को प्राप्त कर लेता है। इस उपनिषद् में मोक्ष के लिये अमृत शब्द अनेकों बार आया है। कहीं पर यह अमृत शब्द परमात्मा का भी वाचक है।[3] परन्तु प्रायः करके अमृत जितनी बार भी आया है, वह मुक्ति के अर्थ में ही है। मुमुक्षु अमृत को प्राप्त कर सभी प्रकार के शोकों से तर जाता है। अध्यात्म मार्ग का यही एक पथ है जो कि मोक्ष को प्राप्त करा सकता है। अन्य कोई पथ नहीं है। इनमें कई स्थलों पर पाशों से छूटने का भी उल्लेख है। पाशों से छूट जाना और अमृत हो जाना। इस बात की ओर संकेत करता है कि मोक्षावस्था में जीवात्मा सर्व दुःखों से छूटकर आनन्द को प्राप्त कर लेता है।

छान्दोग्य उपनिषद् में भी स्पष्ट उल्लेख मिलता है कि जो परमात्मा अपहतपाप्मा, सब पाप, जरा मृत्यु, शोक क्षुधा पिपासा से रहित है, उसे जानना चाहिए, जो ऐसे

---

1. छा० 8.3.4—तेषां सर्वेषुलोकेषुकामचारी भवति। —छा० 7.25.28.1.4
2. य एवं वेद पद 9, 10, 11 मा० उ० पर द्रष्टव्य
3. न मुमुक्षुर्नवैमुक्तइत्येषा परमार्थता। —गौ० का० 2

परमात्मा को जान लेता है, उस परमात्मा के सम्बन्ध से मुक्त जीव सब लोकों और सब कामों को प्राप्त होता है।[1] जो परमात्मा को जान के मोक्ष के साधन और अपने को साधन और अपने को शुद्ध करना जानता है, सो यह मुक्ति को प्राप्त जीव शुद्ध दिव्य नेत्र और शुद्ध मन से कामों को देखता, प्राप्त होता हुआ रमण करता है जो ये ब्रह्म लोक अर्थात् दर्शनीय परमात्मा में स्थिति हो कि मोक्ष सुख को भोगते हैं और इसी प्रकार परमात्मा में स्थिति हो कि मोक्ष सुख को भोगते हैं और इसी प्रकार परमात्मा का जो सबका अन्तर्यामी आत्मा है, उसकी उपासना, मुक्ति की प्राप्ति करने वाले विद्वान् लोग करते है, उससे उसे सबलोक और सब काम प्राप्त होते हैं। जो-जो सब संकल्प करते हैं वह-वह लोक, वह-वह काम प्राप्त होता है।[2] इससे आगे ऋषि दयानन्द छान्दोग्य के ही प्रमाण से कहते हैं कि ''और वे मुक्त जीव स्थूल शरीर छोड़कर संकल्प मात्र शरीर से आकाश में परमेश्वर में विचरते हैं। क्योंकि जो शरीर वाले होते है वे सांसारिक दुःख से रहित नहीं हो सकते है। जैसे इन्द्र से प्रजापति ने कहा है कि ''हे धनयुक्त पुरुष! यह स्थूल शरीर मरण धर्मा है जैसे सिंह के मुख में बकरी होवे, वैस यह शरीर मृत्यु के बीच में है। मुक्त जीवात्मा ब्रह्म में रहता है उसको सांसारिक सुख-दुःख का स्पर्श ही नहीं रहता किन्तु सदा आनन्द में रहता है।[4]

बृहदारण्यक उपनिषद् में भी इस प्रकार जीवात्मा स्वछन्द होकर सब कामों को पूर्ण करता सर्वत्र ब्रह्म में विचरता, जीवात्मा का उल्लेख किया गया है।

मोक्षावस्था में जब जीवात्मा आनन्द को प्राप्त करता है उस समय कैसे आनन्द प्राप्त होता है यह प्रश्न उभरकर आता है। इसका उत्तर ऋषि दयानन्द शतपथ के प्रमाण से देते हैं। उनका कथन है कि ''मोक्ष में भौतिक शरीर इन्द्रियों के गोलक जीवात्मा के साथ नहीं रहते। किन्तु अपने स्वाभाविक शुद्ध गुण में रहते है। श्रोत्र त्वक्, चक्षु, रसना, घ्राण आदि शक्तियां संकल्प मात्र शरीर सहित उपस्थित रहती हैं,[5] इन्हीं शक्तियों के द्वारा वह मोक्ष में सब कामों को और आनन्द को प्राप्त करता है।[6]

जैसा कि अद्वैतवादी दार्शनिक मानते हैं कि मुक्ति में जीव ब्रह्म हो जाता है इससे

---

1. सर्वान् कामान् सहब्राह्मणाविपाश्चतेति। —तै० ब्रा० व० 2, 10
2. यतो वाचो निवर्तन्ते आनन्दब्रह्मणो विद्वान्नबिभेति।
3. अथ सोऽयं गतो भवति। —वही 3.15
4. श्वेता० उ० 3.1, 7, 8.4.16, 20, 5.1, 6.6.6, 18
5. य आत्मा अपहतपाप्मा सत्यकामः सत्यसंकल्पः.....सर्वांश्चलोकान् आप्नोति सर्वांश्च कामान्...। छां० प्र० 8, ख० 7 मं०
6. स वा एव एतेने....सर्वे च लोका आप्ता, सर्वे च कामाः.... विजानाति इति। —वही, प्र० 8, ख० 12, मं० 5, 6

मुक्ति का प्रयोजन समाप्त सा प्रतीत होता हैं। आगे लिखते हैं "जो मुक्ति में जीव का लय होता हैं तो मुक्ति का सुख कौन भोगेगा।" उपर्युक्त उपनिषदों के विवेचन से यह मान्यता स्पष्ट रूप में समीचीन प्रतीत होती है कि जीवात्मा में आनन्द की न्यूनता है, उसी को उपलब्ध करने हेतु परमेश्वर का सान्निध्य प्राप्त करता है क्योंकि वह आनन्द से परिपूर्ण है, जीवात्मा उसे प्राप्त कर अपनी सम्पूर्णता प्राप्त कर लेता है। परन्तु परमेश्वर का आनन्द असीम और अनन्त है, इसीलिये यह जीवात्मा अल्पज्ञ होने के कारण उसके अनन्त आनन्द को तो नहीं जान पाता परन्तु उसको जितना चाहिये वह उसे प्राप्त हो जाता है। यही उसकी साम्यता और कृत कृत्यता है। ऋषि दयानन्द इसका विवेचन इस प्रकार प्रस्तुत करते हैं। "चिदाकाश ब्रह्म में सभी अन्तःकरण रहते हैं, जैसे जल में सभी मच्छली आदि जन्तु रहते है। इस प्रकार जीवात्मा का बन्ध और मोक्ष नहीं बनेगा क्योंकि ब्रह्म से अन्य कुछ भी नहीं है।[1] "इसका उत्तर देते हुये कहते हैं," यह नवीन वेदान्तियों का कहना सत्य नहीं क्योंकि जीव का स्वरूप अल्पज्ञ होने से आवरण में आता है, जन्म मरण आदि इन्द्रियां और शरीर होने से बन्धन में फंसता है।[2] उससे छूटने का साधन करता है दुःखों से छूटकर परमानन्द परमेश्वर को प्राप्त होकर मुक्ति को भी भोगता है। डॉ० राधाकृष्णन् भी भारतीय दर्शन में अपने विचार इस सम्बन्ध में इस प्रकार व्यक्त करते हैं आत्मा की सत्ता एकदम गायब नहीं हो जाती। जैसे कि सूर्य की किरणें सूर्य में समा जाती हैं, अथवा समुद्र की लहर समुद्र में समा जाती है। जीवात्मा का संगीत सांसारिक गति में विलुप्त नहीं होता, वह सर्वदा के लिये एक समान है और फिर भी एक समान नहीं है। हां यह कहा जा सकता है कि मुक्त आत्मा सबके साथ एकाकार हो जाता है।[3] "जीवात्मा में अपने गौरव एवं अमरता के महत्त्व की चेतना भी विद्यमान रहती है।" उसका अमरत्व सम्बन्धी सुख, उसकी गति सम्बन्धी स्वतन्त्रता में ही प्रकट होता है[4] "किन्तु प्रायः सभी भारतीय विचारक इस विषय पर एकमत हैं कि मोक्ष जन्म और मृत्यु के बन्धन से छूटने का नाम है।

आचार्य शंकर भी यह स्वीकार करते हैं कि मुक्ति अवस्था में जीवात्मा में वह शक्ति नहीं आती जो ब्रह्म में है। जब जीव ब्रह्म ही बन जाता हैं तो फिर यह अन्तर किस प्रकार रहता हैं, क्योंकि स्वयं आचार्य शंकर कहते हैं कि "मुक्त आत्मायें सब

---

1. मघवन् सत्यं वा इदं शरीरमात्तं मृत्युना... तदस्यामृतस्याशरीरं.... वावसन्तं नप्रियोप्रिये स्पृशतः (छा० प्र० 8, खं० प० 1) नोटः— छान्दोग्य के इन तीनों वचनों पर भाष्य स० प्र० द्रष्टव्य समु० 9, पृ० 273, 274
2. बृ० अ० 4, ब्रा० 4 ,कां० 21, अ० 4, वा० 5, कां० 15 इत्यादि
3. शृण्वन् श्रोत्रं भवति.. पश्यन् चक्षुर्भवति... बोधयन् बुद्धिर्भवति।
   —श० कां० 14, अ० 2, ब्रा० 2 कं० 17, द्रष्टव्य सत्यार्थप्रकाश, पृ० 271 पर
4. बल, पराक्रम... ज्ञान इन 24 शक्तियो से युक्त जीव है।— स० प्र०, पृ० 271, 272

प्रकार से ऐश्वर्यों को प्राप्त करते हुये भी, जगत् की उत्पत्ति आदि का सामर्थ्य उनको प्राप्त नहीं होता हैं क्योंकि सृष्टि कर्तृत्वादि तो नित्य ईश्वर के ही सिद्ध हैं।[1]

अतः उपनिषदों के यथार्थवादी दृष्टिकोण के अनुसार जीवात्मा जब अमृत बन जाता हैं अर्थात् मोक्ष को प्राप्त कर लेता हैं तब अपने परम विकास को प्राप्त करता हुआ कामाचारी होता हुआ, अपने प्रलय को प्राप्त नहीं होता, अपितु अपनी विकासमान अवस्था को प्राप्त होकर, मुक्ति सुख को प्राप्त करता हुआ सर्वत्र रमण करता है। यही उपनिषदों का मुक्तिस्वरूप के विषय में समीचीन सिद्धान्त प्रतीत होता हैं।

उपनिषदों में मोक्ष प्राप्ति के साधन

ऋषि दयानन्द और आचार्य शंकर मोक्ष साधनों के विषय में प्रायः साम्य रखते हैं। जीवात्मा का मोक्ष अविद्या के आवरण आने के कारण नहीं हो पाता हैं। मुक्ति के समस्त साधनों को हम दो विभागों में विभाजित कर सकते हैं। 1- विधेयात्मक और 2. निषेधात्मक।[2] विधेयात्मक वे साधन हैं जिनका साधक को अनुष्ठान करना पड़ता हैं। निषेधात्मक साधनों से मल-विक्षेप-आवरण की परतें क्षीण करनी पड़ती हैं। न करने योग्य कर्मों को छोड़ना वहीं निषेधात्मक साधन हैं।[3] दोनों प्रकार के साधनों को करने के लिये श्रवण, मनन, निदिध्यान और साक्षात्कार जिसको श्रवण चतुष्टय कहते हैं, इनका पालन ध्यानपूर्वक करना चाहिये[4] अर्थात् यह किसी भी ज्ञान या साक्षात्कार की प्रक्रिया हैं। ध्यानपूर्वक गुरु-उपदेश को सुनना, सुनकर उस पर मनन करना, मनन के पश्चात् जिसे सत्य समझो, उसके अनुसार आचरण करना आरम्भ करना। इस प्रक्रिया से साधक तत्त्वज्ञान तक पहंचकर मोक्ष को प्राप्त कर लेता हैं।

ईशोपनिषद् में विद्या और अविद्या का वर्णन करते हुए स्पष्ट किया है कि विद्या से साधक मोक्ष को प्राप्त कर लेता है। यहां आचार्य शंकर और ऋषि दयानन्द ने विद्या का अर्थ ज्ञान और अविद्या का अर्थ कर्म किया है[5] अर्थात् कर्मों (यज्ञों) के अनुष्ठान से मृत्यु को पार कर विद्या अर्थात् ज्ञान से मुक्ति को प्राप्त करता है।[6] सांख्य में भी इसी

1. जगदव्यापारवर्ज प्रकरणाद् संनिहितत्वाच्च (वेद० द० 2.2, 4.4.17 पर भाष्य) जगदुत्पत्त्या वर्जयित्वा अणिमाद्यैश्वर्यमुक्तानां भवितुमर्हति जगद्व्यापारस्तु नित्यसिद्धस्यै-श्वर्यस्य– शांकर भाष्य
2. तद्विपरीतः श्रेयान् व्यक्ताव्यक्तज्ञविज्ञानात्। —सां० का० 2
3. निगेटिव-पाजिटिव
4. नोट समस्त भारतीय साहित्य में पापादि को छोड़ने का आदेश है। आसक्ति को छोड़ने का उपदेश सभी शास्त्रों में उपलब्ध है।
5. आत्मा वाअरे द्रष्टव्यः श्रोतव्योमन्तव्यो निदिध्यासितव्यः। —वृ० 4.5.6
6. द्रष्टव्य यजुर्वेदभाष्य अ० 40, ई० उ० शं० भा० 6, ई० उ० 9, 10, 11

ज्ञान को विवेक कहा है। योगदर्शन भी उसका समर्थन करता है अर्थात् प्रकृति और पुरुष के भेद का विवेक हो जाने पर ही आत्मा मुक्ति को प्राप्त करता है। परन्तु ईशोपनिषद् विद्या और अविद्या का समन्वय भी करती है क्योंकि केवल कर्मों के अनुष्ठान से तो तमोयुक्त अन्धकार को प्राप्त करता है परन्तु यदि केवल ज्ञानी ही और उसका क्रियात्मक जीवन आचरण शून्य हो तो वह उससे भी अध:अवस्था को प्राप्त होता है। इसलिये उचित ही कहा है कि धर्मज्ञान के लिये और ज्ञान धर्म के लिए है। ज्ञान और कर्म का समन्वय उपनिषदों के अनेक स्थलों पर उपलब्ध हैं। सम्भूति और असम्भूति का समन्वय भी ईशोपनिषद् में किया गया है। सम्भूति और असम्भूति का समन्वय भी ईशोपनिषद् में किया गया है। सम्भूति और असम्भूति पद कार्य और कारण के सम्बन्ध को घोषित करते हैं। यही व्यष्टिवाद और समष्टिवाद की ओर संकेत करते हैं। असम्भूति व्यष्टि है, सम्भूति समष्टि है। असम्भूति सुख वाद का संकेत करता है तो सम्भूति समष्टिवाद की ओर संकेत करती है।

कुछ मोड़ से अन्तर कठोपनिषद् में इनको श्रेय और प्रेय मार्ग के रूप में प्रख्यापित किया है। परन्तु जैसे यहां पर, विद्या और सम्भूति को श्रेष्ठ बतलाया है ऐसे ही वहां पर श्रेय मार्ग को श्रेष्ठ बतलाकर श्रेय से आत्मा का साक्षात्कार बतलाया गया है।[1] कठ में ही कहा है कि वह आत्मा तत्त्व बहुत सुनने, तर्कादि से प्राप्त नहीं होता है।[2] वह ब्रह्म तो ब्रह्मचर्यादि का व्रत धारण करने और योग विद्या का अनुष्ठान करने, हृदय रूपी गुफा में उसका साक्षात्कार किया जा सकता है।[3]

मुण्डक उपनिषद् में पराविद्या और अपरा विद्या नाम से कहा है। अपराविद्या के द्वारा नाम रूप अर्थात् विश्व अखिल शब्द और अर्थ के सम्बन्ध की विद्या का नाम है। इसमें जो चौंसठ प्रकार की विद्या कही जाती है, वह समस्त इसके अन्तर्भूत हैं।[4] पराविद्या परोक्ष के आत्मादि द्रव्यों का साक्षात्कार करती है। वह परमात्मा जो इन्द्रियों से अग्राह्य है, अवर्ण, अचक्षु, अपाणिपाद नित्य विभु आदि विशेषणों से युक्त है उस परमेश्वर का साक्षात्कार परा विद्या के द्वारा होता है।

ज्ञान और कर्म की तुलना में ज्ञान को श्रेष्ठ बतलाया है। परन्तु वह योगी की अन्तिम पराकाष्ठा की अवस्था है क्योंकि उपनिषदों में निष्क्रिय होने का उपदेश नहीं है। ईशोपनिषद् में तो सौ वर्ष तक कर्म करते हुए जीवित रहने का उपदेश है।[5]

---

1. द्रष्टव्य यजुर्वेदभाष्य, अ० 40, ई० उ० शं० भा० 6, ई० उ० 9, 10, 11
2. कठ० 2 व, 2, 5, 6 2. कठ० 2, व 9, 8, 10
3. वरचू फार नालिज, नालिज, फार वरचू।
4. कठ० 2.15, ऋतं पिबन्तौसुकृतस्य लोके गुहां प्रविष्टौ (3.1)
5. मु० 1.5.1, कुर्वन्नेवेह कर्माणि —ई० 2

वस्तुतः वैदिक साहित्य में जिसमें उपनिषद् भी सम्मिलित हैं, ज्ञान, उपासना और कर्म का समन्वय प्राप्त होता है। जिस प्रकार ब्राह्मण, क्षत्रिय, वैश्य, और शूद्र मिलकर समाज चलाते हैं प्रत्येक का अपने-अपने स्थान पर महत्त्व हैं। इसी प्रकार मुक्ति को प्राप्त करने के लिए भी इन तीनों का होना आवश्यक है। उपनिषदों ने निर्विवादरूप से तीनों को स्वीकार किया है। उपनिषदों में तीनों प्रकार की श्रुतियां उपलब्ध हैं—

क—उपासना परक श्रुतियां—

1. यदेव विद्यया करोति श्रद्धयोपनिषदा तदेव वीर्यवत्तरं भवति।
2. ओमित्येवतदक्षरमुद्‌गीथ मुपासीत।
3. विद्यया देवलोकः।
4. तपसा ब्रह्म विजिज्ञासस्व।

ख—ज्ञान परक श्रुतियां—

1. विद्यया विन्दतेऽमृतम्।
2. त्यगेनैके अमृतत्वमानशुः।
3. नान्यः पन्थाविद्यतेऽयनाय।
4. ब्रह्मविदिदमाप्नोति परम्।
5. नायमात्मा बलहीनेन लभ्यः।
6. विद्वान् ब्रह्मामृतोऽसृतम्।
7. ये तद्‌विदुरमृतास्ते भवन्त्यथेतर।
8. तरति शोकमात्मवित्।

ग—कर्म परक श्रुतियां—

1. पुण्यो वै कर्मणा पुण्ये भवति।
2. कर्मणा पितृ लोकः।
3. अथ कर्म कुर्वीत।
4. सर्व एते पुण्य लोका भवन्ति।
5. तमेतं वेदानुवचनेन ब्रह्मणा विविदिषन्ति यज्ञेन दानेन तपसा ऽनाशकेन ।
6. कुवन्नेवेह कर्माणि जिजीविषेच्छतꣳसमाः।

(क) छा० 1.1.10, 2. छा० 1.1.1, 3. बृ० 1.5.16, 4. तै० 3, 2.5

(ख) 1. के० 2. 4.2 2. केन 1.1, 3. श्वे० 3.8.3, 4. तै० 2.1..1
5. मु० 3.2.4, 6. बृ० 4.4.17, 7. बृ० 4.4.14, 8. छा० 7.1,3

(ग) बृ० 3.2.13, 2. बृ० 1.5.16, 3. बृ० 1.4.17, 4. छा० 2.23.1
5. बृ० 4.4.22, 6. ई० 2।

इन उपर्युक्त वचनों को यदि निष्पक्ष रूप से देखा जाय तो प्रतीत होता है कि उपनिषदों में तीनों मार्गों की उपादेयता का उल्लेख है इसलिये विचारकों का भिन्न-भिन्न दृष्टिकोण है आचार्य शंकर ज्ञान को प्रमुखता देते हैं। आचार्य रामानुज भक्ति के अनुष्ठान को प्रधानता देते हैं। ऋषि दयानन्द ज्ञानकर्म और उपासना तीनों से मुक्ति प्राप्त स्वीकार करते हैं। इन तीन प्रकार की श्रुतियों के अतिरिक्त ज्ञानकर्म समुच्चयपरक भी उपलब्ध हैं। आचार्य भास्कर भी यही अभिमत रखते हैं। इस समुच्चयवाद में उपासना को कर्म से अतिरिक्त नहीं माना है। अपितु उसका कर्म में ही अन्तर्भाव कर लिया जाता हैं। कर्म और ज्ञान का समुच्चय करने वाली श्रुतियां स्पष्ट रूप में यही मानती है कि दोनों से ही ब्रह्म प्राप्ति में सहायक हैं।[1] उपनिषदों में केवल ज्ञान और केवल कर्म की निन्दा की है।[2] मुण्डक उपनिषद् में इसलिये यज्ञों की प्रशंसा की है जो यज्ञ नहीं करते उनके पुण्य क्षीण होकर सप्त लोक नष्ट हो जाते है।[3] परन्तु उससे अगली श्रुति में ही कर्मों की एकदम निन्दा की है।[4] वास्तव में यदि गहराई तक जाया जाये तो यह उपनिषदों का रहस्यवाद समझा जा सकता हैं। प्राप्त प्रसंग में जो लोग केवल यज्ञों को ही अन्तिम समझते हैं, उनकी निन्दा है। विवेक के द्वारा जब साधक को तात्त्विक ज्ञान हो जाता हैं तभी वह निष्काम कर्म करने की क्षमता को प्राप्त कर सकता है अन्यथा नहीं। बिना तत्त्व ज्ञान के वह निरासक्त कर्म करने का सामर्थ्य नहीं आ सकता, मनुष्य कर्म करता हुआ भी उसमें लिप्त नहीं होता हैं।

उपर्युक्त विवेचन से यह प्रतीत होता है कि कर्मों का अनुष्ठान करते-करते जब योगी की विवेकज्ञान की अवस्था प्राप्त हो जाती हैं जब वह धारणा ध्यान समाधि की अवस्था को प्राप्त कर कर्मों से विवेक की अवस्था को प्राप्त होकर अमृत को प्राप्त हो जाता है। याज्ञवल्क्य और श्वेतकेतु संवाद में भी तत्त्वज्ञान तक पहुंचने की एक प्रक्रिया हैं। वस्तुतः जब हम यह समझ जाते हैं कि ये मिट्टी का ढेला ही संसार के सब पदार्थों का कारण है इससे निर्मित जो प्रासाद आदि है वे इसके विकारमात्र हैं। एक दिन सभी मिट्टी में अपने कारण में लीन हो जाएगें। ऐसी विवेचना से मनुष्य शब्दादि विषयों में नहीं फंसता और वह इन्द्रियों मन, बुद्धि से अपने को पृथक् समझता हुआ चेतन तत्त्व के रूप में, अपने स्वरूप को साक्षात्कार कर लेता है।

---

1. विद्यांचाविद्यां च यस्तद्वेदोभयं सह। अविद्यया मृत्युं तीर्त्वा विद्ययाऽमृतमश्नुते। —इ० 11, तं विद्या कर्मणी समन्वयारभते— बृ० 4.4.2, तेनेति ब्रह्म वित् पुण्यकृत तैजसश्च— बृ० 4.4.9
2. इ० 9, बृ० 4.4.10
3. मु० 1.7, 8, 9
4. न कर्मलिप्यते नरे। —इ० 2

उपनिषदें भूमा या महान् अथवा विशालता की भावना में ही सुख मानती हैं। भूमा उस अवस्था का नाम है। जहां पर समस्त ब्रह्माण्ड में केवल उसी तत्त्व या ब्रह्म को देखा जाता है सुना जाता है अथवा माना जाता हैं। जहां मेरा और तेरा का भाव समाप्त प्राय: हो जाता हैं।[1] इस प्रकार विशाल और समष्टि की उच्च भावना की अक्षयनिधि उपनिषदों में सर्वत्र उपलब्ध होती हैं।[2]

जब कर्म और ज्ञान का, भक्ति और उपासना, व्यष्टि और समष्टि का और यज्ञमय की पराकाष्ठा हो जाती है, तब साधक अन्तर्मुख हो जाता है। ध्यान की पराकाष्ठा हो जाने पर आत्मा पूर्णत: शुद्ध और निर्मल अन्त:करण होने पर वह अपने लक्ष्य ब्रह्म को प्राप्त कर मोक्ष को प्राप्त कर लेता है। जैसा कि मुण्डक उपनिषद् ने कहा है कि प्रणव धनुष है, आत्मा शर है, ब्रह्म लक्ष्य है, अप्रमत्त होकर उसका बेधन करे फिर जैसे शर लक्ष्यमय हो जाता है वैसे आत्मा भी उस अपने लक्ष्य का साक्षात्कार कर ब्रह्ममय हो जाता है।[3]

इन उपायों के अतिरिक्त भी मुक्ति के अन्य शास्त्रों में साधन बतलाये हैं जो सभी उपयोगी हैं। पांच कोश हैं उनके अन्नमय, प्राणमय, विज्ञानमय, मनोमय और आनन्दमय। हमारी त्वचा से लेकर समस्त स्थूल का भाग अन्नमय कोश है। प्राणादिं पांच प्राण और कर्मेन्द्रिय सहित यह प्राणमय कोश कहलाता है। बुद्धि और पांच ज्ञानेन्द्रिय सहित विज्ञानमय कोश है ज्ञानेन्द्रिय और मन मिलकर मनोमय कोश कहलाता है। ये तीनों मिलकर सूक्ष्म शरीर कहलाते हैं।[4] आनन्दमय कोश वह कहलाता है, जो सब के आधार रूप प्रकृति है। इन पांचों अवस्थाओं के रहस्य को जानकर सूक्ष्म शरीर में प्रवेश करना होता है।

मुक्ति से पुनरावर्त्तन—

अनेक जन्म के अभ्यास और तपस्या के पश्चात् मोक्ष प्राप्त होता है। ऋषि दयानन्द ने इस युग में आकर कहा कि मुक्ति काल तक जीवात्मा मोक्ष में रहकर वापिस संसार में लौट आता है।[5] उनकी इस विचारधारा को नवीन विचारधारा माना है, परन्तु ऋषि दयानन्द इस विचारधारा को अपनी न मानकर वेद और उपनिषद् सम्मत मानते हैं।

मुक्ति से जीवात्मा वापिस लौट आता है, इस विषय में सबसे पूर्व जीव के स्वभाव

1. . छान्दोग्य० 6.1.4
2. यो वै भूमा तत्सुखं नाल्पे सुखमस्ति... भूमानं भगवो विजिज्ञासे। (छा० 7/26/1)
3. कठ० 2, 2, 9-10, बृ० 6, 8, 9, श्वे० 2, 17 3. 3, 7, 3, 9, 6.11, 6.16
4. मु० 2.4
5. वेदान्त सू० 4.4.10, 4.4.11, 4.4.12

पर विचार करना होगा। जीवात्मा का स्वभाव गतिशील है। यदि उसे एक ही स्थान पर स्वीकार किया जाय तो विकासशील स्वभाव कैसे रहेगा?

पूर्वपक्ष—जो विद्वान् मुक्ति से जीवात्मा को वापिस लौटना स्वीकार नहीं करते उनके दो प्रकार विभाजन किये जा सकते हैं। प्रथम कोटि में वे दार्शनिक हैं जो जीवात्मा का मोक्ष प्राप्त करने पर लय और ब्रह्म बन जाना मानते हैं, दूसरे प्रकार के वे दार्शनिक हैं जो जीवात्मा का लय या उसको नष्ट हुआ तो नहीं मानते परन्तु मुक्ति सुख को नित्य मानकर जीवात्मा का वापिस लौटना स्वीकार नहीं करते हैं। प्रथम प्रकार के विचारकों की समीक्षा तो हम कर आये हैं कि उपनिषदों के यथार्थवादी दृष्टिकोण के अनुसार जीवात्मा और ब्रह्म में मोक्षावस्था में भी भेद बना रहता है। दूसरे प्रकार के दार्शनिक इस प्रकार अपने प्रमाण प्रस्तुत करते हैं। मुक्ति वही है जिसे जीवात्मा निवृत्त होकर पुनः नहीं लेता।[1] जहां जीवात्मा जाकर वापिस नहीं आते वहीं मेरा परमधाम है।[2] वहीं जीवात्मा मुक्ति को प्राप्त कर पुनः जन्म नहीं लेता।[3] मुक्तावस्था में जीवात्मा का बन्धन से कोई सम्बन्ध नहीं रहता। श्रुति में उसे अनावृत्त अर्थात् मुक्ति से वापिस नहीं लौटता।[4] अनावृत्ति का अर्थ है वापिस न आना।[5] अनावृत्त शब्द का अर्थ छान्दोग्योपनिषद् में उपलब्ध होता है कि जीवात्मा इस प्रकार व्यवहार करता हुआ ब्रह्मलोक में सम्पन्न होता है। उस ब्रह्म लोक की आयुपर्यन्त पुनः इस लोक में नहीं आता।[6] यहां वापिस न आने का अभिप्राय ऋषि दयानन्द यह समझते हैं कि वापिस न आने का अभिप्राय यह है कि जब तक मुक्ति की अवधि है, तब तक वापिस न आना। सामान्य अवस्था में हमारा जीवन मरण का चक्र चलता रहता है। उसमें कल्प पर्यन्त न आने की दृष्टि से कहा है कि यह लम्बे समय तक आना जाना अब नहीं होगा। जैसा हमारे घर एक व्यक्ति प्रतिदिन आता है वह पर्याप्त समय तक के लिये बाहर चला जाता है, तो हम यही सामान्यतः कह देते हैं कि वह अब नहीं आयेगा। जबकि उसका आना निश्चित है। ऐसा ही यहां प्रसंगों में समझना चाहिए। न्याय और सांख्य तो दुःखाभाव को मुक्ति में मानते हैं। इसे बहुत से विद्वान् दुःख प्रध्वंसाभाव मानते हैं।[7] परन्तु ऐसा मानना कुछ

---

1. जो हमको मुक्ति में आनन्द भुगाकर पृथ्वी में पुनः माता के सम्बन्ध में जन्म देकर माता-पिता के दर्शन कराता है। —स० प्र०, पृ० 254
2. न च पुनरावर्तते न च पुनरावर्तत इति। —छा० 8.15)
3. यद् गत्वा न निवर्तन्ते तद्धाम परमं मम। —गीता 15.6, स० प्र०, समु० 9
4. स तु तत् पदमाप्नोति यस्माद् भयो न जायते। —छा०
5. न मुक्तस्य पुनर्बन्धयोगोप्यनावृत्तिः श्रुतेः। —सां० 6.17
6. अनावृत्तिः शब्दादनावृत्ति शब्दात्। —वे० 4.4.33
7. खल्वेवं...यावदायुषं ब्रह्मलोकमभिसम्पद्यते न च पुनरावर्तते। —स० प्र०, 9 समु०

उचित प्रतीत नहीं होता क्योंकि जैसे घट टूट जाने पर उसका प्रध्वंसाभाव होता है परन्तु यदि वहां पर यदि दूसरा घट रखा जाय तो प्रध्वंसाभाव समाप्त हो जायेगा। अत: यहां दु:खों का अत्यन्त छूट जाना तो ठीक है परन्तु नित्य मुक्त होना ऐसा अभिप्राय प्रतीत नहीं होता है।

उत्तर पक्ष— ऋषि दयानन्द युक्तियों के अतिरिक्त वेदों का प्रमाण अपने पक्ष में देखकर अपने मत को सिद्ध करते हैं। ''किस का नाम पवित्र है; हमें मुक्ति के आनन्द को देकर कौन फिर माता-पिता के दर्शन कराता है।[1] इसके उत्तर में वेद कहता है वही माता-पिता के पुन: दर्शन कराता है।[2] ऋषि दयानन्द मानते हैं कि मुण्डक उपनिषद् में मुक्ति की अवधि को स्पष्ट माना है। वे मुक्त जीव महाकल्प के पश्चात् मुक्ति आनन्द का भोग करके लौट आते हैं।[3] कल्प की गणना गणित के अनुसार इस प्रकार की जाती है, 43 लाख बीस सहस्त्र वर्षों की एक चतुर्युगी, दो सहस्त्र चतुर्युगियों का एक अहोरात्र, ऐसे तीस अहोरात्रों का एक महीना, ऐसे बारह महीनों का एक वर्ष; ऐसे शत वर्षों का एक परान्तकाल होता है।[4]

आगे ऋषि दयानन्द युक्ति देते हुए कहते हैं कि प्रथम तो जीव का सामर्थ्य शरीरादि पदार्थ और साधन परिमित हैं। पुन: उसका फल अनन्त कैसे हो सकता है। अनन्त आनन्द को भोगने का असीम सामर्थ्य, कर्म और साधन जीवों में नहीं, इसलिए अनन्त सुख नहीं भोग सकते[5]। जिसके साधन अनित्य है, उनका फल नित्य कभी नहीं हो सकता। यदि जीवात्मा ना लौटे तो संसार का उच्छेद अर्थात् निश्शेष हो जाना चाहिये।[6] यदि कहा जाय कि जीवात्मा नये उत्पन्न हो जायेंगे तो इसका उत्तर वे देते हैं कि ''फिर तो जीव अनित्य हो जायेंगे[7] क्योंकि उनकी उत्पत्ति होती है।

अनावृत्त शब्द का अर्थ स्वयं उपनिषद्कार कल्पपर्यन्त कहते है। अर्थात् मुक्तिकाल की अवधि पर्यन्त कहते हैं।

---

1. न्याय 1.1.22, सां० सू० 1.1
2. कस्य नूनं कतमस्यामृतानां मनामहे चारुदेवस्य नाम।... पुनर्दात्पितरं च दृश्यते मातरंच। —ऋ० 1.124.1
3. अग्नेर्वयं प्रथमस्यामृतानां। —स० प्र० 9, समु० 8
   पुनर्दात् पितरं च दृशेयं मातरं च। —वही 1.124.2
4. ते ब्रह्म लोके हे परान्तकाले परामृतात् (परामृता:) परिमुच्यन्ति सर्वे।
   —मु० उ० 3.2.6, स० प्र०, 9 समु०
5. स० प्र०, पृ० 276, 9 समु०
6. स० प्र०, पृ० 267
7. तदभावे संयोगाभावो प्रादुर्भावश्च मोक्ष:। —वे० द० 5.18

वैशेषिक दर्शन में भी मोक्ष का लक्षण बताते हुए कहा गया है कि पाप और पुण्य न रहने पर शरीर का अनादि संयोग आत्मा से न रहने पर मोक्ष कहाता है।[1] इसी प्रकार का लक्षण योगदर्शन ने भी किया है।[2] इन दोनों सूत्रों से मुक्ति से लौटकर जीवन नहीं आता, ऐसा सिद्ध नहीं होता। यद्यपि आता ही है, ऐसा भी नहीं है। अत: वपिस होने का खण्डन नहीं है।

यदि यह कहा जाय कि जैसे ईश्वर सदैव नित्य है वैसे जीवात्मा भी सदैव नित्य मुक्त हो जायेगा तो इसका उत्तर यह दिया जा सकता है कि ईश्वर सदैव नित्य और सदैव मुक्त है। जैसाकि योगदर्शन के भाष्यकार ने स्पष्ट माना है। इस प्रकार ईश्वर का आना नहीं हो सकता है, परन्तु जीवात्मा जन्म लेता और मृत्यु को प्राप्त होता है। इससे यही निष्कर्ष प्रतीत होता है कि जीवात्मा और परमात्मा के सामर्थ्य में अन्तर स्पष्ट है। परमात्मा अविद्या, दु:खादि के बन्धन में कभी नहीं आता परन्तु जीवात्मा तो अविद्यादि बन्धन में बार-बार आता है। इससे यह परिणाम निकला कि जीवात्मा मुक्त होने पर भी अनन्त सामर्थ्य वाला नहीं हो सकता। अत: ईश्वर सदृश जीवात्मा कभी नहीं हो सकता है ऐसी यथार्थवादी दार्शनिकों की स्पष्ट मान्यता है। इस विषय में आचार्य शंकर अद्वैतवादी होने पर भी यही मानते प्रतीत होते हैं क्योंकि वे लिखते हैं कि जगत् की रचना आदि व्यापार को छोड़कर मुक्त जीवात्माओं की अणिमा आदि ऐश्वर्य हो सकता है।[3] संसार का निर्माण करना नित्य ईश्वर का ही कार्य है। वेदान्त दर्शन में स्पष्ट रूप से मिलता है कि मुक्त जीवात्मा समता केवल आनन्द भोग मात्र में है। अर्थात् जीवात्मा भी मोक्ष में ब्रह्मानन्द को प्राप्त कर लेता है। अत: उनकी साम्य मान्यता समानता जब तक मुक्ति में जीव है। आनन्द की अनुभूति में है।[4]

बृहदारण्यक उपनिषद् में मुक्त आत्मा का वर्णन करते हुए कहा है कि मुक्त जीव ब्रह्म लोकों में विचरते हैं उनकी फिर या अर्थात् संसार में आवृत्ति नहीं होती।[5] जीवात्मा वहां से लौटकर नहीं आते इसका भाव आचार्य शंकर स्पष्ट करते हैं कि अनेक वर्ष पर्यन्त मुक्त आत्मायें ब्रह्म लोक में निवास करते हैं।[6] इन्हीं भावों को आगे स्पष्ट

---

1. यो० प० 2.25
2. सदैवेश्वर सदैव मुक्त इति। —यो० द० 1.24 पर व्यासभाष्य द्रष्टव्य
3. जगद्वर्जं प्रकरणाद् संनिहितत्वाच्च।
   —वे० 4.4.17 पर आचार्य शंकर का भाष्य इसी अध्याय में पीछे देखें
4. भोगमात्र साम्य लिंगाच्च। —वे० द० 4.4.21
5. ते तेषु ब्रह्म लोकेषु परा: परावतो वसन्ति तेषां न पुनरावृति:। —बृ० 6.1.15
6. परा: परावत: प्रकृष्टा: समा: संवत्सराननेकान् वसन्ति ब्रह्मणोऽनेकान् कल्पान् वसन्तीत्यर्थ: तेषां ब्रह्मलोकं गतानां नास्ति पुनरावृत्ति:। अस्मिन् संसारे न पुनरागमनं।
   —शांकर भा०, बृ० 6.2.15 पर

करते हुए कहते हैं कि इस काल के अनन्तर अर्थात् जीव की जब मुक्ति की अवधि समाप्त हो जाती है तो उस समय आवृत्ति अर्थात् पुनरावृत्ति हो जाती है। इसका अभिप्राय यही प्रतीत होता है कि अनावृत्त का अर्थ है कल्पान्तरों में आना, न कि उससे पूर्व।[1]

उपर्युक्त विवेचन से ऋषि दयानन्द के इस मत को पर्याप्त बल मिलता है कि जहां श्रुतियों में वापिस न आने का वर्णन प्राप्त होता है,[2] उसका तात्पर्य जो क्रमशः जन्म-मृत्यु होती है उसमें 36 हजार बार सृष्टि प्रलय होने तक व्यवधान आता है। तब तक वह ब्रह्मानन्द में रमण करता है।

छान्दोग्योपनिषद् ने भी यह लिखा है कि मुक्ति से जीवात्मायें वापिस नहीं लौटते यहाँ संसार में घण्टी यन्त्र के समान जन्म-मरण का चक्र लगा रहता है। जब तक उनका यहां लौटना नहीं होता जब वे ब्रह्म लोक में स्थित हैं।

इस स्थल पर भी आचार्य शंकर की मान्यता पूर्ववत् ही है। वे स्पष्ट मानते हैं कि जब तक ब्रह्म लोक में उनकी स्थिति रहती है उस समय तक उनका इस लोक में आगमन नहीं होता।[3]

इस विवाद की समाप्ति से पूर्व यथार्थवादियों की ओर से एक युक्ति और दी जा सकती है कि मोक्ष एक जीवात्मा की अवस्था का नाम है। जब इसका आरम्भ होता है तो अन्त भी अवश्य होगा। जैसे सुषुप्ति एक उसकी अवस्था है, मनुष्य चाहे जितना भी सोये अन्त में उसे उठना ही पड़ता है इसी प्रकार समाधि अवस्था और जागृत अवस्था आदि सब कालों में नहीं रह सकती। अतः मुक्ति भी अवस्था होने से नित्य कैसे हो सकेगी।

ऋषि दयानन्द ने मुक्ति से जीव वापस लौट आता है, यह मानकर उन्होंने अपने दर्शन को व्यावहारिक और पूर्णरूपेण यथार्थ बना दिया है। उपनिषद् भी यदि उनके परस्पर रहस्यवादी गहन दर्शन को समझा जाये तो यही मानती प्रतीत होती हैं कि जीव आत्मा अपनी अवधि के पश्चात् वापिस लौट आता है। परन्तु मुक्ति से पुनरावर्त्तन के सिद्धान्त पर अलग से अनुसन्धान अपेक्षित है; जिससे उपनिषदों के गहन ज्ञान की पूर्वापर संगति लगाई जा सके। मेरा अपना मत है कि यथार्थवादी विचारधारा को मानना उचित है क्योंकि इससे संसार उच्छेदादि के प्रश्नों का समाधान भी स्वतः हो जाता है।

---

1. तस्मादस्मात् कल्पादूर्ध्व आवृत्तिर्गम्यते। —वही पर भा०
2. आचार्य शंकर अद्वैतवादी प्रतिनिधि दार्शनिक होते हुए भी दयानन्द के मत से सहमत प्रतीत होते हैं।
3. ऐतेन प्रतिपाद्यमाना इमं मानवमावर्तं नावर्तन्ते तथा ब्रह्म लोकमभिसम्पद्यते न च पुनरावर्तते। —छान्दोग्योपनिषद् 4.15.15

षोडश अध्याय

विज्ञानवाद और शून्यवाद

विज्ञानवाद के आचार्य असंग के अनुसार विषय और विषयी दोनों ही चित्त या विज्ञान हैं। बौद्ध विज्ञानवाद की मान्यता है कि एकमात्र आन्तरिक ज्ञान ही सत्य है। बाह्य वस्तुयें असत्य मानी जाती हैं। आचार्य वसुबन्धु ने भी बाह्य वस्तुओं को असत् स्वीकार किया है। उन्होंने कहा है कि चित्त मात्र ही ध्रुव है। जो वस्तुयें बाहर दृष्टिगोचर हो रही हैं वे सब अध्रुव हैं। उनकी सत्ता चित्त के कारण ही जान पड़ती है। यदि चित्त या विज्ञान न हो तो उनकी सत्ता ही प्रतीति नहीं होगी।

इनके अनुसार ही अनुसरण किया है।[1] इनके अनुसार नामधातु, रूपधातु तथा अरूप धातु सब विज्ञप्तिमात्र हैं। वस्तुतः बाह्य वस्तुओं की सत्ता नहीं है, जो कुछ भी है, विज्ञान ही है। विज्ञान के अतिरिक्त सब असत् हैं। इसलिए वसुबन्धु ने विंशिका की प्रथम कारिका में ही कहा है। ''असदर्थावभासनात्'' अर्थात् जिस प्रकार तिमिरादि रोगग्रस्त को असत् केशगुच्छादि के दर्शन यों ही होते हैं, इसी प्रकार न होते हुए भी अर्थ प्रतीत होते हैं।[2] वसुबन्धु ने यहां पर असदर्थ की प्रतीति की बात कही है। प्रतीति के लिये ''अवभास'' शब्द का प्रयोग किया है, जो कि शंकर ने अध्यास के लक्षण में कंहा है, ''अवभासाध्यास, अध्यास का अर्थ भी अवभास ही है।''[3] जहां पर जो नहीं है, वहीं पर उसकी प्रतीति होना ही अवभास है। ''अतस्मिन् तद्बुद्धिः'' ही अवभास है। यही बात वसुबन्धु उक्त प्रथम कारिका में ''असदर्थावभासनात्'' शब्द द्वारा कहना चाहते हैं। असत् का अर्थ है—न होना, जहां पर अर्थ या विषय न हो वहीं पर विषय की प्रतीति ही अवभास है, जैसे सीपी में चांदी का भ्रम है, क्योंकि सीपी में चांदी का आभास है। अतः सीपी में चांदी असत् है। असत् होने पर भी वही चांदी की प्रतीति होना ही अवभास है। यहां पर वसुबन्धु ने तिमिर रोगी के केशगुच्छादि के दर्शन को भ्रम का उदाहरण दिया है, जो कि अद्वैत के अनुसार प्रातिभासिक है, क्योंकि अद्वैत के

---

1. विंशिका, पृष्ठ 1
2. विज्ञप्तिमात्रमेवेदमसदर्थावभासनात् । यद्वत् तैमिरिकस्यासत्केशौण्ड्राकादिदर्शनम्।
   —वही, कारिका 1, पृष्ठ 18
3. ब्रह्मसूत्र शंकरभाष्य भामती, पृष्ठ 18

अनुसार अलीक तो संभव नहीं है।[1] यदि प्रतीति हो रही तब तो उसे प्रातिभासिक या व्यावहारिक सत् कहना होगा। तिमिर रोगी एक विशेष दृष्ट हुआ, उसको विशेष रूप से जो दोष के कारण अभाव में केश-गुच्छादि की प्रतीति होती है, वह प्रातिभासिक प्रतीति ही है। यद्यपि वसुबन्धु ने प्रातिभासिक सत्ता का नाम नहीं लिया है, तथापि केशगुच्छादि के उदाहरण प्रातिभासिक प्रतीति की ओर संकेत करता है। इस प्रकार स्पष्ट है कि वसुबन्धु अद्वैत के ही समान व्यावहारिक वस्तुओं को स्वतन्त्र सत्ता नहीं देने को तैयार हैं। अद्वैत में रज्जु-सर्पादि भ्रम के उदाहरणों द्वारा जगत् की अध्यस्तता एवं मिथ्यात्व का प्रतिपादन किया है, इसी प्रकार वसुबन्धु ने भी केशगुच्छादि के प्रातीतिक ज्ञान के उदाहरण द्वारा विज्ञप्ति मात्रता के अतिरिक्त बाह्य वस्तुओं की स्वतन्त्र सत्ता का निषेध किया है। हमने मिथ्यात्व लक्षणों में देखा है कि अद्वैत वेदान्ती "प्रतिपन्नोपाधौ त्रैकालिक निषेध प्रतियोगित्व" को मिथ्यात्व कहते हैं—जैसे रज्जु-सर्प भ्रमस्थल में रजजु-सर्प का परमार्थतः त्रैकालिक निषेध सम्भव है। यद्यपि रज्जु-विषयक अज्ञानकालीन प्रातीतिक सर्प भ्रमकाल में होता है, फिर भी उस काल में भी पारमार्थिक दृष्टिकोण के सर्प नहीं होता अतः भ्रमकाल के सर्प का तीनों कालों में निषेध होता है, इसी कारण भ्रमकालीन सर्प मिथ्या है। इसी प्रकार सम्पूर्ण प्रपंच भी मिथ्या है, फिर भी अधिष्ठान ज्ञान से पूर्व प्रपंच की प्रातीतिक सत्ता अद्वैत के अनुसार स्वीकार्य है। इसी प्रकार वसुबन्धु के अनुसार बाह्य वस्तुयें तीनों कालों में नहीं हैं। जो कुछ भी है, विज्ञप्तिमात्रता ही है। वसुबन्धु और धर्मों को आलयविज्ञान के परिणाम कहते हैं,[2] किन्तु वसुबन्धु के अनुसार परिणाम का अर्थ सांख्य के परिणाम से भिन्न है।[3] वसुबन्धु द्वारा प्रयुक्त परिणाम शब्द का अर्थ करते हुए स्थिरमति ने कहा है 'कोऽयं परिणामो नाम? अन्यथात्वम्— अन्यथाभाव को ही परिणाम कहा है।[4] सांख्य के परिणाम में नवीन वस्तु की उत्पत्ति नहीं मानी गई है, क्योंकि सांख्य के अनुसार कारण में पूर्व से ही सत् कार्य की उत्पत्ति होती है, न कि नवीन कार्य की। विज्ञानवादी वसुबन्धु के अनुसार अनादि विकल्प-वासनाओं के कारण आत्मादि एवं रूपादि का आरोप होता है।

वसुबन्धु का उपचार और अद्वैत का अध्यास का आरोप समानार्थक शब्द है। जिस प्रकार अद्वैत में वस्तुतः ब्रह्म में प्रपंच के तीनों कालों में न रहने पर भी अज्ञान के कारण उसको आरोपित माना जाता है, उसी प्रकार आचार्य स्थिरमति विज्ञान में बाह्य वस्तुओं के अभाव होने पर भी उन्हें विज्ञान में आरोपित मानते हैं। उपचार का अर्थ

1. अद्वैतसिद्धि, पृष्ठ 332 तथा 333
2. आत्मधर्मोपचारौ हि विविधो यः प्रवर्त्तते। विज्ञान परिणामोऽसौ।
—त्रिंशिका का० 1, पृष्ठ 28, चौखम्बा, 1967
3. इण्डियन आइडियलिज्म, पृष्ठ 28, दासगुप्ता, 1962
4. विज्ञप्तिमात्रतासिद्धि, पृष्ठ 28, स्थिरमति भाष्य, चौखम्बा, 1967

आरोप है। स्थिरमति का कहना है "जो पदार्थ जहां पर नहीं, उसके वहां पर होने का जो आरोप होता है, उसे उपचार कहते हैं। यथा शुक्तिका में रजत का उपचार अथवा वाहीक में बल का उपचार। इसी अर्थ में विज्ञानस्वरूप में बाह्य पदार्थों का आरोप या उपचार होता है। अतः बाह्य वस्तुयें परिकल्पित हैं। परमार्थतः वे वस्तुयें नहीं है।[1] वसुबन्धु के अनुसार सम्पूर्ण परिणाम या उपचारों का कारण या अधिष्ठान आलय विज्ञान है। आलय विज्ञान ही संसार का जीव है।[2] इसी आलय विज्ञान को आलय करके मनोविज्ञान एवं विषय विज्ञप्ति की उत्पत्ति होती है। इन सभी आरोपित सत् वस्तुओं का विशुद्ध आलम्बन या अधिष्ठान विशुद्ध विज्ञप्ति है, जिसे विज्ञप्तिमात्रता कहा है। यह नित्य है, शाश्वत है। इस प्रकार हम वसुबन्धु की विज्ञप्तिमात्रता की तुलना अद्वैत के ब्रह्म से कर सकते हैं। आचार्य वसुबन्धु के अनुसार विशुद्ध विज्ञप्ति समुद्र के समान है और बाह्य वस्तुयें तरंगों के समान उस पर परिकल्पित है। विशुद्ध विज्ञप्ति ग्राह्य-ग्राह्यता से परे है। पं० विधुशेखर भट्टाचार्य के अनुसार विशुद्ध विज्ञप्तिमात्रता भी सापेक्षमित्य है।[3] परन्तु भट्टाचार्य जी का कथन समीचीन नहीं जान पड़ता। वसुबन्धु ने विज्ञप्तिमात्रता को ध्रुव कहा है।[4] भट्टाचार्य जी ने ध्रुव शब्द का जो सापेक्षनित्य अर्थ किया है वह आचार्य स्थिरमति के भाष्य के आधार पर समीचीन नहीं बैठता, क्योंकि स्थिरमति ने त्रिंशिकाभाष्य में ध्रुव शब्द का अर्थ नित्य किया है।[5] चन्द्रधर शर्मा का कथन सत्य है कि वसुबन्धु ने यहां पर ध्रुव शब्द प्रयोग निरेपक्ष सत्य के अर्थ में किया है।[6] वसुबन्धु जब यह कहते हैं कि दृश्यप्रपंच स्वप्नवत् या तिमिर-रोगी के केशगुच्छादि के समान हैं, इसका अर्थ यह नहीं है कि बाह्य वस्तुयें हैं ही नहीं। इसका तात्पर्य इतना ही है जिस विकल्प बुद्धि की कोरियों द्वारा कल्पित जगत् स्वतन्त्र अस्तित्व नहीं रखता। विज्ञप्तिमात्रता या धर्मनैरात्म्य का सिद्धान्त सविकल्पक बुद्धि द्वारा ही कल्पित कर्त्ता और कर्म, ग्राहक और ग्राह्य, द्रष्टा और दृश्य के द्वन्द्व पर अधिष्ठित जगत् का खण्डन करता है, न कि विशुद्ध निर्विकल्पक विज्ञप्तिमात्रता का यह मत व्यावहारिक जगत् को परतन्त्र सत्ता प्रदान करता है। जब तक निर्विकल्प अर्थज्ञान की अनुभूति नहीं होती तब तक परिकल्पित जगत् का

---

1. यच्च यत्र नास्ति तत् तत्रोपचर्यते। तथा वाहीके गां। विज्ञप्तिमात्रतासिद्धिः।
   —स्थिरमति भाष्य० का० 1, पृष्ठ 29
2. सर्वजीवं हि विज्ञानम्--विज्ञप्तिमात्रतासिद्धि कारिका 18, पृष्ठ 81
3. V. Bhhattacharya, The Agam Shashtra of Gaudapad, Introduction, p. XCLII, Calcutta University, 1943.
4. विज्ञप्तिमात्रतासिद्धिः। —का० 30, अचिन्यः कुशलेध्रुवः।
5. ध्रुवौ नित्यत्वात् अक्षयतया-अयं च नित्य इति। —विज्ञप्तिमात्रतासिद्धिभाष्य 101
6. Vasubandhu uses the word "Dhruva" here in the sense of the absolutely permanent—A critical survey of Indian Philosophy, p. 122, C.D. Sharma London, 1960.

अस्तित्व है, तब तक यह मिथ्या नहीं भासता। व्यावहारिक जगत् की व्याख्या करने के लिए ही वसुबन्धु ने त्रिविध सत्तावाद को स्वीकार किया है। अद्वैत में स्वीकृत प्रातिभासिक, व्यावहारिक एवं पारमार्थिक सत्ता के समान ही आचार्य वसुबन्धु भी त्रिविध सत्ता स्वीकार करते है। परिकल्पित, परतन्त्र और परिनिष्पन्न ये त्रिविध सत्तायें हैं। इन त्रिविध सत्ताओं द्वारा जगत् की व्याख्या सम्यक् रूपेण हो जाती है। इन त्रिविध सत्ताओं को वस्तुस्वभाव भी कहा गया है। परिकल्पित स्वभाव वाली वस्तुयें आरोपित हैं, क्योंकि उन वस्तुओं का अपना स्वभाव नहीं हैं, जैसे शुक्ति में रजत की कल्पना परिकल्पित है। वस्तुतः शुक्ति में रजत है ही नहीं, अतः उसमें रजत का ज्ञान आरोपित वस्तुविषयक ज्ञान ही है। आरोपित वस्तुविषयक ज्ञान को ही वसुबन्धु परिकल्पित मानते हैं।[1] परिकल्पित वस्तु स्वाधिष्ठान में न होने के कारण ही स्थिरमति ने अपने भाष्य में कहा है "न स विद्यते इति",[2] अर्थात् कल्पित वस्तु को अपनी सत्ता का अभाव हुआ करता है। यहां तक कि कल्पित वस्तु में हेतुप्रत्यय से प्राप्त स्वभाव भी नहीं। हेतुप्रत्यय स्वभाव व्यावहारिक वस्तुओं का ही होता है। प्रातिभासिक वस्तुओं का स्वभाव कल्पित ही है। द्विचन्द्रज्ञान के समान परिकल्पित ज्ञान तथ्यरहित है। एवमेव परिकल्पित वस्तु भी तथ्यहीन है। परतन्त्र सत्य या परतन्त्रज्ञान सापेक्ष है, क्योंकि यह कार्य-कारण सम्बन्ध पर आधारित है। परतन्त्र स्वभाव वाला पदार्थ परिकल्पित की अपेक्षा सत्य अवश्य है, किन्तु यह भी परसापेक्ष होने के कारण स्वतन्त्र सत्ता से रहित है। सापेक्ष का अर्थ है प्रतीत्यसमुत्पन्न संसार की वस्तुयें परतन्त्र हैं, क्योंकि वे वस्तुयें किसी हेतु प्रत्यय में उत्पन्न है। जो वस्तु कारण सापेक्ष है, वह परतन्त्र है, अतः परतन्त्र को भी शुद्ध सत्ता प्राप्त नहीं है, यह भी एक प्रकार सत् स्वभाव से रहित ही है। अद्वैत वेदान्त की व्यावहारिक सत्ता से इसकी तुलना की जा सकती है क्योंकि अद्वैत के अनुसार व्यावहारिक जगत् अपनी सत्ता के लिए ब्रह्मसापेक्ष है। कारण के बिना कार्य अस्तित्व में नहीं आ सकता, अतः ब्रह्मसत्ता के बिना जगत् कार्य में नहीं रह सकता। घटोऽस्ति इत्यादि बाह्य वस्तुयें अस्तिसापेक्ष हैं। वह अस्ति ही कारणरूप ब्रह्म है, अतः अद्वैत के अनुसार जगतप्रपंच सापेक्षसत् है। विज्ञानवादी के अनुसार भी सभी वस्तुयें प्रतीत्यसमुत्पन्न हैं, अतः परतन्त्र स्वभाव है।[3]

परिनिष्पन्न वस्तुस्वभाव है अर्थात् परिनिष्पन्न ही तत्त्व है। परिनिष्पन्न परतन्त्र भी अधिष्ठान है। बिना परिनिष्पन्न के परतन्त्र की सत्ता हो ही नहीं सकती, क्योंकि परिनिष्पन्न को लेकर ही परतन्त्र का व्यवहार संभव है। यह ग्राह्य-ग्राहकादि भावों से परे हैं। यह परतन्त्र से भिन्न भी नहीं, अभिन्न भी नहीं। हम इसे यह भी नहीं कह सकते, क्योंकि

---

1. येन-केन विकल्पेन यद्यद् वस्तु विकल्प्यते, परिकल्पित एवासौ स्वभावो न स विद्यते।— का० 20, त्रिंशिका०
2. त्रिंशिकाभाष्य, पृष्ठ 80 का 20
3. परतन्त्रस्वभावस्तु विकल्पः प्रत्ययोद्भवः। — त्रिंशिका० 21

परिनिष्पन्न ही अविद्या के कारण परतन्त्र के रूप भासने लगना है। साथ में परिनिष्पन्न परतन्त्र की पहुंच से सर्वथा बाहर है, अतः परतन्त्र से अभिन्न भी कहना समीचीन नहीं। जिस प्रकार अद्वैत वेदान्त में एकमात्र विशुद्ध परमार्थ ब्रह्म ही सत्य है और सम्पूर्ण प्रपंच का अधिष्ठान रूप है फिर भी प्रपंच से परे है, उसी प्रकार परिनिष्पन्न शुद्ध और शाश्वत है। वह देश-काल से परे हैं। देश-काल उसी परिनिष्पन्न से आरोपित है। परिनिष्पन्न समस्त प्रपंच का आधार होते हुए भी प्रपंच से वह रहितावस्था है,[1] अतएव यह इन्द्रिया-नुभवातीत है। यह निरपेक्ष सत् है। बाह्य विषय का अस्तित्व इसी के अस्तित्व से प्राप्त है। इसी सदधिष्ठान में घटाधिष्ठान में घटादि विकल्प कल्पित हैं, क्योंकि कारणव्यतिरेक कार्य की सिद्धि नहीं है, अतः कारण ही कार्यरूप से भासित होता है।

इस प्रकार हमने दिखाने का प्रयास किया है कि किस प्रकार वसुबन्धु के विज्ञानवादानुसार बाह्य वस्तुयें विशुद्ध विज्ञान या विज्ञप्ति में आरोपित हैं। अद्वैतवेदान्त के आचार्य प्रकाशात्मयति ने पंचपादिका-विवरण में त्रिविध सत्ता का स्थापना करते हुए कहा है कि परमार्थ सत्ता ब्रह्म की है, अर्थक्रियासामर्थ्यसत्त्व आकाशादि का, एवं अविद्योपाधिकसत्त्व शुक्ति-रजतादि का।[2] जिस प्रकार रजतादि शुक्ति में आरोपित हैं, उसी प्रकार आकाशादि भी ब्रह्म में आरोपित हैं, अतः शुक्ति-रजतादि के समान ही आकाशादि भी मिथ्या हैं। यहां पर विज्ञानवाद और अद्वैत मत की समानता है। अद्वैत में जिस प्रकार प्रतिभासिक को व्यावहारिक दृष्टि से सत्स्वभाव-रहित कहा है और व्यावहारिक वस्तुओं को पारमार्थिक दृष्टिकोण से सत्स्वभावरहित कहा है उसी प्रकार आचार्य वसुबन्धु भी तीन प्रकार निःस्वभावों का कथन करते हैं। इन्हें लक्षणनिःस्वभावता, उत्पत्ति निःस्वभावता एवं परमार्थ निःस्वभावता कहते हैं। परिकल्पित वस्तुयें आकाश कुसुम के समान निःस्वभाव है, ये लक्षण से अपेक्षित हैं। परिकल्पित वस्तुओं की सिद्धि के लिए बिना लक्षणों का समावेश किया जाता है, वे वास्तविक नहीं है, अतः ऐसी वस्तुयें लक्षणों से निःस्वभाव होने के कारण लक्षण निःस्वभाव कहलाती है। परतन्त्र वस्तुयें कारण सापेक्ष होने के कारण उत्पत्ति निःस्वभाव हैं, क्योंकि स्वयं स्वभाव वाले परतन्त्र नहीं हैं। स्वयं स्वभाव वाले होते तो परतन्त्र ही नहीं कहलाते। इसी प्रकार परिनिष्पन्न परमार्थ निःस्वभाव वाला है। परमार्थतः उसमें किसी प्रकार के धर्म नहीं हैं, अतः वश-विशुद्ध विज्ञप्तिमात्र होने के कारण परमार्थतः निःस्वभाव है।[3] इस प्रकार परमार्थ विशुद्ध विज्ञान ही एक निरपेक्ष सत्ता है। आचार्य असंग ने भी उक्त त्रिविध सत्त्वों का प्रयोग महायान सूत्रालंकार में किया है।[4]

1. निष्पन्नस्तस्य पूर्वेणरहितता तु या। —त्रिंशिका का० 21
2. त्रिविधं सत्वं-परमार्थ सत्वं ब्रह्मणः, अर्थ कयासामर्थ्यसत्वं मायोपाधिकमाकाशादेः?, अविद्योपाधिकसत्वं रजतादेः। —पंचपादिका विवरण, पृष्ठ 165, मद्रास, 1958
3. त्रिंशिका, का० 25
4. महायानसूत्रालंकार 11.39, 40, 41 बौद्धदर्शन मीमांसा 150 में उद्धृत, बलदेव उपाध्याय चौखम्बा, 1954

वसुबन्धु के विज्ञानवाद के विषय में ऊपर दिये गये विवरण से हम यह धारणा बना सकते हैं कि असंग तथा वसुबन्धु ने जगत् की बाह्यता को तो आरोपित या मिथ्या कहा है, किन्तु वे जगत् की बाह्यता का अवलाप नहीं करते। इन विज्ञानवादी आचार्यों के अनुसार बाह्यता या ग्राह्य-ग्राहक आदि सर्वप्रपंच विज्ञान में आरोपित वस्तु की स्वतन्त्र सत्ता नहीं होती, अतः वे मिथ्या हैं। अद्वैत में भी अध्यस्ततया प्रपंच को ही मिथ्या कहा है। वसुबन्धु ने जगत् को आलय कहा है। जब विशुद्ध सांसारिक द्वन्द्व या विकल्पों से परमार्थतः परे हैं, और शाश्वत एकरूप हैं, तब विशुद्ध विज्ञप्ति से कार्य-कारणात्मक संसार सम्बन्धित नहीं हो सकता अथवा व्यावहारिक दृष्टि से सम्बन्धित मानना होगा, जैसा कि अद्वैत वेदान्त का ब्रह्म परमार्थतः किसी का अधिष्ठान भी नहीं है, क्योंकि सत्य अर्थ में किसी का अधिष्टान होना भी निर्गुणत्व को आघात पहुंचाना है, अतः कहा गया है कि प्रपंच ब्रह्म में विवर्त है। विवर्त का अर्थ है अध्यस्ता या कार्य का होना न कि वस्तुतः। इसी प्रकार वसुबन्धु की विशुद्ध विज्ञप्ति भी जब परतन्त्रों से भी सम्बन्धित नहीं है, फिर जगत् की विज्ञप्ति का परिणाम कैसे कहा जाए? ऐसा लगता है वसुबन्धु जगत् को आलय विज्ञान का परिणाम और पारमार्थिक दृष्टि से विशुद्धविज्ञप्ति का विवर्त्त मानते हैं। यदि विशुद्ध विज्ञप्ति का विवर्त्त मानते हैं, यदि विशुद्ध विज्ञप्ति का परिणाम जगत् है, तब तो विशुद्ध विज्ञप्ति में भी विकृति आनी चाहिए ? ऐसा होता नहीं है। जगत् के परिणाम होने पर भी विज्ञप्ति विशुद्ध ही रहती है, अतः जगत् परिणाम को विवर्त्त के अर्थ में लेना आवश्यक है। इसी अर्थ में वसुबन्धु ने आत्म-धर्मों को विज्ञान में उपचरित कहा है, अर्थात् आत्मा और धर्मादि का उपचार होता है, न कि वस्तुतः है।

वसुबन्धु के द्वारा परतन्त्र वस्तुओं को स्वीकार करना ही सिद्ध करता है कि वसुबन्धु बाह्यता का सम्पूर्णतया अपलाप नहीं करते, जैसा कि आचार्य चन्द्रधर शर्मा का कथन है कि इस विज्ञानवाद में "प्रपंच की बाह्यता का प्रत्याख्यान नहीं किया गया।"[1] इस कारण विज्ञानवाद को विशुद्ध विषयीवाद नहीं कह सकते।[2] विज्ञानवाद मात्र यह कहता है कि बाह्यता विज्ञानातिरिक्त के रूप में असत् है, किन्तु विज्ञान सापेक्ष बाह्यता है। यही अद्वैत के अनुसार बाह्यता की स्थिति है।

लंकावतार के दर्शन को विज्ञानवाद और शून्यवाद दोनों ही का मिश्रण कहा जा सकता है। यह न विशुद्ध शून्यवाद है, न ही विज्ञानवाद। इस ग्रन्थ के अनुसार एकमात्र चित्त ही सत्य है। लंकावतार में विशुद्ध विज्ञान के लिए चित्त शब्द का ही प्रयोग मिलता है।[3] चित्त ही विज्ञान है, इस विज्ञान के अतिरिक्त काम रूप एवं अरूप अर्थात् भौतिक

---

1. The objectivity of the External World is not denied. A Critical survey of Indian Philosophy, p. 122
2. Vijnanvada can not be called objectivism, India
3. A critical survey of India Philosophy, p. 110.

वस्तुयें असत् हैं। बाह्यता नाम की कोई भी वस्तु वस्तुतः नहीं है। बाह्य वस्तु व्यक्तिगत मन की सृष्टि नहीं है, अपितु विशुद्ध विज्ञान की सृष्टि है। लंकावतार में बाह्य वस्तुओं के अस्तित्व का जोरदार शब्दों में प्रत्याख्यान मिलता है।[1] बाह्य वस्तुओं के प्रत्याख्यान में वसुबन्धु संभवतः इतना बल नहीं देते जितना की लंकावतार देता है। लंकावतार में बाह्य वस्तुओं के अस्तित्व प्रत्याख्यान में नागार्जुन एवं गौड़पाद के समान स्वप्न माया वन्ध्यापुत्रादि के दृष्टान्तों का पर्याप्त प्रयोग मिलता है।[2] लंकावतार के अनुसार सम्पूर्ण बाह्य वस्तुयें विकल्पमात्र है। यहां पर वस्तुतः न द्रष्टा है, न द्रष्टव्य ही कुछ है न कोई वाच्य है, और न ही उसका वाचक।[3] जिस प्रकार अद्वैत के ब्रह्म में परमार्थतः ज्ञान-ज्ञेय-ज्ञातृत्व-भाव नहीं, उसी प्रकार इस सिद्धान्त के अनुसार भी प्रपंच परमार्थतः उक्त भेदों से रहित है। न ग्राह्म है, न ग्राहक, वन्ध्यापुत्र के समान सभी कल्पित हैं।[4] न कोई उत्पत्ति है, न कोई उत्पाद्य है, किन्तु व्यवहार में सभी कल्पित हैं। उसी प्रकार भाव वस्तुओं की कल्पना होती है।[5] वस्तुतः सभी धर्म निःस्वभाव है। दार्शनिक विश्लेषण करने पर या कार्य कारण भाव के विश्लेषण करने पर बाह्य वस्तुओं की सत्ता सिद्ध नहीं होती है, इसलिए अनभिलाष्य कहा गया है।[6] अद्वैत के अनुसार भी प्रपंच को सदसद् अनिवर्चनीय कहा है—अर्थात् सद्रूप से असद्रूप सी अथवा उभयरूपों से वस्तुओं का कथन सम्भव नहीं, क्योंकि अद्वैत के अनुसार सत् का बोध नहीं होता, अतः सदसद् अनिवर्चनीय है, इसी प्रकार लंकावतार में भी वस्तुओं की दोनों बातें हैं, अतः सद् असद् अनिवर्चनीय है। वस्तुओं के स्वभाव की खोज करने पर स्वभाव का परिचय नहीं मिलता, अपितु परभाव का ही परिचय मिलता है। घटादि स्वभाव कुछ भी नहीं हैं, विज्ञानातिरिक्त घटादि माया के समान हैं। जिस प्रकार माया की सिद्धि सम्भव नहीं हैं, उसी प्रकार संसार की भी सिद्धि सम्भव नहीं।[7] अद्वैत में भी माया को असद् अनिवर्चनीय कहा है, क्योंकि इसकी उक्त रूपों से सिद्धि संभव नहीं है। इस प्रकार लंकावतार में यदि प्रपंच के बाह्यत्व का जोरदार प्रत्याख्यान किया है। जैसा कि आचार्य पी० टी० राजू ने कहा है कि लंकावतार के अनुसार संसार न यथार्थ है, न भिन्न है, और न अभिन्न है, फिर भी यह बिना सत्य के नहीं है। इसे माया अवश्य कहा गया है। किन्तु माया असत्य अथवा

---

1. लंकावतार, 186 तथा 185, संपा० बी० नानजिओ, लन्दन, 1923
2. स्वप्नोऽथवा कायानगरं गन्धर्व शब्दितम्। —लंकावतार, पृ० 9
3. लंकावतार का० 43, पृष्ठ 9
4. वही, का० 144, द्वितीय परिवर्त
5. वही, का० 166, पृष्ठ 105
6. बुद्धया विवेच्यमानानाम् स्वभावोनामायं ते। तस्माद्दतमिलाप्यास्ते निःस्वभावाश्चदेशिताः। —लंकावतार सूत्र, पृ० 116, 175
7. लंकावतार, पृष्ठ 130

अनस्तित्व का वाचक नहीं है। माया इसलिए कहा गया है, क्योंकि सत् न होने पर भी प्रतीत होता है।[1] यही अद्वैत का, भावरूप अज्ञान के कारण प्रतीत संसार है। पारमार्थिक दृष्टि से देखा जाय तो विज्ञान के अतिरिक्त बाह्यवस्तुयें हैं ही नहीं। यही बात अद्वैत के अनुसार भी कही गई है। आरम्भाणाधिकरण ब्रह्मसूत्र-भाष्यटीकाओं में अद्वैताचार्यों ने वाचारम्भण के दृष्टान्त से कार्य को कारणभिन्न कहा गया है।[2] लंकावतार के द्वितीय परिवर्त में भी बाह्य जगत् को बाह्यविकल्पित कहा गया है। अद्वैत के ही समान कहा गया है कि हे महामते, मृत्परमाणुओं से मृत्पिण्ड न भिन्न हैं। सुवर्ण भूषणों से न अन्य हैं, न अनन्य। यदि अन्य होता तो उनसे अन्य नहीं होता, अर्थात् यदि मृत्परमाणुओं से मृत्पिड़ एकान्त भिन्न होता, तब परमाणुओं से उसे आरब्ध नहीं कहा जा सकता, क्योंकि एकान्त भिन्न-एकान्त भिन्न वस्तु का कारण नहीं बन सकता। और यदि अभिन्न कहा जाय तो भी मृत्पिण्ड और परमाणुओं में कार्य-कारण विभाग नहीं बन सकता।[3] अतः कार्य न कारण से अभिन्न है, न भिन्न है। अद्वैत के अनुसार भी कार्य जगत् न ब्रह्म से अभिन्न है, क्योंकि अभिन्न होने पर कार्य को पृथक् प्रतीति नहीं होनी चाहिए, और न भिन्न ही। ऐसा होने पर कारण सत्ता से कार्यसत्ता की भिन्नता सिद्ध होगी और द्वैतवाद की आपत्ति होगी। अद्वैतवाद के ही समान लंकावतार में भी त्रिबिध-सत्ताओं का वर्णन है—परिकल्पित, परतन्त्र एवं परिनिष्पन्न।[4] परिकल्पित के अनुसार अवस्तु में भी वस्तुत्व की कल्पना करना है जैसे रज्जु में सर्प की कल्पना, एक चन्द्र में द्विचन्द्र की कल्पना। परतन्त्र सापेक्षता को कहते हैं। सभी वस्तुयें प्रतीत्यसमुत्यपन्न हैं। विश्लेषण करने पर निःस्वभाव हो जाती हैं। परिनिष्पन्न वस्तुओं का मूल सत्व है, वही विशुद्ध विज्ञान है।

ऊपर के विवरण से हम यह समझने में समर्थ हो सकते हैं। किस प्रकार लंकावतार के विज्ञानवाद की बाह्यवस्तुविषयक धारण अद्वैत के मिथ्यावाद से समानता रखती है। अन्तर इतना ही है कि अद्वैतवाद बाह्यवस्तुओं की अनिवर्चनीयता एवं उनकी प्रतीतिक बाह्यता की सिद्धि में बल देता है, इसके विपरीत उक्त विज्ञानवाद बाह्यता या बाह्य वस्तुओं की विज्ञानातिरिक्तता के प्रत्याख्यान में बल देता है। यह बात नहीं कि इस विज्ञानवाद के अनुसार बाह्य वस्तुयें प्रातीतिक भी हैं नहीं। प्रतीति का अपलाप कोई भी नहीं कर सकता।

बौद्धविज्ञानवाद का दूसरा रूप है स्वतन्त्र विज्ञानवाद। इस विज्ञानवाद के

---

1. The Idealistic thought of India, p. 264
2. विमताधिष्टानातिरिक्तसत्वशून्यं सावधित्वात्।
—न्यायनिर्णय, पृष्ठ 374, भामती भी द्रष्टव्य, पृष्ठ 374
3. लंकावतार, द्वितीय परिवर्त, पृष्ठ 34
4. The Idealistic thought of India, p. 264

प्रतिपादक आचार्य दिङ्नाग के विज्ञानवाद का अनुसरण आचार्य धर्मकीर्ति ने किया है। इनके बाद इस विज्ञानवाद का विकास आचार्य शान्तरक्षित एवं कमलशील ने किया है। यह वसुबन्धु विज्ञप्तिमात्रतावाद से अत्यन्त भिन्न है। इसी विज्ञानवाद का प्रत्याख्यान आचार्य शंकर ने ब्रह्मसूत्र भाष्य में किया है, न कि वसुबन्धु के शाश्वत विज्ञानवाद का।[1] भारतीय दर्शन का आलोचनात्मक सर्वेक्षण में आचार्य चन्द्रधर शर्मा ने इसी को "स्वतन्त्र विज्ञानवाद" कहा है।[2]

आचार्य दिङ्नाग के अनुसार बाह्य वस्तुओं का कोई अस्तित्व नहीं है। जो कुछ भी घट-घटादि के रूप में दिखायी देते हैं, वे सब विज्ञान के ही आकार है। वस्तुतः विज्ञान ही बाह्य वस्तुओं के रूप में अवभासित हो रहा है। दिङ्नाग के अनुसार बाह्य वस्तुओं की कल्पना दो रूपों में की जा सकती है— अनुरूप में या संघात रूप में। अणु अविभाज्य एवं अमूर्त हैं। अणुओं का प्रत्यक्ष सम्भव नहीं क्योंकि प्रत्यक्ष केवल मूर्त द्रव्य में ही संभव है। यदि एक अणु का प्रत्यक्ष संभव नहीं, अणुओं के संघात के विषय में भी यही बात होगी। अर्थात् अणुओं के संघात का भी प्रत्यक्ष असंभव है। इस प्रकार बाह्य वस्तुयें न अणुरूप हो सकती हैं और न अणुओं का संघातरूप ही, किन्तु बाह्य वस्तुयें प्रत्यक्ष गोचर होती हैं, अणु या संघात बाह्य वस्तुओं के कारण नहीं बन सकते।[3] दिङ्नाग के अनुसार आन्तरिक प्रत्यय ही बाह्य वस्तुओं में भासित होते हैं। ये ही आन्तरिक प्रत्यय ग्राह्यग्राहकता के रूप में अवभासित होते हैं। वस्तुतः ग्राह्य और ग्राहक दोनों ही आन्तरिक हैं। बाह्यता अलीक है।

धर्मकीर्ति के अनुसार "सत् वह है जो प्रभावोत्पादन में समर्थ हो।" जो वस्तु किसी कार्य को उत्पन्न करने में असमर्थ हैं वह असत् हैं, अतः "अर्थ-क्रियाकारित्व-प्रभावोत्पादन सामर्थ्य-परमार्थ का लक्षण हैं। धर्मकीर्ति के अनुसार बाह्य वस्तुयें असत् हैं, फिर भी अनादि वासना के कारण नानात्व एवं बाह्यत्व दिखायी देता है। परम सत् ग्राह्य-ग्राहकत्व से परे है। पाण्डु रोगी रोग के कारण जिस प्रकार शंख को पीला देखता है— उसी प्रकार अविद्याग्रस्त होने के कारण चित्त को परमसत् नहीं समझ पाते, न ही बाह्य वस्तुओं को ही असत् समझते हैं, आन्तरिक प्रयत्नों को ही बाह्य वस्तुयें मान बैठते हैं। एकमात्र चित्त ही शुद्ध सत् है, वह स्वयंप्रकाश एवं स्वतः देदीप्यमान है।[4]

शान्तरक्षित ने ही धर्मकीर्ति के समान अर्थक्रियाकारी सामर्थ्य को ही परमार्थ कहा है। वह प्रभावोत्पादान में समर्थ है तथा क्षणिक है। संसार की सभी वस्तुयें शान्तरक्षित

---

1. The Idealistic thought of India, p. 264
2. A Critical survey of Indian Philosophy, p. 322
3. आलम्बन परीक्षा, कन० 1 एवं आलम्बन परीक्षावृत्ति, पृष्ठ 3 तथा 4, 1942
4. प्रभास्वरमिदं चित्तं प्रकृत्यागन्तवोमलाः। —प्रमाणवार्तिका, 2-208

के अनुसार क्षणिक है क्योंकि वे विनाशी हैं। क्षणिक वस्तु की उत्पत्ति का अर्थ है, उसका विनाश अवश्यम्भावी है।[1] विनाश वास्तव में कही बाहर से नहीं आता, किन्तु वस्तु के साथ ही होता है।[2] अविनश्वर और नित्य वस्तु असंभव है। यह विवेक और तर्क के विपरीत है। यदि कोई वस्तु नित्य और शाश्वत है तो उसमें उत्पन्न होने वाले सभी कार्यों को एक साथ उत्पत्ति होनी चाहिए। क्योंकि निमित्तकारण या प्रभावोत्पादक कारण विद्यमान होने के कारण विलम्ब का कोई हेतु नहीं है। इस प्रकार की कल्पना यथार्थ है जीवन के विपरीत है। वस्तुयें प्रतिक्षण परिवर्तनशील हैं। भ्रमवश उसकी सादृश्यता को हम एकरूपता मान बैठते हैं, और लगने लगता है कि वस्तुयें नित्य हैं। वस्तुतः वस्तुयें क्षणिक हैं। क्षणिक विज्ञानवाद का प्रतिपादन करते हुए शान्तरक्षित ने कहा हैं कि विज्ञान के अतिरिक्त बाह्यता नहीं है। ये सब क्षणिक विज्ञान के ही विलासमात्र हैं। इस क्षणिक विज्ञान का प्रकाशक अन्य नहीं है। यदि प्रकाशक-प्रकाशक हैं तो भी वे विज्ञानमात्र हैं, इसलिए विज्ञानवाद में ज्ञान और ज्ञेय को अभेद कहा है। दोनों में भेद नहीं है। इसी को धर्मकीर्ति ने प्रमाणविनिश्चय में सहोपलम्ब नियम कहा है।[3] इस नियम के अनुसार वस्तु और वस्तु के ज्ञान में पार्थक्य नहीं हैं। प्रत्ययवाद का यह मूल और प्रधान तर्क है कि विज्ञान और विज्ञेय में अन्तर नहीं किया जा सकता, क्योंकि प्रत्ययवादी का कहना है कि कोई भी वस्तु ज्ञान के बिना उपलब्धि का विषय कैसे बन सकती है? ज्ञान के बिना वस्तु को जानना वदतोव्याघात है। ज्ञान के बिना वस्तु की सिद्धि करना असंभव है। जहां भी वस्तु की सिद्धि की जायेगी, ज्ञान वहीं पर होगा। ज्ञान और ज्ञेय में एक प्रकार यह व्याप्ति है, किन्तु प्रत्ययवादी का कहना है कि ज्ञान विषय निरेपक्ष हो सकता है। विषय ज्ञान निरेपक्ष नहीं हो सकता। बर्कले ने भी इसी तर्क से बाह्य वस्तुओं का प्रत्याख्यान किया है। उनके अनुसार "सत्ता सर्वदा अनुभव-मूलक होती है।"[4] जहां अनुभव नहीं, सत्ता नहीं। इसी प्रकार विज्ञानवादी बौद्ध का भी यही कथन है कि ज्ञान के बिना ज्ञेय अस्तित्व की सिद्धि कैसे संभव है जहां पर भी घट को जाना गया वह ज्ञात पाया गया है। धर्मकीर्ति का सहोपलम्ब नियम भी यही बतलाता है कि विषय नील और रस की घी अर्थात् ज्ञान दोनों अभिन्न हैं— नील वस्तु और नील ज्ञान दोनों अभिन्न पदार्थ हैं जिसे ज्ञान का विषय कहा जाता है वह भी ज्ञान का ही आकार विशेष है। नीलाकार विज्ञानविशेष ही नीलवस्तु है। घटाकार विज्ञानविशेष ही घट हैं। ज्ञानातिरिक्त विषय की पृथक् सत्ता नहीं है। ज्ञानातिरिक्त विषय असत् है। विज्ञानवादी विज्ञान और वस्तु में

---

1. धर्मकीर्ति, सं० राहुलसांकृत्यायन, किताब महल, इलाहाबाद, 1943
2. वही, पृष्ठ 376
3. सहोपलम्बनियमादभेदौ-नीलतद्धियोः भेदश्च प्रान्तिविज्ञानैद्देश्येतेन्दाविवाद्धये।

   — भामती में उद्धृत, पृष्ठ 544
4. Essert Percipi.

अभेदसिद्धि करने के लिए "सहोपलम्भनियमात्" इस प्रकार "सहोपलम्भ" का हेतुरूप से उपन्यास करते हैं। और इसी हेतु बल से अनुमान करके ज्ञान-ज्ञेय में नील और नीलज्ञान में अभेदसिद्धान्त की स्थापना करते हैं। ज्ञान और ज्ञेय के इस अभेदसिद्धान्त को जानने के लिए उक्त अनुमान के हेतु "सहोपलम्भ नियमात्" को जानना आवश्यक है। यहां पर "सह" और "नियम" दो विशेष शब्द हैं। ज्ञान के साथ ज्ञेयनीलादि की उपलब्धि होती है। ज्ञान के बिना ज्ञेय विषय की उपलब्धि नहीं हो सकती यही उक्त "सह" शब्द का अर्थ है, किन्तु "सह" शब्द के इस प्रकार अर्थ करने पर ज्ञान और ज्ञेय में अभेद की सिद्धि नहीं हो सकती। किसी के होने पर किसी का होना "इससे दो पदार्थों" की सिद्धि होती है। न कि अभेद की। "सह" शब्द का स्वअर्थ है, साहित्य। साहित्य या सहभाव दो भिन्न पदार्थों में सम्भव है। अभेद में सहभाव कैसा? इसी कारण भदन्त शुभगुप्त ने कहा है कि "विरुद्धोऽयं हेतुः" अर्थात्यह सहोपलम्भ नियम हेतु विरुद्धहेतु हैं।[1] ज्ञान और ज्ञेय पूर्ण रूप से अभिन्न हो यह सहभाव सम्भव नहीं, अतः उक्त हेतु ज्ञान-ज्ञेय में अभेद का साधक न होकर भेद का ही साधक हुआ, इसीलिए विपरीत हेतु होने के कारण विरुद्ध हेतु हुआ। विरुद्ध हेतु का अर्थ हुआ हेत्वाभास। हेत्वाभासयुक्त अनुमान से साध्य की सिद्धि नहीं हो सकती। उक्त हेत्वाभास-दोष से मुक्त होने के लिए शान्तरक्षित नहीं "तत्त्व-संग्रह" में सह शब्द का प्रयोग न करके प्रकारान्तर से ज्ञान और ज्ञेय के अभेदसिद्धान्त की स्थापना की है। शान्तरक्षित का कहना है कि नील-वस्तु-ज्ञान दोनों एक हैं।[2] एक अभिन्नोपलब्धि ही सहोपलम्भ है। सर्वज्ञ ज्ञानाकार ही विषयाकार है, अतः ज्ञान और ज्ञेय में भेद नहीं है। ज्ञान और ज्ञेय एक हैं। जिस प्रकार चन्द्रमा एक होने पर भी नेत्ररोग के कारण द्विचन्द्रमादर्शन किया करते हैं। वस्तुतः चन्द्रमा दो नहीं हैं, उसी प्रकार ज्ञान-ज्ञेय एक हैं, फिर भी ज्ञानवश लोग दो समझ बैठते हैं।[3] शान्तरक्षित ने एकोपलब्धि को सहोपलम्भ कहा है। इनके अनुसार "सह" शब्द का अर्थ एका है, न कि साहित्य, तत्त्व-संग्रह, पंजिका में किसी विज्ञानवादी आचार्य के अनुसार "सह" शब्द का अर्थ "एक काल" किया है। इनके अनुसार कालभेद वस्तुभेद का व्याप्य है। "कालभेदस्य वस्तुभेदेन व्याप्तत्वात्"[4] अर्थात् कालभेद होने पर वस्तु में भी भेद अवश्य होगा। ज्ञान और ज्ञेय की उपलब्धि एक काल में है, अतः दोनों एक हैं। इस प्रकार स्वतन्त्र विज्ञानवादानुसार ज्ञान की उपलब्धि ही ज्ञेय सत्ता को सिद्ध करती है, अतः ज्ञान-व्यतिरेक दृश्य की सिद्धि संभव नहीं, क्योंकि

1. तत्त्व-संग्रह पंजिका, 692, कमलशील, बौद्ध भारती, वाराणसी
2. यत्संवेदनमेवस्याद्यस्य संवेपध्रुवम् तस्माद्व्यतिक्तिं तत् ततोवा न विभिद्यते।
—तत्त्व-संग्रह पंजिका, पृष्ठ 691
3. आलम्बनपरीक्षा, का० 2, पृष्ठ 1
4. तत्त्व-संग्रह पंजिका, पृष्ठ 683

अध्यस्त कभी भी अधिष्टानातिरिक्त नहीं होता। अधिष्ठान सापेक्ष होता है। उक्त सहोपलम्भनियम का और इससे साधित बाह्य सत्ता रहित विज्ञानवाद का अद्वैताचार्यों ने जोरदार शब्दों में प्रत्याख्यान किया है। अद्वैत आचार्यों का कहना है कि नील और नीलज्ञान अभेद अथवा एक साधक हेतु हेत्वाभास मात्र है, क्योंकि घट और घट-दर्शन का भेद संसार में प्रसिद्ध है। ज्ञान-ज्ञेय अभेद सिद्धान्त अथवा ज्ञान-ज्ञेय एक सिद्धान्त प्रत्यक्ष प्रमाण द्वारा बाधित है, प्रत्यक्ष प्रमाण प्रबल प्रमाण हैं, अतः प्रबल प्रमाण प्रत्यक्ष द्वारा बाधित अनुमान प्रमाण की गति संभव नहीं है। उक्त हेतु प्रत्यय आबाधित होने के कारण विरूद्ध हेत्वाभास है, अतः एवं प्रकार हेतु से विज्ञानवादी विज्ञान और विशेष में एकत्व या अभेदत्व साधन नहीं कर सकते। आचार्य शंकर ने "नाभाव उपलब्धेः" (2.2.28) ब्रह्मसूत्र के इस सूत्रभाष्य में विज्ञानवाद के उक्त सहोपलम्भनियम का जोरदार खण्डन किया है। बहिर्विश्व विज्ञानातिरिक्त न मानने के सिद्धान्त के खण्डन में शंकर ने उपलब्धि का प्रश्न उठाया है, अर्थात् वहिर्विश्व घट-घटादि कैसे नहीं है? हमारे सामने जो स्तम्भ या घट दिखायी दे रहे हैं नहीं हैं—ऐसा कैसे कहा जा सकता है। क्योंकि उनकी उपलब्धि हो रही हैं। उपलभ्यमान वस्तु के अस्तित्व का अपलाप नहीं किया जा सकता।[1] वाचस्पति मिश्र का कहना है बाह्य वस्तु घटादि की उपलब्धि इतनी स्पष्ट है कि उनका अपलाप नहीं किया जा सकता। मात्र स्पष्ट अनुभव ही नहीं "यह घट है" इत्यादि सार्वजनिक अनुभव हुआ करता है। अर्थात् एक व्यक्ति के लिए जो घट प्रत्यक्ष-सिद्ध बाह्यसिद्ध वस्तु हैं, वह सभी के लिए प्रत्यक्षसिद्ध घट है, अतः उनका अभाव सिद्ध नहीं किया जा सकता।[2] एक बात और भी हैं कि जो भी बाह्यविषय की उपलब्धि करता है, वह उपलब्धि को ही उपलब्धि नहीं कहता, अपितु बाह्यविषय की उपलब्धि विषयतया करता है, अतः बाह्यार्थ का अभाव नहीं है।

अद्वैत वेदान्त बाह्य वस्तु को विज्ञानातिरिक्त व्यावहारिक बाह्य वस्तुयें स्वीकार करते हैं, इसी कारण विज्ञानवाद के ऊपर उनका आक्षेप है कि वे बाह्य वस्तु को स्वीकार किये बिना उबर नहीं सकते, क्योंकि बाह्यता का खण्डन करने के लिए भी उसे स्वीकार करना होगा।

आचार्य दिङ्नाग ने आलम्बन परीक्षा में विज्ञानवाद की स्थापना करते हुए कहा है कि "यदन्तर्ज्ञेयरूपं तु बहिर्वदवभासते"[3] अर्थात् जो आन्तरविज्ञान है, वही बहिर्विश्व में ज्ञेयरूप से भासता है। ज्ञान के समान ज्ञेय वस्तु भी आन्तर, बाह्यता अलीक है,

---

1. न खल्वभावौ बाह्यस्यार्थस्याध्यवसातुं शक्यते। कस्मात्, उपलब्धेः।
—ब्रह्मसूत्र, शा० भा० 547
2. न हि स्फुटतरे सर्वजनीन उपलब्धे सति तदभावः शक्यो वक्तुम्।
—भामती, पृ० 547
3. आलम्बन परीक्षा, पृष्ठ 2, कारिका 6

अलीक बाह्यता ही मन में भासती है और उस बाह्यता को हम सत्य समझ बैठते हैं।

आचार्य शंकर ने ब्रह्मसूत्र भाष्य में (2.2.29) जाग्रत और स्वप्न के वैधर्म्य भी बतलायें हैं। विज्ञानवाद के अनुसार बाह्य वस्तुयें स्वप्न की वस्तुओं के समान निःस्वभाव हैं। किन्तु आचार्य शंकर यहां पर बाह्य वस्तुओं को स्वप्नतुल्य कहने के भी विरुद्ध हैं। उनका कहना है, जाग्रत और स्वप्न में महदन्तर है। प्रथम वैधर्म्य तो बाध-अबाध है, अर्थात् स्वप्नदृष्ट वस्तुयें जाग्रत में बाधित हो जाती है। स्वप्न दृष्ट महाजन समागम् जागने पर नहीं रहता। स्वप्न में सिंह देखकर भयभीत हुआ व्यक्ति जागने पर भयभीत नहीं रहता। इस प्रकार स्वप्निक वस्तुयें जाग्रत में बाधित हो जाती हैं, अतः जाग्रत से स्वप्निक वस्तुयें कम सत्ता वाली हैं।[1] जागृत वस्तुयें अनुभूत वस्तुयें होती हैं जबकि स्वप्न की वस्तुयें स्मृति में निहित होती हैं। स्वप्न व्यक्तिगत होता है। जाग्रत सार्वजनिक है। अर्थात् स्वप्न में देखी हुई वस्तुयें स्वप्नद्रष्टा को ही दिखाई देती हैं, पास सोए हुए को नहीं दिखायी देती। जबकि जाग्रत की वस्तुयें सभी को सामान्यरूप से दिखायी देती हैं। इस प्रकार शंकर ने जागृत स्वप्न में वैधर्म्य दिखाकर बाह्य वस्तुयें स्वप्नवत् नहीं हैं, सिद्ध किया है। हमने ऊपर के विवरणों में देखा है कि किस प्रकार आचार्य शंकर और उसके अनुयायी बौद्ध विज्ञानवाद के खण्डन के प्रसंग में वस्तुवादी दृष्टिकोण को अपनाते हैं।

शून्यवाद—

नागार्जुन माध्यमिक कारिका में शून्यवाद की स्थापना करते हैं। उनके अनुसार बाह्य वस्तुयें अबोध्य होने के कारण अवास्तव है। बाह्य वस्तुओं के स्वभाव में विरोध है जिस कारण उन्हें सत्य नहीं कहा जा सकता। सत्य सर्वथा एकरूप होता है। यह प्रपंच, चाहे आन्तर हो चाहे बाह्य, प्रातीतिक है। यहां पर विज्ञान और विज्ञेय दोनों अवास्तव है। ज्ञान-ज्ञेय-ज्ञाता तीनों के रूप में वस्तुयें सिद्ध नहीं हो सकती। सम्बन्धों की जटिलता को ही लोग संसार कहते हैं, परन्तु विश्लेषण करने पर संबंध दुर्बोध्य है। नागार्जुन ने चेतन अचेतन सभी को अवास्तव कहा है। जिस प्रकार माया, गन्धर्वनगर, स्वप्न मिथ्या है उसी प्रकार प्रपंच मिथ्या है।[2] आचार्य नागार्जुन ने संसार की सभी वस्तुओं को अवास्तव कहा हैं, क्योंकि वे प्रतीत्य-समुत्पन्न हैं। प्रतीत्यसमुत्पन्न का अर्थ है, 'कारण पर निर्भरशीलता' अर्थात् कोई भी कार्य अपने कारण से व्यतिरिक्त उत्पन्न नहीं हो सकता। कारण नाना हैं। इसका अर्थ यह हुआ कि नाना कारणों पर निर्भरशीलता ही कार्य है। कार्य यथार्थ नहीं है। यदि वे यथार्थ हैं तब उत्पन्न होने की क्या आवश्यकता है? यदि अयथार्थ है, तब कैसे उत्पन्न हो सकते हैं? नागार्जुन के अनुसार जो भी सापेक्ष है, प्रातीतिक हैं। संसार की वस्तुयें सापेक्ष हैं, इसलिए अवास्तव हैं।[3] कार्य से अन्य रूप

1. ब्रह्मसूत्रभाष्य, पृष्ठ 555
2. माध्यमिक शास्त्र, 7.64
3. A critical Survey of Indian Philosophy, p.100

से कारण की, और कारण से अन्य रूप से कार्य की उपलब्धि नहीं होती। यदि अतिरिक्त रूप से कारण कार्य की, उपलब्धि हो तब तो उनमें कार्य कारण का सम्बन्ध ही नहीं होगा, क्योंकि कार्य कारण का सम्बन्ध अनिवार्य माना गया है। विग्रहव्यावर्तिनी में नागार्जुन कहते हैं कि सभी धर्म तत्त्व-रहित हैं। निःस्वाभाव है, क्योंकि वे प्रतीत्य-समुत्पन्न हैं।[1] इसी प्रकार आत्मा और स्कन्दों की सत्ता का भी प्रत्याख्यान किया है। इनके अनुसार जो परमार्थ है वह उत्पत्ति और विनाश का विषय नहीं बनता। वस्तुयें भी वस्तुतः जो उत्पन्न होती हैं, न नष्ट होती हैं।[2] उत्पत्ति-विनाश प्रतीत होते हैं। वस्तुयें न भावरूप हैं, न अभावरूप हैं, न वस्तु का लक्षण संभव है, न वस्तु ही लक्ष्य बन सकती हैं।[3] लक्ष्य-लक्षण-भाव आदि बातें काल्पनिक हैं। माध्यमिक के अनुसार वस्तु न सत् है, न असत् है और न सदसत् है, उभयभिन्न है। इस प्रकार वस्तु "चतुष्कोटिविनिर्मुक्त" है। जिस वस्तु का कथन उक्त किसी भी पक्षावलम्बन पूर्वक संभव नहीं उसकी उपलब्धि के विषय में किस प्रकार का कथन संभव है? अर्थात् वस्तु का कथन किसी भी पक्ष से संभव नहीं है।[4] भावपदार्थ न स्वतः उत्पन्न होते हैं, न परतः और न दोनों से, न बिना हेतु के ही होते हैं। इस प्रकार भाव पदार्थ कभी भी उत्पन्न नहीं हो सकते।[5] जिनकी उक्त प्रकार से उत्पत्ति संभव नहीं, उनकी निवृत्ति भी संभव नहीं, क्योंकि जो उत्पन्न होते हैं वे ही नष्ट होते हैं। यदि उत्पत्ति उक्त विरोध के कारण संभव नहीं, तब विनाश या निरोध भी संभव नहीं।[6]

नागार्जुन वस्तुओं को ही शून्य नहीं कहते, अपितु तत्त्व को भी शून्य कहते हैं। तत्त्व को शून्य कहने का तात्पर्य है स्वभावशून्यता। तत्त्व में किसी प्रकार के स्वभाव नहीं हैं, इस कारण शून्य है। चन्द्रकीर्ति ने शून्यता की व्याख्या निःस्वभावता से ही की है।[7] धर्मशून्यता या स्वभावशून्यता तो अद्वैत-ब्रह्म में भी है, क्योंकि अद्वैत के अनुसार ब्रह्म में सत्य आदि गुण भी नहीं रहते। वह निर्धर्मक है। अद्वैत में भी कार्य को कारण-व्यतिरिक्त कहा है। पारमार्थिक दृष्टि से कार्य जगत् कारणानन्य है और व्यावहारिक दृष्टि से कारणभिन्नत्वेन प्रतीत होने के कारण कार्य जगत् मिथ्या है। शून्यवादी कार्यकारणात्मक जगत् को सत्य नहीं मानते। कहीं-कहीं पर कार्यजगत् को नरशृंग, स्वप्नसदृश कहा गया

1. विग्रहव्यावर्तिनी, पृष्ठ 26, बड़ौदा, 1929
2. V. Bhattacharya, Mahayan Vimasaka of Nagarjuna, p. 11, Calcutta, 1943.
3. तस्मान्भावो नाभावो न लक्ष्यं नापि लक्षणम्। —माध्यमिक शास्त्र, पृ० 53
4. अतदसत्य दच्चेतियस्य पक्षो न विद्यते उपालम्भरिवरेणापि तस्य वक्तुंन शक्यते। —चतुःशतक-16, 25 माध्यमिकशास्त्र में उद्धृत 5
5. माध्यमिक शास्त्र, पृष्ठ 4
6. वही, पृष्ठ 70
7. माध्यमिक शास्त्र; प्रसन्नपदा टीका 191

है। कहीं पर मरीच्युपम कहा है। कहीं पर उदक प्रतिबिम्ब के उदाहरण से मिथ्यात्व समझाया है।[1] शत-साहस्त्रिका प्रज्ञापारमिता में मायोपम में कहा है। रूप, वेदना, संज्ञा, संस्कार और विज्ञान सभी मायोपम है।[2] इसी प्रकार उक्त रूप, वेदना, संज्ञा, संस्कार और विज्ञान के लिए प्रतिभास शब्द का भी प्रयोग मिलता है।[3]

इस प्रकार हम देखते हैं कि माध्यमिक वस्तुओं को जब शून्य कहते हैं, तब उनका तात्पर्य स्वभावशून्यता से है, न कि वस्तुओं के अभाव से। इसी कारण से वस्तुओं के विषय में निजस्वभाव और परस्वभाव का खण्डन किया है। अद्वैत वेदान्त में भी कार्यजगत् अधिष्ठान सापेक्षतया सत्स्वभाव शून्य है। अद्वैतवादी कहते हैं कि "घट" सत् नहीं है, क्योंकि वह ब्रह्मलीन-बाध्य है। अधिष्ठान ज्ञान से आरोपित वस्तु के मिथ्यात्व का ज्ञान हो जाता है। घटाधिष्ठान ब्रह्मचैतन्य को जान लेने पर अद्वैत के अनुसार "घट" बाधित हो जायेगा। तब वह सत् नहीं रहेगा, क्योंकि जो बाध्य है वह परम सत् नहीं है। व्यावहारिक सत् भले ही हो। यहां पर सापेक्षता द्वारा वस्तुओं को मायोपम कहना अद्वैत के मिथ्यात्व से साम्य रखता है। अद्वैत में मिथ्यात्वानुमान में "परिच्छिन्नत्व" हेतु दिया है। सभी वस्तुयें परिच्छिन्न हैं, अतः मिथ्या हैं। वस्तुयें देशगत और कालगत हैं। कोई भी वस्तु देश और काल से परे नहीं हैं। देश-काल से वस्तुयें सीमित हैं। घट न उत्पत्ति के पूर्व था, न विनाश के बाद में रहेगा, अतः मिथ्या है।

---

1. माध्यमिक शास्त्र, 193, दरगंजा, 1960
2. मायोपमं सुभूते रूपं, मायोपमा वेदना मायोपमा संज्ञा, मायोपमाः संस्काराः, मायोपमं विज्ञानम्। —शतसाहस्त्रिका प्रज्ञापारमितापरिवत 6, पृष्ठ 907
3. प्रतिभासोपमं सुभूते रूपम् इत्यादि। —वही, पृष्ठ 908, कलकत्ता, 1002

सप्तदश अध्याय

कार्य कारण सिद्धान्त

विश्व संरचना में कार्य कारण सिद्धान्त का बहुत अधिक महत्त्व है। दर्शन के क्षेत्र में यह प्रश्न स्वाभाविक रूप से उठता है कि कार्य और कारण का कोई परस्पर सम्बन्ध हैं अथवा कार्य जब किसी कारण से उत्पन्न होता है तो उस सम्बन्ध की क्या संज्ञा दी जाए? जैसे सूर्य की गर्मी से तपकर समुद्र का जल भाप बनकर उड जाता है और मेघ के रूप में परिवर्तित होकर बरस जाता है। इसी प्रकार पर्वत पर रहने वाला हिम जल के रूप में परिवर्तित होकर नदी द्वारा बहकर समुद्र में पहुंच जाता है। इस परिवर्तन में ऐसा अनुभव होता है कि यह स्वतः नहीं हो रहा, वह किसी के द्वारा किया जा रहा है। जैसे कुम्भकार मिट्टी से घट निर्मित करता है। मिट्टी स्वयं घट के रूप में परिवर्तित नहीं होती हैं अपितु कुम्भकार के द्वारा परिवर्तित की जाती है। इसी प्रकार धागों से कपड़े का निर्माण होता है। धागे भी स्वयं कपड़े के रूप में परिवर्तित नहीं होते, अपितु जुलाहे द्वारा धागों से कपड़े का निर्माण किया जाता है। इत्यादि परिवर्तन क्यों हो रहा है? इसके निम्नलिखित उत्तर दिये जा सकते हैं—

1. विश्व की समस्त वस्तुएं स्वतः परिवर्तित हो रही है अतः परिवर्तन विश्व का स्वभाव है।
2. विश्व में कोई भी घटना अपने पूर्ववर्ती घटना द्वारा उत्पन्न हो जाती हैं। हम इसे दूसरे शब्दों में इस प्रकार भी कह सकते हैं कि पूर्ववर्ती घटना उत्तरवर्ती घटना का कारण है। इसके अनुसार यह मानने की आवश्यकता नहीं हैं कि पूर्ववर्ती घटना चेतन है। परन्तु इतना अवश्य मानना पड़ेगा कि पूर्ववर्ती घटना किसी प्रकार प्रभाव डालकर उत्तरवर्ती घटना को उत्पन्न करती हैं।
3. इस परिवर्तन के लिए किसी चेतन सत्ता की आवश्यकता है। वह चेतन सत्ता किसी पदार्थ को प्रभावित कर दूसरे पदार्थ के रूप में परिवर्तित कर देती है। अचेतन सत्त में यह शक्ति नहीं है कि वह किसी दूसरे पदार्थ को स्वतः प्रभावित कर सके। यह तो संभावित हैं कि चेतन से प्रभावित होकर वह अवश्य दूसरे पदार्थ को प्रभावित कर सकती हैं। उदाहरणार्थ चाक स्वतः घट का निर्माण नहीं कर सकता। परन्तु कुम्भकार की शक्ति से प्रभावित होकर घट के निर्माण में सहायक होता है।

उपर्युक्त तीनों विकल्पों में से अन्तिम तीसरा विकल्प अधिक सन्तोषजनक उत्तर हो सकता है, क्योंकि एक सामान्य व्यक्ति के अनुभव में यही देखने में आता है कि जड़ वस्तु में स्वत: क्रिया उत्पन्न करने की शक्ति नहीं हो सकती हैं। अत: परिवर्तन भी स्वत: नहीं हो सकता है। कोई चेतन सत्ता ही जड़ वस्तु को प्रभावित करके उसमें क्रिया उत्पन्न कर सकती है, यह परिवर्तन ही कार्य के रूप में व्यवहृत होता है। जहां हम है चेतन सत्ता अपना कार्य करती हुई दिखलायी नहीं पड़ती है—जैसेकि समुद्र के पानी से भाप बनकर उड़ने और बादल बनकर बरसने में, वहां भी हम ईश्वर के रूप में एक चेतन पुरुष की कल्पना कर लेते हैं जो इन समस्त क्रियाओं को उत्पन्न करता है। यह सब हमें इतना सामान्य लगता है कि अब कभी इस प्रक्रिया में सन्देह नहीं करते हैं। परन्तु जब हम इस प्रक्रिया पर सूक्ष्मता से विचार करते हैं तो उस समय अनेक समस्याओं का सामना करना पड़ता है। इस प्रक्रिया एवम् परिवर्तन पर विचार करते हुए हम यह कह सकते हैं कि वे वस्तुएं जो परिवर्तन करती हैं या जिनसे परिवर्तन उत्पन्न होता है तथा वे वस्तुएं जो परिवर्तित होकर नये रूप में हमारे सम्मुख आती है, उनमें पूर्ववर्त्ती वस्तुओं को हम कारण कहते हैं और उत्तरवर्ती वस्तुओं को कार्य कहते हैं। जब हम कार्य कारण प्रक्रिया पर सूक्ष्म रूप में विचार करते हैं तो ये समस्याएं उत्पन्न होती है कि कार्य कारण का क्या स्वरूप है? कारण और कार्य का सम्बन्ध किस प्रकार का है? कार्य एक नितान्त नई उत्पत्ति है या कारण का ही दूसरा रूप है।

कारण का स्वरूप

कारण की परिभाषा एवम स्वरूप के विषय में न्याय-वैशेषिक दर्शन में बौद्ध दर्शन में विस्तारपूर्वक विचर किया गया है। कारण की परिभाषा के विषय में एक क्रमिक विकास भी दिखलाई पड़ता है। शिवादित्य ने कार्य को उत्पन्न करने वाला कारण बताया है।[1] यह परिभाषा कारण के सम्बन्ध में सामान्य व्यक्ति की धारण को व्यक्त करती है। इससे यह स्पष्ट नहीं होता है कि उत्पन्न करने का तात्पर्य क्या है? यदि इस पर सूक्ष्मता से विचार किया जाय कि उत्पन्न करने का अर्थ क्या है? तो यह प्रतीत होगा कि इसका समझ पाना इतना सरल नहीं है। हम प्राय: क्रम से दो घटनाओं को आगे पीछे घटते हुए देखते हैं, यदि इस प्रकार की घटनाओं को उसी क्रम से अनेक बार देखते हैं तो समझने लगते हैं कि इसमें पहली घटना कारण है और दूसरी घटना कार्य है अर्थात् प्रथम घटना ने दूसरी घटना को उत्पन्न किया है। उदाहरण के लिए जब हम दियासलाई की तिल्ली को उसकी डिब्बी पर घिसते हैं तो आग उत्पन्न हो जाती है। ऐसा हम अनेक बार देखते हैं और समझने लगते हैं कि दियासलाई की तिल्ली को उसकी डिब्बी पर घिसना आग उत्पन्न करने का कारण है। इन दोनों घटनाओं को यदि

1. कार्योत्पादक त्वं कारणत्वम्। —सप्तपदार्थी, पृष्ठ 72

ध्यान से देखे तो पायेंगे कि इनमें पौर्वापर्य क्रम पहले और बाद में होने का क्रम है इसके अतिरिक्त और सम्बन्ध नहीं है। यहां यह प्रश्न उठ सकता है कि कार्य और कारण में क्या इतना ही सम्बन्ध है? कि कारण पहले होता है और कार्य उसके बाद में होता है या इसके अतिरिक्त और भी कुछ है। पाश्चात्य दार्शनिक इस प्रश्न को लेकर दो भागों में बटे हुए हैं कुछ का मानना है कि कारण और कार्य में इसके अतिरिक्त और कोई सम्बन्ध नहीं हैं। कारण पहले होता है और कार्य बाद में होता है। एक पाश्चात्य दार्शनिक डेविड ह्यूम ने तो यहां तक कहा है कि कार्य कारण का सम्बन्ध केवल एक मानसिक आदत है जब दो प्रकार की घटनाओं को नित्य पौर्वापर्य क्रम से घटते हुए देखते है तो मन को इन घटनाओं को इसी क्रम से घटते हुए देखने की आदत सी पड़ जाती है। इस आदत के पश्चात हम यह समझने लगते हैं कि पहली घटना ने दूसरी घटना को उत्पन्न किया है। वस्तुत: यह पौर्वप्रय क्रम के अतिरिक्त उत्पन्न करना जैसी कोई बात नहीं है। इसलिए डेविड ह्यूम ने कहा है कि कार्य कारण सम्बन्ध केवल मानसिक प्रत्यय है, उसका कोई अन्य अस्तित्व नहीं है। अनेक पाश्चात्य विद्वान् जिनमें बर्टले रसंल भी है, कार्य कारण सम्बन्ध को पौर्वपर्य सम्बन्ध के अतिरिक्त कुछ नहीं मानते है। भारतीय दर्शन में चार्वाक दर्शन का मत डेविड ह्यूम के मत से मिलता-जुलता है। चार्वाक का कहना है कि अनुमान के अंग रूप में आने वाली व्याप्ति के प्रसंग में कार्य कारण सम्बन्ध पर भी विचार किया गया है। चार्वाक के अनुसार यह कार्य कारण का सम्बन्ध भूयोदर्शन (अनेक बार एक ही क्रम से देखना) पर आधारित है। किन्तु हम तो कुछ सीमित घटना ही देखते हैं, अत: यह सम्भव हो सकता है कि जहां हम नित्य सम्बन्ध मानते हैं, वहां नित्य सम्बन्ध न हो। हजारों बार दो घटनाओं को एक क्रम से देखने पर भी अपवाद की सम्भावना बनी रहती है। अत: चार्वाक कार्य कारण सम्बन्ध को स्वीकार नहीं करते। इस सम्बन्ध में चार्वाक के मत को स्वभावाद या यदृिच्छावाद या आकस्मिकतावाद कहा जाता है। स्वभाववाद के अनुसार घटनाओं को कोई चेतन सत्ता अथवा अन्य कोई उत्पन्न करने वाला नहीं है वे स्वत: उत्पन्न हो जाती है। यदृच्छावाद या आकस्मिकतावाद के अनुसार घटनायें कारण से नियन्त्रित नहीं है अपितु आकस्मिक हैं।

भारतीय और पाश्चात्य दार्शनिक यह मानते हैं कि कारण की सत्ता कार्य से पूर्व होती हैं कुछ पाश्चात्य दार्शनिकों ने इसमें सन्देह अभिव्यक्त किया है। यदि सम्पूर्ण विश्व को एक ऐसी सत्ता मान लिया जाये जिसमें प्रत्येक काल की प्रत्येक वस्तु एक दूसरे को प्रभावित करती है तो यह मानना पड़ेगा कि केवल पूर्वकाल की घटना उत्तरकाल की घटना को प्रभावित नहीं करती अपितु उत्तरकाल की घटना पूर्वकाल की घटना को प्रभावित करती है और इस दृष्टि से उत्तरकाल की घटना पूर्वकाल की घटना का कारण कही जा सकती हैं परन्तु पूर्वकाल की घटना को ही कारण मानना उचित

मानते हैं। भारतीय दर्शन में कार्य कारण सम्बन्ध को स्वीकार करने वाले समस्त दार्शनिक कारण की स्थिति कार्य से पूर्व मानते है। परन्तु प्रश्न उठता है कि क्या कोई वस्तु पूर्वकालिक होने मात्र से कारण कही जा सकती है? ऐसा निश्चित रूप से नहीं है। यदि घट का निर्माण किये जाते समय गधा आकर खड़ा हो जाये और इस प्रकार वह घट के प्रति पूर्वकालिक हो जाये तो उसे घट का कारण निश्चित रूप से नहीं माना जा सकता। कुछ संशोधन करके हम यह कह सकते हैं कि जो वस्तु कार्य के प्रति नियत रूप से पूर्वकालिक हो वह उसका कारण है। जैसे—जुलाहा करघा आदि घट के प्रति नियत रूप से पूर्वकालिक है। अतः घट के कारण है। इतना मानने पर भी समस्या का समाधान होता हुआ दिखलाई नहीं पड़ता है। कुछ वस्तुऐं नियत रूप से पूर्वकालिक़ होते हुए भी कारण नहीं मानी जाती है। रात्रि दिन के प्रति नियत रूप से पूर्वकालिक है किन्तु उसे फिर भी दिन का कारण नहीं माना जाता है। न्यायदर्शन द्वारा दिये गये एक दृष्टान्त के अनुसार पट के निर्माण में तन्तु पट का कारण निश्चित रूप से है परन्तु तन्तु रूप अर्थात (तन्तुओं का रंग) को भी क्या हम पट का कारण मान सकते है? तन्तु रूप पट के प्रति नियत पूर्वभावी है, अतः कारण होना चाहिए किन्तु तन्तु रूप को पट रूप का तो कारण माना गया है, पट का कारण नहीं है।[1] अतः कारण को नियत पूर्वभावी मात्र पर्याप्त नहीं है इसमें कुछ विचार करने की आवश्यकता प्रतीत होती है। इसलिए न्यायदर्शन ने कहा है कि कारण वह है जो नियत पूर्वभावी तो हो परन्तु उसकी पूर्वभाविता अन्यथा सिद्ध न हो।[2] अन्यथा सिद्ध से तात्पर्य है कि जिसकी उपस्थिति अन्यथा अर्थात् किसी और उद्देश्य से हो, उस कार्य को उत्पन्न करने के लिए न हो। जैसे कि पट की उत्पत्ति के समय तन्तु रूप अन्यथा सिद्ध है क्योंकि वह वहां पट को उत्पन्न करने के लिए नहीं है अपितु इस कारण है कि तन्तु बिना रूप के नहीं रह सकता और साथ ही उसकी शक्ति पट रूप को उत्पन्न करने में समाप्त हो जाती है। कारण के लिए आवश्यक है कि वह अन्यथा सिद्ध न हो अर्थात् उसकी वहां उपस्थिति केवल उसी कार्य को उत्पन्न करने के लिए हो, किसी और कारण से न हो। इसका अभिप्राय परिणामतः यही है कि किसी विशिष्ट कार्य के प्रति वही कारण है जो उस कार्य के प्रति कारण हो। इस विषय में वही प्रश्न सम्मुख आ जाता है कि नियतपूर्ववृत्ति के अतिरिक्त वह कौन सा धर्म है जिसके कारण हम किसी वस्तु को कारण कह सके।

कारण की एक और परिभाषा हमें प्राप्त होती है कि जिसको न्यायदर्शन में पूर्वपक्ष के रूप में दिया है और वह परिभाषा बौद्धों की मानी जाती है। इसके अनुसार

1. न्याय वैशेपिक दर्शन के अनुसार गुण और गुणी (द्रव्य) में भेद है। तन्तु और तन्तु रूप दो भिन्न-भिन्न द्रव्य है, अतः पट और पट रूप भिन्न द्रव्य है।
2. अनन्यथासिद्ध नियतपूर्व भावित्वं कारणत्वम्।

—तर्कभाषा (मुसलागांवकर) पृ० 22

कार्य से अनुकृत तथा अनव्य और व्यतिरेक जिसका हो वह कारण है। इसका अभिप्राय है कि जिसके होने पर कार्य होता है और जिसके न होने से कार्य न हो वह कारण है।[1] न्याय ने इस परिभाषा में यह दोष माना है कि नित्य और सर्वव्यापक वस्तुओं का व्यतिरेक (अभाव) नहीं हो सकता है। अतः उपर्युक्त परिभाषा को स्वीकार करने पर उन्हें कारण मानना सम्भव नहीं होगा, जबकि वे कारण होती है जैसे परमाणु पृथ्वी आदि के कारण है, आकाश शब्द का कारण है आदि। इसके अतिरिक्त एक दोष और इसमें पायेंगे, यदि तन्तुओं से पट निर्माण का उदाहरण लें तो हम यह देखेंगे कि तन्तु रूप होने पर ही पट का निर्माण होता है, तन्तु रूप के न होने पर नहीं होता है। अतः तन्तु रूप को भी पट का कारण मानना पड़ेगा।

कार्य का स्वरूप

न्यायदर्शन में कार्य का स्वरूप बतलाते हुए कहा है कि -जो नियत रूप से कारण का पश्चातभावी है और जिसकी पश्चातभाविता अन्यथा सिद्ध न हो वह कार्य है।[2] यहां पर अन्यथा सिद्ध का अर्थ है कि विशिष्ट कारण से उत्पन्न न होकर किसी अन्य कारण से उपस्थित होना या किसी और कारण से उत्पन्न होना। जैसे— तन्तु रूप से पट रूप के निर्माण में पट नियत पश्चातभावी होते हुए भी तन्तु रूप का कार्य नहीं कहा जाता क्योंकि उसकी सत्ता वहां तन्तुओं के उत्पन्न होने के कारण है अथवा हम यह भी कह सकते हैं कि वह वहां इसलिए है कि पट रूप पट के बिना हो ही नहीं सकता। कार्य का अन्यथा सिद्ध न होना आवश्यक है। कुछ विद्वान न्याय की इस परिभाषा में यह दोष निकालते है कि यह कारण के आधार पर दी गयी परिभाषा है जबकि कारण की परिभाषा का आधार कार्य है अतः अन्योन्याशय दोष है। न्याय दर्शन के अतिरिक्त किसी अन्य दर्शन में कार्य की परिभाषा यथेष्ठ रूप में उपलब्ध नहीं है केवल सामान्य मान्यता है कि जो वस्तु कारण से उत्पन्न होती है, वह कार्य है। भारतीय दर्शन में कार्य कारण सम्बन्ध को लेकर जिस समस्या पर सर्वाधिक विचार हुआ है और जिसको लेकर सर्वाधिक मतभेद है, वह यह है कि कार्य उत्पन्न होने से पूर्व उसका किसी प्रकार का अस्तित्व होता है या नहीं। इस प्रश्न को लेकर सभी भारतीय दार्शनिक सत्कार्यवाद और असत्कार्यवाद, विवर्त्तवाद और असत्कारणवाद रूपों को मानते हैं जिसको सांख्य कारिका के भाष्य में वाचस्पति मिश्र ने कहा है कि ''असतः सत् जायते'' अर्थात् असत् कारण से सत् कार्य उत्पन्न होता है। ''सतः असत् जायते'' अर्थात् सत् कारण से असत् कार्य उत्पन्न होता है। ''सत विवर्तो जायते'' अर्थात् कारण सत् होता है, उससे उत्पन्न

---

1. कार्यानुकृतान्वयव्यतिरेक कारणम्। —तर्कभाषा, मुसलगांवकर, पृ० 28
2. अनन्यथासिद्धनियतपश्चाद्भावित्वं कार्यत्वम्।

—तर्कभाषा, मुसलागांवकर, पृ० 22

होने वाला कार्य विवर्त होता है। ''सतः सत् जायते'' अर्थात् सत् कारण से सत् कार्य की उत्पत्ति होती है।

असत् कारणवाद

यह बौद्ध दार्शनिकों का सिद्धान्त है। बौद्ध दर्शन में प्रत्येक वस्तु का अस्तित्व क्षणिक माना जाता है जिसको उन्होंने कहा है कि ''यत्क्षणिकम् तत्सत'', इसलिए जिस क्षण कोई कारण अवस्थित होगा उस क्षण में कार्य की उत्पत्ति सम्भव नहीं है। इसलिए बौद्ध दार्शनिकों की मान्यता है कि कारण के असत् होने पर अर्थात् कारण के नष्ट होने पर कार्य की उत्पत्ति होती है। जब किसी बीज में से अंकुर प्रस्फुटित होता है 'तो बीज नष्ट हो जाता है अर्थात् बीज और अंकुर का अस्तित्व एक ही क्षण में अवस्थित नहीं रह सकते है इसलिए बौद्धों के इस कार्य कारण वाद को असत्कारणवाद के नाम से भी कहा जाता है।

बौद्धदर्शन में प्रतीत्यसमुत्पादवाद के नाम से जिसका अभिप्राय है कि एक के होने पर दूसरे का होना पूर्व क्षण को हम उपचार से कारण भले ही कह दे किन्तु वास्तव में वह कारण नहीं है क्योंकि उसे कारण बनने के लिए उत्पादन क्रिया में प्रवृत्त होने के लिए एक से अधिक क्षण स्थित रहना पड़ेगा। केवल एक क्षण में वह उत्पन्न होने के साथ ही नष्ट हो जाता है। अतः उसके लिए किसी प्रकार की क्रिया करना सम्भव नहीं है। इससे यह निष्कर्ष निकलता है कि प्रथम तथा द्वितीय क्षण में पोर्ववाप्रिय के अतिरिक्त कोई सम्बन्ध स्वीकार करना सम्भव नहीं है। बौद्ध प्रतीत्यसमुत्पादवाद वस्तुओं में परिवर्तन की एक व्याख्या अवश्य प्रस्तुत करता है किन्तु इस बात का समुचित उत्तर नहीं दे सकता है कि वस्तुओं का भिन्न रूप में परिवर्तन क्यों होता है? एक क्षण में नष्ट होकर अर्थात् क्षण नष्ट होने पर दूसरे क्षण। को जन्म देगा तो वस्तु वैसी ही बनी रहेगी। परिवर्तन के लिए यह आवश्यक है कि दूसरा क्षण पहले क्षण से कुछ भिन्न प्रकार का हो। किन्तु यह भिन्नता क्यों और कैसे आती है। इसका समुचित उत्तर प्रतीतयसमुत्पादवाद नहीं दे सकता है।

असत् कार्यवाद

असत् कार्यवाद का अभिप्राय है कि कार्य उत्पन्न होने से पूर्व असत् होता है। जब हम तन्तुओं से पट का निर्माण करते हैं तो पट एक नितान्त नयी वस्तु है, जो कि अपने कारण में विद्यमान नहीं होती है। यह असत् कार्यवाद का सिद्धान्त न्याय और वैशेषिक के नाम से प्रसिद्ध है। इसके साथ मीमांसक भी असत् कार्यवादी ही माना जाता है।

असत् कार्यवाद की सिद्धि के लिए युक्तियां—

1. यदि कारण और कार्य अभिन्न वस्तुएं है अर्थात् कार्य और कारण में भेद नहीं

है तो कार्य को उत्पन्न करने के लिए कारण व्यापार की आवश्यकता नहीं होनी चाहिए। परन्तु कारण व्यापार की आवश्यकता अवश्य ही होती है इसलिए कारण और कार्य भिन्न वस्तुएं हैं।

2. कार्य और कारण दोनों भिन्न-भिन्न प्रयोजनों को सिद्ध करते हैं। जैसे जो कार्य पट से लिया जा सकता है, वह तन्तु से नहीं लिया जा सकता। इससे सिद्ध होता है कि दोनों भिन्न-भिन्न है। असत् कार्यवाद के अनुसार कार्य और कारण भिन्न होने पर भी एक निश्चित कारण से एक निश्चित कार्य उत्पन्न होता है। जैसे मिट्टी से घ़ट का ही निर्माण होगा, तन्तुओं से पट का ही निर्माण होगा, स्वर्ण आदि धातुओं से आभूषण ही बनाये जायेंगे। यह नहीं है कि दूध से घट का निर्माण होगा। अतः असत् कार्यवाद के अनुसार कारण और कार्य भिन्न-भिन्न वस्तुएं होते हुए भी उनका अनन्य सम्बन्ध है।

असत् कार्यवाद के मुख्य जनक न्याय और वैशेषिक दर्शन है। इनके भाष्य और टीकाकारों ने असत् कार्यवाद का विस्तृत रूप से वर्णन किया है। इनके अनुसार कारण और कार्य नितान्त भिन्न वस्तुएं है न केवल रूप या आकार की दृष्टि से अपितु तत्त्व की दृष्टि से भी भिन्न है। जब हम तन्तुओं से पट का निर्माण करते हैं तो इसके अनुसार पट एक बिल्कुज नयी वस्तु हैं, तत्त्व की दृष्टि से भी और रूप की दृष्टि से भी। कारण का तत्त्व कारण में नहीं जाता है इसीलिए न्याय वैशेषिक के मत को उत्पत्तिवाद कहा जाता है। यहां पर समस्या उठती है कि कार्य की उत्पत्ति के पश्चात् कारण का क्या होता है? क्या कारण नष्ट हो जाता है या बना रहता है? न्याय के अनुसार कारण नष्ट नहीं होता अपितु कार्य के साथ कारण भी बना रहता है। जैसे कि जब तन्तुओं से पट का निर्माण किया जाता है तो पट में तन्तु भी बने रहते है और तन्तुओं में एक नया द्रव्य पट आ जाता है इसलिए न्याय के मत में इसे इस प्रकार कहा जा सकता है कि तन्तुओं से पट की उत्पत्ति नहीं हो सकती, अपितु तन्तुओं में पट की उत्पत्ति हो सकती है। किन्तु यहां तन्तु अव्यव है इन अव्यवों से एक नया द्रव्य अव्यवी के रूप में कार्य अर्थात् पट उत्पन्न हो जाता है, परन्तु इनके मत में तन्तु और पट को पृथक्-पृथक् द्रव्य माना जाता है। असत् कार्यवाद की आलोचना करते हुए यह कहा जाता है कि दो ठोस अवयवों को पृथक् स्थान घेरना चाहिए। जबकि यहां दोनों एक ही स्थान में निवास करते हैं। दोनों का भार पृथक्-पृथक् होना चाहिए, परन्तु पट का भार भी उतना ही होता है जितना की तन्तुओं का भार होता है। इनमें पहली समस्या का समाधान तो न्याय दर्शन समवाय सम्बन्ध मानकर करता है वह मानता है कि दो ऐसी वस्तुएं जिनको पृथक् करना सम्भव नहीं है उसे अयुतसिद्ध कहा जाता है। अयुतसिद्ध वस्तुओं में जो सम्बन्ध होता है वह समवाय सम्बन्ध कहलाता है। दूसरे शब्दों में समवाय सम्बन्ध को नित्य सम्बन्ध कहते हैं। जैसे-- अवयव-अवयवी, गुण-गुणी, क्रिया-क्रियावान, जाति-व्यक्ति

तथा विशेष नित्य द्रव्यों का जो सम्बन्ध होता है, वह समवाय सम्बंन्ध कहलाता है। जिन वस्तुओं में समवाय सम्बन्ध होता है वे पृथक्-पृथक् स्थान नहीं घेरती। अतः तन्तु और पट में भी अव्यव-अव्यवी सम्बन्ध होने के कारण पृथक स्थान नहीं घेरते। इनका यह भी कहना है कि कार्य के कारण भार द्वार का भार बाधित हो जाता है अथवा भार में वृद्धि तो होती है किन्तु वह इतनी कम होती है उसका पता नहीं चलता है। जो दर्शन में कार्य और कारण को नितान्त रूप में अभिन्न मानते है उनका उत्तर असत् कार्यवाद में यह दिया जाता है कि यदि कारण और कार्य पूर्णरूपेण एक ही है तो कारण से कार्य की उत्पत्ति कहना ही गलत हो जायेगा। क्योंकि यदि तन्तुओं में पट पहले ही से विद्यमान है तो पट की जगह तन्तुओं को ही पहले लेना चाहिए, परन्तु ऐसा करता हुआ कोई दिखलायी नहीं देता। इसी प्रकार घट की जगह मिट्टी में कोई जल नहीं भरता। अतः कार्य और कारण नितान्त अभिन्न नहीं है।

सत् कार्यवाद

सत् कार्यवाद का अर्थ है कि कार्य, उत्पन्न होने से पूर्व कारण में सत् रूप में रहता है। जैसे कि तिल के एक बीज में थोडी सी मात्रा में तेल रहता है, बहुत मात्रा में तिलों से पर्याप्त तेल निकाल लिया जाता है। बालू के एक कण में तेल नहीं होता, इसलिए टन से भी अधिक बालू पीसने पर तेल नहीं निकालता है। सांख्यदर्शन के इस सत् कार्यवाद को सिद्ध करने के लिए निम्नलिखित युक्तियां दी जाती है।[1]

1. **असदकरणात्**— जो वस्तु असत् है उसे कभी भी उत्पन्न नहीं किया जा सकता है। जैसे कि बालू में तेल नहीं है तो बालू से किसी भी प्रकार तेल नहीं निकाला जा सकता है। तेल उसी वस्तु से निकाला जा सकता है जिसमें वह पहले से विद्यमान रहता है।

2. **उपादानग्रहणात्**— विशिष्ट कार्य को उत्पन्न करने के लिए विशिष्ट कारण की ही आवश्यकता होती है। इससे यह सिद्ध होता है कि कारण के साथ कार्य का घनिष्ट सम्बन्ध होता है। जैसे कि मिट्टी से घट का निर्माण होता है, दूध से ही दही का निर्माण होता है। दही के निर्माण के लिए मिट्टी को कारण रूप में कोई भी ग्रहण नहीं करता है। यदि कार्य को उत्पत्ति से पूर्व असत् माना जाये तो कारण का इसके साथ कोई सम्बन्ध नहीं होना चाहिए। इसलिए कारण और कार्य का सम्बन्ध सत् रूप में मानना चाहिए।

3. **सर्वसम्भवाभावात्**— यदि कारण से असम्बद्ध कार्य की उत्पत्ति मानी जाती

---

1. असदकरणादुपादानग्रहणात् सर्वसम्भवाभावात्।
शक्तस्य शक्यकरणात् कारणभावात्त्य सत्कार्यम्।। — सांख्यकारिका

है तो किसी भी कारण से किसी भी कार्य की उत्पत्ति होने लगेगी अर्थात् मिट्टी से पट और तन्तुओं से घट की उत्पत्ति होने लगेगी। परन्तु ऐसा होना सम्भव नहीं है। अत: यह मानना पड़ता है कि कारण से सम्बद्ध कार्य की उत्पत्ति होती है। इसलिए यह कहना उचित ही है कि कार्य कारण में विद्यमान रहता है। जैसे कि मिट्टी में अव्यक्त अवस्था में घट पूर्व से ही विद्यमान रहता है। यह सामान्य सिद्धान्त भी है कि प्रत्येक कारण से प्रत्येक कार्य की उत्पत्ति होना सम्भव नहीं है।

4. शक्तस्य शक्यकरणात्— एक विशिष्ट कारण में एक विशिष्ट कार्य को उत्पन्न करने की शक्ति होती है, क्योंकि कारण में सभी प्रकार के कार्यों को उत्पन्न करने की शक्ति नहीं होती है क्योंकि इससे अव्यवस्था उत्पन्न हो जायेगी। मिट्टी से पट और तन्तु से घट उत्पन्न होने लगेगा। कारण विशेष से कार्य विशेष की ही उत्पत्ति सम्भव है, इसलिए एक सीमित कारण में असीमित कार्य को उत्पन्न करने की शक्ति नहीं होती है।

5. कारणभावात्— कार्य कारणात्मक होता है अर्थात् करण से अभिन्न होता है, इसलिए जब करण सत् है तो कार्य को भी सत् ही मानना पड़ेगा। कार्य की कारण से अभिन्नता सिद्ध करने के लिए निम्नलिखित युक्तियां दी जाती है-

1. वस्तुत: पट तन्तुओं से भिन्न नहीं है क्योंकि वह तन्तुओं का धर्म है। जो जिससे भिन्न होता है उसका धर्म नहीं होता। जैसे गौऊ अश्व का धर्म नहीं है परन्तु पट तन्तुओं का धर्म है, इसलिए वह भिन्न नहीं है।
2. तन्तु और पट में उपादान उपादेय भाव है अर्थात् तन्तु पट का उपादान कारण है। दो भिन्न वस्तुओं में उपादान उपादेय भाव नहीं होता है। जैसे घट और पट में। यहां तन्तु और पट में उपादान उपादेय भाव है। अत: वे अभिन्न है।
3. तन्तु और पट में न संयोग है, न वियोग है। भिन्न-भिन्न वस्तुओं में संयोग दृष्टिगोचर होता है। जैसे कि किसी पात्र में रखे हुए फल। यहां पर पात्र और फल का सम्बन्ध संयोग सम्बन्ध है। पात्र और फल का वियोग भी हो सकता है; परन्तु तन्तु और पट में न तो संयोग है और न वियोग। अत: वे अभिन्न है।
4. तन्तु और पट के भार से उत्पन्न पलड़े के झुकाव में भी भेद नहीं है भिन्न वस्तुओं के भार से पलड़े का झुकाव भी भिन्न होता है। जैसे- पांच ग्राम स्वर्ण वाले आभूषण से दस ग्राम सोने वाले आभूषण के पलड़े का झुकना अधिक है। इस प्रकार तन्तु और पट के पलड़े का झुकाव एक है। अत: ये दोनों अभिन्न है।

अत: सांख्यदर्शन के अनुसार तन्तु ही एक विशेष संस्थान में परिवर्तित होकर पट बन जाते है। पट कोई भिन्न वस्तु नहीं है। वांस्तव में कार्य रूप पट कारण रूप तन्तु में छिपा रहता है तथा कारण व्यापार द्वारा प्रकट हो जाता है। जब हम कार्य को नष्ट

करते हैं तो वह फिर कारण में छिप जाता है। यह प्रक्रिया ऐसी ही होती है कि जैसे-कछुआ अपने अंगों को अन्दर से बाहर निकालकर प्रकट कर देता है और बाद में अपने अंगों को बाहर से सिकोड़ लेता है। इससे यह कोई नहीं समझता है कि कछुए के अंग उत्पन्न हुए है या नष्ट हुए है। इसी प्रकार जब घट कारण रूप में अवस्थित होता है तो वह कछुए के छिपे हुए अंगों के समान है। जब घट रूप में उसका कार्य रूप में प्रादुर्भाव होता है तो कछुए के अंगों के बाहर निकालने के समान है। अतः कारण अव्यक्त कार्य व्यक्त रूप में समझना चाहिए। यह गीता में भी कहा है कि "नासतो विद्यते भावो नाभावो विद्यते सतः" (2.16) अर्थात् असत् से भाव रूप में उत्पत्ति होना सम्भव नहीं है और न ही अभाव से सत् की उत्पत्ति होती है।

कारण और कार्य की भिन्नता के पक्ष में यह युक्ति दी जाती है कि दोनों पृथक-पृथक् प्रयोजनों को सिद्ध करते हैं, इसलिए वे भिन्न है। सांख्य इसका उत्तर देता है कि ऐसा कहना समीचीन नहीं है क्योंकि एक ही वस्तु भिन्न-भिन्न अवसरों पर भिन्न-भिन्न प्रयोजन सिद्ध करती है। जैसे—एक ही अग्नि कभी दाहक होती है, कभी पाचक और कभी प्रकाशक। यदि यह शंका उठायी जाती है कि कारण और कार्य में प्रयोजन सिद्धि की एक व्यवस्था है, जो प्रयोजन कारण सिद्ध कर सकता है, वह कार्य नहीं कर सकता। एक वस्तु में इस प्रकार की व्यवस्था दृष्टिगोचर नहीं होती। इस पर सांख्य उत्तर देता है कि हम प्रायः देखते है कि कुछ व्यक्ति जब अलग-अलग होते हैं तो भिन्न प्रयोजन सिद्ध करते हैं परन्तु मिलकर भिन्न प्रयोजन सिद्ध करते हैं। जैसे-कि पालकी ढ़ोने वाला सेवक जब अलग-अलग होते हैं, तो केवल मार्ग दर्शन का कार्य करते है, किन्तु मिलकर पालकी ढ़ोने का कार्य करते हैं, इससे उनकी भिन्नता सिद्ध नहीं होती। इसी प्रकार जब तन्तु अलग-अलग होते है तो शरीर को नहीं ढ़क पाते, परन्तु मिलकर शरीर को ढ़क लेते हैं। इससे वे भिन्न नहीं हो जाते।

सांख्य प्रत्येक कार्य को उत्पत्ति से पूर्व सत् मानता है केवल वह कारण में छिपा रहता है। कारण व्यपार से अभिव्यक्त हो जाता है। इस पर न्याय यह आक्षेप करता है कि पट की अभिव्यक्ति कारण व्यापार से पूर्व सत् थी या असत् ? यदि असत् थी तो तब तो यह सिद्ध होता है कि असत् की उत्पत्ति होती है। यदि सत् थी तो कारण व्यापार व्यर्थ है। इस पर यदि सांख्य कहे कि अभिव्यक्ति भी कारण व्यपार के पूर्व अनभिव्यक्ति थी और कारण व्यापार की आवश्यकता उसको अभिव्यक्त करने के लिए है, तब तो इस दूसरी अभिव्यक्ति के लिए तीसरी अभिव्यक्ति की आवश्यकता पड़ेगी, और तीसरी के लिए चौथी की आवश्यकता पड़ेगी। इस प्रकार अनवस्था दोष आ जायेगा।

सांख्यदर्शन में इसका कोई विशेष उत्तर नहीं मिलता है, परन्तु न्याय की भांति सांख्य दर्शन न्याय से पूछता है कि आपके मत में जो असत् की उत्पत्ति होती है वह

कैसी होती है? (कारण व्यापार के पूर्व) सत् है या असत्। यदि सत है तो कारण व्यापार व्यर्थ है, यदि असत् है तो उसकी भी उत्पत्ति होगी, इसी प्रकार दूसरी, तीसरी उत्पत्ति माननी पड़ेगी, अन्ततः अनवस्था दोष होगा। न्याय के मत मे यदि यह कहा जाये कि उत्पत्ति पट से भिन्न कोई पदार्थ नहीं है वास्तव में दोनों एक ही है, तो सांख्य पुनः आक्षेप करता है कि जब हम यह कहते हैं कि पट है तो इसका अर्थ होता है कि वह उत्पन्न होता है। इसलिए पट उत्पन्न होता है यह कहना पुनरोक्ति है।

आचार्य शंकर भी सत् कार्यवाद के समर्थन में कुछ युक्तियां देते हैं, उनके अनुसार यदि कार्य की उत्पत्ति के पूर्व असत् है तो उसकी उत्पत्ति अकर्तृक होगी (अर्थात् उसका कोई कर्त्ता नहीं होगा)। परन्तु उत्पत्ति एक क्रिया है और क्रिया का कर्त्ता अवश्य होता है। क्रिया का अकर्तृक होना विरोध है, यह सम्भव नहीं है। अतः जिस चीज की उत्पत्ति होगी उसका पहले से ही होना आवश्ये है। यदि नैयायिक यह कहें कि यहां उत्पत्ति का अर्थ किसी आश्रयक में क्रिया नहीं है अपितु कार्य का कारण से या अपनी सत्ता से सम्बन्ध होना है। तो शंकर का कथन है कि जिसकी सत्ता ही नहीं है वह कारण के साथ कैसे सम्बद्ध होगा। दो सत् पदार्थों का ही सम्बन्ध हो सकता है। साथ ही पहले स्थित होना या न होना कार्य की मार्यादा है और मर्यादा सत् पदार्थों में ही होती है, असत् पदार्थों में नहीं। आचार्य शंकर की इस मान्यता में यह भ्रम है कि न्याय कार्य को केवल कारण व्यापार के पूर्व असत् मानता है, कारण व्यापार के बाद तो वह सत् है।

सत्कार्यवाद के दो रूप— परिणामवाद, विवर्तवाद

सांख्य का सत् कार्यवाद परिणामवाद या विकारवाद कहा जाता है, इसके अनुसार कारण ही कार्य के रूप में परिवर्तित हो जाता है और यह परिणति वास्तविक है। जैसे जब मिट्टी से घट बनाया जाता है तो मिट्टी ही घट के रूप में बदल जाती है या जब सोने के कुन्डल बनायें जाते हैं तो सोना ही कुन्डल के रूप में परिवर्तित है या जब दूध से दही जमाया जाता है तो दूध ही परिणाम को प्राप्त होकर के दही बन जाता है। सांख्य के इस परिणामवाद के समर्थक योग दर्शन एवं विशिष्टाद्वैतवाद आदि अन्य वैष्णव वेदान्ति मत के अनुयायी है। आचार्य शंकर तथा अद्वैतवादी दार्शनिक यह मानते हैं कि जब कारण से कार्य की उत्पत्ति होती है तो यह परिवर्तन वास्तविक नहीं होता केवल प्रतीतिभाव है। जैसे कि रस्सी में सर्प की प्रतीति होती है, उस समय रस्सी का सर्प के रूप में परिवर्तन है। इसी प्रकार यह कहा जा सकता है कि आचार्य शंकर के अनुसार कार्य से कारण की उत्पत्ति भ्रम मात्र है। इसी परिणाम या विकार और विवर्त को वेदान्त सार में समझाते हुए कहा है कि–

संतत्त्वतोऽन्यथाप्रथा विकार इत्युदीरितः।
अतत्त्वतोऽन्यथाप्रथा विवर्त इत्युदीरितः।।

अर्थात् जब यथार्थ रूप में अन्य हो जाना अथवा बन जाना, वह विकार कहलाता है और वास्तव में दूसरे रूप में न होना अर्थात् न बनना केवल प्रतीत होना, यह विवर्त्त कहलाता है।

आचार्य शंकर के अनुसार कारण और कार्य में भेद होता है। अन्तर केवल नाम, रूप का है। नाम रूप से कोई तात्त्विक अन्तर नहीं पड़ता। देवदत्त केवल अपने हाथ पैर फैला दे अथवा समेट लें इसमें कोई अन्तर नहीं पड़ता अर्थात् देवदत्त में कोई परिवर्तन नहीं हो जाता। ऐसे ही लपेटा हुआ कपड़ा अथवा फैलाया हुआ कपड़ा दोनों कपड़े भिन्न नहीं हो जाते। उसी प्रकार कारण तथा कार्य अभिन्न है। वास्तव में अद्वैत वेदान्त के अनुसार सृष्टि रचना में (कारण ब्रह्म) कूटस्त नित्य है उसमें किसी प्रकार के परिवर्तन की सम्भावना नहीं है। अतः आचार्य शंकर के मत में कारण तो सत् है परन्तु कार्य विवर्त अर्थात् भ्रम मात्र है। यहां विशेष दृष्टव्य यह है कि आचार्य शंकर पारमार्थिक दृष्टि से विवर्तवादी है और व्यवहारिक दृष्टि से सत् कार्यवादी है। आचार्य शंकर का यह विचार बड़ा अद्भुत है कि विश्व का कारण तो ब्रह्म सत्य है और उससे बना संसार विवर्त्त अर्थात् मिथ्या तथा भ्रम मात्र है।

शंकर से पूर्व आचार्य गौड़पाद तो कार्य कारण के सम्बन्ध को स्वीकार ही नहीं करते है। उनके मत को अजातिवाद कहा जा सकता है। इनका मत है कि कार्य कारण का सम्बन्ध तर्क ग्राहीय है ही नहीं। उन्होंने इस सम्बन्ध में निम्नलिखित युक्तियां दी है।[1]

1. कोई भी वस्तु अपना स्वभाव परिवर्तित नहीं कर सकती है। प्रकृति स्वयं अनुत्पन्न है वह दूसरे बुद्धि आदि कार्यों को कैसे उत्पन्न कर सकती है? वास्तव में प्रकृति में कोई परिवर्तन सम्भव नहीं है।[2] यदि हम यह मानते हैं कि कोई वस्तु कार्य उत्पन्न करती है तो हमें यह मानना पड़ेगा कि वह स्वयं उत्पन्न हुई है। किन्तु यह मान्यता हमें अनवस्था दोष की ओर ले जायेगी। अतः न तो हम यह मान सकते है कि उत्पन्न वस्तु कार्य को उत्पन्न कर सकती है, न यह मान सकते हैं कि अनुत्पन्न वस्तु कार्य को उत्पन्न कर सकती है।

2. जहां कार्य कारण सम्बन्ध बीज और अंकुर की तरह अन्योन्याश्रित माना गया है। वहां भी हमें यह पता न लगे कि कौन सी वस्तु पहले उत्पन्न हुई है, कार्य कारण सम्बन्ध स्थापित नहीं हो सकता है।

3. कार्य कारण का सम्बन्ध किसी भी ढंग से प्रदर्शित करना संभव नहीं है–

---

1. माण्डूक्यकारिका, 111
2. प्रकृतेरन्यथा भावो न कथञ्चिद् भविष्यति ।

(अ) असत् से असत् की उत्पत्ति संभव नहीं है।

(ब) असत् से सत् की उत्पत्ति संभव नहीं है।

(स) सत् से सत् की उत्पत्ति संभव नहीं हो सकती।

(द) सत् से असत् की उत्पत्ति नहीं हो सकती है।

अतः किसी कारण से कार्य उत्पन्न होना सम्भव नहीं है। गौड़पाद के इस मत ने ही आचार्य शंकर के विवर्तवाद को जन्म दिया है। शंकर के मत में कारण सत् है परन्तु कार्य अनिर्वचनीय है उसे न सत् कहा जा सकता न असत्। कार्य उत्पत्ति के पूर्व कारण के रूप में सत् है। अतः इसे सत् कार्यवाद के अन्तर्गत ही कहा जा सकता है।

सत्कार्यवाद की समीक्षा–

सत् कार्यवाद गीता के इस सिद्धान्त पर आश्रित है कि नअसत् की उत्पत्ति हो सकती है और न सत् का नाश हो सकता है।[1] आधुनिक विज्ञान भी द्रव्यानश्वरता (Conservation of matter) के सिद्धान्त को प्रतिपादित करते हुए कहता है कि द्रव्य अपना रूप बदल सकता है परन्तु उसका नाश कभी नहीं हो सकता। आधुनिक विज्ञान जब मानता है कि द्रव्य अपना रूप बदल लेता है तो वह यह भी स्वीकार कर लेता है कि द्रव्य ऐसा रूप धारण कर लेता है जो उसमें पूर्णतः विद्यमान नहीं था। परिणामवाद को मानने वाले सांख्यकों को सम्भवतः नवीन उत्पत्ति को स्वीकारने में भी आपत्ति होगी। सांख्य के अनुसार तो नया कुछ उत्पन्न ही नहीं होता। सम्पूर्ण कार्य कारण व्यापार के पूर्व कारण में छिपा रहता है, केवल कारण व्यापार द्वारा कार्य की अभिव्यक्ति होती है। इस पर दूसरे पक्ष को आपत्ति हो सकती है कि यह अभिव्यक्ति कारण व्यापार के पूर्व थी या नहीं थी तो सांख्य को यह स्वीकार करना होगा कि कुछ नया ऐसा उत्पन्न हुआ है जो पहले नहीं था। अतः उसे असत् कार्यवाद को स्वीकार करना पड़ेगा, क्योंकि अभिव्यक्ति भी पहले अनभिव्यक्त थी तो उसके लिए एक और नयी अभिव्यक्ति माननी पड़ेगी। दूसरी अभिव्यक्ति के लिए तीसरी, तीसरी के चौथी अभिव्यक्ति माननी पडेगी, इसी क्रम से अनन्त अभिव्यक्तियां माननी पड़ेगी। अतः स्पष्ट रूप में अनवस्था दोष की आपत्ति आयेगी। यहां तात्पर्य है कि सांख्य या तो परिवर्तन को स्वीकार न करे और यदि परिवर्तन स्वीकार करता है तो इस रूप में उसे नये कार्य की उत्पत्ति माननी होगी और इस प्रकार असत् कार्यवाद स्वीकार करना होगा। असत् कार्यवाद स्वीकार न करना पड़े, इसके लिए एक ही मार्ग शेष रहता है कि परिवर्तन को स्वीकार न किया जाये, परन्तु परिवर्तन को अस्वीकार कर देने पर तो यह मानना पड़ेगा कि कारण अपने रूप में अक्षुण्ण रहता है उसमें परिवर्त्तन केवल प्रतीतमात्र होता है। इससे विवर्त्तवाद को

1. गीता, 2-16

स्वीकार करना होगा। परन्तु विवर्तवाद तर्क संगत नहीं है, क्योंकि यह बड़ा ही विचित्र सिद्धान्त है कि कारण तो परम सत् है परन्तु कार्य मिथ्या अथवा भ्रम मात्र है।

सत्कार्यवाद और असत्कार्यवाद का समन्वय

जैन दर्शन में सत् कार्यवाद और असत् कार्यवाद, दोनों का समन्वय करने का प्रयास किया गया है। जैन मत में द्रव्य में दो प्रकार के धर्म होते है गुण और पर्याय।[1] गुण उसके स्थायी धर्म होते है और पर्याय बदलते रहते हैं। गुण वास्तव में वस्तु का स्वभाव है। जैसे आत्मा का गुण है चेतना, और वह अपरिवर्तित रहता है। पर्याय वस्तु की अवस्थायें है जो परिवर्तित होती रहती हैं। जैसे कि जब हम स्वर्ण से अंगूठी बनाते हैं तो स्वर्ण के गुण उसका रंग चमक आदि अपरिवर्तित रहते हैं परन्तु उसकी अवस्था, उसका आकार परिवर्तित हो जाता है। द्रव्य के स्वरूप की इस मान्यता के अनुसार जैन सत् कार्यवाद को भी स्वीकार करते हैं और असत् कार्यवाद को भी। उनकी दृष्टि से कार्य गुणों की दृष्टि से कारण में सत् है परन्तु पर्यायों की दृष्टि से असत् है। घट मिट्टी से भिन्न नहीं है, अतः मिट्टी से अनन्य है। परन्तु आरम्भ में मिट्टी घट नहीं थी, अतः मिट्टी से भिन्न है।[2]

कारण के भेद

भारतीय दर्शन में दो प्रकार से कारणों का वर्गीकरण मिलता है—एक सांख्य वेदान्त का, दूसरा न्याय वैशेषिक का। सांख्य योग और वेदान्त के अनुसार कारण दो प्रकार के हैं—उपादान कारण और निमित्त कारण। उपादान कारण वह है जो कारण व्यापार द्वारा कार्य के रूप में परिवर्तित हो जाता है तथा तत्त्व की दृष्टि से कार्य से अभिन्न होता है। जैसे जब हम मिट्टी से घट बनाते है तो मिट्टी उपादान कारण है। जो कारण उपादान कारण को कार्य के रूप में बदलते है या बदलने में सहायक होते है उन्हें निमित्त कारण कहा जाता है। मिट्टी से घट की उत्पत्ति में कुम्भकार चाक डंडा आदि निमित्त कारण है। निमित्त कारण भी दो प्रकार का होता है विशेष और साधारण। जो कारण किसी एक कार्य के लिए विशिष्ट है, उन्हें विशेष कारण कहा जाता है। जैसे घट के प्रति कुम्भकार। जो कारण प्रत्येक कार्य में सामान्य रूप से पाये जाते हैं। उन्हें साधारण कारण कहा जाता है। जैसे दिशा काल मिट्टी लाने का साधन डंड़ा आदि साधारण कारण है। इन कारणों के बिना कोई भी कार्य उत्पन्न नहीं होता। सांख्य और वेदान्त दर्शनों में निमित्त कारण को कर्त्ता और करण के रूप में वर्गीकृत नहीं किया गया है। कर्त्ता सदैव चेतन होता है और कार्य करने में स्वतन्त्र होता है।

---

1. गुणपर्यायवद् द्रव्यम्। —तत्त्वार्थाधिगम सूत्र, 5, 38
2. सन्मतिप्रकरण, 111, 52

न्याय और वैशेषिक दर्शनों में कारणों का वर्गीकरण भिन्न प्रकार का है इनमें तीन प्रकार के कारण माने गये हैं— समवायिकारण, असमवायिकारण और निमित्तकारण। जिसमें कार्य समवेत रूप से उत्पन्न हो उसे समवायिकारण कहते है।[1] यहां यह भाव है कि कार्य उत्पन्न होकर जिस द्रव्य में समवाय सम्बन्ध से रहता है उसे समवायिकारण कहते है। जैसे पट का समवायिकारण तन्तु है। समवायिकारण सदैव द्रव्य रूप होता है चाहे कार्य द्रव्य रूप हो, गुण रूप हो या क्रिया रूप हो। द्रव्य रूप कार्य का समवायिकारण सदैव उसके अवययों के रूप में होता है। यहां यह दृष्टव्य है कि उपादान कारण और समवायिकारण का स्वरूप एक प्रकार का नहीं है। उपादान कारण स्वयं कार्य रूप में परिणत होकर कार्य को अपना तत्त्व रूप प्रदान करता है, परन्तु समवायिकारण कार्य के रूप में परिणत नहीं होता, न कार्य को अपना तत्त्व प्रदान करता है। यहां द्रव्य का समवायिकारण सदैव अवययों के रूप में होता है, किन्तु उपादान कारण के लिए आवश्यक नहीं कि वह अवययों के रूप में हो। अंकुर का उपादान कारण बीज माना जाता है परन्तु समवायिकारण बीज न होकर इसके अवयय हैं।

असमवायिकारण उसे माना गया है जो समवायिकारण में प्रत्यासन हो और जिसमें कार्य को उत्पन्न करने की क्षमता हो अर्थात् जो कारण हो।[2] समवायिकारण में प्रत्यासन से तात्पर्य है कि जिसमें कार्य समवाय सम्बन्ध से रहे। जैसे पट का असमवायिकारण तन्तु संयोग है क्योंकि तन्तु संयोग पद के समवायिकारण तन्तुओं में पट के साथ समवाय सम्बन्ध से रहता है जिसमें कार्य को उत्पन्न करने की क्षमता भी है क्योंकि बिना तन्तु संयोग के पट रूपी कार्य उत्पन्न नहीं हो सकता। असमवायिकारण की परिभाषा के प्रति कभी खींच तान भी की जाती है। जैसे पट का असमवायिकारण तन्तु रूप माना जाता है, परन्तु परिभाषा के अनुसार पट का समवायिकारण कोई ऐसा धर्म होना चाहिए जो पट रूप के समवायिकारण पट में निवास करें। जबकि तन्तु रूप पट में न रहकर तन्तुओं में रहता है। इसका समाधान न्याय यह कहकर करता है कि तन्तु रूप पट रूप के समवायिकरण के समवायिकरण में रहता है और इस प्रकार परम्परा से समवायिकरण में रहता है।

जो कारण समवायी और असमवायी दोनों से भिन्न हो उसे निमित्त कारण माना जाता है।[3] जैसे घट का निमित्त कारण कुम्भकार है और पट का निमित्तकारण जुलाहा

1. यत्समवेतं कार्यमुत्पद्यते तत्समवायिकारणम् । —तर्कभाषा, पृ० 30
2. यत्समवयिकारण प्रत्यासन्नमवधृतसामर्थ्य तदसमवायिकारणम्। - तर्कभाषा पृ० 40
3. यन्न समवायिकरणं नाप्यसमवायिकारणम्, अथ च कारणं तन्निमित्तकारणम्। तर्कभाषा, पृ० 51

है। न्याय में निमित्त कारण को कर्त्ता और कर्म में वर्गीकृत नहीं किया है। परन्तु कुछ अन्य अर्थ में कुछ कारणों में जो प्रकृष्ट कारण हो अर्थात् जो किसी भी कारण से अन्य कारणों से बढ़कर कारण हो उसे कारण माना गया है।[1] न्याय वैशेषिक का वर्गीकरण उसके विशिष्ट सिद्धान्तों के अनुकूल है। न्याय वैशेषिक धर्म और धर्मी में भेद मानता है। अतः पट और पट रूप इसकी दृष्टि से भिन्न है और इनके कारण भी भिन्न है। धर्म और धर्मी में भेद स्वीकार करने के कारण ही समवायिकारण और असमवायिकरण के रूप में वर्गीकरण संभव हुआ है। समवायिकारण सदैव द्रव्य रूप में है जबकि असमवायिकारण गुण रूप है। सांख्ययोग तथा वेदान्त धर्म और धर्मी में अभेद मानते है, इसलिए वहां समवायिकारण और असमवायिकारण दोनों का स्वरूप एक उपादानकारण में संगृहीत हो गया है।

कारण की बहुरूपता की समस्या

यहां कार्य कारण सिद्धान्त से सम्बन्धित एक अन्य समस्या की ओर भी संकेत करना उचित होगा जिसका विवेचन न्यायदर्शन के ग्रन्थों में मिलता है। अनुमान का आधार व्यप्ति है और व्यप्ति अनेक स्थलों पर कार्यकारण सम्बन्ध पर आश्रित होती है। क्या हम कार्य को देखकर कारण का अनुमान कर सकते है? यदि कार्य एक निश्चित कारण से उत्पन्न हो तो कार्य से कारण का अनुमान किया जा सकता है। परन्तु अनेक स्थलों पर हम देखते हैं कि कार्य एक निश्चित कारण से उत्पन्न न होकर कई प्रकार के कारणों से उत्पन्न हो सकता है। जैसे अग्नि की उत्पत्ति कई प्रकार से हो सकती हैं। (1) तृणों को अग्नि लगाकर (2) अरणियों को रगड़ने के द्वारा, और सूर्य कान्त शुष्क मणि लेन्स में सूर्य की किरणों के द्वारा केन्द्रीयकरण द्वारा। इसी प्रकार नदी में बाढ़, बांध टूट जाने से भी आ सकती है और घनी वर्षा होने से भी। चींटियां अपने अण्डों को लेकर आने वाली वर्षा से भी भागती है और अपने घरों के नष्ट हो जाने पर भी। ऐसी स्थिति में, क्या कार्य को देखकर कारण का अनुमान लगाया जा सकता है?

वात्स्यायन, वाचस्पति मिश्र, तथा जयन्त इस मत के हैं कि यह समस्या तब आती है जब हम किसी एक वस्तु को कारण या एक वस्तु को कार्य मानते हैं। वास्तव में कारण के रूप में एक कारण समूह होता है और कार्य के रूप में भी एक कार्य समूह होता है। यदि हम मुख्य कार्य के सहकार्यों को भी देखें तो समस्या हल हो सकती है।

---

1. साधकतमं कारणम् । अतिशयितं साधकं साधकतमं प्रकृष्टं कारणमित्यर्थः।
—वही, पृ० 19

जैसे बाढ़ के जल में यदि फेन, फल पत्तियों तथा लकड़ियों को देख तो यह कह सकते हैं कि नदी के ऊपर पर्वत में वर्षा हुई है। यदि अनेक स्थानों पर चीटियों को अण्डों के साथ भ्रमण करते देखे (एक स्थान पर नहीं) तो कह सकते हैं कि वर्षा होने वाली है। इस प्रकार कारण की बहुरूपता की प्रतीति अवश्य होती है, परन्तु हम ध्यानपूर्वक कारण और कार्य के सहकार्यों को देखें तो कारण की बहुरूपता की समस्या समाप्त हो जाती है।

अष्टादश अध्याय

सामान्य तथा विशेष

प्रायः हम जब किसी भी पदार्थ पर दृष्टिपात करते हैं तो अनेक वस्तु ऐसी दृष्टिगोचर होती है जो अन्य वस्तुओं के समान होती है। ऐसी समान वस्तुओं को जाति कहा जाता है। इसी प्रकार कुछ वस्तुएं ऐसी भी होती हैं जो अन्य वस्तुओं से अन्तर रखती हैं जो समान नहीं होती वे अन्य वस्तुओं से भिन्न होती है। इस समानता और भिन्नता का कारण क्या है? क्या यह समानता तथा भिन्नता वस्तु में रहनेवाला कोई बाह्य तत्त्व है या हमारा मानसिक प्रत्यय है? यदि वह बाह्य तत्त्व है तो उसका स्वरूप क्या है? क्या वह बाह्य वस्तु से भिन्न है या उससे अभिन्न कोई स्वतन्त्र तत्त्व है?

न्याय-वैशेषिक

वैशेषिक दर्शन के रचयिता कणांद ने सामान्य तथा विशेष को बुद्धि सापेक्ष माना है।[1] अर्थात् वैशेषिक के अनुसार सामान्य तथा विशेष की सत्ता बुद्धि(ज्ञान) पर आश्रित है। इसका अभिप्राय यह है कि कणाद सामान्य और विशेष को बाह्य सत्ता नहीं मानते हैं। वैशेषिक दर्शन में सर्वत्र इन शब्दों को परस्पर सापेक्ष जाति एवम् उपजाति के अर्थ में प्रयुक्त किया है। एक ही धर्म एक जाति की अपेक्षा सामान्य हो सकता है, दूसरी की अपेक्षा विशेष। जैसे-घट में रहनेवाला द्रव्यत्व पृथ्वीत्व की अपेक्षा सामान्य है और सत्ता की अपेक्षा विशेष है। जो सामान्य अधिक व्यक्तियों को अपने अन्तर्गत ले सके वह सामान्य है और जो कम व्यक्तियों को ले सके वह विशेष। जैसे- गऊओं में सामान्य गोत्व होता है एक गऊ उसमें विशेष होती है इसी प्रकार अश्वों में अश्वत्व सामान्य है। एक अश्व विशेष है परन्तु गौत्व और अश्वत्व में भी एक समानता है वह यह है कि पशुत्व दोनों में समान है। न्याय वैशेषिक के उत्तरवर्ती आचार्यों ने सामान्य को एक बाह्य पदार्थ माना है। वास्तव में सामान्य और विशेष दोनों की संकल्पना में कर्मिक विकास दृष्टिगोचर होता है। जिसका इस प्रकार वर्णन किया जा सकता है।

1. आरम्भ में तो सामान्य तथा विशेष पदार्थों की सापेक्ष स्थितियों को कहा जाता था। जैसे कि महर्षि कणाद के विचार को देख चुके हैं इनकी स्थिति बुद्धि सापेक्ष है। एक ही वस्तु अपने से अधिक व्यापक पदार्थ की अपेक्षा विशेष थी; कम व्यापक पदार्थ

---

1. सामान्यं विशेष इति बुद्ध्यपक्षम्। —वैशेषिक सूत्र-1.2.3

की अपेक्षा सामान्य है। कुछ पदार्थ ऐसे भी होते हैं जिन्हें केवल सामान्य या केवल विशेष कहा जा सकता है जिससे अधिक व्यापक कोई अन्य पदार्थ नहीं हो वह केवल सामान्य है। जैसे सत्ता। जो क़ेवल व्यक्ति हो— जिसके अन्तर्गत कोई और पदार्थ न आता हो वह केवल विशेष है जैसे आकाश। उद्योतकर ने इसीलिए तीन प्रकार के विशेष बताये हैं (1) सामान्य (2) विशेष तथा (3) सामान्य विशेष।[1]

2. एक दूसरे अर्थ में "सामान्य" शब्द का प्रयोग "जाति" के लिए और "विशेष" का एक ऐसे व्यक्ति के लिए हुआ है जिसमें जाति निवास करती हैं। यहां सामान्य बुद्धि की अपेक्षा में न रहकर एक बाह्य पदार्थ बन गया। जयन्तकृत न्यायमंजरी में इन शब्दों का प्रयोग इसी अर्थ में हुआ है। श्रीधर ने भी न्यायकन्दली में इसी अर्थ में इन शब्दों का प्रयोग किया है। अन्य न्यायवैशेषिक प्रकरणों में भी सामान्य और विशेष का यही अर्थ ग्रहण किया जाता है।

3. सत्ता से भिन्न द्रव्यत्व आदि सामान्यों में दो प्रकार के व्यापारों का आरोप किया गया है एक तो अनुवृत्ति का दूसरा व्ययवृत्ति का। इसलिए इन्हें प्रायः सामान्य विशेष शब्द से लक्षित किया गया है।[2] जिसमें सामान्य उन्हें इसलिए कहा गया है कि उनके अन्तर्गत वे अपने आश्रयों को अन्य पदार्थों से व्यायवृत्त करते हैं।[3] इस प्रकार जब व्यायवृत्ति का कार्य जो मूलतः विशेष का था सामान्य द्वारा किया जाने लगा तो विशेष शब्द केवल अन्य विशेषों के लिए (अर्थात् उनके लिए जिनकी अनुवृत्ति कही भी नहीं होती, जो केवल व्यक्ति रूप ही हैं; जैसे आकाश) प्रयुक्त किया जाने लगा। इस प्रकार विशेष एक अलग पदार्थ बन गया। इस प्रकार सामान्य आरम्भ में बुद्धि सापेक्ष था किन्तु बाद में इसकी बाह्य सत्ता स्वीकार की गयी वैशेषिक दर्शन में प्रथम बार प्रशस्तपाद इसी बाह्य सत्ता स्वीकार करते हुए दृष्टिगोचर होते हैं, परन्तु न्यायदर्शन में गौतम के न्यायसूत्र में ही सामान्य को नित्य तथा इन्द्रीय ग्राह्यीय माना गया है।[4]

सामान्य का लक्षण

सामान्य को बाह्य सत्ता स्वीकार करने के पश्चात् उसका जो लक्षण किया है उसमें उसका बाह्य विषयत्व अन्तर्निहित ही न्याय सिद्धान्त मुक्तावली के अनुसार सामान्य

---

1. विषयः सामान्य-विशेष-तद्वद्-भेदात् त्रेधा। —न्यायवर्तिक, पृ० 14
2. सदनित्यं द्रव्यवत् कार्य कारणं सामान्यविशेषवद् इति द्रव्यगुणकर्मणामविशेषः —वैशेषिक सूत्र 1.18
3. एतानि तु द्रव्यत्ववादीनि प्रभूतविषयत्वात् प्राधान्येन सामान्यानि स्वाश्रयविशेषकत्वाद् भक्त्या विशेषाख्यानीति। —प्रशस्तपादभाष्य, (श्री नि[illegible] शास्त्री), पृ० 249
4. न्यायसूत्र 5.1.15
5. कारिका 8 पर न्यायसिद्धान्तमुक्तावली

का लक्षण "नित्यत्वे सत्येनकसमवेतत्वम्"[5] तथा तर्कसंग्रह के अनुसार इसका लक्षण है-"नित्यमेकमनेकानुगतम्"।[1] प्रथम लक्षण के अनुसार इसकी दो विशेषताएं हैं— (अ) नित्यत्व और (ब) अनेक समवेतत्व तथा दूसरे लक्षण के अनुसार इसकी तीन विशेषताएं है। (अ) नित्यत्व (ब) एकत्व (स) अनेकानुगतत्व।

जैसा कि हम पहले देख चुके हैं कि सामान्य की कल्पना का मूल है एक प्रकार की वस्तुओं में होने वाली समानता की प्रतीति जिसे लक्षण में अनेकाअनुगतत्व कहा गया है। जैसे अनेक घटों में जो समानता प्रतीत होती है, जिसके कारण प्रत्येक घट को हम घट कहते हैं यह घटत्व सामान्य है। क्या प्रत्येक प्रकार की समानता की प्रतीति को हम साामान्य कह सकते हैं? यदि कुछ व्यक्ति छाता लेकर जा रहे हों तो, छातें युक्त होना उनकी समानता है क्या इसे हम सामान्य कह सकते हैं? यदि किसी कमरे में कुछ आदमी बैठे है तो कमरे में बैठना उनकी समानता है क्या उन्हें सामान्य कहा जा सकता है? किसी शहर में रहने वाले नागरिकों में उस शहर का नागरिक होना उनकी समानता है क्या इसे सामान्य कहा जा सकता है? इन सभी उदाहरणों में प्राप्त होने वाली समानता को सामान्य कहा जा सकता है? इन सभी उदाहरणों में प्राप्त होने वाली समानता को सामान्य नहीं माना जाता क्योंकि वे सब आकस्मिक समानताएं हैं किसी भी समय समाप्त हो सकती है। सामान्य के स्तर तक पहुंचने के लिए समानता का नित्य होना आवश्यक है। सामान्य के स्तर तक पहुंचने के लिए समानता का नित्य होना आवश्यक है घट में जो घटत्व है वह नित्य है। घट समाप्त हो सकता है घटत्व नहीं।

यहां यह प्रश्न किया जा सकता है कि पृथक-पृथक घटों में क्या भिन्न-भिन्न सामान्य है या सामान्य एक ही है? न्याय वैशेषिक की मान्यता के अनुसार समस्त घटों में एक ही घटत्व सामान्य है। अतः सामान्य को नित्य और एक माना जाता है। "अनेकानुगतम्" के अनुगतम् का अर्थ टीकाकारों ने "समवेतम् अथवा समवायसम्बन्धेन वर्तमानम्" किया है क्योंकि अत्यन्त अभाव नित्य भी है और एक भी है, अनेकों में निवास भी करता है फिर भी वह सामान्य नहीं है। अतः वे सभी समानताएं जो अनेकों में निवास भी करती है, फिर भी सामान्य नहीं है। अतः वे सभी समानताएं अनेकों में समवाय सम्बन्ध से अवस्थित रहती हुई एक और नित्य है सामान्य कही जा सकती हैं।

सामान्य, जाति एवम् उपाधि

सामान्य की उपर्युक्त परिभाषा के अन्तर्गत आने वाली समानताओं को तो मुख्य रूप से सामान्य कहा गया है, परन्तु ऐसी समानताएं जो उपर्युक्त परिभाषा के अन्तर्गत नहीं आती, गौण रूप से सामान्य मानी गयी और उन्हें मुख्य सामान्य से पृथक् ग्रहण करने के लिए उपाधि कहा गया है। कुछ आरम्भिक ग्रंथों में इन दोनों प्रकार के सामान्यों

---

1. तर्कसंग्रह (वोदास), 77

में स्पष्ट अंतर किया गया है। जैसे शिवादित्य ने सप्तपदार्थी में दो प्रकार का सामान्य बतलाया है।[1] (1) जाति, उदाहरणत: ''सत्ता'' ''द्रव्यत्व'' आदि और उपाधि, उदाहरणत: पाचकत्व। इनमें प्रथम अर्थात् जाति वहीं है जो सामान्य की परिभाषा के अन्तर्गत आती हैं। इसके पश्चात् न्याय-वैशेषिक ग्रन्थों में केवल जाति को ही सामान्य माना जाता है।

सामान्य के भेद :

वैशेषिक के टीकाकारों ने प्राय: सामान्य के दो भेद किये हैं—पर और अपर। पर का उदाहरण है सत्ता और अपर का उदाहरण है द्रव्यत्व। यह वर्गीकरण निर्पेक्ष न होकर सापेक्ष है क्योंकि द्रव्यत्व सत्ता की तुलना में अपर हो सकता है और घटत्व की तुलना में पर। कुछ विद्वानों ने सामान्य के तीन भेद माने हैं। तर्कामृत के अनुसार सामान्य के तीन भेद है व्यापक (सबसे बड़ा) और व्याप्य (सबसे छोटा) तथा व्याप्य व्यापक (बीच का)। सत्ता व्यापक है घटत्व व्याव्य है और द्रव्यत्व व्याप्य व्यापक है यह वर्गीकरण सापेक्ष न होकर निर्पेक्ष है। उदयनाचार्य ने जातिबाधक तत्त्वों को भी मिलाया है—

व्यक्तेरभेदस्तुल्यत्वं संकरोऽथानवस्थिति:।
रूपहानिरसम्बन्धो जातिबाधक संग्रह: ।।[2]

उदयनाचार्य के अनुसार छ: तत्त्व जातिबाधक है—

1. वस्तु की एकता (व्यक्तेरभेद:)— यदि कोई वस्तु एक ही हो उस प्रकार की कोई वस्तु न हो तो उसमें जाति नहीं रह सकती। उदाहरण के लिए आकाश को जातित्व नहीं कह सकते।

2. दो वस्तुओं की एकता (तुल्यत्वं)— यदि दो वस्तु वास्तव में एक ही है परन्तु नाम भिन्न है। परन्तु उनमें पृथक जाति नहीं होती है। जैसे कलश में घटत्व के भिन्न जाति नहीं है।

3. शंकर— यदि दो सामान्यों में शंकर हो अर्थात् वे कुछ वस्तुओं में तो साथ रह सके, कुछ में साथ न रह सके, तो उनको जाति नही माना जा सकता। इसका उदाहरण है ''भूतत्व एवं मूर्तत्व जो पृथ्वी, जल, वायु और तेजस में तो एक साथ पाये जाते हैं, किन्तु आकाश में या मन में नहीं। आकाश में भू तत्त्व है किन्तु मूर्तत्व नहीं है। मन में मूर्तत्व है किन्तु भू तत्त्व नहीं है।

4. अनवस्थिति— जाति में स्थित सामान्य को जाति नहीं माना जाता क्योंकि ऐसा

1. सप्तपदार्थी, 41.
2. किरणावली, पृ० 321.

मानने पर अनवस्था दोष होगा। जैसे-घटत्व में स्थित घटत्वता जाति नहीं है क्योंकि यदि उसे भी जाति माना गया तो पुनः इसमें एक और जाति घटत्वतात्व की कल्पना की जा सकती है और इसी क्रम में अनेक जातियों की भी कल्पना की जा सकती है।

5. **स्वरूपहानि (रूप हानि)**— विशेष में जाति की कल्पना नहीं की जा सकती क्योंकि विशेष का स्वरूप ही ऐसा होता है उसमें सामान्य नहीं होता और सामान्य की कल्पना करने से उसके स्वरूप का नाश होगा। अतः विशेष यद्यपि अनेक है परन्तु उसमें विशेषत्व जाति नहीं है।

6. **सम्बन्ध का अभाव (असम्बन्ध)**— यदि सामान्य अपने आश्रय में किसी सम्बन्ध से नहीं रह सकता तो उसे जाति नहीं माना जा सकता। उदाहरण के लिए समवायत्व जाति नहीं हो सकता क्योंकि समवायत्व समवाय में किसी सम्बन्ध से नहीं रह सकता। जाति अपने आश्रय में समवाय सम्बन्ध से निवास करती है परन्तु समवाय में समवायत्व समवाय सम्बन्ध से नहीं रह सकता। जैसे हम विचार कर चुके हैं कि वे सभी सामान्य जो जाति की श्रेणी में नहीं आ पाते, "उपाधि" कहलाते है।

सामान्य का प्रत्यक्ष ग्राह्यत्व

यह वर्णन हो चुका है कि न्याय-वैशेषिक दर्शन सामान्य को प्रत्यक्ष ग्राह्य स्वीकार करता है परन्तु सामान्य को प्रत्यक्ष ग्राह्य स्वीकार करने में यह कठिनाई है कि सामान्य कभी भी व्यक्ति से भिन्न दृष्टिगोचर नहीं होता। जब हम गाय को देखते हैं तो केवल एक गाय को देखते हैं— गाय तथा गौत्व जैसी दो वस्तुओं को कभी नहीं देखते। तब फिर गौत्व को हम गाय से पृथक् कैसे मान सकते है? न्याय वैशेषिक दर्शन में इस समस्या का समाधान समवाय सम्बन्ध द्वारा किया है। न्याय-वैशेषिक के अनुसार जहां संयोग सम्बन्ध होता है वहां दो पृथक्-पृथक् वस्तु भी गर्म किये लोह पिण्ड में अग्नि और लोह पिण्ड के समान एकात्मभूत सी प्रतीत होती है। फिर भी दोनों के अन्तर को ग्रहण किया जा सकता है। दूर से यद्यपि गौत्व का ग्रहण नहीं होता परन्तु पिण्ड का ग्रहण हो जाता है। इसी प्रकार यदि हमने एक बार गाय देखी है, तो दूसरी गाय देखने पर पूर्व पिण्ड ग्रहण नहीं होता, फिर भी दूसरे पिण्ड में गोत्व का ग्रहण हो जाता है। इससे यह सिद्ध हो जाता है कि "सामान्य" व्यक्ति से नितान्त भिन्न है।[1]

इनके अनुसार सामान्य प्रत्यक्ष ग्राह्य है परन्तु कहीं-कहीं इस मत में एक विशेष कठिनाई प्रस्तुत होती है। जैसे किसी मनुष्य की जाति (ब्राह्मणत्व आदि) का बोध बिना बतलाये प्रत्यक्ष से नहीं होता। जयन्त ने इस समस्या का समाधान यह किया कि जाति का बोध कथन सहित प्रत्यक्ष से होता है।[2] श्रीधर के अनुसार जब किसी मनुष्य के

---

1. द्रष्टव्य न्यायकन्दली (प्रशस्तपादभाष्यम्), (सम्पूर्णानन्द सं० वि०), पृ० 751-52
2. उपदेशसहाय-प्रत्यक्षगम्यत्वात्। —न्यायमंजरी, भाग 1, पृ० 204

माता-पिता आदि पूर्वजों में ब्राह्मणत्व का ज्ञान परम्परा से होता है तो उस मनुष्य में भी यह ब्राह्मण है इस प्रकार का ज्ञान प्रत्यक्ष द्वारा ही हो जाता है।[1] श्रीधर के अनुसार यह प्रत्यक्षबोध इसी प्रकार का है। जैसे कोई रतन परीक्षा शास्त्र का ज्ञाता ही रत्न की जाति को प्रत्यक्षतः देख पाता है, और कोई नहीं।[2]

न्याय-वैशेषिक की इस खींचातानी से यह स्पष्ट प्रतीत होता है कि जिस रूप में न्याय-वैशेषिक ने सामान्य को एक नितान्त बाह्य और प्रत्यक्ष ग्राह्य सत्ता स्वीकार कर रखा है, उस रूप में उसे स्वीकार करना संभव नहीं है। ब्राह्मणत्व को निश्चित रूप से प्रत्यक्षग्राह्य स्वीकार करना सम्भव नहीं है। ब्राह्मणत्व जाति का ज्ञान केवल इस बात के ज्ञान से होता है कि वह किस पिता की संतान है और यह प्रत्यक्षग्राह्य नहीं है।

सामान्य का सर्वगतत्त्व

न्याय-वैशेषिक मत में यद्यपि व्यक्ति अनित्य हो सकते है परन्तु सामान्य नित्य है। व्यक्ति नष्ट हो जाता है परन्तु सामान्य नष्ट नहीं होता है। जैसे ही कोई व्यक्ति जन्म लेता है सामान्य उसमें निवास करने लगता है। यहां यह समस्या उठती है जब कोई व्यक्सि जन्म लेता है तो सामान्य कहां से आ जाता है? व्यक्ति क्योंकि संसार सर्वत्र है। अतः सामान्य को भी न्याय-वैशेषिक को सर्वगत मानना पड़ा है। परन्तु सामान्य को सर्वगत मानने पर एक और समस्या उठ खड़ी होती है। यदि सामान्य सर्वत्र है तो अपनी जाति से भिन्न जातियों के व्यक्तियों में भी उसकी प्रतीति होनी चाहिए। जैसे- गौत्व की प्रतीति सिंह आदि पशुओं में भी होनी चाहिए। इस समस्या के तीन प्रकार के समाधान न्याय वैशेषिक ग्रन्थों में मिलते हैं।[3]

1. यद्यपि सामान्य सर्वव्यापक है और इसलिए प्रत्येक सामान्य प्रत्येक प्रकार के व्यक्ति में निवास करता है, परन्तु प्रत्येक सामान्य अपनी ही जाति के व्यक्ति में अपने को अभिव्यक्त करता है। जैसे-गोत्व सामान्य सर्वव्यापक होने के कारण सभी गऊओं में तो रहता ही है, अश्व आदि अन्य स्थानों पर भी रहता है, परन्तु यह अभिव्यक्त केवल गऊओं में ही होता है। यही वस्तुओं का स्वभाव है। इस सिद्धान्त को "सर्वसर्वगताजाति" कहा गया है। जिसका अर्थ है कि सभी व्यक्तियों में निवास करते हैं। यह मत जयन्त की न्यायमंजरी में प्राप्त होता है।[4]

2. सामान्यों के सर्वव्यापक होने पर भी प्रत्येक सामान्य अपनी ही जाति के

---

1. यदा तु माता पित्रोस्तत्पूर्वेषां च वृद्धपरम्परया विशुद्धं ब्राह्मणत्वम् अवसितं तदा ब्राह्मणोऽयमिति प्रत्यक्षत्वेनैव प्रतीयते। —न्यायकन्दी, पृ० 34
2. वही, पृ० 35
3. D.N. Shastri, Critique of Indian Realism, p. 335
4. सर्वसर्वगता जातिरिति त्वाद् उपेयते। —न्यायमंजरी, भाग 1, पृ० 285

व्यक्तियों में निवास करता है। यद्यपि प्रत्येक सामान्य अपने से भिन्न जाति के व्यक्तियों के स्थान पर भी रहता है। परन्तु यह समवाय सम्बन्ध द्वारा केवल अपनी ही जाति के व्यक्तियों से सम्बद्ध होता है, अन्य जातियों के व्यक्तियों से नहीं। प्रशस्तपाद तथा वाचस्पति मिश्र का यही मत है।[1]

3. सामान्य सर्वव्यापक नहीं होते अपितु अपनी जाति के प्रत्येक व्यक्ति में निवास करते है। जब उनको सर्वगत: कहा जाता है तो उसका तात्पर्य भी यही है कि वे अपनी जाति के प्रत्येक व्यक्ति में होते हैं यह मत हमें श्रीधर की न्याय कन्दली में प्राप्त होता है। वह प्रशस्तपाद भाष्य की व्याख्या करते हुए कहते हैं कि व्यक्तियों के मध्य में जो अन्तराल होता है उसमें सामान्य की स्थिति नहीं होती।[2] उद्योतकर भी इसी मत के पक्षधर है।[3]

अन्तिम दोनों सिद्धान्त ''पिण्डसर्वगताजाति'' के अन्तर्गत आ जाते हैं। यह कुछ विचित्र सा प्रतीत होता है कि जो सामान्य नवजात व्यक्ति से न तो पूर्व सम्बद्ध था, न कहीं से आया, वह अचानक उससे सम्बद्ध हो जाता है। अत: बाद में तृतीय मत का परित्याग कर दिया गया। शंकर मिश्र के उपस्कार में द्वितीय का पोषण किया गया है और यही मत न्याय वैशेषिक में भी प्राय माना जाता है।[4]

सामान्य का व्यक्ति में निवास

सामान्य को न्यायवैशेषिक ने व्यक्ति से नितान्त भिन्न पदार्थ माना है। यहां यह प्रश्न उत्पन्न होता है कि सामान्य व्यक्ति में निवास करता है तो कैसे करता है? बौद्धों ने न्यायवैशेषिक कल्पित सामान्य का व्यक्ति में निवास असंभव माना है। जयन्त ने बौद्धों की युक्तियों को इस प्रकार प्रस्तुत किया है कि सामान्य व्यक्तियों में सम्पूर्णत: निवास करता है या अंशत:। दोनों ही बातें असंभव है। यदि सामान्य व्यक्ति में पूर्णत: निवास करता है तो वह वहीं समाप्त हो जायेगा और किसी अन्य व्यक्ति में नहीं रह सकेगा। यदि वह वहां अंशत: निवास करता है तो गौत्व सामान्य कही भी पूर्णत: प्राप्त नहीं होगा और व्यक्ति गऊओं में कभी भी गऊ की प्रतीति नहीं होगी। सामान्य क्योंकि अव्यवरहित होता है, अत: अशंत व्यक्तियों में निवास नहीं कर सकता। वह पूर्णत: भी निवास नहीं

1. D.N. Shastri, Critique of Indian Realism, pp. 236-237.
2. अतोऽन्तराले न सामान्यानि व्यपदिश्यन्ते न सन्तीत्यर्थः।
—न्यायकन्दली (प्रा० पा० भाष्य), पृ० 755.
3. केन सर्वगत्वं जातेरभ्युपगम्यते, अपितु स्वविषये सर्वत्र वर्त्तत इति सर्वगतेत्युच्यते।
—न्यायदर्शनम् पृ० 667.
4. सामान्यं नित्यं व्यापकं च। व्यापकत्वमति स्वरूपत: सर्वदेशसम्बन्धित्वम्।
—उपस्कार (चौखम्भा), पृ० 81.

कर सकता। यदि वह एक व्यक्ति में पूर्णतः निवास करता है तो दूसरे व्यक्ति में पूर्णता निवास करने के लिए शेष ही नहीं रहेगा। क्योंकि किसी व्यक्ति की पूर्णतः यदि एक बार समाप्त हो चुकी हो तो दुबारा नहीं आ सकती, जब तक की उसका पुर्नजन्म न हो।[1] बौद्धों की उपर्युक्त शंकाओं का उत्तर जयन्त ने इस प्रकार दिया है— सामान्य अपनी जाति में प्रत्येक व्यक्ति में पूर्णतः निवास करता है। जहां तक यह प्रश्न है कि फिर वह अन्य व्यक्तियों में नहीं पाया जाना चाहिए। इसका हम क्या करे, किसको उपालम्भ दे? दूसरे व्यक्तियों में भी यह तो है ही, इसको कैसे छिपाया जाये? (वस्तुओं का यही स्वभाव है तो इसमें कोई क्या करे) जाति के अवयव तो होते नहीं जिनसे उनका अवस्थान व्यक्तियों में हो सकें यदि आप कहते हैं कि ऐसा अन्यत्र कहां पाया जाता है? (तो उत्तर है कि) यह आपका चातुर्य ही है। आप प्रत्यक्ष के विषय में भी अनुमान के समान प्रश्न करते हैं। यह शंका अनुमान में तो हो सकती है, परन्तु प्रत्यक्ष में कैसे की जा सकती हैं?[2]

उद्योतकर ने बौद्ध आशंकाओं को प्रस्तुत करते हुए कहा है कि यदि सामान्य एक साथ अनेक व्यक्तियों में निवास करता है तो यह प्रत्येक व्यक्ति में पूर्णतः रहता है या अशंत? यदि यह प्रत्येक व्यक्ति में पूर्णतः रहता है तो यह भी व्यक्ति की भांति ही प्रत्येक व्यक्ति में भिन्न होगा, अनेक व्यक्तियों में रहता हुआ वह सामान्य नहीं है। यदि यह प्रत्येक व्यक्ति में अशंतः रहता है तो भी अनेक में एक का रहना नहीं होगा, अपितु अनेक में अनेक का रहना होगा। अतः यहां सामान्य का स्वभाव एक होते हुए भी अनेकों में रहना नहीं होगा।[3] अपितु इसका उत्तर उद्योतकर यह कह कर देते हैं कि इस प्रकार के विकल्प की सामान्य व्यक्तियों में पूर्णतः रहता है या अशंतः सामान्य के विषय में सम्भव ही नहीं है। प्रतिपक्षी के प्रश्न को उद्योतकर इस प्रकार प्रस्तुत करते हैं— गौत्व जैसा कोई सामान्य हो ही नहीं सकता क्योंकि यह न तो गऊ में रह सकता है और न ही गऊ के भिन्न में। यदि यह कहा जायें कि वह गऊ में रह सकता है तो इसका अर्थ हुआ कि वह गऊ बिना गौत्व के भी गऊ है और उसे गौत्व सामान्य की आवश्यकता नहीं है। यदि यह कहा जाये कि वह गऊ से भिन्न में रहता है तब तो एक अश्व भी गऊ हो जायेगा। कोई और विकल्प संभव नहीं है। अतः गौत्व सामान्य प्रतीति का हेतु नहीं हो सकता। यहां भी उद्योतकर का उत्तर यही है कि इस प्रकार के विकल्प सामान्य में संभव ही नहीं है। गौत्व न तो गऊ में रहता है और न गऊ में रहता है और न गऊ से भिन्न में, क्योंकि गौत्व के आने के पूर्व कोई व्यक्ति न तो गऊ से भिन्न में। गऊ और गऊ से भिन्न दोनों विशेषय प्रत्यय है और विशेषण के बिना संभव नहीं। गौत्व से

1. न्यायमंजरी, भाग 1, पृ० 272.
2. न्यायमंजरी, भाग 1, पृ० 284.
3. न्यायदर्शन (न्यायवार्त्तिक), पृ० 668.

सम्बन्ध के पूर्व व्यक्ति विद्यमान ही नहीं था और एक अविद्यमान वस्तु को न गऊ कहा जा सकता है और न गऊ से भिन्न। जैसे ही एक व्यक्ति गऊ का जन्म होता है उसका सम्बन्ध गौत्व से होता है।[1] अतः यहां कोई विकल्प संभव नहीं है।[2]

विशेष

न्याय वैशेषिक दर्शन में सामान्य के समकक्ष भी विशेष की संकल्पना का भी क्रमशः विकास दृष्टिगोचर होता है। जैसे कि सामान्य के प्रसंग में हम यह अवलोकन कर चुके हैं कि आरम्भ में विशेष किसी भी वस्तु का वह पक्ष था, जिसके द्वारा अन्य वस्तुओं से उसकी व्यावृत्ति (पृथकता) होती थी। यह सामान्य का ही व्यावृत्यात्मक पक्ष था। जैसे द्रव्यत्व के दो कार्य थे—अनुवृत्ति और व्यावृत्ति, जिनके कारण वह सामान्य और विशेष दोनों प्रकार का माना जा सकता था। कणाद[3] ने भाव को, प्रशस्तपाद[4] ने सत्ता को केवल सामान्य माना है। सामान्य की उच्चतम स्थिति जब केवल अनुवृत्यात्मक, अर्थात् केवल सामान्य स्थिति हो सकती है तो उसकी निम्नतम स्थिति भी होनी चाहिए जो केवल व्यावृत्यात्मक अर्थात् केवल विशेष हो। इस निम्नतम धर्म में अनुवृत्ति का नितान्त अभाव होने के कारण यह केवल एक वस्तु में निवास करेगा। उत्तरवर्ती न्याय-वैशेषिक साहित्य में घटत्व जैसे सामान्यों को निम्नतम माना गया है। घटत्व केवल घटों में रहता है, इसके अन्तर्गत कोई सामान्ययुक्त द्रव्य नहीं आता। परन्तु घटत्व अनेक घटों में रहने के कारण केवल व्यावृत्यात्मक नहीं माना जा सकता। न्याय वैशेषिक दार्शनिकों ने ऐसे धर्म को भी खोज डाला जो व्यावृत्यात्मक हो। इनके अनुसार प्रत्येक वस्तु का अन्य वस्तुओं से व्यावृत्ति का कारण विशिष्ट धर्म-विशिष्ट गुण या विशिष्ट या विशिष्ट सामान्य है। यदि दो ऐसी वस्तु हो जैसे दो घट, जिनमें एक ही प्रकार के गुण और एक ही सामान्य हो तो उनमें परस्पर व्यावृत्ति कैसे होगी? तब उनमें व्यावृत्ति का आधार, अव्यव भेद होगा। परन्तु ऐसी वस्तुएं जिनमें अव्यव ही न हो व्यावृत्ति किस प्रकार होगी? उदाहरण यह दिया जा सकता है कि जैसे पृथ्वी के दो अणुओं को हम ले तो उनमें एक ही प्रकार के गुण है और एक ही सामान्य है, उनके अवयव भी नहीं है, फिर उनमें व्यावृत्ति कैसे होगी? उनमें व्यावृत्ति करना भी आवश्यक है अन्यथा उनमें तादात्म्य स्वीकार करना होगा। नित्य अणुओं में व्यावृत्ति के लिए एक ऐसे विशिष्ट धर्म की कल्पना की गयी है जिससे एक ही जाति के एक ही अणु से दूसरे अणु की व्यावृत्ति हो जाये। यह धर्म क्योंकि केवल एक ही अणु में रहता है, अतः केवल व्यावृत्त्यात्मक

---

1. न्यायवैशेषिक की यह प्रसिद्ध उक्ति है-जातः सम्बद्धश्चेत्येकः कालः।
2. न्यायदर्शन (न्यायवर्तिक), पृ० 669.
3. भावोऽनुवृत्तेरेव हेतुत्वात् सामान्यमेव।— वैशेषिक सूत्र 1. 2. 4
4. तत्र परं सत्ता महाविषयत्वात्, सा चानुवृत्तेरेव हेतुत्वात् सामान्यमेव। प्रशस्तपाद भाष्य (सं० सं० वि०) पृ० 29

है। सत्ता या भाव रूप केवल सामान्य की तुलना में इसे अन्त्य विशेष या केवल विशेष कहा गया है।[1] इसके पश्चात् इसे मात्र विशेष कहा जाने लगा। उस समय सम्भवतः यह अनुभव किया गया कि "द्रव्यत्व" आदि मुख्यतः सामान्य है, गौण रूप से ही विशेष है, अतः विशेष शब्द का प्रयोग अन्तःविशेषों के लिए किया जाने लगा। अन्ततः विशेष एक सामान्य से भिन्न पृथक् माना जाने लगा और इसको भी बाह्य पदार्थ के रूप में किया जाने लगा। इसके पश्चात् तर्कभाषा, तर्कसंग्रह और न्यायसिद्धान्त मुक्तावली आदि के प्रकरणों में विशेष शब्द का प्रयोग इस अन्तः विशेष के ही अर्थ में किया गया है जो परमाणुओं तथा नित्य पदार्थों में निवास करता है। प्रशस्तपाद के अनुसार विशेष सभी नित्य द्रव्यों आकाश, दिक् काल, आत्मा और मनस में तुल्य आकृति गुण तथा क्रियायें होती है।[2] अन्य कोई व्यावृतक न होने के कारण उनमें विशेष की कल्पना का औचित्य हो सकता है।[3] आकाश, दिक् और काल के तो गुण और क्रिया भिन्न-भिन्न है, उनमें विशेष की कल्पना का क्या औचित्य हो सकता था? सम्भवतः उनमें विशेष की कल्पना इसलिए की गयी क्योंकि ये अपने जैसे अकेले थें इनके समान और कोई नहीं था। फिर भी भिन्न-भिन्न गुण क्रियाओं के व्यावृतक होने पर उनमें विशेष की कल्पना, कल्पना गौरव ही मानना होगा। वास्तव में परमाणु आत्मा और मनस में भी विशेष की कल्पना अनावश्यक थी।[4] विशेष की कल्पना करने पर प्रत्येक परमाणु आदि में एक पृथक् विशेष की कल्पना करनी होगी। यह प्रश्न उठता है कि इन विशेषों में परस्पर व्यावृतक कैसे होता है? यदि उनमें व्यावृतन के लिए किसी अन्य विशेष की कल्पना की जाये तो अन्वस्था दोष उत्पन्न होगा। अतः न्याय वैशेषिक ने विशेषों को स्वतः व्यावृतक माना है। जब विशेष स्वतः व्यावृतक हो सकते हैं तो परमाणु आदि स्वतः व्यावृतक क्यों नहीं हो सकते?

अपोहवाद-बौद्धदर्शन का मत

हम यह अवलोकित कर चुके हैं कि न्यायवैशेषिक दर्शन के मत में सामान्य की वास्तविक और बाह्य सत्ता है। इनके अनुसार संकल्पात्मक ज्ञान में बाह्य वस्तुओं का ग्रहण होता है। इन संकल्प और शब्दों का संकेत सामान्य या सामान्य विशिष्ट व्यक्तियों में हैं। परन्तु बौद्ध दार्शनिकों के अनुसार वस्तु सत् केवल "स्वलक्षण" है जो नितान्त

---

1. नियतद्रव्यत्तयोऽन्त्या विशेषाः, ते खलु अत्यन्तव्यावृत्तिहेतुत्वाद विशेषा।
—प्रशस्तपादभाष्य (सं० सं० वि०), पृ० 36.
2. प्रशस्तपादभाष्य (सं० सं० वि), पृ० 766.
3. नित्येषु तुल्याकृतिगुणक्रियेषु परमाणुषु भुक्तात्मनसः च जन्यनिमित्तासम्भवात्।
—वही पृ० 767-68.
4. D.N. Shastri, Critique of Indian Realism, p. 319.

विशिष्ट, अर्थ क्रिया अक्षम, विस्तार रहित क्षणिक धर्म है और शब्दों तथा संकल्पों की पहुंच के परे हैं। इसका ग्रहण रहित शुद्ध संवेदन (निर्विकल्पक ज्ञान) में होता है। सामान्य, उनकी बुद्धि से एक बुद्धि रचित मिथ्या कल्पना है और संवेदना में इसका ग्रहण नहीं होता है।

बौद्धदर्शन में विषय दो प्रकार के हैं—प्रथम स्वलक्षण जो अत्यन्त विशेष है। संसार में इसके जैसी कोई दूसरी वस्तु नहीं है—और साथ ही जो वस्तु सत् है, जिसका बाह्य अस्तित्व है और जो क्रिया अर्थ अक्षम है। द्वितीय सामान्य लक्षण जो शुद्ध बुद्धि की रचना है और जिसका बाह्य अस्तित्व नहीं हैं। इसका ग्रहण भी भिन्न-भिन्न प्रमाणों से होता है। स्वलक्षण का ग्रहण प्रत्यक्ष से होता है और सामान्य लक्षण का ग्रहण अनुमान से। यहां प्रत्यक्ष का तात्पर्य शुद्ध संवेदना से है जो न्यायवैशेषिक में निर्विकल्पक प्रत्यक्ष है। न्यायवैशेषिक के सविकल्पक-प्रत्यक्ष को बौद्ध प्रत्यक्ष नहीं मानते क्योंकि इसका विषय स्वलक्षण न होकर सामान्य लक्षण है-इसमें बाह्य वस्तु का ग्रहण नहीं होता अपितु सामान्य का बौद्ध होता है जो मानसिक बिम्ब मात्र है। स्वलक्षण और सामान्य में किसी भी प्रकार का सादृश्य नहीं है दोनों नितान्त भिन्न है, परन्तु अध्यवसाय (निश्चयात्मक ज्ञान) में मनुष्य सामान्य का बाह्य आरोप स्वलक्षण पर करता है और दोनों के भेद को ग्रहण न करने के कारण स्वलक्षण पर सामान्य का आरोप कर देता है—सामान्य को जो शुद्धबुद्धि रचना है, बाह्य वस्तु के रूप में ग्रहण करने लगता है। इस प्रकार सविकल्पक ज्ञान में हमें सामान्य जो मानसिक प्रत्यय है, बाह्य रूप में प्रतीत होने लगता है।

सामान्य के नाम से यह प्रतीति होती है कि यह विशेष व्यक्तियों के समान धर्मों के रूप वाला होना चाहिए। बौद्धदर्शन में ये विशेष व्यक्ति स्वलक्षण के रूप में है। जो नितान्त विलक्षण है और जिनमें कोई भी समान धर्म नहीं है अतः प्रश्न उठता है कि एक जाति के व्यक्तियों में यह समान प्रतीति कैसे होती हैं। जैसे गऊ व्यक्तियों में गौत्व रूप समानता का बोध कैसे होता है? बौद्धों का यह कहना हैं कि वस्तुओं का यह स्वभाव है कि वे समान क्रिया या समान कारण के आधार पर समान प्रत्यय को उत्पन्न करती है।[1] जैसे कि आमलकी आदि औषधियां व्यस्त रूप और समस्त रूप से विविध रोगों को दूर करने की क्षमता युक्त होती है। स्पष्ट रूप से उनमें कोई सामान्य जैसा समान धर्म नहीं होता। यदि होता तो वे भला कहीं किसी समय किसी रोग को कभी शीघ्र और कभी धीरे-धीरे कैसे ठीक करते? सामान्य तो एकसमान होने के कारण कभी शीघ्रता से और कभी-कभी धीरे-धीरे रोगों को दूर करता है, क्योंकि सामान्य तो नित्य माना जाता है।

1. एकार्थक्रियाकारित्वाद् एकहेतुत्वाच्च। —न्यायकन्दली, Critique of Indian Realism P. 352. पादटिप्पणी 136 में उद्धृत.

बौद्धों ने गहराई से समानता की प्रतीति का विश्लेषण किया है और वे इस निष्कर्ष पर पहुंचे हैं कि विशेष व्यक्तियों में कोई भावात्मक समानता नहीं होती अपितु अभावग्रस्त समानता होती है। जैसे संसार की सभी गऊएं एक दूसरे से भिन्न है यह जरूरी है कि वे एक प्रकार की क्रिया का सम्पादन करती हैं और उनका जन्म एक प्रकार के कारण से है किन्तु उनमें एक अभावात्मक समानता विद्यमान है कि वह समानता इस बात में है कि सभी गऊएं गाय भिन्न वस्तुओं से, जैसे-अश्व आदि से भिन्न है। अतः गौत्व रूप सामान्य कोई भावात्मक वस्तु नहीं है अपितु गऊ भिन्न वस्तुओं का निषेध रूप अभावात्मक है। इसे अतदद् व्यावृत्ति कहा गया है जिसका अर्थ है कि अपने से भिन्न की व्यावृत्ति (निषेध) बौद्ध मत में सामान्य के लिए प्रयुक्त होने वाला शब्द ''अपोह'' है जो अतद् व्यावृत्ति स्वरूप का द्योतक है।

अपोह सिद्धान्त दो प्रकार भ्रमात्मक प्रतीति पर व्यवस्थित है। प्रथम तो हमारा जो सविकल्पक ज्ञान है यह गाय है, इसमें यह स्वलक्षण के संवेदन का बोधक है और गाय सामान्य मानसिक बिम्ब का। यह गऊ है इस ज्ञान में दो प्रकार के ज्ञानों का मिथ्या तादत्म्य स्थापित होता है। साथ ही स्वलक्षण, जो अपने आप में नितान्त भिन्न है, एक सामान्य के अन्तर्गत ग्रहीत होते हैं यह भी एक मिथ्या ज्ञान है। यह मिथ्या ज्ञान प्रथम प्रकार के मिथ्या तादात्म्य का जनक है। इसकी प्रक्रिया इस प्रकार है: जैसे ही किसी वस्तु का इन्द्रीय संवेदन होता है वैसे ही स्मृति उद्‌बुद्ध होकर उसके नाम को जो सदैव जातिवाचक होता है उद्‌बोध कर देती है कभी-कभी इसका उल्टा भी होता है। विशेषतः उस समय जब जाति नाम पूरी तरह से ग्रहण न किया गया हो। उस समय इन्द्रीय संवेदन द्वारा पहले सामान्य बिम्ब (विकल्प) उद्‌बुद्ध होता है जो जाति नाम से सम्बद्ध हो जाता है जो मनुष्य जाति नाम से भली भांति परिचित है। उसके लिए सामान्यतः जाति नाम और सामान्य बिम्ब परस्पर सम्बन्ध होते हैं और उनमें से एक दूसरे को उद्‌बुद्ध कर देता है। दिङ्नाग के अनुसार— शब्द (नाम) विकल्प (सामान्य बिम्ब) से उत्पन्न होते हैं और विकल्प शब्द से उत्पन्न होते हैं इनमें कार्य कारण सम्बन्ध है अर्थात् शब्द अर्थ का स्पर्श भी नहीं करते।[1] शब्द का सम्बन्ध यद्यपि सामान्य बिम्ब (विकल्प) से है परन्तु मनुष्य भ्रमवश सामान्य बिम्ब का आरोप बाह्य वस्तु पर करता है और सामान्य बिम्ब को सामान्य वस्तु समझता है। इसका यह भ्रम बाह्य वस्तु तथा सामान्य बिम्ब के भेद को न ग्रहण करने के कारण है। सामान्य बिम्ब मनुष्य को अर्थ क्रिया में प्रेरित करने में अक्षम है, अतः मनुष्य उसको भ्रमवश एक मिथ्या बाह्य वस्तु के रूव में देखता है। यही मिथ्या बाह्य वस्तु सामान्य बिम्ब तथा शब्द दोनों का विषय है इसी को अपोह कहा

---

1. विकल्पयोनयः शब्दाः विकल्पाः शब्दयोनयः।
कार्यकारणता तेषां नार्थ शब्दाः स्पृशन्त्यपि ।।
—न्याय वार्तिकातात्पर्यटीका (पृ० 681 में उदधृत)

गया है। इसकी प्रतीति यद्यपि भाव रूप में होती है परन्तु विश्लेषण करने से ज्ञात होता है इसका स्वरूप वास्तव में निषेधात्मक है।

मीमांसा दर्शन

मीमांसा दर्शन शुद्ध बाह्य अर्थवादी है अतः मीमांसा के दोनों सम्प्रदायों भाट्ट तथा प्रभाकर ने सामान्य या जाति को बहुत कुछ इसी रूप में स्वीकार किया है जैसे की न्याय वैशेषिक ने किया है। न्याय वैशेषिक की ही तरह मीमांसा के दोनों सम्प्रदायों में जाति को वस्तु सत्, नित्य एवम् विभू माना गया है। भाट्ट मत में कुछ अन्तर इस बात के कारण है कि भाट्ट मत समवाय सम्बन्ध को स्वीकार नहीं करता। न्याय वैशेषिक के अनुसार जाति वयक्ति में समवाय सम्बन्ध द्वारा निवास करती है। कुमारिल भट्ट समावाय के स्थान पर तादात्म्य मानते हैं उनके अनुसार गौत्व की स्थिति शासनादि मान् पशु में इसलिए हैं कि गौत्व का व्यक्ति गऊ के साथ तादात्म्य है। यह एक स्वाभाविक संबंध है कोई बाह्य पदार्थ नहीं, यह तादात्म्य हमें दृष्टिगोचर होता है। इसी प्रकार जाति और व्यक्ति का अन्तर भी स्वाभाविक है और प्रत्यक्षतः ग्राह्य है। यहां यह समस्या खड़ी हो सकती है कि जाति तो एक है, व्यक्ति अनेक हैं। फिर एक जाति का अनेक व्यक्तियों से तादात्म्य कैसे संभव है? जाति एक ही साथ एक और अनेक कैसे हो सकती है? कुमारिल का उत्तर है कि जो हम प्रत्यक्षतः ग्रहण करते हैं उसमें कोई प्रश्न नहीं कर सकते। हम व्यक्तियों का जाति के साथ तादात्म्य प्रत्यक्षतः ग्रहण करते हैं। जैसे एक ही व्यक्ति भिन्न-भिन्न काल और भिन्न-भिन्न स्थानों में देखा जाता हुआ वही माना जाता है। उसी प्रकार एक ही जाति भिन्न-भिन्न व्यक्तियों में देखी जाती हुई एक ही मानी जाती है। प्रत्यक्ष में हम एक साथ जाति और व्यक्ति दोनों को ग्रहण करते हैं। जब हम व्यक्ति पर ध्यान देते हैं तो जाति की चेतना अव्यक्त हो जाती है, और हम जाति पर ध्यान देते हैं तो व्यक्ति की चेतना अव्यक्त हो जाती है।

प्रभाकर समवाय सम्बन्ध को स्वीकार करते हैं , अतः उनके मत में जाति व्यक्ति में समवाय सम्बन्ध से रहती है। न्याय वैशेषिक तथा प्रभाकर में केवल अन्तर इतना है कि न्याय वैशेषिक समवाय को नित्य मानते हैं जबकि प्रभाकर समवाय को नित्य वस्तुओं में नित्य और अनित्य वस्तुओं में अनित्य मानते हैं। न्यायवैशेषिक के अनुसार समवाय को नित्य मानना इसलिए आवश्यक है क्योंकि जो भी अनित्य होता है वह कार्य होता है और उसके तीन प्रकार के काल होते हैं—समवायि, असमवायि और निमित्त। समवाय के किसी भी प्रकार कारण संभव नहीं, अतः वह नित्य है। प्रभाकर के अनुसार दो नित्य वस्तुओं में, उदाहरणार्थ आकाश तथा उसके महत् परिणाम में समवाय नित्य है, परन्तु दो अनित्य वस्तुओं में, उदाहरणतः अवयव और अवयवयी में एक नित्य एवं एक अनित्य वस्तु में जैसे जाति एवम् व्यक्ति में यह अनित्य है। अनित्य वस्तुओं में किसी एक के कारण ही समवाय के कारण है। प्रभाकर मत एवं न्याय वैशेषिक के मत में एक और सूक्ष्म अन्तर है। न्याय वैशेषिक के अनुसार व्यक्ति एवं जाति में आधार-आधेय भाव है व्यक्ति में जाति की प्रतीति होती है परन्तु प्रभाकर के अनुसार व्यक्ति जाति में आधार

आधेय भाव नहीं अपितु धर्म-धर्मी भाव है। प्रभाकर के अनुसार धर्म एवम् धर्मी का सम्बन्ध आधेय एवं आधार के सम्बन्ध से भिन्न है। अतः व्यक्ति को जाति का आधार नहीं मानना चाहिए।

जैनदर्शन

जैनदर्शन में हमें सामान्य तथा विशेष के विषय में तीन भिन्न-भिन्न प्रकार के मत प्राप्त होते हैं किन्तु जो मत जैनदर्शन के सिद्धान्तों के अनुरूप है वह समन्तभद्र तथा विद्यानन्द का मत है। जैन दर्शन के अनुसार ज्ञान का विषय सामान्य एवं विशेष दोनों के स्वरूप वाला होता है।[1] न तो कोई वस्तु शुद्ध सामान्य होती है न विशेष। एक ही वस्तु में हमें सामान्य तथा विशेष दोनों प्रतीति होती है। उदाहरणतः जब हम एक गऊ को देखते हैं तो उसमें अन्य गऊओं के साथ एकता तथा गऊ भिन्न वस्तुओं के साथ अन्तर देखते हैं। इसी प्रकार जब हम किसी विशिष्ट गऊ को देखते हैं तो उसे गऊ के रूप में जान लेते है। अतः सामान्य तथा विशेष का बोध हमें कही भी अलग-अलग नहीं होता सदैव एक ही वस्तु में होता है। एक ही वस्तु में स्थिर तत्त्व सामान्य होता है तथा परिवर्तनशील अवस्थायें विशेष होती है। एकता तथा भिन्नता जैन मत के अनुसार विरोधी नहीं है। अनुभव तथा युक्ति दोनों उनकी सम्बद्धता का समर्थन करते हैं। उनका विरोध तभी होता है जब उन्हें एकान्त माना जाता है । वास्तव में न कहीं एकान्त सामान्य है न एकान्त विशेष है। जैन मत में भेद में अभेद का समर्थन माना जाता है। न्याय के अपरिवर्तनशील नित्य सामान्य के स्थान पर जैनों ने परिवर्तनशील एकता का समर्थन किया है। सभी वस्तुएं इनके मत में नीचे से ऊपर तक एक क्रम से जाति उपजाति के रूप में सम्बद्ध है। उच्चतम सामान्य सत्ता है जो सबमें पाया जाता है। सत्ता के रूप सब वस्तुएं एक है परन्तु उसकी अवस्थाओं के रूप में भिन्न है। समन्तभद्र तथा विद्यानन्द के अनुसार न तो सामान्य, विशेष से एकान्ततः अभिन्न होता है न एकान्ततः भिन्न है। एकान्ततः भिन्न मानने पर या तो केवल सामान्य की सत्ता रह जायेगी या विशेष की। एकान्ततः भिन्न मानने पर सामान्य और विशेष का द्रव्य और गुणों के रूप में सम्बन्ध अबोध्य हो जायेगा। अतः दो एकान्त मतों से बचना ही उचित है। उनके मत में सामान्य भी न्याय की तरह निरपेक्ष नहीं है, अपितु सापेक्ष है। विद्यानन्द के अनुसार वास्तव में न्याय भी सामान्य की सापेक्षता को स्वीकार करता है। न्याय का अपर सामान्य समान और विशेष दोनों प्रकार की बुद्धि का जनक है। अतः एक ही सामान्य, सामान्य भी है और विशेष भी है। उसकी समानता एवं विशेषता वास्तव में सापेक्ष है न तो कोई एकान्ततः सामान्य है न एकान्ततः विशेष। न्याय का निरपेक्ष सामान्य और निरपेक्ष विशेष का मत विद्यानन्द के अनुसार, उनके परस्पर सम्बन्ध की व्याख्या नहीं कर सकता।[2] समवाय सम्बन्ध भी यहां सहायक नहीं हो सकता क्योंकि वह

1. सामान्यविशेषआत्मा तदर्थो विषयः। —परीक्षामुखसूत्र (माणिक्यनन्दीकृत), 4, 1
2. विद्यानन्दः अष्टसाहस्री (निर्णय सागर प्रेस), पृ० 218.

भी नितान्त बाह्य है और उन्हें सम्बद्ध नहीं कर सकता।[1] जैन मत में इस प्रकार का दोष नहीं आता, वह दोनों के सम्बन्ध की समुचित व्याख्या कर सकता है।

जैन दर्शन में हमें सामान्य के सम्बन्ध में एक भिन्न प्रकार का मत प्रभाचन्द्र[2] और वापिदेव सूरी[3] द्वारा प्राप्त होता है जिसे सादृश्य सिद्धान्त कहा जा सकता है। इस सिद्धान्त के अनुसार समान प्रतीति का आधार व्यक्तियों का सादृश्य (सादृश्य परिणाम) है। प्रभाचन्द्र के अनुसार यह सादृश्य कोई पृथक् पदार्थ न होकर केवल एक गुण है और अन्य गुणों की भांति व्यक्ति से अभिन्न होने के कारण अनित्य, असर्वगत और अनेक रूप है। यहां यह द्रष्टव्य है कि प्रभाचन्द्र के अनुसार यह सादृश्य सामान्य होते हुए भी समान व्यक्तियों में रहने वाला कोई एक धर्म नहीं है, यह जिन व्यक्तियों में रहता है उनकी भांति ही अनेक रूप है। इसका कारण है सामान्य की व्यक्तियों के साथ सापेक्ष अभिन्नता। एक सादृश्य जो एक व्यक्ति से अभिन्न हैं दूसरे व्यक्ति का धर्म नहीं हो सकता। उसकी यह असाधारणता सामान्यत्व की विरोधी नहीं है। जैसे रंग व्यक्ति से अभिन्न होते हुए भी गुणत्व को नहीं छोड़ता वैसे ही सामान्य व्यक्ति से अभिन्न होता हुआ भी सामान्यत्व का त्याग नहीं करता। सादृश्य में भेद, अन्य गुणों के समान ही वस्तुओं के गुण है। परन्तु अन्य गुणों से इनमें अन्तर यह है कि ये परसापेक्ष (परापेक्ष) है जबकि अन्य गुण पराअन्पेक्ष होते हैं।

यह सादृश्य सिद्धान्त अन्य अनेक जैन दार्शनिकों को पसन्द नहीं आया। सप्तभंगी तरंगिणी के रचियता विमलदास के अनुसार सामान्य व्यक्ति के समान ही अनेक नहीं हो सकता। यदि सामान्य को जो व्यक्तियों में एकता का प्रतिपादक है, असाधारण स्वभाव वाला मान लिया जायेगा तो यह व्यक्ति से अभिन्न हो जायेगा। इस प्रकार जैन मत में जो सत्ता की एकता मानी गयी है वही समाप्त हो जायेगी। विमलदास के अनुसार जैन मत सामान्य की व्यक्ति से पूर्ण भिन्नता का निषेध करता है परन्तु उसको व्यक्ति रूप भी नहीं मानता। सामान्य वास्तव में व्यक्तियों से सापेक्षता ही अभिन्न है।

जैन दर्शन में सन्भत्तीतर्क के रचियता अभयदेव सूरी का सामान्य सम्बन्धी मत बौद्धों के समान है। इनके अनुसार प्रत्यक्ष में केवल विशेष ग्रहण होता है। सामान्य का नहीं। हमारे सामान्य ज्ञान के कारण ही अव्यापक और क्षणिक विशेष है, इसके लिए सामान्य जैसे पदार्थ की कल्पना करना अनावश्यक है। यदि सामान्य प्रत्यक्ष की उत्पादकता कोई एकता आवश्यक ही है तो अतद्व्यावृत्ति के रूप में स्वीकार करना

1. विद्यानन्द: अष्टसाहस्री (निर्णय सागर प्रेस), पृ० 218.
2. प्रमेयकमलमार्तण्ड (माणिक्यनन्दीकृत परीक्षामुखसूत्र पर टीका).
3. प्रमाणनयतत्वालोकालंकार तथा इस पर स्वरचित टीका स्याद्वादरत्नाकर.

चाहिए। स्पष्टतः अभयदेव सूरी सामान्य की कल्पना अपोह के रूप में कर रहे हैं जो बौद्ध मत है।

उपर्युक्त मतों में केवल समन्तभद्र तथा विद्यानन्द का मत जैनदर्शन के तत्त्व दर्शन के अनुकूल है और वही जैन दर्शन का प्रतिनिधि मत माना जा सकता है।

अद्वैतवेदान्त

अद्वैतवेदान्त का सामान्य सम्बन्धी मत उसके अपने तत्त्व दर्शन पर आधारित है। अद्वैतवेदान्त के अनुसार पारमार्थिक तत्त्व शुद्ध ब्रह्म है जो विभेदों से रहित शुद्ध सत्ता मात्र है, सभी भेद प्रतीति मात्र है, उनकी पारमार्थिक सत्ता न होकर केवल व्यावहारिक सत्ता है। सभी लौकिक विषय मूल सत्ता की नाम रूपात्मक प्रतीतियां हैं अतः अद्वैतवेदान्त के अनुसार वास्तव में सत्ता को ही सामान्य माना जा सकता है क्योंकि सभी प्रतीतियों के मूल में यही है न्याय द्वारा स्वीकृत अनेक नित्य एवम सर्वव्यापक सामान्यों की कल्पना अद्वैतदर्शन के मूल सिद्धान्त के विरुद्ध है । न्याय के सामान्य अद्वैतवेदान्त की दृष्टि से न तो पारमार्थिक दृष्टि से और न ही व्यावहारिक दृष्टि से सत्य है। इनकी व्याख्या, पारमार्थिक सत्ता व्यावहारिक भेद एवम् मूला अविद्या के द्वारा की जा सकती है। जब हमें बाह्य विषयों का बोध होता है तो सत्ता की प्रतीति सामान्य रूप से सर्वत्र होती है परन्तु अज्ञान के कारण हमारी व्यावहारिक चेतना उसमें नाम रूपात्मक भेद की प्रतीति करा देती है। ये सभी भेद कल्पित और मिथ्या है क्योंकि ये वैशम्य रहित सत्ता में विषमता का बोध कराते हैं यहां पर यह ज्ञातव्य है कि कल्पित या मिथ्या का तात्पर्य शशशृंग या आकाश कमल की भांति असत् नहीं होता है।

चितसुख[1] तथा श्री हर्ष[2] ने न्याय तथा मीमांसा सम्मत सामान्य का खण्डन सूक्ष्म युक्तियों द्वारा किया है। उनके खण्डन का मुख्य आधार यह है कि बाह्यार्थ वादी न तो सामान्य का कोई सन्तोषप्रद लक्षण बता सकता है न सामान्य के विशेष के साथ सम्बन्ध की समुचित व्याख्या कर सकता है।[3] चितसुख के अनुसार समानता की प्रतीति की व्याख्या बिना नित्य एवं सर्वव्यापक जाति को मानने से की जा सकती है। इन समानताओं का आधार, उनके अनुसार, व्यक्तियों की उपाधियां है। जैसे-गऊ के प्रत्यय का आधार सभी व्यक्ति गऊओं में पाया जाने वाला सास्नादिमत्व है। जाति की सत्ता में चितसुख के अनुसार कोई प्रमाण नहीं है, न तो उनका हमें बोध होता है न हमारे

---

1. देखिये तत्त्वप्रदीपिका.
2. देखिये खण्डनखण्डखाद्य.
3. विस्तृत खण्डन के लिये देखिये R.R. Dravid, The Problem of Universals in Indian Philosophy, p. 159 ff.

सामान्य बोध का वे आधार है। उल्टे जाति की कल्पना हमें गम्भीर और समाधान न होने वाली समस्या में फंसा देती है।

मधुसूदन सरस्वती[1] के अनुसार—अद्वैतवेदान्त द्वारा केवल एक सामान्य को स्वीकार किया गया है और वह है सत्ता। केवल इसी सामान्य के आधार पर समान प्रतीतियों की व्याख्या की जा सकती है। उनकी मुख्य युक्ति इस प्रकार है यदि गौत्व आदि सामान्यों को स्वीकार कर लिया जाए तो प्रश्न उठेगा कि गऊ आदि सीमित व्यक्तियों में उनकी अभिव्यक्ति कैसे होती है? इस अभिव्यक्ति का हेतु कोई और सामान्य नहीं हो सकता, क्योंकि इस प्रक्रिया के अंत में अनवस्था दोष होगा। अत: अन्तत: व्यक्ति ही अपने स्वभाव से सामान्य के अभिव्यंजक मानने पड़ेंगे। यदि ऐसा है तो अनेक सामान्यों की कल्पना व्यर्थ है, केवल एक सत्ता सामान्यों को मानकर भी विविध सामान्य प्रतीतियों की व्याख्या हो सकती है। एक ही सत्ता सामान्य विविध व्यक्तियों से विशिष्ट होकर विविध सामान्य प्रतीतियों का हेतु माना जा सकता है। जैसे गऊ प्रत्यय की व्याख्या किसी भी गऊ व्यक्ति से विशिष्ट सत्ता सामान्य के आधार पर हो सकती है। इसी प्रकार सभी सामान्यों की व्याख्या संभव है।

विशिष्टाद्वैत-वेदान्त— सामान्य सम्बन्धित विशिष्टाद्वैत मत बहुत कुछ जैन सादृश्य सिद्धान्त के अनुरूप है। वेदान्त देशिक[2] के अनुसार अवयवी पदार्थों में सामान्य अव्यवों की रचना में (अवयव रचना भेद) से भिन्न कुछ नहीं है। उनके अनुसार अव्यवों के सादृश्य द्वारा सामान्य प्रतीति की व्याख्या संभव है तो सामान्य को एक पृथक् पदार्थ मानना व्यर्थ है। यहां पर शंका हो सकती है कि यदि गऊ के अव्यवों का सादृश्य सभी गऊओं का समान धर्म है तो यह गोत्व सामान्य से अभिन्न होगा, और यदि यह सभी गऊओं का समान धर्म नहीं हैं तो इसे गऊ के सामान्य प्रत्यय का आधार मानना अनुचित होगा। विशिष्टाद्वैतवादी का उत्तर है कि यद्यपि अव्यव (जैसे सास्नादि) सभी गऊओं के समान धर्म नहीं है फिर भी प्रत्येक गऊ के अव्यवों के दूसरी गऊओं में प्रतिद्वन्द्वी प्राप्त होते हैं। अवयवों के सादृश्य का तात्पर्य यही प्रतिद्वन्द्विता है। यह प्रतिद्वन्द्विता स्वाभाविक है, उसका कोई पृथक् हेतु नहीं है। गऊओं के अव्यवों की प्रतिद्वन्द्विता हमें केवल सास्नादिमत पदार्थों में ही प्राप्त होती है गर्दन के बालों से युक्त पदार्थों में नहीं, इसी प्रकार गर्दन के बालों की प्रतिद्वन्द्विता केवल अश्वों में उपलब्ध होती है। अन्यत्र नहीं, इस प्रकार जाति विभेद बना रहता है।

यहां पर शंका हो सकती है कि यदि सामान्य अव्यवों के सादृश्य से अभिन्न है तो ऐसे पदार्थ जो अव्यवी नहीं है, उदाहरणार्थ गुण आत्मा आदि, उनमें सामान्य का

---

1. अद्वैतसिद्धि.
2. द्रष्टव्य तत्त्वमुक्ताकलाप तथा इस पर लेखक की ही टीका — स्वार्थसिद्धि

बोध कैसे होता है? विशिष्टाद्वैत का मत है कि सर्वत्र वस्तुओं का स्वभाव ही नियामक है। अवयव रहित पदार्थों में पदार्थ स्वयं अपनी परस्पर स्वाभाविक प्रतिद्वन्द्विता के कारण सामान्य बोध के आधार बन जाते हैं।

यहां यह द्रष्टव्य है कि विशिष्टाद्वैत का सादृश्य प्रभाकर के सादृश्य की भाँति कोई पृथक् पदार्थ नहीं उसका अन्तर भाव गुण में हो जाता है। विशिष्टाद्वैत की मान्यता है कि यदि सूक्ष्म अन्तर होने पर पृथक् पदार्थ माना जाने लगे तब तो गुणों में से प्रत्येक गुण को पृथक् पदार्थ मानना होगा।

एकोनविंशति अध्याय

समवाय

घट में घटत्व गौ में गौत्व और दूध का रंग स्वेत है तथा कार चल रही है। इन वाक्यों में कहने के ढंग से ऐसा प्रतीत होता है कि गौत्व, घटत्व, जाति, रंग, गुण तथा चलना क्रिया है। क्रमशः गौ, दूध और कार से भिन्न पदार्थ है तथा इनमें निवास करते हैं। यदि वस्तुतः ये भिन्न पदार्थ हैं और हमें इनकी एक साथ प्रतीति होती है तो इनमें कोई सम्बन्ध होना चाहिए। हम अपने व्यवहार में संयोग सम्बन्ध से अच्छी तरह परिचित हैं। संयोग सम्बन्ध वहां होता है जहां पर दो वस्त परस्पर स्पर्श कर रही होती हैं। दो संयुक्त वस्तुओं को हम पृथक् भी कर सकते हैं और इस पर विभाग करके संयोग का नाश कर सकते हैं। जैसे—भेरी और दण्ड का संयोग जिसमें दण्ड जब भेरी से स्पर्श करता है तो दोनों का संयोग हो जाता है और जब दण्ड भेरी से पृथक् हो जाता है तो संयोग नष्ट हो जाता है। यहां स्पष्टतः दूध और रंग का सम्बन्ध गऊ और गौत्व का सम्बन्ध कार और उसकी क्रिया का सम्बन्ध इस प्रकार के संयोग सम्बन्ध से भिन्न प्रकार का सम्बन्ध है। संयोग सम्बन्ध में सम्बद्ध वस्तु को हम अलग भी कर सकते हैं परन्तु गऊ आदि सम्बद्ध वस्तुओं को अलग नहीं किया जा सकता—हम सफेद रंग को दूध से अलग नहीं कर सकते गौत्व जाति को गऊ से अलग नहीं कर सकते और कार को उसकी क्रिया से अलग नहीं कर सकते। अतः इनमें यदि हम कोई सम्बन्ध मानते हैं तो संयोग सम्बन्ध से भिन्न प्रकार के सम्बन्ध की कल्पना करनी होगी। दूध और उसके रंग में सम्बन्ध की कल्पना की आवश्यकता तभी पड़ेगी जब हम रंग को दूध से भिन्न मानेंगे। यही बात गऊ और गौत्व एवं कार एवम् क्रिया के सम्बन्ध में कही जा सकती है। हमें कुछ ऐसे व्यक्ति भी मिल सकते हैं जो यह कहे कि सफेद रंग दूध से भिन्न कोई पदार्थ नहीं है, गौत्व गऊ से भिन्न पदार्थ कोई नहीं है और क्रिया कार से भिन्न कोई पदार्थ नहीं है। भारतीय दर्शन में वेदान्त, सांख्य और बौद्धों की स्थिति ऐसी ही है। वे धर्म को धर्मी से भिन्न नहीं मानते। अतः उनके मत में दूध और उसका रंग आदि भिन्न पदार्थ नहीं है। धर्म और धर्मी में अभेद मानने के कारण ये समवाय जैसे सम्बन्ध को भी स्वीकार नहीं करते।

समवाय न्याय वैशेषिक दर्शन की एक विशिष्ट मान्यता है। भारतीय दर्शन में न्यायवैशेषिक के अतिरिक्त केवल प्रभाकर मीमांसक मत इसको स्वीकार करता है अन्य सभी दर्शन समवाय सम्बन्ध को स्वीकार नहीं करते।

समवाय का लक्षण :

कणाद के अनुसार जिसके कारण कार्य और कारण में यह ''इसमें'' है इस प्रकार की प्रतीति होती है, वह समवाय है।[1] इस परिभाषा से स्पष्ट है कि समवाय की कल्पना मूलतः कारण और कार्य के सम्बन्ध के प्रसंग में की गयी थी। कार्य कारण सम्बन्ध कणाद के अनुसार, द्रव्य रूपी कारण में तथा द्रव्य गुण और क्रिया रूपी कार्य में होता है।[2] इसका अभिप्राय यह है कि किसी भी द्रव्य में यदि द्रव्य, गुण या क्रिया उत्पन्न हो तो कारण रूप द्रव्य तथा कार्य रूप द्रव्य, गुण या क्रिया में जो सम्बन्ध होगा उसे समवाय कहा जायेगा। द्रव्य में द्रव्य की उत्पत्ति न्याय वैशेषिक के विशिष्ट सिद्धान्त के अनुसार है। अवयवों के विशिष्ट संयोजन से जो अवयवी उत्पन्न होता है, वह न्याय वैशेषिक के अनुसार अपने अवयवों में ही निवास करता है। जैसे-जब हम तन्तुओं का विशिष्ट संयोजन कर पट का निर्माण करते हैं तो न्याय वैशेषिक यह मानता है कि तन्तु भी बने रहते और उनमें पट रूपी अवयवी उत्पन्न होकर निवास करने लगता है। यहां हमें यह प्रतीति होती है कि पट तन्तुओं में निवास कर रहा है इसी प्रकार न्याय वैशेषिक सिद्धान्त के अनुसार रूप आदि गुणों की तथा क्रिया की उत्पत्ति द्रव्य में होती है, अतः द्रव्य और गुणों का या द्रव्य और क्रिया का सम्बन्ध समवाय सम्बन्ध है। प्रशस्तपाद ने समवाय के लक्षण में कुछ सुधार किया है जिससे कारण कार्य भाव रहित भी कुछ पदार्थों में समवाय सम्बन्ध स्वीकार किया जा सके। प्रशस्तपाद के अनुसार अयुतसिद्ध आधार्यी आधारभूत पदार्थों में जो सम्बन्ध है, जो इस प्रत्यय का हेतु है कि यह इसमें है, वह समवाय है।[3] प्रशस्तपाद ने अयुत सिद्ध शब्द को स्पष्ट नहीं किया। सामान्यतः हम समझ सकते हैं कि युतसिद्ध वस्तुएं उन्हें कहा जा सकता है जिन्हें पृथक् किया जा सके, अतः अयुतसिद्ध वस्तुएं वे हुई जिन्हें अलग न किया जा सके।[4] इस प्रकार प्रशस्तपाद के अनुसार द्रव्य गुण कर्म सामान्य और विशेष इनमें से दो वस्तुओं में चाहे कार्यकारण सम्बन्ध हो या न हो परन्तु वे अयुतसिद्ध हो, आधार्य आधार भाव से स्थित हो और उन्हें देखकर प्रतीत हो कि यह इसमें है तो उन दोनों में समवाय सम्बन्ध होगा।[5] प्रशस्तपाद आगे कहते हैं कि समवाय वह सम्बन्ध है जिसमें परिमित आकार वाले और

---

1. इहेदमिति यतः कार्यकारणयोः स समवायः। —वैशेषिक सूत्र. 7, 26.
2. द्रव्यगुणकर्मणां द्रव्यं कारणं सामान्य। —वही, 1. 1. 18
3. अयुतसिद्धानामाधार्याधारभूतानां य सम्बन्ध इहप्रत्ययहेतुः स।

   —प्रशस्तपादभाष्य (सम्पूर्णानन्द सं० वि०), पृ० 773.
4. अयुतसिद्ध का विशिष्ट न्यायवैशेषिक लक्षण हम आगे देखेंगे।
5. द्रव्य गुण कर्म सामान्य विशेषाणां कार्यकारणभूतानामकार्यकारणभूतानां वाऽयुतसिद्धानामाधार्याधारभावेनावस्थितानामिहेदमिति बुद्धिर्मतो भवति।

   —वही, पृ० 773-74

भिन्न रूप में प्रतीत होने पदार्थों का अपृथक् भाव हो जाये अर्थात् उनकी स्वतन्त्रता समाप्त न होती हो।[1] इसके उन्होंने उदाहरण दिये है कि तन्तुओं में पट वीरणो (तृणविशेष) में चटाई द्रव्य में गुण और कर्म, द्रव्य गुण और कर्म में सत्ता, द्रव्य में द्रव्यत्व, गुण में गुणत्व, कर्म में कर्मत्व, नित्य द्रव्यों में अन्तः विशेष। यहां यह ध्यातव्य है कि प्रशस्तपाद ने यह सम्बन्ध सीमित आकार वाले पदार्थों में माना है, जबकि आगे के लेखकों में विभूह परिमाण वाले पदार्थों में समवाय सम्बन्ध माना है।

श्रीधर ने उसको समवाय सम्बन्ध माना है जो भिन्न वस्तुओं का संश्लेषण स्थापित करे और उनकी स्वतन्त्रता का प्रतिरोधक हो।[2] कणाद के लक्षण में यह अवलोकित किया था कि उन्होंने समवाय सम्बन्ध वहां माना था जो दो पदार्थों में ऐसी प्रतीति हो कि यह इसमें है। प्रशस्तपाद ने इसमें यह जोड़ दिया कि जहां आधार-आधेय भाव हो। वास्तव में ये दोनों कथन एक ही अर्थ को व्यक्त करते हैं परन्तु फिर भी प्रशस्तपाद ने अपने लक्षण में इन दोनों को ही बनाये रखा। समवाय में यह आधार-आधेय भाव की प्रतीति समवाय की संयोग से भेदक है क्योंकि संयोग में यह आवश्यक नहीं है कि जिन दो वस्तुओं में संयोग हो उनमें आधार आधेय भाव भी हो। फिर भी ऐसा प्रतीत होता है कि बाद के आचार्यों ने समवाय के इस लक्षण को अनावश्यक समझा और छोड़ दिया। श्रीधर के लक्षण में हमें आधार-आधेय भाव वाली बात प्राप्त नहीं होती। परवर्ती लेखकों ने अयुतसिद्ध वाली विशेषता पर जोर दिया है और आधार आधेय वाली बात को इसी में अन्तर्हित कर दिया है। तर्क भाषाकार केशव मिश्र के अनुसार अयुतसिद्ध वस्तुओं का सम्बन्ध समवाय है।[3]

अयुतसिद्ध का अर्थ :

समवाय की परिभाषा को ठीक समझने के लिए अयुतसिद्ध के अर्थ को समझना आवश्यक है। सामान्यतः ऐसी दो वस्तुएं जिनको पृथक् न किया जा सके अयुतसिद्ध कही जाती हैं। इस सामान्य अर्थ को ग्रहण करने में न्यायवैशेषिक को यह कठिनाई अनुभव हुई कि प्रत्येक वस्तु विभूह द्रव्यों जैसे दिक् काल से पृथक् नहीं की जा सकती, परन्तु उनमें समवाय सम्बन्ध नहीं माना जाता उसके पश्चात् यह भी अनुभव किया गया कि गुण भी नष्ट होती हुई अवस्था में एक क्षण के लिए गुणी से पृथक् रह सकता है। अतः अयुतसिद्ध के समुचित लक्षण की आवश्यकता है।

---

1. यतश्चासर्वगतानामधिगतान्यत्वानामविष्वभावः स समवायाख्यः सम्बन्धः।
—वही, पृ० 774.

2. परस्परोपसंश्लेषो भिन्नानां यत्कृतो भवेतु।
समवायः सविज्ञेयः स्वातन्त्र्यप्रतिरोधकः।। —वही. पृ० 786

3. अयुतसिद्धयोः सम्बन्धः समवायः। —तर्कभाषा (मुसलगाँवकर) पृ० 30

कणाद और प्रशस्तपाद ने अयुतसिद्ध का लक्षण नहीं दिया है किन्तु प्रशस्तपाद ने एक स्थल पर अयुतसिद्धि का लक्षण देकर अयुतसिद्धि को स्पष्ट किया है। प्रशस्तपाद ने नित्य और अनित्य वस्तुओं के लिए अयुतसिद्धि के भिन्न-भिन्न लक्षण किये हैं नित्य द्रव्यों के लिए लक्षण है कि दो द्रव्यों या उनमें किसी एक का पृथक् गति से युक्त होना[1], और अनित्य द्रव्यों में अयुतसिद्धि का लक्षण है पृथक् आश्रयों में समवाय का रहना।[2] प्रथम लक्षण में पृथक् गति का अर्थ श्रीधर ने किया है— वह क्रिया जो दो वस्तुओं में परस्पर संयोग या विभाग का कारण हो— जैसे दो नित्य वस्तु आकाश और परमाणु में इस प्रकार की क्रिया रहती है जो आकाश से इसके संयोग या विभाग की कारण है। इसी प्रकार दो नित्य वस्तु-दो परमाणुओं में दोनों में इस प्रकार की क्रिया है जो उनके संयोग या विभाग की कारण है। अतः आकाश और परमाणु अथवा परमाणु और परमाणु युतसिद्ध होगें और इनका सम्बन्ध समवाय सम्बन्ध नहीं होगा। दूसरे लक्षण का उदाहरण घट और पट है जिनका समवाय सम्बन्ध पृथक्-पृथक् द्रव्यों में है। घट का कपालों में और पट का तन्तुओं में अतः ये दोनों युतसिद्ध हैं। इनका सम्बन्ध ममवाय सम्बन्ध नहीं है। परमाणुओं में गुण या पट में गुण युतसिद्ध नहीं है, अतः इनका सम्बन्ध समवाय हुआ।

न्याय वैशेषिक दर्शनों में एक और समस्या उत्पन्न हो जाती है कि वह यह मानता है कि यदि किसी वस्तु का समवायी कारण या असमवायी कारण नष्ट कर दिया जाये तो वह वस्तु नष्ट हो जाती है। जैसे— पट के समवायी कारण तन्तु या असमवायी कारण तन्तु संयोग को नष्ट कर दिया जाये तो पट नष्ट हो जायेगा। इसका तात्पर्य यह हुआ कि कारण नाश कार्य नाश का कारण है। कारण सदैव कार्य से एक क्षण पहले होता है। इसलिए हम यदि तन्तुओं को या उनके संयोग को नष्ट कर दें तो पट नाश एक क्षण बाद होगा। यहां यह प्रश्न उठता है कि एक क्षण तक पट कहां रहेगा? न्याय वैशेषिकों को यह मानना पड़ा कि एक क्षण तक पट अनाश्रित रहेगा। इसका तात्पर्य यह हुआ कि ऐसी स्थिति भी हो सकती है जिसमें अयुतसिद्ध वस्तु भी एक क्षण भर को पृथक् रह सके, वह स्थिति है ''विनश्यत्'' अवस्था। आगे चलकर अयुतसिद्ध का लक्षण स्थिति को ध्यान में रखते हुए निर्धारित किया गया। तर्कभाषा के अनुसार अयुतसिद्ध वे दो वस्तुएं हैं जिनमें से एक विनश्यत् अवस्था को छोड़कर सदैव दूसरे पर ही आश्रित रहती है।[3] इसके उदाहरण इस प्रकार है कि अवयव और अवयवी, गुण

1. द्रव्यपारेन्यतरस्य वा पृथग्गतिमत्त्वम् इयन्तु नित्यानाम्।
—प्रशस्तपादभाष्य (सम्पूर्णानंद सं० वि०), पृ० 378-79
2. अनित्यानां तु युतेष्वाश्रयेषु समवायो युतसिद्धिरिति। —वही, पृ० 379
3. ययोर्मध्ये एकमविनश्यदपराश्रितमेवावतिष्ठते तावयुतसिद्धौ।
—तर्कभाषा (मुसलगाँवकर), पृ० 31

और गुणी, क्रिया और क्रियावान, जाति और व्यक्ति, तथा विशेष और नित्य द्रव्य। यहां अवयवी, गुण, क्रिया, जाति और विशेष क्रमशः अवयव, गुणी, क्रियावान, व्यक्ति एवम् नित्य द्रव्य में आश्रित होते हैं। यहां दो बातें ध्यान देने योग्य है प्रथम दोनों अयुतसिद्ध वस्तुओं में से केवल एक ही दूसरे पर आश्रित रहती हैं, दूसरी स्वतन्त्र रह सकती है। जैसे पट (अवयवी) और तन्तु (अवयव) में पट तो सदैव तन्तुओं के आश्रित होंगे किन्तु तन्तु पट के आश्रित नहीं होगें वे बिना पट के भी रह सकते हैं। दूसरी बात यह है कि एक के दूसरे पर आश्रित होने का विनश्यद् अवस्था अपवाद है। इस अवस्था में वह एक क्षण के लिए अनाश्रित रह सकता है। यहां यह भी ध्यान देने योग्य बात है कि इन दोनों वस्तुओं में सम्बद्ध सदैव आधार-आधेय सम्बन्ध होता है, अतः आधार आधेय की बात को यहां पृथक् नहीं कहा गया है।

समवाय तथा संयोग का अन्तर :

समवाय के सम्बन्ध को तथा उसके स्वरूप को समझने के बाद संयोग से उसके अन्तर को समझा जा सकता है। यह अन्तर इस प्रकार है—

1. संयोग सदैव दो द्रव्यों में ही होता है जबकि समवाय द्रव्यों के साथ-साथ द्रव्य भिन्न पदार्थों में भी हो सकता है।

2. संयोग ऐसे दो पदार्थों में होता है जिनको अलग किया जा सकता है परन्तु समवाय ऐसे दो पदार्थों में होता है जिनको विनश्यद् अवस्था को छोड़कर अन्य स्थिति में अलग न किया जा सके। जैसे-दण्ड और पुरुष इनमें संयोग है, यह अलग किये जा सकते हैं। पट और तन्तु इनमें समवाय है, विनश्यद् अवस्था को छोड़कर अन्य स्थिति में अलग नहीं किये जा सकते।

3. समवाय से सम्बद्ध सम्बन्धियों में सदैव आधार-आधेय भाव होता है जो संयोग में आवश्यक नहीं है। जैसे-पट तन्तुओं में समवाय सम्बन्ध से रहता है तो तन्तु आधार है पट आधेय है। परन्तु दण्ड और पुरुष के संयोग में न तो कोई आधार है न कोई आधेय है।

समवाय की नित्यता तथा एकता :

न्याय वैशेषिक ने समवाय को नित्य और एक माना है। इसका कारण सम्भवतः यह है कि यदि समवाय को अनित्य माना जायेगा तो इसे कार्य मानना होगा और क्योंकि यह एक भाव पदार्थ है इसकी उत्पत्ति के लिए तीनों प्रकार के कारण मानने होंगे। जिनकी कल्पना में असाध्य कठिनाईयों का सामना करना पड़ेगा। इसी प्रकार यदि समवाय को अनेक माना जाता तो अनन्त समवायों की कल्पना करनी पड़ेगी और इस प्रकार कल्पना गौरव होगा। अतः न्यायवैशेषिक ने एक ही समवाय मानना उचित समझा। परन्तु समवाय को नित्य और एक मानकर भी न्यायवैशेषिक की समस्याओं का समाधान

नहीं हुआ। कई बार ऐसा होता है कि आधेय के नष्ट होने पर आधार बना रहता है जैसे तन्तुओं को अलग कर देने पर पट के नष्ट हो जाने पर भी उसके समवायीकारण तन्तु बने रहते हैं। ऐसी स्थिति में तन्तुओं में जो पट समवाय था उसका क्या हुआ? क्या यह माना जाये कि वह अब भी बना हुआ है या यह माना जाये कि वह नष्ट हो गया? यदि हम यह मानते हैं कि यहां पट समवाय नष्ट हो गया तो समवाय को नित्य नहीं माना जा सकता। अत: हमें यह मानना होगा कि आधेय के नष्ट हो जाने पर भी उसका समवाय नष्ट नहीं होता। बौद्धों ने इस सिद्धान्त का कड़ा विरोध किया। बौद्धों के अनुसार जब सम्बन्धी का नाश होता है तो उसके सम्बन्ध का भी नाश हो जाता है। सामान्यत: तो न्याय भी इसे मानता है परन्तु समवाय के प्रसंग में ऐसा मानने पर समवाय को अनित्य मानना पड़ता है। वस्तुत: न्याय का समवाय को नित्य मानना सीमित अर्थ अथवा सापेक्षित अर्थ समझना चाहिए। जिसका अभिप्राय: यह है कि समवाय सम्बन्ध है जो कि वस्तु के अस्तित्व तक बना रहता है। इसका अभिप्राय यह नहीं है कि वह कुटस्त नित्य नहीं है। यहां पर बौद्ध दार्शनिकों ने एक समस्या प्रस्तुत की है कि यदि क सम्बन्धी ख सम्बन्धी में रहता है तो क के नष्ट हो जाने पर बाद में क्या बचा रहता है? क्या यह वही समवाय है जो क को ख से सम्बद्ध करता है या और कुछ? यदि यह वही समवाय है तो बिना सम्बन्धी के सम्बन्ध बने रहने का प्रसंग होगा। यदि कुछ और है तो समवाय एक नहीं होगा।

समवाय को माननें में भी न्याय-वैशेषिक को पर्याप्त कठिनाई का सामना करना पड़ा। प्रशस्तपाद ने इस पर किये गये आक्षेप को इस प्रकार दिया है—यदि समवाय एक है तो द्रव्य, गुण और कर्म का अपने विशेषणों (सामान्यों) द्रव्यत्व, गुणत्व और कर्मत्व के साथ एक ही सम्बन्ध होगा और इस प्रकार पदार्थों के शंकर का प्रसंग होगा।[1] तात्पर्य यह है कि यदि यह पता नहीं लगेगा कि कौन द्रव्य है और कौन गुण है और कौन कर्म सबका मिश्रण हो जायेगा। इस आक्षेप का उत्तर प्रशस्तपाद ने इस प्रकार दिया है—यद्यपि द्रव्यत्व और सामान्यों में एक ही समवाय है, फिर भी व्यंग्य और व्यंजक शक्ति के भेद के कारण आधार-आधेय नियम बना रहेगा।[2] तात्पर्य यह है कि यद्यपि प्रत्येक सामान्य का समवाय प्रत्येक पदार्थ में है फिर भी केवल द्रव्य में ही द्रव्यत्व को व्यंजित करने की शक्ति है, गुण में ही गुणत्व को व्यंजित करने की शक्ति है और कर्म में ही कर्मत्व को व्यंजित करने की शक्ति है इस प्रकार शंकर नहीं होगा।[3] विश्वनाथ ने एक और आक्षेप समवाय के एकत्व के विरुद्ध प्रस्तुत किया है—यदि समवाय एक है तो रूप समवाय को वायु में ही होना चाहिए और इसलिए वायु दृश्य होनी चाहिए।

1. प्रशस्तपाद भाष्य (सम्पूर्णानंद संस्कृत वि वि०), पृ० 778-79.
2. वही, पृ० 781.
3. देखिये, न्यायकन्दली, (वही), पृ० 782.

इसका उत्तर विश्वनाथ ने इस प्रकार दिया है यद्यपि रूप का समवाय वायु में है परन्तु रूप नहीं है अतः वायु दृश्य नहीं है।[1] परन्तु यह समाधान वाक् जाल से प्रतीत होते हैं। रूप के बिना रूप समवाय की उपस्थिति का क्या अर्थ हो सकता है? रघुनाथ शिरोमणि ने आगे चलकर यह बतलाया कि समवाय को एक मानने पर जल आदि में गन्ध आदि से युक्त होने का प्रसंग आ जायेगा अतः समवाय को एक मानना सम्बन्ध नहीं है।[2]

क्या समवाय सर्वव्यापक है? :

समवाय को नित्य और एक मानने के साथ-साथ प्रश्न उठता है कि क्या समवाय सर्वव्यापक है? इस बात का स्पष्ट विवेचन न्याय वैशेषिक में प्राप्त नहीं होता है। वास्तव में जब सामान्य के अनेक होते हुए भी उन्हें सर्वव्यापक माना गया है तो समवाय जो प्रत्येक सामान्य के साथ है और साथ ही एक है उसे सर्वव्यापक होना चाहिए। क्योंकि सर्वव्यापक होकर ही वह अपने कार्य को पूर्ण कर सकता है। उद्योतकर ने प्रसंगवश एक स्थान पर समवाय को व्यापक कहा है। क्योंकि समवाय को व्यापक मानना ही बुद्धिनिमित होने से ही उचित है।[3] वाचस्पति मिश्र ने व्यापकत्व का अर्थ किया है— उपलब्धि के अन्य सभी कारणों के होने पर सर्वत्र उपलब्ध होना।[4] इससे यह सिद्ध होता है कि न्याय वैशेषिक की मान्यता के अनुसार समवाय एक सर्वव्यापक पदार्थ है परन्तु ऐसा मानने पर इसमें एक कठिनाई का सामना करना पड़ेगा। व्यापक होने का अर्थ है विभूह (परममहत्) परिमाण का होना। परिणाम एक गुण है और गुण न्याय वैशेषिक की मान्यता के अनुसार केवल द्रव्य में रह सकता है। समवाय तो द्रव्य है नहीं फिर समवाय में किसी भी परिमाण की स्थिति कैसे मानी जा सकती है।

समवाय की सिद्धि :

जयन्त तथा वाचस्पति मिश्र ने समवाय जैसे सम्बन्ध के लिए जो युक्तियां दी हैं वे दृष्टव्य हैं। जयन्त ने समवाय के विरुद्ध एक प्रतिपक्षी को इस प्रकार प्रस्तुत किया है कि अयुत्सिद्धता तथा सम्बन्ध एक साथ कैसे हो सकते हैं? केवल वही पदार्थ जो पृथक् स्थित हो, जैसे कुण्ड और बेर या स्त्री या पुरुष सम्बद्ध हो सकते हैं। अयुतसिद्ध होने पर तो एक ही वस्तु होने पर कौन किससे सम्बद्ध होगा।[5] पूर्वपक्षी के अनुसार द्रव्य

---

1. न्यायसिद्धान्तमुक्तावली, कारिका 11
2. समवायोऽपि नैको जलादेर्गन्धादिमत्त्व प्रसंगात् परन्तु नानैव ।
   —पदार्थतत्त्व-निरूपण (संस्कृत कॉलेज, कलकत्ता), पृ० 71.
3. व्यापकत्व सतीहबुद्धिनिमित्तत्वात्। —न्यायदर्शनम् (कलकत्ता), पृ० 159.
4. सत्युपलब्धिकारणान्तरसद्भावे सर्वत्रोपलभ्यता व्यापकत्त्वम्। —वही
5. न्यायमंजरी, भाग 1, पृ० 272.

और गुण को दो भिन्न पदार्थ मानकर उनमें सम्बन्ध की कल्पना करना ही अनुचित है। इन आक्षेपों के प्रति जयन्त का उत्तर इस प्रकार है (अवयव-अवयवी, गुण-गुणी आदि में) भेद की प्रतीति होती है, अतः भेद है इनमें देश का भेद नहीं मानते अतः यहां कोई सम्बन्ध माना जाता है उसी सम्बन्ध को समवाय कहते हैं।[1]

जयन्त की इस युक्ति में दो बातें दृष्टव्य है— प्रथम यह कि अवयव-अवयवी, गुण-गुणी आदि में हमें भेद की प्रतीति होती है, अतः भेद की कल्पना प्रत्यक्ष पर आश्रित है। दूसरी बात वहां दोनों में देश का अन्तर नहीं है। सामान्यतः सम्बन्ध उन वस्तुओं में माना जाता है जो अलग-अलग स्थानों को घेरती हैं। अवयव अवयवी आदि अलग-अलग स्थान नहीं घेरते। फिर भी क्योंकि उनमें भेद की प्रतीति होती है अतः एक विशेष प्रकार के सम्बन्ध की कल्पना करनी पड़ती है— जहां सम्बन्ध वस्तुएं भिन्न तो है परन्तु भिन्न स्थान न घेरती हो। यह विशेष सम्बन्ध ही समवाय है।

वाचस्पति मिश्र ने समवाय की सिद्धि इस प्रकार की है— अवयव-अवयवी, गुण-गुणी, क्रिया-क्रियावान, तथा जाति-जातिमान परस्पर सम्बद्ध अनुभव किये जाते हैं, अतः इस प्रकार के कथन और प्रतीतियां सम्भव नहीं होगी जैसे- तन्तुओं में पट है, पट शुक्ल है पट हिल रहा है, पट द्रव्य है यदि यह कहा जाये कि "पट शुक्ल है" में सामान्य अधिकरण की प्रतीति होती है, तो हमारा प्रश्न है कि यह सामान्य अधिकरण क्या है? यदि कहा जाये कि सामान्य अधिकरण का अर्थ तादात्म्य है तो ऐसा कहना उचित नहीं होगा क्योंकि तब अवयव अवयवी आदि में द्वितीय वस्तु का बोध एव कथन पुनर्युक्ति होगी। परन्तु सुनने वाले इसे पुनरोक्ति नहीं मानते क्योंकि एक बोध होने पर दूसरे को जानना चाहते है। एक ही वस्तु को द्व्यात्मक कहना भी उचित नहीं है क्योंकि जहां द्वित्व है वहां अवश्य आधार का भेद है, एक में द्वित्व का होना संभव नहीं है क्योंकि यह विरोध होगा। अतः यह मानना होगा कि भिन्न वस्तु ही सम्बन्ध होकर समानाधिकरण (एक ही आधारवाली) रूप में प्रतीत होती है। सम्बन्ध न होने पर उनमें गौ तथा अश्व के समान समानाधिकरण्य की प्रतीति नहीं हो सकती।[2] इसके बाद वाचस्पति मिश्र दोनों प्रकार की स्थितियों के अन्तर को स्पष्ट करते हैं। एक में उनके अनुसार समानाधिकरण्य होता है जैसा कि उपर्युक्त उदाहरण में। यहां वस्तुओं के सम्बन्ध को समवाय कहा जाता है। दूसरे प्रकार की स्थिति वहां होती है जहां दोनों वस्तुओं का व्यधिकरण (भिन्न आधार वाले) रूप में अनुभव होता है जैसे दही और कुण्ड। यहां यह संयोग सम्बन्ध होता है।[3]

जयन्त और वाचस्पति मिश्र दोनों की युक्ति का सार यह है कि यहां हमें द्वित्व

---

1. न्यायमंजरी, पृ० 285.
2. न्यायदर्शनम् , पृ० 95-96.
3. वही पृ० 96.

की प्रतीति होती है परन्तु हम दोनों वस्तुओं को अलग नहीं कर सकते वहां हमें दोनों में एक सम्बन्ध की कल्पना करनी पड़ती है और वह यह सम्बन्ध समवाय है।

समवाय की स्वतन्त्रता :

संयोग एक ऐसा सम्बन्ध है जो दोनों सम्बन्धियों में रहता है परन्तु समवाय के बारे में न्याय वैशेषिक की यह मान्यता है कि यह केवल आधार में रहता है जिसे "समवायिन" (किसी वस्तु के समवाय से युक्त) कहा जाता है। परन्तु यहां एक कठिनाई आती है यदि आधार में रहता है तो किस सम्बन्ध से रहता है? यदि यहां एक दूसरे समवाय की कल्पना करें तो इसी प्रकार अनेक समवायों की कल्पना करने के कारण अनवस्था दोष होगा। इसलिए न्याय वैशेषिक का मत है कि समवाय को स्वयं रहने के लिए किसी भी सम्बन्ध की आवश्यकता नहीं है यह स्वयं रहता है। प्रशस्तपाद ने समवाय को स्वतन्त्र कहा है जिसकी व्याख्या में श्रीधर का कथन है कि समवाय किसी ओर सम्बन्ध से नहीं रहता जैसे-संयोग रहता है।[1] उद्योतकर ने समवाय के स्वतन्त्र होने की भिन्न व्याख्या की है। इस प्रश्न का कि इस समवाय को स्वतन्त्र क्यों कहा जाता है? उत्तर उद्योतकर इस प्रकार देते हैं कि क्योंकि समवाय दूसरे समवाय में नहीं रहता है। जो भी कहाँ और जिसमें रहता है, किसी सम्बन्ध से रहता है परन्तु समवाय के रहने का कोई सम्बन्ध नहीं है।[2] आगे उद्योतकर कहते हैं कि समवाय कहीं आश्रित ही नहीं है।[3] कहीं आश्रित न होने का कारण उद्योतकर यह बताते है कि समवाय पंच पदार्थ वृत्ति कहा जाता है जो भी पंच पदार्थ वृत्ति कहलाता है वह अनाश्रित होता है जैसे-परमाणु।[4] पंच पदार्थ वृत्ति का परमाणु और समवाय दोनों के पक्ष में भिन्न-भिन्न अर्थ है। परमाणु के पक्ष में इसका अर्थ है—जिसमें पांच पदार्थ रहते हैं (पंचानां पदार्थानां वृत्तिर्यस्मिन्) और समवाय के पक्ष में इसका अर्थ है— पांच पदार्थों का सम्बन्ध (पंचानां पदार्थानां सम्बन्धः) उद्योतकर की युक्ति इतनी लचर है कि वाचस्पति मिश्र भी जो सामान्यतः उद्योतकर के प्रति अत्यधिक आदर करते हैं वे भी कहते हैं कि इस ढंग से तो यह कहा जा सकता है कि गाय के समान वाणी आदि के लिए भी गौ शब्द का प्रयोग होता है, इसलिए वाणी आदि भी सींगों से युक्त है। इतना ही नहीं उद्योतकर से जब यह पूछा जाता है कि यदि समवाय कहीं रहता ही नहीं तो पट के तन्तुओं में समवाय की प्रतीति क्यों होती है? इसका उद्योतकर उत्तर देते हैं कि यह प्रतीति मिथ्या

---

1. स्वतन्त्रः, संयोगवत् संबधांतरेण न वर्तते।
   —Critique of Indian Realism में पृ० 384, पादटिप्पणी 20 में उद्धृत
2. न्यायवार्तिक (न्यायदर्शनम), पृ० 158
3. अनाश्रितः समवायः। —वही, पृ० 159
4. न्यायवार्तिक तात्पर्यटीका, पृ० 159

है। परन्तु न्याय वैशेषिक के आचार्यों में उद्योतकर ही अकेले हैं जो समवाय के स्वतन्त्र होने का अर्थ कहीं आश्रित न होना करते हैं। अन्य आचार्य इसका अर्थ किसी सम्बन्ध से आश्रित न होना ही करते हैं।

समवाय एक पृथक् पदार्थ है :

वैशेषिक दर्शन ने संयोग को एक गुण माना है परन्तु समवाय को एक पृथक् पदार्थ माना है। इसके कारण निम्नलिखित बतलाये हैं-

1. समवाय द्रव्य नहीं हो सकता क्योंकि उसमें गुण नहीं है।

2. इसको गुण नहीं कहा जा सकता क्योंकि गुण केवल द्रव्य में ही रहते हैं जबकि समवाय के लिए आवश्यक नहीं कि वह द्रव्य में ही रहे। जैसे-शुक्लत्व जाति का समवाय शुक्ल रूप में है जो गुण है।

3. इसी कारण इसे कर्म भी नहीं कहा जा सकता।

4. इसको सामान्य या विशेष भी नहीं कहा जा सकता क्योंकि न तो यह अनेक वस्तुओं में समानता की प्रतीति कराता है न किसी वस्तु का वैशिष्ट्य।

प्रभाकर मीमांसक मत :

न्याय वैशेषिक के अतिरिक्त केवल मीमांसा में प्रभाकर सम्प्रदाय समवाय सम्बन्ध को स्वीकार करता है। प्रभाकर ने भी समवाय को अयुतसिद्ध वस्तुओं का सम्बन्ध माना है। परन्तु जहां न्याय वैशेषिक समवाय को नित्य मानता है वहां प्रभाकर इसे नित्य वस्तुओं के लिए नित्य तथा अनित्य वस्तुओं में अनित्य मानते हैं। इसी प्रकार जहां न्याय वैशेषिक समवाय को एक मानता है वहां प्रभाकर इसे अनेक मानते हैं। प्रभाकर के अनुसार जब कोई कार्य उत्पन्न होता है तो समवाय भी उत्पन्न हो जाता है। प्रभाकर समवाय को प्रत्यक्ष ग्राहीय न मानकर अनुमेय ग्राहीय मानते हैं। न्याय वैशेषिक के बाह्य अर्थवाद की विशेषता है धर्म-धर्मी भेद। यह भी कहा जा सकता है कि न्याय वैशेषिक का बाह्य अर्थवाद धर्म-धर्मी के आधार पर टिका हुआ है।

विंशति अध्याय

पदार्थ

संसार में अनेक वस्तुओं को देखकर एक दार्शनिक अथवा चिन्तक के मन में उनको जानने की इच्छा उत्पन्न होती है। यह सही है कि प्रत्येक वस्तु को पृथक्-पृथक् जानना संभव नहीं है। यह प्रश्न उत्पन्न होता है कि ये वस्तु या पदार्थ क्या हैं और इनकी संख्या कितनी है? जैसे एक वन में उत्पन्न हुई समस्त वनस्पतियों का ज्ञान करना सम्भव नहीं है परन्तु उन वनस्पतियों में से अनेक प्रकार तथा भेद और उपभेद में विभाजित करके वनस्पति वैज्ञानिक उनका अध्ययन कर लेता है। दर्शन परम्परा में भी पदार्थों के प्रकारों का अध्ययन अथवा उनको विभाजित करके उनका अध्ययन किया गया है। पाश्चात्य दर्शन में इस अध्ययन के लिए (Category) कैटेगरी का प्रयोग किया है। प्रसिद्ध दार्शनिक विद्वान् अरस्तु ने दस कैटेगरियों में विश्व की समस्त वस्तुओं को समाहित करने का प्रयास किया है।

भारतीय दर्शन में न्याय वैशेषिक तथा मीमांसा ने बहुत पहले इन वस्तुओं के लिए पदार्थ शब्द का प्रयोग किया है। अन्य भारतीय दार्शनिक सम्प्रदायों ने इसके लिए तत्त्व शब्द का भी प्रयोग किया है। 'पदार्थ' शब्द का शाब्दिक अर्थ है, पद का अर्थ । अर्थात् शब्दों द्वारा कही गयी वस्तुएं। जिसका अभिप्राय यह है कि जिन वस्तुओं को हम जानते हैं उनका वर्गीकरण करना। उन सभी वस्तुओं को भाषा में द्योतित करने के लिए कोई न कोई शब्द होता है। इसलिए शब्द के अर्थ में समस्त वस्तुएं समाहित हो जाती हैं। जो अभिधेय हैं अतः जिनका शब्दों द्वारा हम कथन कर सकते हैं और ज्ञेय हैं अर्थात् जिनको हम जान सकते हैं।

इन पदार्थों का विवेचन भारतीय दर्शनों में पर्याप्त रूप में किया गया है।

न्यायवैशेषिक— न्याय और वैशेषिक दर्शनों के सिद्धान्त कुछ एक से हैं, परन्तु पदार्थों के बारे में मत दोनों के पर्याप्त भिन्न हैं। वैशेषिक ने सात पदार्थ माने हैं न्याय ने सोलह माने हैं। वैशेषिक दर्शन में सात पदार्थ हैं— द्रव्य, गुण, कर्म, सामान्य, विशेष, समवाय और अभाव। आरम्भ में कणाद और प्रशस्तपाद ने छः को ही पदार्थ माना है। परन्तु बाद में इसमें अभाव को और जोड़ दिया गया है।[1]

वैशेषिकदर्शन क्योंकि कट्टर बाह्यार्थवादी हैं इसलिए इसमें अभाव की वास्तविकता

---

1. न्यायकन्दली, पृष्ठ 552, कृणावल्ली, पृष्ठ 46.

को स्वीकार करके उसको पदार्थों में सम्मिलित किया है। अन्य समस्त पदार्थ भाव पदार्थ की गिनती में आते हैं। वैशेषिक दर्शन ने धर्म और धर्मी सम्बन्ध एवं भेद के सिद्धान्त को स्वीकार किया है। इसी कारण गुण-गुणी आदि पृथक् न हो सकने वाले पदार्थों में समवाय सम्बन्ध स्वीकार किया है। बाह्यार्थवादी होने के कारण ही सामान्य, विशेष की बाह्य सत्ता को स्वीकार किया है। गुण और कर्म दोनों ही द्रव्य के धर्म हैं परन्तु इनका अन्तर यह है कि गुण स्थिर धर्म है जबकि कर्म अस्थिर धर्म है। वैशेषिक के पदार्थों का यदि वर्गीकरण किया जाय तो इनको हम भाव और अभाव पदार्थों में विभक्त कर सकते हैं। अभाव पदार्थ तो अभाव है। भाव पदार्थों के दो भेद किए जा सकते हैं सम्बन्ध और सम्बध्य। सम्बन्ध समवाय है। उसके बाद सम्बध्य को दो भागों में विभाजित किया जा सकता है— विशेषण और विशेष्य अर्थात् धर्म और धर्मी। विशेष्य पदार्थ द्रव्य हैं। विशेषण का पुनः दो भागों में वर्गीकरण किया जाता है— स्थिर और अस्थिर। अस्थिर कर्म है। स्थिर के भी दो भेद हैं नित्य या अनुत्पाद्य और अनित्य या उत्पाद्य। अनित्य या उत्पाद्य गुण है। नित्य या अनुत्पाद्य के दो भेद किए जाते हैं— **आवर्तक** और **व्यावर्तक**। **आवर्तक** सामान्य या जाति है। **व्यावर्तक** विशेष है।

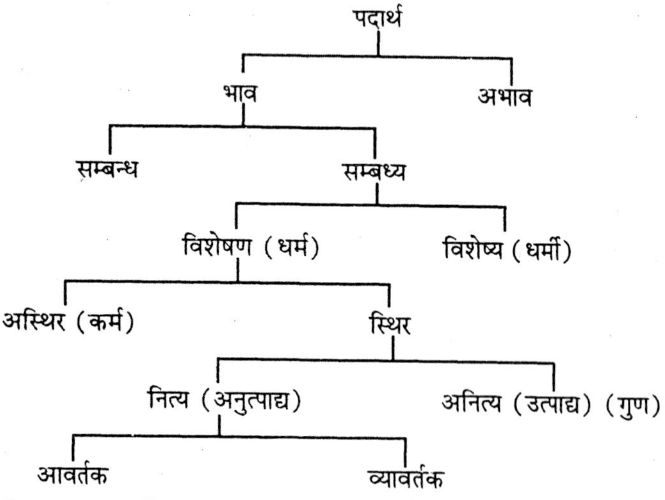

वैशेषिक दर्शन मूलतः तत्त्व दर्शन है अतः वैशेषिक में पदार्थों की परिगणना तत्त्व की दृष्टि से है। न्याय मूलतः प्रमाणशास्त्र है। इसलिए न्याय में पदार्थों की परिगणना प्रमाणशास्त्र की दृष्टि में रखकर की गयी है। न्याय में सोलह पदार्थ स्वीकार किए है— प्रमाण, प्रमेय, संशय, प्रयोजन, दृष्टान्त, सिद्धान्त, अवयव, तर्क, निर्णय, वाद, जल्प, वितण्डा, हेत्वाभास, छल, जाति और निग्रह स्थान है। इन सोलह पदार्थों में प्रमेय

तत्त्व दर्शन से सम्बन्धित वस्तुओं को ग्रहण करता है। इसलिए न्याय की दृष्टि से इसकी स्थिति गौण है। इसलिए इसे पदार्थों में द्वितीय स्थान दिया गया है। प्रमाण को प्रथम स्थान दिया गया है। जो न्याय का मुख्य विषय है। प्रमाणों में भी न्याय में मुख्य प्रमाण अनुमान है। प्रमेय के बाद जो शेष चौदह पदार्थ है। वे किसी न किसी रूप में अनुमान से या शास्त्रार्थ से सम्बन्धित है। शास्त्रार्थ का मूलाधार भी अनुमान ही हुआ करता था। जयन्त भट्ट के अनुसार इन चौदह पदार्थों का अन्तर्भाव यथासम्भव प्रमाण और प्रमेय में ही हो जाता है। अतः इनको अलग से कहने की आवश्यकता नहीं थी। परन्तु न्याय दर्शनकार ने इसका महत्त्व विशेष रूप से स्वीकार किया है इसलिए इसको अलग से वर्णन किया गया है।[1]

न्याय के इस पदार्थ परिगणन में प्रमेय को यदि सामान्य अर्थ में लें तो विश्व की समस्त वस्तुएं प्रमेय के अन्तर्गत आ जाऐंगी किसी अन्य का पृथक् परिगणन अनावश्यक है। परन्तु न्याय ने प्रमेय केवल बारह ही माने हैं—जो इस प्रकार है आत्मा, शरीर, इन्द्रिय, अर्थ, बुद्धि, मन, प्रवृत्ति, दोष, प्रेत्यभाव फल, दुःख और अपवर्ग। यदि प्रमेयों को इन बारह भेदों तक सीमित रखा जाता है तो संसार में जो अन्य वस्तुएं है इनमें उनका परिगणन नहीं होगा। जयन्त भट्ट ने इस विषय में कहा है कि इनसे अन्य वस्तुएं भी है। परन्तु उनको इसलिए सम्मिलित नहीं किया है कि वे अपवर्ग के लिए आवश्यक नहीं है।[2]

वात्स्यायन का कहना है कि न्याय की बारह प्रमेयों की गणना पर्याप्त नहीं है, जो पदार्थ वैशेषिक ने माने हैं उनकी परिगणना भी इनमें करना अपेक्षित है। सम्भवत: यह इसलिए माना गया है कि न्याय और वैशेषिक एक ही सम्प्रदाय के दर्शन हैं। इसलिए वैशेषिक दर्शन के पदार्थों को इसमें सम्मिलित किया गया है। इसके बाद न्याय वैशेषिक आचार्यों ने अर्थ नामक प्रमेय में वैशेषिक के छः पदार्थों को समाहित करने का प्रयास किया है।[3] वास्तव में न तो वैशेषिक को न्याय के सोलह पदार्थों से कुछ विरोध है और न न्याय को वैशेषिक के छः पदार्थों के मानने में आपत्ति है। दोनों एक-दूसरे के पदार्थों को स्वीकार करके चलते हैं। यथासम्भव दोनों एक दूसरे के पदार्थों को मानते हुए उनका अन्तर्भाव करने का प्रयास करते हैं। न्याय के अर्थ नामक प्रमेय में वैशेषिक के छः पदार्थों का समावेश किया गया है। इसी प्रकार वैशेषिक ने गुण के अन्तर्गत बुद्धि में न्याय के प्रमेय के अतिरिक्त सभी पदार्थों को ग्रहण करने का प्रयत्न किया है

---

1. संशयादयस्तु पदार्थो यथासम्भवं प्रमाणेषु प्रमेये चान्तभर्वन्तोऽपि न्यायप्रवृत्ति हेतुत्वात्पृथक् उपदिश्यन्ते। —न्यायमंजरी, भाग 1, पृष्ठ 9
2. अन्यस्तु सन्नपि पदार्थ गणोऽपवर्गमार्गोपयोग विरहादिह नोपदिष्टः।
   —न्यायमंजरी, पृष्ठ 11
3. अर्थाः षटपदार्थाः। ते च द्रव्यगुणकर्म सामान्य विशेष समवायाः। —तर्कभाषा

मीमांसा— मीमांसा में दो मत हैं— कुमारिल भट्ट और प्रभाकर। दोनों ने अपने-अपने ढंग से पदार्थों को स्वीकार किया है। कुमारिल ने आरम्भ में दो प्रकार के पदार्थ माने हैं— भाव पदार्थ और अभाव पदार्थ। इन्होंने भावे पदार्थों को चार प्रकार का माना है— द्रव्य, गुण, कर्म और सामान्य। इस प्रकार कुमारिल के अनुसार पदार्थों की कुल संख्या पांच है। कुमारिल वैशेषिकों के विशेष तथा समवाय नामक पदार्थों को स्वीकार नहीं करते। समवाय को उन्होंने तादात्म्य माना है।

प्रभाकर ने आठ पदार्थों को स्वीकार किया है— द्रव्य, गुण, कर्म, सामान्य, समवाय, शक्ति, संख्या और सादृश्य। वैशेषिक के विशेष नामक पदार्थ को प्रभाकर स्वीकार नहीं करते परन्तु कुमारिल के विरुद्ध समवाय को स्वीकार किया है। वैशेषिक ने समवाय को नित्य और एक माना है वहां प्रभाकर ने समवाय को नित्य पदार्थों में नित्य और अनित्य पदार्थों में अनित्य माना है और अनेक मानते हैं। प्रभाकर ने शक्ति संख्या तथा सादृश्य इन तीन ऐसे पदार्थों को स्वीकार किया है जिन्हें न वैशेषिक ने स्वीकार किया है और न कुमारिल ने स्वीकार किया है। शक्ति द्रव्यों में रहने वाली ऐसी सामार्थ्य है जिसके कारण कार्य की उत्पत्ति होती है जैसे अग्नि में जलाने की शक्ति है।

सांख्य— सांख्य दर्शन ने पदार्थ शब्द का प्रयोग न करके तत्त्व शब्द का प्रयोग किया है। सांख्य ने मूलतः दो तत्त्व माने हैं— पुरुष और प्रकृति। प्रकृति को व्यक्त और अव्यक्त दो भागों में विभाजित किया है। व्यक्त के 23 (तेइस) भेद किए हैं :— बुद्धि, अहंकार, मनस् , पांच कर्मेन्द्रियां, पांच ज्ञानेन्द्रियां, पांच तन्मात्राएं और पांच स्थूल भूत।

इस प्रकार सांख्य ने कुल पच्चीस तत्त्व स्वीकार किए हैं। योग में ईश्वर को जोड़कर छब्बीस तत्त्व स्वीकार किए जाते हैं। अद्वैत वेदान्त में मूलतः एक ही तत्त्व माना गया है— वह है ब्रह्म। ब्रह्म अज्ञान से अच्छादित होकर सृष्टि का आधार बनता है। इस प्रकार इन्होंने दो तत्त्वों को माना है ब्रह्म और माया। विशिष्टाद्वैतवादियों ने तीन तत्त्व माने हैं— चित्, अचित् और ईश्वर ।

जैनदर्शन में पदार्थ का वाचक शब्द द्रव्य है। जो गुण और पर्याय से विशिष्ट माना गया है।[1] द्रव्य को प्रथमतः दो भेदों से विभाजित किया गया है— अस्तिकाय (बहुदेशव्यापी) तथा अनस्तिकाय(एक देशव्यापी)। अनस्तिकाय केवल काल है। अस्तिकाय के दो भेद किए हैं— जीव और अजीव। अजीव के चार भेद हैं— पुद्गल (भूत), आकाश, धर्म (गतिशील वस्तुओं का सहकारी कारण) तथा अधर्म (स्थितिशील वस्तुओं का सहकारी कारण)। पुद्गल के भी दो भेद हैं— अणु तथा संघात। जीव दो प्रकार के होते हैं —संसारी तथा मुक्त। संसारी जीव दो प्रकार के होते हैं —जंगम

1. गुणपर्यायवद् द्रव्यम। —तत्त्वार्थ सूत्र, 5.39

तथा स्थावर। स्थावर जीवों में केवल स्पर्शेन्द्रिय की सत्ता मानी जाती है। जंगम जीव चार प्रकार के हैं—पंचेन्द्रिय, चार इन्द्रियों वाले, तीन इन्द्रियों वाले और दो इन्द्रियों वाले।

बौद्धों में वैभाषिक सम्प्रदाय में पदार्थों का वर्गीकरण इस प्रकार किया है। यह वर्गीकरण दो प्रकार का है—विषयिगत तथा विषयगत। विषयिगत वर्गीकरण में तीन प्रकार के पदार्थ हैं—1. पंच स्कन्ध—रूप, वेदना, संस्कार, तथा विज्ञान। (2) द्वादश आयतन-(अनुभव के साधन भूत द्वार) छः इन्द्रिया तथा छः विषय। छः इन्द्रियां हैं—चक्षु, क्षोत्र, घ्राण, जिह्वा, काय, और मन। इनके छः विषय है—रूप, शब्द, गन्ध, रस, स्पर्श तथा धर्म। (3) अष्टादश धातु-धातु वे शक्तियां हैं जिनके एकीकरण से घटनाओं का प्रवाह या संतान निष्पन्न होता है। इनमें उपर्युक्त बारह आयतन हैं—छः विज्ञान हैं—चक्षुर्विज्ञान, श्रोत्रविज्ञान, घ्राणविज्ञान, जिह्वाविज्ञान, कायविज्ञान और मनोविज्ञान।

विषयगत विभाजन— वैभाषिकों के अनुसार प्रत्येक सत्तात्मक पदार्थ धर्म कहलाता है। अभिधर्म कोश के अनुसार धर्म दो प्रकार के हैं—सास्रव (मल सहित) तथा अनास्रव (मलरहित)। सास्रव को संस्कृत और अनास्रव को असंस्कृत भी कहा जाता है। हेतु तथा प्रत्यय से उत्पन्न धर्म संस्कृत है। राग द्वेष आदि मलों से उत्पन्न होने से उन्हें सास्रव कहा जाता है। संस्कृत भेद चार प्रकार के हैं—रूप, चित्त, चैतसिक तथा चित्तविप्रयुक्त। इनमें रूप ग्यारह प्रकार का, चित्त एक प्रकार का, चैतसिक तथा चित्तविप्रयुक्त चौदह प्रकार के हैं। इस प्रकार कुल संस्कृत भेद 72 (बहत्तर) हैं। असंस्कृत धर्म के हेतु प्रत्ययजनित न होने से नित्य हैं। ये तीन प्रकार के हैं—आकाश, प्रतिसंख्या निरोध तथा अप्रतिसंख्या निरोध। अर्थात् बिना प्रज्ञा के ही राग आदि का निरोध है। इनमें राग आदि की पुनः उत्पत्ति नहीं होती है और जीव भवचक्र से मुक्ति प्राप्त करता है।

द्रव्य तथा गुण

किसी भी वस्तु का ज्ञान हमें अपनी ज्ञानेन्द्रियों द्वारा होता है। ज्ञानेन्द्रियों द्वारा हम वस्तुओं में रूप, रस, गन्ध, शब्द और स्पर्श आदि का अनुभव करते हैं साथ ही वस्तुओं को हम कभी स्थिर देखते हैं कभी क्रियाशील। रूप, रस, गन्ध आदि को हम गुण कहते हैं। वस्तुओं में होने वाली क्रिया के लिए कर्म शब्द का व्यवहार किया जाता है। ये गुण और कर्म सदैव किसी आश्रय में ही दृष्टिगोचर होते हैं कभी भी अनाश्रित नहीं इनके आश्रय के लिए ही द्रव्य शब्द का प्रयोग किया जाता है। यह द्रव्य क्या वस्तु है? क्या यह हमें दिखलाई पड़ता है? हम यह समझते हैं कि संसार की अनेक वस्तुओं के रूप में हम द्रव्य को नित्य प्रति प्रत्यक्ष रूप से ग्रहण करते हैं।

द्रव्य की सिद्धि :

जिस वस्तु को हम द्रव्य मानते हैं, यदि उसकी परीक्षा करें तो अनेक कठिनाई सामने आ जाती है। कल्पना कीजिए की हमारे सामने एक घट रखा है। हम यह निश्चय रूप से मानते हैं कि यह घट एक द्रव्य है और इसको हम प्रत्यक्षतः ग्रहण कर रहे हैं परन्तु यदि कोई हमसे यह पूछे कि इस घट में हम क्या देख रहे हैं और हमसे इसका वर्णन करने को कहें तो हम कहेंगे कि घट में हम रंग और आकार देख रहे हैं। जब इसका स्पर्श करते हैं तो कुछ खुरदरेपन का या कुछ चिकनेपन का अनुभव होता है। जब हम इसे चखकर और सूंघकर देखते हैं तो हमें यह एक विशिष्ट स्वाद और विशिष्ट गन्ध से युक्त प्रतीत होता है। परन्तु क्या ये सब विशेषताएं घट में हैं तो हम यह कहेंगे की नहीं, यह तो गुण है जो घट में आश्रित है। फिर हम उन गुणों के अतिरिक्त किसी और वस्तु को देख रहे हैं जिसे हम घट कह सकते हैं इस पर जब विचार करते हैं तो हमे कोई ऐसी वस्तु नहीं मिलती जिसे हम गुणों से भिन्न गुणों का आश्रय कह सके। प्रत्यक्ष रूप से जिन वस्तुओं को ग्रहण किया जाता है वे सब गुण ही है तब फिर घट रूपी द्रव्य क्या इन सब गुणों का समूह है? हम ऐसा नहीं मानते। यह एक सामान्य धारणा है कि घट इन गुणों से भिन्न है ओर उसमें सब गुण आश्रित है। यह विचार किया जा सकता है कि घट में ऊपर-ऊपर गुण दिखाई पड रहे है, इन गुणों के पीछे घट के अन्दर द्रव्य है। परन्तु जब हम घट को अन्दर से देखें, उसको तोड़कर अथवा काटकर देखें तो हमें गुणों के अतिरिक्त कुछ भी हाथ नहीं आता। तब यह प्रश्न उपस्थित होता है कि द्रव्य क्या वस्तु है?

बौद्ध दार्शनिक इन गुणों (धर्मों) के अतिरिक्त द्रव्य जैसे किसी पदार्थ को स्वीकार नहीं करते। उनके अनुसार धर्मों के अतिरिक्त किसी भी धर्मी का कभी प्रत्यक्ष नहीं किया जा सकता।[1] एक वस्तु के रूप में द्रव्य को बोध केवल हमारी कल्पना है। व्यवहार में भी हमारा सम्बन्ध केवल गुणों से होता है न की द्रव्यों से। जब हम सेब या किसी अन्य फल का आस्वादन करते हैं तो वास्तव में सुगन्ध आदि कुछ गुणों का ही अनुभव करते हैं। इन गुणों में ही सबकी रुचि होती है और इन्हीं से हमारा प्रयोजन सिद्ध हो जाता है अतः द्रव्य की कल्पना अनावश्यक और व्यर्थ है। इसके अतिरिक्त द्रव्य की कल्पना अंशतः अवयवी के रूप में की जाती है जिसको स्वीकार करने में अनेक बाधाएं है।

न्याय वैशेषिक में गुणों से भिन्न गुणों के आश्रय के रूप में द्रव्य की सत्ता को स्वीकार किया जाता है। न्यायवैशेषिक में बोध आपत्तियों का भी उत्तर दिया गया है। इनका कहना है कि किसी वस्तु का बोध या ज्ञान एक वस्तु के रूप में होता है, अनेक

1. तत्त्वसंग्रह, कार्यिका 556 पर पंजिका

गुणों के रूप में नहीं। यदि किसी घट का बोध "स्पर्श" और "रूप" इन दोनों गुणों के रूप में हो तो उन गुणों का बोध भिन्न-भिन्न इन्द्रियों द्वारा होता है। अतः एक आश्रय में उनकी प्रतीति असंभव है।[1] प्रायः हमारा अनुभव इस रूप में होता है कि जिस घट का मैं स्पर्श कर रहा हूँ वह वही घट है जिसे मैं देख रहा हूँ। यदि दोनों गुण एक ही आश्रय में न हो तो भिन्न-भिन्न क्रियाओं-देखना और स्पर्श करना-का विषय एक कैसे हो सकता है? इस एक विषयगत अनुभव को मिथ्या प्रतीति भी नहीं कहा जा सकता क्योंकि जितनी भी मिथ्या प्रतीतियां होती हैं उनके अनुरूप कोई सम्यक् प्रतीति भी अवश्य होती है।[2] रज्जु में सर्प की मिथ्या प्रतीति उसी को हो सकती है जिसने पहले वास्तव में सर्प को देखा हो। हमारे इस अनुभव का किसी बाद में होने वाले अनुभव द्वारा बाध भी नहीं होता। अतः दोनों इन्द्रियों द्वारा यह एकत्व की प्रतीति तभी संभव है जब दोनों इन्द्रियां अपने-अपने गुणों के साथ द्रव्य को प्रत्यक्षतः ग्रहण करें।

मीमांसा ने द्रव्य की सिद्धि के लिए एक और युक्ति दी है। यदि हमें बिना किसी द्रव्यभूत आधार के केवल गुणों का अनुभव होता हो तो गुणों के परिवर्तित हो जाने पर भी एक ही वस्तु की प्रतीति बने रहने का कोई कारण नहीं बताया जा सकता है।[3] घट जब तक पकाया नहीं जाता श्याम होता है, पकने पर लाल हो जाता है। श्यामत्व के समाप्त हो जाने से घट समाप्त नहीं हो जाता और न लालिमा के पैदा होने से नया घट पैदा हो जाता है। गुणों के बदलने पर भी हम उसी घट के बने रहने का अनुभव करते हैं। घट श्याम है अथवा घट लाल है इन दोनों अनुभवों का विषय एक ही घट है।

न्याय की ओर से उदयन द्रव्य के पक्ष में तर्क देते हुए कहते हैं कि हमारा अनुभव यही है कि एक वस्तु में अनेक गुण हैं। जैसे एक घट में अनेक गुणों का अनुभव होता है। यदि हम द्रव्य को स्वीकार न करें तो एकत्व का अनुभव कैसे होगा? गुणों में तो तादात्म्य स्थापित किया नहीं जा सकता, न एक गुण को दूसरे गुण का विशेषण माना जा सकता है।[4] यदि गुणों के समुदाय को वस्तु माना जाता है तो समुदाय का क्या तात्पर्य है? क्या गुण एक ही स्थान पर या एक काल में है? अथवा क्या गुणों का समान कारण या समानकार्य है? समानकारण या कार्य बौद्ध नहीं मानते हैं। यदि उनके समान कारण

---

1. युक्तिरपि दर्शनस्पर्शनयोरेकविषयत्वेन प्रतिसन्धानम्।
—न्यायवार्तिक (ईस्टर्न बुक लिंकर्स), 1, 14, पृ० 75
न च द्वाभ्यामिन्द्रियाभ्यामेकार्थग्रहणं बिना प्रतिसन्धानं न्याय्यम्।
—व्योमवती, पृ० 44
2. मिथ्याप्रत्ययानां सम्यक्प्रत्ययानुकारित्वात्-यत्र ते मिथ्याप्रत्यया लोके भवन्ति सर्वत्र ते सम्यक्प्रत्ययानुकारिणो भवन्ति। —वही, पृ० 77
3. श्लोकवार्तिक, प्रत्यक्षसूत्र 151-152, शास्त्रदीपिका (निर्णयसागर प्रैस), पृ० 42
4. आत्मतत्त्वविवेक, पृ० 720

के रूप में एक समवाय कारण मान लिया जाए तो उनकी एकता स्थापित हो सकती है। परन्तु वास्तव में समवायिकारण ही तो द्रव्य है जिसका बौद्ध निषेध करते हैं। गुणों के समुदाय का अर्थ यह भी नहीं हो सकता है कि रूप और स्पर्श जैसे भिन्न गुण समान आधार, जैसे भूतल पर स्थित हो, क्योंकि बौद्ध मत में भूतल भी गुणों के अतिरिक्त कुछ नहीं हो सकता। अतः दो भिन्न गुण एक स्थान पर कभी भी अनुभव नहीं किये जा सकते हैं। यदि समुदाय का अर्थ एक काल में अनुभव किया जाना हो तो वह भी संभव नहीं है क्योंकि भिन्न-भिन्न गुणों का भिन्न-भिन्न इन्द्रियों द्वारा भिन्न-2 कालों में अनुभव होता है कभी भी एक साथ अनुभव नहीं होता। फिर भी यदि गुणों में समान कालिकता हो तो उससे समुदाय नहीं बन सकता। गऊ और अश्व को हम एक साथ देखते हैं फिर भी वे एक समुदाय नहीं बनाते। यदि गुणों की एकता का कारण गुणों से भिन्न कुछ भी है तो वही द्रव्य है।

गुण और गुणी (द्रव्य) की एक साथ अनुभूति बिना उनके परस्पर सम्बद्ध हुए बिना नहीं हो सकती। परन्तु बौद्ध सम्बन्ध की सत्ता को स्वीकार नहीं करते। अतः उनके अनुसार न तो गुणों का सम्बन्ध परस्पर संभव है, न गुणों का द्रव्य से सम्बन्ध संभव है। शंकर मिश्र प्रश्न करते हैं कि यदि सम्बन्ध की सत्ता नहीं है तो हमें वस्तुएं सम्बन्धित क्यों प्रतीत होती है? बिना सम्बन्ध के सत्ता की सम्बद्ध होने की प्रतीति संभव नहीं है। अतः द्रव्यों और गुणों में किसी सम्बन्ध को स्वीकार करना पड़ता है। यह सम्बन्ध न्यायिकों के अनुसार समवाय है। यदि समवाय को तादात्म्य से अभिन्न माना जाता है तो न गुणों की सत्ता रहेगी न द्रव्य की। यदि बौद्ध द्रव्य का निषेध करने के लिए गुणों तथा द्रव्यों में तादात्म्य मानते हैं तो इस तादात्म्य के आधार पर गुणों का निषेध करके केवल द्रव्य की सत्ता मानी जा सकती है। यदि अनुभव के आधार पर गुणों को मानना आवश्यक समझा जाता है तो अनुभव के आधार पर द्रव्यों को भी मानना पड़ेगा, क्योंकि हमें लौकिक अनुभवों में द्रव्य और गुणों की समान अनुभूति होती है।

बौद्ध दार्शनिक द्रव्य को केवल काल्पनिक मानते हैं। उनके अनुसार यदि इन्द्रियों द्वारा द्रव्य का अनुभव हो सकता है तो प्रथम क्षण में जिस समय निर्विकल्पक प्रत्यक्ष होता है, द्रव्य का अनुभव क्यों नहीं होता? बौद्धों के अनुसार प्रथम क्षण में होने वाला निर्विकल्पक प्रत्यक्ष, जिसमें नाम, जाति आदि की प्रतीति नहीं होती, केवल विशिष्ट वस्तु (स्वलक्षण) की प्रतीति होती है, यही वास्तविक प्रत्यक्ष है क्योंकि इनमें नाम जाति आदि की कल्पना का योग नहीं होता। हमारे द्वितीय क्षण में होने वाला ज्ञान वास्तविक प्रत्यक्ष नहीं है क्योंकि इसमें नाम, जाति आदि की प्रतीति होती है। वह वस्तु से गृहीत नहीं है अपितु कल्पना है। द्रव्य का ज्ञान केवल सविकल्पक प्रत्यक्ष के समय होता है जिस समय नाम जाति आदि काल्पनिक अंश आ जाते हैं। अतः द्रव्य की प्रतीति काल्पनिक है उसका बाह्य जगत् से सम्बन्ध नहीं। नैयायिक यद्यपि निर्विकल्पक तथा

सविकल्पक प्रत्यक्ष के भेद को स्वीकार करता है परन्तु उसकी दृष्टि से सविकल्पक प्रत्यक्ष में होना वाला जो वस्तु का ज्ञान है उसका आधार निर्विकल्पक प्रत्यक्ष ही है।[1] यदि सविकल्पक प्रत्यक्ष में बाह्य वस्तु का ज्ञान नहीं होता है तो उसे काल्पनिक ज्ञान की श्रेणी में क्यों नहीं रखा जाता? प्रत्यक्ष ज्ञान और काल्पनिक ज्ञान का अन्तर स्पष्ट है। प्रथम को हम सत्य मानते हैं, द्वितीय को सत्य नहीं मानते। यह अंतर तभी तक बना रह सकता है जब सविकल्पक प्रत्यक्ष को बाह्य वस्तु के आधार पर प्रवृत्त माने और यह तभी संभव है जब सविकल्पक प्रत्यक्ष भी इन्द्रियों एवम् विषय के सम्पर्क से उत्पन्न हो।[2] यह संभव नहीं है कि सविकल्पक प्रत्यक्ष इन्द्रियों से उत्पन्न न हो। यदि वस्तु और इन्द्रिय के सम्पर्क के तुरन्त पश्चात् हम आंखे बन्द कर लें और वस्तु के नाम का स्मरण करें तो भी हमें सविकल्पक प्रत्यक्ष नहीं होता।[3] अतः सविकल्पक प्रत्यक्ष के लिए भी इन्द्रियार्थ-सन्निकर्ष आवश्यक है। इस प्रकार सविकल्पक प्रत्यक्ष द्वारा भी बाह्य वस्तु का ही ज्ञान होता है और इसलिए द्रव्य की सत्ता में अविश्वास का कोई कारण नहीं है।

बौद्ध दार्शनिकों द्वारा प्रायः यह प्रश्न उठाया गया है कि द्रव्य अपने अवयवों में कैसे रहता है?— प्रत्येक अवयवों में पृथक्-पृथक् या समस्त अवयवों में एक साथ। न्याय एवम् वैशेषिक दर्शन के अनुसार यह आवश्यक नहीं है कि द्रव्य अवयवों में रहे या दूसरे पर निर्भर करे वह पूर्णरूपेण स्वतन्त्र रूप में भी रह सकता है। न्याय वैशेषिक द्वारा स्वीकृत समस्त नित्य द्रव्य (परमाणु दिक्काल, आकाश, आत्म और मनस) बिना अव्यवों वाले स्वतन्त्र द्रव्य है। द्रव्य के अवयवों में आश्रित होने की समस्या केवल कार्य द्रव्यों में आती है जो सदैव अवयवी के रूप में होते हैं। इनकी अव्यवों में आश्रित होने की समस्या का समाधान न्यायवैशेषिक ने समवाय सम्बन्ध को मान कर किया है। समवाय सम्बन्ध एक ऐसा विशिष्ट सम्बन्ध है जिसमें व्यक्तिशः या पूर्णतः आश्रित होने का प्रश्न ही नहीं उठाया जा सकता। अतः द्रव्य की सत्ता का निषेध नहीं किया जा सकता।

द्रव्य के होने या न होने की समस्या वास्तव में गुणों को द्रव्य से पृथक् मानने के कारण आयी है। बौद्धों का यह कहना उचित है कि हम गुणों को ही देखते है, उससे भिन्न नहीं देखते। न्याय वैशेषिक का यह कहना भी ठीक है कि केवल गुणों को सत्ता मानने पर एकता की प्रतीति का होना संभव नहीं है। इस समस्या का समाधान इस रूप

---

1. तस्माद् य एव वस्त्वात्मा सविकल्पस्य गोचरः।
   स एव निर्विकल्पस्य शब्दोल्लेखविवर्जितः।। —न्यायमंजरी, भाग 1, पृ० 92.
2. मनोराज्यविकल्पानां काममस्त्वप्रमाणता।
   यथावस्तुप्रवृत्तानां न त्वसावक्षजन्मनाम्।। —न्यायमंजरी, भाग 1, पृ० 90.
3. वही, पृ० 89.

में हो सकता है कि हम यह स्वीकार करें गुणों की द्रव्य से पृथक् सत्ता नहीं है, हम द्रव्य का ही अनुभव गुणों के माध्यम से करते हैं। हमारी भिन्न-भिन्न इन्द्रियां भिन्न-भिन्न स्वभाव के द्वारा एक ही वस्तु (द्रव्य) को भिन्न-भिन्न रूप में ग्रहण करती है। जिन रूपों में द्रव्य ग्रहण किया जाता है उनको हम गुण कह देते हैं। गुणों को द्रव्य से भिन्न समझे जाने का कारण हमारी भाषा भी है। हम कहते हैं कि द्रव्य में यह गुण है। इस प्रयोग से ऐसा प्रतीत होता है कि गुण द्रव्य से पृथक् है और द्रव्य में निवास कर रहे है। वास्तव में गुण द्रव्य का स्वभाव है द्रव्य से भिन्न कुछ नहीं है। अतः गुणों के रूप में हम द्रव्य को ही देखते हैं।

द्रव्य का लक्षण :

संसार में ऐसी अनेक वस्तुएं हम देखते हैं और समझते है कि ये सब द्रव्य है ये सब वस्तुएं अपने आप में अत्यन्त भिन्न है— अनेक प्रकार की है। इनमें एक ओर तो दिक्, काल, आकाश, मनस, आत्मा आदि अभौतिक वस्तुएं आती हैं दूसरी ओर ईट, पत्थर, भूमि आदि शुद्ध भौतिक वस्तुएं हैं। ऐसी स्थिति में क्या यह संभव हो सकता है कि द्रव्य का कोई लक्षण किया जा सके? दूसरे शब्दों में हम क्या कोई ऐसी विशेषता या पहचान कर सकते है जो विश्व की द्रव्य कही जाने वस्तुओं में पायी जाती हैं। इसमें सन्देह नहीं है कि यह कार्य कठिन है। जिन दर्शनों ने द्रव्य की सत्ता को स्वीकार किया है उनके लिए आवश्यक है कि द्रव्य का कोई लक्षण भी निर्धारित करें। उन्होंने इसके लिए प्रयत्न भी किया है। अब केवल यह देखना है कि वे कहां तक सफल हुए है।

एक स्वतन्त्र वस्तु के रूप में द्रव्य— श्रीधर की न्यायकन्दली में हमें द्रव्य की एक परिभाषा प्राप्त होती है जिसके अनुसार "अपनी प्रधानता की प्रतीति होना ही द्रव्यत्व की प्रतीति है।"[1] यहां प्रधानता का अर्थ स्वतन्त्रता लिया जाना चाहिए। तात्पर्य यह है कि जो वस्तु स्वतन्त्र रूप में ग्रहण की जा सके वह द्रव्य है। हम जानते हैं कि गुणों को हम कभी स्वतन्त्र रूप में ग्रहण नहीं कर सकते। गुण सदैव ही द्रव्य पर आश्रित होते हैं, परन्तु द्रव्य के लिए यह आवश्यक नहीं कि वह किसी पर आश्रित हो।

चित्तसुखी में इस लक्षण की आलोचना की गयी है। चित्तसुखीकार पूछता है कि द्रव्य के लक्षण के रूप में जिस स्वातन्त्र्य की बात कही गयी है, इस स्वातन्त्र्य का अर्थ क्या है? इसका अर्थ बिना आश्रय के रहना है या आश्रय को स्वतन्त्र रूप से अनुभव किया जाना है? यदि प्रथम अर्थ लिया जाये तो भी अवयवी द्रव्य-द्रव्य नहीं रहेंगे क्योंकि वे सब अपने अवयवों पर आश्रित होते हैं। द्वितीय अर्थ लेने पर शब्द और स्पर्श को भी द्रव्य मानना पड़ेगा। क्योंकि ये दोनों बिना अपने आश्रयों आकाश तथा वायु के

1. स्वप्राधान्य प्रतीतिरेव द्रव्यत्वप्रतीतिः।

— न्यायकंदली (सम्पूर्णानंद संस्कृत विश्वविद्यालय, वाराणसी), पृ० 33

दृष्टिगोचर हुए अनुभव किये जाते हैं।[1] अतः स्वातन्त्र्य किसी भी ढंग से द्रव्य का लक्षण नहीं हो सकता। इस पर वैशेषिक का उत्तर है कि द्रव्य दो प्रकार के होते हैं— नित्य तथा अनित्य। परमाणु, आकाश, दिशा, काल, मन, मनस् तथा आत्मा नित्य द्रव्य हैं तथा सभी अवयवी द्रव्य अनित्य है। इनमें सभी नित्य द्रव्य अनाश्रित है, इसलिए स्वतन्त्र है अनित्य अर्थात् अवयवी द्रव्य अपने अवयवों पर आश्रित होने के कारण स्वतन्त्र नहीं है।[2] सम्भवतः श्रीधर ने द्रव्य का जो लक्षण दिया है कि वह यह मानकर कि द्रव्य गुणों तथा कर्मों की अपेक्षा स्वतन्त्र है। गुण तथा कर्म सदैव द्रव्य आश्रित अनुभव किये जाते हैं जबकि द्रव्य अनाश्रित भी अनुभव किये जाते हैं परन्तु श्रीधर का यह लक्षण वास्तव में दोषपूर्ण है। प्रथम तो यह वैशेषिक के अनुसार ही अवयवी द्रव्य अनाश्रित नहीं है, अपने अवयवों पर आश्रित है अतः लक्षण अव्यापक है, दूसरे यदि केवल गुणों से तुलना की जाये तो भी क्या हम कभी किसी द्रव्य का अनुभव किसी गुण के बिना कर सकते हैं? वास्तव में द्रव्य भी स्वतन्त्र नहीं रह सकता, बिना गुणों के उसकी स्थिति संभव नहीं है। आत्मा जैसा द्रव्य भी मुक्ति अवस्था तक निर्गुण नहीं है। यदि एक या दो स्थलों पर निर्गुण द्रव्य की सत्ता को स्वीकार भी कर लिया जाय तो भी द्रव्य का लक्षण अव्यापक सिद्ध होगा क्योंकि पृथ्वी आदि द्रव्य कभी निर्गुण नहीं हो सकते।

कर्म के आश्रय के रूप में द्रव्य— कणाद ने वैशेषिक सूत्र में जो द्रव्य का लक्षण किया है उसके अनुसार कर्म तथा गुण से युक्त एवम् समवायीकारण द्रव्य है। यहां द्रव्य के तीन विशेषण दिये गये हैं— कर्म से युक्त, गुण से युक्त तथा समवायीकारण। इन तीनों को स्वतन्त्र रूप में द्रव्य का लक्षण माना जा सकता है और इनमें हम प्रत्येक की पृथक्-पृथक् समीक्षा करेंगे। यदि द्रव्य का लक्षण यह माना जाए कि जो कर्म का आश्रय है वह द्रव्य है तो इसमें दो कठिनाईयां आयेंगी। प्रथम तो सभी द्रव्यों में सदैव क्रिया नहीं होती और दूसरे आकाश आदि विभूह (सर्वव्यापक) द्रव्यों में कभी भी क्रिया नहीं होती। इनमें प्रथम कठिनाई को तो यह मानकर दूर किया जा सकता है कि कर्म का आश्रय होने का तात्पर्य यह है कि "जो कर्म का आश्रय हो सकता है।" इस प्रकार जिसमें कभी क्रिया उत्पन्न हो सकती है वह द्रव्य की श्रेणी में आ जायेगा। परन्तु ऐसा मानकर मूर्त द्रव्यों पर लक्षण घटित हो जायेगा, आकाश आदि विभूह द्रव्यों पर नहीं। शंकरमिश्र ने इस कठिनाई को यह कहकर दूर करने का प्रयास किया है कि द्रव्य का लक्षण द्रव्य का चिन्ह है, व्यवच्छेदक धर्म नहीं।[3] तात्पर्य यह है कि यदि क्रिया है तो उसका आधार द्रव्य ही होगा, परन्तु यह आवश्यक नहीं कि प्रत्येक द्रव्य में क्रिया हो।

---

1. चित्सुखी तथा इस पर नयन प्रसादिनी टीका (निर्णयसागर प्रैस), पृ० 178-79.
2. आश्रितत्त्वं चान्यत्र नित्यद्रव्येभ्यः। -प्रशास्तपादभाष्य (न्यायकन्दली), पृ० 42.
3. वैशेषिक सूत्र 1.1.15 पर उपस्कार.

इस समाधान को स्वीकार कर लेने पर कर्म का आश्रय होना द्रव्य का ठीक लक्षण नहीं बन पाता क्योंकि लक्षण के लिए तो व्यवच्छेदक धर्म का होना आवश्यक है।[1]

जयनारायण ने दो समाधान इस समस्या के लिए दिये हैं प्रथम समाधान के अनुसार कणाद ने क्रियावत्त्व का अर्थ पदार्थ का ऐसी विशिष्ट उपाधि (जाति) से युक्त होना कहा है जो कर्म युक्त पदार्थों में रहती है।[2] तात्पर्य है कि क्रिया युक्त होने का अर्थ पदार्थ की ऐसी जाति द्रव्यत्व से युक्त होना है जो कर्मयुक्त पदार्थों में निवास करती हैं। द्रव्यत्व सदैव कर्मयुक्त पदार्थों में ही रहता है। तात्पर्य यह है कि कर्मयुक्त पदार्थों में पाये जाने वाले द्रव्यत्व सामान्य का अंग होना द्रव्य होना है। इसका भी फलीभूत अर्थ यह निकलता है कि कर्म केवल द्रव्य में ही पाया जाता है परन्तु सभी द्रव्यों में कर्म होना आवश्यक नहीं है। यह अर्थ शंकरमिश्र के अर्थ के समान ही है और लक्षण के औचित्य को सिद्ध नहीं करता। जयनारायण का दूसरा समाधान यह है कि क्रियायुक्त होने का तात्पर्य अपने द्वारा उत्पन्न संयोग या विभाग से युक्त होना है।[3] संयोग या विभाग नित्य द्रव्यों में भी होते है, इसलिए नित्य द्रव्य भी इस लक्षण के अन्तर्गत आ जाते हैं। परन्तु यह समाधान संतोषप्रद नहीं कहा जा सकता क्योंकि यह स्पष्टतः क्रियायुक्त होने को नहीं, संयोग या विभागयुक्त होने को द्रव्य का लक्षण बता रहा है। फलतः कर्मवत् होना द्रव्य का उपयुक्त लक्षण नहीं कहा जा सकता।

गुण के आश्रय के रूप में द्रव्य-कणाद के लक्षण का दूसरा विशेषण यह बतलाता है कि जो गुणों से युक्त होता है वह द्रव्य होता है। वल्लभकृत न्यायलीलावती में इसे एक स्वतन्त्र रूप में लक्षण के रूप में स्वीकार किया गया है।[4] प्रभाकर मीमांसक ने भी द्रव्य का यही लक्षण स्वीकार किया है। चित्सुख तथा श्रीहर्ष ने इस लक्षण को दोषयुक्त बतलाया है। चित्सुख के अनुसार यह लक्षण अव्यापक है क्योंकि उत्पत्ति के प्रथम क्षण में स्थित द्रव्य जो न्यायवैशेषिक मत के अनुसार निर्गुण होता है,[5] पर घटित नहीं होता। अतः यह लक्षण अव्यापक है। यह लक्षण अति व्यापक भी है क्योंकि वह गुणों पर भी घटित हो जाता है। संख्या नामक गुण गुणों में भी पाया जाता है, जैसे कि

1. ऐसा धर्म जो धर्मों को अन्य सब धर्मियों से अलग करे।
2. क्रियावत्त्वं कर्मवद्वृत्तिपदार्थविभाजकोपधिमत्त्वम्।

—वैशेषिक-सूत्र 1.1.15 पर वृत्ति

3. क्रियावत्त्वं स्वजन्यसंयोगवत्त्वसम्बन्धेन स्वजन्यविभागवत्वसम्बन्धेन वा बोध्यम्। वही
   गुणाश्रयो द्रव्यम्। —न्यायलीलावती, (चौखम्बा), पृ० 752
4. न्यायवैशेषिक मत के अनुसार द्रव्य गुणों का समवायिकरण है। कारण सदैव कार्य के पहले होता है अतः जब द्रव्य को बनाते हैं तो वह द्रव्य प्रथम क्षण में निर्गुण ही होता है, दूसरे क्षण में उसमें गुण उत्पन्न होते हैं।
5. चित्सुखी, पृ० 177

हम कहते हैं कि गुण 24 (चौबीस) हैं। उपर्युक्त कठिनाई को दूर करने के लिए न्यायलीलावती के लेखक वल्लभ ने गुणों का आशय होने का अर्थ लिया है गुणों के अत्यन्त अभाव का न होना।[1] इसका तात्पर्य यह होगा कि यदि पदार्थ में इस समय गुण न भी हों परन्तु उसमें गुणों का आश्रय होने का सामर्थ्य हो तो भी वह द्रव्य कहलायेगा। इनके अनुसार उत्पत्ति के प्रथम क्षण में भी द्रव्य कहलाने के अधिकार से वंचित नहीं होगा।

चित्सुख ने द्रव्य के लक्षण की उपर्युक्त व्याख्या की भी आलोचना की है। पहली बात तो यह है कि यह लक्षण अत्यंत अभाव पर भी घटित हो जायेगा, क्योंकि अत्यन्त अभाव भी कभी गुणों के अत्यन्त अभाव का आश्रय नहीं हो सकता। कोई वस्तु कभी अपना ही आश्रय नहीं हो सकती।[2] अतः इस लक्षण में अनिश्चितता होगी, क्योंकि गुण अभाव का तात्पर्य एक विशिष्ट गुण का अभाव है या सभी गुणों का अभाव है? यदि पहला अर्थ लिया जाता है तो एक विशिष्ट गुण के अत्यन्त अभाव होने पर भी दूसरे गुण का अत्यन्त अभाव हो सकता है और इस प्रकार कुछ द्रव्य इस लक्षण के अन्तर्गत नहीं आयेगे। कल्पना कीजिए कि रूप नामक विशिष्ट गुण को लिया जाता है। वायु रूप के अत्यन्त अभाव से युक्त होने के कारण द्रव्य की परिभाषा से वंचित हो जायेगी। यदि गुणाभाव का तात्पर्य सभी गुणों का अभाव लिया जाता है तो यह असंभव है, क्योंकि किसी भी द्रव्य में सभी गुण कभी नहीं होते। यहां गुणाभाव का तात्पर्य किसी एक गुण का अभाव लिया जाता है तो अनिश्चितता बनी रहती है क्योंकि फिर किसी भी गुण का अभाव लिया जा सकता है। किसी लक्षण में इस प्रकार की अनिश्चितता उचित नहीं। तीसरे, क्योंकि गुण भी संख्या नामक गुण का आश्रय होता है अतः यह अति व्याप्ति बनी ही रहेगी।

समवायिकारण के रूप में द्रव्य :

कणाद के लक्षण का तीसरा अंग है समवायि का द्रव्य होना। न्यायवैशेषिक की दृष्टि से कोई कार्य जिसमें समवाय सम्बन्ध से निराश करता है। उसे समवायि कारण कहा जाता है। समवायि कारण केवल द्रव्य ही होता है। चाहे कार्य द्रव्य गुण या कर्म कुछ भी हो। यहां यह प्रश्न पूछा जा सकता है कि वह कौन सा कार्य जिसके विषय में यह कहा जा सकता है कि इसका समवायिकारण हमेशा द्रव्य होगा। शब्द रूप आदि विशेष गुणों को यहां नहीं लिया जा सकता क्योंकि दिशा तथा काल आदि में इस प्रकार के विशेष गुण नहीं होते। संयोग तथा विभाग ऐसे कार्य हैं जो सभी द्रव्य में सम्बन्ध होते

1. गुणाश्रयोद्रव्यम। तत्र यद्यपि सम्बन्धो न सन्तानः—तथापीहाऽत्यन्तायोगव्यवच्छेदो लक्षणार्थः। —न्यायलीलावती, पृ० 753
2. सोऽपि हि गुणवत्वात्यन्ताभावस्तस्यानधिकरणं, स्वस्य स्वस्मिन् अवृत्तेः।
—चित्सुखी पृ० 176

हैं। आकाश आदि विभू द्रव्य भी दूसरे द्रव्यो के साथ संयोग या विभाग द्वारा सम्बन्ध होते हैं। संयोग विभाग को न्यायवैशेषिक में गुण माना जाता है अतः इनका कोई समवायि कारण अवश्य होता है। अतः संयोग विभाग के समवायिकारण के रूप में द्रव्य की परिभाषा पूर्ण है न इसमें व्याप्ति दोष है न अतिव्याप्ति।

इस लक्षण में भी आपत्ति की जाती हैं। यहां द्रव्य का लक्षण समवायिकारण पर निर्भर करता है और कारणता आकस्मिक स्वभाव की होती है— नित्य नहीं होती। किसी वस्तु को हम कारण तब तक नहीं कह सकते जब तक उसमें कार्य उत्पन्न न हो। जब तक कार्य उत्पन्न नहीं होता, तब तक वह वस्तु क्या द्रव्य नहीं होगी?[1] इस आपत्ति का यद्यपि समुचित समाधान प्रस्तुत नहीं किया गया है परन्तु यह कहा जा सकता है कि समवायिकारण होने का तात्पर्य समवायिकारण होने का सामर्थ्य लिया जाना चाहिए। जो वस्तु इस समय समवायीकारण नहीं है, परन्तु समवायिकारण हो सकती है उसे भी द्रव्य माना जा सकता है। फिर ऐसा कौन सा द्रव्य है जो किसी न किसी गुण का समवायिकारण न हो?

न्यायवैशेषिक दर्शन के अनुसार समवायिकारणत्व के रूप में द्रव्य का लक्षण पर्याप्त संतोषप्रद है इस लक्षण में उनको कठिनाई आयेगी जो समवाय सम्बन्ध को स्वीकार नहीं करतें। जैसे भाट्टमीमांसक समवाय सम्बन्ध को स्वीकार न करने के कारण समवायिकारण के रूप में द्रव्य के लक्षण को स्वीकार नहीं करते।

कणाद द्वारा किये गये द्रव्य के सम्पूर्ण लक्षण गुण और कर्म से युक्त होना तथा 'समवायीकारण होना' के विषय में एक बात और कही जा सकती है कि जब कणाद ने समवायिकारणत्व को द्रव्य का लक्षण स्वीकार कर लिया तो गुण और कर्म से युक्त होना आ जाता है। द्रव्य, गुण और कर्म का आश्रय समवायि कारण के रूप में ही होता है। ऐसा प्रतीत होता है कि कणाद ने मूलतः गुण, कर्मयुक्त होने को द्रव्य का लक्षण स्वीकार किया था परन्तु उसमें दोष पाकर समवायिकारणत्व को उसमें जोड़ दिया। परन्तु वे यह अनुभव नहीं कर पाये कि समवायि कारण को जोडने से गुण कर्मयुक्त होना विशेषण व्यर्थ हो गया।

भाट्टमीमांसक लक्षणः परिमाण-गुण के आधार रूप में द्रव्य

भाट्टमीमांसक ग्रन्थ मानमेयोदेय में कणाद के द्रव्य लक्षण को अस्वीकार किया है। ये समवाय सम्बन्ध को नहीं मानते, इसलिए समवायिकारण होना रूप लक्षण उन्हें स्वीकार नहीं है। गुण आश्रयत्व रूप लक्षण में यह दोष है कि संख्या-गुण गुणों में भी पाया जाता है, अतः मानमेयोदयकार ने द्रव्य का लक्षण दिया है— परिमाण गुण का

---

1. देखिये S.Bhaduri, studies in Nyāya-Vaiśesika Metaphysics, p. 46.

आधार द्रव्य है।[1] परिमाण गुण सभी द्रव्यों में पाया जाता है। चाहे अणु परिमाण हो, चाहे मध्य परिमाण हो और चाहे विभूह परिमाण हो। द्रव्यों के अतिरिक्त वह किसी और पदार्थ में नहीं पाया जाता। अतः यह लक्षण न तो अव्याप्ति दोष से युक्त है न अतिव्याप्ति दोष से। यदि इस पर यह आपत्ति की जाये कि परिमाण भी एक गुण है और गुणों की उत्पत्ति द्वितीय क्षण में होती है, प्रथम क्षण में द्रव्य निर्गुण होने के कारण द्रव्य कहलाने का अधिकारी नहीं होगा, तो उसका उत्तर यह है कि मीमांसा मत में गुण और गुणी की उत्पत्ति एक ही क्षण में मानी जाती है भिन्न-भिन्न क्षणों में नहीं। अतः द्रव्य उत्पत्तिकाल में भी परिमाण रहित नहीं होगा। इस पर यह आपत्ति की जा सकती है कि गुण और गुणी की कारण सामग्री एक है, यदि उन्हें एक क्षण में उत्पन्न माना जायेगा तो उनमें भेद ही नहीं होगा। मीमांसा का उत्तर है कि गुण और गुणी में तादात्म्य स्वीकार किया जाता है अतः भेद न होना कोई दोष नहीं है। यदि कोई यह कहे कि गुण और गुणी को एक ही क्षण में उत्पन्न मानने पर इनमें कार्य कारण सम्बन्ध नहीं होगा, क्योंकि कार्य कारण सम्बन्ध के लिए पौर्वापर्य आवश्यक है तो मीमांसक का उत्तर है कि एक क्षण में उत्पन्न होने पर भी हम इनमें उपादान उपादेय भाव देखते हैं इसे भ्रम भी नहीं कहा जा सकता क्योंकि इस प्रतीति का बाद नहीं होता। अनुमान आदि परिमाण भी इसके बाधक नहीं माने जा सकते। सबसे प्रबल प्रमाण प्रत्यक्ष है, अनुमान उसका बाधक नहीं हो सकता।[2]

जैन मतः गुण और पर्याय से युक्त द्रव्य

जैन दर्शन में गुण और पर्याय से युक्त वस्तु को द्रव्य माना गया है।[3] गुण वस्तु के नित्य धर्म है और पर्याय अनित्य या परिवर्तित होते हुए धर्म है जब हम स्वर्ण से कुण्डल, हार आदि का निर्माण करते हैं। तो स्वर्ण का रंग चमक आदि नहीं होते, नित्य धर्म अर्थात् गुण है परन्तु स्वर्ण का आकार परिवर्तित होता रहता है। यह अनित्य धर्म अर्थात् पर्याय है। जैनदर्शन के अनुसार जो वस्तु गुण और पर्याय से युक्त है उसे द्रव्य कहते हैं।

"यह लक्षण न्याय के गुणों का आश्रय द्रव्य है" इस लक्षण से अधिक भिन्न नहीं है क्योंकि न्याय की दृष्टि से वस्तु के आकार आदि पर्याय भी गुण ही हैं। यहां केवल उनके नित्य और अनित्य रूप से दो भेद कर दिये गये हैं। परन्तु न्यायवैशेषिक मत में इस लक्षण को मानने पर जो दोष उपस्थित हुए थे वे जैन तत्त्व मीमांसा को

---

1. परिमाणगुणाधारं द्रव्यं द्रव्यविदो विदुः। —मानमेयोदय(षड्दर्शन प्रतिष्ठान, वाराणसी), पृ० 142.
2. वही, पृ० 142-144.
3. गुणपर्यायवद् द्रव्यम्। —तत्त्वार्थसूत्र, 5-37.

मानने पर उत्पन्न नहीं होंगे। जैन मत में न तो गुण और गुणी भिन्न-भिन्न क्षणों में उत्पन्न होते हैं न संख्या नामक गुण है जो गुणों में निवास करता है।

द्रव्य के भेद :

वैशेषिक में नौ प्रकार के द्रव्य माने जाते हैं पांच भूत—पृथ्वी, जल, तेज, वायु और आकाश, दिशा, काल, आत्मा और मनस। इनमें पांच भूत तो भौतिक पदार्थ है ही, दिशा और काल अर्द्धभौतिक कहे जा सकते हैं क्योंकि इनकी प्रतीति भौतिक पदार्थों के माध्यम से आती है। आत्मा और मनस नितान्त अभौतिक पदार्थ है। न्याय भी वैशेषिक के इस मत को स्वीकार करता है। प्रभाकर मीमांसक भी वैशेषिक की भांति इन्हीं नौ द्रव्यों को मानते है। भाट्ट मत में द्रव्यों की संख्या ग्यारह है। भाट्ट मत के अनुसार वैशेषिक के नौ द्रव्यों के अतिरिक्त तमस (अन्धकार) तथा शब्द भी द्रव्य है। तमस में रूप आदि गुण चलना आदि क्रम पाया जाता है तथा "अस्ति" (यह है) इस प्रकार भाव रूप में इसकी प्रतीति होती है। इसके ग्रहण में किसी प्रतियोगी की प्रतीति भी नहीं होती। अतः इसको भाव रूप द्रव्य मानना चाहिए।[1] न्याय वैशेषिक तथा प्रभाकर दोनों अन्धकार को प्रकाश का अभाव मानते हैं। शब्द को भाट्ट मत में द्रव्य माना गया है जबकि न्याय वैशेषिक तथा प्रभाकर मत में यह गुण है। जैन मत में द्रव्य के आरम्भ में दो भेद माने गये हैं अस्तिकाय तथा अनस्तिकाय। अनस्तिकाय एक देशव्यापी है और एक है काल। अस्तिकाय अनेक देशव्यापी है और इसके दो भेद माने गए है जीव तथा अजीव। अजीव चार प्रकार का है —पुदगल, आकाश, धर्म तथा अधर्म। इस प्रकार जैन मत में छः द्रव्य है—काल, जीव, पुदगल, आकाश, धर्म तथा अधर्म। पुदगल अन्य दर्शनों के भूत या आंग्ला भाषा के Matter का वाचक है। जीव, पुदगल आदि जिस प्रदेश में निवास करते हैं वह आकाश है, जैन आकाश और न्यायवैशेषिक दिशा एक ही है। क्रिया का सहकारी कारण धर्म तथा स्थिति का सहकारी कारण अधर्म है। जैसे—मच्छली को चलने के लिए जल रूपी सहकारी कारण की आवश्यकता होती है उसी प्रकार जीव पुदगल आदि की क्रिया के लिए धर्म की आवश्यकता है। काल न्याय वैशेषिक के काल के समान ही है। जीव न्यायवैशेषिक का आत्मा है। स्पष्टतः भारतीय दर्शन का द्रव्य अंग्रेजी के Matter की अपेक्षा अधिक व्यापक है। अंग्रेजी के Matter के पर्यायवाची भारतीय दर्शन में भूत या पुदगल है। भारतीय दर्शन ने दिशा, काल, मनस, आत्मा तथा जैन के धर्म अधर्म को भी द्रव्य के अन्तर्गत ग्रहण कर लिया है। धर्म तथा अधर्म की कल्पना जैनदर्शन की अपनी विशिष्टता है।

---

1. गुणकर्मादिसद्भावादस्तीति प्रतिभासतः।
प्रतियोग्यस्मृतेश्चैव भावरूपं ध्रुवं तमः।। —मानमेयोदय, पृ० 142

गुण :— स्वरूप एवं लक्षण

हम यह देख चुके हैं कि द्रव्य का मुख्य लक्षण यही है कि वह गुणों का आश्रय है इससे यह प्रश्न उठता है कि गुण क्या है? बिना गुणों के स्वरूप को समझे हम द्रव्य के स्वरूप को ठीक प्रकार से नहीं समझ सकते हैं। दर्शन के अन्दर गुण शब्द का प्रयोग चार अर्थों में पाया जाता है (1) गौण के अर्थ में- इस अर्थ में यह प्रमुख का विपरीत है (2) सांख्य-योग दर्शन में प्रकृति के तीन अवयवों, सत्व, रजस्, तथा तमस् के अर्थ में (3) आचारदर्शन में सत्य अहिंसा आदि सद्गुणों के अर्थ में (4) न्याय वैशेषिक मीमांसा जैन आदि दर्शनों में द्रव्य की विशेषताओं के अर्थ में।

वैशेषिक सूत्र में गुण का लक्षण इस प्रकार दिया है कि जो द्रव्यों में आश्रित हो गुण रहित हो संयुक्त तथा जिभाग के प्रति स्वतन्त्र कारण न हो वह गुण है।[1] इस लक्षण में पहली बात यह है कि गुण को द्रव्य में आश्रित होना चाहिए। परन्तु द्रव्यों में आश्रित द्रव्य भी होते हैं, अतः द्रव्य की व्यावृत्ति करने के लिए गुण रहित जोड़ा गया है, गुणों में गुण नहीं रहते। परन्तु अब यह लक्षण कर्म पर घटित हो सकता है क्योंकि कर्म द्रव्य में आश्रित होता है और इसमें गुण भी नहीं रहते। कर्म को व्यावृत्ति के लिए संयोग विभाग के प्रति कारण न होना जोड़ा गया है। कर्म संयोग और विभाग के प्रति कारण होता है। परन्तु अब यह लक्षण संयोग, विभाग, धर्म, अधर्म, ईश्वरेच्छा आदि पर घटित नहीं होता क्योंकि संयोग विभाग का कारण विभाग संयोग के कारण है। धर्म, अधर्म तथा ईश्वर इच्छा संयोग और विभाग दोनों का कारण है अतः लक्षण में यह जोड़ दिया है कि संयोग विभाग के प्रति स्वतन्त्र कारण न हो। कर्म तो संयोग विभाग के प्रति स्वतन्त्र कारण होता है। परन्तु संयोग विभाग आदि स्वतन्त्र कारण नहीं हैं। इनका करणत्व कर्म पर निर्भर है। अतः अब लक्षण में उसको गुणत्व से सम्बन्धित बताया गया है।[2] उससे गुण के स्वरूप में विशेष अन्तर नहीं होता।

इससे मिलता जुलता लक्षण विश्वनाथ के भाषा परिच्छेद में प्राप्त होता है जिसके अनुसार गुणों को द्रव्यों में आश्रित, निर्गुण तथा निष्क्रिय समझना चाहिए।[3] यहां निष्क्रिय शब्द से कर्म की व्यावृति तो हो जाती है। इसमें संयोग विभाग आदि की व्यावृत्ति नहीं होती है। अतः इस लक्षण को पहले लक्षण से अधिक अच्छा समझा जा सकता है, परन्तु दोनों लक्षणों में दो दोष माने जाते हैं। प्रथम तो यह कि द्रव्य का लक्षण गुण

---

1. द्रव्याश्रय गुणवान संयोगविभागेष्वकारणपेक्ष इति गुण लक्षणम्।
   —वैशेषिक सूत्र 1, 1, 16.
2. गुणानां सर्वेषां गुणत्वाभिसम्बन्धी द्रव्याश्रिततत्वं निर्गुणत्वम्।
   —प्रशस्तपादभाष्य (श्रीनिवास शास्त्री), पृ० 19.
3. अथ द्रव्याश्रिता ज्ञेया निर्गुण निष्क्रिया गुणाः। —भाषापरिच्छेद, 85.

के प्रत्यय पर आश्रित है और गुण के लक्षण को द्रव्य के प्रत्यय पर आश्रित कर दिया गया है अतः अन्योन्याश्रित दोष है। दूसरी बात यह है कि यह लक्षण स्वयं गुण के प्रत्यय पर आश्रित है जो कि अनुचित है।

तर्कसंग्रह पर टीका तर्कदीपिका में गुण के दो लक्षण दिये हैं— गुणत्व जातिमान् अर्थात् गुणत्व जाति से युक्त तथा द्रव्यकर्मभिन्नत्वे सति सामान्यवान् अर्थात् द्रव्य और कर्म से भिन्न होते हुए सामान्य युक्त। इनमें प्रथम तो गुण के स्वरूप के विषय में कोई सूचना नहीं देता। द्वितीय की कुछ व्याख्या अपेक्षित है। न्याय वैशेषिक मत के अनुसार सामान्य या जाति केवल तीन पदार्थों में रहती है— द्रव्य, गुण और कर्म। सामान्यवान् में द्रव्य, कर्म तथा गुण तीनों आ जाते हैं। अतः लक्षण द्रव्य और कर्म की व्यावृत्ति कर दी गयी है इसी लक्षण को इसी इस रूप में कहा गया है कि द्रव्यावृत्ति-नित्यवृत्ति-जातिमान् अर्थात् द्रव्यों में न रहती हुई, नित्य वस्तु में रहती हुई जाति से युक्त। यहां जाति युक्त में द्रव्य, गुण तथा कर्म तीनों आ जाते है। नित्यवृत्ति विशेषण द्वारा कर्म का निषेध कर दिया गया है क्योंकि कर्म अनित्य है। द्रव्यवृत्ति द्वारा द्रव्य का निषेध कर दिया गया है। शेष गुण ही रह जाता है। तर्कभाषा में गुण का लक्षण दिया गया है— सामान्यवान् असमवायिकारणम् अस्पन्दात्मा गुणः। स च द्रव्याश्रित एव[1] अर्थात् जो सामान्य (जाति) से युक्त है, समवायिकारण अर्थात् द्रव्य नहीं है, कर्मरूप नहीं है और द्रव्य पर आश्रित है। यहां भी द्रव्य का निषेध असमवायिकारण कहकर कर दिया गया है क्योंकि समवायिकारण केवल द्रव्य होता है, और कर्म का निषेध अस्पन्दात्मा कहकर कर दिया गया है।

भाट्ट मीमांसक का लक्षण भी कुछ इसी प्रकार का है उसके अनुसार जो कर्म से भिन्न हो अवान्तर जातिमान हो और उपादानकारण न हो वह गुण है।[2] यहां कर्म से भिन्नत्व तो स्पष्ट कर दिया गया है, उपादान कारणत्व का निषेध करके द्रव्य का निषेध कर दिया गया है क्योंकि द्रव्य ही उपादान कारण होता है।

यह सभी लक्षण न्याय वैशेषिक के विशिष्ट सिद्धान्तों पर आधारित होने के कारण पारिभाषिक अर्थों में एवम पारिभाषिक शब्दों से समन्वित है और सामान्य व्यक्ति को गुणों का स्वरूप समझने के लिए अत्यधिक कठिनाई होती है। सामान्य व्यक्ति के लिए तो गुण द्रव्य के स्वरूप की प्रतीति कराने वाले इन्द्रिय ग्राह्य तत्त्व है। यह सदैव द्रव्य पर आश्रित होते हैं। द्रव्य से पृथक् नहीं रह सकते। न्यायवैशेषिक के मत में द्रव्य तथा कर्म भी द्रव्य पर आश्रित होते हैं। द्रव्य का आश्रितत्त्व अवयवी का अवयवों पर आश्रित

---

1. तर्कभाषा (श्री बद्रीनाथ शुक्त), पृ० 284
2. कर्मणो व्यतिरिक्तत्वे सत्यवान्तरजातिमान्।
   उपादानत्वनिर्मुक्तो गुणो गुणविदां मतः।। —मानमेयोदय, पृ० 227

होने के कारण है। परन्तु यह न्यायवैशेषिक का विशिष्ट सिद्धान्त है, सामान्य व्यक्ति को इसकी अनुभूति नहीं होती। हां यह बात अवश्य है कि कर्म के आश्रितत्व का अनुभव होता है। परन्तु कर्म और गुण में स्पष्ट अन्तर है। गुण द्रव्य के स्वरूप को व्यक्त करते हैं अत: स्थायी होते हैं जबकि कर्म द्रव्य की एक स्थायी अवस्था है तथा आकस्मिक विशेषता है।

गुणों के भेद :

वैशेषिक सूत्र में गुण सत्रह प्रकार के माने गये हैं। रूप, रंग, रस, (स्वाद), गन्ध, स्पर्श, संख्या, परिमाण, पृथकत्व, संयोग, विभाग, परत्व (देश या काल की दूरी), अपरत्व (देश या काल की समीपता), बुद्धि (ज्ञान), सुख, दु:ख, इच्छा, द्वेष और प्रयत्न है।[1] प्रशस्तपाद आदि ने इसमें सात गुण और जोड़ दिये है— गुरुत्व(भारीपन), द्रव्यत्व, स्नेह (चिकनापन), संस्कार (वेगभावना-स्मृति के हेतु तथा स्थिति-स्थापक वस्तुओं को अपनी स्थिति में लाने वाला गुण), धर्म (अच्छे कर्मों का संस्कार, पुण्य) अधर्म (बुरे कर्मों का संस्कार, पाप) तथा शब्द।[2] इस प्रकार गुणों की संख्या चौबीस मानी गयी है।

भाट्ट मीमांसा में भी गुणों की संख्या चौबीस मानी गयी है परन्तु उपर्युक्त चौबीस गुणों में शब्द के स्थान पर ध्वनि प्राप्त होता है और धर्म तथा अधर्म प्राप्त नहीं होते उनके स्थान में प्राकट्य और शक्ति प्राप्त होते हैं।[3] ध्वनि वायु का वह गुण है जो कि शब्द का व्यंजक माना जाता है। प्राकट्य का दूसरा नाम ज्ञातता भी है। हम जब किसी वस्तु का ज्ञान प्राप्त करते हैं तो उस वस्तु में प्राकट्य तथा ज्ञातता नामक गुण पैदा हो जाता है। यह मुख्यत: द्रव्यों में रहता है तथापि द्रव्यवर्ती जाति, गुण और कर्म में भी परम्परर्याया में रहता है।[4] शक्ति नामक गुण द्रव्य, गुण और कर्म में रहता है। शक्ति लौकिक और वैदिक दो प्रकार की होती हैं। अग्नि आदि में दाहकत्व आदि शक्ति लौकिक शक्ति है। वैदिक शक्ति का उदाहरण यज्ञ में स्वर्गादिसाधकत्व शक्ति है।[5] नैयायिक प्राकट्य ज्ञातता को स्वीकार नहीं करते। शक्ति को भी वे वस्तु का स्वरूप ही मानते हैं। प्रभाकर ने बाईस गुण माने हैं— रूप, रस, गंध, स्पर्श, परिमाण, पृथकत्व, संयोग, विभाग, परत्व, अपरत्व, गुरुत्व, द्रव्यत्व, स्नेह, संस्कार, शब्द, बुद्धि, सुख,

---

1. रूपरसगन्धस्पर्शाः सङ्ख्याः परिमाणिनि, पृथक्त्वं संयोगविभागौ परत्वापरत्वे बुद्धयः सुख दु:खे इच्छाद्वेषौ प्रयत्नाश्च गुणाः। —वैशेषिक सूत्र 1, 1, 6.
2. प्रशस्तपादभाष्य, पृ० 5.
3. मानमेयोदय, पृ० 227.
4. वही, पृ० 243, 244.
5. वही, पृ० 246.

दुःख, इच्छा, द्वेष, प्रयत्न और धर्म है। उसने शक्ति और संख्या को पृथक् पदार्थ माना है। प्राकट्य को उसने स्वीकार नहीं किया है।

न्याय वैशेषिक के कुछ अन्य ग्रन्थों में गुणों की संख्या को चौबीस से भी आगे बढ़ाने का प्रयत्न किया है। तर्कदीपिका में तीन गुण और बढ़ाये गये हैं— लघुत्व, मृदुत्व और कठिनत्व। सिद्धान्तचन्द्रोदय में आलस्य को भी गुण माना गया है। परन्तु इनके गुण होने का खंडन भी किया गया है। लघुत्व को गुरुत्व का अभाव माना गया है। मृदुत्व और कठिनत्व को संयोग का ही प्रकार माना गया है। आलस्य को प्रयत्न का अभाव माना गया है।[1]

गुणों का वर्गीकरण :

गुणों के कई प्रकार के वर्गीकरण किये गये हैं। यहां मुख्य वर्गीकरण दिये जा रहे हैं।

वायु के गुण— स्पर्श, संख्या, परिमाण, पृथकत्व, संयोग, विभाग, परत्व, अपरत्व और वेग नामक संस्कार। **तेजस् के गुण**— उपर्युक्त प्रथम आठ तथा वेग, द्रव्यत्व रूप है। **जल के गुण**— उपर्युक्त आठ तथा वेग गुरुत्व, द्रव्यत्व, रूप, रस, एवम् स्नेह। **पृथ्वी के गुण**— उपर्युक्त चौदह गुणों में से स्नेह नहीं होता परन्तु गन्ध होती है। **आत्मा के गुण**— बुद्धि, सुख, दुःख, इच्छा, द्वेष, प्रयत्न, संख्या, परिमाण, पृथकत्व, संयोग, विभाग, संस्कार, धर्म और अधर्म। **दिक् तथा काल के गुण**— संख्या, परिमाण, पृथकत्व, संयोग और विभाग। **आकाश के गुण**— उपर्युक्त पांच गुण और शब्द। **ईश्वर के गुण**— उपर्युक्त पांच गुण (संख्या आदि) तथा बुद्धि, इच्छा और प्रयत्न। **मनस के गुण**— उपर्युक्त पांच गुण तथा परत्व और वेग। सामान्य तथा विशेष के रूप में— विशेष गुण भी हैं, जो एक समय में एक ही द्रव्य में रहते हैं, दो या अधिक में एक साथ नहीं। सामान्य गुण भी है जो एक साथ दो या अधिक द्रव्यों में रहते हैं। **विशेष गुण**— बुद्धि, सुख, दुःख, इच्छा, प्रयत्न, द्वेष, स्पर्श, स्नेह, स्वाभाविक, द्रव्यत्व, अदृष्ट (धर्म एवम् अधर्म), भावना तथा शब्द।

सामान्य गुण— संख्य, परिमाण, पृथकत्व, संयोग, विभाग, परत्व, अपरत्व, प्राप्त, द्रव्यत्व, गुरुत्व, और वेग। इन्द्रियग्राह्यता के अनुसार— रूप, रस, गन्ध, और स्पर्श एकेन्द्रिय ग्राह्य है। चक्षु, त्वचा, संख्या, परिमाण और स्नेह द्विइन्द्रिय ग्राह्य है। गुरुत्व, धर्म, अधर्म और संस्कार अति इन्द्रिय ग्राह्य है।[2] गुणों को क्रमशः पृथक् करते हुए यह अंतर माना गया है कि गुण स्थायी होते हैं जबकि कर्म अस्थायी होते हैं।

---

1. तर्कसंग्रह, पृ० 84
2. अन्य वर्गीकरणों के लिये द्रष्टव्य म०म० भीमाचार्यकृत न्यायकोश, पृ० 232-4, तथा भाषापरिच्छेद, 85-97

एकविंशति अध्याय

काल

हम सब यह अनुभव करते हैं कि कोई भी घटनाक्रम किसी समय अथवा काल में घटित होती है। भूत, भविष्य और वर्तमान का प्रयोग काल के लिए ही किया जाता है। बचपन, यौवन और वृद्धावस्था काल पर ही आश्रित है। हम अपने जीवन के समस्त व्यवहार काल पर ही अवलम्बित करते हैं। काल के बिना हम अपने अस्तित्व की कल्पना भी नहीं कर सकते हैं।

दार्शनिक दृष्टि से जब काल के स्वरूप पर विचार किया जाता है तो काल का स्वरूप क्या है?, इसकी सिद्धि कैसे हो सकती है?, क्या इसे प्रत्यक्षतः अनुभव कर सकते हैं? आदि ऐसे प्रश्न है जो हमें उसकी सूक्ष्मता की ओर ले जाते हैं। काल के विषय में भारतीय दार्शनिकों ने अति गहन रूप में वर्णन किया है।

न्याय-वैशेषिक :—

न्याय वैशेषिक काल को एक सर्वव्यापक एवं नित्य द्रव्य मानता है। काल की पृष्ठभूमि में सभी घटनाएं घटित होती हैं और अपने क्रम को प्राप्त होती है। काल में रूप आदि कोई भी गुण नहीं है इसलिए इसे बाह्य इन्द्रियों द्वारा ग्रहण नहीं किया जा सकता है क्योंकि मन बाह्य वस्तुओं को कभी सीधे ग्रहण नहीं कर सकता है उसे इन्द्रियों के सहयोग की आवश्यकता होती है। फिर काल का बोध हमें कैसे होता है? न्यायवैशेषिक के अनुसार काल का बोध हमें अनुमान द्वारा होता है परत्व— अपरत्व, यौगपद्य— अयौगपद्य तथा क्षिप्रत्व-चिरत्व काल के अनुमान में लिंग का कार्य करता है।[1] प्रश्न उठता है कि ये परत्व-अपरत्वादि क्या है? परत्व का सामान्य अर्थ होता है— दूर होना, अर्थात् काल की दृष्टि से पहले होना और अपरत्व का अर्थ होता है निकट होना अर्थात् काल की दष्टि से परवर्ती होना। परन्तु यदि परत्व और अपरत्व का यह अर्थ लिया जाता है तो काल के अनुमान की आवश्यकता ही समाप्त हो जायेगी; क्योंकि परत्व और अपरत्व के उपर्युक्त प्रत्यय में काल का प्रत्यय अन्तर्निहित है। अतः आवश्यकता

---

1. अपरस्मिन्नपरं युगपत् चिरं क्षिप्रमीति काललिङ्गनि। —वैशेषिक सूत्र— 2.2.6.
काल: परापर व्यतिकर यौगपद्यायौगपद्यचिरक्षिप्रप्रत्ययलिंग:।।
—प्रशस्तपादभाष्य

इस बात की है परत्व और अपरत्व की व्याख्या बिना काल के प्रत्यय के बिना की जा सके। वैशेषिक ने यही अर्थ ग्रहण किया है। वैशेषिक के अनुसार परत्व और अपरत्व किसी उत्पन्न वस्तु में स्थित वे गुण है जो उस वस्तु में सूर्य के पृथ्वी के चारों ओर लगाये गये चक्करों की संख्या से उत्पन्न होते हैं। दूसरे शब्दों में यह कह सकते हैं कि देवदत्त, यज्ञदत्त की अपेक्षा पर (पूर्व) है, या यज्ञदत्त देवदत्त की अपेक्षा अपर (परवर्ती) है तो इसका तात्पर्य यह है कि देवदत्त का सम्बन्ध यज्ञदत्त की अपेक्षा सूर्य के अधिक चक्करों के साथ है।

यहां यह प्रश्न उठता है कि किसी व्यक्ति का सूर्य के साथ चक्करों के सम्बन्ध में इस प्रकार का सम्बन्ध हो सकता है? क्योंकि इस स्थिति में संयोग सम्बन्ध संभव नहीं है। क्योंकि व्यक्ति सूर्य से बहुत दूर है। यहां समवाय सम्बन्ध भी नहीं हो सकता है क्योंकि सूर्य की क्रिया सूर्य में ही समवेत हो सकती हैं कहीं अन्यत्र नहीं। परन्तु यहां यह विचारणीय है कि उस व्यक्ति का सम्बन्ध सूर्य की क्रिया के साथ अवश्य है। संयोग और समवाय के रूप में सीधा सम्बन्ध नहीं है तो अन्य वस्तु के माध्यम से परम्परया सम्बन्ध मानना पड़ता है। अब यह प्रश्न उठता है कि यह वस्तु क्या हो सकती है जिसका व्यक्ति से भी सम्बन्ध हो और सूर्य की क्रिया से भी? और यह वस्तु द्रव्य ही होनी चाहिए क्योंकि द्रव्य का ही क्रिया के आधार पर ही सूर्य के साथ संयोग सम्बन्ध हो सकता है। यह वस्तु व्यापक भी होनी चाहिए। एक व्यापक वस्तु ही सभी वस्तुओं का सूर्य के साथ संबंध स्थापित कर सकती है। स्वीकृत वस्तुओं में आकाश और आत्मा विभु द्रव्य है। परन्तु आकाश और आत्मा में यह सामर्थ्य नहीं है कि यह एक द्रव्य के गुणों का सम्बन्ध दूसरे द्रव्य के साथ स्थापित कर सकें। यदि आकाश में सामर्थ्य होता तो एक ढोल को बजाने से शब्द उत्पन्न होने पर सभी ढोलों में शब्द उत्पन्न होने लगता, क्योंकि आकाश तो सभी ढोलों से सम्बद्ध है। इसी प्रकार आत्मा में यह सामर्थ्य होता तो एक वस्तु के गुण सभी वस्तुओं में प्रतीत होने लगते क्योंकि आत्मा सभी वस्तुओं से सम्बद्ध है। अतः आकाश और आत्मा से भिन्न किसी ऐसे विभू द्रव्य के कल्पना की आवश्यकता है जो सूर्य की क्रिया का सम्बन्ध व्यक्तियों से स्थापित कर सकें। यही द्रव्य काल है।

परत्व एवं अपरत्व की भांति ही यौगपद्य एवं अयौगपद्य तथा क्षिप्रत्व एवं चिरत्व भी काल के अनुभव में लिंग है। यौगपद्य का तात्पर्य है कि दो घटनाओं का सूर्य की एक विशेष क्रिया से सम्बद्ध होना तथा अयौगपद्य का अर्थ है कि दो घटनाओं का या दो से अधिक भिन्न-भिन्न सूर्य की क्रियाओं से सम्बद्ध होना। इसी प्रकार क्षिप्रत्व और चिरत्व का क्रमशः तात्पर्य है कि किसी घटना का सूर्य की कम क्रियाओं से सम्बद्ध होना या अधिक क्रियाओं से सम्बद्ध होना[1]।

1. न्यायवार्तिक तात्पर्य टीका—2. 1. 39

काल की उपर्युक्त सिद्धि सर्वप्रथम वाचस्पति मिश्र द्वारा प्रस्तुत की गई है। उसके पश्चात् उदयन तथा अन्य वैशेषिक विद्वानों ने प्रस्तुत किया है[1]। परन्तु श्रीधर ने इस व्याख्या को उचित नहीं माना है क्योंकि व्यक्तियों का सूर्य की गति के साथ कोई सम्बन्ध नहीं हैं।

काल का लक्षण :—

काल के अनेक लक्षण प्राप्त होते हैं। तर्कसंग्रह में लक्षण है कि "अतीतादि व्यवहार हेतुः कालः[2] । अर्थात् अतीत वर्तमान भविष्य के व्यवहार हेतु काल है। यहां व्यवहार का अर्थ वाक्य प्रयोग तथा हेतु से तात्पर्य है, असाधारण निमित्तकारण है। अतः काल उसका निमित्तकारण है। काल केवल व्यवहार का ही असाधारण कारण है, अन्य सभी कार्यो का साधारण कारण है। दिक् आदि सभी कार्यों के साधारण कारण है। अतः लक्षण में दिक् आदि की अति व्याप्ति नहीं होती।

तर्कभाषा में केशव मिश्र ने काल का लक्षण दिया है कि दिक् के विपरीत परत्व और अपरत्व द्वारा अनुमेय काल है।[3] यदि कोई वृद्ध पुरुष समीप में स्थित है और कोई युवक दूर स्थित है तो दिक् की दृष्टि से पुरुष समीप (अपर) और युवक दूर (पर) होते हुए भी हमें इसके विपरीत प्रतीत होते हैं। अर्थात् युवक समीप (अपर) प्रतीत होता है और वृद्ध दूर (पर)। इस परत्व और अपत्व का कारण काल है अतः इस परत्व और अपरत्व द्वारा काल का अनुमान किया जाता है।

विश्वनाथ के अनुसार सभी जन्य वस्तुओं का जनक, लोको का आश्रय, परत्व एवं अपरत्व के बोध का हेतु तथा उपाधि के कारण क्षणादि के रूप में प्रतीत होने वाला काल है[4]।

क्या काल प्रत्यक्ष ग्राह्य है?

न्याय-वैशेषिक तथा प्रभाकर मीमांसक काल को प्रत्यक्ष ग्राह्य नहीं मानते क्योंकि काल में रूप, स्पर्श आदि गुण नहीं है। परन्तु भाट्ट मीमांसक तथा विशिष्टाद्वैत वेदान्तियों के अनुसार काल प्रत्यक्ष ग्राह्य है। भाट्ट मीमांसकों के अनुसार यदि काल का प्रत्यक्ष न होता तो चिरत्व, क्षिप्रत्व, यौगपद्य और अयोगपद्य का भी कभी प्रत्यक्ष नहीं होता; क्योंकि इन सभी घटनाओं की उपाधियों का सम्बन्ध काल से ही है। इसलिए घटनाओं के प्रत्यक्ष

---

1. न्यायकन्दली, पृष्ठ 156.
2. तर्कसंग्रह।
3. कालोऽपि दिग् विपरीत परत्वापरत्वानुमेयः।

—तर्कभाषा, पृष्ठ–360 मूसल.

4. जन्यानाम् जनकः कालो जगतामाश्रयोमतः।
   परापरत्वधी हेतु क्षणादि स्यादुपाधितः। —भाषा परिच्छेद, 44.10.5.

में इन सबका विशेषण के रूप में अनिवार्यतः प्रतीति होती है[1]। यह आवश्यक नहीं है कि प्रत्यक्ष ग्राह्यता के लिए रूप आदि,ही हों। स्वयंरूप रूपविहीन होते हुए भी प्रत्यक्ष ग्राह्य होता है और परमाणुरूप युक्त होते हुए भी प्रत्यक्ष ग्राह्य नहीं होते। वैशेषिक के अनुसार मीमांसक जब काल को प्रत्यक्ष ग्राह्य मानता है तो प्रत्यक्ष की सीमा पर ध्यान नहीं देता, जिस काल की अनुभूति होने की बात मीमांसक कहता है वह तो सीमित है अर्थात् एक निश्चित् अवधि वाला है परन्तु वास्तविक काल अनन्त है और वह कभी भी प्रत्यक्ष ग्राह्य नहीं होता है। यौगपद्य, क्रम, पूर्वत्व, परत्व भी जो घटनाओं के विशेषण है केवल काल क्रम में घटनाओं की स्थिति और सम्बन्ध को ही बताते हैं। यहां हमें काल का स्वरूपतः प्रत्यक्षबोध नहीं होता, केवल घटनाओं की उपाधियों के रूप में काल की कुछ अवस्थाओं का बोध होता है, वास्तविक काल एक अखंड तथा अनन्त है। यदि घटनाएं न भी हो तो भी काल रहेगा, यह सभी प्रतीयमान उपाधियों से परे है। केवल घटनाओं के कालिक विशेषणों की पृष्ठभूमि के रूप में इसका अनुमान किया जा सकता है।

काल का विभाजन :—

भूत, वर्तमान और भविष्य के रूप में व्यवहारिक दृष्टि से काल का विभाजन किया जाता है। न्यायवैशेषिक के अनुसार काल एक अनन्त और अखंड द्रव्य है। अतः वर्तमान आदि के व्यवहारिक भेद काल के वास्तविक भेद नहीं हो सकते। यदि वर्तमान आदि भेद वास्तविक होते तो भूत, वर्तमान और भविष्य तीनों तत्त्वतः भिन्न होते और एक निश्चित काल की अवधि जिसे हम वर्तमान कहते हैं कभी भी अपने स्वरूप को नहीं त्यागती और पहले भविष्य और बाद में भूत नहीं बनती। यह कहना भी उचित प्रतीत नहीं होता कि भूत, वर्तमान और भविष्य एक ही काल के स्वाभाविक गुण है, क्योंकि तीनों स्वभावतः विरोधी है यदि एक ही काल में तीनों विद्यमान होते तो कालिक भेद ही समाप्त हो जाते। खण्डन खण्ड. खाद्य के लेखक श्री हर्ष के अनुसार यह स्थिति स्वीकार्य नहीं है क्योंकि वर्तमान आदि तीनों भेद सूर्य की एक ही क्रिया से सम्बद्ध होते हैं। जैसे एक ही दिन जो सूर्य की किसी विशिष्ट गति से सम्बद्ध होकर वर्तमान कहलाता है, उसी गति से सम्बद्ध होने के कारण भूत और भविष्य भी कहलाता है[2]। निश्चित दिन के पूर्व दिन वह भविष्य कहलाता है और बाद के दिन भूत। यहां उसके भविष्य, वर्तमान और भूत कहलाने का कारण एक ही सूर्य की गति से सम्बद्ध होना है। परन्तु ये कैसे संभव है कि तीन भिन्न-2 काल भेदों का नियामक कारण एक ही हो? इसका

---

1. न्याय मञ्जरी, प्रथम भाग, पृष्ठ 124.
   न्याय रत्नाकर, पृष्ठ 303.
2. यदेव वर्तत इति प्रत्ययस्तदैव वृत्तो वर्तिस्यत इति प्रत्यय प्रसंगात्।
   —खण्डनखण्ड खाद्य, 520

एक समाधान यह हो सकता है कि सम्बन्धों को विशिष्ट बनाया जाय। जब किसी घटना का सम्बन्ध विद्यमान हो तो वर्तमान की प्रतीति होगी। जब यह सम्बन्ध घटित हो चुका हो तो भूत की प्रतीति होगी। परन्तु श्री हर्ष के अनुसार यह समाधान उचित नहीं है, क्योंकि यहां विद्यमान का अर्थ वास्तव में वर्तमान है, हो चुका का अर्थ भूत है और होनेवाला का अर्थ भविष्य है।[1]

वैशेषिक पुनः कहता है कि क्रिया से अविछिन्न काल को वर्तमान कहा जा सकता है। क्रिया के पूर्वाभाव को भूत एवं क्रिया के प्रध्वंसाभाव को भविष्य कहा जा सकता है। यहां श्री हर्ष कहते हैं कि इसमें कोई अधिक अंतर नहीं आता, क्योंकि काल कोई भाग नहीं जो क्रिया से अविछिन्न होकर प्रतीत न हो रहा हो। प्रागभाव तथा प्रध्वंसाभाव में प्राग् तथा प्रध्वंस शब्द भूत तथा भविष्य के ही वाचक है। अतः वैशेषिक जिन शब्दों द्वारा भूत एवं भविष्य की व्याख्या करना चाहता है वे शब्द स्वयं भूत और भविष्य के वाचक है। अतः उसकी व्याख्या आत्माश्रय दोष से ग्रस्त है।

बौद्धों के मत में प्रत्येक क्षण काल का स्वभाविक भेद है। यहां यदि अनेक क्षणों में वर्तमानत्व का व्यवहार करना चाहोगे तो उपाधि का आश्रय लेना पड़ेगा। और जैसा कि हम ऊपर देख चुके हैं, उपाधि का आश्रय लेने पर वर्तमान आदि की निश्चित अवधि नहीं बन सकती।

वर्तमान काल का अस्तित्व :—

न्यायदर्शन भूत, वर्तमान और भविष्य तीनों की सत्ता मानता है। परन्तु न्याय में पूर्व पक्ष के रूप में एकमत प्रस्तुत किया गया है कि भूत और भविष्य की सत्ता तो है परन्तु वर्तमान की सत्ता नहीं है। यहां उदाहरण दिया गया है कि जैसे वृक्ष से पत्ता गिरता है, यहां यह कहा गया है कि शाखा से पत्ता टूटने से पहले भविष्य और पत्ता टूटने के पश्चात् भूतकाल मानना अपेक्षित है। इसलिए वर्तमान काल का अस्तित्व नहीं माना जा सकता है। न्याय में इसका उत्तर दिया गया है कि भूत और भविष्य को वर्तमान के सम्बन्ध से ही समझा जा सकता है क्योंकि किसका भूत और किसका भविष्य इसका उत्तर यही दिया जा सकता है कि वर्तमान की अपेक्षा से भूत और भविष्य की व्याख्या की जाती है। वास्तव में वस्तु का अस्तित्व कुछ क्षण तक स्थिर मानना होगा। इसलिए वर्तमान की सीमा पत्ता टूटने से गिरने तक माननी अपेक्षित है। अतः सिद्ध होता है कि अतीत और अनागत की परस्पर अपेक्षा से सिद्धि संभव नहीं है अपितु वर्तमान की अपेक्षा से दोनों की सिद्धि सम्भव है।

जैसे कि हम कहते हैं कि द्रव्य विद्यमान है, कर्म विद्यमान है। अतः विषयों की

---

1. यदेव वर्तत इति प्रत्ययस्तदैव वृत्तो वर्तिस्यत इति प्रत्यय प्रसंगात्।

—खण्डनखण्ड खाद्य, पृष्ठ 521

उपस्थिति ही वर्तमान को सिद्ध करती है। वर्तमान के न होने पर प्रत्यक्ष संभव नहीं है; और प्रत्यक्ष न होने पर किसी भी प्रकार का ज्ञान संभव नहीं है[1]। प्रत्यक्ष इन्द्रिय और अर्थ के सन्निकर्ष से उत्पन्न होता है। यदि वर्तमान नहीं है तो इन्द्रियों से सन्निकर्ष भी नहीं हो सकता है। पूर्वपक्षी प्रत्यक्ष को न मानकर अनुमान को मानता है। परन्तु प्रत्यक्ष पर अश्रित रहने वाला अनुमान स्वयं अश्रित नहीं हो सकता है क्योंकि प्रत्यक्ष के बिना अनुमान किया ही नहीं जा सकता। हमारा अनुभव भी यह बतलाता है कि वर्तमान की समय कितनी ही छोटी क्यों न हो उसका अस्तित्व मानना आवश्यक है।

बौद्ध दर्शन :—

सर्वास्तिवादी— भूत, वर्तमान, और भविष्य तीनों कालों की सत्ता स्वीकार करते हैं। इसलिए उन्हें सर्वास्तिवादी कहा गया है। तीनों कालों की सत्ता स्वीकार करने के लिए उन्होंने निम्नलिखित युक्तियां दी है—

1. बुद्ध ने संयुक्तागम में रूप (विषय) को अनित्य बतलाया है। इसके साथ ही वहा श्रावकों से भूत वर्तमान और भविष्य तीनों प्रकार के रूपों के प्रति तटस्थ रहने को कहा है। सर्वास्तिवादियों का कथन है कि यदि भूत, वर्तमान और भविष्य रूप न होते है तो महात्मा बुद्ध द्वारा उनको उनसे सम्बन्धित चेतावनी देने की आवश्यकता नहीं पड़ती।
2. प्रत्येक विज्ञान दो प्रकार के कारणों से उत्पन्न होता है—इन्द्रिय एवं रूप (विषय)। यदि भूत और भविष्य रूप न होते तो इनका ज्ञान असंभव होता।
3. किसी आलम्बन (विषय) के होने पर ही विज्ञान उत्पन्न होता है। भूत और भविष्य से विज्ञान की उत्पत्ति के लिए उनका होना आवश्यक है।
4. यदि भूत न होता तो अच्छे बुरे कर्म अपना फल कैसे उत्पन्न करते? कारण (विपाक हेतु) अपने कार्य को उत्पन्न कर शक्ति रहित तथा भूत कालिक हो जाता है। क्योंकि वह उसी फल को कभी पुनः उत्पन्न नहीं कर सकता है।

सौत्रान्तिक— मत के अनुसार भूत तथा भविष्य की सत्ता नहीं है, केवल वर्तमान की सत्ता है।

योगाचार — केवल विज्ञान की सत्ता को स्वीकार करता है। सभी बाह्य प्रतीतियों को भ्रम मानता है। दिक् काल भी इसके अनुसार मिथ्या प्रतीतियां हैं। बाह्यार्थ वादी उनसे प्रश्न करते हैं कि यदि हमारी प्रतीतियों का बाह्य आधार नहीं है तो देशकाल की व्यवस्था कैसे होगी[1]। हमारा जो अनुभव है वह विशेषकाल में होता है। योगाचार इसके उत्तर

---

1. न्याय सूत्र 2.1.42.

में कहता है कि देशकाल की व्यवस्था स्वप्न के समान ही होगी[2]। माध्यमिकों के अनुसार संसार की सभी वस्तुओं में कार्यकारण सम्बन्ध है। ऐसी कोई वस्तु नहीं जो उत्पन्न नहीं हुई हो। अतः कोई भी वस्तु शाश्वत नहीं है।[3] यदि दिक् और काल को शाश्वत माना जाता है तो इसका अर्थ है कि दिक्, काल है ही नहीं। लौकिक दृष्टि से भी दिक् काल की सत्ता को स्वीकार नहीं किया जा सकता है[4]। अन्य वस्तुओं के समान ये प्रत्यक्ष ज्ञान के विषय नहीं है। नागार्जुन ने काल के भूत, वर्तमान और भविष्य रूप का भी खण्डन किया है, इनके अनुसार इन तीनों कालों की सत्ता परस्पर सापेक्ष है। वर्तमान तथा भविष्य की सत्ता भूत पर निर्भर है। इसलिए यही मानना उचित है कि ये एक दूसरे पर निर्भर है। ये सभी परिवर्तनशील वस्तुएं मिथ्या है अतः काल भी मिथ्या है।

जैन मत :—

जैनमत में काल को एक द्रव्य माना गया है[5]। काल के कारण ही पुद्गल और जीवों में परिवर्तन होता है[6]। यद्यपि परिवर्तन पुद्गल का स्वभाव है फिर भी इसे किसी निमित्त कारण की आवश्यकता होती है जैसे कुम्भकार के चक्र की घुरी, चक्र में कोई क्रिया उत्पन्न नहीं करती, चक्र में केवल क्रिया बनाये रखती है उसी प्रकार काल भी पुद्गल के परिवर्तन में सहायक होता है। काल के बिना संसार मे कोई भी परिवर्तन संभव नहीं है।[7] परिणाम के साधारण कारण के रूप में काल की सत्ता मानी जाती है। इसका प्रत्यक्ष ज्ञान नहीं होता, अपितु अनुमान से इसका बोध होता है। यह अनुमान वर्तना (स्थिति), परिणाम, क्रिया, परत्व तथा अपरत्व के आधार पर होता है। द्रव्य संग्रह में काल के दो रूप माने गये हैं— व्यवहार काल तथा पारमार्थिक काल। व्यवहार काल का दण्ड, घण्टी, पल आदि में विभाजित किया जा सकता है। वर्तना (स्थिति) को छोड़कर सभी परिवर्तन इसी के कारण संभव होते हैं। यह आदि और शान्त है। लोकाकाश के एक-एक प्रदेश न इसके कालाणुओं की सत्ता रत्नों की राशि के समान स्थित है जिस प्रकार प्रत्येक रत्न पृथक् रूप में विद्यमान रहता है उसी प्रकार काल अणु

1. अनर्था यदि विज्ञप्तिरनियमो देशकालयोः। —विंशतिका, 2
2. देशादि नियमः सिद्धः स्वप्नवत्। —वही, 3
3. अप्रतीत्यास्तिता नास्ति कदाचित् कम्चित् क्वचित्।
   न कदाचित् क्वचित् कश्चिद् विद्यते तत्न शाश्वतः।।
   —माध्यमिक कारिका, 24.19
4. वही, 5
5. तत्त्वार्थधिगम सूत्र, 30
6. द्रव्यसंग्रह गाथा, 2
7. द्रव्यसंग्रह गाथा, 21

में पृथक्-पृथक् स्थित रहते हैं। प्रत्येक कालाणु केवल एक प्रदेश में स्थित होता है अत: इसमें विस्तार नहीं होता। यह अनस्तिकाय है। ये कालाणु अप्रत्यक्ष, निराकार और निष्क्रिय होते हैं। परस्पर न मिलने के कारण यह स्कन्ध का निर्माण नहीं कर सकते। अलोकाकाश में पुद्‌गल न होने के कारण कालाणु भी नहीं होते।

पारमार्थिक काल नित्य और निरवयव माना गया है। वर्तना अर्थात् पदार्थ की स्थिति इसी के कारण होती है।

मीमांसा :—

मीमांसा के दोनों सम्प्रदायों भाट्ट और प्रभाकर में काल को न्याय-वैशेषिक के समान नित्य एवं विभू द्रव्य माना गया है। प्रभाकर के मत में न्यायवैशेषिक के समान ही काल का प्रत्यक्ष संभव नहीं है। क्योंकि महत् परिणाम होते हुए भी इसमें रूप एवं स्पर्श नहीं है। परन्तु कुमारिल के मत में काल प्रत्यक्ष ग्राह्य है।

वेदान्त :—

अद्वैत वेदान्त के अनुसार पारमार्थिक सत्ता केवल ब्रह्म है। जो दिक् काल और कारणता से परे है। दिक् काल और कारणता केवल व्यवहारिक सत्य है। अत: काल भी केवल व्यावहारिक दृष्टि से सत्य है, पारमार्थिक दृष्टि से नहीं। व्यवहारिक दृष्टि से काल का प्रत्यक्ष नहीं होता; केवल घटनाओं द्वारा उसका बोध होता है[1]।

विशिष्टाद्वैत :—

रामानुज काल को अचिद् पदार्थों के अन्तर्गत मानते हैं और इसको स्वतन्त्र स्थान देते हैं[2]। वैंकटनाथ ने सूर्य की गति से काल के अनुमान और परत्व और अपरत्व होने का खण्डन किया है। इसके अनुसार यदि सूर्य की गति तथा पदार्थों में सम्बन्ध मान भी लिया जाय तो इससे परत्व-अपरत्व की प्रतीति का समाधान नहीं हो सकता। हम अधिक से अधिक पदार्थों तथा सूर्य की गति को एक साथ स्थित स्वीकार कर सकते हैं। सूर्य के अधिक या कम चक्करों से हम इसको सिद्ध नहीं कर सकते; क्योंकि अधिक और कम संख्या की प्रतीति भी काल बोध पर आश्रित है। अत: सूर्य की गति की संख्याओं से काल की सिद्धि में आत्माश्रय दोष है। सामान्य अनुभव भी यहीं है कि हम परत्व तथा अपरत्व से काल का अनुमान नहीं करते। अत: यह स्वीकार करना पड़ता है कि काल का प्रत्यक्ष होता है। सभी प्रत्यक्ष ग्राह्य वस्तुओं के विशेषण के रूप में काल का ग्रहण होता है। परन्तु केवल क्षण के रूप में ही इसका प्रत्यक्ष होता है। काल विस्तार उदाहरण के लिए दिन-रात आदि का ग्रहण प्रत्यभिज्ञान द्वारा होता है। इस प्रश्न के उत्तर

---

1. शांकरभाष्य, मुण्डकोपनिषद्।
2. श्रीभाष्य, 1.1.2

में कि भूत, वर्तमान और भविष्य का ज्ञान कैसे होता है? वैंकटनाथ स्वीकार करते हैं, कि निश्चय बाह्य वस्तुओं से ही सूर्य की गति आदि से होता है। परन्तु वैशेषिक के अनुसार जहां भूत, वर्तमान और भविष्य एक अखंड काल के औपाधिक और आरोपित विभाजन है। वैंकटनाथ के अनुसार ये काल के जो गतिशील द्रव्य है—स्वाभाविक विभाजन है।

बौद्धों के अनुसार काल अनेक क्षणों के रूप में है जो निरन्तर अस्तित्व में आते हैं और नष्ट होते रहते है। वैंकटनाथ के अनुसार हमें एक ऐसे काल की कल्पना करनी होगी जिसमें वे क्षण नष्ट होते हैं। वास्तव में बौद्धों का क्षणिकवाद परिवर्तन ठीक व्याख्या नहीं करता। परिवर्तन के प्रत्यय में केवल अवस्था भेद ही नहीं है; वस्तु की एकता भी निहित है। इस प्रकार वैंकट के अनुसार काल एक नित्य तथा विभु द्रव्य है जो सभी परिवर्तनों का कारण है।

द्वैतवाद :—

द्वैतवादी मध्व के अनुसार दिक् के साथ-साथ काल भी विभु है। काल की उत्पत्ति सीधे प्रकृति से होती है। सभी पदार्थ काल में रहते हैं। काल सभी पदार्थों की उत्पत्ति का साधारण कारण है।

शुद्धाद्वैतवाद :—

वल्लभ के अनुसार पारमार्थिक काल— सच्चिदानन्दात्मक होता है, परन्तु व्यवहारिक काल में सत् की आंशिक अभिव्यक्ति होती है। काल ही प्रकृति की सत्व, रजस् तथा तमस् की साम्यावस्था को भंग करता है।

काल सम्बन्धी प्रमुख समस्या यह रही है कि काल का बोध प्रत्यक्ष द्वारा होता है या अनुमान द्वारा। भाट्ट मीमांसक तथा विशिष्टाद्वैत वेदान्त में इसे प्रत्यक्ष गम्य मगना गया है। दूसरी ओर न्याय वैशेषिक प्रभाकर मीमांसक, जैन तथा अद्वैत वेदान्ती इसे अनुमेय मानते हैं।

द्विविंशति अध्याय

सम्बन्ध

जब हम वस्तुओं का अवलोकन करते हैं तो उनका अन्य वस्तुओं से किसी न किसी रूप में सम्बन्ध को स्थापित करते हैं। यह इस सम्बन्ध विविध रूप में दृष्टिगोचर होते हैं। कभी कार्य-कारण के रूप, कभी आधार आधेय के रूप, और कभी छोटे-बड़े के रूप में ग्रहण करते हैं। जब इन सम्बन्धों का दार्शनिक दृष्टि से विश्लेषण करते हैं तो अनेक समस्याएं उत्पन्न हो जाती हैं। जैसे कि सम्बन्ध का अर्थ क्या है, इसका कोई बाह्य आधार है या मानसिक कल्पना है। यह नित्य है अथवा अनित्य है! इत्यादि समस्याओं पर विचार करना आवश्यक हो जाता है।

सम्बन्ध का लक्षण— सम्बन्ध की क्या परिभाषा की जाए इसका विवेचन दर्शन की आरम्भिक अवस्था में नहीं होता। मीमांसा दर्शन में सम्बन्ध की कुछ आवश्यक शर्तों का निर्देश मिलता है। तर्कभाषा में इन शर्तों का उल्लेख किया गया है। ये शर्ते हैं— सम्बन्ध का सम्बन्धियों से भिन्न होना, दोनों सम्बन्धियों पर आश्रित होना और एक होना है।[1] इन शर्तों से सम्बन्ध के विषय में, उसके स्वरूप का सामान्य भाव प्राप्त होता है। परन्तु सहसम्बन्ध का स्पष्ट लक्षण नहीं कहा जा सकता। सम्बन्ध का स्पष्ट लक्षण नव्यन्याय के ग्रन्थों में मिलता है। जैसे कि बतलाया है विशिष्ट प्रतीति का नियामक ही सम्बन्ध है।[2] इसका अभिप्राय यह है कि जब हमें किसी विशिष्ट वस्तु का ज्ञान होता है।(यह वस्तु इस विशेषण से युक्त है, आदि रूप में) तो उस प्रतीति एवं ज्ञान को उत्पन्न करने का हेतु सम्बन्ध है। जगदीश ने सम्बन्ध का एक उत्कृष्ट लक्षण दिया है। उसके अनुसार विशिष्ट बुद्धि के विशेष्यत्व तथा विशेषणत्व से भिन्न विषयता का होना सम्बन्ध है।[3] जंब कोई हमें विशिष्ट (विशेषणयुक्त) ज्ञान होता है तो ज्ञान के विषय में प्रायः तीन अवयव होते हैं। विशेष्य— विशेषण एवं दोनों का सम्बन्ध। इसलिए सम्बन्ध ज्ञान का वह विषय है जो विशेष्य और विशेषण से पृथक् है। जैसे कि दण्डीपुरुषः इस विशिष्ट ज्ञान में ज्ञान के तीन विषय हैं। पुरुष विशेष्य है, दण्ड विशेषण है और इन

1. सम्बन्धो हि सम्बन्धीभ्यां भिन्नो भवत्युभयसम्बन्ध्याभितश्चैकश्च । तर्कभाषा (मुसलगाँवकर)पृ.218
2. विशिष्टप्रतीतिनियामक विशेषस्यैव सम्बन्धत्वात्। व्याधिकरणदीधितप्रकाश पृ० 35
3. विशिष्टधीनियाभकस्यैव तथात्वात्। सिद्धान्तलक्षणजगदीशी पृ० 252

दोनों का सम्बन्ध संयोग है। इन तीनों में से यदि विशेष्य और विशेषण को निकाल दिया जाए तो सम्बन्ध शेष रह जाता है।

सम्बन्धों के प्रकार—

भारतीयदर्शन में न्यायवैशेषिक दर्शन सम्बन्धों की सत्ता को स्वीकार करते हैं। बौद्ध दर्शन सम्बन्धों की वास्तविक सत्ता को स्वीकार नहीं करते इसलिए उनका खंडन करते हैं। न्यायवैशेषिक के आरम्भ में संयोग और समवाय सम्बन्ध को स्वीकार किया गया है। इन दोनों के ही आधार पर अन्य सम्बन्धों का व्यवहार भी माना जाता रहा है। जैसे कि किसी विषय का प्रत्यक्ष से ग्रहण करने के लिए इन्द्रिय और विषय के छः प्रकार के सम्बन्ध माने जाते हैं।—संयोग, संयुक्तसमवाय, संयुक्त समवेत समवाय, समवाय समवेत समवाय और विशेषण विशेष्यभाव सम्बन्ध।[1] इनमें संयुक्त समवाय, संयुक्त समवेत समवाय, और समवेत समवाय सम्बन्ध, संयोग और समवाय पर ही आधारित सम्बन्ध है। इसके अतिरिक्त कार्यकारणभाव, विशेष्य विशेषण भाव, विषय विषयी भाव और व्याप्य व्यापक भाव, आदि अनेक ऐसे सम्बन थे जिनको उपाचारतः सम्बन्ध ही माना जाता था जो बाद में नव्यन्याय में विकसित होकर समाहित हो गया।

संयोग सम्बन्ध— जब यह कहा जाता है कि परस्पर दो वस्तुएं संयुक्त हैं तो उनके संयुक्त होने की प्रतीति तथा व्यवहार का जो हेतु है वह संयोग है।[2] प्रशस्तपाद में संयोग से द्रव्यगुण और कर्म की उत्पत्ति मानी जैसे तन्तुओं के संयोग से पट की उत्पत्ति होती है[3], आत्मा और मन के संयोग से ज्ञान आदि गुणों की तथा भेरी तथा आकाश के संयोग से शब्दरूपी गुण की और वेग युक्त वायु के साथ संयोग से क्रिया की उत्पत्ति होती है।[4]

संयोग की कुछ विशेषताएं—

1. यह सम्बन्ध अनित्य सम्बन्ध है इसे आकास्मिक सम्बन्ध भी कहा जा सकता है। इस सम्बन्ध में पृथक्-पृथक् अस्तित्व वाली वस्तुएं परस्पर जुड़ी हुई होती हैं। जैसे ही वे वस्तुएं पृथक् हो जाती है संयोग सम्बन्ध पृथक् हो जाता है।

---

1. तर्कभाषा, पृ० 77.
2. संयोगः संयुक्त प्रत्ययनिमित्तम्। —प्रशस्तपादभाष्य, (सं०सं०वि०) पृ० 335.
   संयुक्तव्यवहार हेतुः संयोगः। —तर्कसंग्रह
3. स च द्रव्यगुणकर्महेतुः। —प्रशस्तपादभाष्य, पृ० 2335.
4. न्यायकन्दली, (वही), पृ० 336-37.

2. वैशेषिक दर्शन में संयोग को गुण माना गया है। वहां गुण की परिभाषा दी गई है—जो द्रव्याश्रित हो, संयोग और विभाग का कारण न हो अर्थात् अपेक्षा रहित हो।[1] संयोग सदा द्रव्याश्रित होता है।

3. संयोग की संयुक्त द्रव्यों से पृथक् सत्ता है। तथा यह संयुक्त द्रव्यों में समवाय सम्बन्ध से रहता है।

4. संयोग सामान्य रूप से अव्याप्यवृत्ति है। अर्थात् सम्बन्धियों के एक अंश में व्याप्त रहता है। कहीं-कहीं संयोग भी व्याप्यवृत्ति होता है। जैसे दो अणुओं का संयोग, आत्मा का मन के साथ संयोग, परमाणु, मनस् और आत्मा क्यों निरवयव द्रव्य माने गए हैं इसलिए इनमें अव्याप्यवृत्ति सम्बन्ध संयोग संभव नहीं है।

5. संयोग प्रत्यक्षग्राह्य है।

6. संयोगवृत्यनियामक है। अर्थात् यहं आवश्यक नहीं है कि इसके सम्बन्धियों में आधार आधेय भाव की प्रतीति हो।

समवाय समन्ध—

समवाय सम्बन्ध का वर्णन कर चुके हैं अतः पुनः यहां उसके वर्णन को आवश्यकता नहीं है। यहां इतना ही कहना अपेक्षित है कि समवाय अयुतसिद्ध वस्तुओं का सम्बन्ध है, समवाय एक नित्य सम्बन्ध है, समवाय व्यापक है समवाय एक वृत्तिनियामक सम्बन्ध है। समवाय को केवल न्याय वैशेषिक समवाय एक वृत्तिनियामक सम्बन्ध है। समवाय को केवल न्यायवैशेषिक तथा प्रभाकर मीमांसक स्वीकार करते हैं अन्य दार्शनिक केवल संयोग सम्बन्ध को ही स्वीकार करते हैं।

स्वरूप सम्बन्ध—

स्वरूप सम्बन्ध का शब्दिक अर्थ यह है कि अपने ही स्वरूप वाला उसके समान संसार में दूसरा कोई नहीं है। स्वरूप सम्बन्ध की अपनी एक विशेषता यह है कि वह अपने सम्बन्धियों से अभिन्न होता है। अतः इसका स्वतन्त्र अस्तित्व नहीं है। फिर भी इसे सम्बन्ध इसलिए माना जाता है कि सम्बन्ध की सामान्य संकल्पना— विशेषणात्मक ज्ञान का हेतु होना पूरी करता है। जैसे-धरातल पर घटाभाव वाक्य पर विचार करते हैं तो निष्कर्ष रूप में घटाभाव विशिष्ट भूतल इसलिए इसका हेतु सम्बन्ध है। घटाभाव और भूतल में जो विशेषण--विशेष्यभाव सम्बन्ध है वह घटाभाव और भूतल से पृथक् नहीं है। इसमें अनेक सम्बन्ध, विशेषण विशेष्यभाव प्रतियोगी-अनुयोगीभाव, अवच्छेदकभाव-

---

1. द्रव्याश्रययगुणवान्संयोगविभागेष्वकारणमनपेक्ष इति गुणलक्षणम्।

—वैशेषिक सूत्र, 16

विषय-विषयीभाव कार्यकारणभाव, प्रकारता पर्याप्ति आदि स्वरूप सम्बन्ध के अन्तर्गत आ जाते हैं।

तादात्म्य सम्बन्ध—

तादात्म्य सम्बन्ध अद्वैत वेदान्त तथा बौद्धदर्शनों में माना जाता है। दोनों दर्शनों में इसके स्वरूप में मतभेद है। अद्वैतवेदान्त में पारमार्थिक स्तर पर किसी भी प्रकार का सम्बन्ध स्वीकार नहीं है। क्योंकि सम्बन्ध के लिए दो या दो से अधिक वस्तुओं का होना आवश्यक है। अद्वैतवेदान्त में पारमार्थिक स्तर पर केवल एक अखण्ड ब्रह्म की सत्ता स्वीकार की जाती है। इसलिए व्यावहारिक स्तर पर ही सम्बन्ध को स्वीकार किया जा सकता है। अज्ञान के कारण यहां अनेकता की प्रतीति होती है। इसलिए अद्वैत वेदान्त में पारमार्थिक सत्ता और अनेकता की प्रतीति के मध्य तादात्म्य सम्बन्ध स्वीकार किया जाता है। तादात्म्य के प्रतिपादात्मक वाक्य अद्वैत वेदान्त के महावाक्य माने जाते हैं जैसे "तत्त्वमसि, अहं ब्रह्मास्मि आदि।

बौद्धनैयायिक अनुमान में व्याप्ति की शर्तों के रूप में तदुत्पत्ति (कार्यकारण सम्बन्ध) के साथ तादात्म्य को मानते हैं। इनके अनुसार तादात्म्य एक अन्तर्निहित वाला सम्बन्ध है। जिन दो वस्तुओं में एक का क्षेत्र अधिक व्यापक हो तथा दूसरी का क्षेत्र अल्पव्यापक हो उस अल्पव्यापक वस्तु अधिक व्यापक वस्तु के अन्तर्निहित हो, वहां तादात्म्य सम्बन्ध स्वीकार किया जाता है। जैसे वृक्षत्व और शिंशपात्व के मध्य तादात्म्य सम्बन्ध है। जहां-जहां वृक्षत्व होगा वहां-वहां शिंशपात्व होगा वहां-वहां वृक्षत्व होगा। यह ज्ञातव्य है कि उसका उल्टा-जहां-जहां वृक्षत्व होगा वहां-वहां शिंशपात्व होगा, यह आवश्यक रूप में सत्य नहीं हैं। इसलिए वृक्षत्व और शिंशपात्व में सम्पूर्ण अभेद नहीं माना जा सकता, केवल आंशिक अभेद माना जा सकता है।[1] यहां तादात्म्य इस प्रकार के दो विज्ञानों को बताता है। जो एक ही व्यापकता के भागी है। यहां जो दो प्रत्यय है वे भिन्न है, किन्तु वे जिस प्रत्यय को बताते हैं वे एक ही है।

भेदाभेद सम्बन्ध (जैनमत) :—

जैनदर्शन तत्त्व मीमांसीय दृष्टिकोण से समन्वयवादी होने के कारण सम्बन्ध के विषय में भी समन्वयवादी है। जैन न तो नैयायिकों के इस मत से सहमत है कि—कार्यकारण से भिन्न एक नितान्त नई वस्तु है। और न ही अद्वैत वेदान्तियों से इस मत से कि कार्य की वास्तविक सत्ता है ही नहीं, केवल कारण की ही पारमार्थिक सत्ता है, अतः इन दोनों में कोई सम्बन्ध है तो तादात्म्य सम्बन्ध हैं। इन दोनों से भिन्न जैन दार्शनिक कार्य और कारण में आंशिक भेद और आंशिक अभेद मानते हैं। उनके

---

1. Buddhist logic, Vol. 1, p. 25.

अनुसार कार्य आंशिक रूप में अपने कारण में रहता है और आंशिक रूप में नहीं रहता अतः सत्कार्यवाद और असत्कार्यवाद दोनों अंशतः उचित है। क्योंकि घट मिट्टी से भिन्न नहीं हैं। इसलिए घट का मिट्टी से अभेद होना चाहिए और क्योंकि मिट्टी आरम्भ में घट नहीं थी इसलिए घट का मिट्टी से भेद होना चाहिए।[1] इस प्रकार जैन भेद और अभेद दोनों को स्वीकार करते हैं।

अपृथक् सिद्धि सम्बन्ध (विशिष्टाद्वैत मत) :—

विशिष्टद्वैत दर्शन में रामानुज आचार्य के अनुसार ''चित्, अचित्' और 'ईश्वर'; ये तीन परम तत्त्व है। इनमें ईश्वर तो प्रधान या अंगी है तथा चित् और अचित् उसके विशेषण अथवा अंग है। चित्त और अचित्त ईश्वर पर आश्रित है, ये ईश्वर के शरीर हैं, ईश्वर इनकी आत्मा है। इसको इस प्रकार भी कहा जा सकता है कि यह आत्मा और शरीर का सम्बन्ध है। इसको द्रव्य और गुण के सम्बन्ध के रूप में भी देखा जा सकता है। यह सम्बन्ध यह बतलाता है कि दो वास्तविक सत्ताएं हैं जो एक दूसरे पर आश्रित है। जो एक दूसरे के बिना नहीं रह सकते। एक समय में एक को जाने बिना, दूसरे को नहीं जाना जा सकता है। ईश्वर और चित् एवं अचित् के इस बीच के सम्बन्ध को अपृथक् सिद्धि सम्बन्ध कहा जाता है।

अपृथक् सिद्धि सम्बन्ध ऐसा सम्बन्ध है जो द्रव्य और गुण, अवयवी और अवयव तथा आत्मा और शरीर के मध्य होता है। इसके माध्यम से रामानुज ने अपने दर्शन के दो मुख्य सिद्धान्तो का वर्णन किया हैं। (1) संसार के चित् और अचित् ईश्वर द्वारा धारित और उस पर आश्रित है। (2) ये ईश्वर के उद्धेश्य के आधीन है, चित् या अचित् ईश्वर के लिए हैं ईश्वर इन सबका कारण है। यहां भेद को नकारा नहीं गया है; परन्तु साथ में घनिष्ठ एकता (Organic Unity) पर भी जोर दिया गया है। इसमें हमें भेद, अभेद, और भेद में अभेद तीनों ही सम्बन्धों के दर्शन होते हैं। यह अपने आप में विशिष्ट प्रकार का सम्बन्ध है। इसमें ऐसा प्रतीत होता है कि दो वस्तुएं सत्य और पृथक् है परन्तु उनमें जो सम्बन्ध है वह एक दूसरे पर आश्रित है यह जैनियों के भेदाभेद के समान नहीं है। जहां एक ही वस्तु अनेक दृष्टि से देखी जा सकती है।

बौद्धों द्वारा सम्बन्धों की यथार्थता का प्रत्याख्यान :—

धर्मकीर्ति ने अपनी पुस्तक सम्बन्ध परीक्षा में सम्बन्धों की पारमार्थिकता का प्रत्याख्यान किया है। वे सम्बन्धों को केवल व्यावहारिक दृष्टि से ही सत्य मानते हैं। धर्मकीर्ति के अनुसार सम्बन्ध का अर्थ पराश्रित होना उसको केवल दो ढंग से समझा जा सकता है। 1. पारतंत्र्य 2. रूप-श्लेष (मिश्रण)। यदि सम्बन्ध का अर्थ पारतंत्र्य

---
1. सन्मति प्रकरण, 3.52.

है तो यह मानना पड़ेगा कि परतन्त्रता दो सिद्ध वस्तुओं में है या ऐसी वस्तुओं में जिन्होंने पूर्णतः सिद्धि को प्राप्त नहीं किया है। यदि सम्बन्धी स्वभावतः सिद्ध नहीं है तो उनमें सम्बन्ध नहीं हो सकता है। जैसे "आकाश-कुसुम" क्योंकि आकाश की स्थिति है ही नहीं, इसलिए उसका कुसुम के साथ सम्बन्ध संभव ही नहीं है। दूसरी ओर यदि सम्बन्धी पूर्णतः सिद्ध है तो उनमे परस्पर निर्भरता नहीं हो सकती है इसीलिए उनमें सम्बन्ध ही नहीं हो सकता, क्योंकि सम्बन्ध तो एक के दूसरे पर निर्भर होने के अतिरिक्त कुछ नहीं है। यदि सम्बन्ध को मिश्रण के रूप में माना जाता है तो उसका एक अर्थ होगा 'एकरसता का भाव', इससे एकरसता का भाव होने पर रूप श्लेष या मिश्रण ही नहीं रहा, तब तो दोनों वस्तु वस्तु पृथक् रही, सम्बन्ध ही नहीं हुआ।

यदि रूपश्लेष का अर्थ सम्बन्धियों के अवकाश या अभाव से लिया जाता है तो भी सम्बन्ध की स्थिति नहीं मानी जा सकती है। यदि अवकाश के अभाव के सम्बन्ध को अभाव कहा जाता है तो अवकाश युक्त होने को सम्बन्ध क्यों नहीं कहा जाता? जिस प्रकार सम्बन्धी पास आने पर अपने स्वभाव का परित्याग नहीं करते हैं उसी प्रकार दूर रहने पर भी अपने स्वभाव का परित्याग नहीं करते हैं। परन्तु यदि दोनों सम्बन्धियों के अपने स्वभाव वैसे ही बने रहते हैं तो सम्बन्ध की स्थिति नहीं मानी जा सकती है।

धर्मकीर्ति के अनुसार सम्बन्ध की स्थिति इसलिए भी स्वीकार नहीं की जा सकती, क्योंकि सम्बन्ध को स्वीकार करने पर अनवस्था दोष आ जाता है। धर्मकीर्ति प्रश्न उठाते हैं कि सम्बन्ध सम्बन्धियों से भिन्न है या अभिन्न है? यदि यह सम्बन्धियों से अभिन्न है तो केवल सम्बन्धी है सम्बन्ध नहीं है। यदि सम्बन्ध को सम्बन्धियों से भिन्न माना जाता है तो प्रश्न उठेगा कि दोनों सम्बन्धी जो सम्बन्ध रहित है, कैसे सम्बद्ध होगे? तथा सम्बन्ध और सम्बन्धियों में कौन सा सम्बन्ध होगा? जैसे दोनों सम्बन्धी सम्बन्ध रहित होने के कारण सम्बद्ध नहीं हो सकते, उसी प्रकार सम्बन्धी और सम्बन्ध भी परस्पर सम्बद्ध नहीं हो सकते। यदि उनको किसी तीसरे सम्बन्ध द्वारा सम्बन्ध माना जाता है तो उस तीसरे को भी सम्बद्ध करने के चौथे सम्बन्ध की आवश्यकता पड़ेगी, इस प्रकार अनवस्था दोष उत्पन्न हो जायेगा।

सम्बन्ध की यथार्थता के खण्डन में धर्मकीर्ति की यह दूसरी युक्ति अत्यन्त प्रसिद्ध युक्ति है। जो शंकराचार्य ने भी प्रस्तुत की है। अद्वैत वेदान्त में यह स्वीकार किया जाता है कि यह बाह्य संसार जिस रूप में हम इसे देखते हैं, सम्बन्धों पर आश्रित है। सम्बन्धों के बिना हम इसकी इस रूप में कल्पना भी नहीं कर सकते। परन्तु अद्वैत वेदान्त में ये सम्बन्ध पारमार्थिक रूप में स्वीकार नहीं किये जा सकते हैं; क्योंकि विश्व की स्थिति ही मिथ्या है पारमार्थिक रूप में तो ब्रह्म की ही सत्ता है। विश्व की सत्ता पारमार्थिक रूप में स्वीकार नहीं की जाती है।

दार्शनिकों ने सम्बन्ध को किसी न किसी रूप में अवश्य स्वीकार किया है। इस

प्रकार जो दर्शन भौतिक जगत् की यथार्थता को स्वीकार करते हैं वे सम्बन्धों को भी यथार्थ रूप में स्वीकार करते हैं। जो दार्शनिक भौतिक पदार्थों की यर्थाथता को पारमार्थिक रूप में स्वीकार नहीं करते वे सम्बन्धों को भी पारमार्थिक रूप में स्वीकार नहीं करते हैं। वे दार्शनिक भी सम्बन्धों को किसी न किसी रूप में स्वीकार अवश्य करते हैं।

इस प्रश्न का कि सम्बन्ध सम्बन्धियों में कुछ वैशिष्ट्य उत्पन्न करते हैं या नहीं; उत्तर इसके ऊपर ही निर्भर करता है कि हम सम्बन्ध को बाह्यार्थ मानते हैं या नहीं। यदि मानते हैं तो यह मानना होगा कि वे कुछ वैशिष्ट्य उत्पन्न अवश्य करते हैं। परन्तु उस वैशिष्ट्य को भौतिक पैमाने से नापना अनुचित होगा।

सम्बन्धों की परीक्षा प्रत्येक दर्शन में उसके तत्त्वमीमांसीय दृष्टिकोण पर अवलम्बित है। द्वैतवादी दार्शनिक बाह्यार्थवादिता को पारमार्थिक रूप में स्वीकार करते हैं। इसलिए ये दार्शनिक सम्बन्धों के विषय में भी अपनी अवधारणा की व्याख्या उसी रूप में प्रस्तुत करते हैं।

त्रिविंशति अध्याय

अभाव

अभाव की अवधारणा

अभाव शब्द भू सत्तायाम् धातु से ण्वुल् प्रत्यय लेकर भाव शब्द की उत्पत्ति होती है। जिसका अर्थ है जिसकी सत्ता है अर्थात् सत्ता वाला। इस भाव शब्द में नञ् प्रत्यय होकर अभाव शब्द की सिद्धि होती है। जिसका सामान्य अर्थ होगा, जिसकी सत्ता न हो।

प्राचीन भारतीय वाङ्मय में अभाव शब्द के स्थान पर असत् शब्द का प्रयोग प्रायः करके हुआ है। जैसे कि ऋग्वेद के दशमें मण्डल के 120 सूक्त के प्रथम मन्त्र में कहा है कि—नासदासीन्नो सदासीत्तदानीं नासीद्रजोनोव्योमापरोयत्। (ऋ० 8.129.1)

अर्थात् सृष्टि से पूर्व प्रलय काल में न असत् था और न सत् था इसका अर्थ भाष्यकारों ने अनेक प्रकार से किया है। परन्तु सामान्य रूप में इसका यह अर्थ करना अधिक समीचीन होगा कि उस समय न असत् था अर्थात् इस सृष्टि का कारण असत् नहीं था अर्थात् अभाव से सृष्टि की उत्पत्ति नहीं हुई, अपितु कार्य रूप में सृष्टि असद् रूप में थी। इसी प्रकार न सत् था इसका अर्थ यह है कि सृष्टि कार्य रूप में विद्यमान नहीं थी। मेरे निष्कर्ष के अनुसार न्यायदर्शन का असत्कार्यवाद परिभाषित हो रहा है। जिसका अभिप्राय यह हुआ कि कारण रूप सत् प्रतीति से सत् रूपी कार्य नहीं था वह सृष्टि उत्पन्न हो गई। जैसे कि सत् रूप कारण मिट्टी से उत्पन्न होने से पूर्व हो घट असत् था उसकी उत्पत्ति हो गई। यहाँ पर मैं कोई कार्यकारणवाद के सिद्धान्त का प्रतिपादन नहीं कर रहा हूं। केवल स्पष्ट करना चाहता हूं कि वेदों से ही असत् शब्द का प्रयोग अभाव के अर्थ में अधिकतर मिलता है। इसी प्रकार छान्दोग्योपनिषद् में आया है कि —सदैव सोम्येदमग्र आसीत्। (1) असद्वा इदमग्र आसीत्। (2) जिसका अर्थ है कि अर्थात्—हे सोम्य सत् अर्थात् इस संसार की रचना का कारण सत् रूप में था और यह संसार सृष्टि से असत् रूप में था। इस प्रकार अन्यत्र भी असत् शब्द का ही प्रयोग अभाव के अर्थ में मिलता है। न्याय दर्शन में वात्स्यायनभाष्य में कहा है कि जिस प्रकार दीपक के द्वारा सत् वस्तु का ज्ञान होता है उसी दीपक से असत् वस्तु नहीं है, उसका भी ज्ञान होता है—यथा दर्शकेनदीपेनदृश्ये गृह्यमाणे तदिवयत्र गृह्यते, तन्नास्ति, इसी प्रकार

वैशेषिक दर्शन में भी अभाव का वर्णन करते हुए अभाव के साथ-साथ असत् शब्द का भी प्रयोग किया गया है। जैसे कि निम्नलिखित सूत्रों से स्पष्ट है—

प्रथम— क्रियागुणव्यपदेशाभावात्प्रागसत्। —वै० 1 अ० 9 आ०1 सूत्र 1

क्रिया और गुण के विशेष निमित्त के अभाव से प्राक् अर्थात् पूर्व (असत्) न था, जैसे घर, वस्त्र आदि उत्पत्ति के पूर्व नहीं थे, इसका नाम प्रागभाव।

दूसरा— सदसत्।। —वै० 1 अ० 9, आ० 1, सूत्र 2.

जो होके न रहे, जैसे घट उत्पन्न होके नष्ट हो जाए यह प्रध्वंसाभाव कहलाता है।

तीसरा— सच्चासत्। —वै०1 अ० 9, आ० 1, सू० 4.

जो हो और न हो, जैसे—"अगौरश्वोऽनश्वो गौः"।

यह घोड़ा गाय नहीं और गाय घोड़ा नहीं, अर्थात् घोड़े में गाय का और गाय में घोड़े का अभाव और गाय में गाय, घोड़े में घोड़े का भाव है, यह अन्योन्याभाव कहलाता है।

चौथा— यच्चान्यदसदतस्तदसत्।। —वै०1 अ० 9, अ० 1, सू० 5.

जो पूर्वोक्त तीनों अभावों से भिन्न है उसको अत्यन्ताभाव "ख पुष्प"=आकाश का फूल और वन्ध्यापुत्र=बन्ध्या का पुत्र इत्यादि।

पाँचवां— नास्ति घटो गेह इति सतो घटस्य गेह संसर्गप्रतिषेधः।।

—वै० अ० 9 , आ० 1, सू० 10.

घर में घड़ा नहीं अर्थात् अन्यत्र है घर के साथ घड़ों का सम्बन्ध नहीं है।

अभाव के विषय में प्रत्यक्षतः तथा परोक्षतः भारतीय दर्शनों में चिन्तन हुआ है। परन्तु अभाव को यथार्थ रूप में स्वीकार करने वाले दो दार्शनिक सम्प्रदाय— न्याय-वैशेषिक और मीमांसक कुमारिल भट्ट हैं। बौद्ध तथा अद्वैत वेदान्त ने तो अस्तित्व वाली वस्तुओं की भी यथार्थता का निषेध किया है, इन दर्शनों में अभाव को सत्य मानने का प्रश्न ही नहीं उठता। सांख्यदर्शन और प्रभाकर मीमांसक सम्प्रदायों ने अभाव की बाह्यार्थवादिता का निषेध किया है।

अभाव का स्वरूप—

न्याय-वैशेषिक दर्शन म अभाव के साथ देश और काल का विशेषण विशेष्य भाव सम्बन्ध माना गया है। इस विषय में बौद्धों का कहना है कि विशेषण विशेष्यभाव कोई सम्बन्ध ही नहीं है। क्योंकि विशेषण विशेष्यभाव एक दूसरे पर आश्रित हैं। संयुक्त या समवेत होकर ही कोई वस्तु विशेषण होती है। जैसे कि देवदत्त के हाथ में दण्ड है।

यहां देवदत्त और दण्ड में संयोग सम्बन्ध है इसी प्रकार नील-उत्पल नोलोत्पल— यहां नील समवाय सम्बन्ध से उत्पल में रहता है इसलिए विशेषण विशेष्य भाव सम्बन्ध यथार्थ रूप अथवा स्वतन्त्र सम्बन्ध नहीं है।

बौद्धों ने न्याय-वैशेषिक की अन्योन्याभाव की कल्पना का भी खंडन किया है। न्याय-वैशेषिक के अनुसार यदि अन्योन्याभाव को स्वीकार नहीं किया जाता तो भाव पदार्थों के परस्पर भेद न किए जा सकने के कारण व्यवहार नष्ट हो जायेगा। दूध में दही की, दही में दूध की, पृथ्वी में चैतन्य की, पट में घट की तथा आत्मा में आकार की प्रतीति होने लगेगी। इस पर बौद्ध पूछते हैं कि यदि भाव पदार्थों का दूसरे भाव पदार्थों से भेद अन्योन्याभाव से होता है तो भाव पदार्थों का अन्यान्याभाव तथा अन्य अभावों से भेद कैसे होगा! यदि अभावों का परस्पर अपने आप भेद हो जाता है तो भाव पदार्थों का इसमें क्या दोष है[1]। इसलिए बौद्ध मानते हैं कि समस्त अभाव एक समान है। इसलिए उनका भेदभाव पदार्थों द्वारा होता है। भाव पदार्थ एक दूसरे से पृथक् होते हुए अपने अभावों में भी भेद स्थापित करते हैं।

बौद्धों की इन आपत्तियों का जयन्त ने उत्तर देते हुए कहा है कि समस्त व्यक्तियों को दो प्रकार का अनुभव होता है। यहां पट है, और यहां पर नहीं है। इस स्थिति में इन्हें चाहे विकल्प मात्र कहें, चाहे आत्मा (चित्) का विकार कहे (योगाचार बौद्धमत) अभाव और भाव दोनों में ही समान ज्ञान होता है इसलिए या तो दोनों का प्रामाण्य होगा अथवा दोनों का अप्रामाण्य होगा। यह जो माना जाता है कि "है" रूप ज्ञान प्रमाण है और "नहीं है"। रूप ज्ञान अप्रमाण है यह कथन मात्र है तर्कसम्मत नहीं है।[1] जयन्त पुनः प्रभाकर के इस मत का कि घट रहित भूतल का ग्रहण ही घटाभाव का ग्रहण है, इसका खण्डन करते हुए पूछते हैं कि यह घट रहितता क्या है? यह भूतल से भिन्न है या अभिन्न है। यदि इसे अभिन्न माना जाए तो घट के होने पर भी भूतल के वैसे ही बने रहने के कारण "घट नहीं है"। इस प्रकार की प्रतीति होनी अपेक्षित है और यदि इसे भिन्न माना जाता है तो मतभेद केवल नाम में रह जाता है। इसलिए यहीं अभाव स्वीकार किया जाता है। इसे घट रहितता कहा जाए या घटाभाव इसमें कोई विशेष अन्तर नहीं।

न्यायदर्शन में अभाव की बाह्यार्थता का सबसे बड़ा समर्थक न्याय वैशेषिक दर्शन है परन्तु इन दर्शनों में भी अभाव का स्वरूप एक क्रमिक विकास के रूप में प्रतीत होता है। अभाव की बाह्यार्थता की मान्यता सर्वप्रथम उद्योतकर के न्यायवार्तिक में मिलता है। इन्द्रियसन्निकर्ष के वर्णन में उद्योतकर ने कहा है कि समवाय तथा अभाव का विशेषण विशेष्यभाव के द्वारा प्रत्यक्ष रूप में ग्रहण किया जाता है।[3]

1. न्यायमञ्जरी, भाग 1.
2. न्यायमञ्जरी, भाग 1, पृ० 54.
3. न्यायदर्शन न्यायवार्तिक, पृष्ठ 97.

अभाव का इन्द्रिय द्वारा ग्रहण किए जाने का अर्थ है कि अभाव एक बाह्य विषय है। वाचस्पति मिश्र ने उद्योतकर के इस कथन की व्याख्या में कहा है कि अभाव को एक बाह्य विषय मानना चाहिए। जयन्त ने अभाव की बाह्यार्थता का विस्तारपूर्वक वर्णन किया है। अभाव का बाह्य विषय के रूप में प्रभाकर और बौद्ध दोनों ही मान्यता नहीं देते हैं तथा उसका खण्डन करते हैं।

प्रभाकर की मान्यता है कि भूमि पर कांटों के अभाव का तात्पर्य "भूमि" रूप आश्रय का होना ही है। इस पर न्याय-वैशेषिक की ओर से श्रीधर की मान्यता है कि भूमि की प्रतीति तो हमें तब भी वैसी ही होती है जब भूमि पर कांटे होते हैं। इसका मतलब यह है कि कण्टक आदि से युक्त भूमि को देखकर भी "यहां कण्टक नहीं है"। इस प्रकार की प्रतीति होगी और मनुष्य का वहां निश्शंक आना-जाना संभव हो जायेगा।

अभाव के भेद

न्याय-वैशेषिक में प्रायः अभाव को चार प्रकार का माना गया है।

1. **प्राग्-अभाव**— किसी पदार्थ के उत्पन्न होने से पूर्व उसके अभाव को प्राग्-अभाव कहा जाता है। जैसे कि घट के उत्पन्न होने के उसका अभाव प्राग्-अभाव कहलायेगा।

2. **प्रध्वंसाभाव**— किसी वस्तु के नष्ट होने के पश्चात् उसका अभाव प्रध्वंसाभाव कहलायेगा जैसे कि घट के नष्ट हो जाने के बाद उसके अभाव को प्रध्वंसाभाव कहेंगे।

3. **अन्योन्याभाव**— किसी वस्तु के अपने से भिन्न वस्तु में अभाव को अन्योन्याभाव कहलायेगा, जैसे कि गौ में अश्व का अभाव और अश्व में गौ का अभाव अन्योन्याभाव है।

4. **अत्यन्ताभाव**— एक वस्तु में दूसरी वस्तु के अत्यन्ताभाव को अत्यन्ताभाव कहते हैं जैसे कि गौ में अश्व का अभाव और अश्व में गौ का अभाव अन्योयाभाव तो है परन्तु अत्यन्ताभाव नहीं है। क्योंकि पशुत्व दोनों में हैं। अत्यन्ताभाव न तो कभी उत्पन्न होता है और न ही नष्ट होता है। यह नित्य है। जैसे कि पृथ्वी पर समवाय सम्बन्ध से घट का अभाव है। चन्द्रमति ने इन चार अभावों में एक और अभाव जोड़ दिया है संसर्गाभाव। जिसके कारण कुछ वस्तुएं दूसरे प्रकार की वस्तुओं से सम्बद्ध नहीं हो पाती। जैसे कि सत्ता का इस दृष्टि से समवाय में अभाव है। वाचस्पति मिश्र ने चार ही प्रकार के अभाव माने हैं। उनका कहना है कि पहले अभाव को दो भागों में विभक्त किया है— अन्योयाभाव तथा संसर्गाभाव तथा फिर संसर्गाभाव के अन्तर्गत प्रागभाव, ध्वंसाभाव तथा अत्यन्तन्ताभाव को ग्रहण किया है।

नव्य न्याय के अनेक दार्शनिकों ने अभाव के भेदों पर अपना-अपना मत प्रस्तुत किया है। परन्तु अभाव के चार उपर्युक्त भेदों को ही किसी न किसी रूप में माना-जाता है।

चतुर्विंशति अध्याय

परमाणुवाद

जगत् के उपादानकारण का इस तर्क शास्त्र में बलपूर्वक मण्डन किया गया है कि कोई कि कोई कार्य पदार्थ सर्वथा नाश नाश नहीं होता किन्तु परम सूक्ष्मावस्था में परिणामस्वरूप होकर विद्यमान रहता है, इस बात को केवल हम ही नहीं कहते अपितु आजकल पदार्थविद्यावेता=साइन्स के जाननेवाले भी परमाणुओं को स्वीकार करते हैं। अर्थात् आजकल का साइन्स जिसका प्रभाव सब धर्मों की फिलासफी पर पड़ा हुआ है वह भी इस बात से सहमत हैं। कि सब सावयव जगत् खण्ड-खण्ड होकर अत्यन्त नाश नहीं होता किन्तु एक ऐसी अवस्था में जा ठहरता है जिसका फिर उत्तरोत्तर विभाग नहीं होता, वही परमाणु है।

स्वामी शङ्कराचार्य ने भी ब्रह्म को उपादानकारण मानकर परमाणुओं का इस प्रकार खण्डन किया है कि परमाणुओं के भीतर आकाश व्यापक होने से वह सच्छिद्र है और जो पदार्थ सच्छिद्र होता है वह सावयव होने से नित्य नहीं हो सकता, अतएव द्व्यणुकादि की भाँति नित्य न होने के कारण परमाणुओं को नित्य मानना ठीक नहीं ? इसका उत्तर यह है कि परमाणुओं के निरवयव होने से आकाश उनके भीतर नहीं। किन्तु दोनों एक ही स्थान में हैं, इसलिए उनको सच्छिद्र कथन करना साहस मात्र है, अर्थात्, जिस प्रकार निरवयव जीवात्मा के भीतर आकाश नहीं और न ही वह आकाश की व्यापकता से सच्छिद्र हो सकता है, इसी प्रकार द्व्यणुकादि की भाँति सच्छिद्र न होने के कारण परमाणु निरवयव है।

भाव यह है कि भीतर बाहर शब्दों का प्रयोग सावयव द्रव्य में होता है, निरवयव में नहीं, और सब मूर्त्त पदार्थों के साथ संयोगी होने से आकाशादि पदार्थ व्यापक है, निरवयव नित्य द्रव्यों के भीत होने के अभिप्राय से नहीं, इसलिए स्वामी शङ्कराचार्य का उक्त परमाणु विषयक आपेक्ष सर्वथा अनुपपन्न होने के कारण परमाणुवाद का बाधक नहीं हो सकता।

एक तर्क यह है कि जहां दोनों ही मूर्त्त पदार्थ हों, वहाँ ही उन दोनों के एक देश के घेरने में दोष आता है, अन्यत्र नहीं। यहाँ एक अमूर्त्त दूसरा मूर्त्त अथवा दोनों ही अमूर्त्त हों, वहाँ उन पदार्थों का एक स्थान में सहानवस्थारूप विरोध नहीं आता, जैसेकि दिशा, काल, परमाणु तथा आत्मा यह सब पदार्थ एक ही स्थान में रह सकते हैं, एक दूसरे के भीतर नहीं, इस प्रकार परमाणु स्थान में आकाश के रहने किं त्वा

आकाश स्थान में परमाणुओं के रहने से उनमें सावयत्व की आपत्ति नहीं हो सकती, इसी अभिप्राय से कई एकस्थलों में निरपेक्ष विभु पदार्थ का सब द्रव्यों के भीतर बाहर होना कथन किया गया है, परमाणु आदि निरवयव पदार्थों के सच्छिद्र होने के अभिप्राय से नहीं, और यही व्यवस्था ''य आत्मनि तिष्ठन्'' बृह० अत० ब्रा० इत्यादि वाक्यों में जाननी चाहिए।

स्वामी शङ्कराचार्य ने यह भी लिखा है कि परमाणुओं का पूर्वोत्तर दिशा भेद पाये जाने से वह अनित्य है। यह इसलिये ठीक नहीं कि अनित्यत्व का प्रयोजक परिच्छिन्नत्व नहीं, किन्तु सावयवत्व है, यदि अणु पदार्थ का पूर्वोत्तर दिशाभेद आदि का प्रयोजक होता, तो इसी युक्ति से जीवात्मा भी अनित्य होता पर ऐसा मानना वैदिक लोगों का अभिमत न होने से सिद्ध कि पूर्वोत्तर दिशाभेद मात्र ही पदार्थ की अनित्यता का साधक नहीं, इस विषय में महर्षि गौतम ने न्याय— 4.2.18-19-20 इत्यादि सूत्रों में स्पष्ट रीति से लिखा है कि निरवयव होने के कारण परमाणुओं में आकाशादि के भीतर बाहर होने का दोष नहीं आता और उनमें दिशाभेद द्वारा अवयव कल्पना गौण है।

उक्त स्वामी जी ने जो ''स्वपक्षदोषाच्च''— ब्र० सू० 2.1.19 के भाष्य में यह भी लिखा है कि यदि परमाणुओं को सर्वदेश से संयुक्त माना जाये, तो कार्य में मुटाई न होनी चाहिए, क्योंकि जब दो परमाणाओं को सर्वदेश से जुड़ गये तो उनका परिमाण द्वयगुणकमात्र ही रहेगा अधिक नहीं, अर्थात् व्याप्यवृत्तिसंयोग से कार्य में स्थूलता नहीं आ सकती, यदि अव्याप्यवृत्ति संयोग माना जाए तो एक देश से संयुक्त घटपट की भाँति परमाणु सावव ठहरते हैं, इस प्रकार दोनों रीति से परमाणुवाद सिद्ध नहीं हो सकता, स्वामीजी के इस प्रकार दोनों रीति से परमाणुवाद सिद्ध नहीं हो सकता, स्वामीजी के इस भाष्य से भिन्न कोई उपादानकारण निर्दोष नहीं ''वाचस्पतिमिश्र'' यह लिखते हैं कि—

''एषदुर्वारोदोषो न पुनरस्माकं मायावादिनामित्याह परिहृतस्त्विति।''

प्रधान तथा परमाणुओं को जगत् का उपादानकारण मानने वालों के मत में उक्त दोष दुर्वार=अटल है, और हमारे मायावादियों के मत में नहीं और स्वामी जी के दूसरे शिष्य ''रत्नप्रभाकार'' यह लिखते हैं कि—

''मायावादे सर्व समञ्जसं''

स्वप्नसृष्टि की भाँति मायावाद में कोई दोष नहीं आता अर्थात् जैसे स्वप्न के पदार्थों का मायामात्र ही कारण है वैसे ही जाग्रत के पदार्थों का उपादानकरण एकमात्र माया ही है अन्य नहीं? इसका उत्तर यह है कि जब उनके मत में माया मायामात्र ही है, तो फिर उसमें उपादानत्व ही क्या, क्योंकि मायावाद में माया का मोह, अविद्या और अज्ञान ही हैं, और वह अज्ञान जगत् का उपादानकारण नहीं हो सकता। और ना ही उसकी सिद्धि हो सकती है, क्योंकि जब जीव से प्रथम अज्ञान हो तो उससे जीव बने,

और जब जीव बने तब उसके सहारे अज्ञान रहे, इस प्रकार अन्योन्याश्रय दोष पाये जाने तथा जाग्रत् के पदार्थों का अज्ञान अपादानकारण न बन सकने से मायावाद ठीक नहीं, और जो मायावादियों ने—

"आत्मानि चैवं विचित्राश्च हि" —ब्र० सू० 2.1.28

"सर्वोपेता च तद्दर्शनात्" —ब्रह्म० सू० 2.1.30

"माया मात्रं तु कात्स्न्येनानभिव्यक्त स्वरूपत्वात्" —ब्रह्म० सू० 3.2.3

इत्यादि सूत्रों का अन्यथा भाष्य करके जो अपना मत सिद्ध किया है, वह ठीक नहीं, इसका समाधान यह है कि माया जगत् का उपादानकारण नहीं।

महर्षि गौतम ने भी न्यायशास्त्र में बलपूर्वक खण्डन किया है जो भाष्य के देखने से स्पष्टतया ज्ञात होगा। यह महर्षि गौतम तथा कणाद का ही महत्व है कि जिनके समर्थन किये हुए परमाणुवाद को कोई अणुमात्र भी अन्यथा नहीं कर सकता, अपितु—

"न प्रलयोऽणु सद्भावात्" —न्याय० 4.2.16

"परं वा त्रुटेः .... —न्याय 4.2.17

इत्यादि सूत्रों में मण्डन किये हुए परमाणुवाद को पदार्थ विद्यावेता सिर झुकाते है, और जो परमाणुवाद का इस रीति से खण्डन किया गया था कि —

परमाणु एक ओर से संयुक्त होते हैं व सब ओर से?

उत्तर— यदि सब ओर से कहें तो ऐसा संयोग असम्भव है और एक ओर से कहें तो नित्य नहीं हो सकते, क्योंकि जो पदार्थ एक देश से जुड़ता है वह सावयव होता है? इसका समाधान इस प्रकार है कि एक देश से संयुक्त होना सावयवत्व का साधक माना जाए तो विभु पदार्थों का संयोग सर्वदेश से परिच्छिन्न पदार्थों के साथ नहीं होता इससे क्या विभु पदार्थ सावयव है? यदि यह कहा जाए कि विभु में प्रदेश कल्पित है तात्विक नहीं? तो प्रष्ठव्य यह है कि विभु सर्वत्र संयुक्त है? यदि सर्वत्र संयुक्त है तो यह बात किसी के अनुभव में नहीं आती कि घटपटादि के साथ जो परमात्मा का संयोग है, वह परमात्मा के सर्वदेश में है यदि सर्वदेश में माना जाय तो वेद के साथ विरोध भी होता है। जैसाकि—

"पादोऽस्य विश्वाभूतानि"— ऋग् 8.7.10.3 मन्त्र में स्पष्ट लिखा है कि सब भूत परमात्मा के एक देश में है, इत्यादि वाक्यों में सर्वभूत तथा भौतिक गुणों को एकदेशी कथन किया है फिर संयोग सर्वत्र कैसे? उत्तर— परमाणुवाद का खण्डन करते हुए जो स्वामी शङ्कराचार्य जी ने यह लिखा है कि किसी शिष्ट पुरुष ने भी परमाणुवाद का ग्रहण नहीं किया, इसका उत्तर यह है कि क्या महर्षि "कणाद" तथा "गौतम" शिष्ट न थे जिन्होंने बलपूर्वक परमाणुवाद का ग्रहण किया है, और ये ही नहीं वेद भगवान् स्वयं साक्षी देता है कि—

''सम्पतत्रैर्द्यावाभूमि जनयन् देवएकः'' — ऋक्० 8.6.81.3

एक अद्वितीय परमात्मा ने परमाणुओं द्वारा पृथिवी आदि लोकों का निर्माण किया, ''पतति अनेनेति पतत्रम्''=पृथिव्यादि भूत जिस रूप द्वारा कारणावस्था को प्राप्त होते हैं उसका नाम ''पतत्र'' है इस व्युत्पत्ति से यहाँ पतत्र नाम परमाणुओं का है फिर परमाणु अवैदिक कैसे? और प्रमाण यह है कि इससे प्रथम मन्त्र में—ऋक्० 8.6.81.2 ''आरम्भणेकत्मत्स्वित्'' इस वाक्य द्वारा उपादानकारण विषयक प्रश्न है अर्थात् ''आरम्भ्यतेऽनेनेति आरम्भणेकत्मत्स्वित्'' इस वाक्य द्वारा उपादानकारण विषयक प्रश्न है अर्थात् ''आरम्भ्यतेऽनेनेति आरम्भणं'' जिससे आरम्भ किया जाये उसका नाम ''आरम्भण'' है।

कई आचार्य यह लिखते हैं कि ''तदापरामणवोऽपिनासन्''=प्रलयकाल में परमाणु भी न थे, उनका तात्पर्य परमाणुवाद के विषेद से नहीं किन्तु उनका तात्पर्य ईश्वर की उपादानकारणरूप सामर्थ्य वर्णन करने में है। अर्थात् जगत् के उपादानकारण प्रकृति को कोई गुणत्रय की साम्यावस्था से वर्णन करता है, कोई ईश्वर की सामर्थ्यरूप से वर्णन करता है। और वेद ने उसको इस रूप से वर्णन किया है कि—

''न मृत्युरासीदमृतं न तर्हि न रात्र्या अन्ह आसीत् प्रकेतः अनीदवातंस्वधयातदेकं तस्माद्धान्यन्नपरः किंचनास।'' — ऋक्० 8.11.129.2

प्रलयकाल में न मृत्यु था न मृत्यु से बचनेवाला अमृतरूप प्राण था तथा रात्रि का चिह्न जो चन्द्रमा है, वह भी न था, और न दिन का चिह्न जो चन्द्रमा है, वह भी न था, और न दिन का चिह्न सूर्य्य था, उस समय एक अद्वितीय ब्रह्म ही स्वधा=अपने कारणरूप सामर्थ्य के साथ विराजमान था, इस मन्त्र से स्पष्ट सिद्ध है कि प्रलयकाल में ब्रह्म के साथ स्वधानाम प्रकृति थी, क्योंकि—

''स्वस्मिन् धीयते निधीयते इतिस्वधा''

जो पदार्थ अपने मे धारण किया जाए उसका नाम ''स्वधा'' है, इस व्युत्पक्ति से यहाँ स्वधानाम प्रकृति तथा प्रमाणुओं का है, और इसी भाव को मुण्डकोपनिषद् में इस प्रकार वर्णन किया है कि—

दिव्योह्यमूर्त्तः पुरुषः स वाह्याभ्यन्तरोह्यजः। अप्राणोह्यमना: शुभ्रोऽक्षरात्परतः परः।

— मु० 2.2

''न क्षरतीयत्यक्षरम्''=जिसका कभी नाश न हो किन्तु जो सूक्ष्मरूप से स्थिर रहे उसका नाम ''अक्षर'' है, इस प्रकार यहाँ अक्षर शब्द प्रकृति तथा परमाणुओं का बोधक है। अन्य स्थलों में भी ''अजामेकां लोहितशुक्लकृष्णाम्'' इत्यादि वाक्यों द्वारा जगत् के उपादानकारण प्रकृति का स्पष्टरूप से वर्णन पाया जाता है, और इसी सामर्थ्य को न्याय तथा वैशेषिक में परमाणुरूप से वर्णन पाया जाता है, और इसी सामर्थ्य को

न्याय तथा वैशेषिक में परमाणुरूप से वर्णन किया है, यह शास्त्रों की प्रक्रिया का भेद है सिद्धान्त का नहीं।[1]

वृक्षादि पदार्थ परमाणुओं का समुदायरूप होने से एक देश की उपलब्धि द्वारा ''अयं वृक्षः'' यह ज्ञान अनुमितिरूप मानना ही समीचीन है। कहते हैं यदि अवयवों को अवयवों से स्वतन्त्र द्रव्य न माने तो सबका प्रत्यक्ष नहीं हो सकता अर्थात् अवयवी न मानने से ''वृक्षोऽय हरित एको महान् संयुक्तः स्पन्दते''=यह एक महान् वृक्ष हरित शाखासंयोग वाला कांपता है, इस प्रकार एक ही पदार्थ में वृक्षरूप द्रव्य, हरितरूप गुण, चलनात्मक कर्म, वृक्षत्व जाति और शाखासंयोग के समवायादि सम्बन्ध का प्रत्यक्ष का प्रत्यक्ष नहीं हो सकता,[2] क्योंकि अतीन्द्रिय होने से परमाणु प्रत्यक्ष का विषय नहीं, और द्रव्य प्रत्यक्ष के बिना तद्गत गुणादिकों का प्रत्यक्ष सर्वथा असम्भव है, इसलिए वृक्षादि परमाणुओं का समुदाय रूप नहीं, यदि वह समुदायरूप होते तो उक्त रीति से एक ही पदार्थ में द्रव्यादि का प्रत्यक्ष न पाया जाता परन्तु पाया जाता है, इससे सिद्ध है, अतएव ''साध्यसम'' हेत्वाभास नहीं हो सकता, और ऐसा न होने से ''अयं वृक्षः'' इत्यादि ज्ञान प्रत्यक्ष है अनुमिति नहीं।

वस्तु के ग्रहण को 'धारण' और खींचने को 'आकर्षण' कहते हैं। धारण, ग्रहण यह दोनों और आकर्षण तथा आकृष्टि यह दोनों पर्य्यायशब्द हैं, धारण तथा आकर्षण के पाये जाने से अवयवी भिन्न पदार्थ है, यदि अवयवी का धारण और आकर्षण न पाया जाता अर्थात् जिस प्रकार धान्यराशि के किसी एक देश का धारण करने से सबका धारण तथा आकर्षण करने से सबका आकर्षण नहीं होता किन्तु किसी एक अवयव का ही होता है। इसी प्रकार घटपटादि अवयवी पदार्थों में किसी एक देश का ही धारण व आकर्षण पाया जाता है, परन्तु ऐसा नहीं होता, इससे सिद्ध है कि अवयवी अवयवों= परमाणुओं का समुदाय नहीं है।[3]

जिस प्रकार तैमिरिक पुरुष को अल्पान्धकार में एक केश का प्रत्यक्ष न होने पर भी केशसमूह का प्रत्यक्ष हो जाता है इसी प्रकार एक परमाणु का प्रत्यक्ष न होने पर भी परमाणुओं के समुदायरूप घटपटादि पदार्थों के प्रत्यक्ष में अनुपपत्ति न होने से अवयवी पदार्थ के मानने की कोई आवश्यकता नहीं। अन्धकार में एक केश के प्रत्यक्ष पर भी विषय के पटुभाव से समूह का प्रत्यक्ष हो सकता है, क्योंकि केश अतीन्द्रिय पदार्थ नहीं और अतीन्द्रिय परमाणुओं में प्रत्यक्ष योग्यता का अभाव पाये जाने से तत्समूहरूप घटादि का भी प्रत्यक्ष नहीं हो सकता, परन्तु उक्त प्रत्यक्ष में वादि की विप्रतिपति ने होने से प्रत्यक्ष प्रमाण सिद्ध घटपटादि अवयवी पदार्थ का मानना ही आवश्यक है।[4]

---

1. न्यायर्य्यभाष्य भूमिका, पृ० सं० 5 से 11 तक
2. सर्वाग्रहणपमवयवयसिद्धेः। — न्याय० 2.1.38
3. धारणाकर्षणोपपत्तेश्च। — न्याय० 2.1.35
4. केश समूहे तैमिरिकोपलब्धि०। — न्याय० 4.2.13 व 14

यदि वादी अवयवी पदार्थ के खण्डनार्थ उक्त विकल्पों के अन्त में पदार्थमात्र को शून्यरूप मानें तो भावरूप समवायिकारण के न होने से अवयवी की उत्पत्ति ही असम्भव है फिर "अवयवों में अवयवी रहता है किं वा अवयव अवयवों में रहते हैं।" इत्यादि विकल्प जाल किसके आश्रित होगा? परन्तु कार्य पदार्थों की प्रत्यक्ष से उपलब्धि पाये जाने के कारण उनका उपादानकारण शून्यरूप नहीं और न ही निराश्रित। उक्त विकल्पों द्वारा अवयवी का खण्डन हो सकता है, इसलिए अवयवी का मानना ही समीचीन है उक्त विकल्पों से अन्त में पदार्थ अभाव-शून्यरूप रहे इसमें क्या हानि?[1]

परमाणुओं के पाये जाने से सर्वथा अभाव नहीं हो सकता। जहां अवयवगत क्रिया द्वारा लोष्टादि अवयवी द्रव्य के अवयवों का परस्पर उत्तरोत्तर विभाग होता है अर्थात् अवयवी द्रव्य में अवयवों की क्रिया से उत्तरोत्तर विभाग होने के कारण जहां—

"अवयवविभाव" का प्रवाह निवृत्त होकर शेष में जो परम सूक्ष्म अवयव है वही "परमाणु" है, या यों कहो कि जिसके उत्तर अन्य किसी अवयव का विभाव न हो सकने से जो परमसूक्ष्म अन्त्यावण्व स्वयं निरवयवरूप द्रव्य है उसको "परमाणु" कहते हैं और परमाणुओं के पाये जाने से उक्त विकल्पों के अवसान=अन्त में सर्वथ अभाव मानना ठीक नहीं।[2]

सूत्रकार स्वयं परमाणु का लक्षण कथन करते हैं कि त्रुटि से भी अत्यन्त सूक्ष्म द्रव्य का नाम परमाणु है। "जाल सूर्य्यमरीचिस्भत्रसरेणुरजः स्मृतं"— न्याय० वा० ता० टी०=झरोखे में सूर्य्य की किरणों के पड़ने से जो सूक्ष्म रज प्रतीत होता है उसका नाम "त्रुटि" है, त्रुटि, त्रसरेणु और त्र्यणुक यह तीनों एकार्थवाची शब्द हैं, जो त्र्यणुक से अत्यन्त सूक्ष्म अर्थात् उसके अवयवभूत द्वयणुक का अवयव स्वयं निरवयव होने से नित्य द्रव्य है। वही "परमाणु" कहाता है।[3]

परिच्छिन्न मानकर घटपटादि पदार्थों की भाति सावयव होने से परमाणुओं का प्रतिषेध किया है। वह इसलिए ठीक नहीं कि परमाणुओं को सावयव मानने से उत्तरोत्तर अवयव कल्पना द्वारा अनवस्था दोष की आपत्ति होती है, यदि उत्त अनवस्था को प्रामाणिक मानकर परमाणुओं का प्रतिषेध ही माना जाए तो भी वादी की इष्टसिद्धि नहीं हो सकती, क्योंकि ऐसा मानने से हिमालय तथा सर्पप=(सरसों) के दाने का परिमाण भी समान मानना पड़ेगा अर्थात् जिस द्रव्य के आरम्भक अवयवों की संख्या अधिक होती है, वह अधिक परिमाण वाला तथा जिसके अवयवों की संख्या न्यून होती है, वह न्यून परिमाण वाला होता है, यह नियम है। इस नियम से हिमालय तथा सरसों के दाने का भेद है, क्योंकि हिमालय के आरम्भक अवयवों क संख्या न्यून है, सो यदि अवयवी

1. अवयवावयविप्रसङ्गश्चवमापलयात्। —न्याय० 4.2.15
2. न प्रलयोऽणुसद्भावात्। —न्याय० 4.2.16
3. परं वा त्रुटेः। —न्याय० 4.2.17

द्रव्यगत अवयवों के उत्तरोत्तर विभाग द्वारा निरन्तर अवयवधारा को मानते चले जायें अर्थात् कोई परमसूक्ष्म अन्त्यावयव न मानें तो हिमालय तथा सर्षप के परिमाण का परस्पर कोई भेद नहीं रहेगा।

तात्पर्य यह है कि जो एक परमाणु के किसी एक देश में अन्य परमाणु का संयोग तथा दूसरे देश में संयोगाभाव पाया जाता है, वह केवल परिच्छिन्न होने, ऊर्ध्व, अधः आदि से दिशाओं के भेद द्वारा प्रतीत होता है, इसलिए परमाणुओं के एक देश में जुड़ने की युक्ति से उनको सावयव मानकर अनित्य मानना सर्वथा असङ्गत है।[1]

घटादि कार्यों के कारण पृथिवी आदि तत्त्व ही पाये जाते हैं, फिर प्रकृति मूल कारण कैसे? उत्तर—परमाणुओं के समान प्रकृति घटादिकों का साक्षात् कारण न होने पर भी प्रकृति की ही कारणता की अनुवृत्ति पाई जाती है।[2] जिस प्रकार घटादि कार्यों के परमाणु साक्षात् कारण नहीं, साक्षात् कारण परमाणुओं का संघात है।

इसी प्रकार प्रकृति भी अपने संघात द्वारा कारण है, अतएव संघात में मुख्यतया प्रकृति की अनुवृत्ति पाये जाने से वही मूल कारण है।

गुणों की साम्यावस्थारूप प्रकृति तो सूक्ष्म है वह अनन्तकोटि ब्रह्माण्डों का कारण कैसे हो सकती है? उत्तर—इस सूत्र में प्रकृति को ब्रह्माण्डों की अपेक्षा से विभु माना है इसलिए प्रकृति सापेक्ष विभु है, परमात्मा के समान निरपेक्ष विभु नहीं, निरपेक्ष विभु केवल परमात्मा है जैसकि—

"एतावानस्य महिमातोज्यायांश्चपुरुषः" — यजुः० 31.3 इत्यादि मन्त्रों में प्रकृति को परमात्मा के एक देश में माना जाता है अतएव प्रकृति सर्वथा विभु नहीं।[3]

जब कार्य्याकार प्रकृति का परिणाम होता है तो वह गतिवाली होने से विकारिणी होकर विनाश को प्राप्त हो जायेगी? उत्तर—जिस प्रकार परमाणु गति वाले होकर भी उपादानकारण हो सकते हैं इसी प्रकार प्रकृति भी गतिमति होकर भी उपादान कारण हो सकती है। इसलिए कोई द्वेष नहीं।[4]

पूर्व सूत्र सं० 35वें में और परमाणुओं के दृष्टान्त से सांख्यकर्त्ता ने इस बात की पुष्टि कर दी है कि अन्य शास्त्रकार भी परमाणुओं को नित्य मानते हैं, यदि शास्त्रों में परस्पर एक दूसरे के सिद्धन्तों को खण्डन करने का भाव होता तो सूत्रों में परमाणुओं के दृष्टान्त न दिये जाते, दृष्टान्तों में पाया जाता है कि शास्त्रों में परस्पर एक-दूसरे के सिद्धान्तो के खण्डन का भाव नहीं।

---

1. अनवस्था कारित्वादनवस्थानुपपन्तेश्च०। —न्याय० 4.2.25
2. पारम्पर्येऽपिप्रधानानुवृत्तिरणुवत्। —सांख्यार्य्यभाष्य० 6.35
3. सर्वत्र कार्य्यदर्शनाद्विभुत्वम् = सांख्य 6.36
4. गतियोगेऽप्याद्यकारणताऽहानिरणुवत्। —सांख्य० 6.37

वैशेषिकमत में जगत् की समवायी कारण परमाणु है ''परमाणुत्व परिमाणवान् परमाणु:'' जो परम अणु अर्थात् परमसूक्ष्म परिमाण वाला हो उसका नाम ''परमाणु'' है। जह अवयवगत क्रिया द्वारा लोष्ठादि अवयवी द्रव्य के अवयवों का परस्पर उत्तरोत्तर विभाव होता है अर्थात् अवयवी द्रव्य में अवयव की क्रिया से उत्तरोत्तर विभाव होने के कारण जहाँ अवयवावयविभाव का प्रवाह निवृत्त होकर शेष में जो परमसूक्ष्म अवयव रहता है जिसका उत्तर अन्य कोई अवयव विभाग नहीं हो सकता अर्थात् जो परम सूक्ष्म निरवयव द्रव्य है वही '' परमाणु है, इसी अभिप्राय से वात्स्यायन मुनि ने न्यायभाष्य में वर्णन किया है कि—

''निरवयवन्तु खलु परमोर्विभागैरल्पतरप्रसङ्गस्य यतोनाल्पीयस्तत्रावस्थानात्।''

जब किसी लोष्ठ=मिट्टी के ढेले को पीसने से उसके अवयवों का विभाग हो जाता है और उक्त विभाग से उत्तरोत्तर अवयव अल्प, अल्पतर होते हुए जहाँ समाप्त हो जाते हैं अर्थात् जहाँ अवयवों के अल्प, अल्पतर होने का तारतम्य समाप्त हो जाता है। जिसके अनन्तर विभाग करने पर भी कोई अवयव विभक्त नहीं हो सकता, वही अवयव रहित होने से अन्त्यावयव निरवयव रूप हुआ परम सूक्ष्म होने के कारण ''परमाणु'' कहलाता है।

तात्पर्य यह है कि अणु, महत् दीर्घ तथा ह्रस्व भेद से परिमाण चार प्रकार का है। जो वस्तु किसी प्रकार से उत्तरोत्तर वृद्ध होती जाए तथा जो उत्तरोत्तर न्यून होती जाए उन दोनों का किसी स्थान पर अवश्य विश्राम होता है, यह नियम है। इस नियम के अनुसार जैसे पृथिवी आदि द्रव्यों के उत्तरोत्तर अधिक होने से महत्परिमाण की समाप्ति आकाश में देखी जाती है। अर्थात् पृथिवी आदि की अपेक्षा आकाश परम महत्परिमाण वाला है, वैसे ही पृथिवी आदि कार्य्य द्रव्यों के उत्तरोत्तर विभाग होने से उत्तरोत्तर अणु परिमाण की समाप्ति भी अवश्य किसी स्थान पर होनी चाहिए। इस प्रकार जहां पृथिवी आदि द्रव्यों के अन्त्य अवयव में अणु परिमाण की समाप्ति होती है, अर्थात् जिसके उत्तर अन्य कोई अणु परिमाण वाला अवयव नहीं हो सकता, वही परम अणु परिमाण का आधार हाने से वैशेषिक मत में ''परमाणु'' नाम से कहा जाता है। और परमसूक्ष्म होने से वह प्रत्यक्ष का विषय नहीं किन्तु उसकी सिद्धि अनुमान द्वारा होती है।

जो कार्य्य द्रव्य का समवायिकारण है, वह अवयवजन्य होता है जैसाकि घटरूप कार्यद्रव्य का समवायिकारण होने से कपाल अपने कपालिकारूप अवयव से जन्म है। वैसे ही परमाणु भी द्वयणुकरूप कार्य का समवायिकारण होने से किसी अवयव द्वारा जन्म होना चाहिए, इसलिए वह निरवयव नहीं किन्तु सावयव है? उत्तर— यह अनुमान ठीक नहीं, क्योंकि ऐसा मानने से अनवस्था दोष आता है अर्थात् यदि उक्त अनुमान से परमाणुओं को भी अवयवजन्य माने तो जिन अवयवों से वह जन्म है, उनको भी अवयवजन्य मानना होगा। और वह जिन अवयवों से जन्य हैं उनको अवयवान्तर से और अवयवान्तरों को अवयवान्तर से जन्य, इसी प्रकार आगे-आगे मानने में अनवस्था दोष

आ जाएगा, इसलिए जो-जो कार्यद्रव्य को समवायिकारण होता है वह अवश्य अवयवजन्य होता है, यह नियम ठीक नहीं, क्योंकि मूल कारण को निरवयव माने बिना व्यवस्था नहीं हो सकती।

यहाँ इतना विशेष स्मरण रहे कि यद्यपि अवान्तभेद से परमाणु अनेक हैं तथापि सत्व, रजस् तथा तमस् भेद से मुख्य तीन ही प्रकार के हैं। इन्हीं को सांख्य योग तथा वेदान्त में त्रिगुण कहते हैं, और न्याय, वैशेषिक तथा मीमांसा में इसकी संज्ञा परमाणु दी गई है। और औपनिषद् लोग लोहित, शुक्ल, कृष्ण तथा प्रकाशशक्ति, क्रियाशक्ति और आवरण शक्ति नाम से कथन करते हैं अर्थात् जगत् के एक ही उपादानकारण में दर्शनकारों का संज्ञा मात्र भेद है, उपादानकारणता में विवाद नहीं, इन परमाणुओं की जो कारणावस्था है जिसको समाधि में योगीजन भी कठिनता से अनुभव करते हैं वही जगत् का मूलकारण "प्रकृति" है इसी को सांख्य, योग और वेदान्त में सत्त्वादि तीन गुणों की "साम्यावस्था" कहते हैं अतएव "देवात्मशक्ति स्वगुणैर्निगूढ़ाम्" इत्यादि औपनिषद वाक्यों में वर्णन किया है कि सृष्टि के आदि में परमात्मा की प्रकृतिरूप दिव्यशक्ति अपने गुणों में निगूढ अर्थात् अव्यक्तरूप में विद्यमान रहती है। दैवीशक्ति, पराशक्ति, माया, महामाया, प्रकृति, अव्यक्त, अव्याकृत तथा मूलकारण, यह सब पर्याय शब्द है। प्रलयकाल के समय सम्पूर्ण जगत् पिण्डीभूत होकर अर्थात् कार्य्यावस्था को त्यागकर प्रकृति में लीन हो जाता है, उस काल में प्रकृति का नाम "स्वधा" होता है।

"इहेदानीं चतुर्णां महाभूतानां सृष्टि संहारविधिरुच्यते"— जिसका आशय यह है कि पृथिवी आदि के असंख्य परमाणु प्रलयकाल में द्व्यणुकादि कार्य को आरम्भ नहीं कर सकते, क्योंकि उस समय ईश्वर की संहार करने की इच्छा प्रतिबन्धक होती है। जब सृष्टि के आदि काल में सृष्टि उत्पन्न करने के लिए परमात्मा की इच्छा से परमाणुओं में क्रिया होने के कारण दो-दो परमाणुओं का परस्पर संयोग होता है। अर्थात् पृथिवी परमाणुओं का पृथिवी परमाणुओं के साथ संयोग होता है। अर्थात् सजातीय दो परमाणुओं के संयोग से द्व्यणुक बनता है और वह द्व्यणुक भी असंख्य दो-दो परमाणुओं से जन्य होने के कारण असंख्य होते हैं, इस प्रकार उन द्व्यणुकों में पुनः क्रिया होने से तीन द्व्यणुकों के संयोग द्वारा "त्र्यणुक" और चार-चार त्र्यणुकों के संयोग से "चतुरणुक" तथा पाँच चतुरणुकों के संयोग से "पञ्चाणुक" रूप कार्य्यद्रव्य द्व्यणुकादि की अपेक्षा से स्थूल-स्थूल उत्पन्न होते हैं, इस प्रकार पञ्चाणुकों से उत्तरोत्तर स्थूल, स्थूलतर, स्थूलतम आदि तारतम्य से महाकाश, महावायु, महातेज महाजल, तथा महापृथिवी आदि कार्य्याद्रव्य उत्पन्न होते हैं, और जब परमात्मा में सृष्टिसंहार करने की इच्छा होती है, तब पृथिवी आदि द्रव्यों के परमाणुओं में क्रिया द्वारा दो-दो परमाणुओं का परस्पर विभाग होता है। उस विभाग से दो परमाणुओं के संयोग का नाश, संयोगनाश से द्व्यणुकरूप कार्य का नाश, इसी प्रकार द्व्यणुक नाश से उत्तरोत्तर त्र्यणुकादि के विनाश से महापृथिवीवमहाजलादि सब पदार्थों का विनाश हो जाता है। अर्थात् सबका

सब अपने प्रकृतिरूप मूल कारण में लय हो जाता है। उस अणु विभक्त प्रक्रिया का जो अन्तिम कण या यों कहो कि अन्तिम निरवयव तत्त्व शेष रहता है वही, परम अणु=अर्थात् परमाणु कहाता है, जो पुन: सृष्टि के आरम्भ में उक्त प्रक्रिया से सृष्टि की रचना करता है।

आचार्य शंकर के अनुसार परमाणुवाद

परमाणुवाद पर आर्यभाष्यों के अध्ययन के उपरान्त हम देखते हैं, कि अद्वैतवाद के प्रबल समर्थक आचार्य शंकर का उपरोक्त विषय पर क्या विचार है।

आचार्य शंकर वैशेषिक के परमाणुवाद की समीक्षा करते हुए अपने ब्रह्मसूत्र शारीरिक भाष्य 2.2 में लिखते हैं—

सूत्र परमाणुओं के संघात से इस विचित्र जगत् की उत्पत्ति सिद्ध होती है—यह वैशेषिक सिद्धान्त है, जो तर्क की कसौटी पर खरा नहीं उतरता। परमाणुओं के संयोग से द्वयणुक आदि के क्रम से यह संसार उत्पन्न बताया जाता है। परन्तु अचेतन परमाणु इस नियमबद्ध जगत् की उत्पत्ति में क्या कभी समर्थ हो सकता है? यदि कहा जाए कि जीवों के अदृष्ट ही इस संयोग के संचालक हैं, तो भी यह उचित न होगा क्योंकि अदृष्ट भी तो अचेतन है।[1]

इससे आगे आचार्य शंकर कथन करते हैं कि यदि यह मान लिया जाए कि परमाणुओं में क्रिया स्वाभाविक है, उसके लिए किसी चेतन के मानने की आवश्यकता नहीं, तो भी बात ठीक नहीं बैठती। क्योंकि स्वाभाविक गतिशीलता मानने से सृष्टि का कभी विराम ही न होगा, और प्रलय आने की कभी नौबत ही नहीं आएगी।[2]

दूसरे अवगुणों (दोषों) पर प्रकाश डालते हुए आचार्य शंकर कहते हैं कि जगत् के रूप-रस-गन्ध-स्पर्श उत्पन्न करने के लिए परमाणुओं में इन गुणों का सद्भाव माता जाता है। तब परमाणु सगुण हुए और ऐसी दशा में सगुण पदार्थ न तो नित्य हो सकता है न सूक्ष्म।[3]

आचार्य स्पष्ट कहते हैं कि वैशेषिकमत से सृष्टि प्रक्रिया परमाणु संयोग से होती है, परन्तु प्रश्न यह है कि संयोग परमाणुओं में सर्वात्मना होता है, या उनके एक देश से। यदि सर्वात्मना संयोगमाना जाय तो उनमें कभी उपचय नहीं आ सकता। परमाणु का सर्वात्मा संयोग परमाणु में परमाणु का अन्तर्भाव ही होगा। इन परमाणुओं के संयोग से उत्पन्न सभी कार्य परमाणुमात्र ही होंगे। यदि परमाणु का एक देश से संयोग माना जायेगा जो परमाणु के भी अवयव मानने होंगे और वह सावयव होने के कारण अनित्य

1. भारतीय दर्शन, डॉ० बलदेव उपाध्याय
2. ब्र० सू० शांकरभाष्य 2.2.11
3. ब्र० सू० शांकरभाष्य 2.2.11

होने से नहीं बच सकता।[1] सर्ग के आदि और अन्त में परमाणुओं के संयोग और वियोग, चेतन की अनुपस्थिति में असम्भव हो जायेंगे। बिना चेतन के अनियमित परमाणु या तो प्रवृत्ति स्वभाव माने जायेंगे या निवृत्ति स्वभाव। अपना काम बनाने के लिए शायद वैशेषिक लोग उन्हें उभय स्वभाव भी मान लें। आचार्य शंकर कहते हैं अदृष्ट को नियन्ता मानकर शायद वैशेषिक लोग उन्हें अनुभव स्वभाव ही कह उठें। लेकिन आचार्य शंकर कहते हैं ये चारों बातें ही नहीं बनती दिखाई देती, प्रवृत्ति स्वभाव होने से उच्छृंखल परमाणु सदा सृष्टि में ही प्रवृत्ति रखेंगे। उनकी लगाम रोकने वाला कौन है? यदि निवृत्ति स्वभाव होंगे तो सदा छुट्टी मनायेंगे। किसी चेतन की क्रिया के बिना भला वे क्यों सृष्टि प्रपंच में संयुक्त होंगे?

उभय स्वभाव होना परस्पर विरुद्ध है। ऐसी असमञ्जस विरुद्ध स्थिति परमाणुओं की या किसी और की भी कैसे स्वीकार की जा सकती है। यदि परमाणुओं को अदृष्टाधीन सौंप कर अनुभव स्वभाव कहा जाए, तो अदृष्ट के सदा सन्निहित रहने से परमाणुओं में सदा प्रवृत्ति की प्रवृत्ति होगी। प्रलय कभी सम्भव नहीं हो सकती। इस प्रकार प्रलय की सिद्धि भी कर दी जाए तो फिर सृष्टि के लिए उनमें प्रवृत्ति लाना असम्भव हो जायेगा। अतएव आचार्य शंकर कहते हैं परमाणुओं को सृष्टि का कारण मानना किसी भी दशा में युक्तिसंगत नहीं।[2]

दूसरे वैशेषिक, जो परमाणु को सबसे सूक्ष्म बताते हैं, तो आचार्य शंकर कहते हैं यह भी ठीक नहीं, क्योंकि परमाणु को सूक्ष्म मानना उचित नहीं।

वाचस्पति मिश्र की रचना तत्त्ववैशारदी के अतिरिक्त सांख्य के अन्य ग्रन्थों में भी पार्थिव आदि परमाणुओं के कृतक होने का उपपादन उपलब्ध होता है। सांख्य सप्तति (ईश्वरकृष्णकृत) की एक प्राचीन व्याख्या युक्ति दीपिका में इस विषय का विस्तार के साथ उल्लेख हुआ है। यह सब प्रसङ्ग 15वीं आर्या के व्याख्यान में कलकत्ता-संस्करण के पृ० 83-84 पर है। ग्रन्थकार ने यहाँ पार्थिव आदि परमाणुओं के कृतक होने के लगभग दस हेतु उपस्थित किये हैं, तथा स्पष्ट किया है कि ये परमाणु जगत् के मूल उपादानकारण नहीं है। ये अन्य जिन उपादान तत्त्वों से परिणत होकर इस अवस्था में अभिव्यक्त हुए हैं, उन्हीं तत्त्वों को जगत् का मूल उपादानकारण समझना चाहिए। ग्रन्थकार द्वारा इस विषय में प्रस्तुत हेतु कहाँ तक सद्हेतु कहे जा सकते हैं, यह बात अलग है। परन्तु पार्थिव आदि परमाणुओं की कृतकतर के विषय में उसकी भावना स्वष्ट हो जाती है।[3]

भारतीय दर्शनशास्त्र में पृथिवी आदि परमाणु की उत्पत्ति को स्वीकार किये जाने

1. ब्र० सू० शांकरभाष्य 2.2.11
2. ब्र० सू० शांकरभाष्य 2.2.14
3. वैशेषिक दर्शन विद्योदयभाष्य।

पर भी परमाणु को वैशेषिक शास्त्र में नित्य तथा अभेद्य माने जाने का कारण प्रथम स्पष्ट कर दिया गया है। नित्य इसलिए कहा है, कि इसी को मूल मानकर आगे की रचना का विवरण देना गया वैशेषिक का लक्ष्य है। अभेद्य इसलिए है कि पृथिवी परमाणु की स्थिति में रहते, वहां कोई अन्तर आ जाने की सम्भावना नहीं। विश्लिष्ट हो जाने पर वहां पृथिवीत्व ही न रहेगा, इसी कारण पृथिवी परमाणुरूप में, वह अभेद्य कहा गया है।

परमाणुवाद और विज्ञानवाद

आधुनिक पदार्थ-विज्ञान साधारण रूप से दो भागों में विभक्त है। एक रसायन (कैमिस्ट्री) दूसरा भौतिकी (फिजिक्स) अपनी विशिष्ट मान्यताओं के आधार पर इनका विवेच्य क्षेत्र सीमित होने से पदार्थ-विज्ञान उक्त दो भागों में बाँटा गया है। इससे पदार्थ के विवेचन और इसके वर्गीकरण में सुविधा रहती है। रसायन शास्त्र में जिन तत्त्वों को लक्ष्यकर विवेचन किया जाता है, और जिनके सम्मिश्रण आदि से विविध निर्माण की प्रक्रियाओं का विवरण प्रस्तुत किया जाता है। उन तत्त्वों को एलीमैण्ट कहा जाता है। रसायन शास्त्र में प्रत्येक निर्माण के लिए ये मूलतत्त्व है। यद्यपि ये स्वयं भी किन्हीं अन्य मूलतत्त्वों से निर्मित हुए हैं। इस दिशा में पाश्चात्य देशीय विद्वानों के द्वारा खोज प्रारम्भ किया जाने के कुछ समय बाद रूप से मैण्डेलिएव नामक एक रसायन शास्त्री ने सर्वप्रथम, तब तक ज्ञात तत्त्वों की एक सारणी तैयार की, जो अब तक उसी रूप में मान्यता प्राप्त है। उस सारणी में तब केवल बानवें तत्त्वों का समावेश था, उनके अन्तराल में तब तक कुंछ तत्त्व अनुपलब्ध थे। वर्तमान में नई खोजों के आधार पर उन तत्त्वों की संख्या एक सौ तीन तक पहुँच गई है, तथा आगे और बढ़ने की संभावना है। उन तत्त्वों की सूची और सारणी आगे प्रस्तुत की गई है।

भौतिकी शास्त्र (फिजिक्स) में जिन तत्त्वों का विवेचन किया जाता है, उनकी संख्या पाँच है, ताप, उष्मा (हीट), प्रकाश (लाइट), ध्वनि (साउंड), विद्युत (इलैक्ट्रीसिटी), चुम्बकत्व (मैग्नेटिज्म)। पदार्थ के ये भेद जिन तत्त्वों व विशेषताओं पर आधारित हैं, उनका समझ लेना अपेक्षित है। आधुनिक समस्त पदार्थ-विज्ञान जिन दो भागों में बाँटा गया है, उसका आधार पदार्थों के अपने विलक्षण स्वरूप में है। कुछ पदार्थ ऐसे हैं, जो वास्तुस्वरूप हैं, तथा अन्य कतिपय केवल शक्तिरूप। पहले प्रकार के पदार्थ वे हैं, जिनकी गणना व विवेचन रसायन शास्त्र (कैमिस्ट्री) के नाम से होते हैं। इन पदार्थों को 'एलीमैंट' मूलतत्त्व कहा जाता है। यद्यपि वास्तविकरूप में ये मूलतत्त्व नहीं होते, किन्हीं अन्य मूलतृवों के सम्मिश्रण से बने होते हैं। मूलतत्त्च के यप में इनका व्यवहार रसायन शास्त्र की परिभाषा के रूप में माने जाने से इसमें कोई आपत्ति की बात नहीं है।

दूसरे प्रकार के पदार्थ जिनको शक्तिरूप कहा जाता है उनका व्यवहार एनर्जी

पद से होता है। यह शक्ति पाँच रूपों में उपलब्ध है जो ताप, प्रकाश आदि नामों से प्रथम निर्दिष्ट कर दिये गये हैं। कहा जाता है ये शक्तिरूप पदार्थ स्वतन्त्र नहीं रहते, प्रत्युत सदा किसी वस्तु भूत पदार्थ में आश्रित रहते हैं। इनका यह विलक्षणस्वरूप ही समस्त पदार्थों को उक्त दो वर्गों में विभक्त कर देता है। साधारणरूप से इनके वर्गीकरण का यह आधार भी कहा जा सकता है, कि पहले वर्ग के तत्त्व (एलीमैन्ट) समस्त दृश्य-अदृश्य वस्तुरूप जगत् के उपादानकारण (मैटीरियल कॉज) होते हैं, जबकि शक्तिरूप पदार्थ किसी वस्तुरूप निर्माण के उपादानकारण नहीं होते। विश्व की समस्त वस्तुरचना एलीमैंट तत्त्वों के सम्मिश्रण का परिणाम है। इसके विपरीत शक्तिरूप पदार्थ की यह विशेषता है, कि वह वस्तुभूत (एलीमैंट) पदार्थों में विविध प्रकार के परिवर्तन परिणाम का जनक होता है। स्वयं एलीमैंट की रचना और आगे उनसे होने वाली विविध रचनाओं में ताप, प्रकाश, विद्युत आदि शक्तिरूप पदार्थ प्रयोजक होते हैं। इन्हीं के प्रभाव से वे रचना हो पाती हैं। आधुनिक विज्ञान के अनुसार पदार्थों को दो भागों में बाँटे जाने का यह भी एक आधार है। शक्तिरूप पदार्थ अन्य में आश्रित रहता है, अथवा निराश्रित, सर्वथा स्वतन्त्र। स्थिति के अनुसार क्या उसके दोनों प्रकार हो सकते हैं? कभी आश्रित, कभी निराश्रित। यह सब विवेचन की अपेक्षा रखता है। साधारणरूप में अभी तक यही समझा जाता है, कि ये शक्तिरूप तत्त्व स्वतन्त्र न रहकर प्राय: किसी तत्त्व में आश्रित रहते हैं। ताप, प्रकाश, ध्वनि आदि की अभिव्यक्ति अन्य वस्तु तत्त्व के आश्रय के बिना संभव नहीं। यदि कहीं ऐसा प्रतीत हो तो भी आश्रय तत्त्व अन्तर्हित है, ज्ञात नहीं हो रहा, ऐसा समझना चाहिए।

देखा जाता है कि एक विशेष प्रकार के पाषाण में तीव्र चुम्बकत्व निहित है, यह भी स्पष्ट है, कि उसका प्रभाव, प्रत्येक वस्तु पर न होकर किन्हीं विशिष्ट रचनाओं पर होता है। संभवत: उस चुम्बकत्व शक्ति को उस पदार्थ से सर्वथा आश्रयरहित कर स्वतंत्र स्थिति में नहीं लाया जा सकता, जहाँ वह निहित हैं। यद्यपि चिन्तन के अन्तिम स्तरों पर जाकर शक्ति और शक्तिमान में कोई भेद नहीं रहतां, पर चिन्तन की प्रारम्भिक दशाओं में भी उनका भेदमूलक विवरण अथवा व्यवहारविशेष आपत्तिजनक न समझा जाना चाहिए।

प्रथम कहा गया है कि एलीमैंट (अणु तत्त्व) स्वयं किन्हीं, अन्य मूल तत्त्वों के संमिश्रण के फलस्वरूप अपने विलक्षण अस्तित्व में उभर कर आते हैं, वास्तविकता को समझने के लिए आज तक उपलब्ध अणुतत्त्वों की सूची, उनके भार आदि सहित प्रस्तुत की जाने से पूर्व उसकी (अणु तत्त्व की) रचना के विषय में साधारण जानकारी प्राप्त कर लेनी अपेक्षित होगी।

उपलब्ध एक सौ तीन एलीमैंट के बीच हाइड्रोजन सबसे हलका और नो वैलिअम् मैण्डलेबिअम् आदि सबसे भारी तत्त्व है। इनकी ऐसी स्थिति इनके उपादान तत्त्वों के आधार पर है। इन सबके उपादान तत्त्व हैं प्रोटोन, इलैक्ट्रान और न्यूट्रान। उपादान तत्त्वों

के सर्वत्र समान पर भी सम्मिश्रण में इनकी संख्यागत न्यूनाधिकता के आधार पर एलीमैंट का परस्परविविभिन्न होना, अथवा हलका या भारी होना अवलम्बित है। सारणी एलीमैंट जिस क्रमांक पर है, उसकी रचना में उतने इलैक्ट्रान रहते हैं, और ठीक उतने ही प्रोटोन प्रारम्भिक तत्त्वों में लगभग इन दोनों के बराबर न्यूट्रान रहते हैं। इसी के अनुसार अणुतत्त्व का भार गिना जाता या मापा जाता है। उपादान तत्त्वों का जितना अधिक संमिश्रण होता जाता है, उसी के अनुसार रचनना का वैविध्य तथा भार का आधिक्य होता जाता है। उन विषयों के विशेषज्ञों का कहना है, कि यह भार एक प्रकार से उसके ग्रेविटेशन (ग्रेविटेशन ऑफ फोर्स आपद न्यूक्लूज) गुरुत्वाकर्षण शक्ति को अभिवयक्त करता है, यह पदार्थ का स्वभाव धर्म है।

प्रत्येक एलीमैंट के अणु (एटम) में प्रोटोन इलैक्ट्रान की संख्या सारणी क्रमांक के अनुसार समान होने पर सर्वत्र आगे बढ़ती रचना में न्यूट्रान तत्त्वों की संख्या उन दोनों के समान हो, ऐसी व्यवस्था नहीं है। इसका यह तात्पर्य नहीं कि वह अव्यवस्थित हैं, वस्तुत: विधिपूर्वक पूर्ण व्यवस्थित रहती है, पर उसको किसी पूरी इकाई में दिखाना सुविधापूर्ण नहीं है। साधारणरूप से उसमें यह क्रम दिखाई देता है, कि अन्य दो मूल तत्त्वों की संख्या से न्यूट्रान की संख्या धीरे-धीरे बढ़ती रचना के साथ द्विगुण से कुछ अधिक होती चली जाती है। जैसे क्रमांक 20 पर कैल्शियम है, उसका भार 40.1 है। इसका तात्पर्य यह हुआ, इसमें चालीस प्रोटोन, चालीस इलैक्ट्रान हैं। यह ध्यान रखना चाहिये, इलैक्ट्रान का भार नितान्त नगण्य होता है। उतने से कुछ अधिक इसमें न्यूट्रान हैं। अब तीस क्रमांक पर जिंक देखिये। इसमें व्यवस्थानुसार तीस से कुछ अधिक न्यूट्रान रहेंगे, इसका भार 65.4 है। मध्यगत अणु तत्त्वों की रचना धीरे-धीरे बढ़ते-बढ़ते पाँच अंश के लगभग भार अधिक हो गया, इसका तात्पर्य न्यूट्रान की संख्या अन्य तत्त्व (प्रोटोन) की संख्या से कुछ अधिक हो गई, लगभग अष्टमांश अधिक। अब क्रमांक चालीस पर जिरफोनिअसु को देखिये। इसमें चालीस प्रोटोन हैं, तब उसके समान न्यूट्रान, होकर इसका भार 80 के लगभग होना चाहिए। परन्तु तीस संख्या के अनुपात से यहाँ 80 का अष्टमांश लगभग दस भार अधिक बढ़ गया है। जिरकोनिअम् का वास्तविक भार 91 है। इसका तात्पर्य है, चालीस से अधिक, शेष 51 इसमें न्यूट्रान हैं।

सारिणी क्रमांक के अनुसार अन्तिम अणु तत्त्वों में यह संख्या दोनों की मिलित संख्या के लगभग चतुर्थांश तक अधिक बढ़ गई है, जैसे नोबौलिअम् को देखें। इसकी सारिणी क्रमांक 102 है। इसका तात्पर्य है, इतने ही इसमें न्यूट्रान होने चाहिए, तब भार 204 होगा। परन्तु भार पूर्ण संख्या का चतुर्थांश बढ़ गया है। चालीस क्रमांक के आस-पास न्यूट्रान की संख्या अष्टमांश के लगभग अधिक थी। पर यहाँ आने तक वह वृद्धि पूर्ण संख्या के चतुर्थांश तक पहुँच गई। इसी के अनुसार नोबौलिअम् का भार 254 होता है। इस सब विवरण से यह परिणाम सन्मुख आता है, कि भार की संख्या में से सारिणी क्रम-संख्या को घटा देने पर जो संख्या शेष रहती है, उतनी संख्या उस अणु तत्त्व की रचना में न्यूट्रान की समझनी चाहिए।

अब यह स्पष्ट रीति पर समझा जा सकता है, कि कोई एलीमैंट मूलतत्त्व नहीं है। जब सर्ग रचना मूल तत्त्वों से प्रारम्भ होकर बहुत आगे तक बढ़ जाती है, तब इस रचना में एलीमैंट का स्तर आता है। रचाना क्रम में यह स्तर पदार्थ की एक सूक्ष्म अवस्था है साधारण व्यक्ति निसर्ग-सूलभ साधनों से इसे जान नहीं पाता। इसके लिए प्रतिभाशाली व्यक्तियों द्वारा गम्भीर चिन्तन तथा भौतिक विधियों के साथ खोज करना अपेक्षित होता है। साधारणजन जैसे वातावरण में घिरा रहता है, उसी से सन्तुष्ट व मस्त होकर अपना जीवन पूरा कर लेता है। कभी कोई विरल मेधावीजन अपने चारों ओर बिछे-फैले विश्व को आश्चर्यपूर्ण दृष्टि से देखते हुए इसकी गहराईयों में उतरने का प्रयत्न करते रहते हैं। यह क्रम अज्ञातकाल से प्रारम्भ है, आज भी चालू है, कदाचित् आगे भी उसके रुद्ध होने की सम्भावना प्रतीत नहीं होती।

आधुनिक पदार्थ विज्ञान में रसायन शास्त्री तत्त्वज्ञों ने अपने तत्त्व विषयक विवरण प्रस्तुत करने के लिए सर्गरचना के इसी स्तर को आधार मान लेना उपयुक्त समझा, जिसको रसायन शास्त्र में एलीमैंट नाम दिया गया हैं वस्तुतः एलीमैंट मूलतत्त्व न होने पर भी इस शास्त्र में इसे मूल तत्त्व के रूप में माना जाता व व्यवहृत किया जाता है। रसायन तत्त्वज्ञों ने अपने विवेचन को इसी स्तर से प्रारम्भ किया है, अतः उनकी दृष्टि से सर्ग रचनाक्रम का यह स्तर मूलतत्त्व के रूप में समझा जाना अनुचित नहीं है। इस तथ्य को स्मरण रखना होगा, क्योंकि आगे यह स्पष्ट किया जाना है, कि वैशेषिक का परमाणु भी सर्ग रचनाक्रम के किसी ऐसे ही स्तर का तत्त्व है। उसकी यथास्थिति को समझना अपेक्षित है।

आगे दी गई अणु तत्त्व सारिणी में पाठक देखेंगे कि समस्त एलीमैंट केवल सात वर्गों में विभाजित है। वर्ग का जो क्रमांक है, उसमें जितने एलीमैंट सन्निविष्ट हैं, उनके अणु में मूलतत्त्वों की परत (लेअर) उसी क्रमांक के अनुरूप रहती हैं।

पहले वर्ग में दो एलीमैंट है। इसका तात्पर्य है, न्यूक्लिअस् केन्द्र स्थित प्रोटोन मूल तत्त्व के चारों ओर पहले एलीमैंट में एक और दूसरे में दो इलैक्ट्रान चक्कर काटा करते हैं। प्रोटोन के चारों ओर इलैक्ट्रान वहाँ घूमते नहीं देखे जाते। जब इससे अधिक इलैक्ट्रान वहाँ आएगा, वह दूसरी परत बनाएगा, इस परत में उसके 10 संख्या तक के एलीमैंट आते हैं। एलीमैंट का यह दूसरा वर्ग है। इस दूसरी परत में अधिक से अधिक आठ इलैक्ट्रान की रचना होती जाती है।

अब इस परिणाम पर पहुँचते हैं कि अनुतत्त्वों की पहली परत में अधिक से अधिक तथा दूसरी में आठ इलैक्ट्रान घूम सकते हैं। इसके फलस्वरूप प्रथम वर्ग के द्वितीय एलीमैंट हीलियम से लगाकर अन्तिम एलीमैंट नोबौलियम् अथवा लारैन्शियम तक समस्त अलीमैंट की पहली परत में दो, अथवा द्वितीय वर्ग के अन्तिम (दशवें) एलिमैंट 'निओन' से लगाकर सर्वान्तिम एलीमैंट तक के अणुओं के दूसरे परत में आठ इलैक्ट्रान

केन्द्र के चारों ओर चक्कर लगाया करते हैं। तीसरे वर्ग में संख्या ग्यारह से अठारह तक के एलीमैंट आते हैं। इनके तीसरे परत में ग्यारह से अठारह तक के एलीमैंट आते हैं। इनके तीसरे परत में ग्यारह से अठारह तक, यथाक्रम एक-एक इलैक्ट्रोन ब्ढ़ता चला जाता है, उसी के अनुसार उन एलीमैंट की विभिन्न रचना होती चली जाती है। इस प्रकार समस्त उपलब्ध एलीमैंट सात वर्गों में विभाजित किये गये हैं। सारिणी को इसी के अनुसार देखकर पाठक इन अणुओं की रचना को स्पष्टरूप में समझ सकेंगे।

अणु परिमण्डलाकार— इस रचना के विषय में एक बात और ज्ञातव्य है, वह अणु के आकार के विषय में है। जब यह कहा जाता है कि केन्द्र स्थित प्रोटोन के चारों ओर इलैक्ट्रोन तीव्र गति से चक्कर लगाया करता है, तब यह जिज्ञासा उत्पन्न होती है, कि वह चक्कर लगाता है, या उन चक्कर की रेखाओं में स्थानान्तरण होता रहता है।

विषय के विशेषज्ञों का कहना है कि इलैक्ट्रोन एक ही निर्धारित रेखा में चक्कर नहीं लगाता, यद्यपि प्रत्येक परत की सीमा (स्फियर) निर्धारित है। पर उसी सीमा में चक्कर लगाने की रेखा निर्धारित नहीं, उसी सीमा में वह स्थानान्तरित होती रहती है। तीव्र गति से घूमना और घूमने की गति का स्थानान्तरित होते रहना अणु को एक ममण्डल के आकार में अभिव्यक्त करता है। क्योंकि यह आकार सब ओर से समान प्रतीत होता है। इसलिए इसको परिमण्डलाकार कहा जाता है। वैशेषिक शास्त्र में अणु का अपर नाम परिमण्डल बताया गया है। यह नाम उसके पतीयमान आकार पर निर्धारित है।

अब तक की विवृत विषय के अधिक स्पष्टरूप में समझ लेने की भावना से आधुनिक पदार्थ विज्ञान में रसायन शास्त्र के अनुसार उन अणु तत्त्वों (एलीमैंट) की खोज कर जानकारी प्राप्त कर ली गई है।

परमाणुवाद में पाकज प्रक्रिया का भी महत्वपूर्ण स्थान है, अतः उसे यहाँ प्रस्तुत किया जाता है—

पृथिवी-गत गन्ध, रूप, रस, स्पर्श ये चार गुण पाकज माने जाते हैं। पहले से क्रमशः एक-एक छोड़कर ये जल, तेज, वायु द्रव्यों के भी गुण हैं। वहाँ नित्य द्रव्य में रहने वाले ये गुण नित्य हैं, तथा अनित्य द्रव्य में अनित्य। इन द्रव्यों में नित्य स्थिति परमाणु की है। इसलिए परमाणुगत ये गुण नित्य है, द्वयगुणकादि समस्त अनित्य द्रव्यों में अनित्य। परन्तु पृथिवी परमाणुओं में अग्नि संयोग से पहले गुण नष्ट होने और अन्य नये गुण उत्पन्न हो जाने से वहाँ ये गुण अनित्य हैं, क्योंकि ये पाक जन्य हैं।

पाकजन्य रूपादि गुणों की उत्पत्ति प्रक्रिया में नैयायिकों तथा वैशेषिकों का परस्पर भेद है। नैयायिकों का कहना है, कि पाक अवयवी (पिठर-पात्र-सुरचित कच्चा घड़ा आदि) में होता है।[1] यह सिद्धान्त 'पिठरपाकवाद' नाम से प्रसिद्ध है। इसके विपरीत

1. न्यायदर्शन — आर्यभाष्य

वैशेषिक आचार्यों का कहना है, कि पाक स्वतन्त्र परमाणु (पीलु) में होता है, अवयवी में नहीं। इसी कारण यह सिद्धान्त 'पीलुपाकवाद' कहा जाता 'पिठर' पद अवयवी 'पीलु' परमाणु के लिए प्रयुक्त है।[1]

नैयायिकों की विचारधारा के अनुसार सभी कच्चे मृतपात्र प्रशिथिलावयव संयोग वाले होते हैं। तात्पर्य है, वहाँ अवयव संयोग दृढ़ नहीं होता, मिट्टी से बनी कच्चे अवयवी की इस स्थिति को व्याख्याकारों ने 'सच्छिद्र' पद से अभिव्यक्त किया है। जब कच्चा घड़ा आदि मृत्पात्र पकने के लिए आवा में रखा जाता है, तब अग्नि से अतिसूक्ष्म अवयव आमद्रव्यावयवों के प्रत्येक अवयव से संयुक्त होकर पहले रूपादि गुणों को नाश कर अन्य रूपादि गुणों को उत्पन्न कर देते हैं। इस प्रकार वह कच्चा घड़ा आदि बाहर भीतर सब जगह से पक जाता है।

यह प्रक्रिया आजकल चीनी के बर्तन बनाये जाने में बहुत देखी जा सकती है। मिट्टी की तरह चीनी का बर्तन जरा ठेस लग जाने से बिखर जाता है। वहाँ भी बिना पकी हालत में अवयवों को संयोग दृढ़ नहीं हो पाता। इन बर्तनों को भट्ठी में रखकर सीमित स्तर तक गर्मी दी जाती है, अथवा कहिये, अग्नि संयोग द्वारा उन्हें पकाया जाता है। उपयुक्त अग्निताप ही उनको ठीक पकाता है। ताप में न्यूनाधिकता होने पर पात्रों में विविध प्रकार के विकार आ जाते हैं। जैसे—कोई ताप की न्यूनता से कच्चे रह जाते है, उनके रूप आदिवाञ्छनीय स्थिति में नहीं उभर पाते, कहीं अधिक ताप से टेढ़े-मेढ़े हो जाते व टूट जाते हैं। कुछ और अधिक ताप लगने से बाहर का रूप विगड़ जाता है। तात्पर्य यह है कि बने बनाये घटादि अवयवी द्रव्य में अग्नि-ताप से पाक सम्पन्न हो जाता है। अवयवी के आरम्भक अवयव-संयोगों का नाश नहीं होता, न अवयवी द्रव्य नष्ट दोबारा बनता है। जैसाकि दूसरे सिद्धान्त 'पीलूपाकवाद' में स्वीकार किया जाता है। कच्चे घड़े आदि को पकने के लिए आवा में जिस आकार-प्रकार का रखा जाता है, पकने के अनन्तर यह आवा से निकाले जाने पर वैसा ही दृष्टिगोचर होता है।[2] कोई पात्र पाक के अनन्तर जो विकृत रूप में टेढ़े-मेढ़े या टूटे हुए रहते हैं, उसका कारण ताप की न्यूनाधिकता व पाक से साधन ईंधन आदि का आघात होना है। इसमें कोई प्रमाण नहीं, कि पात्र के इस प्रकार के विकार में पात्र के परमाणु-पर्यन्त विशीर्ण हो जाने पर

---

1. वैशेषिक दर्शन —आर्यभाष्य
2. जयन्त भट्ट के न्यायमञ्जरी (पृ० 439, वाराणसी, लाजरस संस्करण) में कहा है—
   यादृगेव हि निक्षिप्तो घटः पाकाय कन्दुके। पाकेऽपि तादृगेव सावुद्गतो दृश्यते ततः।।
   यहाँ 'कन्दु' पद आवा के लिए प्रयुक्त हुआ है। पाक द्वारा मद्य संस्कार की भट्टी का नाम 'कन्दु' है। भट्टी की भावना से मृत्पात्र तापस्थान के लिए यहाँ इसका प्रयोग है।

पुनः दुबारा बनते समय किसी प्रकार की न्यूनता आदि कारण हो। फलतः अवयवी रूप में बने बनाये घटादि द्रव्य काही अग्निताप से पाक होता है, यही सिद्धान्त प्रामाणिक है। पीलूपाकवाद वैशेषिक आचार्यों के सिद्धान्त के रूप में प्रसिद्ध है। उनका कहना है कि सीधा अवयवी में पाक होना सम्भव नहीं। इसमें बाधक है— कारण गुणपूर्वक कार्यद्रव्य में गुणोत्पत्ति, तथा कार्यद्रव्य में द्रव्य नाश से गुण का नाश।

कार्य द्रव्य में कारण गुणपूर्वक गुणोत्पत्ति की व्यवस्था को सूत्रकार ने स्वयं स्थापित किया है (2.1.24, 16.1.16)। कार्य द्रव्य में गुण का नाश, द्रव्य नाश से होता है, इस व्यवस्था को व्याख्याकारों ने स्पष्ट किया है।[1]

1. पक जाने पर जब आवा से बाहर निकाला जाता है, तब स्पष्ट ही उसमें कच्ची दशा के श्याम रूपादि गुण दिखाई न देकर नये रक्तरूपादि का प्रत्यक्ष होता है। इससे सिद्ध है, कच्ची अवस्था में श्याम-रूपादिगुणों को नाश निर्धारित व्यवस्था के अनुसार द्रव्यनाश के बिना सम्भव नहीं, इसलिए कच्चे घट को नाश और पक्के घट की उत्पत्ति स्वीकार करनी पड़ती है। पूर्णगुणनाश से ज्ञात उसके आश्रय घट अवयवी का नाश मानने पर यह नाश बीच में न रुक कर, द्वयणुकपर्यन्त अवयवी का नाश हो जाने पर स्वतन्त्र परमाणुओं में अग्नि संयोग से श्यामरूप आदि, पहले गुणों का नाश होकर अन्य अग्नि संयोग से रक्तरूप आदि गुणों की उत्पत्ति होती है। अनन्तर द्वयणुकादि कार्यद्रव्य की उत्पत्ति एवं कारण गुणपूर्वक कार्यगुणोत्पत्ति के प्रक्रम से अन्त्यावयविपर्यन्त सजातीय रूपादि गुणों की उत्पत्ति होती चली जाती है। इस प्रकार सीधा अवयवी में पाक न होकर परमाणुओं में पाक सम्भव होन से पीलुपाक सिद्धान्त निश्चित होता है।

2. पिठरपाकवादियों का यह कथन कि अवयवी के सच्छिद्र अथवा प्रशिथिलावयव संयोग होने से सीधा अवयवी घट-अवयवी के बाह्यभागों के साथ संयुक्त होने के कारण पूरे अवयवी को व्याप्त नहीं कर पाता। जब पाक बाहर ही रह जाएगा, अन्दर का भाग कच्चा बना रहेगा। घट-अवयवी के अन्दर अग्नि के प्रवेश में बाधक है— दो स्पर्शवद् द्रव्यों का एक काल में ही प्रदेश में रह सकना। जहाँ घट द्रव्य विद्यमान रहता है, उसी समान प्रदेश में अग्नि का पहुँचन या विद्यमान होना सम्भव नहीं। इसलिए अन्दर-बाहर प्रत्येक अवयव में समवेत अवयवी को अग्नि व्याप्त नहीं कर पाता।[2] फलतः प्रशिथिलावयव संयोग अवयवी में पाक का साधक नहीं माना जा सकता।

3. यह देखा जाता है, आवा से पाक के अनन्तर घट बाहर निकाले जाने पर भी टेढ़ा-मेढ़ा, टूटा-फूटा होता है। यह स्थिति स्पष्ट करती है, कि कच्चा घड़ा आवा में

---

1. प्रशस्तपादभाष्य, गुणपदार्थनिरूपण प्रकरण में रूप निरूपण प्रसंग 'आश्रयविनाशादेव विनश्यतीति'— न्यायकन्दली पृ० 109 (लाजरस संस्करण)
2. सर्वावयवेष्वन्तर्वहिश्च वर्त्तमानस्य अवयविनः अग्निना व्यप्त्यभावात्। प्र० पा० भा० प्रक्रिया प्रसंग, पृ० 107, लाजरस संस्करण।

रखे जाने के अनन्तर अग्नि संयोग से नष्ट हो गया था, अनन्तर उत्पत्ति के समय किसी उपभोक्ता अदृष्ट के कारण वैगुण्य को प्राप्त हो गया।[1] इससे भी पाकज दशा में अवयवी का नष्ट होना प्रमाणित होता है। इन आधारों पर वैशेषिक के सिद्धान्त रूप में 'पालु-पाकवाद' स्वीकार किया जाता है।

गम्भीरता से विचार करने पर दोनों वादों में बाह्य परिस्थितियों के अतिरिक्त कोई विशेष अन्तर प्रतीत नहीं होता। दोनों वादों के अनुसार घड़ा पकता है। प्रत्येक वादी अपने कथन के लिए यह आवश्यक समझता है, कि घट के पूर्ण पाक होने में कोई बाधा उपस्थित न की जा सके। पर दोनों पक्षों में कुछ कमियाँ हैं, कुछ बाधा है। पिठर पाकवादी जब अवयवी में परमाणुपर्यन्त और ऐसा मानकर अवयवी में पूर्ण पाक का उपादान कारता है, तो इस प्रकार से यह स्वीकार हो गया, कि पाक परमाणु अवस्था तक हुआ है। यह दूसरे वाद के साथ समानता की स्थिति है। विशेषता यह है कि वह अवयवी का नाश नहीं मानता। अवयवी के नाश को वस्तुतः पीलुपाकवादी सिद्ध नहीं कर पाता। कच्चे घड़े पर जैसी चित्रकारी व रूपरेखा, अवयवी-सन्निवेश आदि पाक से पूर्व रहती है, पाक के अनन्तर भी उस सन्निवेश तथा चित्रकारी आदि में कोई अन्तर नहीं होता, यदि अवयवी परमाणुपर्यन्त विशीर्ण होकर नष्ट हो जाता है, तो ठीक उसी रूप में घट के स्वतः पुनः निर्माण को सिद्ध किया जाना आवश्यक है। इस निर्माण में आत्माओं के अदृष्ट को मुख्य कारण बताना वास्तविकता से कन्नी काटकर बच निकलने के समान है।[2]

इस वस्तु स्थिति को स्वीकार किया जाना चाहिए, कि कच्चे घड़े को आवा में रखे जाने से पूर्व जो कुछ अवयव सन्निवेश आकृति आदि है, ठीक वही पाक के अनन्तर बनी रहती है। वह परमाणुपर्यन्त विशीग्र होकर ठीक उसी अवयव सन्निवेश के साथ पुनः बना है, इस कथन में कोई प्रमाण नहीं है। बने बनाये बवयवी में अग्नि का पाक सम्भव है। अग्नि का सम्पर्क अवयवी के बाहर की ओर रहेगा यह कथन उपहासास्पद जैसा है। अवयवी के न रहते ही अग्नि सम्पर्क पूर्ण अवयवी के साथ व्याप्त रहता है, यह प्रत्यक्षगम्य है। चाय के प्याले में तीव्र उष्ण चाय अथवा गिलास में दूध डालने पर प्याला और गिलास दोनों में अग्नि-सम्पर्क व्याप्त हो जाता है। भीतर भरे उस उष्ण द्रव्य से वह समस्त पात्र इतना उष्ण रहता है, कि उसे बाहर से छुआ तक नहीं जा सकता। यह स्थिति अग्नि द्वारा समस्त अवयवी के व्याप्त होने में प्रमाण है। प्याला व गिलास विशीर्ण हुए बिना सबसे सन्मुख विद्यमान रहते हैं। इस स्थिति को अधिक स्पष्ट समझने के लिए आवश्यक है, प्रथम अवयवी के वास्तविक स्वरूप को समझना। अवयवी क्या है? समस्त अवयवों के सन्निवेश विशेष के आधार पर एकता का अस्तित्व। वह केवल 'एकतत्त्व'

---

1. द्रष्टव्य, न्यायमञ्जरी, पृ० 438, लाजरस संस्करण
2. वैशेषिक दर्शन — विद्योदय भाष्य।

का प्रतीकमात्र है। वस्तु रूप में यह अवयवों के अतिरिक्त कुछ भी नहीं। पर स्वयं अवयव अवयवी नहीं है। अवयव अनेक और अवयवी एक है। पाक 'वस्तुतत्त्व' में रहता है, उसे किसी नाम से कह लिया जाए, इस प्रकार अवयवी केवल 'एकत्व' का प्रतीक है, और उसका बौद्धिक अस्तित्व है। यही अवयवी की स्वतन्त्र सत्ता है। धारण, आकर्षण प्रत्यभिज्ञान, एकत्व का बोध आदि सब उस विशेष अवयव सन्निवेश के आधार पर होते हैं। केवल अवयवों के आधार पर यह सब होना सम्भव नहीं। अवयवी की स्वतन्त्र सत्ता स्वीकार किये जाने में यही प्रमाण है।

अवयवों के सन्निविष्ट रहने पर पाक की संभावना कहाँ तक है? विचारना चाहिए। पाक के लिए अग्नि किसी वस्तु में तीन प्रकार के प्रसार पाता है। ये तीन प्रकार वस्तुओं के भेद के आधार पर है। विभिन्न वस्तुओं का रचनाक्रम और उसके आधार पर उनका गठन अनेक प्रकार का होता है। उसी के अनुसार उनमें पाक के लिए अग्नि का प्रसार तीन प्रकार से पाया जाता है।

1. **संचालक (काण्डक्षन)**— यह एक प्रकार के धातुओं में देखा जाता है। अर्थात् धातुओं में ताप की गति का यह प्रकार है। इसमें धातु के एक सिरे का ताप से सम्पर्क होने पर तप्त अंश अगले से वद्ध अंशों को क्रमशः ताप देता जाता है। धातु का एक भाग ताप से सम्बद्ध होने पर समस्त धातुपिण्ड संतप्त हो जाता है।

2. **संवहन (कॉनवैक्षन)**— यह एक प्रकार का द्रव्य पदार्थों में पाया जाता है, जैसे घुत, जल, बरफ आदि। गैस में भी ताप की गति का यही प्रकार हैं

3. **विकीर्ण (रेडिएशन)**— जहाँताप स्वयं पदार्थ तक पहुँचता है वहाँ यह प्रकार माना गया है। जैसे—सूर्य का ताप हम तक पहुँचता है। अंगीठी आदि के समीप बैठे ताप का अनुभव करते हैं। वस्तुतः पहले दो प्रकारों में भी विकीर्ण-स्थिति मूलरूप से विद्यमान रहती है। आगे आधार की स्थिति विभिन्न होने से उक्त प्रकार बन जाते हैं।

ताप की गति आधार पर द्रव्य दो वर्गों में बाँटे गये हैं। 1. सुचालक (गुड कंडक्टर), 2. कुचालक (बैड कंडक्टर) इन (संख्या दो वालों) में ताप संबद्ध अंश के आगे नहीं चलता।

पाक के इन प्रकारों के घटादि द्रव्यों का पाक, दूसरे प्रकार के अनुसार समझना चाहिए। इस प्रकार अवयवों की सन्निविष्ट दशा में अर्थात् अविकृत् अवयवी में पाक होना संभव नहीं है। पार्थिव आदि अवयवी के गठन की अपेक्षा अग्नि अत्यन्त सूक्ष्म रहता है। इसी कारण वह सन्निविष्ट अवयवों में प्रवेश कर जाता है। इस वस्तुस्थिति का आचार्यों ने दोनों प्रकार भिन्नापान किया है। अवयवी के आधार पर प्रत्येक अवयव के पक जाने के कारण अवयवी के अन्तिम अवयवपर्यन्त विशीर्ण हो जाने की कल्पना केवल बौद्धिक है। स्वतन्त्र परमाणु में पाक कहे जाने का यही मूल आधार है। अन्यथा अवयव में पाक होने की संभावना के लिए कोई बाधा प्रतीत नहीं होती। स्वतन्त्र परमाणुओं में पाक की कल्पना के लिए दौड़ क्यों लगाई गई, इसका आधार-कतिपय शास्त्रीय मान्यता है। उन

पर विचार कर लेना अपक्षित है। पहली मान्यता— कार्यद्रव्य में कारण गुणपूर्वक गुणोत्पत्ति है। इनके अनुसार कार्य घाट में गुणोत्पत्ति उसके कारणगत गुणों से होगी। दूसरी मान्यता है— कार्यद्रव्यनाश से गुण का नाश। ये दोनों मान्यता सीमित कर दी गई है— केवल पाकज गुणों के लिए। इसका परिणाम यह है, कि घट आदि अवयवी में पूर्व गुण का नाश, एवं गुणान्तर की उत्पत्ति अग्नि-संयोग से नहीं हो सकती। घट के पकने पर देखा जाता है कि उसमें पूर्व गुण का नाश और गुणान्तर की उत्पत्ति हो गई, यह स्थिति उक्त मान्यताओं के अनुसार घट के नाश हुए बिना संभव नहीं। इसलिए घटनाश की कल्पना की जाती है, और यह वश सर्वादिम अवयवीपर्यन्त मानना पड़ता है। इस प्रकार द्वयणुकपर्यन्त अवयवी का नाश होकर स्वतन्त्र परमाणुओं में अग्निसंयोग से पूर्व गुणनाश और गुणानन्तर की उत्पत्ति को माना गया है। परन्तु पाक के अनन्तर आवा से घट बाहर निकाले जाने पर गुण परिवर्तन के अतिरिक्त वह आकार-प्रकार व अवयव-सन्निवेश आदि में वैसा ही दीखती है, जैसा पाक से पूर्व था। इसलिए उसकी पुनः उत्पत्ति की कल्पना करनी पड़ती है। तब अन्त्यावयनी घटादि तक कारण गुणपूर्वक कार्य में गुणोत्पत्ति की मान्यता व्यवस्थित होती है।

इन मान्यताओं से परमाणु को बाहर रखा गया है, क्योंकि वहाँ न द्रव्यनाश संभव है, और न कारण गुणपूर्वक गुणोत्पत्ति। क्योंकि परमाणु नित्य माने जाने से न उसका नाश संभव है, और न उसका कोई कारण, जिससे वहाँ कारण गुणपूर्वक गुणोत्पत्ति हो, ये मान्यता है जिसके कारण अवयवी में पाक होना बाधित होकर उसके लिए परमाणुपर्यन्त दौड़ लगाना आवश्यक समझा गया है।

इस विचार में जैसा प्रथम कहा गया— अवयवी का पूर्णनाश होकर पुनः स्वयं उसका उत्पन्न माना जाना केवल कल्पना प्रसूत है। इस स्थिति का ध्यान रखते हुए यदि उक्त मान्यताओं में कुछ शिथिलता कर दी जाये तो अवयवी में पाक निर्वाध हो जाता है। मान्यताओं के शैथिल्य का स्वरूप इस प्रकार समझना चाहिए। अत्यावयवी में गुणोत्पत्ति तथा गुणनाश को दोनों प्रकार माना लिया जाय— 1. कारणगुणपूर्वक गुणोत्पत्ति तथा द्रव्यनाश से गुणनाश एवं 2. अग्निसंयोग से गुणनाश तथा गुणोन्तरात्पत्ति। इसका विवेक इस प्रकार होगा— परमाणु प्रथम जैसे रूपादि गुण वाले हैं, उनसे द्वयणुकादि उत्पत्ति क्रम द्वारा कार्य में जो गुण उत्पन्न होंगे वे अन्त्यावयवी नष्ट हो जाता है, तो द्रव्य नाश से गुण नाश होगा।

अन्त्यावयवी में अग्नि-संयोग होने पर पूर्व गुण का नाश और गुणान्तरोत्पत्ति अग्नि संयोग द्वारा होंगे। जो कार्य परमाणु में माना गया, वह अन्त्यावयवी में मान लेना चाहिए। अब अन्त्यावयवी में पूर्वगुण नष्ट होकर पाकज गुणान्तर उत्पन्न हो गये हैं। इसके अनन्तर जब अवयवी का नाश होगा, तो पुनः यहाँ द्रव्यनाश से गुणनाश होगा। इससे कारणगुणपूर्वक कार्य में गुणोत्पत्ति तथा अपवादरूप से अन्त्यावयवी में अग्नि-संयोग से भी गुणनाश व गुणोत्पन्न होगा। इस प्रकार उक्त मान्यताओं का निर्वाह हो जाता है।

आशंका की जाती है, कि जब अवयवी में पाक होगा, तो अवयवों की क्या दशा होगी? क्या अवयव पाकरहित रहेंगे? क्योंकि अवयव स्वयं अवयवी नहीं है। इस आशंका का समाधान तिल की ओर पहाड़ है। इसी कारण अवयवी का मान्यस्वरूप प्रथम निर्दिष्ट किया गया है। वस्तु सत्ता के रूप में विशिष्ट-सन्निवेश के साथ समस्त अवयव ही अवयवी है। यदि अवयवी का पाक होता है तो अवयव शेष नहीं रह जाते। अवयवी उन्हीं समस्त अवयवों का सन्निविष्टरूप है। इसी कारण प्रथम कहा है—पाक् अवयवी में कहा जाए या अवयव में मूलतः विशेष अन्तर नहीं है।

एक अन्य आशंका विद्वानों के सन्मुख है। द्रव्यनाश से गुण का नाश होता है, इस मान्यता के अनुसार पक्व अपक्व घट आदि द्रव्य जब नष्ट होते हुए आद्याकार्य द्वयणुक की दशा में आ जाते हैं। तब अन्तिम विभागजन्य संयोगादि नाश से द्वयणुक कार्य का नाश हो जाता है। कार्य द्रव्यनाश से उसके रूपादि गुणों का नाश हो जाएगा, तब उन परमाणुओं में कौन-से रूपादि गुण रहेंगे? उस दशा में वहां रूपादि गुणोत्पत्ति का कारण क्या होगा? कदाचित् प्रलयकाल उपस्थित होने पर प्रलयाग्नि संयोग कारण कल्पना किया जा सके, पर घटादि कार्य की वैसी दशा प्रलयकाल के अतिरिक्त समय में भी संभव है? वस्तुतः अतीन्द्रिय पदार्थ विषयक ये निगूढ़ आशंका जिनका कदाचित् कहीं अन्त नहीं सदा समाधान की अपेक्षा रखती है।

परमाणु के कार्यारम्भ के प्रसंग में एक तीसरी मान्यता यह प्रस्तुत की जाती है, कि दो द्रव्यों का संयोग आव्याप्यवृत्ति (स्वसमानाधिकरणत्यान्ताभावप्रतियोगी) होता है। इस अवस्था को दो कार्य द्रव्यों के संयोग के विषय में सीमित कर दिया गया है। तात्पर्य यह है कि कार्यद्रव्य द्वय का संयोग अव्याप्यवृत्ति होता है। इस मान्यता के अनुसार दो परमाणुओं का संयोग जो द्वयणुक को उत्पन्न करता है, अव्याप्यवृत्ति नहीं होता, क्योंकि द्वयणुक के अवयव दो परमाणु कार्यद्रव्य नहीं है। अवयवी में पाक मानने वालों का कहना है कि अवयवी में अवयव संयोग के अव्याप्यवृत्ति होने के कारण सावकाश होने से अग्नि उस अवकाश द्वारा अवयवी में प्रविष्ट हो जाता है, इस प्रकार अवयवी दशा में पाक सम्भव है। परन्तु द्वयणुक के अवयव दो परमाणुओं का संयोग सावकाश न होने से अग्नि का प्रवेश वहाँ सम्भव न होगा, तब अवयवी में पाक का कथन संगत नहीं माना जा सकता।

इस विवेचन में प्रवृत्त अवयव-पाकवादी का कहना है कि यदि द्वयणुक के आरम्भक परमाणु द्वय का संयोग निरवकाश रहता है, तो इसका यह तात्पर्य है, कि परमाणु और द्वयणुक का परिमाण समान है। यदि परमाणु के समान परिमाण वाले द्वयणुक में निरवकाश होने से अग्नि द्वारा पाक सम्भव नहीं तो उसी परिमाण वाले स्वतः निरवकाश परमाणु में पाक कैसे संभव होगा? तब जैसे परमाणु में अवकाश न रहने पर पाक संभव है, वैसे ही द्वयणुक में—परमाणु-समान आकार होने से पाक होना चाहिए। यदि यहाँ पाक न होगा तो परमाणु में ही क्यों होगा? परिणाम की व

निरवकाशता की उभयत्र समानता से एक (परमाणु) में पाक हो, अन्य (द्वयणुक) में न हो, इसका कोई नियामक प्रतीत नहीं होता। यदि द्वयणुक (अवयवी) में पाक सम्भव है तो घट (अवयवी) में भी सम्भव होगा।

इस सब विवेचन से यह स्पष्ट करने का प्रयास किया गया है, कि पाक चाहे अवयव में माना जाए, अथवा अवयवी मे, इससे वस्तु स्थिति में कोई अन्तर नहीं आता। व्याख्याकारों ने पिठरपाक अथवा पीलुपाक के आधार पर जो विस्तृत विवेचन प्रस्तुत किये हैं, उनमें शाब्दिकवाद-प्रतिवाद ही अधिक उभर कर सामने आया है। वस्तु-स्थिति की ओर उतना ध्यान नहीं दिया गया।

पीलुपाकवाद के अनुसार द्वयणुक नाश के अनन्तर स्वतन्त्र पार्थिव परमाणुओं में अग्निसंयोग से पूर्व-विद्यमान श्यामरूपादि का नाश तथा अन्य रक्तरूपादि के उत्पन्न होने में कितने क्षण अपेक्षित होते हैं, इसका विवरण व्यख्याकारों ने विस्तारपूर्वक प्रस्तुत किया है। इस प्रक्रिया का आरम्भ द्वयणुकनाश से किया जाता है। यद्यपि इससे पूर्व द्वयणुक के आरम्भिक परमाणु के साथ अग्नि का 'नोदन' नामक संयोग होता है, उस संयोग से एक परमाणु में क्रिया उत्पन्न होकर वह उस परमाणु का दूसरे परमाणु एवं पूर्व प्रदेश से विभाग उत्पन्न होता है। उससे द्वयणुकारम्भक संयोग तथा पूर्व-प्रदेश-संयोग का नाश हो जाता है। अनन्तर असमवायिकारण अवयव-संयोग के नाश से कार्यद्रव्यक-द्वयणुक का नाश हो जाता है। तथापि द्वयणुक नाश से पहले के क्षणों की अपेक्षा करके द्वयणुक नाश क्षण से ही गणनामूलक क्षण प्रक्रिया को आरम्भ किया जाता है। वह प्रक्रिया निम्नलिखितरूप से समझनी चाहिए—

प्रथम क्षण— (क) द्वयणु-नाश।

(ख) श्यामरूपादि-नाशक 'अ'[1] अग्नि और 'अ' परमाणु संयोग का उत्पाद।

(ग) श्यामरूपादि की विनाशोन्मुखता।

(घ) रक्तरूपादि के उत्पाद 'आ' अग्नि—'अ' परमाणु-संयोग की उत्पादोन्मुखता।

(ङ) पूर्वक्षणोत्पन्न क्रिया द्वारा सम्पन्न 'अ' परमाणु का उत्तर देश के साथ संयोग।

द्वितीय क्षण— (क) 'अ' परमाणु में श्यामरूपादि कर नाश।

(ख) श्यामरूपादि-नाशक 'अ' अग्नि+'अ' परमाणु-संयोग से 'अ' अग्निगत क्रिया का नाश।

(ग) उत्तरदेश संयोग से 'अ' परमाणुगत क्रिया का नाश।

---

1. एक ही अग्नि-संयोग विनाश और उत्पाद का कारण नहीं होता। अतः प्रथम 'अग्नि' पद के साथ 'अ' तथा दूसरे के साथ 'आ' संकेत दिया गया है। इसी प्रकार द्वयणुकारम्भक दो परमाणुओं को 'अ' तथा 'आ' से संकेतित किया है।

(घ) रक्तरूपादि के उत्पादक 'आ' अग्नि और 'अ' परमाणु के संयोग का उत्पाद।

तृतीय क्षण—'अ' परमाणु में रक्तरूपादि का उत्पाद।

(ख) 'अ' अग्नि में (अदृष्टादिवश) क्रियान्तर का उत्पाद।

(ग) 'आ' अग्नि की पूर्व क्रिया का विनाश।

चतुर्थ क्षण—(क) अदृष्टवदात्म-संयोग से 'अ' परमाणु में द्वयगुणकारम्भक संयोगानुकूलक्रिया का उत्पाद।

(ख) 'अ' अग्नि में पूर्वक्षणोत्पन्न क्रिया द्वारा उसका 'अ' परमाणु से तथा पूर्व देश से विभाग।

(ग) 'आ' अग्नि (अदृष्टाविवश) क्रियान्तरोत्पाद।

पञ्चम क्षण—(क) 'अ' परमाणु का पूर्व-प्रदेश से विभाग।

(ख) 'अ' अग्नि के पूर्व-देश-संयोग का नाश।

(ग) 'आ' अग्नि का 'अ' परमाणु से तथा पूर्व-प्रदेश से विभाग।

षष्ठ क्षण—(क) 'आ' परमाणु के पूर्व-देश-संयोग का नाश।

(ख) 'अ' अग्नि का 'आ' परमाणु के साथ तथा उत्तर देश के साथ संयोग।

(ग) 'आ' अग्नि का 'अ' परमाणु के साथ तथा पूर्व-देश के साथ संयोग का नाश।

सप्तम क्षण—(क) 'अ' परमाणु में 'आ' परमाणु के साथ उत्तर देश के साथ संयोग।

(ख) 'आ' परमाणु के श्याम रूपादि का नाश।

(ग) 'आ' अग्नि का 'आ' परमाणु के साथ संयोग।

अष्टम क्षण—(क) 'आ' परमाणु में 'आ' अग्नि के संयोग से रक्त रूपादि का उत्पाद।

(ख) सप्तमक्षणगत 'अ-आ' परमाणु द्वय के संयोग से द्वयगुण का उत्पादक।

नवम क्षण—(क) द्वयणुक के समवायिकरण 'अ' परमाणु तथा 'आ' परमाणु में क्रमानुसार तृतीय क्षणोत्पन्न एवं अष्टमक्षणोत्पन्न रक्तरूपादि से द्वयणुक में रक्तरूपादि का उत्पाद।

द्वयणुक द्रव्यनाश से लगाकर पुनः द्वयणुकोत्पत्ति एवं द्वयणुक में रक्तरूपादि की उत्पत्तिपर्यन्त जो नव क्षण, प्रक्रिया प्रस्तुत की गई है, वह न्याय वैशेषिक के उन नव्याचार्यों के मतानुसार है, जो विभागज-विभाग की उद्भावना को अनावश्यक मानते हैं। इस विभाग को स्वीकार करने वाले प्राक्तन आचार्यों का कहना है, कि एक ही क्रिया

द्व्यारम्भक संयोग के विरोधी, तथा अविरोधी दोनों प्रकार के विभाग को उत्पन्न नहीं कर सकती। इसको स्पष्ट करने के लिए व्याख्याकार कमल-दल-विकास का उदाहरण प्रस्तुत करते हैं। कमल जब कली (मुकुल) की अवस्था पार कर खिलने लगता है, उस समय कमल के जिस एक दल (पंखुड़ी) में लिया होता है। वह क्रिया अपने आधार (दल) में विभाग को उत्पन्न करती है। वह विभाग उस दल का एक आकाश-प्रदेश के संयोग का नाश विभाग द्व्यारम्भक संयोग का अविरोधी है। यदि वही क्रिया द्व्यारम्भक संयोग के विरोधी विभाग को भी उत्पन्न कर दे, तो कमल विकसित होने के स्थान पर विनष्ट हो जाना चाहिए। आकाश देश दल संयोग नाश के अवसर पर ही द्व्यारम्भ के संयोग के विरोधी-अविरोधी दोनों प्रकार के विभाग को उत्पन्न नहीं कर सकती।

इस व्यवस्था के अनुसार द्वयणुकावयव में उत्पन्न किया द्व्यारम्भक संयोग के विरोधी विभाग को उत्पन्न करता है। विभाग से द्व्यारम्भक संयोग का नाश हो जाने पर भी द्वयणुक द्रव्य को नाश प्राप्त न होगा यद्यपि असमवायिकारण, अवयव संयोग के नाश से कार्यद्रव्य का नाश हो जाना चाहिए। द्वयणुक के नाश न होने का कारण यह है, कि उसके क्रियाश्रय अवयव का आकाश देश से जो संयोग है, उसका नाशक कोई कारण यहॅं नहीं है। इसके लिए आचार्यों ने कल्पना की है, कि यह क्रियाजन्य विभाग अपने आगे एक और विभाग को उत्पन्न कर देता है, वह विभाग द्रव्य (द्वयणुक) के अनारम्भक द्वयणुकावयव आकाश देश संयोग का नाश कर देता है। इसका परिणाम होता है, कि द्वयणुकावयवं उस आकाश-देश से हटकर अलग हो जाता ह, तब द्वयणुक अपने कार्यरूप को खो देता है। कमलदल विकास के तर्क पर विभागज विभाग की कल्पना में नव्य आचार्यों का कहना है, कि वहां क्रिया द्व्यारम्भक संयोग के विरोधी विभाग को उत्पन्न नहीं करती, भले ही उसमें उभयविध विभाग को उत्पन्न करने की क्षमता बनी रहे। कारण यह है कि कमल को द्व्यारम्भक संयोग दलों के मूल में है, तथा विकास के लिए दलों के अग्रभागस्थित कमल द्व्यारम्भक संयोग का विभाग से नाश होता है। वही क्रियाजन्य विभाग कली-द्रव्य के आरम्भक संयोग का नाश होता है। कली (मुकुल) द्रव्य के रूप में दलों का जो परस्पर संयोग है, वह द्व्यारम्भक संयोग है, उसका यदि नाश न होगा, तो कमल का विकास ही सम्भव नहीं, वह मुकुल ही बना रहेगा। अत: एक क्रियाजन्य विभाग उभयविध (द्व्यारम्भक अनारम्भक) संयोग का नाशक संभव है, तब विभागज-विभाग की कल्पना व्यर्थ है।

प्राक्तन आचार्य यहाँ भी विभागज-विभाग की कल्पना करते हैं, क्योंकि एक क्रियाजन्य विभाग अपने अधिकरण में एक ही संयोग का नाशक हो सकता है। यहाँ संयोग दो हैं—एक, अवयवों का द्व्यारम्भक संयोग, दूसरा, द्वयणुकावयव का आकाश-देश से संयोग, जो द्रव्य को अनारम्भक है। क्रियाजन्य विभाग अन्य विरोधी-नाश-कार्य के लिए अक्षम होगा, अत: द्व्यानारम्भक संयोग के नाश के लिए विभागज-निभाग की कल्पना आवश्यक है।

क्रियाजन्य एक ही विभाग के द्रव्यारम्भक संयोग का विरोधी एवं अविरोधी होने में आचार्य उद्‌यन ने विभागगत वैजात्य होने की आपत्ति की उद्भावना की है। आचार्य का कहना है, कि विभाग-गत वैजात्य उसके कारणभूतकर्म वैजात्य के बिना संभव नहीं, तथा कर्मगत वैजात्य की कल्पना सर्वथा निराधार है, क्योंकि एक ही कार्य में परस्पर विरुद्ध उभयविध वैजात्य (द्रव्यारम्भक-संयोग-प्रतिरोधक विभागजनकत्व एवं द्रव्यारम्भकसंयोगाऽप्रतिरोधक-विभाग-जनकत्व) का उपादान नहीं किया जा सकता। इस कारण एक क्रियाजन्य विभाग द्रव्यारम्भक संयोग का विरोधी-अविरोधी उभयरूप नहीं हो सकता। अतः क्रियाजन्य विभाग से द्रव्यारम्भक संयोग का नाश होने पर द्रव्यवयवगत-आकाश-देश-संयोग के नाश के लिए अन्य विभाग अपेक्षित होगा। इस कारण विभागज-विभाग की कल्पना अनिवार्य है।

इस प्रसङ्ग में वस्तु स्थिति यह है कि द्वयणुक नाश के अवसर पर दो संयोग ऐसे हैं, जिनका नाश होने से द्वयणुक का नाश संभव है। एक द्वयणुक द्रव्यारम्भक संयोग अर्थात् दो परमाणुओं का परस्पर संयोग। दूसरा— द्वयणुकावयव-आकाश देश-संयोग। यह संयोग द्वयणुक द्रव्य का आरम्भक नहीं है। द्वयणुकावयण में हुई क्रिया से उत्पन्न विभाग पहले संयोग का नाशक होगा। दूसरे संयोग का नाश क्रियाजन्य विभाग से संभव नहीं, क्योंकि वह एक संयोग का नाश कर चरितार्थ हो चुका है। इसके अतिरिक्त उन दोनों विभागों में स्वरूपेण वैजात्य है। अतः दूसरे संयोग से नाश के लिए अन्य विभाग अपेक्षित होगा, वही विभागज-विभाग है। तात्पर्य है, क्रियाजन्य विभाग आगे अन्य विभाग को उत्पन्न कर देता है।

उक्त विवरण विभाग की उभयविधता (द्वयणुकारम्भक-संयोगविरोधिता-अविरोधिता अथवा यणुकारम्भक-अनारम्भक-संयोगविरोधिता) को सन्मुख रख प्रस्तुत किया गया है। इसी को क्रिया के आधार पर इस प्रकार प्रस्तुत किया जा सकता है कि क्रिया उस विभाग को उत्पन्न करती है तो द्रव्य के अनारम्भक संयोग के नाशक विभाग को उत्पन्न कर सकती है। इसलिए द्वयणुकनाश के आधार पर क्रियाजन्य विभाग द्रव्यारम्भक-संयोग का नाश करेगा, द्वयणुकावयव-आकाश-देश-संयोग का नहीं। अन्य क्रिया की कल्पना कहीं न होने से इस संयोग का नाशक विभाग क्रियाजन्य विभाग से उत्पन्न माना जाता है। यह स्थिति प्रत्येक द्रव्य नाश के अवसर पर उपस्थित होती है, जबकि मुख्यतः उसका नाश असमवायिकारण के नाश हो जाने से रहा हो।

कारणस्थानीय पूर्व विभाग, कार्य स्थानीय विभाग को कौन से क्षण में उत्पन्न करता है, इस विषय में आचार्यों का थोड़ा मतभेद है। एकमत है— क्रियाजन्य विभाग से द्रव्यारम्भक संयोग-नाश-क्षण में विभाग उत्पन्न होकर उससे अगले द्रव्य-नाश-क्षण उत्पन्न होता है। यह मत आचार्य उदयन का है।

आचार्य का कहना है कि प्रशस्तपाद[1] के 'कार्य विनाश' पद का अर्थ द्रव्यारम्भक-संयोग-विनाश न होकर 'द्रव्यनाश' है। कारण यह है, कि विभाग आगे विभागान्तर का उत्पादन प्रतिबन्धक नहीं हो सकता, क्योंकि ऐसा मानने पर संयोग विभाग से प्रबल होगा, तब वह विभाग द्रव्यारम्भक संयोग का प्रतिबन्धक नहीं हो सकेगा। एक ही विभाग संयोग का प्रतिबद्धय और प्रतिबन्धक होना सम्भव नहीं। अतः विभाग का प्रतिबन्धक द्रव्य को मानना होगा। द्रव्य की विद्यमानता में विभाग को उत्पन्न नहीं कर सकेगा। द्रव्यनाश लक्षण में ही यह संभव होगा। अतः प्रशस्तपाद के 'कार्यविनाश' पद का अर्थ 'द्रव्यविनाश' समझना युक्त है।

इस मतभेद के रहने पर प्रथम मत के अनुसार द्रव्यारम्भक संयोगनाश क्षण में विभागज-विभाग-उत्पन्न होता है, तब पीलु-पाक-प्रक्रिया दश-क्षण की बनती है। दूसरे मत के अनुसार एक क्षण आगे, द्रव्यनाश क्षण में विभागज-विभाग उत्पन्न होने से पीलु-पाक-प्रक्रिया में एक क्षण और बढ़ जाता है। यह मतभेद इसी कारण है कि विभागज-विभाग स्वीकारं करने पर उसे किस क्षण में उत्पन्न माना जाए। द्रव्यारम्भकसंयोग-नाश, क्षण में अथवा द्रव्य नाश क्षण में।

द्रव्य-नाश-क्षण में विभागज-विभाग की उत्पत्ति मानने पर एक विचारणीय है एक द्वयणुकावयव में क्रियाजन्य विभाग से द्वयणुक द्रव्यारम्भक परमाणु संयोग का नाश होने पर अगले क्षण में द्रव्यनाश अवश्यंभावी है। असमवायिकारण के नाश से द्रव्यनाश माना जाता है। जब द्रव्यनाश क्षण में विभागज-विभाग उत्पन्न हुआ माना जाता है, तो वह विभाग अपनी उत्पत्ति के अगले क्षण में द्वयणुकावयव-आकाश-देश-संयोग का नाश करेगा। जब तक इस संयोग का नाश न होगा, द्वयणुकावयव उस देश से न हटने के कारण द्वयणुक बना रहेगा, क्योंकि आकाश-देश के साथ उसके संयोग का नाश नहीं हुआ है। इसका परिणाम यह होगा कि असमवायिकारण का नाश हो जाने पर भी द्रव्य बना रहेगा, जो अनिष्ट है। इसलिए द्रव्यनाश-विशिष्ट-क्षण से एक क्षण पूर्व अर्थात् द्रव्यारम्भक-संयोग-नाश-विशिष्ट-क्षण में विभागज-विभाग की उत्पत्ति मानना अधिक युक्त है। इससे द्रव्यारम्भक-संयोगनाश होने पर अगले जिस क्षण में द्रव्यणुकावयव-आकाशदेश-संयोग का नाश होगा। ऐसी स्थिति में असमवायिकरण के नाश से द्रव्यनाश में कोई बाधा न रहने से अनिष्टापत्ति न होगी।

द्रव्य (द्वयणुक) को विभागज-विभाग का प्रतिबन्धक माना है, जब तक द्रव्य बैठा है, विभागज-विभाग को उत्पन्न नहीं होने देता। अतः द्रव्यनाश-विशिष्ट क्षण में विभागज-विभाग की उत्पत्ति मानना युक्त है। परन्तु ऐसी स्थिति में विभागज-विभाग मानने की आवश्यकता क्या है? द्रव्यनाश का तात्पर्य है— द्वयणुकावयव का उस

---

1. विभाग कार्यविनाश विशिष्ट कालः.........अपेक्ष्य........विभागान्तरमारभते। —प्र० पा० विभागप्रकरण।

आकाश-देश से हट जाना, जब आकाश देश-विशेष के साथ उस द्वयणुकावयव का संयोग न रहा तो विभागज-विभाग का उत्पन्न होना अनावश्यक है। उस आकाश-देश-विशेष के साथ द्वयणुकामवयव संयोग का नाश करने के लिए ही तो उस विभाग की आवश्यकता थी। द्रव्यनाश होने पर उस संयोग का रहना संभव नहीं। यदि संयोग बना है, तो द्रव्यनाश कहना संगत न होगा। फलतः द्वयणुक-द्रव्यारम्भक-संयोग-नाश-विशिष्ट क्षण में विभागज-विभाग की उत्पत्ति मानना अधिक उपयुक्त है। इससे द्रव्यारम्भक-संयोगारम्भक-संयोगनाश होने पर अगले जिस क्षण में द्रव्यनाश होगा, उसी क्षण में प्रथम क्षणोत्पन्न विभागज-विभाग से द्वयणुकावयव-आकाशदेश-संयोग का नाश होगा ऐसी स्थिति में असमवायिकारण के द्रव्यनाश में कोई बाधा न रहने से निष्टापत्ति न होगी।

संयोग वियोग का प्रतिबद्ध-प्रतिबन्धकभाव एक ही संयोग-विभाग में असम्भव है। जो विभाग संयोग का प्रतिबन्धक है, वही विभाग संयोग का प्रतिबद्धय नहीं हो सकता। जहाँ द्रव्य में क्रिया उत्पन्न होकर भी द्रव्यावयव में विभाग को उत्पन्न नहीं करती, वहाँ विभाग द्रव्यावयव-संयोग का प्रतिबद्धय है। द्रव्य-संयोग द्रव्यावयव में विभाग को उत्पन्न नहीं होने देता। संयोग-वियोग का प्रतिबन्धक द्रव्य होता है, ऐसा कथन विचारणीय है। द्रव्य-स्थिति में अवयव संयोग का रहना अनिवार्य है। तब उसी को विभाग का प्रतिबन्ध ाक क्यों न माना जाए?

इस प्रकार आचार्यों के विचारानुसार विभागज-विभाग की उत्पत्ति दोनों क्षणों में संभव है। एक द्रव्यारम्भक-संयोग-नाश-विशिष्ट क्षण में, दूसरे द्रव्यनाश-विशिष्ट क्षण में। प्रथम विचार के अनुसार द्वयणुकनाश से लगाकर पुनः उत्पन्न द्वयणुक में रक्तरूपादि गुणोत्पत्ति तक दस क्षण लगते हैं। दूसरे विचार के अनुसार विभागज विभाग के एक क्षण विलम्ब से उत्पन्न होने पर ग्यारह क्षण लग जाते हैं।

प्रथम प्रक्रिया का विवरण प्रस्तुत करने से पूर्व इतना समझ लेना चाहिए कि जब अग्नि द्वयणुक के सम्पर्क में पहुँचनेवाला होता है, तब (1) अग्नि में क्रिया उत्पन्न होती है, उस क्रिया से (2) अग्नि का पूर्वदेश के साथ विभाग होता है, विभाग से (3) अग्नि-पूर्वदेश संयोग का नाश हो जाता है तब (4) अग्नि का उत्तर देश के साथ तथा द्वयणुकावयव परमाणु के साथ संयोग होता है। इस अग्नि संयोग से (5) द्वयणुकारम्भक एक परमाणु में क्रिया होती है, तथा अग्नि-निष्ठ क्रिया का नाश हो जाता ह, अनन्तर (6) द्वयणुकावयव परमाणु में विभाग की उत्पत्ति होती है।

पञ्चविंशति अध्याय

तर्कनिरूपण

न्याय दर्शन में किसी भी विषय को यथार्थ रूप में जानने के लिए तर्क और दृष्टान्त की भूमिका अत्यधिक महत्वपूर्ण है। किसी भी विषय के निर्णय के लिए यह आवश्यक है कि वह निर्णय तर्कपूर्ण हो बिना तर्क के कोई भी निर्णय दोषपूर्ण होगा। इसलिए न्याय अर्थात् आन्वीक्षिकी विद्या में तर्क प्रमाणों को सबल एवं युक्ति-युक्त बनाने के लिए महत्त्वपूर्ण भूमिका अदा करता है।

न्याय दर्शन में निर्णय का लक्षण करते हुए कहा है कि किसी भी विषय को सन्देह की स्थिति में रखकर उसके पक्ष तथा प्रतिपक्ष, साधन तथा उसके खण्डन के द्वारा विषय का निश्चय करना निर्णय कहलाता है।[1] इसका अभिप्राय यह है कि किसी पक्ष के स्थापन करने के साधन तथा निषेष करने को उपालम्भ कहते हैं ये दोनों साधन तथा उपालम्भ जिस वाद कथा में पक्ष तथा प्रतिपक्ष के आश्रय से सम्बद्ध होकर अर्थात् साथ-साथ चलते हुए, पक्ष एवं प्रतिपक्ष के विवाद को तर्क शक्ति के द्वारा तथा प्रतिपक्ष में से किसी एक की अन्त में निवृत्ति हो जाती है। यहाँ यह स्पष्ट करना आवश्यक प्रतीत होता है कि तर्क का प्रयोग पक्ष एवं प्रतिपक्ष, दोनों ही ओर किया जा सकता है क्योंकि यह स्पष्ट है कि तर्क उस प्रक्रिया का नाम है जो तत्त्वज्ञान प्राप्त कराने में सहायक सिद्ध होती है। जैसे कि— न्याय दर्शन के भाष्यकार वात्स्यायन मुनि ने मिथ्याज्ञान और तत्त्वज्ञान के विषय में तर्क का प्रयोग करते हुए कहा है कि जैसे आत्मा को प्रमेय पदार्थ में शरीर आदि से भिन्न आत्मा है। तथा अनात्मा अर्थात् आत्मा से भिन्न शरीर, इन्द्रिय आदि में अनात्मा अर्थात् आत्मा नहीं है। यह ज्ञान तत्त्वज्ञान है। इसी प्रकार दुःख को दुःख, अनित्य घटादि पदार्थों को अनित्य तथा वास्तविक रक्षा न कर सकने वाले स्त्री, पुत्र आदिकों को से रक्षा न कर सकने वाले, ऐसा जानना एवं भय युक्त धन-सम्पत्ति आदि को, भय सहित मानना, अस्थि मांस आदि युक्त होने से शरीर आदि को निन्दित समझना, इसी प्रकार त्याग करने योग्य जन्म आदि रूप संसार को त्याग योग्य समझना। इस प्रकार मिथ्याज्ञान को छोड़कर तत्त्वज्ञान का बोध करने के लिए तर्क का प्रयोग पक्ष और प्रतिपक्ष दोनों में किया जा सकता है।

---

1. विमृश्य पक्षप्रतिपक्षाभ्यामर्थावधारणं निर्णयः। —न्याय० 1.1.42

तर्क की परिभाषा करते हुए न्याय दर्शन में कहा है कि जिसका वास्तविक स्वरूप ज्ञान न हो, उस विषय में प्रमाण की संगति से यथार्थ बोध करने के लिए ऊहु अर्थात् विचार करना तर्क कहलाता है।[1] वस्तुतः जिस विषय में यह विचार उत्पन्न हो कि इस विषय का यथार्थ स्वरूप क्या है? मैं इसके यथार्थ स्वरूप को जानूँ। इस प्रकार किसी भी विषयको जानने की इच्छा उत्पन्न होती है उस विषय के दो विरोधी धर्मों को देखकर जिज्ञासु यह संदेह करता है कि विषय ऐसा है अथवा नहीं है इस प्रकार का विचार करता हुआ उस विषय में वह किसी एक निर्णय पर पहुँच जाता है। यह ही तर्क कहलाता है। यह आवश्यक नहीं है कि वह निर्णय किसके पक्ष में लिया जाय। तर्क वस्तुतः हेतु के रूप में भी प्रदर्शित किया जा सकता है जैसे—दुष्ट हेतु हेत्वाभास कहलाता है, इसी प्रकार दुष्ट तर्क तर्काभास कहलाता है।

वात्स्यायन ने तर्क की विश्लेषण करते हुए कहा है कि—अविज्ञायमान तत्त्वेऽर्थे जिज्ञासा तावज्जायते जानीयेममार्थमिति। अथ जिज्ञासितस्य वस्तुनो व्याहतौ धर्मौ विभागेन विमृशति किं स्विदित्थमाहोस्विन्नेत्थमिति। विमृश्यमानयोः धर्मयोरेकं कारणोपपत्त्याऽनुजानाति सम्भवत्यस्मिन् कारणं प्रमाणं हेतुरिति कारण उपपत्त्या स्यादेवमेतन्नेतरदिति।

अर्थात् जिस विषय का वास्तविक स्वरूप विशेष रूप से ज्ञात नहीं है, ऐसे विषय की मनुष्य को सबसे प्रथम यह जिज्ञासा होती है कि मैं इस विषय को जानूँ अर्थात् मुझे इस विषय का ज्ञान होना चाहिए। इसके पश्चात् वह जिज्ञासा के विषय में विषय के विरुद्ध दो धर्मों के विवेचन से वह यह बोध प्राप्त करता है कि "यहऐसा है" अथवा ऐसा नहीं है। इस प्रकार किसी विषय के दो विरोधी पक्षों में से तर्क और युक्ति के बल पर उस विषय के एक स्वरूप अथवा धर्म को सिद्ध कर लिया जाता है उसकी सिद्धि होने पर वह उसके उस स्वरूप को स्वीकार का लेता है यह उस विषय का स्वरूप ऐसा ही निश्चित होता है उसके लिए युक्ति तर्क और हेतु की आवश्यकता होती है किसी भी विषय के विषय में जब इस प्रकार की ऊहापोह की जाती है उसे "विमृशति" कहा गया है। विमृशति शब्द का अर्थ है विचार किया है अथवा चिन्तन किया जाता है। इस प्रकार के विचार विमर्श के पश्चात् तर्क द्वारा दो धर्मों में से किसी एक के निषेध से दूसरा पक्ष प्रमाण का विषय होने के कारण स्वीकार करने योग्य है ऐसा कहा जायेगा इसी कारण विषय के सन्दिग्ध होने से तर्क की प्रवृत्ति उत्पन्न होती है अतः तर्क की प्रवृत्ति में संशय की प्रमुख भूमिका होती है। सूत्र में जो "कारणोपपत्त्या" पद का प्रयोग किया गया है प्रमाण रूप कारण की उपपत्ति से अर्थात् किसी भी विषय का ज्ञान बिना तर्क एवं हेतु के सिद्ध हुए बिना नहीं होता है।

---

1. अविज्ञाततत्त्वेऽर्थे कारणोपपत्तिस्तत्त्वज्ञानार्थमूहस्तर्कः। —न्याय 1.1.40

वात्स्यायन तर्क को दृष्टान्त एवं उदाहरण के द्वारा समझाते हुए कहते हैं कि— योऽयं ज्ञाता ज्ञातव्यमर्थं जानीते तं तत्त्वतो (भो) जानीते विज्ञासते। स किमुत्पत्ति धर्मकोऽनुत्पत्ति धर्मक इति विमर्शः। विमृश्यमानेऽविज्ञाततत्त्वेऽर्थे यस्य धर्मस्याभ्यनुज्ञा कारणमुपपद्यते तमुपजानाति।

अर्थात् जो यह ज्ञाता (जानने वाला) आत्मा जानने योग्य विषय को जानना है, उस विषय को मैं जानूं, यह प्रथम जिज्ञासा करता है। उसके पश्चात् वह ज्ञाता आत्मा उत्पत्ति धर्माधार है अथवा उत्पत्ति धर्म से रहित है ऐसा विमर्श अथवा विचार (विरुद्ध उक्त दो धर्मवाला ज्ञान) संदिग्ध ज्ञान होता है। इस प्रकार का संदेह होने के कारण उस आत्मा रूप अर्थ क वास्तविक स्वरूप का ज्ञान न होने पर उक्त दोनों विरोधी धर्मों में से जिस एक धर्म के स्वीकार करने के कारण हेतु एवं तर्कों के आधार पर किसी एक पक्ष को स्वीकार कर लिया जाता है कि यह ज्ञाता आत्मा उत्पत्ति रहित ही होना चाहिए। क्योंकि पाप-पुण्य रूप कर्म को सुख दुःख आदि का जो फल प्राप्त होता है वह तभी सम्भव है जबकि आत्मा अनुत्पत्ति धर्मक हो आत्मा के अनादि एवं नित्य होने से उसके लिए संसार और मोक्ष एवं अपवर्ग की प्राप्ति सम्भव हो सकेगी इसके लिए न्याय में एक प्रक्रिया एवं तर्क प्रस्तुत किया है कि— दुःखजन्मप्रवृत्तिदोषमिथ्याज्ञानानामुत्तरमुत्तरं पूर्व पूर्वस्य कारणमुत्तरोत्तरापाये तदनंतरा भावादपवर्गः। अर्थात्— इस तर्क में यह स्पष्ट किया है कि मिथ्याज्ञान समाप्त हो जाने पर दोष समाप्त हो जाते हैं, दोष के समाप्त हो जाने पर प्रवृत्ति समाप्त हो जाती है,.प्रवृत्ति समाप्त हो जाने से जन्म समाप्त हो जाता है और जन्म-मरण समाप्त हो जाने पर दुःख समाप्त हो जाते हैं। दुःख समाप्त हो जाने से मोक्ष अर्थात् अपवर्ग प्राप्त हो जाता है।

यहां पर वात्स्यायन कहते हैं कि— आत्मा को नित्य ही मानना पड़ेगा क्योंकि नित्य मानने से ही आत्मा को अपवर्ग प्राप्त हो सकता है। यदि ऐसा नहीं मानेंगे तो क्योंकि यह उत्पन्न हुआ ज्ञाताा आत्मा, शरीर, इन्द्रिय, बुद्धि तथा हर्ष, शोक आदि रूप वेदना से सम्बन्ध करता है यह सम्बन्ध पूर्व में किये हुए कर्मों का फल ही हो सकता है इसलिए कहा है कि आत्मा उत्पत्ति रहित है। तभी उसके लिए अपवर्ग सम्भव है क्योंकि कर्मों का फल आत्मा के नित्य मानने पर ही सम्भव है। इससे यह सिद्ध होता है कि तर्क तत्त्वज्ञान को उत्पन्न करने में सहायक सिद्ध होता है यहाँ इस प्रसंग में यह शंका उत्पन्न की जाती है कि—

कथं अनुजानात्ययमेकतरं धर्मं कारणोपपत्त्या, न त्ववधारयति न व्यवस्यति न निश्चिनोति एवमेवेदमिति। तत्त्वज्ञानार्थ इति। अर्थात्— तर्क को प्रमाण क्यों न माना जाय क्योंकि दो विरोधी धर्मों में से एक धर्म को सिद्ध करने में तर्क प्रमाण की ही तरह तत्त्वज्ञान प्राप्त कराने में सहायक सिद्ध होता है अतः उसे प्रमाण क्यों न माना जाय। इसके विषय में वात्स्यायन ने कहा है कि— वास्तविक ज्ञान के विषय के स्वीकार करने

का संज्ञास्वरू ऊहूं अर्थात् तर्क के चिन्तन में बाधरहित होने के कारण, ऐसे प्रमाण के सामर्थ्य के पश्चात् तत्त्व ज्ञान उत्पन्न होता है, इस कारण तर्क पदार्थ में तत्त्वज्ञान के लिए अर्थात् यथार्थ ज्ञान के लिए सहायक सिद्ध होता है। क्योंकि ''प्रमाण सामर्थ्यात्'' अर्थात् तत्त्वज्ञान का साधक प्रमाण ही होता है तर्क उसमें केवल सहायक होता है अत: तर्क किसी भी निर्णय को करने के लिए सहायक रूप में प्रयुक्त किया जाता है।

वास्तव में तर्क का उपयोग वादी-प्रतिवादी और सतीर्थों अर्थात् सहपाठियों में जो पक्ष और प्रतिपक्ष को धारण करते हुए वाद में किया जाता है वहाँ तर्क का उपयोग प्रचुर मात्रा में किया जाता है इसलिए वाद का लक्षण करते हुए कहा है कि—प्रमाण तर्क साधनोपालम्भ: सिद्धान्तविरुद्ध: पञ्चावयवोपपन्न: पक्षप्रतिपक्षपरिग्रहो वाद:। अर्थात् प्रमाण तथा तर्क से पक्ष का साधन परपक्ष का खण्डन जिसमें किया जाता है, उसे वाद कहते हैं परन्तु वह वाद सिद्धान्त के विरुद्ध न हो, पांचों अवयवों से युक्त हो, और वादी तथा प्रतिवादी की अपनी-अपनी मान्यताएं हों। उन मान्यताओं को सिद्ध करने में उपर्युक्त नियमों के अनुसार जो चर्चा एवं परिचर्चा की जाती है उसे वाद कहा जाता है। इस वाद में अपने पक्ष को सिद्ध करने के लिए तर्क प्रदर्शित किये जाते हैं वास्तव में वाद में जय और पराजय के प्रति दुराग्रह नहीं होता है, दोनों पक्षों में तर्क का प्रयोग करते हुए एक पक्ष निरुत्तर हो जाता है यही तर्क का मुख्य उद्देश्य माना जाता है।

मीमांसा

मीमांसा दर्शन के प्रथम अध्याय का प्रथम पाद तर्कपाद अवश्य कहलाता है, किन्तु सूत्र और भाष्य में तर्क पर विशेष विचार नहीं किया गया है। हाँ, परवर्ती मीमांसकों ने तर्क को प्रमाणों का अनुग्राहक माना है। सम्भवत: इसी अनुग्राहता को ध्यान में रखते हुए कुमारिल को कहना पड़ा कि जो पदार्थ किसी को साधकतम कारण कहा जाता है उसे अनुग्राहक की अपेक्षा होती है। लोक में ऐसा कोई कारण नहीं होता जिसे साध्य की सिद्धि में अनुग्राहक की अपेक्षा न हो। जैसे, प्रत्यक्ष के लिए इन्द्रिय को प्रकाश के अनुग्रह की अपेक्षा होती है। गागाभट्ट ने कहा है कि व्याप्त ज्ञान में तर्क द्वारा व्यभिचार की शंका को निवृत्त किया जाता है (व्याप्यारोपेण व्यापकारोपद्वारा अनिष्ट प्रसञ्जनं तर्क— न्या० को०)। वस्तुत: तर्क व्याघातरूप होता है। जहाँ शंका नहीं होती, वहाँ तर्क की अपेक्षा नहीं रहती।

सायण माधव का कथन है कि कहीं-कहीं तर्क शब्द प्रमाण का अनुग्राहक होता है। नारायण तर्क को परिभाषित करते हुए कहते हैं : प्रमाण द्वारा जिस अर्थ को सिद्ध किया जा रहा हो, उसके अन्यथाभाव की शंका के निवारणार्थ अन्यथाभाव में दोष कथन तर्क है। इसी कारणवश तर्क को अनिष्ट प्रसंग कहते हैं। इसके पांच अंग हैं। अंगों में

से किसी अंग की विकलता होने से तर्काभास होता है, अतः पांच प्रकार के तर्काभास बनते हैं :

1. व्याप्ति का अभाव।
2. तर्क प्रतिहति तर्क।
3. विपर्यय में अवसान न होना।
4. विपक्षी द्वारा तर्क की इष्ट-रूप में स्वीकारोक्ति।
5. प्रतिपक्षी के अनुकूल तर्क।

तर्क आत्माश्रय आदि विविध भेद नारायण ने वे ही परिगणित किए हैं जो न्याय में आ चुके हैं। इसके अनन्तर उन्होंने स्पष्ट किया है कि तर्क व्याप्ति का शोधक होता है। जब तक व्यप्ति शुद्ध न हो जाय तब तक तर्क और प्रतितर्क कर सकते हैं। तर्क सभी प्रमाणों का अनुग्राहक होता है (तस्मात्सर्वप्रमाणानां तर्कोनुग्राहकः स्थितः —मा० मे० पृ० 45)।

वेदान्त

शांकरभाष्य के तर्क का ग्रहण अनुमानार्थक रूप में ही हुआ है। आचार्य शंकर की दृष्टि में तर्क आगम की अपेक्षा दुर्बल है। आगमशून्य तर्क पुरुष की कल्पना मात्र पर स्थित होते हैं और कल्पना निरंकुश होती है। अर्थात् तर्क की कोई प्रतिष्ठा नहीं होती, क्योंकि एक तर्क के विपरीत दूसरा तर्क अनुमेय को सिद्ध कर देता है।

तर्काप्रतिष्ठानादप्यन्यथानुमेयमिति चेदेवमप्यविमोक्षप्रसङ्गः

इस जगत् में कोई यत्न से उत्प्रेक्षा करके तर्क खड़ा करता है, दूसरा उससे भी आगे बढ़ कर प्रथम को तर्काभास सिद्ध करके अन्य ही तर्क खड़ा कर लिया जाता है। अतः तर्क व्यवस्थाविहीन है, क्योंकि वह पुरुष की बौद्धिक विविधता से रूपाकार ग्रहण करता है। इस सूत्र पर शंकर ने जो अनेक साक्ष्य प्रस्तुत किये हैं, उनमें प्रमुखतः तीन द्रष्टव्य हैं :

1. महाभाग कपिल का सम्मत तर्क लिया जाए तो कभी महर्षि कणाद द्वारा विप्रतिपत्ति देखी जाती है।
2. तर्क केवल अप्रतिष्ठित है अपितु तर्क से ही तर्कों की अप्रतिष्ठा परस्पर आचार्यों द्वारा सिद्ध की जाती है। इस प्रकार जब कुछ तर्क अप्रतिष्ठित हो जाते हैं तब सभी तर्कों पर संशय खड़ा हो जाता है।
3. यद्यपि यह व्यावहारिक सत्य है कि तर्क के आधार पर सुख प्राप्ति और दुःख परिहार की लोकयात्रा बनती है और मनु सदृश धर्माचार्यों ने भी तर्क की महिमा स्वीकार की है, अतः अप्रतिष्ठित होना उस तर्क का अलंकार है।

विवेकी पुरुष को चाहिए कि सदोष तर्क का परित्याग करके निर्दोष तर्क स्वीकार करे। आचार्य शंकर यह भी स्पष्ट कर देते हैं कि इसे मान्य करके भी मोक्ष को तर्क से प्रमाणित नहीं किया जा सकता।

एक महत्त्वपूर्ण प्रश्न यह उपस्थित होता है कि ब्रह्मविद्या के सन्दर्भ में वेदान्तसूत्र का तर्कपाद अन्य मतों के खण्डन में क्यों प्रवृत्त होता है? प्रत्युत्तर में आचार्य शंकर कहते हैं—दार्शनिकों ने वेदों के मंत्रों के उद्धरण दे-देकर अपने-अपने मतों को सम्यक् ज्ञान का शास्त्र सिद्ध किया है। इस भ्रम के निराकरण हेतु तर्क द्वारा ही विपक्षियों के तर्कों का खण्डन ब्रह्मविद्या के जिज्ञासुओं के लिए अत्यावश्यक हो जाता है।

वेदान्त के दूसरे प्रमुख आचार्य रामानुज, आचार्य शंकर की भाँति तर्क को पुरुष की बुद्धि से उत्पन्न मानते हुए यह स्वीकार करते हैं कि देश और काल के भेद से लोग अन्य तर्क की उद्भावना कर लेते हैं, अत: अतीन्द्रिय वस्तु में शास्त्र ही प्रमाण हैं। शास्त्र के संवर्द्धन हेतु ही तर्क उपादेय हुआ करता है, अतएव मनु ने भी वेदरूप शास्त्र के अविरोधी तर्क के अनुसन्धान का महत्त्व स्वीकार किया है।

वेदान्त के तीसरे प्रमुख आचार्य मध्व तर्क अनुमान का ही एक प्रकार मानते हैं। उन्हीं के शब्दों में ''व्याप्याङ्गीकारेनिष्ट प्रसञ्जनं तर्क'' प्याप्य के अङ्गीकार में अनिष्ट प्रसंग तर्क है। प्रामाणिक हान और अप्रामाणिक कल्पन के रूप में अनिष्ट के क्रमश: चार भेद यहां दृष्टव्य हैं :

1. श्रुतहान—यदि ईश्वर सर्वज्ञ न हो तो जगत्कर्ता भी नहीं हो सकता।
2. दृष्टहान—यदि पर्वत अनग्नि होता तो निर्धूम होता।
3. अश्रुत कल्पन—यदि ईश्वर जीव से अभिन्न होता तो दु:खी होता।
4. अदृष्ट कल्पन—यदि पिया हुआ जल भीतर जलाता तो मुझे भी जला देता।

व्याकरण

वेदान्तिकों की भांति वैयाकरणों ने तर्क को अनुमान के अर्थ में प्रयुक्त किया है :

न चागमादृते धर्मस्तर्केण व्यवतिष्ठते।
ऋषीणामपि यज्ज्ञानं तदप्यागम पूर्वकम्।।

आगम रहित तर्क द्वारा धर्म की व्यवस्था नहीं हो सकती। ऋषियों का ज्ञान भी आगमपूर्वक ही होता है। स्वोपज्ञ टीका में भर्तृहरि ने स्पष्ट किया है कि धर्म तर्कातीत है। धर्म-संस्कार-सम्पन्न ऋषियों को ही तत्त्वज्ञान होता है। आगे भी उन्होंने यह स्वीकार किया है कि धर्म के अविच्छिन्न मार्ग व्यवस्थित होते हैं। उन्हें लोकप्रसिद्ध मानकर तर्क द्वारा बाधित नहीं किया जाता।

सतो विवक्षा पारार्थ व्यक्तिरर्थस्य लैङ्गिकी।
इति न्यायो बहुविधस्तर्केण प्रविभज्यते।

तर्क द्वारा ही विविध विभाग करके न्याय स्थापित किया जाता है। कहीं-कहीं सत् की उपेक्षा कर दी जाती है और कहीं उनका समावेश कर लिया जाता है। तर्क से ही लाक्षणिक अर्थ निकाला जाता है, परन्तु यह शब्द से भिन्न शक्ति नहीं है।

शब्दानामेव सा शक्तिस्तर्को यः पुरुषाश्रयः।
शब्दाननुगतो न्यायो नागभेष्य निबन्धनः।।

पुरुष में रहने वाला तर्क शब्दों की ही शक्ति है क्योंकि कोई न्याय ऐसा नहीं होता जो शब्द से अनुगत न हो। आगमहीन तर्क निराधार है। अतएव स्वोपज्ञ टीका में कहा गया है कि जिस तर्क में शब्द शक्ति का अनुग्रह नहीं होता और जो साधर्म्य-वैधर्म्य मात्र का अनुसरण करता है वह शुष्क तर्क है, जो सभी आगमों के उपाघात का कारण होता है।

सांख्य

सांख्य के प्रत्यय के अन्तर्गत आठ सिद्धियों में ऊह का प्रथम स्थान है। यद्यपि सांख्यसूत्र और भाष्य में उसका तर्क अर्थ नहीं किया गया है, फिर भी तत्त्वकौमुदी में वाचस्पति मिश्र का यह मन्तव्य दृष्टव्य है :

ऊहस्तर्क आगमा विरोधि न्यायेनागमार्थपरीक्षणम् परीक्षणं च।
संशयपूर्वक निराकरणेनोत्तर पक्ष व्यवस्थापनं तदिदं मनसाचक्षते आगमिनः।।

आगमानुकूल न्याय से आगम के अर्थ का परीक्षण ऊह या तर्क है। इसी को मनन कहते हैं। संशय और पूर्वपक्ष का निराकरण करके उत्तरपक्ष की व्यवस्था कह कर तर्क को निर्णय के समीप मान्य किया है। परन्तु सिद्धि का भेद होने के कारण यह निर्णय को भी अन्तर्भूत कर लेता है।

जैन

माणिक्यनंदी ने तीन सूत्रों में ऊह पर विचार किया है। प्रभाचन्द्र ने टीका में उसे तर्क बतलाया है। परिभाषा सूत्र इस प्रकार है :

उपालम्भानुपलम्भानिमित्तं व्याप्ति ज्ञानसमूहः।

व्यप्तिज्ञान को ऊह या तर्क कहते हैं जिसके उपलब्धि और अनुपलब्धि दो कारण हैं। आगे सूत्र में तर्क के स्वरूप को इन शब्दों के द्वारा स्पष्ट किया गया है :

इदमस्मिन् सत्येव भवति असति तु न भवत्येवेति।

यह इसके होने पर ही होता है, न होने पर नहीं ही होता। जैसे, आग होने पर

ही धूम होता है, उसके न होने पर नहीं ही होता। प्रभाचन्द्र कहते हैं : प्रमाणों का अनुग्राहक होने से तर्क भी प्रमाण ही है।

, काव्यशास्त्र

काव्यशास्त्र में एक व्यभिचारी भाव "वितर्क" कहलाता है। भरत उसकी परिभाषा इन शब्दों में देते हैं :

वितर्को नाम सन्देह-विमर्श-विप्रतिपत्त्यादिभिर्विभावैरुत्पद्यते।
विचारणादि सम्भूतः सन्देहातिशयात्मकः।
वितर्कः शोभने यस्तु शिरोभ्रक्षेण कम्पनैः।

वितर्क भाव सन्देह विमर्श और विप्रतिपत्ति आदि कारणों से उत्पन्न होता है। उसमें भ्रूविक्षेप, कम्प और शिरश्चालन द्वारा उसका अभिनय किया जाता है। इस लक्षण को हम न्याय दर्शन के प्रसंग में देख चुके हैं। पंडितराज जगन्नाथ नाट्यशास्त्र की परिभाषा को स्पष्ट करते हुए कहते हैं कि सन्देह आदि के अनन्तर उत्पन्न निश्चयानुकूल ऊह वितर्क है :

सन्देहाद्यनन्तरं जायमान ऊहो वितर्कः स च निश्चयानुकूलः।

विशेष

इस प्रकार हम देखते हैं कि शास्त्रों में तर्क शब्द अनेक अर्थों में प्रयुक्त होता है। ऊह, विशेष, अनुमान, तत्त्वमीमांसा और आगामार्थ परीक्षण जैसे अर्थ हैं। अन्नभट्ट ने मङ्गल श्लोक की दीपिका में कहा है : तर्किक और प्रतिपादित किये जाने वाले पदार्थों को तर्क कहते हैं। इससे स्पष्ट है कि तर्क विद्या पदार्थों के प्रतिपादन का शास्त्र है।

सन्दर्भ ग्रन्थ सूची

1. Rigveda.
2. Yajurveda.
3. Samveda.
4. Atharvaveda.
5. Kath Upanishad.
6. Ish Upanishad.
7. Ken Upanishad.
8. Mundak Upanishad.
9. Mandukya Upanishad.
10. Aitreya Upanishad.
11. Tattrey Upanishad.
12. Prashn Upanishad.
13. Chhandogya Upanishad.
14. Brihadaranyak Upanishad.
15. Shvetashvatra Upanishad.
16. Brahmasutra (Vidyodaya Bhashyam) Virjanand Vedic Sansthan, Ghaziabad.
17. Nyaya Philosophy (Vatsyayan Bhashya).
18. Brahmasutra (Shankarabhashya) Nirnaya Sagar Press, Bombay.
19. Shri Bhashyam (Ramanuj), Shri Uttar Murti Vir Raghavacharya, Govt. of India, New Delhi.
20. Bharatiya Darshan (Radhakrishanan), Rajpal and Sons, Kashmiri Gate, Delhi.
21. Sankhya Siddhanta (Udai Veer Shastri), Virjanand Sansthan, Ghaziabad.
22. Sarvadarshanasangraha (Madhvacharya), Choukhamba Vidya Bhavan, Varanasi.
23. Vivaran Prameya Sangraha (Vidyaranya Muni), Hindi.
24. Upanishad Bhashya (Pt. Arya Muni), Govindaram Hasanand, Delhi.
25. Bharatiya Nitishastra ka Itihasa, Hindi Samiti, Information Department, Lucknow, U.P.
26. Samkaleen Darshnik Chintan (Hridaya Narain Mishra), Kitab Ghar, Kanpur.

27. Ekadasho Upanishad (Hindi Version), Dr. Satyavrat Sidhantalankar, Vidya Vihar, Dehra Doon.
28. Upanishad Darshan (Rama Chandra Dattatreya Rana Dey), Jaipur.
29. Pashchatya Darshan Ka Adhunik Yug (Brijgopal Tewari), Lakshmi Narain Aggarwal, Agra.
30. Advait Siddhi—Madhusudan Saraswati, Nirnaya Sagar Press, Bombay.
31. Nyaya Makrand—Anand Bodh Bhatarak—Choukhamba Book Depot, Banaras.
32. Nayayamrit—Vyasaraj—NSP, Bombay.
33. Nyayamrit—Shrinivas—N.S.P, Bombay.
34. Boudh Darshana Tatha Anya Bharatiya Darshrn—Bharat Singh—Upadhaya.
35. Boudh Darshana Mimansa—Baldev, Upadhaya, Banaras 1954.
36. Vigyapti Matrata Sidhi (Vinshika, Trinshika) Vasu Bandhu, Dr. Mahesh Tiwari, Varanasi, 1967.
37. Nyaya Darshana—Vatsayan Bhashaya—Vachaspati Mishra's Nyaya Vartika—Tatparya tika, London 1898.
38. Rigveda Sambita, IInd and 9th Part, Edited by Maxmullar, Varanasi, 1966.
39. Brahamsutra, Bhashaya, Ratna Prabha—Govindanand, Bombay, 1970.
40. Nyaya Manjari—Jayant Bhatt—Choukhamba Sanskrit Series 1976.
41. Tarak Sangraha, Anam Bhatt, Moradabad, 1907.
42. Advait Dipika—Narsingh Sharma, Medical Hall Press, Varanasi, 1919.
43. Nyaya Kusumajali—Udhyana, Harikrishan Dass—Varanasi-
44. Shat Dooshani—Edited by Vedanktacharya Anantacharya, Shri Sudarshan Press.
45. Mahayansutralankar—Kitab Mahal, Allahabad.
46. Madhyamik Shastra—Prasanpada tika, Chandrakirti, Editor P.L. Vaidya, Darbhanga, 1960.
47. Vedant Darshana—Nimbarkbhashya, Late Sant Das. The Indian Press, Allahabad.
48. Gita Shankarabhashya—(7th Edition), Gita Press, Gorakhpur.
49. Vedant Sidhant Muktavali—Prakash Anand, Kashi, 1993.
50. Vedon Ka Yatharth Swaroop (Pt. Dharm Dev Vidyamartand) G.K.U. Hardwar.
51. Jeevatma (Pt. Ganga Prasad Upadhaya) Kala Printing Press, Allahabad.

52. Astikvad (Pt. Ganga Prasad Upadhaya) Kala Printing Press, Allahabad.
53. Advaitvad (Pt. Ganga Prasad Upadhaya) Kala Printing Press, Allahabad.
54. Jeevatma Aur Parlock—Narain Swami, Arya Van Prastha Ashram, Ja Jwalapur.
55. Manusmriti, Geeta Press, Gorakhpur.
56. Satyarth Prakash, Vedic Yantralaya, Ajmer.
57. Nirukt—Yaskacharya, Choukhamba Vidya Bhavan Varanasi.
58. Ved Rāhasya Shri Arvind, Pondicherry.
59. Rigvedadibhashyabhumika, Swami Dayananda Vedic Yantralaya, Ajmer.
60. Geeta, Gorakhpur Press.
61. Siviet Women (Magzine of U.S.S.R.) 1950.
62. Syadvad Manjari, Varanasi.
63. Madyyandini Shatpath Brahman, Varanasi.
64. Dayanand Granth Mala, Sarv Deshi Sabha, Delhi.
65. Prashastpadabhashaya, Varanasi.
66. Vedant Kalaptaru aur Parimal, Varanasi.
67. Tatva Pradipika.
68. Mahabharat, Geeta Press, Gorakhpur.
69. Yoga Darshan Vyas Bhashya, Varanasi.
70. Vedon Ke Rajnitik Sidhant, Acharya Priyavrat Meenakshi Prakashan Meerut.
71. Shankarotar Vedant Mein Mithyatva Nirupan, Dr. Abhedanand, Rajasthan Academy.
72. Atma Vigyan, Swami Yogeshvranand Saraswati.
73. Yog Pradeep, Shri Arvind.
74. Vedic Devta Udbhav Aur Vikas, Dr. Gayacharan Tripathi.
75. Vedkaleen Samaj—Dr. Shiv Dutt Gyani.
76. Vedic Sidhanta Mimansa.
77. Vedic Mythology, Macdonal.
78. Bharatiya Darshan Ki Ruprekha, Rajendra Prasad.
79. Geeta Tatvank 1939, Kalyan Visheshank.
80. Vedantak 1936 Kalyan Visheshank.
81. Ishwarank 1952, Kalyan Visheshank.
82. Upnishadon Ka Tatva Gyan, Dr. Jai Dev Vedalankar.
83. Mahrishi Dayanand Ki Vishya Darshan Ko Den, Dr. Jai Dev Vedalankar

84. Vedodhyan Ke Chune Huai Phul. Acharya Priyavrat, G.K.V. Hardwar.
85. Vedic Dharm, Acharya Priyavrat, G.K.U. Hardwar.
86. Varun Ke Noika, Acharya Priyavrat, G.K.U. Hardwar.

English Books

1. Indian Philosophy Vol. II (First Edition) Radha Krishan London, 1958.
2. Indian Idealism—S. Dass Gupta, Cambridge, 1962.
3. History of Indian Philosophy Vol. IV, Dass Gupta.
4. Six Existentialistic Thinkers—Black Ham. London, 1861.
5. Para Psychology By B.L. Atrey.
6. History of Indian Philosophy S.N.Dass Gupta, Vol. 1. 1982.
7. Present Philosophical Tendencies, Lonomans Parry, R.B.
8. John Lock Quted Lamprecht S.P. Locke Selection New Yorok, 1928.
9. A History of Philosophical Ideas, New York, 1849.
10. Sri Aurbondo-Bankim Dyanahn.
11. India what Can it teach us, Maxmuller, 1892.
12. The Vedant Philosophy.
13. Indian Philosophy, Vol. 2—Dr. Radhakrishanan.
14. History of Western Philosophy, B. Russel.
15. Republic In Five Great Dialogues Plato. Translated by Jowett, Published by J.Black.
16. History of Modern Philosophy—R. Elackenbrg.
17. Comparative Study of Conscieousness, London, 1951.
18. A History of Western Philosophy, Russel.
19. Vatsayan Bhashya Translated By Ganganath Jha.
20. A Critical Survey of Indian Philosophy Dr. C.D. Sharma London, 1960.
21. Idealistic Though of India, P.T. Raju, London, 1953.
22. Mahayan Mimansa of Nagarjuna, V. Bhattachary, Vishwa Bharati Book Shop, Calcutta, 1931.